国家哲学社会科学成果文库

NATIONAL ACHIEVEMENTS LIBRARY
OF PHILOSOPHY AND SOCIAL SCIENCES

中国传统经济思想的历史地位与现代价值

程霖 等 著

科学出版社

内 容 简 介

中国传统经济思想是中华传统文化的重要组成部分，亦是构建中国经济学的重要源泉。本书立足唯物史观，深入挖掘并运用典籍史料，结合文献统计、理论分析、比较研究和案例考察等方法，系统梳理中国传统经济思想的形成发展脉络，从丰富性、独特性、创新性、分析性维度全面考察中国传统经济思想的光辉成就与不足，并在文明互鉴的全球视角下，立体展现中国传统经济思想的海外传播与世界影响，深入揭示中国传统经济思想在世界经济思想史中的历史地位。同时以“两个结合”为指导，充分发掘中国传统经济思想的有益元素与现代价值，为解决我国重大现实经济问题、推动中国经济学构建、促进中外文明交流互鉴提供助力。

本书适合经济学与历史学等相关领域研究者、研究生和高年级本科生阅读，也可为政策制定者提供参考。

图书在版编目(CIP)数据

中国传统经济思想的历史地位与现代价值 / 程霖等著. -- 北京 : 科学出版社, 2025. 6. -- (国家哲学社会科学成果文库). -- ISBN 978-7-03-081972-7

Ⅰ. F092

中国国家版本馆 CIP 数据核字第 2025XN9281 号

责任编辑：魏如萍 / 责任校对：张亚丹
责任印制：张 伟 / 封面设计：有道设计

科学出版社 出版
北京东黄城根北街 16 号
邮政编码：100717
http://www.sciencep.com

北京中科印刷有限公司印刷
科学出版社发行 各地新华书店经销

*

2025 年 6 月第 一 版 开本：720×1000 1/16
2025 年 6 月第一次印刷 印张：70 3/4 插页：2
字数：935 000

定价：398.00 元

（如有印装质量问题，我社负责调换）

《国家哲学社会科学成果文库》出版说明

为充分发挥哲学社会科学优秀成果和优秀人才的示范引领作用，促进我国哲学社会科学繁荣发展，自 2010 年始设立《国家哲学社会科学成果文库》。入选成果经同行专家严格评审，反映新时代中国特色社会主义理论和实践创新，代表当前相关学科领域前沿水平。按照“统一标识、统一风格、统一版式、统一标准”的总体要求组织出版。

全国哲学社会科学工作办公室

2025 年 3 月

目　　录

第四章　中国传统经济思想的现代价值

CONTENTS

绪　论

作为中华传统文化的重要组成部分，中国传统经济思想源远流长，不仅为中国古代经济长期领先于世界提供了思想动力，还对现代经济学说和经济实践具有重要启迪作用，其中的优秀成分历来受到不少学者重视。譬如，著名经济学家马寅初在《中国经济思想史》序言中指出，“中国自古以农立国，古先圣哲经济思想之灿烂，较之欧美各国，未遑多让”[①]。从国际视野看，中国传统经济思想在海外曾被广泛传播、阐释和学习，对法国重农学派、英国古典政治经济学、德国官房主义经济思想等西方经济学流派的形成和发展产生了重要影响，并在日本管理模式建构、美国罗斯福新政农业立法和宏观经济稳定中起到借鉴作用。那么，中国传统经济思想在历史长河中孕育了哪些重要思想？经历了怎样的发展变迁？取得了哪些光辉成就？这些经济思想是如何实现国际传播，并对其他国家的经济学说和经济实践产生影响的？它们在世界经济思想史中又具有怎样的历史地位？更进一步，在现代语境下，如何激活中国传统经济思想的生命力，促使其实现创造性转化和创新性发展？怎样汲取传统经济思想精华以解决现实重大经济理论和实践问题？这些议题值得我们展开系统探索并进行深入剖析。

① 马寅初：《序言》，见唐庆增《中国经济思想史》（上），商务印书馆，1936，第1—2页。

一、研究背景与研究意义

中华优秀传统文化是五千多年中华文明的智慧结晶和精华所在，是建设中华民族现代文明并在世界文化激荡中站稳脚跟的重要根基。习近平总书记在文化传承发展座谈会上强调，在五千多年中华文明深厚基础上开辟和发展中国特色社会主义，把马克思主义基本原理同中国具体实际、同中华优秀传统文化相结合是必由之路。“第二个结合”是又一次的思想解放，让我们能够在更广阔的文化空间中，充分运用中华优秀传统文化的宝贵资源，探索面向未来的理论和制度创新[①]。在这一伟大探索过程中，围绕中国当代重大理论和实践问题，不断推动中华优秀传统文化创造性转化和创新性发展，已成为时代赋予中国哲学社会科学工作者的重大历史使命。

于此背景下，在理论层面，国内经济学界掀起了以构建中国特色的经济学学科体系、学术体系和话语体系为重点，以建构中国自主的经济学知识体系为核心的中国经济学构建讨论热潮。在绵延几千年的文明发展过程中，中华民族和中国人民积累的经济智慧与理性思辨形成了具有中国特色和丰富内涵的传统经济思想体系，蕴含着可供新时期中国经济学汲取的深厚养分。与20世纪30—40年代以及20世纪90年代中后期两轮中国经济学构建讨论热潮相比，当前这一轮讨论热潮中学术界对中国传统经济思想及其研究在中国经济学构建中的地位和作用有了更加全面而深入的认识。在实践层面，国内经济学界日益重视从中国传统经济思想中提炼优秀成分，以发挥其解决现实经济问题的文化借鉴功能。随着中国式现代化的深入推进，面对不断涌现的诸如如何提升企业管理水平、扩大消费、实现共同富裕、促进人口高质量发展、深化金融体制改革和健全货币政策等一系列重要的经济问题，重新审视

---

①《习近平在文化传承发展座谈会上强调 担负起新的文化使命 努力建设中华民族现代文明》，《人民日报》2023年6月3日。

中国古代数量庞大且类型多元的经济思想及历代经济政策实践，已成为经济学研究的重要议题。中国传统的轻重、义利、消费、管理、民本、人口、调均贫富等丰富思想的精华成分，蕴含了深刻的治理智慧和实践经验，可为判断、分析和解决当前中国的问题提供独特的视角和思路，进而推动中国社会经济高质量发展。因此，中国传统经济思想是构建中国经济学、解决现实经济问题的重要思想来源之一，对其发展演变、光辉成就、世界影响、现代价值的研究具有重要理论和现实意义。

首先，对中国传统经济思想的发展演变、光辉成就、世界影响进行系统的总结，进而客观评价其历史地位，有助于打破“言必称希腊”的藩篱和“西方中心论”的谬论。阐述中国传统经济思想的历史地位，回答其为何能在时间长河中占据独特位置，需要构建三重维度的解释框架：其一，基于马克思主义唯物史观，按照时间线索，梳理中国传统经济思想的演进脉络、回溯其历史地位塑造的重要过程，并揭示其内生演化机制、深刻理解其生成逻辑对文化韧性与历史地位的支撑作用；其二，通过系统性地梳理与总结中国传统经济思想所取得的光辉成就，彰显这一智慧结晶所蕴含的不朽价值，进一步明确其在人类经济思想发展进程中不可磨灭的重要地位；其三，在文化交流互鉴的场域中，探讨中国传统经济思想的国际影响力，进一步明确其文化能量的辐射范围与边界。近代以来，在较长的一段时期内，以约瑟夫·熊彼特（Joseph Alois Schumpeter）、奥弗顿·泰勒（Overton H. Taylor）等为代表的西方经济思想史学者大多对中国传统经济思想持怀疑和否定意见，甚至对包括中国在内的东方国家的经济思想进行了全盘否定。熊彼特在《经济分析史》（*History of Economic Analysis*）中指出，中国古代有完整的经济政策体系和货币管理方法，“这似乎先得有相当的分析才行”，“但是没有留传下来对严格的经济课题进行推理的著作”。当然，熊彼特在议论中国时也显露出了某种迟疑，认为“这样明确的推断当然是很不可靠的。也许有些分析没有留下记载。但是可以想象这种分析工作不会很多”[①]。与此同时，熊彼特指出，尽管古希腊哲学家在其经典著作中也“把经济推理与他们有关国家与社会的一般哲学思想揉在一起，很少为经济课题本身而研究经济课题”[②]，但是依然存在经济分析的成分。泰勒 1956 年在关于“东方经济思想及其应用和方法”的学术讨论中断言道：“没有一个东方国家有任何东西可以与西方国家中世纪僧侣们所作出的良好开端的经济分析相比拟。”[③]缘于古籍文献可得性、语言障碍等约束，这些西方观点显然失之偏颇。本书综合已有研究并依托翔实的中外史料、自洽的逻辑分析，从整体史观、中外比较、古今比较的视野出发，相对客观、准确地揭示出中国传统经济思想的发展演变、光辉成就与世界影响，以及其据此在世界经济思想史发展中所具有的重要的历史地位，以纠正学界和民众对中国传统经济思想固有的错误认知。

其次，在深入探讨中国传统经济思想发展演变、光辉成就、世界影响的基础上，对其历史地位进行深入的考察和综合研究，有助于弥补既有研究的不足，推动该领域的理论建构和边界拓展。已有研究范式更侧重于在微观角度、个体性分析层面对人物经济思想进行研究，但在宏观角度、整体性分析层面的研究发掘上存在不足，难以全面整体展示和客观评价中国传统经济思想的成就与地位。本书基于翔实的史料，通过构建理论框架，从国际视野、多元维度较全面地归纳出中国传统经济思想的发展演变、光辉成就以及海外传播状况与影响，展现出中国传统经济思想的悠久历史、深厚底蕴。这不仅有利于深化对中国传统经济思想历史地位的理解认知，也有助于为相关研究

---

① [美]约瑟夫·熊彼特：《经济分析史》(第一卷)，朱泱、孙鸿敞、李宏等译，商务印书馆，2001，第 90 页。

② [美]约瑟夫·熊彼特：《经济分析史》(第一卷)，朱泱、孙鸿敞、李宏等译，商务印书馆，2001，第 91 页。

③ Taylor O H. “Economic thought and its application and methodology in the east: discussion”. *The American Economic Review*, 1956, 46(2): 413-416.

提供基础性的学术支撑。

最后，对中国传统经济思想的合理内核和有益元素进行系统整理、发掘其现代价值，有助于为解决当下我国面临的重大理论与实践问题提供思想借鉴。正如习近平总书记指出的，“对中华传统文化，不能一概否定，要坚持古为今用、推陈出新，继承和弘扬其中的优秀成分”，“从中华优秀传统文化中寻找源头活水”[①]。中国优秀传统经济思想蕴藏着破解现代经济社会困境的重要启示，并与马克思主义基本原理相贯通、相契合，具有可资借鉴的时代价值。在现代语境下，对中国优秀传统经济思想进行系统挖掘、阐释与现代转化，能够激活传统经济思想中的现代价值与世界意义，为构建中国经济学提供话语元素、精神指引、理论要素等独特且丰厚的文化滋养，进而推动中国自主的经济学知识体系的建构。同时，中国传统经济思想的人文精神、历史智慧可以为解决现实经济问题、促进中国经济高质量发展、推动中外文明交流互鉴等提供历史借鉴。

二、文献回顾与新的尝试

本书的研究对象是“中国传统经济思想的历史地位与现代价值”。中国传统经济思想，主要指近代西方经济科学传入中国之前内生于中国自身数千年社会经济实践的、具有中国传统文化特质的经济思想。按照古代、近代、现代三分法，中国传统经济思想对应的是中国古代经济思想。本书主要将中国传统经济思想置于历史纵向比较和国际横向比较的维度与视角之中，去考察其所取得的光辉成就、所产生的世界影响、所应具有的世界性的历史地位及所蕴含的现代价值。

针对本书的研究内容，国内外学术界已从不同角度做过研究，并取得了

① 习近平：《把中国文明历史研究引向深入 增强历史自觉坚定文化自信》，《求是》2022 年第 14 期，第 7 页。

许多有价值的成果。从国内来说，1897 年以来，梁启超、陈焕章、甘乃光、唐庆增、胡寄窗、巫宝三、赵靖、叶世昌等一批中西兼通、古今兼擅的学者，是中国经济思想史学科的奠基人和推动者，他们通过对中国传统经济思想的挖掘以及对中西经济思想的比较研究，相继阐发了中国古代经济思想的成就[①]。这些开创性研究，为后辈学人研究同类问题，提供了基准点、参考系。随着对中国传统经济思想的不断开掘和学术研究的持续深入，一些学者发现和论证了中国传统经济思想不仅曾经领先于世界，而且对西方现代经济学的产生和发展起到了一定的推动作用，成为其理论的思想渊源之一，在世界经济思想发展史中具有重要地位。例如，谈敏在其著作《法国重农学派学说的中国渊源》中，即全面系统考察了中国传统思想尤其是经济思想对法国重农学派学说形成所产生的重要影响，科学论证了中国传统经济思想是西方现代经济学说的先行思想因素之一[②]。整体而言，对于中国传统经济思想的世界影响和历史地位的研究，已积累了一些成果，如巫宝三、盛洪、李超民等的研究成果[③]。这些研究成果仅限于中国传统经济思想对法国重农学派学说形成和美国罗斯福新政农业政策制定的影响等个别案例，更多的案例还有待进一步发掘。

---

① 如梁启超：《〈史记・货殖列传〉今义》，《时务报》1897 年第 35 册，第 3—10 页；Chen H C. *The Economic Principles of Confucius and His School*, 2 vols, Columbia University Press, 1911；甘乃光：《先秦经济思想史》，商务印书馆，1926；唐庆增：《中国经济思想史》（上卷），商务印书馆，1936；胡寄窗：《中国经济思想史》（上、中、下），上海财经大学出版社，1998；胡寄窗：《中国古代经济思想的光辉成就》，中国社会科学出版社，1981；赵靖主编：《中国经济思想通史》，北京大学出版社，2002；巫宝三：《论中国古代经济思想史研究主要方面及其意义》，《中国经济史研究》1991 年第 1 期，第 65—75 页；《中国经济思想简史》编写组编：《中国经济思想简史》（上册），上海人民出版社，1978；叶世昌：《中国经济思想简史》（中册），上海人民出版社，1983；叶世昌：《古代中国经济思想史》，复旦大学出版社，2003；等等。

② 谈敏：《法国重农学派学说的中国渊源》，上海人民出版社，1992。

③ 巫宝三：《中国古代经济思想对法国重农学派经济学说的影响问题的考释》，《中国经济史研究》1989 年第 1 期，第 143—156 页；盛洪：《现代经济学的中国渊源》，《读书》1994 年第 12 期，第 109—115 页；李超民：《大国崛起之谜：美国常平仓制度的中国渊源》，中央编译出版社，2014。

与此同时，与20世纪70—80年代东亚经济崛起一样，改革开放以来中国经济的持续高速增长也使得包括儒家思想在内的中国传统经济思想在社会经济发展中的现实意义，以及对于构建中国经济学的理论意义得到研究者的重视。例如，叶坦主张，认真反思、扬弃与批判继承传统经济观念，是现代化建设和探索中国特色社会主义道路的需要①；马涛认为，在中国现代经济学的建构中应该汲取中国传统经济思想中的积极成分②；黄少安亦表示，"中国丰富的传统文化中最有可能提炼出'合作'经济学的基本方法论"③；李金波、聂辉华则以现代经济学视角将孝道视为信贷市场极不完备的古代的一种独特的代际契约履约机制，指出它作为一种均衡，在特定的历史条件下"能够满足统治者和家庭的激励相容约束"，有利于农业社会的经济增长④；周建波、刘语潇基于委托代理视角，对孟子的仁政思想及其现代意义进行了经济学分析⑤；唐任伍、刘立潇总结分析了先秦时期的民生思想并肯定了其对全面建设小康社会、推动民生发展的启示作用⑥；等等。整体而言，此类研究限于篇幅，或缺乏系统论述，或所涉领域有限，有待在一个更宏阔的整体性框架下做深入细致的研究分析。这其实也表明了中国传统经济思想作为一个重要的思想来源，是推动中国经济高质量发展，促进中国特色经济学理论体系和话语体系构建的路径之一。

就国外而言，海外的相关研究也积累了较丰富的文献，大致集中在三个

---

① 叶坦：《传统经济观念与现代化》，《中国社会科学院研究生院学报》1991年第5期，第67—73页。

② 马涛：《论中国传统经济思想与现代经济学理论的创新》，《学习论坛》2005年第1期，第50—53页。

③ 黄少安：《经济学研究重心的转移与"合作"经济学构想——对创建"中国经济学"的思考》，《经济研究》2000年第5期，第61页。

④ 李金波、聂辉华：《儒家孝道、经济增长与文明分岔》，《中国社会科学》2011年第6期，第43页。

⑤ 周建波、刘语潇：《孟子"仁政"思想的经济学分析——基于委托代理的视角》，《经济学动态》2012年第1期，第146—152页。

⑥ 唐任伍、刘立潇：《先秦时期民生思想的特征与当代价值》，《经济与管理评论》2013年第6期，第24—29页。

方面：一是对与中国传统经济思想相关的经济制度、经济政策的研究。此类研究较多地涉及中国古代货币、财政、土地等经济制度、经济政策的内容，并将对经济思想史的研究寓于其中，展现了海外学者对中国传统经济史及经济思想史领域的浓厚兴趣[①]。比如，1844 年美国东方学会首任会长约翰·皮克林（John Pickering）在《美国东方学会会刊》中考察了汉代货币及后世纸币的发展演变历程，并对宋太祖、马端临的货币思想与货币政策加以阐释[②]。郝若贝（Robert M. Hartwell）从机制设计的角度，介绍了北宋时期中国财政系统的运作过程，考察了金融知识如何转化成财政政策以及各官僚部门所发挥的作用，并讨论了经济政策与社会经济发展的关系[③]。

二是对中国传统经济思想的认识和评价。除了上文提及的西方存在的一些怀疑和否定意见外，以亨利·施格（Henry R. Seager）、约翰·梅纳德·凯恩斯（John Maynard Keynes）、弗里德里希·冯·哈耶克（Friedrich August von Hayek）、默瑞·罗斯巴德（Murray N. Rothbard）等为代表的西方经济学家对中国传统经济思想的成就给予了肯定。1911 年哥伦比亚大学（Columbia University）政治经济学教授施格在其为陈焕章博士论文撰写的序中就指出，“儒学不仅为一伟大的经济体系，也是伟大的道德和宗教体系”[④]。凯恩斯曾在 1912 年为《孔门理财学》（*The Economic Principles of Confucius and His School*）所作的书评中花了约三分之一的篇幅来转述中国的货币制度和思想，并指出汉代贾谊、宋代袁燮、明代叶子奇等中国学者

① 张亚光、刘晟亚：《中国经济史学的新视野——欧美期刊中的中国古代经济思想研究》，《贵州社会科学》2016 年第 9 期，第 22—28 页。

② Pickering J. “The history of paper money in China”. *Journal of the American Oriental Society*, 1844, 2(1): 136-142.

③ Hartwell R M. “Financial expertise, examinations, and the formulation of economic policy in Northern Sung China”. *The Journal of Asian Studies*, 1971, 30(2): 281-314.

④ ［美］亨利·施格：《政治经济学教授施格先生序》，见陈焕章《孔门理财学：孔子及其学派的经济思想》，翟玉忠译，中央编译出版社，2009，第 2 页。

“早就懂得格雷欣法则和数量理论”[①]。1966 年 9 月，哈耶克在朝圣山学社东京会议的讲演中指出，《道德经》第 57 章的“我无为，而民自化，我好静，而民自正”这句话，正代表了他的“自发社会秩序”理论的精髓[②]。奥地利学派的另一著名代表人物罗斯巴德在其著作《亚当·斯密以前的经济思想：奥地利学派视角下的经济思想史》（*Economic Thought Before Adam Smith: An Austrian Perspective on the History of Economic Thought*）中对道家思想也给予了高度肯定。他认为，庄子继承并发展了老子“清静无为”的思想，是第一位发展出类似“自发社会秩序”观点的思想家，远比西方发现这一思想的皮埃尔·约瑟夫·蒲鲁东（Pierre-Joseph Proudhon）和发扬这一思想的哈耶克超前[③]。

三是对中国传统经济思想推动西方现代经济理论发展的研究。此类研究不仅体现了中国传统经济思想的独特价值，而且从跨文化传播的角度论证了中外经济思想之间潜在的渊源关系，凸显了中国传统经济思想的世界意义和理论贡献。比如，李肇义（Ly Siou Y）于 1936 年在其留法博士论文中指出，中国古代经济思想在世界经济学说史上具有令其他文明相形见绌的重大意义，并考证了中国古代政治经济思想对法国重农学派产生的重要影响[④]。英国学者约翰·霍布森（John M. Hobson）在其著作《西方文明的东方起源》中指出：“魁奈对中国政治经济思想的继承，在很多思想中都可以发现，最重要的就是‘无为’思想——译成法语就是‘自由放任’。”[⑤]知名经

① [英]约翰·梅纳德·凯恩斯：《梅纳德·凯恩斯关于〈孔门理财学〉的书评》，见陈焕章《孔门理财学：孔子及其学派的经济思想》，翟玉忠译，中央编译出版社，2009，第 452 页。

② 冯兴元：《从老子的“无为而治”到哈耶克的“自发秩序”》，《东方早报》2014 年 9 月 16 日。

③ Rothbard M N. *Economic Thought Before Adam Smith: An Austrian Perspective on the History of Economic Thought*, Edward Elgar Publishing Ltd, 1995, 24-25.

④ Ly S Y. Les grands courants de la pensée économique chinoise dans l’Antiquité (du VIe au IIIe siècle avant J. -G) et leur influence sur la formation de la doctrine physiocratique, Université de Dijon, 1936.

⑤ [英]约翰·霍布森：《西方文明的东方起源》，孙建党译，山东画报出版社，2009，第 176 页。

济学家杨瑞辉（Leslie Young）则认为，司马迁早在亚当·斯密（Adam Smith）之前就在《史记·货殖列传》中提出了市场机制的概念，以及“看不见的手”（invisible hand）的等价隐喻——“水之趋下”，而亚当·斯密曾在创作《国民财富的性质和原因的研究》（以下简称《国富论》）之前去法国访问，杨瑞辉据此推断亚当·斯密曾直接从安·罗伯特·雅克·杜尔哥（Anne Robert Jacques Turgot）及与之熟识的两位留法中国学者那里了解了司马迁的思想，并受到其思想的启发[①]。

可见，国外学者对中国传统经济思想地位及价值进行了较多研究，值得深入挖掘整理。不过，国外学者对中国传统经济思想的发展演变、光辉成就的考察还不全面，也鲜有学者对中国传统经济思想的理论贡献和世界影响进行系统深入论述，西方刊行的大量经济思想史著作中，大多不包括中国古代经济思想。

国内外既有研究[②]为本书奠定了坚实基础，但也存在值得进一步丰富和完善之处。考察国内外现有研究成果，可以发现这些研究成果主要呈现出三大特点：一是对中国传统经济思想光辉成就的研究主要通过对一个个人物或专题经济思想的分析来呈现，缺乏整体性的综合研究；二是比较注重对中国传统经济思想中可与西方经济学中的相关概念比附的经济思想和概念进行梳理，而对中国自身所独有的一些经济概念术语则言之较少，且偏重对规范性论述的解读和呈现，对分析性成分挖掘不够；三是对中国传统经济思想之于世界经济思想发展的影响和历史地位及现代价值的研究，尚局限于个别案例分析形式，缺乏系统性和全面性。

与之相对应，本书尝试基于大历史视野对中国传统经济思想经历的发展

---

① Young L. “The Tao of markets: Sima Qian and the invisible hand”. *Pacific Economic Review*, 1996, 1(2): 137-145.

② 应指出的是与之相关的中外文献卷帙浩繁，绪论部分仅从整体角度勾勒出大致的轮廓。除绪论外，本书将在后续每一章节论述相关问题时，对相应文献予以系统爬梳与评述。

过程与取得的光辉成就进行全方位、多视角、综合性的分析、提炼和概括，系统梳理和深入考察中国传统经济思想的海外传播及其对世界经济理论发展和经济实践的影响，全景式地揭示中国传统经济思想所具有的历史地位与现代价值。本书通过探讨历史上社会经济转型发展与传统经济思想变迁的互动关系，剖析其对当今中国社会经济转型、国家治理和经济发展的启示；通过对中国传统经济思想主要概念术语、思想创见、理论贡献和经济分析成分的归纳提炼，整理中国丰富的传统经济思想遗产，助力中国经济学构建和中国自主的经济学知识体系建构；通过系统分析中国传统经济思想的海外传播及其对西方现代经济学形成与发展、日本企业经营模式创新的影响，为新时期推进中外文明的交流互鉴提供启迪。

三、研究思路与体系框架

本书围绕“中国传统经济思想的历史地位与现代价值”这一中心议题，在唯物史观指导下，运用跨学科的研究方法和多元分析工具，依托广泛翔实的中外史料，从中国传统经济思想的发展演变、光辉成就、世界影响、现代价值四个方面展开深入研究。具体而言：首先，按时间线索梳理概括中国传统经济思想发展演变脉络和阶段性特征，揭示其内生演化机制与文化韧性，这是论证其历史地位的前提基础和关键切入点。其次，从丰富性、独特性、创新性、分析性四个维度，深入剖析中国传统经济思想中蕴含的思想精髓，集中展现其光辉成就，这是支撑其历史地位的坚实根基。再次，从国际视野出发，系统考察中国传统经济思想的海外传播与世界影响，这是明确其辐射范围和全球影响力的重要支撑。通过对中国传统经济思想发展演变、光辉成就和世界影响的综合研究，为充分呈现其在世界经济思想史上所具有的重要历史地位提供直接证明。最后，通过理论分析和典型案例梳理，阐释传统经济思想的现代价值。在研究过程中，各部分均按照“总论—分论—总论”结构，在构建科学的总体分析框架基础上，再结合丰富史料和准确解读，从而尽可能全面而系统地揭示中国传统经济思想的历史地位与现代价值，并在各章末设有小结，以对核心内容予以简要归纳。基于此研究思路，本书在体系框架上，除绪论部分介绍本书的研究背景与研究意义、文献回顾与新的尝试、研究思路与体系框架、研究方法与学术创新、后续研究拓展的设想，以及结语部分对全书进行总结外，正文主体部分共有四章，分别研究四个方面的内容：中国传统经济思想的发展演变、中国传统经济思想的光辉成就、中国传统经济思想的世界影响、中国传统经济思想的现代价值。

第一章系统研究中国传统经济思想的发展演变，这是考察其历史地位的坐标基底，也是探讨其光辉成就、世界影响与现代价值的前提与基础。历史地位是动态建构过程，而非静态结果。中国传统经济思想能够在漫长的历史进程中展现出强大的韧性，不断适应时代的变迁，持续传承和发展，正是其占有重要历史地位的有力证明。本书以经济基础、国家治理、思想市场为主线分析经济思想发展演变的历史逻辑，将中国传统经济思想大致分为四个时期：先秦时期是中国传统经济思想的形成时期，在经济思想的丰富性和原创性方面都取得了辉煌的成就，为后世经济思想的发展勾勒出大致轮廓；秦汉至唐中叶前是中国传统经济思想基本教条的确立时期，以重义轻利、重本抑末、黜奢崇俭“三大教条”为核心的正统经济思想逐步占据支配地位，经济思想开始关注大一统国家的经济治理问题，方法论转向整体主义，为后世的思想发展和政策制定确立了一整套可供操作的基本框架与实践指南，但其知识层面的教条化也成为后世经济思想发展的制约因素；唐中叶至元是中国传统经济思想的变化时期，随着商品经济的发展、门阀世家的衰落与寒门地主的崛起，科举制改变了国家治理模式，各类新旧思想交锋，反正统教条的思想观念显露，渐趋自由化、商业化，具有划时代的重要意义；明至鸦片战争前是中国传统经济思想的曲折发展时期，这一时期皇权达到鼎盛，但微弱的早期工业化促使经济思想层面涌现出了对已有经济体制的深入反思，经济思想开始具有一定反专制色彩，但未能从根本上颠覆正统经济思想体系，同时与西方经济思想逐渐拉开差距，开启大分流。

第二章深入研究中国传统经济思想的光辉成就，具体从丰富性、独特性、创新性、分析性四个维度进行全面立体的考察，确证其历史地位的内在根基与价值锚点。在丰富性维度上，基于学界前期研究成果和对古籍资料的整理，通过梳理中国古代所面临的经济问题，进而归纳分析中国传统经济思想的内容范畴和思想层次，并从古今比较、中外比较视野，进一步探讨中国传统经济思想丰富性的特征表现及其形成原因。在独特性维度上，通过建构语义网络，系统梳理古人所使用的具有中国特色的经济思想概念，揭示概念体系的内在结构与生成机制，在此基础上，对概念体系的基本特征、主要功能、历史局限予以深入探讨。在创新性维度上，通过对创新性概念的界定，基于国际比较视野，考察经济治理、财政、金融、价值与价格、人口、土地制度、经济伦理等经济思想领域的创新与实践。在分析性维度上，在辨析以熊彼特为代表的主流经济分析观点的基础上，充分吸收国内外相关争论的观点，提出广义经济分析概念，通过孟子、《管子》、司马迁和丘濬等典型案例，在中西比较的视野下考察并揭示中国传统经济思想中所具有的分析性成分。

第三章立足国际视野，专门考察中国传统经济思想的海外传播与世界影响，为论证其在世界经济思想史发展进程中的贡献与地位提供实证支撑。首先，以儒家学说及其经济思想为中心，概述其海外传播的路径、载体和进程，重现中国传统经济思想“中学西渐”的历史图景。其次，立足他国主动引介和推崇中华传统文化及经济思想的史实，同时结合法国重农学派、英国古典经济学、德国自然法哲学和官房主义经济思想、日本企业经营模式等代表性案例，揭示中国传统经济思想对传入国的社会风气、经济理念、政策制度等方面所产生的不同程度的影响。特别是，部分创新思想甚至直接或间接地构成了西方现代经济学形成和发展的先行要素，并对日本企业经营模式创新起到了重要的推动作用。最后，考察国人主动对外传播中国传统经济思想的案例——《孔门理财学》的海外传播及反响，并以此为切入点进一步探讨中国传统经济思想对凯恩斯经济思想形成和发展的影响与作用。

第四章重点研究中国传统经济思想的现代价值。首先，从全球视野考察了传统经济思想传承创新的多元路径和方法，在提炼其规律性特征基础上，深入剖析了中国传统经济思想通过传承创新来实现其现代价值的根本路径、学理及实践方法。其次，从解决现实经济问题、构建中国经济学、推动中外文明交流互鉴等方面挖掘了中国传统经济思想所具有的现代价值。其中，中国传统人口政策思想可为当代人口高质量发展提供历史经验；中国传统调均贫富思想对扎实推进共同富裕、探索共同富裕的实现路径具有重要借鉴意义；中国传统荒政思想可为完善现代国家粮食安全治理体系提供智慧；中国传统管理思想可为深入探索中国式企业管理、促进企业高质量发展提供有益启发；中国传统纸币思想可为新时代深化金融体制改革和健全货币政策提供丰富的思想资源。中华民族和中国人民积累的经济智慧与理性思辨形成了富有中国特色、具有丰富内涵的传统经济思想体系，这是中国经济学的文化根基，对其进行面向现代的创造性转化和创新性发展，有助于建构中国经济学、中国自主的经济学知识体系。中国传统经济思想在海外传播的路径和历史实践蕴含着丰富智慧，有助于为我国提升国际传播能力、彰显中国经济思想的世界意义提供历史镜鉴和参考启示。

四、研究方法与学术创新

本书重点运用唯物史观构建中国传统经济思想发展的历史分析框架，并在融合经济思想史与经济史研究的基础上，综合采用历史学、语言学、传播学等理论方法和分析工具，在充分搜集文献资料的基础上，对有关内容进行比较分析研究。例如，通过文献研究法，广泛研阅反映中国传统经济思想的古代文献典籍，搜集和分析中国古代典籍（如《论语》《大学》等）的外译版本及反映其传播影响的研究文献，以及国内外与中国传统经济思想相关的文献，全方位剖析和展示其历史地位与现代价值；充分运用比较分析法，基于对中外经济思想史的逻辑机理、演化路径和发展脉络的贯通研究，通过横向与纵向、定性与定量、宏观与微观等不同维度的比较分析，揭示中国传统经济思想的地位、价值及其内在的独特性和可通约性。

本书尝试总体性、综合性、多层次、多视角、立体地考察中国传统经济思想的历史地位与现代价值，创新之处可体现于学术视野、理论建构、思想创见三个维度上。

其一，在学术视野上，本书在历史唯物主义的指导下，深入反思传统的“西方中心论”，立足国际视野，以问题为导向，坚持“两个结合”，尤其是“第二个结合”，深入阐释中国传统经济思想的发展演变、光辉成就与世界影响，据此揭示中国传统经济思想的历史地位，并努力推动其现代转化。

（1）本书力图冲破“西方中心论”迷思，在历史唯物主义指导下开展研究。近代以降，西方经济科学在中国逐步得到广泛而深入的传播与应用，尽管其对中国的社会经济发展起到了重要的推动作用，但国内对西方经济理论、经济概念、经济话语盲目模仿和简单照搬，易于陷入“西方中心论”的思维困境与误区。同时，这种单向度的“复制”“借鉴”“国际接轨”的知识引进和学科发展路径有着明显的弊端，也不利于中国经济学学科体系、学术体系、话语体系的构建和中国自主的经济学知识体系的构建。本书在历史唯物主义指导下，采用历史与逻辑相统一的方法，建构理论分析框架，力图重现中国传统经济思想的发展演变，客观揭示中国传统经济思想的光辉成就与不足。

（2）本书立足于国际视野，注重整体性研究，将中国传统经济思想的动态演化置于中外历史发展与交织互动的进程中考察。在资料搜集上，不仅注重对考古材料、汉语典籍、地方志、当代文献等中文资料的整理，还注重挖掘和分析中国古代典籍的西译版本、现代经济学早期著作、海外期刊文献等外文资料。在研究过程中，一方面，注重中外文化的交流与碰撞，将其与中国的经济实践和思想演化挂钩。例如，青铜时代的全球化、古代丝绸之路上的繁荣贸易、佛教东传带来的外来金融思想、传教士传播掀起的欧洲的“中国热”等。另一方面，着重探讨“中学西渐”，从传播阶段与载体、传播内容与特征、中外经济思想的异同等层面论证中国传统经济思想的海外传播及影响。

（3）本书以问题为导向，坚持“两个结合”，尤其是“第二个结合”，努力推动中国传统经济思想的现代转化。当前，在新时代下赓续中华优秀传统文化基因，阐释中华文明突出特性，激活传统思想的现代价值，是理论工作者新的文化使命。本书回应时代重大关切，通过梳理中国传统经济思想所蕴含的深层内核和基本精神，并将其置于历史纵向和国际横向的比较维度中，对中国传统经济思想的发展演变、光辉成就、世界影响、理论贡献和现实意义等进行深入研究，旨在系统揭示其所具有的重要历史地位与现代价值。同时，在此基础上，坚持“两个结合”，尤其是“第二个结合”，进行必要的现代转化和诠释，以期将历史与现实、传统与现代联结起来，发挥中国传统经济思想以古鉴今、经世致用的功能，为完善国家治理体系、推动中国经济高质量发展、构建中国经济学和深化文明交流互鉴提供独特的视角、路径和启示。

其二，在理论建构上，本书运用跨学科的研究方法，对中国传统经济思想的发展演变、光辉成就、世界影响和现代价值等内容，均进行了理论分析与架构设计。

（1）构建中国传统经济思想的演进机制与分析框架。本书基于历史唯物主义的一般原理，结合中国传统经济思想自身发展特点，考察中国传统经济思想的演进机制，明确提出了经济思想历史分期的划分依据，将经济基础的发展、国家治理的演进与思想市场的变化作为主要影响因素。根据分期依据，首次将具有突出连续性的中国传统经济思想的发展演变划分成先秦时期、秦汉至唐中叶前、唐中叶至元、明至鸦片战争前四个历史时期。

（2）归纳出中国传统经济思想光辉成就的四个维度。本书在既有文献研究基础上提出，中国传统经济思想的光辉成就可从丰富性、独特性、创新性和分析性四个维度全面、立体地加以概括。四个维度分别对应于古代中国累积了蔚然可观的经济思想要素，涉及范围广泛；形成了一系列具有中国特色的概念术语，构成了具有逻辑关联的概念体系；涌现出许多领先世界、值得珍视的思想创见；含有较高水平的经济分析，丝毫不落后于古希腊时代和欧洲中世纪西方学者的经济分析，甚至可以和古典政治经济学初期西方学者的经济分析相媲美。

（3）凝练出中国传统经济思想海外传播与世界影响的主要线索及代表性案例。本书在归纳吸收既有研究观点的基础上，提出认识和理解中国传统经济思想世界影响的三条线索，即中国传统经济思想为现代经济学的产生和发展提供了思想启发、中国传统经济思想为日本企业经营模式的创新提供了思想支撑、中国传统经济思想为凯恩斯国家干预经济理论的形成发展提供了思想借鉴。在整理运用史料和理论分析工具的基础上，较为系统地论证了中国传统经济思想的海外传播历程及其在世界范围内产生的深远影响。

（4）概括出中国传统经济思想通过传承创新来实现现代价值的路径与方法。本书结合中国具体实际和经济思想传承创新的一般规律，认为中国传统经济思想传承创新的路径应以“两个结合”，尤其是“第二个结合”为指导，以中国重大理论与实践问题为逻辑起点，处理好专业性和大众性、民族性和时代性、本土性和国际性等关系，从而实现传统经济思想的再生产。在中国传统经济思想传承创新方法上，应在理论和实践两个层面予以综合推进。基于此，本书从解决现实经济问题、构建中国经济学、推动中外文明交流互鉴这三个角度，深入探讨了中国传统经济思想的有益成分与思想滋养，着重阐释其于现代社会的重要价值。

其三，在思想创见上，本书系统全面地考察了中国传统经济思想的发展演变、光辉成就、世界影响与现代价值等内容，形成了不少独到见解。

（1）根据中国传统经济思想的演变机制与三条主线，本书首次将中国传统经济思想的发展历程划分成先秦时期、秦汉至唐中叶前、唐中叶至元、明至鸦片战争前四个时期，从整体上看，四个时期分别代表了中国传统经济思想的形成、中国传统经济思想基本教条的确立、中国传统经济思想的变化、中国传统经济思想的曲折发展，具有鲜明的阶段性特征。

（2）在中国传统经济思想光辉成就之丰富性维度上。本书经由多角度论证，认为中国传统经济思想在广度上至少涉及经济伦理思想、经济治理思想、财政思想、工商业经济思想、农业经济思想、生产劳动思想、金融思想、土地思想、对外贸易思想、人口思想、会计审计思想、国防经济思想、生态经济思想、消费思想、收入分配思想、价值与价格思想、经济统计思想、其他经济思想等 18 个内容范畴，而且在思想深度和理论分析水平上亦有值得称述之处。此外，本书还进行了古今比较和中外比较，研究显示，中国传统经济思想所涉及的主要经济问题及思想范畴在当代经济理论中依然占有重要地位，并且与同时期西方经济思想相比，至少是同样丰富的，特别是在经济治理、财政、货币、人口、土地等思想上的表现更为突出。

（3）在中国传统经济思想光辉成就之独特性维度上。本书开创性地系统研究了中国传统经济思想概念体系的基本内容、演变规律和功能局限，指出中国传统经济思想产生了一系列独特的概念术语，形成了一套富有中国特色的概念体系，成为中国传统经济思想表达与传承的工具和载体，也是建构中国自主的经济学知识体系的宝贵资源。中国传统经济思想概念具有独特生成机制，在汉语构词上，存在 13 类蕴藏丰富经济思想的部首偏旁；在时代化层面上，经济思想概念以词汇竞争和内涵竞争两种形式在时空中呈现出概念起源、扩散、流行和消亡的现象；在思想层次性上，可划分为以经济伦理思想概念为基准，以经济治理思想概念为目标，以财政、土地、金融、人口等经济思想中的国家干预思想概念为中心议题，以货殖、借贷、租佃等东方自由思想概念为重要补充等四种类型。这套概念体系具有揭示经济现象、提升经济分析水平、反映价值取向、提供思想动力、争取话语权优势、塑造思维方式等功能，当然也存在概念具有模糊性、偏向于经验和实用、对立概念易产生负面影响等局限。

（4）在中国传统经济思想光辉成就之创新性维度上。本书探索了中国传统经济思想中的创新性成分，主要体现在三个方面：一是以经济实践为基础，在特定驱动力的作用下，突破旧有经济思想的藩篱，对新生经济现象率先提出有突破性的观点、见解和主张，并在思想或实践层面产生较大影响；二是通过中西比较，在国际视野下考察中国传统经济思想中创新性内容水平的高低；三是梳理某类型经济思想在不同政治经济背景下的发展变化，全面系统地展现传统经济思想的演化创新过程。从中外比较视角看，中国传统经济思想的创新性一度在世界范围内处于领先地位，但自经济学在西方正式成为一门学科后，在经济基础、治理模式和思想市场等多个因素的共同作用下，其创新性与西方的差距不断加大。

（5）在中国传统经济思想光辉成就之分析性维度上。本书澄清了学界对中国传统经济思想中没有分析性的误解，指出中国传统经济思想中不仅存在熊彼特意义上的基于市场交换的经济分析成分，可与熊彼特在其《经济分析史》中所列举的古希腊，乃至古典政治经济学初期的一些思想家的经济分析成就相媲美，而且存在更为多样的基于国家管理的经济分析成分。同时，中国传统经济思想并非如通常所说的大多是零散而不成体系的，而是具有一定的体系性，一些卓越思想家的经济论述已形成蕴含内在逻辑的分析体系，可从基本假设、核心概念、理论分析及政策建议等层面加以整理概括。不过，中西方古代经济思想中的分析性成分存在相似的不足。一是虽然存在两种类型的分析性成分，但基于国家管理的经济分析居多，而基于市场交换的经济分析偏少。二是虽然包含分析性内容，但分析水平相比于经济学科正式出现后的水平有很大差距。

（6）在中国传统经济思想的海外传播及影响上，中国传统经济思想对世界经济思想发展产生了重要影响，为阐明其具有重要的世界性历史地位提供了直接而有力的证明。本书除了探讨法国重农学派这一西方现代经济学的先行思想外，还通过深入挖掘，首次系统呈现了多个“中学西渐”的重要案例，包括中国传统经济思想对英国古典经济学、德国自然法哲学和官房主义经济思想及凯恩斯国家干预经济理论等的形成发展的积极影响，以及对日本企业经营模式建构的借鉴作用。

（7）在中国传统经济思想的现代价值上，尽管中国传统经济思想未能独立地发展成为现代经济学理论，但提炼其思想精华并予以传承创新，对解决现实重大实践和理论问题具有重要意义。一是可为解决现实经济问题提供历史借鉴。例如，中国传统的人口政策思想、调均贫富思想、荒政思想、管理思想、纸币思想对于推动人口高质量发展、促进共同富裕、完善粮食安全治理体系、构建中国式企业管理、健全货币政策具有重要的历史借鉴和思想启示。二是可为构建中国经济学提供思想牵引。传统经济思想的有益成分，可为中国经济学树立以人民为中心的理念、厘清政府与市场的关系、完善资源配置理论、坚持问题导向、贯彻落实新发展理念等提供传统思想元素和话语支持。三是可为推动中外文明交流互鉴提供启示。中国传统经济思想能够自古及今持续地向海外传播并产生积极反响。研究其传播历程，汲取其有益经验，有助于当下积极推进中国经济思想的对外传播与国际对话，进一步向世界讲好中国经济发展故事。因此，准确认识中国传统经济思想的历史地位与现代价值，有助于探究中华民族伟大复兴的经济内涵和实现途径。

（8）在中国传统经济思想发展演变、光辉成就、世界影响与现代价值四个方面以大量证据确凿地证明了其具有重要的历史地位与现代价值。一是在发展演变方面，中国传统经济思想源远流长，尽管历经朝代变迁，但始终绵延不绝、从未中断，展现出突出的连续性，并在四个重要时期发挥了特定的历史作用，对当时及后世经济思想的发展方向、国家的政策设计等产生深远影响。二是在光辉成就方面，中国传统经济思想在丰富性、独特性、创新性、分析性四个维度上存在诸多闪光之处，不仅在理论上触及现代经济学的核心要素，而且在实践中为中国古代经济长期领先于世界提供思想动力，集中展现了亘越的学术价值、深厚的中国智慧与独特的民族风格，是世界经济思想史上不可忽视的重要组成部分。三是在世界影响方面，中国传统经济思想曾长期受到世界的关注，存在着“中学西渐”的史实，对法国重农学派、英国古典政治经济学、德国官房主义经济思想、凯恩斯经济理论、日本企业经营模式等现代经济理论与实践产生过重要影响，在世界经济思想发展史上留下浓墨重彩的一笔。四是在现代价值方面，在“两个结合”指导下，从根本路径、学理和实践方法层面对中国传统经济思想加以传承创新，可从解决现实经济问题、构建中国经济学、推动中外文明交流互鉴三个维度挖掘其有益成分，为解决中国重大经济实践和理论问题提供可资借鉴的传统智慧。

五、后续研究拓展的设想

需要指出的是，本书尚存一些不足，主要有两方面：一是史料搜集和处理方面，特别是关于中国传统经济思想经由海外传播产生世界影响，及对其传承创新以实现现代价值的案例研究，还有许多值得继续挖掘与深入探讨的空间。二是内容呈现和理论分析方面，中国传统经济思想本身是一个十分宏大的课题，前期也已积累了大量的研究成果。虽然本书力求全面、系统，但面对浩如烟海的文献和内容，由于研究主题、课题体量和研究时间等相对有限，因此难以面面俱到。同时，本书在某些专题经济思想问题上未进行过多展开与探讨，可能存在分析深度有待深化的问题。未来拟在海外传播和现代价值部分继续拓展，进一步深入探讨中国传统经济思想的海外传播及其对现代经济学的形成发展和欧美宏观经济管理与实践的影响等，拟推出“中学西渐：中国传统经济思想与现代经济学”研究文库；同时将进一步系统挖掘阐释中国传统经济伦理、治理、财政、工商业、农业、金融、土地、生态等经济思想的现代价值与历史启示，推出系列研究论文和专著。

第一章
中国传统经济思想的发展演变

现有文献对中国传统经济思想的讨论已有很多，但从整体角度梳理中国传统经济思想发展过程与动态演变脉络的研究相对较少。很多研究是在数千年时间线上截取某一静态时点，聚焦于一人或一时的经济思想。这种史学界习以为常的范式虽然符合传统，却或多或少隐含了一种未曾言明的假设：我国的经济思想在春秋战国时代蓬勃而灿烂，有着光辉的起点，步入秦汉之后就相对停滞了，未有显著的提升与转变。因此回溯中国传统经济思想的历史，很多研究往往注重挑选少数离散出现的天才思想家加以描绘，总结古代经济思想中较为光辉的一些成就点，而较少梳理思想发展演变的过程或脉络线。这种处理方式在近代中国经济思想史学科奠基时期尤为明显，此后虽然很多研究工作曾积极探讨历史分期，也逐渐承认经济思想因时因事而变，但这种主张“先秦多创新、汉以后多守旧”等的传统观念仍时有出现，这样的分析或多或少地强化了秦以后的思想家在理论原创性上难以与先秦媲美的印象，因此其实隐含了一个判断，即中国古代经济思想历史基调整体上是继承为主而发展变化有限。

这一假定值得商榷：如果中国古代汉、唐、宋、元等诸多朝代的国家治理与物质发展均有可观之处，思想文化、典章制度与经济成就均获得了世界范围内的广泛认可，那么自秦至清各朝的古人难道在经济实践中完全是“萧规曹随”地落实先秦诸子的经济主张吗？抑或是仅仅凭借一些无足称道的经济思想来指导当时的国家经济治理吗？这两种解释显然难以全面反映历史实际。由此造成了中国经济思想史研究中的一种现象：许多研究在对汉、唐、宋、明、清等朝代微观层面的思想家案例分析中找到了各种闪光点，但又很少有研究从宏观层面明确强调和指出中国经济思想并没有停留于先秦诸子的观点，而是在很多方面都继续探索，使中国经济思想不断演变并达到新的高度。

中国经济思想史研究重先秦而轻帝制时代、重切面分析而轻演变梳理的学术传统并非凭空而来，实际上其与中国经济思想史这一学科在近代初创时的理念有着密切的关系。发端于国家受辱、人民蒙难、文明蒙尘之际的中国经济思想史研究，在学科初创之际，就担负着既要回首看、溯过往、继往圣之绝学，又要向前望、思未来、为万世开太平的双重历史使命[①]。有鉴于中西方之间在经济实力与经济学说方面的双重差距，当时创立这一学科的先辈们一方面要寻找使国家富强的方法，这意味着要学习和借鉴外来经济理论、克服故步自封的传统思维障碍，因此不仅不能过高评价晚近的本土经济思想，还要加以批判，毕竟对于当时中国的遭遇而言近古之思想负有比中古、远古之思想更大的责任；另一方面又要摆脱文化自卑、树立文化自信，从数千年历史中挖掘闪光点、找到不逊于西方的中国古代经济思想。这就在一定程度上迫使以甘乃光为代表的早期经济思想史学者“厚古非今”，高度评价先秦诸子的经济思想，而将中国在近代的落后一定程度上归咎于秦以后经济思想发展缓慢或停滞。这不是经济思想史学者独有的观点，而是近代中国知识分子对传统学术史的普遍共识。例如，张之洞就认为，中国自秦汉大一统后长期“独处于东方”，因此“守其旧学不逾范围”，直到“今日五洲大通，

---

① 程霖、夏艳秋：《中国经济思想史研究的历史初心与未来使命》，《中国经济史研究》2022 年第 4 期，第 14—31 页。

于是相形而见绌矣”[1]。新中国成立以后，学界逐渐意识到早期范式的很多问题并进行了纠正，但对于秦以后各时期思想价值的挖掘深度仍显不足、对历史发展阶段的分期和评价也存有分歧，因此未能全面勾勒和系统阐释中国传统经济思想发展演变。

若从结果上倒推，无论自秦至清的历史发展过程中有过多少辉煌，确实都无助于改变中国在近代遭受屈辱的事实，因此批评中国古代经济思想在秦以后所达到的绝对高度相比西欧颇有不足，甚至应当为近代经济落后承担一定责任，也是无可厚非的。如果要科学地、客观地评价历史过程与思想水平，就应当承认中国经济思想在先秦诸子之后确实在不断传承与创新，理论相对高度持续提升，为其所处时代的经济实践提供了指导性或解释性理论贡献，从后世看也有很多值得称赞的光辉思想成就和世界性广泛影响，不能因为其发展到晚清时在诸多方面落后于西欧就彻底否认其曾经的成长。因此，从动态发展的视角梳理中国传统经济思想的演变脉络、揭示其在漫长的历史进程中展现出的强大韧性和调适能力、客观评价其历史地位就变得十分必要，正是这种持续传承并与时代变迁相适应的特质，成为其占据重要历史地位的有力证明。

更重要的是，为什么近代以来中国的经济学学术没有走向全盘西化，当代的学者为何能够有机会探讨中国经济学的探索与构建过程。这离不开传统经济思想的贡献。假如中国传统经济思想在诞生后经历了数千年停滞，那么它在晚清及民国时期面对从海外传入中国的近现代经济学说冲击之时，就应当因为彼此之间存在上千年的代差，而像石刀石矛遇上洋枪洋炮一样被毫无悬念地、摧枯拉朽地取代和替换。现实是，无论是马克思主义经济学还是其他流派，这些外来经济理论在中国都不是单向度地复制与传播，而是经历了

① （清）张之洞：《劝学篇》。

一个与中国具体实际相结合、同中华优秀传统文化相结合的本土化过程。显然，中国传统经济思想之所以能在这一本土化过程中彰显自身的理论价值与民族的社会历史特色，体现出较为坚强的生命力，正是因为其已经经历了两千多年的发展演变，并在这一过程中不断增强丰富性、独特性、创新性和分析性，不断提升理论水准，具备了与外来经济理论不断融合、互动的基础，甚至还能为解决现实问题提供一定的历史借鉴，为构建中国经济学提供若干理论要素和历史启迪，而不是直接被扫入故纸堆、成为一块古文明的化石。显然，中国传统经济思想能够在漫漫历史长河中不断顺应时代变化，持续传承并发展至今，正说明其蕴含丰富的内在价值和强大韧性，因而能在历史发展进程中占据重要地位。

尽管已有研究从不同侧面对中国传统经济思想的发展演变问题有所关注，但目前尚缺乏全方位、多视角、综合性的分析、提炼和概括。因此，本章将梳理中国传统经济思想的发展演变历程，并以此作为本书后续章节关于思想价值与历史地位的讨论起点。本章内容安排如下：第一节基于马克思主义唯物史观，探讨中国传统经济思想的历史分期逻辑与基本分析框架，结合具体史实，对中国传统经济思想进行历史分期和历史评价；第二至五节按照时间线索，梳理中国传统经济思想的演进脉络，分别考察先秦时期、秦汉至唐中叶前、唐中叶至元、明至鸦片战争前这四个时期中国传统经济思想的发展演变，回溯其历史地位塑造的重要过程；第六节为本章小结。

第一节　历史分期逻辑与基本分析框架

优秀且悠久的传统文化是我们坚定文化自信的深厚根基。习近平总书记指出，“只有全面深入了解中华文明的历史，才能更有效地推动中华优秀传统文化创造性转化、创新性发展”[1]。丰富的传统经济思想是中华优秀传统文化的重要组成部分，要科学研究和全面理解这一思想，首先要明确界定其历史分期。研究中国传统经济思想的发展演变，是中国传统经济思想史研究的基础性工作，主要通过科学合理的研究方法来挖掘、揭示史料中蕴藏的传统经济思想发展基本线索和主要脉络，梳理其精髓要义与阶段性特征，进而提炼历史长河中经济思想演变历程的连接点与转折点、厘清时代主题切换等重要变化对经济思想的影响，为相关的专题性研究提供方向指引与有益参考。

中国传统经济思想的历史分期，是指将先秦至鸦片战争前的中国经济思想的演变历史划分成若干时期，以揭示其在不同时期的差别与特征。对中国传统经济思想的演变历程进行分期是中国传统经济思想史研究的基础性工作，从形式上看，似乎是为了方便阶段性讨论和描述而采取的一种写作策略，令研究传统经济思想的相关论述更具直观性；从实质上讲，历史分期是历史叙事的时空把握，也是研究中国传统经济思想发展演变的出发点，其分期逻辑取决于论者采取怎样的研究方法和从什么视角切入浩如烟海的既有史料中，进而决定将何种关键因素作为分析经济思想演变过程的主线和评价不同历史时期经济思想特点的依据，从而划分经济思想发展的历史阶段。马克思主义唯物史观主张历史发展有其内在规律，而历史分期正是理解这些规律的关键，只有对阶段性特征和规律进行梳理，才能清晰地阐明社会发展的脉络和趋势。因此，历史分期是研究方法与历史评价的总体反映，具有基础性和综合性的特点。

有鉴于此，本章以分期问题为逻辑起点，首先探讨中国传统经济思想分期的历史逻辑和理论逻辑，其次结合具体史实对中国传统经济思想进行细致的历史分期，并展开相应的历史评价。

---

① 习近平：《在文化传承发展座谈会上的讲话》，《求是》2023年第17期，第5页。

一、中国传统经济思想分期的历史逻辑和理论逻辑

中国经济思想史研究从近代学科初创期开始，对传统经济思想历史分期问题的重要性便有初步认识，随着学科建设的推进，对该问题的探索亦不断深入，总体相关研究体现出了继承与发展，而非颠覆与断裂。在学科奠基时期（19 世纪末至新中国成立前）[①]，研究者普遍认为“秦汉之变”是古代中国经济思想史上最重要的分界点；在学科形成与发展时期（新中国成立至 20 世纪末），学界开始意识到“唐宋之变”对传统经济思想的重要影响；到了学科拓展时期（21 世纪以来），受经济史学界关于明清早期工业化及中西大分流等相关研究的启发，中国经济思想史研究开始关注和强调“明清之变”对传统经济思想的改变。

（一）学科奠基时期（19 世纪末至新中国成立前）：普遍以“秦汉之变”为关键分界点

从近代文献来考察，中国经济思想史学科奠基时期的学者对于传统经济思想的历史分期主要采用了以“秦汉之变”为界的两分法，或至少将其作为一个关键分界点。陈焕章在最早系统研究中国传统经济思想的著作《孔门理财学：孔子及其学派的经济思想》第三篇“一般经济原理”中指出，“春秋以前是古代经济阶段，春秋和战国是过渡性的经济阶段，由秦至今是现代经济阶段”[②]。甘乃光在中国第一部以“经济思想史”命名的著作《先秦经济思想史》中表示，“我国经济思想除了先秦以外，汉后的思想家实不能越先秦思想家的雷池一步”[③]。在新中国成立前代表当时中国经济思想史研究最

① 前述学科发展历程的阶段划分参见程霖、夏艳秋：《中国经济思想史研究的历史初心与未来使命》，《中国经济史研究》2022 年第 4 期，第 14—31 页。

② 陈焕章：《孔门理财学：孔子及其学派的经济思想》，翟玉忠译，中央编译出版社，2009，第 83 页。

③ 甘乃光：《先秦经济思想史》，商务印书馆，1926，第 2 页。

高成就的著作《中国经济思想史》中[1]，唐庆增按照经济思想发展之趋势与史料之多寡，将中国经济思想划分为胚胎时期（上古时期：自原始社会开始至秦末为止）、实施时期（中世时期：自汉初开始至明末为止）、发展时期（近代时期：自清初至“现在”）三个阶段[2]。这些研究均十分强调“秦汉之变”在中国经济思想史上的地位。

近代学者的历史分期思路，在研究方法上明显受中国传统史观或西方进化史观的影响。传统中国学术界治史向来强调“秦汉之变”，尽管各学派分期之法各不相同，但其不期而同地认为“周、秦之间皆若有一界画”，主要是因为秦统一后有“封建易为郡县”这一关键转变[3]。清末民初之际，西方线性进化史观传入中国，并与中国传统史观相对接，这种方法通常以“上世—中世—近世”或“上古—中古—近代”等形式加以概括[4]。

如果从历史评价角度来看，学科奠基时期学者对传统经济思想史的历史分期的讨论又深受古典政治经济学这一西方经济理论分析工具的影响。在学术经历上，近代中国经济思想史学者多有海外留学背景，例如，陈焕章留学至美国哥伦比亚大学学习经济学，《孔门理财学》（The economic principles of Confucius and his school）是其博士毕业论文；唐庆增为密歇根大学经济学学士，后入哈佛大学学习财政学和西洋经济思想史，获硕士学位。在研究方法上，多数研究注重以一般性经济规律为标尺，以派别和人物为核心，基于西方范式对中国传统经济思想加以比对、诠释与分析。虽然他们已经意识

① 程霖、毕艳峰：《奠基时期中国经济思想史研究的成就与地位》，《财经研究》2008 年第 10 期，第 26—38 页。

② 唐庆增：《中国经济思想史》（上卷），商务印书馆，1936，第 8 页。注：唐著仅有上卷，未竟全功。

③ 吕思勉：《先秦史》，北京理工大学出版社，2016，第 1—3 页。

④ 冯天瑜：《中国历史分期与秦至清社会形态命名》，《学术月刊》2006 年第 4 期，第 96—97 页。

到经济学理论的适用性问题[①]，但在写作中仍难以摆脱照搬西方理论体系的做法，加上史料方面的局限性，近代许多学者在评价传统经济思想历史价值时直接考察中国古人何时开始关注西方经济理论中强调的生产、分配、交换等范畴，因此普遍突出先秦经济思想的光辉成就（先秦思想家已观察到这些经济活动环节并展开了具有哲学深度的讨论），而对汉以后经济思想的评价不高，认为后者在维度及内容上并没有比先秦更加丰富，仅仅是对先秦思想的重复或仅增加注脚。

由于学科奠基时期的中国经济思想史在研究方法上尚未运用历史唯物主义，未能有效地协调历史学方法（进化史观）和经济学方法（古典政治经济学），对古代中国各时期经济思想的发掘、诠释与分析也不够全面、深入和客观，因此其历史分期的内在逻辑并不自洽：一方面承认“秦汉之变”代表了社会、制度乃至国家治理层面的进化，并将其作为经济思想分界点；另一方面又认为分界点前后相比，经济思想并没有演进，反而陷入停滞，未解释这一“矛盾”的根源，甚至没有意识到这一“矛盾”的存在。因此，尽管后世学者也同样认可“秦汉之变”是传统经济思想发展历程中的一次重要变化，但其研究方法与分期逻辑却未必与民国时期学者相同[②]。

（二）学科形成与发展时期（新中国成立至 20 世纪末）：对“唐宋之变”展开深入考察

新中国成立后，历史唯物主义的应用与普及使得中国经济思想史的研究

---

① 如陈焕章表示，“非常小心地避免将现代西方经济学家的思想掺入到对于中国古代著作的解读之中”。参见陈焕章：《孔门理财学：孔子及其学派的经济思想》，翟玉忠译，中央编译出版社，2009，第 3 页。

② 此后也有少数学者延续了该范式，如聂志红将古代经济思想的发展划分为三个时期：春秋末期以前的萌芽期、春秋末期至西汉末期的形成期，以及西汉末期至鸦片战争前的“正统”经济思想主导期，参见聂志红：《中国经济思想史撷要》，中国民主法制出版社，2012，第 8 页。

方法得以创新[①]，此外史料也更加丰富，扩宽了研究视野，促使学界在继续关注“秦汉之变”等传统问题的基础上，对汉代及以后的经济思想开展了更加深入的分析。基于唯物史观，中国经济思想史学界将“秦汉之变”视为领主经济与地主经济过渡、社会组织方式与经济思想变化的分界点，并沿着生产力决定生产关系、经济基础决定上层建筑的逻辑线索进一步推进，继而发现了“唐宋之变”对传统经济思想发展的重要影响，从而提出了一个新的重要分界点，在历史评价方面也更加重视唐宋经济思想的分化性特征。胡寄窗的《中国经济思想史》（上）根据社会生产关系的本质及中国传统经济思想在不同历史发展阶段上的变化，将中国传统经济思想的发展分成封建领主经济阶段（先秦时期）、封建地主经济体系上升时期（即豪族地主经济阶段，秦汉至唐中叶前）、封建地主经济体系衰落时期（即庶族地主经济阶段，唐中叶到鸦片战争前）等三个阶段[②]。该书认为“后代学者对经济问题的研究，虽在基本原则上很少超出先秦诸子所涉及的范围，但是在具体内容上的丰富与发展却很可观，其意义不下于先秦的简单经济原则的提示”[③]。赵靖主编的《中国经济思想通史》虽然没有在分期上突出“唐宋之变”，但在第3卷“卷首语”中明确指出唐中叶“开始显露出此后一个长时期经济思想领域中的新的发展动向”[④]。姚家华和孙引将中国传统经济思想的演变划分成春秋战国时期、封建地主经济发展前期（秦汉至隋唐）、封建地主经济发展后期（宋至鸦片战争前夕）三个时期，并指出宋以后“许多传统的经济思想教

① 最早应用这一方法的是20世纪30年代社会经济史论战时期的戴行轺，他将古代经济思想的发展划分为原始社会时代（自太古起至殷庚止）、奴隶社会时代（自殷庚起至周初止）、封建社会时代（自周朝起至秦明止）、过渡社会时代（自秦朝起至鸦片战争之役止）等四个阶段。参见戴行轺：《中国经济思想之史的鸟瞰》，《商学期刊（上海）》1929年第6期，第1—22页。

② 胡寄窗：《中国经济思想史》（上），上海财经大学出版社，1998，第1—9页。

③ 谈敏：《一部具有开拓意义的学术论著——〈中国经济思想史〉》，《财经研究》1984年第4期，第61—65页。

④ 赵靖主编：《中国经济思想通史》（第3卷），北京大学出版社，2002，第1113页。

条已经日益动摇”[①]。

深入考察“唐宋之变”在传统经济思想发展过程中的重要地位，是中国经济思想史研究者不再沿袭新中国成立前流行的史学分期逻辑、主动采用历史唯物主义方法论、创新探索中国经济思想史学科历史分期的结果。当前学界的共识是秦汉以后传统地主经济的生产关系和社会运行逻辑确实在唐宋时期发生了明显转变，如科举制兴起、豪族门阀地位削弱、纸币诞生、宏观经济管理的重点由土地制度转向理财和税赋制度[②]等。叶坦指出，“两宋三百余年在中国经济理论发展史上是重要的转折时期”，并从生产力思想、“工商皆本”论点的提出、“称提之术”等五个方面论证了宋朝是中国经济思想史上的一个承前启后、新旧思想交汇的转折时期[③]；林立平指出，唐宋时期交换经济的繁荣、商贾势力的崛起，使得“整个社会呈现出变革的态势”[④]；葛金芳则指出宋代社会在诸多方面“都萌动、发生着一些引人注目的重大变化，使宋代社会呈现出与前迥异的不同世相来”[⑤]；等等。由此，经济思想史研究者开始注意到，此前“被历史学界较多接受”的传统观点实际上与马克思主义基本原理存在一定程度的偏差。胡寄窗表示他在传统经济思想分期问题上进行了仔细推敲、修正了流行版本[⑥]。赵靖也提出，只有在科学把握唯物史观的基础上，以土地这一古代社会最重要的生产资料为切入点，采用“地产—地租、赋役”的分析模式，才能“揭示出支配中国传统经济思想发展变化的历史规律”[⑦]。这一时期学者运用历史唯物主义方法系统梳理传世

---

① 姚家华、孙引：《中国经济思想简史》，三联书店上海分店，1995，第 6 页。

② 阎万英编著：《中国农业思想史》，中国农业出版社，1997，第 2 页。

③ 叶坦：《两宋时期的经济理论考察》，《经济研究》1990 年第 8 期，第 75 页。

④ 林立平：《唐宋时期商人社会地位的演变》，《历史研究》1989 年第 1 期，第 129 页。

⑤ 葛金芳：《中国封建租佃经济主导地位的确立前提——兼论唐宋之际地权关系和阶级构成的变化》，《中国社会经济史研究》1986 年第 3 期，第 1 页。

⑥ 胡寄窗：《对古代史分期问题的一点意见》，《学术月刊》1979 年第 6 期，第 56—60 页。

⑦ 赵靖主编：《中国经济思想通史》（第 1 卷），北京大学出版社，2002，第 6、8 页。

文献，具有开创性贡献，但受限于此时地契、方志等非官方史料还未被大规模整理，早期工业化、地权制度等关键经济史问题还未得到深入探讨，未能将明清列为一个独立的历史时期加以考察。

（三）学科拓展时期（21世纪以来）：对“明清之变”的讨论不断丰富

国内史学界早在20世纪50年代便开始热议中国资本主义萌芽问题，相关讨论虽在20世纪70年代有所中断，但至20世纪80年代仍在持续，直到20世纪90年代才降温。这一研究范式为寻求明清社会经济发展的合理解释迈出了重要一步，不仅破除了长期盛行的“中国停滞论”，更通过搜集方志、档案、笔记、文集、契约等资料，显著丰富了明清社会经济史的研究内容[①]。这些研究也或多或少存在着以西方经验为参考系来评判中国的“欧洲中心论”问题，因此自20世纪末、21世纪初开始，学界逐渐开展明清早期工业化及中西大分流等方面的研究，探讨明清时期中、西方在农业、商业和手工业等方面发展的经济分化问题，认为当时江南地区手工业在经济中的地位日益提升，甚至已超过农业的地位，尽管这种早期工业化未必会引发近代工业化[②]。这些社会经济史方面的丰富资料与探讨也为中国经济思想史研究带来了启发，尤其是在史料挖掘、思想剖析等领域有了长足的发展。此阶段中国经济思想史学者除了关注上述“秦汉之变”“唐宋之变”转折时期外，逐渐将“明清之变”视为研究重点。叶世昌在《古代中国经济思想史》中将传统经济思想分为西周及西周前、春秋、战国、秦汉、三国至隋唐五代、宋辽金元、明至清前期七个时期[③]。赵晓雷在其主编的《中国经济思想史》中

① 徐泓：《中国资本主义萌芽问题研究范式与明清社会经济史研究》，《中国经济史研究》2018年第1期，第169—181页。

② 李伯重：《江南的早期工业化（1550—1850）》（修订版），中国人民大学出版社，2010，第10—13页。

③ 叶世昌：《古代中国经济思想史》，复旦大学出版社，2003。

将古代部分分为夏商西周、春秋战国、秦至南北朝、唐宋元、明至清朝初期五个时期[①]。此外，还有若干面世的著作亦按照朝代分期[②]。这些分期方法虽有差别，但都比以往著作划分得更为细致，且均将明清经济思想与此前的思想分割开来，增加和强调了“明清之变”这一关键分界点。

与前一时期相比，21 世纪以来的中国经济思想史研究方法坚持以历史唯物主义为指导，但对史料的挖掘更加丰富，细节上也更加关注经济思想与各时期政治、经济、社会环境背景的联系，同时吸收了社会经济史学界的诸多研究成果，对明清经济社会发展新动向的认识更加全面深刻，如地权交易形式日益成熟[③]、商帮与商业资本逐渐兴盛[④]、变革赋役制度已臻于完善[⑤]、对外贸易空间在特定时期内空前扩大[⑥]、白银货币化[⑦]等。因此在历史评价方面，该时期经济思想史学界对明清经济思想的评价明显提升。例如，陈勇勤指出，明朝的反传统异端思想“成为有活力的经济思想领域中的一大亮点”[⑧]。赵晓雷等认为在个别生产部门和个别地区出现现代人所说的“资本主义萌芽”、社会经济开始走上“原始工业化”的背景下，“明中期以后经济思想十分活跃”[⑨]。

由上可知，学者对中国传统经济思想发展演变的理解呈现出由浅及深、从初步探索到逐步成熟的一个过程，虽然每个时期的分期方法都独具特点且与当时的历史背景紧密相关，但长期来看，随着马克思主义史学理论在中国经济思想史领域的运用和普及不断深化，研究方法的完善性和分期结论的科

① 赵晓雷主编：《中国经济思想史》，东北财经大学出版社，2019。

② 如陈勇勤：《中国经济思想史》，河南人民出版社，2008；钟祥财：《中国经济思想史》，上海社会科学院出版社，2015；孙洪升编著：《中国经济思想史》，中国人民大学出版社，2019。

③ 龙登高：《地权交易与生产要素组合：1650—1950》，《经济研究》2009 年第 2 期，第 146—156 页。

④ 吴慧主编：《中国商业通史》（第三卷），中国财政经济出版社，2005，第 751 页。

⑤ 孙文学主编：《中国财政思想史》（上），上海交通大学出版社，2008，第 416 页。

⑥ 李伯重：《中国海外贸易的空间与时间——全球经济史视野中的“丝绸之路”研究》，《北京大学学报（哲学社会科学版）》2021 年第 2 期，第 2、21—36 页。

⑦ 万明：《明代白银货币化的初步考察》，《中国经济史研究》2003 年第 2 期，第 39—51 页。

⑧ 陈勇勤：《中国经济思想史》，河南人民出版社，2008，第 190 页。

⑨ 赵晓雷主编：《中国经济思想史》，东北财经大学出版社，2019，第 121 页。

学性都在不断提升。虽然既往研究对中国经济思想史古代部分的历史分期有所差异，但若求同存异地看，学界对“秦汉之变”“唐宋之变”“明清之变”这三次重要社会变化在传统经济思想发展过程中所起到的历史性、关键性作用，逐渐达成基本共识[①]。这有赖于学者在研究中不断挖掘新史料、吸收其他领域新观点、深化运用历史唯物主义等科学方法，既重视社会经济发展对中国经济思想的决定性作用，又不忽视经济思想传承与创新进程中的相对独立性。目前来看，关于中国传统经济思想历史分期的研究仍有几点不足：其一，新近文献越来越倾向于将朝代更迭作为分期节点，这在一定程度上弱化了对历史发展阶段的深入讨论，减少了对关键影响因素的探究。尚未有文献系统梳理和集中论述中国传统经济思想的三次重要变化及其所经历的四个主要时期。其二，鲜有文献从理论层面对中国传统经济思想的分期逻辑予以详细说明，并进一步探讨传统经济思想运行发展的主要影响因素和发展特点。其三，相关研究在历史演进和经济思想演化衔接上还有不足，从而对各时期传统经济思想发展演变的总体评价尚有一定分歧。

有鉴于此，本书将在综合已有文献研究成果的基础上，运用历史唯物主义基本原理，阐述中国古代经济思想的演进机制，从重大历史变迁推动思想发展演变的角度进行历史分期，并基于这一逻辑，构建贯穿后续章节的基本分析框架。

二、中国传统经济思想的演进机制与三条主线

本书基于历史唯物主义的一般原理，结合中国传统经济思想自身发展特点，考察中国传统经济思想的演进机制。卡尔·马克思（Karl Marx）和弗里德里希·恩格斯（Friedrich Engels）在《德意志意识形态》中构建唯物史

① 除了这三大变革外，各时期学界普遍认为中国经济思想最初发端于“商周之变”，但由于可靠史料缺乏，学界对商代及周初的经济思想讨论非常少。

观时指出，研究人类社会发展规律需要运用“描述人们实践活动和实际发展过程的真正的实证科学”①。这门科学主要概括了从对人类历史发展的考察中抽象出来的最一般的结果，进而在认知功能上取代思辨哲学——后者因试图寻找通用于不同时代的药方或公式而轻视历史知识。因而，构建中国传统经济思想的演进机制，须坚持逻辑与历史的有机统一：既要以经济思想发展的历史为第一性，又要用抽象逻辑揭示经济思想发展的客观规律②。

如图 1.1 所示，从简化角度看，中国传统经济思想的动态演进可分成上一期、当期、下一期相互联系的三个时期。某一时期经济思想的产生、碰撞与融合主要取决于两方面：一方面是当期的历史实践，即社会存在与社会意识；另一方面是上一期的经济思想的产生、碰撞与融合。

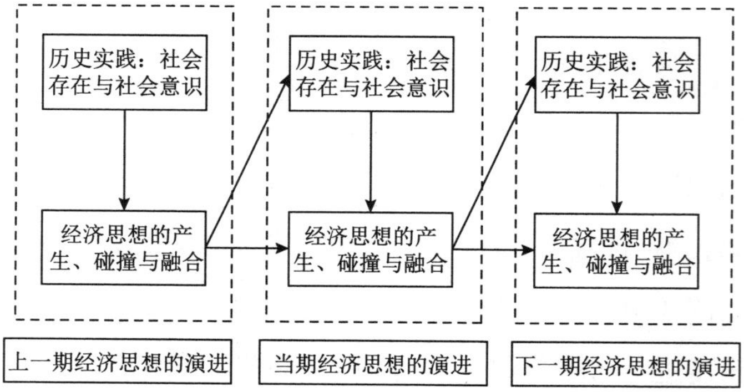

图 1.1　中国传统经济思想的演进机制

其一，经济思想的产生、碰撞与融合受到当期社会存在与社会意识的影响。当期的社会存在对当期的经济思想具有决定作用。经济思想的产生本质上是人们对客观社会实践的反映，是人们在一定的社会意识下对当前经济事实和

① ［德］卡尔·马克思、［德］弗里德里希·恩格斯：《马克思恩格斯文集》（第一卷），中共中央马克思恩格斯列宁斯大林著作编译局编译，人民出版社，2009，第 526 页。

② 中国经济思想史领域对经济思想运行机制已有部分前期研究，参见孙大权：《经济思想史的运行机制与“全过程研究法”》，《经济思想史学刊》2024 年第 4 期，第 3—24 页；叶坦：《经济史学及其学理关联——基于史实与逻辑的视域》，《经济学动态》2013 年第 10 期，第 80—88 页。

经验事实的总结提炼与抽象概括，有助于认识经济现象、把握经济规律。换言之，传统经济思想是思想家、政治家、军事家、普通民众等各类社会主体对所处时代社会存在的认知产物。有的是对微观经济管理实践的总结，如先秦时期的“积著之理”“务完物，无息币”“与时逐”等经营智慧和治生理念，范蠡从商业活动实践中提炼出的保证商品质量、加快资金周转、把握市场行情等商业经营原则。有的是对重大宏观经济问题的回应，比如，秦汉以来，土地兼并已上升为牵动社会各方面的主要经济问题，国家旨在抑制兼并，以增加自耕农数量、增加政府税赋等方式，推行了多种土地制度，“限田”“占田”“均田”等思想相继产生并纳入主流土地政策中；又如，明代以来，中国商品经济繁荣，与世界市场日益紧密，白银自下而上崛起于民间市场，不可逆转地成为社会流通领域的主要货币，国家为应对这种潮流，推动了一系列财政、货币、赋役制度改革，由此提出了“一条鞭法”“摊丁入地”等思想及相关政策①。总之，传统经济思想不是凭空产生的，而是以历史存在为根源，以各类社会经济问题为动力而产生的。同时，经济思想受到当期社会意识的影响，其叙述表达与古人当期的思维方式、话语体系密切相关。有的是思想家主动为“纯粹”的经济思想概念披上伦理外衣，为经济活动提供价值判断，揭示其合理性与正当性，比如，春秋战国以来，儒家、法家常采用“义”“利”与“本”“末”等对立概念描述经济现象，并将“义”“本”等概念作为评价经济活动正当性的标准，反映了社会主流意识面对“道义—逐利”“农业—工商业”等两难问题时所贯彻的价值观②；又如，南宋以来，永嘉学派等浙东地区的学派以功利为主要内容，一定程度上突破了正统儒学观念，提出了“既无功利，则道义者乃无用之虚语”③等思想，为功利主义正名。有的是思想家受

① 万明：《全球史视野下的明代白银货币化》，《光明日报》2020年8月3日。

② 程霖、段博、刘凝霜：《中国传统经济思想概念体系探析》，《中国社会科学》2024年第2期，第84—104页。

③（宋）叶适撰：《习学记言》卷23。

到当期学派的话语言说方式和解读表述方式的影响，采用精巧加工的语言传递或直观或深邃的道理[①]。春秋时期儒家学派常采用“微言大义”的方法，使人们在有限话语中得到无限启发，如“百姓足，君孰与不足”[②]；道家学派常采用矛盾法，用排斥日常的哲学思维启迪人们，如“无为而治”“人人不损一毫，人人不利天下，天下治矣”[③]；魏晋南北朝以来，佛教经济思想常带有因果、轮回色彩，如“无尽藏”“长生库”等概念，并以此表示相关的金融经济活动。因此，由于各时期社会存在和社会意识存在差异与变化，中国传统经济思想在各时期展现出各自的特点，有着鲜明的时代烙印。每一期的经济思想都映射着其所在时代的重要主题。

其二，上一期经济思想的产生、碰撞与融合对当期经济思想的产生、碰撞与融合产生了较大影响，主要有两个影响渠道。首先，上一期经济思想反作用于当期的社会实践，进而对当期经济思想产生影响。根据马克思主义唯物史观，经济思想对历史实践具有反作用和相对独立性。任何一个时期的历史实践，无论是社会存在还是社会意识，都或多或少、不可避免地受到既往经济思想的影响，进而间接影响该时期的经济思想演进。比如，先秦法家所推崇的重本抑末、郡县制、控制民众等国家治理思想，在秦统一后即被秦王朝执政者当作国家治理经验继承，使其上升为大一统的国家制度。这种在全国范围内施行的政策，钳制了秦王朝经济思想市场的发育，从而抑制了秦王朝经济思想的产生、发展，与以往百家争鸣的思想市场形成较大反差。又如，在先秦时期，为考察官员政绩、记录经济活动等，形成了“会计”“上计”等经济思想，及至下一时期，这些思想以规范的制度形式得以巩固，中式会计报告基本形态“上计簿”逐步形成，并出现了专门的组织机构“会计

① 金成武：《中华传统文化中的经济思想对当代经济学研究的启示》，《经济学动态》2023 年第 12 期，第 14—25 页。

②《论语 · 颜渊第十二》。

③《列子》卷 7《杨朱》。

司”。这种社会实践亦不断推动着会计思想的深化，比如唐宋时期记账方法开始由“三柱结算法”向“四柱结算法”转型。其次，上一期的经济思想直接对当期经济思想的产生、碰撞与融合产生影响。这是因为在新的社会实践中，思想家面对新的社会问题，常常需要从以往的经济思想中汲取经验，通过继承、沿袭与吸收旧的经济思想，进而提出新的解决方案。比如，宋代王安石为解决农户在青黄不接之际的钱粮短缺问题，借鉴并改进了西汉以来的“常平仓”思想，形成了“青苗法”方案，在把握经济规律基础上适度干预农村金融借贷市场，有助于农户度过饥荒并免受高利贷压榨。又如，面对白银货币化的趋势，明代丘濬设计了“三币之法”，这种货币思想最早源于《管子》中的“三币之法”，丘濬对其加以改进，形成了一种包含铜钱与纸钞的复合型白银流通制度思想[①]。

由上可知，经济思想的发展演变总是植根于社会存在中，并同社会意识交织影响，因此要厘清经济思想的演变脉络，就必须立足历史实践、剖析社会存在和社会意识，具体来看，经济基础、国家治理、思想市场是影响经济思想产生和发展的三条主线（图 1.2）。

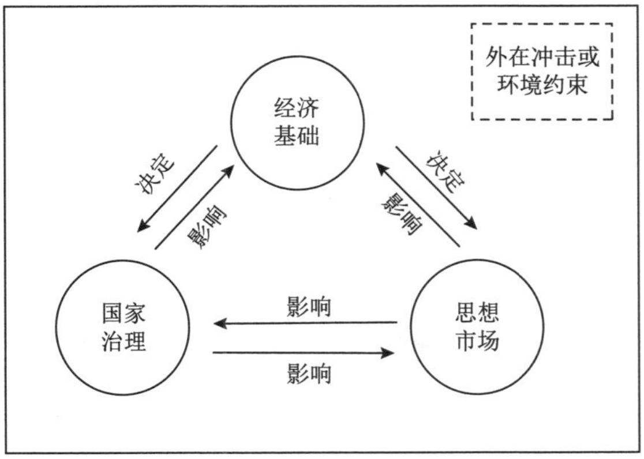

图 1.2　经济思想演变的重要因素：社会存在与社会意识的变动

① 王昉、徐永辰：《从“银为上币”到“银钱两权”——晚明白银流通思想的形成与演变》，《复旦学报（社会科学版）》2018 年第 5 期，第 139—148 页。

第一是经济基础的发展。唯物史观的核心命题从一般意义层面指出“生产力决定生产关系，经济基础决定上层建筑”，而经济思想作为上层建筑的构成元素归根到底受到了经济基础的影响。一方面，生产力的发展是推动历史发展的原动力，对生产技术的思考必然会使由技术层面引发的经济思想或者技术经验产生、积累，这直接体现在《四民月令》《天工开物》等有关经济生产的科学技术著作中。另一方面，在生产力、生产方式、生产关系的矛盾运动中，传统社会的经济结构、权力结构和运行逻辑也会相应变动，间接改变思想家所面对的社会存在、决定经济问题讨论的议程设置。换言之，在历史实践的演进过程中，经济基础的发展推动社会存在与社会意识发生变化，协作分工方式、社会组织形式、土地所有制、家庭经济结构都呈现出不同程度的变化，各时期思想家基于社会经济实践的变化从经济思想的角度提供了丰富的阐释、分析和主张。

第二是国家治理的演进，即政治上层建筑变化。国家治理即治国理政的活动，是指在面对社会内部经济基础的变化以及战争、饥荒、自然灾害等外部环境冲击时，在上层建筑层面所推行的制度措施及各类政策，其目标是维护统治、强盛国力、稳定秩序等。古代政治家、思想家围绕“治国平天下”的目标提出各种经济政策措施、推行各项经济制度，其中均蕴藏着丰富的经济思想，如推行郡县制实现了中央对地方的有效控制、完善“乡里制度”提升了汲取基层资源和社会动员能力、强化对官僚体系的考核监察激励官员廉洁奉公、设立常平仓以实现粮价调节与储粮备荒、开展土地和人口普查工作以掌握统计数字、改革税制以增加国家财政收入、加强重农抑商政策以维护封建统治等。这些国家治理行为在传统农业社会的形成、运行与长期赓续中占据重要地位，是上层建筑反作用于经济基础的直接体现。

第三是思想市场的变化，即思想上层建筑变化。思想市场是指思想创造、传播、消费、再创造的主体、内容、设施与环境，亦属于上层建筑的组成部分。“在经济学说史的研究中，对于经济科学演化的原因和机制，长期存在着两种不同的看法。一种看法认为经济学说的产生与演化是社会经济政治状况变化的结果……另一种看法可以简单（但不一定精确）地称作内因论，它强调经济学说的产生和演化是经济学说自身内在逻辑的结果。”[①]如果把经济学说产生和演化的过程看作一系列思想产品的生产过程，那么对于经济学说的产生与演化来说，外因与内因是交互作用的，前者直接影响需求，间接影响供给，后者则直接作用于对思想产品的供给。社会经济以及政治因素是影响经济思想演变和发展的重要外在因素，经济基础和国家治理决定了对解释性或指导性经济思想的需求，国家治理不仅限于社会政治因素，还体现着社会组织方式，与经济基础体现的生产组织方式相对应。思想市场则是内在因素，经济思想的供给显然受到意识形态及各类流派的影响。横向来看，思想市场上交流讨论的活跃程度，受当时政府行政管理约束的直接影响。例如，学术的垄断与下移、书籍的流通及文本的传播、学术场所的设立与取缔、中外文化交流的开放与禁止，凡此种种都将影响思想家、政治家等主体面对时代问题时所倡导的经济思想的深度、广度与影响力，影响不同供给主体所主张经济思想的交锋与争鸣、碰撞与融合。纵向来看，思想市场是影响经济思想传承与创新的重要因素，如古代社会中儒家的独尊地位奠定了主流的意识形态。儒家经典、历代史书等文本，均记录保存了丰富的经济思想；“经学”“诗教”等学术传统传承、巩固、强化了中国传统经济思想所特有的话语体系、分析方式，保证其赓续不断并规范其价值取向与发展方向。

本书从经济基础、国家治理以及思想市场三大要素出发，综合梳理各时期经济思想变化的生成轨迹。值得注意的是，三条线索中经济基础居于核心地位，经济基础决定了国家治理和思想市场的发展，同时不应忽视国家治理

① 张旭昆：《思想市场——分析经济学说演化的一个模式》，浙江人民出版社，1994，第4—5页。

和思想市场对经济基础的反作用，三者在交织发展的历程中共同推动中国传统经济思想螺旋式上升、曲折中演进。

三、中国传统经济思想的三次重要变化与四个主要时期

本书依据上文论述的演进机制三条主线并综合已有文献成熟的分期观点，认为传统经济思想的发展经历了三次重要变化，分别是“秦汉之变”“唐宋之变”“明清之变”，这三个分界点将古代中国传统经济思想的历史划分为四个时期：①先秦时期——中国传统经济思想之形成；②秦汉至唐中叶前——中国传统经济思想之基本教条确立；③唐中叶至元——中国传统经济思想之变化；④明至鸦片战争前——中国传统经济思想之曲折发展。

（一）先秦时期：中国传统经济思想的形成时期

由于缺乏可靠史料，学界对西周以前的经济思想讨论不多。西周时期在经济基础上，形成了封建领主制经济形态，农民人身依附关系强烈[①]。人们对土地、农业的重要性认识逐步深化，重农思想不断发展[②]。在国家治理上，推行了分封制、宗法制、工商食官、井田制等制度，也代表着土地、财政、金融、会计、农业、赋役等思想的产生与发展。在工商业政策上，国家并未轻视私人工商业，甚至持有重商态度[③]。在思想市场上，教育制度以“学在官府”为主导，存在着鲜明的教育垄断，经济思想仍处于萌生阶段[④]。

春秋战国时期，在经济基础上，一系列革命性技术和工具如牛耕、铁农具等的渐次出现，极大地推动了生产力进步，瓦解了原有的稳定的生产关

---

① 李文治、江太新：《中国地主制经济论：封建土地关系发展与变化》，中国社会科学出版社，2005，第44页。

② 钟祥财：《中国农业思想史》，上海交通大学出版社，2017，第4页。

③ 胡寄窗：《中国经济思想史》（上），上海财经大学出版社，1998，第33页。

④ 赵靖主编：《中国经济思想通史》（第1卷），北京大学出版社，2002，第25—27页。

系，封建领主制经济加速向地主制经济转变[①]。进一步看，生产力进步推动了市场分工扩大和财产私有深化，使得各行业形成相应的利益集团，在此基础上，儒、墨、道、法、杂、兵、农、商等诸多学术学派出现，这些学派纷纷提出各自的经济学说，捍卫和支持所代表的社会阶层集团的利益与发展[②]。

在国家治理上，“富国强兵”是这一时期统治阶层的核心诉求，为维护社会稳定、取得争霸战争、兼并战争的胜利，各学派从经济伦理、分配、财政、土地、货币、人口等若干方面提出“见利思义”“轻税”“农战”“子母相权”“徕民”等多种乃至对立的经济思想与政策设计方案。随着战国后期集权化制度的构建，各类经济思想在激烈的交锋争辩中走向融合，“轻重”“事本禁末”等国家干预思想占据优势，同时墨家、农家经济思想逐渐边缘化[③]。

在思想市场上，随着“学在官府”制度的瓦解，士人阶层兴起并逐渐壮大，思想市场空前活跃[④]。诸家学派对经济实践、国家治理、商业经营、价值价格、社会分工等多个命题提出独特见解与主张，在分析方法、经济伦理、基本议题等维度上都呈现出丰富性、原创性特征，为后世经济思想的发展深化提供了一个大体的轮廓[⑤]，可视为中国传统经济思想的形成时期。

（二）秦汉至唐中叶前：中国传统经济思想基本教条的确立时期

秦汉时期，在经济基础上，伴随着土地私有制的发展，经济形态发生重大转变，封建领主制经济形态转换为地主制经济形态，标志着生产方式进入新的阶段，地主制经济形态在中国古代取得了两千余年的绝对支配地位[⑥]。

---

① 赵晓雷主编：《中国经济思想史》，东北财经大学出版社，2019，第19—22页。

② 王伟光：《构建中华思想史当代中国马克思主义学派——关于研究编撰中华思想通史的若干问题》，《中国社会科学》2019年第11期，第171—203页。

③ 赵靖主编：《中国经济思想通史》（第1卷），北京大学出版社，2002，第166、331页。

④ 巫宝三主编：《先秦经济思想史》，中国社会科学出版社，1996，第171—172页。

⑤ 胡寄窗：《中国经济思想史》（上），上海财经大学出版社，1998，第508页。

⑥ 胡寄窗：《中国经济思想史》（上），上海财经大学出版社，1998，第5页。

地主制经济下国家、地主、农户之间存有动态博弈关系，三者间相互交织、消长与竞争。为抑制地主的土地兼并，思想家提出了“限田”“王田”等土地方案[①]。地主对农户的超经济强制依然存在，但农民生产独立性、积极性提升[②]。货币、商品流通较此前更加发达，人们对于货币作用、高利贷等已有较理论化的认识[③]。

在国家治理上，突出地表现为大一统中央集权制国家的形成，立范百代。此前基于松散封建领主制的国家治理经验已不再适用，秦汉基于法家、儒家思想建立“大一统”的国家形态结构，强化了中华民族多元一体格局，其中所展现的若干重要制度，成为后世两千多年的国家治理范式[④]。比如，郡县制实现了中央对地方的直接控制；车同轨、书同文、度量衡标准化，保障和规范了社会经济活动的有序开展[⑤]；编户齐民制度全面推广，提升了国家资源汲取能力，国家实现了对人口的直接控制，以家庭为单位的户籍制度由此定型[⑥]；垄断铸币权，采用严刑峻法防止盗铸，实现币制统一[⑦]；国家经济治理重心之一在于重农抑商，通过算缗、告缗、盐铁官营、酒榷、平准、均输等一系列政策，抑制私营工商业，以保证财政收入和社会稳定[⑧]。

在思想市场上，统治阶层通过“焚书坑儒”“罢黜百家，独尊儒术”等措施，钳制了此前相对自由发展的思想市场，儒家思想被逐步塑造成正统思想，吸收法家等其他学派理念后上升为社会基本准则，成为历代具

① 钟祥财：《中国土地思想史稿》，上海人民出版社，2014，第 21、29 页。

② 李文治、江太新：《中国地主制经济论：封建土地关系发展与变化》，中国社会科学出版社，2005，第 15 页。

③ 姚遂：《中国金融思想史》，中国金融出版社，1994，第 21—22 页。

④ 王子今：《中国古代“大一统”国家形态结构与中华民族共同体》，《光明日报》2022 年 6 月 27 日。

⑤ 费孝通：《中华民族的多元一体格局》，《北京大学学报（哲学社会科学版）》1989 年第 4 期，第 3—21 页。

⑥ 黄振华：《编户齐民与中国“大一统”国家形态的构建》，《中央社会主义学院学报》2021 年第 4 期，第 188—197 页。

⑦ 姚遂主编：《中国金融史》，高等教育出版社，2007，第 75 页。

⑧ 晋文：《秦汉经济制度与大一统国家治理》，《历史研究》2020 年第 3 期，第 11—18 页。

有统治地位的主流意识形态[①]。反映到经济思想上，经济思想由百家争鸣走向大一统，《盐铁论》成书成为传统经济思想的重要转折点和正统经济思想形成的标志，“重义轻利”“重本抑末”“黜奢崇俭”作为正统经济思想的三个最主要的、最具代表性的儒学化教条被广泛接受，在后世的经济思想领域长期处于主导地位[②]。

魏晋南北朝以来，受军事战争、自然灾害、国家治理等因素影响，社会经济出现局部变动，某些方面表现为倒退逆转，但仍处于秦汉以来的历史阶段之中，直到唐中叶才出现显著的变化[③]。在经济基础上，在国家、地主、农户的动态博弈下，土地所有制逐步由世族大地主主导，农民人身依附特征突出[④]。对地主家庭如何进行微观经济管理的讨论增多，《齐民要术》反映了商人治生之学向地主治生之学的转化[⑤]。经济重心开始南移[⑥]。该时期对废钱用谷帛、货币拜物教、通货紧缩等问题有较多观点[⑦]。在国家治理上，尽管部分典范化的中央集权制度遭到冲击和破坏、门阀政治盛行[⑧]，但在民族融合进程中，秦汉时期积累的若干制度得以延续，并吸收以往制度思想，提出并实施了“占田”“均田”“租庸调”等制度。在商业政策上，魏晋至唐中叶前期间，尽管政府实施了一些抑制商业发展的法令，降低商人的社会地

① 陈静、朱雷：《一统与正统——公羊学大一统思想探本》，《中国哲学史》2020 年第 6 期，第 15—22 页。

② 赵靖主编：《中国经济思想通史》（第 1 卷），北京大学出版社，2002，第 679 页。

③ 张泽咸：《“唐宋变革论”若干问题的质疑》，见中国唐史学会编《中国唐史学会论文集》，三秦出版社，1989，第 11—23 页；杨际平：《走出“唐宋变革论”的误区》，《文史哲》2019 年第 4 期，第 121—141、168 页。

④ 李文治、江太新：《中国地主制经济论：封建土地关系发展与变化》，中国社会科学出版社，2005，第 6 页。

⑤ 郑学益：《中国封建地主家庭经济学的产生——论贾思勰的〈齐民要术〉》，《经济学家》1993 年第 2 期，第 117—125、128 页。

⑥ 曹文柱、李传军：《二十世纪魏晋南北朝史研究》，《历史研究》2002 年第 5 期，第 142—165 页。

⑦ 姚遂主编：《中国金融史》，高等教育出版社，2007，第 101—102 页。

⑧ 张晋藩：《中国古代文官制度综论》，《中国社会科学》1989 年第 2 期，第 195—208 页。

位，但由于大商人与门阀世族和官僚阶层紧密结合，这些政策未能有效限制大商人势力[①]。在思想市场上，儒家思想在官方的主导地位并未根本动摇[②]，但玄学兴起、佛教传入，道家、法家等思想复苏，使得儒家正统思想受到较大冲击。当然，各类思想相互联系与渗透，丰富了儒学内容，并推动其发展[③]。在经济思想上，儒学正统经济教条未能有效贯彻，享乐和拜金主义较突出，佛教、道家的经济思想传播广泛，直至隋唐统一之后，儒学正统经济思想再度强化[④]。

（三）唐中叶至元：中国传统经济思想的变化时期

在经济基础上，唐中叶土地关系呈现出关键性的变化，在国家、地主、农户的动态博弈下，土地所有制由世族大地主主导向中小庶族地主主导转变，“不抑兼并”的土地安排成为后世处理土地问题的基本准绳，延续至明清[⑤]。伴随着世族地主世代衰微，以人身依附关系为特征的超经济强制逐步松弛，佃农成为农民的主体，并以分成租为主[⑥]。土地私有制有了重大发展，土地产权流转日益频繁，庶族民众有动力去获得更多政治、经济发展机会[⑦]。商业经济日益繁荣，工商业行会兴起[⑧]；商品流通范围扩大，世界上最早的纸币“交子”诞生[⑨]；坊市制的限制逐渐被打破[⑩]；经济重心南移逐

---

① 朱坚真主编：《中国商贸经济思想史纲》，海洋出版社，2009，第 128 页；吴慧主编：《中国商业通史》（第二卷），中国财政经济出版社，2006，第 66—70 页。

② 王晓毅：《魏晋玄学当代研究略论》，《东岳论丛》1992 年第 3 期，第 74—78 页。

③ 楼劲：《魏晋南北朝儒学的发展》，《历史研究》2022 年第 3 期，第 71—93 页。

④ 唐凯麟、陈科华：《中国古代经济伦理思想史》，人民出版社，2004，第 10 页。

⑤ 于干千：《基于博弈论的“不抑兼并”土地制度分析——以唐宋农地制度的演进为视角》，《中国经济史研究》2007 年第 1 期，第 159—168 页。

⑥ 方行：《中国地主制经济的经济强制问题》，《中国经济史研究》2013 年第 1 期，第 3—9、175 页。

⑦ 田泽滨：《唐中叶前后土地所有制关系的变化》，《吉林师大学报》1980 年第 1 期，第 73—81 页。

⑧ 胡寄窗：《中国经济思想史》（中），上海财经大学出版社，1998，第 493 页。

⑨ 何平：《传统中国纸币的发展路径》，《光明日报》2024 年 1 月 22 日。

⑩ 魏明孔：《唐代坊市及其变化》，《光明日报》2017 年 6 月 26 日。

步完成，海外贸易活跃[①]。在此基础上，土地典权制度思想逐步发展[②]，纸币发行与管理思想日渐丰富[③]，思想家质疑并批判传统教条，为工商业作辩护，提出了大量重商和支持市场的观点及主张[④]。

在国家治理上，唐中叶及以后，赋役制度发生重大变革，旧的赋役体系被打破，新赋税体系开始建立[⑤]，两税法的推行，使得赋税对象由人丁转向财产，由赋役并重走向赋重于役[⑥]，改善了中央与地方的财政收入分配关系[⑦]。科举制逐渐成熟并延续至晚清，推动了社会阶层的流动，实现了官僚体制内外正式制度与非正式制度的互动渗透，构建了国家治理的韧性结构，其不因皇帝或官僚作为与否而动摇[⑧]。征兵制向募兵制转变[⑨]，面对日益增长的军费支出，国家对工商业的限制逐步放宽，较多地引入民办因素，运用市场规律开展理财活动，推动了多项带有功利色彩的专卖制度、征商和消费政策[⑩]。设置市舶等制度，推动了积极的海外贸易，直至明代前期。

在思想市场上，科举制度强化和延续了正统思想，在大规模人才选拔实践中，科举制通过应试内容、评价标准，使得儒学保持着主流意识形态，为国家提供了较为统一的文化观念[⑪]。同时，科举制有着自我调适弹性，容纳

---

① 邓小南：《宋代历史再认识》，《河北学刊》2006年第5期，第98—99、104页。

② 戴建国：《从佃户到田面主:宋代土地产权形态的演变》，《中国社会科学》2017年第3期，第161—180页。

③ 姚遂主编：《中国金融史》，高等教育出版社，2007，第147页。

④ 赵晓雷主编：《中国经济思想史》，东北财经大学出版社，2019，第90页。

⑤ 吴树国：《中晚唐至北宋前期赋役立法的走向》，《光明日报》2016年10月13日。

⑥ 方行：《中国封建经济发展阶段述略》，《中国经济史研究》2000年第4期，第12—24页。

⑦ 陈明光：《唐朝两税三分制的财政内涵试析》，《中国社会经济史研究》1988年第4期，第24—31页。

⑧ 周雪光：《黄仁宇悖论与帝国逻辑：以科举制为线索》，《社会》2019年第2期，第1—30页。

⑨ 孙继民：《唐宋兵制变化与唐宋社会变化》，《江汉论坛》2006年第3期，第93—97页。

⑩ 李华瑞：《宋代的财经政策与社会经济》，《中国社会科学》2022年第7期，第113—129页。

⑪ 周雪光：《黄仁宇悖论与帝国逻辑：以科举制为线索》，《社会》2019年第2期，第1—30页。

了理学、心学等对儒家经典的多种阐释，并不断吸纳民间学术思想[①]。在经济思想上，正统经济思想的藩篱逐渐被突破，浙东事功学派兴起，该学派反对空谈，主张义利统一，强调经世致用和崇实重商[②]；李觏、范仲淹等思想家亦对崇俭思想提出了质疑，鼓励消费[③]。

元时期，游牧文明冲击使得社会经济在某些方面有所倒退，体现了历史发展的曲折性和复杂性，但同时也有着新的进步和发展，总体上社会经济形态仍与唐宋类似，处于唐宋以来这一大阶段中[④]。在经济基础上，南方地主制经济形态大致延续宋代模式；北方地主制经济形态中则明显掺入了游牧经济的某些因素，各类特权地主队伍日益庞大，自耕农与佃农地位下降，土地关系出现倒退，直至明中叶后才实现新的发展[⑤]。国内商业呈现畸形发展趋势，奢侈品贸易盛行，对外贸易兴旺发达[⑥]。其中，纸币在货币流通中占有特殊的重要地位，纸币滥发常常导致恶性通货膨胀现象出现，因而思想家对纸币发行与管理、纸币贬值等内容的探讨尤其丰富[⑦]。在国家治理上，游牧文化带来了若干落后制度，如赋役制度出现逆转，力役加重，国家重新在北方征收人头税，致使两税法中断近一个世纪[⑧]。元王朝仍积极吸收农耕文明，建立了先进制度，如推行行省制，塑造了中国行政区划体系，对后世具有较深刻影响[⑨]；全面推行纸币，并颁布了中国货币史上首部比较完善的

---

① 余英时：《中国文化史通释》，生活·读书·新知三联书店，2012，第 233 页

② 陈勇勤：《中国经济思想史》，河南人民出版社，2008，第 154—158 页。

③ 欧阳卫民：《中国消费经济思想史》，中共中央党校出版社，1994，第 285 页。

④ 李治安：《元代及明前期社会变动初探》，《中国史研究》2005 年增刊，第 83—98 页。

⑤ 李治安：《元和明前期南北差异的博弈与整合发展》，《历史研究》2011 年第 5 期，第 59—77 页；李文治、江太新：《中国地主制经济论：封建土地关系发展与变化》，中国社会科学出版社，2005，第 254 页。

⑥ 吴慧主编：《中国商业通史》（第三卷），中国财政经济出版社，2005，第 323、376 页。

⑦ 姚遂主编：《中国金融史》，高等教育出版社，2007，第 197 页。

⑧《中国经济史》编写组编：《中国经济史》，高等教育出版社，2019，第 90 页。

⑨ 华林甫：《体国经野：中国省制的由来与传承》，《光明日报》2023 年 2 月 8 日。

货币法规《至元宝钞通行条画》[①]；疏浚大运河，推行大规模漕粮海运[②]；为部分商人提供各类特权，促进国内外商业贸易继续发展[③]。在思想市场上，文化氛围多元宽松，中原文化、蒙古文化、佛教文化、基督教文化、伊斯兰教文化，相互碰撞冲突和融合[④]。尽管科举制度在元朝发挥的作用较小[⑤]，但正统理学在该时期完成制度化进程，成为明清时期的过渡[⑥]。在经济思想上，受游牧文明影响，正统经济思想教条短暂地偏离主导地位，重商思想较为浓厚[⑦]；在义利、本末思想上，继承了唐宋以来的致用和务实倾向，为明清实学的兴起奠定了基础[⑧]。

（四）明至鸦片战争前：中国传统经济思想的曲折发展时期

在经济基础上，土地所有制实现较充分发展，并在土地租佃关系上出现重大变化，分成租转向定额租，人身依附关系基本由超经济强制转向经济强制[⑨]。人口急剧增长，创造了人口数量新纪录，人地矛盾突出[⑩]。商品经济发展迅速，以纺织业为代表的江南手工业不断发展，出现了“早期工业化”[⑪]；

① 李伯重：《作为伟大发明的纸币：中国古代货币发展的“早熟而又不成熟”（之二）》，《广西师范大学学报（哲学社会科学版）》2024 年第 3 期，第 139—152 页。

②《中国经济史》编写组编：《中国经济史》，高等教育出版社，2019，第 68 页。

③ 吴慧主编：《中国商业通史》（第三卷），中国财政经济出版社，2005，第 434 页。

④ 李治安：《秦汉以降“大一统”秩序的华夷交融演进》，《中国社会科学》2023 年第 5 期，第 87—107 页。

⑤ 徐黎丽：《略论元代科举考试制度的特点》，《西北师大学报（社会科学版）》1998 年第 2 期，第 46—50 页。

⑥ 葛兆光：《中国思想史》，复旦大学出版社，2013，第 251—253 页。

⑦ 胡寄窗：《中国经济思想史》（下），上海财经大学出版社，1998，第 239—240 页。

⑧ 解丹琪：《元代经济伦理思想的历史特质与价值》，《内蒙古社会科学》2020 年第 4 期，第 71—78 页。

⑨ 方行：《中国地主制经济的经济强制问题》，《中国经济史研究》2013 年第 1 期，第 3—9、175 页。

⑩ 葛剑雄：《中国人口史》（第一卷 导论、先秦至南北朝时期），复旦大学出版社，2002，第 206—207 页。

⑪ 李伯重：《江南的早期工业化（1550—1850）》（修订版），中国人民大学出版社，2010，第 403 页。

流通领域内，商帮兴起，城乡市场网络体系形成[①]，国际贸易在特定时间内有较大发展[②]。同时，丝绸、茶叶、瓷器等中国制造在当时处于世界领先地位，是各国青睐的奢侈品，中国处于出超地位，导致大量白银货币持续涌入中国[③]。在此基础上，经济思想在土地、人口、商业、货币等领域中呈现出新发展趋势，如地权制度思想活跃，极大延展了地权交易的多样化选择，并催生了其金融属性[④]；人口思想丰富，洪亮吉的人口论具有较高的理论价值[⑤]；学者对商业经济思想有了更深入的认识，并进一步孕育出反正统、反教条的因素[⑥]。

国家治理上，君主专制中央集权程度走向顶峰，废除丞相等措施使得官僚集团对皇权的制约逐渐失效[⑦]。赋役财税制度呈现重大变化，随着一条鞭法、摊丁入地政策的推行，赋役制度由赋重于役走向役并入赋，徭役制度逐步终结[⑧]；财税制度确立了白银的官方货币地位，实物税转向货币税，人头税转向财产税，白银货币化逐步完成[⑨]。随着工商业在公共事务中的作用日益凸显，抑商政策总体趋势不断放松[⑩]，国家通过减税、颁布法律条文，保护商人利益，并通过捐纳等政策，一定程度上提升了商人的社会地位[⑪]。为

① 许檀：《明清时期城乡市场网络体系的形成及意义》，《中国社会科学》2000 年第 3 期，第 191—202、207 页。

② 李伯重：《中国海外贸易的空间与时间——全球经济史视野中的“丝绸之路”研究》，《北京大学学报（哲学社会科学版）》2021 年第 2 期，第 2、21—36 页。

③ ［德］贡德·弗兰克：《白银资本：重视经济全球化中的东方》，刘北成译，中央编译出版社，2008，第 138—140 页。

④ 龙登高：《地权交易与生产要素组合：1650—1950》，《经济研究》2009 年第 2 期，第 146—156 页。

⑤ 陈勇勤：《中国经济思想史》，河南人民出版社，2008，第 221 页。

⑥ 蒋建平、柳思维、朱坚贞等编著：《中国商业经济思想史》，中国财政经济出版社，1990，第 258—259 页。

⑦ 张晋藩：《中国古代文官制度综论》，《中国社会科学》1989 年第 2 期，第 195—208 页。

⑧ 方行：《中国封建经济发展阶段述略》，《中国经济史研究》2000 年第 4 期，第 12—24 页。

⑨ 万明：《白银货币化视角下的明代赋役改革》（下），《学术月刊》2007 年第 6 期，第 134—139 页。

⑩ 吴慧主编：《中国商业政策史》，社会科学文献出版社，2014，第 2 页。

⑪ 张海英：《明中叶以后“士商渗透”的制度环境——以政府的政策变化为视角》，《中国经济史研究》2005 年第 4 期，第 130—139 页。

平衡国家安全和海外贸易利益，对外贸易政策由积极开放转向保守，贸易活动受到较严格限制[①]。

在思想市场上，科举考试以八股取士，推行文化专制[②]，理学、心学日益朝着理性化、精致化、系统化方向发展，发展并强化了儒家正统思想[③]。在正统思想极端强化下，民间实学思潮兴起，具有早期启蒙思想特点，影响广泛而深远[④]。在经济思想上，正统经济思想教条逐渐动摇，重义轻利思想出现较大变化，“士好言利”“弃儒从贾”渐成风气[⑤]；黄宗羲、王源等思想家坚决反对传统抑末思想，指出工商皆本、末亦不可轻[⑥]；田汝成、陆楫等理性看待消费问题，公开反对黜奢崇俭思想[⑦]。总体上看，尽管该时期经济思想层面涌现了对已有经济体制的深入反思，开始具有一定的反专制色彩，但未能从根本上颠覆正统经济思想体系。同时，由于中西方在劳动生产方式[⑧]、资源要素约束[⑨]等方面存在差异，东西方世界在经济上，进而在经济思想上逐渐拉开差距、开启大分流。随着鸦片战争的爆发，中国传统经济思想被迫中断了自然演进的路径并卷入中外经济思想碰撞争鸣的大潮中，开始漫长且艰难的现代转型过程。

---

① 孙玉琴编著：《中国对外贸易史教程》，对外贸易经济大学出版社，2005，第2页。

② 龚延明、高明扬：《清代科举八股文的衡文标准》，《中国社会科学》2005年第4期，第176—191页。

③ 王伟光：《构建中华思想史当代中国马克思主义学派——关于研究编撰中华思想通史的若干问题》，《中国社会科学》2019年第11期，第171—203页。

④ 步近智、张安奇：《略论明清实学思潮及其现实意义》，《学术月刊》2001年第1期，第68—73页。

⑤ 张海英：《明清商业思想发展及其转型困境》，《社会科学》2010年第2期，第148—154页。

⑥ 胡寄窗：《中国经济思想史》（下），上海财经大学出版社，1998，第539页。

⑦ 宋立中：《晚明清初江南士人“非传统”消费思想刍议》，《光明日报》2011年2月4日。

⑧ 该时期中国长江三角洲的农业日益呈现劳动密集化趋势，劳动边际报酬逐步降低；而与之相反，英格兰的农业资本化不断增长。参见黄宗智：《发展还是内卷？十八世纪英国与中国——评彭慕兰〈大分岔：欧洲，中国及现代世界经济的发展〉》，《历史研究》2002年第4期，第149—176页。

⑨ 彭慕兰（Kenneth Pomeranz）认为该时期中西方发展模式相似，都面临着紧张的人地关系。然而，由于发现了易于获取的煤矿以及海外殖民带来了丰富资源，资源要素约束得以缓解，西方率先开启现代化进程。参见[美]彭慕兰：《大分流：欧洲、中国及现代世界经济的发展》，史建云译，江苏人民出版社，2003，第347页。

本书根据上述四个时期的划分，将本章第二节至第五节安排如下。先秦时期：中国传统经济思想之形成。秦汉至唐中叶前：中国传统经济思想之基本教条确立。唐中叶至元：中国传统经济思想之变化。明至鸦片战争前：中国传统经济思想之曲折发展。此外，在每一时期以经济基础、国家治理、思想市场为主线，加以详尽的阐述、解释和分析，以期较完整全面地展示中国传统经济思想的发展演变，得出较客观公允的历史评价。

第二节　先秦时期：中国传统经济思想之形成

先秦是中国传统经济思想演进的首个历史时期，其经济思想的历史地位显著地表现为思想层面的丰富性与原创性。从先秦经济思想的形成看，其演进轨迹大抵可归结为“萌芽—兴起—争鸣—融合”等四个递进层次，分别对应于新石器时代至西周时期、春秋时期、战国前期和战国后期等四个阶段，每个阶段的经济思想各有特点，在不断累积中逐渐形成了先秦时期丰富多彩的经济思想。诸家学派在长期辩论、交锋、融合的局面下，推动了经济思想的深化和创新，使得经济思想在方法论、经济伦理、生产思想、收入分配思想、交换思想、消费思想等方面都呈现出丰富的内涵以及许多趋势性特征。作为中国传统经济思想的爆发期，先秦时期丰富多元的经济思想，为后世经济思想的发展勾勒出了大致轮廓，并产生了广泛、持续、深刻的影响。

先秦时期指秦王朝建立之前的时期，包括新石器时代、夏商西周、春秋战国。先秦时期现存的“纸质之材料”和“地下新材料”都蕴藏着丰富的经济思想。从经济思想史角度考察，早在数千年前的新石器时代到西周时期便积累了较多的经济思想。春秋时期孔子的学术活动“直接创立起先秦第一个也是最大的一个学术流派——儒家”[①]，广泛地传播了儒学的经济思想，对后世产生了深刻影响。战国前期的百家争鸣是中国古代历史上空前的思想解放运动。五百多年大分裂时代中，群星闪耀，诸子自立学说，思想激烈碰撞、彼此吸收，进入原创经济思想的爆发期，在经济思想的丰富性、独特性与创新性方面，对后世产生了广泛、持续、深刻的影响，对此学术界基本形成共识。例如，卡尔·雅斯贝斯（Karl Jaspers）表示，春秋战国时期是中国的轴心时代，并高度评价道：“直至今日，人类一直靠轴心期所产生、思考和创造的一切而生存。”[②]叶坦认为，“先秦是中国经济思想的渊源与高峰，百家荟萃诸子争鸣”[③]。王磊指出，迄今为止，在国际上影响力最大、著作出版数量最多的中国古代思想家，是春秋战国时代的孔子、管子、老子、孙子[④]。

回顾已有文献，首先从研究数量和代表作品上看，新中国成立前，近现代经济思想史学者对先秦经济思想的研究起步最早，并以先秦为研究范围的成果最丰富。最早的文献可追溯到1897年梁启超所发表的《〈史记·货殖列传〉今义》，该文运用西方资产阶级经济学说对《货殖列传》进行分析和阐述，此后他发表了《子墨子学说》《管子传》《墨子学案》等著述，探讨了先秦时期的代表人物的经济思想及推行的经济政策。1911年陈焕章的博士论文《孔门理财学》在美国出版，考察的内容多集中于先秦时期。1926年甘乃光的《先秦经济思想史》主要介绍了先秦诸子百家的经济思想，唐庆增于1936年出版了《中国经济思想史》（上卷），其研究视野主要覆盖先秦时期，1936年黄汉所著的《管子经济思想》较系统地论述了《管子》中所蕴

① 老子虽为道家始祖且出生早于孔子，但在其生前，道家尚未形成学派。参见赵靖主编：《中国经济思想通史》（第1卷），北京大学出版社，2002，第78页。

② [德]卡尔·雅斯贝斯：《历史的起源与目标》，魏楚雄、俞新天译，华夏出版社，1989，第14页。

③ 叶坦：《中国经济学术史的重点考察——中国经济思想史学科创始与发展优势论析》，《中国经济史研究》2003年第4期，第131—141页。

④ 王磊：《一个黄金时代的形成与终结——对战国百家争鸣现象的一种解读》，《陕西师范大学学报（哲学社会科学版）》2007年第1期，第13—20页。

藏的经济思想与经济政策。缪德刚对 20 世纪上半叶的中国经济思想史著述加以统计，指出研究范围处于先秦时期的作品数量约占总数的三分之一，远多于其他时期的研究成果[①]。新中国成立后，尽管经济思想史学者拓展了研究范围，但对先秦时期的研究依然占有较大比重。这一时期的代表著述有：学科奠基人胡寄窗出版的《中国经济思想史》（共上、中、下三册），其中 1962 年出版的上册部分主要用于分析、提炼先秦诸子的经济思想。《中国经济思想简史》编写组在 1978 年出版的《中国经济思想简史》（上册），梳理、阐述了先秦时代的经济思想。赵靖主编的《中国经济思想通史》共四卷，在 1991 年刊出的第一卷中用了较大的篇幅总结了夏商西周至战国时期的经济思想。除了通史性著作外，王廼琮、张华和郑振华于 1991 年刊出了《先秦两汉经济思想史略》，巫宝三于 1996 年出版了《先秦经济思想史》等。张亚光指出，自新中国成立以来，著作、论文形式的先秦经济思想研究成果的绝对数量呈直线上升，相对数量则呈驼峰状增长，即一起一伏又一起[②]，反映出在其他历史时期研究热潮的冲击下，先秦经济思想受关注程度经过短暂平缓增长后继续提升。可见先秦经济思想的研究伴随中国经济思想史学科的发展而不断丰富并不断深化，其根本原因大抵在于先秦时期可谓中国传统经济思想的滥觞期，后世各家各派经济思想大都可以在哲学上从此找到源头[③]。

其次从已有的研究范式和研究方法看，大致可以归纳为以下四种形式：一是以经济学“四分法”，即生产、分配、交换、消费或其变形为框架体

① 缪德刚：《中国传统经济思想在近代的学科化建构》，《经济思想史学刊》2022 年第 1 期，第 95—117 页。

② 张亚光：《建国 60 年中国经济思想史学科的发展》，《贵州财经大学学报》2009 年第 6 期，第 16—23 页。

③ 程霖、陈旭东、张申：《中国传统经济思想的历史地位》，《中国经济史研究》2016 年第 2 期，第 16—31 页。

系，发掘考订诸子百家原始文献中蕴藏的经济思想，纳入框架继而分门别类地阐述评论①。二是以典型历史人物或其著述为研究线索，采用“以小见大”行文逻辑，深入探索特定人物的经济思想的内容、演变和特征，力求由此揭示先秦时期传统经济思想的轮廓特征②。三是以专题为研究线索，如以货币、分工、财政、土地等思想为专题，从错综复杂的史料中剥离出诸子百家的特定经济思想，着重考察把握经济思想的发展演变规律③。四是采用比较分析方法，以先秦时期为基准，进行中外经济思想比较或者古今经济思想比较，在贯通古今中外的学术视野中确定传统经济思想的历史地位与现代价值④。

由上可知，国内学界在先秦经济思想方面，积累了丰富的研究成果，学者对先秦经济思想内容的丰富性、原创性等特征基本达成共识，探索并广泛运用了多元的研究方法。然而，当前研究方法越来越走向精细化，逐渐出现了“只见树木，不见森林”的碎片化趋势，不利于范式综合，不利于学科在不断概括和凝练中取得新的突破⑤。换言之，已有文献在展现和诠释先秦经济思想丰富内容时，尽管采用了多种分析视角和方法，但大多数学者仍着重于以人物经济思想为分类逻辑和论述线索，因而较为遗憾的是，未能系统梳理该时期经济思想的整体演化脉络、影响因素及其共识与争鸣，难以对漫长的历史演进和经济思想演化的衔接形成全面深刻的认识与理解。鉴于此，基于本章第一节提出的基本分析框架，本节将系统地考察先秦时期经济思想变迁的历程，梳理归纳出新石器时代至西周时期、春秋时期、战国前期和战国

① 胡寄窗：《关于目前中国经济思想史研究的几个问题》，《学术月刊》1964 年第 1 期，第 31—40 页。

② 赵靖、张鸿翼、郑学益：《中国经济思想史研究的历史回顾》，《经济科学》1984 年第 3 期，第 66—74 页。

③ 程霖、毕艳峰：《奠基时期中国经济思想史研究的成就与地位》，《财经研究》2008 年第 10 期，第 26—38 页。

④ 周建波、沈博：《改革开放 40 年中国经济思想史学科的发展》，《河北学刊》2018 年第 4 期，第 1—7 页。

⑤ 陈旭东、程霖：《中国现代经济思想史研究与新时代学术话语体系构建》，《学术月刊》2019 年第 6 期，第 45—52 页。

后期等四个阶段的经济思想，并在此基础上，提炼出该时期经济思想的主要特征并阐明对后世的影响。

一、先秦时期经济思想的形成路径

（一）萌芽阶段：新石器时代至西周时期

1. 经济基础：社会经济的飞跃与经济思想的萌发

新石器时代，人类学会使用磨制石器进行农业生产，生产力出现第一次跨越式飞跃，经济性质从采集经济向生产经济转变，中国开启农耕文明进程[①]。后世传说神农“教民播种五谷”[②]，将后稷看作农业守护神，都表明先民对农业的重视，并将农业提升至绝对重要的地位，这是重农思想萌发的经济基础和认知基础。随着生产力的进步，生产方式、生产关系开始发生巨大变化。在产业分工上，较发达的良渚文化存在社会分工甚至制玉业内部分工[③]，这种社会组织演进反映出古人模糊地意识到分工带来的利益，为后来的分工思想萌芽创造了可能。在生产关系上，大量考古发现和墓葬遗址都表明，在生产剩余的基础上贫富差距和社会阶级业已形成[④]，可推理出当时的实践中应当存有约束各阶层的经济伦理规范，但这些客观生产关系及可能存在的主观思想均没有文字记载，因此后世古人常常认为尧舜时代应处于“均贫富”状态。在部落间关系上，现有考古研究认为，公元前第 4 千纪，

---

① 新石器时代与旧时代的根本区别在于是否学会“生产食物”。旧石器时代以采集和渔猎为生，新石器时代原始人类已经学会农业生产，这一转变发生于距今一万年以上。参见张之恒：《中国新石器时代考古》，南京大学出版社，2004，第 3—10 页。

②（汉）刘安撰、陈广忠译注：《淮南子》卷 19《修务训》。

③ 裴安平：《中国史前晚期手工业的主要特点》，《中国经济史研究》2008 年第 4 期，第 52—60 页。

④ 韩建业：《庙底沟时代与“早期中国”》，《考古》2012 年第 3 期，第 59—69 页；张远：《从史前聚落看中国古代礼制的形成》，《南方文物》2022 年第 2 期，第 201—206 页；郭怡、俞博雅、夏阳等：《史前时期社会性质初探——以北刘遗址先民食物结构稳定同位素分析为例》，《华夏考古》2017 年第 1 期，第 45—53 页。

黄河以及长江中下游流域的不同地理空间上聚集了几个较发达的文化区，人们彼此通过远距离贸易的方式共享稀有材料、技术工艺、丧礼和祭祀礼仪等，依靠经济和文化联系在地理上勾勒出了“最初的中国”[①]，表明新石器阶段古人早已对贸易有了一定认知。

至公元前第2千纪左右的龙山—二里头文化时期，自然灾害或疾病流行造成了大部分原始核心部落的消亡，只有洛阳盆地区域（中原腹地）一枝独秀，此后，中原部落在经济社会等各方面领先其他部落，并飞跃式地进入青铜时代和王朝文明的轨道。夏商西周时期的生产力、生产方式和生产关系与以往有很大的不同[②]。其一，在生产力层面，青铜时代由西向东传入的冶金术、小麦大麦等作物、山羊绵羊等食草家畜嵌入本地文化和经济系统[③]，生产技术和生产工具的持续改进在很大程度上打破了原有的经济社会格局[④]，可见，古人已认识到改进生产工具、引入优良农作物的重要性。其二，在生产方式层面亦有跨越式进步。从产业分工角度看，夏朝的农业、牧业、手工业分工继续深化，商朝在商业贸易上有了深度发展，商业已成为独立的社会分工[⑤]，反映出古人已感知到流通环节亦可以创造价值。西周实施工商食官制度等具体的工商业政策，蕴含着对青铜等重要战略资源实施国家垄断经营

---

① “最初的中国”指统一多民族国家的雏形。参见李新伟：《“最初的中国”之考古学认定》，《考古》2016年第3期，第86—92页。

② 就已有传世文献和出土文本而言，夏商的文字资料并不充分，故本书将更多篇幅放在西周时期。

③ 刘莉和陈星灿指出：“青铜冶金术，车和驯化的小麦、大麦、马、牛、绵羊、山羊都是从中亚来到中国的。”参见 Liu L, Chen X C. *The Archaeology of China: From the Late Paleolithic to the Early Bronze Age,* Cambridge University Press , 2012, 395。需要指出的是，冶金术、小麦大麦、山羊绵羊至迟于龙山时代（传统观点认为夏王朝诞生于龙山时代之末）进入中原地区，并在商周时期逐步得到推广与稳定发展。参见郭荣臻、靳桂云：《中原地区先秦时期麦遗存的考古学研究》，《江汉考古》2019年第3期，第71—80页；刘学堂、李文瑛：《史前“青铜之路”与中原文明》，《新疆师范大学学报（哲学社会科学版）》2014年第2期，第79—88页；戴向明：《黄河流域新石器时代文化格局之演变》，《考古学报》1998年第4期，第389—418页。

④ 张弛：《龙山—二里头——中国史前文化格局的改变与青铜时代全球化的形成》，《文物》2017年第6期，第50—59页；许宏：《二里头与中原中心的形成》，《历史研究》2020年第5期，第4—11页。

⑤ 柳思维：《浅论商朝时期的商业思想》，《湖南商学院学报》2009年第1期，第11—15页。

措施的思想[①]，同时该时期广泛存在着私人工商业以满足日常需求，周人认为百工皆“圣人之作也”[②]，并鼓励周朝遗民“肇牵车牛，远服贾，用孝养厥父母”[③]，反映了西周政府并不轻视私营工商业，这与后世倡导的重本抑末思潮有所不同。其三，在生产关系层面亦呈现出与生产力相适应的变化。从中央和地方维度来看，大禹治水时一改各自为政的治理格局，将分散的多元族群凝聚成一个较协调的整体[④]，但相比后世，夏商时中央与地方联系较少，对周边控制较为薄弱，外族仍有反叛[⑤]，西周则通过分封制提升了中央对地方的治理能力。天子对土地具有所有权和分配权，诸侯获得周王赏赐的土地和人口，并对所属领地享有土地使用权和政治军事特权，西周中期之后诸侯掌握了实际的土地所有权，但土地交易仍需在国家权力机构监督下进行[⑥]。与周天子分封类似，诸侯将土地分割给卿大夫，卿大夫分给家臣。这种层级式的土地制度导致政治权力分散，形成“我的附庸的附庸，不是我的附庸”等类似的人身依附关系[⑦]。从家庭经济结构来看，宗族家庭是夏朝以来的基本经济单位[⑧]，宗法制构建了以礼制为标志的财富分配、权力继承

---

① 易德生：《关于西周王朝青铜原料与铸造作坊的多视角考察》，《江汉论坛》2019 年第 4 期，第 98—102 页。

②《周礼·冬官考工记上》。

③《尚书·酒诰》。

④ 中国何时形成一个国家，或者说中国何时跨入文明时代，由于对“国家”的定义不同，史学界对此多有分歧，大致形成了两种主要的观点，一是认为最早的国家形成于龙山时代，二是认为中国文明最早起源于夏王朝。前者认为龙山时代已出现都城遗址、阶级以及凌驾于社会之上的公共权力，后者则认为夏王朝形成了多元一体的复合制国家结构。本书认为最早的中国起源于龙山时代，而夏王朝则是中国第一个王朝。参见王震中：《改革开放四十余年中国文明和国家起源研究》，《史学月刊》2020 年第 9 期，第 113—126 页；戴向明：《文明、国家与早期中国》，《南方文物》2020 年第 3 期，第 14—21 页；张忠培：《中国古代文明之形成论纲》，《考古与文物》1997 年第 1 期，第 19—21 页；陈仲庚：《舜教“五典”与“宗法制”国家体制的形成》，《求索》2011 年第 7 期，第 53—55 页。

⑤ 沈长云：《说“夏族”——兼及夏文化研究中一些亟待解决的认识问题》，《文史哲》2005 年第 3 期，第 61—68 页。

⑥ 陈絜、祖双喜：《亢鼎铭文与西周土地所有制》，《中国历史文物》2005 年第 1 期，第 19—27 页。

⑦ 巫宝三主编：《先秦经济思想史》，中国社会科学出版社，1996，第 33 页。

⑧ 万志英：《剑桥中国经济史：古代到 19 世纪》，中国人民大学出版社，2018，第 12 页；陈仲庚：《舜教“五典”与“宗法制”国家体制的形成》，《求索》2011 年第 7 期，第 53—55 页。

的等级尊卑秩序。后世儒家将宗法秩序奉为圭臬，其倡导“克己复礼”成为经济思想史上经久不衰的话题。从族群关系角度看，夏商西周常常同周边方国进行贡纳赏赐形式的商品交换[①]，如西周和其版图之外的淮夷族群有密切的、非对等的经济依赖关系[②]，这种关系常常处于非均衡状态，周王朝往往凭借武力取得所需的战略物资与人力，以西周国都为核心实现国土空间规划[③]、构建相应的政治经济秩序。此外，在族群相邻区域内广泛存在民间商品的交易。

2. 国家治理：军事战争的扩大与财富观、国防经济思想的产生

在新石器时代，随着私有财产意识的觉醒和阶级社会的出现，战争即成为普遍现象，传说中的黄帝蚩尤涿鹿之战、尧舜禹伐三苗之战等大规模军事活动都可以于墓葬遗址中找到痕迹[④]。部落之间的战争大致分为两类：其一，长期气候适宜使得农业剩余增加，人口增速超过农业增速，推动部落向外扩张；其二，干冷气候或洪涝等自然灾害导致部落物资紧缺，进而向周边地区掠夺粮食等资源。两种原因都反映出早期物质资料的生产在很大程度上受自然条件因素影响，古人的财富观由此形成，他们通常将土地、人口、粮食、玉器等作为财富[⑤]。此外，战争使得彼此交换了先进的农耕技术、生产工具，加速了经济社会发展的进程。

进入夏商西周，职业军人已从农民阶层分化出来[⑥]，战争规模和激烈程度也非往日可比[⑦]。日益立体化的军事制度、逐渐增长的军事开支、攫取战

---

① 周斌：《夏商西周时期的区际贸易》，《喀什师范学院学报》1996 年第 3 期，第 33—37 页。

② 朱凤瀚：《论西周时期的“南国”》，《历史研究》2013 年第 4 期，第 4—15、188 页。

③ 郭璐、武廷海：《辨方正位体国经野——〈周礼〉所见中国古代空间规划体系与技术方法》，《清华大学学报（哲学社会科学版）》2017 年第 6 期，第 36—54 页。

④ 田昭林：《中国战争史》（第一卷 上古至秦汉），江苏人民出版社，2019，第 9—21 页。

⑤ 韩建业：《新石器时代战争与早期中国文明演进》，《社会科学战线》2020 年第 10 期，第 99—107 页。

⑥ 田昭林：《中国战争史》（第一卷 上古至秦汉），江苏人民出版社，2019，第 30 页。

⑦ 吴浩坤：《从青铜器铭文看西周的战争》，《学术月刊》1991 年第 12 期，第 61—67 页。

略资源的战争性质都蕴藏了早期国防经济思想的内容。比如，夏朝出现常备军[①]，已萌生出贡赋养兵的思想。夏商时期的民兵募集制度，表现出兼顾农业生产和军事战争双重需要的经济思想。西周的军事制度得到进一步完善，周天子的直属军队“六师”“八师”在特定的驻扎地域内采用“耕战结合”的策略供养军队[②]，类似于后代“屯田制”经济思想；周人依靠武力建立起“王朝、内服—外服侯国—地方部族”的三级统治模式[③]，诸侯国和臣服的方国对周王室具有缴纳贡赋的义务，据此充实国家财政和维持军队支出；为国防所建造的城郭、兴起的军事手工业作坊、便于战车通行的城邑道路，客观上促进了城市的形成、青铜铸造手工业技术的传播和经济活动的开展。然而，周王朝与接邻方国远非和平的状态，青铜礼器为权力的象征，而北方铜矿资源匮乏，周王朝围绕铜矿资源对频繁反叛的淮夷族群多次征伐。周王朝取得了多数的军事胜利，一方面获取了战略资源，为国内青铜经济发展提供了充足原料[④]，另一方面将所俘虏的工商业者编入了“工商食官”制度[⑤]。

3. 思想市场：教育模式的分化与经济观念的传承

新石器时代的教育活动起源于劳动，在教育模式上走向阶层分化。一方面，在新石器时代早期，磨制石器、制作陶器、农耕渔猎等生产劳动占教育内容的核心位置[⑥]。伏羲氏“教民以猎”、神农氏“教民农作”等传说，均体现了通过言传身教的方式传承经济生产知识，从而实现了经济思想的传播和积累。另一方面，随着生产剩余带动社会关系调整，贵族教育开始与平民

---

① 田昭林：《中国战争史》（第一卷 上古至秦汉），江苏人民出版社，2019，第 29 页。

② 于凯：《西周金文中的“师”和西周的军事功能区》，《史学集刊》2004 年第 3 期，第 23—28 页。

③ 武刚：《“内服”还是“外服”：西周甸服问题研究——兼论西周王畿的形成过程》，《史学月刊》2018 第 3 期，第 34—46 页；武刚：《西周时期内外服制度的嬗变》，《中国社会科学报》2020 年 12 月 7 日。

④ 朱凤瀚：《论西周时期的“南国”》，《历史研究》2013 年第 4 期，第 4—15、188 页。

⑤ 斯维至：《论“工商食官”制度及新兴工商业的作用》，《陕西师范大学学报（哲学社会科学版）》1979 年第 4 期，第 40—46、39 页。

⑥ 孙培青主编：《中国教育史》（第三版），华东师范大学出版社，2008，第 3 页。

分离，更加聚焦于宗教和礼仪制度，利用配饰穿戴、宴饮器具、节日礼仪、祭坛庙宇来强化社会等级和权力秩序的观念。

夏商西周时期继续强化阶层差异，呈现出鲜明的教育垄断色彩。夏商西周实行“学在官府”制度，学校与官府相结合，并仅对“国野”制度[①]中的国人提供教育，官吏即教师，讲授等级制度、祭祀规则、军事技术、文字等知识以培养贵族接班人[②]。此外，西周形成了“工商食官”的工匠体系，多数工商业者依附王室和贵族而存在，采用口传身授的方式来传承生产技术和实践经验。

（二）兴起阶段：春秋时期

1. 经济基础：社会经济的剧烈变动与经济思想的涌现

春秋时期始于周平王东迁（前 770 年），讫于三家分晋前（前 454 年）[③]。春秋时代社会经济剧烈变动的根源在于生产力取得革命性进步。春秋时期随着铁器提炼工艺的传入和改进[④]，铁农具和牛耕、水利灌溉设施逐渐在农业中推广应用，即“恶金以铸锄、夷、斤、斸，试诸壤土”[⑤]，“宗庙之牺，为畎亩之勤”[⑥]，“决期思之水，而灌雩娄之野”[⑦]。先进的生产工具给“真正的自然经济”[⑧]带来持续不断的技术冲击，铁农具、牛耕以及水

① “国人”居住在城邑和近郊地区，享有部分特权：获得受教育机会、能够参加军事活动、税负较轻。“野人”则税负较重，没有获取受教育机会和军事权力。参见赵鼎新：《东周战争与儒法国家的诞生》，华东师范大学出版社，2006，第 37—39 页。

② 王晖：《庠序：商周武学堂考辨——兼论周代小学大学所学内容之别》，《中国史研究》2015 年第 3 期，第 5—27 页。

③ 路国权：《历史与评述：文献史学关于春秋史的分期和断代研究——考古学和文献史学“二重证据”视角下的春秋史分期断代研究（一）》，《西部考古》2017 年第 2 期，第 70—105 页。

④ 韩建业：《早期东西文化交流的三个阶段》，《考古学报》2021 年第 3 期，第 317—338 页。

⑤《国语》卷 6《齐语》。

⑥《国语》卷 15《晋语》。

⑦（汉）刘安撰、陈广忠译注：《淮南子》卷 25《人间训》。

⑧ “真正的自然经济”指的是全部或绝大多数农业产品不进入社会流通。参见胡寄窗：《中国经济思想史》（上），上海财经大学出版社，1998，第 28 页。

利灌溉设施通过功能性替代提升了耕种的效率并拓宽了开垦的面积，其深远影响表现为三方面：其一，瓦解原有较稳定的生产关系，推动封建领主土地占有制向封建地主土地占有制急剧过渡，封建领主经济向封建地主经济转变，表现为拥有大量土地的诸侯或大夫的经济实力显著增强，不再为周王室所制约，逐步将世袭领地占为私有财产，演变为地主阶级。其二，促使生产方式发生变化并引发社会阶层的变动。一方面，技术进步使得家庭生产剩余增加，可供交换的市场规模扩大，进而推动了工商业的发展。另一方面，衰落的周王室无法维持“工商食官”“学在官府”制度，众多工商业者、教育工作者从官府中分离出来[①]，许多没落的贵族开始向劳动阶级转化[②]。在上述并存的两个趋势下，“真正的自然经济”逐渐被打破，经济结构由单一走向多元，与之对应，私营手工业者阶层、新兴商业阶层和文士阶层首次登上历史的舞台，“国野”制度的分野逐渐模糊。其三，伴随市场分工范围的扩大和财产私有的深化，商品交易日益频繁，范蠡提出了具有理论色彩的商业经营思想，即“积著之理”；为方便商品流通与扩大生产，金属货币交易方式逐步取代物物交换方式，单旗提出最早的货币理论——子母相权论；借贷行为开始由“无偿施舍”“无息借贷”向“高利贷”转变[③]，与之对应的是，该时期“市”开始出现[④]，消费水平和消费结构也较以往有大幅的提高及改善。

持续的社会经济的剧烈变动推动诸家学派经济思想演化发展。思想家一

---

① 朱红林：《周代“工商食官”制度再研究》，《人文杂志》2004 年第 1 期，第 139—144 页；傅兆君：《论春秋战国时期城乡对立运动的发展与经济制度的创新》，《中国史研究》1999 年第 4 期，第 36—47 页；王秀臣：《六艺之变与中国古典学术的生成》，《中国社会科学》2022 年第 4 期，第 140—161、207 页；周晓敏、谢阳举：《论春秋时期“士”含义的演变及其历史条件》，《学术探索》2021 年第 11 期，第 89—99 页。

② 杨师群：《春秋战国之际社会发展原因新探》，《社会科学战线》1995 年第 3 期，第 111—118 页。

③ 魏悦：《先秦借贷活动探析》，《中国社会经济史研究》2004 年第 2 期，第 52—57 页。

④ 陆建伟：《秦汉时期市籍制度初探》，《中国经济史研究》1999 年第 4 期，第 23—34 页。

方面在义利观层面呈现出一致的特征，聚焦于统治阶级，限制其欲望膨胀，维护其统治。例如，公孙侨主张“与人同欲”[①]，晏婴提倡“正德以幅之”[②]，劝阻公室不要强行聚敛财富，须在德和义的界限内取得物质利益。孔子进一步提出“君子喻于义，小人喻于利”[③]，要求统治阶层“见利思义”[④]。另一方面在具体经济议题上呈现出两种对立的思想，代表了改革与保守的取向，孔子主张重返西周的政治经济制度，而众多改革家则顺应生产力需要，要求制定施行新的土地、财政制度。孔子提出“因民之所利而利之”[⑤]，同时主张恢复周朝的税负即十分之一税，由于缺乏可行性而难以推行；管仲则提出具有宏观调控色彩的四民分业定居论，主张“相地而衰征”[⑥]，即按照土地质量高低实行多层等级的征税比率，继而保证赋税公平。公孙侨通过“作封洫”“作丘赋”[⑦]以及颁布中国历史上第一部成文法，直接地肯定了私有财产制度的合法性。

2. 国家治理：大国的争霸战争与军事经济思想的兴起

春秋时期，诸侯争霸战争构成历史发展主线。据鲁国史书《春秋》记载，该时期在 242 年间发生了多达 483 次军事行动。由于这些战争具有长期反复却不具备彻底毁灭性的特征，在一定程度上为大国积累“富国强兵”的经验提供了空间和时间，频繁的战争也在客观上形成了各个诸侯国彼此效仿、学习、提高的竞争机制[⑧]。大国竞争带来的重大问题是，代际交替使得

---

①《左传·昭公四年》。
②《晏子春秋》卷 6《内篇·杂下》。
③《论语·里仁第四》。
④《论语·宪问第十四》。
⑤《论语·尧曰第二十》。
⑥《国语》卷 6《齐语》。
⑦（晋）杜预集解：《春秋经传集解》卷 21《昭公二》。
⑧ 赵鼎新：《东周战争与儒法国家的诞生》，华东师范大学出版社，2006，第 20—21 页。

血缘或宗法纽带日益疏远，“二级封建化”[1]所引发的诸侯国内部矛盾成为主要矛盾，贵族同公室的斗争冲突演化成为春秋后期大国解体的决定性因素。在此背景下，争霸战争推动军赋、土地、税收等多领域的制度改革，蕴藏了较丰富的经济思想。比如，鲁宣公为解决公室的军事及财政危机，宣布实行新税制，即“初税亩”，废除西周原有以公田为标准征税的土地制度，改为以土地面积为标准进行征税，将力役转变为实物税，直接有力地承认私田的合法性，扩大了国家的税源，并配合“作丘赋”“用田赋”等措施，将征兵条件及军赋征收的门槛由“国人”推广至“野人”，扩大了兵源、增加了军赋收入。同时期，齐国、晋国、郑国、楚国都进行了类似的制度变革[2]。这些改革政策反映了大国对改革军事、田赋等制度的认识，通过政策调整生产关系，革除弊端，推动国家军事力量、财政收入、经济发展等水平大幅度提升。当然，此时的军事经济思想尚未摆脱“二级封建化”困境，直到战国时期才逐步形成较完备的解决方案。

3. 思想市场：“学在官府”制度的瓦解与孔子经济思想的传播

“学在官府”制度逐步瓦解，“天子失官，学在四夷”[3]的现象表明，司礼司乐的知识分子各自谋生，贵族所垄断的典籍、文化材料散落民间，教育开始走向平民，私学兴起。其中，影响力最为深远的思想家当属孔子，他系统地继承整理了夏商西周的思想遗产，堪称集大成者。在几十年私学教育中，孔子形成了逻辑自洽的思想体系，针对重要经济问题提出了较同时代人更深入全面的见解与主张。孔子阐述的经济思想，如义利观、富民思想、崇

---

① “二级封建化”是指诸侯国君对世卿贵族的分封，即将新占领土地赏赐于军功贵族，实质是分封制在诸侯国内部的延续行为。参见赵鼎新：《霸权迭兴的神话：东周时期战争和政治发展》，《学术月刊》2006 年第 2 期，第 132—138 页。

② 李忠林：《春秋时期军赋制度改革辨析》，《南开学报（哲学社会科学版）》2019 年第 5 期，第 161—175 页。

③《左传 · 昭公十七年》。

俭思想等在春秋时期广泛传播，成为当时思想的主流。对此，赵靖评论道：“在中国经济思想史上，他是第一个具有自己思想体系的人物。”[①]而且，他拉开了战国时期思想论战的序幕，以其思想为蓝本，儒家继承、捍卫、发展了孔子的思想，而墨家、道家、农家、法家则质疑和挑战其思想，可以说，“晚于他的诸子，不论是赞成他或反对他，也没有一个不受他的影响。认同和责难，都把焦点集中于孔子，适足以证明他已开始居于思想史的中心地位和文化思想的代表”[②]。

（三）争鸣阶段：战国前期

1. 经济基础：生产实践的变革与诸家经济思想的争鸣

从三家分晋（前 453 年）至徐州相王前（前 335 年）为战国前期，从思想史角度看，这一时期前承孔子聚众讲学，建立影响后世的儒学，后启稷下学宫鼎盛时期，诸家呈现融合发展趋势[③]。该时期被统治阶级的政治权力比以往有较大提升，“百家争鸣”的局面迅速形成，如墨子开始组建学派著书立说为工商业者发声；农家学派登上历史舞台；以没落贵族为主的道家学派宣扬“法自然”的思想；法家思想被各国相继采用以变法图强；等等。

究其原因，其一，在生产力层面，农业生产技术持续进步，如铸铁柔化和生铁冶炼等技术被发明和应用、耕种方式由牛耕替代了耒耜、桔槔灌溉技术与施肥技术实现改进等[④]，这些技术显著地降低了农业生产成本，推动铁农具广泛使用，使得广阔土地得到了有效开发、农田面积实现大幅增加、农

① 赵靖主编:《中国经济思想通史》(第 1 卷)，北京大学出版社，2002，第 114—115 页。

② 唐代兴:《发掘孔子学说的世界意义与当代价值》,《中国社会科学报》2021 年 9 月 28 日。

③ 徐中舒、何孝达:《战国初期魏齐的争霸及列国间合纵连衡的开始》,《四川大学学报（社会科学版）》1956 年第 2 期，第 37—58 页；颜世安:《从“稷下学宫”看战国百家争鸣》,《历史教学》1985 年第 7 期，第 32—36 页。

④ 杨宽:《战国史》，上海人民出版社，2019，第 45—88 页；李健民:《战国时期铁农具的考古发现与研究》,《农业考古》2005 年第 1 期，第 194—196 页。

业生产率得以提升[①]。同时，手工业生产技术有了长足进步，如青铜铸造领域铜锡合金技术的更新及“金银蜡”工艺的发明，建筑、酿酒、煮盐、制陶、皮革等技术的持续发展[②]，推动了与小农结合的家庭手工业、个体手工业、官营手工业的进一步发展[③]。总之，生产技术的进步推动了农业、手工业及商业的发展，使得各种行业形成相关的利益集团，在此基础上，形成了儒、墨、道、法、名、杂、兵、阴阳等各种学术学派，他们纷纷提出各自的学说，捍卫和支持所代表的政治集团的利益与发展[④]。其二，在生产方式层面，一方面，工商业的蓬勃发展推进了思想家对分工、货币等事物的认识，孟子关于社会分工的思想在同农家学派的辩论中犀利地表现出来，其发现商品价格背后隐藏着商品固有的“情”，墨子继续将认知提升到商品具有内在价值从而实现等价交换层面。另一方面，围绕是否支持工商业发展，思想家之间产生了激烈交锋，儒家、墨家认识到工商业发展带来的利益，主张发展工商业；法家从富国强兵角度，认为“本业”和“末业”在争夺劳动力方面存在矛盾，经营奢侈品工商业的人多，意味着从事农业的人少，因此，东国法家和商鞅主张“务本去末”，重点打击奢侈品工商业活动。其三，在生产关系层面，平民阶级政治权利的拓展，促使义利观研究内容向平民阶级延伸，诸家学派各自提出治国理政的制度设计，墨子主张通过“尚贤”组建官僚机构，以“尚同”原则统一思想行动，致力于兼爱非攻[⑤]。孟子继承孔子思想，以人为中心，主张“德治为先，礼刑并用”，并提出具体的“恒产论”拥护私有财产制度，在此基础上设计出理想的“井田方案”来解决土地

① 马卫东：《战国时代的科技进步与经济发展》，《贵州社会科学》2012 年第 7 期，第 78—83 页。

② 杨宽：《战国史》，上海人民出版社，2019，第 96—114 页。

③ 白云翔：《关于手工业作坊遗址考古若干问题的思考》，《中原文物》2018 年第 2 期，第 38—50 页。

④ 赵靖主编：《中国经济思想通史》（第 1 卷），北京大学出版社，2002，第 129 页。

⑤ 张荣明、贾坤鹏：《道德政治与功利政治：墨法两家治国理念之对比》，《江西社会科学》2018 年第 4 期，第 118—125、255 页。

分配问题[①]。老子“以道莅天下”追求“小国寡民”的社会理想[②]。法家主张变法图强，强化国家权力，实行农战政策。就可行性来说，法家学说成为最实用的学说，满足了统治者的需要，战国前期的思想出现重要转折点，法家思想多数转化为规章制度与实践方案。

2. 国家治理：战争性质的转向与“农战”政策的确立

战国时期的战争性质发生了根本性变化，从争霸战争向兼并战争演变，小规模局部性战争发展为有庞大军队参与的、持续数月乃至数年的、长距离作战的总体性战争，兵家逐渐兴起，军事后勤和其他军事技术得到长足发展[③]。战争驱动了各国富国强国的改革，为达到国家富裕、军力强盛，大国在处理国内国外两类矛盾时，诸子百家提供了多样化的治理方案[④]，思想上激烈交锋，如儒家提倡仁爱，主张通过道德感化来消弭军事冲突，进而建立理想的社会；墨家主张天下人兼爱非攻，反对非正义的战争；道家一概否定战争，推崇无为；法家则主张重视战争，以战去战、以战称霸。从实践上看，法家的治理方案更能满足富国强兵的需要，法家的经济思想和经济政策被广泛推行。以秦国最为典型，秦孝公采用商鞅的治国策略，围绕“农战”核心目标，通过“郡县制”和以官爵奖励军功的制度设计，辅之以重农抑商、奖励耕织的激励措施，化解“二级封建化”矛盾，推动农业发展和军事实力循环累积。具体来说，早期封建社会的财政收入主要来源于农业，发展农业是增加税收进而增加军费开支的重要方式，同时农业的发展增强了对自

---

① 杨鑫辉、彭彦琴：《孔子孟子的治国思想研究》，《南京师大学报（社会科学版）》2004 年第 5 期，第 51—53 页。

② 萧汉明：《老子的社会历史观与治国思想》，《湖南大学学报（社会科学版）》2002 年第 4 期，第 3—9 页。

③ 田昭林：《中国战争史》（第一卷　上古至秦汉），江苏人民出版社，2019，第 195 页；王晖、绳克：《战国始年考辨》，《史学集刊》2022 年第 4 期，第 49—61 页。

④ 薛国中：《论战国时期“百家争鸣”的历史条件》，《武汉大学学报（人文科学版）》2015 年第 3 期，第 51—58 页。

然的开发和掠夺能力，在增加生产剩余基础上为国家提供了雄厚的物资保障；通过鼓励生育、招揽游民、吸纳人才等途径扩大人口规模，为农业、军队、行政管理部门提供强大的人力资源支撑。以强制性的法律为后盾，构建合理的“中央—地方”“行政管理”“军事扩张”制度，加速瓦解“分封制”“宗法制”维系的社会秩序和权利结构，引导阶层流动，探索形成效率更高的新型社会组织，使国力在加速累积中更快壮大。

3. 思想市场：竞争的思想市场与经济思想的繁荣

伴随着“学在官府”制度的瓦解，知识垄断逐渐被打破，独立的文士阶层日益壮大[①]，同时，长期动荡的社会削弱了统治阶层对国民的约束，形成了相对宽松的文化环境和学术空间，文士可以自由流动、讲学、著书立说，学术活动从一元走向多元。例如，齐国为汲取有益治国主张，甚至设置了固定学术场所稷下学宫，亦反映出诸侯各国对待思想争鸣的鼓励态度；又如，战国时士人比以往更追求自身的文化独立性，扭转了以宫廷为中心的书写传统，私人著述更注重个人价值与个人风格[②]。

在社会经济空前未有之大变局下，良好的学术氛围至少在两方面产生了深刻影响。其一，诸家学派领袖结合自身阶层特征，常以哲学观为统摄，提出关于如何认识世界、改造社会的较为系统的学说，吸引目标受众聚拢成为学派成员，学派成员继而影响其他受众，如此在累积循环中推动学派的发展。其二，活跃的文化氛围类似于竞争充分的思想市场，在诸家学派长期辩论、诘难、交锋的局面下，侧重点不同的思想和观点激烈碰撞，为识别缺陷、弥补漏洞、发展学说提供了不竭的竞争驱动力，推动了学说的融合与学

① 杨冰、王凌皓：《论春秋战国之际的学术原创精神——以教育学说原创为视角》，《东北师大学报（哲学社会科学版）》2010 年第 2 期，第 166—171 页。

② 程苏东：《“天籁”与“作者”：两种文本生成观念的形成》，《中国社会科学》2021 年第 9 期，第 47—70、205 页；程苏东：《书写文化的新变与士人文学的兴起——以〈春秋〉及其早期阐释为中心》，《中国社会科学》2018 年第 6 期，第 134—158 页。

派的演进。

诸家学派的经济思想在较大程度上反映了学派领袖自身阶层特征与哲学观念[①]。孟子对核心经济思想“义利观”具有阶级属性的阐述，体现出封建地主阶层追求的社会理想与伦理等级规范；墨子则代表小生产阶层，以“利”为伦理准则，主张“兼相爱、交相利”；许行从小农阶层利益出发，主张构建自食其力、人人劳动的社会；范蠡立足于商人阶层，总结出“经济循环”“待乏原则”等观点以提高经营利润率；东国法家以及商鞅则从统治阶级利益角度，主张“官山海”“农战”等国家治理思想。

（四）融合阶段：战国后期

战国后期是指从魏齐徐州相王（前 334 年）到秦统一六国前（前 222 年）。这一阶段齐国官办稷下学宫从鼎盛走向衰落，诸子思想经过战国前期的积累和交锋，逐渐呈现融合趋势[②]。

1. 经济基础：集权化制度的构建与诸家经济思想的融合

这一阶段在生产力、生产方式层面同上一阶段较为类似，但在生产关系层面发生了较显著变化，在上一阶段改革后，大国集权化的制度建构近乎完成。封邦建国体制向独裁专制体制转型，贵族不再对国家权力构成威胁[③]，在法家严厉刑罚制度下，以家族为单位的生产模式完成向夫妻家庭式的小农经济模式转变，宗法制瓦解过渡到郡县制，新的社会等级秩序不断强化，中央建立起掌控经济资源的官僚体系，政府集中力量专门修建都江堰和郑国渠

① 韩强：《先秦哲学思维方式和基本范畴的演变》，《求是学刊》1983 年第 5 期，第 34—43 页；许凌云：《先秦诸子伦理观的历史考察》，《孔子研究》1988 年第 2 期，第 3—12 页。

② 郑杰文：《齐国稷下学宫的兴与衰》，《人民论坛》2018 年第 3 期，第 142—144 页。

③ 辛田：《论战国时代君主专制政体的形成》，《社会科学辑刊》2005 年第 3 期，第 116—121 页；叶文宪：《论春秋战国时期中国社会的转型》，《史学月刊》2001 年第 3 期，第 34—40 页。

等水利工程支持农业灌溉与生产[①]。在此背景下，小生产者被政府牢固控制，代表其学说的墨家和农家思想逐渐边缘化[②]，同时诸家学派在辩论交锋中认识到自身存在的不合理成分，相互借鉴吸收有益的成分。战国后期的荀子、韩非、黄老学派都是思想融合的突出代表[③]。荀子思想明显受到法家等别派的影响，采用“兼陈万物而中悬衡”[④]的方式，将儒家维护的西周礼制原则改造为适用于地主阶级的制度规范。韩非广泛吸收了各家学派的经济思想，将秦晋法家思想发展为系统性的学术思想体系，为即将出现的大一统的封建帝国服务。发轫于该时期的黄老学派以道家无为哲学为理论基石，兼采战国儒家、墨家、名家、法家之长，并在汉初发挥了重要作用[⑤]。

当然，以法家为主导的思想融合也未能真正地实现长治久安。荀子深刻认识到法家思想的缺陷，过分强调国家权力和经济效率却忽视以人为本，并主张“力术止，义术行”[⑥]。经历了短暂的秦王朝覆灭，汉武帝接受董仲舒“罢黜百家，独尊儒术”的政治主张后，以儒学为主导的融合思想成为支配后世治国理政的正统思想。

2. 国家治理：兼并战争的纵深发展与重农抑商思想的定型

大国战争引发了国家间竞争，推动了旨在实现富国强兵的财政、军事、政治层面的实践。面对兼并战争的规模不断扩大、各国普遍推行农战政策，思想家对“重农抑商”思想基本达成共识。荀子在肯定了工商业合理性的同时，认为财富积累主要来源于农业，明确提出“士大夫众则国贫，工商众则

---

① 杨宽：《战国史》，上海人民出版社，2019，第 45—88 页；李健民：《战国时期铁农具的考古发现与研究》，《农业考古》2005 年第 1 期，第 194—196 页。

② 赵靖主编：《中国经济思想通史》（第 1 卷），北京大学出版社，2002，第 165—166 页。

③ 刘绍云：《儒法思想的内在相通及其历史融合》，《理论学刊》2004 年第 12 期，第 100—102 页。

④《荀子》卷 15《解蔽篇第二十一》。

⑤ 王长华：《先秦黄老研究的新拓展——读李笑岩〈先秦黄老之学渊源与发展研究〉》，《中国语言文学研究》2019 年第 2 期，第 256—258 页。

⑥《荀子》卷 11《强国篇第十六》。

国贫”[①]的观点，强调农业的基础性地位。韩非在综合各家学派思想上，丰富并发展了商鞅的“耕战论”，理论基础更加系统扎实，突出了农业与工商业在争夺生产要素上的矛盾，在政策主张上更激进，鲜明指出“事本禁末”。至此，发源于早期法家的抑末论的经济思想开始定型，并为后世思想家沿袭[②]。

3. 思想市场：思想市场的行政干预与经济思想统一的开启

伴随着国家权力的增强，百家争鸣接近尾声，自由竞争的思想市场模式受到政治力量的干预。一方面，秦晋法家主张采用行政措施控制思想传播[③]，以达到经济思想上的高度统一，如商鞅强调“利出一孔”[④]，打击游学辩论之士，并推行愚民政策，“愚农不知，不学好问，则务疾农”[⑤]，韩非更进一步将“儒者”列为“五蠹”之首，提倡“知者不以言谈教，而慧者不以藏书箧”[⑥]，经由“禁书”“禁言”的手段取缔各家学说，钳制其他各派不同的经济思想的发展。另一方面，在政治力量主持下诸家思想开始有意识地整合，如齐国稷下学宫中激烈的学术论辩加速了不同学派之间经济思想的渗透、融合[⑦]；吕不韦组织门客编纂《吕氏春秋》，在融合各家学说基础上为即将实现的大一统国家提供治国方略。此外，《周礼》也融合了各家的社会经济思想，为中央集权国家设计了一套较为完备的体制和统治机构[⑧]。

---

①《荀子》卷 6《富国篇第十》。

② 赵靖主编:《中国经济思想通史》(第 1 卷)，北京大学出版社，2002，第 431—434 页。

③ 黄春平、余宗蔚:《论法家的传播控制思想》,《深圳大学学报（人文社会科学版)》2009 年第 2 期，第 124—128 页。

④《商君书》卷 5《弱民》。

⑤《商君书》卷 1《垦令》。

⑥《韩非子》卷 7《喻老第二十一》。

⑦ 常国良:《战国后期诸子教育思想走向融合——以荀子对诸子人性论的批判为中心》,《中国社会科学报》2018 年 9 月 20 日；孙开泰:《稷下学宫的百家争鸣与相互影响》,《管子学刊》1987 年第 1 期，第 53—58 页。

⑧ 赵靖主编:《中国经济思想通史》(第 1 卷)，北京大学出版社，2002，第 380 页。

综上所述，先秦时期经济思想的演进可归纳为“萌芽—兴起—争鸣—融合”四个阶段。在萌芽阶段，从后世所搜集整理的先秦经济传说、卜辞、铭文等材料中，可以认识到在青铜时代和更早的新石器时代，已经出现简单朴素的经济思维并用以指导经济实践，比如，非常重视农业生产、“量入为出”的财政思想、“负担平均”的税收原则等。总的来说，春秋之前的经济思想相对零碎和片断化，直至春秋伊始，在多种因素综合作用下，经济思想才进入一个发展较迅速的阶段。在兴起阶段，随着社会生产力的进步，宗法贵族与新兴地主阶级矛盾冲突加剧，生产流通交换环节出现新现象，为缓和阶级矛盾并推动实现争霸战争的政治目标，众多改革家和思想家崭露头角，其提出的经济观点和推行的制度原则对后世产生了深远影响，这一阶段影响力最大的思想家非孔子莫属，其倡导的义利观、消费观、赋役论被后世儒家所传承，至今影响着中国经济社会的运行。在争鸣阶段，政治上旧的体制崩溃而新体制还未建立，宽松的文化环境形成竞争性的思想市场，旧思想还未退出历史舞台，新思想已经开始出现，一方面更加多元化、更具竞争性和批判性的学术思想市场激发墨家、道家、法家、农家等诸家的学说充分涌流，另一方面学派间甚至学派内部对义与利、富民与富国、农工商关系、奢侈与节俭等基本经济议题展开激烈争鸣交锋。演进至战国后期即融合阶段，国家集权能力有较大提升，各类经济思想的斗争融合趋势逐渐增强，诸家学派在竞争冲突中吸纳有益成分，打破各自门户之见，从竞争走向融合，如《吕氏春秋》《周礼》等汇集多家思想的典籍随之出现。

二、先秦时期经济思想的主要特征

先秦经济思想在数千年的历史进程中孕育与发展、交锋与激荡、斗争与融合，诸家学派在沿用本派核心思想的同时批判吸收其他学派思想以提高学说的解释力与影响力。总体来看，在方法论、经济伦理、基本议题（生产、分配、交换、消费）等维度都呈现出丰富特征。

（一）方法论层面：综合运用整体主义和个体主义的分析方式

从一般性上看，经济学方法论按照探索真理逻辑起点的角度可划分成个体主义方法论和整体主义方法论[①]。个体主义方法论将个体动机和行为视作基本分析单元，通过个体反映整体，强调整体是个体的线性叠加。整体主义方法论则反对个体主义方法论的观点，指出整体显著不同于个体总和，理解整体和其中的个体需要从整体及内部结构关系的角度加以考察[②]。尽管中国古代尚未形成现代意义的经济学，但这种方法论的分野仍然较广泛地存在于中国传统经济思想中，并以先秦时期为起点，形成了较丰富的初始表述[③]。

在先秦经济思想中，多数思想家不是绝对地采用个体主义方法论或者整体主义方法论，而是辩证地看待个体和整体的关系[④]，因此其话语表述常常表现出交替和融合的现象。

譬如，孔子的经济思想虽然较多地呈现为整体主义的分析视角，但仍包含个体主义[⑤]的成分。一方面，孔子从“礼”的视角阐明个体行为约束，如通过“非礼勿视，非礼勿听，非礼勿言，非礼勿动”[⑥]等严格的规矩、礼仪

---

① 赵志君：《经济学个人主义方法论反思——劳动分工和内生市场结构的视角》，《经济研究》2018年第8期，第163—176页；钟祥财：《中国经济思想史》，上海社会科学院出版社，2015，第12页。

② 何大安：《西方经济学个体主义方法论边界拓宽及局限性》，《中国社会科学》2016年第2期，第59—72页；杨立雄：《“个体主义”抑或“整体主义”》，《经济学家》2000年第1期，第75—80页；杨立雄：《“经济人”还是“社会人”——经济学方法论的个体主义与整体主义之争》，《经济评论》2002年第5期，第85—87、95页。

③ 钟祥财：《中西传统经济思想的比较研究——基于经济学方法论个人主义和整体主义的分析》，《学术月刊》2020年第3期，第47—50、58页。

④ 这可能源于中国传统经济思想中存在发达的辩证思维。参见赵志君：《经济学个人主义方法论反思——劳动分工和内生市场结构的视角》，《经济研究》2018年第8期，第163—176页。

⑤ 一个常见的误解是将孔子的思想认定为整体主义，但实际上正如倪梁康强调的那样，“儒家既是个体主义也是社群主义”。参见倪梁康：《探寻自我：从自身意识到人格生成》，《中国社会科学》2019年第4期，第123—141页。

⑥《论语·颜渊第十二》。

来规范包括经济行为在内的一切个体活动。更进一步地，他从内在结构及其联系的视角开展思想论述，如通过“君子喻于义，小人喻于利”[①]赋予精英和平民不同的价值取向[②]，通过宗法制及“君君、臣臣、父父、子子”[③]式的“差序格局”[④]等来构建社会经济伦理体系，以处理私人关系及公共利益。另一方面，孔子在其核心思想范畴“仁”中，也着重强调了个体的主动性和独立性，如认识到个体逐利行为的心理动机，即“富与贵，是人之所欲也”[⑤]、主张“因民之所利而利之”[⑥]的自由放任政策以激发劳动者积极性等；为解决“礼”和“仁”之间的矛盾，孔子在其后期思想中将分析的重点落脚在“中庸”[⑦]，较和谐地处理了个体主义与整体主义的对立问题，使之相互协调和辩证转化。类似地，孟子、荀子虽然较多地坚持“仁政”“礼制”等整体主义方法论，但也运用个体主义方法论指出“富，人之所欲”[⑧]“夫贵为天子，富有天下，是人情之所同欲也”[⑨]。

此外，对于其他学派亦是如此，如被孟子视为“摩顶放踵利天下”[⑩]的墨子，亦从“天下之士君子，皆欲富贵而恶贫贱”[⑪]的个体视角认识人的行

① 《论语·里仁第四》。

② 张俊：《儒家伦理的二维结构体系——从“君子喻于义，小人喻于利”谈起》，《文史哲》2017年第4期，第44—54、165—166页。

③ 《论语·颜渊第十二》。

④ “差序格局”最早由费孝通先生提炼出来，巧妙地解释了中国传统社会的关系网络，并与孔子构建的社会经济秩序相贯通。参见翟学伟：《再论“差序格局”的贡献、局限与理论遗产》，《中国社会科学》2009年第3期，第152—158页；肖瑛：《从“国家与社会”到“制度与生活”：中国社会变迁研究的视角转换》，《中国社会科学》2014年第9期，第88—104、204—205页。

⑤ 《论语·里仁第四》。

⑥ 《论语·尧曰第二十》。

⑦ 孔子的思想存在一个动态发展的过程，一个较大的转折是孔子自齐返鲁后才开始大量集中地论述包含整体主义和个体主义的“仁”，而前期思想多集中在整体主义的“礼”。参见张秉楠：《礼——仁——中庸——孔子思想的演进》，《中国社会科学》1990年第4期，第3—12页。

⑧ 《孟子》卷9《万章上》。

⑨ 《荀子》卷2《荣辱篇第四》。

⑩ 《孟子》卷13《尽心上》。

⑪ 《墨子》卷2《尚贤下第十》。

为。商鞅从整体上系统论述个人发展应服从国家战略目标[①]，但也从个体角度出发加以更完善的论证，如“民之欲富贵也”[②]“生则计利，死则虑名”[③]等。

（二）经济伦理层面：呈现出多元的义利观念

由于思想家阶层属性不同，对义利的理解和看法亦大不相同，如何处理与生俱来的逐利行为亦是界定各家学派的重要衡量标准。

公孙侨、晏婴的义利观着眼于国家稳定，对封建贵族提出了较高的要求。公孙侨基于贵族阶层同平民阶层的矛盾，主张“与人同欲”[④]来缓和阶层冲突，晏婴站在封建公室角度提出“正德以幅之”[⑤]以图民心归附。

儒家学派一贯主张“义主利从”论，孔子用“见利思义”[⑥]的准则将求利行为纳入理想的西周时期的道德规范中，并在“义主利从”论中对“义”“利”赋予了鲜明的阶层属性[⑦]，“君子喻于义，小人喻于利”[⑧]，孟子在辩证看待“义”“利”关系前提下，强调统治者遵循“先义后利”的价值取向，并进一步依据统治阶级对应的“何必曰利”观点，以及满足被统治阶级合理欲望的观点[⑨]强化了阶级含义。荀子在历史上最早地明确了欲望与稀缺的关系[⑩]，主张“制礼义以分之”[⑪]，即在资源约束情形下设计符合大一统

---

① 钟祥财：《中西传统经济思想的比较研究——基于经济学方法论个人主义和整体主义的分析》，《学术月刊》2020 年第 3 期，第 47—50、58 页。

②《商君书》卷 4《赏刑》。

③《商君书》卷 2《算地》。

④《左传·昭公四年》。

⑤《晏子春秋》卷 6《内篇·杂下》。

⑥《论语·宪问第十四》。

⑦ 赵靖主编：《中国经济思想通史》（第 1 卷），北京大学出版社，2002，第 92 页。

⑧《论语·里仁第四》。

⑨ 石世奇：《论欲望、稀缺与先秦经济思想》，《经济科学》2002 年第 5 期，第 113—121 页。

⑩ 石世奇：《论欲望、稀缺与先秦经济思想》，《经济科学》2002 年第 5 期，第 113—121 页。

⑪《荀子》卷 5《王制篇第九》。

封建国家的规章制度、道德准则来实现公平分配的目的。

作为小生产者的代表，墨家则依托整体角度的诠释将二者关系统一，认为“义，利也”[①]，利则是判断义的唯一标准，当能增进整体利益时便是义，当会削弱整体利益时便是不义。

大多数法家思想家只讲“利”不讲“义”，顺应了人性好利特点，强调在国家治理中采用经济激励机制。例如，对于“义利之辩”，商鞅总是忽视道德层面的约束而只讨论自利的部分，赞同人天生追逐私利是人类活动的动机。商鞅眼中的“利”是通过农战取得官爵和地位，反对“义主利从”的儒家学说，认为采用道德感化只会导致社会动荡，而依靠国家暴力干预将人民的欲望纳入富国强兵的轨道中，最终会形成富强文明和谐有序的社会。韩非将“自利”行为推向极致，认为其是所有社会关系的唯一取向，并主张严明刑赏制度以达到富国强兵的目标。

道家代表人物则专注强调“寡欲”“无欲”，反对经济关系的外力束缚，甚至萌生出庄子鄙视一切正常经济活动的观点。

（三）生产层面：涌现了丰富的经济发展思想

生产层面的经济思想可细分到农业、本末、人口、分工、制度、技术等方面。

其一，在农业方面：从春秋时期延续到战国末期，重农思想的地位处于逐步增强的态势。中国自从进入农耕文明以来，农业在经济结构中占据绝对支配地位，与之适应的经济思想表现为“重农”，西周时期《诗经》《尚书》等文献反映出农业在物质生产中的重要地位[②]，春秋时期管仲的“无夺民

---

①《墨子》卷10《经上第四十》。

② 李成贵：《再论先秦的重农思想》，《中国农史》1993年第2期，第14—19页。

时，则百姓富”[①]，反映了从顺应农时出发制定经济政策的思想。范蠡通过天文学知识提出农业丰歉循环论，既可使个人致富又可帮助政府推行平粜法以稳定谷物价格[②]。墨子将农业丰歉与社会风气联系起来，并论述了储备粮食预防灾年的重要性[③]。许行将“重农”思想中的平等观念推向极致，主张君王与百姓共同耕作[④]。东国法家把农业经济发展置于治国理政的首位，鲜明指出“仓廪实而知礼节，衣食足而知荣辱”[⑤]，主张“农本论”，商鞅和韩非则极端重视农业对战争的推动作用。

其二，在本末方面：“本”的概念轮廓逐渐缩小，而“末”的概念范畴逐渐扩大。墨子首次提出“本”的概念，将其界定为模糊的农业，东国法家和荀子则将其定义为广义上包含农林牧渔的农业，秦晋法家则重点关注男耕女织式的自然经济农业，韩非则仅仅关注粮食生产的部分[⑥]。“末”的含义是地位不重要并且常常需要加以抑制的社会活动，商鞅和荀子都认为“末”是奢侈品工商业[⑦]，韩非则将范围扩大至整个工商业。对于“本末”的态度，诸子思想从“农末俱利”向“重本抑末”转化，孔子、孟子、墨子并未直接反对发展工商业，甚至孟子认识到交换的利益而主张“关市讥而不征”[⑧]，到战国后期随着争霸战争的需要，为储备军粮，加强户籍管理，诸家对待工商业的态度发生巨大转变。“重本抑末”首倡于法家，完成于韩非，并明确了“以寡趣本务而趋末作”[⑨]的政策，经贾谊、晁错等人的渲染以及汉代盐铁

① 《国语》卷 6《齐语》。

② 胡寄窗：《中国经济思想史》（上），上海财经大学出版社，1998，第 176—180、185 页。

③ 叶世昌：《古代中国经济思想史》，复旦大学出版社，2003，第 52 页。

④ 胡寄窗：《中国经济思想史》（上），上海财经大学出版社，1998，第 162 页。

⑤ 《史记》卷 62《管晏列传第二》。

⑥ 赵靖主编：《中国经济思想通史》（第 1 卷），北京大学出版社，2002，第 432 页。

⑦ 叶世昌：《中国历史上本、末业概念的流变》，《贵阳师院学报（社会科学版）》1977 年第 1 期，第 91—94 页。

⑧ 《孟子》卷 2《梁惠王下》。

⑨ 《韩非子》卷 19《五蠹第四十九》。

会议的争论，重农抑工商的思想得到强化，“重本抑末”成为后世的导向性原则。

其三，在人口方面：孔子“富之”“教之”[①]的言论在一定程度上与经济学中提升人力资本的思想相通。墨子基于自身小生产阶级的特点，在历史上率先明确提出了理论性的人口思想，总结出人口与财富的比例关系以及重视劳动人民休息的精辟观点[②]，早于西方理论 30—40 年[③]。演进至战国时期，思想家更多地从提升军事实力角度分析人口思想，商鞅的“徕民”政策、东国法家的“正地论”则是典型事例。此外，《周礼》设计的一套详细的管理人口、户籍的措施，成为后世经常引用的依据[④]。

其四，在分工方面：春秋时期管仲主张四民分业定居论，按职业将民划分为“士农工商”的分类标准成为两千多年来中国最典型的方式[⑤]。儒家孔子较少论述分工，孟子则从分工必要性与分工的利益角度弥补了这一缺陷。《墨子》的分工思想内容丰富，相较于同时代其他学派，其更多地讨论分工分业的内容。此后的荀子、韩非等没有明确提出分工论，而是将其蕴藏在构建治国框架的制度设计之中[⑥]。

其五，在制度方面：多数思想家设计制度方案旨在实现封建地主阶级的统治，一方面表现为向上削弱传统贵族“世卿世禄”的特权，如商鞅普遍推行县制、割裂官爵与土地的联系，吴起制定“使封君之子孙三世而收爵禄”的政策，等等。另一方面体现在向下完善地主阶级的政策措施，如公孙侨的“作封洫”“作丘赋”以及孟子的“恒产论”等，此外还体现在战国末期为中

① 《论语 · 子路第十三》。
② 胡寄窗：《中国古代经济思想的光辉成就》，中国社会科学出版社，1981，第 10—11 页。
③ 胡寄窗：《中国古代的人口政策与人口思想》，《经济研究》1981 年第 1 期，第 72—78 页。
④ 赵靖主编：《中国经济思想通史》（第 1 卷），北京大学出版社，2002，第 387—392 页。
⑤ 胡寄窗：《中国古代的人口政策与人口思想》，《经济研究》1981 年第 1 期，第 72—78 页。
⑥ 程崇仁：《先秦思想家劳动与分工观点述论》，《安徽财贸学院学报》1987 年第 4 期，第 67—71 页。

央集权制度设计的较为完善的组织和管理体制，可集中见于《周礼》。

其六，在技术方面：孔子鄙视具体农业技术，而代表小生产者立场的墨家则相对重视农业和手工业技术的应用，《墨子》中大量记载力学、工程学、光学知识，对生产发展起到了较大的促进作用，《道德经》则反对技术进步，甚至庄周主张回到原始时代时的最纯粹的自然生活。至战国后期，大多数思想家认识到技术进步的作用，主张使用先进工具提高生产力①，如荀子主张技术活动的规范性与专业性，“善用其功”②；韩非强调技术为耕战所用，在《韩非子》中详细记录了具有实操性的农耕、建筑等技术③；《吕氏春秋》展现了战国末期农业科技的著作化、理论化趋势，其“三才理论”成为后世传统农业的重要指导原则④。

（四）分配层面：富民富国概念的统一和财政思想的分野

分配层面主要由富民富国思想和财政思想两部分构成。

富民与富国是古代思想家高度关注的一对矛盾。孔子的“足食，足兵，民信之矣”⑤侧重于富民，墨子从整体主义角度出发更侧重于富国，《管子》认识到国富和民富的统一性，认为“民足于产，则国家丰矣”⑥，商君学派围绕“农战”政策来决定赋税额度，总体来看更侧重于富国。对于富国论，荀子消除了前人在富民与富国上的混乱和分歧，在以往学派中“富国”可理解为“富国库”，亦可理解为“富国家”，思想家对二者之间关系的认识较为模糊。荀子则综合各家学派的合理观点，在理论上明确了

① 胡化凯：《先秦儒家对于工匠技术活动的认识》，《孔子研究》2011年第1期，第79—88页。
②《荀子》卷8《君道篇第十二》。
③ 朱亚宗：《韩非技术思想述评》，《科学技术与辩证法》1991年第4期，第42—46页。
④ 樊志民：《战国农业发展与战国社会变革》，《西北农林科技大学学报（社会科学版）》2002年第4期，第106—108页。
⑤《论语·颜渊第十二》。
⑥《管子》卷10《君臣上第三十》。

富民富国的概念并对其关系做出深层次分析。荀子将富国清晰地定义为“上下俱富”[①]。

财政思想具有发展迥异的两种倾向，一种是以儒家为代表的大多数思想家主张轻徭薄赋。孔子维护周代籍田制度，主张敛从其薄、十分之一税，而反对税亩改革以及聚敛行为，这些思想经孟子渲染后成为后世响亮的口号[②]，由此引出了儒家最突出的财政观点，即衡量税收的标准应为是否有利于人民。荀子则从生产发展与财政收支的辩证关系角度论述了“开源节流”的财政原则[③]，在理论层面将儒家财政思想上升至新的高度，使“开源节流”成为 20 世纪前公认的财政格言。另一种是从国家治理角度出发，主张不同程度的征税和劳役。管仲的“相地而衰征”[④]以及《周礼》中的“均人掌均地政，均地守，均地职，均人民、牛马、车辇之力政”[⑤]等思想一定程度上体现了税收和劳役公平。墨子基于国富优先的策略，主张政府在关市、山林、泽梁等处收税以实官府；东国法家主张“取于民有度”[⑥]，放宽劳役和税收对农民经济活动的限制；秦晋法家则围绕“农战”政策主张财政制度的统一、对非农产业课以“重税”。

（五）交换层面：孕育了诸多独特的货币等思想

交换层面主要由货币思想、商品价值思想、供需关系思想等部分构成。

在货币思想方面，单旗的子母相权论厘清了“轻重”“子母”两对基本概念，强调了货币的发行原则。在商品价值思想方面，墨子开始对价格进行

① 《荀子》卷 6《富国篇第十》。
② 胡寄窗、谈敏：《中国财政思想史》，中国财政经济出版社，2015，第 42 页。
③ 张守军：《荀况的开源节流思想》，《财经问题研究》2001 年第 11 期，第 59—62 页。
④ 《国语》卷 6《齐语》。
⑤ 《周礼》卷 4《地官司徒下》。
⑥ 《管子》卷 1《权修第三》。

较为详细的分析，对等价交换有了初步的认识[①]；孟子模糊地认识到决定价格的因素，并将合理的价格作为国家治理的一个目标[②]。范蠡则将平粜法作为宏观调控手段以稳定谷物价格[③]。在供需关系思想方面，商家范蠡的“积著之理”和白圭的“人弃我取，人取我与”[④]被作为实现经营致富的原则。

（六）消费层面：黜奢崇俭原则的确立和深化

先秦诸子多数在各自著作中表达了黜奢崇俭的消费原则，然而问题的关键在于“俭”和“奢”的衡量标准并不唯一，诸子各家有不同的界定。儒家区分“俭”和“奢”的尺度是礼制，孔子、孟子的标准是周朝旧有礼制[⑤]，而荀子则要求使用新的符合封建地主阶级利益的礼制[⑥]。墨子则崇尚极度的节俭，自身贯彻“自苦为极”的严厉要求，倡导一般民众维持一定的但较为低下的消费水平，认为一切不利于生产发展的消费都是“奢”，主张节用、节葬、非乐[⑦]。法家商鞅、韩非等将农业、工商业对应于“俭”和“奢”，不仅在理论上论证了农与工商的矛盾，认为工商业者是国家“五蠹”之一，更主张推行重点打击对应于“奢”的工商业的行政措施[⑧]。虽然各家的界定不同，但黜奢崇俭的观点在争鸣中被不断深化。

---

① 叶世昌：《古代中国经济思想史》，复旦大学出版社，2003，第 56 页。

② 胡寄窗：《中国经济思想史》（上），上海财经大学出版社，1998，第 245 页。

③ 胡寄窗：《中国经济思想史》（上），上海财经大学出版社，1998，第 185 页。

④《史记》卷 129《货殖列传第六十九》。

⑤ 赵靖主编：《中国经济思想通史》（第 1 卷），北京大学出版社，2002，第 109—110 页。

⑥ 杨韶灵：《论荀子的消费伦理思想及其现代价值》，《河南师范大学学报（哲学社会科学版）》2004 年第 5 期，第 81—83 页。

⑦ 胡寄窗：《中国经济思想史》（上），上海财经大学出版社，1998，第 153—156 页。

⑧ 马涛、韦伟：《论秦晋法家与齐法家经济思想及异同》，《上海财经大学学报》2013 年第 1 期，第 27—33 页。

三、先秦时期经济思想的历史影响

先秦作为中国传统经济思想的滥觞时期，在经济思想的丰富性和原创性方面都取得了辉煌的成就，为后世经济思想的发展勾勒出了大致轮廓，并为后世思想家所继承及发展。在方法论层面，先秦思想家综合运用了个体主义和整体主义分析方式，辩证地看待个体与整体的关系。后世思想家，如汉代的司马迁及唐宋之后的叶适、李贽等人继承了个体主义分析方式，对自由放任的经济政策表示肯定；但更多的思想家，如西汉的桑弘羊、北宋的王安石、明代的张居正，则秉持了整体主义的信念，主张政府干预市场及个人的经济活动。在经济伦理层面，先秦时期形成了重义轻利、义利并重等多元的观点。后世多数思想家如汉代的贾谊、贤良文学等继承并深化了重义轻利的思想[①]，当然，也有部分思想家认识到重义轻利的缺陷，如北宋的李觏、王安石及明代的李贽公开反对重义轻利的教条思想，强调重视求利、理财等经济活动。在生产层面，先秦思想家在农业、本末、人口、分工、制度、技术等方面积累了许多卓越的思想，并被后世继承，如汉代的陆贾、王符及明代的徐光启等均强调农业的重要性，重视提高农业技术水平等；先秦时期重本抑末的观点被后世儒家继承，经晁错、贤良文学等的放大，成为经济思想的正统、成为一种教条[②]，对后世工商业活动造成深远的影响；汉代的《淮南子》、魏晋的傅玄，都继承、发展了管仲的四民分业定居论；宋代的苏轼、明代的徐光启、清代的洪亮吉等所倡导的控制人口等观点，都能追溯到韩非的人口思想。在分配层面，先秦思想家对富国和富民进行了深入的讨论。汉代的司马迁论证了富民富国并非对立而具有一致性，而这正是继承于荀子的

---

① 赵靖主编：《中国经济思想通史》（第 1 卷），北京大学出版社，2002，第 678—680 页；朱永：《论中国正统经济思想的内容及其关系》，《中州学刊》1999 年第 6 期，第 151—154 页。

② 裴倜：《略论古代思想家对封建经济思想“三大教条”的批判——兼及“三大教条”的形成》，《四川大学学报（哲学社会科学版）》1984 年第 2 期，第 27—35 页；谈敏：《论农本工商末思想及其历史演变》，《孔子研究》1988 年第 1 期，第 53—61 页。

经济思想；汉代的王符、唐代的白居易、明代的李贽主张的减轻税负、薄税敛、量入为出、公平税赋等观念均能从先秦时期找到思想的源头。在交换层面，春秋时期单旗所提出的子母相权论是中国传统的货币理论，元代的郑介夫、明代的宋濂仍用子母相权论，分析金属货币和纸币的流通问题。在消费层面，诸子提出标准各异的方案，大多要求黜奢崇俭。从后世晁错、桑弘羊、王符、李觏等人的消费思想中都可看出先秦消费观的影子。

仍需要注意的是，尽管先秦时期涌现出卓越而多元的经济思想，处于经济思想的爆发期，但后世思想家讨论的内容并未仅局限于此，而是选择性地继承并深化了先秦的经济思想，并在面对新的社会经济问题时提出了可观的经济思想与经济政策，甚至在秦汉时期进行了重大调整，固化了后世经济思想发展的方向。

第三节　秦汉至唐中叶前：中国传统经济思想之基本教条确立

秦汉至唐中叶前作为紧随先秦而至的第二个历史时期，其经济思想的突出特征并不侧重于思维发散性、观点丰富性与理论原创性，而在于其开启了传统经济思想时代化、实践化的理论探索：以各学派经济思想的冲突与交融为基础、以当时国家治理的逻辑与制度转变为前提，沿着如何治理大一统国家经济这一线索展开深入思考，对先秦诸子的思想进行了吸收、改造、发展和应用，推动其政策化、制度化、实践化和时代化，进而提炼出了重义轻利、重本抑末、黜奢崇俭“三大教条”，为中国传统经济思想确立了基本的导向性原则。

学界将以“三大教条”为核心的、具有范式意义和处于支配地位的经济思想称为“正统经济思想”。这里所提及的“正统”，是指这些思想在中国古代经济思想领域长期处于支配地位。经济思想之所以会形成正统，是因为要与国家社会经济制度相结合，为统治阶层利益服务。事实上，基本教条的确立，不仅在学术上聚拢了思想主线、明确了基本议题、构建了基本范式，从而奠定了中国传统经济思想的基本框架，完成了中国经济思想从“百家争鸣”到“大一统”的转型，对后世经济思想产生了十分深远的历史影响①，更服务于大一统国家治理，在学术层面的经济思想与实践层面的经济治理之间搭建了桥梁，进而为后世的经济政策与制度探索提供了指导性框架，具有建章立制的重要历史地位。当然，从长期来看，确立基本教条、形成正统经济思想不可避免地会带来思想的僵化，产生排他性，排斥、歧视、钳制与之对立的或不遵循教条的非正统经济思想，但就当时而言，这确实推动了原有思想的深化和新思想的发展，并以思想引导实践，有力地支撑了当时的国家治理需求②。

中国传统经济思想的产生与演进始于先秦，而秦汉至唐中叶前就是紧随而至的第二个时期。在中国古代社会经济文化发展史上，这一时期是大一统中央集权制国家从建立、强化到瓦解、重建的第一个历史周期③。从经济思想史方面考察，先秦时期的经济思想整体上呈现出多样化与多元性的发展特征。在秦汉时期，传统经济思想的基本教条逐渐形成，形成了一套较统一的、占主导经济地位的经济原则、经济议题与经济政策。在魏晋南北朝的大分裂时代，尽管部分制度化、典范化的正统经济思想遭到冲击和破坏，但在民族融合、国家统一进程中，秦汉时期积累的大部分主流经济思想得以保留、延续，正统范式经历震荡后走向复苏与整合，基本教条在发展中得到加强与巩固，总体上呈现出“初步探索—正式形成—破坏

① Cheng L, Zhang S. “From contention to unification: transformation of economic thought in the Han Dynasty and its heritage”. In: Cheng L, Terry P, Wang F. *The Political Economy of the Han Dynasty and Its Legacy*, Routledge, 2019, 31-50.

② 赵靖主编：《中国经济思想通史》（第 1 卷），北京大学出版社，2002，第 679—681 页。

③ 牟发松：《汉唐异同论》，《华东师范大学学报（哲学社会科学版）》2004 年第 3 期，第 1—10 页。

与整合”的过程。

回顾已有文献，对于先秦时期的中国经济思想，学界总是给予较多关注和较高评价。相比之下，对于秦汉至唐中叶前的经济思想，学界在研究热度和思想评价上显得不足，这一时期的断代史、人物史的研究成果数量较先秦时期明显下滑[①]。有学者总结指出，“历来的断代经济思想研究限于先秦与近代”[②]。早期经济思想史学界对秦汉至唐中叶前这一时期的评价较低。以甘乃光为代表的多数学者主张中国经济思想以先秦为终结，先秦之后经济思想的少数突出代表则均“不能跳出先秦思想的轨路”[③]；同期只有唐庆增认为，秦汉至唐中叶前时期的经济思想进步颇多，“各种新旧经济学说，大半曾付诸实行也”[④]，但也未对此展开具体论述。新中国成立以来学界对秦汉至中唐时期经济思想的评价有一定程度的提高。胡寄窗指出，先秦以后的经济思想在具体内容的丰富程度和发展上很可观，虽然在原则上，秦汉以来改革家多对“先秦经济思想的一鳞半爪加以发挥和应用”，但有些问题还未达到先秦时期的水平；魏晋南北朝时期社会经济矛盾不完全相同，“因而反映在经济思想上也就各有其特点”；隋唐时期尽管在以往的经验基础上形成了一套比较完善的社会经济制度，但遗憾的是在这一时期不曾发现杰出的思想

① 据统计，近代时期发表的西汉至鸦片战争前全时段的相关文献仅 94 篇，大约相当于先秦时期的一半（参见程霖、毕艳峰：《奠基时期中国经济思想史研究的成就与地位》，《财经研究》2008 年第 10 期，第 26—28 页），近代时期发表的人物经济思想研究相关文献仅 41 篇，占近代时期发表的人物类文献总数的 13.3%，不足先秦时期的一半（参见朱鸿翔、孙微：《论 20 世纪上半叶中国经济思想史研究——基于学术论文的考察》，《湖北经济学院学报》2009 年第 4 期，第 30—33 页），而在当代，直至 20 世纪 80 年代末，中国经济思想史在文章领域呈现出“两头大”（先秦、近代）、“中间小”（西汉至鸦片战争前）的形态，直至 20 世纪 90 年代后现代经济思想研究发展迅速，但在 21 世纪后先秦经济思想研究仍有回升趋势（参见张亚光：《建国 60 年中国经济思想史学科的发展》，《贵州财经学院学报》2009 年第 6 期，第 16—23 页）。

② 吴申元：《中国经济思想史研究评述》，《复旦学报（社会科学版）》1984 年第 5 期，第 26—29 页。

③ 甘乃光：《先秦经济思想史》，商务印书馆，1926，第 9 页。

④ 唐庆增：《中国经济思想史》（上卷），商务印书馆，2014，第 12 页。

家[①]。赵靖则认为，“秦汉时代和先秦时代一样是中国古代思想最活跃、最光辉的时代”，只是自《盐铁论》成书后，中国经济思想从进取转为保守[②]。巫宝三解释道，对该阶段的研究偏少，并非因为其不重要，只是因为经济思想史学科正处在开创阶段[③]。叶世昌也将先秦至西汉这一时期归为经济思想丰富的、有飞跃发展的、对后世有重要影响的时期；魏晋南北朝经济思想“处于衰退时期”；隋唐经济思想“总的来说还缺乏系统性”[④]。钟祥财表示，秦汉时期经济思想由多样向单一转变；魏晋南北朝时期及唐前期“延续了两汉以来的基本格局”[⑤]。不过，对于秦汉至唐中叶前经济思想价值的具体内涵及其影响和历史地位究竟为何，以上研究也未能详细明说。

目前学界对秦汉至唐中叶前经济思想的分析还比较单薄，很多评价虽符合实情，但在评价标准上却限于对内容丰富性和原创性的考察。诚然，这是经济思想价值的重要体现，但绝不应是唯一标准。先秦诸学派主要是哲学学派，关于经济原则与政策的很多分析都是原则性或方向性的设想，缺乏充分的实践验证与操作指引，直到秦汉时期才加以政策化与制度化；即便有若干学者是贵族或曾担任高级官员（如李悝、商鞅、李斯、孔子、墨子等），但其所治理的国家在土地、人口、经济规模上均远不能与秦汉以后的大一统国家相提并论。因此，秦汉至唐中叶前的政府与学者如何贯彻落实儒道法等各学派经济思想，如何根据本时期的实际情况来调整经济政策，如何根据这一过程中取得的实践经验来修正和创新经济学说，如何划定研究范畴并建立一整套原则导向与政策工具，如何在游牧与农耕大碰撞大融合的社会环境中发

① 胡寄窗：《中国经济思想史》（上），上海财经大学出版社，1998，第 508 页；胡寄窗：《中国经济思想史》（中），上海财经大学出版社，1998，第 238 页。

② 赵靖：《中国古代经济思想史讲话》，人民出版社，1986，第 13、295 页。

③ 巫宝三：《中国经济思想史研究展望》，《经济研究》1990 年第 4 期，第 64—67 页。

④ 叶世昌：《古代中国经济思想史》，复旦大学出版社，2003，第 118、190 页。

⑤ 钟祥财：《中国经济思想史》，上海社会科学院出版社，2015，第 45、56 页。

展和重建三统的经济思想，同样是值得展开深入研究的问题。中国古代从秦至清时间跨度如此之大却一直处于农业社会，社会经济结构也始终与农业生产力水平相适应，即便受农业生产力变化影响而多次调整，却从未能超脱农业时代发展至工业化阶段，因此从现代社会的视角来看是相对稳定的。有鉴于此，秦汉至唐中叶前是大一统的初始阶段，该时期经济思想的探索性实践意义和奠基性历史影响十分值得重视。

值得注意的是，很多其他学术领域对秦汉至唐中叶前这一时期也较为关注。例如，在法制方面，顾炎武称“汉兴以来，承用秦法，以至今日者多矣”[①]；苏航认为“隋唐所继承的，不论是魏晋以来旧制，还是各地区发展出来的新制，抑或始于代北而已经官僚化和被中原‘大传统’包装过的胡制”实际上“大都与中原‘大传统’没有太大差异”[②]。从社会思想史的角度，费正清（John King Fairbank）、埃德温·赖肖尔（Edwin Oldfather Reischauer）认为，没有任何一种先秦的思想流派“能作为一种单独的互不相容的哲学体系存留至汉代”[③]，并有学者认为秦汉是“中国文化的定型期”，具有制度化、模式化和程序化的特征[④]；任继愈表示，魏晋南北朝时期儒家、佛教、道教广泛流行，至唐代则形成鼎立局面，从相互诋毁走向相互补充[⑤]。经济史上，斯坦福大学沃尔特·沙伊德尔（Walter Scheidel）教授也提到汉代开启了中国著名的“动态周期循环”（dynamic circle），并对其经济史的因素展开了分析[⑥]；魏晋以来，经济重心南移成为古代经济史上的重

---

① （清）顾炎武撰：《日知录》卷 13《周末风俗》。

② 苏航：《从价值同构看北朝的文化变迁和民族凝聚》，《历史研究》2021 年第 4 期，第 22—41、219—220 页。

③ [美]费正清、[美]赖肖尔：《中国：传统与变革》，陈仲丹、潘兴明、庞朝阳译，江苏人民出版社，2011，第 59—60 页。

④ 李宗桂：《中国传统文化探讨》，花城出版社，2012，第 9 页。

⑤ 任继愈：《论儒教的形成》，《中国社会科学》1980 年第 1 期，第 61—74 页。

⑥ Scheidel W. *Rome and China: Comparative Perspectives on Ancient World Empires*, Oxford University Press, 2009, 23.

要问题[①]。

可见，以上学者更多地从中国古代史的全视角去衡量秦汉至唐中叶前的地位与影响。因此在中国经济思想史领域，秦汉时期也无疑是一个“转型”阶段：既明显不同于先秦，又对后世产生了深远的影响；魏晋南北朝至唐中叶前时期的经济思想，在秦汉经济思想的基础上实现了继承、发展、碰撞与融合。由此，有一系列问题值得我们进一步思考，例如，秦汉经济思想的“转型”包含怎样的内涵与过程，有何具体表现？汉代作为中国中央集权统治的巩固确立时期，在经济思想及经济政策实践上奠定了怎样的基础，对后世有何影响？魏晋南北朝及隋唐时期，经济思想又出现了怎样的变化？相较先秦，这一时期的经济思想究竟在何领域有所发展，又提出了哪些新的内容，为后世提供了哪些历史遗产？等等。对以上问题的回答均可作为重新评价秦汉至唐中叶前经济思想的视角与着眼点，这也是本节拟开展的工作和研究的主旨所在。

一、秦汉至唐中叶前经济思想的演变路径

秦汉至唐中叶前这一时期的经济思想，首先突出地表现为秦汉时期经济思想的“转型”，其次表现为魏晋南北朝至唐中叶前时期经济思想正统范式的“浮沉”。具体来看，秦汉时期经济思想“转型”的内涵，可归纳为从“百家争鸣”到“大一统”。“百家争鸣”，一方面是指先秦时期具有活跃、开放、批判的学术氛围[②]，孕育了多种多样的思想和学派；另一方面也指这些学派，乃至学派的内部，对于义利、消费、财政、治理、农工商关系等很多方面的经济问题，均有不同的见解和主张，且流派并争，并无哪一派思想在“百家”中占据绝对上风。发展到秦汉时期，不同的经济学派及其经济思想

① 曹文柱、李传军：《二十世纪魏晋南北朝史研究》，《历史研究》2002 年第 5 期，第 142—165 页。

② 赵靖主编：《中国经济思想通史》（第 1 卷），北京大学出版社，2002，第 661—666 页。

开始或主动或被动地产生融合发展的趋势，进而实现了“大一统”[①]。在本书中，经济思想领域的“大一统”可被定义为：在个人修养和国家社会治理方面，形成了一整套较为统一的、占据主导地位的经济原则、经济议题和经济政策等，并且深刻影响了国家的宏微观经济活动。其特点，一是相对唯一且固定，二是其内容并非来自某一先秦学派，而是对各种学派多有吸收和改变。对于魏晋南北朝至唐中叶前时期经济思想正统范式的“浮沉”，一方面可以从“破坏”角度理解，在游牧民族、外来文化的冲击下，经济基础遭到严重破坏，占据主导地位的经济原则、经济议题与经济政策难以顺利实施，游牧文化与佛教经济思想对已有经济思想产生了较大影响。另一方面可从“整合”角度解释，由于“三大教条”具有适应地主经济体系、提升国家治理能力的优势，汉以后的王朝一旦走向稳定，就会继承秦汉时期关于治理大一统国家的思想与制度“遗产”，参考秦汉时期提出的经济思想总体框架，并在其基础上改变、吸收零散且多元的经济思想，整合为一套较统一的、儒家经济思想占主导地位的经济原则、经济思想、经济议题与经济政策。换言之，在正统范式被“破坏”过程中，也孕育着“整合”与“重生”的趋势。整体来看，从秦汉至唐中叶前这一时期的演变路径可包括三个阶段。

（一）初步探索阶段：秦朝建立至汉景帝时期

1. 经济基础：地主经济体系的序幕与经济思想的发展

这一时期的经济发展趋势大致呈现出驼峰形状，秦王朝初期及西汉初期由于局势稳定、有农业政策支持，经济发展较快，而在秦王朝后期则由于暴政及战乱的冲击，生产出现衰退趋势。在生产力层面，最先运用于春秋战国时代的铁农具、农耕等先进生产工具，已经普遍取代了非铁农具，并且在铁

① 学界以往另有一种表述——“封建正统经济思想”。参见赵靖主编：《中国经济思想通史》（第1卷），北京大学出版社，2002，第673—681页。

农具的数量、质量上实现较大提升[①]。在疆域一统的局面下，全国格局下的交通运输网络开始形成，该时期规划并优化了陆地交通网络，开凿了灵渠、疏通黄河以保证粮食运输、沿河修建仓储等，这些水陆交通设施建设充分利用了地理优势，既满足了中央政府所在地关中地区的粮食等需求，又沟通了重要节点城市，推动全国范围内商业经济的运行与循环。秦朝对马车轨道凹槽距离进行统一规定[②]，提升了陆地交通运输效率，从计量单位、量值标准、进位制等方面统一了度量衡制[③]，结束了计量工作的混乱局面，保障和规范了经济活动。可见，人们对于改进生产工具、完善交通基础设施、推进标准化工作的认知得以提升，并在实践上为农业生产、商业贸易的发展提供了良好的条件[④]。在生产方式和生产关系层面，土地私有制在春秋战国时期萌生，商鞅变法肯定了秦国土地私有制的正当性与合法性，但直至秦王朝建立，才通过“编户齐民”“废井田”等措施，正式在全国范围内确立了地主经济所有制，徐徐拉开了地主经济体系的序幕。地主经济体系的基础即“男耕女织”式的小农生产。小农生产产品的分配，一是满足了自身需求，二是将剩余产品缴纳税赋以满足上层统治阶层的需求，三是投入市场换取货币以从事商业经营活动[⑤]。当然，小农的身份及地位并非均质的，反而是不平等和不平衡的，因此产生了更加复杂的经济生产关系。

在地主经济体系下，中国古代的人身依附关系主要有两类，一类是农民、佃农、地主等对国家的依附，国家通过户籍制度统计、控制人口数量，进而征收国家所需的税收、田赋、兵役等。另一类是农民对豪强地主的依

---

① 朱伯康、施正康：《中国经济史》（上卷），复旦大学出版社，2005，第 178 页。

② 吴琦幸：《“车同轨”考》，《华东师范大学学报（哲学社会科学版）》2010 年第 4 期，第 112—118 页。

③ 朱筱新：《对秦统一度量衡制的再认识》，《北京教育学院学报》2000 年第 2 期，第 6—10 页。

④ 朱伯康、施正康：《中国经济史》（上卷），复旦大学出版社，2005，第 181—207 页。

⑤ 黄今言、王福昌：《汉代农业商品生产的群体结构及其发展水平之评估》，《中国社会经济史研究》2003 年第 1 期，第 1—10 页。

附。由于豪强地主具有能与国家对抗的政治经济力量，其附属农民不再受国家的直接控制，豪强地主保护农民的土地及人身安全，同时农民受到豪强地主的超经济剥削，须向豪强地主提供田税、劳役等[①]。这一时期，经济禀赋较强的地主，如六国贵族，虽然不再具有政治头衔，但保留了较雄厚的财力；又如通过军功爵享有了土地和政治特权的新阶层，相比小农，他们更追求利润最大化，通过经商致富，并在国家保护土地交易的机制下，依靠财力加速兼并土地，使小农成为依附豪强地主的佃农。在此背景下，众多思想家很早就认识到其中的因果联系，贾谊认为“今背本而趋末，食者甚众，是天下之大残也；淫侈之俗，日日以长，是天下之大贼也”[②]。晁错亦指出“此商人所以兼并农人，农人所以流亡者也”[③]，并力主“使民务农”，引导和鼓励民众加强农业生产，以减少商业贸易、土地兼并行为，并避免出现农民破产等后果。可见在地主经济体系形成初期，政府、地主、农民三者就形成了动态博弈的局面。由于这种博弈关系在先秦是并不存在的，因此在经济思想领域并无成法可以参考。由此，新时期产生的新问题，迫使秦汉时期的学者探索新的解决办法[④]。与先秦诸子不同，这一时期具有重要影响的思想家多是担任高级官职的政治家，他们能够从实践角度深入思考经济政策的可行性，推动政策实践与经济思想的互动，进而将“重义轻利”“重本抑末”“黜奢崇俭”等思想教条化、制度化。

2. 国家治理：中央集权体制的确立与治理思想的转向

这一时期是中央集权大一统的序曲。秦王朝的建立，首次使得中国各方

---

① 王彦辉：《论汉代的豪民役使与人身依附关系的发展》，《东北师大学报》2001 年第 4 期，第 29—35 页。

②《汉书》卷 24《食货志》。

③《汉书》卷 24《食货志》。

④ 岳翔宇：《气候变化、农业低产与重农理论——以晁错“贵粟论”为中心》，《历史研究》2015 年第 3 期，第 40—61 页。

由分散、割据走向了中央集权。在此情形下，维护并巩固刚实现的统一事业成为统治阶层的首要目标。秦王朝相应地建立了一整套的中央集权政治制度和基本经济制度，包括统一军权，设立郡县制，统一币制、文字和度量衡，实施编户齐民制度，继续推行重农政策[①]，等等，继承秦孝公以来的传统，统治者将战争时期法家极端功利化的治理思想奉为圭臬，强调法律的强制性和功效性，追求短期内调动国家资源的能力，提高中央政策推行效率和税赋汲取强度，由此“海内为郡县，法令由一统”[②]。由于缺乏对帝王的约束，缺少以民为本的精神，在暴政之下，秦朝很快覆灭了。

汉朝建立之初，在中央集权的体制上“汉承秦制”，但不再采用极端化的法家治理思想，而是推崇融合黄帝、老子道家思想而形成的黄老之学。该选择至少包含了两方面的原因：其一，汉朝建立于起义，在经历了“民失作业，而大饥馑”[③]的经济凋敝后，必须减少干扰，推动恢复经济生产与社会生活的正常秩序。其二，秦朝灭亡于起义，出于对农民力量的忌惮，新上任的统治阶层选择了农民较易接受的黄老之学[④]和“与民休息”的政策加以安抚。这种政策思路在经济层面的突出表现是重农、轻徭薄赋和黜奢崇俭，陆贾所著《新语》及刘安主持撰写的《淮南子》对这三项措施做了深刻论述，将其提升至合乎“道”的理论高度，阐明其是巩固政权的重要手段。在“与民休息”的指导方针下，国民经济得以较快恢复，为下一阶段的经济思想统一提供了良好的物质基础，并在政策经验层面做了铺垫。

3. 思想市场：思想市场的剧变与思想整合的曲折进程

这一时期思想市场领域由法家主导向道家主导转变。战国后期延续了较

---

① 赵靖主编：《中国经济思想通史》（第 1 卷），北京大学出版社，2002，第 450—458 页。

②《史记》卷 6《秦始皇本纪第六》。

③《汉书》卷 24《食货志》。

④ 有学者认为道家的特点和主张与农民有诸多相通之处。参见盖建民、袁名泽：《道教与中国传统农业关系略考》，《福建师范大学学报（哲学社会科学版）》2009 年第 3 期，第 137—142 页。

自由的学术氛围，并且各家思想已出现融合的趋势，如《吕氏春秋》初步杂糅了诸家观点。秦灭周祀后，诸家学派积极参与国家治理的讨论，“天下之士，斐然向风”[①]。秦王朝在法家治理思想下，采取文化专制手段，下“焚书令”，坚决杜绝“人善其所私学，以非上之所建立”的现象，仅崇尚法家，即“若有欲学者，以吏为师”[②]。有此举措，不仅是因为早在战国时期，秦国就因采用法家商鞅之法而壮大，更是因为在战国末年，秦相吕不韦就已意识到思想统一的重要性，即百家学说各有主张，但“听群众人议以治国，国危无日矣”，“故一则治，异则乱；一则安，异则危”[③]。这种以国家暴力机器整合思想市场的行为，是毁灭文化的灾难，也是经济思想“大一统”的首个尝试。显然，这种干预思想的行为，随着秦朝的覆灭而黯然收场[④]。西汉王朝吸取了秦亡的教训，对思想市场持截然相反的态度，宽容接受诸家学派的学说，尤其推崇黄老之学。在这种背景下，许多学者都针对改善民生提出了各种富有价值的经济主张，如在“天下既定”后发挥重要作用的“陆贾造《新语》”[⑤]，就主张“民奢应之以俭”、“稀力役而省贡献”和重视“农桑之事”，进而提出了“道莫大于无为”的道家观点[⑥]。须指出，该时期各派的思想已产生了糅杂，如《新语》中也提到了“治以道德为上，

---

①（汉）贾谊撰：《新书》卷1《过秦中》。

②《史记》卷6《秦始皇本纪第六》。

③《吕氏春秋》认为这主要是由于百家各有不同主张，“老聃贵柔，孔子贵仁，墨翟贵廉，关尹贵清，子列子贵虚，陈骈贵齐，阳生贵己，孙膑贵势，王廖贵先，儿良贵后”，因此若各执己见，难以治理国家。参见《吕氏春秋》卷17《审分览第五》。

④ 孟祥才：《论秦文化对东方六国文化的两次整合》，《烟台大学学报（哲学社会科学版）》2005年第4期，第448—453页。

⑤《汉书》卷1《高帝纪》。

⑥ 陆贾认为：“夫释农桑之事，入山海，采珠玑，求瑶琨，探沙谷，捕翡翠，玳瑁，搏犀象，消筋力，散布泉，以极耳目之好，以快淫邪之心，岂不谬哉？”在一定程度上侧面显示出其对农桑这一基础农业的重视。参见（汉）陆贾撰：《新语》卷下《本行第十》。

行以仁义为本”的典型儒家观念[①]。事实上，纯粹的学派之争已不是最首要的问题，当时无论何学派，均更注重维护政权的稳定统一、恢复经济生产秩序、改善民众基本生活。例如，被认为隶属儒家的贾谊[②]，除了主张国家应重视储蓄外，也贡献了禁止“铜布于天下”[③]的垄断币材思想。学贯儒法的晁错，也得到了推崇黄老之学的文帝的赏识，并向文帝提出了“务民于农桑，薄赋敛，广畜积”[④]的治理之道。黄老之学成为整合经济思想，从“百家争鸣”到“大一统”的第二个尝试，且已包含了其他有利于统一治理的思想。

（二）正式形成阶段：汉武帝至东汉时期

1. 经济基础：经济形势的变化与经济思想的演进

这一时期社会生产力继续发展，在生产方式、生产关系层面则出现了新的变化。生产力进步主要体现为农业生产工具的更新换代、生产技术的持续改进等，如在西汉赵过的主持或设计下，耦犁、耧车、代田法开始应用于实践中[⑤]；中国最早的关于农业经济的个人著作《氾胜之书》不仅详细记载了农作物栽培技术、农耕原则等农业生产知识，还涉及农业经营管理的内容，如核算农业经济利润、提高劳动生产率等经济思想[⑥]。东汉时期的经济发展较缓慢，但也取得了不少成就，水力鼓风机开始应用，《四民月令》对安排农业活动、指导家庭理财、提升人力资本亦有重要作用[⑦]。东汉时期造纸术的发明，极大地降低了思想表达、储存的成本，为经济思想的继承与传播提

① 有学者坚持认为陆贾属于儒家学派。参见马涛：《论陆贾的经济思想及对汉初经济政策的影响》，《世界经济文汇》2002年第3期，第14—19页。

② 侯外庐、赵纪彬、杜国庠等：《中国思想通史》（第二卷），人民出版社，1957，第66页。

③《汉书》卷24《食货志》。

④《汉书》卷24《食货志》。

⑤ 夏征农、陈至立主编：《辞海》（第6版普及本），上海辞书出版社，2010，第5017页。

⑥ 路兆丰：《〈氾胜之书〉的经济思想》，《古今农业》1991年第1期，第27—33页。

⑦ 吴天钧：《〈四民月令〉的经济思想及其当代价值》，《黑龙江史志》2014年第3期，第178、180页。

供了新的媒介载体。

在生产方式与生产关系层面，地主经济体系下，政府、地主、农民的动态博弈出现新的变化。“文景之治”以来，在不加干预的政策下，商业贸易及土地买卖呈现高歌猛进的状态，一方面，区域产业分工日益精细化，规模日益扩大，形成了以利润最大化为目的的农场式经营，《史记·货殖列传》指出，“安邑千树枣；燕、秦千树栗；蜀、汉、江陵千树橘……及名国万家之城，带郭千亩亩钟之田，若千亩卮茜，千畦姜韭：此其人皆与千户侯等”，可见一斑。另一方面，商人大量兼并土地，导致出现两极分化的社会问题，耕农演变成依附地主的佃农，威胁国家财政及国家安全，备受统治者及思想家关注。例如，董仲舒提出“限民名田，以澹不足”[①]；汉武帝推行算缗、告缗政策，向商人及高利贷者征收高额税赋，并采用暴力手段迁徙强宗大姓、豪强贵族，使其不得族居；桑弘羊提出“家人有宝器，尚函匣而藏之，况人主之山海乎”[②]，主张经济上实施干预政策等。东汉以来，在气候变冷、游牧民族南下、政治动乱等因素影响下，地主在动态博弈中逐渐占据优势地位，豪强地主占据大量人口与土地，形成了以庄园为主体的经济结构[③]，其内部经济自给自足，与外部经济联系较少，商品经济发展缓慢，经济思想的发展亦较缓慢。

2. 国家治理：文治武功与治理思想的再度转向

经历了“文景之治”后，汉王朝所面临的形势再次发生改变：国内方面，土地兼并加剧了经济政治矛盾，商人阶级的膨胀也对传统自然经济造成了威胁。另外，统一政权还需应对暗涌的封国势力的挑战。北方游牧民族匈

①《汉书》卷 24《食货志》。

②（汉）桓宽撰：《盐铁论》卷 1《禁耕第五》。

③ 盛邦和：《关于中国庄园历史特点与命运再探》，《清华大学学报（哲学社会科学版）》2009 年第 5 期，第 47—53 页；张竹云：《汉代田庄与西欧庄园比较研究》，《史学集刊》2002 年第 2 期，第 29—34 页。

奴强盛起来，虽然两边有和亲之约，但匈奴处于优势地位，屡次背约入侵中原地区[1]。

在此历史背景下，汉武帝顺应了国家治理转型、兼顾发展与安全的需求，将国策重点从“休养生息”转向“文治武功”，调整了放任自由的策略，而积极地转向国家干预的治理思想。在宏观经济管理层面，推行“均输”“平准”制度，在思想与实践上均重视通过加强调控干预来提高要素流通效率、平抑物价。在工商业管理方面，推行算缗、告缗政策，实施盐铁官营和酒榷制度，采取收取财产税、国有专营等措施，抑制私营工商业发展，并增加财政收入。在金融方面，第一次将铸币权收归中央，统一发行“五铢钱”，抑制了通货膨胀，反映出西汉政府对货币与实体经济关系的认识较前人有所进步。在军事方面，随着汉武帝放弃和亲，转为实施战争政策，长时期的开疆拓土和对外战争对国家财政造成了严重的负担，汉武帝之后国力由鼎盛转向衰弱、中央政府权力也有所弱化，进而限制了政府主导的经济干预政策的推行。

3. 思想市场：“独尊儒术”、盐铁会议与经济原则的确立

这一时期，思想市场由道家主导转为儒家主导。汉初受推崇的黄老之学，作为一种对秦朝弊政的反思和对此前现实情况的妥协，已不合时宜，新学说开启了向大一统地位的又一轮冲击。在董仲舒、司马迁、贤良文学以及国家政策的影响下，以儒家经济学说为主导的基本经济原则被广泛接受。

汉武帝时期，体系上最为成熟的思想是董仲舒和司马迁的思想。董仲舒改造了先秦儒家学说，以“天人感应论”树立了统治者权威，以“仁义之分”[2]确立了维护社会秩序的价值约束，以“承天意”、“明教化”及“正法

① 白音查干：《匈奴“背约南侵”考》，《内蒙古师大学报（哲学社会科学版）》1985 年第 3 期，第 86—88 页。

② “仁之法在爱人，不在爱我；义之法在正我，不在正人。”参见（汉）董仲舒撰：《春秋繁露》卷 8《仁义法》。

度”[①]完成了对治理体系的基本建构。他还特别针对经济领域，提出了“限民名田”的土地分配思想，以及“盐铁皆归于民”“薄赋敛、省繇役”的财政思想，等等[②]。其学说中不仅有治国的理论基础，也有相应的对策主张。虽然当代学术界对汉武帝是否因董仲舒而“罢黜百家，独尊儒术”存疑[③]，不过就对后世经济思想的影响而言，董仲舒显然自此写下了浓重的一笔。相较之下，司马迁的研究更强调寻求客观的历史发展线索[④]，他认同“人生有欲”[⑤]，理解“天下熙熙，皆为利来”[⑥]的逐利本能，主张“善者因之”[⑦]的治理办法，因而也在一定程度上肯定贫富差距[⑧]。其思想颇富价值，但并不力图服务于巩固政权、解决国内矛盾的统治需求，因此其思想未被统治者所采纳。

随后在汉昭帝时期的盐铁会议上以及宣帝时期的《盐铁论》中，思想争锋得以充分体现。《盐铁论》的成书是中国古代正统经济思想形成的重要标志[⑨]。在盐铁会议上，围绕国家的干预措施，桑弘羊与贤良文学展开辩论。桑弘羊的政治观点源于法家，经济上又深受管子及富商大贾的影响[⑩]，因此其政策特点在于重商。换言之，虽然他支持干预经济，但干预措施是运用相对市场化的经济手段，同时借助政治行政力量，使政府积极地参与到商业活

① “是故王者上谨于承天意，以顺命也；下务明教化民，以成性也；正法度之宜，别上下之序，以防欲也。修此三者，而大本举矣。”参见《汉书》卷56《董仲舒传》。

②《汉书》卷24《食货志》。

③ 孙景坛：《汉武帝“罢黜百家，独尊儒术”子虚乌有——中国近现代儒学反思的一个基点性错误》，《南京社会科学》1993年第6期，第102—112页；管怀伦：《汉武帝“罢默百家，独尊儒术”确有其事：与孙景坛同志商榷》，《南京社会科学》1994年第6期，第13—18页；庄春波：《汉武帝“罢黜百家，独尊儒术”说考辩》，《孔子研究》2000年第4期，第59—71页。

④ 胡寄窗：《中国经济思想史》（中），上海财经大学出版社，1998，第45页。

⑤《史记》卷23《礼书第一》。

⑥《史记》卷129《货殖列传第六十九》。

⑦《史记》卷129《货殖列传第六十九》。

⑧ 如司马迁认为穷者受富者驱使，是自然之理，即“凡编户之民，富相什则卑下之，伯则畏惮之，千则役，万则仆，物之理也”，未对其表示否定。参见《史记》卷129《货殖列传第六十九》。

⑨ 赵靖主编：《中国经济思想通史》（第1卷），北京大学出版社，2002，第673页。

⑩ 胡寄窗：《中国经济思想史》（中），上海财经大学出版社，1998，第76页。

动中。例如，他主张设立盐、铁、酒专卖制度，均输制度，平准制度，等等，在“民不益赋”[①]的基础上，实现了“仓廪之积，战士以奉，饥民以赈”[②]的良好效果。然而，政策在庞大帝国的具体实施中难免扭曲，官僚制的激励不相容问题产生了种种弊端，如官吏往往不讲求经济效益并采用非法手段中饱私囊，官营工商业产品的质量较差，出现强买强卖及物价畸高等现象[③]。此外，连年征战也必然造成“海内虚耗，户口减半”[④]。所以，贤良文学对桑弘羊的所有政策几乎都表示否定，并依据教条化的儒家观念[⑤]主张重仁义、重农业和自由放任，攻讦桑弘羊思想中重商的核心观念，否认经济手段对国家发展的重要作用，本质上阻碍了商业经济的发展。以上争论在几十年后被桓宽收录于《盐铁论》中，桓宽根据自己的学术和政治见解加以推衍，赞美贤良文学而批评桑弘羊[⑥]，并且由于桑弘羊在政治斗争中失败，因此贤良文学的思想占据上风，进而成为被广为接纳的基本经济原则，尤其是“重义轻利”“重本抑末”“黜奢崇俭”被认为是正统经济思想的三个最主要的、最具代表性的教条，在盐铁会议以后的经济思想领域长期处于主导地位。值得注意的是，在政策实践方面，桑弘羊摸索出的制度政策仍被后世所沿用。这也正是汉代最终形成“霸王道杂之”[⑦]的一个具体体现。

---

①《史记》卷 30《平准书第八》。

②（汉）桓宽撰：《盐铁论》卷 1《力耕第二》。

③ 刘家贵：《重评西汉盐铁会议及贤良文学的经济思想》，《中国经济史研究》2008 年第 4 期，第 135—143 页。

④《汉书》卷 7《昭帝纪》。

⑤ 除“重义轻利”思想源于先秦儒家外，其余教条化的思想都包含了其他学派学说的成分，如“重本抑末”的思想滥觞于战国时期的法家；“黜奢崇俭”的思想在先秦儒法道等学派中均有涉及。自董仲舒“独尊儒术”以来，此类教条化的思想被汉代儒家继承并广泛论述。参见赵靖主编：《中国经济思想通史》（第 1 卷），北京大学出版社，2002，第 678 页；Zhong X C. “Dong Zhongshu and Confucian economic thought as state ideology in the Western Han Dynasty”. In: Cheng L, Terry P, Wang F. *The Political Economy of the Han Dynasty and Its Legacy*, Routledge, 2019, 51-66.

⑥ 赵靖主编：《中国经济思想通史》（第 1 卷），北京大学出版社，2002，第 674 页。

⑦《汉书》卷 9《元帝纪》。

（三）破坏与整合阶段：魏晋南北朝至隋唐时期

1. 经济基础：自然经济的消长与经济思想演化

魏晋南北朝时期经济发展速度整体上较为缓慢，农业生产尚未超过汉代水平[①]，但也在动荡中呈现出了局部繁荣、短暂稳定的景象，直至隋唐，社会经济发展水平才稳步提升，出现又一个经济的高峰。在生产力层面，由于全球性的气候转寒，游牧经济向南方蔓延，与原有的农耕经济形成南北对峙，农耕经济被迫向更南的边远地区转移，客观上加速了这些边远地区农业水平的上升。在生产方式与生产关系层面，魏晋南北朝时期由于战乱及少数民族进据中原，北方地区由较成熟的地主经济向相对独立的坞壁经济演变；南方地区庄园经济盛行，世家大族将林、湖、沼、丘陵占为己有，隐匿大量破产农民，建立起规模庞大的庄园，并形成了以士人为领袖，宗族为纽带，包含农工商各个阶层的小社会。庄园内耕织并举，畜牧业、手工业、养殖业、教育机构、武装力量应有尽有，基本能够达到自给自足，较少与外界相联系，形成较封闭的经济社会实体[②]。虽然整体上自然经济成分处于上升趋势，但在部分区域，尤其是相对稳定的南方地区，商品经济和传统市场也有了进一步发展，至隋唐时期，则有了较大程度的进步。例如，鲁褒讽刺狂热追求货币财富的人，“亲之如兄，字曰孔方。失之则贫弱，得之则富昌”[③]，这正反映出货币经济发展引发的社会心理变化，体现了思想家对货币崇拜现象的批判性反思。又如，贾思勰在《齐民要术》中讨论了地主家庭的微观经济活动，既论述了自然经济的生产与消费，又详细地讨论了司马迁等人总结的传统市场下的商业原则。仍需要指出的是，隋唐经济的繁荣并没有很快带来经济思想层面的大发展，而直到唐中叶后才有显著的转变。

① 张帆：《中国古代简史》，北京大学出版社，2001，第235页。

② 赵克尧：《论魏晋南北朝的坞壁》，《历史研究》1980年第6期，第77—90页。

③《晋书》卷94《隐逸传》。

2. 国家治理：大分裂、国家统一与经济思想正统的巩固

这一阶段中国再次从大分裂走向大统一，魏晋南北朝时期的大分裂经历了四百多年，在原有大一统制度的瓦解与重建中，政治家、思想家对如何完善国家治理体系、构建合理的制度以推动、巩固统一进行了不断的探索和改革，这使得此后的大一统制度基础越来越坚实，因而最终在思想政策化、制度化层面巩固了正统的经济思想教条。

具体来看，少数民族政权入主中原后，为了构建或维护统一的政权，开始顺应历史发展趋势，继承此前的大一统政策制度，确立儒家的正统地位，着手汉化路线及集权化进程。比如，在土地政策上，以北魏李安世为代表的学者继承吸收了以往井田、限田等制度思想，萃取其优点提出了均田思想，将土地分配与财政征收结合起来[①]。由于北魏王朝的推动该思想付诸实践，这一思想在此后三百余年一直处于支配地位，并被隋唐土地制度所继承[②]。在财税制度上，魏晋时期的傅玄从国家整体的视角及维护中小地主利益角度出发，提出一套新的财政原则，主张“至平”“积俭而趣公”“有常”[③]。唐代在总结秦汉以来王朝财政政策得失的基础上，推出了一整套较完备的财政制度——租庸调制[④]，既易于实施又兼顾公平，推动了唐前期社会经济的繁荣发展。社会治理方面，在自然灾害频发的时代，魏晋南北朝积累了许多赈灾救荒的经济思想。至隋唐时期，统治者为维护社会秩序稳定，以城市为社会保障重心，形成政府主导、民间救助的保障体系，蕴藏了丰富的社会保障思想[⑤]；受外来宗教影响，中国寺院借贷蓬勃发展，并在中古时期王朝规范

---

① 胡寄窗：《中国经济思想史》(中)，上海财经大学出版社，1998，第 274—277 页。

② 张金龙：《北魏均田制研究史》,《文史哲》2015 年第 5 期，第 108—127、167—168 页。

③ 胡寄窗：《中国经济思想史》(中)，上海财经大学出版社，1998，第 243—245 页。

④ 邓广铭：《唐代租庸调法研究》,《历史研究》1954 年第 4 期，第 65—86 页；王复华：《均田制和租庸调法对唐前期经济繁荣的影响》,《中央财政金融学院学报》1987 年第 3 期，第 68—71 页。

⑤ 李福定、司家龙：《唐代城市社区的社会保障》,《安康学院学报》2008 年第 3 期，第 81—83 页。

化制度化的治理下开始走上中国化道路，与基本教条的导向性原则大致相同，演化出不同于印度寺院借贷的业态[①]。

3. 思想市场：儒学地位的浮沉与经济思想范式的变化

自汉末以来，尽管思想市场儒家独尊的局面被逐渐打破，但儒家思想在文化、经济等领域依然发挥了主导作用[②]。

魏晋南北朝时期，农民起义、胡汉政权频繁交替，豪族取得了文化上的垄断地位，士人阶层的上升渠道被打断、话语空间被挤压，正统的经济制度和经济原则都遭到破坏，士人普遍感到建功立业的愿望难以实现，导致儒学的影响力进一步下降，玄学兴起。同时，外来文化开始广泛传播，并产生重要影响，与中国传统文化注重“修身、齐家、治国、平天下”的价值取向不同，外来佛教思想更强调生死轮回、善恶惩罚、普度众生的宗教信仰，在财富、商业、金融等方面对传统经济伦理思想形成了重要补充[③]。在乱世中，佛教赢得了社会民众的普遍信任，一方面将民众募捐的资金聚集起来，另一方面将资金放贷出去，在实践中拓宽了借贷范围，促进了金融业的产生与发展，推动了典当业、挂单制度、资金互助组织的形成[④]。

至隋唐时期，虽然儒释道形成鼎立局面，但儒学更适应大一统国家的治理，当国家重新实现一统、社会趋于稳定、治理步入常轨后，儒学也自然而然地重返正统，在思想市场上发挥了越来越重要的作用，经济思想基本教条与正统原则在全国内重新树立、强化与完善。例如，隋朝建立了以儒家经典为主要考核内容的科举制，通过结合教育制度和选官制度，打通了士族的晋

① 周建波、于水婧、沈博等：《中古时期寺院借贷的中国化问题》，《世界宗教研究》2021 年第 3 期，第 24—33 页。

② 洪修平：《隋唐儒佛道三教关系及其学术影响》，《南京大学学报（哲学·人文科学·社会科学版）》2003 年第 6 期，第 137—146 页。

③ 张越、曾江：《试论佛教经济思想对中国经济伦理的影响——兼论其中国化发展》，《济南大学学报（社会科学版）》2020 年第 6 期，第 97—106、159 页。

④ 周建波：《佛教寺院金融与中国金融业的发展》，《世界宗教研究》2018 年第 2 期，第 50—57 页。

升渠道，促进了社会流动，这一过程必然也会提升经济思想正统范式的传播力度，将儒家思想中的价值取向与行为规范传播到民众层面；唐太宗主持展开了“自古理政得失”[①]的大讨论，在群臣辩论中采纳魏徵“圣哲施化”的建议，通过建立孔子庙、弘文馆等措施，尊崇儒学、推行仁政，在此基础上，正统经济思想得到进一步巩固；在汲取前人成果的基础上，颜师古和孔颖达对经学做出权威且统一的阐述，《五经定本》和《五经正义》开辟了唐代儒学新局面，强化了正统的经济思想，作为科举考试的重要内容，其影响一直持续至明清[②]。又如，在正统文化和国家干预下，外来的佛教经济思想开始了中国化进程，吸收了忠孝文化、重视农业、入世精神等中华传统元素，向具有中国特色的宗教转型，形成了中国化的佛教宗派禅宗[③]。

上述可见，秦汉至唐中叶前的经济思想，经历了正统范式“初步探索—正式形成—破坏与整合”的演变路径，尤其是“正式形成”阶段，基本奠定了中国传统经济思想的基本框架，完成了从“百家争鸣”到“大一统”的转型。在这一历史进程中，中国传统经济思想的发展经历了（不完全等同于先秦的）法家、道家、儒家、外来宗教、其他学派以及新思想的多重选择和融合。这些纷杂的学说，伴随着政治经济的统一而统一，最终在主流社会价值观、治国体系、制度设计和政策实践上都形成了一整套的基本架构，适应于政权巩固和发展的需要，因而最终变得统一且排他，长期占据支配地位。

二、秦汉至唐中叶前经济思想的主要特征

正统经济思想的“大一统”是一个基本框架，并未将所有内容都完全固

---

①（唐）吴兢撰、（元）戈直集论：《贞观政要》卷1《政体第二》。

② 王培峰：《汉唐时期“五经”学系统的内部调整与发展》，《山东师范大学学报（人文社会科学版）》2018年第2期，第109—123页。

③ 周建波、于水婧、沈博等：《中古时期寺院借贷的中国化问题》，《世界宗教研究》2021年第3期，第24—33页。

定局限。其中有几项标志性的内容，不仅是“大一统”的决定性构成因素，也是影响后世经济思想的关键因素。这些内容以“三大教条”为代表但并不局限于“三大教条”。“基本教条”之所以是“基本”的教条，就是因为它不仅仅聚焦于几个特定的主题，其影响渗透至基本原则层面。因此，可从导向性原则、基本议题、政策化与制度化、以往经济思想的深化，以及新经济思想的产生这五个方面进行探讨。

（一）确立了中国传统社会经济思想的导向性原则

导向性原则，是指关于经济问题的类似于“公理”的准则，其在广泛领域为经济活动提供行动与判断的指南。以往也有学者曾以“封建正统经济思想的三个主要教条”[①]为主题对类似问题进行过论述，本书将在此基础上进一步展开，并认为以“三大教条”为核心的正统经济思想“大一统”所确立的导向性原则有以下几个。

1. 在方法论上，确立了整体主义的分析方式与价值取向

先秦经济思想中个体主义与整体主义的方法论皆有。个体主义方面，有杨朱的“古之人，损一毫利天下，不与也”[②]，也有基于个体行为分析的进一步推导，如慎到的“故用人之自为，不用人之为我，则莫不可得而用矣”[③]。整体主义方面，有孔子的“均无贫，和无寡，安无倾”[④]，也有将人的本性纳入国家利益轨道的治理及理财思想，如商鞅的“利出一孔”[⑤]，抑或《管子》中有关国家干预的政策设计。然而，自秦汉经济思想转型以

① 赵靖主编：《中国经济思想通史》（第 1 卷），北京大学出版社，2002，第 679 页；朱永：《论中国正统经济思想的内容及其关系》，《中州学刊》1999 年第 6 期，第 151—154 页。

②《列子》卷 7《杨朱》。

③《慎子》卷 1《因循》。

④《论语·季氏第十六》。

⑤《商君书》卷 5《弱民》。

来，虽然在个体主义领域产生了“善因论”这一杰出成果，但是由于研究探讨如何治理大一统国家成为经济思想的学术主流，整体主义的理财方式被制度化地实现和确立了。同时在一般论述上，可见的更多是面向“仓廪之积”“天下用饶”的追求，以及“三纲五常”等礼法对整体秩序的维护。即便是关注农民疾苦，思想家针对的也更多是农民阶级而非经济体个人，同时是对其生存境况的同情，如“亡者取倍称之息，于是有卖田宅、鬻子孙以偿责者矣”[①]，而非对个体欲望、诉求以及经济利益的分析。

2. 在伦理上，将重义轻利思想推向极致

重义轻利思想最早可追溯到先秦儒家和道家的观点，儒家义利观主张将求利行为纳入道德规范中，但值得注意的是，虽然儒家是强调“不义而富且贵，于我如浮云”[②]的典型代表，但也并非对“利”完全摒弃，甚至在一定情况下可以讲究权衡[③]。同时，诸子中也有墨子这样主张“义，利也”[④]以及“兼相爱、交相利”[⑤]等义利结合思想的思想家。然而，董仲舒把重义轻利思想推向极致，即“正其谊不谋其利，明其道不计其功”[⑥]，使得义与利相互排斥。更进一步的，贤良文学提出了“抑末利而开仁义，毋示以利，然后教化可兴，而风俗可移也”，以及“故天子不言多少，诸侯不言利害，大夫不言得丧”[⑦]等观点，将重义轻利彻底固化为治国理政的主流价值观和针对各阶层的行为约束，进而使重义轻利思想逐步成为古代社会中长期居于支配地位的正统教条。值得注意的是，重义轻利原则的确立，也与整体主义的取向相吻合。

---

①《汉书》卷 24《食货志》。
②《论语·述而第七》。
③ 胡寄窗：《中国经济思想史》（上），上海财经大学出版社，1998，第 393 页。
④《墨子》卷 10《经上第四十》。
⑤《墨子》卷 4《兼爱下第十六》。
⑥《汉书》卷 56《董仲舒传》。
⑦（汉）桓宽撰：《盐铁论》卷 1《本议第一》。

3. 在生产上，确立了重本抑末的教条

先秦时期主张重视农业的重本思想在春秋时代就已广泛存在，诸子多认为农业是国家的根基。这种思潮的产生，与古代生产力较为低下、农业生产占主导的社会经济结构相契合。不过此时在抑末方面却未达成共识，思想家虽以农为亶，且有老子的“绝巧弃利”[①]，但在孔子思想中尚未发现明确反对商业的证据[②]，范蠡在论述其价格政策思想时，甚至提到了“农末俱利”[③]。这种主张重视本业，而在一定程度上要求限制末业的思潮，与同时期西方的古希腊经济思想不谋而合[④]。战国时期，为满足争霸战争的需要，在法家学派的积极推动下，抑末思想逐渐明确。李悝针对手工业指出，“上不禁技巧，则国贫民侈”[⑤]。商鞅则声称“能事本而禁末者富”[⑥]，且以此推行了“利出一孔”的农战政策。特别是韩非，他把末业的范围扩大至“工商游食之民”，并形成了“农本工商末”[⑦]的明确概念，不过该观点在先秦时期尚未成为绝对统一的思想教条，因为在汉初，重视工商和抑制工商的思想是同时存在的。例如，贾谊在“农本工商末”的基础上，进一步呼吁“殴民而归之农，皆著于本”[⑧]。晁错则通过“贵粟论”，将重农思想发挥到极致。在此之后，仍有司马迁肯定农、工、商、虞皆为“民所衣食之原也”[⑨]，桑弘羊也因重商而设计了一系列的理财政策。可是，盐铁会议上贤良文学极

---

①《道德经》。

② 胡寄窗：《中国经济思想史》（上），上海财经大学出版社，1998，第 90 页。

③《史记》卷 129《货殖列传第六十九》。

④ 柏拉图（Plato）、亚里士多德（Aristotle）、色诺芬（Xenophon）都有类似的观点，已有研究成果对先秦和古希腊的“本”“末”思想进行过比较和分析。参见王大庆：《本与末：古代中国与古代希腊经济思想比较研究》，商务印书馆，2006，第 122—124 页。

⑤（汉）刘向撰：《说苑》卷 20《反质》。

⑥《商君书》卷 3《壹言》。

⑦ 韩非认为：“仓廪之所以实者，耕农之本务也；而綦组、锦绣、刻画为末作者富。”参见《韩非子》卷 17《诡使第四十五》。

⑧《汉书》卷 24《食货志》。

⑨《史记》卷 129《货殖列传第六十九》。

力坚持重本抑末原则，强化了其以往的观点，坚持认为衣食稼穑足以“国富而民安”[①]，而工商业则有损害农业发展的可能。最终，主张抑工商的贤良文学派战胜了主张重工商的桑弘羊，这一事件也标志着主流思想在如何处理农工商关系的问题上确立了重本抑末的基调。这种观点延续了上千年，甚至直至近代早期工商业有所发展后，仍有很多人士沉湎于这种观点[②]。

4. 在消费上，重视节俭和积累

先秦时期，诸子大多反对奢侈支持节俭，如儒家的消费理念是人民的消费需要遵循礼制等级；法家则反对和压制奢侈品的消费及生产；道家的欲望论强调民众应该追求“寡欲”和“无欲”，这些观点和主张成为“黜奢崇俭”的起点。当然，对节俭的标准也有不一致的看法[③]。另外，《管子》还提出了“侈靡论”，主张以增进消费来扩大就业。可见对于奢俭问题，中国早期的经济思想具有一定的多元特征。秦汉以来，贾谊、刘向等从完善国家治理角度出发不断强调这一问题，加之崇俭与道德规范、农业生产背景、社会整体稳定等具有很强的相关性，在《盐铁论》中，“黜奢崇俭”被贤良文学进一步推崇至“圣王之道”，成为评价经济活动的神圣准则之一，对后世产生了深远影响。例如，刘向搜集载录了正统的崇本抑末观点，王符、刘陶、仲长统等抨击汉末的奢侈之风；曹操、诸葛亮、孝文帝、唐太宗等亲身倡率、推行节俭。可见，“务本知俭”“黜奢崇俭”成为中国传统观念中发展社会经济的一条思维定式。

5. 在分配上，主张均平、均调，缩小贫富差距

与前几项原则的树立过程类似，先秦时期的分配思想具有多元特征。比

① （汉）桓宽撰：《盐铁论》卷1《力耕第二》。

② 谈敏：《农本工商末思想的历史演变》，《上海社会科学院学术季刊》1985年第4期，第113—119页。

③ 赵靖主编：《中国经济思想通史》（第1卷），北京大学出版社，2002，第679页。

如，多数思想家的主张带有均平、均调的倾向。均平和均调含义相似，是指“通过调节使其均衡，也就是使其合理、公平”[①]，这里的均平不是指平均，更不是指绝对平均，而是指通过调节以达到平衡、稳定的状态。古籍中的相关论述，如晏子的“正德以幅之”[②]、孔子的“不患寡而患不均，不患贫而患不安”[③]、墨子的“分财不敢不均”[④]等。当然也有不少学者不支持均平、均调，而强调不均衡分配的合理性，如荀子的“分均则不偏”[⑤]，以及韩非的“侈而堕者贫，而力而俭者富”[⑥]。直至贤良文学大举先秦孔子旗帜，结合重义轻利，再次强调“不患寡而患不均，不患贫而患不安”，促使均平思想被树立为一种合乎正义与道德的原则，该原则也在一定程度上为抑制土地兼并，以及财政上的“薄敛赋”提供了部分理论依据。

以上原则的树立，最根本的目的是稳定维护庞大地域下以农业为主要生产方式的统一政权[⑦]。这些原则彼此之间也有一定的内在逻辑关系。在树立了整体主义的方法论前提下，重视道德而限制个体利益是有利于维护整体利益的，这也使得专注于农业生产、抑制工商获利的生产选择更具有道德基础和政治基础。一方面，粮食是生活必需品，而且古代居民消费中粮食占比较高，这就使得生产粮食的农业对社会稳定有着超出供求关系本身的重要价值，因此如果将安全因素纳入考量，那么农业比工商业具有更强的正外部性，其自然供给决定于市场均衡水平，但必然低于社会最优水平，只有补偿农业或限制商业，才能通过提高粮食安全水平来增进社会整体福利，这是传

① 李宗桂：《从“调均”看中国文化的优秀传统》，《哲学研究》2016 年第 8 期，第 34—40、128 页。

②《晏子春秋》卷 6《内篇杂下》。

③（汉）桓宽撰：《盐铁论》卷 1《本议第一》。

④《墨子》卷 3《尚同中第十二》。

⑤《荀子》卷 5《王制篇第九》。

⑥《韩非子》卷 19《显学第五十》。

⑦ 刘媛媛、冯磊：《中国古代抑商传统形成及伦理审视》，《学术探索》2020 年第 3 期，第 140—146 页。

统重农抑商政策的道德基础。另一方面，农业生产者被束缚在特定地域，而商业流通则伴随着人员及物资流动，这就使得农业更易成为稳定的赋税和人力来源，成为大一统国家治理的重要资源，这是传统重农抑商政策的政治基础。因此，为了满足国家治理的政治要求、维护整体利益，政府需要通过合理分配、缩小贫富差距来为农业生产创造稳定条件，避免农民流向私人收益更高但带来更少公共福利的工商业[①]。任何社会都要实现其自身经济、道德、政治、社会等各方面价值的平衡，这是十分合理的，但从经济角度看任何道德与政治价值诉求必然有对应的成本，对生产的约束会降低经济效率：一方面分工程度不高会妨碍人尽其才物尽其用，另一方面经济循环不畅会带来较高的交易成本。这在中国古代重农轻工商的社会中直接体现为经济流通的不发达，而流通效率低下又间接影响经济生产效率。因此，政策必然要求黜奢崇俭，通过节俭和储蓄来维系经济生活及再生产的过程，并促进资本的生产与积累以提高总产出，从而在一定程度上弱化重农抑商和重义轻利对经济效率的负面影响。

（二）确立了经济领域的一些基本议题

基本议题可被理解为经济思想和经济政策研究所涉及的范畴，其在本质上与社会生产力、生产关系的演变以及具体的现实经济发展的需求相关联。秦汉以来中国的社会经济结构一直与以农业为基础的客观生产条件相匹配，长期未能取得根本性突破，所以其重点关注的经济议题自秦汉时期大致确立后就总体保持稳定。此后，学者的经济思考也主要围绕国家治理等主题展开，进而对经济思想内容的丰富性造成了一些不利的影响。具体来看，先秦时期对于各类主题的探讨均较多。发展到秦汉时期，学者的关注点有所聚

① 卜宪群：《谈我国历史上的“大一统”思想与国家治理》，《中国史研究》2018 年第 2 期，第 14—20 页。

焦：一方面表现为对义利思想、价格与价值思想、分工思想、劳动与流通思想等的关注度明显下滑，另一方面表现为对土地思想、货币思想逐渐更为重视，对财政思想、宏观经济管理思想则保持了一贯的关注度。这一变化对后世影响较深。自秦汉以来，土地、货币、财政等国家治理问题成为历朝历代经济思想的研究重点。

土地思想和货币思想的关注度是在秦汉时期“异军突起”的，因此格外值得探讨。土地是农业经济中最重要的资本品和生产资料，也是居民资产配置的最主要形态。先秦时期土地制度在设计和实践层面较为活跃[①]，但在思想表述上相对有限。比较有代表性的是“溥天之下，莫非王土”[②]、孟子的井田思想以及商鞅的“废井田，开阡陌”[③]等，涉及了土地分配、所有权及从公有向私有的转化，另外还有一些有关人地关系的论述[④]，内容跨度较大。秦汉以来，土地思想数量明显增多，而且大多集中在土地的分配问题上，如董仲舒的限田、抑兼并思想，王莽的王田思想，仲长统的官田思想，曹操、傅玄的屯田思想，北魏、唐代的均田思想，等等，反映出中国传统社会建立了统一政权后，地主占有土地之无限性与自耕农占有土地之脆弱性之间的矛盾，长期难以调和，成为威胁经济社会稳定的一大因素[⑤]。后世的土地问题研究中，土地分配问题也是重中之重[⑥]。

货币思想方面，先秦有关货币的言论多在于理论原则，突出代表是子母

---

① 王昉《中国古代农村土地所有权与使用权关系：制度思想演进的历史考察》，复旦大学出版社，2005。

②（汉）毛亨传、（汉）郑玄笺、（唐）孔颖达疏：《毛诗注疏》卷 20《小雅·北山》。

③（明）严衍撰：《资治通鉴补》卷 2《周纪二》。

④ 胡寄窗：《中国古代的人口政策与人口思想》，《经济研究》1981 年第 1 期，第 72—78 页。

⑤ 陶一桃：《中国古代经济思想评述》，中国经济出版社，2000，第 14—15 页。

⑥ 钟祥财：《中国土地思想史稿》，上海社会科学院出版社，2014；Wang F. “The ‘Land Quota’ system in the Han Dynasty and its historical influence”. In: Cheng L, Terry P, Wang F. *The Political Economy of the Han Dynasty and Its Legacy*, Routledge, 2019, 132-152.

相权论[1]。可能是由于当时的商品货币经济不够发达，有些思想家对货币还不甚看重[2]。秦汉至唐中叶前时期，提及货币问题的思想家数量明显增多、占比明显提升，而且相关讨论的实践性显著增强，更侧重于货币政策以及货币系统的稳定等在实际治理中会遇到的问题，如前文提到的贾谊的垄断币材思想，以及桑弘羊、贾山主张货币统一、反对私铸的思想，贡禹的废钱论，王莽的币制改革，东晋及南朝关于废钱和反废钱的争论，张九龄与刘秩对货币私铸问题的辩论，等等。这不仅反映出统治者和思想家建立稳定的货币体系的努力，也揭示出以农业经济为主导、土地兼并及社会矛盾愈加凸显的情况下，建立稳定的货币体系的艰难。在唐中叶以后的很长一段时间，学者对货币的探讨主要围绕三方面展开：是否该废钱用谷帛，是否该实行铸币贬损，以及是否该由中央政府掌握铸币权[3]。因此，秦汉至唐中叶前这个时期对于基本议题的确立，不仅包括大致的范畴，更涉及了范畴中的具体方面。由以上分析可见，伴随着统一政权的建立，土地和货币体系的统一与稳固成为经济思想必然研究的对象，事实上财政、治理的研究亦同此理。这在一定程度上解释了为何这四种思想的研究尤为集中。

（三）推动了经济思想的政策化与制度化

秦汉至唐中叶前这一时期的一大突出贡献是推动了经济思想在制度及政策上的运用。这一点多为学界肯定，甚至有人称，针对中国经济思想，自汉初以来的阶段皆为“实施时期”[4]。而且有趣的是，这种从思想探索到政策制度实施的转变，在西方也有类似案例，即一些西方经济思想史研究者也称

---

① “民患轻，则为作重币以行之，于是乎有母权子而行，民皆得焉。若不堪重，则多作轻而行之，亦不废重，于是乎有子权母而行，小大利之。”参见《国语》卷3《周语下》。

② 如胡寄窗指出，商鞅并不太重视货币，认为黄金和粟相互排斥。参见胡寄窗：《中国经济思想史》（上），上海财经大学出版社，1998，第390页。

③ 张家骧主编：《中国货币思想史》（上），湖北人民出版社，2001，第10页。

④ 唐庆增：《中国经济思想史》（上卷），商务印书馆，2014，第12页。

罗马为古希腊思想的“执行者”[①]。以上共性的出现，不仅是由于统一政权向经济思想提出了政策化与制度化的需求，也是由于行政体系的搭建与执行能力的提升给予了政策制度得以落实的依托。

前文提到的土地思想和货币思想，自然是政策化与制度化的典型案例。除此之外在财政领域，《管子》一书中不仅有“官山海”[②]等国家垄断自然资源的思想，也有轻重论这样的通过调节商品价格与流动来增加财政收入的思想[③]。秦汉以来以上思想均被落实。桑弘羊认为“山海有禁而民不倾”[④]，因此在盐方面，由政府组织劳动人民自行生产并下放工具，而后统收统购，再由盐官或地方官府运销各地，进而垄断了流通环节；在铁方面，则由铁官役使服役者开矿铸铁，再由铁官负责出售，严禁私卖私铸，进而垄断了生产和流通环节[⑤]。另外，桑弘羊还把轻重思想制度化，将其具体地应用于平准和均输政策，如平准政策的具体设置为：“置平准于京师，都受天下委输。召工官治车诸器，皆仰给大农。大农之诸官尽笼天下之货物，贵即卖之，贱则买之。如此，富商大贾无所牟大利，则反本，而万物不得腾踊。故抑天下物，名曰‘平准’。”[⑥]此制度的实施，不仅促进了价格的稳定，也有助于财政的丰实，实现了《管子》的构想。这二者也并非绝对一致，即在价格上桑弘羊主张“贵贱有平”[⑦]，与《管子》中的“衡无数”的思想不同[⑧]。桑弘

① Haney H L. *History of Economic Thought*, Forth and Enlarged Edition, The Macmillan Company, 1949, 73；Bell J F. *A History of Economic Thought*, The Ronald Press Company, 1953, 45.

②《管子》卷22《海王第七十二》。

③ 学界对于《管子》一书的成文时间存疑，后文将详谈。不过汉代有《管子》一书部分思想的经济政策实践，是毫无疑问的。

④（汉）桓宽撰：《盐铁论》卷1《禁耕第五》。

⑤ 周伯棣编著：《中国财政史》，上海人民出版社，1981，第110页。

⑥《史记》卷30《平准书第八》。

⑦（汉）桓宽撰：《盐铁论》卷1《禁耕第五》。

⑧ 即不追求一个固定的稳定价格。“衡无数也，衡者使物一高一下，不得常固。”参见《管子》卷24《轻重乙第八十一》。

羊对先秦财政思想的应用和发展，被随后王莽的“五均六管”[①]极大地继承了，后世改革家如王安石对此也有沿用。

政策化和制度化还体现在很多其他领域。例如，在重本抑末思想方面，汉初曾采取“令贾人不得衣丝乘车，重租税以困辱之”[②]等抑商政策，并在随后通过垄断盐铁等方式与民争利；王莽采取“六管”措施对国民经济进行全面垄断，并以此为抑制私商的手段。类似的政策在此后历代中也不乏记载[③]。在人口管理方面，先秦曾有主张对人口进行登记和管理的思想，如“强国之君，必料其民”[④]，也催生了一些基本的制度安排[⑤]，但汉代则将该思想正式落实为“编户齐民”这一系统的户籍管理制度[⑥]，不仅形成了有效的行政管理制度，也成为赋税制度及征兵制度演化的根基，因此在后续朝代中多有沿用。这些政策与制度相较于纯粹的思想理论，更容易为统治阶层在治理中落实应用，所以现实影响十分深远、实践价值非常重要。换言之，该时期的探索搭建了“政策工具箱”，以后碰到类似问题，后人也往往先从秦汉开拓的政策与制度中寻找答案。

（四）深化了自由放任和国家干预的思想

虽然秦汉至唐中叶前这一时期的经济思想在丰富性与原创性上与先秦时期有明显差距，但在实践性与深入性上有一定的发展。首先表现为自由放任与国家干预之间的争论进一步强化。先秦时期，国家及经济的治理问题多为

---

① 即新朝王莽的经济管制政策。具体指盐、铁、酒由政府专卖，铜、冶、钱、布由国家制造，名山大泽由国家管理，五均赊贷由政府办理。五均赊贷，意为要求政府对城市工商业经营和物价进行统制管理。

②《史记》卷 30《平准书第八》。

③ 马伯煌主编：《中国经济政策思想史》，云南人民出版社，1993，第 508—511、515 页。

④《吴子·图国》。

⑤ 如“宣王既丧南国之师，乃料民于大原”。参见《国语》卷 1《周语上》。

⑥ 相关表述可参见杜正胜：《编户齐民：传统政治社会结构之形成》，联经出版事业股份有限公司，1990，第 3 页。

诸子所讨论，其观点不一，且未发生集中的正面交锋[①]。直至秦汉，诸多思想进入了“是自由放任还是国家干预”的同一讨论框架下：关于自由放任的思想，此时不仅有明确的观点及政策提出，如“无为而治”“与民休息”，也产生了不完全等同于自由放任、反对“与民争利”[②]的思想，如董仲舒曾指责权贵势力“已受大，又取小”[③]。而后，“与民争利”成为贤良文学批判桑弘羊、魏晋南北朝反废钱的主要论点。可见，该时期的自由放任思想已包含了要求政府减少对经济活动的干预和干扰，以及要求政府减少直接参与经济活动等方面的内涵。在此基础上，自由放任的观点还形成了一整套关于经济治理及发展的理论，这就是司马迁的善因论。司马迁是主张自由放任的集大成者，他以肯定人求富求利的本性为出发点，指出“善者因之，其次利道之，其次教诲之，其次整齐之，最下者与之争”，因此应该“人各任其能，竭其力，以得所欲”，“各劝其业，乐其事”[④]。这就是从经济及市场发展的内在规律入手，给予自由放任思想以坚实的理论根基。有学者如杨瑞辉认为，亚当·斯密“看不见的手”的观点与司马迁的善因论异曲同工，但司马迁的观点提出得更早，思想上也更为丰富[⑤]。

主张国家干预的思想也有了极大的发展，其理论核心为轻重论。轻重论出自《管子》中的《轻重》诸篇，但其成书年代存在争议，除胡寄窗认为是

---

① 但也有学者指出，战国时期已经形成了两种宏观经济管理方针，一种是以商鞅为代表的强调中央集权控制的方针，另一种是以孟子为代表的主张施行仁政的自由放任方针。参见何炼成：《中国古代经济管理思想与我国的宏观经济管理》，《经济学家》1991 年第 6 期，第 113—121 页。

② “与民争利”包含了两方面的含义：一是官府凭借特权攫取民间的市场收益；二是政府直接参与经济事务。参见钟祥财：《论中国历史上反对“与民争利”的思想》，《社会科学》2005 年第 3 期，第 96—104 页。

③《汉书》卷 56《董仲舒传》。

④《史记》卷 129《货殖列传第六十九》。

⑤ 杨瑞辉认为，亚当·斯密的“看不见的手”不涉及价格机制对资源配置的作用，只是对经济学原理的隐喻。司马迁在论述自由放任思想的同时，还提及了“故物贱之征贵，贵之征贱”，认为价格机制引发了经济和社会的自发调节。参见 Young L. “The Tao of markets: Sima Qian and the invisible hand”. *Pacific Economic Review*, 1996, 1(2): 137-145.

战国时期外，更多观点认为其形成于汉代，如郭沫若在《管子集校》中称《轻重》诸篇成于文景之世[①]，罗根泽的《管子探源》认为《轻重》十九篇成于汉武昭时期[②]，马非百则在《管子轻重篇新诠》中力主其成于新莽时期[③]，而石世奇和陈为民认为其成于西汉年间[④]。因此，可以认为有关国家干预经济的思想理论在汉代实现了集大成发展。

先秦时期也有轻重思想，如单旗在论述货币与商品关系时就提出了轻重、小大、子母的概念[⑤]，范蠡、李悝也提出了有关谷物和价格的平粜法和平籴法，不过这些思想相对零散。《轻重》诸篇则系统地探讨了货币与万物、谷物与万物、货币与谷物之间的交换价值与对比关系，主张国家垄断重要自然资源，进而形成了在宏观上调节商品流通与物价波动，同时获取商业利润以扩充财政收入的一整套理论体系[⑥]。可见，轻重论包含了主张政府参与经济、调节干预经济，并运用经济手段获取利润的内涵，因此有学者认为轻重论正是对善因论的否定[⑦]。

除了理论体系外，主张国家干预的思想还被落实为具体的政策，如桑弘羊及王莽主张的盐铁官营、酒榷、平准、均输、“五均六管”等，对国家财政、宏观经济调控以及后世的政策操作都产生了深远影响。由此可见，无论是自由放任思想，抑或是国家干预思想，都在秦汉时期形成了丰富的政策主张和系统的理论基础，特别是，分别主张上述两种思想的两派还在盐铁会议

---

① 郭沫若：《管子集校 · 校毕书后》，见郭沫若著作编辑出版委员会编《郭沫若全集 · 历史编》（第8卷），人民出版社，1985，第467页。

② 罗根泽：《管子探源》，岳麓书社，2010，第78页。

③ 马非百：《管子轻重篇新诠》（上册），中华书局，1979，第3页。

④ 石世奇、陈为民：《〈管子 · 轻重论〉初探》，见巫宝三、陈振汉等《经济思想史论文集》，北京大学出版社，1982，第299—318页。

⑤“古者，天灾降戾，于是乎量资币，权轻重，以振救民。民患轻，则为作重币以行之，于是乎有母权子而行，民皆得焉。若不堪重，则多作轻而行之，亦不废重，于是乎有子权母而行，小大利之。”参见《国语》卷3《周语下》。

⑥ 叶世昌：《论〈管子 · 轻重〉》，《经济研究》1965年第1期，第56—61页。

⑦ 陈世陵编著：《中国古代思想与现代经营管理》，东北财经大学出版社，1997，第226页。

上针锋相对，强调各自主张的优势并攻击对方思想的短板，直接促使两种不同的治理理念凸显，构成了一场关于政府与市场关系的早期议论。

（五）在土地、金融、流通等方面，产生了新的经济思想

秦汉至唐中叶前这一时期还孕育了一些新思想，主要产生于新的实践活动中所形成的新问题中。例如，土地思想方面，前文提到，虽然秦汉时期土地分配思想被极大地丰富了，但该内容在先秦时期就已产生，屯田思想则为西汉时期的一个创新。屯田，是通过招募农民或利用士兵垦种国有土地，以达到发展农业和增强边防守卫双重目的的土地措施[①]。晁错的屯田思想不同于秦始皇强迫移民的举措，其主张在满足物质生产条件和社会条件的基础上，将大批内地人口迁至边境，以巩固边防并开发边疆。《汉书·晁错传》及《食货志》中记载了其系统的屯田思想，涉及了修筑防御设施、招揽人群次序和标准、基本建设、生活补给、管理奖惩等方面，成为后世探讨类似问题的典范。《汉书·西域传》则记载了桑弘羊向玉门关以西地区扩展的规划，该思想同时带有遏制匈奴与相关地区的联系的政治目的。王符则承袭《管子》[②]，从“土地人民，必相称也”[③]的观点出发，主张鼓励人民充实边境。曹魏时期，在屯田规制特别是军屯方面吸收了已有屯田思想，在土地分配和组织劳动力方面实现了部分创新，将战乱后的流民与无主荒地有效地结合起来。北魏均田制萃取了已有土地思想中的精华，政府针对授田、还田、土地经营活动（耕织、买卖桑田等）、赋役都制定了一套详细的规则，农民则作为微观经济主体，自负盈亏，这种制度将田制、赋役、宏观经济管理结合起来，在思想上和实践上都达到了新的高度[④]。

① 马伯煌主编：《中国经济政策思想史》，云南人民出版社，1993，第 129 页。
② 胡寄窗：《中国经济思想史》（中），上海财经大学出版社，1998，第 199 页。
③（汉）王符撰、马世年译注：《潜夫论》卷 5《实边第二十四》。
④ 赵靖主编：《中国经济思想通史》（第 2 卷），北京大学出版社，2002，第 982 页。

常平仓思想方面，如前所言，运用供求关系及价格规律调节物价与谷物关系的思想在先秦就已经出现。常平仓思想与其基本原则类似，但侧重点不同：范蠡的“夫粜，二十病农，九十病末”[①]是希望物价保持在一个正常水准，不伤害农业和末业。李悝主张国家在丰年收购余粮，在荒年抛出，做到“民毋伤而农益劝”[②]，因此侧重于保障粮食供给。前文提到的可能形成于西汉的轻重论更强调运用价格规律充实国家财政。然而，耿寿昌设置常平仓的根本理念是“以谷贱时增其贾而籴”“谷贵时减贾而粜”[③]，即根据谷物在市场上的价格买进或卖出谷物，既能稳定谷物价格，又能调剂粮食供给，与以往相关思想都不完全相同[④]。而且，常平仓在东汉时期被确切地实施了，虽然时废时立，但在随后中国的整个古代时期都是一项重要的经济制度安排。

水运思想方面，水运制度是中国古代的国家经济命脉，对财政、物资、消费等皆具有重要作用。秦汉以来，疆土的统一为水运系统的统一提供了必要基础，而统治者和京畿地区出于对物资的需求也必须同全国各地建立交通网络，因此，该时期中国首次建立了统一的集运式水运系统，即要求在水运系统方面由国家统一筹划、统一实施、集权管理。正因有这样的现实需求，秦汉时期我国在运河的开挖、维护、管理以及物资的征发、运输、维护上形成了一整套制度，特别是汉代还颁布了《水令》，即“(儿)宽表奏开六辅渠，定水令以广溉田”[⑤]。虽然这些思想并未在学者的思想言论中得到集中论述，但在法令、地方志以及记录文献中有很多记载，体现了我国古人在集运式水运制度领域的深入探索与系统思考[⑥]。隋朝第一次开凿出贯通南北的

---

①《史记》卷129《货殖列传第六十九》。

②《汉书》卷24《食货志》。

③《汉书》卷24《食货志》。

④ 更具体的分析参见胡寄窗：《中国经济思想史》(上)，上海财经大学出版社，1998，第184页。

⑤《汉书》卷58《儿宽传》。

⑥ 郭旸：《公共性与市场性的悖离与融合：中国古代水运制度思想的经济考察》，上海人民出版社，2009，第48—52页。

大运河，在开凿、管理、疏浚等制度与政策方面都积累了大量思想和实践。唐代裴耀卿采用了沿岸设仓、分段航运、水陆联运的转般法，革除了以往漕运效率低、运费折耗严重的弊端，解决了秦汉以来困扰漕运的“三门底柱之险”等问题，这种水运思想也为唐中叶后的刘晏及宋代学者所继承[①]。该案例也反映出，在具体的制度层面秦汉以来的经济思想还有很多尚待挖掘。

另外，在原有的本末、商贸、劳动生产思想等领域也形成了一些新观点。例如，王符提出了农工商并重观点，不仅反对重农轻商，还主张“百工者，以致用为本，以巧饰为末”[②]，即认为作用于生产的“工”也应归属于对社会有重要价值的本业。这是中国古代经济思想中首次为“工”进行辩护的思想，虽然其在重本抑末原则下，并未引起广泛的讨论。又如，北魏贾思勰《齐民要术》从地主家庭经济管理角度，丰富发展了既往以商人为中心的治生之学，在勤俭持家、集约经营、雇工管理、农业生产规律等方面进行了较详尽的总结及论述。

三、秦汉至唐中叶前经济思想的历史影响

该时期经济思想的历史地位并不侧重体现为其在纯粹思想分析层面的丰富性与原创性，而侧重于其为后世的思想和政策制度确立了一整套可供操作的基本框架与实践指南。换言之，该时期经济思想的“大一统”，成为中国传统社会经济思想在一定程度上所表现出的路径依赖的历史起点。“大一统”的形成经历了一个曲折的过程，其对先秦诸子的思想进行了吸收、改造、发展和应用，最终在导向性原则上确立了维护整体主义、重义轻利、重本抑末、黜奢崇俭和侧重均平等观念，在基本议题上重点突出了土地问题、货币问题、财政问题和治理问题，将先秦讨论的诸多思想落实为可操作性

① 嵇建琴:《中国古代漕运思想的演变》,《中国经济史研究》1999 年第 3 期，第 133—139 页。

②（汉）王符撰、马世年译注:《潜夫论》卷 1《务本第二》。

强、借鉴性强的政策与制度，并且也在原有思想的深化和新思想的探索上付出了一定的努力。因此，该时期尤其是汉代，是中国经济思想的重要转型时期，具有深远的现实影响。

不过，该时期经济思想的发展变化也产生了一定的负面作用。一方面，知识层面的教条化在相当程度上制约了后世经济实践的发展，“重义轻利”片面强调道德地位，抑制了个人追求经济利益的积极性，导致商品交换和市场发展受限，对社会生产力增长形成制约。“重本抑末”将农业视为根本，而忽视工商业的重要性，未能适应商品经济扩展和分工深化的需求，影响古代工商业的正常发展。“黜奢崇俭”强调节俭的生活方式，一定程度上压抑了民众的消费需求。总体上，固化的“三大教条”抑制社会经济的多元化，削弱经济发展的内在动力，最终从明清时期开始令中国古代经济逐渐落后于全球经济发展潮流。另一方面，因该时期的经济思想更侧重现实层面，缺乏形式逻辑与方法论层面的拓展，所以在经济分析和思维工具上的拓展就不够丰富，这使得古代经济思想变革面临很大阻力。当然，经济思想发展的根本，在于经济基础的改变，所以直至清末中国面临“三千年未有之大变局”时，经济思想才再次迎来大范围的、充满革命性与颠覆性的新契机和新篇章。

第四节　唐中叶至元：中国传统经济思想之变化

滥觞于先秦时期的中国传统经济思想[①]，至唐中叶后已发展演变到第三个时期，传统经济思想逐渐发展完善，涌现出时代新元素。唐中叶时已蕴含累积了多种新旧矛盾，本质上是旧的生产关系无法适应生产力发展，最终倒逼转变和革新，涉及政治、经济、军事、社会等多方面。这一变革一直持续

① 巫宝三主编：《先秦经济思想史》，中国社会科学出版社，1996，第1页。

到宋代，但其影响延续至元代，有学者称其为“唐宋变革”[1]，意指唐代结束中世、宋元开启近世。变革在政治上的体现是君主专制进一步强化，此前主导政治的豪族地主（亦称士族地主）逐渐没落，世家门阀式微，科举取士让庶族地主有了政治地位跃升的可能[2]；在经济方面则体现为商业贸易空前繁盛，货币在商品流通中发挥的作用越来越大[3]，并且有学者推断北宋时期已经进入了货币经济阶段，财政、货币发行以及市场经济三者之间存在紧密联系[4]。“唐宋变革论”的建构暗含多种因素，有其局限性[5]，将其作为管窥社会整体的一个切入点参考，不难发现，唐宋之际的社会转折对文化思想领域产生了巨大影响[6]，经济思想也随之经历了动态变化过程，具体的变化起讫时间则自有特色。社会深刻变化带来的思想层面的转变，是人们在精神层面对时代发展的重要回应，体现出思想内在的演进规律及其与实践认识的互动关系。

唐中叶至元，从变化初现到变化趋势稳定这一时段，谓之变化期。该时期的思想在原有经济思想基础上做出了改变，同时诞生了新的思想文化形态、模式及方法。唐中叶至元之所以被称为变化期，是因为这一时期的经济思想发生了深刻转变，影响广泛而深远。

---

① 内藤湖南于 1922 年发表的《概括的唐宋时代观》[原文发表于日本《历史与地理》杂志第 9 卷第 5 号，译文见刘俊文：《日本学者研究中国史论著选译》（第一卷 通论），中华书局，1992]中将唐宋视为中国史上的一大分期，宋开启近世。1948 年前田直典批判性地继承了“唐宋变革”之说，不同的是，其在《古代东亚的结束》（前田直典：『元朝史の研究』，东京大学出版会，1973）一文中将宋以前定为中世。此后，学者在研究中基本上都把唐宋之际视为中国历史上的一大分期。

② 杨朝仁：《科举取仕的历史嬗变与现实观照》，《政治学研究》2001 年第 3 期，第 49—58 页。

③ 货币对社会经济和国家统治具有重要作用，唐代刘秩、陆贽、杨於陵、白居易等人均发表过相关看法，参见刘玉峰：《唐代工商业形态研究》，山东大学出版社，2012，第 193—195 页。

④ 明石茂生：「前近代中国における国家，市場，貨幣：宋元明代」，『経済研究所年報』，2021，34.

⑤ 杨际平：《走出“唐宋变革论”的误区》，《文史哲》2019 年第 4 期，第 121—141、168 页；Sun Q. “Editor’s introduction: limitations of the Tang-Song transition theory”. *Journal of Chinese Humanities*, 2021, 6(2/3): 127-128；孙波：《宫崎市定“唐宋变革论”辨析》，《史学理论研究》2023 年第 6 期，第 114—123、159—160 页。

⑥ 漆侠：《唐宋之际社会经济关系的变革及其对文化思想领域所产生的影响》，《中国经济史研究》2000 年第 1 期，第 95—108 页。

近年来，学界对于唐宋变革和社会转型的相关研究主要从以下五方面展开：一是对“唐宋变革论”本身的争议和理论进行总结梳理，探讨其定义、具体发生和持续时期等①。二是从社会历史角度，对新的社会结构和上层建筑进行总考察，揭示唐宋变革后的社会新面貌②。三是从政治史角度，研究变革时期的土地制度和政策③，以及政治局势、组织架构和地方政治制度的历史特征④。四是从经济史角度，研究整体经济关系的表现⑤、区域经济⑥、城乡经济及乡村治理⑦，为理解社会变革和传统经济演变提供新的论证角度和解释模式⑧。五是从文化与思想的角度，探究文学和文化的转变⑨，研究

① 葛金芳：《唐宋变革期研究》，湖北人民出版社，2004；柳立言：《何谓“唐宋變革”？》，《中华文史论丛》2006 年第 1 期，第 125—171 页；李华瑞：《唐宋变革论的由来与发展》，天津古籍出版社，2010；张邦炜：《“唐宋变革论”的首倡者及其他》，《中国史研究》2010 年第 1 期，第 11—16 页；李华瑞：《走出“唐宋变革论”》，《历史评论》2021 年第 3 期，第 76—80 页；成一农：《跳出“唐宋变革论”——兼论当前中国古代史研究中存在的一些缺陷》，《厦门大学学报（哲学社会科学版）》2021 年第 5 期，第 159—165 页；包伟民：《“唐宋变革论”：如何“走出”？》，《社会科学文摘》2022 年第 9 期，第 35—38 页。

② 朱瑞熙：《宋代社会研究》，中州书画社，1983；牟发松：《汉唐历史变迁中的社会与国家》，上海人民出版社，2011；林文勋：《唐宋社会变革论纲》，人民出版社，2011；陈涛、宁欣：《如何认识唐宋城市社会变革？》，河南人民出版社，2019。

③ 耿元骊：《唐宋土地制度与政策演变研究》，商务印书馆，2012。

④ 李全德：《唐宋变革期枢密院研究》，国家图书馆出版社，2009；黄日初：《唐代文宗武宗两朝中枢政局探研》，齐鲁书社，2015；贾玉英：《唐宋时期地方政治制度变迁史》，人民出版社，2016。

⑤ 漆侠：《宋代社会生产力的发展及其在中国古代经济发展过程中的地位》，《中国经济史研究》1986 年第 1 期，第 29—52 页；漆侠：《宋代经济史》（上、下），南开大学出版社，2019；葛金芳：《两宋社会经济研究》，天津古籍出版社，2010。

⑥ [日]斯波义信：《宋代江南经济史研究》，方健、何忠礼译，江苏人民出版社，2011。

⑦ 戴顺祥：《唐宋时期城乡经济关系研究》，人民出版社，2013；钟金雁：《宋代东南乡村经济的变迁与乡村治理研究》，云南大学出版社，2017。

⑧ 龙登高：《唐宋变革解释新框架及其启发——林文勋〈唐宋社会变革论纲〉读后》，《中国社会科学报》2012 年 4 月 18 日；[日]宫崎市定：《从部曲到佃户：唐宋间社会变革的一个侧面》，张学锋、马云超译，上海古籍出版社，2018。刘光临、关棨匀：《唐宋变革与宋代财政国家》，《中国经济史研究》2021 年第 2 期，第 39—56 页。

⑨ 刘方：《唐宋变革与宋代审美文化转型》，学林出版社，2009；田恩铭：《唐宋变革视域下的中唐文学家传记研究》，中国社会科学出版社，2012；李贵：《中唐至北宋的典范选择与诗歌因革》，复旦大学出版社，2012；张文利：《新世纪以来唐宋转型视域下宋代文学研究的回顾与前瞻》，《西北大学学报（哲学社会科学版）》2021 年第 1 期，第 73—82 页。

女性与法律议题[1]，探讨思想的转型[2]以及重要转折时期的经济思想[3]；唐宋思想转型问题在欧美宋史研究领域有着重要的地位和影响，相关研究议题和范式不断出新[4]。由此可见在唐及至两宋时期社会经济各方面发生了一定的变化，元代继续这一变化趋势并逐渐走向稳定。前贤从不同视角、不同领域论证社会历史分期的方法以及这一时期社会与经济发展的互动关系，指出变革正确与否，抑或接纳此分期界定并提出诸多分支特征。然而，在社会分期的视角下，正确看待并突破“唐宋变革论”的桎梏，合理划分中国历史上经济思想的变化时期，以及深入探讨生产关系转变对经济思想变迁的影响机制，是略显珍稀的研究。与此同时，现有社会经济史研究对唐宋时期生产力发展已有丰富讨论，但在经济思想史领域，尚缺乏以丰硕的社会经济史学术成果为锚，考察这一时期经济基础层面的发展如何改变生产组织方式、引发上层建筑尤其是国家治理的转型及思想市场变化，进而推动经济思想演变的专题解读和系统探究。这一领域仍有进一步钻探的余地和挖掘的空间，具备较高学术价值。

本节以唐中叶为起始点，主要有四方面的考量。一是唐代总体上可视为我国气侯从暖湿向冷干变化的转折点[5]，可对应唐中叶杨炎两税法改革前后[6]。唐中叶至元，我国气候呈现冷暖波动频繁的特点，与唐初乃至五代以前总体相对稳定的温暖气候相比，均温有所下降，但又不同于明清

① 邓小南：《唐宋女性与社会》，上海辞书出版社，2003；柳立言：《宋代的家庭和法律》，上海古籍出版社，2008；孙玉荣：《唐代社会变革时期的婚姻》，浙江大学出版社，2016。

② [美]包弼德：《斯文：唐宋思想的转型》，刘宁译，江苏人民出版社，2001；徐洪兴：《思想的转型：理学发生过程研究》，上海人民出版社，2016；冯茜：《唐宋之际礼学思想的转型》，生活·读书·新知三联书店，2020。

③ 叶坦：《富国富民论：立足于宋代的考察》，北京出版社，1991；唐任伍：《唐代经济思想研究》，北京师范大学出版社，1996；张剑光、邹国慰：《唐五代农业思想与农业经济研究》，上海三联书店，2010；方宝璋：《两宋经济管理思想研究》，电子科技大学出版社，2014。

④ 葛焕礼：《范式与问题：美国的唐宋思想转型研究》，《文史哲》2023年第5期，第133—146页。

⑤ 竺可桢：《中国近五千年来气候变迁的初步研究》，《考古学报》1972年第1期，第15—38页。

⑥ 岳翔宇：《气候变化、农业低产与重农理论——以晁错“贵粟论”为中心》，《历史研究》2015年第3期，第40—61页。

小冰期的持续寒冷[①]。

二是“唐中期整个国家的经济社会发生变化”[②]，既往研究普遍认为，唐中叶是社会经济史发展的重要节点。南宋末年文天祥感慨道：“原其所以，盖由中世士大夫以官为家，捐亲戚，弃坟墓，往往而是，虽坡公（苏轼）不免焉。此昌黎公所以有不去其乡之说也。”[③]其中所讲的“中世”被学者认为，显系唐中叶时社会发生了巨变[④]。陈寅恪指出，唐代之史可分为前后两期，前期结束南北朝相承之旧局面，后期开启赵宋以降之新局面[⑤]。朱瑞熙认为，从唐代中叶开始，中国封建社会进入了新的发展时期[⑥]。漆侠认为，唐中叶以来经济领域里的变革，对自然科学和人文科学都产生了积极的影响[⑦]。李华瑞发现，从唐中叶到宋代确实发生了一些重要而显著的变化[⑧]。不仅如此，唐中叶亦是思想文化发展的重要节点[⑨]。漆侠曾言：“如果从经济、文化思想领域作一整体全面的考察，唐中叶是我国古代真正变革的历史时代。”[⑩]他指出了唐中叶文化思想领域发生的三方面主要变革，其一，儒佛道三家存在矛盾斗争并相互渗透；其二，儒家遇到佛道两家的严重挑战，儒家正统地位岌岌可危，韩愈及其弟子李翱以儒家卫道者自居，在排佛的同

① 葛全胜等：《中国历朝气候变化》，科学出版社，2011。

② 何俊：《江南儒学的提出、指义与分段》，《复旦学报（社会科学版）》2019年第4期，第22—32页。

③（宋）文天祥撰：《文山集》卷10《跋李氏谱》。

④ 李华瑞：《“唐宋变革”论的由来与发展（上）》，《河北学刊》2010年第4期，第58页。

⑤ 陈寅恪：《论韩愈》，《历史研究》1954年第2期，第105—114页。

⑥ 朱瑞熙：《宋代社会研究》，中州书画社，1983，第1页。

⑦ 漆侠：《唐宋之际社会经济关系的变革及其对文化思想领域所产生的影响》，《中国经济史研究》2000年第1期，第95—108页。

⑧ 李华瑞：《“唐宋变革”论的由来与发展（上）》，《河北学刊》2010年第4期，第57—65页。

⑨ 胡如雷认为，在思想和文学上唐人也为后代奠定了一定的基础，而这些奠基工作都正式开始于中唐时期。参见胡如雷：《论隋唐五代在历史上的地位》，《河北学刊》1988年第2期，第27—38页。李岩指出，盛唐文化的发展，同封建政治经济在唐中叶的变化同频共振，走完了由封建前期向后期的过渡历程。参见李岩：《论盛唐文化的发展与变异》，《河北学刊》1995年第4期，第87—92页。

⑩ 漆侠：《唐宋之际社会经济关系的变革及其对文化思想领域所产生的影响》，《中国经济史研究》2000年第1期，第95—108页。

时，大力宣扬周孔之道；其三，唐中叶啖助、赵匡和陆淳提出从宏观角度把握经学的重要方法，虽然对当时影响似乎不大，但为宋儒治经提供了重要启示，使经学研究达到新阶段。

三是安史之乱以后，直到五代末年，各种制度都发生了显著变化，行政运作模式从四等官制转变为新的讲求效率的多方位、多层次的国家行政机构运作模式，与前期四等官相较，最突出的特点是通判官的消亡与躬亲事务的专知官的出现；唐后期财政审计体系、方式更为复杂多样，趋于完备，经历了行政检查孔目化、财务审计磨勘化；唐后期完成了中古礼仪破旧立新的全过程，礼仪制度趋向实用化、官僚化、世俗化[①]。均田制废弛、租庸调制被两税法取代，乡官制开始向以富户轮差为基础的职役制转化，新兴的富民阶层逐渐成为乡村资源的实际掌控者[②]。唐中叶以后，与府兵制和均田制相配套的籍账制度逐步崩溃，作为唐前期籍账体系中的基础性文书的手实，已然在许多层面发生了显著变化，籍账制度层面，从手实到手实状、户帖、手状、户状文书的演变，文书运行层面，由牒式到帖式、状式的转换[③]，体现出“在朝向客户的附籍及以土地为标准的课税体系转变的同时，掌握人身的机能，亦随之减弱”[④]。唐中叶的安史之乱标志着唐代盛世的终结，但在经济思想领域“却打破了盛唐不盛的状态，开始了一个较有活力和较为丰富多彩的新时期”[⑤]。从理学角度而言，唐中叶与宋代经济思想构成一个整体，“唐中期儒学复兴是理学的前兆”[⑥]，对于宋代而言，“儒学复兴成为宋文化

① 黄正建：《中晚唐社会与政治研究》，中国社会科学出版社，2006，第 28、40、49、55、82、109、112 页。

② 白钢：《中国农民问题研究》，人民出版社，1993，第 134 页。商兆奎、邵侃：《共生与变异：唐代国家和均田小农的关系演进》，《中南民族大学学报（人文社会科学版）》2011 年第 6 期，第 162—166 页。

③ 张恒：《唐代手实制度新探》，《中国经济史研究》2023 年第 4 期，第 20—37 页。

④ [日]池田温：《中国古代籍帐研究》，龚泽铣译，中华书局，2007，第 10 页。

⑤ 赵靖主编：《中国经济思想通史》（第 3 卷），北京大学出版社，2002，第 1105 页。

⑥ 刘凤泉：《中国早期文学研究》，齐鲁书社，2008，第 390 页。

结构的基础"[①]，理学对经济思想产生了重要影响。"中唐以后，思想领域出现了一股疑古惑经的风气，这种风气打破了从前学者们固守师说，只在烦琐章句注疏中讨生活的顽习，人们敢于大胆地对儒家经典提出怀疑和批判。"[②]这一疑古惑经的社会风气，也促成了经济思想的变化。

四是唐中叶之后参加科举考试的人群和地域范围逐步扩大，更多来自不同地域和社会阶层的士人进入官僚体系，促进经济思想发生转变。"唐中叶以后科举考试资格逐渐放宽，贫民寒士也可以参加"[③]，唐朝后期，科举出身人物的地域特征"发生了很大变化"，"前期没有出过进士的一些地区也出现了进士"[④]。"科举的发展改变了原有的仕进道路，彻底摧垮了周隋以来的用人标准和价值观念。"[⑤]科举引发的社会价值观念的转变进一步影响了经济思想的转变。

本节将元末确立为终止点，主要有三方面的考量。一是元朝经济思想处于变化期，属于变化趋势渐趋稳定的一部分，其与唐中叶以来经济思想在变化表现上是一个连续体。张西平指出："不能以西方的国家理论来认识中国多民族国家的历史……海外中国学专家在看待中国历史时……很自然地将汉族统治的王朝和元朝、清朝的统治时代加以区分。"[⑥]从中国传统经济思想角度而言，元朝经济思想也属于变化期的一部分，延续了唐中叶以来经济思想的变化趋势，如本末思想方面，"元朝时期的经济思想改变了以往传统重农轻商的思想"[⑦]。唐中叶之后社会转折影响下经济思想的诸多转变迨及元

① 许总：《宋明理学与中国文学》，百花洲文艺出版社，1999，第 93 页。

② 刘凤泉：《中国早期文学研究》，齐鲁书社，2008，第 390 页。

③ 夏风：《唐代学校教育述略》，《教育评论》1987 年第 6 期，第 36—42 页。

④ 吴宗国：《唐代科举制度研究》，北京大学出版社，1992，第 275 页。

⑤ 吴宗国：《唐代科举制度研究》，北京大学出版社，1992，第 279 页。

⑥ 张西平：《对话与反思：再论建立批评的中国学》，《史学理论研究》2023 年第 6 期，第 4—11 页。

⑦ 方洁：《由格尔木出土的纸币看元代钞法》，《青海师范大学民族师范学院学报》2010 年第 2 期，第 8—11 页。

朝才最终得以稳定下来，产生了持久而深刻的影响，为下一阶段新思潮的演进和发展奠定了坚实的基础。

二是宋元在道学方面有着紧密联系，在这一背景下，元朝经济思想与宋代经济思想并不是割裂的，而是与宋代经济思想一并处于变化期整体之中，而且与下一时期明显不同。原本为士大夫政治理论基础的理学，经历南宋庆元党禁的压力，反而昌大为道学，南宋的道学至元代才彻底光大[①]。从思想层面上来讲，理学是唐宋元与明清形似而实异的一大不同之处。理学的形成可以说是宋代学术乃至文化思潮中重要的历史特征之一，其庞大的体系本来蕴含了积极的文化资源宝藏，但至明清时期，却演化为统治者的意识形态之学，广受后人诟病。理学中一些在宋元时期正常发展的概念，经由明清政府制度化、规律化、政治化总结提炼后，陷入极端或僵化的境地和歧途，这对理学、朱子学本身而言，并非好事[②]。

三是在对待社会精英的态度上，宋与元两朝也体现出明显的承继关系，影响了其经济思想的变化趋势。元朝设置的儒户，不管与南宋末年的士籍有无关系，对士人身份的确定，意义也非同小可。一方面，从南宋对士人身份的习惯认同，到元朝通过正式规定加以确立，士人身份不再依赖血缘门第或文化贵族的世袭，而是通过法律得到了正式的认可[③]。另一方面，元代虽然加强了中央集权，却延续了宋代士商亲融的文化传统，即文化精英与商业精英享有一定的经济思想自由与社会地位，这与明以后政府在经济上褫夺豪民、在政治上压制文士的局面大为不同[④]。由此可见，元朝经济思想一定程

① 王瑞来：《天水一勺——研宋品书序跋漫谭》，上海人民出版社，2021，第 235、236 页。

② 陈支平：《朱熹及其后学的历史学考察》，商务印书馆，2016，第 2—8 页。

③ 王瑞来：《天水一勺——研宋品书序跋漫谭》，上海人民出版社，2021，第 235 页。

④ 王秀丽：《元末明初的海商与江南社会》，《南开学报（哲学社会科学版）》2016 年第 2 期，第 142—151 页；冯贤亮：《“国家元气”：明清时期的富户阶层论述与地方社会》，《社会科学》2020 年第 8 期，第 148—159 页。

度上延续了宋代经济思想的变化趋势，与宋朝经济思想属于一个整体。

唐中叶至元，经济思想在基本经济原则、财政思想、经济治理及金融、外贸思想等方面形成了一个变化连续整体。首先，唐中叶以后，经济呈现出蓬勃活力并进一步扩张[①]，社会对自然贸易模式的回应推动了长江流域及以下地区有机市场体系逐渐形成[②]。在这一背景下，经济主体的价值观发生了改变，重商、利商等倾向成为本末观念的一部分。其次，世人对商业活动的认知逐渐转变。这一转变包括社会民众和国家管理者两个层面。商人等社会民众在商业经济运行中通过会计等方法提升经济效率，国家则通过完善经济治理体系来适应这种变化，经济治理思想向精细化和定量化方向发展。这种转变促使人们重新思考财政结构、伦理规范、金融运作、贫富调节及外贸问题。最后，被部分西方学者视为世界第一现代经济体的宋朝，其商业发展早于中世纪晚期欧洲的贸易和商业的发展[③]，并在经济思想上延续了唐中后期的变化趋势，其后的元朝具有广泛的全球意义，贸易机制和网络连通亚欧大陆[④]，商业氛围较浓，经济思想与经济发展的需求相融通，这一变化趋势逐渐稳定，最终使得唐中叶至元作为一个变化整体，与前一时期相比，其经济思想表现出显著差异。

当然，历史总是一脉相承的，一个学派或一位独立思想家的思想体系一经形成后，即会表现出某种相对独立性与继承性[⑤]，本书对历史朝代之间薪火相传的经济思想并不否认，但更关注探索期间出现的变化和革新。

有鉴于此，本节结合安史之乱、两税法实施、多民族融合、理学与多元

① Clark H. “Why does the Tang-Song interregnum matter? A focus on the economies of the south”. *Journal of Song-Yuan Studies*, 2016, 46: 1-28.

② Twitchett D. “The T’ang Market System”. *Asia Major*, 1966, 12(2): 202-248.

③ So B, So S. “Song China: the first modern economy?”, https://oxfordre.com/asianhistory/view/10.1093/acrefore/9780190277727.001.0001/acrefore-9780190277727-e-615, 2022-04-20.

④ Rossabi M. *Eurasian Influences on Yuan China*. Institute of Southeast Asian Studies, 2013, x-xvii.

⑤ 胡寄窗：《中国经济思想史》（下），上海财经大学出版社，1998，第 695 页。

学术思想体系等重要社会政治经济思想背景，对唐中叶至元经济思想进行演化分析，研究这一时期经济思想的一些重要变化是如何产生和演化的，演化的动力何在，演化的特征是什么，以期抓住经济思想的主要变化趋势，透视在社会经济各方面要素的影响下，思想元素的定位和演变。相较于以往文献，本节从社会历史分期出发，落脚至经济思想的变化时期，将唐中叶至元确定为中国传统经济思想发展演变的第三时期；在研究内容上，重点关注唐中叶至元经济思想的差异化特征，研究社会经济实践与经济思想不同层面的互动，提出此时期经济思想变化的八个主要特征。

本节安排如下，第一部分介绍唐中叶至元经济思想变化的生成轨迹，梳理此时期经济基础、国家治理与思想市场三条主线在变化之初、变化演进、变化高潮和变化融合四个阶段的表现，为揭示唐中叶至元经济思想演化的总特征提供重要线索。第二部分揭示唐中叶至元经济思想变化的主要特征，从本末思想、财政思想、伦理思想、金融思想、贫富思想、会计审计思想、外贸思想、田制思想八大方面展开。第三部分概述唐中叶至元经济思想的历史影响。

一、唐中叶至元经济思想变化的生成轨迹

唐中叶至元经济思想相比其前一时期产生了重要变化，这些变化从孕育至定型和发挥影响，可大致划分为四个阶段：变化之初、变化演进、变化高潮和变化融合，变化阶段中呈现出不同的经济思想走向。唐中叶至五代是中国传统经济思想变化之初阶段，北宋是中国传统经济思想变化演进阶段，南宋是中国传统经济思想变化高潮阶段，元朝是中国传统经济思想变化融合阶段。下面将从这四个阶段，力求对唐中叶至元时期的经济基础、国家治理和思想市场三条主线进行细致全面的概括，为揭示唐中叶至元经济思想演化的总特征提供重要线索。

（一）变化之初：唐中叶至五代时期

1. 经济基础：财政赋税的改革，农业、手工业及商业的发展

唐中叶以降，“经常之法，荡然尽矣”[①]，各项经济制度周期短，经济秩序有待重建和稳固，土地兼并态势明显，“租、庸、调之法坏而为两税”[②]，新的赋税征收方式——两税法实施。从租庸调到两税法的变革，是中国中古财政史上的巨变[③]。两税法确立了三分原则，即“一曰上供，二曰送使，三曰留州”[④]，规定了中央与地方的税收分配原则，保留了地方的部分财政自主权，加强了中央的财政管理权，体现了处理中央与地方财政关系的新思想。根据贫富差别，征收货币形式的税收，是两税法区别于以往赋税方式的特点之一，这促进了货币经济的发展，但也带来了诸如“货重钱轻”“货轻钱重”[⑤]等问题，引发了思想家关于货币问题的进一步思考，为中国古代货币思想增添了新篇章。

社会经济生产生活所离不开的农业、手工业、商业等各项产业随着社会的进步而有所发展。唐中叶后期，大型水利工程建设和兴修的脚步没有停下[⑥]，农业灌溉和渔业生产得到保障，生产效率以及粮食产量提高[⑦]。五代时期的水利建设主要集中于南方社会较为稳定的区域，南方的农业生产乃至经济发展水平超越了北方。在桑树种植管理方面，人工剪定养型技术出现，这是栽培技术的一个大突破[⑧]，矮桑树的培育得以实现，桑叶产量增加，蚕桑丝绸业得以迅速发展，南方各区域产地增多，无论是品种、产量还是质量

---

① 《新唐书》卷 51《食货一》。

② 《新唐书》卷 51《食货一》。

③ 李锦绣：《唐代财政史稿》（第五册），社会科学文献出版社，2007，第 5—6 页。

④ 《旧唐书》卷 148《裴垍传》。

⑤ 《旧唐书》卷 148《裴垍传》。

⑥ 唐代水利工程在数量、质量和经济效益方面，都取得了显著的成就。据有关史料统计，唐代水利工程共计 323 项。参见宁可：《中国经济通史・隋唐五代经济卷》，经济日报出版社，2000，第 40 页。

⑦ 宁可：《中国经济通史・隋唐五代经济卷》，经济日报出版社，2000，第 33—36 页。

⑧ 李伯重：《唐代江南农业的发展》，农业出版社，1990，第 100 页。

均上了一个台阶。农民所生产的丝绸大部分用于市场交易和流通，甚至充当一般等价物，发挥货币的作用[①]；丝绸扬名海外，成为与周边少数民族以及中亚和欧洲各国贸易的主要商品之一，商品化程度很高[②]。这一时期商品化程度很高的农产品还有茶叶，出现了总结茶叶生产经验的专著——《茶经》，晚唐五代时期韩鄂所撰的《四时纂要》中也详细记载了茶树的种植和培育技术，从中可以看出唐后期的茶叶种植和生产技术有很大进步。茶叶市场广阔，消费人群多，茶叶商品贸易衍生出集中的茶叶贸易点[③]，初具专业市场的雏形，茶税成为中央财政的一项重要收入。五代时期茶叶贸易依旧昌盛，与周边少数民族的茶叶贸易往来密切。

唐中叶以后，私营手工业发展比较迅速，家庭副业手工业仍保持强劲的发展势头，官府手工业呈现明显衰落趋势[④]。商业方面，唐中叶后期商业发展较前期更为繁荣，城市中严格管理和控制商业发展的坊市制度被打破，一个郡或县不只有一个市场的局面逐步出现，这是唐中叶后期商业经济真正大发展的里程碑[⑤]。广大农村出现草市[⑥]，专业性市场出现，商业活动的时间和空间限制放宽，夜市普遍出现[⑦]，商业各方面取得新的发展。此外，安史之乱以后，经济发展的重心逐渐南移，南方由于地理位置和气候条件更具优势，并且受战争的影响较小，社会经济的恢复和发展速度较快。

2. 国家治理：政治中枢及社会阶层变动

“唐宋时代是中国历史发展过程中的一个重要变化时期，安史之乱以

---

① 卢华语：《唐代蚕桑丝绸研究》，首都师范大学出版社，1995，第 186 页。

② 季羡林：《中国蠶丝输入印度问题的初步研究》，《历史研究》1955 年第 4 期，第 51—94 页。

③ 茶叶贸易兴盛。参见程有为：《河洛文化概论》，河南人民出版社，2018，第 423 页。

④ 宁可：《中国经济通史 · 隋唐五代经济卷》，经济日报出版社，2000，第 265 页。

⑤ 薛瑞泽：《汉唐间河洛地区经济研究》，陕西人民出版社，2001，第 302 页。

⑥ 白寿彝、史念海：《中国通史 · 第六卷 · 中古时代 · 隋唐时期》（上册），上海人民出版社，2015，第 597 页。

⑦ 李瑞：《唐宋都城空间形态研究》，西安地图出版社，2006，第 153—156 页。

后，直到五代末年，各种制度都发生了显著变化，北宋王朝建立后，最终确立了一个崭新的统治局面。”①

唐中叶后期，社会一度陷入混乱，主要是安史之乱之后，各藩镇势力逐渐强大，中央无力收回之前为了平定战乱所下放的权力，因此地方割据势力增长对中央高度集权的体制形成了挑战。

在行政管理权、财政管理权以及军事管理权方面，地方政府过多地吞噬了中央政府的权力。“诸侯割据方面，竞延名士。”②各藩镇广纳贤才，不问出身，庶族望族均可，只注重才能，众多富有才干却碍于出身庶族寒门，未被朝廷重用的人才，多去投奔藩镇③。《新唐书·宰相世系》记载，宰相家门之子孙做幕职官的一共有 44 人，愈到唐末愈多，由藩镇辟召出仕被认为是普遍的现象④。

唐代藩镇割据的社会基础是投身军戎充当职业雇佣军的破产农民和无业游民⑤，与魏晋时期世家豪族以宗法血缘为联系纽带建立的，集政治、宗法、军事、经济和文化为一体的坞壁并不相同。二者在社会伦理基础上的差异，导致藩镇的组织稳定性更弱，其在政治、经济和文化上的力量都缺乏血缘关系与宗法制度的支撑，骄兵悍将拥立无常，政权极易动荡，“兴灭如走马灯一般”⑥。由于藩镇武力凭借的是法律上属于国家的军队，即“官健”，而非亦耕亦战的部曲家兵（后者更多是坞壁组织的武力来源）⑦，因此士兵在割据中起支配作用，节帅则由士卒拥立，只是武人群体利益的一个

① 陈长征：《唐宋地方政治体制转型研究》，山东大学出版社，2010，第 1 页。

②《旧五代史》卷 60《李袭吉传》。

③ “考进士不第，就想投奔藩镇……这在当时是一种带有普遍性的社会风气和想法。”参见韩兆琦：《唐诗选注集评》，商务印书馆，2003，第 548 页。

④ 张国刚：《中国中古史论集》，天津古籍出版社，2003，第 392 页。

⑤ 张国刚：《唐代藩镇研究》，湖南教育出版社，1987，第 69 页。

⑥ 程念祺：《智的安分》，广东人民出版社，2018，第 123 页。

⑦ 张国刚：《唐代藩镇研究》（增订版），中国人民大学出版社，2010，第 69 页。

代表性“符号”，一旦他们损害了军士的利益，或不能满足军士的“喧噪邀求”，就会“顷刻垮台”[①]。相较之下，豪族坞壁在动荡时期更多起到维护生产、保护宗亲（及少数归附流民）免遭劫掠杀戮的作用[②]。“自古大多数宗右并不想借机逐鹿、问鼎皇权，而是谋求自保，适时归附强者……只有那些极少数的强宗豪右在动荡形势下伺机窥视中央政权。”[③]

藩镇在政治上极易引起动乱，与其经济脆弱性也有很大的关系。从《元和郡县图志》所记载的户数、兵数及相应的户兵数比例可以看出，“藩镇的全部两税收入尚不足以支付军费开支”，且军费仅“是藩镇一项主要的财政开支，而不包括全部”，其入不敷出的情况当更为严重[④]。并且，“大土地所有者对藩镇割据事件抱着不支持不合作的消极态度”[⑤]。显然，在收支不平衡、难以有效控制生产资料的情况下，藩镇很难为士卒获取足够的利益，这不利于保持组织的稳定性。

在中央层面的政治中枢中，宰相的权力被分割，一方面，翰林学士作为皇帝私臣参议政事，权力逐渐上升，甚至演变成“内相”，分割宰相的部分权力。另一方面，宦官当权，枢密院发展为唐代政治中枢机构[⑥]。这种相权被严重削弱、各方势力博弈与较量加剧的局面，有利于皇权的分化和制衡，但也导致政治权力斗争日益激烈和统治秩序渐趋混乱，直到黄巢起义破坏了唐朝统治根基，唐朝加速灭亡。

南北朝时期，皇室成员和官吏队伍主要由山东士族、江南士族与关陇士

---

① 张国刚：《唐代藩镇研究》（增订版），中国人民大学出版社，2010，第 38 页。
② 张婷婷：《中国历史百科》（第二卷），民主与建设出版社，2014，第 502 页。
③ 南玉泉：《从封建到帝国的礼法嬗变：先秦两汉法律史论集》，中国政法大学出版社，2020，第 302 页。
④ 张国刚：《唐代藩镇研究》（增订版），中国人民大学出版社，2010，第 39 页。
⑤ 张国刚：《唐代藩镇研究》（增订版），中国人民大学出版社，2010，第 37 页。
⑥ 戴显群：《唐五代政治中枢研究》，厦门大学出版社，2001，第 82—83 页。

族组成[①]。直至唐初，统治阶层仍然由门阀士族构成，占据核心地位的是关陇集团，一般地主没有政治权势，科举入仕者占比很小。唐中后期，士族地主和功臣贵戚集团呈衰落之势，一般地主阶层慢慢发展起来。科举考试内容和标准发生变化，更多地关注现实问题，一大批有才学的能人志士，不论出身贵贱，取得了入仕的机会。唐朝后期，曾处于统治集团核心的关陇勋贵身价一落千丈[②]。统治集团向中小地主阶层开放，科举考试成为选拔高层官员的重要途径，平民有了跃升政治地位的可能。

历时仅半个多世纪的五代十国时期，是一个天下大乱的时代，但又是中国古代社会的一个重大变革时代和承上启下的历史中继期[③]。五代十国时期的政治制度以及权力机构的治理和运作，均与唐中后期的社会政治特征关系甚大。一方面，五代十国时期，官僚队伍内部结构延续了唐后期阶层下移的变化趋势，许多藩镇统治者由社会最下层的武人组成，其割据基础就是唐代藩镇体制下节度使控制的地方军队，士族政治基本瓦解[④]。这个时期国家林立、政治动荡，五代各朝统治者相继努力变革希冀改变现状，采取了一些举措，如加强中央禁军建设、削弱节度使权力、推行屯戍制度、限制地方军事势力等，虽然最终都以政权更迭告终，但加强中央集权和统一国家治理的基本共识，深刻影响了此后北宋重新统一国家的发展大势。另一方面，由于士族门阀的势力被削弱，普通民众对士族的依附也开始减弱，获得了更大程度的人身自由和经济自由[⑤]，因此生产关系对生产力的制约和束缚得以减弱，这是该时期工商业与经济得以发展的重要原因之一。

---

① 杜文玉：《唐宋时期社会阶层内部结构的变化》，《江汉论坛》2006 年第 3 期，第 100—104 页。

② 中国唐史学会：《唐史学会论文集》，陕西人民出版社，1986，第 15 页。

③ 张弓：《对承唐启宋时代的探索与思考——读郑学檬著〈五代十国史研究〉》，《历史研究》1993 年第 3 期，第 190—192 页。

④ 陈长征：《唐宋地方政治体制转型研究》，山东大学出版社，2010，第 123 页。

⑤ 关履权：《论两宋农民战争》，《历史研究》1962 年第 2 期，第 79—96 页。

在这样动乱与变革发展并存的政治时局影响下，思想市场的自由度有所提高，与正统教条或权威思想论调不一致的观点和学说逐渐萌芽，政治中的矛盾在经济思想领域得到显现，新生经济思想萌发了看待社会的不同方式。

3. 思想市场："异端斯起"

中唐人李肇认为："大历已后，专学者有蔡广成《周易》，强象《论语》，啖助、赵匡、陆质《春秋》，施士丐《毛诗》，刁彝、仲子陵、韦彤、裴茝讲《礼》，章廷珪、薛伯高、徐润并通经。其余，地理则贾仆射，兵赋则杜太保，故事则苏冕、蒋乂，历算则董和，天文则徐泽，氏族则林宝。"[①]可以看出自唐代宗以来，各学术领域如经学、地理、军事、文学、天文、姓氏学等均取得了一定的发展成就。而且，很多新思想与原有经典理论相悖，体现了社会变动下思想观念的转变，进一步促使学术思潮的竞相发展。唐宪宗时刘肃认为："自微言既绝，异端斯起，庄周以仁义为刍狗，申韩以礼乐为赘疣，徒有著述之名，无裨政教之阙，圣人遗训，几乎息矣。"[②]从一开始的信服与遵从"圣人遗训"演变成信服与批判并存，这体现出社会学术思想多元化的趋势，社会变动下思想观念的转变促使学术思潮的竞相发展，对官方统治的主流思想形成冲击和挑战，"异端"学说逐渐走上历史舞台并带给统治者危机感。

这一时期经济思想领域也毫不例外地呈现出新发展趋势，"财利之说兴"[③]，农商思想迎来新一轮讨论，不同于重农抑商观点的新思潮开始涌现。例如，韩愈意识到工商业之于社会不可或缺的作用，"为之工，以赡其器用；为之贾，以通其有无"[④]，并为富商大贾的正当利益发声。又如，

① （唐）李肇撰：《唐国史补》卷下。
② （清）董诰等编：《全唐文》卷 695《大唐新语后总论》。
③ 《新唐书》卷 51《食货一》。
④ （清）董诰等编：《全唐文》卷 558《原道》。

杨炎提出了资产计税思想，开始重视发挥货币在赋税中的计量作用。种种迹象都与重本抑末教条有所出入。类似的，其他经济专题也经历着思想观念的改变。

（二）变化演进：北宋时期

1. 经济基础：农工商业发展跨入新阶段

有统计研究指出，宋代的生产技术和生产对象、生产工具至少有 45 项发展，其中农业至少有 15 项，手工业至少有 30 项[①]，这使得宋代的生产力与前朝相比有了较大发展。尤其是在北宋时期，农业、手工业以及商品经济发展跨入了一个新的阶段。我国古代社会发展历史上，铁农具发生了三次重大的变革，唐宋之际是第二次变革，如钢刃熟铁农具逐渐被推广应用，在耕犁上出现了使用钢刃熟铁的犁刀装置，手工耕具中出现了铁搭和踏犁等，成为促使农业生产出现第二个高峰的重要因素[②]。农业快速发展，粮食及各类经济作物生产率提高，为手工业和商业打下了坚实的基础。不少研究指出，宋以后中国社会呈现出了农商并重、富民阶层崛起等新特点[③]。手工业方面，北宋迎来了我国冶铁工业的第二个重大变革期，北宋中叶发生了“煤铁革命”[④]，采煤与冶铁业的发展为其他手工业带来了能源与材料方面的支持，推动了工商业的快速发展，由此带来的市场流通的兴盛使得商品交易更加普及化，逐渐走进大众生活，草市、夜市的规模更大、分布更广，行会制度萌芽，商税也急剧增长，当时商业的繁荣景象遥遥领先世界。北宋出现了世界上最早使用的纸币——交子，交子的发行和使用，是货币发展史上的重

① 姜锡东：《宋代生产力的发展水平》，《中国社会科学》2022 年第 7 期，第 95—112 页。

② 杨宽：《我国历史上铁农具的改革及其作用》，《历史研究》1980 年第 5 期，第 89—98 页。

③ 葛金芳：《两宋社会经济研究》，天津古籍出版社，2010；林文勋、张锦鹏：《中国古代农商·富民社会研究》，人民出版社，2016。

④ 赵德馨主编、葛金芳著：《中国经济通史》（第五卷），湖南人民出版社，2002，第 276 页。

要进展。然而，到中后期逐渐出现了积贫积弱、钱荒等问题，暴露出各种社会经济矛盾。

11 世纪后半叶，中国古代经济重心南移完成[①]。江南地区港口得到开发，如设立了广州、福州、杭州、明州[②]和密州[③]板桥镇五处市舶司[④]，海上交通工具等各方面基础条件都有所保障，大批外国商队来华，海外贸易繁盛。总的来说，这一时期社会经济飞速发展，诸多新思想迸发。

2. 国家治理：大一统与集权，富民阶层兴起

宋代政治的活力，源于其对各族人民统一诉求的回应，它在很大程度上满足了各族人民对统一的要求[⑤]。北宋时期中国重新恢复大一统的国家形态，中央集权制度进一步加强和完善。元丰改制以前宋代基本承袭唐制，到宋神宗时，其对国家组织等各项制度规定进行了较大幅度的改革。宋初沿设三省六部、二十四司、九寺五监；相权一分为三，政治中枢由中书门下、枢密院和三司使组成；新设差遣制度，将职位和实务分开。“其官人受授之别，则有官、有职、有差遣。官以寓禄秩、叙位著，职以待文学之选，而别为差遣以治内外之事。”[⑥]一些官职如若没有差遣，则仅享受俸禄而没有实际事务处理权，中央集权在相权分散与官职机构复杂化的过程中日渐增强，晚唐五代政治动乱和藩镇割据削弱的中央权力被逐渐收回。宋神宗主持的元丰改制恢复了三省制，重建中书省、门下省、尚书省，但三省长官虚而不设，实际上的宰相职权由尚书左、右仆射承担，形成新的宰辅制度，各项组织机构逐渐由紊乱走向稳定。

① 康保苓：《北宋文化重心研究：以学术中心、教育状况等作为考察的重点》，光明日报出版社，2011，第 11[illegible] 页。

② 明州即今浙江省宁波市。

③ 密州即今山东省诸城市。

④ 漆侠：《宋代经济史》（下），南开大学出版社，2019，第 1033 页。

⑤ 王瑞明：《宋代政治史概要》，华中师范大学出版社，1989，第 466 页。

⑥《宋史》卷 161《职官志》。

北宋统治者汲取唐灭亡的历史教训，加强了对地方的管理和控制。在地方行政管理中，宋朝统治者通过设官分职、分割各级长官事权、罢节镇领支郡、以文职知州代替武臣刺史等措施，收回节度使的财政、军事、民政权力，削弱了地方各级长官的权力，彻底消除了唐五代以来地方分权的因素，加强了中央集权[①]。在地方军事体制方面，形成路—州—县三级地方统兵体制。在地方财政赋税方面，宋代废除唐代两税法的三分原则，剥夺了地方财政的自主权，赋税额名义上全部归中央所有。转运使制度进一步发展和完善，"转运司既困，则上供不继"[②]，转运使在管理和监督地方财赋征收方面发挥着重要作用。

北宋统治者解决了唐末及五代以来的地方割裂问题，成功将各项权力收归中央。与此同时，北宋汲取五代十国的教训，推行重文政策，压制武人势力，大力发展科举制度，增加科举录取名额，官吏队伍形成了以科举出身的士人为主的结构形态。"强干弱枝"格局下，各地士农工商对当地武装力量的依附性比唐末及五代时期明显减弱。随着经济的发展与治理格局的改变，具备强大经济实力的富民阶层兴起并获得一定的政治权力，进而参与基层治理，在市镇乡村发挥着国家与地区政策规制传达及民情反馈的纽带作用，是不容忽视的民间力量。现有研究表明宋代的国家治理尤其是基层治理和社会治理必须依赖富民阶层，富民除直接承担赋役外，还深度参与兴修水利、集资办学、灾荒救济等具有正外部性的社会工作[③]。

北宋时期在政治体制上的探索与中晚唐和五代有着密切的联系。唐中后期以及五代探索解决社会重要问题的实践为北宋积累了重要经验，因此北宋在前朝政治实践基础上进一步探索，推动经济思想随时代发展和制度变更而

① 陈长征：《唐宋地方政治体制转型研究》，山东大学出版社，2010，第235页。
②《宋史》卷339《苏辙传》。
③ 杨瑞璟：《宋代乡村社会经济关系研究》，云南大学出版社，2018，第182页。

继续演进。

3. 思想市场：理学体系建设完成，新思想演进

北宋在文学、史学、艺术等方面都取得了很大成就。发源于唐朝的“古文运动”与词均兴盛于北宋。例如，欧阳修等人领导和参加的诗文革新运动，使北宋文学走上了健康的道路，改变了“西昆派”固守五代旧框的浮艳华丽文坛之风[①]；文学风尚的变革和胜利促进了北宋文坛的活跃，诗词和散文脱离了条框的限定，发生了重要变化，学术思想自由化，形成宋代文学的特殊风格。在学术思想自由的氛围下，各领域文学创作百花齐放，史学著作的编撰也得到了发展，司马光主编的《资治通鉴》具有极高的文史价值，对后世影响深刻，是当下历史领域研究者离不开的重要参考资料，另外官方修史、私人修史工作非常多[②]，诸多史学著作问世。北宋时期历经三次大规模的兴学运动，分别是庆历兴学、熙宁兴学和崇宁兴学，三次兴学运动的目的是建立从中央到地方完整的官办学校教育体系，并以学校考试制度代替科举考试制度，把培养士人与选拔士人统一于学校教育[③]。兴学运动产生了较大的社会影响，将教育活动扩大至州县，全国受教育群体得以扩大；整顿太学，扩大了招生规模；对于各地学校建设和人才培养等颁发优待政策。尤其是在熙宁兴学期间，王安石注重科举的经世致用，考察实用知识，为国家富强培养实用型人才，其科举改革的内容之一即改“诗赋取士”为“经义取士”[④]。

自东汉至宋初，中国的思想文化发展，经历了汉代经学、魏晋玄学、南

① 徐宗才编著：《中国古代文学简史》，北京语言大学出版社，2017，第124页。

② 北宋末编修本朝会要、典制书、地理书及古器物书等，曾一时总设修书58所。参见张富祥：《宋代文献编纂述要》，山东大学出版社，2019，第45页。官方修史最著名的当属司马光主编的《资治通鉴》，私人修史著作如欧阳修撰写的《新五代史》，薛居正等人编纂的《旧五代史》等。

③ 谷建全主编，张佐良、杨世利、师永伟著：《河南书院史》，大象出版社，2020，第44页。

④ 姚红、刘婷婷：《两宋科举与文学研究》，浙江人民出版社，2008，第56页。

朝佛道教义传播、隋唐诸学并兴且于转折变化中发展的丰富多彩阶段[1]。宋代理学大放异彩，新旧思想学派之间斗争激烈。哲学思想流派中，周敦颐援道入儒，开儒家哲学新气象，将宇宙万物的来源归于“太极”[2]，主张无欲，哲学思想和政治思想都体现出超生活性和超政治性，开启了理学研究的大门。经由程颢、程颐（合称“二程”）的研究，形而上学的理学体系建设得以完成，二程在哲学层面持有辩证的观点，但同时也具有一定的保守性，意在维持某种传统秩序，如程颢重要的经济观点之一是“正经界”，提出“经界不可不正，井地不可不均，此为治之大本也”，并推崇古制，倡导均田和务农，“宜渐从古制，均田务农”[3]；程颐也否认历史的发展和进化，提出“岂三代之政不可行于今邪？”[4]。二程将“仁”确定为理学的最高范畴“天理”的核心，主张存天理，灭人欲，“无人欲即皆天理”，“灭私欲则天理明矣”[5]。与此大相径庭的另一类新思想大胆言利，肯定人的欲望，注重实用，更多地从经济效益出发以图富国强兵。李觏认为“人非利不生”[6]，赞同言利，从商业原则出发主张平准、设泉府之制等，李觏所撰《富国策》详尽系统地论述了如何实现富国强兵，涉及土地、工商业、财政、货币等方面。

北宋中期以来为应对内忧外患的局面而推动富国强兵，王安石在宋神宗的支持下进行了变法，所施行的各项措施引发了支持派与反对派两方的辩论。在主流经济思想努力重建和加强的缝隙下，迸发了许多有关经商言利的、看似“异端”的新思想，成为这个阶段经济思想发展的新趋势。

---

① 董延寿、张留见、李焕有等：《河洛思想文化研究》，河南人民出版社，2018，第346页。
②（宋）周敦颐撰：《濂溪集》卷3《元公遗书》。
③（宋）吕祖谦编：《宋文鉴》卷53。
④（明）邵宝辑：《大儒奏议》卷2《伊川先生》。
⑤（宋）程颢、程颐撰：《程氏遗书》卷15、卷24。
⑥（宋）李觏撰：《直讲李先生文集》卷29《杂文》。

（三）变化高潮：南宋时期

1. 经济基础：兴盛发达的高峰阶段

南宋商品经济“因上承盛唐、北宋的经济繁荣，形成了中国古代封建社会商品经济兴盛发达的高峰阶段”[①]。南宋商品经济的发达是以农业和手工业的发展为基础的，科学技术的发明为农业和手工业提供了设备和技术支持。农业方面，传统农具的改进与创新极大地提升了农业的生产效率。例如，经学者考证，王祯《农书·农器图谱》直接继承了南宋曾之谨的《农器谱》等书的学术成果，其所载录的100余种农具，绝大多数为南宋人发明或改进[②]。手工业的分工协作和操作技术有所发展，手工业作坊增多，纺织等各行业在社会生活中发挥了重要作用。南宋农业生产的发展，表现在土地的利用、农日水利的发达、农业生产工具与生产技术的进步、棉茶稻等的普遍栽种以及产量的提高等方面[③]。北宋发行并行使于蜀川之地的交子，在南宋广泛使用于东南诸路，货币经济繁盛。日渐频繁的商品交易，促进了大都市的兴起与繁荣。南宋统治者重视海外贸易，对外商实行优待政策，国际商品交易活跃。尽管学界对于当时经济繁荣的可持续性有争议[④]，但不可否认的是空前的经济发展为新生经济思想提供了实践基础。保守经济思想竭力巩固其主流地位，而新生经济思想为寻找一席之地而做出了种种努力，探索新维度、催生新争鸣。

2. 国家治理：精简机构，抵御外患与市民社会

南宋的政治制度与北宋极为相似，但行政机构更为精简，中央的集权程

① 刘春萍：《南宋商品经济发达原因探》，《求是学刊》1995年第5期，第91页。
② 方健：《南宋农业史》，人民出版社，2009，第495页。
③ 施一揆：《南宋社会经济的发展及其限度》，《史学月刊》1959年第4期，第33—37页。
④ 程民生：《试论南宋经济的衰退》，《中国经济史研究》1989年第3期，第114—127页。

度明显不如北宋[①]。高宗建炎时期，门下省、中书省、尚书省合而为一，重设宰相和副宰相的职位；孝宗时期进行了一定的调整，增设左、右丞相，将一些闲置已久的官职废除。统治者出于抵御北方军事压力的考虑，在地方增设制置司和总领所等军事防御机构，下放给地方政府一部分军事、财政权力，发展到后期这些机构在管辖区域内甚至拥有部分行政事务的决定权，一定程度上削弱了中央集权。

中国古代的市民社会在南宋时期开始形成。市民阶层演变成一股强大的社会力量，社会风俗文化快速发展。南宋的社会治理相较北宋有所转变，突出体现在士绅家族的偏好和其所发挥的作用上。美国汉学家韩明士（Robert P. Hymes）通过研究两宋年间江西抚州精英的变化提出，两宋之际出现了"精英地方化"，南宋的精英与北宋的精英在地方化方面具有明显的差异，相比之下，北宋的士大夫更关注全局层面的国家治理，南宋士绅关注更多的是地方层面的社会治理[②]。南宋士绅多由理学家组成，士绅对于地方的社会治理具有浓厚的理学观念，创办了大量的书院以及社会自治组织，市民的基本政治权利得到保障和支持。

3. 思想市场：多元纷呈，理学与功利主义学说鼎足而立

南宋时期，办学之风兴盛，延续了北宋崇文、注重教育的风气，私学教育机构更为普遍。南宋是书院发展史上最重要的一个历史时期，它的最大特点是，在学术大师的指导下，书院作为一种文化教育制度得以完全确立[③]。南宋时，州县兴办书院的程序相比以往更加简化，活字印刷术逐渐成熟，大批书籍和书院走入了广大乡村。士族文化渐趋向庶族文化转化，士族一直以

① 余蔚：《完整制与分离制：宋代地方行政权力的转移》，《历史研究》2005 年第 4 期，第 118—130、191—192 页。

② Hymes P R. *Statesmen and Gentlemen: The Elite of Fu-Chou Chiang-Hsi, in Northern and Southern Sung*, Cambridge University Press, 1986, 120-121.

③ 邓洪波：《中国书院史（增订版）》，武汉大学出版社，2012，第 117 页。

来对教育的垄断被私学的兴盛打破，平民百姓对文化教育的需求得到满足，这种教育开放化趋势一定程度上促使思想文化学术领域异常活跃。教育、文化事业呈现出多元纷呈的争鸣局面，哲学、史学、文学、艺术等方面均取得了较大进展。理学是唐宋变革之后的一种新的儒学形态，经南宋集大成者朱熹集合、浓缩、归纳、提炼的理学思想，使儒学具有了更强的穿透力和说服力[①]。在儒释道深度融合、三教归一[②]的历史背景下，程朱理学吸收融合了佛学和道学的思想精华，开创了独具一格的思想体系，适应了时代发展的需要，深刻影响了后期古代社会的思想市场。陆九渊开创理学体系中的心学，注重心的作用。在鄙视功利、空谈心性风行一时的南宋，分别以陈亮、叶适为代表的永康学派、永嘉学派大胆举起功利主义的旗帜，与朱、陆形成鼎足而立的格局。“义利之辨”这一争论在南宋时期再度激化，朱熹与陈亮围绕“王霸义利”问题展开了书信辩论，双方价值观念不同，朱熹注重个人的道德修养，讳言功利；陈亮将功利与仁义结合起来，重视发挥功利的作用。在朱熹的理学和陆九渊的心学盛行时，叶适的事功之学独树一帜，把功利主义学说推向了一个新水平，确立了与理学、心学鼎足而立的地位[③]。功利主义学说是工商业壮大发展所带来的思想新产物，反映了社会经济的活跃与思想的互动，南宋思想学派之间的辩论和鼎立展现出思想学术界的争鸣之势。

此外，其他学科在南宋亦颇有发展。蒙文通指出，南宋浙东诸儒治史体现了史学的真谛、达到了传统史学的最高境界[④]。文坛出现了著名的陆游等

---

① 范立舟：《南宋全史（七）》（思想、文化、科技和社会生活经验 卷上），上海古籍出版社，2016，第46页。

② 隋朝的王通始倡三教一致；到了宋朝三教归一思潮有了更加明显的发展，南宋时三教进一步交糅融合；入元以后，三教归一思想继续发展，直至元末明初陶宗仪所撰《南村辍耕录》中收录的《三教一源图》，成为“三教归一”命题的最高也是最后的理论表述，以后便很少有人再做这方面的尝试了。参见周良霄：《元史》，上海人民出版社，2019，第814—819页。

③ 范立舟：《南宋全史（七）》（思想、文化、科技和社会生活经验 卷上），上海古籍出版社，2016，第109页。

④ 粟品孝：《蒙文通与南宋浙东史学》，《浙江学刊》2005年第3期，第56—63页。

爱国主义诗人。

（四）变化融合：元朝时期

1. 经济基础：破坏与发展并存

关于元朝的社会经济发展水平，学界褒贬不一。一类观点认为元朝时期的社会经济，至少是延缓了中国古代经济的发展，甚至出现倒退和停滞。漆侠认为“元代生产急遽下降，直到明中叶才恢复到宋代的发展水平”[①]。童书业则认为元朝阻碍了“中国资本主义幼芽的发生”，使得“经济停滞下来，甚至倒退”[②]。

一些学者肯定元朝的经济发展。李伯重对江南地区的人口、耕地等数据进行考察，研究发现南宋末至元末江南人口有较大的波动，但总体上呈增长态势；该时期江南人口城市化水平可能略有下降，但程度轻微；与此相关，江南农业劳动力之供给亦未有大的变化。耕地方面，元朝耕地面积可能较南宋有一定增加。总体看不应当认为中国社会经济的发展在元朝受挫[③]。李干认为，“元朝取代宋朝不是什么‘历史的倒退’，也不是什么‘中国经济濒于毁灭’”，而是从经济层面上促进了发展，“使商品经济在宋代发达的基础上取得了比较大幅度的发展”[④]。刘政提到，“元代的经济特别是商业却在中国古代商业史上占据着非常重要的地位”[⑤]。

从历史表现来看，元朝在某些领域确实取得了一些成就。一方面，元朝

---

① 漆侠：《宋代社会生产力的发展及其在中国古代经济发展过程中的地位》，《中国经济史研究》1986 年第 1 期，第 29—52 页。

② 童书业：《中国手工业商业发展史》，上海人民出版社，2019，第 180 页。

③ 李伯重：《宋末至明初江南人口与耕地的变化——十三、十四世纪江南农业变化探讨之一》，《中国农史》1997 年第 3 期，第 18—32 页。

④ 李干：《元代的商品经济》，《中南民族学院学报（哲学社会科学版）》1985 年第 2 期，第 66—72 页。

⑤ 刘政：《元代商业繁荣及其原因》，《南京林业大学学报（人文社会科学版）》2010 年第 3 期，第 67—72 页。

统治者及其少数民族部落展现了游牧部族掠夺和破坏的习性，对战后生产恢复与发展造成了一定的打击。另一方面，元朝重视商业，采取了一系列有利于商业发展的措施[①]，社会经商氛围浓厚，市场交易发达，商业行会组织增多，传统的农本工商末思想有了明显的改变趋势。从总体生产水平来看，元朝没有超过南宋，但在外贸的某些方面却比南宋发达[②]。元朝通行纸币，水陆交通便利，国外市场也活跃着元朝商人的身影，国内外贸易繁荣。元后期，各种社会矛盾和弊病暴露，政府滥发纸币阻碍了市场的有序运行，导致了严重的通货膨胀，不利于社会经济的发展，最终在变乱与动荡中走向崩溃。

2. 国家治理：多民族融合大一统

元朝是由蒙古贵族建立的大一统王朝，其政治制度在吸收融合汉制的基础上完善起来。元朝尚书省时置时废，门下省不复存在，实际上实行的是一省制，即中书省作为政治中枢组织总领百官，国家机构还设置有六部、诸院和寺监。

从治理结构来看，元朝央地关系变化明显，财权方面中央集权加强，但事权方面又延续了唐中叶之后地方官府权力下移的趋势。元朝为加强军事统治而实施行省制，如洪绂所说，“皆为军事控制区域，各拥相当军需资源；藉以供养驻军，镇压地方”[③]。行省制不仅影响了军事领域的权力分配，还逐渐在中央与地方关系等方面发挥着重要作用，并深刻影响了明清时期的政治体制和集权模式。元行省制创立了一种以行省为枢纽，以中央集权为主，辅以部分地方分权的新体制[④]。元行省由中央政府派出，统辖地方，是地方的最高官府，既为中央收权，又予以地方一部分自主权。在财政、行政、军

① 王孝通：《中国商业史》，东方出版中心，2020，第 127 页。
② 朱坚真主编：《中国商贸经济思想史纲》，海洋出版社，2009，第 10 页。
③ 李治安：《行省制度研究》，南开大学出版社，2000，第 524 页。
④ 李治安：《元代政治制度研究》，人民出版社，2003，第 67 页。

事和司法等领域，行省为稳定中央统治起着举足轻重的作用，上承中央命令，下达地方。元朝中央与地方的财政关系，总体上是内重外轻，通过聚富于诸省，实现财政高度中央集权[①]。基层治理中，元朝士绅在地方发挥着重要作用。元初曾废除科举制，后期虽多有提倡恢复，但发展历程极其艰辛曲折，受到少数民族贵族势力的干扰，这一度阻断了儒士向上仕进的机会，许多汉族士人被迫转向民间创作事业，成为地方精英，参与社区治理。元朝科举制度在一番起伏后得以恢复，有一定驱散门第、族群与地域隔阂的作用。

3. 思想市场：多种价值体系融合

元朝学术思想领域错综复杂，草原文明与农耕文明二者在冲突中走向融合，在多文化融合的过程中，道学与佛学盛极一时。元仁宗恢复科举，便钦定以朱熹的《四书章句集注》为考试内容和标准答案[②]。理学成为在元朝占统治地位的思想意识形态[③]，为明代心学的兴盛奠定了理论基础。理学继承自宋代理学，又对其有所发展，融入了对务实和实用的追求。如何在少数民族政权的统治下传承和接续宋代理学，如何重建儒家社会政治秩序，并使得理学在与游牧文明的冲突和融合中得以确立并发展，是元朝理学所面临的重要问题，使其表现出与宋代理学不同的特点[④]。这个时期，中西宗教与文化经历着碰撞交流，双方在融合中发展出新文化。基督教广泛传播于黄河流域、长江流域[⑤]，中国所发明的航海罗盘针和算盘等经由蒙古人传入欧洲，

---

① 李治安：《元代中央与地方财政关系述略》，《南开学报》1994 年第 2 期，第 21—33 页。

② 中国哲学史学会、浙江省社会科学研究所：《论宋明理学 宋明理学讨论会论文集》，浙江人民出版社，1983，第 35 页。

③ 周少川：《独具气象》，河南人民出版社，2020，第 2 页。

④ 邓凌：《元代理学之主要问题及特点研究》，《青海民族大学学报（社会科学版）》2019 年第 4 期，第 159—163 页。

⑤ 在兴盛时期，其教堂遍布大江南北，仅大都地区教徒就达数万人。基督教并不像佛教那样，能与中国传统文化相交融、汇合，未能在广大民众中扎根，而仅依靠一个王朝的统治者的支持，因而元灭亡后，基督教在中国失去继续存在和发展的依靠，传播再度中断。参见朱汉民：《中国传统文化导论》，湖南大学出版社，2010，第 119 页。

也里可温教徒以及回族教徒都曾在元朝朝政上担任要职，具有政治意义，他们传播了相关宗教思想。经济思想领域较为突出的是对于商业的观点，如元世祖忽必烈时期大臣卢世荣重视商业贸易，对于国际贸易和国内贸易均有专门的研究和思考。

（五）小结

变化之初—变化演进—变化高潮—变化融合四个阶段刻画了经济思想在唐中叶至元时期围绕三条主线的分化。其中，唐中叶至五代时期是经济思想变化之初，经济基础上，财政赋税革新，两税法实施，农业、手工业及商业得到发展；国家治理上，政治斗争激烈，相权削弱，地方割据势力顽固，社会阶层流动；思想市场中“异端斯起”，社会学术思想多元化，“财利之说兴”，工商业逐渐得到了公众的认同，重本抑末思想开始出现分化，财政、义利、货币、会计、外贸、土地等经济专题中也经历着思想观念的重要改变。北宋时期是经济思想变化演进时期，经济基础上，农工商业发展跨入新阶段；国家治理中，恢复大一统的国家形态，中央集权强化，富民阶层兴起于社会治理领域；思想市场中，理学体系建设完成，新思想演进，此阶段经济思想从经济利益出发以富国强兵，注重实用、肯定人的合理欲望，经商言利等观点更为普遍地涌现出来。南宋时期是经济思想的变化高潮，经济基础上，处于兴盛发达的高峰阶段；国家治理上，承袭北宋，但精简机构，以抵御外患为主要目的，市民社会开始形成；思想市场中多元纷呈，理学与功利主义学说鼎足而立，各专题经济思想一定程度上突破了原有框架，怀疑和批判传统教条的言论盛行。元朝时期是经济思想变化融合时期，经济基础上，破坏与发展并存，通行纸币，国内外商业呈发展壮大之势；国家治理上，建立起多民族融合的大一统社会，创设行省制，官府权力下移；思想市场中多种价值体系融合，草原文明与农耕文明在冲突中走向融合，中西文明相互碰撞，经济思想重商特征较为明显，货币思想有所成就。经历这四个阶段，唐中叶至元经济思想的变化浮出水面，逐渐定型，甚而影响后世经济思想的走向和趋势。

二、唐中叶至元经济思想变化的主要特征

（一）从重农抑商至农商皆重：本末思想的新面貌

在我国古代社会中，重本抑末的核心理念是重视农业、抑制工商业。在汉代，小农经济被认为是相对先进且具有进步意义的经济因素，因此重本抑末的理念有助于古代经济进一步发展与国家繁荣稳定，因此重本抑末思想逐渐被确立为古代农本社会经济思想的正统范式之一，然而，盐铁会议后，这一思想趋向僵化、教条化。唐中叶以后，经济基础上，商品经济的发展对自然经济造成了冲击；国家治理上，地主经济进入中后期阶段，社会发生了重要的转折，原本基于生产方式之上的种种社会关系、政治制度、思想观念受到冲击，被迫进行相应的调整和变动；思想市场上，反正统的观念逐渐涌现，突出体现是出现了动摇重本抑末教条化思想的观点与主张。

1. 重农抑商思想的修正和批判

唐前期建立了系统且完备的坊市制度，体现了国家严格控制商业发展的思想。随着经济的发展，唐朝中后期，严密的管理难以适应商业发展的需要，“坊内三绝，不合辄向街开门。各逐便宜，无所拘限，因循既久，约勒甚难，或鼓未动即先开，或夜已深犹未闭，致使街司巡检，人力难周”[①]。坊市制度逐渐被打破，越来越多的商业活动在时间和空间上突破坊市限制，农村草市、新型夜市广泛出现。水运的发达促使长江流域经济得到广泛发展，经济重心逐渐南移，商业经济蒸蒸日上。并且，受商业的影响，农业发

① （宋）王溥撰：《唐会要》卷 86《街巷》。

展趋向专业化，如药物的种植、果树的种植和养鱼业的发展等[①]。“唐宋时期农业生产中还出现一个新现象——商业性农业也有了一定的发展。”[②]在商业大发展的社会经济背景下，愈来愈多的思想家发出与重农抑商不同的声音。

“如以中唐为界，则中唐以前抑商较为突出，中唐以后抑商有所削弱，重商渐趋抬头。”[③]例如，韩愈从理论上诠释了刘晏盐法改革的商业指导原则，从多方面举事实论证官自粜盐“所利至少，为弊则多”[④]的特点，主张令人自粜官盐则可使买卖双方两得利便；他还反对政府夺盐商之业，即使其坐收厚利，但“若必此行，则富商大贾，必生怨恨，或收市重宝，逃入反侧之地，以资寇盗。此又不可不虑”[⑤]。他认为需要重视并预防可能造成的社会动乱后果。韩愈作为正统的儒家思想继承人，公开为富商大贾辩护，标志着儒家工商观点的重要转变，广泛影响后世儒生。此外韩愈肯定社会分工，在所提倡的相生相养之道中体现农工商并重的思想，指出“为之工，以赡其器用；为之贾，以通其有无”[⑥]，强调农工商业相互依赖，认为工商业是规避“人之害”的途径之一，论证了工商业存在的必要性，这突破了汉以来儒家的传统观点，意味着占主导地位的重本抑末思想教条有所改变。此外，刘晏的“重商”思想体现在他的各种财政改革措施中，倡行惠商政策，力主发展私营商业等，其改革措施“开辟了商业经营管理的新方向”[⑦]，这亦是对抑商观念的突破。

迨及宋，抑商政策放宽，主要体现在许多杂税的取消上，如“细碎交

① 李罗力等：《中华历史通鉴》，国际文化出版公司，1997，第608—610页。
② 张锦鹏：《宋代商品供给研究》，云南大学出版社，2003，第27页。
③ 赵克尧：《汉唐史论集》，复旦大学出版社，1993，第207页。
④（清）董诰等编：《全唐文》卷550《论变盐法事宜状》。
⑤（清）董诰等编：《全唐文》卷558《原道》。
⑥（清）董诰等编：《全唐文》卷558《原道》。
⑦ 冯华、张淑梅：《鲁商文化与中国传统经济思想》，山东人民出版社，2010，第193—196页。

易”“纸扇、芒鞋及细碎物”[①]的纳税被减免。欧阳修认为：“治国如治身，四民犹四体。奈何窒其一，无异鈇厥趾。工作而商行，本末相表里。”[②]即农工商为一体，对于统治者治理国家同等重要，应一视同仁。并且，欧阳修主张“莫若与之共利”，即国家与商人共同经营商业，“此术之上也”[③]，这反映了国家主导商业观念的一种转变，也反映出彼时已有思想客观地认识到商业对于国家的益处。至南宋已有公开批判者，陈亮指出：“古者官民一家也，农商一事也。”农与商是相辅相成的，二者相互成就彼此，“商借农而立，农赖商而行，求以相辅，而非求以相病”[④]。叶适认为“抑末厚本，非正论也”[⑤]，鲜明地指出重本抑末不可取。此后，这种偏离或反对正统教条的经济思想更加普遍。

2. 财政思想的新动态引致农商思想转变

首先，国家在财政改革中的政策措施调整体现出农商思想的变化。唐代刘晏的财政改革，是工商业发展大背景下的一个重要改革，部分改革措施给予工商业支持与肯定，有别于重本抑末的既往教条[⑥]。杨炎推行的两税法改革，一方面，以贫富为差别征课货币形式的税，促使货币经济发展进入一个新时代。另一方面，有改革就会有阻力。陆贽反对两税法，认为“由是务轻费而乐转徙者，恒脱于徭税，敦本业而树居产者，每困于征求”[⑦]。这种观点认为，两税法的实施不利于本业生产与发展，破坏了自然经济。这从侧面反映出两税法的政策措施破坏了重本抑末的传统原则，说明工商业的发展初

---

① 宋太宗淳化四年诏：“除商旅货币外，其贩夫、贩妇细碎交易，并不得收其算”，“至道元年，诏两浙诸州纸扇、芒鞋及细碎物皆勿税”。引自（元）马端临撰：《文献通考》卷 14《征榷考一》。

②（宋）欧阳修撰：《欧阳文忠公集》卷 7《送朱职方提举运盐》。

③（宋）欧阳修撰：《欧阳文忠公集》卷 45《通进司上书》。

④（宋）陈亮撰：《龙川文集》卷 11《四弊》。

⑤（宋）叶适撰：《习学记言》卷 19《平准书》。

⑥ 冯华、张淑梅：《鲁商文化与中国传统经济思想》，山东人民出版社，2010，第 196 页。

⑦（唐）陆贽撰：《翰苑集》卷 22《均节赋税恤百姓第一条》。

具雏形，因此一定程度上对本业造成威胁，因而遭到传统旧势力的打击与抵抗。此时工商业地位的崛起已成不可逆转之势。在部分传统保守势力看来，北宋王安石变法叛离了重本抑末教条。新法反对派司马光曾攻击王安石的改革措施，认为“故自行新法以来，农民尤被其患。农者天下之本，农既失业，余民安所取食哉！”[①]可见，司马光把新法的主要罪过归结为破坏小农经济，破坏重本抑末教条。这也正体现出重本抑末教条一次又一次地在官方举措下出现新的变化。在财政改革中，工商业既是改革的重要对象，也是实施改革政策的关键抓手，如若僵硬地认为其是“末”或改革的一隅，显然于理不通。

其次，财政收入中的商税日益受到重视并发挥重要作用。一国赋税之收入，与国民生计有关，凡国民生计重农业者，其赋税所取亦多于农，重工商业者，则取之于工商[②]。重本抑末思想被统治者守护并长期占据主导地位的一个重要原因是农业是古代国家税收的主要来源，农业的发展为国家提供经济保障。一旦商业取而代之成为国家财政收入的一大源头，抑末政策便不再具有可取之处，思想残留于无形之中消散。唐中叶以后，商税对于财政收入的重要性日益显露。两宋时，工商税收入占财政总收入之半，这是过去历代没有的特殊现象[③]。国家对于商业发展的管控有所放松，个别时期甚至支持其发展。元初对于商税“未有定制”，极大地鼓励了商业的发展。“至元七年，遂定三十分取一之制。”[④]后期所定商业税非常低，远低于历朝许多思想家推崇的什一之税，甚至，对于往来艰辛的商旅，“特免其课”[⑤]，可见国家对商业发展的支持力度。

① （宋）司马光撰：《温国文正公文集》卷45《章奏三十·应诏言朝政阙失事》。
② 常乃德：《中国政治制度小史》，爱文书局，1928，第61页。
③ 孙文学主编：《中国财政思想史》（上），上海交通大学出版社，2008，第273页。
④《元史》卷94《食货二》。
⑤《元史》卷94《食货二》。

总之，国家对经济领域的直接干预和严格行政限制逐渐减弱，城市与国家的经济功能增强，工商业形式的存在与发展渐趋合理化与普遍化，重本抑末原则随时代发展而不断更新和局部调整。

（二）财政治理思路市场化：财政思想的新动态

唐代关注财政问题的学者绝大部分都生活在8世纪50—60年代安史之乱以后，在社会秩序不安定、财政困厄的情况下，财政经济问题更易于引起关注。至宋代，反正统教条的财政观点已显露其端倪并得到进一步充实与发展，同时商业资本逐渐渗透到财政领域[①]。唐中叶，在经济基础、国家治理和思想市场的多重因素影响下，传统财政思想开始分化，至元朝，已涌现出新动态。这一时期财政思想的特征可以概括为财政治理思路市场化。财政治理思路市场化，是指财政治理中逐渐注重商业经营原则，区别于单一倚重政治力量来达到目的；财政治理的对象较多涉及新近发展、紧系百姓生活且规制不全的工商业领域。

1. 引入商业手段推进财政改革

安史之乱后，囿于经济、社会困境，官方实施了一系列改革措施，力图富国富民，促进社会发展。

唐代刘晏的财政改革充满商业色彩，减少了政权强压手段的运用，充分激发了微观主体的活力并提升了效率，实现国家与人民两利，既使国家财政增加又使普通民众不至于身陷囹圄。刘晏没有单纯依赖土地租税来增加国家财政收入，而是广泛开拓各类国家理财渠道。在转运改革中，刘晏意识到压迫性劳役的落后性，贯彻商业原则，以雇用劳动力代替强制性征收劳役，发放劳务报酬给工人，提高了粮食运输的效率并且降低了运输的损耗。在盐法

① 胡寄窗、谈敏：《中国财政思想史》，中国财政经济出版社，2015，第337页。

的改革中，他放弃强制性的官产官销，下放一定权力给亭户和盐商，以激发他们的积极性、提高经济效益。此外刘晏改革的常平仓业务不仅限于农业作物，从原来的谷物转向“万货”，“制万物低昂，常操天下赢资”[①]，着眼点由农业延伸至各业，其中就包含工商业，是区别于传统思想的重要转变。常平仓的目的也改变了：“故食货之重轻，尽权在掌握。朝廷或美利，而天下无甚贵贱之忧，得其术矣。”[②]这种安排从调整粮食的产量和维持价格稳定变为调节平稳万货价格以及获取经济利润和财政收入[③]。刘晏财政改革措施中处处体现着与商人合作、尊重商业原则与客观市场规律以优化社会资源配置的思想，虽然没有直呼商业及其原则之于财政治理的重要性，但已呈现出唐中叶后财政思想的新动向。

赵赞是安史之乱之后的另一改革家，他提出了一些颇为现代化的赋税观点，与工商业联系紧密，类似于财产税、典当税、交易税、房产税等。例如，“或五分纳一，谓之‘率贷’”，他提出的这种“率贷”针对豪商富户，对其“所有财货畜产”征税[④]，是一种类似于财产税的思想。典当税是由针对商人的典当行为借款发展而来的税收，极其苛刻，一度引起民愤。针对市场中商品交易行为征收“除陌钱”[⑤]，即交易税。房产税是对百姓所住房屋按间征税，“凡屋两架为一间，屋有贵贱，约价三等”[⑥]，房屋按贵贱区别，所需上缴的税额分为三种等级。这系列税收在国家财政窘迫时一度试行，大多面向工商业者，对百姓造成极大的负担，但就其思想进步性来讲还是值得肯定的。

---

①《新唐书》卷 149《刘晏传》。

②《旧唐书》卷 123《刘晏传》。

③ 林光彬、郑川：《农产品价格管理的中国古典理论与方案》，《中央财经大学学报》2018 年第 2 期，第 118—128 页。

④（唐）杜佑撰：《通典》卷 11《食货十一》。

⑤ 除陌税相关记载见《旧唐书·食货志》，唐玄宗天宝九年和德宗建中四年均有实行。

⑥《旧唐书》卷 49《食货志下》。

征收货币形式的税是国家财政收支管理的重要手段，同时也是商品经济发展的产物。杨炎以两税法著名的财政改革，极大地得益于刘晏财政改革所做的铺垫。两税法按照贫富差别，改收货币形式的税，反映出民间货币交易已有一定程度发展，乃至变成官方举措。此次改制在中国财政制度史上有很大的影响，因为自唐朝杨炎创行两税制以后，历宋、辽、金、元、明五朝，大体上没有什么变动，就是清朝和民国也是如此[①]。杨炎阐述了“量出以制入”[②]的财政思想，第一次明确提出量出为入的财政预算原则[③]，这一较为新颖的思想具有划时代意义，引起了广泛论争。两税法按照负担能力征收资产税，改变了以往以田、丁为征税依据的惯例，注重经济收入的差别，顺应了时代发展过程中贫富差距逐渐拉大的社会现状，利于稳定社会秩序，缓和各群体矛盾，是社会进步的体现。规定以货币形式缴纳赋税也是两税法的新突破[④]，从实物税转变至货币税带来了钱物比重起伏的经济影响，并使得货币的使用日益深入民众生活，在经济活动中占据了更重要的位置。此外，两税法合并各种税制，固定夏秋两季分别征收，税制得以简化，方便了民众生产生活。

王安石的财政改革举措体现出政府积极干预经济、以财政支出刺激需求和通过商业手段解决社会问题等思想。这在某种程度上与凯恩斯主义有共通之处，有学者认为其是前现代凯恩斯主义（proto-Keynesianism）[⑤]。王安石实行的均输法类似于刘晏的漕运改革，但较之具有更浓厚的商业经营性质，“以发运使薛向领均输平准事，赐内藏钱五百万缗、上供米三百万石”[⑥]，

① 常乃德：《中国财政制度史》，世界书局，1935，第 165 页。

②（宋）王溥撰：《唐会要》卷 83《嫁娶 · 租税上》。

③ 杨卓舒：《中国市场经济大辞典》，中国经济出版社，2000，第 818 页。

④ 张守军：《中国古代的赋税与劳役》，商务印书馆，1998，第 42—43 页。

⑤ Zhao X, Drechsler W. “Wang Anshi’s Economic Reforms: Proto-Keynesian Economic Policy in Song Dynasty China”. *Cambridge Journal of Economics*, 2018, 42(5): 1239-1254.

⑥《宋史》卷 186《食货志》。

可见政府拨专款实行均输一事，体现了政府在实行均输初期的积极介入。市易法实行初期也有当时政府的款项支持，旨在实现行业间的均等买卖机会，保护中底层民众的利益，为商业发展创造良好的市场环境。此外，募役法强调物质报酬具有明显的经济性质，与刘晏漕运改革中发放工资的举措相仿，这些措施都借用了商业手段以缓和社会矛盾，提高了积极性以及工作效率。

元朝重视商业发展，取消了许多对商人的限制，甚至重用商人为官，如阿合马、桑哥、卢世荣等，这些官员在财政治理中自然带有商业气息。元朝实行包税制，沿袭宋代的“扑买”，并有所发展，政府将所需征收的税交由商人承包，商人申报包税税额竞标。商人充当了政府收税的媒介，体现了国家对于商业形式的灵活运用。在改革实践中，元朝改革家迸发出一种重商理财的思想，如卢世荣提出：“于各都立市易司，领诸牙侩，计商人物贷四十分取一，以十为率，四给牙侩，六为官吏俸。”[①]即市易司管理牙商，牙商计算商人货物的价钱之后取四十分之一，对于其所得，政府与牙商六四分利，可见其重视发挥商人的作用以理财。

2. 对于赋税收入中商税收入的作用认识有所改变

唐中叶以来，以租佃制为代表的土地私有制开始居于支配地位，再加上两税法、主客户制度的变化，一部分农民由于不堪税负被迫转向工商业等其他行业，国家部分课税来源由农业转向工商业。常乃德认为，唐中叶在国家财政政策方面开辟了工商业税收这一个全新的方向，是古代中国国家财政政策四大变革之一，其影响延续至清中叶[②]。

---

①（清）嵇璜撰：《钦定续通志》卷619《奸臣传》。

② 常乃德认为国家财政政策约有四大变，对于这四个转变其归纳了四个时代，唐中叶到清中叶处于第三个时代。具体而言，自9世纪以后，中国出现了一种新的现象，即因国民经济的进步，工商业大为发达，为国家财政政策开辟了一个新方向。工商业的收入，由国家征取一部分，谓之税，遂占了财政的一个很重要的部分。常乃德：《中国财政制度史》，世界书局，1935，第2—4页。

商税指商品的通过税和交易税，由关市税演变而来[①]，构成宋朝国家财政收入的来源之一，一度成为考核地方官员的重要标准。至 11 世纪末期的宋朝，非农业部门的税收占国家收入的三分之二[②]。宋朝鼎盛阶段商税收入大幅增加，“关市津渡等税至道中获钱四百万贯，天禧末增八百四万贯”[③]，促使国家深化了对商税收入重要性的认识。例如，神宗朝参知政事张方平认为“本朝经国之制”下，国家收入有三大来源，一部分来源于田赋，“此所谓取于田者也”，一部分来源于专卖收入，“此所谓取于山泽者也”，还有一部分则来源于商税收入，“诸管榷征算，斥卖百货之利，此所谓取于关市者也”[④]。可见，商税收入日渐成为国家财政总收入中不可或缺的一部分。宋朝后期，出现了冗费的财政危机，“入者日寡出者日滋”[⑤]，财政支出的增加超过收入，入不敷出。为了满足财政支出的需要，当时政府愈加重视各项税收收入，商税扮演的角色尤其重要。熙宁十年商税收入已超过大多数税别科目，可匹敌盐、酒等传统的重要税种。官府日益在各地建设起完备的商税征收管理组织。有士大夫直言“以朝廷雄富，犹言采山煮海，一年商利不入，则或阙须”[⑥]，商税收入成为军需支出的重要支柱补给。宋仁宗提出：“商贾不通，财用自困。”[⑦]商业发展受限会影响商税收入，波及国家财政。南宋时，前知英州陈孝则言：“州郡财计除民租之外，全赖商税。”[⑧]可见，商税作用之不一般，财政收入几乎全依赖商税。马端临看到宋代商业经济之发达，肯定征收商品税，“鬻卖而有税，理也”，但反对征收经过税，即商品

---

① 林立平：《唐宋时期城市税收的发展》，《中国经济史研究》1988 年第 4 期，第 22—38 页。

② Liu W G. “The making of a fiscal state in Song China, 960–1279”. *The Economic History Review*, 2015, 68(1): 48-78.

③（宋）李焘撰：《续资治通鉴长编》卷 97《真宗》。

④（宋）李焘撰：《续资治通鉴长编》卷 277《神宗》。

⑤（宋）司马光撰：《温国文正公文集》卷 23《论财利疏》。

⑥（宋）李焘撰：《续资治通鉴长编》卷 50《真宗》。

⑦（宋）李焘撰：《续资治通鉴长编》卷 150《仁宗》。

⑧（清）徐松辑：《宋会要辑稿·食货一七》。

的流通不应该征税，否则一定程度上会打压商品贸易活动，不利于商品经济发展，“经过而有税，非理也”[①]。

（三）从重义轻利至功利主义：伦理思想的新趋向

“利”是中国经济思想史的重要范畴，唐中叶以降，字义本身泛指利益的“利”无重大变化，其价值评判却发生了明显变化[②]。秦汉以后正统的义利观主要定格为“重义轻利”或“贵义贱利”，由百家争鸣时期各学派的义利观发展而来，至汉代董仲舒的“正谊明道”说[③]定为儒家义利观的正统思想。唐中叶至元呈现出由过渡初期的新旧思想穿梭、交叉存在到新思想特征初步定型的阶段性质，功利主义成为伦理思想的新趋向，不仅国家层面言利，提倡理天下之财，而且重利思想出现，社会风气随之改变。

1. 国家层面言利：理财之说

北宋时期是宋明理学的形成和奠基阶段，一方面，理学极力宣扬抑制个性，倡导个人无条件地融入群体之中[④]，因而对于个人言利、逐利而言是窒息性的打击。另一方面，北宋中期出现“三冗两积”[⑤]局面，社会矛盾增多，儒学复兴，价值观多元化，义利之辨有新发展，功利主义思潮兴起，发展至南宋传统观念已有很大的转变，公开言利者不在少数，如叶适、陈亮等。元朝至明前期，言利思想逐渐成熟。

---

① （元）马端临撰：《文献通考》卷14《征榷考一》。

② 叶坦：《论“利”》，《中国经济史研究》1998年第2期，第112—119页。

③ 出自《汉书》卷56《董仲舒传》：“夫仁人者，正其谊不谋其利，明其道不计其功。”

④ 这侧重程朱理学消极的一面，如“存天理，灭人欲”的主张，“程朱理学在处理社会结构与个体的关系时，把既定社会结构当作绝对的力量，对个体起着宰制的作用，个人只有服从既定社会结构的安排，不可‘喧宾夺主’，这种保守的理论安排必将对政治进步与社会发展造成不良的影响。”参见宣朝庆：《泰州学派：儒家精神与乡村建设》，江苏人民出版社，2018，第61页。

⑤ 即冗官冗兵冗费，积贫积弱。

功利主义思潮体现在社会改革方面，呈现出强调经世致用思想的倾向。例如，选拔人才方面，科举成为产生官吏的主要途径，政府高位由唐中叶以前的高门大族垄断变为由皇帝决定，内容从重在测试人的品质和文艺变为倾向务实主义。

又如，当时统治者对于理财和财计的见解更多以适应国家经济发展需要为出发点。宋神宗曾下诏“政事之先，理财为急”①，将理财提到政事的重要地位，体现一国之君对于国家之利的重视。绍兴年间宋高宗曾言：“邦用匮乏，苟有一毫可以节省，亦当行之。”②国家经济凋敝，应竭力节省，对利“斤斤计较”，与传统观念重义轻利截然不同。

王安石在其改革中直言设立条例司的指导思想是“理天下之财”，虽然之后面对司马光的攻击——“今介甫为政，首建制置条例司，大讲财利之事”③，王安石回复“为天下理财，不为征利”④，但从其变法实际行动上可以看出实质上是打着“义”的旗号，“政事所以理财，理财乃所谓义也”⑤，站在国家层面言利，体现重“利”的义利思想，背离了至汉代始奉为圭臬的义利观。元代卢世荣以理财为中心进行了一系列经济改革，提倡在泉州、杭州设立市舶都转运司，令商人代政府从事贸易，与商人分利，“官有其利七，商有其三”⑥，以及建议政府设立“炉鼓”，等谷价上升时卖出，从而使物价经常保持低水平，政府获得厚利，“必能使物价恒贱，而获厚利”⑦。此类举措无不体现政府的逐“利”行为。

---

①《宋史》卷 186《食货志》。

②（宋）朱熹、李幼武纂辑：《宋名臣言行录别集》别录上卷 4。

③（清）秦缃业、黄以周辑：《续资治通鉴长编拾补》卷 7《神宗》。

④（宋）王安石撰：《临川先生文集》卷 73《答司马谏议书》。

⑤（宋）王安石撰：《临川先生文集》卷 73《答曾公立书》。

⑥《元史》卷 205《奸臣》。

⑦《元史》卷 205《奸臣》。

2. 重利思想

唐中叶之后，逐渐出现与正统义利观相矛盾的思想。白居易认为“趋利者”是“邑水火蹈焉，虽白刃冒焉”[①]，即认识到逐利者甘于付出极大代价，“利”对于人们的重要性不言而喻。白居易还提出：“圣人非不好利也，利在于利万人；非不好富也，富在于富天下。”[②]好利好富并不是坏事，同样可以造福万民，并不需要一味地不言“利”。白居易的思想观念存在一些局限性，他的义利思想充满着矛盾，也曾提出“贵本业而贱末利”[③]等观点。这种矛盾恰好体现出经济发展与思想转变的过渡时期特征，其进步方面不容忽视。

除此之外，社会逐渐形成积极的经济伦理观念，同时对经济活动与利益追求持有更加宽容的态度。功利主义思想家李觏不讳言利，“人非利不生，曷为不可言”[④]，推崇周礼，大胆提出对于儒家传统的“贵义贱利”论的异议，“儒者之论鲜不贵义而贱利，其言非道德教化则不出诸口”，在进行否定的同时，指出“是故贤圣之君，经济之士，必先富其国焉”[⑤]，就是进一步说，贤君、经济之士更应该言利以图富国，不仅反正统的义利观，而且顺应社会经济发展需要，为后人所认同。除了革新正统义利观，“焉有仁义而不利者乎”[⑥]，强调“仁义”与“利”的兼容性，李觏还将“欲”与“利”联系起来，深化发展了义利观。王安石言“利”是利国利民的公利，李觏也不例外，他认为维护百姓的利益，“不夺其时”“树之以桑”“达孝悌”“正丧纪”“修祭祀”“征伐有节，诛杀有度”，是“仁之道也”[⑦]。对于百姓只有先解决物

---

①（唐）白居易撰：《白氏长庆集》卷 63《策林二》。
②（唐）白居易撰：《白氏长庆集》卷 63《策林二》。
③（唐）白居易撰：《白氏长庆集》卷 63《策林二》。
④（宋）李觏撰：《直讲李先生文集》卷 29《杂文》。
⑤（宋）李觏撰：《直讲李先生文集》卷 16《富国策第一》。
⑥（宋）李觏撰：《直讲李先生文集》卷 29《杂文》。
⑦（宋）李觏撰：《直讲李先生文集》卷 2《礼论第三》。

质上的温饱需求，达到民富、仓廪实、衣食足，方可“教以礼节，使之趋荣而避辱”[①]。

李觏与王安石都言及了利的重要性，并且主张的是为民为国谋利，相比于理学家的讳言利与抹灭人的天性追求，李觏与王安石的义利观是更加客观的，这种功利主义思潮正视且适应了时代和人类的发展需要。南宋时叶适公开批判讳言财利的思想，认为君子亦可谋利，并批评“仁人正谊不谋利，明道不计功”[②]这句话的漏洞很多，圣君贤臣均须善于理财，因而圣贤言利[③]才应当是正确的。元代形成了重视商业的氛围，社会民众言利经商成为普遍现象。早在宋代社会风气已出现转变，官僚踊跃经商，“口谈道义，而身为沽贩”[④]，民众逐利之风盛行。“世之人以市道相交，一钱之争，至于死而不悔。”[⑤]与中国古代早期相比，这一时期的义利观显示出更为丰富的内涵和蓬勃发展的生机。

（四）从《管子》到解“钱荒”：金融思想的新演变

有观点认为，《管子》的货币思想“达到了古代世界货币思想的高峰”[⑥]，此后长时间内，我国古代的货币思想都是吸收和继承《管子》的学说，但限于历史背景条件，《管子》讨论的是战国秦汉时期的货币经济，属于古代农业社会早期，虽然是深刻积极的，但时代性成为它思想高度的制约因素。唐中叶以来，经济基础上货币经济兴起，国家治理上实行两税法，货币使用量空前扩大，思想市场上“钱荒”问题浮出水面，并日益成为统治阶级亟待解决的难题之一，使得唐中叶至元的金融思想成为古代社会金融思想

---

①（宋）李觏撰：《直讲李先生文集》卷 8《国用第十六》。
②（宋）叶适撰：《习学记言》卷 23《传》。
③（宋）叶适撰：《水心先生别集》卷 2《财计上》。
④（宋）司马光撰：《涑水记闻》卷 9。
⑤（宋）岳珂撰：《桯史》卷 2《望江二翁》。
⑥ 萧清：《中国古代货币思想史》，人民出版社，1987，第 58 页。

的高峰。当然，历史总是在一脉相承中前进，《管子》的货币思想是古代早期经济发展遗留下来的宝贵精神财富，阶段性的转变并不是指完全抛弃或切断与精华部分的联系，而是指有所升华和进步。

唐中叶至元时期在货币作用认识方面，深化了《管子》中关于货币职能的看法和货币作用领域的观点；在货币流通与货币流通速度方面，开创了诸如“劣币驱逐良币”[①]等新思想；称提论等纸币理论则是富有时代特色的新思想。

1. 关于货币作用认识的深化

关于货币作用的讨论，最早可追溯至先秦思想家单旗的子母相权论，他认为“古者天灾降戾，于是乎量资币，权轻重，以振救民”[②]，体现出对货币的价值尺度的初步认识。《管子》注重货币作为流通手段和价值尺度的职能，是最早谈到货币价值与商品价值关系的古代经济思想资料，但并不主张货币是财富[③]。

唐中叶至元时期充实和发展了货币的职能及其作用方面的观点。唐代杨於陵在货币作用的认识方面，肯定货币的职能是价值尺度和流通手段。“王者制钱，以权百货，贸迁有无，变通不倦，使物无甚贵甚贱，其术非他，在上而已。”[④]其较确切地表述了“以权百货”货币的价值尺度以及“贸迁有无”货币的流通手段思想。

在此基础上，白居易进一步区分出流通中的货币与贮藏的货币，他认识到货币壅积严重，“或积于国府，或滞于私家”[⑤]，并认为货币要真正发挥作用须加以流通，“布帛之贱者，由锥刀之壅也”[⑥]。

---

① 唐刚卯：《读南宋叶适〈淮西论铁钱五事状〉》，《中国钱币》2004 年第 4 期，第 27—31、81 页。
②《国语》卷 3《周语下》。
③ 彭信威：《中国货币史》，上海人民出版社，2015，第 72 页。
④《新唐书》卷 52《食货志》。
⑤（唐）白居易撰：《白氏长庆集》卷 63《策林二》。
⑥（唐）白居易撰：《白氏长庆集》卷 47《礼部试策五道》。

周行己在货币作用领域做了新的探索，引领性地从价值论的角度出发，提出商品与货币的等同性，“始以小钱等之，物既定矣”，“始以铜钱等之，物既定矣”[①]，货币与商品之间交换的等价关系建立起来后，后期的商品货币交换比例就确定了。此外，“以其本无轻重，而相形乃为轻重”[②]，周行己这一货币思想认为货币与商品之间的价值高低是在交换中相对确立的，有别于《管子》并不强调二者平衡的轻重论。虽然周行己的货币思想在这些智慧背后存在诸多错误与紊乱之处，但他在我国古代基础理论薄弱的价值理论层面进行了新的摸索与尝试，丰富了我国古代的金融思想。

吕祖谦认为，货币扮演了重要角色，是社会不可或缺的工具，“至于百工之事，皆资以为生，不可缺者”[③]。可见，他将货币视为“百工”赖以生存的重要媒介。

此外，马端临提到，“先王以为衣食之具未足以周民用也，于是以适用之物，作为货币以权之”[④]，肯定了货币的作用，“周民用也”，同时，也认为作为货币的币材是“适用之物”，不同于大多数思想家以无用之物看待它。这些重视货币作用的思想，均在一定程度上较《管子》中“时货不遂，金玉虽多，谓之贫国也”[⑤]的观点更为深入，更全面地解释了货币在古代社会经济中的作用和影响。

总的来说，由于对货币本质缺乏正确认识，货币作用方面的理论基础略显单薄，但其在新阶段仍崭露头角，推动了前期货币理论的发展。

2. 货币流通与货币流通速度论

《管子》的“货币数量论”认为商品价值或货币的购买力决定于货币数

---

①（宋）周行己撰：《浮沚集》卷 1《上皇帝书》。

②（宋）周行己撰：《浮沚集》卷 1《上皇帝书》。

③（宋）吕祖谦撰：《历代制度详说》卷 7《钱币》。

④（宋）马端临撰：《文献通考·自序》。

⑤《管子》卷 5《八观第十三》。

量的多少。虽然这种理论在今天看来是错误的，但其非常重视货币数量变动对物价的影响，应得到肯定①。

后人在新的社会背景下在货币流通领域提出许多新见解。例如："圣王知其必然，于是作泉刀布帛之货，以时交易之，以时敛散之，所以持丰济凶，用盈补缩。"②在白居易看来，圣王创造货币是为了在商品盈缩之时加以调节，这表明他已初步认识到货币多寡有赖于流通中的商品量，折射出货币流通为商品流通服务的货币思想，这在中国货币思想史上独树一帜③。

在货币流通领域，王安石针对当时"钱荒"的做法之一是解除铜禁。"诏三司，诸路卖铜铅锡钱，相度兑发，地远者变易物货，并于市易务近界封桩。"④王安石认为，铸钱并非要用铜，铜铸器能发挥更高的价值则应用于铸器。"介甫曰：'何必铸钱？古人以铜为器皿，精而能久，善于瓷漆。今河东铜器，其价极高，若官勾铸钱而铸器，其利比钱甚厚。'"⑤这种思想有其可取性和先进性，是一种高效率的货币流通思想，但由于市面上主要流通铜币且大量缺乏现钱，这一思想难免遭受新法反对派的极力反对，于是后期恢复铜禁，但这无法解决当时铜币已难以满足社会经济发展需求的问题。王安石铜非必铸钱的思想催生了一种举措，即增加白银的货币职能。李觏提出："其始以珠玉为上币，黄金为中币，白金为下币。"⑥此处"白金"指的是白银，反映出白银已在民间流通，王安石此举顺应时代发展潮流，逐渐形成白银与铜钱两种金属货币并行流通的矛盾局面。

在货币流通方面有独特建树的当属北宋人沈括，其货币思想极具前瞻

---

① 宋杰：《中国货币发展史》，首都师范大学出版社，1999，第 69—70 页。

②（清）董诰等编：《全唐文》卷 670《策林一》。

③ 万安培：《略论中国古代货币思想的特点》，《中南财经大学学报》1989 年第 3 期，第 123—127 页。

④（宋）李焘撰：《续资治通鉴长编》卷 279《神宗》。

⑤（宋）苏辙撰：《龙川略志》卷 3《与王介甫论青苗盐法铸钱利害》。

⑥（宋）李觏撰：《直讲李先生文集》卷 16《富国策第八》。

性。面对宋神宗的询问，对于宋朝长期争论的“钱荒”问题，他明确分析了症结所在，把出现“钱荒”问题的原因归结为八点，其中有五点可以补救，并提出具体的解决途径，由此引出他关于货币问题的真知灼见：“钱利于流。借十室之邑有钱十万，而聚于一人之家，虽百岁故十万也。贸而迁之，使人飨十万之利，遍于十室，则利百万矣。迁而不已，钱不可胜计。”[①]十万居于一人之家，时间再长仍是十万，如若用于市面流通，则可流转出百万乃至更多货币。沈括的“钱利于流”思想非常超前，对于货币流通速度这个新概念，沈括给出了明确的解释和独到的见解，他认为货币要发挥它的效用在于流通，流通中的货币可以产生更多的“货币”，加快货币流通速度，“钱荒”问题则可迎刃而解。生活于 17 世纪的威廉·配第（William Petty），被马克思认为是西方经济学家中最早提出货币流通速度概念的人，然而生活于 11 世纪的沈括早就有此思想，整整超前了 600 年[②]。

3. 纸币理论

唐中叶以后，社会商品货币关系和商业经济的发展，促使货币形式有所创新，尤其体现于飞钱等信用证券和纸币的诞生上，货币思想得到飞跃发展。

先秦至两汉时期，金属货币广泛流通于商品交易之中，从汉代开始已逐渐步入“货币经济”[③]，铜钱使用广泛。“（文帝）元年冬十月……封太尉勃邑万户，赐金五千斤。丞相平、将军婴邑各三千户，金二千斤。朱虚侯章、襄平侯通邑各二千户，金千斤。封典客揭为阳信侯，赐金千斤。”[④]这体现出货币使用广泛，是财富、身份、地位的象征。到汉末以及魏晋南北朝时期，战争纷起，经济秩序混乱，实物货币盛行。唐宋两朝，社会经济蒸蒸日

① （宋）李焘撰：《续资治通鉴长编》卷 283《神宗》。

② 萧清：《中国古代货币思想史》，人民出版社，1987，第 158—159 页。

③ 柿沼阳平提到，货币经济盛行于中国古代的战国及秦汉时期。参见柿沼阳平：《孙吴货币经济的结构和特点》，《中国经济史研究》2013 年第 1 期，第 23—43 页。

④ 《汉书》卷 4《文帝纪》。

上，金属货币振起，再度获得支配地位。“商贾至京师，委钱诸道进奏院及诸军、诸使富家，以轻装趋四方，合券乃取之，号‘飞钱’。”[①]唐宪宗年间，为便于携带，加之“宪宗以钱少，复禁用铜器”[②]，类似于现代汇款性质的“飞钱”出现，标志着货币经济的初步发展，这在商业上开辟了一个新的天地，“会子、交子之法，盖有取于唐之飞钱”[③]，“号为飞钱，即楮券所由起也”[④]，一般认为“飞钱”是宋朝“交子”的先导。晚唐及五代十国时期，铜钱短缺严重，货币流通紊乱。

中国古代货币经济发展到宋代，已进入信用货币阶段，货币经济的发展已如日中天，信用货币思想出世，信用放款方面，宋代出现专业的担保人——牙人，并且政府对牙人的从业资格做出了一系列的严格规定[⑤]，以维持借贷市场的稳定，由此发展出一条系统的产业链和中间经济；货币形式革新，实物经济逐渐退出历史舞台，先是一些有价证券发行，如盐钞、现钱公据、度牒，“蜀民以钱重难于转输，始制楮为券”[⑥]，始于四川的交子，极大便利了货币流通和商品交易。“争讼数起，而官不得不为之置务矣。自官已置务，而民间之私造始有不容于不禁者。然是时事始于蜀，犹未行于他路也。”[⑦]不久国家便下令将交子的经营由私营改为官营，既出于社会和谐考虑，也出于国家利益考虑。中国成为世界上最早使用纸币的国家。人类历史上的纸币时代终于到来[⑧]。

周行己在论及发行纸币时认为：“国家常有三一之利；盖必有水火之

---

①《新唐书》卷 54《食货志》。

②《新唐书》卷 54《食货志》。

③《宋史》卷 181《食货志》。

④（宋）章如愚撰：《群书考索》后集卷 62《财用·楮币》。

⑤ 李晓：《宋代工商业经济与政府干预研究》，中国青年出版社，2000，第 176—177 页。

⑥（明）曹学佺撰：《蜀中广记》蜀中方物记卷 9《交子》。

⑦（宋）谢维新撰：《古今合璧事类备要》外集卷 66《财用·楮币》。

⑧ 何平：《唐宋的“钱荒论”及其实质》，《中国钱币》2019 年第 6 期，第 47—54 页。

失、盗贼之虞、往来之积常居其一，是以岁出交子、公据，常以二分之实，可为三分之用。”[①]其中，“二分之实，可为三分之用”与“往来之积”，是关于纸币发行准备金难能可贵的理论阐述，体现出：纸币的信用愈巩固，人们愈愿意贮藏之，纸币发行并不需要完全的金属货币准备。关于纸币的发行准备金范畴，王安石在交子流通与盐钞发行产生冲突时，认为交子发行量过大而缺乏足够的本钱支撑，因此主张废除交子，继续用盐钞，这是基于纸币发行准备金以及外患的考虑，符合信用货币流通规律。同时，为应对交子难以发行的现状，王安石提出“今度牒所得，可置粟凡四十五万石……故卖祠部所剃者三千人头”[②]，“度牒”即提前支用赋税，具有货币支付职能，王安石建议出卖“度牒”以弥补财政开支，不拘泥于金属货币形式。此外，沈括与宋神宗对话时提到，“今钞法数易，民不坚信”，认为钞可以为币，需“使民不疑于钞”[③]，即需要提高纸币的信誉，这样利于应对“钱荒”现象，满足经济正常发展需要。

南宋时期，纸币得到广泛应用，出现专门论述纸币流通和管理的理论“称提之术”，为后世行钞提供了宝贵的经验与借鉴。甚至出现了叶适和袁燮论述类似“劣币驱逐良币”的思想[④]，远远早于英国的托马斯·格雷欣（Thomas Gresham），是金融思想发展的一大成就。

纸币理论还涉及纸币的兑换性方面，叶李创“钞币条画”，规划了不兑换纸币发行的相关事项，包括旧钞与新钞的比价等，是比较详备的不兑换纸币发行条例。周行己建议实行兑换纸币，准备金需达到纸币发行量的三分之二，余下三分之一不用兑换准备金，这是由于政府发行纸币“常以二分之

① 萧清：《中国古代货币思想史》，人民出版社，1987，第169页。

②（宋）章如愚撰：《群书考索》后集卷63《财用·鬻僧》。

③（宋）李焘撰：《续资治通鉴长编》卷283《神宗》。

④ 叶坦：《李觏经济思想再研究》，《经济学家》1990年第5期，第83—93页。

实，可为三分之用”[①]，三分之一的纸币是政府的收益。叶子奇坚持实行可兑换的纸币制度，“必也欲立钞法，须使钱货为之本”，类似于盐引和茶引，“引至则茶盐立得”，茶引和盐引可用于兑换茶和盐，纸币也可用于兑换“钱货”，“引至钱出，引出钱入”，从而可依据子母相权法“以钱为母，以引为子”来调节物价，“子母相权以制天下百货”[②]。

（五）从“均贫富”到“保富安贫”：贫富思想的新融合

唐中叶以前，社会思想主调是单一地竭力缩小社会贫富悬殊差距以及缓和贫富阶级之间的矛盾，但随着经济基础的变化和国家治理的调整，如均田制瓦解、土地兼并加剧、土地私有化程度提高和富人阶层增多等，贫富思想出现了新变化。富人指地主、富工和大商，这部分规模不断扩大的群体为了寻求相应的社会经济生活权利，与一贯执行的遏制贫富分化的政策主张产生冲突，各方面利益不可避免地受到了一定程度的损害，随之而来的是，思想市场中，关于新扩大群体——富人的论调悄然发生转变，具有历史开创性的“保富论”思想诞生。宋朝以后，一方面，为富人辩护的观点普遍存在[③]；另一方面，“抑兼并”思想长期存在，广大农民群众，群起而号召均平赋税。在双重现实需求下，“均贫富”与“保富”二者相互融合与渗透，形成“保富安贫”思想，有如在当代社会既强调公平也强调效率，二者偶有相悖而多数情况下并行，形成一种规律性共存现象。

1. “保富”思想的涌现

唐两税法改革后，货币经济兴起，贫富分化愈加明显，一方面更多的贫者致富转为富民，另一方面富人对于国家和社会的重要性凸显，关于富人的

① （宋）周行己撰：《浮沚集》卷 1《上皇帝书》。
② （明）叶子奇撰：《草木子》卷 3《杂制篇》。
③ 叶坦：《富国富民论：立足于宋代的考察》，北京出版社，1991，第 85 页。

思想随时代而发展，“保富论”则是一大新趋势。唐中叶之后的社会贫富观已经显现出对于富人的倾斜，柳宗元明确提出合理保护富人的思想观点，把“富室”看作“贫之母”，认为其“诚不可破坏”[①]。“地之生财有常力，人之用财有常数。”因此，白居易认为，解决贫富不均现象的方法“是以地力人财皆待制度而均也”。白居易所主张的“均贫富”指的是“贵贱区别，贫富适宜”，并不是完全消除贫富之间的差别与界限，一定程度上肯定了富者存在的合理性[②]。

“天水，国之姓望也”[③]，有着天水一朝之称的宋代经济繁荣，土地私有化进一步发展，土地占有不断集中，社会财富分化，富民群体数量倍增。与过去相比，富民阶层更加重视教育，文化程度提高，日益在社会的各方面发挥着重要作用，并且随着功利主义思潮的进一步发酵，经济思想得到启蒙、受教条思维的束缚减弱，顺应时势发展的“保富论”思想涌现。“兼并之财，乐于输纳，皆我之”，北宋前期主张不抑制兼并的统治者赵匡胤，认为富室“为国守财尔”[④]，认识到富人对于国家的作用，遂没有对富者的兼并行为实施打击压制，虽然没有明确提出保护富人，但给富人创造了相对稳定的生存环境。

王安石变法反对派司马光针对王安石“抑兼并”的核心思想提出，王安石所实施的青苗法对贫者与富者的利益均有所损害，一旦“贫者既尽”且“富者亦贫”，“十年之外”将“富者无几何矣”，司马光之所以反对青苗法加之于富者身上的经济掠夺，是要避免在国家不幸遭遇“边隅之警”时，战争

---

①（唐）柳宗元撰:《河东集》卷 32《答元饶州论政理书》。

②（唐）白居易撰:《白氏长庆集》卷 63《策林二》。

③《宋史》卷 65《五行志》。另外，陈寅恪《赠蒋炳南序》中提到“故天水一朝之文化，竟为我民族遗留之瑰宝。”用天水一朝借指宋朝，参见陈寅恪:《陈寅恪集 · 寒柳堂集》(第二版)，生活 · 读书 · 新知三联书店，2009，第 182 页。

④（宋）陈傅良撰:《历代兵制》卷 8《宋》。

所需的“粟帛军须之费”无从所取[①]，富民的经济优势对于国家的不时之需至关重要。这是站在反对抑制富人发展的立场表达出保护富人的经济思想，强调富人之于国家的重要性。苏辙关于富者发表了新的阐述，对于“物之不齐”的贫富不均现象认为是“物之情也”，不同大小州县均存在富民，也即富民的存在是“理势之所必至”，认为王安石变法的抑富旨要是不合理的，在肯定了富民的存在之后紧接着“然州县赖之以为强，国家恃之以为固”，认为富民是州县赖以为强，国家恃以为固的要素[②]。苏轼认为“彼富人者，信于人素深，而服于人素厚”[③]，也是肯定保护富人的必要性，反对变法中损害富民的举措。王安石变法反对派关于保护富者即“保富”的主张着实迎合了时代发展的需要，具备一定的先进性。

元代有人上诉松江富民“包隐田土”，建议“官府纠察收追之”，王艮亲自到松江，“破其诳妄”，为富民辩护，朝廷最终不追究[④]。

2. “均贫富”思想的新发展：“保富安贫”

虽然唐中叶之后，社会的主基调是富民阶层崛起，维护富人的思想浮现，但是社会发展并不总是行进在平坦的大道上，处在水深火热之中的百姓仍不乏其数。一方面，国家统治者为了维持统治，巩固政权，会主动调和社会矛盾，贯彻“均贫富”思想，另一方面，最底层的人民大众通过起义等对抗行为来保护或争取自身利益。

王安石“摧抑兼并”的思想，体现在其变法的各举措之中，其中最为明显的是青苗法。尽管这一法令受到反对派诸人的抨击，但其抑制兼并的措施实际上是为了实现“均贫富”的目标。然而，需要指出的是，这一举措只是

① （宋）司马光撰：《温国文正公文集》卷41《乞罢条例司常平使疏》。
② （宋）苏辙撰：《栾城集·三集》卷8《诗病五事》。
③ （宋）苏东坡撰：《东坡七集》卷21《思治论》。
④ 《元史》卷192《良吏二·王艮》。

一小篇章，宋代大多数时期未曾抑兼并，主要是为了维护统治阶级，尤其是富人的利益。因而，不能简单地将王安石“摧抑兼并”思想解读为一种旨在实现贫富均衡的主张。相反，这是“均贫富”思想与保护富人利益思想的碰撞与融合。

这一阶段，备受剥削的农民阶级被迫反抗，进步之处体现在开始以反对地主经济而非仅仅反对地主政权为口号，带有浓厚的“均贫富”思想，宋代王小波和李顺“疾贫富不均”[①]要求“均之”的起义口号则是最明显的体现。底层农民的需求和“保富”观点的融合逐渐促进“均贫富”思想的发展，“保富安贫”思想自宋朝以后成为许多思想家的普遍主张，是中国古代贫富思想的重要内容。例如，明太祖曾召见诸郡富民，明确表示要拟定相关法律规则以实现“保富安贫”——“今朕为尔主立法定制，使富者得以保其富，贫者得以全其生”，并训诫各地富户要“循分守法”[②]，这充分体现了“保富安贫”思想在明代的受重视程度。此外，明代钟芳提到要“恭上敬长，保富安贫”[③]。清代曾国荃在救荒过程中形成“保富方可安贫”的思想，指出：“最得古人防患未然，刑乱国用重典之意，而保富方可安贫一语，尤为洞悉民情，于救荒大有裨益，可喜可嘉。”[④]即“保富安贫”理念深刻地洞察了民众的实际需求，对于救荒工作具有重要的指导意义。

“均贫富”思想可与“保富”思想相互启发、实现融合。民富则国富，富国当先富民。在“保富”的同时扶持与救济贫者，先富带后富，最终达到共同富裕。这恰呼应了当今新时代的主流思想。反之，当社会底层普遍民不聊生，社会矛盾激化，贫富两极分化时，一味“保富”只会加剧贫富矛盾，对立于“均贫富”思想，彼此处于两个极端，不利于社会发展，对国家更是

---

① （宋）王辟之撰：《渑水燕谈录》卷 8《事志》。
② （明）胡广等纂修：《大明太祖高皇帝实录》卷 49。
③ （明）钟芳著、周济夫点校：《钟筠溪集》（下）。
④ （清）曾国荃撰、梁小进主编：《曾国荃集》（第六册），岳麓书社，2008，第 123 页。

覆灭性的打击。唐宋时期涌现的“保富论”是一种新的思想倾向，顺应了历史趋势，有助于鼓励财富创造，对后世思想影响甚大。当然，“保富”与“均贫富”是贫富矛盾的两个方面，在社会发展中不断变动，相互制衡。因“保富”思想的出现，“均贫富”思想更加完善，但是，无论什么时候都需要在二者之间寻求一个合理的平衡点，促进社会良性发展。

（六）标准化、格式化和分析化：会计审计思想的新发展

秦、汉时期的会计审计，处于初步发展时期，反映会计审计的思想十分贫乏[①]。自唐宋时代，中式会计已有了一整套相互联系的会计核算的专门方法，后来的朝代基本上是继承照搬这套方法的[②]。唐中叶至元这个时期，经济基础上，民间商业极大发展；国家治理上，官厅会计受到重视；思想市场上，学术思想开放，会计审计思想得以丰富并有了新的发展，不仅促进了单式会计思想的成熟与完善，而且为明末复式会计思想的形成奠定了良好的基础，基本形成了中式会计体系，会计报告标准化，格式开始统一，账簿格式化，其中不乏会计分析思想，对会计报告的数据等资料进行考察，揭露和分析社会经济现象及事物之间的关系，指导实践，为后世所沿用和发展。

1. 会计标准化和格式化思想

会计报告标准化，体现在会计核算和记账法上。此时期，会计核算在货币量度和分别科目上的统一性得到加强，逐渐形成一套较为标准化的体系。与此同时，“四柱结算法”在会计报告中的普遍运用，也促进了中式会计体系的基本形成。

唐朝普遍采用纸张作为记账工具，独立的审计组织已初具规模，出现了预算制度的早期形态，渐趋发展出会计报告的标准化格式，会计核算方面流

---

① 赵友良：《中国古代会计审计史》，立信会计图书用品社，1992，第 431 页。

② 郭道扬编著：《中国会计史稿》（上册），中国财政经济出版社，1982，第 446 页。

行运用“帐”字，至宋代应用更加广泛，铺垫了之后的会计俗语和会计核算的表现方法。唐中叶以后，国家财政凋敝，出现了一系列社会经济问题，统治者实行了一系列的改革举措，两税法应运而生，改实物税为货币税，货币成为国家收入的主要表现形式，深刻影响了会计核算领域，突出表现在会计核算日益离不开货币量度，二者关系更加紧密。例如，针对唐朝钱“恶”及盗铸问题，古人围绕铸钱展开了一系列讨论，在核算铸钱的生产过程时，计算了九十九炉的总产量——“天下岁铸三十二万七千缗”，扣除原材料耗费——“费铜二万一千二百斤，镴三千七百斤，锡五百斤”，以及劳动力的耗费——“役丁匠三十”，最终计算出每千钱的成本——“每千钱费钱七百五十”①，这样一个成本核算的过程，体现出货币量度的综合计算作用，以及唐代会计核算的较高水平。

张绚认为，“是知国之财用，必得节制之法，节财之要，必资会计之书”，通过相应的会计工作可以“察其登耗，量其多寡，参酌损益，因时制宜”，从而“用度有常，而民力不困也”②。此观点将会计提到非常高的地位，即攸关一国之财政，如此真知灼见，是宋以前的理财家和思想家未曾明确提过的。宋初，财计混乱，一时还未从唐末五代十国的混乱中转变过来，经过一番改制，逐渐建立起比较完善的财计制度。南宋时，上计办法得到了很大程度的改进，方法上的新旧转变深刻影响了明清时期的上计制度和近代的会计报告制度，一定程度上促进了宋代至清末《会计录》的盛行。两宋曾设“总计司”、“会计司”和“审计司”，这些机构的独立设置，体现出会计审计的规范性和国家对会计审计的重视程度，中式会计得到了极大的发展，同时取得了一系列的成就，处于高峰发展阶段，基本形成体系。其中程昌㝢任两浙转运副使时提出的分类核算的“科目”思想进步性显著，促进了会计

① 《新唐书》卷 54《食货志》。

② （宋）王应麟编撰：《玉海》卷 185《绍兴会计录》。

报告格式的标准化、科学化。程昌厩观察到，由于“并无载籍检察钩考”，“故官吏得以公肆诋欺”，因而“欲以本路岁收、岁支，随事分别科目，著之编册，使多寡、出入、盈虚登耗之数，可指诸掌”，且“召臣编纂，号《宣和两浙会计总录》，候成进呈讫，颁之郡县，垂示无穷”[①]。此分户核算思想一别于以往的“分别色目”或“分类”，“分别科目”的讲法与现代相同，指的是依照统治者的管理要求，整理归类会计事项，是“会计科目”的早期表现，向以往的自然分类注入了新鲜的科学元素。值得注意的是，程昌厩进一步提出，考虑到州县谎报等隐患，建议编纂《宣和两浙会计总录》，做到“分别科目”，日常核算以及会计报告也应参照此规定分类“科目”，此分类核算思想促使会计报告的规范性和标准性有了提高，标志着中式会计的极大进步，远超前代。

在记账法方面，唐宋时期出现了“四柱结算法”和“四柱清册”，四柱分别为“元管、新收、已支、见在”[②]，不同时期提法稍有不同，采用这种“四柱结算法”编撰的会计报告便被称为“四柱清册”，这是唐宋时代在会计方法方面的重要贡献，为中国古典复式会计思想——明末龙门账法的诞生奠定了重要基础。早在西周时代就已有“三柱结算法”，“四柱结算法”是到了唐代中期才逐步发展起来的[③]。四柱中的四大元素可以组成一个等式，类似于现代的会计结算式，即“旧管+新收−开除=实在”，指的是期末余额等于期初余额即上期结余加上本期增加数减去本期减少数。“四柱清册”是此结算法相应的账表形式，账簿的基本格式和登记方法由它规定，“四柱清册”为后世会计发展提供了规范格式和标准对照，成为清代完整记账方法形成的基石，直到现在，“四柱结算法”的会计结算式仍有应用，商业部门的“进

① （清）徐松辑：《宋会要辑稿·食货四十九》。

② 宋哲宗时期，“元管”改作“旧管”，“已支”改作“开除”，“见在”改作“实在”。

③ 付曼：《关于中国古代会计思想的探讨》，《技术与市场》2007 年第 5 期，第 60—61 页。

销存日报表”以及行政事业单位的“资产负债表”均可窥见“四柱结算法”的影子。从全球视野来看，“四柱结算法”中平衡公式和差额平衡公式的创立与运用远远早于西式簿记的平衡结算法[①]。“四柱结算法”的重要性不言而喻，是中式会计方法的精髓、重要突破和发展过程中的里程碑。

会计账簿格式化的发展得益于唐中后期雕版印刷的普遍使用，大规模印刷统一格式的技术得以实现，“令尚书省本司预印纸送部”[②]，体现出预先印刷统一格式的会计账簿思想和其实际运用，会计工作更加方便快捷。契纸由官方统一印发，会计凭证趋向专业化，在社会经济业务中日益发挥重要作用，而且一些重要的会计文书会被官方收藏保管，慢慢发展出建立会计档案思想，有效规范了各项经济活动，促进了社会经济的有序发展。

2. 会计分析思想

会计分析是通过运用会计核算资料，对社会经济活动进行分析比较，达到进一步加强经济管理的一种方法[③]。唐宋以前对于会计资料的运用还停留在描述和简单地比较得出结论层面，会计分析工作处于萌芽状态，缺乏较全面、深入的影响机制分析和对比探讨，唐中期《元和国计簿》的编著标志着会计分析工作的发端，此后，会计分析得到普及和长足发展，至宋代运用已非常普遍。“宋代《会计录》的编制，则代表着会计分析方法达到中国封建社会的顶峰。”[④]反映出中式会计的显著发展和较高水平。

安史之乱后，国家财政经济遭到重创，藩镇割据导致战事时起，军费开支倍增，但军阀割据，中央税收大大削减，财政负担巨大。为挽救财政窘迫现状，李吉甫编著《元和国计簿》详细考察国家赋税收入来源和各项会计统

---

① 方圆：《中式簿记改良倡导者：徐永祚》，《财会通讯》2012 年第 16 期，第 114—117 页。

②（宋）王溥撰：《唐会要》卷 58《户部尚书》。

③ 郭道扬编著：《中国会计史稿》（上册），中国财政经济出版社，1982，第 421 页。

④ 严行方：《会计简史：从结绳记事到信息化》，上海财经大学出版社，2017，第 94 页。

计数据，指出国家财政经济运行中存在的问题和产生原因。《元和国计簿》共分为三部分，其中第三部分体现出会计分析思想，运用对比分析方法指出现状问题所在，有“十五道七十一州并不申户口”，所以不需要交税，纳税户有“一百四十四万户”，“比量天宝供税之户四分有一”，元和纳税户比天宝少了四分之三，然而在供养军队方面，士兵数量反而比天宝增加了三分之一，“天下兵戎仰给县官八十三万余人，比量士马三分加一”，这说明一边纳税人口急剧减少，一边军需开支急剧增加，“率以两户资一兵”[①]，大概两户供给一兵，收支出现不平衡。军费开支巨大、冗兵成为国家财政的巨大负担，这也是当时社会经济的大问题所在。总的来说，《元和国计簿》是会计分析工作的崭新发展和良好开端，为宋代《会计录》的成书奠定了坚实基础。

会计分析思想的运用发展至宋代已更加普遍，在《会计录》中大量存在着有价值的会计分析思想，既有专题分析也有综合分析，这些分析剖析社会经济问题得出政策建议，为社会经济朝着更好的方向发展献力。景德四年，丁谓运用四柱式表示户部景德三年的收支情况，“新收户三十三万二千九百九十八，流移者四千一百五十，总旧实管七百四十一万七千五百七十户，一千六百二十八万二百五十四口”，“见在”通过上述三个数据便可计算得到，通过与咸平六年比较得到，“比咸平六年计增五十三万三千四百一十户，二百万二千二百一十四口”，赋税收入的对比数据为，“赋入总六千三百七十三万一千二百二十九贯石匹斤，数比咸平六年计增三百四十六万五千二百九”。由此对比分析，丁谓认为“窃以版图之役，生齿毕登”，并且根据以上与咸平六年户口和赋税的对比结果，提出“令自今以咸平六年户口赋入为额，岁较其数以闻”的建议[②]，以咸平六年的户口赋税收入为额度参照，实行相应的税收政策。

---

①（宋）王溥撰：《唐会要》卷 84《杂录》。

②（清）徐松辑：《宋会要辑稿・食货六十九》。

这种以历史会计统计数据资料为当下政策实施参照物的思想观点还有很多。例如，南宋时期，“宣和初，国家月费九十五万。绍兴三年，月费一百六十万。今以绍兴初为率，通一岁计之，国家定费计一千九百二十万。此皆当时大臣所对财用所出之数也”。根据宣和初以及绍兴三年的月费情况，定下国家支出以绍兴初为标准，年费一千五百二十万，国家收入方面，以宣和初为准，“宣和初，榷货所入淮南盐利二千四百五万，两浙盐利计七百八万”，由此得出“今淮、浙路所入之盐利，通一岁计之，共三千二百万”[①]，定下了盐利收入的额度，可以看出国家收入与支出额度的界定是以历史经验数据的规律总结和分析为基础的，充分发挥了会计分析运用于社会经济生活的现实作用。

还有诸多对经费开支和收入方面的会计分析，如张方平认为“所陈利害安危之体，究其本原，冗兵最为大患”，冗兵导致国家财政支出倍增，他估算出“十万人岁费五百万缗”，且军队较之景祐以前增加了八百六十余指挥，四十余万人，岁费依照上述计算增加二千万缗，征税数额较之景德年间“皆增及三数倍以上”，给百姓带来巨大负担，危害国家安全，不利于国家的长久发展，应“变而通之”“节以制度”，针对问题做出改变，制定并完善相应的制度[②]。另外曾巩所作《议经费》[③]与张方平的写作手法相似，突出会计分析的思想，揭示经济背后的问题并加以分析论述，提出观点。由此可见，在宋朝会计分析思想已普遍运用并产生巨大影响和作用。

此外，大多数人提出重视财政监督的观点，审计思想得到发展，“审计院”的设立表明审计工作受到了国家重视，监督体现在经济活动的方方面面。宋元之际学者马端临主张公私分开核算，列举周官、西汉、唐、宋的机

---

①（宋）王应麟编撰：《玉海》卷185《绍兴会计录》。

②（宋）张方平撰：《乐全集》卷24《论国计事》。

③（清）陈梦雷等：《钦定古今图书集成·经济汇编·食货典》卷254《国用部艺文》。

构设置，“于是天下之财，其归于上者，复有公私”，对统治者的奢侈耗费具体数额进行核算，可以起到一定的监督作用，优化国家治理体系，进而实现“民裕而其祚昌”[①]。

（七）积极主动化：外贸思想的新突破

在中国古代历史上，除了受到交通与通信条件的限制外，封闭的政治体制和自给自足的经济模式也抑制了开拓海外市场的动力和对外贸易规模的扩大[②]。唐中叶以前，受重农抑商思想的影响，对外贸易思想表现出有限主动的特征，对外贸易的开展更多以政治军事战略需求为驱动力，而非出于经济层面的主动逐利动机，经济运行活力有限。唐中叶以后，经济基础上，生产力发展，社会分工扩大，商品贸易繁荣；国家治理上，对国与国之间开放交流较少设置阻碍，民间海外贸易因此得以规模化发展，中国在唐宋元之际甚至发展成为商业海上强国[③]；思想市场上，反正统的商业思想增多，开放的学术交流环境促使多元思想异彩纷呈。因此，唐中叶以后外贸思想体现出积极主动的特征。下面将从国家积极开放的外贸政策、开放外贸的观点主张、朝贡贸易经济色彩浓厚三方面论述外贸思想的新突破。

1. 国家积极开放的外贸政策

唐代是我国古代社会经济高度发展的繁荣期，除丝绸之路外，海上贸易之路也开始有了发展，唐初政府即设立了相关的机构管理陆路贸易和海上贸易事项，唐中叶以降，历经战乱，国家经济有所受损，亟须恢复，刘晏根据商业经营原则实行一系列财政改革，加之杨炎两税法改革的助力，货币经济得到发展，对外贸易赢得了有利条件，唐大历五年（770 年），进入广州港

---

① （元）马端临撰：《文献通考·自序》。

② 白明等编著：《中国对外贸易史》（上卷），中国商务出版社，2015，第 65 页。

③ Schottenhammer A. “Imperial maritime China”, https://oxfordre.com/asianhistory/display/10.1093/acrefore/9780190277727.001.0001/acrefore-9780190277727-e-209, 2019-05-23.

的各类商船，多达四千余艘[1]，反映了唐代实行对外开放政策招徕外商的成效和贸易发展盛况。从历史上的宋钱现今大量在别的国家出土的考古资料中显现的情况，可知宋钱的国际化程度很高，并且宋朝形成了空前开放的经济新局面——“头枕东南、面向海洋”[2]，由此可以看出宋朝对外贸易和交流的繁荣之势。

唐宋时期政府积极主动地实施有利政策，支持对外贸易的发展。唐文宗曾下诏：“其岭南福建及扬州蕃客，宜委节度观察使常加存问，除舶脚收市进奉外，任其来往通流，自为交易，不得重加率税。”[3]唐代政府放宽对外贸易的限制和扩大开放，对经济发展和国家财政收入的增加起到了积极作用[4]。五代时期，即使时局混乱也积极发展对外贸易，以图经济发展和国家强大，如福建的王审知，实行轻徭薄赋、大力发展商业的政策，积极拓宽海上交通，开发“甘棠港”，设立相应榷务管理外贸，发掘福州港对外通商功能[5]，促进了海外贸易活动的繁盛。宋朝政府以其自由的对外贸易政策而闻名[6]。宋朝初年对外商非常友好，重视维系客户，如真宗年间，来到广州贸易的外商在数量上表现得不如以往，统治者遂下诏令广州市舶司和转运司去邀请外商，拓展客户[7]。唐宋以来，中央政府多次主动派遣使者出使各国，介绍贸易政策，“雍熙四年五月，遣内侍八人，赍敕书、金帛，分四纲，各往海南诸蕃国勾招进奉，博买香药、犀牙、真珠、龙脑”[8]，以促进与他国

---

① 沈光耀：《中国古代对外贸易史》，广东人民出版社，1985，第 67 页。

② 葛金芳：《两宋社会经济研究》，天津古籍出版社，2010，第 281 页。

③（清）董诰等编：《全唐文》卷 75《太和八年疾愈德音》。

④ 唐代实行放宽的贸易政策，旨在发展贸易，增加财政收入。参见沈光耀：《中国古代对外贸易史》，广东人民出版社，1985，第 70 页。

⑤ 苏文菁、林校生：《闽商发展史 · 宁德卷》，厦门大学出版社，2017，第 60 页。

⑥ Chan K. “Foreign trade, commercial policies and the political economy of the Song and Ming Dynasties of China”. *Australian Economic History Review*, 2008, 48(1): 68-90.

⑦ 沈光耀：《中国古代对外贸易史》，广东人民出版社，1985，第 70 页。

⑧（清）徐松辑：《宋会要辑稿 · 职官四十四》。

的贸易往来。

统治者对国际贸易的支持和重视，还体现在对规范贸易秩序、防范弊端的各项政策措施上，从管理机构和法律制度上保证对外贸易的正常有序开展，维护贸易双方的利益。宋朝随着经济重心的南移，南方地区由于得天独厚的地理环境，社会经济发展迅速，科学水平提高，航海技术改进，东南海道贸易兴盛，相比于唐朝只设广州一处为管理外贸的市舶司，宋朝市舶司先后在广州、明州、杭州、泉州、秀州和密州等地[①]，设立了历史上最早的专业性外贸机构——榷易院，并且出台了历史上第一部针对进出口的法律——《元丰广州市舶条》[②]。

对外贸易所带来的经济利益是巨大的，当时政府从中获得大量经济收入。8 世纪末时广州的市舶财政收入已“与两税相埒”[③]，即外贸商税收入相当于广州传统两税总额。后期黄巢攻陷广州时，因失去广州外贸带来的收入支持，唐朝国家财政一度出现危机。

积极开放的政策对于宋朝益处更多，“市舶之利最厚”，加以合理运用，“岂不胜取之于民”[④]，市舶收入几乎成为国家财政的主要收入来源，并且可以减轻百姓负担，收入颇丰，得到百姓支持，因而能够稳固统治。宋高宗曾提到“市舶之利，颇助国用，宜循旧法，以招徕远人，阜通货贿”[⑤]，认识到对外贸易所带来的经济收益，主张依照旧法实行开放的经济政策，吸引外商，进行商品贸易活动，增加国家的财政收入。

元朝延续了积极鼓励海外贸易的政策，“官自具船给本，选人入番贸易诸货”，官府提供船只，选派商人代替政府进行海外贸易，商人最终得到百

① 杨文新：《宋代市舶司研究》，厦门大学出版社，2013，第 11—34 页。
② 吕变庭：《中国南部古代科学文化史》，方志出版社，2004，第 359 页。
③《旧唐书》卷 151《王锷传》。
④（清）徐松辑：《宋会要辑稿·职官四十四》。
⑤《翰苑新书》前集卷 49《皇朝事实清节益著》。

分之三十的利润，百分之七十的利润归元政府，“其所获之息以十分为率，官取其七，所易人得其三”[①]。并且，元朝重视商业发展，无论是国内贸易还是国外贸易，征税比率都非常低，极大地促进了海外贸易的繁荣，与元朝有海外贸易关系的国家和地区达 140 多个[②]。

2. 开放外贸的观点主张

唐宋时期，对外贸易的思想和认识较之以前有所发展。韩愈积极支持对外贸易，对于海外贸易的好处更是不吝笔墨，认为对外贸易不仅可以纾解自然环境劣势，增加国家经济利益，而且利于外交上与邻国和睦共处，实现“一边尽治，不相寇盗贼杀，无风鱼之灾，水旱疠毒之患”，“珠香、象、犀、玳瑁奇物，溢于中国，不可胜用”[③]。这些观点是对外贸易思想转型的初步体现。

舶来品的消费遍及社会的各个阶层，海外贸易成为人们社会经济生活中密不可分的一部分，伴随宋朝的不仅有海外贸易的繁荣，还有严重的“钱荒”问题。沈括在关于货币问题的讨论中表达出平衡外贸的思想，可以看出他并不反对海外贸易，甚至主张在货币过多、物价过高的地区开放贸易，以降低物价[④]，但他面对兴盛的国际贸易也提出要防止铜钱过多外流，指出“钱荒”问题一部分是铜币外流过多造成的。因此，他认为解决“钱荒”问题需要调整对外贸易商品的结构，即只有在积极对外贸易的基础上才有可能真正实现外贸平衡，甚至是更好的有利局面，这也有利于维持国内经济稳定[⑤]。

元朝统治者延续了唐宋开明的对外开放政策，经常遣使外出，向外商介绍中央对外贸易良好的政策。元朝成为中国历史上开设口岸最多的朝代，是

---

① （明）王圻撰：《续文献通考》卷 26《市籴考》。
② 胡细华、叶芳编著：《中国古代海洋发展简述》，冶金工业出版社，2020，第 102 页。
③ （唐）韩愈撰：《昌黎先生文集》卷 21《送郑尚书序》。
④ 程碧波：《国计学》，中国文联出版社，2006，第 104 页。
⑤ （宋）李焘撰：《续资治通鉴长编》卷 283《神宗》。

当时世界上最大的贸易国家之一，泉州是当时世界闻名的贸易中心[①]。卢世荣主张国家应根据实际情况管理对外贸易，支持在官方主导下开展国际贸易[②]。

3. 朝贡贸易经济色彩浓厚

中国古代男耕女织的农业经济生产方式占主导地位，自给自足的小农经济不依赖对外贸易活动获得生产生活用品，并且为了维持国家统治的稳定，农本社会早期贯彻重农抑商的政策，经济得到了较稳定的发展且领先于世界其他国家，在这样的生产条件下，古代社会早期统治者大多持有天朝上国的观念，对外贸易方面秉持朝贡理念，对于与外国交往贸易过程中我国输出的货物，以馈赠的名义看待，认为国外的商品是进贡天朝上国的贡品，重政治利益而轻经济利益，"赐"一般大于"贡"，以显示我国的富裕和政治地位，弘扬大国威望。随着功利主义的传播和工商业的繁荣，唐中叶以后，贵义贱利的外贸心理初步有所转变，从维持政治威望转变为政治经济利益并重，考虑经济利益需求，更多的贸易转变为主动的需求，以及市场交易。"岛夷朝贡，不过利于互市赐予，岂真慕义而来？"[③]大多数国家的朝贡以贸易为主要目的，为发展本国的经济而来，朝贡贸易带有浓厚的经济色彩，体现了贸易的本质和政治色彩的退化。

（八）私有化：田制思想的新局面

唐中期以后，土地兼并现象越发频繁，均田制遭到严重破坏，两税法代替租庸调制统一了数目众多的杂税，田制思想发生了显著的变化，宋朝采取不立田制、不抑兼并的政策，两税法一直沿袭至明前期。土地私有成为大多数人默认的事实，田制思想的新转向主要体现在各类土地方案和"经界"观

---

① 李良艳：《中国古代开放思想演进及对当代中国的启示》，《当代经济》2020 年第 5 期，第 14—16 页。

② 苏东水、苏勇：《中国管理通鉴·人物卷》，浙江人民出版社，1996，第 252 页。

③（元）马端临撰：《文献通考》卷 331《四裔考八》。

点这两方面。

1. 各类土地方案

唐中叶之后，越来越多的思想家逐渐接受了土地兼并严重的事实，维护土地私有制和保护富者的经济利益成为时代新的声音。一部分思想家主张限田，但是这种限田是在肯定土地私有的前提之下的、不损害富者既有利益的一种设想方案。陆贽提倡限田，认为“损不失富，优可赈穷，此乃古者安富恤穷之善经，不可舍也”[①]，在实行限田时既不损伤富者的利益，又可赈济穷者，达到古人所说的“安富恤贫”，反映了在土地思想层面，唐中叶之后出现了保护富人合法利益的新特点。苏洵主张限田，他认为“吾欲少为之限，而不禁其田尝已过吾限者，但使后之人不敢多占田以过吾限耳”[②]。这种限田方案主要是通过规定一个较小的占田额度来实现的，并不限制或者没收富者已有的土地。王安石的理财思想以“摧抑兼并”为核心要求，但是在土地方面，他认为：“今百姓占田，或连阡陌，顾不可夺之。”[③]也就是不剥夺百姓已有的土地，一定程度上肯定了土地私有和富者的经济利益。叶适鲜明地否定井田制，认为“非今天下之所能为”，看到了井田制不适用当下，并且分析指出儒者复井田的主张可作罢，而“俗吏抑兼并富人之意可损”，维护土地私有制与富者既有的利益[④]。

元代的思想家更加鲜明地接受并维护土地私有化。郑介夫认为，“井田永不可复”，“夺富者之田以与无田之民”不可行，其只会导致祸乱不断，实行限田才可最终收获“井田之利”[⑤]。马端临鲜明地维护土地私有，详细论述了井田制难以复行的原因至少有六点，提出“封建”和“井田”均不可复。

① （清）董诰等编：《全唐文》卷 465《均节赋税恤百姓六条 · 其六论兼并之家私敛重于公税》。
② （宋）苏洵撰：《嘉祐集》卷 6《衡论下》。
③ （宋）李焘撰：《续资治通鉴长编》卷 223《神宗》。
④ （宋）叶适撰：《水心先生别集》卷 2《民事下》。
⑤ （明）黄淮、杨士奇编：《历代名臣奏议》卷 68《治道》。

当然，还有部分思想家主张实行井田制，但其主张和方案大都非常具有当时时期的特色，掺杂了对土地私有制的默许，并非与古制一模一样。虽然白居易提倡复井田，但同时也认识到，“井田者，废之颇久，复之稍难，未可尽行，且宜渐制”①。完全按照旧制推行井田制不太现实，需要加以变通，白居易的方案支持在部分地区实行土地私有制②。李觏肯定井田制的优点，极其推崇井田制，但主张实行的是限田政策，并非恢复古制，希望依据井田的原则，尤其是《周礼》来规定限田。苏洵认为土地兼并严重均是由于井田制的破坏，但并不主张恢复井田制，认识到土地私有制已有相当的发展。林勋认为“宜假古井田之制”③，但实际上林勋的观点并非完全照搬井田制，其观点主张与井田制存在很大的不同，要求保留土地的私有权，实质上是一种类似于限田的想法。赵天麟提倡恢复井田制，以达到“贫富相均”④，但同时认识到在当时的条件下难以实行，因而主张将限田作为一种过渡政策，然而限田方案却并没有论及土地私有制的问题。与以往一味美化井田制的观点不同，这一时期主张推行井田制的思想与古制有较大出入，融入了时代的元素，不过当时更多的还是批判井田制的观点。此外还有一些开发土地的思想，如屯田相关的主张等。

2. “经界”观点

“夫仁政，必自经界始。”⑤战国孟子最早提出“经界”一词，自其产生，便与井田联系紧密，唐中叶以后，“经界”问题得到越来越多思想家的关注，与以往不同的是，“经界”不再与井田制形影相随。在土地私有化深入发展的背景下，有关“经界”问题的讨论，更多地体现出国家在土地私有

①（唐）白居易撰：《白氏长庆集》卷 64《策林三》。
②（唐）白居易撰：《白氏长庆集》卷 47《议井田阡陌》。
③（明）唐顺之编：《稗编》卷 130《林勋本政书》。
④（明）黄淮、杨士奇编：《历代名臣奏议》卷 112《田制》。
⑤《孟子》卷 5《滕文公上》。

制下对土地进行宏观管理，依据测量数据合理课税，增加财政收入。王安石在改革中推行方田均税法，清丈全国土地，确定土地实际占有面积，以此为征税的依据。南宋涌现出更多相关思想，形成“正经界”思潮。南宋朱熹针对李椿年试行正经界取得成效一事，上奏称“经界最为民间莫大之利”，已经推行正经界的地区“图籍尚存，田税可考”，因而“贫富得实，诉讼不繁，公私两便”[①]，高度肯定正经界的作用，贫富二者的利益可得到兼顾，同时有利于增加国家的财政收入。

总而言之，这个阶段的土地思想与古代社会前期相比有了较大的转变，不只同情贫苦的弱小农民，对于富者也体现出了更多的包容和维护，同时国家在对土地的管理上也发生转变，更多从财政收入角度出发考虑问题。

三、唐中叶至元经济思想的历史影响

唐中叶至元经济思想有了重要变化，经历了变化之初—变化演进—变化高潮—变化融合四个阶段，形成最终的变化趋势，在对这四个阶段的经济基础、国家治理、思想市场要素进行研究后可以发现，唐中叶至元这一时期经济思想变化的总特征涉及八个方面：本末思想从重农抑商转向农商皆重；财政思想突出财政治理思路市场化；伦理思想不再拘泥于重义轻利，而是发展出功利主义；金融思想有所拓宽，发展了《管子》中的金融思想，融入分析“钱荒”的新思想；贫富思想从“均贫富”发展至“保富安贫”；会计审计思想趋向标准化、格式化和分析化；外贸思想趋于积极主动；田制思想走向私有化的新阶段。这些变化对后世产生了三方面的重要影响，具体如下。

第一，唐中叶至元经济思想的新趋势和新变化影响了明清时期的经济思想发展走向。在本末、义利、贫富思想方面，明清时期“抑末非正”论和功

① （元）马端临撰：《文献通考》卷5《田赋考五》。

利主义的思想更为普遍，南宋陈亮、叶适所创立的“功利之学”，“昭示着一种新经济伦理思想的基本路径和走向，逐渐演变为中国传统社会后期经济伦理思想的主流”[①]。以“保富”为基调的“安民”思想成为明确趋势，如明太祖曾召见诸郡富民，明确表示要拟定相关法律以“保富安贫”，即“今朕为尔主立法定制，使富者得以保其富，贫者得以全其生”，并训诫富户要“循分守法”[②]。并且明清时期部分经济思想“是宋代‘保富论’的继续和发展”[③]。在财政等思想方面，如两税法改制在中国财政制度史上具有很大影响，自唐朝杨炎创行两税制以来，明清基本延续此思想，未发生显著变动[④]。这一时期经济治理思想精细化、定量化，为明清复式记账法的诞生和成熟奠定了基础。其中，要求会计审计独立的思想，在现代仍然具有重要价值，是现行会计制度中的重要组成部分。

第二，中国传统经济思想与经济实践的互动不断加强。唐中叶至元经济思想在经济基础、国家治理和思想市场三条线索驱动下，产生了新的趋势，如功利主义和解“钱荒”等思想均与实践紧密相连，并影响和指导社会实践。进入明清时期，经济思想突出实用性，其与经济实践的互动进一步加强。面对社会经济弊病，明清时期的思想家产生了经世思想，促进了求实学风的形成和深化。例如，陈子龙等辑《皇明经世文编》，指出明朝三大患之一为“三曰士无实学”[⑤]，强调经世实用思想。

第三，唐中叶至元经济思想在多民族融合和开放交流的基础上，以内在经济结构转变带来的思想变化和吸收外来文化带来的思想变化，双重力量丰

① 罗本琦、方国根：《儒家经济伦理与社会发展》，《哲学动态》2008 年第 6 期，第 19—23 页。
② （明）胡广等纂修：《大明太祖高皇帝实录》卷 49。
③ 林文勋、张锦鹏：《“市民社会”抑或“富民社会”——明清“市民社会”说再探讨》，《云南社会科学》2019 年第 1 期，第 19—28、185—186 页。
④ 常乃德：《中国财政制度史》，世界书局，1935，第 165 页。
⑤ （明）陈子龙等编：《皇明经世文编》（第一册）。

富了中国传统经济思想和文化的内涵。一方面，唐中叶以降，诸如均田制逐渐崩坏、两税法推行等社会经济结构的重要转变，推动了经济思想的变化。另一方面，唐中叶至元经济思想在中西宗教交流中，吸收外来文化元素，并传播中国文化，同时以文化滋养传统经济思想，将外来文化的独特视角和智慧注入中国传统经济思想体系之中。基于此，双重力量影响的中国传统经济思想变化，为全球思想文化的繁荣发展提供了要素支撑。中国传统经济思想和文化通过丝绸之路和海上贸易等途径传播到世界各地，促成了 17 世纪中期到 18 世纪中期欧洲长达百年的“中国热”[①]，为世界经济思想和文化发展注入了多元动力。

客观而言，唐中叶至元经济思想的变化不够深刻，整体的突破性仍显不足，难以完全脱离传统土壤形成经济思想新范式。中国传统经济思想虽已具备了一定的抽象性和思辨性，但多数内容仍停留在对经济现象的直观反映和经验总结层面[②]。同时，其发展受到经济结构和文化背景的制约，基于传统农业社会的经济基础难以构建更为抽象和普遍的理论体系，从而中国古代未能形成具有现代科学意义上的经济理论。例如，宋代针对“钱荒”问题形成的金融货币思想，涵盖了具有一定创见性的货币流通速度论，但其核心目的仍是维持王朝的稳定和富强，局限于如何有效应对特定的经济困境，对经济现象的科学化、系统化分析显得不足。

总之，唐中叶至元经济思想发生的诸多变化具有划时代的重要意义。在这一时期，旧有社会经济结构与新兴经济因素之间的碰撞与交融，促进了新观点的产生和深化，推动了中国传统经济思想的转变，为明清时期经济思想的发展奠定了基础，同时也为后世提供了弥足珍贵的思想借鉴与理论资源。

---

① 许明龙：《欧洲十八世纪中国热》，商务印书馆，2022，第 81、288 页。

② 程霖、陈旭东：《中国传统经济思想的现代价值》，《文汇报》2016 年 2 月 26 日。

第五节　明至鸦片战争前：中国传统经济思想之曲折发展

中国传统经济思想自百家争鸣的先秦时期，到基本教条确立的秦汉至唐中叶前时期，再到动态变化发展的唐中叶至元时期，终于发展到了最后一个时期：明至鸦片战争前时期。明至清中期鸦片战争前这段时间，既出现了钞法、银荒、外贸等具体的突出经济问题，也出现了明清之际动荡混乱的社会变革，经济基础、国家治理和思想市场方面较唐宋元时期均有重要的变化。伴随着这些问题与变化，国人在应对和思考的过程中诞生了丰富的经济思想，在义利、本末、财政货币、人口、外贸等领域都有了新的成就和突破，取得了重要的进展，从思想的突破性角度讲，足以构成中国传统经济思想中的重要组成部分。这些局部的变化，并不构成全面性的社会思潮变革。

目前中国经济思想通史性著作中，对明至鸦片战争前丘濬、李贽、黄宗羲、顾炎武、王夫之、蓝鼎元等重要思想家的经济思想已有很丰富的研究[①]，总结明至鸦片战争前商人地位、义利观、货币财政思想、人口思想和对外贸易思想的专题性研究也为数不少[②]，但既有成果缺乏对明至鸦片战争前经济思想与前一时期的整体比较分析，对这一时期经济思想发展变化的成因的系

---

① 如胡寄窗：《中国经济思想史》（下），上海财经大学出版社，1998；赵靖主编：《中国经济思想通史》（第 4 卷），北京大学出版社，2002；等等。

② 如商人地位方面，余英时：《中国近世宗教伦理与商人精神》，见余英时《中国传统思想的现代诠释》，联经出版事业公司，1987，第 295—404 页；谭廷斌：《明清“士商相混”现象探析》，《湖北师范学院学报（哲学社会科学版）》1990 年第 1 期，第 75—82 页；等等。义利观方面，李伏明：《义利之辩、重农轻商与明清江南商品经济的发展——兼评中国资本主义萌芽问题》，《学术月刊》1993 年第 4 期，第 48—54 页；等等。货币财政思想方面，王勇：《白银内流背景下的明代货币思想演变》，西北大学硕士学位论文，2021；等等。人口思想方面，张敏如：《有关明清时期人口思想的几个问题》，《人口研究》1982 年第 5 期，第 16—20、26 页；等等。对外贸易思想方面，吴丽红：《明代对外贸易思想》，《经济科学》1993 年第 1 期，第 72—77 页；等等。

统性分析也有所不足。因此，应充分吸收社会经济史方面的研究成果[①]，把握不同阶段历史事件和经济基础变化，依据时期和阶段研究传统经济思想的发展趋势，从成因、内容、规模、影响等方面把握不同时期、不同阶段的传统经济思想，着重分析中国传统经济思想的演变路径、变化内容和成因[②]。

本节认为，明至鸦片战争前的经济思想较唐宋元时期有进一步的发展和深入，这和这一时期经济、政治、思想的新变化有很大关系。这一时期，农工商业进一步发展；商品经济繁荣且初步参与了全球化经济循环；政治上中央集权达到顶峰；思想上突破了宋代程朱理学，并更贴近民生。这些共同促进了经济思想在义利、本末、财政货币、人口、外贸等领域的发展，然而，明至鸦片战争前的经济思想发展同样是曲折的。这一时期涌现的批判性经济思想集中于部分知识分子，他们率先深入思考以"三大教条"为代表的正统经济思想的不足之处并加以批判，但受历史环境和个人影响力限制，他们的思考未能对社会经济产生全面、广泛的影响。

总体而言，明至鸦片战争前的经济思想发展，并未从根本上动摇或颠覆我国古代的经济思想正统。近代以后，外国经济学说传入中国，逐渐取代传统经济思想，成为占据主导地位的经济学理论。

一、明至鸦片战争前经济思想的发展轨迹

本节旨在梳理明至鸦片战争前这一时期经济思想的发展轨迹，并分析其

---

① 除上述经济思想通史类文献外，本节参考了以《大学衍义补》《明夷待访录》为代表的明清著作中的经济思想部分与现有的经济思想研究成果。政治、经济、思想背景方面，本节主要参考了上述成果以及现有的历史和经济史研究成果，如钱穆：《国史大纲》（下册），商务印书馆，2021；彭信威：《中国货币史》，上海人民出版社，2015；萧清：《中国古代货币史》，人民出版社，1984；何炳棣：《明初以降人口及其相关问题（1368—1953）》，中华书局，2017。

② 需要说明的是，本书旨在研究中国传统经济思想，在 1840 年后，经济思想或多或少受外来因素影响，不完全属于中国传统经济思想，故本节所述的明至鸦片战争前的传统经济思想，即自明朝建立至 1840 年期间形成的、基本不受外来因素影响的经济思想。为简化起见，下文提及的明清时期基本是指明朝建立至 1840 年这一时期。

时代特征和发展的深层次原因。通过系统梳理明至鸦片战争前的经济基础、国家治理与思想市场状况，力图还原明至鸦片战争前的经济、政治、思想的原貌，并据此回答“为何明至鸦片战争前可以作为中国传统经济思想的独立发展时期？”“这一时期的经济思想有何特征？”等问题。由于明至鸦片战争前的经济基础、国家治理和思想市场有一定的一致性及连续性，所以先从总体上考察上述三条主线在这一时期的发展演变状况，以便更好地把握明至鸦片战争前经济思想演进的路径。

明至鸦片战争前的经济基础较前朝有较大区别，主要集中于农业生产力、农业生产关系、手工业和商业，以及外来影响四个方面。农业生产力方面，整体上，农业的进一步发展体现为农业生产总量提高和集约程度提高；地区上，江南农业逐渐集约成熟，其他地区也因新作物引入提高了土地利用率。明清时期，在生产力提高、新作物引入和适当的人口增殖政策的影响下，人口渐增，清后期已超过四亿人[①]。在人口增加的背景下，江南的农业集约程度进一步提高。在农业劳动力早已饱和的情况下，肥料使用增加进一步提高了农业的资本集约程度[②]。叠加外贸增长的影响，这个时期的江南出现了农业生产重心从集约度较低向集约度较高转移的“桑争稻田”现象[③]和专业化与综合发展的地域分工[④]，这两点都促进了手工业的发展。在其他地区，玉米和红薯的引入提高了云贵川地区丘陵、山地的土地利用率；土豆的引入则提高了黄河流域沙地的土地利用率[⑤]。

---

① 骆毅：《清朝人口数字的再估算》，《经济科学》1998 年第 6 期，第 120—128 页。

② 李伯重：《明清时期江南水稻生产集约程度的提高——明清江南农业经济发展特点探讨之一》，《中国农史》1984 年第 1 期，第 24—37 页。

③ 李伯重：《“桑争稻田”与明清江南农业生产集约程度的提高——明清江南农业经济发展特点探讨之二》，《中国农史》1985 年第 1 期，第 1—11 页。

④ 李伯重：《明清江南农业资源的合理利用——明清江南农业经济发展特点探讨之三》，《农业考古》1985 年第 2 期，第 150—163 页。

⑤ 何炳棣：《美洲作物的引进、传播及其对中国粮食生产的影响（三）》，《世界农业》1979 年第 6 期，第 25—31 页。

农业生产关系方面，地主所有制充分发展、逐渐稳定，江南地区农民的单位耕地量趋于稳定，并因资产不同出现了分化。地主对佃户的盘剥行为，使得保护佃户权益的乡规、俗例出现，也使得固定地租的定额租制兴起和以田面权为基础的永佃制发展。永佃制即佃户向田主交纳定额租，有经营土地的自主权。佃户在不拖欠地租的前提下，有权永久耕作土地，可以自由退佃，无权自由转佃，田主无权撤佃[①]。永佃制下，主佃之间不存在人身依附关系，这使土地所有权和土地经营权趋向于分离，且相较于唐宋时期，佃户对富贵阶层的依附性更弱、拥有了更多的自由与权利[②]。地主阶级在明代分化出了官绅地主阶级。明初规定官户免税，官绅地主阶级便依此大肆扩大规模，以避税吸引民众依附，税负也转嫁到其他民众身上，这一现象在清代取消官户免税的制度后停止[③]。庶民地主方面，大地主、大家族往往采用析产分户的分家做法以避免矛盾，这种做法使得地主家族不至于无限制扩张[④]。除了地主所有制实现发展外，小农经济也在局部地区出现了分化现象。在农业较发达的江南地区，依据是否有牛将农民分化为上农和贫农，上农一户耕约 30 亩[⑤]，贫农一户耕约 10 亩，经营规模趋于固定；农妇由农夫的帮手逐渐转为养蚕、缫丝等行业的工作者[⑥]，生产力得到了更合理的利用[⑦]。

手工业方面，棉纺、丝织、榨油、踹染、冶铸、瓷器等行业在江南地区快速发展，并促进了工商业聚集的市镇的发展，商业雇佣关系在一些行业中

---

① 汪洋：《明清时期地权秩序的构造及其启示》，《法学研究》2017 年第 5 期，第 113—132 页。

② 方行：《清代租佃制度述略》，《中国经济史研究》2006 年第 4 期，第 110—117 页。

③ 张显清：《明代官绅优免和庶民“中户”的徭役负担》，《历史研究》1986 年第 2 期，第 161—174 页。

④ 栾成显：《明清庶民地主经济形态剖析》，《中国社会科学》1996 年第 4 期，第 175—193 页。

⑤ 1 亩约等于 666.7 平方米。

⑥ 李伯重：《“人耕十亩”与明清江南农民的经营规模——明清江南农业经济发展特点探讨之五》，《中国农史》1996 年第 1 期，第 1—14 页。

⑦ 陈恩虎：《明清时期巢湖流域农业发展研究》，南京农业大学博士学位论文，2009。

出现和扩大，商品化程度发展迅速，市民阶层逐步形成[①]。江南地区的市镇手工业与市镇本身同步兴起并得到发展[②]。商业方面，明清时期商业达到了全新的规模。资本规模方面，以扬州盐业为例，明末扬州盐业商人总计资产不下三千万两[③]，清朝乾隆时更是达到七八千万两[④]，超过了国库存银。运行模式方面，中国历史上的十大商帮就是出现于这一时期，商帮以血缘、乡谊为纽带，使商业运行模式进入了新阶段。业务范围方面，包括盐、米、茶、布、丝、木等切于民用之物，也包括为皇室、豪强喜爱的奇珍异玩。经营方式上，这一时期的商帮多以宗族、地缘等关系为纽带，各自实行多边惩罚机制和文化信念控制相结合的组织形式，其管理隐然有现代企业管理的雏形，无疑是一种先进的管理方式[⑤]。

外来影响方面，明清时期最突出的特点在于海上贸易[⑥]。在明清时期工商业繁荣和早期全球化进程的共同作用下，明清时期的海上对外贸易达到了前所未有的规模，这也成为促进明清时期中国经济发展的催化剂。除海上寇乱时的海禁时期外，明清时期的海外贸易规模远大于宋元时期，且在明清时期内维持了较高的增长速度。商船数量上，1758 年至 1838 年来华的西方商船数量达 5107 艘，是此前的 16 倍以上；官税上，清政府官税收入自 18 世纪的每年 5 万两增至 19 世纪初的每年 100 万两以上；白银流入上，18 世纪中期后每年输入中国的白银一般均在 45 万两，最高达到 150 万两[⑦]。这些

① 陈瑛、温克勤、唐凯麟等:《中国伦理思想史》，贵州人民出版社，1985，第 6 页。

② 陈忠平:《明清时期江南市镇手工业的发展》,《南京师大学报（社会科学版）》1987 年第 4 期，第 87—93 页。

③（明）宋应星撰:《野议 · 盐政议》。

④（清）李澄撰:《淮鹾备要》卷 1。

⑤ 蔡洪滨、周黎安、吴意云:《宗族制度、商人信仰与商帮治理：关于明清时期徽商与晋商的比较研究》,《管理世界》2008 年第 8 期，第 87—99、118、188 页。

⑥ 陆上丝绸之路的影响在明清时期仍然存在，但其连通的主要是西域各部落、国家，与欧洲和西方世界的贸易往来主要以海上航线为纽带。因此在明清时期，“陆路贸易的规模都难以跟海洋贸易相比较”。参考吴四伍:《明清时期陆上西部丝绸之路再审视》,《历史档案》2019 年第 2 期，第 54—58 页。

⑦ 严中平:《中国近代经济史统计资料选辑》（第一册），科学出版社，1958，第 22 页。

都说明了明清时期外贸的规模之大[①]。通过外贸这一对外交流的渠道，西方世界在近代之前已经与中国有很多经济上的往来，这对中国经济产生了较大影响。中国的丝织品、茶叶、瓷器等商品，在国外拥有广阔的市场，因此出口需求直接促进了明清时期农工商等行业的发展与结构变化，前述“桑争稻田”、农业地域分工、市镇兴起和手工业生产关系改变等经济现象，也都间接受到了对外贸易的影响。此外，前述的新作物也是自海外贸易流入中国的，西方的技术与文化也通过传教士进入了一些中国人的视线[②]。在早期全球化浪潮下，明清时期中国受外来影响的程度远比此前的时代大[③]。

国家治理方面，明清与之前时代相比，最大的特点在于皇权的极度扩大。古代中国的皇室和政府的职责权利是有所区分的。在明代之前，皇帝和政府共同拥有决策权。皇帝可以决定宰相的任免，却不能剥夺宰相作为政府最高行政、监察长官的统领百官、统理国家、封还诏书等权力。政府对皇室权力的限制方面，汉代即多有封还诏书之事，在唐代更以门下省为监察机构，用于督查皇帝过失、行“封驳”之权，其长官侍中为丞相之一。明初废除了宰相制度后，行政部门以六部尚书为最高长官，督查则设都察院，其长官仅有七品。此后明代的内阁、清代的军机处等用于代替宰相的机构，定位也并非政府，性质上更类似于皇帝的机要秘书组，其权力仅限于“票拟”。行政机构独立性削弱，为皇室服务的属性则进一步加强[④]，成为皇权之下的一个执行性机构。

---

① 黄启臣：《清代前期海外贸易的发展》，《历史研究》1986 年第 4 期，第 151—170 页。

② 中国历史研究院课题组：《明清时期“闭关锁国”问题新探》，《历史研究》2022 年第 3 期，第 4—21、219 页。

③ 当然，在早期全球化浪潮下，西方同样受到中国的很大影响，涉及经济、文化、思想等多个领域，远比当时中国受西方的影响大。明清时期的中国在世界市场上扮演着十分重要的角色，中国商品远销海外，引发了西方的“中国热”风潮，伏尔泰、魁奈等人也受中国思想的影响。由于此处着重介绍明清时期中国国内经济基础，故中国对西方的影响部分不多叙述。

④ 钱穆：《国史大纲》（下册），商务印书馆，2021，第 669—675 页。

思想市场方面，明清时期的主要特征有三点。其一是学术整体上日渐成熟与繁荣。学术水平的提高主要体现于明清时期的著作。政府官方有《永乐大典》《四库全书》等集天下书籍、百家之言的巨著；民间亦有《皇明经世文编》《皇朝经世文编》等文章集合类著作。在以朱熹的《四书章句集注》为代表的集注形式的影响下，采各家之言并做注解议论形式的著作大量增加，如丘濬的《大学衍义补》、顾炎武的《日知录》、王夫之的《读通鉴论》等。

其二是反正统思潮的出现，对程朱理学形成一定的挑战，但程朱理学仍保持着官方的主流地位。明代前中期，社会主流学术仍是由程朱理学主导的，主张"存天理，灭人欲"。明清之八股取士，以朱熹《四书章句集注》为基础，亦是一种思维禁锢。自 16 世纪起，社会上较广泛地涌现出与正统教条思想相对立的"叛逆"思想或"异端"，这标志着社会思想意识领域中，新的反正统思潮出现。其代表是心学学派中的泰州学派和东林学派等[①]。到了明清之际，政权更迭、社会动荡更催生出全面反思正统思想的启蒙思潮。到了清朝，随着中央集权专制程度的进一步提升，知识分子在八股取士和文字狱的双重迫害下被迫走向学术相对独立、不与政治相关联的考据学道路，思想禁锢直至清末才渐渐解放。

其三是学术为皇权所压迫，关注点自朝廷转移向社会。明清时期，一方面，政府限制知识分子的言行，令生员不可上书建言、妄刊文字，确保"天下之是非一出于朝廷"[②]，甚至在清朝不惜大兴文字狱；另一方面，宰相制度的废除使明清知识分子"治国平天下"的理想趋于破灭。在这种背景下，儒家的基调转换，不再积极地希望政府有所作为，转而希望国家不干扰民生。不谈论政事、将讲学目标转向社会成了明清知识分子的新特征。儒者以陈政事、论治道著称者在宋代前屡见不鲜，但明儒除东林诸儒外鲜有擅论政

① 胡寄窗：《中国经济思想史》(下)，上海财经大学出版社，1998，第 381 页。

②（清）黄宗羲撰、何朝晖点校：《明夷待访录》篇 5《学校》。

事的儒者，在清儒中则更是近乎绝迹，欲改变这种“水间林下，三三两两，相与讲求性命，切磨德义，念头不在世道上”[①]学风的东林诸儒，终也酿成“一堂师友，吟风热血，洗涤乾坤”[②]的悲剧。这除了导致“不在其位不谋其政”的风气外，更重要的一点是导致知识分子明哲保身，使其视线逐渐从朝廷移向社会，希望自社会层面改造社会。明初方孝孺、明后期陈龙正等人均以移风易俗为儒生之任，王守仁的致良知学说也主要面向社会大众。社会层面上，明清时期许多以儒学为核心的民间社会组织都进一步发展，如书院、讲会等，其主持领导之人多以讲学之人为中坚[③]。因此，涌现了许多贴近民生、反映民众真实需求的思想。

总的来看，明清时期的农业生产力、农业生产关系和工商业市镇经济都有明显的时代特征；统治上君主专制中央集权程度不断强化并达到鼎盛；思想市场方面，除了学术发展成熟外，思想市场更是强烈地受皇权影响而贴近社会现实，也一度出现了反正统、启蒙思想的思潮。明清时期在经济基础、国家治理和思想市场上均较此前时代有较大差异。因此，从发展轨迹来看，可以将明清时期作为中国传统经济思想相对独立的一个时期进行研究。更进一步来说，作为中国传统经济思想相对独立的一个重要时期，明清时期经济思想的发展演变有其脉络和因果逻辑。自明朝建立至 1840 年近五百年时间，经济思想在不同阶段的侧重点不完全相同，这是因为虽然各阶段经济基础、国家治理和思想市场在大方向上有一致性及连续性，但也存在差异。因此，忽略明清时期各阶段的差异谈明清经济思想并不可取。基于这一原因，本章将明朝建立至 1840 年的明清时期，依据经济基础、国家治理和思想市

① （清）黄宗羲撰：《明儒学案》卷 58《东林学案一》，语录出自东林学派创始人之一顾宪成。

② （清）黄宗羲撰：《明儒学案》卷 58《东林学案一》。

③ 钱穆：《国史大纲》（下册），商务印书馆，2021，第 786—812、848—864 页；余英时：《现代儒学的回顾与展望——从明清思想基调的转换看儒学的现代发展》，《中国文化》1995 年第 1 期，第 1—25 页。

场三条线索，划分为明前期、明中后期、明清之际、清前中期四个阶段，并对各阶段分别加以论述，以更为细致、系统地梳理和还原明清经济思想的时代背景、演进路径与主要内容。

（一）明前期：钞法与《大学衍义补》

1. 经济基础：工商业发展和货币贬值

明初的纺织、造船、制盐、开矿、冶铁等行业都有较大程度的发展，无论是官营手工业还是民营手工业都在明初有了显著的发展，也带来了国内商业的繁荣和运输行业的发展[①]。具体来看，除了乱世结束、百废待兴的客观因素外，明初的工商业快速发展主要有三个原因。一是明朝建国后鼓励种植经济作物（如棉花、桑树、枣树、胡桃等），这些经济作物的产出为发展工商业奠定了坚实的物质基础。例如，洪武二十七年（1394 年），朱元璋要求工部在全国推广种植经济作物，意图通过税收减免来增加棉、麻、桑等作物的产量[②]。二是明初的户籍管制有所放松。元代设计了户籍制度，即将户籍分为军、民、匠、站等户口名色。明朝虽基本继承了这一制度，但进行了改良。例如，匠户管理方面，匠户不再需要长时间为政府服役，可以自己支配大部分时间，这提高了工商业的劳动力供给水平，促进了明初工商业的发展[③]。三是明初政府为了鼓励工商业发展，采取了一系列有利于工商业发展的政策。例如，洪武十三年（1380 年），朱元璋对全国的税收征收机关进行改革，在全国范围内裁撤了 364 个税课司局，将征税的权力收归于各级政府机构（即由各府、州、县自行征收）。同时，明朝政府还采取了“三十取

① 赵晓雷主编：《中国经济思想史》，东北财经大学出版社，2019，第 119 页；刘真武：《〈明朝前期的经济和政治〉一节的教材分析》，《历史教学》1982 年第 7 期，第 56—61 页。

② 吴晗：《朱元璋传》，百花文艺出版社，2000，第 253 页。

③ 王兴文：《明初洪武朝经济政策的调整与定位》，《继续教育研究》2002 年第 4 期，第 109—112 页。

一”的低税率并减少缴税手续。

工商业的不断发展自然会增加对货币的需求，但是明初的货币问题，尤其是纸币贬值问题却不容乐观。元朝在创立之初虽实行较为稳健的纸币政策，但后来逐渐走向无限制发钞，严重破坏了经济，这影响了明初的货币政策。洪武八年（1375 年），明朝开始发行大明宝钞，但是仅仅在数年之后宝钞购买力就不断下降，引起了各方的重视。

2. 国家治理：高度中央集权、财政支出和纸币思想

明初政权新立之时所面临的主要任务是对内恢复生产、巩固统治，对外抗击蒙古各部[①]。在这一背景下，加强中央集权和筹集国防开支等国家治理需求对经济思想的发展演变产生了影响。

明朝的建立恢复了由汉人统治的大一统国家，但是要避免唐中后期地方兵权和宋代士大夫带来的权力分立，就需要加强中央集权来巩固皇权，为此，明太祖时期不仅废除了自秦朝起延续一千多年的宰相制度，还大兴文字狱、屠戮功臣，从而使国家政权、军权和司法权逐渐集中到了皇帝手中[②]，中央集权程度越来越高，抑制了思想发展和争鸣，是导致“明初的经济思想比较沉寂”[③]的重要原因之一。

国防支出问题是明初财政面临的重要问题。在明王朝建立之初，应对蒙古各部北方军事压力的任务始终处于进行时。从洪武到永乐再到正统、景泰这近一百年时间里，北方军事斗争始终是明王朝的头等大事。因此，明初军费消耗对于一个百废待兴的新王朝而言是极重的财政负担。

明王朝建立之初并未废用纸币，主要原因有两方面：一方面是便于筹集军费，另一方面是工商业的繁荣使得仅使用铜钱的币制不再符合当时经济发

① 明朝抗击的主要对象由元朝变为北元再变为鞑靼、瓦剌等部落，此处简称为蒙古各部。

② 杨欣：《胡惟庸案与明初中央集权》，《北京广播电视大学学报》2001 年第 2 期，第 28—32 页。

③ 胡寄窗：《中国经济思想史》（下），上海财经大学出版社，1998，第 317 页。

展的需要。在洪武七年（1374 年）时，明王朝政府设立宝钞提举司，于第二年正式发行“大明宝钞”。“大明宝钞”是不兑现纸币，再加上发行数量不加限制，纸币迅速贬值，流通仅 20 年便趋于败坏[①]。一方面“钞壅不行”[②]，另一方面，用银屡禁不止。货币与财政始终是令明朝前期的统治者感到头痛的问题。最终，银在民间交易中成为可以信赖的商品中介物，使用规模也逐渐扩大。至正统时，政府的货币政策与社会现实严重脱节，已经到了不得不做出调整的程度，因此在正统年间政府颁布“米麦折银之令”[③]，正式取消了银禁[④]。钞法也在实行了一百多年后的弘治、正德年间废除。这些剧烈的变化促使与钞法相关的经济思想大量涌现。

元末明初学者叶子奇是主张规范可兑换纸币的重要代表人物。他在洪武年间主张实行钞法必须“钱货为之本”，不可以实行不兑换纸币，进而提出自己的解决方法——“于府县各立钱库，贮钱若干，置钞准钱引之制，如张泳四川行交子之比，使富室主之”，即由官府模仿宋代发行纸币“交子”的做法，同时，叶子奇也主张在发钞时“权衡轻重”，“出之于货轻之时，收之于货重之日”，运用《管子》中的轻重论，以纸币控制天下物价[⑤]。这是实行钞法以来代表性观点“可兑换纸币”的延续，并包含了对元末不可兑换纸币乱象的反思，在明初的钞币思想中属于较有新意的观点[⑥]。

强烈主张使用纸币的代表人物是刘定之，他是第一个在理论上论证纸币可以取代金属货币作为流通手段的人。他主张，钱和钞同样没有实际用途，钱是可以进入流通、交换货物的，如果钞可以代表钱，那么钞也可以进入流

① 萧清：《中国古代货币史》，人民出版社，1984，第 284 页。
②《明史》卷 81《食货志》。
③《明史》卷 81《食货志》。
④ 王欢：《明代白银货币化的过程与动因考察》，东北师范大学硕士学位论文，2006。
⑤（明）叶子奇撰：《草木子》卷 3。
⑥ 胡寄窗：《中国经济思想史》（下），上海财经大学出版社，1998，第 326—332 页。

通、交换货物。这是对纸币性质的比较明确的理论概括。他对于纸币的弊端也有自己的见解。纸币价值取决于印钞多少。“夫少造之则钞贵，而过少则不足于用；多造之则钞贱，而过多则不可以行。”[①]钞少不足用，钞多则会导致规则败坏，原因在于钞“贵贱不中”和钱“轻重不中”的弊端是相似的。刘定之对钞的弊端本身的论述并不算首创，但关于钞与钱的弊端相似的类比，体现出刘定之对钞的弊端的理解更深刻。面对当时发钞过多的弊端，刘定之认为原因在于旧钞不回收而滥发新钞。他提出的操作方法也很简单，即节制地发新钞或者回收旧钞。回收旧钞的方法取自宋朝以来流传的“称提之术”，不算创新，但作为明前期钞、钱矛盾的解决思路，刘定之的货币、财政思想在论述上更加系统和完整[②]。

其后，在弘治初刊行的《大学衍义补》中，丘濬则主张银、钱、钞三者并行，他认为万物价值源于物本身与人力，钞本身和人力价值都很低，却值高价，这是不合理的。他总体上采取了“执其可行不可行之两端，而用其中，斯可行矣”[③]的折中态度，并依据现状设计了银、钱、钞三种货币并行的货币制度方案。这一设计基于当时银钱钞并行的客观事实，并明确了详细兑换标准，其中，宝钞依据其新旧而价格不同，也符合当时宝钞更新的政策。丘濬在《大学衍义补》中认为银钱钞三种货币并行的制度可以起到“钱多则出钞以收钱，钞多则出钱以收钞”调节钱钞关系的作用，且“宝钞铜钱，通行上下，而一权之以银”[④]，钱钞以银为本位计价。这一货币思想与制度，除了切合实际外，亦有一种以银为货币根本的银本位思路在其中，无

---

①（明）刘定之撰：《十科策略笺释》卷6。

② 赵靖主编：《中国经济思想通史》（第4卷），北京大学出版社，2002，第1694—1696页。

③（明）丘濬撰：《大学衍义补》卷27《铜楮之币（下）》。

④（明）丘濬撰：《大学衍义补》卷27《铜楮之币（下）》。

疑是富有创见的经济思想[①]。

3. 思想市场：学术发展和《大学衍义补》

思想市场方面，明初的特点在于学术的发展。明代学风承自宋代朱熹等人，明初不乏如宋濂、方孝孺、解缙等巨儒。《永乐大典》的编纂则体现了当时学术的新发展，系统性研究总结前人思想的综述性著作以及为经典文献、前人思想做注解的考据式研究也渐渐趋于兴盛。然而，以皇权扩大为代表的中央集权强化也对思想市场产生了不利影响，其中最为恶劣的在于对整个社会思想和风气的败坏。皇权的扩大使得"以我之大私为天下之大公"[②]的风气蔓延到社会的各个领域，愿意从"公义"角度考虑经济问题的思想家不断减少，此外皇权对于舆论的禁锢又导致可以讨论研究的经济问题减少。在社会风气和舆论管控的共同作用下，思想市场越来越沉闷，经济思想的发展受到了抑制。

虽然中央集权强化给思想市场的活跃带来了不利的影响，但在明初学术研究不断发展的大背景下，还是出现了一部专门分章节系统论述经济问题的著作：《大学衍义补》。《大学衍义补》以《大学》为纲，列述历代相关的论述记载，成书目的是对君王起到规劝和借鉴作用。《大学衍义补》的作者丘濬是明前中期经济思想领域的代表性人物，学问渊博，"尤熟国家典故，以经济自负"[③]，其著作《大学衍义补》中具有极为丰富的国民经济管理思想[④]，经济部分的著述方法以编选前人的经济议论为主，并按经济问题阐述，丘濬在其中提出了很多自己的论点。《大学衍义补》在经济思想领域最大的价值在

---

① 彭信威：《中国货币史》，上海人民出版社，2015，第 512 页；胡寄窗：《中国经济思想史》（下），上海财经大学出版社，1998，第 351 页。

②（清）黄宗羲撰、何朝晖点校：《明夷待访录》篇 1《原君》。

③《明史》卷 181《丘濬传》。

④ 石世奇：《论丘濬的国民经济管理思想》，《北京大学学报（哲学社会科学版）》1985 年第 6 期，第 61—67 页。

于其全面性，涉及了当时几乎所有的经济问题，并汇总了前人相关的真知灼见，以此为基础发表看法。这一时期，专门阐述经济问题的著作并不多见，对除货币财政外的各领域经济问题的讨论也未成规模，《大学衍义补》可以说是明前期经济思想最重要的成果之一。

《大学衍义补》分为正朝廷、正百官、固邦本、制国用、明礼乐、秩祭祀、崇教化、备规制、慎刑宪、严武备、驭夷狄、成功化十二大章，共一百六十卷。从大章节标题可知，《大学衍义补》的成书目的和《资治通鉴》一样，即为朝廷治理所面临的各种问题提供参考。其中，固邦本、制国用两章，是其经济思想的体现，自卷之十三至卷之三十五，共二十三章篇幅。其经济思想的两大主题即固邦本与制国用。“固邦本”取自“民惟邦本，本固邦宁”[①]，即君王养民之道，讲述君王如何安民养民。“制国用”即君王理财之道，讲述君王如何创造财富。因此，《大学衍义补》的经济思想可以分为两大类，即养民和理财。接下来依照其行文思路分别阐述其经济思想。

“固邦本”一章中，养民包括蕃民之生、制民之产、重民之事、宽民之力、愍民之穷、恤民之患、除民之害、择民之长、分民之牧、询民之瘼十件要事，即增长人口、创制民众的产业、重视农业生产、减少劳役、救济贫民、赈济饥荒、治理水患、选拔优秀官员、划分行政区域、及时做民间调研，其核心思路在于君王应切实解决民生问题。

“制国用”一章中记载了理财之道，其总论阐述了《大学衍义补》对财政问题、经济问题和理财的基本态度。“国用”，即国家支出费用，“制国用”意为对国家财政收入与支出制度的统筹安排。财货是国家运行的关键，也是每个家庭生存的必需品，是治国理政重要之事，因此需要国家调控。“制国用”的良策即理财。理财的目的就是促进财富增长，分为“理民之

① (明)丘濬撰:《大学衍义补》卷 13《总论固本之道》中反复强调，原文出自《尚书·夏书·五子之歌》。

财”和“为国理财”两种。《大学衍义补》主张以富民为关键，并强调国家想要富强，必须用理财之法和理财之人。理财之法为“生财有大道”，即“生之者众，食之者寡，为之者疾，用之者舒”，理财之人为“不用聚敛之臣”[①]，不是以聚敛财富、与民争利为目的的臣子，而是以为民生财、创造更多财富为目的的臣子，“君制其用，虽以为国，实以为民”[②]，切不可以君王私欲行聚敛、享受之事。“制国用”一章主要包括贡赋之常、经制之义、市籴之令、铜楮之币、山泽之利、征榷之课、傅算之籍、鬻算之失、漕挽之宜、屯营之田十个部分，涉及对历代赋税制度和朝贡案例、财政管理的原则、政府的市场行为、货币制度、山泽资源专营制度、垄断专卖制度、财税记录制度、税收反腐制度、漕运制度、屯田制度的描述和议论。

《大学衍义补》记录了前朝各经济制度的同时，同样补充了许多独有的创见。在养民思想方面的创新之处在于以下几点：增长人口方面，放宽户口限制，按民众自愿申报的所在地记录户籍，顺应民便[③]。创制民众的产业方面，该书主张民众的职业和产业是他们自给自足的关键，土地兼并的害处使民众失去其产业，进而提出其分配土地的方案——配丁田法[④]。赈济饥荒方面，赈济饥荒之策于国于民均有利，但增加义仓等政策对粮食损耗过大。该书进而提出地方政府向富户借钱为流亡当地的灾民返乡提供帮助的赈济之策，论述增加义仓的重要性，提供防止义仓吏员舞弊的机制设计[⑤]。

在理财思想方面，《大学衍义补》针对当时的社会问题进行了深入分析。政府的市场行为方面，基于与民争利的原因反对政府行买卖行为[⑥]。货

①（明）丘濬撰：《大学衍义补》卷20《总论理财之道（上）》。
②（明）丘濬撰：《大学衍义补》卷21《总论理财之道（下）》。
③（明）丘濬撰：《大学衍义补》卷13《蕃民之生》。当时移居他地者需要回原籍征收税赋劳役。
④（明）丘濬撰：《大学衍义补》卷 14《制民之产》。配丁田法的内容是，此前的土地不再过问，此后每个登记在册的新丁仅允许占田一顷。如果祖产多于一顷，则只许卖田，禁止买田。
⑤（明）丘濬撰：《大学衍义补》卷16《恤民之患》。
⑥（明）丘濬撰：《大学衍义补》卷25《市籴之令》。

币制度方面，书中针对当时的情况设计了银、钱、钞三种货币并行的货币制度。垄断专卖制度方面，强调盐铁茶酒均应让私商经营，国家应当少量征税。徭役制度方面，主张因地制宜，依据县民多少来决定是否均徭。政府售卖行为方面，主张政府卖官、度僧等行为乃不得已的办法，久而失效，只可用于应急，且容易滋生腐败、影响生产力。漕运方式方面，丘濬仔细考察了《元史》中陆运、河运、海运三种漕运方式的粮食损耗数据，以逻辑和数据证明了海运为最优的漕运方式。屯田制度方面，丘濬认为在边境屯田是对边境之地、不耕之人的再利用，是一种扩大国家收入的良策。上述内容不少是基于前人经验得出的结论，但货币制度和漕运方式方面的内容，均为丘濬独有的创见。

《大学衍义补》中也确有一些错误观点，例如，主张老、幼、病、贫、穷之人，不能自养，需要靠富人来维护之，故富人是贫民的仰赖，要安定富人，这就是对《周礼·地官》的错误解析。再如，其对租庸调制和两税法的评价并未考虑到租庸调制是建立在均田制基础上这一差别，而单纯地将租庸调制视为一种赋税制度[①]。

《大学衍义补》和司马光的《资治通鉴》、真德秀的《大学衍义》等书一样，是以为帝王提供治国参考为目的创作的专著。《大学衍义补》对待经济思想的态度的区别在于，它将经济问题详细罗列，自成一章，这和商品经济高度发展改变了社会上对待财利的整体态度密不可分。《大学衍义补》的经济思想，建立在正视财利的视角上，系统完整地总结前人的经济思想，并在一些领域衍生出自己的创见，但《大学衍义补》中的经济思想也具有一定的折中主义[②]，这是因为其要为帝王统治服务。书中对帝王的描述，仍寄托于

① 胡寄窗：《中国经济思想史》（下），上海财经大学出版社，1998，第 326—370 页；陈永正：《从〈大学衍义补〉试析丘浚思想》，福建师范大学博士学位论文，2002。

② 胡寄窗：《中国经济思想史》（下），上海财经大学出版社，1998，第 334 页。

理想化的期待，认为君王可以恪守天道为国为民，不顾自己的私欲，这与历史事实存在明显偏差。此外，当时社会经济矛盾尚不尖锐，强调自利的反正统思潮也尚未兴起，这共同导致了《大学衍义补》不可能大规模推翻前人的思想，独立创造属于自己的经济思想体系。无论如何，《大学衍义补》中的经济思想是在前人各个领域的经济思想基础上的深化与发展，其历史价值不可忽视。

（二）明中后期：早期工业化与反正统思潮

1. 经济基础：商品经济繁荣和早期工业化

到了明中后期嘉靖、万历年间，商品经济的繁荣达到一个新的高峰，往来商人北至塞外，南至两粤、云贵，东到齐鲁、闽越，西到巴蜀、汉中，“往来交易，莫不得其所欲”[①]。许多地方在经济原料作物或手工业产品方面形成了自己的特色，如松江的棉布、苏州的丝织品、芜湖的浆染业等，此时江南地区成为汇聚国内生产要素进行生产并向国外输出商品的工商业枢纽[②]。

这一时期商品经济还有四个突出的特点。一是城市经济繁荣。伴随着手工业的发展和集聚，城市经济也有了快速的发展。除了两京和各省会外，苏州、扬州、淮安、松江等府也是手工业商业的中心；在江南工商业繁荣的县、镇更是星罗棋布。二是民间市场与雇工制度的发展，劳动分工与专业化推动经济快速成长。由于民间市场旺盛，这一时期开始，民间纺织手工业规模已大大超过官纺织手工业，成为纺织手工业的主要形式。三是商帮网络发达。明清时期，商人会馆在各地普遍建立，徽商、晋商、闽商、洞庭商帮、宁波商帮等以同乡为纽带的商帮在全国市场中广泛活跃[③]。四是全国市场形

---

① （明）张瀚撰：《松窗梦语》。

② 李伯重：《江南的早期工业化（1550—1850）》（修订版），中国人民大学出版社，2010，第 321—326 页。

③ 龙登高：《市场中国两千年》，东方出版社，2023，第 363—373 页。

成。明清时期，国内外贸易政策相对宽松，贸易的政治环境改善[①]；交通方面，水路与陆路均显著发展；地方专业化分工与劳动分工增强；商人集团扩张与商人资本增长。上述四点共同促使这一时期各地的商品、资金、劳动及信息在全国范围内流动的规模大大扩大[②]。

随着规模的扩大，经营方式也有较大的变化，组织手工工场的形式开始出现，换言之，雇佣劳动的经营模式逐渐兴起，工人的职业分工日益走向专业化[③]。例如，在明中后期的部分江南市镇中，榨油、踹染、冶铸、丝织等行业中出现了大型手工作坊乃至手工工场，大规模雇佣关系以及以出卖劳动力为生的自由雇佣工人群体出现[④]，这种变化使得当时江南地区不仅工业从业人口比重提升，还因为劳动力供求的不平衡而吸引了大量外来劳工参与工业生产[⑤]。这些工人成为市镇中的新兴力量，有时会聚集齐行，传单鼓众，停染歇踹，反抗压迫。尽管在以江南为代表的工商业发达地区并没有出现农业劳动力在土地上高度密集投入、以降低劳动生产率为代价获得土地生产率的提升的“内卷化”现象[⑥]，但大部分手工业在原材料上仍依附于农业，这使得地主势力依旧强盛，市镇的支配权仍在地主阶级手中。当时江南地主一方面在农村持有大量田地的“田底权”，另一方面又居住在城市内聚焦于利

---

① 李伯重：《中国全国市场的形成：1500—1840 年》，《清华大学学报（哲学社会科学版）》1999 年第 4 期，第 48—54 页。

② 龙登高：《市场中国两千年》，东方出版社，2023，第 407—416 页。

③ 傅衣凌：《明清时代江南市镇经济的分析》，《历史教学》1964 年第 5 期，第 9—13 页；赵晓雷主编：《中国经济思想史》，东北财经大学出版社，2019，第 120 页。

④ 陈忠平：《明清时期江南市镇手工业的发展》，《南京师大学报（社会科学版）》1987 年第 4 期，第 87—93 页。

⑤ 李伯重：《江南的早期工业化（1550—1850）》（修订版），中国人民大学出版社，2010，第 10—13 页。

⑥［美］彭慕兰：《大分流：欧洲、中国及现代世界经济的发展》，史建云译，江苏人民出版社，2003，第 85—101 页。

润更丰厚、更有前景的工商业，因此也被称为“城居地主”[①]。手工工人这一新兴力量仍受到地主的抑制、压迫乃至迫害[②]。总的来看，随着工商业的发展与劳动分工的深化，经济思想的发展路径也受到了影响，以王艮、何心隐和李贽为代表的泰州学派“在一定程度上突破了地主阶级和封建士大夫的知识垄断”[③]，对旧的经济思想进行了猛烈的批判。

2. 国家治理：赋税制度改革与银钱思想发展

国家治理在明中后期趋于混乱，其根源在于皇室。皇权在明初已在制度上完成了集中与扩大，但到了明中后期，以正德、嘉靖、万历三朝为代表的皇帝无心于朝政，其皇权因此常年被朝臣或宦官所蚕食。皇帝信任谁，谁就可以依附着皇权在朝堂呼风唤雨，政府在职能上很难对其掣肘。因此，如刘瑾、严嵩等宠宦权臣挖空心思讨好皇帝，以为自己谋求私利；下面的官员也以同样的想法讨好权臣，谋取私利。上下皆谋私利时，清正刚直之臣便遭受排挤，政治快速地走向腐朽。

明中后期商品经济的繁荣和赋税改革的需要共同促使一条鞭法出现和明中后期银钱相关思想大量产生。钞法如何实行这一问题在宝钞废除后即已不再出现，但新的货币财政问题却接踵而至。货币问题的核心是银的使用。在滥发宝钞后，钞法益坏不行，民间以银为货币的趋势无法遏制，政府终于在1436 年解除了用银的禁令。此外，明中后期的铜钱铸造、发行与管理制度也较为混乱[④]。财政方面出现田税不均的乱象。占有大量土地的乡绅利用各种免

① 樊树志：《明清江南市镇的“早期工业化”》，《复旦学报（社会科学版）》2005 年第 4 期，第60—70 页。

② 傅衣凌：《明清时代江南市镇经济的分析》，《历史教学》1964 年第 5 期，第 9—13 页；陆希刚：《明清江南城镇——基于空间观点的整体研究》，同济大学博士学位论文，2006。

③ 胡寄窗：《中国经济思想史》（下），上海财经大学出版社，1998，第 382 页。

④ 例如：嘉靖年间盗铸严重“奸伪仿效，盗铸日滋，金背钱反阻不行”；隆庆初“钱法不行”；万历年间亲王盗铸铜钱，“王府皆铸造私钱，吏不敢讦”；等等。以上引文均出自《明史》卷81《食货志》。

税特权，通过各种投机舞弊之术隐匿转移田产，或拖欠田赋税收，将沉重的田赋转嫁到小农和庶民地主身上。小农和庶民地主因赋税徭役沉重，更倾向于将土地献与乡绅地主，这使得土地垄断加剧，赋税征收总量也因而更少[①]。

另外，外来白银流入为之后的赋税改革创造了客观条件。明前期的白银主要依靠国内开采，开采量较少，“有明一代，国内白银开采总额约二千余万两”[②]。自隆庆时期开海禁以来，海外白银大量流入。外银的大规模输入主要有三个渠道，即美洲白银通过以马尼拉为中心的海上丝绸之路涌入；日本白银通过以长崎为中心的中日贸易入华；外银通过以澳门为中心的西洋贸易内流。“西班牙大帆船、中国海船、日本商船穿梭往返于太平洋、大西洋、黄海和南中国海，构成了规模宏大的丝茶白银贸易的全球商业网络。”[③]外银的流入增加了中国的银储备量，客观上为明中后期赋税改革创造了条件。

为了解决土地兼并和赋税征收问题，明中后期出现了新的税法：一条鞭法。一条鞭法最初见于嘉靖年间，规定所有税收总为一条，征收银两，按亩折算缴纳，正式完全将银作为赋税缴纳的货币。一条鞭法一方面要求清丈土地，避免豪强瞒报，减少贪污，降低小民负担；另一方面以银为赋税，增加国家可用收入，下利贫民，上利国家。一条鞭法因为折损地主豪强和地方官的利益，在试行之初阻力很大，难以推行。在万历年间，张居正力主在全国范围内清丈土地，推行一条鞭法。一条鞭法的本意是减少官员贪污，降低民众负担，增加国家收入和可用收入，在实行初期利国利民，但也使得银成为主要货币。中国当时银储备量有限，农民获取银两能力不足，尚不足以满足商品流通和赋税需要。一条鞭法以银两征税，加剧了银贵谷贱问题，进一步

---

① 张显清：《明代官绅优免和庶民“中户”的徭役负担》，《历史研究》1986 年第 2 期，第 161—174 页；齐悦：《晚明推行一条鞭法台前幕后》，《文史天地》2022 年第 4 期，第 56—60 页。

② 王裕巽：《明代白银国内开采与国外流入数额试考》，《中国钱币》1998 年第 3 期，第 24—31 页。

③ 后智钢：《外国白银内流中国问题探讨（16—19 世纪中叶）》，复旦大学博士学位论文，2009。

导致银两短缺加剧、通货紧缩[①]。这一时期货币财政思想也因而十分丰富，内容包括废弃用银、废弃一条鞭法、恢复钞法、以铜钱为本币等，不一而足。

首先是对明代银钱问题的成因进行分析。明末张溥主张，明中后期出现铜钱问题，除了铜的开采不足、私铸屡禁不止等传统原因外，也在于官府税收仅用银两："解京贡赋之入，固必精良白金。即藩省禄给、存留盐税、薪俸、工食之类，又辄以钱不便行而不收……见钱之出而不见其入，则是壅抑之于上，而责其必行于下，勒收受于彼，而不开倒换于此也。"[②]官府在税收、国家开支上不使用铜钱仅使用银两，自然会导致民间的铜钱失去公信力，因此铜钱流通是被官府自行破坏的。

其次是指出彼时银钱问题的主要危害在于银不足。隆庆年间靳学颜主张"天下之民皇皇以匮乏为虑者，非布帛五谷不足也，银不足耳"[③]，指出银的缺乏是民间忧虑的新问题。

最后是提出银钱问题的解决方案。明后期的解决方案多强调不能废除铜钱。靳学颜反对废除铜钱的原因在于"钱与银异质而同用"[④]，只用银不用铜钱会致使豪强收藏更多银，加剧银不足的情况，导致市场上货币流通减少。高拱则主张货币政策应"一从民便，勿多为制以乱人耳目"[⑤]，从防止货币制度混乱的视角主张听民自行使用。

3. 思想市场：反正统思潮与崇私论的兴起

从思想市场来看，明中后期经济基础和国家治理的演变，共同引发了思想市场的变化。一方面商品经济的繁荣使得学术的社会性增强，另一方面在治国平天下的理想不被制度所支持的大环境下，朝堂的腐朽之风促使此时有

---

① 黄阿明：《明代赋税征银中的负面问题》，《史林》2007年第6期，第124—136、190—191页。

②（明）张溥：《国朝经济录》，转引自（明）王圻撰：《续文献通考》卷11《钱币考》。

③《明史》卷214《靳学颜传》。

④（明）王圻撰：《续文献通考》卷11《钱币考》。

⑤《明史》卷81《食货志》。

抱负的知识分子将视线从庙堂转向社会，意图改造社会风气，移风易俗。于是讲会、学堂、书院这些面向社会大众的组织，在明代中期成为知识分子传播文化、移风易俗的主阵地；乡约等约束民间的地方性法律也是知识分子的重要研究对象[①]。学术的社会性增强也使当时的知识分子看到更多民间真实情况，其思想也愈发贴近大众，这也为明中后期的反正统思潮提供了土壤。

从思想起源来看，明中后期的反正统思潮始于王守仁心学的创立。心学创立于正德年间，主张“心即理”“知行合一”“致良知”，即天理存在于人心之中；认识和行为是统一的；人人各致良知则人人皆可成尧舜。王守仁心学的创立并广泛传播，对后世学者的思维产生了很大的影响。在王守仁之后，王畿、聂豹、王艮等人创立各自学派，在全国各地传播其思想，影响力逐渐扩大。“心即理”这种思想浪潮，对于普遍研读程朱理学、思维禁锢的明代知识分子，无疑是一记重锤。心学的影响不仅在庙堂之上，也在江湖之间。明代知名首辅徐阶、张居正等，都受到了心学的影响；对正统思想，尤其是正统道德伦理观和经济思想的反思批判，使得心学思想在民间也受到了广泛欢迎。到万历年间，心学形成了以王学七派为代表的各式学派，在江西、湖南、福建、浙中、洛阳、泰州等地各自生根发芽，最终形成了席卷全国的思潮[②]。其中，泰州学派是贴近下层群众、自称异端、非孔反儒的学派，其“非名教之所能羁络”[③]的特点使这个时期的思潮带上了反礼教的色彩。

这种反正统思潮对经济思想的发展是大有裨益的，推动了对正统教条经济思想的反思批判。正统教条经济思想中，重义轻利、农本工商末等思想，本身有规范经济思想与经济行为的特点，即以一定的价值判断为经济理论和政策制定的前提。到明中后期，由于客观实践不断发展变化，这些教条因僵

① 余英时：《现代儒学的回顾与展望——从明清思想基调的转换看儒学的现代发展》，《中国文化》1995年第1期，第1—25页。

② 关于王学七派及其各自传播范围，参见（清）黄宗羲撰：《明儒学案》。

③（清）黄宗羲撰：《明儒学案》卷32《泰州学案》。

化、迟滞，不再适配当时的经济事实，成为有碍经济分析客观性的因素。对正统教条经济思想的反思批判，实质就是批驳重义轻利、农本工商末等价值判断，减少经济分析的限定条件。这些反正统教条经济思想中，不乏锐利而富有真知灼见的观点，如“崇尚私有”思想的兴起，即体现了当时的经济思想、经济伦理观逐渐脱离礼教束缚，符合实际的生产情况。

这一阶段主张“崇尚私有”这一经济思想的代表人物是李贽。李贽是明中后期的思想家，是中国古代社会罕有的一个公然非孔反儒的异端思想代表人物[①]。他是明中后期泰州学派的代表人物，他的一些观点可以代表当时的经济思想思潮。在经济思想上，他的核心思想是崇“私”。“夫私者，人之心也。人必有私，而后其心乃见，若无私，则无心矣。”[②]虽说之前便有人提出自利之心是本性，但将旁人讳谈的“私”宣布为经济活动的基本动力，这是从没有过的。同时，针对正统的义利观，李贽主张“义由利生”和“利即是义”。他认为义只有基于平时的利才能建立起来，只有为民谋利才能建立起信与义。李贽的经济思想，对正统经济伦理观中不合理的地方进行了有力的批判，但又不仅仅局限于批驳，而是建立起一种全新的、贴合经济实际与民众逻辑的经济伦理观。

这一阶段为手工业商业发声、强调工商业地位的经济思想则更多见。王守仁主张“四民异业而同道”[③]，即士农工商在“道”这一角度下并无高下之分。他还主张虽然讲学是知识分子的首要任务，但“治生亦是讲学中事”，知识分子也需要通过经营满足基本的生活条件，两者并不冲突，且在不影响心境的情况下，“虽终日做买卖，不害其为圣为贤”[④]。其后的泰州

① 赵靖主编：《中国经济思想通史》（第4卷），北京大学出版社，2002，第1817页。
② （明）李贽撰：《藏书》卷24《德业儒臣》。
③ （明）王守仁撰：《阳明文录》外集卷9《节庵方公墓表》。
④ （明）王守仁撰，吴光钱、董平、姚延福编校：《王阳明全集》，第1171页。

学派也对商贾十分亲近。何心隐主张“商贾大于农工，士大于商贾”[①]，从农工受制于商贾、商贾受制于士的角度对四民社会地位进行排序。东林党人对待商人多持亲善态度，主张“为商为国”[②]。赵南星主张“士、农、工、商，生人之本业”[③]，从微观视角强调工商业同样是民众赖以生存的重要职业。

（三）明清之际：乱世与启蒙思潮

1. 经济基础：由财政危机引起的社会经济危机

明末社会经济问题大量涌现，这固然有明末气候和粮食短缺的因素[④]，但更为重要的是明朝政府通过竭泽而渔式的手段来获取财政收入。明末政府在财政收入和财政支出两个方面都遇到了问题。在财政收入方面，土地高度集中，官绅不交税不当差，流民数量激增，导致政府常规收入持续减少。在财政支出方面，皇室、宗室和军费却在不断增加。收入减少叠加支出膨胀导致明朝财政问题日益严重。迫于财政压力，明朝统治阶级不得不采取加税的方式弥补亏空，这严重地阻碍了经济发展，不利于人民的正常生活，为明末爆发的社会经济危机埋下了祸根。

以税收为例，明末为了应付与后金（清）的战争和镇压农民起义，在正常的赋税之外加派了“三饷”（辽饷、剿饷和练饷）。根据史料记载，明朝末年一年的正常田赋收入约为400万两白银，但通过“三饷”加派的收入竟然

---

①（明）何心隐撰：《何心隐集》卷3《答作主》。

②（明）李应升撰：《落落斋遗集》卷4《上巡道朱寳同书》。转引自（清）姚莹辑、顾沅补：《乾坤正气集》卷574。

③（明）赵南星撰：《赵忠毅公文集》卷4《秦仰西雷翁七十序》。

④ 据竺可桢《中国近五千年来气候变迁的初步研究》，我国在1400年到1900年处于第四寒冷期，该小冰期最寒冷的中心期为1650年至1700年。据于希贤《近四千年来中国地理环境几次突发变异及其后果的初步研究》，最寒冷的中心期开始得比竺老推测的早约半个世纪。1644年明朝灭亡，1600年至1700年明清之际正与小冰期的中心期相吻合。气候相关的数据参见周翔鹤、米红：《明清时期中国的气候和粮食生产》，《中国社会经济史研究》1998年第4期，第59—64页。

可以达到 2000 万两之巨，税收加派数量令人惊愕[①]。巨额税收加派叠加原有的税收，远远超出了一般民众的承受限度，导致广大农村地区民生凋敝，流民增多，农业生产受到极大破坏。根据郑廉在《豫变纪略》中的记载，在朝廷加派“三饷”之后，“旧征未完，新饷已催，额内难缓，额外复急。村无吠犬，尚敲催追之门；树有啼鹃，尽洒鞭扑之血。”这种极端榨取人民的敛财方式导致“黄埃赤地，乡乡几断人烟；白骨青磷，夜夜常闻鬼哭”，明末农民起义不断[②]。从人口数据和耕地数据来看，过度征税的危害极大。天启六年（1626 年）全国耕地为 743 万余顷，人口为 5165 万余口。经过明末的社会经济危机后，全国的耕地和人口数量大幅减少。顺治八年（1651 年）时，全国的耕地数量仅为天启时期的 39.03%，即 290 万余顷，而人口数量下降幅度更大，仅为天启时期的 20.58%，即 1063 万余口[③]。人口和耕地数量的大幅减少，清楚地表明了明末清初的社会经济危机对中国经济的危害之严重。从对经济思想发展演进的影响看，这种严重的经济社会危机带给明清之际思想家以刻骨铭心的痛苦，既是促使他们全面反思中国经济社会体制的主要原因之一，也为他们推动思想革新奠定了经济基础。

2. 国家治理：国内政治腐败、内外战事失利和反中央集权思想

从国家治理角度看，明末在国内政治和内外战事的应对上都问题重重，内外矛盾不断累积，最终导致明朝灭亡。在内部政治方面，一是党争问题。明末党争接连不断，统治集团内部的斗争日趋严重。到了崇祯皇帝时期，皇帝虽然严禁臣下结党营私，但他为了强化皇权，采取更加高压的手段来压制群臣，反而使得党争问题更为加剧。刘宗周就直言批判崇祯皇帝矫枉过正的

① 陈忠海：《明朝中后期的财政困局》，《中国发展观察》2021 年第 18 期，第 63—64、61 页。

②（明）郑廉撰：《豫变纪略》卷 2。

③ 杨三寿：《试论明末清初的财政经济》，《云南师范大学学报（哲学社会科学版）》1993 年第 6 期，第 49—54 页。

行为是“欲抑君子以平小人之气，用小人以成君子之功”[①]。结果官员结党的问题没有解决，群臣为了自保更倾向于加入官僚团体，统治阶级内部的矛盾更加激化。二是吏治问题。明末的吏治腐败问题相当严重，特别是在因利益而勾结的阉党获取胜利后，抛开工作能力不谈，媚上欺下、贪污腐败之风盛行，朝堂政治已然败坏。官员为了满足自身利益，对百姓的压榨和剥削日益严重，导致百姓视官员为仇寇，一旦发生民变，他们就可能会迅速加入叛军，严重威胁明朝的统治秩序。

在国内外战事方面，明朝政府陷入了两面作战的窘境。一是辽东战争。后金的不断壮大使明朝不得不在辽东投入更多军事力量，不过局势却朝着不利于明朝的方向发展。崇祯九年（1636 年）皇太极改原有国号“后金”为“清”后，对明朝的军事行动更加有目的性，入侵的范围不断扩大。同年，清军在北京周边地区烧杀抢掠；崇祯十一年（1638 年），清军兵锋已经迫近济南城下；到了崇祯十五年（1642 年），清军的攻击范围已经扩大到了明朝的财税重地南直隶地区[②]。二是农民起义。明朝末期，陕西地区天灾连连，边兵军饷长期拖欠，最终在天启七年（1627 年）王二领导饥民起义，拉开了明末长达数十年农民起义的序幕[③]。农民起义加重了明朝政府的财政负担，为了尽快镇压农民起义，开始通过加派的方式筹集军饷，但赋税加重又导致更多的农民起义，这就使得明朝政府陷入了左右为难的境地。

在上述内忧与外患的共同作用下，明朝政府所面临的财政问题、土地兼并问题、流民问题等越来越严重，陷入了难以挽救的混乱之中。最终，以李自成、张献忠为代表的农民起义大规模爆发，成为压垮明王朝的最后一根稻草。政治、军事、土地问题演变成财政、社会治安问题，最终化为一股时代

---

① （明）刘宗周撰：《刘宗周全集》第 3 册《文编一 · 预失责难疏》。

② 孙文良、李治亭：《明清战争史略》，中国人民大学出版社，2012。

③ 刘德鸿：《王二与明末农民战争的序幕——与方福仁先生商榷》，《人文杂志》1983 年第 3 期，第 92—95 页。

的洪流，冲垮了明王朝。明王朝的崩溃给当时的思想界带来了巨大的震动，以王夫之、顾炎武和黄宗羲为代表的思想家无不反对君主专制和中央集权制度，是明清之际思想启蒙和经济思想发展活跃的重要原因。

3. 思想市场：启蒙思潮对正统教条思想的深入反思

思想市场方面，受社会现实和明中后期反正统思潮的影响，明清之际涌现了一批启蒙思想家，对正统思想展开了深入的反思与批判，形成了明清之际的启蒙思潮。明清之际的乱象促使当时的思想家开始全面地反思社会现象，进而思考新的社会运行模式。明朝的灭亡、清初的残酷统治的双重打击，让当时的知识分子对现实悲愤而绝望。家国情怀和现实的无奈让他们选择拒绝仕清，著书立说。明王朝末期大量的社会问题使得知识分子开始反思整个制度、总结历史教训、进而提出自己的理想社会蓝图，希望能为未来的盛世提供借鉴[①]。明清之际的启蒙思潮是传统文化内部一次深刻的自我批判，是中国古代思想史中浓墨重彩的一笔。

这一时期的经济思想，是作为当时启蒙思想家吸取历史教训、构建理想社会思想的重要组成部分而存在的。因此，这一时期的经济思想囊括了义利、本末、土地、货币财政等诸多方面，下面依照类别介绍这一时期的经济思想。

义利观念是这一时期经济思想的基础，也是这一时期经济思想重点论述的领域。黄宗羲《明夷待访录》中《原君》篇反映了其义利观念，矛头直指帝王，对帝王妨害经济发展的行为持严厉抨击态度。黄宗羲承认人的自利心，“有生之初，人各自私也，人各自利也”，并据此主张古代的仁君之所以可以为君王，正是因为其“不以一己之利为利，而使天下受其利；不以一己之害为害，而使天下释其害”，以集体利益为目标者才能成为君王。后世君

① 赵靖主编：《中国经济思想通史》（第 4 卷），北京大学出版社，2002，第 1859 页。

王却“以为天下利害之权皆出于我，我以天下之利尽归于己，以天下之害尽归于人”，“以我之大私为天下之大公”[①]，以自身私利为最大，进而损害、剥削天下之人。黄宗羲将“利己”和“利天下”作为界定君王是否贤德的标准，驳斥君王盘剥天下的行为，其反正统色彩十分鲜明。

顾炎武的经济思想同样建立在对自私自为的肯定基础上。他主张：“天下之人，各怀其家，各私其子，其常情也。”[②]天子对民众的关心，一定不如民众自私之心。人人自私，从而人人会守护好自己的亲人和财产，于是田野治、财货足，天下治。也就是说，顺应人人自私自为的想法，则天下会得到治理、走向繁荣。最终得出“天下之私，天子之公也”[③]的结论。这是一种完全基于民众立场的公私、义利观。

本末观念方面，明清之际启蒙思想家延续了明中后期对工商业的重视态度，并更进一步强调了工商业的社会作用。黄宗羲从是否切于民用的角度出发，主张佛、巫、倡优、酒肆等“皆不切于民用”，应加以抑制，进而提出，不切于民用者为末，“夫工固圣王之所欲来，商又使其愿出于途者，盖皆本也”[④]。顾炎武从使民致富的角度出发，认为工商业同样是重要的致富手段，工矿方面，他主张各县自开矿山[⑤]，并促进纺织业发展，采用雇佣劳动力“令出赀雇募”[⑥]的方式。商业方面，顾炎武主张自由贸易，反对盐铁专卖夺民之利[⑦]，并仅征收一道贸易税[⑧]。王夫之一方面鄙夷逐利的商人，另一

---

① 以上引文均出自（清）黄宗羲撰、何朝晖点校：《明夷待访录》篇 1《原君》。

②（清）顾炎武撰：《亭林文集》卷 1《郡县论五》。

③（清）顾炎武撰：《亭林文集》卷 1《郡县论五》。

④（清）黄宗羲撰、何朝晖点校：《明夷待访录》篇 18《财计三》。

⑤（清）顾炎武撰：《亭林文集》卷 1《郡县论六》。

⑥（清）顾炎武撰：《日知录》卷 13《奴仆》。

⑦“国朝铁器无禁……惟盐则分场置司，官自煮之，而行之商贾，小民负贩亦置不问，岂非得中正之法乎”出自（清）顾炎武撰：《天下郡国利病书·山东》。

⑧“盐之产于场，犹五谷之生于地，宜就场定额，一税之后，不问其所之，则国与民两利。”出自（清）顾炎武撰：《日知录》卷 10《行盐》。

方面也认同“商贾贸贩之不可缺也”[①]，对其互通有无的作用有充分的认识，并且认为“大贾富民者，国之司命也”[②]，富商在赈济灾民时有重要的作用。这无疑是矛盾的，但可以用视角不同来解释。前者是基于文明与伦理的视角，认为商贾兴逐利之风是不值得提倡的；后者是基于社会与功利的视角，客观上肯定了富商在商品流通等方面能够为社会做出贡献。

土地思想方面，黄宗羲讨论了苏洵、胡翰、方孝孺关于井田的观点，并以其屯田相关的见闻，计算全国官田数量，主张井田可以实现，且富人土地不必侵夺[③]。顾炎武认为，最大的致富手段是农业，“天下之大富有二，上曰耕，次曰牧”[④]，因此应劝农、开荒，并主张将皇庄土地分予无地农民，限制地主的私租的最高额——“上田不得过八斗”[⑤]，以此提升农业积极性。王夫之梳理了土地所有制从公有转向私有的过程，进而主张授田还田制度是并不存在的。具体到其自己的土地所有制主张，则是“有其力者治其地”，“民自有其恒畴，不待王者之授之”[⑥]，强调私有观念。至于土地兼并，王夫之认为土地兼并是由于智愚之别，土地兼并之害不如官吏盘剥之害，但也主张以赋税干预土地兼并。土地是农本社会最重要的生产资料，因此土地思想关乎思想家对社会财富分配的具体设计，是这一时期经济思想的重要组成部分，但在是否均田、是否分富民之田和官田方面，则有较大争议。

①（清）王夫之撰：《宋论》卷 2《太宗》。

②（清）王夫之撰：《黄书·大正第六》。

③（清）黄宗羲撰、何朝晖点校：《明夷待访录》篇 10《田制一》、篇 11《田制二》、篇 12《田制三》。胡寄窗在《中国经济思想史》（下）中主张黄宗羲的数据演算并不可靠，因为其低估了富人侵占的土地数量。

④（清）顾炎武撰：《亭林文集》卷 6《田功论》。

⑤（清）顾炎武撰：《日知录》卷 10《苏松二府田赋之重》。

⑥（清）王夫之撰：《噩梦》。

货币财政思想方面[1]，黄宗羲主张自古税制有三害，即“积累莫返之害，有所税非所出之害，有田土无等第之害”[2]。“积累莫返之害”即后世所说的“黄宗羲定律”，每次税制改革后，新税往往会增加，但旧税却并未实际取消；“税非所出”即税收不收民间所产；“田土无等第”即对田的等级不做区分导致税收不公平。用银的问题在于“夫银力已竭，而赋税如故也，市易如故也”[3]，应当恢复曾经北宋的称提之术，使用钞法满足交易需求。顾炎武则从反压迫的视角看待赋税，主张“今天下之患，莫大乎贫”[4]，而贫穷的原因，顾炎武认为在于南方征粮、北方劳役、以银为税和地租剥削。这些都是古代王朝的弊端，体现了其思想中的反压迫性质。他进而强调致富的方法就是减少政府的干预和繁文缛节，“利尽山泽而不取诸民”[5]，开放国家资源于民，利用民众的自利心使自然资源得到开采。王夫之主张仅仅以铜钱为货币，以无实际价值反对纸币，以致使逐利之风反对以银为货币。王夫之在铜钱制度设计中提出，通过一次性以粮回收并销毁私铸劣币，来解决“恶钱充斥，则官铸不行”[6]的“劣币驱逐良币”问题。价格方面，他一方面表现出对常平仓制度的赞许[7]，另一方面主张粮价高时官方压低粮价只会让有粮者不售卖；粮价低时官方提高粮价只会让有钱者不购买，无法真正调节粮价[8]。财政方面，王夫之赞成以货币为租税缴纳工具，抛弃了传统的农业单一税思想，以考据否定了什一税为理想农业税率，主张改班匠劳役制为

---

① 值得提醒的是，这一时期财政思想可以独立于货币思想存在，但货币思想却都紧密地与赋税相联系。基于这种性质，财政思想和货币思想这里便不分开论述。

②（清）黄宗羲撰、何朝晖点校：《明夷待访录》篇 12《田制三》。

③（清）黄宗羲撰、何朝晖点校：《明夷待访录》篇 16《财计一》。

④（清）顾炎武撰：《亭林文集》卷 1《郡县论六》。

⑤（清）顾炎武撰：《亭林文集》卷 1《郡县论六》。

⑥（清）王夫之撰：《读通鉴论》卷 22《玄宗》。

⑦“耿寿昌‘常平’之法，利民之善术也”。出自（清）王夫之撰：《读通鉴论》卷 4《宣帝》。

⑧“乃当其贵，不能使贱，上禁之弗贵，而积粟者闭籴，则愈腾其贵；当其贱，不能使贵，上禁之勿贱，而怀金者不仇，则愈益其贱；故上之禁之，不如其勿禁也。”出自（清）王夫之撰：《读通鉴论》卷 16《武帝》。

雇佣制。

可以看出，黄宗羲、顾炎武、王夫之的经济思想不但与之前的正统经济思想相比有很多不同，而且他们互相在许多领域都有较大出入，尤其是王夫之的经济思想和黄、顾二人的几乎大相径庭。这有思想启蒙因素的影响，但更多的则在于其所代表的群体不同。黄、顾二人的经济思想代表的是一般民众，王夫之代表的则是知识分子。明清之际的思想家虽然不会像清末民初资产阶级那样有鲜明的不同的阶级倾向，但也站在地主阶级或商人阶级的立场上反对皇权或为自身群体发声。这些经济思想正体现了反对皇权、为自身群体发声这一特点。

可惜的是，清朝建立后这样蓬勃旺盛的经济思想的发展并没有持续很久。原因一方面在于清初休养生息，社会矛盾没有明末那么激烈；另一方面在于满族作为少数民族，统治包括汉族在内的众多民族，不可避免地存在民族观念、历史文化认同等方面的问题，因此在政治和思想上把控得更加严格，文字狱屡见不鲜，这使得清朝统治下的知识分子不便再沿着此前的启蒙思潮进行研究，转向偏学术的考证学等领域。经济基础的发展、国家治理的演进和思想市场的变化共同导致了这类经济思想的沉寂，直至晚清。

（四）清前中期：人口、外贸与货币思想

1. 经济基础：人口问题和对外贸易发展

从经济基础来看，清前中期有两个重要变化对经济思想的发展产生了重要影响。一是人口问题，从清朝刚刚建立时的人口过少逐步变为人口过剩，并引发了大量思想家对人口问题的讨论。明清之际，社会混乱和起义使人口骤减，四川等地出现了严重的人口缺失。而后清政府作为少数民族政权，其统治也遭受到许多阻隔与抵抗，民族矛盾问题比以往更突出，出现了大量的冲突事件。明朝遗留的社会问题也须得到解决。清政府一方面出于巩固统治

的需要，另一方面为了促进经济和人口的恢复与增长，出台了一系列促进人口增长、保证民生的利民政策。在合理的税收政策和土豆、玉米、红薯等外来作物的共同作用下[①]，清朝人口大量增加，在清末达到了前所未有的 4 亿人以上。各地户口充实，大量林地、荒地得到了开垦，在农业和人口领域实现了繁荣。人口的快速增长也带来了新的问题，导致中国经济陷入了“高水平陷阱”，即中国经济一直无法出现工业革命，只能长时期处于小农经济的均衡中[②]。更进一步来看，人口增长过快还会严重降低整个社会的福利水平，因为人口增加会消耗掉本就不多的农业剩余[③]。实际上人口快速增加会导致人均耕地面积减少，而这通常意味着人均粮食减少，大部分民众抵御风险的能力较低，一旦政府应对不力就有可能会引发社会骚乱，甚至威胁到其统治地位。人口的快速增加及其带来的社会问题导致清朝的人口思想出现了新的发展。

二是对外贸易问题。随着对外贸易的发展，对外贸易问题越来越受到重视。清代的贸易，尤其是海外贸易，较宋明两朝有了较大的发展[④]。清政府于康熙二十三年（1684 年）解除了台湾海禁，并于次年设立了松江、宁波、泉州、广州四个港口，并相应设立了江海关、浙海关、闽海关、粤海关，负责管理海外贸易的大小事务。中国的海外贸易正式进入了开关管理时期。此后，虽然发生了限制进口等事件，但出口方面并未受到影响。清朝的对外贸易十分繁荣，几乎所有亚洲、欧洲、美洲的主要国家都与中国发生了

---

① 三种外来作物在明清之际通过贸易进入沿海地区和云贵地区，在乾隆时期已在全国普及。客观上起到了改良品种（如薯类，红薯将大部分本土薯类淘汰）和提高丘陵、山地、沙地土地利用率的作用（玉米、红薯适合在丘陵、山地种植；土豆可以在沙地种植）。具体参考何炳棣：《美洲作物的引进、传播及其对中国粮食生产的影响（三）》，《世界农业》1979 年第 6 期，第 25—31 页。

② 姚洋：《高水平陷阱——李约瑟之谜再考察》，《经济研究》2003 年第 1 期，第 71—79、94 页。

③ 王小侠：《清代中叶人口增长负效应分析》，《社会科学辑刊》2003 年第 6 期，第 103—107 页。

④ 不同于大众印象中的闭关锁国，清朝前 196 年中，仅在 28 年内实行较为严格的海禁，11 年内对部分区域实行海禁，其余时间的海外贸易是基本开放的。参见黄启臣：《清代前期海外贸易的发展》，《历史研究》1986 年第 4 期，第 151—170 页。

直接的贸易关系，大小港口扩充到了一百多处，商船数量和贸易吨位都是空前的。对外贸易在增加政府收入的同时，向国内输入了大量白银，此前白银短缺造成的货币问题、社会问题也迎刃而解。值得注意的是，伴随外贸的鸦片走私对中国产生了巨大的不良影响，除削弱国民心志外，也导致了贸易逆差，自嘉庆五年（1800 年），中国白银从内流变为外流[①]。在 19 世纪初期，白银不足重新成为重要的社会问题，但与之前不同的是，此次的白银问题已然和对外贸易紧密相关。

2. 国家治理：人口政策、对外贸易治理和经济思想发展

由于人口问题和海外贸易等经济基础发生了变化，国家对应的治理方式也做出了相应调整，并带来了相关经济思想的蓬勃发展。从人口治理模式来看，在人口过少时期，清朝政策的创新之处在于其赋税制度对人口增长的促进。在古代，依人口数征收的丁税对家庭新增人口的抑制作用不可谓不重，贫民负担不起经济压力时，不得已会将孩子溺死[②]。康熙五十一年（1712 年）时，以康熙五十年（1711 年）时人口为基准征收丁税的总额，“滋生人丁，永不加赋”[③]。这一政策降低了赋税对人口增长的抑制作用。雍正年间全面推行的“摊丁入地”政策，将已经固定的丁税额，平均依亩数均摊至田赋中征收。两项政策合二为一，彻底废除了丁税，在税收分配更均匀的同时，解除了赋税对人口增长的抑制作用，以往为了避税而瞒报人口的行为也迎刃而解。这是古代以经济手段促进人口增长最成功的案例。

之后，随着人口的快速增长，人口过剩问题也渐渐成为研究的主要议题。明代之前，大部分关于人口的忧虑都在于人口过少，除了战国时韩非的

① 黄启臣：《清代前期海外贸易的发展》，《历史研究》1986 年第 4 期，第 151—170 页。

② 相关描述很多，如：“吾乡之人，多止育两子。过是不问男女，生辄投水盆中杀之。父母容有不忍者，兄弟惧其分己赀，辄亦从旁取杀之。”出自（宋）朱松撰：《韦斋集》卷 10《戒杀子文》。

③《皇朝文献通考》卷 19《户口考一》。

思想外，很少有关于需要限制人口过多的思想产生。清代的人口之多，前所未有，因而也催生了许多关于人口问题的探讨。洪亮吉吸取了前人的学说[①]，在人口增长方面提出了自己的见解，认为人口过多是和平年代需要面对的重要问题。洪亮吉主张，当时治平百年，户口“视三十年以前增五倍焉，视六十年以前增十倍焉，视百年、百数十年以前不啻增二十倍焉”，但土地增长率相对有限，最多“增三倍、五倍而止矣”[②]，会造成人口过多而土地不足，人们养活自己变得困难。再加上兼并等问题的加剧，导致了悲惨的社会现象。洪亮吉想到的解决方法在于水旱疾疫和国家调控，但他认为这些调控方式都有其限度，无论如何都无法应对数量如此庞大的人口增长。洪亮吉的人口思想大概可以概括为人口增长的速度远高于可用资源增长的速度，其论述大多数源于观察，解决方法也并不全面，但其基本原理是大致正确的，且与托马斯·罗伯特·马尔萨斯（Thomas Robert Malthus）提出的人口论不谋而合。这体现出 18 世纪末中国人口过多确已造成不少尖锐的社会问题。虽然洪亮吉并没有提出能完全解决人口问题的具体方案，但仅是指出问题，亦足以体现其思想的时代价值。

在贸易治理方面，清政府和皇帝对海外贸易的治理也同样十分重视。闽粤浙苏等地的地方官自康熙十五年（1676 年）起即请求解除海禁，主张只有开海贸易才能解决“谷贱伤农”、铸铜“匮诎”和“赋税日缺、国用不足”等社会问题[③]。康熙帝在台湾平定后强调：“先因海寇，故海禁不开。今海氛廓清，更何所待？”[④]力主松弛海禁。康熙帝也对海外贸易的优点进

---

① 如苏轼主张人口增加“非徒无益于富，又且以多为患”。马端临主张人口最重要的是质量而非数量，故古代人少质量高而国强，后世人多但质量低则国弱。详见胡寄窗：《中国古代的人口政策与人口思想》，《经济研究》1981 年第 1 期，第 72—78 页。

②（清）洪亮吉撰：《卷施阁文甲集》卷 1《意言·治平篇》。

③ 黄启臣：《清代前期海外贸易的发展》，《历史研究》1986 年第 4 期，第 151—170 页。

④《皇朝文献通考》卷 33《市籴考》。

行了论述："向令开海贸易，谓于闽、粤边海民生有益。若此二省民用充阜，财货流通，各省俱有裨益。且出海贸易，非贫民所能，富商大贾，懋迁有无，薄征其税，不致累民，可充闽、粤兵饷，以免腹里省分转输协济之劳。腹里省分钱粮有余，小民又获安养，故令开海贸易。"[①]强调海外贸易对补充政府收入和减轻贫民税收负担的作用。可以将此作为清政府对待海外贸易的基本主张。因为对外贸易的繁荣，以及后来伴随外贸产生的鸦片走私、白银外流等问题，大量的外贸相关经济思想开始涌现。

18 世纪 20 年代，在清政府重新实行部分海禁的背景下，蓝鼎元第一次从贸易经济和民生的角度支持开放海外贸易。他主张海外贸易能够"以海外之有余，补内地之不足"的同时，"内地贱菲无足重轻之物，载至番境，皆同珍贝"[②]。外贸既可弥补内地商品的不足，也能以内地价格便宜的物品换取大量财富，对民生大有裨益。进一步，蓝鼎元主张海外贸易是沿海民生之重。重新开启海禁后，过去的海船日渐朽败，一艘海船朽败等于"废中人数百家之产"[③]，重开海禁会使民间产生重大的经济损失。这在此前强调海外贸易的税收作用这一主要观点中，无疑是一种新的声音。

在外贸中产生贸易逆差、白银外流等问题之后，国内的白银短缺重新引起了人们的重视，使许多货币思想产生。这一时期的货币问题涉及外贸、币材等因素，内容较复杂，在这一时期中国历史上首次有人撰写针锋相对的货币专著进行争辩[④]。王瑬在《钱币刍言》中主张发行不兑换纸币，并详细规定了钞法，引发了许多争论。许梱刊发《钞币论》以反对《钱币刍言》中的不兑换纸币的内容，反对钞法。包世臣、王茂荫则吸取了此前钞法的经验教训，分别主张实行以钱为基础和以银为基础的兑换纸币，并提出了相关方

①《圣祖仁皇帝实录》卷 116。
②（清）蓝鼎元撰：《鹿洲初集》卷 3《论南洋事宜书》。
③（清）蓝鼎元撰：《鹿洲初集》卷 3《论南洋事宜书》。
④ 胡寄窗：《中国经济思想史》（下），上海财经大学出版社，1998，第 607 页。

案。林则徐在赞成以银为货币的同时，为了解决洋钱价格高于白银[①]的问题，主张白银铸币是客观需求，应由本国铸造银币[②]。

这个时期也出现了将白银短缺问题同外贸联系起来的思想。例如，王鎏在《钱币刍言》中主张外贸中外国应先以银易钞，方可购买货物，或者进行物物交换。林则徐和魏源则将鸦片贸易和其他对外贸易严格区分，认为白银外流根本原因是鸦片进口。因此，想解决白银外流问题，不需要禁止白银进出口和封闭通商口岸，仅需禁止鸦片贸易。其他的对外贸易则是为了为本国增加财富[③]，应不加限制地鼓励[④]。对外贸易逆差确是白银短缺的真正原因，林则徐、魏源的观点和方案确实切合了当时情况，即使以现代眼光来看，也大体合理妥当。

3. 思想市场：思想专制空前加强

清朝建立后，清朝皇帝在思想和文化方面的控制比历史上任何时期都更加严格，思想专制程度空前加强。主要原因有两方面。首先，客观上清政府有很强的思想专制需求。清初的民族矛盾十分严重，尤其是南明政权和“反清复明”思想等因素的影响促使清政府加大对文化思想方面的管制，以此维护统治秩序，防止清王朝的统治基础被破坏。其次，清代的中央集权程度达到了封建王朝的顶峰。清朝皇帝不仅通过成立军机处、设置南书房等手段使皇权进一步扩大，还高度重视对思想文化的管制。例如，乾隆皇帝就自诩为“十全老人”，认为他的文化思想造诣前无古人后无来者。皇帝本人对文化思想的热衷和中央集权的加强，进一步强化了思想专制的程度[⑤]。

---

① 因为洋钱银币方便使用，故含银量七钱三分的银两即可当成白银一两使用。

② “欲抑洋钱，莫如官局先铸银钱，每一枚以纹银五钱为准，轮廓肉好，悉照制钱之式。”参见（清）林则徐撰：《林文忠公政书》甲集卷 1《会奏查议银昂钱贱除弊便民事宜折》。

③（清）林则徐撰：《林文忠公政书》乙集卷 11《复奏曾望颜条陈封关禁海事宜折》。

④ 魏源的贸易差额等思想是借鉴的西方重商主义中贸易差额的论述，虽属于外贸思想，但和中国传统经济思想有所区别，故本书不做论述。

⑤ 李璇：《明清两朝的禁书与思想专制》，吉林大学硕士学位论文，2009。

具体来看，清代为了钳制思想从多个方面采取了措施。第一，大兴文字狱，用严酷的手段镇压异己思想。例如，从顺治到乾隆四个皇帝在位期间，全国发生的文字狱案件达 180 多起，其数量比明代总和的三倍还多（明代文字狱共 56 起）[①]。第二，借修书之名，来实现控制思想传播、加强学术专制之实。例如，在乾隆皇帝的主持下，清政府花费了数十年时间和大量的人力物力编修了包括《四库全书》在内的多种官方修订书籍。从学术发展的角度确实有贡献，但是官方钦定版本也删去了不少异己思想，这实际上是一种变相的思想控制手段，试图将学术思想纳入政府管控。第三，大规模禁书。书籍是思想传播最主要的手段之一，其对社会思想的影响作用巨大。清朝出版行业很发达，私人出版图书十分常见，如果不加控制很容易导致危害政府统治稳定的思想通过图书传播。因此，清朝统治者对于禁书十分重视，其禁书的规模是中国古代禁书史上的巅峰。以明清两朝为例，明朝也很重视禁书，但总的禁书规模远远小于清朝（明朝总计 427 本，清朝总计 5360 本）[②]。除上述手段以外，清政府还从法律、宗教治理等方面钳制思想，但限于篇幅不再一一讨论。

随着清朝统治者采取的思想专制政策逐步取得效果，清政府的政权日益稳固，但代价是思想市场越来越沉闷。实际上除了特定领域外，中国经济思想的发展十分缓慢，基本陷入了停滞。从 18 世纪开始，这种现象越来越明显，具体表现为知识分子中反对清朝的思想逐步消失，大部分人以歌颂清朝的“盛世”为主。在这样一种环境下，该时期的经济思想“总是在为巩固清王朝的统治服务的前提下，提出一些处理现实具体矛盾的办法”[③]，导致经济思想整体发展的空间受限，只在某些特定的领域有进一步的发展（如人口

① 李璇：《明清两朝的禁书与思想专制》，吉林大学硕士学位论文，2009。
② 李璇：《明清两朝的禁书与思想专制》，吉林大学硕士学位论文，2009。
③ 胡寄窗：《中国经济思想史》（下），上海财经大学出版社，1998，第 559 页。

思想和对外贸易思想等）。

（五）小结

虽然明清时期的四个阶段在经济基础、国家治理和思想市场上的总体趋势一致，但每个时期的变化各有侧重，且各自有其突出特征，这一点突出地反映在了经济思想上。明前期的皇权集中、明中后期的反正统思潮、明清之际的乱世与思想启蒙和清前中期的思想专制与治理需求，是四个时期的主基调。因此，明前期的钞法和《大学衍义补》，明中后期的义利论、保富论和银钱思想，明清之际对正统经济思想的全面反思，以及清前中期的人口思想和对外贸易思想成为各个阶段经济思想的主流。从明清时期经济思想发展演变的视角来看，明清时期关于财政、货币等具体事务的经济思想贯穿了整个时期；在明中后期反正统思潮产生后，义利、本末的新思想开始涌现；在明清之际乱世和启蒙思潮的影响下，经济思想则演变为了对经济制度和经济思想基本教条的全面反思和再构建，但这类经济思想在清政府稳定统治、抑制思想的趋势下，最终趋于沉寂，直到中国步入近代。

二、明至鸦片战争前经济思想发展的主要特征

作为中国传统经济思想发展演变的最后一个时期，伴随着农业的成熟、商品经济的发展、专制集权的加强和思想市场的切合实际，明清时期经济思想具有其独有的时代特征。经济伦理思想上崇私论的兴起使义利观更加切合实际；本末思想上农工商皆本思想成为主流；贫富思想上以保富论为主体，和解决贫困的思想相区分；土地私有趋势不可阻挡，土地分配思想式微，政策趋于财政手段；商品经济发展促使货币思想与财政思想进一步融合；新的社会问题带来人口、外贸思想的新变化。

（一）崇私论的兴起：义利观的进一步发展

在明清之前，从汉代重义轻利原则的确立到唐宋功利主义的出现，义利观念向来有两种不同的态度。一种是“存天理，灭人欲”，主张财利不应是君子追求的对象；另一种则是主张治国必须言利，唯有为国理财才能真正利国利民。

到了明清时期，反正统思潮促使义利论有了全新发展。“天理即是人欲”的新观念为追求财利提供了正当的名分；知识分子也需营生的客观事实也使其义利观念更切合实际。在这种背景下，从民众视角强调崇尚私有、私欲的经济伦理思想逐渐兴起，成为许多新兴经济思想的基础。

明清时期对私欲的肯定也有其发展轨迹。丘濬在《大学衍义补》中已主张“财者，人之所同欲也”[①]，但也主张“利之为利，居义之下，害之上”[②]，认为国家逐利行为本身是无属性的，伴随义则有福祉，伴随害则有祸害。换而言之，《大学衍义补》的经济思想中，义和利是独立的两件事，逐利应在公义的指导下进行。在明中后期的反正统思潮产生之后，则出现了从民众视角出发的崇私论。崇私论的代表人物李贽就从每个人都有的私心讲起：“夫私者，人之心也。人必有私，而后其心乃见，若无私，则无心矣。”[③]认为争取私有财产的私心才是人行为的驱动力，这是天生的自然规律，鼓吹“无私”的都是“画饼之谈”。到了明清之际，人们的私心更成了黄宗羲和顾炎武经济思想的哲学基础。黄宗羲主张“有生之初，人各自私也，人各自利也”，以此为正当行为，并抨击君王“以我之大私为天下之大公”的行为[④]。顾炎武也从相同的自利视角出发，认为顺应民众的私心即可使人人

---

① （明）丘濬撰：《大学衍义补》卷20《总论理财之道（上）》。

② （明）丘濬撰：《大学衍义补》卷24《经制之义（下）》。

③ （明）李贽撰：《藏书》卷24《德业儒臣》。

④ （清）黄宗羲撰、何朝晖点校：《明夷待访录》篇1《原君》。

自发增殖财产，从而使国家富强，故“天下之私，天子之公也”[①]。

值得一提的是，虽然都反对重义轻利思想，但明清时期崇私论的侧重点和宋代的功利主义有很大的区别。宋代对功利的肯定主要集中于为国理财方面，即强调理财之道利国利民的一面；明清时期的崇私论则集中于民众方面，即强调民众各自私欲的正当性。造成这一区别的因素有两点：一是时代背景的差异。宋代一个重要的政治事件是自王安石起持续百年、从北宋延续到南宋的新法旧法之争，此时的功利主义是支持新法观点中逻辑支撑的一部分，因此强调的是对治国中讳言财利行为的反对。明中后期兴起的崇私论则是在反正统思潮后，知识分子从每个人的私欲出发形成的观点，是直接对思想教条的反对。二是明代知识分子对民众的亲近。宋代知识分子大多居于庙堂之上，其思维视角仍从国家利益出发。明代的知识分子如前所述，已经愈发贴合群众，且其志向也转变为移风易俗、启迪民智。因此，这一时期经济思想具有贴合民众这一特点，这在崇私论上体现得很强烈。从唐宋时期对政府讳言财利论调的反对，到明清时期崇尚私有之心，矛头直指民间的讳言财利思想教条，中国传统经济思想中的经济伦理思想得到了显著的发展。

（二）农工商皆本：本末思想的新变化

明清时期的工商业相较于唐宋元时期更加繁荣，随着商品经济的发展，其影响力也更加大[②]。相应地也出现了许多为工商业正名的思想。这些思想与唐宋元时期相比，有了进一步的发展，当然这期间经历了一个演进过程。在明前中期就有了对工商业的支持态度，明初的工匠制度相较元代，减弱了手工业工匠对国家的依附程度，《大学衍义补》虽反对国家从事商业与民争利，但对民间商业则极力支持，主张商业民营，反对摧抑商贾，认为“食货

---

①（清）顾炎武撰：《亭林文集》卷1《郡县论五》。

② 明清时期工商业的繁荣已于前文详细论述，此处不再赘述。

者，生民之本也”[①]，市场则可以使民众之间互通有无，改善生活，是民用足国用余的好事。这仍是从功能上肯定商人的作用。到了明中后期，重商观念逐渐兴起，商人地位有所提升。王守仁“四民异业而同道”[②]“虽终日做买卖，不害其为圣为贤”[③]以及何心隐“商贾大于农工，士大于商贾”[④]等观点体现了商人在经济思想领域的地位持续上升。到了明清之际，则出现了黄宗羲“工商皆本”[⑤]、傅山“市井贱夫最有理”[⑥]等论述和民间“士不如商”的新观念。

商人、商业价值的提升除了在经济思想中有所体现，在民间也有所体现。自明中后期起便有不少知识分子为了治生而从事商业，到明清之际时，则已经“士商相杂”[⑦]，且有知识分子劝商人朋友专力于经商，而不是子孙走上追求士人的道路。甚至在新安[⑧]等某些商业发达之地，已不是“右儒而左贾”，而是“右贾而左儒”[⑨]，商贾地位已经超过了士人。不少士人也依附于商人，为其效劳换取报酬，或得到其资助发表文章。同时，社会精英普遍崇尚重商思想对商业也有促进作用，“工商皆本”思想对商业有所促进，而一些知名知识分子也涉足市场，经营书肆、笔庄、墨店、印刷工场等文化产业[⑩]。由此可以看出，“工商皆本”的经济思想，不但是经济思想发展

---

①（明）丘濬撰：《大学衍义补》卷 25《市籴之令》。

②（明）王守仁撰：《阳明文录》外集卷 9《节庵方公墓表》。

③（明）王守仁撰，吴光钱、董平、姚延福编校：《王阳明全集》。

④（明）何心隐撰：《何心隐集》卷 3《答作主》。

⑤ 前述“夫工固圣王之所欲来，商又使其愿出于途者，盖皆本也”出自（明）黄宗羲撰、何朝晖点校：《明夷待访录》篇 18《财计三》。

⑥（明）傅山撰：《杂著录·圣人为恶篇》。

⑦（清）归庄撰：《传砚斋记》。

⑧ 徽州、严州地区的代称。位于钱塘江上游的新安江流域，属于古代的浙西地区，所辖地域为今安徽黄山市、绩溪县及江西婺源县、浙江建德市、浙江淳安县。

⑨（明）汪道昆撰：《太函集》卷 54《明故处士溪阳吴长公墓志铭》。

⑩ 如明清之际的小说家、戏曲家凌濛初；小品文评选家陆云龙、常熟汲古阁主人毛晋等，参见赵晓雷主编：《中国经济思想史》，东北财经大学出版社，2019，第 133—134 页。

的重要体现，也离不开广泛的经济基础支撑[①]。

（三）“保富”和“恤贫”：贫富思想的拆分

富商和地主的社会地位的提升使为其辩护的声音渐强，以往主张折损富人以补给贫民的思想早在宋代就已经渐渐被保富论取代，这一趋势在明清被延续了下来。贫困仍是需要解决的问题，因此此时的思想家会从其他方面考虑解决贫困的方法。

明清时期，富人在社会上的地位越来越高，其社会作用也越来越大。在这一时期，士多出于商人之家，以至于士商的界限不能清楚地划分，因为商业的比重日益增大，有才智者便会被商业吸引；商人掌握财富，所以社会公益事业也从士大夫转移向了商人[②]。商人社会地位日渐增高，知识分子同商人的联系也日益紧密，二者共同决定了保富论成为明清时期对富人的主要态度。

明清时期的保富论主要有两种视角：一种是从法理和公义视角为富人辩护，如黄宗羲认为夺富民之田为不义。另一种是从富人的社会作用视角为富人辩护，如“诚以富家巨室，小民之所依赖，国家所以藏富于民者也”[③]。

既然贫困确实是应当解决的问题，那么富人即便无过失，也需要为贫困寻找原因和新的解决方法。宋应星将贫穷的根本原因归为高利贷[④]；顾炎武则将贫富分开看待，主张富人无过失，贫穷则是由政府剥削导致的[⑤]；洪亮吉主张人口问题是导致贫富差距加大的原因[⑥]；龚自珍主张古代最初处于人

① 赵晓雷主编：《中国经济思想史》，东北财经大学出版社，2019，第133—134页。

② 余英时：《中国近世宗教伦理与商人精神》，见余英时《中国传统思想的现代诠释》，联经出版事业公司，1987，第295—404页。

③（明）丘濬撰：《大学衍义补》卷13《蕃民之生》。

④（明）宋应星撰：《野议·民财议》。

⑤（清）顾炎武撰：《菰中随笔》卷2上。

⑥（清）洪亮吉撰：《卷施阁文甲集》卷1《意言·生计篇》。

人平均的状态，贫富的差距是由微小的差距渐变扩大的[①]。依据新的贫富差距归因，新的解决贫困的方法也被提出。例如，宋应星提出的限制高利贷行为和顾炎武提出的限制租税剥削，将皇庄分与无地贫民等思想。

（四）以财政抑兼并：土地分配思想式微下的转变

在唐中期均田制废弃后，土地私有的趋势已然不可阻挡，但在宋朝时仍有大量关于是否应当恢复均田制和井田制的探讨。到了明清时期，地主土地私有制已经根深蒂固，意图均田无疑是痴人说梦。因此，这一时期对土地分配问题的探讨较少，一般见于对经济问题的系统论述中，且一般不会侵占地主权益，而是考虑如何给无地贫民土地。这和知识分子对富民态度的转变直接相关[②]。与此同时，农民起义中的均田思想则在不断进化中。

土地分配制度的设计中，《大学衍义补》中的配丁田法主张对之前的土地不再过问，从官田中为新丁配田一顷，并以限制田多者交易的方式来抑制兼并，是一个非常温和与折中的方案。黄宗羲主张将官田和屯田分给无地贫民以恢复井田制，分富民之田是不义之举；顾炎武的土地思想和黄宗羲的类似，对地主的限制仅局限于限制其地租。王夫之更是持“归田授田，千古所必无之事”[③]的观点。可以看出，基于对富民的维护，明清时期思想家的土地思想已经彻底转变为维护土地私有制和维护地主权益。

制约土地兼并的思想政策主要集中于财政手段。除了前述的土地思想外，明清时期最重要的两个与土地相关的政策，即一条鞭法和摊丁入地，都是以财政手段限制地主行为，抑制土地兼并。当时地主势强，常与官吏勾结躲避租税，因此政府同地主间存在矛盾。因此，一条鞭法要求所有税收总为

---

①（清）龚自珍撰：《定盦文集》卷上《平均篇》。

② 这一部分的详细论述见上一节。

③（清）王夫之撰：《四书稗疏》。

一条，精简税制，抑制漏税行为；摊丁入地将人头税并入田税，即税收按土地分配，从而使税负更多地由拥有较多土地的地主、富人承担。两个政策的前置条件都是在全国范围内清丈土地，清丈土地本身就是对地主富人漏税行为的限制。明清时期确实主要通过财政手段对地主的兼并行为进行限制。

在明清时期的农民起义中，明确地出现了均分田地的思想。此前的农民起义，口号多为均贫富，如五代诸佑起义时的“使富者贫，贫者富”[①]，宋代王小波、李顺起义时的“吾疾贫富不均，今为汝均之”[②]。在明末大规模农民起义中，则明确出现了均田地的要求。以李自成为代表的起义军首领们提出“贵贱均田之制”[③]“均田免粮”[④]的斗争纲领，这是明清之际农民起义取得一定成就的重要原因。这也体现出当时起义爆发的主要原因是租税对民众的压迫，以及无地农民对土地的迫切需求。

（五）货币思想和财政思想的进一步融合

商品经济规模的扩大除了反映在本末思想上，还对货币领域有着很深的影响。从宋代的钞法的争议开始，币材问题成为货币思想的新问题，贯穿了整个明清时期。这一时期货币思想最重要的特点是货币思想与财政思想进一步融合。货币问题和财政问题自古以来都关联较紧密，历代王朝发行货币的一个重要目的就是增加财政收入。明清思想家延续并继续推动了货币思想和财政思想的融合，开始习惯将货币思想和财政思想结合起来看待，言及货币必言财政。在之后的银钱问题中，货币与财政思想更是紧密交织，一条鞭法便体现了货币政策与财政政策的结合。综上所述，币材问题导致了货币思想向财政思想融合的趋势。

---

①（宋）陆游撰：《陆氏南唐书》卷 11《郭张林卢蒯二陈列传》。
②（元）陈桱撰：《通鉴续编》卷 4。
③（清）查继佐撰：《罪惟录》卷 17。
④（清）查继佐撰：《罪惟录》卷 31。

这一时期，不同阶段的货币思想有较大差别，大多是针砭时弊，针对当时的社会问题提出自己的见解。明初钞法盛行，故刘定之以铜钱和钞类比，证明了钞法的可行性；《大学衍义补》则基于物品的价值反对钞法，提出银钱钞并行的解决方案。明中后期民间以银为主要流通工具，张居正顺应此趋势进行了一条鞭法的财政改革；靳学颜等论证了不可废除铜钱的原因；高拱则主张采取听从民便的折中方法。明末一条鞭法实施、财政支出高和银储备量不足共同导致了银荒，黄宗羲、顾炎武、王夫之等人都主张废除以银为税的政策，并各自设计了货币财政制度。清末海外贸易导致白银外流、国内白银存量减少，于是既出现了王瑬、包世臣、王茂荫等人的钞法主张，也出现了许楣、许梿对上述钞法的反对思想，还有林则徐铸造银币的新主张。

可以说，明清时期的货币财政思想是十分丰富的，其中蕴含着不少有价值的机制设计。例如，《大学衍义补》的银钱钞制度，以银为价格尺度，来规范钱、钞的价格，其中蕴含银本位的思路；王夫之效仿古人，设计了以粮食换钱币以解决积累的铜钱质量差的问题；王茂荫设计的钞法广泛吸取了前朝钞法的经验教训，强调获得商人阶级的支持，并以此为基础拟定一切货币措施。君主政权的性质决定了当时的货币财政政策必然具有剥削性质，因此这些设计基本上都停留在思想领域，基本不能真正影响实践。

（六）人口、外贸思想的新变化

明清时期出现了一些此前从未出现过的社会现象，如清代人口达到了史无前例的四亿之多，又如清代外贸交易额、交易种类达到了新高度。新的社会现象导致了新的社会问题，如人口过多导致了人口稠密、流民增多等社会问题，外贸导致了鸦片输入、白银外流问题，因而激发了新的经济思想。人口思想的代表，如洪亮吉认为人口的增长趋势会导致人均财富减少、民众贫穷、贫富不均。外贸思想的代表有蓝鼎元从贸易经济和民生的角度支持开放海外贸易，以及林则徐、魏源将鸦片贸易和其他贸易区分开，主张禁止鸦片贸易、对其他贸易全力支持的经济观点。这些经济思想虽然尚未成熟，但作为中国传统社会面对新问题产生的经济思想，亦有其独有的时代价值。

（七）小结

总体而言，明至鸦片战争前新出现的经济思想可以分为两类：一类是应对新社会问题的经济思想，具体包括货币、人口、外贸等方面的思想；一类是反正统经济教条思想，包括义利、本末、贫富等领域的思想。其根本原因都是生产力的发展，反正统的经济教条思想的出现还包含了思想启蒙、救亡图存等历史背景。经济基础的变化必然映射于思想领域，随着商品经济的发展，富人在社会中发挥了更大的作用，占据了更重要的位置，因此思想家重新审视了重义轻利、重农抑商、贫富均平等经济思想基本教条，并提出了相应的崇尚私有、农工商皆本、保富论等思想。

三、明至鸦片战争前经济思想的历史影响

明至鸦片战争前是中国传统社会的最后一个时期，在这一时期，皇权达到鼎盛，经济和思想市场持续发展，也伴随了一系列的社会问题。经济的发展引出了钞法、银荒、人口和外贸等具体的经济问题；治理的混乱也带来了生产关系层面的诸多乱象；思想层面对义利、本末的探讨更加深入，这些共同成为经济思想进一步发展的动因。明至鸦片战争前产生的经济思想既有解决具体经济问题的见解，也包含对正统经济思想的全面反思，涵盖了义利、本末、农业、财政、货币、商业、贫富、外贸、人口等多个方面，其内容无疑是丰富的。明至鸦片战争前的经济思想，对当时社会起到了一定的积极作用：义利、本末思想的变化促进了思想启蒙，反作用于经济发展，对商品经

济起到了积极作用；财政、货币思想对一条鞭法、摊丁入地等财政政策改革有一定的助力。

以中西比较的视野来看，明至鸦片战争前正是中西方大分流的关键节点。自文艺复兴以来，西方世界的科学、哲学思想蓬勃发展；地理大发现将世界连为一体；资产阶级逐渐走向历史舞台的正中央；生产技术随着工业革命的推进而突飞猛进。横向对比下，这一阶段的中国在各个领域都逐渐落后于西方。生产力方面，1500 年至 1800 年，在中国的发达地区，以粮食计价的工资与西北欧相当，但以白银计价的工资要低得多，反映了西北欧在贸易商品部门的高生产率①。在 18 世纪，中国建筑工人的实际收入与欧洲落后地区的相似，但远远落后于西北欧主要经济体②。生产关系方面，这一时期中国的工商业者在经济组织形式、生产力等领域，远远无法和工业革命后的西方资产阶级相提并论，不足以像英国资产阶级革命、法国大革命那样带动上层建筑的转变。政府治理方面，因为专制主义者不受法制约束，清朝中国的财政汲取能力低于近代早期的西欧主要大国③。思想市场方面，这一时期中国并未发展出以实验为基础的科学体系，天文观测也未能与数学相关联，因而数学、物理学等学科被西方远远甩在身后。多重因素叠加在一起，形成了中西方在这一时期的大分流④。

在中西大分流的历史背景下横向对比中西方的经济思想可以发现，18 世纪之后，中国传统经济思想逐渐被西方经济思想超越。1840 年之前，亚

---

① Broadberry S, Gupta B. “The early modern great divergence: wages, prices and economic development in Europe and Asia, 1500-1800”. *The Economic History Review*, 2006, 59: 2-31.

② Allen R C, Bassino J P, Ma D, et al. “Wages, prices, and living standards in China, 1738-1925: in comparison with Europe, Japan, and India”. *The Economic History Review*, 2011, 64: 8-38.

③ Ma D, Rubin J. “The paradox of power: principal-agent problems and administrative capacity in Imperial China (and other absolutist regimes)”. *Journal of Comparative Economics*, 2019, 47(2): 277-294.

④ 关于西方近代发展、中西大分流的研究不胜枚举，但基于篇幅和文章主题，此处仅作大概叙述，内容不及现有研究的万分之一。有兴趣者可以参考历史学、经济史学中的相关论文、专著。

当·斯密《国富论》、马尔萨斯《人口原理》和大卫·李嘉图（David Ricardo）《政治经济学及赋税原理》等经济学开山著作已经出版。紧接着，约翰·斯图亚特·穆勒（John Stuart Mill）《政治经济学原理》、马克思《资本论》、阿尔弗雷德·马歇尔（Alfred Marshall）《经济学原理》等巨著也相继问世[①]。西方经济学进入了一个蓬勃发展的时代。这和西方近代发展史有紧密的联系：新大陆的发现为西方世界开辟了市场，商业活动的丰厚利润促进了资产阶级的崛起；科学发展和思想启蒙为之后的生产技术飞跃奠基，可谓千年未有之大变局。在商业发展、资产阶级崛起、生产技术日新月异的背景下，西方经济学自然蓬勃发展。

客观来讲，明至鸦片战争前中国传统经济思想相较于 18、19 世纪的西方经济学，其最重要的不足在于缺乏对生产、分配、交换、消费等过程的系统分析[②]。虽然在鸦片战争之前，中国江南地区的手工业商业很发达，但并没有因此而形成对生产、分配、交换、消费的系统分析。个中原因很多，最重要的结构性原因有两个：一个重要的原因在于中国并未深度参与当时的全球市场，缺乏与世界的深度交流。明至鸦片战争前常有禁止平民出海的海禁，海外贸易最主要的形式是官营的朝贡贸易。民间的海外贸易形式则主要是借贡兴贩，走私的范围也大部分在东南亚、日本等地[③]。可以说，鸦片战争前鲜有中国人出海至欧洲，对全球贸易的参与主要体现在生产端而未能深

---

① 各著作的首版时间如下：亚当·斯密《国富论》1776 年；马尔萨斯《人口原理》1798 年；李嘉图《政治经济学及赋税原理》1817 年；穆勒《政治经济学原理》1848 年；马克思《资本论》第一卷 1867 年；马歇尔《经济学原理》1890 年。

② 相似的分析框架至少在亚当·斯密时期就开始使用。《国富论》（华夏出版社 2005 年版）第一篇《论劳动生产力逐步提高的原因及产品在不同阶层之间自然分配的顺序》系统研究了分工、价格、工资与利润；第二篇《论资产的性质、积累和使用》研究了资本的用途。穆勒在《政治经济学原理》中，也相似地以生产、分配、交换、社会进步对生产和分配的影响，以及论政府的影响这五部分为总纲，研究了生产要素、资本、所有制、工资、利润、价值价格等问题。马克思《资本论》第一卷基于剩余价值理论分析了资本主义生产，第二卷分析了交换流通，第三卷分析了资本运动总过程。可以说，对生产、分配、交换、消费的分析差异构成了当时经济学说间的差异，并促进了其发展。

③ 李利民：《明清时期的民间“海上丝路”》，《历史档案》2020 年第 2 期，第 53—57 页。

入全球流通网络。这导致中国在全球贸易中仅以商品提供者身份出现，而对西方生产技术发展则后知后觉。技术和市场规模没有实现西方式的高速发展，对生产、分配等领域的分析也无从谈起。另一个重要的原因在于传统经济思想对商业的关注不够。正统经济思想讲究重本抑末，而后虽然重视商业的声音逐渐增强，但农业仍然是绝对的根本产业。研究经济问题的思想家多为官员或学者，考虑经济产业时，大多还是会从农业经济的思维模式出发，对于商业资本的认识自然有所缺失。

从形式上来看，明清时期经济思想确实有追求经济自由的成分，与同时期西方有一定相似之处。事实上直到鸦片战争前，中国传统经济思想也确实仍在原有轨道上自发求变、不断演进[①]。不过如果从现代化转型的角度来看，明清时期经济思想最闪光的时点应当是在明清之际，当时黄宗羲、王夫之等思想家不仅关注个人权利与社会公正，更勇于直接抨击皇权体制，这在农业社会与传统学术思潮下是极具颠覆性的。清嘉道年间虽然在学术繁荣程度上胜过清中前期的万马齐喑，当时的经世思潮也体现出追求经济开放、维护民众经济利益、减少政府干预等特点，但对待皇权的态度却更加温和、更缺乏革命性，其突破性和启蒙性都很难与明清之际相媲美。

清代知识分子所提出的经济自由思想通常指向更少的政治权利和更轻的财税负担，这与西方国家财政现代化、民主代议制发展背景下欧洲资产阶级以承担更高税率换取更多政治权利、迫使封建王权为获得更多财政收入而在政治上让步的总体方向（“无代表不纳税”）是背道而驰的。因此，尽管明代普通市民、士绅和工商业者积极参与基层社会治理、深入反思社会经济体制与国家治理逻辑，形成了反专制经济思潮，这些对基本教条的挑战使得建立于封建道德观的正统经济思想体系已有从根基动摇的势头，但清代由于中央

---

① 张亚光、毕悦：《中国传统经济思想的现代化转型——以〈皇朝经世文编〉为例》，《江西社会科学》2023 年第 2 期，第 115—126、208 页。

集权程度进一步加强，学术为皇权所桎梏，前述这种启蒙思潮未能延续。不过，从历史唯物主义角度讲，这也从一个侧面说明，在经济基础层面，明清时期我国的生产力的发展和提升缺乏颠覆性，其对生产关系的推动（至少在鸦片战争前）尚不足以引发能够推翻专制皇权的上层建筑的革命。无论如何，这一时期中国经济思想发展缓慢，与西方经济思想的差距逐渐拉大，开启了思想层面的大分流。此后，伴随着列强的坚船利炮，中国传统经济思想在近代受到外来经济思想的强烈冲击，传统经济思想地位逐步削弱。然而，这一思想体系中的智慧与价值并未因外来经济思想的影响而消失，而是在现代转化进程中不断发展和创新。在同外来经济思想、中国经济实践的交织互动中，中国传统经济思想持续对现代经济社会产生不可低估的重要影响。

第六节　本章小结

本章通过系统梳理古代中国各时期经济基础、国家治理与思想市场状况，试图描绘各时期经济、政治、思想的原貌，并据此分析不同历史时期经济思想的时代背景，进而梳理中国传统经济思想发展演变的历史脉络。

本章提出了经济思想发展演变的理论逻辑：经济基础的发展、国家治理的演进与思想市场的变化是中国传统经济思想发展的三条主线。这三条主线中经济基础居于核心地位，因为经济基础决定上层建筑，从根本上决定作为上层建筑构成元素的经济思想的发展，同时决定国家治理和思想市场的发展。国家治理决定了经济思想的需求端，也是上层建筑反作用于经济基础的直接体现，思想市场则决定了经济思想的供给端。三者在交织发展的历程中共同推进了中国传统经济思想螺旋式演进。

本章以经济基础、国家治理、思想市场为主线分析了经济思想发展演变的历史逻辑，认为传统经济思想的发展经历了三次重要变化，分别是"秦汉之变""唐宋之变""明清之变"。以这三个时点为界限，传统经济思想发展经历了四个主要时期，分别为先秦时期——中国传统经济思想的形成时期；秦汉至唐中叶前——中国传统经济思想基本教条的确立时期；唐中叶至元——中国传统经济思想的变化时期；明至鸦片战争前——中国传统经济思想的曲折发展时期。本章对每一时期，都尽可能详尽阐述、解释和分析该时期的经济思想发展情况，并给予相对客观公允的历史评价。

先秦作为中国传统经济思想的滥觞时期，涌现出卓越而多元的经济思想，在经济思想的丰富性和原创性方面都取得了辉煌的成就，为后世经济思想的发展勾勒出了大致轮廓，并为后世所继承及深化。

秦汉至唐中叶前为后世的思想和政策制度确立了一整套可供操作的基本框架与实践指南，成为中国传统社会经济思想在一定程度上所表现出的路径依赖的历史起点，但其知识层面的教条化也成为后世经济思想发展的制约因素。

唐中叶至元新旧思想交锋，反正统教条的思想观念显露，随着时代的发展渐趋自由化、商业化，具有划时代的重要意义，奠定与开启了明清经济思想倾向的主旋律。

明至鸦片战争前是中国传统社会的尾声，在这一时期，尽管皇权达到鼎盛，但随着商品经济的发展，经济思想层面却涌现了对已有经济体制的深入反思，开始具有一定的反专制色彩。不过，由于这一时期生产力发展速度不够快、未能产生足以改变生产关系的颠覆性变化，因此经济思想层面对基本教条的挑战未能从根本上颠覆正统经济思想体系。这一时期，中国经济思想发展相对落后，中西经济思想逐渐拉开差距，开启大分流。近代以后，本土经济思想尽管受到外来经济学说的强烈冲击，但这种外来刺激也在一定程度上推动了传统经济思想的现代转化进程。

从总体上看，本章证明了中国传统经济思想的历史地位根植于跨越数千年且绵延不断的文明传承之中，展现出突出的历史连续性和强劲的文化韧性。同时，中国传统经济思想历经先秦、秦汉至唐中叶前、唐中叶至元、明至鸦片战争前四个重要历史时期，体现了不同时代背景下的动态塑造过程。各时期的经济思想在不断丰富和深化过程中，形成了鲜明的时期特征，并在特定历史条件下发挥了重要而深远的作用。

第二章
中国传统经济思想的光辉成就

第一章从经济基础、国家治理、思想市场三条主线出发，按照时间线索，结合时代背景，探讨了中国传统经济思想在四个主要时期内的发展嬗变、主要特征和历史影响与不足之处。在此基础上，本章拟建立一个综合的分析框架，从丰富性、独特性、创新性、分析性这四个维度出发，系统考察中国传统经济思想取得的光辉成就，彰显中国传统经济思想这一智慧结晶所蕴含的不朽价值，确证其历史地位的内在根基与价值锚点。中国传统经济思想源远流长，经过长期的发展与演变，累积了蔚然可观的思想内容，涉及范围广泛，不仅形成了一系列具有中国特色的经济概念，而且涌现出许多值得珍视的思想闪光点和经济分析要素，对古代中国经济长期处于领先地位发挥了重要的指导作用，亦丰富了世界经济思想的内涵。诚如马寅初在为《中国经济思想史》一书作序时所指出的，“中国自古以农立国，古先圣哲经济思想之灿烂，较之欧美各国，未遑多让”[①]。

然而，正如本书绪论所言，自近代以来较长的一段时期内，西方学界对于中国传统经济思想的评价大部分是负面的，一些学者甚至对包括中国在内的东方国家的经济思想予以全盘否定。这些西方学者之所以得出上述结论，很重要的一个原因是现代经济学系统理论形成于西方，由此在经济学说史中

① 唐庆增：《中国经济思想史》，商务印书馆，2014，第Ⅵ页。

逐渐呈现一种“言必称希腊”[①]“欧洲中心论”[②]的传统观念；同时，这些西方学者不谙中文，他们所获得的关于中国的知识是间接且有限的[③]，基于此得出的判断亦是有局限的，以致他们对中国传统经济思想的认知与评价趋向片面和负面，未能客观认识其成就和历史地位。正因如此，中国经济思想史研究的产生和开展，其中一个重要的研究旨趣就是要回应并纠正这种贬低和误读，向世界展现中国传统经济思想的卓越成就。进一步来看，除了回应西方学者的质疑之外，挖掘中国传统经济思想光辉成就还有两个更重要的作用。首先，这一研究有助于客观认识中国传统经济思想的历史地位。成就是地位的重要体现，历史地位的评判往往以其所取得的成就为重要依据。中国传统经济思想的光辉成就既是衡量和评价其历史地位的关键证据，又是支撑其历史地位的坚实根基。其次，这一研究对于增强文化自信具有重要意义。中国传统经济思想是中国传统文化的重要组成部分，客观、准确、全面地认识和总结其光辉成就，有助于增强文化自觉、坚定文化自信。为此，中国经济思想史研究者通过披荆斩棘、沙里淘金的学术努力，对散落在中国浩瀚历史典籍中的大量珍贵经济思想资料加以整理，旨在向世界介绍和证明，尽管中国传统经济思想未能独立地发展成为现代经济学理论，但其依然取得了光辉成就，为丰富世界古代经济思想的内涵做出了重要贡献，理应在人类经济思想发展史中具有重要的历史地位。

那么，如何对中国传统经济思想的光辉成就进行相对客观公允和科学全面的评价呢？这无疑是中国经济思想史研究者需要面对和思考的一个关键问

① 毛泽东：《毛泽东选集》（第三卷），人民出版社，1967，第 755 页。

② 黄敬斌：《两种“欧洲中心论”：兼谈加州学派的历史诠释》，《社会科学》2012 年第 11 期，第 141—147 页。

③ 早期西方学者关于中国的认知，主要来自西方传教士或留学生介绍到西方的少数中国文化典籍。这是因为大部分西方学者无法直接阅读中文尤其是古汉语文献。

题。基于对国内外学术界研究成果的系统检索[①]发现，有关中国传统经济思想光辉成就的相关文献，主要有四类。

第一类是中国古代经济思想通史类研究，即立足宏观的长周期历史视角，在对不同朝代政治经济文化背景进行分析的基础上梳理、提炼和总结中国古代经济思想的主要内容及发展脉络。这类研究具有系统性和贯通性特征，迄今有十余部成果出版。例如，李权时《中国经济思想小史》（世界书局 1927 年版），唐庆增《中国经济思想史》（商务印书馆 1936 年版），胡寄窗《中国经济思想史》（上、中、下，上海人民出版社 1962 年、1963 年、1981 年版），叶世昌《中国经济思想简史》（上、中、下册，上海人民出版社 1978 年、1983 年、1980 年版），赵靖《中国经济思想通史》（共 4 卷，北京大学出版社 1991 年、1995 年、1997 年、1998 年版），等等[②]。通史类著作大多依据时间线索、按人物经济思想的分类逻辑来呈现中国古代经济思想的主要内容和取得的光辉成就，但因体例限制未能总体性地概括提炼中国传统经济思想的光辉成就主要体现在哪些方面、具有哪些显著特征。

第二类是关于中国古代经济思想的专题类研究，这类成果关注古代经济

---

① 截至 2024 年 11 月，本书累计搜集相关著作成果近 400 部、论文成果超过 500 篇。数据来源于读秀知识库、豆瓣读书网、中国知网、JSTOR，以手动检索关键词的方式获得，出版年份自 1927 年起。具体方法是将胡寄窗所著的《中国经济思想史》（上、中、下）和赵靖主编的《中国经济思想通史》（1—4 卷）口涵盖的重点概念作为关键词进行逐一检索，同时将相关研究的简称、相似概念及英文翻译，如“中国传统经济思想”“中国古代经济思想”等作为关键词进行检索，最后从学术性和相关性的角度筛选检索结果，进行取舍，检索关键词约 300 条。需要指出的是：通过关键词检索文献的方法可能存在遗漏，难以穷尽相关领域的所有文献；并且，技术性细节的处理以及文献筛选的主观性，可能导致最终样本数量上存在一定偏差。例如，部分研究近现代经济思想的文献，花费了很多篇幅讨论中国古代相关思想。面对数量众多的近现代专题研究，筛选过程中难免有所遗漏，因此本章仅根据现有检索结果进行分析和论证。

② 此外，其他成果还有赵晓雷主编：《中国经济思想史》，东北财经大学出版社，2019；胡寄窗：《中国经济思想史简编》，立信会计出版社，1997；钟祥财：《中国经济思想史》，上海社会科学院出版社，2015；［日］桑田幸三：《中国经济思想史论》，沈佩林、叶坦、孙新译，北京大学出版社，1991；赵靖：《中国经济思想史述要》（上、下），北京大学出版社，1998；聂志红：《中国经济思想史撷要》，中国民主法制出版社，2012；［日］田崎仁义：《中国古代经济思想及制度》，王学文译，山西人民出版社，2015。

思想史研究的“经世致用”特性，并注重与当今面临的现实经济问题相结合，以此来总结中国传统经济思想在某一领域内的主要内容和演变历程。代表性著作有赵靖《中国古代经济管理思想概论》（广西人民出版社 1986 年版），叶世昌《中国货币理论史》（上册，中国金融出版社 1986 年版），吴申元《中国人口思想史稿》（中国社会科学出版社 1986 年版），何炼成《中国经济管理思想史》（西北大学出版社 1988 年版），姚家华、蒋克珍等《商业经济思想史》（经济管理出版社 1989 年版），胡寄窗、谈敏《中国财政思想史》（中国财政经济出版社 1989 年版），叶世昌、李宝金、钟祥财《中国货币理论史》（下册，中国金融出版社 1993 年版），马伯煌《中国经济政策思想史》（云南人民出版社 1993 年版），姚遂《中国金融思想史》（中国金融出版社 1994 年版），钟祥财《中国农业思想史》（上海社会科学院出版社 1997 年版），等等。这类成果数量较为丰富[①]，通过梳理发现，比较典型的研究专题涉及对中国古代经济管理思想与政策、货币理论、财政思想、人口思想、金融思想、农业思想、商业思想、土地制度思想等方面的考察。这类专题研究具有“专”“深”“精”的特征，但尚未有研究以此为基础对中国古代经济思想的光辉成就进行全面、系统、综合的总结，因而为本书提供了进一步探讨和推进的空间。

第三类是中外经济思想比较研究，这类成果注重从国际视野考察中国传统经济思想，通过运用中外比较分析方法，深入阐释中国古代经济思想形成的不同基础、演变特征和创新观点，进一步揭示中国传统经济思想的历史价

---

① 此外，还有一些代表性论文，例如，叶世昌：《中国古代的农业管理思想》，《上海经济研究》1989 年第 6 期，第 66—72 页；钟祥财：《中国古代的家庭农业管理思想》，《农业考古》1987 年第 1 期，第 26—30 页；叶世昌：《中国古代货币管理的指导思想》，《社会科学研究》1988 年第 2 期，第 51—55、41 页；侯厚吉：《元代叶李的货币管理思想》，《中南财经大学学报》1996 年第 5 期，第 79—81 页；贾彩彦：《中国古代公共支出思想》，《江西财经大学学报》2003 年第 1 期，第 66—67 页；胡寄窗：《中国古代的人口政策与人口思想》，《经济研究》1981 年第 1 期，第 72—78 页；等等。本书总共搜集 413 篇论文，由于篇幅限制，未一一列举。

值和世界地位。例如，胡寄窗在《政治经济学前史》（辽宁人民出版社 1988 年版）中，将中国等东方国家经济思想放入世界经济思想发展史中考察和总结，客观、历史地评价其在人类经济思想发展史上的贡献和地位；其《中国古代经济思想的光辉成就》[为中英双语版，中文版为中国社会科学出版社 1981 年版；英文版为 Foreign Languages Press（外文出版社）1984 年版]则通过近 60 个经济概念的中西对比分析，说明了 17 世纪以前中国经济思想在许多方面都走在西洋经济思想之前；又如，严清华在《中日现代化经济发展思想比较研究》（湖北人民出版社 1996 年版）中，首次对中日两国现代化经济思想做了系统的比较分析；唐任伍在《中外经济思想比较研究》（陕西人民出版社 1996 年版）中，分系列专题对中外经济思想的异同进行了多方面的深入考察；等等[①]。

第四类成果在研究中国传统经济思想基本特点、历史地位等议题的同时，涉及一些对中国传统经济思想光辉成就的探讨[②]。这类研究的论点和论据与本书主题较为相关，但其主要以论文形式呈现，限于讨论篇幅，尚未充分吸收大量史料并展开详细论证，同时在分析框架上仍有待探讨和系统建构[③]。有鉴于此，本书希望在前人积累和已有成果的基础上进一步深挖、拓

① 这类研究有著作 6 部，论文 15 篇。例如，谈敏：《法国重农学派学说的中国渊源》，上海人民出版社，1992；杨建飞、韦苇：《中外经济思想：理论与典籍》，科学出版社，2014；陈永勤：《中西方经济思想的演化及比较研究》，中国人民大学出版社，2006；唐任伍：《中外经济思想比较研究》，陕西人民出版社，1996；马涛、李卫：《中西方传统经济思想特点的比较》，《学术月刊》2019 年第 2 期，第 57—67 页；钟祥财：《中西传统经济思想的比较研究——基于经济学方法论个人主义和整体主义的分析》，《学术月刊》2020 年第 3 期，第 47—50、58 页；等等。

② 程霖、陈旭东、张申：《中国传统经济思想的历史地位》，《中国经济史研究》2016 年第 2 期，第 16—31 页。

③ 例如，陈旭东：《中国传统经济思想话语体系的近代探索》，《金融博览》2021 年第 2 期，第 36—39 页；叶世昌：《中国传统经济思想的特点》，《财经研究》1985 年第 4 期，第 48—51 页；张守军：《中国封建传统经济思想的基本特点》，《财经问题研究》2003 年第 12 期，第 86—89 页；熊金武：《经济思想史上的“李约瑟之谜”——理解中国传统经济思想变迁的一个框架》，《贵州社会科学》2015 年第 4 期，第 155—160 页；马涛、王姝黛：《中国传统经济思想与中国发展道路的历史关联》，《财经问题研究》2019 年第 5 期，第 12—18 页；等等。

展和打通，进行更为深入、系统和全面的考察。

总体上，上述已有成果通过从宏观、微观不同视角对中国传统经济思想进行爬梳和挖掘，以及对中外经济思想进行比较研究，梳理和阐发了中国古代经济思想的诸多光辉成就。这些成果为研究同类问题提供了基准点、参考系，大体呈现出三个主要特点：一是比较注重围绕人物经济思想或单个领域专题线索来展开研究和呈现中国古代经济思想的基本内容及变迁脉络，而针对“中国传统经济思想的光辉成就”这一议题的综合性、系统性的概括提炼成果仍较为缺乏，基于问题导向视角的阐述和分析也相对缺乏；二是比较注重对中国传统经济思想中可与西方经济学相关概念比较的经济思想和概念进行梳理，而对中国自身所独有的一些经济概念术语言之较少；三是偏重于对规范性论述的解读和呈现，对中国传统经济思想中分析性成分的挖掘不够。上述问题表明，现有研究对中国传统经济思想光辉成就的梳理和挖掘还存在较大的提升空间，尚无法为客观、准确地认识中国传统经济思想历史地位这一关键议题提供坚实的研究基础。

历史是常读常新的，在不同的时代语境下重新解读，常会给我们以新的启迪和教益。无论是对中国经济思想史的研究还是对中国经济史的研究，都应在坚守学科基质的同时秉持一种动态的、发展的学术眼光。任何单一、静止不前的研究视角和分析框架带来的研究成果往往会失之偏颇，从而有必要结合多个维度来综合考察。因此，站在新的历史时点上，面对中国经济思想史学科和学术的发展新格局，我们有必要重新审视中国传统经济思想究竟有何光辉成就？又有哪些值得珍视的思想创见和独特之处？是否具有一定的经济分析成分？为此，本章在已有文献的基础上，首次构建基于丰富性、独特性、创新性、分析性四个维度的分析框架，系统全面梳理中国传统经济思想的主要内容，深入剖析其蕴含的思想精髓，集中展现其光辉成就，一方面为评价中国传统经济思想的历史地位奠定坚实的基础，另一方面为客观认识中国传统文化的光辉成就提供典型案例，这对提升文化自信大有裨益。

本章内容安排如下：第一节在明确中国传统经济思想丰富性的概念界定基础上，立足问题导向，同时结合思想本身的抽象性和复杂性，从内容范畴与思想层次两方面，具体阐述传统经济思想丰富性的特征表现和历史局限，并通过古今比较、中外比较等研究方法来识别和展现中国传统经济思想的广度与层次，同时从经济实践、文化积淀、思想传统、多元主体、交流互鉴等方面，考察中国传统经济思想丰富性的形成机制。第二节立足既有研究和大量古籍数字资源，综合运用经济思想史和概念史的跨学科研究方法，系统考察并分析中国传统经济思想概念体系的语义网络与内在结构、生成机制与基本特征、主要功能与历史局限。第三节在清晰界定创新性概念的基础上，以经济治理思想、财政思想、金融思想、价值与价格思想、人口思想、土地思想和经济伦理思想等内容为案例，立足国际比较视野考察中国传统经济思想的创新性，并结合经济基础、治理模式和思想市场三个角度进一步分析中国传统经济思想创新与停滞的原因。第四节以经济分析的概念界定为前提，从孟子、《管子》、司马迁、丘濬等的思想与论述中的经济分析内容入手，对中国传统经济思想中的分析性加以深入考证，并进行中西比较，论证与西方同期经济思想相比，中国传统经济思想同样具有分析性和体系性，并已达到较高的水平。最后，第五节进行本章小结。

第一节　中国传统经济思想具有丰富性：基于问题导向的考察

中国传统经济思想光辉成就的第一个突出表现是其具有丰富性。中华文明源远流长、博大精深，不仅在哲学、文学、艺术等领域取得了璀璨成就，而且在经济领域也积淀了深厚智慧。探究并论证中国传统经济思想的丰富性，不仅有助于系统梳理和呈现中国传统经济思想的历史全貌，而且是进一步深入考察与总结中国传统经济思想各个方面光辉成就的前提和基础。

为此，本书首先明确中国传统经济思想丰富性的概念，从内容范畴和思想层次两方面的丰富程度，详细阐述中国传统经济思想所展现的丰富性特征并进行纵横向比较；其次从经济实践基础、历史文化积淀、思想传统、不同思想主体，以及交流方式等五个方面，系统分析中国传统经济思想丰富性的来源。在此基础上，本书旨在从三方面对已有研究进行推进和补充：一是在研究视角上，注重从问题导向切入，以此考察中国传统经济思想的丰富内容和光辉成就；二是在研究方法上，综合运用文献分析、数量统计、古今比较和中外比较等方法，从多个维度综合考证中国传统经济思想丰富性的特征表现；三是在研究观点上，提出中国传统经济思想的丰富性不仅在于直观层面的内容之多、范围之广，而且更进一步表现为思想主体的多元性、思想认知的层次性、思想体系的包容性等多个方面。

一、关于经济思想丰富性的界定

关于中国传统经济思想是否具有丰富性的议题，学界存在不同观点，产生分歧的一个主要原因是对经济思想“丰富性”的理解缺乏共识，尚无明确的概念界定。同时，虽然有学者提出了一些有关“中国传统经济思想具有丰富性”的定性观点，但并未进一步对中国传统经济思想的内容范畴与丰富程度展开系统统计和专题论证。例如，赵靖等强调：“中国的经济思想遗产不是‘无一顾之价值’，而是极其丰富多采（彩）的。”[①]石世奇认为：“中国古代经济思想是丰富的，与西方近代经济学虽然无法相比，但与欧洲古代中世纪相比，中国经济学则长期居于领先地位，并对欧洲重农学派产生过一定影响。”[②]程霖等指出，“传统经济思想亦不断累积、丰富，外

① 赵靖、石世奇、陈为民：《重视中国经济思想史的学习和研究》，《红旗》1985年第5期，第38页。
② 石世奇：《中国经济学说辉煌的过去与灿烂的未来》，《经济学家》1995年第2期，第34页。

延广阔"[①]。亦有海外学者，如本杰明·史华慈（Benjamin I. Schwartz）提到，从先秦到"西方冲击"到来之间的几个世纪，并非处于荒芜的静止状态[②]。这些研究具有开创性意义，但因研究视角不同，对传统经济思想丰富性的讨论尚不够系统和充分。譬如，对如何客观公允地评价中国传统经济思想的丰富性、丰富性具体所指为何、是否应建立一种科学标准来讨论丰富性问题等，仍有深入探讨的空间。

经查证，在《现代汉语词典》（第 7 版）和《辞海》（第 6 版普及本）中，"丰富"表示"物质财富、学识经验等种类多或数量大"[③]。在《汉典》中，"丰富"（非动词类）包含三方面解释：一是种类多，数量大。二是极为多彩的。三是充裕的，很多的；涉及面广的[④]。据此，本书认为讨论经济思想是否具有"丰富性"问题时，应结合"丰富"的词义，从数量、广度、层次等多维度进行综合诠释。

其中需要明确的是，实践活动以及实践中遇到的困难和问题，是产生思想、发展认知的基础和源泉。诚如习近平总书记所指出的："时代是思想之母，实践是理论之源。实践发展永无止境，我们认识真理、进行理论创新就永无止境。"[⑤]如果没有丰富的实践和问题，思想的变迁便无从谈起。从这个意义上讲，经济思想的发展演变过程，实际上就是一个不断认识新的经济现象、发现新的经济问题，进而分析和解决问题的探索与积累过程。因此，以中国古代出现的主要经济问题为新视角和研究出发点，系统挖掘并梳理古

---

① 程霖、陈旭东、张申：《中国传统经济思想的历史地位》，《中国经济史研究》2016 年第 2 期，第 19 页。

② Schwartz B I. *The World of Thought in Ancient China*, Harvard University Press, 1985, 1.

③ 中国社会科学院语言研究所词典编辑室编：《现代汉语词典》（第 7 版），商务印书馆，2016，第 387 页。夏征农、陈至立主编：《辞海》（第 6 版普及本），上海辞书出版社，2010，第 1055 页。

④ 参见汉典网站（https://www.zdic.net/hans/%E4%B8%B0%E5%AF%8C）。

⑤ 习近平：《坚持用马克思主义及其中国化创新理论武装全党》，《求是》2021 年第 22 期，第 5—12 页。

人为分析和解决这些经济问题，尝试和开展各种经济实践所形成的各类思想内容与范畴，是考察经济思想丰富性的应有之义，也是一种兼具逻辑性和科学性的研究思路。

在此基础上，本书认为中国传统经济思想的“丰富性”至少包括两层含义或标准。第一，经济思想的“丰富性”最直观地表现为经济问题及其思想内容的数量、种类和范围。通过分类归纳与数据统计进行刻画、呈现和对比分析，是考察中国传统经济思想丰富程度的首要任务。第二，思想的本质是一系列认知、观点和主张，因此，经济思想的“丰富性”还体现在思想内容本身的深刻程度和逻辑层次上[①]。通过理论分析、古今比较、中外比较等研究方法来考察中国传统经济思想的内容深度和思想层次，是理解和论证中国传统经济思想丰富程度的关键环节。

二、丰富性第一要义：以问题导向及内容范畴为标准

（一）中国传统经济思想分类范畴的参考依据

已有关于中国传统经济思想研究的通史性著作，为划分经济思想类别提供了重要参考。如表 2.1 所示，李权时、唐庆增、胡寄窗、赵靖、叶世昌等学者在研究和论述中国古代经济思想的著作中，分别总结提炼出至少 10 个经济思想专题。上述成果并未明确致力于研究思想类别的划分与界定，多是在阐释经济思想的过程中触及对思想类别的文字表述或概括。是故，有必要讨论构建一种科学的思想类别划分依据。本书认为，以中国古代所面临的经济问题种类为主要依据，同时在参考代表性研究成果的基础上凝聚学界分类

① 有学者在研究儒家仁爱思想时就曾专门讨论孔子仁爱思想的层次性；也有学者十分重视中国古代农业思想的层次性，并就其论述范围针对客体划分宏观和微观两个层次，同时进行比较分析。由此可见，中国传统经济思想是多层次、多重维度的这一观点，在学界已有一定共识。参见杨清虎：《儒家仁爱思想研究》，民主与建设出版社，2017；钟祥财：《中国农业思想史》，上海社会科学院出版社，1997。

共识，并结合经济学现行学科分类标准，提炼和梳理中国传统经济思想类别是一条可行路径。

表 2.1　已有著作对中国传统经济思想的分类①

著作/论文	思想分类关键词	类别数
李权时《中国经济思想小史》（1927 年版）	经济制度论，欲望论，生产论，消费论，交易论，分配论，租税论，人口论，货币论，唯物史观	10 类
唐庆增《中国经济思想史》（2010 年版）	重农办法，重商设施，重工政策，货币制度，救荒政策，井田计划，欲望说，富民政策，富国政策，财政学说，消耗论，人口论，等等	至少可分为 12 类
胡寄窗《中国经济思想史》（上、中、下）（1998 年版）	财富概念，财政思想，生产与流通概念，分工与分配观念，价值与价格观点，人口观点，消费论，贸易观点，重农思想，重商理论，土地思想，货币思想，盐政思想，富民思想，理想社会观点，等等	至少可分为 15 类
桑田幸三《中国经济思想史论》（1991 年版）	生产，流通，货币，财政，通商	5 类
马伯煌《中国经济政策思想史》（1993 年版）	土地制度，农业思想，商工政策，统治政策，财政体制，地区经济发展政策，人口迁徙政策，民族融同政策，经济发展失衡对策，对外经济开放政策，等等	至少可分为 10 类
赵靖《中国经济思想通史》（第 1—4 卷）（2002 年版）	货币观点，义利观，分工论，消费论，赋役论，节用论，工商论，富国论，生产、分工和劳动等问题的观点，财富分配思想，财政思想，土地思想，人口思想，对外贸易观点，保富思想，价值思想，重农思想，等等	至少可分为 17 类
叶世昌《古代中国经济思想史》（2003 年版）	义利论，财政思想，农业理论，工商业理论，价值论，货币论，分工论，分配论，奢俭论，贫富论，经济管理思想，救荒论，田制论，利民养民论，人口论，等等	至少可分为 15 类
程霖、陈旭东、张申《中国传统经济思想的历史地位》（2016 年）	财政思想，土地思想，治理思想，货币思想，商业贸易思想，价格与价值思想，分配思想，分工思想，消费思想，劳动生产流通思想，人口思想，其他思想	12 类

据统计，已有代表性著作成果中基本都论及了财政思想、人口思想、金

① 李权时在其书中提到，“为研究方便起见”分十类论述我国历代的经济思想，其余作者未明确提到思想分类依据。

融思想、工商业思想、农业思想、土地思想、经济治理思想、生产劳动思想、分配思想、消费思想、对外贸易思想、价值与价格思想、经济伦理思想等。同时，在已有论文成果中，财政思想、土地思想、经济治理思想、货币思想、价值与价格思想、分配思想、消费思想、人口思想、商业贸易思想等内容，亦构成学界普遍关注和讨论的思想范畴。在此基础上，本书认为经济伦理思想、经济治理思想、财政思想、工商业经济思想、农业经济思想、生产劳动思想、金融思想、土地思想、对外贸易思想、人口思想、消费思想、收入分配思想、价值与价格思想，这 13 类受到学界基本认可的经济思想的内容和范畴，可视为中国传统经济思想类别划分的主要依据。

此外，参照国家现行学科分类是进一步明确思想类别的有效依据之一[①]。《中华人民共和国学科分类与代码国家标准》（GB/T 13745—2009）中经济学一级学科下设 37 个二级学科。上述 13 类已罗列的经济思想中，除经济伦理思想外，其他经济思想都有各自对应的二级学科。需要指出的是，经济学二级学科中还包括会计学、审计学、生态经济学、国防经济学、经济学其他学科等，这一学科分类标准和目录，能为更全面地梳理、总结中国传统经济思想内容与范畴提供参照依据和启示。例如，中国古代实际上也已涉及并形成了一些会计审计思想、生态经济思想、国防经济思想、经济统计思想等。

（二）问题导向视角下中国传统经济思想的分类逻辑

1. 经济问题与经济思想的内在逻辑关联

“经济观念、原理和范畴”产生自人们对经济问题所包含经济关系的认识，“构成各时期经济思想的基本要素或基本材料”[②]。伴随中国传统社会

① 该学科分类方法秉着科学性、实用性、简明性、兼容性、扩延性、唯一性原则，依据学科的研究对象，学科的本质属性或特征，学科的研究方法，学科的派生来源，学科研究的目的与目标等五方面进行划分。详情参见《中华人民共和国学科分类与代码国家标准》（GB/T 13745—2009）第 1 页。

② 赵靖主编：《中国经济思想通史》（第 1 卷），北京大学出版社，2002，第 3 页。

的历史演进，经济实践所面临的经济问题日益复杂化，对经济现象的认识与理解，以及寻找解决这些问题的对策，实际上构成了不同历史时期经济思想产生、发展与演变的主要内容。例如，中国古人编撰史册时列《货殖列传》《食货志》等篇章，就集中体现了古人对经济现象与问题的认识。有研究认为，中国古代思想家尤为关注务农、食货与人民谋生之道，田制、地权与恒产恒心之说，义利、财富与大同理想之论，分业、编户齐民与人口理论，节用、侈靡与货币理论，理财、税赋和官府（朝廷）管制，市场、价格、商业经营，养民、爱日、富民和人力资本等八个方面的经济问题[①]。因此，古人所遇到并且记述讨论的这些经济问题，便可视为中国传统经济思想问题导向的呈现。换言之，中国传统经济思想的问题导向一般与中国古代社会经济活动紧密联系，以解决现实经济问题为核心，并集中反映了经济发展实践和时代需求。

如图 2.1 所示，从经济问题出现到形成经济思想的过程中，问题导向发挥了重要作用。有观点指出："从中国经济理论创新与经济社会转型实践的互动来看，经济学研究往往在回应重大问题时则盛，在缺乏问题意识甚至背离问题导向时则滞。"[②]实际上，无论是理解现代经济理论还是考察古代经济思想，可以发现，问题意识的存在以及经济问题的多寡，一定意义上直接影响了经济思想的丰富程度。这是因为，一方面，经济问题越多，对于解决问题的思想需求就越多，特别是某些重大经济问题的出现能够触发社会共识，形成问题导向，从而显著刺激对相关思想的需求与供给，促进新思想的产生；另一方面，经济问题发生变化，特别是问题日益复杂化、系统化，又将引发人们对问题的深度思考，由此促进对已有经济思想的反思或革新。因

① 李伟：《国人生计问题：源于中国人社会经济发展史的另类思考》，中国经济出版社，2010，第 38 页。

② 刘守英、熊雪锋：《坚持问题导向的中国经济理论创新》，《中国社会科学》2022 年第 10 期，第 100 页。

此，以梳理和归纳中国古代出现的主要经济问题为研究切入点，系统提炼古人为分析和解决这些经济问题、尝试和开展各种经济实践所形成的各类思想内容与范畴，是考察经济思想内涵及其丰富程度的应有之义，也是一种兼具逻辑性和科学性的研究思路。

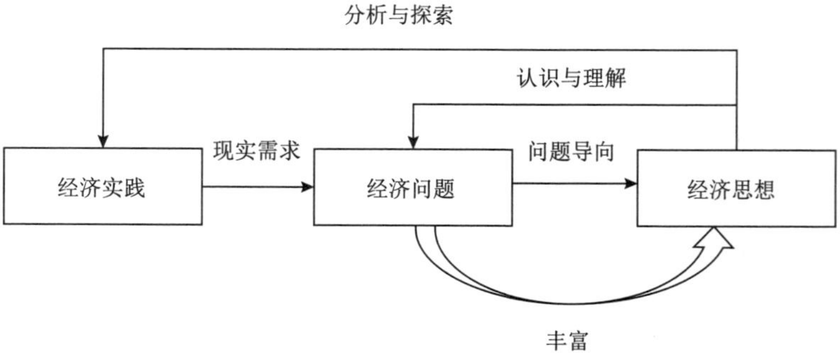

图 2.1　经济思想生成逻辑图

2. 中国古代经济问题及其思想范畴分类

依据上述讨论和研究思路，经过对现存古籍数据库中相关文献资料的检索、归纳和整理[①]，本书认为中国古代所面临的经济问题十分广泛且丰富，至少涉及 18 个类别（表 2.2），包括经济伦理问题、经济治理问题、财政问题、工商业经济问题、农业经济问题、生产劳动问题、金融问题、土地问题、对外贸易问题、人口问题、会计审计问题、国防经济问题、生态经济问题、消费问题、收入分配问题、价值与价格问题、经济统计问题和其他经济问题。这些经济问题基本存在并贯穿于传统社会经济实践和经济思想产生发展的全过程，反映了古代社会经济演进的历史面貌和经济发展的动力或阻力。对这些现实问题进行回答并形成相应的解决方案，能够促进思想的创新，从而进一步指导和推动经济社会的发展。

① 资料来源数据库包括：中国基本古籍库、瀚堂典藏古籍数据库、汉籍电子文献资料库、四库全编数据库、中国哲学书电子化计划、中国方志库。

表 2.2　中国古代所涉及的经济议题[①]

类别	具体经济问题举例
经济伦理问题	义利问题、公私问题、均平问题等
经济治理问题	治理目标问题、治理原则问题、治理模式问题、治理机构改革问题、重大社会经济事件的治理对策问题等
财政问题	财政管理问题、财政收入问题、财政支出问题等
工商业经济问题	工商业地位问题、工商业经营问题、市场管理问题、工商业组织形式问题、商业情报问题等
农业经济问题	农业地位问题、农业经营问题、农业教育问题、农田水利问题等
生产劳动问题	生产劳动形式问题、生产劳动分工问题、劳动时间管理问题等
金融问题	货币铸造、发行与管理问题，货币职能问题，货币流通问题，信用和借贷问题，金融机构经营管理问题，等等
土地问题	土地资源利用问题、土地兼并问题、土地制度问题、土地产权问题等
对外贸易问题	贸易作用问题、贸易管控问题、朝贡贸易问题、商品贸易结构问题等
人口问题	人口分布问题、人口结构问题、人口数量问题、人口质量问题、人口统计问题等
会计审计问题	会计审计方法问题、管理与监督问题、会计审计独立问题、民间会计问题、会计审计伦理问题等
国防经济问题	国防安全问题、国防经济建设问题、国防物资问题等
生态经济问题	生态资源管理问题、生态经济系统问题、生态伦理问题等
消费问题	消费类型问题、消费原则问题、消费行为问题等
收入分配问题	分配原则问题、财富权属问题、收入差距问题等
价值与价格问题	价值问题、价格调节问题、价格波动问题等
经济统计问题	经济调查问题、经济统计方法问题、经济统计分析问题等
其他经济问题	区域经济问题、行为经济问题、法律经济问题、人文经济问题等

综上，结合已有研究关于中国传统经济思想的范畴界定，以及在分析学界成果、凝练学术共识的基础上，立足问题导向，本书认为中国古代经济思

① 表中类别根据思想资料的丰富程度以及学界关注的集中程度排序，具体经济问题举例中的相关问题已尽量按时间顺序整理。

想至少涉及 18 个类别。根据现存思想资料的丰富程度以及学界研究关注的集中程度，具体包括：经济伦理思想、经济治理思想、财政思想、工商业经济思想、农业经济思想、生产劳动思想、金融思想、土地思想、对外贸易思想、人口思想、会计审计思想、国防经济思想、生态经济思想、消费思想、收入分配思想、价值与价格思想、经济统计思想和其他经济思想。

（三）中国古代 18 类基本经济问题及其思想概述

1. 经济伦理问题及相关思想

学者对经济伦理思想的探讨围绕义利问题、公私问题与均平问题等展开。其中，“义利问题是在社会共同体中展开的人之行为原则的基础问题”，“是处理社会共同体行动与个体生活实践的原则性问题”[①]。围绕义利问题，一类是以儒家为代表的重义观，孔子重视义，如“义以为上”[②]，强调道义的优先地位。同时，孔子言“利”之处还是不少的，且往往是“义利”对举，如“见利思义”。并且，孔子在治国理念中提出“因民之所利而利之”，强调治国理政不仅要关注道义的实现，还应当关注民众的实际利益。可见孔子并不是简单地否定私利，而是强调获取“利”的正当性[③]。孟子、荀子延续了孔子的观点，先秦儒家总体上重视义，将义置于主导地位，但并不轻视利。此后汉代儒家思想家提出了“重义轻利”的思想，该思想逐渐成为占据统治地位的思想。另一类是先秦法家重利思想和唐中叶以降反“重义轻利”的思想，公开宣扬私利。先秦法家对待义利的态度与儒家形成鲜明对比，《管子》具有突出的“自利”观点，将自利作为调整社会经济活动的原则和统治者维护国家统治的重要手段，“得人之道，莫如利之”[④]。商鞅将

---

① 曾誉铭：《义利之辨》，上海辞书出版社，2017，第 30 页。

②《论语·阳货第十七》。

③ 唐凯麟、陈科华：《孔子的经济伦理思想研究》，《孔子研究》2004 年第 6 期，第 21—32 页。

④《管子》卷 3《五辅第十》。

"利"与国家统治手段联系起来，认为"利"是"民之性"，根据人们逐利的天性，设立奖赏以推行农战策[①]。唐中叶以后，反对"重义轻利"的思想逐渐出现，如明代李贽主张"人非利不生""义之必利"等[②]，强调"利"是人的生存基础，也是道义的现实支撑。此外，还有一类观点是义利并重。例如，先秦墨家将义与利统一起来，认为"义，利也"[③]，注重"利"的作用，兼爱的同时倡导"交相利"。明代黄绾批判重义轻利，认为"饥寒于人最难忍""利不可轻矣"，同时强调"义"不可轻[④]。

围绕公私问题，相关主张主要有三种：其一是"公之至上"论，强调公共利益的至高性，如战国韩非认为"私义行则乱，公义行则治"[⑤]，即私利的追逐会破坏社会秩序，唯有确立公义、服从法度，才能实现国家的稳定与长治久安。程朱理学等强调"存天理，灭人欲"，该思想发展至明清时期逐渐僵化，一定程度上阻碍了人的全面发展。其二是"私之优先"论，如先秦道家杨朱主张"全性保真"[⑥]和"贵己"[⑦]，从而"人人不损一毫，人人不利天下，天下治矣"[⑧]，即人人不损他人之利和天下之利以利己，向内求自身发展和完善，那么天下自然能够达到和谐的状态。又如明代李贽指出"若无私，则无心矣"[⑨]，强调"私"作为人之本性的合理性与必要性。其三是"公私相济"论[⑩]。例如，明清之际启蒙思想家黄宗羲的"以我之大私为天

①《商君书》卷5《弱民第二十》;《商君书》卷2《算地第六》。
②（宋）李觏撰:《李觏集》卷29《原文》;（清）王夫之撰:《尚书引义》卷2《禹贡》。
③《墨子》卷10《经上第四十》。
④（明）黄绾撰:《明道编》卷2。
⑤《韩非子》卷5《饰邪第十九》。
⑥《淮南子》卷19《氾论训》。
⑦《吕氏春秋·审分览》。
⑧《列子》卷7《杨朱》。
⑨（明）李贽撰:《藏书》卷24《德业儒臣》。
⑩ 李承贵、赖虹:《中国传统伦理思想中的"公"、"私"关系论》,《江西师范大学学报（哲学社会科学版）》2007年第5期，第3—12页。

下之大公”[①]等思想，主张将私利融入公共利益中，使私利成为推动社会进步的手段。

围绕均平问题，产生的观点有绝对平均主义和相对平均主义，多数思想偏重于相对平均。绝对平均主义追求完全的均等，力图消除一切社会财富与权力的不平衡，如宋代王小波、李顺的“吾疾贫富不均，今为汝均之”[②]的农民起义口号。相比之下，绝对平均主义虽然在某些理想化的社会构想中被提倡，但在实际施行中往往因违背社会经济发展规律而难以持续。完全抹杀差异性，不仅可能会损害个体积极性，还可能会导致社会资源的低效利用。相对平均主义则以其兼顾公平与效率的优势，成为历史上学者更为普遍的选择。例如，《唐会要》中记载“不得容有爱憎，以为高下，徇其虚妄，令不均平，使每等之中，皆称允当”[③]，强调征收赋税应摒弃主观偏见，确保各阶层的分配相对公正合理。《全唐文》指出“国之役力，合均有无”[④]，主张国家在征用劳役时，应根据各地经济状况的差异做到相对均衡。

2. 经济治理问题及相关思想

中国古代经济治理问题涉及治理目标、治理原则、治理模式、治理机构改革以及重大社会经济事件的治理对策等问题。

关于治理目标的讨论，先秦儒家提出大同、小康的理想社会状态，人人安居乐业，民风淳朴，社会和谐、秩序井然。老子主张小国寡民的理想社会追求。庄子提倡“至德之世”。先秦商鞅以富国强兵为目标实行了一系列改革。北宋苏轼提出“莫若复小宗”，希望恢复宗族制度，追求“小宗”社会，认为小宗社会实行可使得天下之民“忠厚和柔而易治”[⑤]。北宋张载主

① （清）黄宗羲撰、何朝晖点校：《明夷待访录》篇 1《原君》。
② （宋）王辟之撰：《渑水燕谈录》卷 8《事志》。
③ （宋）王溥撰：《唐会要》卷 85《定户等第》。
④ （清）董诰辑：《全唐文》卷 22《令户口复业及均役制》。
⑤ （宋）苏轼撰：《东坡七集 · 应诏集》卷 3。

张立“宗法”，以“管摄天下人心”，认为“宗法不立，则人不知统系来处”，倡导恢复封建领主经济时代的制度[①]。明代何心隐主张设立一种“会”的社会组织，发展朋友关系和“聚合堂”形式的宗族组织，管理更大群体的社会生活，提倡对儿童实行公共教育[②]。

治理原则问题关系到如何治理好国家以及经济发展的准则等要害问题，由此衍生出多种思想主张。例如，“为政以德”[③]的德治思想，强调以道德教化为核心，通过君主和官员的榜样作用引导民众行善，从而实现社会的和谐与长治久安；以“法”“术”“势”为核心原则的法治思想，先秦法家提倡通过严密的法律制度、巧妙的政治手段以及强大的权威来规范社会行为；“刑者德之辅”[④]的德法并举思想等，此思想则强调德治与法治相结合，在仁义教化与法纪约束之间找到平衡。

治理模式问题，即有关国家干预与自由放任的问题，一类观点倡导轻重之术。西周时期，实行经济干涉政策，突出的特点体现在市场与价格的管理上。《管子》主张对经济实行全面的干涉，“不通于轨数，而欲为国，不可”，“田”“人”“用”“乡”“人事”“币”“县”“国”均应有“轨”，提倡在对全国经济活动进行细致的了解之后制定全面的计划和经济政策[⑤]。西汉桑弘羊提倡国家干预，认为“山海之利”皆应归国家所有，不可自由开放，并且“王者塞天财，禁关市，执准守时，以轻重御民”[⑥]。国家统一开发自然财富，运用轻重之术统御人民。明末清初李雯主张根据商业经营的原则实行经济管制政策，认为“力田”与“盐铁”

①（宋）张载撰：《张子全书》卷4《经学理窟一》。
②（明）何心隐撰：《何心隐集》卷2、卷3。
③《论语·为政第二》。
④（汉）董仲舒撰：《春秋繁露》卷11《天辨在人》。
⑤《管子》卷22《山国轨第七十四》。
⑥（汉）桓宽撰：《盐铁论》卷1《力耕》。

相结合，“菽粟”与“山海”相结合，是“足国之术”[①]，赞同《管子》与桑弘羊的经济政策，提倡实行一系列有利于商业的治国政策。另一类观点主张根据实际情况实行有层次的自由放任政策。黄老之学对于君主治国主张无为而治，遵循客观规律，顺其自然。西汉司马迁主张“善者因之”，以实行听其自然的经济放任政策为主，在充分发挥市场的作用前提下，国家可适当地“利道”与“教诲”，进行一定的引导并矫正市场的不利行为，面对市场不可避免的弊端须用强制手段“整齐”，而“与之争”，官府与民间共同经营商业，这是“最下者”[②]。

围绕治理机构改革问题，在中国历史上，不同时期的改革者为优化机构职能和经济治理方式提出了多种创新举措，如西汉桑弘羊“置平准于京师”[③]，在京师设立平准机构推行平准制度。唐代刘晏于道巡院招募“驶足”去各地搜集货物价格等相关信息，与近代商情搜集机构的运行原理相通[④]。北宋王安石设立“制置三司条例司”[⑤]，对经济行政机构进行了改革，以更好地推行变法，实施经济政策。元代卢世荣主张设立平准周急库，扩大原有平准库，向贫民提供低息资本，“则贷者众，而本且不失”[⑥]。元代范济建议设立倒钞库回收昏烂旧钞：“又必开倒钞库，专收昏烂不堪行使之钞，辨其真伪。”[⑦]

围绕重大社会经济事件的治理对策问题，中国古代也形成了一系列政策思想，如在面对自然灾害、饥荒、疫病等问题时，为维持社会稳定并防患于未然，历史上出现了多种救荒讨论，产生了丰富的荒政思想。从内涵上来

---

① （清）李雯撰：《蓼斋集》卷 45《策五》。
② 《史记》卷 129《货殖列传第六十九》。
③ 《史记》卷 30《平准书第八》。
④ 《新唐书》卷 149《刘晏传》。
⑤ （清）秦缃业、黄以周辑：《续资治通鉴长编拾补》卷 7《神宗》。
⑥ 《元史》卷 205《奸臣》。
⑦ （明）陈子龙、徐孚远、宋徵璧等编：《皇明经世文编》卷 29《范司训奏疏》。

看，中国古代荒政思想是指历代官员和知识分子在应对各种凶荒的经验积累中为救助灾民、稳定社会、巩固政权所提出或推行的一系列粮食安全治理方法、政策、法令和制度。荒政的目的在于满足民众的粮食获取需求，保障粮食安全。要实现荒政这一公共品的有效供给，不仅取决于粮食资源，更需要以综合的国家能力为前提。中国传统荒政思想大概可分为时间维度的粮食资源跨周期调节、空间维度的粮食资源跨地区调节、增强直接权利维度的贷种借牛等粮食生产支持和增强贸易权利维度的减免商税等粮食流通支持四个维度，兼顾“先事、当事与事后”，不仅拥有非常丰富的事中应对策略体系，更十分关注和强调长期制度建设。例如，被列为历代救荒书籍之荒政总纲的《周礼·地官司徒》中所举的十二种救荒举措：一曰散利，二曰薄征，三曰缓刑，四曰弛力，五曰舍禁，六曰去几，七曰眚礼，八曰杀哀，九曰蕃乐，十曰多昏，十有一曰索鬼神，十有二曰除盗贼。又如，南宋董煟在《救荒活民书》中所记载的常平、义仓、劝分、禁遏籴、不抑价等二十余种荒政措施。

3. 财政问题及相关思想

财政管理、财政收入、财政支出等是中国古代财政思想涉及的基本问题。关于财政管理，古人主要讨论了财政管理的必要性、财政与经济的关系、财政机构、人才和制度建设的重要性等问题[①]，产生了量入为出和量出制入两种具有代表性的财政管理原则。西周时期就有记载量入为出原则：“以三十年之通制国用，量入以为出，祭用数之仂。”[②]唐代杨炎提出了量出制入[③]即量出为入的新原则，以应对中唐时期财政困窘和收支失衡导致的经济危机和国家治理难题。

---

① 钟祥财：《中国古代的财政管理思想》，《经济问题探索》1986年第9期，第53—56页。

②《礼记·王制》。

③《新唐书》卷52《食货志》。

对于财政收支问题，主要观点是增加财政收入，控制财政支出。西周时期的经济方案是“以九赋敛财贿”“以九式均节财用”“以九贡致邦国之用”[①]，“赋”与“贡”对应财政收入，囊括百姓和诸侯等地方政权的征课和纳贡，财政支出上强调“均”和“节”，规定了国家支出的各方面，明确了税款的用途，形成了一套完整的运行机制。类似的倡导节用的观点有：春秋时期晏婴提倡节约财政开支[②]；孔子倡导“节用而爱人”[③]；墨子主张“其君用财节而易赡也”[④]；荀子强调“节其流，开其源”[⑤]；魏晋傅玄主张节用，反对穷奢极侈[⑥]；明代范济认为须“每加较量”“出入之数”[⑦]，不挥霍财政款项；明代丘濬在支持量入为出的基础上结合荀子的开源节流思想，提出“节之一言万世理财之要”[⑧]，尤其重视节用，并详细论述了国家预算编造的过程，为节用提出了可行的实施方案。与上述观点相反，明代李贽则从强调生财层面反对“专以节用言也”[⑨]。还有一类观点，如北宋李觏主张在财政收入上“各有定制”、在财政支出上“一以式法”[⑩]，这种收支平衡的财政观点，较单纯主张量入为出的见解更加深入。值得一提的是，财政思想在许多具体问题上有着重要创见，如南宋郑伯谦从会计的角度重新审视财政支出问题[⑪]，为我国古代会计学说补充理论性元素。明末清初顾炎武注重维护地方财政收入，他认为应该先保证地方开支，“其馀者然后定为解京之

① 《周礼·天官冢宰》。
② 《晏子春秋》卷2《内篇谏下》。
③ 《论语·学而第一》。
④ 《墨子》卷1《辞过第六》。
⑤ 《荀子》卷6《富国篇第十》。
⑥ （晋）傅玄撰：《傅子·检商贾》。
⑦ （明）陈子龙、徐孚远、宋徵璧等编：《皇明经世文编》卷29《范司训奏疏》。
⑧ （明）丘濬撰：《大学衍义补》卷21《总论理财之道下》。
⑨ （明）李贽撰：《藏书》卷26《行业儒臣》。
⑩ （宋）李觏撰：《直讲李先生文集》卷6《国用第一》。
⑪ （宋）郑伯谦撰：《太平经国之书》卷11《会计上》《会计下》。

类”[①]，给予地方财政一定的自主权。财政收入问题的讨论中存在以实物收税和加强商业征税等观点，清初王源甚至提出了一种类似于现代所得税的商业征税制度[②]。

4. 工商业经济问题及相关思想

工商业地位、工商业经营、市场管理、工商业组织形式、商业情报等问题是工商业经济思想涉及的基本问题。由这些议题生发出的对工商业的不同看法和不同政策导向，深刻影响了中国古代社会的经济发展。

工商业地位问题常与农业地位问题相联系，围绕这类问题，相关讨论大致呈现出先秦时期多元的农工商思想，秦汉时期“重农抑商”的主导政策，唐中叶后农商并重思想逐渐形成，并在明清时期得到强化的演进趋势。具体来看：孔子并未提出过明确的反对经商观点，他对弟子子贡经商就不曾反对。孟子把发展商业作为“王道”和“仁政”的内容。荀子重农，对工商业既鼓励又限制，认为商业能使“货通财，而国求给矣”，但商业过度发展对自然经济不利，故应“省商贾之数”[③]。战国韩非公开提出农本工商末的口号。汉高祖刘邦在天下初定时“令贾人不得衣丝乘车，重租税以困辱之”[④]，推行重农抑商的政策。西汉晁错进一步发展了重农抑商思想，强调重农贵粟，他提出“欲国富法立”就要改变“上下相反，好恶乖迕”情境下商人和农户的现状，“明君贵五谷而贱金玉”，劝告百姓从事农业，“在于贵粟”[⑤]。盐铁会议后重农抑商的正统地位得以确立。东汉王符认为农工商皆有本末，农工商三者都应重视其“本”，“三者守本离末则民富”[⑥]是一种颇有新意的

①（清）顾炎武撰：《亭林集》卷 1《郡县论》。
②（清）李塨撰：《平书订》卷 11《财用》。
③《荀子》卷 6《富国篇第十》，卷 7《王霸篇第十一》。
④《史记》卷 30《平准书第八》。
⑤《汉书》卷 24《食货志》。
⑥（汉）王符撰：《潜夫论》卷 1《务本》。

本末观。封建社会后期，在重农的基础上，重视工商业和自由贸易的观点则越来越多。例如，唐代韩愈提出农工商并重论。北宋李觏具有抑末安富的工商业思想。宋末元初的马端临不赞成“国家市物”[①]，即国家专卖的谋利行为，提倡民间自由贸易。元代尤为重视商业，但元世祖忽必烈注重“劝课农桑”，他以官方名义颁布并在全国推行《农桑辑要》，其序言中写道：“农司诸公，又虑夫田里之人，虽能勤身从事，而播殖之宜，蚕缫之节，或未得其术，则力劳而功寡，获约而不丰矣。于是遍求古今所有农家之书，披阅参考，删其繁重，摭其切要，纂成一书。”可以看出《农桑辑要》旨在引导百姓从事农业，传授农业生产技艺，提高农业生产效率[②]。至元七年（1270年），元世祖向全国颁布了十四条农桑之制，这在中国古代农业政策史上具有独特地位[③]。后来，明代张居正从既应“厚农”也应“厚商”出发界定农商关系。明末清初黄宗羲坚持工商皆本论。此外，明末清初顾炎武主张实行自由的国内商业贸易政策，从商人的切身利益和商人纳税的重要性出发，认为不应“束缚之急”[④]，以免造成财政损失。清代章谦为商人的社会功能辩护，认为商人不仅具备传统的经济功能，还发挥着“裒多益寡”的商品分配作用，他将商人阶级分为两类——商与贾。

对于工商业经营问题，中国古代思想中既有官营思想，如“工商食官”，也有个人和家庭的治生理念，形成了多元化的经营管理思想。例如，春秋时范蠡提出商业经营之道——“积著之理”。先秦时商鞅抑制商业发展但并不否认商业的作用和功能，主张“商致物”[⑤]。西汉桑弘羊认为“农商

①（元）马端临撰：《文献通考·自序》。

②（元）大司农司编：《农桑辑要·序》。

③ 钟祥财：《中国农业思想史》，上海交通大学出版社，2017，第142页。

④（清）顾炎武撰：《天下郡国利病书》卷28《江南十六》。

⑤《商君书》卷5《弱民第二十》。

交易以利本末”[①]，农业与商业之间的流通和交换对二者都有利处。唐代刘晏利用一系列商业经营原则进行财政改革，体现出并不轻视工商业的思想。

围绕市场管理问题，产生的措施和思想大致可分为三方面，一是指定交易场所，规定营业时间，确保市场规范性和时效性。例如：“凡市以日午，击鼓三百声，而众以会。日入前七刻，击钲三百声，而众以散。”[②]二是设立官吏“市令”“市长”等管理市场，负责市场的日常管理和秩序维护，确保交易活动不受扰乱。三是制定有关市场交易活动的规定，如“凡造器用之物不牢固真实，及绢布之属纰薄短狭而卖者，各笞五十，其物入官”[③]，对售卖不合格商品的商贩进行处罚，保障买者的权益，维护市场的公正性[④]。

关于二商业组织形式问题，产生的观点涉及个体小生产者形式以及工商业同类聚集的行会、会馆等思想，如管仲的四民分业定居论，其中“令夫工，群萃而州处”“令夫商，群萃而州处”[⑤]，强调将同类行业聚集在一起，有助于提高生产效率和专业化水平，成为工商行业组成同业聚集组织形式的思想渊源[⑥]。

关于商业情报问题，商业情报的搜集和共享有助于提高商业活动的效率、提供风险预警。如唐代刘晏于道巡院招募“驶足”去各地搜集货物价格等相关信息，构建起全国性的商业情报网，以更好地调整中央政策[⑦]。整体上，中国古代社会长期存在“重农抑商”思想，适应了古代农业社会早期的生产力状况，推动了农业社会的稳定和繁荣，但是随着商品经济的发展，“重农

① （汉）桓宽撰：《盐铁论》卷1《通有第三》。

② （唐）李林甫等撰：《唐六典》卷20《太府寺》。

③ （明）刘惟谦等纂：《大明律》卷10《户律七》。

④ 郭庠林：《中国古代的商业管理》，《财经研究》1988年第3期，第60—63页。

⑤ 《国语》卷6《齐语》。

⑥ 陈文玲：《我国古代商业行会的沿革及其借鉴意义（一）》，《商业经济研究》1989年第4期，第61—64页。

⑦ 《新唐书》卷149《刘晏传》。

抑商”思想对中国经济形态的演进产生了负面影响，不利于社会的转型[①]。

5. 农业经济问题及相关思想

农业地位、农业经营、农业教育、农田水利等问题是中国古代农业经济思想涉及的基本问题。“农业生产有效地利用了自然资源和以人类为代表的社会资源，生产出能够为人类生存延续提供保障的农产品”，因此“农业生产是人类赖以生存的基础”[②]。农业在古代中国长期处于主导地位，重农思想较为普遍[③]，农业的重要地位在工商业地位问题中已有论述。

有关农业经营问题的讨论，产生的观点涉及精耕细作的农业经营原则，顺应天时、注重地利和劳动力合理分配的农业生产安排思想，以及农业多种经营思想，包括粮食作物的多种经营，粮食作物与经济作物之间的多种经营，种植业与养殖业之间的多种经营，农业与手工业之间的多种经营[④]。相关典籍有北魏贾思勰所著的《齐民要术》，书中整理了一百五十六十种以往古书里的农业知识[⑤]。明代徐光启所著的《农政全书》亦包含丰富的农业生产思想，涵盖气候、水利、农器、树艺、蚕桑、种植、制造等多个方面[⑥]。

关于农业教育问题，早在《周礼》中便有相关记载：“大司徒之职：掌建邦之土地之图，与其人民之数，以佐王安扰邦国。”[⑦]即掌管天下各国的土地地图并记载人民数量，以辅佐王安定天下各国是大司徒的职责，有关此职责提出了“土会之法”“土宜之法”“土均之法”“土圭之法”，介绍了农业生产的有关经验，如“土宜之法”中，提及“辨十有二壤之物，而知其种，

---

① 李桂海：《中国封建结构探要》，辽宁大学出版社，1987，第 475—482 页。

② 李进霞：《近代中国农业生产结构的演变研究》，厦门大学出版社，2021，第 23 页。

③ 钟祥财：《中国农业思想史》，上海交通大学出版社，2017，第 1 页。

④ 鲁奇：《中国古代农业经济思想：元代农书研究》，中国科学技术出版社，1992，第 134、154、158 页。

⑤ 王仲荦：《魏晋南北朝史》，上海人民出版社，2020，第 1040 页。

⑥（明）徐光启撰：《农政全书》。

⑦《周礼·地官司徒》。

以教稼穑树蓺”[①]。传授农业生产技艺是大司徒的职责之一，这体现出国家对农业生产的高度重视。战国时期李悝重视农业生产活动，他提到“治田勤谨，则亩益三斗，不勤则损亦如之”[②]，即勤劳耕作田地可使农业增产，体现出他尤其看重劳动在农业生产中发挥的作用。

对于农田水利问题，水利工程在中国古代起到了促进农业生产、调节水资源、防治水灾、开发土地等多重作用。围绕农田水利问题，北宋时期，在王安石变法期间颁布的《农田水利法》，推动了各地农田水利工程的兴建，熙宁三年至熙宁九年（1070—1076 年），全国共计兴修水利工程 10 793 处，可灌溉农田高达 3611 万亩，这是中国古代水利兴修史上的一个高峰[③]。明代徐光启详细论述了“水利”问题，《农政全书》卷十二至卷二十均为“水利”内容，被称为“中国农田水利学滥觞”[④]。

6. 生产劳动问题及相关思想

生产劳动形式、生产劳动分工、劳动时间管理等问题是生产劳动思想涉及的主要问题。

围绕生产劳动形式问题，讨论较多的是农户家庭及个体劳作形式，其具有较高的生产效率和管理效率[⑤]，如墨子指出：“强必富，不强必贫，强必饱，不强必饥，故不敢怠倦。”[⑥]强调农民通过勤劳劳作才能实现温饱和获得财富。西汉贤良文学的“家人相一，父子戮力，各务为善器，器不善者不集”[⑦]等思想，体现了家庭成员间的协调与分工，强调通过家庭内部的合作

---

①《周礼·地官司徒》。

②《汉书》卷 24《食货志》。

③ 范学辉：《中国文化小通史·宋》，福建人民出版社，2020，第 9 页。

④ 王渝生主编、杨常伟编著：《农业史话》，上海科学技术文献出版社，2019，第 123 页。

⑤ 颜玉怀、邹德秀、肖斌：《中国古代农业生产组织与经营形式选择》，《西北大学学报（哲学社会科学版）》2003 年第 4 期，第 125—128 页。

⑥《墨子》卷 9《非命下第三十七》。

⑦（汉）桓宽撰：《盐铁论》卷 6《水旱第三十六》。

提升生产力。

围绕生产劳动分工问题，传统经济思想区分了体力劳动与脑力劳动，提出了“或劳心，或劳力”[①]的观点，强调不同劳动形式对社会的贡献。士农工商四民分工的思想在其中占有位置：“夫为政之要，计民而置官，分民而授事，士农工商之分不可斯须而废也。”[②]体现出社会的稳定与国家治理依赖于合理的劳动分工，各行各业应各司其职。同时提倡“使各从事其所能”[③]等，即根据个人能力和特长从事相关工作，以提升生产力并促进社会资源的良好配置。

围绕劳动时间管理问题，传统经济思想强调合理利用时间对生产的重要性。例如，东汉王符指出“力者乃民之本也，而国之基”，并特别重视劳动时间，强调“功之所以能建者，以日力也”[④]。南北朝时期，苏绰也提出，春耕、夏种、秋收是“农之要也”，并警示“若失其一时，则谷不可得而食”[⑤]。这些观点都强调了劳动时间的关键作用，体现了古代对生产效率与时间管理的高度重视。

7. 金融问题及相关思想

货币铸造、发行与管理，货币职能，货币流通，信用和借贷，金融机构经营管理等问题是金融思想涉及的主要问题。

围绕货币铸造、发行与管理问题，其一，历史记载了四次规模较大的货币铸造权争议[⑥]，出现了两类对立观点，一类主张货币铸造权应集中于封建政府，另一类则允许民间私铸。衍生出的经济思想有《管子》的“人君铸钱

---

①《孟子》卷5《滕文公上》。
②（清）严可均辑：《全晋文》卷46《上疏陈要务》。
③《墨子》卷6《节用中第二十一》。
④（汉）王符撰：《潜夫论》卷4《爱日》。
⑤《周书·苏绰传》。
⑥ 叶世昌：《古代中国经济思想史》，复旦大学出版社，2003，第422页。

立币”论[①]、西汉桑弘羊的“统一则民不二”论[②]，等等。其二，纸币发行管理思想较为突出，集中在纸币应发行与否，以及是发行兑换纸币还是发行非兑换纸币等焦点之上。关于纸币应发行与否的讨论，如南宋辛弃疾从错误的角度“铜楮其实一也”拥护楮币的发行[③]。元代叶李手订的《至元宝钞通行条画》是世界历史上第一个以条例形式出现的纸币发行管理文件[④]。元代卢世荣主张“括铜铸至元钱，及制绫券，与钞参行”，即钱钞并行，纸币与铜钱相权而行的货币制度[⑤]。清代杨象济提出十条观点论述钞币不可行，反对行钞，另提三策“纾今日之急”[⑥]。关于是发行兑换纸币还是发行不兑换纸币的争议，元末明初叶子奇认为钞法“须使钱货为之本”，支持发行兑换纸币[⑦]。清代钱秉镫对纸币作用的评价有所夸大，他支持实行不兑换纸币制度[⑧]。清代许楣、许梿兄弟认识到兑换纸币和不兑换纸币的区别，主张“以纸取钱非以纸代钱也”[⑨]，即发行兑换纸币，批驳了清代王瑬《钱币刍言》中发行不兑换纸币的思想。清代包世臣主张“广钱之用，操之于钞”[⑩]，发行兑换纸币。其三，对货币制度的设计，主要的观点有单一本位制和三本位制。元末明初王祎思想比较多样，主张单一本位制，专铸小钱，且主张发行黄金和白银铸币[⑪]，推行金、银铸币的思想是比较先进的，但与只使用铜钱的货币主张相矛盾，这充分体现出新观点难以避免的矛盾性。明

---

①《管子》卷22《国蓄第七十三》。

②（汉）桓宽撰：《盐铁论》卷1《错币第四》。

③（明）黄淮、杨士奇编：《历代名臣奏议》卷272《理财》。

④ 邹进文、黄爱兰：《中国古代的货币政策思想：“称提”述论》，《华中师范大学学报（人文社会科学版）》2010年第5期，第56—61页。

⑤（清）柯劭忞撰：《新元史》卷223《卢世荣传》。

⑥（清）杨象济撰：《汲庵文存》卷3《行钞引议》。

⑦（明）叶子奇撰：《草木子》卷3下。

⑧ 胡寄窗：《中国经济思想史》（下），上海财经大学出版社，1998，第436页。

⑨（清）许楣撰：《钞币论》通论一。

⑩（清）包世臣撰：《安吴四种》卷26《致前大司马许太常书》。

⑪（明）陈子龙、徐孚远、宋徵璧等编：《皇明经世文编》卷4《泉货议》。

代丘濬论述了一种“银为上币，钞为中币，钱为下币”的“三币之法”，是一种三本位制，把白银当作基础货币“权”中下币[①]。明末陈子龙向往铜钱本位[②]。大体来说，多数思想家对铜钱持肯定态度，把铜币当作理想货币，随着经济发展中钱荒问题的频繁出现，唐宋之后思想家开始反思并不断探索更为适宜的货币制度，以应对流通不足、区域性货币短缺等问题。

围绕货币职能问题，包括对价值尺度、流通手段、贮藏手段和世界货币职能的认识。《管子》对此已有较全面的认识，如“黄金刀布者，民之通货也”，明确指出货币在经济活动中的重要作用[③]。魏晋南北朝时期，鲁褒在《钱神论》中生动刻画了货币无所不能的形象，揭示了人们对货币及其职能的极端崇拜和依赖。对于贮藏手段的认识，唐中后期反壅塞的货币观点频繁涌现[④]，这从反面体现出货币被大量贮藏起来，影响了正常的经济生活。唐代白居易的“和钧”见解指出货币调节农工商之间关系的重要作用，体现了货币作为流通手段和价值尺度对经济运行的平衡调节功能[⑤]。唐代杨於陵在分析钱重货轻的原因时，肯定货币作为价值尺度的“权百货”职能和作为流通手段的“贸迁有无”职能[⑥]。宋末元初的马端临从货币购买力变动的角度看待纵向历史时期经济事件，由于“盐直比唐则愈贵”“缗钱比唐则愈轻”，所以“盐利过唐”表面如此，实际真实收入未必超过唐朝，这一分析侧面也体现了货币作为支付手段和价值尺度的作用[⑦]。元代张林从货币作为价值尺度和流通手段的角度揭示了价格波动的根源，他认为汉代并非单纯谷物价格高昂，百货皆是如此，“此钱贱故尔”，是货币购买力下降导致的物价腾升，

① （明）丘濬撰:《大学衍义补》卷 27《铜楮之币（下）》。
② （明）陈子龙、徐孚远、宋徵璧等编:《皇明经世文编》卷 286《铸钱议》。
③ 《管子》卷 24《轻重乙第八十一》。
④ 胡寄窗:《中国经济思想史》(中)，上海财经大学出版社，1998，第 480 页。
⑤ （唐）白居易撰:《白氏长庆集》卷 63《策林二》。
⑥ 《新唐书》卷 52《食货志》。
⑦ （元）马端临撰:《文献通考》卷 16《征榷考三》。

进一步把货币纳入分析，认为“钱少”则“物皆贵”[①]。农学建树颇丰的明代徐光启承认货币的价值尺度“皆财之权也”[②]。

围绕货币流通问题，探讨的内容包括反对与赞成货币流通、流通货币类别规定、货币流通速度与规律，以及货币流通与其他相关因素的关系等。例如，西汉盐铁争议中，贤良文学不赞成货币流通，希望回到物物交换的原始状态[③]。东汉荀悦认识到社会存在贮藏货币的行为，认为“积贮亦不可”，反对这一现象[④]。魏晋傅玄将货币流通与禁铸相联系，主张在经济繁荣发展利于“钱流”时，禁止民间铸钱，反之，货币流通停滞时，应注意盗窃毁损铜钱的行为[⑤]。南北朝孔觊在《铸钱均货议》中以五铢钱制为单位货币，主张“远近若一”，只流通一种货币[⑥]。唐代沈演之肯定货币的流通，“实国富民者也”[⑦]。唐代刘秩结合人口因素分析货币流通量，认为当时出现“恶钱”现象，是由于人口不断增多“而炉不加于旧”，货币数量增长率跟不上当下人口数量增长率[⑧]。唐代杨於陵鼓励货币流通[⑨]。北宋张方平首次提及对货币流通速度的看法[⑩]。北宋沈括进一步发展了货币流通速度论[⑪]。南宋叶适强调货币流通量，认识到货币流通量与价格水平息息相关[⑫]，且与南宋袁燮均对“劣币驱逐良币”规律有所阐述，此外明末清初顾炎武亦有分析，明末清初王夫之的看法更加明确。元末明初叶子奇把货币流通现象“譬

①《晋书》卷26《食货志》。
②（明）徐光启撰：《农政全书》卷16《水利》。
③（汉）桓宽撰：《盐铁论》卷1《错币第四》。
④（汉）荀悦撰：《申鉴》卷2《时事》。
⑤（唐）马总撰：《意林》卷5《傅子一百二十卷》。
⑥《南齐书》卷37《刘悛传》。
⑦《宋书》卷66《何尚之传》。
⑧《旧唐书》卷48《食货志上》。
⑨《新唐书》卷52《食货志》。
⑩（宋）张方平撰：《乐全集》卷25。
⑪（宋）李焘撰：《续资治通鉴长编》。
⑫ 胡寄窗：《中国经济思想史》（下），上海财经大学出版社，1998，第188页。

之池水”，希望达到“所入之沟与所出之沟相等”的状态[①]。

信用问题方面，主要讨论了国家信用和商业信用，如北宋范镇记录的“春给以钱，而秋令纳布”[②]体现了国家在农耕社会中对季节性生产的支持。北宋欧阳修描绘的“秋时立券买之，至春见花”[③]等经济活动，则反映了商业信用在交易中的应用。在借贷问题的讨论中，产生了民间借贷和政府借贷思想，如西汉末年新朝建立者王莽对私人放债的用途和取息的规定，体现出较为进步的观点，“民或乏绝，欲贷以治产业者，均授之，除其费，计所得受息，毋过岁什一”[④]，明确区分开利息与利润，注重从利润中抽取金额作为利息，这“相对西方古代思想家关于利息的论述来说，要高明得多、早得多”[⑤]。

围绕金融机构经营管理问题，讨论的对象包括经营抵押贷款的质库、经营保管业务的柜坊、钱铺、钱庄、账局、当铺、经营汇兑业务的票号等，相关思想如“凡开当铺，例从抚按告给牒文，自认周年取息二分，以二十四月为期，不赎则毁卖原所当物”[⑥]等，这表明，当铺经营需要经过官方许可，其运作涉及明确的利息比例、赎当期限以及处置当物的方式，体现了对金融机构抵押贷款业务严格管理的思想。

8. 土地问题及相关思想

土地资源利用、土地兼并、土地制度、土地产权等问题是土地思想涉及的主要问题。围绕土地资源利用问题，形成了对人地关系、土地规划与利用

---

①（明）叶子奇撰：《草木子》卷 3 下。

②（宋）范镇撰：《东斋记事》卷 3。

③（宋）欧阳修撰：《洛阳牡丹记》。

④《汉书》卷 24《食货志》。

⑤ 曾康霖、王长庚：《信用论》，中国金融出版社，1993，第 5 页。

⑥（明）艾南英撰：《天佣子集》卷 5《三上蔡太尊论战守事宜书》，见《四库禁毁书丛刊补编》（第 72 册），北京出版社，2005，第 246—255 页。

等多方面内容的探讨。比如，《全唐文》提出“人力田畴，二者适足”[①]的人地关系思想，强调人口与土地资源的合理匹配。北魏贾思勰主张“凡人家营田，须量己力”[②]，根据自身能力利用土地。西汉韩婴指出“夫土地之生物不益，山泽之出财有尽”[③]，体现出对土地报酬递减规律的认识。南宋陈旉认为“土壤气脉，其类不一，肥沃硗确，美恶不同，治之各有宜也”[④]，强调对不同土地类型需因地制宜进行管理。

对于土地兼并问题，历代思想家和政策制定者普遍认为，抑制土地兼并是维护社会稳定和经济发展的关键，抑制土地兼并论是主流观点。例如，东汉荀悦指出“民得耕种，不得买卖，以赡民弱，以防兼并”[⑤]，强调通过限制土地买卖来保护弱势农民，防止富人兼并土地侵害小农的生存权益。南宋李焘认为“至于为国之体，摧兼并，收其赢余，以兴功利”[⑥]，主张通过政府干预打击土地兼并行为，将兼并所得收归公共用途，促进公共利益实现。北宋王安石所推行的青苗法法令中指出“使农人有以赴时趋事，而兼并不得乘其急”[⑦]，即通过政府放贷等办法保护农民的生产积极性和生计，避免土地兼并者利用农民困境加剧土地集中。

围绕土地制度问题，相关思想主要体现在历代制定的土地制度和古代思想家们提出的土地方案之中，如先秦时期影响最大的是井田制，汉代董仲舒提出限田论，盐铁会议上贤良文学主张复井田，王莽设想王田制，三国时期重视屯田，西晋时期推行占田制，北魏、唐初实行均田制等。

土地产权的合理分配和保护对社会福祉具有重要意义。土地产权问题主

---

①（清）董诰辑：《全唐文》卷465《均节赋税恤百姓六条·其六论兼并之家私敛重于公税》。
②（北魏）贾思勰撰：《齐民要术·杂说》。
③（汉）韩婴撰：《韩诗外传集释》卷5。
④（宋）陈旉著、刘铭校释：《陈旉农书校释》卷上《粪田之宜篇第七》。
⑤（汉）荀悦撰：《汉纪》卷8《孝文下》。
⑥（宋）李焘撰：《续资治通鉴长编》卷240《神宗》。
⑦（清）徐松辑：《宋会要辑稿·食货四》。

要涉及对“私”的讨论。春秋时期子产以法律形式“伍之”，肯定土地私有权。先秦商鞅在变法中用政治权力和法律手段推行并确立土地私有制。东汉荀悦提出“耕而勿有”的思想，主张区分土地使用权和所有权，百姓耕作土地只占有使用权[①]。宋末元初的马端临在分析土地所有制问题时认为，土地为“庶人之私有”是历史发展的大势，主张土地为人民所私有是不容许被破坏的[②]。明代徐贞明提倡授予富民官衔以屯垦田地，从这个角度肯定支持了土地私有制[③]。明末清初王夫之分析历朝的土地规制，认为土地私有制“人各自治其田而自收之”是永恒的制度，“上通千古，下通万年”[④]。清初王源认为，“惟农为有田耳”，即只有农民才有权利拥有土地，“农之外无得买”，唯有农民才具备买卖土地的权利，此思想将土地的各项权利高度集中于农民[⑤]。此外，对于土地资产流转，古代思想家讨论了地租，如唐代白居易提出的“计田而出租”[⑥]思想，强调根据土地面积和质量合理确定租金，反映了对土地利用效率和公平交易的关注。明代张萱记载的“上田一亩之价有至二三两者，下田一亩不能数铢”[⑦]等思想，体现了对土地经济价值的深刻认识，为土地流转提供了思想支撑。

9. 对外贸易问题及相关思想

贸易作用、贸易管控、朝贡贸易、商品贸易结构等问题是对外贸易思想涉及的主要问题。围绕贸易作用问题，思想家往往从互通有无、换取奇珍异物、改善民生等角度考虑外贸，如荀子认识到对外贸易的重要性，认为从对

---

①（汉）荀悦撰：《申鉴》卷 2《时事》。
②（元）马端临撰：《文献通考·自序》。
③（明）徐贞明撰：《潞水客谈》。
④（清）王夫之撰：《四书稗疏》卷 2《论语》。
⑤（清）李塨撰：《平书订》卷 7《制田第五上》。
⑥（唐）白居易撰：《白氏长庆集》卷 64《策林三》。
⑦（明）张萱辑：《西园闻见录》卷 32。

外贸易中可以获得多样的宝贵财富，用以“饰贤良”“养百姓”[1]，因而支持发展对外贸易。汉代桑弘羊提倡对外贸易以换取“异物内流”[2]，充实本国。宋元两朝，封建统治者多有派遣使者，主动向外商介绍中国的贸易政策，招徕外商。

对贸易管控问题的重视有利于保护国家资源和维护国家安全。围绕贸易管控问题，宋元以前的主要思想是通过设立机构和法律来合理引导对外贸易，宋元之后的讨论多集中在海禁政策的取舍上。例如，隋政府设立四方馆接待外国使臣，管理外交和外贸事务。唐宋两朝在南方广开港口，发展海外贸易，建立起市舶制度，宋代颁布了《元丰广州市舶条》规范海外贸易。明清时期，断断续续地实现海禁政策，但仍有私商不顾王法，在利益的驱使下与外商开展贸易，并且随着国内商业发展和海禁政策弊端的显露，沿海富商大贾强烈要求开放海禁，是否实施海禁政策也引来诸多思想家、政治家的讨论。元代卢世荣的对外贸易思想中结合了国家垄断与私商自由经营两方面，主张二者依情况取舍[3]。清代蓝鼎元从贸易的角度主张放开海禁，自由通商，“补内地之不足”[4]。明代丘濬从人民和国家税收的角度，支持开放外贸和民间市场自由贸易。明代许孚远主张“不若明开市舶之禁”，这样一来，就不需要再去禁止那些冒死走私的商贩走私，这种行为自然也就会消失了，“市通则寇转而为商，市禁则商转而为寇”，通市舶有诸多好处[5]。封建社会后期，国际贸易管控思想趋于保守和落后，曾多次实行的海禁政策阻碍了传统社会的向前发展和文明交流。

朝贡贸易既是中国古代政治体系的一部分，也是中国经济外交的一种方

①《荀子》卷5《王制篇第九》。
②（汉）桓宽撰：《盐铁论》卷1《力耕第二》。
③（清）柯劭忞撰：《新元史》卷223《卢世荣传》。
④（清）蓝鼎元撰：《鹿州全集·鹿州初集》卷3《论南洋事宜书》。
⑤（明）陈子龙、徐孚远、宋徵璧等编：《皇明经世文编》卷400《疏通海禁疏》。

式。中国古代在这一问题中主要以政治扬威为目的，政治色彩较为浓厚，直至后期才回归贸易的本质。一般国外的商品称作“贡”“献”，我国的称为“赐”“赏”，自然经济时代，我国经济发展水平领先世界，统治者带有天朝上国观念，“赐”“赏”通常大于“贡”“献”。朝贡贸易思想最初起源于“华夷之辩”，春秋时期已有论述，作为一种政治议题存在。据记载，“四夷”朝贡在汉代开始出现。到了唐代，封建经济发展至顶峰时期，文化交流频繁，外交政策更趋开放，朝贡愈加频繁。唐中叶以后，南方港口贸易得到发展，出现了有利于工商业发展的各种因素，国内贸易发达，在积极主动的开放政策和自身经济发展的现实需求下，“朝贡贸易体制中推动朝贡关系的经济因素在逐渐增大”[①]，围绕此问题产生的思想，如北宋曾巩提出：“海外国来献，多人徒以食县官，而往往皆射利于中国也。”[②]海外国家来进贡，大多是由于需要依靠官府生活，并且往往都是来中国谋取利益的，这是朝贡贸易经济色彩的体现，宋朝即有思想家认识到外国的逐利之心。宋末元初马端临认为“岛夷朝贡，不过利于互市赐予，岂真慕义而来”[③]，即朝贡的目的并非“义”，而是发展贸易，追求经济利益。

聚焦于商品贸易结构问题，北宋沈括认为出现钱荒现象的一部分原因是海外贸易造成外泄，主张调整出口商品结构，以减少铜钱外流。他提出减少牛羊买卖，认为“虽革刍牧之劳，而牛羊之来于外国，皆私易以中国之实钱”[④]。明末，傅元初从价值和需求角度出发考虑国际贸易的各类商品，提倡开放贸易以交易所需商品，出口特定商品以获取较国内贸易更高的收益。他提出：“大西洋则暹罗、东埔诸国道，其国产苏木、胡椒、犀角、象牙诸货物，是皆中国所需。”这是进口商品的构成。同时，他提出：“是两夷者，

---

① 伍庆玲：《朝贡贸易制度论》，《南洋问题研究》2002 年第 4 期，第 72—73 页。
②（宋）曾巩撰：《元丰类稿》卷 47《秘书少监赠吏部尚书陈公神道碑铭》。
③（元）马端临撰：《文献通考》卷 331《四裔考八》。
④（宋）李焘撰：《续资治通鉴长编》卷 283《神宗》。

皆好中国绫缎杂缯。”绫缎国外需求多，是中国出口的主要商品，获利颇丰。“中国湖丝百斤值银百两者，至彼得价二倍。”[①]

10. 人口问题及相关思想

人口分布、人口结构、人口数量、人口质量、人口统计等是人口思想涉及的基本问题。聚焦人口分布问题，主要探讨了人口与土地资源之间的关系，以及人口与经济区域之间的平衡关系，如春秋时期孔子指出：“地有余而民不足，君子耻之。”[②]主张人口应合理分布以使土地得到最大化利用。东汉王符认为“土地人民必相称也”，“土多人少”与“土少人众”致使土地要么成为“虚土”要么“遗竭”[③]。北宋苏轼将“均户口”作为“安万民”的重要内容之一，主张转移人口较为密集地区的百姓至人口相对较少的地区，促进人口分布的合理化和均匀化[④]。南宋叶适重视人口，不仅将其视为国家要务，而且认识到人口分布不均现象，并将此问题与土地资源的管理和分配结合分析[⑤]。

围绕人口结构问题，形成了人口职业结构“四民”思想，士的地位较高，其次是农、工、商，此排序长期占据着主流地位。对此问题的讨论也存在一些其他观点，如清代唐甄“把流行了二千多年的士农工商四大社会集团的序列颠倒为农工商仕（当然包括士在内）”[⑥]。清初王源提出：“民之良有五：一曰士……二曰农，三曰军……四曰商，五曰工。”[⑦]将五民排序变为“士农军商工”，并且重视工商业，将其划入良民范围。

---

①（明）傅元初撰：《请开洋禁疏》，见（清）孙承泽撰《古香斋鉴赏袖珍春明梦余录》卷 42《兵部一》。

②《礼记·杂记下》。

③（汉）王符撰：《潜夫论》卷 5《实边》。

④（宋）苏轼撰：《苏轼文集》卷 8《策别安万民三》。

⑤（宋）叶适撰：《水心先生别集》卷 2《民事中》。

⑥ 胡寄窗：《中国经济思想史》（下），上海财经大学出版社，1998，第 530 页。

⑦（清）李塨撰：《平书订》卷 1《分民第一》。

人口数量和人口质量直接影响劳动力供给和社会资源分配。聚焦人口数量和素质问题，主要思想趋势是提倡和鼓励人口的自然增殖[①]、重视人口与物质生产资料之间的关系，如战国韩非指出“人民众而货财寡”，将导致“民争”[②]。《管子》以一年、十年、百年举例，提出其倡导教育和培养人才的观点：“终身之计，莫如树人，树人谓济而成立之……一树百获者，人也。”[③]商鞅实行徕民政策，鼓励邻国人口迁入。东汉荀悦希望人口少，“民寡则用易足，上广则物易生”[④]，其认为人口少则不会产生资源紧张问题，社会需求容易满足。宋末元初的马端临关注人口素质，认为“才智之人”众则国强[⑤]。关于人口增殖率，明代徐光启提出“生人之率”的概念，认为其“大抵三十年而加一倍”，除非发生大型战争，否则人口不会减少[⑥]。清代洪亮吉认为，房屋的增速跟不上户口的增速，分析了人口的绝对过剩现象，提出天地调剂法和君相调剂法两种解决人口过多问题的方法[⑦]。

关于人口统计问题，周秦以来历代统治者普遍认识到人口调查与管理在国家治理中的重要性[⑧]。例如，东汉徐干认为：“故民数者，庶事之所自出也，莫不取正焉。以分田里，以令贡赋，以造器用，以制禄食，以起田役，以作军旅。国以之建典，家以之立度，五礼用修，九刑用措者，其惟审民数乎。”[⑨]这一论述深刻揭示了人口统计在社会经济管理中的关键地位，直接关系到土地分配、税赋征收、徭役动员、军队建设等重要事务，同时也是制

---

① 裴倜、王冲：《中国古代人口思想及其规律》，《四川大学学报（哲学社会科学版）》1981 年第 4 期，第 40—46 页。

②《韩非子》卷 19《五蠹第四十九》。

③《管子》卷 1《权修第三》。

④（汉）荀悦撰：《申鉴》卷 2《时事》。

⑤（元）马端临撰：《文献通考·自序》。

⑥（明）徐光启撰：《农政全书》卷 4《田制》。

⑦（清）洪亮吉撰：《卷施阁文甲集》卷 1《意言·治平篇》。

⑧ 裴倜、王冲：《中国古代人口思想及其规律》，《四川大学学报（哲学社会科学版）》1981 年第 4 期，第 40—46 页。

⑨（汉）徐干撰：《中论·跋》。

定典章制度和维护社会秩序的前提。辽兴宗曾颁布通括户口诏，认为“宜通检括，普遂均平”[①]，强调应全面检查人口登记情况，以实现赋税公平分配。这不仅体现了对社会公平的维护，也是优化资源配置、推动国家财政体系健全的重要举措。

11. 会计审计问题及相关思想

会计审计方法、管理与监督、会计审计独立、民间会计、会计审计伦理等问题是会计审计思想涉及的主要问题。围绕会计审计方法问题，产生的观点体现在记账法的沿革、会计凭证和会计档案的建立等方面。例如，《周礼》记载的“凡在书契版图者之贰，以逆群吏之治，而听其会计”[②]等思想，反映了重视会计档案的建立与维护，以及对审计、考核的制度化管理。唐代陆贽认为：“凡是太府出纳，皆禀度支文符，太府依符以奉行，度支凭案以勘覆，互相关键，用绝奸欺。”[③]这体现出借助文符来达到财政监督和制约目的的思想。宋朝会计录的编订、“四柱结算法”的出现与发展，体现了中国古代会计审计思想的完善和发展。明代王鏊指出，“度量权衡皆起于黄钟，故曰‘黄钟为万事之根本’”[④]，提出了会计计量单位——黄钟，当然具体起始依据有待考证，但这体现出王鏊对会计计量的思考和相关观点。清代尹会一针对舞弊现象，提出“存留底簿原票以备查验”，重视凭证制度，“但有借赊而难还者，除严追外再次不准借赊”[⑤]，即保留底簿就可清楚掌握借赊情况，对于欠账者严加追讨，并且以后不再向他借赊。

关于管理与监督问题，封建社会早期存在的多是官厅会计，会计审计工作无异于财政监督与管理工作，由此产生了与财政监督和部门机构管理相关

①《辽史》卷59《食货志上》。
②《周礼·天官冢宰》。
③《旧唐书》卷135《裴延龄传》。
④（明）王鏊撰：《震泽长语》卷下《音律》。
⑤（清）郑瑞撰：《政学录》卷4《放收仓谷》。

的思想。春秋战国时期，孔子曾做过“委吏”，管理仓库，面对这份工作，他认真对待，“会计当而已矣”[①]，对所管理的各项财物认真负责，清点得当，虽然这里的会计并非现在的会计职业，但也体现出了孔子对会计工作的初步认识。《周礼》中体现出了非常丰富的会计审计思想，有一套严密的国家财政体制方案，其中专设财政监督机构，显现出分工负责、互相制约的思想，“内外互相考也”，即内府与外府互相考核，出入也需要互相考核。“职内职入，反以每岁所入而考其所出；职岁职出，反以每岁所出而证其所入；出入互相考也。”如果不互相考核，就容易出现部门独断、欺瞒奸诈现象。“不相参，则可以专其耳目；必相考，则可以防其奸欺。”[②]还有关于经济凭证的思想，“听买卖以质剂”[③]，质剂流通于买卖活动。北宋蔡襄提到，“簿书纪纲，纤悉皆可法”[④]，要严格会计纲纪和纪律，使细微处都有法可据。宋高宗时期张绚认为，“是知国之财用，必得节制之法，节财之要，必资会计之书”，通过相应的会计工作可以“察其登耗，量其多寡，参酌损益，因时制宜”，达到“用度有常，而民力不困也”[⑤]。此观点将会计提到非常高的地位，即攸关一国之财政。北宋张方平认为，担当“财计之任”的“三司”一职，主要任务是主持财计的全面工作，并督促下属完成工作，不需要局限于细小之事，做好分工，划分权责，对于财计工作存在的弊病，要抓住源头，廉政工作从上级做起[⑥]。北宋苏辙认为，会计发挥的作用至关重大，可相助“运筹帷幄之中，制胜千里之外”[⑦]，以清楚了解各项收支去向，减少徇私舞弊现象。南宋郑伯谦坚持财政收支要遵循法制规定，严格规范国

---

①《孟子》卷10《万章下》。
②（宋）郑伯谦撰：《太平经国之书》卷10《理财》。
③《周礼·天官冢宰》。
④《宋史》卷320《蔡襄传》。
⑤（宋）王应麟编撰：《玉海》卷185《绍兴会计录》。
⑥（宋）李焘撰：《续资治通鉴长编》卷209《英宗》。
⑦（宋）苏辙撰：《栾城集》后集卷15《元祐会计录叙》。

用，并且“纠察钩考之权，安得以其属而行于其长也”，认为监督是上级的权力，下级不可监督上级，“会计之权重”才可以完全发挥其“纠察钩考”的作用①，保证财计工作的合理运行。清初魏裔介重视会计稽核，认为之所以“一切钱粮，任意混冒”是因为“全无稽核”，最终“国用不足”，亟待健全会计制度，发挥其“清财赋疏”的重要作用②，魏裔介在实践中针对会计工作也做出了一系列的努力。

对于会计审计独立问题，在经济实践中体现为会计机构和审计机构的单独设立。唐代设立“比部”，作为审计上的独立监督机关。宋代进一步完善，设立审计院以强化财政监督。思想家对这一问题亦有所阐述。相关观点重视会计审计的权威性和监督机关的超然地位，如强调“计天下之财而财不在其手”，并主张“司会”与其他机构相互独立等③。

关于民间会计问题，产生的思想基于民间会计核算和管理实践，如“谨出纳，严益藏”的民间会计核算原则④，“黄簿”等会计账簿思想⑤，“账房”私人会计组织机构设置思想⑥，“通过经济券约保证会计核算的正确进行”⑦等会计凭证思想，在此基础上甚至诞生了“中国固有的复式簿记”⑧龙门账等。

会计审计伦理问题涉及社会责任和道德标准的衡量。围绕此问题，战国末期韩非认为，“人有欲则计会乱，计会乱而有欲甚”，人的欲望会导致财计工作的腐败混乱，会计工作不规范会助长贪欲，因而要除“欲利之心”⑨，

---

①（宋）郑伯谦撰：《太平经国之书》卷11《会计上》。
②（清）魏裔介撰：《魏文毅公奏议》卷1《定会计以清财赋疏》。
③（宋）郑伯谦撰：《太平经国之书》卷11《会计上》。
④ 郭道扬：《中国会计史稿》（下），中国财政经济出版社，1988，第17页。
⑤ 郭道扬：《中国会计史稿》（下），中国财政经济出版社，1988，第18页。
⑥ 郭道扬：《中国会计史稿》（下），中国财政经济出版社，1988，第85页。
⑦ 郭道扬：《中国会计史稿》（上），中国财政经济出版社，1982，第240页。
⑧ 郭道扬：《中国会计史稿》（下），中国财政经济出版社，1988，第134页。
⑨《韩非子》卷6《解老第二十》。

从侧面反映出会计对官吏的监督作用。宋代苏轼借喻指出，官吏人员设置过多并非好事，有时反而与监督制约相背而行，“求其本”才是正解，即施力点应放在提高被监督者自身的道德品质上。宋代苏辙等编订《元祐会计录》，将德法关系明确为德先法后，德在首位。清初王源的观点体现了对会计工作的法、情、理问题的探讨——“钱谷出纳，有足以利民者，专之可也。”他认为只要是对人民有利的均可专断决定，“而惮于稽考之严”[①]，最终容易误事，是一种重情理轻法制的思想。

12. 国防经济问题及相关思想

国防安全、国防经济建设、国防物资等问题是国防经济思想涉及的主要问题。围绕国防安全问题，产生了“爱好和平、强调力求避免战争对经济和社会破坏作用的安全理念”[②]，如墨家提倡兼爱与非攻，认为“国之与国之相攻”是由于“不相爱”[③]，“天下兼相爱则治”[④]，从而主张“非攻”，因为战争会“夺民之用，废民之利”[⑤]，代价甚大，对于必要的战事，要做好战前准备，消除“七患”[⑥]。汉代主父偃引用《司马法》中的“天下虽平，忘战必危”，提醒汉武帝居安思危，“天下虽平”，仍需“不忘战也”[⑦]。唐代李筌认为“十万众举，日费千金，非唯顿挫于外，亦财殚于内”，其看到了战争对经济的巨大消耗，并举出隋炀帝征战致使“出师万里，国用不足”[⑧]的例子，警醒人们“久暴师”的负面影响。苏轼提出“夫兵无事而食，则

① （清）李塨撰：《平书订》卷 3《建官》。

② 公方玲、王先勇：《中国古代军事经济思想精髓及其渊源》，《军事历史》2001 年第 3 期，第 53—56 页。

③《墨子》卷 4《兼爱中第十五》。

④《墨子》卷 4《兼爱上第十四》。

⑤《墨子》卷 5《非攻中第十八》。

⑥《墨子》卷 1《七患第五》。

⑦《汉书》卷 64《主父偃传》。

⑧（宋）吉天保辑：《孙子集注》卷 2《作战篇》。

不可使聚”[1]，即无事不需要聚兵，徒费钱财。

国防经济建设问题聚焦于富国以强兵、兵民与兵农关系上。其一，富国以强兵的核心观点认为，国家的经济基础是决定战争胜负的重要前提，古代思想家、政治家大多提倡重视农业以发展经济达到国富，进而支援军事以强兵。春秋孔子主张“足食，足兵，民信之矣”[2]，并将足食排在足兵之前，重视物质资料对军事的基础作用。《管子》认为，“国富者兵强，兵强者战胜”[3]，国防强大须以经济实力为基础，若国家贫困、无积蓄，“则国不安矣”[4]。此外，《管子》还有一种类似于商战的思想，认为恰当地运用商业手段，一样能够迫使他国臣服。西汉桑弘羊通过实施一系列商业措施，如盐铁专卖、均输、平准等，增加财政收入并支援国防，满足与匈奴的战争费用需要。魏晋袁准认为，“夫民者，君之所求用也，民富则所求尽得，民贫则所求尽失”，即重视富民，并把治国之要归于三点，即“食”“兵”“信”[5]，结合起来就是其主张富民强兵，与以往主张富国强兵、注重增加封建财政收入稍有不同，他注重增加国民的经济收入，强调国民经济收入与强兵二者的关联。唐代陈子昂的国防经济思想的主线是“制敌安人”“富国强兵”，主张“劝农桑，以息天下之人”[6]。宋代王安石将理财与整军相结合，认为“方今之所以穷空”是由于“失所以生财之道故也”，他将天下之兵比作人之血脉，需“分使就食，亦血脉流通之势也”[7]，即国家富裕才可更好地供养军队，支持军事和强大国防。明代张居正将富国和强兵看作国家大事，认为

---

①（宋）郎晔注：《经进东坡文集事略》卷18《定军制第十四》。
②《论语·颜渊第十二》。
③《管子》卷15《治国第四十八》。
④《管子》卷2《七法第六》。
⑤（唐）魏徵辑：《群书治要》卷50《袁子正书》。
⑥（清）董诰辑：《全唐文》卷211《人机》。
⑦（宋）王安石撰：《临川先生文集》卷75《与司马运判书》。

“足食乃足兵之本”[①]，即要强兵须以国富为基石。其二，处理兵民与兵农关系的主要观点主要是重视人民群众的力量，倡导士兵与百姓相结合，产生了“寓兵于农、屯田实边的国防建设思想”[②]。例如，商鞅强调农战，认为“国之所以兴者，农战也”，通过农战可达到“国富而治”[③]。战国尉缭发展了商鞅的农战思想，主张通过“建城称地，以城称人，以人称粟”，地、人、粟三者相称，达到内“固守”，外“战胜”[④]。西汉晁错的“徙民治塞”理论，体现了寓兵于农和兵农合一的思想，长此以往“塞下之粟必多矣”[⑤]，边防粮食储备将大大增多。西汉赵充国提出屯田法，“臣愚以为屯田内有亡费之利，外有守御之备”[⑥]。三国时期，曹操、诸葛亮均实行屯田之法，以解决军队粮食短缺问题和发展生产。唐太宗李世民认为“使百姓乂安，此乃朕之甲兵也”[⑦]，即百姓平安，可为甲兵。唐代陈子昂提倡军屯，认为军屯可达到“百万之兵食无不足而致，仓廪既实，边境又强”[⑧]的状态。唐代陆贽支持兵农合一理论，认为“边之大事，在食与兵”[⑨]，提出寓兵于农、耕战合一、发展边地农业的思想。宋代王安石、苏轼、李觏均主张兵农合一。元末明初刘基提出“先王制民产，曷分兵与农”[⑩]，主张寓兵于农、兵农合一。

围绕国防物资问题，其一，思想家认为粮食对于战事起极大甚至决定性作用，因而须重视己方和敌方粮食储备，并且重视军用物资供应。西汉晁错

① （明）张居正撰：《新刻张太岳先生文集》卷 23《答蓟镇总督王鉴川言边屯》。
② 葛业文：《中国古代国防思想及实践举要》,《军事历史》2020 年第 4 期，第 59—65 页。
③《商君书》卷 1《农战第三》。
④《尉缭子》卷 1《兵谈》。
⑤《汉书》卷 24《食货志》。
⑥《汉书》卷 69《赵充国传》。
⑦（宋）司马光撰：《资治通鉴》卷 193《唐纪九》。
⑧（清）董诰辑：《全唐文》卷 211《上西蕃边州安危事》。
⑨（唐）陆贽撰：《翰苑集》卷 18《请减京东水运收脚价于缘边州镇储蓄军粮事宜状》。
⑩（明）刘基撰：《太师诚意伯刘文成公集》卷 13《感时述事十首》。

认为，“粟者，王者大用，政之本务”[1]，应重视军粮储备。三国时诸葛亮认为“军以粮食为本”，重视军需物资和后勤保障，认为“粮饷孰丰”是决定胜负的重要因素之一[2]。唐代陈子昂提出开采剑南诸山铜矿，“采之铸钱，可以富国”[3]，以供军国资用。唐代陆贽认为，“兵之所屯，食最为急”[4]，重视发展农业，以充实军队粮食储备。宋代王安石重视军需供应，特别是军粮和兵械战马的供给[5]。其二，思想家重视军需运输问题，旨在保障军队的粮食供应。汉代桑弘羊主张发展水路交通以解决军需运输问题[6]。三国时曹操提出“因粮于敌”思想[7]。诸葛亮新修军事运输线，制造新型运输工具——木牛流马[8]。北宋李觏认为屯田的益处之一是“内免馈运”，从而“民以息肩，国以省费”[9]，百姓免去运输的劳苦，国家节省军粮运输的费用。元末董抟霄提出“百里一日运粮之术”[10]，体现了近代生产劳动流水作业的思想。

13. 生态经济问题及相关思想

生态资源管理、生态经济系统、生态伦理等问题是生态经济思想涉及的主要问题。围绕生态资源管理问题产生的经济思想突出生态经济价值导向，主要探讨山川、沼泽等资源的开发和管理方式。例如，西周文王颁布《伐崇令》，其中对于自然环境规定“毋填井，毋伐树木，毋动六畜”[11]，如若违

---

①《汉书》卷24《食货志》。

②（三国）诸葛亮著，段熙仲、闻旭初编校：《诸葛亮集》卷3《便宜十六策》，卷4《揣能》。

③（清）董诰辑：《全唐文》卷211《上军国机要事》。

④（清）董诰辑：《全唐文》卷475《请边城贮备米粟等状》。

⑤（宋）李焘撰：《续资治通鉴长编》卷245《神宗》。

⑥《汉书》24《食货志》。

⑦《孙子集注》卷2《作战篇》。

⑧（三国）诸葛亮撰、（清）朱璘辑：《诸葛丞相集》卷2《制器》。

⑨（宋）李觏撰：《直讲李先生文集》卷17《强兵策第二》。

⑩《元史》卷188《董抟霄》。

⑪（汉）桓宽撰、（明）张之象注：《盐铁论注》卷2《复古第六》。

反则“死无赦”，可见对生态环境极其重视。《管子》主张“山林虽近，草木虽美，宫室必有度，禁发必有时”[①]，对自然资源的开采要在适当的时间进行，即“禁发必有时”，且索取须有度。《淮南子》对于自然资源的索取和开发不主张先“一时之权”后“万世之利”，因为“焚林而猎，愈多得兽，后必无兽”[②]，同时借“先王之法”表达出实施生态环境保护法令的政治要求，从适度索取、以时禁发，不捕杀孕期及幼小动物出发，设想法令的具体方面。董仲舒将生态环境的治理和保护归入君王的职责之一，为人君者要让“天地之间被润泽而大丰美”[③]，自然界万物都和谐美好，欣欣向荣，从而为人间降下“甘露”，福泽百姓。唐代建立了一套相对完备的环保机构体系，设立“工部尚书、侍郎”的四大下属机构“工部”“屯田”“虞部”“水部”掌管“天下百工、屯田、山泽之政令”[④]，对保护自然环境做出了很大贡献。唐代白居易认为，人的无限欲望与自然界的有限供给必然产生矛盾，若没有“法制”在二者之间起缓冲作用，即“法制不生其间”，必然会导致“物暴殄而财乏用矣”，同时他提倡学习先王之法，“川泽有禁，山野有官”，治理生态，达到人与自然和谐统一[⑤]。清朝大多数地方官员明令禁止开山毁林，禁止毁坏动植物资源，破坏自然，在榜文告示中规定“各家俱取松柏……尤当永禁”，对纵火烧山“合行示禁”[⑥]等。

对于生态经济系统问题，主要从系统思维的角度，强调遵循自然规律的同时充分肯定人的积极作用，主张人与自然和谐共处，以确保经济与生态的可持续发展、相互促进。《管子》提倡“知四时”“务天时”“务地利”“人与

---

①《管子》卷5《八观第十三》。

②（汉）刘安撰、陈广忠译注：《淮南子》卷25《人间训》。

③《汉书》卷56《董仲舒传》；（汉）董仲舒撰：《春秋繁露》卷4。

④（唐）李林甫等撰：《唐六典》卷7《尚书工部》。

⑤（唐）白居易撰：《白氏长庆集》卷63《策林二》。

⑥ 杨一凡、王旭：《古代榜文告示汇存》（第 4 册），社会科学文献出版社，2006，第 367—368、549—550 页。

天调”[1]，即尊重自然规律以发展经济，并且重视“人”的作用，发挥人的主观能动性。孔子主张“钓而不纲，弋不射宿”[2]，践行可持续发展的生态经济思想。《吕氏春秋》提出了人与自然和谐发展的传统“三才论”思想，要求“天时”“地利”“人和”三者并重，既遵守自然规律，又掌握自然规律，并合理利用以发展生产，有“无变天之道，无绝地之理，无乱人之纪”[3]等论述。汉代董仲舒在《春秋繁露》中指出“天地人，万物之本也”，“三者相为手足，合以成体，不可一无也”[4]，强化了天、地、人三者相辅相成的有机关系。西汉的《氾胜之书》和东汉的《四民月令》中均体现了丰富的农业可持续发展思想，如合理施肥，合理密植，注重因地制宜、因时制宜、因物制宜等，助推了农业经济的科学合理发展。北魏贾思勰在《齐民要术》中主张注重掌握时令，强调顺天时，按作物的季节生长规律进行耕作。因地制宜，按照当地市场需求量决定经济作物种植量。因物制宜，按照作物的不同习性给予不同的培植环境。强调人的主观能动性，合理利用人力，合理施肥、轮作、间作套种等，推动农业生态系统良性循环，即“上因天时，下尽地利，中用人力，是以群生遂长，五谷蕃殖”[5]。唐代陆贽认为君王应当“厚人而薄财”，注重培养税源，以实现“本固则邦宁”[6]，推动社会经济健康稳定发展。《四时纂要》总结和发展了传统的农业生态思想，创新利用农作物间的关系进行套种，推动了农业的可持续发展。元代王祯创制了周岁农事授时尺图，其指示的农时可供一般参考，“以示中道”[7]，对于精确掌握农时做出了一大贡献，其还发展了传统“三才论”，对于农业的

①《管子》卷14《四时第四十》；《管子》卷1《牧民第一》；《管子》卷14《五行第四十一》。
②《论语·述而第七》。
③《吕氏春秋·孟春纪》。
④（汉）董仲舒撰：《春秋繁露》卷6《立元神》。
⑤（北魏）贾思勰撰：《齐民要术》卷1《种谷第三》。
⑥（唐）陆贽撰：《翰苑集》卷22《均节赋税恤百姓第一条》。
⑦（元）王祯撰：《王祯农书》卷1《农桑通诀一·授时篇第一》。

健康可持续发展大有益处。明代宋应星的《天工开物》初具近代科学的特征，体现了将农业实践与精确的数字和实验观察结合起来的思想，如“早者食水三斗，晚者食水五斗”[①]，通过定量描述给出详细特征和要求，以实践事实给出科学依据，并萌生了类似近代科学的酸碱平衡方法和物种适应性变异思想等，如“土脉历时代而异，种性随水土而分”[②]，有效地认识和利用了农业生产的规律，促进了农业生态的健康循环。

关于生态伦理问题，讨论了人与动植物的关系，多数观点强调要保护动植物、和谐相处，如宋代张载提出“民吾同胞，物吾与也”[③]，认为万物与人类本为共生共存的伙伴，应视自然万物为人类的平等共生者。元代胡炳文在阐释明代朱熹思想时指出“仁人之本心，即天地生生之心也”[④]，认为其将仁爱之心与自然界的生生不息相关联，主张人类应以仁心对待万物，尊重自然的生命价值。

14. 消费问题及相关思想

消费类型、消费原则、消费行为等问题是消费思想涉及的基本问题。围绕消费类型问题，古代思想家探讨了奢侈与节俭两种类型。一方面，中国传统思想高度推崇节俭。比如，孔子提出：“奢则不孙，俭则固。与其不孙也，宁固。”[⑤]认为节俭比奢侈更能保持内在稳固与和谐。老子是最彻底的崇俭派，以俭为宝，提倡无欲无求，秉持节俭和“知足知止”的适度消费生态观，从道性层面解释崇尚节俭和关心人的生存状态，追求一种符合自然的生活，认为无须过度使心智烦累，简朴的生活既符合自然法则又有益于人的

---

①（明）宋应星撰：《天工开物·乃粒》。
②（明）宋应星撰：《天工开物·乃粒》。
③（宋）张载撰、朱熹注：《张子全书》卷1。
④（元）胡炳文撰：《四书通·论语通·朱子集注》。
⑤《论语·述而第七》。

身心健康[①]。墨子认为节俭是关系国家贫富的大事，“俭节则昌，淫佚则亡”[②]。荀子主张“节用御欲”，节俭消费节制欲望，这样可以“长虑顾后而保万世”[③]。唐代魏徵劝谏唐太宗“居安思危，戒奢以俭”，保持节俭作风[④]。北宋司马光提到“吾心独以俭素为美”，将节俭视为各种高尚品德的共同特点，“俭，德之共也”[⑤]。明代叶盛认为天下事“常成于困约而败于奢靡”[⑥]。明末顾炎武和黄宗羲均提倡节俭，将节俭与致富联系起来。清代张英认为“成由勤俭破由奢”，主张节俭治国[⑦]。另一方面，也有思想家强调奢侈的积极作用。比如，明代陆楫反对禁止奢侈，“吾未见奢之足以贫天下也”，认为奢侈可以促进地区经济发展，“其地奢则其民必易为生，其地俭则民必不易为生者也”，并且认为“市易者”，即商品交易和市场的繁荣，“正起于奢”[⑧]。明代郭子章认为奢与俭均“为害巨”，更加偏向奢[⑨]。

围绕消费原则问题，产生了以“礼”为消费的标准，满足民用、适度等消费原则。比如，先秦时期，孔子提出“节用而爱人”[⑩]，将知足和遵循“礼”作为节俭的原则，对不同等级的人规定不同的消费标准，赞同必要的奢侈耗费。墨家站在平民的立场主张节用，天下百工“凡足以奉给民用，则止”[⑪]，提倡以满足人最基本的生理需求为消费的标准和原则，超出则为奢侈，并且主张“节葬”。汉代《淮南子》主张节俭应从君王开始，“俭约以率

①《道德经》。

②《墨子》卷1《辞过第六》。

③《荀子》卷2《荣辱篇第四》。

④（清）吴楚材、吴调侯编选：《古文观止》卷4《谏太宗十思疏》。

⑤（宋）司马光撰：《司马光集》卷69《训俭示康》。

⑥（明）叶盛撰：《水东日记》卷15。

⑦（清）张英等撰：《御定渊鉴类函》卷294《鉴诫三》。

⑧（明）陆楫撰：《蒹葭堂杂著摘抄》。

⑨（明）郭子章撰：《郭青螺先生遗书》卷21《奢俭论》，转引自欧阳卫民：《中国消费经济思想史》，中共中央党校出版社，1994，第310页。

⑩《论语·学而第一》。

⑪《墨子》卷6《节用中第二十一》。

下”，做表率，“俭则民不怨矣”[①]，带动全社会形成节俭的风气。汉代贾谊坚决反对奢侈浪费，他认为若消费超过社会生产水平，则“百人作之，不能衣一人”，“天下亡寒”[②]难以达到，社会苦难群众的生活难以得到改善。与前述不同的是，《管子》提出节俭和奢侈双重消费观点，“明主有六务”[③]，首要的是节用，但适当的奢靡也是必要的，“不侈，本事不得立”[④]，认为消费要符合社会生产力的发展水平和自然的承载力，提倡既满足人的消费需求，又不对生态环境造成危害的消费行为。

关于消费行为问题，聚焦现期消费与未来消费，消费、积储与生产，上、下级消费，世俗消费与礼教消费，个人消费与集体消费，正当消费与非正当消费等行为因素之间的关系及影响，产生的观点有《礼记》记载的“祭，丰年不奢，凶年不俭”[⑤]，强调了祭祀活动的适度原则，不应因外在条件而偏离礼制的规范。墨子在节俭基础上重视粮食储备，将“国无三年之食者，国非其国也；家无三年之食者，子非其子也”称作“国备”[⑥]。韩非认为“人臣太贵，必易主位”[⑦]，警示统治者，强调警惕权臣和大臣的权力，应限制其奢侈消费。汉代贾谊认为积贮是“天下之大命也”，重视积“粟”，“苟粟多而财有余，何为而不成”，从国家安全角度提倡节俭、增加积储[⑧]。北宋李觏将消费与生产联系起来，甚而关联到相应的工商行业的从业人员，主张限制消费，“复朴素而禁巧伪”，减少商品社会需求，从而降低商品的价格和商人的利润，如此小工商从业人员则会减少，“如此，则工商可

①（汉）刘安撰、陈广忠译注：《淮南子》卷9《主术训》。
②《汉书》卷48《贾谊传》。
③《管子》卷17《七主七臣第五十二》。
④《管子》卷12《侈靡第三十五》。
⑤《礼记·王制》。
⑥《墨子》卷1《七患第五》。
⑦《韩非子》卷1《爱臣第四》。
⑧《汉书》卷24《食货志》。

驱也”[①]。北宋王安石主张抑制奢侈之风，认为如若不做遏制，就会出现“积之涓涓而泄之浩浩”[②]的情况，最终致使民众经济条件恶化。元代邓牧提出“奈何以四海之广，足一夫之用邪？”[③]认为国家资源应为全体人民所享，体现了对社会公平与资源合理分配的思考。清雍正皇帝注重节俭所带来的积累效应，认为“积少成多，便可多养数人”，人人节省，“则所积岂不更多，所养岂不更众乎”[④]。

15. 收入分配问题及相关思想

分配原则、财富权属、收入差距等问题是收入分配思想涉及的基本问题。围绕分配原则问题，大多数观点强调“均”，即强调公平，相关观点，如孔子认为“不患寡而患不均”，提倡“均无贫”[⑤]。墨子主张“分财不敢不均”[⑥]。晏婴主张“其取财也，权有无，均贫富”[⑦]。汉代桑弘羊提出了地区之间均贫富的思想：“山居泽处，蓬蒿墝埆，财物流通，有以均之，是以多者不独衍，少者不独馑。”[⑧]认为偏远且经济相对滞后的地区应加强商品和货币的交流与交换，其他地区可能存在某些资源优势，而偏远地区则可能缺乏这些资源，通过商品和货币的流通，资源可以得到充分利用，从而实现资源的合理配置和最优利用，以促使发展程度不同的地区实现平衡和共同发展。当然也有部分思想家持不同观点，如北宋李觏区分“富”与“强”，不赞成对正常经商致富群体进行打击[⑨]；明末清初李雯区分“富”与“兼

---

①（宋）李觏撰：《盱江集》卷 16《富国策》。
②（宋）王安石撰：《临川先生文集》卷 69《风俗》。
③（元）邓牧撰：《伯牙琴·君道》。
④《清实录七·世宗宪皇帝实录（一）》卷 54。
⑤《论语·季氏第十六》。
⑥《墨子》卷 3《尚同中第十二》。
⑦《晏子春秋》卷 3《内篇问上》。
⑧（汉）桓宽撰：《盐铁论》卷 1《通有第三》。
⑨（宋）李觏撰：《直讲李先生文集》卷 8《国用第十六》。

并”，为富者进行辩护[1]。

关于财富权属问题，先秦时期已有了清晰的私有产权观念，如孟子提出“有恒产者有恒心”[2]，强调财产的稳定性对社会秩序和个人道德的基础性作用。明清之际的王夫之分析了以私有产权为基础的分配制度对生产者的激励问题，主张按有效劳动投入获得利益分配，较为深刻[3]。

聚焦收入差距问题，一类观点认为贫富差距存在是不合理的，要求均之，如唐代白居易认为贫富不均现象的解决“待制度而均也”，追求“贫富适宜”的状态，希望最终达到“上下无羡耗之差，财力无消屈之弊，而富安温饱，廉耻礼让”[4]。北宋秦观主张天下财富应“公室”与“私家”之间适平地分配[5]。南宋叶适提出“裒多益寡，称物平施”的平均思想[6]，但歌颂富人的作用，将实现平均寄托于富人自觉和政府减税。另一类观点肯定了贫富差异的存在，如荀子肯定贫富差异现象存在的合理性，认为“先王恶其乱也，故制礼义以分之，使有贫富贵贱之等”[7]。战国韩非认为贫富差距的存在合理且必要，“侈而堕者贫，而力而俭者富”，把造成贫富差距的原因归结为个人的懒惰与勤奋，“今上征敛于富人以布施于贫家，是夺力俭而与侈堕也”。反对征敛富人以救济穷人，认为这会滋养奢侈和懒惰之风[8]。《管子》提倡“贫富有度”，因为“贫富无度则失”，“失”最终会导致“国乱”[9]。汉代司马迁肯定贫富不均现象的存在，在贫富差距问题的解决上延续其自由

① （清）李雯撰：《蓼斋集》卷 43《赋役》。

② 《孟子》卷 5《滕文公上》。

③ 钟祥财：《中国古代收入分配思想中的市场意识——兼论经济意识与制度演进的关系》，《财经研究》2006 年第 5 期，第 39—47 页。

④ （唐）白居易撰：《白氏长庆集》卷 63《策林二》。

⑤ （宋）秦观撰：《淮海集》卷 15。

⑥ （宋）叶适撰：《习学记言》卷 1《易》。

⑦ 《荀子》卷 5《王制篇第九》。

⑧ 《韩非子》卷 19《显学第五十》。

⑨ 《管子》卷 3《五辅第十》。

放任的原则，主张听其自然发展，“莫之夺予”[①]，不加人为干预。北宋司马光肯定贫富不均现象的合理性，认为富者的存在对贫者有利，二者“相资，以保其生”[②]。明代丘濬认为“天生众民，有贫有富”，不主张改变贫富有别的现状，主张“富者安其富，贫者不至于贫，各安其分”[③]。明代吕坤谈到，富民是贫民的依靠，“贫民依以为命者也”[④]，自然不反对贫富不均的现象。明代末年，东林学派主张贫者与富者“两便”，保护富者的利益[⑤]。明末清初，顾炎武认为贫穷的存在并不是贫富二者对立、富者掠夺贫者的结果，而是封建政权的不当政治措施导致的，因而更多地关注社会普遍贫穷问题，提出节用和开山泽之利的富国之策[⑥]。

16. 价值与价格问题及相关思想

价值、价格调节、价格波动等问题是价值与价格思想涉及的主要问题。围绕价值问题，尽管中国古代对于价值或价格没有明确区分，但已模糊认识到这一问题的存在，并予以不断探索。子贡问孔子，“君子贵玉而贱珉”是不是因为“玉之寡而珉之多”，孔子不赞成子贡的想法，将玉比作君子，是因为玉体现出了一系列君子的美好品德，“故君子贵之也”，蒙上了一层厚重的伦理色彩[⑦]。其中不可忽视的是，子贡看到了物以稀为贵的道理，即因为供给小于需求，所以玉显得珍贵且具有价值，可见他模糊地认识到价值的相关知识。对于价值概念有独到见解的墨家认识到商品使用价值与交换价值的区别，即“为屦以买衣为屦”；价值与价格相适宜是商品贵贱的分水岭，“贾宜，贵贱也”；“贾宜则售，说在尽”是指价格适宜的商品不会产生过剩问

①《史记》卷129《货殖列传第六十九》。
②（宋）司马光撰：《温国文正公文集》卷41《乞罢条例司常平使疏》。
③（明）丘濬撰：《大学衍义补》卷25《市籴之令》。
④（明）吕坤撰：《去伪斋文集》卷1。
⑤（明）徐如珂撰：《乾坤正气集·徐念阳公集》卷7《候吴县万父母》。
⑥（清）顾炎武撰：《亭林文集》卷1《郡县论六》。
⑦《礼记·聘义》。

题，会售“尽”。此外，墨家还认识到货币是一种特殊商品，它在交易中与谷物商品“籴”相互交换，即“刀籴相为贾”。虽然货币价值的变化会导致商品价格朝反方向波动，但商品价格应当反映其内在价值，所以“刀轻则籴不贵，刀重则籴不易”，“刀轻”时，实际上“籴”无所谓贵，“刀重”时类比分析，在这种交换中，货币固定地充当一般等价物，其名义价值保持不变，即“王刀无变，籴有变”。然而，随着谷物价格的变动，货币购买力会发生变化，即“岁变籴，则岁变刀”[①]。后期对价值问题的探讨多与货币相联系，不正确的看法和观点混杂其中。例如，清代许楣、许梿兄弟在反驳清代王瑬的文章中多次强调银相对于纸币在材质上的区别，认为“银，银也；钞，纸也”，对于货币价值的认识停留在表面，并且认为纸币与银，“贵贱之相去也远矣”，仅看到作为商品的纸与银，没有认识到它们充当一般等价物的职能，关于货币价值的探讨多含混不清[②]。值得一提的是，明代丘濬最早提出劳动价值论——“世间之物虽生于天地，然皆必资以人力而后能成其用”[③]，认为劳动决定商品价值，此观点是劳动价值说雏形[④]。

在讨论价格调节问题时，古代思想家多强调通过政府干预和政策调节价格，抑或通过市场自发调节价格，如春秋时期子产主张“市不豫贾”[⑤]，让市场自发调节价格。战国孟子反对实行许行市贾不贰之道，认为“物之不齐，物之情也”，商品价格不一致是由于不同商品的质量不同，治理国家就应根据商品质量或者商品的具体情况——“物之情”管理和调节商品价格[⑥]。《管子》主张根据市场自发规律的作用，有选择地调节商品价格，允许商品

①《墨子》卷 10《经说下第四十三》、卷 10《经说上第四十二》、卷 10《经下第四十一》。

②（清）许楣撰：《钞币论》通论一、通论八。

③（明）丘濬撰：《大学衍义补》卷 27《铜楮之币（下）》。

④ 王京、符国华：《丘浚及其经济观点》，《海南大学学报（社会科学版）》1995 年第 4 期，第 29—33 页。

⑤《史记》卷 119《循吏列传第五十九》。

⑥《孟子》卷 5《滕文公上》。

价格适当地波动，即“衡无数”[①]，同时注意到相对商品价格的影响，“君守布则籍于麻，十倍其贾，布五十倍其贾”[②]，提出运用一种商品的价格来刺激另一种商品的价格的观点。汉代桑弘羊主张由国家管理价格，“以轻重御民”[③]，通过价格政策调节资源配置和稳定市场价格。南宋董煟反对封建政府制定粮价，提倡利用市场价格使商品自由流通救济荒年[④]。元代卢世荣主张实行稳定物价的价格政策，以改善当时的通货膨胀状况[⑤]。

围绕价格波动问题产生的思想，反映了对价格稳定和经济规律的不同理解与应对策略，如春秋范蠡主张调节价格使其波动在合理的范围内，如对于“粜”，应“上不过八十，下不减三十”[⑥]，达到农末俱利。唐代李珏反对增税的论述体现了其对供求规律的理解，他认为增税会抬高商品价格，进而使销售量下降，“价高则市者稀”[⑦]。北宋李觏认识到农产品价格的季节波动，指出谷价无论贵贱均不利于农者，因为“农不常粜，有时而籴也”[⑧]，提倡实行常平仓制度以缓解农产品价格的季节波动情况。明代丘濬提出“为天下王者，惟省力役、薄税敛、平物价”[⑨]，把稳定物价作为君王的重要任务，并且建议“国家定市价，恒以米谷为本”[⑩]，重视谷物的价格稳定，希望通过市场的自发作用稳定价格。清代杨锡绂从市场供需角度看待物价上涨问题，他认为一件商品如果只有“一人市之”，则“价不能增也”，如果有“十人市之”，价格就会“一时顿长”，如十人售卖，则“价不能求

①《管子》卷 24《轻重乙第八十一》。
②《管子》卷 24《轻重丁第八十三》。
③（汉）桓宽撰：《盐铁论》卷 1《力耕第二》。
④（宋）董煟撰：《救荒活民书》卷 2《不抑价》。
⑤《元史》卷 205《奸臣传》。
⑥《史记》卷 129《货殖列传第六十九》。
⑦《旧唐书》卷 173《李珏传》。
⑧（宋）李觏撰：《直讲李先生文集》卷 16《富国策第六》。
⑨（明）丘濬撰：《大学衍义补》卷 25《市籴之令》。
⑩（明）丘濬撰：《大学衍义补》卷 26《铜楮之币（上）》。

多”，如一人售卖，则“任其高勒矣”[①]，以此刻画了商品供给、需求与价格之间的关系。

17. 经济统计问题及相关思想

经济统计问题及相关思想主要集中在经济调查、经济统计方法、经济统计分析三个方面。经济调查旨在通过搜集、整理和分析数据来获取关于特定问题或现象的信息，对政府决策、社会管理和经济发展起着重要作用。围绕经济调查问题，产生了调查数量关系、质量关系的思想，如《管子》认为：“古之欲正世调天下者，必先观国政，料事务，察民俗，本治乱之所生，知得失之所在，然后从事。”[②]反映出调查民情民俗是管理好国家的基础。同时强调“不明于计数，而欲举大事，犹无舟楫而欲经于水险也”[③]，生动地表达了经济统计和数据管理在治国理政中的关键作用。战国商鞅提到“强国知十三数”，强大的国家对国内的一些基本情况掌握全面，如若不知这“十三数”，“地虽利，民虽众，国愈弱至削”，突出了统计调查的重要性[④]。战国韩非认为“计者，所以定事也，不可不察也。”[⑤]注重了解实况，进行统计调查。唐代杜佑认为“谷”“地”“人”这三者的调查数据尤其重要，“知此三者，谓之治政”[⑥]。明代丘濬强调统计调查的重要性，认为需要掌握实际数据和资料，“格物致知”，才能更好地判断事物，最高统治者则可通过身边大臣快速了解民情，“知夫邑里边鄙之情状”[⑦]。

在经济统计方法问题的讨论中，产生了分组统计法、统计推断法、普查法、编制统计报表、统计报告等思想，如《管子》中提到分组统计法，按年

①（清）李祖陶辑：《国朝文录续编 · 四知堂文录》卷 1。
②《管子》卷 15《正世第四十七》。
③《管子》卷 2《七法第六》。
④《商君书》卷 1《去强第四》。
⑤《韩非子》卷 1《存韩第二》。
⑥（唐）杜佑撰：《通典》卷 1《食货》。
⑦（明）丘濬撰：《大学衍义补 · 自序》。

龄、性别等个体特征分组，“别男女大小”、按职业“士农工商”分组等[①]。《史记》中包含十个统计表，“欲一观诸要难，于是谱十二诸侯”[②]，并且得到唐代刘知几的称赞。唐代杜佑运用了统计推断法：“按历代户口，多不过五，少不减三，约计天下，除有兵马多处食盐，是知见在之数者。采晋、隋旧典制置，可得五百万矣。”[③]根据食盐的消费和历史资料情况，推断出全国实际户口约五百户。宋代郑樵认为“若欲成天下之事业，未有无图谱而可行于世者。”[④]高度肯定统计图表的作用，所以在他自己编著的书中大量加入了图表。此外还有普查方法，古代调查人口和丈量土地时采用这种方法，如明代的户帖制度。

围绕经济统计分析问题，《管子》利用统计资料对社会经济问题进行分析，善于透过统计数据看事物背后的联系，分析百姓农业生产的季节性，以及征税的繁重，“故以上之征而倍取于民者四”，导致农民不得不寻求高利贷从而上交赋税，“是又倍贷也”，最终导致“逃徙者刑而上不能止者，粟少而民无积也。”[⑤]《墨子》由小及大地分析军事战争，分析攻打“三里之城、七里之郭”后，“杀人多必数于万，寡必数于千”，对于“万乘之国”而言，损失的人口必然更多，双方人口都会减少，最终只会让士兵去送死，换取一座虚城，“则是弃所不足，而重所有余也”[⑥]。这并非治国的要务和明智之举。明代丘濬搜集了历年海运数据，用数字说话，分析现实情况，通过损失数和损失比率两个指标，展现出实行海运的实际效果[⑦]。

---

① 《管子》卷 18《度地第五十七》、卷 4《宙合第十一》。

② 《史记》卷 14《十二诸侯年表第二》。

③（唐）杜佑撰：《通典》卷 7《食货七》。

④（宋）郑樵撰：《通志》卷 72《图谱略第一》。

⑤ 《管子》卷 15《治国第四十八》。

⑥ 《墨子》卷 5《非攻中第十八》。

⑦ 程霖、陈旭东、张申：《中国传统经济思想的历史地位》，《中国经济史研究》2016 年第 2 期，第 16—31 页。

18. 其他经济思想

除上述提及的思想类别外，中国传统经济思想还广泛涉及其他相关领域的经济问题，如区域经济问题、行为经济问题、法律经济问题、人文经济问题等。区域经济思想涉及经济地理、区域发展、区域规划等多个领域的经济问题和学科内容。在中国古代，北方战争频发、政权更迭及人口南移的现象促使南方地区得到了更多的开发。南方拥有天然的地理区位优势，发展了许多港口并开展了海外贸易，这进一步促进了商业繁荣。由此，全国的经济重心逐渐南移，不同区域形成了不同的产业特色和风俗习惯，为区域经济思想的成长提供了土壤。行为经济思想聚焦于剖析人类行为和决策背后的心理学因素[①]，以及这些因素对经济决策等的影响。中国古代陆王心学是一种新儒学，其关注心理作用、强调心是宇宙万物的本源以及提倡知行合一，这体现出中国古代具有与行为经济思想相关的元素。法律经济思想和人文经济思想等源自交叉学科的经济思想，受到中国古代法律和人文传统的深刻影响。然而，由于研究难度较大、资料不全面和不系统等原因，这些领域的研究还不够深入。

综上，可以发现中国古代围绕丰富的经济实践和诸多经济问题，在整体上形成了丰富的经济思想。上述 18 类基本经济问题及其相关思想，至少可以从数量层面直观地体现中国传统经济思想涉及的范围之广、内容之多，为古代中国思想文化的不断演进提供了重要源泉和基础。当然，这些经济思想在历史发展中，并非全都发挥出积极正面的作用，其中也存在一定的历史局限。例如，中国传统经济思想类别虽呈现多样性，但未能深化为类似现代经济学的理论体系，这种局限性导致个体和社会在面对复杂问题时，缺乏一定的理论深度与预测能力。又如，部分传统经济思想的发展可能受到特定价值

---

① Ariely D. *Predictably Irrational: The Hidden Forces that Shape Our Decisions*, HarperCollins, 2008.

取向的制约，中国古代广泛存在的重农抑商思想就是一个典型，这一思想的存在一定程度上影响了古代商品货币经济的发展。因此，须用发展辩证的眼光进行全面客观的评价。

三、丰富性第二要义：以内容深度及思想层次为标准

中国古代经济问题既多元又具有相通性，不同经济问题彼此在相互联系、相互影响中深化，孕育了多角度、多层次的经济思想。故而，中国传统经济思想是丰富而成体系的[①]。巫宝三曾指出："经济思想大致可分为三类，一为经济哲学思想，二为见解、意见、主张等政策性思想，三为对经济现象和问题的分析和说明的理论。"[②]在此基础上，结合问题导向，本书认为中国传统经济思想不仅在广度上涵盖对 18 类基本经济问题的认识，而且在内容深度上亦呈现出较为丰富的层次。

（一）哲学、政治、伦理元素构成古代分析经济问题的学理基础

正如巫宝三所指出的，古代"从哲学、政治、伦理等方面开始论述，并且总是综合论述这些问题。以此为基础，而再论及其他问题，经济问题是常被连带论及或当作个别具体问题论述之一。"[③]简言之，哲学、政治、伦理问题成为经济问题的论述基础和经济思想的出发点，奠定了思想家思考的伦理基调和思维立论的哲理出发点。

对哲学问题的探讨虽未直接体现在经济议题上，但在此基础上产生的世界观和方法论影响思想家的判断和取舍，丰富了经济思想的内在表现和哲学意蕴。例如，荀子具有鲜明的朴素唯物主义世界观，这使得他对经济现象的

---

① 刘昊：《中国经济思想史研究的几个理论问题》，《社会科学战线》1999 年第 1 期，第 40—45 页。

② 巫宝三：《中国经济思想史研究展望》，《经济研究》1990 年第 4 期，第 64—67 页。

③ 巫宝三：《论中国古代经济思想史研究主要方面及其意义》，《中国经济史研究》1991 年第 1 期，第 65—75 页。

分析更为客观和深入。他承认人的欲望客观存在，并主张通过合理引导来满足在支付能力范围内的正常需求。道家以“道”为经济思想的核心要素，强调经济行为应遵循“道”的自然法则。《道德经》的“无为论”主张顺应自然规律、减少过度干预，在经济低迷时期，有助于经济快速恢复和休养生息。此外，其“寡欲”及自然主义的观点在生态经济领域也有积极影响，有利于人与自然的和谐相处和农业经济社会的可持续发展。宋明理学，作为封建社会后期儒学的新发展，分为强调“理”的程、朱客观唯心主义和强调“心”的陆、王主观唯心主义核心两派，代表人物的经济思想深受哲学影响，逐渐将儒家思想固化为不可动摇的教条圣训。相对地，王夫之以其唯物主义观点批判了宋明理学的唯心主义，客观看待中国社会的经济发展过程，其经济观点中不乏进步性的崭新因素。

对政治问题的探讨作用于对经济制度及相关问题的态度，从而塑造经济思想。正如赵靖所言，中国古代对经济问题的研究，不是在经济学的范畴下进行的，而主要是在富国的旗号下进行的[①]。一方面，国家治理模式会影响经济的发展方向，从而影响经济问题和思想。例如，古代“民惟邦本”[②]的治国理念，强调以民为主，注重保民、爱民等，从而促进了轻徭薄赋、足民、富民等经济思想的产生。另一方面，政治问题的思考和解决往往伴随新的思维方式，继而影响与之有关的经济思想生成。历代学者在关注和参与国家事务的过程中，形成了“修身、齐家、治国、平天下”的政治抱负，产生的经济思想强调以家国事业和集体利益为主，重视公利和大义。

由义利、公私、均平等问题衍生的经济伦理思想，重视道德规范对人的约束作用，为各类思想奠定道德基础。例如，先秦儒家围绕义利问题形成了以义为核心，义以生利的经济思想，影响了社会对追求财富的态度，促使社

① 赵靖:《中国古代的“经济学”和“富国学”》,《燕京学报》1995 年第 1 期，第 129—144 页。
②《尚书 · 夏书 · 五子之歌》。

会重视农业生产，而相对忽视手工业和商业，体现农商思想的伦理倾向。董仲舒“独尊儒术”后，将儒家思想奉为圭臬，中国古代思想家的观点和学说普遍带有儒家传统伦理道德色彩。唐中叶以后，社会观念开始转变，更多呼声转向追求个人利益。在此时期，受伦理思想转变的影响，重视工商业的思想逐渐出现，商业征税的方法被更多地探讨。对贸易的提倡和商业经济的发展，逐渐影响了学者对金融思想中货币相关内容的研究，催生了类似格雷欣法则（Gresham’s law）的思想。

（二）立足宏微观结合视角形成各种经济问题的见解、主张和政策

从前文归纳的 18 类经济问题及思想内容可见，中国古代讨论的经济问题既涉及微观层面，也涵盖宏观层面，二者相互融合。微观层面的探讨集中于个人或行业的经济效益分析，加深了对经济概念的理解。宏观层面的经济思想则结合了国家和社会整体的经济需求、目标和政策，为解决宏观经济问题提供了理论基础和要素支撑。

从中国传统经济思想整体来看，如经济治理思想、财政思想、金融思想、土地思想、国防经济思想等更多是从宏观角度考察社会经济整体运行规律与政策制定，而农业经济思想、工商业经济思想等主要探讨农业、手工业、商业的生产规律，以及个体从业者的身份地位等微观层面。

从单个类别的思想范畴来看，如价值与价格思想，其微观视阈多聚焦于价值理论问题，宏观视阈则更多关注价格调节问题。例如，墨子的价值理论重视商品内在价值对价格的决定作用，其区分了商品的使用价值和交换价值，在封建时代达到了较高的理论水平。同时，围绕价值问题的观点与其他思想相互联系、相互影响，特别是与货币相关的价值问题的观点，对金融思想中关于货币本质的认识产生影响。随着价值符号纸币的出现，围绕其可行性和兑换性问题的争论不断，许多观点赞成金属货币优于纸币，但未能真正

认识纸币可兑换与不可兑换的本质区别，从而影响了古代货币发行的实践。在价格调节问题上，传统经济思想更多从国家经济调控的宏观角度进行考察。例如，孟子主张依商品质量，即其内在价值来管理和调节商品价格[①]；《管子》注重市场的自发规律，有选择地调节商品价格[②]。此外，古代官员利用商品供求关系等价值规律成功调节商品价格的实例也不在少数[③]。

从某一人物或学派的经济思想内容来看，以管子学派为例，其经济思想融合了宏观与微观视角，形成了对经济问题的多元洞见。微观层面，管子注重通过激励机制优化微观主体的经济行为，正如《管子》所述："均地分力，使民知时也。民乃知时日之蚤晏，日月之不足，饥寒之至于身也。是故夜寝蚤起，父子兄弟不忘其功，为而不倦，民不惮劳苦。"[④]这意味着实施分户经营，可以提高农民的生产效率和参与积极性，促进家庭成员共同优化农业生产过程。宏观层面，管子基于轻重论提出了一系列调控经济的策略。他主张利用价格杠杆调节市场，以稳定物价和增加财政收入。同时《管子》主张在对外贸易中灵活运用轻重之术，如"必四面望于天下，下高亦高。天下高，我独下，必失其国于天下"[⑤]，并以莱国和周国的贸易举例说明此策略。

（三）探索运用数量和理论分析方法讨论经济问题及要素的内外关系

探索运用数量和理论分析方法讨论经济问题及要素的内外关系，是中国

---

①《孟子》卷 5《滕文公上》。

②《管子》卷 24《轻重乙第八十一》。

③ 如西汉桑弘羊疏通商业流通渠道，调节市场供需；东晋王导调节丝绢市场供需；唐朝兖州知守令狐楚稳定粮价；宋朝越州知府赵抃稳定粮价；王安石推行市易法；等等。

④《管子》卷 1《乘马第五》。

⑤《管子》卷 24《轻重丁第八十三》。

传统经济思想具有分析性的特征表现[①]，也是中国传统经济思想在深度上具有丰富内涵的深层次体现。

就数量分析而言，中国传统经济思想中虽然没有形成现代意义上的数量分析方法，但在实践中也体现出了利用数据进行研究和分析的理论方法。例如，根据巫宝三的研究，孙武通过对六卿灭亡顺序的分析，提出了农业生产与赋税及土地制度之间的定量关系。他认为，亩制大小和税率高低是决定农业盛衰和政权存亡的关键因素。范氏、中行氏亩制较小、税负相同，故“先亡”；赵氏亩制最大、税负最轻，故能“固国”[②]。这一分析突破了传统经验分析框架，以定量方法探讨经济问题，舍弃其他因素，集中于土地制度与税收的差异，具有高度理论意义[③]。又如，刘晏设计了一套价格收购机制，以应对国家制定的各地区和籴数量政策的滞后性，这种价格机制有效地运用了历史数据，根据市场情况灵活调整收购措施，减少了政府行为的经济损失，稳定了市场价格[④]。丘濬在漕运建议中坚持海运，佐以航海的科学知识和一线人民的实践经验，运用数字统计的方法进行了充分论述[⑤]。

理论分析是深入探讨问题本质、发现规律性认识的一种有效途径。例如，有学者研究发现，荀子和柏拉图在处理相似的经济问题时，他们思想中

---

① 巫宝三：《中国古代经济分析论著述要》，《中国社会科学院研究生院学报》1992 年第 1 期，第 19—24 页；程霖、周瑞、陈旭东：《中国传统经济思想的分析性之辨——兼谈以“第二个结合”推进中国经济学构建》，《经济研究》2024 年第 3 期，第 185—208 页。

② 银雀山汉墓竹简整理小组：《孙子兵法》，文物出版社，1976，第 94—95 页。

③ 巫宝三：《中国古代经济分析论著述要》，《中国社会科学院研究生院学报》1992 年第 1 期，第 19—24 页。

④ 刘晏主张“以数十岁籴价与所籴粟数高下”，平均估计数十年粮价和采购数量，“各为五等”，将第三等价格作为正常价格和基准，即按第三等数量收购，“但第一价则籴第五数”，若价格上涨至一等，则收购数量为第五等数量，“第二价则籴第四数”，若价格上涨至二等，则收购数量为第四等数量，“第四价则籴第二数”，若价格下降至第四等，则收购数量为第二等数量，“第五价则籴第一数”，若价格下降至第五等，则收购数量为第一等数量。参见（宋）沈括撰：《梦溪笔谈》卷 11《官政一》。

⑤ 详见（明）丘濬撰：《大学衍义补》卷 33《漕挽之宜（上）》、卷 34《漕挽之宜（下）》。丘濬相关的经济分析思想内容详见本章第四节。

的价值基石非常类似，荀子以其连贯严谨的经济思想分析了不受约束的逐利行为，给出了翔实的经济规划模型，自成一套经济理论分析体系[①]。具体而言，荀子从性恶论出发，客观看待人固有的欲望，直面“利”的问题，将其与社会生产、分配和消费相联系。在生产方面，荀子提出“君子不如农人”“君子不如贾人”“君子不如工人”[②]，论述了分工的必要性；在分配方面，他把“群而无分”[③]视为穷困的根源，不反对个别的贫富差距，对贫富差异的必要性和合理性进行了细致的理论论证；在消费方面，他从节欲角度主张节俭，从财富生产角度提倡适度满足物质欲望。可见，荀子在思想上将现实问题分解为多个组成部分，研究各部分的特征及其之间的关系，进而通过综合分析把握其内在逻辑和规律，以理论思维的形式呈现出来。荀子先分析了欲望的存在，把欲望和需求区别开来，并针对由此引发的社会问题提出解决方案，旨在实现经济社会的平衡和稳定。荀子提倡综合运用礼制、奖励和法律三种手段，使社会群体各安其位，并规划每个部门的产出目标，确保经济高效运行。

此外，有学者指出，先秦时期已有类似现代科学实证研究方法特征的作品，如《吕氏春秋》中的多篇文章具有实证主义特点，其论证结构类似于：先说一个故事，之后进行文献回顾，再提出基本假设，其后用正反面例子论证假设，最后进行总结和展望[④]。这种分析方法进一步体现了中国传统经济思想在理论探讨中的深度和严谨性。对此，本章第四节在论述中国传统经济思想的分析性时将列举更多案例并具体展开，故此处暂不赘述。

综上所述，中国传统经济思想具有三个层次的内涵——经济哲学、经济主张、经济分析。它们既可同时存在于个体思想家的思想谱系之中，亦可同

---

① Peach T. “Xunzi and Plato on the economics of totalitarianism: A meeting of distant minds”. In Amelung I, Schefold B. *European and Chinese Histories of Economic Thought*, Routledge, 2021, 189-201.

②《荀子》卷 4《儒效篇第八》。

③《荀子》卷 6《富国篇第十》。

④ 阎学通、徐进等：《王霸天下思想及启迪》，世界知识出版社，2009，第 242 页。

时存在于各类别思想之中，凸显出经济问题及思想的哲理元素、宏微观结合视角，以及数量和理论的分析逻辑。同时需要强调的是，客观来讲中国传统经济思想虽然涵盖面广、层次丰富，但水平却参差不齐[①]。一方面，并非每一类经济思想都具备上述三个层次的内涵，特别是经济理论分析。例如，在金融思想中，多数观点将货币视为统治工具，缺乏对货币产生机制等方面的学理分析；在价值与价格思想中，不少观点未能进一步揭示价值的本质，学理性阐释不足。另一方面，每类经济思想的发展演变，并非绝对呈现出一种由表及里、由浅入深的层次递进规律，有时甚至会出现混乱或倒退现象。这一点在货币思想中较为明显。尽管如此，不可否认这些思想共同构成了中国传统经济思想的丰富内涵和思想层次，即既存在简单的、初级的、零散的经济思想，也不乏具有深刻创见和学理分析的思想闪光点。

四、比较视野下中国传统经济思想的丰富程度

前文从丰富性定义出发，考察了中国传统经济思想在范畴广度和内容深度两个层面上的丰富内涵。在此基础上，进行思想范畴与思想层次的古今比较和思想内容与分析视角的中外比较，有助于更深入地诠释和展现中国传统经济思想的丰富程度。

（一）思想范畴与思想层次的古今比较

从古今比较维度来看，上述 18 类中国古代经济问题及其经济思想范畴在当代经济学理论中依然占有重要位置。许多当前关注和研究的经济议题在中国古代经济社会中已被触及，并在历史变迁中不断深化和拓展，逐渐变得复杂，为当代经济学理论奠定了基础。例如，在中国古代经济思想专题中，经济治理思想可以对应二级学科宏观经济学、国民经济学（国民经济计划

① 赵靖三编:《中国经济思想通史》（第 1 卷），北京大学出版社，2002，第 4 页。

学）、管理经济学，财政思想对应财政学，金融思想对应金融学，价值与价格思想对应价格学，人口思想、土地思想对应生产力经济学、劳动经济学、资源经济学，农业经济思想、工商业经济思想对应农业经济学、商业经济学、工业经济学，消费思想、收入分配思想对应国民经济学（消费经济学、国民经济计划学），对外贸易思想对应世界经济学（国际贸易学），国防经济思想对应国防经济学，生态经济思想对应生态经济学、环境经济学，其他经济思想，如区域经济思想对应国民经济学（区域经济学）。古今经济思想的相通性和一脉相承之处，反映了中国传统经济思想涉及的议题之广泛，内容之丰富。对传统经济思想的延续与发展，不仅体现了中国传统经济思想的深厚底蕴，也为当前经济学研究提供了宝贵资源和历史借鉴。

如果将中国古代经济思想的主题，与当前国际广泛采用的经济学分类体系——JEL（*Journal of Economic Literature*，《经济文献杂志》）分类体系[①]对照，可以发现，其划分的 20 种经济学大类[②]中有 8 种在中国古代经济思想中已被关注，如若排除经济学总论和教学等难以直接对比的类别，则中国传

---

① American Economic Association. “JEL Classification System for Books”. *Journal of Economic Literature*, 2023, 61(4): 1658-1673. JEL 分类体系由美国经济学会（American Economic Association）创建，这一标准已被国际学术界广泛接受。近年来，随着文献计量研究的兴起，JEL 分类号作为一种长期稳定和连续的标准，成为对论文进行分类和特征分析的重要依据。

② 20 类分别指：General Economics and Teaching（经济学总论和教学）；History of Economic Thought, Methodology, and Heterodox Approaches（经济思想史、方法论与异端流派）；Mathematical and Quantitative Methods（数理和数量方法）；Microeconomics（微观经济学）；Macroeconomics and Monetary Economics（宏观经济学和货币经济学）；International Economics（国际经济学）；Financial Economics（金融经济学）；Public Economics（公共经济学）；Health, Education, and Welfare（健康、教育和福利）；Labor and Demographic Economics（劳动和人口经济学）；Law and Economics（法和经济学）；Industrial Organization（产业组织）；Business Administration and Business Economics · Marketing · Accounting · Personnel Economics（企业管理和企业经济 · 市场营销 · 会计 · 人事经济学）；Economic History（经济史）；Economic Development, Innovation, Technological Change, and Growth（经济发展、创新、技术变化和经济增长）；Political Economy and Comparative Economic Systems（政治经济学和比较经济学体系）；Agricultural and Natural Resource Economics · Environmental and Ecological Economics（农业和自然资源经济学 · 环境和生态经济学）；Urban, Rural, Regional, Real Estate, and Transportation Economics, Y Miscellaneous Categories（城市、农村、区域、房地产和交通经济学，以及其他杂项）；Miscellaneous Categories（综合类别）；other special topics（其他特殊科目）。

统经济思想内容已涉及其半数以上的类别。譬如，宏观经济学与经济治理思想相对应，货币经济学和金融经济学与金融思想相对应，农业和自然资源经济学、环境和生态经济学与农业经济思想和生态经济思想相对应等。由此可见，中国古代经济思想中大多数经济问题和分类范畴与现代经济学理论体系亦有着相通之处。

在思想层次方面，尽管中国传统经济思想的系统性和科学性不如现代经济思想，但基本涵盖了哲学基础、政策主张和经济分析等主要层次，并且在古代，中国在某些经济领域甚至取得了不逊于古典政治经济学初期的重要成就。这一点将在本章第三节和第四节展开论述。

（二）思想内容与分析视角的中外比较

以全球视野认识和评价中国传统经济思想，有助于深刻理解其在相似历史发展阶段下的丰富内涵。为此，需要明确比较对象与时间节点的划分。在比较对象方面，尽管古代世界存在古希腊、古罗马、古印度、古埃及等多种经济思想传统，但从思想的连续性与世界影响力来看，能够对当下经济思想的形成产生重要影响的主要是古希腊、古罗马和中世纪时期的西方经济思想。因此，中外经济思想的比较重点应聚焦于中西之间的对比。在时间节点方面，讨论中国传统经济思想应与相同历史发展阶段的其他国家或地区进行比较，“而不应以更高历史发展阶段的经济思想水平要求它”[①]。由于在生产力变革、国家治理模式创新及近代启蒙思潮推动下，近代西方经济思想出现跨越式发展，直接与中国传统经济思想对比有失公允，因此，将时间节点限定为中世纪及以前，是相对科学和合理的做法。由此，本节将中国传统经济思想与西方古希腊、古罗马及中世纪时期的经济思想做对比，并从思想内容和分析视角两个层面展开论述。

---

① 赵靖：《中国古代经济思想史讲话》，人民出版社，1986，第4页。

在思想内容层面，为深入开展中西经济思想的比较研究，有必要梳理和提炼出西方中世纪及以前经济思想的主要类别，并予以比较。鉴于国内外学者对西方中世纪及其之前的经济思想已进行了较充分的探讨，从代表性著作入手，可较为清晰地提炼西方经济思想的主要范畴和专题。如表 2.3 所示，本书首先从代表性著作中提取与经济问题相关的关键词；其次对关键词进行分类、整合与概括，明确每本著作至少涉及的主要经济思想议题与思想类别数量；最后通过对各著作涉及的经济思想议题进行综合分析，归纳出较为全面的西方经济思想议题和思想类别数量。例如，亨利·威廉·斯皮格尔（Henry William Spiegel）在其著作《经济思想的成长》（*The Growth of Economic Thought*）中，从劳动分工、经济组织、理想社会、利息借贷、经济价值理论等方面阐述西方经济思想，据此可概括出包括生产劳动思想、经济治理思想、金融思想、价值与价格思想、农业经济思想、工商业经济思想、人口思想、财政思想在内的至少 8 类经济思想。在此基础上，熊彼特的《经济分析史》（*History of Economics Analysis*）、哈里·兰德雷斯（Harry Landreth）和大卫·柯南德尔（David C. Colander）的《经济思想史》（*History of Economic Thought*）、英格里德·里马（Ingrid H. Rima）的《经济分析史》（*Development of Economic Analysis*）从自然需要、非自然需要、习俗、私人财产等方面阐释了经济伦理思想，并且同时论及了消费问题。穆瑞·罗斯巴德（Murray N. Rothbard）的《亚当·斯密以前的经济思想：奥地利学派视角下的经济思想史》（*Economic Thought Before Adam Smith: An Austrian Perspective on the History of Economic Thought*）、北泽新次郎的《经济学史概论》还额外涉及了对外贸易思想、土地思想、收入分配思想，另外，国防经济思想、会计审计思想、经济统计思想、生态经济思想虽然不明确体现在所梳理的代表性著作关键词中，但更广泛地从学界其他研究成果来看，这些思想类别亦是西方中世纪及其之前的思想家探讨的对象[①]。鉴于此，在较宽泛的经济思想范畴统计口径下，中西方对经济问题的关注在思想数量上具有一定的相似性。中西方均对 18 类经济思想有所涉及，这表明中国传统经济思想与古代西方经济议题在广义经济思想范畴内存在共通性与重叠性。

表 **2.3**　西方经济思想分类及关键词

著作	思想类别（关键词）	类别数
亨利·威廉·斯皮格尔《经济思想的成长》	生产劳动思想（劳动分工、经济组织）、经济治理思想（理想社会、政府类型）、金融思想（利息借贷、高利贷理论、货币理论）、价值与价格思想（经济价值理论、价值价格）、农业经济思想（农业）、工商业经济思想（合伙制、商业）、人口思想（人口理论）、财政思想（征税）等	至少 8 类
小罗伯特·埃克伦德（Robert B. Ekelund, Jr.）、罗伯特·赫伯特（Robert F. Hébert）：《经济理论和方法史》（*A History of Economic Theory and Method*）	生产劳动思想（分工、生产）、价值与价格思想（价值）、经济治理思想（管理）、金融思想（货币、利息、高利贷学说）、工商业经济思想（交易、市场）、财政思想（公共财政）等	至少 6 类
罗斯巴德：《亚当·斯密以前的经济思想：奥地利学派视角下的经济思想史》	经济治理思想（集体主义乌托邦、自由放任）、价值与价格思想（价值理论、价格）、农业经济思想（家政管理）、金融思想（货币、利息、高利贷）、工商业经济思想（商业、市场运行、交换）、对外贸易思想（外汇）等	至少 6 类
英格里德·里马：《经济分析史》	经济治理思想（理想国家的功能）、工商业经济思想（公平交换、对财富的态度、商业活动）、经济伦理思想（私人财产权、自然需要、习俗和指令）、金融思想（货币、高利贷、利息）、收入分配思想（分配公平）、农业经济思想（农业生产、家务管理）、消费思想（消费单位）等	至少 7 类

① 例如，克罗依克斯（Geoffrey Ernest Maurice de Ste. Croix）、卡兹（P. Kates）等对会计问题进行了探讨（参见[美]迈克尔·查特菲尔德：《会计思想史》，文硕、董晓柏、王骥等译，中国商业出版社，1989）；色诺芬、柏拉图、亚里士多德、尼可罗·马基雅维利（Niccolò Machiavelli）均阐述了国防经济思想（参见陈波、刘群、霍炬等：《国防经济思想史》，经济科学出版社，2014）；古希腊和古罗马通过社会调查了解公民财产与收入状况，体现了经济统计思想的运用（参见缪德刚：《经济思想演进中的统计分析》，《中国社会科学报》2024 年 11 月 27 日）；古希腊在自然观方面有着较多元的讨论（参见李笑春、王东：《略论古希腊的自然观及其生态意蕴》，《自然辩证法研究》2011 年第 9 期，第 110—114 页）。

续表

著作	思想类别（关键词）	类别数
哈里·兰德雷斯、大卫·柯南德尔：《经济思想史》	生产劳动思想（劳动分工、家庭管理）、经济伦理思想（私人财产、公共财产）、金融思想（货币、高利贷）、工商业经济思想（市场交换、利润）、消费思想（消费）、财政思想（征税与借贷）、人口思想（人口）、价值与价格思想（公平价格）等	至少8类
熊彼特：《经济分析史》	人口思想（人口）、生产劳动思想（分工）、价值与价格思想（价值、公平价格）、财政思想（政府借债、公共利益）、工商业经济思想（工资、交换）、经济伦理思想（私有财产）、金融思想（货币、利息、高利贷）、农业经济思想（农业）、消费思想（消费）等	至少9类
北泽新次郎：《经济学史概论》	经济治理思想（共产主义、国家干涉）、生产劳动思想（分业、劳动）、金融思想（货币、利息）、工商业经济思想（商工业、自由契约）、土地思想（土地）、农业经济思想（家庭经济、农业）、价值与价格思想（价格）等	至少7类
胡寄窗：《政治经济学前史》	农业经济思想（重农业轻工商业）、工商业经济思想（公平交易、商业与市场）、价值与价格思想（公平价格）、金融思想（高利贷）、生产劳动思想（劳动与职业）、经济伦理思想（经济伦理）等	至少6类
胡寄窗：《西方经济学说史》	生产劳动思想（分工、劳动）、经济治理思想（理想社会、管制和竞争）、工商业经济思想（商业）、农业经济思想（农业）、金融思想（信贷、货币、利息利率）、价值与价格思想（价值、价格）等	至少6类
晏智杰：《西方经济学说史教程》	工商业经济思想（商品观、市场经济观念）、生产劳动思想（社会分工论）、价值与价格思想（供求价格论）、财政思想（国家财政职能观）、金融思想（货币与利息思想）、经济治理思想（理想社会）等	至少6类

资料来源：根据[美]亨利·威廉·斯皮格尔：《经济思想的成长》，晏智杰、刘宇飞、王长青等译，中国社会科学出版社，1999；[美]小罗伯特·埃克伦德、[美]罗伯特·赫伯特：《经济理论和方法史》（第五版），杨玉生、张凤林、王军等译，中国人民大学出版社，2017；[美]默瑞·罗斯巴德：《亚当·斯密以前的经济思想：奥地利学派视角下的经济思想史》（第一卷），张凤林等译，商务印书馆，2012；[美]英格里德·里马：《经济分析史》（第七版），陈永勤、刘星译，中国人民大学出版社，2016；[美]哈里·兰德雷斯、[美]大卫·柯南德尔：《经济思想史》（第四版），周文译，人民邮电出版社，2011；[美]约瑟夫·熊彼特：《经济分析史》（第一卷），朱泱、孙鸿敞、李宏等译，商务印书馆，2009；[日]北泽新次郎：《经济学史概论》，周佛海译述，河南人民出版社，2018；胡寄窗：《政治经济学前史》，辽宁人民出版社，1988；胡寄窗：《西方经济学说史》，立信会计图书用品社，1991；晏智杰主编：《西方经济学说史教程》，北京大学出版社，2002

进一步结合学界的讨论，如赵靖所指出的，中国封建时代所留下的经济思想文献数量之多，对有关封建主义生产方式的各种经济问题探讨范围之广，都是欧洲封建时代所难比拟的[①]。胡寄窗在中西对比中指出《管子》中的轻重理论，的确是很卓越的，在意义与重要性方面，其相当于近代政治经济学中的价值论，但在西方经济学说中找不到同它完全对口的理论[②]。谈敏在探讨重农学派自然秩序思想的先行资料时表示："在中国古代学说中有着丰富滋养，而在西方传统思想方面即使不是一片空白，也属甚为贫乏。"[③]当然还有若干讨论，不一而足。由此，基于思想数量、学界认识的综合考量，本节认为中国传统经济思想至少和西方同样丰富，甚至在某些方面更具优势。

在分析视角层面，尽管中西方经济思想类别总体类似，但在分析视角和关注重点上各有侧重。梳理西方中世纪及其以前经济思想的发展脉络，有助于清晰地把握西方经济思想的关注重点。古希腊时期色诺芬对财富问题、分工问题、货币及价格问题等的探讨为柏拉图和亚里士多德的经济思想形成奠定了基础，同时其首次提出了"家庭管理"思想[④]；柏拉图构造了一个理想国，在理想国中反映了其分工思想、私有财产和公有财产思想[⑤]；亚里士多德论述了商品的正当使用和不正当使用两种用途，区分了"经济"和"货殖"两种财富获取方式，同时肯定私有财产[⑥]。此外，出现分工交换思想的古希腊时期萌芽了国际贸易思想[⑦]。古罗马早期的经济思想以马尔库斯·波尔基乌斯·加图（Marcus Porcius Cato）和马尔库斯·特伦提乌斯·瓦罗

---

① 赵靖：《中国古代经济思想史讲话》，人民出版社，1986，第 5 页。

② 胡寄窗：《从世界范围考察十七世纪以前中国经济思想的光辉成就》，《经济问题探索》1981 年第 4 期，第 70—75 页。

③ 谈敏 《法国重农学派学说的中国渊源》，上海人民出版社，2014，第 135 页。

④ [古希腊]色诺芬：《经济论》，张伯健、陆大年译，商务印书馆，2009。

⑤ [古希腊]柏拉图：《理想国》，郭斌和、张竹明译，商务印书馆，1986。

⑥ [古希腊]亚里士多德：《政治学》，吴寿彭译，商务印书馆，1983。

⑦ 郝玉柱：《国际贸易》，中国经济出版社，2019，第 41 页。

（Marcus Terentius Varro）的观点为代表，整体上较为保守，重视农业，然而，相比古希腊时期的经济思想，古罗马时期人们对商品货币的接受度更高[①]。古罗马晚期，马尔库斯·图利乌斯·西塞罗（Marcus Tullius Cicero）强调私有财产的重要性，在对待商品货币关系和奴隶的态度上更为宽容[②]。以上古代希腊、罗马的经济思想是在奴隶制度和自然经济占主导地位的历史背景下形成的社会意识形态。中世纪的经济学说带有明显的宗教外衣，主要从属于经院哲学、神学，从圣·奥勒留·奥古斯丁（Saint Aurelius Augustinus）到托马斯·阿奎那（Thomas Aquinas），经济思想的演变集中体现在公平价格理论的提出、私有财产的处理方式以及商品货币等相关理念上。这一发展轨迹反映了中世纪经济学家对伦理与经济关系的深入思考，并在不同历史背景下塑造了对市场与财富的认知[③]。

由此可见，西方经济思想的关注点涵盖公平价格、劳动分工、私有财产、商品货币经济等核心经济问题。相较而言，中国传统经济思想则重点关注财政、经济治理、土地、货币、人口、生态经济等领域。同时，从深层次角度看，中西方经济思想在方法论层面也有明显的分野，西方对个体主义思想有较为深入的分析，而中国古代经济思想更多关注整体主义。例如，色诺芬在《经济论》中提出了经济学的个体主义思想[④]，而中国古代主流的“天人合一”“天下为公”[⑤]等观点则折射出中国传统经济思想的整体主义立场。

聚焦于一些重点关注的领域，相较于西方，中国传统经济思想的见解和观点更为深入，丰富程度更加突出。例如，周弘道曾高度评价：“我国旧有

① ［古罗马］加图：《农业志》，马香雪、王阁森译，商务印书馆，2009；［古罗马］瓦罗：《论农业》，王家绶译，商务印书馆，2006。

② ［古罗马］西塞罗：《论义务》，王焕生译，中国政法大学出版社，1999。

③ ［古罗马］奥古斯丁：《〈创世纪〉字疏》，石敏敏译，中国社会科学出版社，2018；［意］托马斯·阿奎那：《神学大全》，段德智译，商务印书馆，2013。

④ ［古希腊］色诺芬：《经济论》，张伯健、陆大年译，商务印书馆，2009，第4页。

⑤（清）王夫之撰：《张子正蒙注》卷1上《太和篇》。

经济思想，在时间上之领先，在观念上之正确，在经济道德范畴，庶几可与‘新约’并驾齐驱。”[①]具体而言，《管子》中蕴含了丰富的经济思想，有学者曾指出，“《管子》博大精深，不只在经济方面，即在政治、军事、哲学等诸多领域，都可自成体系，有许多创新之见。”[②]在财政、金融与经济治理等经济议题方面，中国传统经济思想的内容更为深入，层次与逻辑体系较为完备。有研究认为：“与古代中国经济思想颇为相异的是，在古希腊、罗马的经济学说中，几乎找不到较为完整的国家财政赋役政策思想。”[③]中国古代产生如此丰富和杰出的财政思想得益于长期大一统国家治理体系、多次财政改革实践，以及广袤领土所提供的经济和社会条件的支撑。金融议题中，早在汉代，贾谊便揭示了“劣币驱逐良币”规律，南宋时期叶适和袁燮进一步论述了这一思想，同时出现了世界经济思想史上最早的纸币发行与管理理论“称提之术”[④]。经济治理议题中，常平仓思想、道家的无为而治思想、司马迁的善因论等，均是中国古人的创见和智慧，不仅对现代经济学的发展有着不同程度的影响，而且对欧美国家经济政策的制定产生了重要影响[⑤]。此外，还有许多案例能够体现中国传统经济思想的丰富与创新之处，相关内容将在本章第三节讨论中国传统经济思想的创新性时进行详细阐述。

客观而言，西方经济思想在其重点关注的领域，亦体现出丰富的创见性。例如，有研究指出，古希腊思想家对商品货币经济问题的论述，表现出

---

① 周弘道：《经济思想论集 周序》，《书目季刊》1974年第7卷4期，第87页。

② 赵守正：《论〈管子〉经济思想的创新精神》，《管子学刊》1987年第2期，第2—9页。

③ 张忠民：《古代中西方经济政策思想历史导向之比较》，《社会科学》1994年第2期，第63—67页。

④ 胡寄窗：《中国经济思想史》（下），上海财经大学出版社，1998，第230页。

⑤ 李超民：《大国崛起之谜：美国常平仓制度的中国渊源》，中央编译出版社，2014；华莱士：《在沈部长欢宴席上华莱士副总统演词》，《新华日报》1944年6月23日；谈敏：《法国重农学派学说的中国渊源》，上海人民出版社，1992；冯兴元：《从老子的“无为而治”到哈耶克的“自发秩序”》，《东方早报》2014年9月14日；Rothbard M. *Economic Thought Before Adam Smith: An Austrian Perspective on the History of Economic Thought*, Edward Elgar Publishing Ltd, 1995, 24-25; Young L. “The Tao of markets: Sima Qian and the invisible hand”. *Pacific Economic Review*, 1996, 1(2): 137-145.

创见性，成为近代政治经济学理论的出发点①。经院哲学的公正价格概念可以被视为多个经济理论或观点的先驱，包括“李嘉图-马克思劳动价值理论、边际效用观点，以及古典-新古典理论中所暗示的竞争性市场产生理想公正价格的观点”②。这些差异体现了中国传统经济思想与西方同时代经济思想在思想深度层面的不同侧重，表明二者各具优势。

总之，在思想内容层面，中国传统经济思想在类别和议题上至少与西方同样丰富，甚至在某些方面更具优势；在分析视角层面，中外经济思想的经济分析和关注重点各有侧重，在财政、经济治理、土地、人口、生态经济等领域，中国传统经济思想展现出了独特的理论深度与实践智慧，更具思想深度。

五、中国传统经济思想丰富性探源

中国传统经济思想的丰富内涵是在长期发展过程中形成的，并非无源之水、无本之木。那么，中国古代何以创造如此丰富深厚的经济思想？实践基础、文化积淀、思想传统、参与主体以及交流方式的相互交织为经济思想融入了多元的色彩。

（一）不断发展的经济实践是中国传统经济思想丰富性的基础

经济发展中出现的一系列新矛盾、新问题和新挑战，迫切需要新思想来解决、回答和应对，在回答时代之问的过程中衍生出了种类繁多的经济思想。经济思想本质上是社会经济现象投射在人类意识中，继而经过思维过程形成的思想认知、价值判断和规范主张③。

---

① 杨建飞：《西方经济思想史》，武汉大学出版社，2010，第 9 页。

② [美]哈里·兰德雷斯、[美]大卫·柯南德尔：《经济思想史》（第四版），周文译，人民邮电出版社，2011，第 41 页。

③ 程霖、陈旭东、张申：《中国传统经济思想的历史地位》，《中国经济史研究》2016 年第 2 期，第 16—31 页。

高度发展且长期持续的农耕文明是古代中国长期领先于世界并区别于其他文明的重要因素。农业经济实践是历代统治者重视和百姓普遍从事的活动，其对生产生活方式的重要影响催生了以农为本的经济思想。这不仅为工商业经济活动提供了基础，而且影响了相关经济思想的形成与发展。建立在农业基础之上的中华优秀传统文化展现出了旺盛的生命力，产生了诸如“尽地力之教”[①]“不违农时”[②]等经济思想，这些思想反映了中华民族对生产与生活方式的理解和尊重，为中华民族带来了精神力量的支撑。另外，工商业及对外贸易实践是人类社会发展到一定历史阶段，社会分工专业化和生活需求多样化的产物。在不同群体和地域之间进行的商品交换活动，不仅促进了资源的有效流动，也促进了文化与知识的交流。通过商品的互通有无，实践中积累的经验逐步形成了经济思想，如“积著之理”和“治生之学”等，这些经济思想加深了微观经济主体对经济活动本质的理解，并对商业活动的发展产生了持久的影响。因此，工商业及对外贸易实践不仅是经济发展的催化剂，也是文化和思想交流的桥梁，对推进经济思想的发展起到了重要作用。

从中国古代历史脉络来看，农业与工商业经济实践始终贯穿其中。先秦时期，生产方式的演变和财富分配格局的多样化推动了社会结构的发展，不同社会群体——士、农、工、商等行业的利益代表，踊跃提出各自的经济诉求，影响并指导社会实践。此时期儒家、墨家、道家、法家及农家等多个学派相继兴起，不仅代表了当时多元化的思想倾向，而且反映了各行业在经济实践中对理论依据和指导原则的需求。学派之间的交流和论争，造就了百家争鸣之学术与文化盛况。先秦之后，农业与工商业经济实践始终是社会发展的基础和推动力，经济思想不断更新和丰富。特别是，唐宋之际工商业发展

①《荀子》卷20《尧问篇第三十二》。

②《孟子》卷1《梁惠王上》。

进入新阶段，逐渐从个体分散的组织方式发展至行会组织形式。这种转变有助于集中和表达行业利益诉求，促进了行业内部的有序竞争和可持续发展，也反映了社会工商业思想观念的重要转变。此外，这一时期经济重心向南延展趋势明显，长江中下游地区的经济因贸易便捷和人口迁移而迅速发展，这些因素共同为经济思想的发展提供了坚实的社会经济基础。

总之，农业经济实践和工商业经济实践共同塑造了中国古代丰富多样的经济思想。相较于国家经济繁荣期，社会动荡或经济爬升时期艰难的实践往往会催生更多元的经济思想。这是因为，在社会发展面临重重阻碍时，历史行动者充分发挥主观能动性，为复兴经济建言献策，从而在实践的积淀下形成种类众多的经济思想。

（二）中华优秀传统文化是传统经济思想丰富性的沃土

一般而言，文化，特别是中华传统文化对经济的影响，可从宏观和微观两个层面分析。在宏观层面，中华传统文化主要通过影响国家或地区的道路、理论和制度，进而影响经济思想；在微观层面，中华传统文化直接影响经济活动主体的思想方式和行为方式，进而间接影响经济思想[①]。正如习近平总书记指出的："中华优秀传统文化已经成为中华民族的基因，植根在中国人内心，潜移默化影响着中国人的思想方式和行为方式。"[②]具体而言，古人的问题意识显著受到中华历史文化的影响和熏陶，而关于经济实践的问题意识进一步塑造了中国传统经济思想。中国传统经济思想深深沉淀于中华

---

① 冯根福：《充分运用中华优秀传统文化资源，建构中国自主的经济学知识体系》，《经济研究》2023年第7期，第14—18页。

②《习近平：青年要自觉践行社会主义核心价值观——在北京大学师生座谈会上的讲话》，http://www.xinhuanet.com/politics/2014-05/05/c_1110528066_2.htm?from=timeline&isappinstalled=0，2014年5月5日。

民族文化的底层而不易改变[①]。中华优秀传统文化蕴含丰富的真理性成果，经济思想不仅是经济领域文明的产物，也从政治文明和文化哲学中汲取营养。在与其他学科的相互验证中，中国传统经济思想不断拓展逻辑思维边界。

就宏观层面作用机制而论，历史上中华传统文化通过影响国家的道路、理论和制度，从而对经济思想产生深远影响。在中华传统文化的熏陶下，统治者以治国平天下为目标，实行了一系列经济措施。这些经济措施在服务政治原则的同时，也根据政治经济环境进行自我调整，进而塑造经济思想的新面孔。受道路、理论和制度的影响，"富国之学"和"为民之策"在中国传统经济思想中广泛存在。

就微观层面作用机制而论，中华传统文化对经济活动主体的哲学观念产生直接影响，继而通过哲学观念影响个体经济思想的形成。例如，董仲舒"天人感应"的唯心主义世界观导致其产生了束缚人性的义利思想；荀子"天道自然"的唯物主义世界观强调"天行有常"，即"天"是有规律可循的，"从天而颂之，孰与制天命而用之？"[②]人可以充分发挥主观能动性认识并利用规律，荀子的欲望论贯穿其经济思想。荀子杰出的哲学思想为其经济思想提供了理论源泉和文化土壤。此外，教育作为文化交流、传播和传承的重要方式，为多样化经济思想的形成提供了人才和多种学科智慧支持。私学与官学在中国古代教育体系中扮演着重要角色。其中，春秋时期，孔子创办的私学规模最大，影响最深，战国时期，私学达到鼎盛，形成了"百家争鸣"的繁荣景象[③]。

---

① 谈敏：《回溯历史——马克思主义经济学在中国的传播前史》（上），上海财经大学出版社，2008，第1页。

②《荀子》卷11《天论篇第十七》。

③ 谢谦编著：《国学词典》，四川辞书出版社，2018，第272页。

（三）革故鼎新的思想传统助力中国传统经济思想发展变迁

在深厚历史文化的熏陶下，针对时代涌现的新问题，需要通过不断的思想发展和创新来给出新回答。“周虽旧邦，其命维新。”[①]中华民族具有革故鼎新的优良传统，为传统经济思想注入了活力。赵靖指出：“批判腐朽的、反动的事物，要求进行有利于社会经济的发展和进步的改革，这是中国古代经济思想史中已经存在的好传统。”[②]新旧思想张力之间在达到平衡的过程中转化出大量思想争论，其中包含重要的理论创新，进一步丰富了传统经济思想的内在构成。

纵览中国传统经济思想发展历程，革故鼎新的步伐始终贯穿其中，推动了传统经济思想的丰富与完善。“世易时移，变法宜矣。”[③]管仲改革、商鞅变法、王莽改制、北魏孝文帝改革、刘晏变法、周世宗改革、范仲淹庆历新政、王安石变法、张居正改革等，都是在社会经济发展到一定时期对既有体制机制桎梏的突破，这些改革举措不仅在破解当时社会弊病方面发挥了不同程度的作用，还在经济思想层面留下了宝贵的遗产。例如，商鞅在变法中围绕促使土地所有制形式的变更采取了一系列相关的改革措施，如废除井田制、承认土地私有、推行军功爵制度等，奠定了秦国民富国强的经济基础，同时丰富发展了既往的经济治理思想、土地经济思想；刘晏在安史之乱后在漕运、盐法、储粮备荒等方面进行了若干改革，在实践中改进和发展了轻重理论，其中部分思想与实践也为随后杨炎的两税法思想的提出创造了条件；王安石变法倡导经济行政机构改革，创设“制置三司条例司”，并颁布了一系列经济改革举措，其理财思想及青苗法、均输法、募役法等思想，为经济实践和经济思想的发展注入了新鲜血液。除此之外，还有不少改革举措构成

---

①《诗经·大雅·文王之什·文王》。

② 赵靖：《略论中国近代经济思想史的优良传统》，《经济科学》1980 年第 1 期，第 48—54 页。

③《吕氏春秋·察今》。

了中国传统经济思想的重要内容。

需要注意的是，虽然中国古代历史上出现了许多改革和变法，但直到近代仍未能推动传统封建经济发生根本性的变革，并且这些改革常受到守旧派的阻挠。因此，应对中国古代的改革实践与思想进行辩证、全面、客观的评价。总体来看，思想开放的历史朝代，其社会经济各方面或多或少都有所成就；反之，思想趋于保守的朝代，社会经济发展则面临诸多羁绊和藩篱。纵观历史事实，朝代后期，承平已久，保守思想容易滋生、泛滥，开拓进取的改革精神和创造性思维缺乏，阻碍了高质量经济思想新成果涌现，这也成为近代中国逐渐落后于西方的重要原因之一。

（四）参与主体多元化构成中国传统经济思想丰富性的主要动力

尽管中国古代和欧洲的中世纪一样缺乏专业的经济学家[①]，但历史行动者的需求、经验和创造力仍直接地推动了经济思想的革故鼎新与深化拓展。多元且具有创造力的思想供给主体，如政治家、哲学家、文学家、商人、普通百姓等多层次群体，以不同的身份和实践经验，为经济思想注入了多样的思维方式、价值取向和理论见解，从而增添了中国传统经济思想的丰富色彩。

从历史发展的宏观趋势上看，尽管期间有许多曲折和弯路，但随着中国古代社会经济的发展、人口规模的扩大、人才选拔体制的完善、儒学思想的推陈出新、早期启蒙思想的萌芽、商人活动范围的扩大等多种综合因素的作用，经济思想供给主体的规模逐步扩大，经济思想的内容愈加丰富。这些思想主体之间既相互影响又彼此补充，共同促使经济思想的内容在深度与广度上持续拓展，推动着中国传统经济思想概念、范畴、议题、学说等多样化知识的体量不断扩充。

从思想供给的逻辑来看，思想供给者要么全然引述前人学说，要么在借

① 胡寄窗：《中国经济思想史》（下），上海财经大学出版社，1998，第 102 页。

鉴的基础上生成新理论新思想，要么在实践经历中归纳总结，阐发经济言论，或兼而有之，都为传统经济思想增添了活跃因素和内在丰富性。例如，春秋时期大商人范蠡辅佐越王勾践复兴越国，后因经商致富，被后人称赞供奉，留下了宝贵的经商理论与思想。范蠡“计然之策”中的“平粜齐物，关市不乏，治国之道也”[①]体现了早期经济调控的理念，强调市场经济管理对民生和治国的重要性，并在具体的政策措施中，号召人们进行多种农业生产活动[②]，鼓励生育、重视人口[③]等，最终成功完成国家复兴大业；之后范蠡投身商业活动，在实践中总结出具有应用价值的治生思想，颇有成就，“积著之理”[④]体现其商业经营学说。战国时期著名改革家商鞅，面临使秦国强大的迫切需求，提出并实施了一系列变法措施，包括“重刑而连其罪”[⑤]，采用重刑并增加连坐法，“令民为什伍，而相牧司连坐”[⑥]。重视农业、打击商业，实行农战政策、徕民政策，统一财政、统一度量衡和推广县制，等等，这些措施最终帮助秦国走上了富强之路。北宋王安石在积贫积弱的背景下，进行了熙宁变法，财政经济举措广泛涉及土地、价格、劳役、货币层面，然而，变法反对派从自身视阈出发，阐述变法的弊端，产生了观点不一的经济思想。思想家之间的认同与反对，促使对立双方重新思考经济问题，推动了思想范畴在区别与对立中发展。北宋科学家沈括在自然科学领域取得了较高成就，同时在经济思想方面有许多创见。他的科学钻研和为官经历，使其经济思想更贴近实际生活，解决现实问题更高效。例如，沈括评价范仲

---

①《史记》卷129《货殖列传第六十九》。

②（唐）韩鄂《四时纂要》载：“范蠡开土田，卒报越王之耻”。

③《吴越春秋》卷10《勾践伐吴外传》中记载，“越王曰：‘……令壮者无娶老妻，老者无娶壮妇。女子十七未嫁，其父母有罪；丈夫二十不娶，其父母有罪。将免者以告于孤，令医守之。生男二，贶之以壶酒、一犬；生女二，赐以壶酒、一豚。生子三人，孤以乳母；生子二人，孤与一养。’”

④《史记》卷129《货殖列传第六十九》。

⑤《商君书》卷1《垦令第二》。

⑥《史记》卷68《商君列传第八》。

淹“大兴土木之役”救灾的方法，不仅救济了灾民，还完成了利民工程，“因之以成就民利”，利于重建灾后基础设施[①]。此外，沈括注重采用科学方法，达到一举多利，宫中失火事例中“一举而三役济”[②]，军粮运输中以详细计算佐证“因粮于敌”的重要性[③]。民间百姓在生产生活实践中逐步凝练出朴素的生产劳动、商业交易、土地和农业经济等思想。例如，“男耕女织”[④]体现朴素家庭分工思想；“六月不熟，五谷不结”[⑤]“秧好半年田”[⑥]等农谚体现着农业生产思想；《侍廷里父老僤买田约束石券》则记载汉代民间团体“僤”的土地管理思想。

总体上，中国古代政治家和改革家在国家政治经济决策中发挥了关键作用，他们掌握着事关广大人民利益的决策权，在经济治理、农工商发展、财政金融等宏观层面提供了丰富而深刻的经济思想。同时，商人和学者等不同社会群体亦积极参与社会经济活动，在商品流通、经营策略、经济伦理等方面形成了重要的经济思想，这些都值得我们重视和研究。这些不同领域的思想供给主体，构成了中国古代经济思想与实践发展的动力来源，推动着传统经济思想的不断演化，使其在历史的长河中得以延续和发展，并在应对时代变迁时展现出强大的适应性和创造力，为后世的经济实践和理论创新提供了深厚的思想遗产。

（五）文明交流互鉴推动中国传统经济思想开拓创新

文化在交流与互鉴中方能不断发展和完善。正如，中华文明虽是在中国

①（宋）沈括撰：《梦溪笔谈》卷11《官政一》。
②（宋）沈括撰：《梦溪笔谈·补笔谈》卷下。
③（宋）沈括撰：《梦溪笔谈》卷11《官政一》。
④（明）赵弼：《效颦集》下卷《青城隐者记》。
⑤（明）邝璠撰：《便民图纂》卷7《月占类》。
⑥（清）贺长龄辑：《清经世文编》卷36《户政十一》。

大地上产生的文明，但是同时也是同其他文明不断交流互鉴而形成的文明[①]。同样，中国传统经济思想不仅是中华民族固有的经济思想，也是与其他民族思想不断交流互鉴的产物。中华传统文化并非故步自封、停滞不前的，中国传统经济思想也不例外。从历史发展轨迹来看，中国传统经济思想以开放包容的胸襟在经济发展实践中选择、吸收和融合外来优秀文化思想，在文化融合中不断开拓创新。

纵观历史，中国古代经济繁荣之时，亦为思想文化交流互动的鼎盛时期。汉代开辟的"丝绸之路"、唐朝辐射东亚的"中华文化圈"、16—18 世纪近代欧洲掀起的"中国热"等，均为中国传统经济思想注入了新的活力。东汉时期，源自印度的佛教文化传入中国，佛教以其正命、理性与布施供养的经济伦理观融入中国传统社会经济活动，影响了民众对待工商业和财富的态度，引导民众从事正当职业、理性追求合理利益，同时广行善事，泽被苍生，利于商业和社会经济的有序发展。不仅如此，魏晋南北朝时期，佛教以其独特的信用机制成为金融业与乱世的纽带，印度佛教逐渐发展出寺院借贷事务。中古时期，寺院借贷事务开始吸纳中国传统农业社会的元素，寺院借贷形态逐渐出现新变化，由此带来中古寺院借贷的中国化现象[②]。寺院借贷业的繁荣对恢复低谷时期的经济秩序产生了重要作用，同时丰富了中国传统金融思想，成为金融业发展的重要篇章。唐朝时期，随着陆上丝绸之路贸易往来的繁荣，中国在与世界进行商品交易、传播中国文化的同时，大量外来文明传入中国，其中包括阿拉伯人和波斯人带来的伊斯兰文化。大量定居的波斯人渐趋中国化，历代繁衍生息形成了回族，回族同胞大多信仰伊斯兰教，因而回族产生的大量经济思想折射了伊斯兰教文化，成为中国传统经济

① 李欢、张杰、曾菊等：《中华优秀传统文化与青少年教育研究》，吉林大学出版社，2020，第 144 页。

② 周建波、于水婧、沈博等：《中古时期寺院借贷的中国化问题》，《世界宗教研究》2021 年第 3 期，第 24—33 页。

思想不可或缺的一部分。值得一提的是，伊斯兰教“在喀喇汗王朝成为至尊”，作为回鹘人的“观念信仰及精神生活时空”，是喀喇汗王朝经济思想的生发背景之一[①]。明清时期部分时段实行海禁政策，不仅影响了国际日常往来的经济活动，而且对外来思想文化产生了排斥，经济思想趋向保守化，阻碍文明对话和文化交流，成为经济思想培育土壤的反面教材，因而要坚持吸收外来优秀成果，主动学习文化精髓，摒弃狭隘的排外主义，以更加开放包容的姿态屹立于世界文化之林，使中国传统经济思想具有旺盛的生命力和更加丰富多彩。

中国传统文化的兼容并蓄造就了中国传统经济思想的多元统一，并使其有了广阔的外延，但同时也要注意，明清时期开始的闭关自守趋势，以及对外来思想的排斥，也制约了中国传统经济思想的进一步发展，这一点在本章第三节中将会展开论述。

总体上，中国传统经济思想在其内容组成和层次体系中饱含丰富的元素，这些元素的组成不仅源自中华民族坚实多样的实践基础、悠久深厚的文化积淀、革故鼎新的思想传统、多元奋进的参与主体，而且得益于博采众长之举，即兼收并蓄的交流方式。传承与发展中华优秀传统文化是时代的使命和建设中国特色社会主义事业的实践之需，在此过程中，深入研究和发展中国传统经济思想具有重要的作用。同时，也要客观认识其历史局限。一方面，基于历史语境，传统经济思想通常根植于特定的历史时期和社会环境，其思想和观点反映了当时社会生产力条件下的价值观和知识水平，并且“还有大量内容是服务于统治者利益的”[②]，这导致某些传统观念在现代社会略显脱节，因此需要进行辩证的分析与理解。另一方面，思想并不一定是始终

① 刘正萍：《西域经济思想史——喀喇汗王朝经济思想研究》，上海财经大学出版社，2003，第18—19页。

② 金成武：《中华传统文化中的经济思想对当代经济学研究的启示》，《经济学动态》2023年12期，第14—25页。

向前发展的，在历史进程中受到各种因素的影响，有时会呈现出落后或超前于实践的现象，如一些思想尽管较早提出，却因未能与当时的社会需求相适应而未受到足够重视，从而发展受限。相对而言，某些保守观念则落后于时代，阻碍了社会进步。因此，问题导向，即思想与实践的有效对接至关重要，应推动政策制定适应时代发展。此外，技术创新与经济思想的互动不足。虽然中国古代在技术创新方面取得了诸多领先于世界的成就，如造纸术、火药和印刷术等，但经济思想对技术创新的系统性分析和总结不够充分，使技术进步停留于解决实际问题的层面，而未能进一步抽象为经济思想体系中的关键要素。这在一定程度上影响了具有现代意义的经济学理论的形成。

第二节　中国传统经济思想具有独特性：一个概念史考察

中国传统经济思想光辉成就的第二个突出表现是其具有独特性。中国传统经济思想的独特性存在于多个维度，如中国古人系中国传统经济思想的创造主体，中国汉字系中国传统经济思想的文字载体，中国传统经济思想的阐发多基于国家立场，传统经济思想富有东方特有思维方式，带有浓厚经济伦理色彩，具有特定演变路径，发挥了独有的功能与作用，等等。无论如何，这些独特性总归须通过中国传统经济思想概念和话语表达、体现出来。研究中国传统经济思想的概念体系，实际上能够充分地展现经济思想的中国传统元素。回溯历史，中国传统经济思想产生了一系列独特的概念术语，形成了一套富有中国特色的概念体系，成为中国传统经济思想表达与传承的工具和载体，是中国传统经济思想光辉成就的重要组成部分。

“中国传统经济思想概念”，是指近代以前基于本土经济实践，在传统思维下运用汉语特有的构词方式，抽象地反映经济哲学、经济规律、经济政策等相关范畴本质属性的集合。在理解经济现象、揭示经济规律、凝练经济主张过程中，中国传统经济思想概念较广泛地为历代所沿用、传播，以及再概念化。目前，已有不少研究对散见于浩瀚史料中的经济思想进行系统爬梳，旨在从古代典籍中提炼经济思想概念，并加以诠释与分类[①]；同时，也有部分文献专门针对单个或多个经济思想概念进行深入研究，试图经由史料钩沉，呈现概念的发展脉络与演变特征[②]。整体上，既有研究虽已涉及对中国传统经济思想概念的考察，但逐渐呈现出一种碎片化趋势，即主要沿用固有学术范式对不断细分的经济思想专题加以挖掘和阐释[③]；同时，大多成果仍将中国传统经济思想概念附带于人物思想中加以讨论，较为侧重对单个概念的解读和诠释，而未能专门运用概念史分析方法从整体性、系统性视角廓清中国传统经济思想的概念体系。

有鉴于此，本书试图综合运用经济思想史和概念史领域的研究方法，首先，通过古人思想现代化[④]和构建语义网络[⑤]的研究方法，系统梳理古人使用的经济思想概念，揭示概念体系的逻辑关系与内在结构；其次，基于比较分

---

① 中国经济思想史学科的经典著作多是此类维度研究的典范，如陈焕章：《孔门理财学：孔子及其学派的经济思想》，翟玉忠译，中央编译出版社，2009；唐庆增：《中国经济思想史》，商务印书馆，2014；胡寄窗：《中国经济思想史》（上、中、下），上海财经大学出版社，1998；赵靖主编：《中国经济思想通史》（第 1—4 卷），北京大学出版社，2002；叶世昌：《古代中国经济思想史》，复旦大学出版社，2003；赵晓雷主编：《中国经济思想史》，东北财经大学出版社，2019；等等。

② 如胡寄窗在《中国经济思想史》三卷册的最后一章（上，第 501—507 页；中，第 497—509 页；下，第 701—728 页），均简要考察了劳动、分工、财富、人口等若干重要经济概念在各时期的演化。同时，现有期刊文献对单个概念的解读较多，如何蓉：《中国历史上的“均”与社会正义观》，《社会学研究》2014 年第 5 期，第 140—164、243 页；孙文学：《“食货”释义》，《东北财经大学学报》2003 年第 1 期，第 94—97 页；叶世昌：《中国历史上本、末业概念的流变》，《贵阳师院学报》（社会科学版）1977 年第 1 期，第 91—94 页；等等。

③ 陈旭东、程霖：《中国现代经济思想史研究与新时代学术话语体系构建》，《学术月刊》2019 年第 6 期，第 45—52 页。

④ “古人思想现代化”的研究方法是指，将古人的思想按现代通用的范畴和词汇加以诠释，技术环节通常需要“转译”“对口径”“加工”三个步骤。参见胡寄窗：《中国经济思想史研究的方法论歧见》，《学术月刊》1986 年第 3 期，第 20—27 页。

⑤ “构建语义网络”的研究方法是指，为了克服对概念的孤立考析，概念史竭力扩展研究的分析部分，从单个概念扩展至概念群、语义网络。参见方维规：《概念史八论：一门显学的理论与实践及其争议与影响》，《东亚观念史集刊》2013 年第 4 期，第 101—170 页。

析[①]和共时分析、历时分析[②]方法，在勾勒概念体系的变迁历程中提炼出基本特征；最后，从概念功能与局限的角度切入讨论关键概念的社会影响，特别是阐述概念对传统经济思想、经济实践的正反作用。

一、中国传统经济思想概念体系的语义网络与内在结构

探讨中国传统经济思想的概念体系，关键在于整合零散概念，考察其相互联结的语义网络。唯有在若干概念元素支撑下，分析概念间的逻辑关系及内在结构，才能从整体上描绘中国传统经济思想概念体系的“全貌”。换言之，考察核心概念、下属概念、对立概念以及各种概念之间的关系，有助于揭示中国传统经济思想概念体系的语义网络与内在结构。

（一）语义网络的构建：方法及标准

一个技术层面上的考量是，如何搜集“概念”[③]以及如何构建语义网络。对于如何搜寻古籍中的“概念”，学术界大致形成了两种研究进路：一种以研读一手材料为主，重点在于恰当阐释某个概念的内涵与变迁；另一种以梳理二手资料为主，辅之以一手资料，重点在于对多种概念的归纳和整理。本书采用第二种研究进路，主要基于两方面考虑：一是适用性与问题导向性，这里讨论的重心在于从整体角度识别概念体系中具体涵盖了哪些概念，并在此基础上尝试论证诸多概念之间的逻辑和关联，而非以诠释概念内涵为主要落脚点。二是兼顾研究可靠性与可行性，一方面考虑到古文与现代

---

① “比较分析”的研究方法是指，在可能范围内将各类思想进行中外对比、古今对比，并加以分析批判。参见胡寄窗：《中国经济思想史研究的方法论歧见》，《学术月刊》1986 年第 3 期，第 20—27 页。

② “共时分析”的研究方法是指在横向上，对概念进行详细的分析和揭示，呈现的是静态印象；“历时分析”的研究方法是指在纵向上，凸显历史的时间顺序，注重持续性和变化性。

③ 应厘清“概念”与“词语”，“词语”是“概念”的文字外壳，“词语”包含“概念”，“某个词语因其汇聚了政治和社会语义的关联成分和语义关联从而成为概念”。详见方维规：《关于概念史研究的几点思考》，《史学理论研究》2020 年第 2 期，第 151—156、160 页。

文的重重屏障，应充分参考典型的二手材料以提升理解上的可靠性，正如胡寄窗先生所希冀的传承景象那样，后来的学者通过学术前辈“艰苦的开端”以实现“方便的后继”[①]；另一方面在未经整理、卷帙浩繁且文义艰深的古籍史料中进行披沙沥金的工作，在有限的时间和精力内为笔者力所不逮。因此，本书尽可能地依托已有代表性成果[②]，首先从中找到某个经济思想概念，其次通过古籍数据库[③]检索此“概念”并加以核对，如古籍存在此“概念”则纳入语义网络，若古籍中不存在此“概念”则删除[④]。重复这个循环

① 胡寄窗：《中国经济思想史》（上），上海财经大学出版社，1998，第1页。

② 资料来源涵盖专著与期刊论文两类。通史性著作有胡寄窗：《中国经济思想史》（上、中、下），上海财经大学出版社，1998；赵靖主编：《中国经济思想通史》（第1—4卷），北京大学出版社，2002；叶世昌：《古代中国经济思想史》，复旦大学出版社，2003；赵晓雷主编：《中国经济思想史》，东北财经大学出版社，2019；等等。专题类著作有胡寄窗、谈敏：《中国财政思想史》，中国财政经济出版社，2015；赵靖编著：《中国古代经济管理思想概论》，广西人民出版社，1986；贾康、史卫、刘翠微：《中国财政思想史》，立信会计出版社，2018；叶世昌、李金宝、钟祥财：《中国货币理论史》，厦门大学出版社，2003；姚遂：《中国金融思想史》，中国金融出版社，1994；张家骧主编：《中国货币思想史》，湖北人民出版社，2001；郑学益：《中国价格思想史稿》，中国物价出版社，1993；钟祥财：《中国农业思想史》，上海社会科学院出版社，1997；吴申元：《中国人口思想史稿》，中国社会科学出版社，1986；王昉：《中国古代土地所有权与使用权关系：制度思想演进的历史考察》，复旦大学出版社，2005；解凌云：《中国古代贫富思想研究》，云南大学出版社，2019；莫翔：《“天下一朝贡”体系及其世界秩序观》，中国社会科学出版社，2017；唐凯麟、陈科华：《中国古代经济伦理思想史》，人民出版社，2004；欧阳卫民：《中国消费经济思想史》，中共中央党校出版社，1994；刘甲朋：《中国古代粮食储备调节制度思想演进》，中国经济出版社，2010。代表性论文有程霖、陈旭东、张申：《中国传统经济思想的历史地位》，《中国经济史研究》2016年第2期，第16—31页；叶世昌：《中国历史上本、末业概念的流变》，《贵阳师院学报》（社会科学版）1977年第1期，第91—94页；孙文学：《“食货”释义》，《东北财经大学学报》2003年第1期，第94—97页；何蓉：《中国历史上的“均”与社会正义观》，《社会学研究》2014年第5期，第140—164、243页；等等。当然，史料不计其数，概念的梳理仍有遗漏可能，若有不妥之处，欢迎方家指正，予以补充完善。

③ 所用数据库有中国基本古籍库、瀚堂典藏古籍数据库、汉籍电子文献资料库、四库全编数据库、中国哲学书电子化计划、中国方志库等。

④ 经检索核对，发现了许多当代人误以为古代人使用的概念。换言之，古人并没用此类概念，而是近现代人误用或凝练出来的概念。譬如“工商皆本”是后人根据黄宗羲对“本”“末”概念的解释而提炼出的标识性概念。原始文本为“夫工固圣王之所欲来，商又使其愿出于途者，盖皆本也”[（清）黄宗羲撰、何朝晖点校：《明夷待访录》篇18《财计三》]。类似的还有“义主利从”“制礼明分”“四民分业”“农本工商末”“无籍以赡国”“计资而税”“赋役折银”“寓税于价”等。值得注意的是，虽然上述概念并未记载于古籍，但并不意味着此类概念没有价值，反而肯定了一个事实，即中国传统经济思想概念的现代转化。这项工作从近代之后就自觉或不自觉地开展起来，而系统挖掘和梳理此类概念亦非常有价值，也将是未来值得研究的一个方向。

过程，既搜集了“概念”，亦动态地实现了语义网络的构建，搜集“概念”流程如图 2.2 所示。

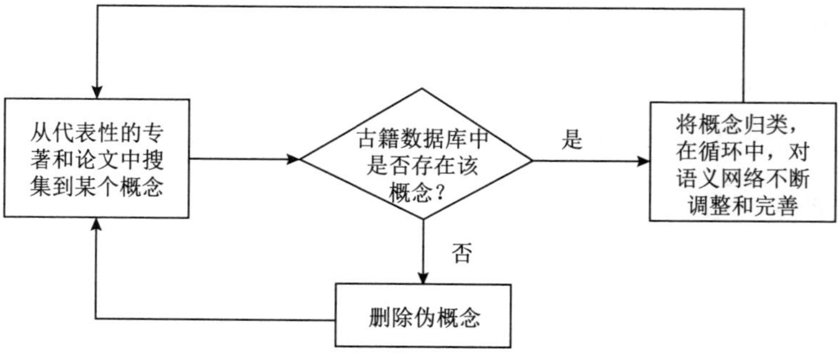

图 2.2　搜集“概念”流程图

本书主要依据三个基本标准来判断和构建语义网络：第一，力求全面完整性。在综合考察已有中国经济思想学术史专题分类、现行国家标准学科分类以及中国传统经济思想的前科学特征的基础上[①]，将中国传统经济思想归纳为经济伦理思想、经济治理思想、金融思想、土地思想、财政思想、工商业经济思想、会计审计思想、价值与价格思想、收入分配思想、生产劳动思想、人口思想、农业经济思想、消费思想、对外贸易思想、国防经济思想、生态经济思想、经济统计思想、其他经济思想等 18 类范畴。在语言形式上，本书将根据传统经济思想范畴，分门别类地搜集诸多类型的概念术语，既包含单一词语构成的概念，也涵盖固定词组或短句构成的复合型概念[②]。第二，分析概念层次的逻辑性，即对某类经济思想范畴展开系统且有层次的建构，在逻辑上表现为“核心概念—下属概念”式的语义网络结构。若某类思想涵盖丰富概念且存有明显类别时，则将其再度细分，譬如将财政思想范

① 详见本章第一节。

② 从语言学角度看，本书搜集的词组或短句在历史演变中逐步“词汇化”，成为具有相对完整意义的词语，又因其汇聚了社会经济意涵，进而被视为“概念”。参见夏征农、陈至立主编：《辞海》（第六版普及本），上海辞书出版社，2010，第 564 页。

畴分为财政管理、财政收入、财政支出三个维度[①]。第三，注重归纳核心概念，从某类具体的经济思想范畴中抽象出具有实质性和根本性的概念。换言之，核心概念须覆盖该范畴中多数的概念术语，核心概念的本质特征将渗透于下属概念的具体内涵中，一般来讲两者构成从属关系，一个简单而显著的表现是核心概念的词汇为此类范畴内所有概念的“最大公约数”。须指出的是，概念群涵盖了广义上的传统经济思想概念，既有描述性表达，也有判断性表述。鉴于传统经济思想的丰富内涵和时代语境，尽管多音节概念中蕴含较多判断性表述，特别是在价值判断方面，如“重义轻利”“重本抑末”等，但这并不妨碍我们将它们纳入概念体系之中[②]。此外，面对浩瀚的史料和大浪淘沙的搜索，不可否认本书所做工作仍会存有遗漏和不足之处，难以面面俱到，这也是迄今概念史研究所面临的难题之一[③]；同时，中国传统经济思想概念存在内涵不纯、外延斑杂等特点[④]，以致不同范畴的概念术语可能会交叉重叠，这亦增大了研究的难度，这一点将在后文中结合概念特征加以论述。

① 从财政思想史角度考察，以财政管理（理财）、财政收入（岁入）财政支出（岁出）为依据的划分标准已较广泛运用在已有成果中，参见贾康、史卫、刘翠微：《中国财政思想史》，立信会计出版社，2018；孙文学主编：《中国财政思想史》（上、下），上海交通大学出版社，2008。

② 原因有三，一是传统经济思想多音节概念的语法结构多采用动词性结构，因而更具判断性色彩。比如，近现代概念“经济学”“富国养民策”均为名词性结构，而中国传统经济思想概念则多为动词性结构，如“经世济民”“富国强兵”等，更突出判断与行动指向。参见黄兴涛：《近代中国新名词的思想史意义发微——兼谈对于“一般思想史”之认识》，《开放时代》2003 年第 4 期，第 70—82 页。二是经济思想史研究不仅注重探讨“火耗”“青苗法”等经济史实中的经济思想，也注意考察经济史实与社会互动的内容与嬗变，如“火耗归公”“重义轻利”等，因而对判断性表述格外重视。这在若干文献中已形成共识，如《辞海》（第 6 版普及本）中收录了“六岁穰六岁旱”“重本抑末”“均贫富”“强本节用”等概念。三是相关学科也将此类概念纳入研究，并形成惯例，如《中国哲学大辞典》选收了“和为贵”“舍生取义”“事本禁末”“存天理，灭人欲”“爱民厚生”等概念术语。

③ 方维规：《关于概念史研究的几点思考》，《史学理论研究》2020 年第 2 期，第 151—156、160 页。

④ 陈明光、何世鼎、毛蕾：《中国古代财税史的概念与史实探讨》，《厦门大学学报（哲学社会科学版）》2019 年第 2 期，第 126—132 页。

（二）语义网络的内容：结构与联系

基于上述方法，本书初步系统梳理了中国传统经济思想概念体系的语义网络（表 2.4），并旨在对每类经济思想概念范畴加以阐述，以进一步厘清其内在结构与逻辑关联。

表 2.4　中国传统经济思想概念体系的语义网络

<table>
<tr><th colspan="2">思想范畴</th><th>核心概念</th><th>概念群</th></tr>
<tr><td colspan="2" rowspan="3">经济伦理思想</td><td>义；利</td><td>道；理；仁义；礼义；逐利；欲利；争利；绝仁弃义；绝巧弃利；义以生利；见利思义；义，利也；兼相爱，交相利；何必曰利；重义轻利；先义而后利；仓廪实而知礼节；背义而趋利；正其谊不谋其利；人非利不生；专是功利；存天理，灭人欲；义利双行；等等</td></tr>
<tr><td>公；私</td><td>己；公义；公利；私利；私欲；务公；公欲；公义胜私欲；废私立公；天下为公；立公灭私；合天下之私以成天下之公；等等</td></tr>
<tr><td>均；平</td><td>均节；均平；至平；不患寡而患不均；制礼义以分之；等等</td></tr>
<tr><td colspan="2" rowspan="3">经济治理思想</td><td>国；民</td><td>小康；大同；民本；足民；足食；养民；富国；富家；尚贤；尚同；仁政；孝道；富民；安民；民惟邦本；小国寡民；富国强兵；以法治国；民富则不如贫；富而后教；国富而贫治；康功田功；并耕而食；上下俱富；六合同风；九州共贯；四海一家；利用厚生；藏富于民；经国济民；等等</td></tr>
<tr><td>轻重；无为</td><td>农战；变法；郡县；宗法；官山海；无为而治；无为而无不为；以正治国；有恒产者有恒心；垂拱而天下治；以轻重御天下；车同轨；书同文；善者因之；各得其便；因地制宜；因时制宜；休养生息；革故鼎新；因俗而治；兴利除弊；听民自为；经世致用；贫富两便；寓封建于郡县；等等</td></tr>
<tr><td>本；末</td><td>末事；本务；本作；末作；末产；本事；事本而禁末；务本禁末；士农工商；农末俱利；守本离末；崇本抑末；重本抑末；农末相资；四民交致其用；重农抑商；等等</td></tr>
<tr><td rowspan="3">金融思想</td><td>货币职能与政策</td><td>子；母</td><td>子母；轻重；贵贱；通货；三币；平准；市平；流借；钱荒；虚实；环乘之币；以重射轻；以贱泄贵；子母相权；虚实相权；等等</td></tr>
<tr><td>货币铸造、发行与管理</td><td>钱；银；铜；钞</td><td>钱币；公币；奸钱；正钱；长钱；私铸；法钱；短陌；交子；钱引；会子；称提；钞本；纹银；制钱；铸大钱；铸小钱；五铢钱；禁私铸；孔方兄；禁铜七福；等等</td></tr>
<tr><td>信用</td><td>贷；典；当</td><td>泉府；假贷；举贷；赊贷；官契；赈贷；典当；寺库；赊市；质库；解库；当铺；合会；草契；赤契；银号；钱庄；票号；僧祇户；假贷居贿；青苗法；等等</td></tr>
</table>

续表

<table>
<tr><th colspan="2">思想范畴</th><th>核心概念</th><th>概念群</th></tr>
<tr><td colspan="2" rowspan="2">土地思想</td><td>田制</td><td>亩；略；井田；籍田；王田；官田；民田；公田；私田；辕田；恒产；算地；田畯；兼并；限田；屯田；占田；营田；均田；学田；庙田；桥田；畺田；地宜其事；正经界；耕而勿有；抑兼并；配丁田法；均田免粮；等等</td></tr>
<tr><td>典；佃</td><td>租佃；田骨；田底；田皮；田面；永佃；绝卖；活卖；抵押；胎借；押租；等等</td></tr>
<tr><td rowspan="11">财政思想</td><td>财政管理</td><td>理财</td><td>国用；上计；财用；国轨；度支；邦计；计省；冢宰制国用；利出一孔；量入为出；量出制入；开源节流；理天下之财；出纳移用；利归于上；等等</td></tr>
<tr><td rowspan="4">财政收入</td><td>赋税</td><td>彻；税；贡；租；赋；田赋；国赋；重税；算赋；算缗；告缗；至平；积俭；趣公；有常；折纳；商税；屋税；契税；折银；征籍；起运；存留；矿税；任土作贡；轻近重远；敛从其薄；讥而不征；初税亩；什一而税；不籍而赡国；相地而衰征；初租禾；算商车；卖官鬻爵；以贫富为差；租庸调；两税法；取之有度；间架税；免行法；一条鞭法；永不加赋；摊丁入地；火耗归公；等等</td></tr>
<tr><td>力役</td><td>役；征；助；劳役；徭役；杂役；息役；免役；均徭；顾募；里甲；无夺民时；使民以时；助而不税；省力役；募役法；出钱代役；雇人代役；等等</td></tr>
<tr><td>田制</td><td>参见土地思想范畴中以“田制”为核心的概念群</td></tr>
<tr><td>榷</td><td>开阖；六管；酒榷；均输；榷盐；遏籴；五均赊贷；常平盐；等等</td></tr>
<tr><td rowspan="4">财政支出</td><td>军饷</td><td>屯田；军屯；府兵；募兵；军功爵；寓兵于农；兵农合一；以农养兵；民以养兵；开中盐引；等等</td></tr>
<tr><td>俸禄</td><td>稍食；世禄；世卿；高位厚禄；禄以养廉；俸以养廉；养廉银；等等</td></tr>
<tr><td>荒政</td><td>救荒；治水；除虫；劝分；平籴；仓储；义舍；赈济；义仓；社仓；移民就谷；养万民；常平仓；常平钱谷；以工代赈；等等</td></tr>
<tr><td>节用</td><td>均节财用；用之有节；强本节用；用之有止；节用裕民；节用以礼；政在节用；禁侈靡；均节邦用；黜奢崇俭；等等</td></tr>
<tr><td colspan="2" rowspan="2">工商业经济思想</td><td>工；雇</td><td>百工；司工；雇借；雇织；雇工；染坊；机户；机坊；机工；雇佣；工商食官；等等</td></tr>
<tr><td>货殖</td><td>买；卖；货；待乏；积著；罢市；折博；牙行；晋商；徽商；商帮；号规；身股；东掌；辛金；乐观时变；务完物；无息币；与时逐；先期输直；市价不贰；计然之术；治生之术；陶朱事业；民自为市；等等</td></tr>
</table>

续表

思想范畴	核心概念	概念群
会计审计思想	会计	收；付；讫；书契；简册；簿历；都簿；总簿；底账；便物历；收支历；流水簿；等等
	审计	国计；计簿；大计；官计；比部；勾覆；勾检；三司；科道；稽查；上计簿；上计律；纠察钩考；等等
价值与价格思想	贵；贱	常平；买无贵；贾宜，贵贱也；衡无数；贵上极则反贱；平粜齐物；谷贱伤农；物以稀为贵；钱轻伤贾；贱籴贵粜；市不豫价；银贵钱贱；等等
收入分配思想	均；分	均调；损有余而补不足；均无贫；均贫富；各得其分；定分止争；贫富有度；安富恤贫；计工而受直；等等
生产劳动思想	劳；力	劳力；劳心；劳苦；日力；食力；劳者不得息；庶人食力；均地分力；力田疾作；无财作力；等等
人口思想	民	家；宗族；家族；民数；土满；人满；徕民；料民；却籍；早婚；保甲；制土分民；编户齐民；力业相称；民有定业；仕则不商；什伍连坐；天地调剂；君相调剂；等等
农业经济思想	农	水利；农宗；尽地力之教；力田疾作；利出于地；不违农时；无夺农时；六岁穰六岁旱；农伤则国贫；男耕女织；等等
消费思想	欲；节	节用；节欲；节求；无欲；少欲；皆有等宜；善于侈靡；知足常乐；俭不违礼；等等
对外贸易思想	夷；夏	华夷；夷夏；朝贡；藩属；羁縻；互市；市舶；宝船；协和万邦；贩洋贸易；海船贸易；等等
国防经济思想	兵；屯	足兵；非攻；因粮于敌；名出于战；国富则兵强；屯田积粟；寓兵于民；屯田戍边；兵民合一；等等
生态经济思想	天；时	农桑以时；仁民而爱物；以时禁发；天人之分；不夺农时；天人一体；网开三面；民胞物与；天人合一；天地人和；等等
经济统计思想	籍；册	谱牒；图谱；黄籍；白籍；户帖；黄册；关石和钧；方以类聚；物以群分；鱼鳞册；等等
其他经济思想		布施；供养；乡族；邑会；农禅；桥会；义渡；通功易事；和为贵；和而不同；等等

注：概念的排列方法为：首先将单音节、双音节和多音节概念分类，其次对每一类别的概念尽量按照时间顺序加以整理

具体而言，在经济伦理思想范畴中呈现出三组界限较为分明的核心概念："义"与"利"、"公"与"私"、"均"与"平"，它们分别涉及社会经济

行为的价值取向、衡量标准和基本准则。关于如何处理“义”“利”之间的分歧，相关概念包括主张以义为先的主流观点，如“见利思义”“重义轻利”“正其谊不谋其利”等；也有主张重视物质利益的观点，如“逐利”“仓廪实而知礼节”“人非利不生”等。关于如何处理“公”“私”之间的矛盾，在大一统制度下，思想家更倾向推崇“公”而抨击“私”[①]，主张“公义胜私欲”“立公灭私”等观点，并将这一理念贯穿于“公田”“私田”“公币”“私铸”等概念中。关于如何贯彻“公”和“义”，思想家提出的基本准则即“均”与“平”，其下属概念有“不患寡而患不均”“均平”“至平”等。可见，经济伦理思想范畴的三组核心概念，虽然侧重点不同，但价值取向类似，体现了思想家对道德约束与社会经济行为的解读，并广泛地隐现于赋税、田制、货币等概念之中。与现代经济伦理学的本质类似，这些概念均凸显了经济活动中的道德维度，强调道德作为精神要素是生产发展中不可缺失的成分[②]。

“经济治理思想”，是指为实现社会经济发展目标，国家在制定经济规则、征收各类赋税、提供公共服务等过程中应遵循的基本准则与制度方案，包括但不限于简单以行政指令为主的管理思想。该范畴中呈现出三组较为显著的对立概念：“国”与“民”、“轻重”与“无为”、“本”与“末”，它们反映了古人对国家和民众、国家干预和自由放任、本业和末业等不同方面的权衡取舍。关于如何协调“国”与“民”之间关系的问题，其下属概念既包括主张民本的儒家观点，如“小康”“足民”“藏富于民”等，也包括主张国家

① 刘泽华：《春秋战国的“立公灭私”观念与社会整合（上）》，《南开学报（哲学社会科学版）》2003年第4期，第63—72、95页。

② 如亚当·斯密认识到国富裕民须与合宜的道德品格相统一（参见[英]亚当·斯密：《道德情操论》，蒋自强、钦北愚、朱钟棣等译，商务印书馆，1997，第99—100页）；日本著名企业家涩泽荣一将其经营模式即“论语加算盘”的思想精髓归结为正确处理了“义”“利”关系（参见[日]涩泽荣一：《左手论语，右手算盘》，李建忠译，九州出版社，2013，第101—105页）。

利益优先于民众利益的法家、墨家思想，如“富国强兵”“尚同”等。关于“轻重”与“无为”的政策选择，既有强调国家干预的法家观点，由此孕育了“农战”“郡县”等行政管理色彩浓厚的概念，也形成了蕴含不同程度的自由放任倾向的道家、儒家思想，相关概念有“无为而治”“垂拱而天下治”“善者因之”等。关于如何定义“本”“末”[①]，思想家大多主张以农业为“本”，以工商业为“末”，具有重农轻工商的倾向，相关概念有“务本禁末”“守本离末”“崇本抑末”等。此外，亦有思想家提出“农末俱利”“农末相资”“四民交致其用”等具有时代进步意义的概念和主张。整体上，这些对立概念表达了对“集权—分权”“干预—放任”“中心—边缘”[②]“农业—工商业”等议题的关注与思考。特别值得一提的是，“无为而治”“善者因之”等概念实际上与现代经济理论中的自发秩序内涵在一定程度上具有相通性[③]，对法国重农学派的自由放任思想起到了重大催化作用[④]。

中国古代金融思想在世界占有一席之地[⑤]，大致可分货币职能与政策，货币铸造、发行与管理，信用三类范畴，并提炼出三组核心概念：“子”“母”、“钱”“银”“铜”“钞”、“贷”“典”“当”。古代思想家关于“子”“母”概念的讨论，有的是对货币职能之价值尺度的思考，主张调节商品、货

① 叶世昌：《中国历史上本、末业概念的流变》，《贵阳师院学报（社会科学版）》1977 年第 1 期，第 91—94 页。

② 潘双吉、唐彦林：《中心—边缘模式：古代朝贡体制下的中国与东亚》，《长春大学学报》2010 年第 7 期，第 79—81 页。

③ 哈耶克曾在东京以“自由主义社会秩序诸原则”为题的演讲中指出“无为而治”即自发秩序（参见冯兴元：《从老子的“无为而治”到哈耶克的“自发秩序”》，《东方早报》2014 年 9 月 16 日）；据经济学家杨瑞辉考证，司马迁善因论思想及概念曾启发了亚当·斯密的市场机制思想（参见 Young L. “The Tao of markets: Sima Qian and the invisible hand”. *Pacific Economic Review*, 1996, 1(2): 137-145.）。

④ 此外，中国儒道的“道”“理”概念、《易经》中“中道”“中正”等概念、“本务”“生财”等概念、“什一而税”“至平”等概念分别与重农学派自然秩序思想、经济均衡概念、纯产品学说、单一税理论存有深层次的渊源关系。参见谈敏：《法国重农学派学说的中国渊源》，上海人民出版社，1992，第 126—151、199、285—293、307—328 页。

⑤ 姚遂：《中西古代金融思想比较初探》，《中央财政金融学院学报》1995 年第 3 期，第 45—51 页。

币关系以保持物价稳定，下属概念有“轻重”“子母相权”“虚实”等[①]；有的是对货币职能之流通手段的看法，如“环乘之币”[②]“流借”[③]“钱荒”等。与“钱”“银”“铜”“钞”相关的概念，多产生于国家是否垄断货币铸造权、是否铸造足值货币以及对纸钞控制管理等问题的讨论，相关的概念有“铸大钱”“奸钱”[④]“称提”等。关于“贷”“典”“当”的概念，多数基于借贷、抵押、收息等金融活动展开，下属概念有的涉及产权交易的凭证，如“官契”“赤契”“草契”等；有的涉及多元信用机构，如“寺库”“质库”“票号”等；有的表达对信贷方式的思考，如“赊贷”“赈贷”“假贷居贿”等。可见，金融思想的三组核心概念基本反映了以政府金融为主体、民间金融为补充的古代金融业市场特征，以及古代思想家对货币职能与政策，货币铸造、发行与管理，信用的理解与认知，并且相关概念与现代经济学中的货币数量论、格雷欣法则、国家货币流通基金制度思想相类似。

土地是古代中国最重要的生产资料，历朝思想家大都对此进行过讨论，提出过丰富的制度设想。土地思想范畴可提炼出两类核心概念，一是“田制”，二是“典”“佃”。关于“田制”的下属概念，古代思想家围绕这一生产要素的配置，多从国家角度出发，为抑制土地兼并提出了诸多分配方案。

---

①“轻重”“子母相权”“虚实”等概念均是典型地反映货币数量学说的中国传统话语。从汉代的《管子》到唐代的刘秩、陆贽再到元末明初的叶子奇都有深入的论述与分析。参见马涛、宋丹：《论中国古代货币范畴的特点》，《财经研究》2009 年第 11 期，第 26—36 页。

②《管子》中的“环乘之币”概念类似于现代经济理论中的国家货币流通基金制度思想。参见胡寄窗：《从世界范围考察十七世纪以前中国经济思想的光辉成就》，《经济问题探索》1981 年第 4 期，第 70—75 页。

③ 沈括的“流借”概念旨在加快货币流通速度以缓解钱荒问题，这种卓越见解比配第的货币流通速度论提前约 600 年。参见程霖、陈旭东、张申：《中国传统经济思想的历史地位》，《中国经济史研究》2016 年第 2 期，第 16—31 页。

④ 汉代贾谊指出“奸钱日繁，正钱日亡”，其实质与格雷欣法则即“劣币驱逐良币”的思想不谋而合。凯恩斯在《孔门理财学》书评中曾夸赞“中国学者很早就懂得了格雷欣法则和数量理论”。参见 Keynes J M. “*The Economic Principles of Confucius and His School*. By Chen Huan-Chang. Columbia University Studies”. *The Economic Journal*, 1912, 22(88): 584-588.

其中，最基本的三类土地分配模式为：孟子推崇的“井田”、董仲舒提出的“限田”、北魏推行的“均田”[①]，其他土地分配方案，如“王田”“占田”“疆田”等，则或多或少受到上述三类土地分配模式的影响，并由此孕育出“地宜其事”“算地”“正经界”等农地管理、土地核算思想。此外，有的概念是推行区域土地政策以保障军粮供应和教育经费，如“屯田”“学田”等。“典”和“佃”的下属概念，多数是从民间多样化的土地产权交易中产生的，如反映所有权性质的“田骨”“田底”等，反映土地占有权性质的“田面”“田皮”等，并“形成‘胎借—租佃—押租—典—抵押—活卖—绝卖’层次分明且具有内在逻辑的地权交易体系”[②]。总之，古代土地思想是思想家讨论的重要议题，以抑制兼并维护统治；同时，亦较多地存在于民间思想中，体现了多层次的传统地权制度。这些概念深刻反映了古代国家、地主和农户之间的博弈，与现代产权理论中的各类产权交易与资源配置等理论相似。

在大一统政权和辽阔疆域基础上，古代中国催生出较其他文明更丰富的财政思想。依据内涵与外延的区别，古代财政思想可从财政管理、财政收入和财政支出三个维度来加以考察。在财政管理思想范畴，“理财”作为核心概念，旨在畅通经济循环、调节财富分配[③]。下属概念有的涉及财政收支、财政预算原则等观点，如“量入为出”“量出制入”等；有的涉及生产与财政的关系，如“开源节流”“理天下之财”等；有的反映了财政体制管理的思想，如“度支”“计省”等；也包括以富国强兵为目标的财政政策，如“利出一孔”“利归于上”等。

---

① 张守军：《中国封建时代解决土地问题的三个基本理论模式——限田井田均田》，《辽宁师范大学学报》1991 年第 6 期，第 64—69 页。

② 龙登高、林展、彭波：《典与清代地权交易体系》，《中国社会科学》2013 年第 5 期，第 125—141 页。

③ 钟祥财：《中国古代的财政管理思想》，《经济问题探索》1986 年第 9 期，第 53—56 页。

财政收入思想范畴可提炼出四个核心概念，即“赋税”“力役”“田制”[①]“榷”，上述概念亦是财政收入主要的构成要素[②]。其中，“赋税”的下属概念内容较为丰富，有主张税收公平、税收适度、税收效率的原则，如“至平”“积俭”“趣公”“有常”等；有体现差别化合理征税的观点，如“轻近重远”“相地而衰征”[③]“以贫富为差”等；有主张改革税制以提升征税效率的见解，如“两税法”“一条鞭法”等；有体现央地博弈的制度安排，如“存留”“火耗归公”等；还有蕴含诸家学派的主张和看法，如儒家“敛从其薄”“讥而不征”“什一而税”的口号，法家“初税亩”“重税”的政策主张；等等。关于“力役”的下属概念，有的是体恤百姓、不耽误农业生产的观点，如“使民以时”“息役”“均徭”等；有的是以征税代替力役的观点，如“顾募”“出钱代役”等。关于“榷”的下属概念，多数是指政府对特殊商品、活动、场所推行的垄断措施，如“六管”“酒榷”等。总之，财政收入领域的相关概念可反映出财政收入的组成、力役与税赋的关系、中央与地方的税权配置、税赋与生产关系等思想。

财政支出思想范畴可重点凝练出四个核心概念：“军饷”“俸禄”“荒政”“节用”。前三者涵盖了政府支出的主要构成要素，后者表达了政府支出应遵循的原则。关于“军饷”的下属概念，多数涉及筹备军饷的措施与实践，如“军屯”“寓兵于农”“开中盐引”等。关于“俸禄”的下属概念，有的是增加俸禄以推动廉政建设的思想，如“禄以养廉”“俸以养廉”等；有的是对世袭特权的认识，如“世禄”“世卿”“高位厚禄”等。关于“荒政”的下属

① 关于“田制”的概念可参见土地思想范畴中的解释。

② 历朝修撰的《食货志》将财政收入来源划分成名称不一的类别，但总体来说，“赋税”“力役”“田制”“榷”是其叙述的重点，也是财政思想出彩且独特的组成部分。参见陈忠海：《〈食货志〉与历史变迁》，《中国发展观察》2021年第15期，第40、63—64页。

③ “相地而衰征”与政治经济学中的“级差地租”要义一致，均要求按照土地肥力的差异进行课税。此外，“不籍而赡国”“两税法”“量入为出”“至平”等概念分别与培养税源、租税负担能力、财政收支原则、租税法则等现代财政理论相对应。

概念[①]，有的是关于赈灾救荒的指导性思想，如“劝分”“移民就谷”“以工代赈”等；有的是围绕“仓储”等关键备荒措施[②]，延伸出的一些相关的概念术语，如“常平仓”[③]“义仓”等。关于“节用”的下属概念，多数是表达勤俭节约的思想，如“强本节用”“政在节用”“黜奢崇俭”等；有的亦指出了国家及贵族消费应遵守的标准，如“均节邦用”“均节财用”“节用以礼”等。总之，财政支出思想范畴的四类概念呈现出古代思想家对保障军队供给、建设廉洁官僚体系、维护社会稳定、限制奢靡支出的观点和看法。

工商业经济思想范畴可提炼出两组概念，即“工”“雇”和“货殖”，它们分别与手工业经济思想、商业贸易思想相关联。在手工业经济思想范畴内，可将“工”“雇”作为核心概念。关于“工”的下属概念，多数是手工业专业化所衍生的工种与制度的思想，如“百工”“司工”“工商食官”等。关于“雇”的下属概念，多数是表示明清时期初具规模的手工业生产及劳动力配置方式的思想，如“雇织”“机户”“机坊”等。在商业贸易思想范畴内，“货殖”表示商人阶层从事的经营致富活动，其下属概念有的是对区域性商人群体的称谓，如“晋商”“徽商”等；有的则蕴含了商人阶层所运用的价值规律，即通过预测市场行情获取最大化利润的思想，如“待乏”“积著”“无息币”“与时逐”等。[④]可见，在小农经济之外，中国古代社会还较早地发展了官营和私营的手工业生产，并由政府或商人运用经济规律进行流

---

① 尽管“荒政”思想放在了财政支出思想范畴下，但由于概念的多重性，实际上“荒政”仍是经济治理思想范畴中不可缺少的一部分。

② 周光辉、赵德昊：《荒政与大一统国家：国家韧性形成的内在机制》，《学海》2021 年第 1 期，第 5—13 页。

③ 据李超民考证，中国古代“常平仓”的概念及实践是美国大萧条时期常平仓制度思想的直接源泉，即国家设置粮仓，依照市场价格高低涨落进行收购和卖出，以达到调节粮价、储粮备荒、稳定经济的目的。参见李超民：《大国崛起之谜：美国常平仓制度的中国渊源》，中央编译出版社，2014，第 13—14 页。

④ “待乏”“积著”“无息币”“与时逐”等概念表示商业经营的原则与技巧，即通过市场预测、把握行情、合理投资等行为进行利润最大化活动，实现资金的增值保值，与现代公司理财的要义相一致。

通或开展经营活动。

会计审计思想范畴大体上可凝练出两组核心概念，即“会计”与“审计”。“会计”最早见于周朝，概念内涵较稳定，表示通过财物数量来反映、分析、管理经济活动①。其下属概念多基于官府、商帮、寺院等主体的经济活动，有的反映了财物借贷和收支状况，如“书契”“简册”“收支历”等；有的体现了中式簿记的分类与结构，如“总簿”“流水簿”“底账”等；还有随金融活动发展而呈现的专业化会计符号，如“收”“付”“讫”等。以“审计”为核心的概念，本质上反映了以政府为主体的经济监督思想②。其下属概念有的表现了以账簿为基础的财政监察思想，如“国计”“大计”“官计”等；有的强调了旨在管理公共财富而推行经济监督的思想，如“勾覆”“纠察钩考”“稽查”等；有的凸显了进行独立性、专业化分工以提高效率的审计制度思想，如“比部”“上计律”“勾检”③“三司”“科道”等。由此可以看出，古人对会计、审计思想已有了较为系统的理解和认识，亦形成了较为有效的制度体系，较广泛地应用于古代社会经济活动中，这一思想以及制度对维护王朝稳定、繁荣民间金融活动起到了重要推动作用。

当然，除了上述几类具有明显逻辑关联的思想概念外，在其他讨论较多的领域也产生了一些具有逻辑联系的概念术语。例如，在价值与价格思想范畴，可提炼出一组核心概念，即“贵”“贱”，其下属概念有的反映了思想家对价格与价值关系的认识，如“买无贵”“贾宜，贵贱也”“物以稀为贵”

---

① 尽管古代“会计”和现代“会计”含义相近，但现代“会计”概念并非直接继承古代，而是同近代国外术语翻译相关联。参见魏治中、张俊青、刘学颜：《试释“会计”——对会计概念的研究》，《会计研究》1981年第1期，第14—20页。

② 类似于“会计”，“审计”概念最早成型于宋代，尽管并不等价于现代意义的“审计”概念，但其实践反映出的部分思想与现代意义相类似。参见邢俊芳：《试论审计学的产生和发展》，《经济研究》1990年第5期，第38、75—77页。

③ “比部”“上计律”“勾检”等概念分别与现代审计理论中的专职审计、依法审计、内部审计相对应，反映了古人在审计思想范畴中的卓越见解。参见夏寒：《中国古代审计思想演进评述》，《审计研究》2018年第6期，第10—15、24页。

等；有的反映了商品货币价格波动的现象与相关思考，如“谷贱伤农”“钱轻伤贾”“市不豫价”等；有的凸显了运用价格规律稳定经济的主张，如“平粜齐物”“贱籴贵粜”等。在收入分配思想范畴，可凝练出“均”“分”作为核心概念，其下属概念有的表示对共同富裕的向往和追求，如“均调”“均无贫”“均贫富”等；有的强调合理有效的分配方式，如“定分止争”“计工而受直”等。在生产劳动思想范畴内，可提炼出“劳”“力”作为核心概念，其下属概念有的强调劳动时间、劳动效率和劳动强度，通过持续性的劳动获得和积累物质财富，如“日力”“食力”“力田疾作”等；有的强调劳动中的社会分工，体现出不同的社会角色，如“劳力”“劳心”“无财作力”等；有的从劳动者健康与持续发展的角度，关注劳动负担和劳动休息的重要性，如“劳苦”“劳者不得息”等。在人口思想范畴，可提炼出“民”作为核心概念，其下属概念有的是政府控制人口的思想，如“编户齐民”“民有定业”等；有的是思想家对人地关系的认识及其治理人口问题的主张，如“徕民”“人满”“早婚”“君相调剂”等。在农业经济思想范畴，可提炼出“农”作为核心概念，其下属概念有的强调农业在社会生活中占据重要地位，如“不违农时”“农伤则国贫”“男耕女织”等；有的强调农业产出效率，如“尽地力之教”等。在消费思想范畴，可凝练出“欲”“节”作为核心概念，其下属概念有的强调奢俭消费等级思想，以儒家观点为代表，如“皆有等宜”“俭不违礼”等；有的突出勤俭节约的美德，如墨家和道家的“节用”“节欲”“无欲”等；还有的揭示消费对生产具有反作用的创见，如《管子》的“善于侈靡”[①]。在对外贸易思想范畴，可提炼出一组对立概念“夷”“夏”，如何处理华夷关系，相关概念包括了“核心—边缘”式的制度

①《管子》的“善于侈靡”概念与现代经济理论中“强调总需求，发挥消费对生产的反作用”的原理如出一辙，而在西方直到 20 世纪 30 年代，英国经济学家凯恩斯才正式指出有效需求的作用，鼓励公共工程建设。参见胡寄窗：《从世界范围考察十七世纪以前中国经济思想的光辉成就》，《经济问题探索》1981 年第 4 期，第 70—75 页。

设计，如“朝贡”等，以及与之相关的贸易概念，如“互市”“市舶”“海船贸易”等。在国防经济思想范畴，可凝练出“兵”和“屯”作为核心概念，其下属概念有强调军事与国家综合国力之间相关联系的思想，如“足兵”“非攻”“国富则兵强”等，也有凸显粮草等物资供应的军事后勤思想，如“因粮于敌”“屯田积粟”等。在生态经济思想范畴，可凝练出“天”与“时”这一组核心概念，其下属概念有的是表达人与自然和谐共存的思想，如“天人之分”“天人合一”“天地人和”等；有的是反映尊重自然规律，合理安排生产劳动的思想，如“农桑以时”“不夺农时”等；有的则强调了保护生物资源，如“以时禁发”“网开三面”等。在经济统计思想范畴，可提炼出“籍”“册”作为核心概念，其下属概念有的体现了见解卓越的统计分类、统计平均数等思想[①]，如“关石和钧”“方以类聚”“物以群分”等，有的体现了全面调查户籍、土地等生产要素以形成统计资料的思想，如“黄籍”“鱼鳞册”等。此外，还有一部分难以归类的零散概念已列入“其他经济思想”条目中，故不再赘述。

综上所述，得益于悠久文明的传承和持续的学术积累，中国传统经济思想中蕴含着一系列具有显著中国特色的概念术语，形成了结构比较合理且语义内涵丰富的语义网络，基本涵盖了现代经济学理论所涉及的绝大部分领域，较大程度上构筑了中国传统经济思想的概念体系。通过系统考察能够发现，中国传统经济思想的概念体系不仅在较大的思想范畴上存在较强的逻辑性关联，如处理“人满”的人口问题时，思想家常会论及土地兼并问题，提出“抑兼并”的政策方案；而且在较小的领域内亦有结构联系，如傅玄主张

① 依托广泛开展的经济统计实践，如大规模的统计调查活动、系统的全国谷价情报系统等，中国古代经济统计思想取得了辉煌成就，涉及现代统计学的重点研究内容，如统计分组法、统计平均数法、时间序列分析法等。参见李惠村：《中国古代应用统计方法的若干事例》，《统计研究》1987 年第 5 期，第 4、78—80 页；莫之如：《丘濬〈大学衍义补〉中的统计思想》，《统计研究》2001 年第 4 期，第 60—63 页；李惠村：《我国古代的统计分组法》，《统计研究》1986 年第 2 期，第 20、72—74 页。

的租税三原则，结合来看具有内在的逻辑支撑[①]。此外，部分概念在理论深度上也已触及现代经济学理论的某些核心要素，如“轻重”“正经界”“相地而衰征”与现代经济学所强调的货币数量论、产权理论、级差地租等理论在部分核心思想与观点上具有一定程度的相通性。

二、中国传统经济思想概念体系的生成机制与基本特征

随着历史的演进，概念的内涵与外延并非一成不变，而是会呈现出一定的生命周期特征。概念史的一个研究重点是概念的生成机制，即分析概念的起源、扩散、流行和消亡，关注概念发展的常态、断裂与转折[②]。与西方经济思想概念体系和近代翻译引进的外来经济思想概念体系不同，中国传统经济思想概念体系在形成过程中，受到中国传统思维模式、古汉语语言属性、经济政治语境、经济力量博弈等因素影响，更鲜明地展现了中国特色和中国风格。从概念史角度考察，中国传统经济思想概念的生成经历了如下过程：“汉语构词—词汇竞争和内涵竞争—概念的广泛接受—概念改变或者概念消亡”等四个阶段。“汉语构词”“时空转换”“多元取向”作为三种关键的作用机制，从技术性、客观性和主观性维度型塑了概念的起源、扩散、流行和消亡，鲜明地展现出概念体系的独特性、时代性和层次性。同时，三种生成机制并不是独立的、分离的，而是共存于相互影响和相互塑造的动态过程之中。

（一）汉语构词生成经济思想概念表达的独特性

第一种生成机制来自“汉语构词”，这是概念体系得以生成的技术性机制，可称之为“汉语构词技术生成机制”，生成了概念表达的独特性。汉字作为唯一延续至今的自源性文字符号系统，为源远流长的传统概念提供了文

---

① 曾智佳：《傅玄的赋税三原则浅析》，《税务研究》1989年第8期，第66页。

② 方维规：《什么是概念史》，生活·读书·新知三联书店，2020，第320页。

字载体。汉语部首承载着中华民族的智慧，能够广泛地构成诸多概念，并对构词方法、表意方式及其演化赋予独特风格。换言之，由于有别于世界其他文明所采用的拼音文字，汉字作为构成中国传统经济思想概念体系的文字载体，在造字方法、构词功能、表意方式、音形义演化等方面均具有独特的形式和风格①。从甲骨金石到竹帛宣纸，从金文篆书到楷书行书，“东方魔块”伴随书写方法、书写工具、字形体态的演化，在悠久历史中记录着经济社会的变迁，承载了中华民族的诸多生产生活智慧，凝聚了丰富的传统经济思想。我们首先聚焦于概念体系中的核心概念（表 2.4），通过分析汉字的形体结构，结合《说文解字》《康熙字典》《汉语大字典》《汉字源流字典》等辞书，归纳总结出 13 类蕴含经济思想的部首偏旁，并对由每类部首所构成的单音节、双音节和多音节的概念以及所涉及的概念范畴加以整理，如表 2.5 所示。

表 2.5　13 类蕴含经济思想的汉字部首及其构成的概念

部首	单音节概念	双音节、多音节概念	涉及的概念范畴
贝	赋；贷；贡；货；赊；贵；贱；财；赈；买（買）；卖（賣）	朝贡；泉货；通货；赢余；假贷；财用；赋税；国赋；赊贷；银贵钱贱；以贱泄贵；五均赊贷；以工代赈；谷贱伤农；等等	经济治理思想、金融思想、财政思想、农业经济思想、工商业经济思想、价值与价格思想、对外贸易思想
田	亩（畮）；略；畯；畿；甸；佃；畸	井田；正经界；辕田；限田；王田；官田；屯田；占田；均田；民田；营田；畺田；初税亩；作辕田；田骨；田皮；田畯；王畿；租佃；籍田；屯田积粟；康功田功；等等	经济伦理思想、经济治理思想、财政思想、农业经济思想、土地思想、国防经济思想、对外贸易思想

① 对于中外文字比较的论述，可参见李国英：《论汉字形声字的义符系统》，《中国社会科学》1996 年第 3 期，第 186—193 页；郦全民：《论汉字的表征效应》，《中国社会科学》2015 年第 2 期，第 139—160、205—206 页；刘晓明：《“语”“文”的离合与中国文学思维特征的演进》，《中国社会科学》2002 年第 1 期，第 180—191、209 页。

续表

部首	单音节概念	双音节、多音节概念	涉及的概念范畴
木	本；末；榷；材	本事；本务；本作；末作；末事；末产；民本；民材；榷盐；酒榷；务本禁末；养本取财；农末皆本；强本节用；丁夫为本；民惟邦本；等等	经济治理思想、人口思想、财政思想、农业经济思想
宀	富；官；家；宗；审	富民；富国；农宗；宗法；分家；家族；审计；富家；上下俱富；藏富于民；贫富两便；官山海；寓兵于农；富国强兵；等等	经济治理思想、财政思想、会计审计思想、收入分配思想、人口思想、国防经济思想
钅（金）	钱；银；铢	铸大钱；铸小钱；私铸；纹银；制钱；养廉银；钱庄；五铢钱；钱币；钱轻伤贾；以钱代役；等等	金融思想、财政思想、价值与价格思想
禾	私；税；租	私利；私欲；租庸调；租佃；赋税；矿税；商税；间架税；屋税；房税；两税法；履亩而税；方田均税；助而不税；公义胜私欲；立公灭私；等等	经济伦理思想、财政思想、农业经济思想
刂（刀）	利；分	欲利；逐利；私利；重义轻利；见利思义；人非利不生；与民争利；利出一孔；兴利除弊；农末俱利；利归于上；等等	经济伦理思想、经济治理思想、财政思想、收入分配思想
彳	役；征	折银；免役；征籍；均役；徭役；杂役；省力役；政在息役；以钱代役；相地而衰征；关市之征；等等	经济伦理思想、财政思想、土地思想
土	均	均田；均粜；均徭；均税；均役；均节；均平；均无贫；不患寡而患不均；九式均节财用；方田均税；五均赊贷；均节邦用；等等	经济伦理思想、财政思想、土地思想、收入分配思想
礻（示）	禄	世禄；制礼明分；高位厚禄；禄以养廉；等等	财政思想、收入分配思想
丶	义（義）	义仓；义舍；仁义；见利思义；义，利也；先义后利；重义轻利；公义胜私欲；立公灭私；等等	经济伦理思想、财政思想
讠（言）	计	会计；审计；上计；计簿；邦计；计省；计工而受直；等等	会计审计思想、收入分配思想、财政思想
⺮（竹）	籍	征籍；却籍；黄籍；白籍；籍田；不籍而赡国；等等	经济统计思想、财政思想、土地思想

部首“贝”所构成的单音节概念的数量最多，涉及的概念范畴较为广泛，这源于“贝”字有财富、价值、贸易活动的表意功能。《说文解字》将“贝”确定为上古的货币，即“古者货贝”，并将“泉”“钱”“贝”做比较，确定了钱币取代贝币的年代，即“周而有泉，至秦废贝行钱”[①]。对于《诗经·小雅·菁菁者莪》的“锡我百朋”，郑玄则对“朋”和“贝”的货币换算关系加以标注，曰“五贝为朋”[②]。不难看出，古人已经认识到“贝”在商品交易中作为一般等价物，充当了交易媒介，具有推动商贸流通的基本职能。故“贝”字部以及其构成的概念自古以来就附带了宝物、价值、财富的衍生含义。具体而言，“贝”字部与“武”“代”“工”“化”“佘”“戋”“才”“辰”“网”等多数形声字相结合，构成了经济治理思想、金融思想、财政思想、农业经济思想、工商业经济思想、价值与价格思想等范畴常用的单音节概念，如“赋”“贷”“贡”“货”“赊”“贱”“财”“赈”“买（買）”等，并组成了“朝贡”“通货”“假贷”“以贱泄贵”“五均赊贷”“以工代赈”“谷贱伤农”等双音节、多音节概念。此类诸多概念在后世运用中，体现出皇权、士大夫、小农个体和工商业者对社会治理、财富增长、商贸活动扩大、货币形态与流通的看法[③]。

由于表意文字[④]的特点，其含义易从字形结构中理解。将与“贝”字部

---

①（汉）许慎撰、（宋）徐铉校定：《说文解字》卷6下《贝》。

②（汉）毛亨传、（汉）郑玄笺、（唐）孔颖达疏：《毛诗注疏》卷 10《南有嘉鱼之什诂训传第十七》。

③ 在这方面，总体上相关资料较为零散，但已有学者做出了富有特色且深入的研究。参见唐智燕：《汉语商贸词汇演变研究》，中国社会科学出版社，2010；何九盈、胡双宝、张猛主编：《中国汉字文化大观》，北京大学出版社，1995；左民安：《细说汉字——1000 个汉字的起源与演变》，九州出版社，2005；董赛：《汉字部首溯源》，辽宁大学出版社，2012。

④ 相当于“象形文字”，用“表意文字”表示汉字更准确。《大辞海·语言学卷》指出，“象形文字”是描画成物体形象的文字，如古汉语中用图符构成的字。“表意文字”是“用一定体系的象征性符号表示语义的文字”，“在表意文字的符号系统中，以应用意符为主，也应用音符、定符等。通常把后期的古埃及文字、楔形文字和汉字看作表意文字”。详见许宝华、杨剑桥等著：《大辞海·语言学卷》（修订版），上海辞书出版社，2013，第 89—90 页。

有关的单音节概念的字形、字形分解、经济含义及演化予以整理（表 2.6）后发现，概念意涵与部首含义紧密联结，并在字形上得以印证，比如“赋”表示手持武器征收财富，引申为赋税；“买（買）”表示用网装着财物，后指拿钱换取物品。同时，概念意涵在演进中呈现出保持、拓展、转移、消亡等现象，一定程度上也反映出了时代性特征。此外，与表音文字相比，汉字构词生成机制从心理和认知过程上，对中国传统的经济思维方式具有重要塑造作用，使得“汉字及其书写系统的使用者在心智活动中更倾向于类比表征以及与经验相勾连的命题表征，并与直觉、联想和实质推理相适配”[①]。主要表现有二，一是汉字形体结构基本继承了图形符号的特点，经由视觉通道触发联想和类比。比如，“本”和“末”在字形上分别表示树的根部和梢端，意为事物的根基和细枝末节，在中国传统经济思维中，可类比为重要的行业（农业）与次要的行业（工商业）。二是概念的语法结构较松散，没有明显词性变化和显式的语法规则，语言精练并注重意合或“以神摄形”，以直陈或隐喻形式表达丰富的意象，传递较强的画面感，如“四海一家”“小国寡民”“利出一孔”“摊丁入地”“天人合一”等。

表 **2.6** “贝”字部单音节概念的字源分析

单音节概念	字形	字形分解	经济含义及演化
赋	（篆体）	贝+武	“赋”表示手持武器征收财富，本义为田税，而后概念外延扩大，泛指税收的总称，且税收用途较多地与国防和军事开支相关联
贷	（篆体）	代+贝	“贷”本义表示施舍、给予，后含义拓展，引申为借入或借出金钱等物品

① 这并不是否定汉语使用者的抽象思维及形式推理能力，而是仅指出在具体语言表达中，汉字构词生成机制更易塑造具象思维和进行实质推理。详见郦全民：《论汉字的表征效应》，《中国社会科学》2015 年第 2 期，第 139—160 页。

续表

单音节概念	字形	字形分解	经济含义及演化
贡	（篆体）	工+贝	“贡”表示地方或藩国向中央朝廷进献有价值的精美物品，其本义沿用至今
货	（篆体）	化+贝	“货”本义表示为可转化为货币的财物，而后含义不断拓展，可表示财物、货币、买卖、贿赂，后两种含义已消亡
赊	（篆体）	贝+佘（我）	“赊”表示财物首先为买方所用，引申为交易后延期付款的行为，含义一直沿用
贵	（篆体）	双手捧土+贝	“贵”显示的是双手捧着含贝的土壤，表示珍贵、价格高、地位高，其含义保留至今
贱	（篆体）	贝+戋	“贱”直观表示是小的贝壳，引申为便宜、价格低、地位低下，其含义延续至今
财	（篆体）	贝+才	“财”在字形结构上为才和贝的组合，既表示金钱和物资概念，又带有才能的含义。后一种含义已消失
赈	（篆体）	贝+辰（娠）	“赈”从字形上看是财富隆起的样子，本义是富裕、富饶，后经含义的转移，现在多指救济、接济
买（買）	（篆体）	网+贝	“买”表示用网装着财物，后指拿钱换取物品，概念内涵较稳定
卖（賣）	（篆体）	出+网+贝	“卖”表示“买”的反向动作，即出售货物以换钱，含义较稳定

资料来源：《说文解字》《康熙字典》《汉语大字典》《汉字源流字典》等辞书

部首“田”构成的概念主要集中于土地思想范畴内，关联到经济伦理思想、经济治理思想、财政思想、农业经济思想等范畴。《说文解字》提及“树谷曰田”，将种树和种五谷的土地称为“田”，又云“阡陌之制也”，段注

“取其陈列之整齐谓之田”，将田地的形状、规划、边界联系起来[①]。中国自商鞅变法以来，已逐渐形成传统小农经济，田地作为最关键的生产要素，与其相关的分配制度、耕作质量、生产效率都是历朝统治者、小农家庭所最关心的。鉴于此，字形中包含“田”字的概念术语，常附有田地耕作、分配、管理的意涵。具体说来，部首“田”与“每”“各”“幾”“勹”“人”等多数形声字相匹配，构成“畮”“略”“畿”“甸”“佃”等单音节概念，并组成了“井田”“初税亩”“田骨”“王畿”“租佃”等双音节和多音节概念，涵盖了古人对划分田界、设立田官、完善税制、设计“中央—地方”制度等议题的看法和主张。兹将此类单音节概念的字形、字形分解、经济含义及演化予以整理，见表 2.7。

表 **2.7** “田”字部单音节概念的字源分析

单音节概念	字形	字形分解	经济含义及演化
亩	（篆体）	田+十+久	“亩”用篆体字表示为田间的小路和地界。“久”为声旁，无实意。“亩”字被用作土地的丈量单位，概念内涵较稳固，含义延续至今
略	（篆体）	田+各	“略”直观表示为旨在解决土地问题而使地界各不相混，本义是划定田界、封疆土地，后概念内涵扩充，涵盖了强取、谋略等内容
畯	（甲骨文）	田+戴冠之人	“畯”表示看守田地的戴冠之人，本义为农官，后泛指农夫
畿	（篆体）	田+幾	“畿”表示有士兵看守的田地，本义指国都周边且直属天子的广大地界，后演化为京城所在区域，其含义延续至今
甸	（篆体）	田+勹（包）	“甸”表示包裹大片田地的空间，本义指王城外的区域，后多指郊外田野

① （汉）许慎撰、（宋）徐铉校定：《说文解字》卷 13 下《田》；（清）段玉裁撰：《说文解字注》卷 13 下。

续表

单音节概念	字形	字形分解	经济含义及演化
佃	（金文）	田+人	“佃”和“甸”两字在甲骨文和金文中共用一种字形，在篆体中才明确区别，完成词义分工。佃表示“人在田中”，本义是耕田，后泛指农户租用地主土地，其含义沿用至今
畸	（篆体）	田+奇	“畸”本义指不规则的、零星的、残缺的土地。后派生出不整齐、不正规的含义

资料来源：《说文解字》《康熙字典》《汉语大字典》《汉字源流字典》等辞书

部首“木”所构成的概念主要分布在经济治理思想、人口思想、财政思想等范畴中。《说文解字》：“木，冒也。”[①]形象地描绘出树木生长的形象。“木”字部本无经济含义，但从语义演化角度看，“木”部首构成的概念，是用古人所熟知的、具象的生活体验，经由隐喻认知的方式，来间接表示较抽象的、无形的经济思想。部首“木”与“一”“隺”“才”等字形相结合，构成了“本”“末”“権”“材”等单音节概念，并组成“本事”“末产”“务本禁末”“养本取财”“権盐”“酒権”“民材”等多音节概念，涵盖了思想家对于商业经营、农业发展、农工商关系、国家经济管理等议题的主张。兹将此类单音节概念的字形、字形分解、经济含义及演化予以整理，见表 2.8。此外，“木”字部构成了诸多关于农业工具的概念，但仅反映出耕种技术的迭代进步，较少涉及经济思想范畴，故不再赘述。

表 2.8　“木”字部单音节概念的字源分析

单音节概念	字形	字形分解	经济含义及演化
本	（秦简）	木+一	“本”原指树木的根部，表示事物根本、本源，经《管子》引申为包括家庭纺织业在内的农业，在封建时期其含义较稳定

① （汉）许慎撰、（宋）徐铉校定：《说文解字》卷 6 上《木》。

续表

单音节概念	字形	字形分解	经济含义及演化
末	（金文）	木+一	“末”是“本”的对立概念，本义指树木的顶端，具有非根本的、次要的、最后的含义，经《韩非子》引申为包括奢侈品生产在内的工商业，在封建时期其含义较稳定
材	（篆体）	木+才	“材”本义表示木料、材料。后衍生出人才、能力、资质的含义。先秦时通“财”，具有财物、财富的含义，后此含义消亡

资料来源：《说文解字》《康熙字典》《汉语大字典》《汉字源流字典》等辞书

部首“宀”构成的概念较多地出现在经济治理思想、财政思想等范畴内。《说文解字》：“交覆深屋也。”[①]其原义为四面有围墙、内有多间屋室的房子。在古代中国，房屋为重要的家产、群体生存的空间、政府管理的场所，故在经济思想领域中，“宀”附带了财富、治理、私人空间等属性。具体而言，部首“宀”与“畐”“𠂤”“豕”“示”“申”等字形相结合，构成了“富”“官”“家”“宗”“审”等单音节概念，并组成“富国”“富家”“官山海”“宗法”“分家”等多音节概念，涵盖了思想家关于国家—个体的财富分配、经济垄断、宗族结构、基层自治、经济审查等问题的主张，兹将此类单音节概念的字形、字形分解、经济含义及演化予以整理，见表 2.9。

表 **2.9**　“宀”字部单音节概念的字源分析

单音节概念	字形	字形分解	经济含义及演化
富	（金文）	宀+畐	“富”表示房子内有饮食的容器，表明衣食无忧，财产较多，生活富足。其概念内涵非常稳定，沿用至今
官	（篆体）	宀+𠂤	“官”原指高土坡上的房子，表示官吏和官舍。后“官舍”含义由“馆”承担，“官”仅表示官吏、政府机关等，其含义保留至今

① （汉）许慎撰、（宋）徐铉校定：《说文解字》卷 7 下《宀》。

续表

单音节概念	字形	字形分解	经济含义及演化
家	（篆体）	宀+豕	“家”表示在屋子里养猪，本义是家人共同生活的场所。后引申为家人、家庭、私有财产等含义。其含义较为稳定，延续至今
宗	（甲骨文）	宀+示	“宗”表示在屋子里进行祭祀，原指祖庙。后引申为祖先、宗族、某类派系等含义。其意涵较稳定，沿用至今
审	（篆体）	宀+申	“审”原义指在房间里发现野兽的足迹，人们对此仔细研究辨认。后其含义引申为考察、稽考，意涵较稳定，保留至今

资料来源：《说文解字》《康熙字典》《汉语大字典》《汉字源流字典》等辞书

部首“钅（金）”构成的概念较多地出现在金融思想、财政思想等领域内。《说文解字》将“金”解释为“五色金也，黄为之长”①，表明金字部含有各类金属或其制品。中国古代的货币币材以铜、白银、黄金为主，故金字部构成的概念常常蕴含着金属货币的铸造、流通、贮藏、兑换、价值等金融思想。具体而言，部首“钅（金）”与“戋”“艮”“朱”等形声字相匹配，构成了“钱”“银”“铢”等单音节概念，并组成了“铸大钱”“铸小钱”“以钱代役”“养廉银”“五铢钱”等多音节概念，体现出随着古代商业的繁荣，思想家对货币发行、货币购买力以及与之相关的财政管理等议题的思考与主张。兹将此类单音节概念的字形、字形分解、经济含义及演化予以整理，见表2.10。

表 **2.10**　“钅（金）”字部单音节概念的字源分析

单音节概念	字形	字形分解	经济含义及演化
钱	（篆体）	金+戋	“钱”本义指上古时代的铲形农具，后因常作为交换媒介，而派生出货币的含义，且在货币种类上多指铜钱。其货币含义一直沿用至今

①（汉）许慎撰、（宋）徐铉校定：《说文解字》卷14上《金》。

续表

单音节概念	字形	字形分解	经济含义及演化
银	（篆体）	金+艮	“银”本义即白银。“金银天然不是货币，但货币天然是金银。”故“银”的含义历来非常稳固
铢	（篆体）	金+朱	“铢”本义为重量单位，二十四铢为一两。汉武帝时期用于货币名称，五铢钱是古代流通时间最久的货币之一

资料来源：《说文解字》《康熙字典》《汉语大字典》《汉字源流字典》等辞书

部首“禾”组成的概念主要集中在经济伦理思想、财政思想、农业经济思想范畴内。《说文通训定声》：“谷未秀曰苗，已秀曰禾。”①表明“禾”为已成熟的垂穗状的谷类作物。在封建时期，农业为封建社会最根本的物资生产部门，农作物既是重要收入来源，又是缴纳租税的主要形态之一，故在经济思想范畴内，“禾”常常附带着农业财富、赋税的属性。具体而言，“禾”与“厶”“兑”“且”等字形相匹配，组成了“私”“税”“租”等单音节概念，构成了“私利”“赋税”“租庸调”“履亩而税”“租佃”等多音节概念，体现了古代思想家对利益分配、税赋制度、雇佣关系的思考。兹将此类单音节概念的字形、字形分解、经济含义及演化予以整理，见表 2.11。

表 **2.11**　“禾”字部单音节概念的字源分析

单音节概念	字形	字形分解	经济含义及演化
私	（篆体）	禾+厶	“私”原指拥有禾苗的主人，本义为个体所有的，与“公”相对。后派生出私田、私有财产等含义，意涵较稳定，保留至今
税	（篆体）	禾+兑	“税”表示粮食收获后，农夫缴纳部分农作物。原指田赋，后衍生出利息、租赁等含义，但现在仅指政府征收税赋

①（清）朱骏声撰：《说文通训定声》卷 10《隋部第十》。

续表

单音节概念	字形	字形分解	经济含义及演化
租	（秦简）	禾+且	“租”本义指田赋，也泛指其他种类的赋税。之后发生概念转移，租赁、租用则成为其主要含义

资料来源：《说文解字》《康熙字典》《汉语大字典》《汉字源流字典》等辞书

部首“刂（刀）”组成的概念主要集中在经济伦理思想、经济治理思想、财政思想等范畴内。《荀子》：“余刀布。”杨倞注：“皆钱也。”[①]说明先秦“刀”字除了兵器的本义外，亦作为交易媒介，具有钱币的属性。在经济思想范畴中，部首“刂（刀）”与“禾”“八”等字形相匹配，组成了“利”“分”等单音节概念，并构成“重义轻利”“见利思义”“农末俱利”等多音节概念，涵盖了思想家对义利之辩、本末关系、财富分配、税收原则等问题的看法。兹将此类单音节概念的字形、字形分解、经济含义及演化予以整理，见表 2.12。

表 **2.12**　“刂（刀）”字部单音节概念的字源分析

单音节概念	字形	字形分解	经济含义及演化
利	（篆体）	禾+刀	“利”本义指抽刀断禾，表示兵器锋利。后在经济领域派生出利益、财力、利润、利息等含义。其含义延续至今
分	（甲骨文）	八+刀	“分”原指用刀将物品剖分为二，后在经济领域引申出财富分配的含义。若财物“分”得过多，则会变“贫”。其含义保留至今

资料来源：《说文解字》《康熙字典》《汉语大字典》《汉字源流字典》等辞书

部首“亻”构成的概念较多分布在经济伦理思想、财政思想等领域内。

① 《荀子》卷 2《荣辱第四》。

《说文解字》:“彳，小步也。”①指明“彳”常表示行走及与道路相关的意涵。在经济思想领域内，部首“彳”与“殳”“正”等形声字相结合，构成了“役”“征”等单音节概念，并组成“均役”“以钱代役”“征籍”等多音节概念，体现了古人对赋税、劳役等问题的看法。兹将此类单音节概念的字形、字形分解、经济含义及演化予以整理，见表2.13。

表2.13　“彳”字部单音节概念的字源分析

单音节概念	字形	字形分解	经济含义及演化
役	（篆体）	彳+殳	“役”表示手执槌状物以驱使前面的人，本义是戍守边疆、服兵役，而后派生出劳役、差役等含义，概念内涵稳定，延续至今
征	（篆体）	彳+正	“征”表示朝着某地进发，本义是远行。后扩展出索取、赋税等含义，在封建时期其内涵较稳定

资料来源：《说文解字》《康熙字典》《汉语大字典》《汉字源流字典》等辞书

除了以上几类主要的部首，还有“土”“礻（示）”“丶”“讠（言）”“⺮（竹）”等偏旁，分别具有土地、祭祀、礼仪、计算、记录等含义。与“匀”“录”“羊”“十”“耤”等相匹配，构成“均”“禄”“义（義）”“计”“籍”等单音节概念，并组成“均田”“禄以养廉”“重义轻利”“审计”“黄籍”等多音节概念，体现了思想家对土地公平分配、官员物资激励、道义与利益关系、经济记录和审核等内容的思考。兹将此类单音节概念的字形、字形分解、经济含义及演化予以整理，见表2.14。

表2.14　“土”“礻（示）”“丶”等字部单音节概念的字源分析

单音节概念	字形	字形分解	经济含义及演化
均	（金文）	土+匀	“均”本义即土地合理分配，后拓展出平均、调和、平分等含义。概念内涵较稳定，保留至今

①（汉）许慎撰、（宋）徐铉校定:《说文解字》卷2下《彳》。

续表

单音节概念	字形	字形分解	经济含义及演化
禄	（甲骨文）	示+录	“禄”在甲骨文中为“录”，原义为汲水的辘轳，引申为恩泽，表示官员的薪水。后小篆加入“示”字部，增加了福气、福运的含义。概念较稳定，沿用至今
义（義）	（甲骨文）	我+羊	“義”从直观上看，上面是祭牲的“羊”，下面是三叉戟状的兵器，原义表示威仪、合宜的行为、合乎正义的道理等。概念稳定，延续至今
计	（秦简）	言+十	“计”表示出声地数数字，本义即计算、算账，后派生出考察、审核等含义，内涵较稳定，保留至今
籍	（篆体）	竹+耤	“籍”原义表示记录民众耕田情况，拓展为记载人口、税赋、土地等方面内容的档案文书，含义较稳定

资料来源：《说文解字》《康熙字典》《汉语大字典》《汉字源流字典》等辞书

（二）时空转换赋予经济思想概念演化的时代性

第二种机制来自“时空转换”，这是概念体系得以生成的客观性机制，可称之为“时空转换客观生成机制”，赋予了概念演化的时代性。正是时代问题更迭、空间发展差异等时空变化，赋予了概念以特定的社会经济意涵，使得概念呈现出移动、转移和扩散的现象。换言之，辨明经济思想概念的含义须依托时代语境。由于时代转型变革、现实问题更迭、区域发展存在差异、政治力量博弈，经济思想概念在时间和空间上呈现出转移、转折和扩散、消亡等现象，并处于不断地演化过程中。从演变形式上看，大致可分成词汇竞争和内涵竞争两种类型。

其一，词汇竞争的形式。“词汇竞争”是指两种或多种概念呈现竞争关系，即对于某一类思想范畴，新生概念开始挑战或取代旧有主流概念。一般来说，对于构成词汇竞争关系的概念，尽管其语言外壳和内涵都不尽相同，但均属于同一类思想范畴。可通过较长历史时期的考察发现其时代特点，从而捕捉经济思想概念的嬗变规律、时代主题的交迭。本书结合已有历史分期文献和概念的演化特征，将中国古代大致划分为四个阶段。第一阶段从夏商西周到春秋战国[①]；第二阶段自秦汉时期经魏晋南北朝到唐中叶前[②]；第三阶段由唐中叶经两宋到元朝[③]；第四阶段由明朝经清朝前期到鸦片战争前。四个阶段的概念各具特点。第一阶段作为古代经济思想滥觞期，更多体现在概念的原创性和丰富性层面。第二阶段，秦汉以来，随着重义轻利、重本抑末、黜奢崇俭即“三大教条”的确定，正统经济思想逐步占据支配地位[④]；在概念构词层面，佛教东传加速了概念双音节化的进程[⑤]。第三阶段安史之乱后，因商品经济的发展和社会制度的重建，新的概念在货币、租税、土地思想等范畴内形成。第四阶段，区域和民间交易体系日臻成熟，在货殖、土地思想等范畴内演化出了新的概念术语。

如表 2.15 所示，以土地、赋役、金融、本末等范畴的概念为例进行阐述。在土地思想范畴，西周及春秋战国时期的“公田”“井田”概念反映了领主土地所有制下的具体制度安排或儒家理想。秦汉以来，国家旨在抑制兼并，以增加自耕农数量、增加政府税赋等方式，推行了多种土地制度，“限

---

① 春秋战国和秦汉时期在土地、政治、文化制度上存有本质区别，甚至秦汉时期可视为重要的转折阶段，奠定了后世王朝一整套思想和政策的基本框架。参见胡寄窗:《中国经济思想史》(上)，上海财经大学出版社，1998，第 3—5 页；何兹全:《中国古代社会形态演变过程中三个关键性时代》,《历史研究》2000 年第 2 期，第 5—7 页。

② 以唐代中叶为界，前期为豪族大地主主导的经济阶段，后期为中小地主主导的经济阶段。参见胡寄窗:《中国经济思想史》(上)，上海财经大学出版社，1998，第 5—8 页；陈寅恪:《论韩愈》,《历史研究》1954 年第 2 期，第 105—114 页。

③ 以元明为界，此后民间商品化程度快速提升，形成了多层次的城乡市场经济体系；地主所有制充分发展，并在土地租佃关系中出现重大变化，分成租转向定额租。参见许檀:《明清时期城乡市场网络体系的形成及意义》,《中国社会科学》2000 年第 3 期，第 191—202、207 页；方行:《中国封建经济发展阶段述略》,《中国经济史研究》2000 年第 4 期，第 14—26 页。

④ 赵靖主编:《中国经济思想通史》(第 1 卷)，北京大学出版社，2002，第 679 页。

⑤ 梁晓虹:《汉魏六朝译经对汉语词汇双音化的影响》,《南京师大学报》(社会科学版) 1991 年第 2 期，第 73—78 页。

田”“占田”“均田”等概念依次生成并纳入主流。唐中叶以后，在国家、地主、农户的动态博弈下，土地政策从抑制兼并向不抑兼并转化[①]，土地买卖现象日渐增多，“租佃”“典”等概念开始于民间传播。至明清时期，随着商品经济的发展，农民在各方博弈中的话语权提升，“押租”“活卖”等概念广泛流行。总体而言，土地概念的演变反映出土地制度由国有制向地主私有制主导的更替以及中小地主和农民在地权博弈中逐步向有利地位转变。

表 **2.15**　各时期主流或新生概念的简要梳理

概念	第一阶段		第二阶段		第三阶段		第四阶段	
	西周及之前	春秋战国	秦汉时期	魏晋至唐中叶前	唐中叶至两宋	元朝时期	明朝时期	清朝前期
土地概念	公田	井田	限田	占田、均田	租佃	典	押租	活卖
赋役概念	轻近重远	初税亩	口租、算赋	租庸调	两税法	户计	一条鞭法	摊丁入地
金融概念	子母、轻重	三币	平准、常平	寺库	飞钱、交子	称提	钱庄、当铺	账局、票号
本末概念	无	禁末	守本离末	富民为本	农末相资	保富	听民自为	末亦不可轻

在赋役思想范畴，西周及之前以及春秋战国时“轻近重远”“初税亩”等概念表现出税赋公平的思想和争霸战争的改革成果。至唐中叶，政府为制度化各类实物税和劳役的条目，生成了“算赋”“租庸调”等繁杂概念。随着土地兼并难以遏制，国家为了增加财政税收，使“两税法”在全国普及开来，征税对象由人丁向田亩转化。在第三个阶段，赋役概念历经曲折，如元朝时期的“户计”概念反映了赋役制度的倒退。直到明清时期全面推行改革，如“一条

① 于干千：《基于博弈论的“不抑兼并”土地制度分析——以唐宋农地制度的演进为视角》，《中国经济史研究》2007 年第 1 期，第 159—168 页。

鞭法”和“摊丁入地”概念，体现出徭役逐步消失，赋役制度臻于完善。总之，赋役概念的变迁大体上呈现出赋役并重、赋重于役、役并入赋的进程[①]。

在金融思想范畴，早在西周及之前和春秋战国时期，政府就已经使用“子母”“轻重”和“三币”等概念来实现调节货币流通量、干预工商业等目标。秦汉时期，“平准”“常平”等概念反映了政府为实现平抑物价、稳定经济的目的而采取的制度性举措，后成为金融思想的主流概念。中古时期“寺库”等概念表现了外来文化传播的影响。唐中叶以后，“飞钱”“交子”“称提”等概念开始从局部区域走向全国，体现了在当时“钱荒”背景下，古人对纸币发行和管理思想的创新与实践。明朝至清朝前期，随着民间自由借贷的活跃，“钱庄”“当铺”“账局”“票号”等概念逐渐取代旧有概念，成为主流。总之，金融思想概念的嬗变反映出货币形态的更迭、国家兼顾货币稳定性和流通性的政策导向，以及民间金融扩张的进程[②]。

在本末思想范畴，经济思想史上的“本”“末”概念肇始于战国时期，思想家借助隐喻手法，引导国家推行重农抑商的政策。在秦汉时期，“守本离末”概念占据主流，但之后“富民为本”的概念开始传播并挑战主流思想。唐中叶后，由于商品经济繁荣，市场交易扩大，“农末相资”“保富”等为富商辩护的概念日益增多。明朝至清朝前期，国家干预政策与工商业发展矛盾日益激烈，“听民自为”“末亦不可轻”等概念逐渐流行，反映了商人对积累财富、减轻制度约束的迫切需求。可见，本末概念的嬗变，反映了国家主流重农抑商思想和民间反传统思想的斗争进程。

值得注意的是，由于古代中国经济政治文化发展不平衡不充分，各类思想概念还呈现出鲜明的空间性特征。例如，中国乃至世界最早的纸币“交

---

① 方行：《中国封建经济发展阶段述略》，《中国经济史研究》2000 年第 4 期，第 14—26 页。

② 王曙光、邓一婷：《民间金融扩张的内在机理、演进路径与未来趋势研究》，《金融研究》2007 年第 6 期，第 69—79 页；王昉、徐永辰：《从“银为上币”到“银钱两权”——晚明白银流通思想的形成与演变》，《复旦学报（社会科学版）》2018 年第 5 期，第 139—148 页。

子”最早盛行于四川一带，因弥补了金属货币的短缺，北宋政府将其做法推广至全国，但滥发“交子”导致了严重的通货膨胀，“交子”概念随后逐步被新的纸币“钱引”取代[①]。又如，明中叶以后东南地区由于租佃关系的发展，兴起了“永佃”“田皮”“田骨”等概念，之后逐渐向全国扩散蔓延[②]。

其二，内涵竞争的形式。“内涵竞争”是指同一个概念的两种或多种内涵展开竞争。换言之，此类概念是语言外壳并未改变，但内涵发生变化的类型，故理解此类概念应结合历史语境加以分析。例如，“均”在先秦时期具有合理分配土地、人口的含义，当符合“礼”时则为“均”，尚未出现绝对平均的含义。例如，当论及孔子“不患寡而患不均”的概念时，人们通常将其理解为不要担心物资的匮乏而应该担心平均分配，实际上这种观点曲解了孔子的本义。将概念置于孔子论述“季氏将伐颛臾”的背景中加以诠释，可得到比较恰当的解释：诸侯和卿大夫不要担心占有的土地及百姓数目少，而要担心自己的行为是否遵循了“礼”所规定的财富分配要求，换言之，贵族应该按照自己的地位占有土地和人民[③]。及至秦汉时期，“均”延续了“按照等级合理分配”的含义，产生了“均田”“均输”“均徭”等概念。在唐中叶之后，受到频繁的农民运动以及佛教观念的影响，“均”的意涵发生了较大转变，开始表示财产和土地等方面绝对的平均[④]，比如，唐末农民起义领袖王仙芝自称为“天补平均大将军”[⑤]，北宋前期王小波、李顺提出“吾疾贫富不均，今为汝均之”的起义口号[⑥]。

又如，“称提”概念经历了一个含义缩小的过程，其作用对象由粮食、

---

① 彭信威：《中国货币史》，上海人民出版社，2015，第 338—343 页。

② 杨国祯：《明清土地契约文书研究》（修订版），中国人民大学出版社，2009，第 70 页。

③ 韩涛：《孔子均平分配思想的中道理念》，《孔子研究》2016 年第 4 期，第 34—40 页；李宗桂：《从“调均”看中国文化的优秀传统》，《哲学研究》2016 年第 8 期，第 34—40、128 页。

④ 何蓉：《中国历史上的“均”与社会正义观》，《社会学研究》2014 年第 5 期，第 140—164、243 页。

⑤（宋）司马光撰：《资治通鉴》卷 252《唐纪六十八》。

⑥（元）陈桱撰：《通鉴续编》卷 4。

金属货币、纸币等物品聚焦于特定的物品即纸币，其内涵由物品间平衡兑换的思想转向稳定币值、保障流通的纸币思想。据叶坦的考证，“称提”概念最早可追溯至北宋时期，表示采取措施使得两类物品在价值上处于平衡对等的关系以及由此引申的原则[①]。例如，戴埴指出“称提”与“准平”的相通之处“皆以权衡取义”[②]；董煟用“称提”论述收购粮食问题“籴本谷贱伤农，增价以称提之耳”[③]。随着南宋时期纸币的超量发行，严重的通货膨胀日益成为思想家谈论的重大社会经济问题，“称提”作为相应的纸币治理概念流行开来，成为与纸币回笼、兑现、流通及原则相关的专用术语，如“楮币在处可行，但须得本钱称提乃可”[④]“杨嗣勋下令称提钱”[⑤]。及至元代，政府全面推行了不兑换的纸币制度，滥发的纸币导致实际购买力迅速下降，思想家沿用“称提”来表示新旧纸币兑换、稳定币值的货币思想，并为后世明清思想家所继承。

再如，“黄册”词义内涵在宋明时期产生了较大程度的转移，由最初的科举考试辅助薄书向户籍类文档概念转变。“黄册”最初产生于宋朝，用以表示与科举备考相关的书册，尚未具有户籍、赋役统计的含义。比如，薛嵎赋诗“青灯对黄册，销尽几英雄”[⑥]；刘黻作诗“区区黄册子，所事惟夺魁”[⑦]。明朝以降，“黄”字引申出人口的含义，尤其指向老人和小孩，如“黄颔小儿”“黄口孺子”“黄耄”等。更具推动力的因素是，明代统治阶层为实现户籍管控、土地分配和赋役摊派等目标而编制户籍文档“黄册”，有力地实现了从户籍、赋役分类统计的制度思想向统一册籍管理制度思想的转

① 叶坦：《两宋时期的经济理论考察》，《经济研究》1990年第8期，第75—80页。
②（宋）戴埴撰：《鼠璞·楮券源流》。
③（宋）董煟撰：《救荒活民书》卷2。
④（宋）李心传撰：《建炎以来朝野杂记》甲集卷16《财赋三》。
⑤（宋）李心传撰：《建炎以来朝野杂记》乙集卷18《边防一》。
⑥（宋）陈起编：《江湖小集》卷55《省试舟中》。
⑦（宋）刘黻撰：《蒙川遗稿》卷1《和紫阳先生感兴诗二十首》。

变，比如，“洪武十四年始颁行黄册法”[①]“编黄册至公至均之法”[②]等。在此背景下，“黄册”的内涵完成了从科举用书向户籍类统计文档的转变。

（三）多元取向塑造经济思想概念体系的层次性

第三种机制来自“多元取向”，这是概念体系得以生成的主观性机制，可称之为“多元取向主观生成机制”，塑造了概念体系的层次性。“多元取向”主要表现为价值取向、目标取向、政策取向、民意取向，分别生成经济伦理思想概念、经济治理思想概念、国家干预思想概念和东方自由思想概念四种类型，进而塑造了概念体系的四个层次。换言之，由于中国古代独特地理环境、伦理价值观念、经济社会形态等内外部因素的塑造，中国传统经济思想概念体系呈现出独特且清晰的层次[③]。基于对概念体系的梳理归纳（表2.4），本书将其划分成四个层次（图 2.3）：一是以经济伦理思想概念为基准；二是以经济治理思想概念为目标；三是以财政、土地、金融、人口等经济思想中的国家干预思想概念为中心议题；四是以货殖、借贷、租佃等东方自由思想概念为重要补充。总体而言，四个层次由宏观向微观拓展，第一、二层次分别是中国传统经济思想的内在价值原则和外在制度方案，整体上发挥指导作用，为第三、四层次的概念提供依据。第三、四层次突出所论述的重点议题与丰富的内涵。四个层次并非绝对孤立的，而是相互联系相互依

① （明）莫尚简修、（明）张岳纂：《惠安县志》卷 6。

② （明）陈建撰、（明）沈国元：《皇明从信录》卷 7。

③ 对于中西方经济思想的异同，已有文献已做出卓有成效的探索。参见胡寄窗：《中国古代经济思想的光辉成就》，中国社会科学出版社，1981；唐任伍：《中外经济思想比较研究》，陕西人民出版社，1996；叶世昌：《中国传统经济思想的特点》，《财经研究》1985 年第 4 期，第 48—51 页；巫宝三：《谈谈研究中国早期经济思想的意义、现状和前景》，《经济研究》1982 年第 8 期，第 58—61 页；马涛、李卫：《中西方传统经济思想特点的比较》，《学术月刊》2019 年第 2 期，第 57—67 页。尽管关于中西比较的文献较丰富，但深入考察中国传统经济思想独特内在结构与逻辑层次的文献阙如，通过代表人物的经济思想，以小见大地揭示传统经济思想基本结构的探索，参见程霖、赵昊：《中国古代经济思想的基本结构与内在逻辑——基于权力与伦理视角的孔子经济思想考察》，《财经研究》2019 年第 8 期，第 72—83、97 页。

存，构成了融会贯通的有机整体。

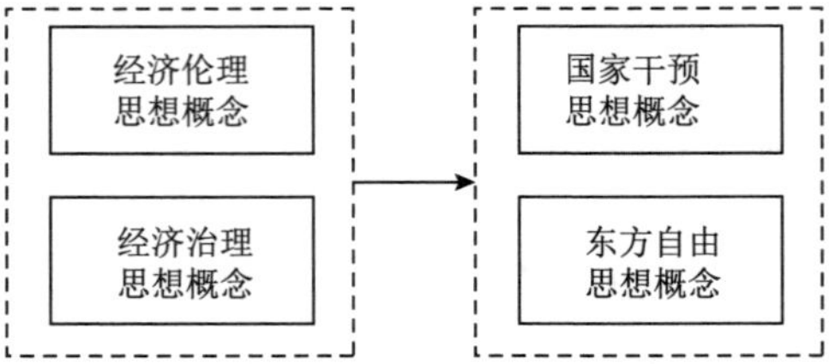

图 2.3 中国传统经济思想概念体系的层次性示意图

其一，以经济伦理思想概念为基准。作为社会经济问题的总看法，经济伦理思想概念既引导规范了经济治理思想概念[①]，亦是制定各类经济政策所依据的伦理原则。换言之，古代思想家首先考虑的是，解决经济问题的方法是否符合伦理上的“正当性”，其次再讨论详尽的解决途径。由表 2.4 可知，经济伦理思想范畴的核心概念“义”与“利”、“公”与“私”、“均”与“平”及其下属概念基本涉及经济治理、财政、金融、土地等主要的经济思想范畴。尽管经济统计、工商业经济思想等范畴涉及较少的经济伦理，但其价值准则在传世文书中被反复论述，并发挥了价值判断的作用。比如，以数量统计而闻名的著作《大学衍义补》，实际上是建立在儒家道德原则、纲常教化的基石之上，包含了丰富的经济伦理思想论述[②]。又如，《许文穆公集》描述理想的商贾应符合“不爱私殖”“内之起家立名，外之辅义济物”[③]等伦理特征。甚至启蒙书目《增广贤文》引导教育儿童从小视“钱财如粪土，仁义值千金”，通过反差对比，表达对“仁义”的价值追求。可见，经

① 向玉乔、周琳：《国家治理与经济伦理》，湖南大学出版社，2018，第 3 页。

② 莫之如：《丘浚〈大学衍义补〉中的统计思想》，《统计研究》2001 年第 4 期，第 60—63 页；向燕南：《〈大学衍义补〉的撰述特点和思想分析》，《北京社会科学》2002 年第 2 期，第 24—30 页。此外，通过古籍数据库中国哲学书电子化计划对《大学衍义补》中的核心概念加以检索（检索时间为 2025 年 4 月 2 日），一个直观的统计是，“义”“利”“公”“私”“均”“平”的频次分别达 1778 次、1126 次、1732 次、537 次、255 次、1340 次。

③（明）许国撰、（明）叶向高辑：《许文穆公集》卷 2《一源程翁七十寿序》。

济伦理思想概念作为传统经济思想的核心要素，其内涵已渗透到古代经济社会的各个角落，各类经济思想都须受其约束及规范[①]。

在内部结构中，古代思想家对经济伦理的理解和主张并非一致，甚至有些观点存在显著分歧。下面以经济伦理思想中处于核心地位的“义”“利”概念为例进行阐述[②]。尽管古代思想家对于义利关系的理解多数是重义轻利，至少是义利并重的[③]，但对于“义”的内容，即约束经济活动的伦理准则具体是什么，各学派观点不一。从义利关系的本质看[④]，基于“公利”和“私利”的差异，思想家形成了不同阵营。基于共时分析，针对古代思想家的“义”“利”概念，对古代思想家的谱系进行分类，见图 2.4。以孔子的义利观点为基准[⑤]，向左移表示“公利”程度随之加深，向右移则表示更倾

---

① 中国古代经济伦理思想的巨大影响的相关文献可参见陈钧、任放：《社会俗态与经济伦理》，《民俗研究》1995 年第 3 期，第 3—10 页；赵春福：《儒家经济伦理的特征及其在中国古代社会的功能》，《道德与文明》1996 年第 2 期，第 32—34 页；孟美菊、王建民：《经济与伦理张力下的古代家训“治生”理念与行为》，《云南大学学报（社会科学版）》2015 年第 1 期，第 81—86 页；刘光明：《论生产和消费领域中的经济伦理》，《中国人民大学学报》1995 年第 3 期，第 39—44 页；唐凯麟、陈科华：《中国古代经济伦理思想史研究导论》，《株洲工学院学报》2004 年第 6 期，第 4—9 页；李慧明、廖卓玲：《中国古代哲学文化中的循环经济伦理思想探析》，《贵州师范大学学报（社会科学版）》2007 年第 1 期，第 1—5 页；蒲丽娟、王伟：《经济伦理视域下的古代食品安全治理及启示》，《农业考古》2016 年第 1 期，第 215—219 页。

② 宋代大儒朱熹对此曾评论道“义利二字乃儒者第一义”。参见（明）丘濬辑：《朱子学的》卷上《进德第七》。

③ 学术界流行的一种误解是，儒家重义轻利、墨家兼顾义利、道家义利俱轻、法家重利轻义。实际上，这种概括只是部分地考察古人论述义利关系的文本而形成的过于简单化的理解，根据系统的文本阐述以及作者原意的分析，古代思想家归根到底是重义轻利，至少是义利并重的，而不会出现重利轻义观点。参见朱家桢：《义利思想辨正》，《中国经济史研究》1987 年第 2 期，第 111—134 页；刘立夫、龙璞：《现代市场经济视域下的中国传统义利观》，《伦理学研究》2013 年第 5 期，第 114—118 页。

④ 现有研究已进行了深入探讨，基本认同义利问题实质上等价于“公利”“私利”的问题，主要原因在于古代思想家普遍持有的观点是“义”即“公利”。参见朱家桢：《义利思想辨正》，《中国经济史研究》1987 年第 2 期，第 111—134 页；叶坦：《论“利”》，《中国经济史研究》1998 年第 2 期，第 112—119 页；余龙生：《朱熹经济伦理思想述评》，《江西社会科学》2006 年第 9 期，第 191—193 页。此外，对于“公利”“私利”仍有很多理解，如“公利”可解释成“天下之利”“国之利”“民之利”。“私利”可根据语境理解为“民之利”“君主的专利”等多种类型，易于混淆。依据“公利”“私利”的对立关系以及古代思想家的论述，笔者将其分别定义为宏观层面的整体利益和微观层面的个体利益。

⑤ 孔子关于“义”“利”的看法对后世思想家乃至整个社会都产生了重大影响，故将其作为基准。参见胡寄窗：《中国经济思想史》（上），上海财经大学出版社，1998，第 102 页。

向于“私利”。不难看出，古代思想家大致可分为两类。一类思想家更倾向于“公利”，换言之，这类思想家较孔子来说，更侧重于维护社会的整体利益，强调个体利益服从整体利益，如孟子的“何必曰利”、管子的“废私立公”、王安石的“理财乃所谓义”、董仲舒的“正其谊不谋其利”、商鞅的“利出一孔”、程朱理学的“存天理，灭人欲”等。另一类思想家则更偏向于“私利”，即此类思想家比孔子更重视社会个体的利益，认为整体利益是个体利益之和，如司马迁的“善者因之，其次利道之”，明清之际启蒙思想家的“合天下之私以成天下之公”“人各自私也，人各自利也”等。值得注意的是，思想家在生平不同阶段、不同场合所表达的伦理意涵有所差异，故其程度难以精准度量，但其对概念的阐述，基本表明古代主流思想家更侧重于“公利”，而非“私利”，并且思想家对“义”“利”概念关系的不同理解及对相应经济政策的看法，引发了历史上数次“义利之辩”，如先秦儒墨之争、管孟之争、盐铁会议、王安石变法中的“义利”之争、“王霸义利”之辩等①。可见，经济伦理思想概念为设计社会经济秩序的首要原则，古代思想家对其内涵的认知并不统一，依照多元的理解，思想家、改革者、政治家之间存有激烈的政治经济博弈。一方面，主流思想不断强化“重义轻利”的教条，维护了中国古代以农业生产为主的较为稳定的社会结构，另一方面，不少思想家尊重、呼吁、鼓励“私利”，激发了个体生产经营者的积极性，推动了货殖、借贷、租佃等丰富多彩的社会经济实践发展。

① 更多的案例有：司马迁和桑弘羊均领悟到“利”的激励作用，但司马迁更偏向个人主义的“私利”，并认为桑弘羊所支持的整体主义“公利”会损害“私利”，故屡次秉笔反对、揭露、抨击桑弘羊的官营政策。司马迁称桑弘羊为“兴利之臣”，多次论述官营政策带来的弊端，参见《史记》卷 30《平准书第八》；苏轼批评王安石变法的内在逻辑与司马迁类似，指出实施“青苗法”是官府高利贷行为，可称为“放债取利”，“均输法”会导致买方“官买之价，比民必贵”，卖方“弊复如前”，参见（宋）苏轼撰、（宋）郎晔注：《经进东坡文集事略》卷 21、卷 24。

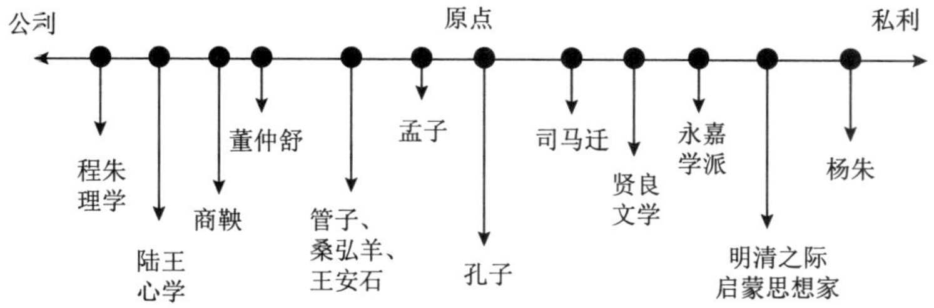

图 2.4　古代思想家的谱系分类

其二，以经济治理思想概念为目标。古代经济社会有着诸多目标取向，如兼顾稳定与发展、富国与富民等，生成若干与“治国平天下”紧密联系的经济治理思想概念。它们指引着具体的经济实践和制度设计。由表 2.4 可知，经济治理思想范畴的三组核心概念“国”与“民”、“轻重”与“无为”、“本”与“末”及下属概念，基本涉及财政、金融、人口、土地、农业、工商业等主要经济思想范畴。比如，在金融思想范畴内，诞生于印度的佛教向东传播，为中国带来了特色的寺院金融，但其发展一开始便受到中国传统经济治理思想的约束和调整，北魏政府创立“僧祇户”制度，利用寺院借贷救济难民。又如，为破解历史上的“钱荒”困境，思想家围绕治理国家的目标，在权衡货币流通性和稳定性基础上，提出了一系列独特创见，如“轻重”“三币”“子母相权”等概念。可见，在目标取向下，经济治理思想作为凭借政治权力贯彻内在伦理原则而形成的外在制度方案，引领了具体的经济实践和经济制度的构建。

由于目标取向差异，经济治理思想概念亦丰富多样，但其核心问题在于如何处理政府与市场的关系。经济治理思想概念大致可分为国家干预和自由放任两类。具体而言，主张国家干预的典型代表有：周代典籍中的“九服”“分封”，孔子的“道之以德，齐之以礼”，墨子的“尚贤”“尚同”，《管子》的“官山海”，商鞅的“事本而禁末”“农战”，李斯的“郡县”，董仲舒的“推明孔氏，抑黜百家”，王安石的“理财”，等等。提倡自由放任的有老子的“无为而无不为”，范蠡的“农末俱利”，《尚书》的“垂拱而天下治”，贤良文学的“各得其便”，启蒙思想家的“盖皆本也”“先私而后公”，等等。整体上国家干预思想概念占据主导地位，历代王朝大儒和改革家影响国家决策方向，指引着国家层面的制度设计，成为中国古代反复论述的议题；而自由放任思想概念则为市场配置资源做了辩护，推动了民间制度、基层自治、工商业经济的发展和创新。同时，不应忽视，二者均为经济治理的有效方式，互为补充，推动了古代经济的长期稳定发展。

其三，以财政、土地、金融、人口等经济思想中的国家干预思想概念为中心议题。在“治国平天下”的治理目标下，中国古代思想家更多地从整体主义角度出发，围绕财政、土地、金融、人口、会计审计、经济统计等议题展开讨论，冀以实现财政增长、公共工程建设、权力监督与制约、抑制土地兼并、滋生人口，推动社会经济和谐稳定发展。古人对此类议题的重视程度，从现存史料的比例可窥一斑：历代二十四史中有十五部专门记载国家层面经济政策与思想的《食货志》，从汉朝开始总体上延续了记载“食货”制度的传统[①]，可见“食货”体系在中国的传统经济思想中占有极为重要的地位[②]。从内容上看，“食货”体系以国家总量经济为研究对象，主要围绕财政，针对田制、货币、户口等诸领域进行记载与探讨，随着时间的推移，其外延日益丰富，卷帙日益浩繁。正史之外，记录历代典章制度沿革发展的《十通》，多数设有“食货典”“食货考”“食货门”。耳熟能详的《周礼》《管子》《盐铁论》等典籍都从国家角度展开论述，当然还有历代地方志也依照固定体例对“物产”“荒政”“户口”等方面内容进行记载。总之，大多数广为流传且具有较大影响力的古代史料，体现的均是此类以国家或地方为主体，进而干预经济的政策与思想。

---

① 未专门设置《食货志》的朝代基本处于大分裂时代，但《晋书·食货志》《隋书·食货志》向前追溯，并涵盖了前史未记载的内容，故可认为《食货志》的内容是相互衔接的。参见陈忠海：《〈食货志〉与历史变迁》，《中国发展观察》2021年第15期，第40、63—64页。

② 谢伏瞻：《中国经济学的形成发展与经济学人的使命——〈中国经济学手册·导言〉》，《经济研究》2022年第1期，第4—15页。

在多元的政策取向下，亦容易生成多样的国家干预思想概念。国家作为经济活动的重要主体，从多方面施加了政策干预，可将国家干预思想概念归纳为三种类型①。一是单纯依靠强制性行政权力干预经济。有的是国家稳定运行时所涉及的种目繁多的税赋概念，如“算赋”“商税”“间架税”等；有的是国家为建立和维护政治经济秩序而采用的人口政策，如“编户齐民”“早婚”“什伍连坐”“移民实边”等；有的是依靠国家政令推行的土地田制，如“王田”“公田”“辕田”“均田”等；有的是行政力量支配下的货币政策，如“铸大钱”“铸小钱”“五铢钱”“子母相权”等；有的是干预农工商的概念，如“事本而禁末”“本作”“末作”等。二是国家通过垄断行为调节经济。有的是国家在重点行业和关键领域实行严格的专门制度，如“官山海”“榷盐”“酒榷”“六管”等，以控制国家命脉，实现调节物价和增加财政收入的目标；有的是依靠各地物价情报网，调配商品流通，如“荒政”“均输”“常平仓”等概念。三是制定政策以影响经济活动。有的是战时激励务农的政策，如“利出一孔”“徕民”“利出于地”等；有的是财政制度改革推动市场化的进程，如“折银”“一条鞭法”“摊丁入地”等。应说明的是，以上谈及的概念仅是冰山一角，多数概念背后形成了更细分的概念，换言之，古代中国有着详细明确的制度规定，如“救荒”概念可反映出一整套标准化的制度体系，大致可分为“治水”“除虫”“赈济”“农垦”“荒政”等几类概念，“赈济”概念又可划分为“常平钱谷”“义仓”“社仓”“以工代赈”等②。由上可知，大一统国家的政权着眼于稳定和公平，掌权者更容易制定出国家干预的决策，设计推行明确的政策。值得注意的是，国家调节思想并非仅有僵化的行政手段，许多政策其实融合了自由放任的思想，如刘晏改革“漕运”“常平”“盐制”等，变强制手段为商业经营方式，体现了顺应市场规律、自由放任的精神。

① 叶世昌：《中国传统经济思想的特点》，《财经研究》1985 年第 4 期，第 48—51 页。
② 卜风贤：《中国古代救荒书的传承和发展》，《古今农业》2004 年第 2 期，第 78—88 页。

其四，以货殖、借贷、租佃等东方自由思想概念为重要补充。在国家主导的调节思想外，在民意取向下，不应忽视民间蕴藏的富有创见的东方自由思想。尽管古代社会精英大多重视“治国平天下”的目标，较少关注底层平民的经济行为，更缺少对此类概念的整理、加工和提炼，但这并不代表中国古代没有内生出此类概念[①]。东方自由思想概念除了体现在《道德经》《货殖列传》《平准书》《大学衍义补》等传世文献中，还大量记载于不断挖掘、整理出来的民间文献中，因散见于方志、碑刻、民间契约、文书残卷、账簿等类型文献中，只能有赖于学者的挖掘和精当解读。

随着新史料的挖掘和对古代经济思想的深入探讨，可将东方自由思想概念总结为三种类型。一是精英文化中的自由主义思想概念。多记载于主流官方文书中，从语境考察，其亦是思想家在接触广大平民社会生活后而凝练形成的概念，如道家的“无为而治”、杨朱学派的“贵己”、司马迁的“善者因之”以及唐宋以来的“市舶”“保富”“专是功利”“听民自为”等概念。二是区域内和跨区域流动中的自由主义思想概念。此类概念多记载于方志、书信、账簿、宗教典籍、敦煌文书等民间文献中。有的是反映商业贸易的思想，如“乐观时变”“货殖”“茶马互市”“徽商”等概念，甚至涉及海外贸易的概念，如“洋船”“贩洋贸易”“海船贸易”等[②]；有的是因贸易而形成的金融思想，如“举贷”“私铸”“当铺”“银号”等；还有的是因宗教传播而本土化的经济思想概念，如“寺库”“农禅”“天课”等[③]。三是基层自治

① 徐勇：《东方自由主义传统的发掘——兼评西方话语体系中的“东方专制主义”》，《学术月刊》2012 年第 4 期，第 5—18 页。

② 松浦章、郑振满：《清代福建的海外贸易》，《中国社会经济史研究》1986 年第 1 期，第 97—104 页；林枫：《明清福建商帮的性格与归宿——兼论中国封建社会的长期延续》，《中国经济史研究》2008 年第 2 期，第 37—45 页。

③ 周建波、张博、周建涛：《中古时期寺院经济兴衰的经济学分析》，《经济学（季刊）》2017 年第 3 期，第 1219—1236 页；周建波、孙圣民、张博等：《佛教信仰、商业信用与制度变迁——中古时期寺院金融兴衰分析》，《经济研究》2018 年第 6 期，第 186—198 页；周建波、梅亚冲：《〈古兰经〉中的经济思想及其评价》，《云南财经大学学报》2016 年第 3 期，第 19—25 页。

中的自由主义思想概念。此类概念多见于土地交易契约、族谱、碑刻等民间文献中。有的反映自发形成的土地权利交易，如“租佃”“典”“胎借”“押租”等，体现了多层次的地权交易体系[①]；有的是乡族提供的公共产品，如“义仓”“书院”“桥田”等概念[②]。同样应说明的是，多数概念背后蕴藏着更具体细分的概念，如商帮组织在处理委托代理关系和股权激励机制时，形成了“号规”“身股”“东掌”“辛金”等一系列具有特色的企业治理概念。总之，东方自由思想概念广泛存在于商贸、金融和地权交易中，对民间的公共基础设施与公益事业产生了深远影响。可见在政府主导的干预思想概念外，中国民间自由主义思想概念作为重要补充，其比例不断提升并走向成熟。

三、中国传统经济思想概念体系的主要功能与历史局限

（一）中国传统经济思想概念体系的主要功能

中国传统经济思想的概念体系既是历史的“显示器”，亦是“推进器”。其功能有二。一是解释经济社会现象。中国传统经济思想概念是经济现象的抽象映射，能够揭示内在经济规律，表达、贮存、传承经济思想。二是作用于经济社会实践。中国传统经济思想概念是话语权的重要元素，能够影响经济决策，推动古代经济长期领先于世界，对引导价值取向、凝聚向心力、形塑思维方式均产生了重大影响。

解释经济社会现象的功能，可分为三类。其一，揭示经济现象。中国传统经济思想概念是对经济事实材料的识别与概括，有助于认识经济现象、把握经济规律。例如，范蠡用“六岁穰，六岁旱”概念表示农业经济循环，将

---

① 龙登高：《中国传统地权制度论纲》，《中国农史》2020 年第 2 期，第 58—64 页；龙登高、林展、彭波：《典与清代地权交易体系》，《中国社会科学》2013 年第 5 期，第 125—141、207 页。

② 龙登高、王正华、伊巍：《传统民间组织治理结构与法人产权制度——基于清代公共建设与管理的研究》，《经济研究》2018 年第 10 期，第 175—191 页。

农业丰歉的长期因素和天文学周期现象相联系，体现了对经济规律的探索。又如，商鞅的“徕民”概念不仅揭示了劳动力是重要的生产要素，更反映出通过优惠政策吸引人口流入是实现富国强兵的重要路径。再如，“以时禁发”“网开三面”“天人合一”等概念表现出古人很早就认识到经济生产与环境保护的关系，认为经济活动应遵循自然规律，人类应与自然协调共处。

其二，提升经济分析水平。中国传统经济思想概念具有公共性，能够在公共空间中储存、传播和解读。以概念界定为前提，有助于思想家提高经济分析水平，并在反复运用中实现认知水平的螺旋式上升。例如，单旗提出了中国乃至世界上最早的货币理论，以反对周景王“废轻而作重”的货币政策。单旗分别运用“子”（小）、“母”（大）表示价值（铸造分量）相对较小和较大的货币，运用“轻”“重”表示相对较小和较大的货币价值（铸造分量）[①]。在概念界定的基础上，单旗将其应用于经济分析：“古者，天灾降戾，于是乎量资币，权轻重，以振救民。民患轻，则为作重币以行之，于是乎有母权子而行，民皆得焉。若不堪重，则多作轻而行之，亦不废重，于是乎有子权母而行，小大利之。”[②]单旗指出，自然灾害等外在冲击导致社会财富出现显著变化，需要国家推行合理的货币政策以纾解危机。如果民众感到货币“轻”、货币购买力弱，国家就应新铸造“重”的母钱，并按照对子钱的一定比价投入流通，叫作“母权子而行”；如果民众感到货币“重”、交易不畅，国家则应新铸造“轻”的子钱，并按照对母钱的一定比价投入流通，叫作“子权母而行”。后世思想家引申发展了上述概念，以回答不同时期的货币经济问题，如

---

① 已有研究对此仍有争议，如胡寄窗认为“所谓货币的轻重系对商品的关系而言，与货币的自然形态的大小无必然的联系”，而叶世昌则认为单旗的子母相权论“是中国金属主义货币思想的萌芽”，“这里的轻和重，是指铸币分量的轻和重”。实际上，胡寄窗和叶世昌均强调了货币铸造分量越重则货币价值越高，并且货币价值高于铸造价值。参见胡寄窗：《中国经济思想史》（上），上海财经大学出版社，1998，第 166—173 页；叶世昌、李宝金、钟祥财：《中国货币理论史》，厦门大学出版社，2003，第 5—6 页。

② 《国语》卷 3《周语下》。

《管子》基于“轻重”概念进一步发展了货币数量论与货币管理理论，在货币政策上由国家控制货币供给，通过货币的敛散来调剂谷物甚至是万物的供求；南宋杨万里面对纸币广泛流通的新现象，提出“母子不相离”原则，通过分析纸币发行和金属货币的关系，实现纸币和钱币按照合理比率兑换。

其三，反映价值取向。中国传统经济思想概念作为一种话语策略，因特定目的而产生，能够表现使用者的利益诉求、思想立场、理论姿态。思想家通常为“纯粹”的经济思想概念披上伦理外衣，为经济活动提供价值判断，揭示其合理性与正当性[①]。例如，正统的儒家常采用“义”与“利”、“本”与“末”、“公”与“私”、“华”与“夷”、“节”与“欲”等对立概念描述经济现象，并将“义”“本”“公”“华”“节”等概念作为评价经济活动正当性的标准，反映了儒家学派面对“道义-逐利”“农业-工商业”“整体-个人”“中心-边缘”“奢侈-节俭”等两难问题时所贯彻的价值观。这种话语折射出儒家学派背后“修身齐家治国平天下”的理想，通过对君主、官员、民众等社会主体的道德约束，实现抑制豪强地主、防范富商巨贾、反对个人主义、保障边境安全、崇尚节俭的细分目标，最终使得疆域辽阔的统一帝国在经济社会层面保持高效稳定运转。

作用于经济社会实践的功能，亦可分为三类。其一，提供思想动力。中国传统经济思想概念会增进全体国民的身份认同感、凝聚社会共识、引导主流价值观、规范经济行为，不仅维系了中国古代悠久文明所特有的经济生活方式，还推动了经济的长期稳定增长，为古代中国经济长期领先于世界提供了思想动力[②]。具体而言，有的概念有助于形成坚固持久且富有生命力的农民家庭，如“养民”“恒产”“安民”等概念推动社会形成了民惟邦本的共识，固化了以小农家庭为主的经济生活模式；面对未来的风险与不确定性，

① 郑杭生：《学术话语权与中国社会学发展》，《中国社会科学》2011 年第 2 期，第 4、27—34、220 页。

② 程霖、陈旭东、张申：《中国传统经济思想的历史地位》，《中国经济史研究》2016 年第 2 期，第 16—31 页。

“孝道”“宗法”“诸子析产”等概念发挥了代际契约履约机制的作用，实现了跨期跨年龄的金融交易，弥补了金融市场不完备的缺陷，有效推动了储蓄和资本的形成[①]。有的概念有助于避免财富占有过于悬殊，维护社会的稳定与平衡，如“小康”“大同”等概念构造出了安定富足的美好社会理想，通过“均贫富”“均税”“重农抑商”等概念，调节社会贫富，推动经济长期发展。有的概念是“晋商”“票号”“号规”“身股”等地域性概念，塑造了经商致富的理念，构成了关系紧密的社会网络，以较低的交易成本积累了地域性资本，实现了商业繁荣。总之，在概念体系提供的思想动力下，中国古代经济取得了光辉成就，长期处于世界领先地位。

其二，争取话语权优势。经济伦理思想、经济治理思想和蕴藏隐喻色彩的概念，常带有争夺话语权的功能。“话语权”，是指在公共领域运用话语进行表达的资格和权力，是一种利益斗争的手段[②]。不同阶层根据其利益而选择不同的概念，或者概念的不同用法，甚至是截然相反的用法。尽管中国古代政府依靠强制性行政权力，基本主导了话语权，但在官僚内部依然存有大量博弈，促成数次经济问题的大论争。先秦商鞅以“霸道”学说舌战群儒，为变法激烈辩护，其举措被秦孝公采纳，法家主导了话语权，“农战”“禁末”“徕民”等概念迅速推动秦国积累了大量财力物力，并将法家的治国理念在秦国及后世留下深刻烙印。西汉桑弘羊与贤良文学围绕官营政策展开论战，贤良文学依靠广泛的政治斗争取得了话语主导权，以道德教化诠释“义”，排斥“与民争利”的行为，尽管桑弘羊所领导的官营政策并未废除，但正统儒家推崇的“三大教条”被广为接纳，后世的经济行为皆受到儒家价值观的评判。北宋王安石变法的一个重要措施是破除儒家的“重义轻利”话

---

① 李金波、聂辉华：《儒家孝道、经济增长与文明分岔》，《中国社会科学》2011 年第 6 期，第 41—55、222 页。

② 张国祚：《关于“话语权”的几点思考》，《求是》2009 年第 9 期，第 43—46 页。

语束缚，大谈“理财”概念，阐明“理财乃所谓义”[①]以减小改革阻力。即使因遭到司马光等重臣的阻挠而失败，但“青苗法”“保甲法”“免役法”等被后世合理吸收。明清以来，正统儒学依旧掌握强势话语权，但民间商品经济的繁荣和对自由经济的诉求，使得反传统的思想家从边缘走向中心，顾炎武、黄宗羲与王夫之为工业商业发展辩护，倡导“合天下之私以成天下之公”[②]“人各自私也，人各自利也”[③]，其思想契合当时潮流，在清代中后期重返历史舞台，其地位亦得到官方的承认[④]。

其三，塑造思维方式。概念不仅是人类思维的工具，反映使用者对现实的假设、推理、论证、反驳的思维加工和整理活动，而且概念亦塑造着思维方式，引导规范人们的认知、思考方式，二者相互塑造、相互影响。具体而言，有的是“富国”“养民”“宗法”“天人合一”等富含整体主义色彩的概念，长期、广泛且高频地被社会舆论所关注和讨论，对中国古代社会产生着潜移默化的影响，使得传统思维重于综合、重于普遍联系、重于整体气象[⑤]；有的是由“贝”“田”“木”等部首所构成的若干概念，其含义和汉字象形的特征，在表征和传承经济经验上具有独特的优势，强化了古人基于实践的具象思维，使得古人高度重视经验实践，推动传统社会在实用知识和经验技术层面取得了辉煌的成就[⑥]；有的是“无为而治”“待乏”“乐观时变”等概念，注重事物变化的态势，看到经济因素的相互转化，强调在经济动态中实现调和，深化了中国传统的辩证思维[⑦]。

---

① 叶世昌：《中国古代的富民、富国和理财思想》，《财经研究》1987年第6期，第52—55页。

②（清）顾炎武撰：《日知录》卷3《言私其豵》。

③（清）黄宗羲撰、何朝晖点校：《明夷待访录》篇1《原君》。

④ 段志强：《顾炎武、黄宗羲、王夫之从祀孔庙始末新考》，《史学月刊》2011年第3期，第63—71页。

⑤ 张江 《“理”“性”辨》，《中国社会科学》2018年第9期，第176—203、208页。

⑥ 郦全民：《论汉字的表征效应》，《中国社会科学》2015年第2期，第139—160、205—206页；陈声柏：《中西思维方式差异的原因建构》，《兰州大学学报》2004年第2期，第85—90页。

⑦ 王炳林、闫莉：《中国传统文化与马克思主义辩证法之间的融合》，《中国特色社会主义研究》2015年第5期，第66—71页。

（二）中国传统经济思想概念体系的历史局限

前科学状态下的中国传统经济思想概念不同于现代经济科学范式下的概念，还存在一些不合理的成分，客观上约束了传统经济思想的转型与升华，阻碍了现代经济理论的形成。总体来看，大致有三个方面。

一是概念具有模糊性。古人赖以表达思想的概念常常存在内涵不纯、外延斑杂的现象，缺乏精确的定义与清晰的边界，造成理解上的困难和用法的混乱。即便是适用于精准计量的概念也常宽泛且驳杂，譬如财税概念中的“田赋”，不同朝代对其理解均存有差异。隋唐颜师古将“田赋”分为田亩和家财两类税项；宋朝周应合则将其解读为由不同类型地租和田地之税组成的多种税项；宋末元初的马端临在以“田赋”概念搜集历史资料时，将田租、户调、屯田税收等标准不一的税项宽泛纳入[①]。可见，古人对偏向具体操作的概念亦有较多分歧，更遑论含有伦理色彩的概念。这种现象在古代学术体系中较为普遍，主要原因在于古代学者的思想表达方式更加注重概念的灵活性和适用性，而非绝对的精确性，这对传统经济思想的现代化转型造成了较大阻碍。经济学作为一门现代学科，依赖于较为明确的定义和严密的逻辑推导，以确保对经济现象的系统性理解与分析。然而，由于传统经济思想概念的内涵和外延难以精确厘定，思想家未能形成普遍共识，因而也难以进一步展开深入的学理讨论，更不用说形成现代意义的经济理论[②]。

二是偏向于经验和实用。中国传统经济思想概念较依赖于直觉、联想和类比，从而限制了抽象概念、命题表征和形式推理的形成与深化。传统经济思想一般以日常经验和熟悉的具体事物为基础，借助隐喻和比喻探讨抽象的

---

① 陈明光、何世鼎、毛蕾：《中国古代财税史的概念与史实探讨》，《厦门大学学报（哲学社会科学版）》2019年第2期，第126—132页。

② 赵凌云：《中国古代经济理论的辉煌与衰落》，《寻根》1999年第1期，第14—19页。

经济现象[①]。例如，古人常用描述植物器官的词汇，如“本”和“末”，来表述经济行业的关系、事物的重要程度，将农业等基础行业视为“本”，而将商业等次级行业称为“末”，并且“本”“末”概念的思想内涵并不完全明确，不同学者和历史时期对此在认识上有着一定的变迁。究其根源，可能是源自东方的思维模式。东方深刻理解“不确定性”的精髓，注意矛盾的转化，而西方则更追求“确定性”，相信“绝对精神”，形而上学的传统从古希腊延续下来[②]。从经济思想概念上看，与经验勾连的思维模式从汉语构词环节中就根深蒂固[③]，如“田”字部概念常常与田地、田制相联系；“刂”字部概念通常与钱币、利益相关联。反观西方，构词更多取决于“音”而非“形”，与具象经验结合并不紧密，更容易表达抽象概念[④]。更重要的是，中国古代社会大环境忽视形式推理，制约了经济思想从其他领域获得正向外部性。例如，隋唐以降推行的科举制度，仅以诗赋经史学问为考核标准，不把注重逻辑推理的自然科学作为考评内容，激励引导社会优秀人才实现“结构性”转型，促成了哲学文学的繁荣和自然科学的落后。与之对应的是，欧洲从 16 世纪中叶起在自然科学领域掀起了科学革命[⑤]，形成了一系列革命性成果，其思想、概念和逻辑都为西方经济学所借鉴，如配第通过《政治算术》将数学引入经济学，将物理学中的“均衡”概念引入经济学以表示经济的稳定状态等；哈耶克指出 19 世纪许多伟大经济学家都致力于效仿物理学而建构经济学体系[⑥]。

三是对立概念易产生负面影响。对立概念为经济行为提供了价值判断标

---

① 李巍《中国思想：概念语言的经验模型》，《中国社会科学》2023 年第 10 期，第 141—161、207 页。

② 陈曦、刘尚希：《经济学关于不确定性认知的变迁》，《财政研究》2020 年第 7 期，第 3—13、66 页。

③ 郦全民：《论汉字的表征效应》，《中国社会科学》2015 年第 2 期，第 139—160、205—206 页。

④ 李志岭：《汉字、欧洲字母文字与中西思维方式的关系》，《外语教学》2002 年第 3 期，第 44—48 页。

⑤ 对于科学革命兴起的一个解释，参见文一：《科学革命的密码——枪炮、战争与西方崛起之谜》，东方出版中心，2021。

⑥ 许成钢：《经济学理论的贫困——从博尔顿“货币主义之困”得到的启发》，《经济学（季刊）》2020 年第 5 期，第 35—42 页。

准，褒扬符合主流价值观的经济行为，而贬抑与之对立的经济活动。尽管其在维系社会和平稳定中发挥了不可磨灭的作用，但也带来了持久的负向影响。具体来看，“义”与“利”、“公”与“私”、“本”与“末”等概念，塑造了古代中国以整体视野看待问题的倾向，聚焦于公共领域和公共事务，将“义”“公”“本”作为经济行为合法性的依据，猛烈抨击违反主流价值观、以私人获利为目的的经济活动，使得经济思想大多停留在国家治理层面，缺乏对个体经济行为的观察。虽然历史上许多思想家为“利”“私”“末”正名，但从总体比例上看依旧占少数，未能形成主导性的思潮。“华”“夷”的概念，是古人处理国际关系的依据，构建了早期的国际经济秩序。这种观念历来带有民族优越感，强调中国在政治经济中的中心地位，并非现代平等意义的通商交流，随着明清以来对“华”“夷”认识的转变，国家不再秉持开放包容的态度，认为对外经济贸易会招致祸害，对发展对外贸易和本国工商业产生了巨大阻碍。

综上所述，中国传统经济思想的概念体系是表达和传承古代经济思想的重要载体。根据本书的分析，第一，中国传统经济思想的概念体系在广度上至少涉及 18 类范畴，在深度上已触及现代经济学理论的核心要素，实际上构成了一个具有逻辑关系和内在结构的语义网络。第二，这套概念体系具有“汉语构词”“时空转换”“多元取向”三种关键的作用机制，鲜明地展现出了概念体系的独特性、时代性和层次性。在“汉语构词”上，至少存在 13 类蕴含经济思想的部首偏旁；在“时空转换”上，通过词汇竞争和内涵竞争的形式，赋予了概念以特定的社会经济意涵；在“多元取向”上，生成了经济伦理思想概念、经济治理思想概念、国家干预思想概念和东方自由思想概念四种类型，进而塑造了概念体系的四个层次。第三，该概念体系具有揭示经济现象、提升经济分析水平、反映价值取向、提供思想动力、争取话语权优势、塑造思维方式等功能，但也存在概念具有模糊性、偏向于经验和实用、对立概念易产生负面影响等历史局限。

第三节　中国传统经济思想具有创新性：基于国际比较视野的考察

中国丰富的经济实践和悠久的历史文化孕育了内涵丰富、特点鲜明的中国传统经济思想，前文中对中国传统经济思想丰富性和独特性的详细论述即是有力的证明。从历史视角看，这些经济思想并非一成不变，而是随着社会经济发展而不断革新。作为四大文明古国中唯一延续至今的文明，中国在漫长的历史长河中经受住了种种考验，这离不开许多中华民族用智慧凝结的伟大创造。中国的四大发明——造纸术、指南针、火药和印刷术对世界文明进程的深远影响就是中华民族创造力的最好印证[①]。与科技创新类似，中国传统经济思想的创新也为中华文明的繁荣发挥了重要作用。如同汤因比对文明生命周期论述的那样，文明的生长就是挑战和回应的过程。"不仅在一个应战对某一个挑战取得了胜利，而且还在这个应战进一步引起了新的挑战的时候，而且又引起了一次胜利的应战的时候，生长的情况才出现。"[②]科学技术为文明的发展提供了物质上的支持，一系列解决生产生活上问题的发明将文明推向更高的水平。经济思想上的创新则为文明的发展提供了思想基础。从宏观层面看，文明延续的重大挑战主要在于如何使一个国家的政权保持稳定，土地、财政、金融、治理方面的经济思想变革正是对这一挑战的回应。从微观层面看，文明发展的必然要求是一个充满活力的经济系统，农业、手工业、商业方面的发展与结构变迁是经济发展的长期动力。中国传统经济思想的创新源于对中国古代宏微观经济实践的观察和总结，回应了中国传统经

① 培根的《新工具》、马克思的《经济学手稿》、恩格斯的《自然辩证法》以及李约瑟的《中国科学技术史》等重要文献都强调了这些发明对人类文明进程的重要影响。参见王庆：《中国古代"四大发明"说法的形成及其他》，《自然辩证法研究》2017年第8期，第72—77页。

② [英]汤因比：《历史研究》（上册），曹未风译，上海人民出版社，1959，第318页。

济发展过程中的问题和需求，并最终促进了中国古代经济的繁荣和发展。与丰富性、独特性一样，创新性也是体现中国传统经济思想光辉成就的一个重要方面。

中国传统经济思想根植于中华传统文化，它既是中国漫长经济实践经验的重要提炼，也是支撑中国探索中国特色经济发展道路的思想渊源和优势所在。尽管古代中国未能孕育出具有现代意义的经济学理论，但涌现出了许多曾经领先世界的、具有普适性的经济思想创见。长期以来，中国传统经济思想的创新性一直没有得到应有的关注，这一方面是由于对中国传统经济思想创新性相关问题的挖掘不够深入，另一方面则在于中国传统经济思想与现代经济学理论在范式上并不相通。深入挖掘中国传统经济思想所蕴含的创新性内容，能为分析当前中国经济发展所遇到的问题提供新的视角和解决路径①。为了更好地挖掘中国传统经济思想的创新性内容，我们的考察需要重视以下三个方面的问题。

首先，马克思主义认为，理论来源于实践，必须在实践中检验和发展②。从经济思想的产生来看，中国传统经济思想创新来源于经济实践，并在实践中接受检验。马克思认为，创新是现实的人面对新的实际情况有目的地从事一种前人未曾从事过的创造性实践活动。通过这种创造性实践活动，人们不断破除与客观事物不相符合的旧观念、旧理论，发现并运用客观事物的新属性、新联系、新规律，创造出新技术、新发明，生产出新的物质产品、精神产品以及新的社会关系产品（如政策、法律、制度等）③。因此，有必要从实践的角度来考察中国传统经济思想，为其创新性提供一个更为客观的评价。需要说明的是，这种对经济思想的检验并不一定要求在历史上实际发

① 程霖、陈旭东：《中国传统经济思想的现代价值》，《文汇报》2016年2月26日。

② 习近平：《干在实处 走在前列 推进浙江新发展的思考与实践》，中共中央党校出版社，2006，第377页。

③ 刘红玉：《马克思的创新思想研究》，湖南大学博士学位论文，2011。

生，因为对于某些思想的记载很容易查证，但相应的实践情况不一定能得到相应的反馈。其实，对于需要实践检验的创新性，以一种思维上的逻辑推演也能达到同样的效果[①]。

其次，从经济思想的发展历程来看，中国传统经济思想的创新并不是孤立出现的，在相应的时空背景下这些思想创新具有一定的连续性，这时考察相应的历史背景就尤为重要。马克·布劳格（Mark Blaug）在《经济理论的回顾》一书中提出了"绝对主义"和"相对主义"的概念。前者"把眼光牢牢地放在主体的心智发展上"，只关注学者对经济理论的发展，而且认为经济理论的演变是一个"从错误到真理的稳步前进过程"[②]。后者认为，历史在每一个经济理论中都发挥了作用，主张用历史、经济等因素来解释经济思想的演变。作者基于两种不同的观念提出了"理性重建"（理性再现）和"历史重建"（历史再现）的分析方法。前者是用现在的观念分析过去的概念，后者则是回到过去的观念中进行分析[③]。"虽然'历史重建'困难重重，但它却是着眼于经济思想史这门学科题材独特性质的'唯一'正确方法。"与"绝对主义"相比，"相对主义"则"强调了历史环境对经济思想史研究的重要性……能较正确地把握经济思想产生和发展的客观规律"[④]。因此，站在"相对主义"的角度，可以更好地通过历史重建来考察中国传统经济思想创新性的延续。

最后，需要强调的一点是，讨论中国传统经济思想的创新性，离不开中外比较视野下的考量。除了挖掘中国传统经济思想创新性本身外，与古代西方类似的经济思想进行对比也是本书的一个重点。中国经济学术的发展演进

① 伍汗飞、刘怀：《科学知识创新的思想实验路径探究》，《科技传播》2022 年第 11 期，第 19—23、27 页。

② [英]马克·布劳格：《经济理论的回顾》，姚开建译，中国人民大学出版社，2009，绪论第 1—2 页。

③ [英]马克·布劳格：《经济理论的回顾》，姚开建译，中国人民大学出版社，2009，绪论第 2—7 页。

④ 贾根良、李黎力：《浅议经济思想史观与经济思想史研究方法论——兼评马克·布劳格的〈经济理论的回顾〉》，《当代经济研究》2010 年第 4 期，第 19—23 页。

并非隔绝独行，其离不开更大的背景脉络，因此有必要将中国传统经济思想置于世界经济学术和思想发展进程中加以研究，以证实人类文明的“共同创造”[①]。中国有识之士在中国古代悠久文明发展的历史进程中，基于丰富的经济实践，也形成了不少领先于西方的、具有中国特色和普适性的经济思想创见。将中西方古代经济思想创新性进行比较有利于总结提炼“有中国特色”的经济学说和理论，以此推动现代经济学理论的创新发展，为世界经济学理论的发展贡献中国人应尽的力量。这将为我们的文化自信提供经济思想史领域的支撑。中外经济思想的对比为研析中国传统经济思想的创新性提供了稳定的参照对象。中国传统经济思想的创新性并非囿于国内，其在世界范围内也有重要意义。传统和创新在一定程度上是一组相对的概念，而考察中国传统经济思想的创新性也需要考虑两者的关系。传统是一个延续的概念，这意味着中国传统经济思想的发展脉络延续了某些主要的线索，或是其诉求存在核心的思想。创新则表明思想出现了变化乃至被颠覆。由此，如果仅仅以时间上的先后顺序来考察中国传统经济思想的创新，则并不能很好地展现思想发展历程中传统与创新的关系。因此，需要将古代西方类似的经济思想纳入对比中，从国际视野来考察中国传统经济思想的创新性。

在考察中国传统经济思想的创新性内容之前，我们首先要明确何谓经济思想。对此学界已有许多研究论述。熊彼特在区别经济分析史、政治经济学体系史、经济思想史时指出，经济思想是关于经济问题的所有意见和愿望的总和，特别是关于公共政策的意见和愿望的总和，而这些意见和愿望在任何时候、任何地点都在公众的脑海中浮现[②]。巫宝三在讨论经济思想史的研究对象、方法和意义时提到，经济思想应包括三个方面：一是作为经济思想基

① 叶坦：《“中学西渐”对西方经济学的影响——立足于经济学术史的考察》，《经济思想史学刊》2021年第1期，第65—96页。

② ［美］约瑟夫·熊彼特：《经济分析史》（第一卷），朱泱、孙鸿敞、李宏等译，商务印书馆，2001，第68页。

础或出发点的哲学思想；二是对各种经济问题的见解、意见、主张等政策性思想；三是对各种经济现象和问题的内在、外在关系的分析[①]。钟祥财认为，经济思想既包括一般经济学理论的内容和进展，也包括能够促进和规制经济学理论发展的哲学思辨。在范围上，经济思想由三部分组成：一是由政府决策者或社会政治家、哲学家等提出的经济主张；二是由专业学者提出的经济学理论；三是存在于社会公众之中的经济观念[②]。综合上述观点，我们认为从狭义角度看，经济思想主要是指经济理论（或经济分析），特别是经济学成为一个独立学科之后所发展出的相关理论。从广义角度看，经济思想如巫宝三所言，包含产生经济思想的哲学基础、经济政策思想和经济分析等内容。中国传统经济思想的创新性不仅体现在狭义层面，更体现在广义的经济思想层面，如经济观念、经济政策思想和经济制度思想等层面，其中有许多领先同时代其他国家的创新之处。因此，要从理论与实践的角度来考察中国传统经济思想的创新性，需要我们从观念、学说、政策和制度等多个方面来具体考察。

本节的结构如下：第一部分回顾了创新概念的演变和已有研究中国传统经济思想创新性的文献，然后在回顾的基础上清晰界定中国传统经济思想的创新性；第二部分分别以中国传统经济思想中的经济治理思想、财政思想、金融思想、价值与价格思想、人口思想、土地制度思想和经济伦理思想等内容为案例，结合上一部分的创新性界定专门考察中国传统经济思想中的创新性内容，并进行中西比较；第三部分对中国传统经济思想创新性进行深入考察，结合第一章提出的经济思想发展演变的分析框架考察中国传统经济思想为何在一定时期内具备比较强的创新性，但之后却陷入停滞状态。

---

① 巫宝三：《巫宝三经济文选》，中国时代经济出版社，2011，第 9 页。

② 钟祥财：《经济思想的涵义及其史的写法》，《上海经济研究》2004 年第 10 期，第 74—80 页。

一、关于经济思想创新性的界定

自从熊彼特将创新的概念引入经济学后，创新就被视为影响经济增长的重要因素而备受关注，相关的文献汗牛充栋。虽然大量研究从各个领域对创新进行了论述，但对创新的定义也莫衷一是。因此，首先需要对创新的定义进行系统性回顾，为探讨中国传统经济思想创新性正本清源。继而对国内外研究中国传统经济思想创新性的文献进行梳理回顾，以便在此基础上界定创新性概念。

（一）创新的含义与经济学研究中创新的意义

中文“创新”一词虽然古已有之，但当前所讨论的创新概念都是从西方引入的。因此在界定中国传统经济思想的创新性前，需要先了解中西方语义中创新的含义和其演进过程。

中国古文中的“创新”指“抛开旧的，创造新的”[①]。中文的“创新”是外来词汇，在 20 世纪七八十年代按照英文翻译过来[②]。英文的“创新”（innovation）有两个含义，一是新的想法、方法或设备（new idea, method, or device），二是新事物的引入（the introduction of something new）[③]。从历史上看，创新一词最早可以追溯到古希腊语 καινοτομία（kainotomia，即创新、新颖性），它是由 καινός（新的）和 τομ（切割）两个词根组成的合成词，意味着将变革引入既有秩序。色诺芬在《雅典的收入》（*De vectigalibus, Ways and Means*）中将“开辟新的采矿巷道”作为创新[④]。在更多的情况下，创新有政治含义，而且带有一定的负面色彩。例如，柏拉图在

---

① 夏征农、陈至立：《辞海》（第六版普及本），上海辞书出版社，2010，第 548 页。

② 蔡晓月：《熊彼特式创新的经济学分析：创新原域、连接与变迁》，复旦大学出版社，2009，第 3 页。

③ 梅里亚姆-韦伯斯特公司：《韦氏词典》，梅里亚姆-韦伯斯特公司，1996，第 2508—2509 页。

④ Godin B. *Innovation Contested: The Idea of Innovation Over the Centuries*, Routledge, 2015, 21.

《法律篇》（*Laws*）中评价文化创新及其社会影响时，亚里士多德在《政治学》（*Politics*）中谈论政治制度的变革时，都将创新作为贬义词使用。4 世纪起，创新一词通过翻译被引入拉丁语（innovo），后来的英语、法语、意大利语的创新都来源于此。此时的创新有了正面的含义，指“回归到纯粹的或原始的灵魂”（going back to purity or the original soul）[①]。1297 年，创新一词被引入英国、法国，但人们对创新仍褒贬不一。直至 20 世纪 40 年代，在熊彼特等人对创新在经济中的作用进行理论思考后，创新才开始被大众所青睐，成为让人们联想到进步和发展的积极词汇[②]。通过对创新这一概念的回顾可以看到，不同历史时期、不同文化背景下人们对创新的接受程度大相径庭，古代社会思想较为保守，创新所面临的阻力也较大。因此，探讨中国传统经济思想的创新性不能简单地照搬创新的现代含义，需要考虑古代社会的现实背景。

从经济学的角度看创新的意义。1776 年亚当·斯密的《国富论》出版，标志着经济学正式诞生，自此之后，经济学家对创新的相关讨论就从未停歇，尽管初期并未明确采用创新这个词汇。回顾历史上经济思想中有关创新的内容，将会揭示经济学视角下创新的重要意义，这也是本书所关注的核心。

创新与分工是经济学中与创新有关的最早的分析。亚当·斯密在《国富论》中强调了分工的重要性，由此对分工与创新（发明）的关系进行了分析。他认为：“简化劳动和节省劳动的那些机械的发明，看来也是起因于分工。人类把注意力集中在单一事物上，比把注意力分散在许多种事物上，更能发现达到目标的更简易更便利的方法。”[③]在亚当·斯密看来，分工而非

① Godin B. “Innovation: a conceptual history of an anonymous concept”. *Contributions to the History of Concepts*, 2015, 10(1): 45-68.

② Godin B. *Innovation Contested: The Idea of Innovation Over the Centuries*, Routledge, 2015, 11-12.

③ ［英］亚当·斯密：《国富论》，郭大力、王亚南译，商务印书馆，2015，第 8 页。

创新是创造国民财富的主要驱动力，而加拿大经济学家约翰·雷（John Rae）与他的观点恰好相左。雷认为："在斯密的著作中，劳动分工被认为是发明和进步的伟大推动力……在我以前提到的观点中，劳动分工只是被看作来自发明进步之前的一个进程。"[①]雷并没有亚当·斯密那么大的影响力，但他是最早强调创新和技术变迁的经济学家，他比熊彼特更早强调发明的重要性，并强调发明能为更高利润投资打开新的机会窗口[②]。亚当·斯密的观点在于分工带来的专业化劳动为发明积累了足够的经验，意味着"干中学"。雷则看到了发明被采用（创新）的前提是专业化的工人把发明应用于固定用途。从某种意义上讲，两者的观点并不互相排斥，从历史发展的进程来看，创新与分工是一个相互交织的过程。对社会生产实践的观察促成了对分工与创新的分析，而对创新的思考也能追溯到经济学创立之初。显然，创新作为经济学中的重要概念有着悠久的发展历史，而实践性的特点也被牢牢嵌入经济学研究的创新之中。

更进一步来看，创新的意义可以从个体和社会两个角度来加以阐述。从个人的角度讲，一方面，创新会为个人带来财富。穆勒认识到了发明创造在财富创造中的核心地位，认为"现有的一切美好事物都是首创性所结的果实"[③]。另一方面，普通人也未必能享受到发明带来的福利。"到目前为止，机械方面的各种发明是否减轻了人们每天繁重的劳动，仍很值得怀疑。这些发明使更多的人过上了同样艰苦和贫困的生活，使更多的制造商和其他人得以发财致富，并提高了中产阶级的生活水平。但这些发明却至今未按其

---

① Rae J. *Statement of Some New Principles on the Subject of Political Economy, Exposing the Fallacies of the System of Free Trade and of Some Other Doctrines Maintained in the "Wealth of Nations"*, University of Toronto Press, 1965, 352.

② 贾根良、束克东：《19 世纪的美国学派：经济思想史所遗忘的学派》，《经济理论与经济管理》2008 年第 9 期，第 5—11 页。

③ [英]约翰·穆勒：《论自由》，许宝骙译，商务印书馆，2009，第 77 页。

性质和未来的发展趋势使人类的命运发生重大变化。”[①]创新是一把双刃剑，它在带来进步的同时，也使相应的问题随之而来。经济学中对创新的考察往往都是从个体出发，因为创新的诞生经常呈现出从特殊到一般、从少数到多数的趋势。个体的多样性为创新提供了各种可能的选择，同时作为创新最直接的受益者，个体也有很强的激励去进行创新。同样，由于个体的多样性，创新也可能会带来一定的负面影响。

从社会的角度讲，创新会推动社会发展。马克思认识到了创新对社会的推动作用。一方面，科学创新归根到底是由生产决定的，始终受到社会生产需要的推动。他列举了大量因为生产需要而诞生新科学的例子，其中就包括社会科学中的法学。“在社会发展某个很早的阶段，产生了这样的一种需要：把每天重复着的生产、分配和交换产品的行为用一个共同规则概括起来……后来便成了法律……在社会进一步发展的进程中，法律便发展成或多或少广泛的立法……随着立法发展为复杂和广泛的整体，出现了新的社会分工的必要性：一个职业法学者阶层形成起来了，同时也就产生了法学。”[②]另一方面，创新在阶级斗争（竞争）中发挥着重要的作用。“资产阶级如果不使生产工具经常发生变革，从而不使生产关系，亦即不使全部社会关系经常发生变革，就不能生存下去。”[③]在竞争市场上，创新决定了竞争力，其在客观上促进了经济的发展。多样化的个体创新通过广泛、全面的竞争，最终筛选出一个更能够经受实践考验的结果，创新也就从特殊的少数状态转变为多数的一般状态。在这个过程中，对创新的评价将不再拘泥于对个体的评

① ［英］约翰·穆勒：《政治经济学原理及其在社会哲学上的若干应用》（下卷），胡企林、朱泱译，商务印书馆，2009，第 322 页。

② ［德］卡尔·马克思、［德］弗里德里希·恩格斯：《马克思恩格斯全集》（第十八卷），中共中央马克思恩格斯列宁斯大林著作编译局编译，人民出版社，1964，第 309 页。

③ ［德］卡尔·马克思、［德］弗里德里希·恩格斯：《马克思恩格斯全集》（第四卷），中共中央马克思恩格斯列宁斯大林著作编译局编译，人民出版社，1958，第 469 页。

估，而是要考虑到其对整个社会的影响。尽管经济学中对创新的考察都是从个体出发的，但其具体影响都要反映到整个社会中。总的来说，创新代表的是进步和发展，其对社会起着正向推动作用。

创新对经济发展乃至社会进步有着重要的作用，创新的出现可以解释许多社会经济发展历程中的进步。通过对经济学中创新的相关研究的回顾可以看到，历史性与实践性、个人视角与社会视角是研究经济学中的创新的重要抓手。历史性与实践性是研究经济学中的创新的首要特征。创新在经济学中是一个很重要的概念，关于它的讨论在经济学的创立之初就已经存在了，对创新的研究必然也需要建立在历史发展的基础之上。同时，创新的诞生离不开具体的经济实践，对具体创新过程的分析需要依托相应的实践内容。个人视角和社会视角为经济学中的创新提供了更为客观的评级体系。个人视角从个体多样性的角度出发考察创新的微观影响，而社会视角则更为注重创新的宏观影响。宏微观两个层面的经济实践突破是中国传统经济思想创新的重要来源。

（二）研究中国传统经济思想创新性文献的回顾

中国传统历史文化背景孕育下的中国传统经济思想自有其特点，本章第二节对中国传统经济思想的独特性已有充分论述。关于中国传统经济思想的创新性的研究主要基于对中国古代经济思想的独特性的挖掘，有不少研究讨论了中国传统经济思想的独特及创新之处。现有文献主要可以分为四个大类。

首先，中国传统经济思想中大量独树一帜的内容正是其创新性的出发点。例如，石世奇提出，荀子可能是世界上最早明确地从欲望和稀缺角度出发研究经济问题的思想家。与现代经济学一样，中国先秦思想家同样关注欲望和稀缺，这是因为人的欲望与物的稀缺的矛盾是原始社会直至当前一直存在的社会现象[①]。马涛和施华认为，中国传统经济思想是大一统国家政权和小农经济条件下的产物，经济思想明显具有国家本位、看重增加政府的财政赋税，强调国家对经济的干预，并带有浓厚的伦理属性特点[②]。钟祥财指出，中国传统经济思想方法论中有个人主义和整体主义，它们的主导情况与社会发展状况相适应，共同发挥作用[③]。这些研究展现了中国传统经济思想的独特之处，这也是中国传统经济思想创新性的必要条件。

其次，部分研究从现实经验出发，讨论中国传统经济思想中创新性部分的现实意义。石世奇对中国古代商品货币经济进行了考察。他认为，中国古代经济思想不仅有适应自然经济的一面，也有适应商品货币经济的一面。它对市场经济能起到规范的作用，为国家对市场进行宏观调控提供借鉴，为企业经营管理带来启发[④]。宗良等分析了管仲的经济思想与现代经济理论的联系，及对经济理论创新的启示。他们认为，管仲的经济思想从理论与实践双重角度佐证了市场机制与政府调控有机结合的中国市场经济模式成功的内在逻辑[⑤]。田国强讨论了中国古代关于市场经济的朴素思想。从上古中华文化起，中国就有许多思想家崇尚朴素的自由市场经济，信奉价格由市场决定，包含了许多市场经济的理念，给出了许多激励相容的辩证治国方略，总结得异常深刻。现代经济学中涉及的几乎所有重要基本思想、核心假设和基本结论，如个体自利性假设、经济自由、看不见的手的无为而治、社会分工、国富与民富及发展与稳定的内在关系、政府与市场的关系等，中国古代先哲差

① 石世奇:《论欲望、稀缺与先秦经济思想》,《经济科学》2002 年第 5 期，第 113—121 页。

② 马涛、施华:《中国传统经济思想与发展道路的历史文化根基》,《学术月刊》2020 年第 3 期，第 43—46、58 页。

③ 钟祥财:《中西传统经济思想的比较研究——基于经济学方法论个人主义和整体主义的分析》,《学术月刊》2020 年第 3 期，第 47—50、58 页。

④ 石世奇:《中国古代经济思想在当代市场经济中的作用》,《北京大学学报（哲学社会科学版）》1999 年第 2 期，第 52—56 页。

⑤ 宗良、饶馨怡、武岩:《管仲经济思想及其对现代经济理论创新的启示》,《国际金融》2020 年第 6 期，第 3—8 页。

不多都有论及[①]。这些研究关注了中国传统经济思想的历史借鉴作用，从现代经济学的视角为评判中国传统经济思想的创新性提供了重要依据。

再次，部分研究对中国传统经济思想做出了极高的评价，直接点明了中国传统经济思想的创新性。从总体来看，中国传统经济思想是中国古代经济发展的重要思想动力，其光辉成就在世界范围内也不落下风。胡寄窗认为中国古代在多个方面可以与西方经济思想相媲美，甚至在某些领域领先同时期的西方，其通过对比分析中国古代同西洋经济学说史上某些重要思想，凸显了中国传统经济思想在世界范围内的重要地位和成就[②]。石世奇认为，中国古代经济学说是一个伟大的文化宝库，其内容广博而精深，更不乏天才的主张和智慧的灼见。中国古代形成了研究整个国家经济、财政的富国之学，以及研究个人和家庭从事生产与经营以发家致富的治生之学。这两门研究都取得了令人惊叹的成就[③]。刘富钊指出，中国在漫长的“封闭经济”时代，就含有现代化的市场经济因子，且与西方经济内容不相上下[④]。程霖等认为，中国传统经济思想拥有许多值得珍视的思想闪光点，对古代中国经济长期领先于世界起到了重要作用[⑤]。从具体的某一类经济思想来看，中国传统经济思想回应了时代需求，针对时下的经济问题提出了创造性的解决方案。武晓芬和屠强认为，刘晏的经济思想已经在一定程度上有了市场经济的色彩，极其强调通过发展经济来解决财政问题，所制定的财政改革措施具有一定的创新性并符合时代特色[⑥]。赵守正评价《管子》的经济思想具有创新精神。

① 田国强：《现代经济学的本质（上）》，《学术月刊》2016 年第 7 期，第 5—19 页。

② 胡寄窗：《中国古代经济思想的光辉成就》，中国社会科学出版社，1981。

③ 石世奇：《中国经济学说辉煌的过去与灿烂的未来》，《经济学家》1995 年第 2 期，第 30—36 页。

④ 刘富钊：《中国古代市场经济思想成就考评》，《社会科学家》1999 年第 5 期，第 47—52 页。

⑤ 程霖、陈旭东、张申：《中国传统经济思想的历史地位》，《中国经济史研究》2016 年第 2 期，第 16—31 页。

⑥ 武晓芬、屠强：《试论刘晏的经济思想与财政改革措施》，《云南财经大学学报》2006 年第 5 期，第 103—106 页。

《管子》一书中有关经济方面的理论，不少是走在时代前面的革新主张；许多见解又是发前人所未发，具有创造性。《管子》各篇成书于不同时间，从先秦到西汉，在许多重要方面都有创新精神；这种创新精神的出现，又是与时代要求息息相关的[①]。这些研究突出了中国传统经济思想创新的主要特点，一是在世界范围内长期处于领先地位，二是对具体经济问题给出了前所未有的回应。

最后，海外学者也关注到了中国传统经济思想中的创新性内容。部分海外学者认为中国传统经济思想中包含领先世界的创新性内容。例如，罗斯巴德认为道家的代表人物庄子是世界上第一个提出“天然秩序”（spontaneous order）的学者，在西方世界直到 19 世纪才由皮埃尔-约瑟夫·蒲鲁东（Pierre-Joseph Proudhon）提出，并由哈耶克发展完善[②]。另外，还有部分学者的研究为我们考察中国传统经济思想中的创新性提供了有用的视角。例如，哈佛大学迈克尔·普鸣（Michael Puett）的《作与不作：早期中国对创新与技艺问题的论辩》是一个重要的代表。作者追溯并分析了商周卜辞铭文、战国诸子文献及秦汉政论中有关“创作”的叙述。其中儒家的孔子在《论语》中提出“述而不作，信而好古”，表明儒家自谓承述过往，而无意创新，喜爱、笃信古代文化。墨家提出的框架不以重复过去为基础，而仅强调遵循某些道德规范。只要在此规范内行事，创作便是欣然可欲之举。作者以此为切入点，深入探讨了先秦至汉初期间中国思想界对创新的态度。是“述”还是“作”，构成了中国古代思想中围绕“创作”“人为”观念展开的一场历史悠久的论辩。“述作之辩”是哲学层面上自然与文化关系的呈现，其核心在于大变革时代人们对新制度——中央集权帝国——合理性的阐释，

① 赵守正：《管子经济思想研究》，上海古籍出版社，1989，第 107—109 页；赵守正：《论〈管子〉经济思想的创新精神》，《管子学刊》1987 年第 2 期，第 2—9 页。

② ［美］默瑞·N. 罗斯巴德：《亚当·斯密以前的经济思想：奥地利学派视角下的经济思想史》（第一卷），张凤林等译，商务印书馆，2012，第 40 页。

体现出“创新”为中国历史进程带来的文化张力[①]。普鸣的研究为中国传统经济思想创新性研究带来了一个很重要的观点，即中国古代的思想家也非常关注创新，并就此形成了长期的争论。

总的来说，通过对已有文献的回顾我们发现，国内外的学者对中国传统经济思想中的创新性已经有了一定程度的认识，提出了不少有价值的观点和看法，也梳理了部分中国传统经济思想中的创新性内容。不过，本书认为现有的文献存在三个方面的不足。第一，现有文献对中国传统经济思想的创新性界定存在不足。大部分文献要么没有对中国传统经济思想的创新性做出比较清晰明确的界定，要么就没有界定。缺乏比较公认的创新性定义，不利于我们深入挖掘中国传统经济思想中的创新性成分。第二，现有的文献多集中于研究某一个方面经济思想的创新性内容，缺乏全面系统考察中国传统经济思想中创新性内容的研究，没有充分地体现出中国传统经济思想创新性达到了何种高度。第三，除了少数的文献以外，在考察中国传统经济思想的创新性时，国内的文献大多缺乏国际视野，没有从中西比较的角度来论证中国传统经济思想创新性的成就。

（三）中国传统经济思想创新性的界定

前面的梳理和回顾表明，对中国传统经济思想创新性的研究形成了一个大致的趋势，即从关注中国传统经济思想的特别之处，到关注中国传统经济思想的现实意义，再到直接关注中国传统经济思想的创新性。现有的研究从多个方面考察了中国传统经济思想的创新性，但讨论的内容比较零散，对于经济思想创新性的定义尚未形成统一的认识，且缺乏系统的理论分析来明确界定和阐释这一概念。

针对经济思想创新性的界定问题。本书认为，经济思想的创新性主要体

---

① Puett M. *The Ambivalence of Creation*. Stanford University Press, 2001.

现在三个方面。首先，最基本内涵是基于经济实践，在特定驱动力的作用下，突破旧有经济思想的藩篱，在经济思想层面对新生的经济现象率先提出有突破性的观点、见解或主张，并在思想或实践领域产生显著影响。具体来看，这个层面的创新性定义和大部分的创新性概念定义差异不大，主要强调创新内容的新颖性和影响力。现有文献对中国传统经济思想创新性的研究多停留于此方面，但是仅从该定义出发既无法深刻揭示出中国传统经济思想创新性的丰富内涵，也无法全面展现其取得的光辉成就。其次，通过中西比较的方法，从全球视角评估中国传统经济思想中的创新性内容在世界范围内的相对水平。这种跨国比较的方法能够更准确地体现出中国传统经济思想在创新方面对全球经济思想的贡献。最后，梳理研究某种类型的经济思想在不同的政治经济背景下的发展变化，揭示经济思想动态的创新演化过程。现有的研究文献很少从该角度考虑中国传统经济思想的创新性，但它其实相当重要，因为经济思想的创新不是一蹴而就的，创新的本质是一个动态演化的过程，而非简单的静态现象。所以，从经济思想的发展变化过程角度研究中国传统经济思想的创新性也有重要意义。总的来看，本书将从上述三个方面来考察中国传统经济思想中的创新性内容。其中，本书认为创新性的后两个维度相对更为重要，因为一方面它们具体阐释了第一个维度的内容，深化了对创新性的理解；另一方面它们更具操作性，更能深入揭示出中国传统经济思想在创新方面取得的光辉成就以及其动态演变的历史脉络。

由于中国传统经济思想数量较多，本节选择其中可以进行中西比较或存在明显演化创新脉络的经济思想，并综合考量选取案例的代表性和全面性，将考察范围集中于以下几个领域：经济治理思想、财政思想、金融思想、价值与价格思想、人口思想、土地制度思想和经济伦理思想（相关的具体内容见表 2.16）。选取这几个领域的主要原因如下：其一，对于经济治理思想、财政思想和金融思想（以货币思想为代表）[①]，由于中国特殊的历史背景（很早就出现大一统的政权、在世界上最早出现纸币等），它们的出现远远领先于西方的同类思想，是体现中国传统经济思想在世界范围内对全球经济思想创新做出贡献的最佳例证。其二，对于人口思想和土地制度思想，一方面它们相对于同一时代的西方经济思想毫不逊色，另一方面它们体现出了很明显的思想传承与创新，是表明中国传统经济思想中存在演化与创新过程的有力证据。其三，价值与价格思想和经济伦理思想则兼具上述两种创新性，一方面可以同西方同一时代或更晚时期的经济思想媲美，另一方面也存在较为明显的演化与创新的过程。总的来看，我们选取的上述七个领域涉及了中国传统经济思想中的重要部分，在存在中西可比性和演化创新过程两个限制条件下，尽量兼顾了考察案例的全面性和代表性。

表 2.16　中国传统经济思想创新性涉及的主要领域和具体内容[②]

主要领域	具体内容
经济治理思想	轻重论与善因论
	大同和小康思想
	民本思想
	荒政思想
财政思想	财政收支原则和预算思想
	税收思想
	通过财政支出促进经济发展的思想
金融思想	货币发行思想
	货币流通思想

① 其中，对中国传统金融思想创新性的考察主要集中于货币思想。这主要有两个原因：一是货币思想是中国传统经济思想中发展最为完善的经济思想之一，理论贡献很多；二是超前的纸币实践也注定使中国在货币思想上领先于世界其他国家和地区。

② 本节的研究是基于国际比较的视野考察中国传统经济思想的创新性，并非全面介绍中国古代经济思想的创新性，因而在相关经济思想的分类上并不与前文中丰富性、独特性的分类完全一致，部分中国传统经济思想涉及的领域和内容并没有出现在该分类中。

续表

主要领域	具体内容
价值与价格思想	价值思想 微观层面的价格思想 宏观层面的价格思想
人口思想	人口数量思想 人口结构思想
土地制度思想	限田思想及其制度演进 耕者有其田思想及其相关制度
经济伦理思想	“义利之辨” 私人放贷的合理性 “经济人”假设

二、中国传统经济治理思想的创新性

治理理论作为一门单独的科学兴起于 20 世纪 90 年代，1989 年世界银行在总结当时非洲国家所面临的各种困境时提出了“治理危机”（crisis in governnance）概念，此后治理理论获得了长足发展[①]。不过，治理思想尤其是经济治理思想在人类历史上早已出现，马克思就指出：“一切规模较大的直接社会劳动或共同劳动，都或多或少地需要指挥，以协调个人的活动，并执行生产总体的运动——不同于这一总体的独立器官的运动——所产生的各种一般职能，一个单独的提琴手是自己指挥自己，一个乐队就需要一个乐队指挥。”[②]事实上，在古代无论中外都出现过以长城和金字塔为代表的众多宏伟的公共工程，完成它们需要相当强大的治理能力。进一步来看，由于国家大一统的治理模式，中国的经济治理思想在理论和实践方面都积累了大量

① 俞可平：《治理与善治》，社会科学文献出版社，2000，第 1 页。

② [德]卡尔·马克思、[德]弗里德里希·恩格斯：《马克思恩格斯全集》（第四十二卷），中共中央马克思恩格斯列宁斯大林著作编译局编译，人民出版社，2016，第 337—338 页。

宝贵财富。早在原始社会时期，就为治理洪水并发展农业设立了专门的管理机构和负责官员，如舜设立了负责管理水利的司空。新组织机构的出现又必然促进相关思想的发展和创新。进入文明社会之后，随着社会生产力的不断发展和社会分工程度的持续提高，经济治理思想也有了长足进步，在经济治理基本模式（核心是分析国家与市场关系）、经济治理目标、经济治理原则和具体经济问题治理等多个方面形成了大量理论和实践成果，逐步成为中国传统经济思想中最为丰富和最具创新性的内容之一。具体来看，本节主要通过四个方面的案例考察中国传统经济治理思想的创新性：一是以轻重论与善因论为代表的经济治理基本模式思想；二是以大同和小康思想为代表的经济治理目标思想；三是以民本思想为代表的经济治理原则思想；四是以荒政思想为代表的具体经济问题治理思想。

（一）轻重论与善因论

何种经济模式能够高效地配置整个社会的资源长期以来一直是经济学家最为关注的核心问题之一。对该问题的看法一般可以分为两类：自由放任思想和国家干预思想。事实上，这两种思想并非西方独有，它们一直存在于中国古代经济思想中，形成了以《管子》中论述的轻重论为代表的和以司马迁所提出的善因论为代表的两种不同类型的经济治理理论。

《管子》中以轻重概念及其相关理论为基础的轻重论是一个同时注重政府和市场作用的经济治理理论体系，但是更为强调政府在经济管理中的作用。它发展了前人的理论，将主要用于表示货币重量的轻重概念拓展到商品数量、货币流通数量和人事等领域，并在此基础上提出了一系列重要的基本原理。具体来看，构成轻重理论的基本原理包含三条[①]：第一，谷物和货币是国民经济的核心，占有决定性地位，必须由国家控制。《管子》指出：“五

① 赵靖主编：《中国经济思想通史》（第1卷），北京大学出版社，2002，第568—574页。

谷食米，民之司命也；黄金刀币，民之通施也。”[①]从市场的角度看，国家控制粮食和货币实际上就是控制了市场，如此则“天下可定也”[②]。这一基本原理也是《管子》主张垄断货币供给和控制粮食的理论基础。第二，谷物、货币和其他商品之间的轻重关系。从谷物的角度看，谷物与其他商品或货币的轻重关系是此消彼长的关系，即“谷重而万物轻，谷轻而万物重”[③]，“故粟重黄金轻，黄金重而粟轻”[④]。从货币的角度看，货币和其他商品的比价关系也是成反比关系，即“币重而万物轻，币轻而万物重”[⑤]。第三，商品的市场价格由商品的市场供求决定。《管子》对商品的价格决定的一个最基本的认识是“物多则贱，寡则贵”[⑥]，即商品数量多价格就低，反之则商品价格高。《管子》的价格理论不是仅简单地指出了供求决定价格，而是还进一步分析了通过影响商品供求而间接影响价格的因素。《管子》主要分析了两种情况。一是自然因素。由于谷物的生产会受到丰收歉收的影响，所以供给会发生波动，从而使商品价格变动。二是人为因素。这种影响既可能是私人部门人为囤积（或抛售）导致的价格变动，也可能是国家缩短（或延长）税收征收期限的结果。正是基于上述基本原理，轻重论形成了一套系统完整的政策体系以实现富国的目标。该政策体系由对应上述原理的政策构成：一是国家必须控制谷物并垄断货币发行；二是在谷物和货币以外也要尽量控制更多的产品，尤其是食盐和铁器等重要的必需品必须由国家垄断经营；三是通过操控市场、贵卖贱买来获取财政收入，这样既可以在减少由直接征税带来的不满的同时增加财政收入，还能调控物价；四是对外的轻重政

---

①《管子》卷22《国蓄第七十三》。
②《管子》卷22《山至数第七十五》。
③《管子》卷21《乘马数第六十九》。
④《管子》卷23《轻重甲第八十》。
⑤《管子》卷22《山至数第七十五》。
⑥《管子》卷22《国蓄第七十三》。

策，即在防止本国谷物不外流的同时，尽量吸收外国的谷物，确保本国在国际竞争中处于不败之地。

司马迁基于他对人性和社会分工的深刻认识，构建了他的经济治理理论体系——善因论[①]。相比于轻重论，司马迁的经济治理体系更注重市场的作用，国家只在必要的时候才加以干预。善因论的核心内容是他在《史记·货殖列传》中提出的“善者因之，其次利道之，其次教诲之，其次整齐之，最下者与之争”[②]，其中最显著的特点是反对国家过多直接干预和控制经济，是一种以经济自由放任为核心的经济治理思想。具体来看，善因论中包含了“因之”“利道之”“教诲之”“整齐之”“与之争”五种管理模式[③]。第一，“因之”是政府管理经济的最高层次，即国家制定的经济政策能顺应经济自然发展的方向。第二，“利道之”是指强调以市场为资源配置的主要方式，通过价格机制来引导社会资源配置到需要的地方。第三，“教诲之”指的是政府通过教育指导规范人民的经济活动。第四，“整齐之”是指政府通过法律法规直接干预经济活动，对私人的部分经济行为进行限制。第五，“与之争”指的是政府通过官营工商业直接参与市场竞争，通过垄断等手段获取利益，直接与民争利，这种模式是司马迁最为反对的经济管理模式。从司马迁的论述来看，最受他推崇的经济管理模式是“因之”“利道之”等经济管理模式，但对于某些特定的情况，他也认为可以采取“教诲之”“整齐之”的手段加之干预。不过政府虽然可以干预经济但必须要有限制，所以他极其反对政府直接与民争利，即反对“与之争”的模式。总的来看，司马迁的善因论是一种主张以自由放任为主的经济管理模式，兼顾市场和政府作用的经济治理模式，但相比于轻重论它更强调市场要起主导作用。从中西比较的角度

① 关于司马迁善因论的详细讨论见本章第四节中的相关内容，这里只是简单介绍。

②《史记》卷129《货殖列传第六十九》。

③ 赵靖主编：《中国经济思想通史》（第1卷），北京大学出版社，2002，第603—607页。

看。司马迁的善因论和 18 世纪亚当·斯密的“看不见的手”理论有着高度的一致性，尤其是二者在对价格机制的认识上相当一致。正如杨瑞辉指出的，司马迁提出的“水之趋下”和亚当·斯密的“看不见的手”是等价的隐喻，均认为市场价格的形成是由自然规律自发形成的，政府不应该进行干预[①]。

从传承创新的角度看，轻重论和善因论是中国传统经济管理理论体系中的两种最基本的模式，此后出现的各种经济管理理论都离不开它们。在轻重论一边，汉代的桑弘羊、唐代的刘晏、宋代的王安石、明代的张居正和清代的魏源等人的思想理论均是在《管子》轻重论的基础上发展创新而来的[②]。例如，汉武帝时期以桑弘羊为代表的轻重论支持者以轻重论为基础推行了一系列的经济政策创新措施，这种由国家大规模干预社会经济的实践“是在汉武帝时期开始的”[③]。具体来看，汉武帝时期的轻重论支持者从三个方面推进了轻重论政策实践：一是通过整顿混乱的货币制度来建立一个稳定健全的货币制度体系，进而加强国家对货币的控制；二是对以食盐、铁器和酒类等为代表的重要商品实施管制，采取诸如盐铁酒专卖等制度来确保它们由政府垄断控制；三是建立均输和平准制度，并组建相关的机构来确保制度实行，政府通过直接干预市场在平抑物价的同时获取财政利益。又如，唐代刘晏的经济治理思想，尤其是其提出的经济治理政策中也有诸多创新之处[④]。比如，刘晏对沿用自西汉的常平仓制度进行了改革，一方面用部分垄断食盐销售的收入为常平仓购买储粮，增加了常平仓的购粮支出来源（传统主要靠户税），另一方面增加了农村地区农民从常平仓获取粮食的来源，鉴于大部分常平仓设于城市之中，刘晏通过与城市中商人交易（用粮食换取商人商品）并

---

① Young L. “The Tao of markets: Sima Qian and the invisible hand”. *Pacific Economic Review*, 1996, 1(2): 137-145.

② 赵靖主编：《中国经济管理思想史教程》，北京大学出版社，1993，第 164 页。

③ 赵靖主编：《中国经济管理思想史教程》，北京大学出版社，1993，第 153 页。

④ 胡寄窗：《中国经济思想史》（中），上海财经大学出版社，1998，第 396 页。

鼓励他们下乡买卖粮食的方式提高了灾荒时期农村地区粮食的可得性。

在善因论一边，宋代的叶适、明代的丘濬和清代的唐甄则将司马迁的善因论进一步发扬光大，提出了"民自为市"论和"听民自利"论等理论[①]。例如，叶适基于对人性都是求财好利的认识，主张国家理财的目标是为民理财，如果理财的目标是"取诸民而供上用"[②]，那只能是聚敛。据此，他认为国家经济治理应该准许人民为了自身利益从事各类经济活动，国家不应当进行干预，反而应当提供支持并加以保护，即"其途可通而不可塞，塞则沮天下之望；可广而不可狭，狭则来天下之争"[③]。又如，丘濬在前人的基础上提出了他的"听民自为论"，该理论由广义和狭义的理财概念、强调人性自利的"好利论"、主张社会存在贫富差异合理的"安富论"、分析土地管理的"听民自便论"和研究工商业管理的"民自为市论"，组成了一个较为系统全面的经济治理理论体系，是对司马迁善因论"在新的历史条件下的改进和发展"[④]。总的来看，无论是轻重论还是善因论都体现了中国古代思想家在经济治理理论创新方面具有很强的持续创新能力，能随着经济环境的变迁不断地发展创新。

（二）大同和小康思想

中国传统经济治理的理想目标主要体现为大同和小康思想。在纷乱的战国时期，频繁的战争破坏了原有的社会秩序，人民的生活得不到保障，因而对安定的向往催生了大同和小康思想，前者是最优目标，后者是次优目标。大同思想主张："大道之行也，天下为公。选贤与能，讲信修睦，故人不独亲其亲，不独子其子，使老有所终，壮有所用，幼有所长，矜寡孤独废疾

---

① 赵靖主编：《中国经济管理思想史教程》，北京大学出版社，1993，第 164 页。
②（宋）叶适撰：《水心先生别集》卷 4《财计上》。
③（宋）叶适撰：《水心先生别集》卷 3《官法下》。
④ 赵靖主编：《中国经济管理思想史教程》，北京大学出版社，1993，第 316 页。

者，皆有所养。男有分，女有归。货恶其弃于地也，不必藏于己；力恶其不出于身也，不必为己。是故谋闭而不兴，盗窃乱贼而不作，故外户而不闭，是谓大同。”[①]从上述内容看，大同思想本质上是一种公有制制度，希望能通过公有制来摆脱不平等和剥削，让社会中的所有人都能幸福地生活[②]。大同思想强调物质财富对精神生活的重要作用，有充分的物质保障才能使人民的精神面貌发生改变。不仅如此，大同思想承认私人家庭存在，比柏拉图在《理想国》中主张实行的公妻制度更合乎人情。小康思想则是儒家理想社会中的次优模式。“今大道既隐，天下为家，各亲其亲，各子其子，货力为己，大人世及以为礼。城郭沟池以为固。礼义以为纪，以正君臣，以笃父子，以睦兄弟，以和夫妇，以设制度，以立田里，以贤勇知，以功为己。故谋用是作，而兵由此起。禹、汤、文、武、成王、周公，由此其选也。此六君子者，未有不谨于礼者也。以著其义，以考其信，著有过，刑仁讲让，示民有常。如有不由此者，在势者去，众以为殃，是谓小康。”[③]小康最初主要是指相对安定，有“小安”之意[④]。后经孟子的进一步发展，成为中国古代经济治理的主要目标，在重视社会伦理道德发展的同时，强调要通过“制民之产”“不违农时”“使民以时”等方式发展生产力，为民众提供更为宽裕的物质生活条件。

从中西比较的角度看，西方世界的“乌托邦”思想也起源于与此大致同时的古希腊时期。相比之下，中国古代的大同思想较柏拉图思想更为优越的一点是更具平等性，该思想不仅否定奴隶的存在，更反对剥削，而西方的“乌托邦”思想中则一直存在奴隶和剥削等问题[⑤]。柏拉图在《理想国》中

① 《礼记·礼运》。
② 胡寄窗：《中国经济思想史》（上），上海财经大学出版社，1998，第111页。
③ 《礼记·礼运》。
④ 王玉波：《“小康”史考》，《社会学研究》1992年第2期，第62—68页。
⑤ 胡寄窗：《中国古代经济思想的光辉成就》，中国社会科学出版社，1981，第10页。

以斯巴达为模型设计的“共产主义”国家，也分最优的“理想国”和次优的经济社会形态。柏拉图的“理想国”和大同思想相比存在明显的阶级性，一方面是因为它建立在奴隶制度基础上，以大量奴隶存在为运作的基础；另一方面是因为即使是非奴隶的自由民，也被分为三个不同阶级，即统治者、军人和劳动者。农、工、商均属于第三阶级，也只能为前两个较高的阶级服务。从长期来看，这种需要通过奴隶和剥削来维持“乌托邦”的状况并未真正改观。例如，16 世纪托马斯·莫尔（Thomas More）在《乌托邦》中专门讨论了奴隶的相关内容，对奴隶的类型、来源和管理等问题做了详细论述①。又如，17 世纪托马斯·康帕内拉（Tommas Campanella）在《太阳城》中要求祭司管理国家，还要求一些残疾人参加劳动，例如，航海家就指出在太阳城中“跛子可以充当看守员，因为他还有视觉；瞎子可以用手梳羊毛，装褥垫和枕头；失去手臂和眼睛的人，可利用他们的声音和听觉等等来为国家服务。”②总的来看，大同和小康思想是所有反对剥削社会的理想中较为完美的一个，这也是中国传统经济治理思想的先进性与创新性所在。

（三）民本思想

民本思想是中国古代经济治理的核心理念，是否符合民本理念是评价经济治理优劣的重要标准。《尚书·夏书·五子之歌》中就开创性地指出：“皇祖有训，民可近，不可下，民惟邦本，本固邦宁。”③这意味着国家只有以人民为本，才能长治久安。儒家进一步发展了民本思想，孔子主张“为政以德”，通过德政来治理国家，团结民众；孟子则明确提出了“民贵君轻”的治理理念，强调“民为贵，社稷次之，君为轻”④，认为民众是国家的根

① ［英］托马斯·莫尔：《乌托邦》，戴镏龄译，生活·读书·新知三联书店，1956，第 95—102 页。
② ［意］康帕内拉：《太阳城》，陈大维、黎思复、黎廷弼译，商务印书馆，1997，第 25—26 页。
③《尚书·夏书·五子之歌》。
④《孟子》卷 14《尽心下》。

本，国家治理要“以民心为己心”，站在老百姓的立场上办事。不仅如此，孟子还以尧舜为例指出：“天与之，人与之，故曰：天子不能以天下与人。”[①]这说明虽然尧舜贵为天子，但他们的权力与地位是民众授予的。到了明清之际，黄宗羲在传承前人思想的基础上，进一步创新发展了民本思想：一方面，黄宗羲进一步将“民”的地位提高，指出“古者以天下为主，君为客，凡君之所毕世而经营者，为天下也。今也以君为主，天下为客，凡天下之无地而得安宁者，为君也。”[②]以此为基础，他提出了“民为主、君为客”的主张，强调“岂天地之大，于兆人万姓之中，独私其一人一姓乎！是故武王圣人也”[③]，表明世袭君主绝非天生就该统治民众，如果他不基于人民的立场治理国家，就没有统治的合法性，可以看出其中已经蕴含了国家的所有权实际上属于民众，而政府实际上是被授权治理国家的思想萌芽。另一方面，黄宗羲主张国家应该由民众和君主共同治理，提出了“平权共治”思想，突破了传统儒家主张的“君君，臣臣，父父，子子”的封建伦理纲常，对君主专制进行了深刻批判[④]。

在西方，古希腊时期已出现民主思想。例如，亚里士多德基于“德性加总论”系统论述了民主制相对于其他政治体制的优势[⑤]。和黄宗羲同一时代的约翰·洛克（John Locke）则提出了与黄宗羲的民本思想类似的君权民授思想，主张政府的权力并不是来自神的允授，其本质还是来源于人民的支持，所以君主的权力是由人民授予的。他认为政府是人民自愿放弃一部分自然权利的结果，这一过程中，人民与政府之间形成了一种契约关系[⑥]。相比

---

①《孟子》卷 9《万章上》。

②（清）黄宗羲撰、何朝晖点校：《明夷待访录》篇 1《原君》。

③（清）黄宗羲撰、何朝晖点校：《明夷待访录》篇 1《原君》。

④ 李石：《论黄宗羲的“民本思想”与西方民主理论的区别》，《齐鲁学刊》2016 年第 3 期，第 13—18 页。

⑤ 董波：《亚里士多德论民主》，《世界哲学》2019 年第 6 期，第 25—33、157 页。

⑥ [英]约翰·洛克：《政府论》（下篇），叶启芳、瞿菊农译，商务印书馆，1996。

之下，中国民本思想和西方的民主思想有很多相似之处，都主张以民众为本位治理国家，均是经济治理思想的重要组成部分。不仅如此，以孟子为代表的思想家同样认为天子（或君主）只有管理和行政权力，不具有对天下的所有权，即天下是民众的天下，不是天子（或君主）的私人所有物，因此天子（或君主）要获取管理天下的权力同样要得到天下民众的认可[①]。

（四）荒政思想

荒政思想与制度是中华民族在数千年历史中同自然灾害不断斗争而形成的关于如何防灾、减灾、抗灾和救灾的相关政策和制度思想，是我国经济治理思想中的宝贵成分。实际上早在周代，《周礼·地官司徒》中就开创性地提出了荒政概念，并细数了应对荒政的十二条办法，即“以荒政十有二聚万民：一曰散利，二曰薄征，三曰缓刑，四曰弛力，五曰舍禁，六曰去几，七曰眚礼，八曰杀哀，九曰蕃乐，十曰多昏，十有一曰索鬼神，十有二曰除盗贼”，表明在先秦时期中国就已经出现了比较完整的政策和制度体系。随着历代的发展完善，逐步形成了以水利和仓储为核心，以一系列配套手段为辅助的荒政体系。以仓储制度为例，《礼记》指出：“国无九年之蓄曰不足，无六年之蓄曰急，无三年之蓄曰国非其国也。”强调国家设仓备荒的重要性。秦代就已经在中央和地方分别设置太仓和县仓。到了汉宣帝时期，耿寿昌更是直接上书提议建设常平仓，平时入籴，荒时平粜，在负责平抑粮价的同时赈济灾民。之后，汉代创立的仓储制度为历代封建王朝所继承，并以此为基础不断发展完善。例如，隋唐时期进一步关注农村地区如何在灾荒时期获取粮食赈济的问题，开始在农村地区设置相应的仓储设施。比较典型的是义仓制度。该制度最早起源于北齐，正式设立于隋朝开皇时期。开皇五年（585年）隋朝工部尚书长孙平奏请设立义仓：“令诸州百姓及军人，劝课当社，

① 梁涛：《中国古代政治哲学中的“民主”与民本》，《中国社会科学报》2023年9月25日。

共立义仓。收获之日，随其所得，劝课出粟及麦，于当社造仓窖贮之，即委社司执帐检校，每年收积，勿使损败。若时或不熟，当社有饥馑者，即以此谷赈给。”[①]随后这一制度在唐宋以后各代均有实行。总的来看，义仓制度是一种民间防灾制度，百姓在丰年拿出一部分粮食作为储备存放于义仓以备饥荒，是中国古代的一种保险制度[②]。不仅如此，随着经济社会的发展，我国的荒政政策不断传承创新，其制度构成越发专业化和体系化，应对自然灾害的能力也持续提升。尤其是在荒政体系最为完整的清代，不仅出现了独立于一般行政系统的荒政管理系统（主要是水利、漕运和粮仓管理），而且在相关的法律法规体系建设上也达到了前所未有的高度[③]。例如，清代的《钦定户部则例》《大清会典》等法律法规对荒政政策实行中的各种行为规范有明确规定，为荒政政策的实施提供了法律保障。

在西方，古希腊时期的社会存在一定程度的公共救济[④]。例如，雅典有专门的政策帮助丧失劳动力的贫困公民，定期向他们发放生活补助，而补助资格每年由 500 人议事会审核[⑤]。古罗马时期的社会救济主要以私人救济为主，政府也有一些救济政策[⑥]。例如，提比略·格拉古（Tiberius Gracchus）制定的《土地法》中规定，罗马对外战争获取的领地中的一部分卖出，另一部分则作为公地分配给贫困且无地的公民，规定只能向他们收取少量地租[⑦]。从总体上看，罗马政府直到罗马帝国晚期都没有专门负责社会救济的管理机

---

① 《隋书》卷 24《食货志》。

② 李洪、程锋、全小庆等：《保险资金在我国应急管理体系中的作用及地位重塑》，《宏观经济研究》2010 年第 10 期，第 64—70 页。

③ 谭啸昙、蔡乐苏：《清代荒政思想制度对精准扶贫的现实启示》，《学术界》2016 年第 9 期，第 200—206、327 页。

④ 张日元：《古希腊罗马对穷人的救济与排斥》，《中国社会科学报》2023 年 8 月 28 日。

⑤ 巫宝三主编：《古代希腊、罗马经济思想资料选辑》，厉以平、郭小凌编译，商务印书馆，1990，第 127 页。

⑥ 张日元：《古希腊罗马对穷人的救济与排斥》，《中国社会科学报》2023 年 8 月 28 日。

⑦ 巫宝三主编：《古代希腊、罗马经济思想资料选辑》，厉以平、郭小凌编译，商务印书馆，1990，第 275 页。

构[①]。到欧洲中世纪时期政府发挥的作用依旧不大。以中世纪时期的英国为例，社会救济主体主要由教会、国王和贵族、城市的有关市政机构、基尔特团体、乡村共同体和个人等部分构成，其中教会是主体力量，发挥了重要作用，而政府只是到了近代早期才逐渐负担起社会救济的任务[②]。所以中国古代的荒政思想与制度远远领先于同时期西方世界的同类型思想与制度，是中国古代经济治理方面最重要的制度思想创新之一。

（五）小结

基于中国具有独特性的大一统治理模式，中国古代在经济治理方面积累了大量的实践经验，而这必然又会催生出丰富多彩的经济治理思想，使中国传统经济治理思想方面的创新从全球来看也是独具特色的。具体来看，中国传统经济治理思想的创新几乎涉及了所有治理的关键领域，在经济治理基本模式、理想目标、治理原则和具体领域的治理方案等方面都涌现出了高质量的创新性内容。其中，以国家干预为主的轻重论和以自由放任为主的善因论不仅形成了水平较高的经济治理理论体系，还对现实经济发展产生了重大影响，尤其是轻重论，长期成为中国古代国家治理的基本理论。从中西比较的角度看，善因论、大同和小康思想、民本思想和荒政思想的创新程度至少不亚于同时期的西方同类思想，其中以司马迁对市场机制的分析为代表的理论创新和以荒政制度为代表的制度创新远比西方领先，具有较强的超前性，是中国传统经济治理思想中极具创新性的部分。从传承创新的角度看，上述列举的多数传统经济治理思想，都体现出了较强的持续创新能力。例如，司马迁的善因论思想后续被叶适、丘濬和唐甄继承并发展。类似的，中国古代的荒政思想与制度也经历了不断发展完善的过程，尤其是在荒政体系最为完备的清

① 张日元:《罗马帝国晚期的社会救济》,《中国社会科学报》2018 年 2 月 5 日。
② 王学增:《中世纪和近代早期英国的社会救济问题》，天津师范大学硕士学位论文，2007。

代，不仅出现了独立于一般行政系统的荒政管理系统（主要是水利、漕运和粮仓管理），而且在相关的法律法规体系建设上也达到了比较完整的高度。

由此可见，中国传统经济治理思想的创新性达到了一个较高的水平，在理论和实践两个方面都有至少不弱于西方同时期同类思想的创新成分的同时也具备较强的持续创新能力，但是，中国传统经济治理思想存在一个较大的不足，即理论创新相对于实践创新少，尤其是在轻重论和善因论形成后，这种不足表现得更为明显。以轻重论的发展为例，在《管子》中完成了对轻重理论体系的构建之后，以桑弘羊、刘晏、王安石和张居正等为代表的思想家很少从理论上进一步发展轻重论，更多的是以轻重论为理论基础提出新政策和新制度。究其原因，经济治理本身就是一个偏重实践的领域，而大部分继承该理论的思想家也是管理经济的官员，其目标本身就不是发展理论。事实上，这种情况在某种程度上也是导致中国传统经济思想创新性逐渐衰落的原因之一。

三、中国传统财政思想的创新性

中国历史上的财政活动源远流长，早在公元前 21 世纪的虞夏时就已经出现。司马迁说："自虞、夏时，贡赋备矣。"[①]中国当时已经步入了奴隶社会，统治集团一方面通过奴隶制度获取剩余劳动，另一方面还要向百姓索取各种贡赋。久而久之这种索取便成为一种约定俗成的行为，随后逐步演化成一项相对稳定的财政制度，最终产生了《尚书·禹贡》中所记载的贡与赋制度和相应的财政思想。这一时期的财政范畴和财政制度不仅流于口头传承，还被收录于《周易》《尚书》等经典文献中，成为中国古代财政思想的宝贵组成部分。进入封建社会之后，随着财政制度的不断革新，中国的财政思想也逐渐走向成熟。从东汉班固创立"食货"概念开始，财政思想不再是仅散

①《史记》卷 2《夏本纪第二》。

见于国家政令、典章、制度和朝臣奏疏、政论中，而是逐渐出现了对财政问题系统的分析[①]。宋代张方平的《食货论》是中国较早的一篇财政专论，而后又有叶适的财政论著《财计》；到了明朝，丘濬的《制国用》则近乎封建国家的财政学；《汉书》之后的绝大多数正史、野史、地方志、类书等著述，均设有《食货志》专篇[②]。总的来看，中国古代财政思想几乎涉及了财政领域的方方面面，其中相当一部分内容是西方同时代无法产生的[③]。具体来看，西方同一时期无法出现和中国相媲美的财政思想的决定性原因是中国很早就建立了完善和成熟的中央集权体制，而西方则没有，后者在民族国家建立之前没有形成完善的中央集权制度[④]。中国早熟的政治体制一方面要求发展出相应的财政思想来匹配其发展，另一方面也为各种财政思想的发展创新提供了实践条件。这些条件在西方民族国家建立之前是不存在的，它们缺乏足够强力的中央集权体制来为各种财政思想的创新和发展提供基础。所以，从全球经济思想发展角度来看，中国传统财政思想是中国为人类经济思想供给创新内容的主要来源之一。本节从三个方面的内容来考察中国传统财政思想的创新性：一是财政收支原则和预算思想；二是税收思想；三是通过财政支出促进经济发展的思想。

（一）财政收支原则和预算思想

自西周以来，受儒家思想的影响，中国的财政收支原则一直遵循“量入为出”的经济教条。直到唐代，才由杨炎在两税法改革中第一次提出了“量出制入”的原则。他是中国财政思想史上第一个突破儒家“量出为入”思想

① 孙文学：《从财政概念的演化看财政制度的变革》，《财经问题研究》2002 年第 9 期，第 45—49 页。

② 孙文学主编：《中国财政思想史》（上），上海交通大学出版社，2008，第 1—2 页。

③ 陶一桃：《中国古代经济思想评述》，中国经济出版社，2000，第 289 页。

④ Postan M M, Rich E E, Miller E. *The Cambriage Economic History of Europe*, 3rd ed, Cambridge University Press, 1965.

的财政改革家，主张“凡百役之费，一钱之敛，先度其数而赋于人，量出以制入”[①]。安史之乱时期，国家财政收入拮据，入不敷出，原有的“量入为出”原则难以继续实行。“量出制入”原则能在一定程度上限制额外支出，虽然有学者指出杨炎提出该原则更多是为封建统治阶级增加税收提供理论基础[②]，但从理论创新的角度看，杨炎毕竟为财政收支原则思想创新开了先河。在西方国家，到资本主义商品经济发展初期，绝大部分的经济学家还是主张“量入为出”原则。以亚当·斯密、李嘉图为代表的经济学家都反对高财政赤字，反对举债，主张正常收入条件下的“量入为出”，以求得财政平衡，推动资本主义经济的发展，但随着社会经济日益走向工业化，政府从事的各项工作不断增加，其所需要的财政支出也相应增加，随着自由资本主义向国家垄断资本主义过渡，财政政策逐步由“量入为出”向“量出制入”转变，直至 19 世纪末期“量出制入”的财政收支原则才被正式提出[③]。中西比较来看，从“量入为出”到“量出制入”的转变在很大程度上反映了国家支出不断增长的需求，中国很早就进入了大一统状态，国家的财政收支也持续增加，这客观上促进了中国财政收支原则的发展创新，而西方国家缺乏类似的条件，导致“量出制入”的财政收支原则直到 19 世纪末期才出现。

更进一步来看，随着中国中央集权制度在唐代不断完善和财政收支原则的创新，中国的财政预决算思想在唐代出现端倪。唐朝李吉甫编著的《元和国计簿》中出现了国家财政决算的雏形[④]。宋代王安石进一步发展了该思想，他初为相时就曾将政府“凡一岁用度及郊祀大费，皆编著定式”[⑤]。以

①《新唐书》卷 145《杨炎传》。

② 赵晓雷主编：《中国经济思想史》，东北财经大学出版社，2019，第 101 页。

③ 杨舜臧：《西方国家“量入为出”与“量出为入”的财政原则》，《财政》1995 年第 9 期，第 61—62、54 页。

④ 徐强：《我国最早的统计年鉴——〈元和国计簿〉》，《山西统计》1995 年第 11 期，第 38—43 页。

⑤《宋史》卷 179《食货下一》。

此为财政开支的准则，其形式就如同近代预算制度。15 世纪，明朝丘濬将中国的财政预算思想推到了一个新的高度。他针对每年国家财政收支规划的编制手续拟定了若干详尽的编制计划①。实际上，他所提出的预算编制过程和近代国家预算编制过程相差无几，除手续上有繁简的区别外，最大的特点就是编制的基础收入不同②。具体来看，丘濬以前一年的实际收入为预算标准，而近代国家预算则以当年的估计值为标准。在封建时代，丘濬的预算计划不可能实现，因为封建时代最高统治者的个人支用和国家财政开支无法区分，因而也不可能产生严格意义上的国家预算。虽然丘濬的建议注定成为空想，但从财政思想史来看，丘濬提出的预算思想是一个重要的尝试。在西方国家，现代预算制度的萌芽出现于 13 世纪的英国，虽然英国是最早建立现代财政预算制度的国家，但其直至 1822 年才真正确立了现代预算制度，1688 年“光荣革命”以后，英国议会逐渐控制了国王的财政收支权③。1763 年，英国把国家财政收支计划说明专称“提出预算案”，而后通过了《丹宁议案》（Dunning's Motion，1780）、《民事设立法》（Civil Establishment Act，1782）、《统一基金法》（Consolidated Fund Act，1787）等一系列法案。1822 年，英国财政大臣向国会提出了一个完整的预算报表，这标志着英国基本确立了现代预算制度④。综上，从演化与创新的角度看，中国的预算制度雏形早在 8 世纪就已出现，随后由王安石加以发展创新，最终在丘濬这里形成了接近于近代预算制度的国家预算思想，充分地体现了中国传统预算思想具有较强的演化能力和创新性。从中西比较的角度来看，中央

① （明）丘濬撰：《大学衍义补》卷 20《总论理财之道（上）》。

② 陶一桃：《中国古代经济思想评述》，中国经济出版社，2000，第 295 页。

③ Gary W C, Mark D. “The budgetary origins of fiscal-military prowess”. *The Journal of Politics*, 2021, 83(3): 851-866.

④ 翟继光：《预算法定原则的起源及其基本构成要素》，《河北大学学报（哲学社会科学版）》2016 年第 6 期，第 138—145 页。

集权制度的存在让中国的预算制度发展超前于西方国家，后者从 13 世纪起经过数百年的时间才慢慢发展出现代预算制度。不过，西方国家的预算制度在控制最高统治者（皇帝或国王）财政收支权方面较中国的预算思想更为先进。总的来看，中国和西方的预算思想可谓各有千秋，中国出现得早，但是后期发展不如西方快。

（二）税收思想

在所有的财政思想中，税收思想无疑是最为重要的一项，政府征税能力的大小直接体现了其统治能力的强弱。在中国古代，政府对于如何更好地获取税收进行了大量探索，也提出了很多有价值的思想，这里我们主要以税收原则和所得税思想为例，来挖掘呈现中国古代税收思想中的创新性。

在税收原则方面，中国传统经济思想的创新性在于提出了一系列税收原则。其中，财政负担平均原则很早就被提出，并在较长的时间内得到了相当程度的发展和创新。春秋战国时期的《尚书·禹贡》和《周礼》中体现的税收原则就展现了思想家对税收公平的追求。《尚书·禹贡》将九州的田地按肥沃程度分为三等九级，将各州所承担的贡赋也分为九级，最后再综合考虑各地的土地情况、距离帝都的远近、交通条件、产品价值以及经济发展程度等因素来确定各州的贡赋等级[①]。《周礼》中也有“近轻而远重”的原则，即王城的居民劳役负担较重，因而需要负担的贡赋少一些。“凡任地，国宅无征，园廛二十而一，近郊十一，远郊二十而三，甸、稍、县、都皆无过十二，唯其漆林之征二十而五。”[②]魏晋时期的傅玄在前人的基础上进一步发展，除了强调税收要“至平”（这意味着“计民丰约而平均之”的公平原则），还提出了赋税要保证“积俭而趣公”和“有常”，其中，“积俭”意味

①《尚书·禹贡》。
②《周礼·地官司徒》。

着赋税“俭而有节”，简单有节制；“趣公”意味着赋役是为了天下的公利而不是供统治者奢侈浪费；“有常”意味着“上不兴非常之赋，下不进非常之贡”[①]，赋税的征课固定。在西方，古希腊思想家的思想中也包含税收公平原则。柏拉图和亚里士多德就从公平的角度讨论过税收问题，强调公平正义的重要性。例如，在《法律篇》提出的次优国家模式基础上，柏拉图为了确保各个公民的纳税公平，“要求每个公民必须申报其财产数额。各部族的成员，还必须将该年度的收获量写在文书上向乡村保卫者申报”[②]，以便于国家按照实际情况公平征收赋税。在中世纪，根据熊彼特的考察，较早关注税收原则的应该是中世纪的经院学者，他们很重视税收问题。经院学者“最关心的是最广泛意义上的赋税‘公平’，如是否应该课税，应该什么时候课税，由谁课税，对谁课税，为何课税以及课多少税等问题”[③]。到了近代，亚当·斯密在《国富论》中提出了著名的税收四原则，即“平等”“确定”“便利”“最少费用”，由此为现代税收制度确立了基础。具体来说，“一、一国国民，都须在可能范围内，按照各自能力的比例，即按照各自在国家保护下享得的收入的比例，缴纳国赋，维持政府……二、各国民应当完纳的赋税，必须是确定的，不得随意变更……三、各种赋税完纳的日期及完纳的方法，须予纳税者以最大便利……四、一切赋税的征收，须设法使人民所付出的，尽可能等于国家所收入的。”[④]从中西比较来看，中西方思想家的赋税原则思想很早就注重公平这一关键属性，但傅玄对中国传统税收原则的传承创新更胜一筹，从完整性的角度来看领先于西方同一时期类似的思想，而与亚当·斯密的税收四原则类似。

---

①（唐）魏徵辑：《群书治要》卷49《傅子傅玄》。

② [古希腊]柏拉图：《法律篇》，2版，张智仁、何勤华译，商务印书馆，2016，第398页。

③ [美]约瑟夫·熊彼特：《经济分析史》（第一卷），朱泱、孙鸿敞、李宏等译，商务印书馆，2001，第156页。

④ [英]亚当·斯密：《国富论》，郭大力、王亚南译，商务印书馆，2015，第791—792页。

相比于傅玄的比较抽象的税收原则，唐代的刘晏吸收《管子》等前人思想并基于其财政改革经验提出了两条更具实践意义的税收原则：一是“知所以取，人不怨”[①]，二是“因民所急而税之，则国足用”[②]。刘晏的第二个税收原则实际上是要求政府在征税的时候选择需求弹性很小的必需品征税，这样才能保证税收收入数目庞大且稳定；同时第一个税收原则又要求政府不简单拘泥于收取税收，还可以通过控制物资、调整物价来达到增加财政收入的效果，减少税收给民众带来的不满。刘晏本人提出的常平盐制度就是运用上述原则的典型例子。该制度不仅为政府创造了可观的财政收入，而且通过稳定市场价格，保障了一般民众的利益。从中西对比来看，17 世纪法国重商主义理财家 J. B. 柯尔贝尔（Jean-Baptiste Colbert）所采取的财政原则与刘晏的极为相似，即财政上应“谋收入最多，国民怨言最少之方法”[③]，一个脍炙人口的表达是“拔最多的鹅毛而不要鹅叫”。胡寄窗就评价道：“这两位理财家生活的时代前后虽相差了八百年，其所提出的原则，可谓异曲同工。”[④]总的来看，无论是傅玄的税收三原则，还是刘晏的税收两原则都同西方近代学者的思想有很多相似之处，前者同现代的赋税原则的鼻祖亚当·斯密的思想十分接近，后者和法国著名重商主义者柯尔贝尔的看法相当一致，且他们的思想出现的时间要早了很多，这意味着中国的税收原则具有创新性。

除了税收原则外，中国的所得税思想的提出也体现了创新性。随着经济的发展，商业越来越发达，清初王源提出了设立新商税的制度来更有效地保证税收来源[⑤]。王源希望针对商人建立一套新的所得税制度来替代原有不合

① 《新唐书》卷 149《刘晏传》。
② 《新唐书》卷 54《食货志》。
③ 薛贲时：《财政学新论》（上），商务印书馆，1947，第 2 页。
④ 胡寄窗：《中国古代经济思想的光辉成就》，中国社会科学出版社，1981，第 54 页。
⑤ 任智勇：《晚清财税结构的转型》，《中国社会科学》2022 年第 11 期，第 185—203、208 页。

理且烦琐的税收制度。以商人的盈利额为征税基础，按照一定的比例（比如百分之十）来征收所得税。具体来看，其主要内容有两条。第一，减少商税征收方式，只按照商人的盈利额征收所得税，如果商人亏本则不交税，体现了国家对商业的支持。第二，设置激励措施鼓励商人如实申报资本和所得。例如，他主张将商人按资本金多少分为九个等级，等级越高，其在尊卑、礼节、服装、乘马、奴仆等方面就可以享受更多优待。更有甚者，高等级的商人还被允许授予官员的冠带。王源的这种做法实际上是利用人们的炫耀心理和特权意志来引导商人如实申报资本金，从而确保税收来源。另外，从字面上看，人们容易认为王源的所得税制主要针对商业和商人，但其实不然，他对"商"的定义其实很宽泛，除了士大夫和自耕农以外都是商人，因此他提出的所得税制度适用范围相当大。总的来看，王源的税收制度和近代所得税制度差异不大，只是没有考虑累进税的问题。就在同一时期，法国路易十四皇帝的宠臣、陆军元帅塞巴斯蒂安·勒普雷斯特雷·德·沃邦（Sébastien Le Prestre de Vauban）在他 1707 年出版的《什一税计划》一书中也提出了和王源类似的所得税思想[①]。他建议废除当时法国种类繁杂和不合理的各种赋税，全国采取统一的所得税。具体来说，沃邦要求对所有收入都征收所得税，但不同的收入依照的税率不同，最高税率为 10%（故而被称为什一税）。就所得税的实践来看，近代所得税制最早创自英国，在英国国内直到 19 世纪上半叶才初具规模，到 19 世纪后期至 20 世纪初才先后被各资本主义国家所采用[②]。从中西比较的角度来看，王源和沃邦都在 18 世纪提出了所得税思想，均强调要减少税种，将税收来源变革为以所得税为主，可见他们的所得税思想有相当大的共性。虽然他们的思想在当时未付诸实施，但对

① [美]约瑟夫·熊彼特：《经济分析史》（第一卷），朱泱、孙鸿敞、李宏等译，商务印书馆，2001，第 317—318 页。

② 胡寄窗：《中国古代经济思想的光辉成就》，中国社会科学出版社，1981，第 74 页。

世界财政思想的发展与创新都具有重要意义。另外，根据谈敏的考证，沃邦的经济思想，尤其是税收思想其实源于中国的传统经济思想[1]。从这点来看，王源和沃邦的所得税思想相当类似就不足为奇了，因为它们都来源于中国的传统经济思想，这也间接地说明中国传统经济思想对世界财政思想创新做出了贡献。

（三）通过财政支出促进经济发展的思想

通过财政支出促进经济发展思想的代表是春秋战国时期出现的"侈靡消费观"，它是一个创新性的观点，旨在通过提倡消费、兴修土木等财政支出方式来提振经济。该思想最早见于《管子·侈靡》。文中指出，在社会经济不振时，最好的办法是尽量提倡消费，即"'兴时化若何？'莫善于侈靡"[2]。具体来说，如在人民生活困顿时，让富户大搞建筑工程，这样就能使许多贫苦农民及小工商业者得到工作，获得收入，从而改善他们的生活。总之，"富者靡之，贫者为之"，为了使人们得到工作，哪怕是做一些无意义的消费也是可以的，如"雕卵然后瀹之，雕橑然后爨之"[3]。汉代的桑弘羊在盐铁争论时继承了《管子》中的侈靡思想。他指出："君子节奢刺俭，俭则固。"[4]反对过分节俭，认为过分节俭就是吝啬。对于消费的作用，桑弘羊认为："官尊者禄厚，本美者枝茂。故文王德而子孙封，周公相而伯禽富。水广者鱼大，父尊者子贵。"[5]即奢侈消费可以促进商品流动进而刺激经济发展。从这些观点来看，桑弘羊一定程度上发展了《管子》中的侈靡消费思想。宋代的范仲淹实践了该思想，他曾运用这种措施解决当时杭州的大饥荒问题。

---

① 谈敏：《法国重农学派学说的中国渊源》，上海人民出版社，1992，第309—310页。
②《管子》卷12《侈靡第三十五》。
③《管子》卷12《侈靡第三十五》。
④（汉）桓宽撰：《盐铁论》卷1《通有第三》。
⑤（汉）桓宽撰：《盐铁论》卷2《刺权第九》。

范仲淹鼓励百姓游湖赛舟，寺院、官府大兴土木，以此借有余钱可花的百姓为贫苦无依的人提供工作。这样使得靠出卖劳力生活的百姓能依赖官府与民间所提供的工作机会生活，不致背井离乡饿死荒野[①]。相比之下，17 世纪英国的配第也提出了类似的观点，主张通过刺激消费来提高工人收入，他被认为是提倡通过雇佣公共服务来减少结构性、周期性失业的当代经济学的先驱[②]。他认为，人们需要多花些钱在"宴乐、排场、粉刷凯旋门"[③]等方面，这样可以使从事相关工作的工人得到收入。不过，配第的观点中并没有特别强调财政支出的作用。事实上，配第这种鼓励消费的思想在资本主义发展初期不可能获得太大的反响，因为当时的主要思想都在宣扬人们要节约，这样才能加速资本积累。直到 20 世纪，随着大萧条对经济的巨大冲击，失业问题愈发严峻，英国的凯恩斯才开始注意到财政支出对于刺激经济的重要作用。凯恩斯认为，在社会总需求不足，而私人投资低迷的萧条时期，政府要挺身而出，通过财政支出来刺激经济，增加就业。他最知名的一个例子就是，财政部用旧瓶装满钞票并把它们埋在废煤矿井深处，然后再把它们挖掘出来，也可以解决人们的失业问题[④]。从中西比较的角度看，中国通过财政支出刺激经济发展的思想无论是在理论上还是在实践上均领先于西方国家的同类型思想，而中央集权制度的需求也加强了政府对财政支出刺激经济的依赖，使该思想成为中国传统财政思想中的重要组成部分。在西方国家则不然，该类型的思想几乎没有出现的土壤。实际上，配第之前很少有人将消费和经济发展联系在一起，而直到凯恩斯以前，几乎没有经济学家将财政支出和经济发展联系起来[⑤]。总的来看，该思想可以说是开创性的见解，

---

① （宋）沈括撰：《梦溪笔谈》卷 11《官政一》。

② Brue S, Grant R. *The Evolution of Economic Thought*, 8th ed, Cengage Learning, 2013.

③ [英]威廉·配第：《赋税论献给英明人士货币略论》，陈冬野等译，商务印书馆，1978。

④ [英]凯恩斯：《就业、利息和货币通论》，徐毓枬译，北京联合出版公司，2013。

⑤ 胡寄窗：《中国古代经济思想的光辉成就》，中国社会科学出版社，1981，第 26 页。

也是中国古代财政思想中最具有创新性的代表内容之一。

（四）小结

中国独特的大一统体制、辽阔的国土等因素，使得中国传统财政思想的创新性独树一帜。具体来看，相对于西方的财政思想，本书列举的各类传统财政思想创新无论是在提出时间还是在内容丰富程度上都不弱于西方的同类思想。其中部分财政思想还是西方同类思想的源流。从演化与创新的角度看，传统预算思想经过不断发展创新，最终达到了较高的水平，同西方类似的思想相比并不逊色。中国传统财政思想取得这些成就的最核心原因是中国发达的中央集权制度和大一统的政治经济结构，同时中国古代比较发达的商品经济和众多官员思想家的创见也起到了重要作用，在它们的共同作用下，中国传统财政思想才能出现较多的创新性内容。正如胡寄窗所言："中国是一个在历史上独立统一时期持续最久的大国。统治阶级为了维持它的长远利益，在如何管理国家的财政方面积累了丰富的经验，所以，财政制度和财政思想是我国古代经济思想资料中最为充实的一部分。"[①]从某种意义上来说，正是中国古代长期以国家为经济发展主导力量促使了财政思想的不断创新。国家主导经济的核心在于财政制度，因为财政制度是决定国家治理能力边界的核心因素，国家对财政制度的需求持续不断地推进了相应财政思想的演化和创新。不得不承认，这些财政制度中的创新并没有很好地发展下去，在明清时期逐步陷入了停滞。一个较为合理的解释是，财政制度的创新水平主要取决于思想市场的活跃程度。从思想创新的需求来看，一旦中国中央集权制度发展达到巅峰，大一统的政治经济结构建立，政府对新的财政思想的需求就会减少，因为参考已有的财政思想和财政制度就能够处理好所面对的问题。在思想供给一边，一方面明清以后思想管制越来越多，另一方面中国

① 胡寄窗：《中国古代经济思想的光辉成就》，中国社会科学出版社，1981，第5页。

的对外开放程度不断下降，导致主要的财政思想创新供给者受到的思想控制增多，钳制思想的结果是创新思想的供给减少。最终在供需两方面的作用下，中国的传统财政思想创新进入了相对停滞阶段。

四、中国传统金融思想的创新性

中国传统金融思想大部分源于货币的广泛使用和发展，货币思想是传统金融思想的主要组成部分，因此本部分研究中国传统金融思想中的创新性主要以货币思想的创新性为例。在中国，无论是实物货币还是纸币，出现时间都很早，而且具有自身独特性，形成了一套独立的体系[①]。传说在夏代就已经出现了用于流通交易的货币。从考古发掘资料来看，出土文物表明中国最迟在公元前 11 世纪到公元前 10 世纪的商周之际就产生了金属铸币[②]。从文献记载来看，迄今发现的最早的关于货币思想的资料是《国语·周语》中记载的发生在公元前 6 世纪末单旗反对周景王铸大钱废轻钱的言论。单旗反对周景王作重废轻时提出的货币观点，不是初始性的货币理解，而是对货币问题已有一定深度的理性认识，因此我们可以说，比单旗的货币观点更为初级的货币观点，一定很早就产生了，只不过是极少有文字记载或尚未发现[③]。中国早熟的货币实践为中国货币思想的创新性奠定了基础。从推进货币思想创新的内在动力来看，一方面，货币的出现、运用和发展来自商品交易的自然需求，是中国古代商品经济不断发展的结果；另一方面，货币作为最为便利的一种财富形式，一直是国家统治者关注的对象，后者对前者的管理同样是中国形成一整套比较全面的货币思想（或货币管理思想）的关键动力。进一步来看，在古代，中国在全球范围内一直属于最发达的商品经济体之一，

---

① 叶世昌：《中国古代经济管理思想》，复旦大学出版社，1990，第 152 页。
② 冯晓明：《夏商周时期货币起源与发展研究》，哈尔滨师范大学硕士学位论文，2011。
③ 张家骧主编：《中国货币思想史》（上），湖北人民出版社，2001，第 2 页。

同时古代中国政府的中央集权制度也是其他国家和地区无法比拟的。相对来说，西方国家要么不具备其中的某一个条件，要么两个都不具备，这意味着中国古代的部分货币思想具备了超出西方国家同一时期的货币思想的条件。事实上也如此，直到近代，西方国家对部分货币问题的认识和实践才逐渐追上中国的步伐。本节从两个角度考察中国传统货币思想的创新性：一是从货币发行角度考察中国货币发行制度的发展演化和不同时期的创新；二是从货币流通角度考察中国货币流通思想中的创新内容。

（一）货币发行思想

垄断铸币权的思想是我国传统货币思想的主要创新之一，它的出现是中国政治上大一统的必然要求。比较典型的代表是汉代的贾山和贾谊。前者明确指出“钱者，亡用器也，而可以易富贵。富贵者，人主之操柄也，令民为之，是与人主共操柄，不可长也。”[①]亦即，钱币虽然饥不可食，寒不能衣，但它有让人获得“富贵”的能力，所以政府要控制货币发行，即垄断铸币权。贾谊则明确反对自由铸币，认为不放开自由铸币有多方面的好处，比如由政府统一发行可以保证铸币质量，避免铸币质量低下导致市场混乱[②]。发展到汉武帝时期，桑弘羊在前人的基础上明确提出货币应该由国家统一发行的观点：“故统一，则民不二也；币由上，则下不疑也。”[③]即货币应统一铸造，一般人民不得私铸，这样可以使货币得到人民的信任，促使人们专一于本业工作。相对而言，同时代西方国家由于不存在中央集权的政府，很难出现类似的思想。根据胡寄窗的考证，甚至到 1200 年左右，欧洲经院学派的著名学者阿奎那还认为，国王的铸币权取决于其“战争时能供其人民以食

① 《汉书》卷 51《贾山传》。
② （汉）贾谊撰：《新书》卷 4《铸钱》。
③ （汉）桓宽撰：《盐铁论》卷 1《错币第四》。

物”[①]。后期的经院学者尼科尔·奥雷斯姆（Nicole Oresme）则在《论货币的最初发明》一文中指出，货币属于整个社会团体，属于那些用货币交换自然财富的人。国王出于防伪的需要，具有替整个社会行使铸币的权力[②]。到了魏晋南北朝时期，士大夫对货币发行权的认识更加深刻，意识到掌握货币的发行权并不意味着完全由国家决定货币的发行量，民间的自由铸造有补充作用。例如，北魏太和十九年（495 年），北魏政府肯定了金属货币的法律地位，并规定“在所遣钱工备炉冶，民有欲铸，听就铸之，铜必精练，无所和杂。”[③]相当于由国家提供官方渠道给私人部门铸造货币。之后如北魏的杨侃也明确支持“自由铸币”，认为“听人与官并铸五铢钱，使人乐为，而俗弊得改”[④]，意即通过自由铸造使流通的货币量更贴近于现实的需要，同时解决私铸盛行问题。由于中西方在不同货币结构下形成的铸币技术和铸币发行管理的模式不同，因而“自由铸币”思想的出现时间大不相同[⑤]。实际上，直到近代西方商品货币经济不断发展之后才出现了类似的“自由铸币”思想和实践。例如，金本位制度下私人可以在国营造币厂铸造本位币，造币厂不收取费用或只收取极少的费用。发生在美国 19 世纪 70 年代初至 19 世纪末的“银币自由铸造运动”，是以农场主为主体的、要求联邦政府增加货币供给以实现通货膨胀的一场广泛性群众运动[⑥]。

随着商品经济的不断发展和中央集权制度的完善，宋代在货币思想和实

---

① 胡寄窗：《中国古代经济思想的光辉成就》，中国社会科学出版社，1981，第 37 页。

② Lapidus A. “Metal, money, and the prince: John Buridan and Nicholas Oresme after Thomas Aquinas”. *History of Political Economy*, 1997, 29(1): 21-53；［美］A. E. 门罗：《早期经济思想——亚当·斯密以前的经济文献选集》，蔡受百等译，商务印书馆，1985，第 76—78 页。

③《魏书》卷 110《食货六》。

④（唐）杜佑撰：《通典》卷 9《食货九·钱币下》。

⑤ Horesh N. *Chinese Money in Global Context: Historic Junctures Between 600 BCE and 2012*, Stanford University Press, 2014.

⑥ Gramm M, Gramm P. “The free silver movement in America: a reinterpretation”. *The Journal of Economic History,* 2004, 64(4): 1108-1129.

践上取得了重大的创新，在世界上最早发明了纸币，并提出了相当完备的纸币发行管理条例[①]。北宋时期，交子开始出现在日常的流通中，随后一系列发行兑换纸币的原则也应运而生。进入南宋时期，“称提”作为经济概念出现，其一般指政府对纸币进行管理调节，意图保证纸币的币值如同提秤称物一般平稳。具体来看，“称提”之术从四个方面保证纸币币值稳定。一是规定了纸币的最高发行限额，控制纸币的发行数量，通过限制纸币发行来保证币值稳定。比如，北宋天圣元年（1023 年）规定的官交子最高发行额是一百二十五万六千三百四十缗，南宋绍兴三十年（1160 年）会子的最高发行额规定为一千万贯。二是规定纸币为可兑换纸币，维持一定数量准备金用于兑现，以保证纸币的信用，例如，北宋时期规定官交子“本钱”为三十六万缗，准备金率为 28%。三是以三年为期，发行新纸币，回收旧纸币。至于回收的原因则可能是通过回收旧纸币来防止发行单位超额发行纸币而贪污舞弊。四是设置了一系列的临时措施以在特殊时期维持纸币价值。比如，准备临时准备金用于保证纸币兑换正常，又或者是由政府投放物资回收纸币，保证纸币价值稳定[②]。

到了元代，纸币逐步发展为一种不与贵金属挂钩的法定货币，最终成为不兑换纸币。元代叶李提出“钞币条画”并经元王朝加以推行，具体内容有：“（一）新发行的‘至元’宝钞一贯等于旧发行的‘中统’宝钞五贯。（二）照以往开始发行‘中统’钞时的办法，在各路设立平准库买卖金银以稳定钞价……（三）人民以昏烂旧中统钞向平准库倒换新至元钞，以五贯作一贯，另交工本费每贯三十文。（四）民户向官府交纳的‘包银’，如愿交中统旧钞者仍照原规定每两按四贯交纳，如愿交至元新钞者则每两折纳八百

① 管汉晖：《宋元纸币流通及其在世界货币史上的地位：兼论中西方货币史演变路径的差异》，《经济资料译丛》2016 年第 3 期，第 32—48 页。

②《宋史》卷 181《食货下三》。

文。（五）各地盐课以往每引价中统钞三十贯。今后每引卖价为至元钞二贯加中统钞十贯，如全交至元钞者可交四贯。（六）茶酒醋税以及竹货、丹粉锡碌等征课，一律按原标准计算，交至元钞者以一当五，照原标准交中统钞者也听便。（七）一切公私债务，原借中统钞而以至元钞还时，以一当五，所有放债及催收人员不得为难债务人。（八）在平准库工作的官员，如遇收支交易，应给人民方便……（九）在各种交易中，如仍用中统钞进行时，应按照现价成交，不得借故斗涨价格……（十）民间缺少小钞，兑换有困难。现在发行的至元钞是从二贯至五文分为十一等，以便民用。（十一）伪造通行宝钞者处死刑，为首告发者赏银五锭，并将犯人家产赐给首告者。（十二）委托各路长官每半月检查平准库一次……（十三）所有田宅典当事务，必须以宝钞为标准定约，不准改以丝棉等实物定约，以免妨碍钞法推行……（十四）主管官员不得向平准库收买金银及将多余昏钞倒换。如有违犯，应行治罪……”[①]具体来看，第（一）条到第（三）条规定了新旧钞之间如何兑换，包括兑换比例、兑换成本和兑换地点。第（四）条到第（七）条、第（十）条和第（十三）条则试图以使用便利、税收优惠、债务减免和购买商品优惠等方式来促进新纸币流通使用。其他条例则规定了新纸币日常流动中需要管理的事项，如发现假钞如何处理、确保准备金充足和市场物价管理的基本原则等。总的来看，叶李提出的这个“钞币条画”是世界上最早而又较完备的不兑换纸币发行条例，其内容几乎囊括了政府发行不可兑换纸币所涉及的所有方面[②]，体现了中国传统经济思想在货币领域的创新。

在西方类似的纸币思想和实践要远远晚于中国。西方早期的纸币尝试源于 16—17 世纪在英国出现的金店券[③]。当时英国伦敦的金店由于信用卓

① 胡寄窗：《中国古代经济思想的光辉成就》，中国社会科学出版社，1981，第 66—68 页。
② 胡寄窗：《中国古代经济思想的光辉成就》，中国社会科学出版社，1981，第 68 页。
③ 刘方健：《东西方纸币产生途径的比较研究》，《四川金融》1994 年增刊，第 39—41 页。

著，吸引了大量客户存放金银，并以此为基础开展银行贷款业务。它们发放给客户的收据被当作货币使用，可以流通，被称为金店券。西方发行纸币的尝试最早是 17 世纪末到 18 世纪初，在美国始于 1692 年，在法国始于 1716 年，在英国始于拿破仑战争时期。成熟的纸币体系直到 19 世纪中叶才出现[①]。当时各国实行金本位制度，规定只有中央银行或者指定的银行才有资格发行银行券，并采取部分准备金制度。在这一时期除了少数的辅币以外，金属货币已经停止铸造和流通。从上面的对比可看出，在纸币方面实践的超前性彰显了中国古代纸币制度思想的高度创新性。

总的来看，中国传统货币发行思想创新性很强。从演化和创新的角度看，货币发行思想随着时代和经济的变化而变化，形成了不同的货币发行制度。在宋代以前，我国的商品经济还不够发达，流通货币主要是金属货币，货币发行思想的讨论核心在于铸币权是否应该完全由国家控制；到了宋代和元代，随着商品经济的发展，货币在社会经济中的重要性增强，纸币也应运而生，货币发行思想的主要关注点变为保证流通中纸币的币值稳定，并形成了一套完整的纸币管理条例。这充分体现了古代思想家随时空背景变化而推陈出新的创新能力。从中西比较的角度看，西方在货币发行思想上和中国的同类思想存在较大差距。这主要是由于西方国家受到集权差异和商品经济发展程度等的限制，缺乏出现类似的货币管理思想创新的必要的条件。

（二）货币流通思想

在购买物品时货币发挥的支付手段职能是流通中最常见也是最重要的职能，因此关于货币购买力的分析也是中国传统货币思想关注的重点。墨子很

① [苏]苏联科学院经济研究所：《政治经济学教科书》，中共中央马恩列斯著作编译局译，人民出版社，1955　第 81—82 页。

早就关注货币和商品之间的关系，其在《墨子·经说下》中提出：“买，刀、籴相为贾。刀轻则籴不贵，刀重则籴不易。王刀无变，籴有变，岁变籴，则岁变刀。”[①]即表明货币（“刀”）与商品（“籴”）之间的价格是相互联系的。假如货币贬值，商品的价格虽然上涨但二者都要反映其价值，故无所谓商品变贵。相反，如果货币升值，则商品价格下降但二者都要反映其价值，故无所谓商品变便宜。王刀的法定价值不变，但商品价格经常变动会影响王刀的购买力。例如，商品价格每年都发生变动，则王刀的购买力也将年年变动。具体分析这一观点可以发现，“刀、籴相为贾”表明他们肯定货币是商品，也有价格，而其价格是通过商品来表现的。“岁变籴，则岁变刀”表明货币的购买力随物价的变动而变动。总体上看，《墨子》中的货币思想虽然相对简略，但鉴于其出现时间较早，依然是中国传统货币思想的创新之一。

进一步来看，对货币购买力的思考最终会指向货币和商品之间相对比值变动的研究，即得出货币数量论。事实上，在春秋战国时期就有针对货币数量的讨论。例如《管子·山国轨》中指出：“国币之九在上，一在下。币重而万物轻，敛万物，应之以币。币在下，万物皆在上，万物重十倍。”[②]其中，“上”是指封建国家回收流通中的货币，“下”意味着货币在民间流通。完整的含义是流通中货币数量的增减使市场商品价格随之呈正比例变动，相对的单位货币的购买力也随流通中货币的多寡而升降。对于货币购买力变动的原因，《管子》指出了两点：一是流通中货币数量的变动，国家投放货币多，货币购买力低，反之货币购买力高。二是比较有特色的一点，《管子·地数》认为“令疾则黄金重，令徐则黄金轻”[③]，即政府征收税收的强度会影响货币购买力的大小。因为政府征收税收的速度越快、力道越大，纳

①《墨子》卷 10《经说下第四十三》。
②《管子》卷 22《山国轨第七十四》。
③《管子》卷 23《地数第七十七》。

税人急需货币缴税，相当于货币需求增加，在政府不提供额外货币的情况下，货币的购买力会越大，反之越小。《管子》的货币数量说对我国古代的货币思想产生了持续影响。东汉的张林和南齐的孔觊分别从不同的角度论述了货币购买力的变动。东汉时期，国家长期处于通货膨胀中，所以张林分析了通货膨胀问题，指出："今非但谷贵也，百物皆贵，此钱贱故尔。"[①]南齐时期，通货紧缩问题严重，孔觊认为："三吴国之关阃，比岁被水潦而籴不贵，是天下钱少。非谷穰贱，此不可不察也。"[②]这是从货币紧缩角度考察货币购买力的增大。唐代的刘秩在《管子》的基础上，进一步完善扩充了货币数量论，明确地将货币购买力大小和货币数量多少联系在一起。他指出，"夫物重则钱轻，钱轻由乎物多，多则作法收之使少；少则重，重则作法布之使轻。轻重之本，必由乎是"[③]。从中西对比来看，中国在货币购买力思想方面的创新远早于欧洲。类似的思想在欧洲 17 世纪古典经济学出现以后才开始被人们重视[④]。其中货币数量论直到 16 世纪才出现。雏形由数学家尼古拉·哥白尼（Nicolaus Copernicus）提出，洛克、大卫·休谟（David Hume）、让·博丹（Jean Bodin）等对其进行了补充发展，而这一理论的发展也与当时源源不断供应的金银货币密不可分[⑤]。

《管子》对货币数量的研究并没有停留在理论分析上，还提出了相应的货币政策创新，即设置"环乘之币"（又被称为"公币"）[⑥]。具体来说，由国家出面设立货币流通基金，通过货币投放和回笼来控制重要商品的价格，

---

①《晋书》卷 26《食货志》。

②《南齐书》卷 37《刘悛传》。

③《旧唐书》卷 48《食货志上》。

④ 可以参考马歇尔的研究，他系统地回顾了古典学派亚当·斯密、李嘉图等人对货币购买力变动的相关研究。详见[英]马歇尔：《货币、信用与商业》，叶元龙、郭家麟译，商务印书馆，2017，第 24—25 页。

⑤ Volckart O. "Early beginnings of the quantity theory of money and their context in Polish and Prussian monetary policies, c. 1520-1550". *The Economic History Review*, 1997, 50(3): 430-449.

⑥《管子》卷 22《山国轨第七十四》。

进而稳定流通中货币的价值。就当时来看，最重要的商品是粮食，所以也可将其理解为国家用来贷放给农户维持生产消费的基金。“环乘之币”是根据全国各地的人口和田地数量设置的。政府通过细致统计了解各地田地、人口情况，来判断不同地区的粮食产量。政府一般在春季向农户提供贷款（提供货币）保证农业生产的正常进行，在秋季则根据不同农户的需求投放货币，对于有余粮的农户收购其余粮，对于粮食不足的农户提供贷款保证他们的消费需求。另外，手工业品也是当时的重要商品，也属于“环乘之币”的预购范围，采取和粮食类似的政策。政府实施“环乘之币”政策有以下几个好处：首先，能够控制各个地区的货币流通量，保证货币体系的正常运转；其次，这种贷款的方式一方面能够促进农业生产，另一方面也给粮食短缺的农户提供了消费基金来源；最后，粮食和手工业品是当时最重要的两种商品，政府掌握了这两种商品实际上相当于控制了物价水平。在世界范围内，这种货币基金的运用相当超前，在西方直到第一次世界大战以前也没有出现过类似的政策①。总的来说，“环乘之币”政策是我国古代思想家把货币数量论应用于政策实践的创造性尝试，无论是在中国还是在全球都是货币思想的重要创新之一。

传统的货币数量论只考虑货币数量和商品数量之间的关系，忽略了货币流通速度对货币购买力的影响，这不得不说是古代货币数量论的重要不足。在宋代，中国思想家克服了这一困难，明确指出了货币流通速度对货币购买力的作用。沈括提出了流通速度论，分析了流通速度对流通数量的作用。他说：“钱利于流（意谓流通）。借十室之邑有钱十万，而聚于一人之家，虽百岁，故十万也；贸而迁之（使其交换流通），使人飨（享）十万之利，遍于十室，则利百万矣。迁而不已（不停地交换流通），钱不可胜计。”②他已经

---

① 胡寄窗：《中国古代经济思想的光辉成就》，中国社会科学出版社，1981，第 24 页。
②（宋）李焘撰：《续资治通鉴长编》卷 283。

注意到，通货短缺是货币窖藏阻碍了货币流通的结果，认为加快货币流通就等于增加了货币量。虽然他没有提出类似费雪方程式那样的公式化的货币数量理论，但实际上已经很接近欧文·费雪（Irving Fisher）的观点了。例如，根据 $MV=PT$ 的数量公式，在货币和商品总量均不变的情况下（M 和 T 为固定值），流通速度提升（V 变大）会提高货币购买力（P 变大）。在西方，同样的理论创新直到 17 世纪才出现[①]。配第最先提出了货币流通速度的概念。他指出："……商业上所需要的铜币的数目要由人口数目及它们的交换次数来决定，并且主要地也要由最小的银币的价值来决定；同样，我国产业所必需的货币的数目，也要由交换次数及支付额大小（这往往不是法律或习惯所能规定的）来决定。"[②]随后洛克进一步将配第的概念进行了简化，他说："同一个先令，有时也许在二十天里起了支付二十个人的作用，有时却一连一百天存留在同一个人手中。"[③]对比来看，沈括对流通速度的描述比配第的更为简洁明了，同洛克的论述相比也毫不逊色。

（三）小结

由上文可见，中国传统金融思想中货币思想的创新主要集中在货币发行和货币流通两个方面。从货币发行思想角度看，中国的货币发行制度一直随时空背景发展演化，在不同时期创新出符合当时需求的发行制度。在商品经济不发达的古代，确保中央政府的铸币权是货币发行制度的首要目标；当商品经济发展到一个较高的程度之后，又创造性地发展出了全球最早的纸币发行管理制度，其中的管理条例几乎涉及了纸币发行需要考虑的所有方面。考虑到西方在近代才一步步出现纸币和相关的经济思想，中国古代的纸币思想

① 赵晓雷主编：《中国经济思想史》，东北财经大学出版社，2019，第 111 页。

② ［英］威廉·配第：《赋税论献给英明人士货币略论》，陈冬野等译，商务印书馆，1978，第 34 页。

③ ［英］约翰·洛克：《论降低利息和提高货币价值的后果》，徐式谷译，商务印书馆，1962，第 21 页。

和管理实践是人类经济思想中最具创新性的部分之一。从货币流通思想角度看，中国古代货币思想也表现出了很强的创新能力。从演化发展的角度看，从《墨子》对货币购买力的简单认识到《管子》中比较完整的货币数量论，人们对货币购买力的认识更加深入。更值得一提的是沈括提出的货币流通速度论。沈括开创性地指出货币流通速度对于货币购买力的影响，其理论水平已与古典货币数量论相差无几。上述内容充分表明了我国古代思想家在继承已有经济思想基础上开拓创新的能力。从中西对比的角度看，中国古代货币思想中对货币购买力、货币数量论和货币流通速度等问题的讨论均早于西方同类思想，表明我国在这方面的创新一度是领先全球的。其中，以“环乘之币”为代表的货币政策是政府把货币数量论应用于实际经济干预的创新之举，即把理论上的创新转化为政策上的创新。不过可惜的是，从历史经验来看，许多货币制度并没有发挥出设想中的作用，反而损害到了国家经济的发展，甚至成为政权动荡的肇始。出现这一情况的原因，除了实际执行过程中对原有制度的偏离外，还有就是货币理论发展的不平衡。从时间顺序来看，货币基础理论的创新也落后于货币制度的创新，货币流通制度的创新要明显落后于货币发行制度的创新。同样的，中国古代货币思想主要关注货币的起源、职能和制度，对货币价值的研讨却并不多。国家所推动的货币制度的创新为统治者在治理工具上提供了多种选择，但货币基础理论的不足则使制度成为空中楼阁。总的来说，中国传统货币思想在宋元时期就有了很多创新，虽然其在实践中屡遭挫折，但其相应的制度实践和经验教训仍具重要价值，值得我们深入研究和参考借鉴。

五、中国传统价值与价格思想的创新性

中国传统价值与价格思想的历史遗产，是中华民族光辉灿烂文化的重要组成部分。中国是世界上著名的文明发源地之一。随着早期社会生产力水平

的提高，出现了人类历史上第一次社会大分工——畜牧业与农业相分离。于是，从事畜牧业与从事农业的部落之间，经常进行着畜牧业产品和农产品的相互交换。随着交换进程的发展，商业开始独立出现，货币成为商品交换的媒介。自从货币出现以后，各种商品首先同货币相交换，使本身价值先在货币上反映出来，表现商品价值的一定量的货币，便是商品的价格。随着价格的问世，这种客观存在必然反映到人们的意识形态中，从而价格问题成为中国历代思想家所探讨的主要经济问题之一[①]。中国古代比较发达的商品货币经济为我国的价值和价格思想创新提供了条件，催生出了不逊色西方的思想创新。更进一步来看，中国大一统的政治模式使宏观层面的价格思想创新具有很强的中国特色，实现了理论和实践两个层面的创新，并对后来美国大萧条中的政策产生了影响，是中国对世界价格思想的重要贡献。本节从价值思想、微观层面的价格思想和宏观层面的价格思想三个方面考察中国传统价值与价格思想中的创新内容。

（一）价值思想

中国古代思想家对商品交换进行了较为深入的思考，其中涌现了很多关于价值问题的思想创新。墨子发现了使用价值和交换价值的区别。在关于鞋的讨论中指出："为非以人，是不为非。若为夫勇（踊），不为夫。为屦以买衣为屦，夫与屦也。"[②]意思是给一个双脚完整的人（夫）做一双"踊"（假脚）属于无用功。这并不是说假脚没有用。换成一个刖足者（被砍掉脚的人），它是有用的。如果做成屦（鞋）用来交换别的物品，那对做屦者来说就不能把它当屦用了，但对别人来说还是可以作屦用的。同一时期古希腊的亚里士多德也曾以"鞋"为例来说明一种物品有两种用途："同样是使用这

① 郑学益：《中国价格思想史稿》，中国物价出版社，1993，第 2 页。
②《墨子》卷 10《经说下第四十二》。

双鞋，有的用来穿在脚上，有的则用来交易。那位把鞋交给正在需要穿鞋的人，以换取他的金钱或食物，固然也是在使用‘鞋之所以为鞋’，但这总不是鞋的正用，因为制鞋的原意（是为了自己要穿着），不是为了交换。”[①]很明显，上述两个例子都体现了古典政治经济学中的“使用价值”和“交换价值”。亚里士多德被认为是最早阐述这一概念的人，为价值之谜的探索确立了第一个里程碑[②]。这是经济学术语赖以产生的根据，马克思对此也曾给予高度评价：“亚里士多德拿经济同货殖作对比。他从经济出发。经济作为一种谋生术，只限于取得生活所必要的并且对家庭或国家有用的物品……随着货币的发明，物物交换必然发展成为商品交易，而后者一反它的最初的宗旨，成了货殖，成了赚钱术。”[③]马克思直接肯定和继承了亚里士多德对使用价值和交换价值所做的区分。亚里士多德对以使用价值为目的的经济活动（家政治产、互惠交换）和以交换价值为目的的经济活动（赚钱术、货殖与钱贷）进行了区分。“亚里士多德所区分的使用价值与交换价值，恰恰被马克思改造和发展为理解前资本主义社会与资本主义社会的‘古今之别’，甚至资本主义社会的独特本质即‘资本逻辑’的关键标准。”[④]

孟子在分析不同商品价格高低的时候模糊地意识到了价值的存在。在《孟子·滕文公上》中，对于许行认为同一种商品只要数量一致则售价一致的说法，孟子反驳说：“夫物之不齐，物之情也；或相倍蓰，或相什百，或相千万。子比而同之，是乱天下也。”[⑤]这表明孟子认为商品本身的价值是

---

① [古希腊]亚里士多德：《政治学》，吴寿彭译，商务印书馆，1983，第 25 页。

② Fogarty M. “A history of value theory”, https://www.tcd.ie/Economics/assets/pdf/SER/1996/Martin_Fogarty.html, 2025-02-12.

③ [德]卡尔·马克思、[德]弗里德里希·恩格斯：《马克思恩格斯全集》（第四十二卷），中共中央马克思恩格斯列宁斯大林著作编译局编译，人民出版社，2016，第 138 页。

④ 郗戈：《〈资本论〉中的亚里士多德：家政与资本主义》，《教学与研究》2014 年第 9 期，第 28—35 页。

⑤《孟子》卷 5《滕文公上》。

由商品的“情”决定的。虽然他没有明确指出“情”是什么，但这说明他认识到了商品的价格由某种内在因素决定，发展了一种模糊的价值概念。与他同一时代的亚里士多德也有类似的看法：“没有等同性，就不能交换，没有可通约性，就不能等同。”[①]马克思对亚里士多德的看法给予了很高的评价，指出：“亚里士多德在商品价值表现中发现了等同关系，正是在这里闪耀出他的天才的光辉。”[②]综上，无论是墨子对使用价值和交换价值的区分，还是孟子模糊的价值概念，都显示出中国传统经济思想史领域也有不输于古希腊的“天才和创见”。

明代丘濬的货币经济思想中包含了劳动价值论的萌芽，是中国古代经济思想在价值理论中的重要创新。他指出：“所谓钞者，所费之直不过三五钱，而以售人千钱之物。呜呼，世间之物虽生于天地，然皆必资以人力而后能成其用。其体有大小，精粗，其功力有浅深，其价有多少，直而至于千钱。其体非大则精、必非一日之功所成也，乃以方尺之楮，直三五钱者而售之，可不可乎？！”[③]其中，“然皆必资以人力”表示商品的价值来源于人类的劳动。价格的高低则依赖于“功力”的深浅，意即劳动越多价格越高。相比之下，西方的劳动价值论最早由配第在 1662 年出版的《赋税论》中提出，而丘濬的《大学衍义补》在 1487 年就已问世，较前者领先了 175 年，正如赵靖所言，丘濬对于劳动价值论的创新“不仅在中国经济思想发展史上具有极大的意义，就是在世界经济学说史上也是值得称道的”[④]。总体上看，中国传统价值思想中包含的创新性内容不少，尤其是丘濬关于劳动价值

① ［德］卡尔·马克思、［德］弗里德里希·恩格斯：《马克思恩格斯全集》（第四十二卷），中共中央马克思恩格斯列宁斯大林著作编译局编译，人民出版社，2016，第 815 页。

② ［德］卡尔·马克思、［德］弗里德里希·恩格斯：《马克思恩格斯全集》（第四十二卷），中共中央马克思恩格斯列宁斯大林著作编译局编译，人民出版社，2016，第 816 页。

③（明）丘濬撰：《大学衍义补》卷 27《铜楮之币（下）》。

④ 赵靖主编：《中国经济思想通史》（第 4 卷），北京大学出版社，2002，第 1722 页。

的思想更是体现了我国古代思想家高水平的创新能力。

（二）微观层面的价格思想

除了价值理论的创新，有关价格分析的探索也促使许多重要的思想创新涌现。许多历经时间考验至今仍在经济学分析中被奉为圭臬的理论，也很早就在中国传统经济思想之中出现。微观层面的价格思想创新体现在出现了一批类似现代微观经济学的重要概念和原理，具体如下。

首先是价格弹性的概念。战国时期白圭在长期从事商品交易的过程中发现“欲长钱，取下谷”[①]。从经济学基本原理看，对于需求弹性较小的商品，价格变动对商品的销量影响较小。需求弹性小的谷物更是人们日常生活所必需的，购买的人数多且销量大，可以通过提高价格赚取差价，以此来获得稳定的利润。19 世纪末英国的新古典学派才出现类似的观点，马歇尔在《经济学原理》中引入了弹性的概念[②]。“如果其他情况不变，这种欲望每随他对这商品的所有量的增加而递减。但是，这种递减也许是缓慢的，也许是迅速的。如果它是缓慢的，则他对这商品所出的价格，就不会因为他对这商品的所有量的大量增加而下降很大；而且价格的小跌会使他的购买量有较大的增加。但是，这种递减如果是迅速的，价格的小跌使他的购买量只有很小的增加。在前一种情况下，他愿意购买此物的心理在一个小的引诱的作用下而大大扩展：我们可以说，他的欲望的弹性大。在后一种情况下，由于价格的下跌所造成的额外引诱，没有使他的购买欲望有任何扩大：也就是他的需求弹性小。”[③]尽管与马歇尔相比，白圭并没有将商品价格变动与需求变动的关系抽象为需求弹性，但他对这一概念在实际商业活动中的运用肯定有一

① 《史记》卷 129《货殖列传第六十九》。

② López F L G. “The concept of elasticity and strategies for teaching it in introductory courses of economics”. *Semestre Económico*, 2019, 22(51): 149-167.

③ ［英］马歇尔：《经济学原理》（上卷），朱志泰译，商务印书馆，2011，第 125 页。

定程度的理解。同时，考虑到白圭所处的时代，他对弹性的认识确实是一个了不起的思想创见。

其次是相对价格。《管子》探讨了相对价格的作用，他通过操纵某一商品（麻）的价格来影响另一相近商品（布）的价格。具体来说，就是“君守布则籍于麻，十倍其贾，布五十倍其贾，此数也。君以织籍，籍于系，未为系籍，系抚织，再十倍其贾。”[①]即国家在持有布的情况下，只需征收麻税即可使布价大涨，国家的财富也相应增加；如已持有大量丝绸制品，只需征收丝税即可使丝绸制品的价格也大幅上涨，从而充实国库。在西方，相对价格概念的出现时间难以考证，如穆勒在《政治经济学原理》中分析黄金外流现象时提到了黄金白银的相对价格，被认为是对黄金白银市场名义价格与相对（实际）价格变化的早期理解[②]。直到 19 世纪奥地利学派才明确了相对价格的概念，即一定商品价格的变化可以使其他一些与此有关的商品价格也随之发生某种程度的变化[③]。由于供求关系以及货币供应等因素的共同作用，这种比例关系经常发生变动，它不是由人们主观规定的，而是取决于一些客观因素的变化。相比而言，《管子》中的相对价格理论更多关注运用相对价格来赚钱，补充政府收入；不同于一些关注一般物价水平或价格平均值的理论，奥地利学派更看重的是相对价格的变化给生产和消费带来的影响。后者的理论水平更高，但管子在春秋战国时期就能考虑到应用相对价格来制定政策实属可贵。

最后是价格歧视原理。《管子》中对价格歧视原理的使用也是市场中经济思想创新的体现，国家对同一商品（用于建筑和棺椁的木材）对不同家庭（贫户或富户）收取不同价格。“握以下者为柴楂，把以上者为室奉，三围以

---

①《管子》卷 24《轻重丁第八十三》。

② Viner J. *Studies in the Theory of International Trade*, Routledge, 2017, 276-279.

③ 王元飞：《奥地利学派商业周期理论研究》，苏州大学硕士学位论文，2014。

上为棺椁之奉。柴楂之租若干，室奉之租若干，棺椁之租若干……巨家重葬其亲者，服重租。小家菲葬其亲者，服小租；巨家美修其宫室者，服重租。小家为室庐者，服小租。上立轨于国，民之贫富如加之以绳，谓之国轨。”[①]即将山中的木材按粗细分为木柴、建筑材料和棺椁的原材料。其中，对木柴一视同仁收取若干租金，而对建筑材料和棺椁的原材料则根据使用者的家庭情况收取不同的租金，有钱人多征收，穷人少征收。这里的租金实际上就是木材的价格，这种有差别的租金即价格歧视。关于这种以不同销售价格或收费标准向不同消费者提供相同商品的现象，直到20世纪20年代经济学界才提出了相关理论，即阿瑟·塞西尔·庇古（Arthur Cecil Pigou）关于价格歧视理论的研究[②]。他于1920年在《福利经济学》中指出：“当某种商品任何一单位的需求价格独立于每一其他单位的销售价格时，便非常有利于歧视，也就是说，此时歧视会给垄断者带来最大利益……第一种程度的歧视权力是，对全部不同的商品单位索要不同的价格，使每一单位的价格等于该单位的需求价格，不给买主留任何消费者剩余。第二种程度的歧视权力是，垄断者能够制定 n 种不同的价格，使需求价格高于 x 的所有商品单位按 x 价格出售，使需求价格低于 x 和高于 y 的所有商品单位按 y 价格出售，如此等等，以此类推。第三种程度的歧视权力是，垄断者能够把其客户区分为 n 个不同的组，能将它们彼此用某种好记的符号分开，并能对每组的成员索要不同的垄断价格。”[③]显然，《管子》中将木材以不同价格出售给不同人正对应了第三种程度的歧视权力，即第三类价格歧视。

---

①《管子》卷22《山国轨第七十四》。

② Milgrom P. “An essay on price discrimination”. In: Feiwel G R. *The Economics of Imperfect Competition and Employment*, Palgrave Macmillan, 1989, 365-386.

③［英］庇古：《福利经济学》（上卷），朱泱、张胜纪、吴良健译，商务印书馆，2006，第290—294页。

（三）宏观层面的价格思想

除了讨论微观市场上的价格变动，中国传统的价格思想在宏观市场上也有许多创见，并且有一定的连续性。早期的思想创新偏重理论方面（研究商品价格波动），后期的创新则是在前期理论创新基础上的政策创新（研究如何管理价格）。

价格思想中的理论创新始于对于商品价格如何波动变化的研究。《管子》提出了市场价格均衡波动的观点，它是轻重理论的核心。《管子》认为，商品的价格主要取决于流通领域，商品价格由供求决定，“物多则贱，寡则贵”[①]。既然如此，那么商品价格随供求关系变动也是正常的，是自发或人为地不断由轻到重或由重到轻的变化过程。“衡者使物一高一下，不得常固”[②]，所以不存在一个稳定不变的价格（“不得常固”）。就《管子》来看，这主要是由于一年有四季，农产品在各季节中的价格有天然的高低区别，如果使物价固定不变，则不利于反映商品的真实价格。在西方，虽然对均衡概念的认识古已有之，但在查理·弗朗索瓦·古诺（Charles Francois Gounod）和莱昂·瓦尔拉斯（Léon Walras）之前，“寻找一种正式的一般均衡体系是徒劳的。在更遥远的过去，我们所能找到的只是对一般经济相互依赖性的近似或替代版本的认识”[③]。其中，最有代表性的是以瓦尔拉斯为代表的洛桑学派的观点，他对价格均衡波动进行了分析，被认为是现代一般均衡理论之父[④]。对于一般商品来说，商品价格上升会促使商品的供给增加、需求减少，当供给超过需求时商品价格就会开始回落。同样，商品价格下降

①《管子》卷22《国蓄第七十三》。

②《管子》卷24《轻重乙第八十一》。

③ Spiegel H W. “A note on the equilibrium concept in the history of economics”. *Economie appliquée*, 1975, 28(4): 609-617.

④ Walker D A, “Walras, Léon”. In: Macmillan Publishers Ltd. *The New Palgrave Dictionary of Economics*. 3rd ed. Palgrave Macmillan London, 2018, 14443.

会促使商品供给减少、需求增加，当供给少于需求时商品价格就会回升[①]。因此商品价格会因为供求变化而在均衡价格上下波动。两者的差异在于《管子》强调价格波动变化，不太关注均衡价格，而在现代经济学中均衡价格是物价波动的中心。

基于上述对市场中商品价格波动必然性的认识，范蠡提出了一个符合实际情况的市场价格管理理论，即政府调控粮食价格的首要目标不是使粮食价格保持稳定，而是使其维持在一定范围内。《史记・货殖列传》记载，范蠡在论述如何处理市场价格时指出："夫粜，二十病农，九十病末。末病则财不出，农病则草不辟矣。上不过八十，下不减三十，则农末俱利，平粜齐物，关市不乏，治国之道也。"[②]这一政策是从粮食价格的变动对农、工、商三大社会经济部门的影响出发的，而不是只考虑农民和一般非农业消费者的利益。同时，这个价格政策的基本精神不是追求一个稳定的粮食价格，而是要求市场的粮食价格维持在一定的波动幅度内。在西方，以马歇尔为代表的均衡价格理论在"一战"前后仍追求着一个稳定的均衡价格水平[③]。直到20世纪50年代，肯尼斯・约瑟夫・阿罗（Kenneth J. Arrow）和罗拉尔・德布鲁（Gerard Debreu）以及莱昂内尔・麦肯齐（Lionel Mckenzie）创立了现代一般均衡理论，浮动价格机制才开始被广为接受[④]。

正是有了上述市场价格管理理论基础，中国政府对价格管理制度进行了一系列创新。汉代的桑弘羊在延续《管子》、范蠡的思想后，创立了平准制度，利用市场价格的自发作用来实现稳定价格的目的。平准法具体实施的方

---

① ［法］莱昂・瓦尔拉斯：《纯粹经济学要义》，蔡受百译，商务印书馆，1989，第 178 页。

②《史记》卷 129《货殖列传第六十九》。

③ Whitaker J K. "Marshall, Alfred(1842-1924)". In: Macmillan Publishers Ltd. *The New Palgrave Dictionary of Economics*. Palgrave Macmillan London, 2018, 8350-8375.

④ Arrow K J, Debreu G. "Existence of an equilibrium for a competitive economy". *Econometrica*, 1954, 22(3): 265-290; McKenzie W L. "On the existence of general equilibrium for a competitive economy". *Econometrica*, 1959, 27(1): 54-71.

法是，在京师长安设置名为“平准”的机构[①]。该机构掌控均输贡物所剩余的物品，以及工官制作器物中用作商品的部分。当市场上某种商品的价格因供不应求而上涨时，该商品由平准以低价抛售，若价格下落，则由平准收购，使物价保持稳定[②]。平准制度的推行，在一定程度上平抑了物价，限制了市场上的投机活动，特别是限制了富商对市场的操纵，对人民也有一定的好处。桑弘羊设立平准指导思想的特点，在于他不像一般封建时代的思想家那样，把封建王权作为唯一的法宝，而是利用市场价格的自发作用来实现稳定价格的目的[③]。桑弘羊提出的“平准”继承于前人的思想，他是把前人的思想加以发展并具体推行而又大获成功的人。

王莽不满足于通过平准来保证价格稳定，还推行了一个更为独特的“市平”措施，试图通过政府和市场结合的方式确定基准价格。具体来看，政府以国内各大城市“中月”（阴历的二、五、八、十一月）的商品价格为基础，同时考虑商品种类相同但质量有差异的状况对各种重要商品（五谷及丝帛）设定上、中、下三种基准价格，这就是“市平”。市场上的重要商品，理论上应该按照基准价格出售。对于实际售价超出基准价格的情况，原则上如果基准价格不超过“市平”就不加干预，一旦超过政府就会加以限制。如果实际售价低于基准价格则不予干预。总的来看，王莽的“市平”制度有几个显著的特征[④]：首先，重要商品的定价不再由市场自行决定，而是在政府监督管理下产生，试图通过这种措施稳定物价；其次，虽然政府参与市场价格制定，但基准价格在大部分情况下还是市场根据客观情况决定的，除非出现重要商品价格大幅上涨的情况，否则政府在原则上不予干预；最后，“市平”对商品种类的干预是有限的，该政策的核心是保证重要商品的价格稳

---

① （汉）桓宽撰：《盐铁论》卷1《本议第一》。

② 赵峰：《“平准”思想的古代应用及其对当代物价调控的启示》，山西财经大学硕士学位论文，2007。

③ 刘富钊：《中国古代市场经济思想成就考评》，《社会科学家》1999年第5期，第47—52页。

④ 胡寄窗：《中国古代经济思想的光辉成就》，中国社会科学出版社，1981，第40页。

定，其他次要商品可以随行就市，自由涨跌，政府不加干预。

对市场价格的高效管理是建立在对市场信息的全面掌握之上的，这种需求推动了相关的制度创新。唐代的刘晏为了解决粮食价格波动幅度过大的问题，推出了“常平”法，由中央政府直接负责粮价调控问题。相比于之前的价格管理制度，刘晏意识到他面对的最严重的问题就是如何确保有真实可靠数据用于管理市场价格。为此，他创造性地提出设立商业情报网的举措，以此掌握全国各地区的商情及物价动态，以便及时予以处理。刘晏令全国各道的巡院，不惜重价“募驶足，置驿相望，四方货殖低昂及它利害，虽甚远，不数日即知”[①]。这是利用政府主要以驿道快马传递公文的办法，用以搜集各地商情动态。加速驿马传递，公文日内传到长安完全是有可能的。刘晏的举措能稳定物价，使“天下无甚贵甚贱之忧”[②]，能防荒歉谷价暴涨于未然，能“权万货重轻”[③]以获重利。在中国历史上刘晏是注重创设商业情报网以搜集商情动态的理财家代表。这种关注市场信息的经济思想相当超前，是中国古代价格管理思想在政策层面的重要创新。从中西比较的角度看，在现代以前西方国家没有出现过类似的市场价格管理思想和实践[④]。实际上西方最早实施类似中国的市场价格管理政策的是第二次世界大战时期的美国。根据李超民的考证，大萧条时期美国罗斯福新政推出的农业政策受到了中国市场价格管理思想（常平仓思想）的影响[⑤]。由此可见中国古代的价格管理思想和政策实践不仅具有创新性，还在国外产生了重大影响。

---

①《新唐书》卷 149《刘晏传》。

②（宋）司马光撰：《资治通鉴》卷 226《唐纪四十二》。

③《新唐书》卷 149《刘晏传》。

④ 胡寄窗：《中国古代经济思想的光辉成就》，中国社会科学出版社，1981。

⑤ 李超民：《大国崛起之谜：美国常平仓制度的中国渊源》，中央编译出版社，2014。

（四）小结

中国传统的微观层面的价值与价格思想有不少智慧的闪光，与现代经济学中的一些概念和理论，如使用价值与交换价值、价值理论、价格弹性、价格歧视等具有相通之处。从时间上来看，不少经济思想的出现要远远早于西方类似的思想，因而它的创新性不言而喻，这表明古代中国十分重视对经济活动具体细节的观察。从演化发展角度来看，微观上的创新都处于零散状态，由于未对相关概念逻辑进行一定程度的抽象和概括，这些创见并没有得到系统的归纳、继承和发展。相比而言，中国传统宏观价格思想的创新是一个连续推进的过程，即从观察到市场商品价格的波动趋势，到以此为依据建立一个浮动的商品价格体系。这种连续式的推进也与中国古代的政治体制相适应。中央集权的封建国家政权为了巩固和发展自己所赖以建立的封建经济基础，为了社会秩序的长治久安，也为了封建王朝的财政收入，必须从整个国家、从国民经济的全局出发，对价格进行宏观管理，处理和调剂商品供求、价格变化、货币敛散、财政收支等相互之间的各种关系[①]。总的来说，从中国传统价值与价格思想的创新性上看，微观上的创新由市场力量自下而上推动，呈现出活跃而零散的状态；宏观上的创新则由国家自上而下主导，呈现为连续而单一的状态。在缺乏竞争、追求稳定的局面下，宏观价格思想的创新通常在国家引导下，沿着特定方向发展。在国家统治力边界的微观价格领域，更容易出现由市场主导的多样化创新。

六、中国传统人口思想的创新性

人口作为有生命的个体所组成的群体，是人类社会的主体，也是人类全部社会活动和社会行为的主体。社会生产行为是人类社会存在和发展最重要

① 郑学益：《中国价格思想史稿》，中国物价出版社，1993，第 5 页。

也是最基本的实践活动，而人口正是“全部社会生产行为的基础和主体”[①]。如何对人口进行相应的管理来维持社会的稳定，是统治者必须考虑的问题。在工业革命前的农耕国家中，物质生产都依靠体力劳动，而国家实力的强弱则由人口的多寡来决定，古代中国也不例外。因此，在中国先秦以前的典籍中，关于人口的政策和思想有许多记载。早在公元前 8 世纪，根据《国语·周语》的记载，周宣王为了补充兵员曾经“料民于太原”，即专门在山西太原统计人口数量。《周礼》对人口问题也极其重视。《周礼》针对人口管理制定了一套专门的政策，从上到下设置了一系列官员用于管理人口事务。比方说，大司徒负责管理全国的“人民之数”，小司徒（大司徒的副职）负责管理某一区域，“乃均土地，以稽其人民，而周知其数”[②]。毕竟对政府来说如何管理好人口以增强国力也是一件值得考量的事情。从创新性角度看，中国传统人口思想存在比较明显的演进发展的脉络。一是在宋代以前，由于人口和资源财富的矛盾冲突相对较小，主流的人口思想向来是认为人口越多越好，把增加人口总量放在讨论的核心位置，提出的政策创新多以促进人口增长为首要目标。宋代以后，随着人口和资源矛盾日益突出，中国传统人口思想也与时俱进，发展出了对人口的新看法，人口过剩思想日益成为主流。二是人口职业结构思想从最早的四民分业定居论逐步发展演变到傅玄时期依据社会需求确定人口职业结构的思想，有很大的发展创新。下面将根据这两条主线讨论中国传统人口思想中的创新性内容。

（一）人口数量思想

宋代以前的传统人口思想对最优人口数量的看法总体上是认为越多越

---

① ［德］卡尔·马克思、［德］弗里德里希·恩格斯：《马克思恩格斯全集》（第三十卷），中共中央马克思恩格斯列宁斯大林著作编译局编译，人民出版社，1995，第 41 页。

②《周礼·地官司徒》。

好。最有代表性的是墨子的看法，他从人地比例的角度分析了最优的人口数量问题，指出财富增加速度快于人口增加速度，所以人口数量越多越好。他参与过农业实践，所以他着重分析了土地和人口之间的关系，认为当时地多人少。“然则土地者，所有余也；王民者，所不足也。”[①]对于人口和财富之间的联系，他认为“孰为难倍？唯人为难倍”[②]，即人口翻倍的难度远大于财富加倍，因为财富可以通过富人节约快速增加，而人口增加却需要大量时间。这是全球最早的关于人口和财富间关系的论述[③]。

随着战国时期人口增长，人口和财富（主要是土地）之间的矛盾在部分地区激化，有思想家提出了人口过剩的思想。商鞅就是其中的典型，从总体上看他支持增加人口，认为人口是国家富强的关键，但他注意到在某些情况下也不是人口越多越好。商鞅深入地探讨了人口与特殊的财富（土地）的关系。他认为，人口数量和土地规模需要达到一个适当的比例才有利于经济发展。“民胜其地，务开；地胜其民者，事徕。开，则行倍。民过地，则国功寡而兵力少；地过民，则山泽财物不为用。”[④]相比于之前的人口思想，商鞅创造性地将人口数量和土地数量结合在一起，指出人口并不是数量越多就越好，还需要考虑土地多寡，如果地少人多，那么人口数量单纯增加对国家治理不利。

这种人口过剩思想被韩非进一步发展。韩非从人口增长速度的角度论述人口过多的危害，强调人口增长速度超过财富增长速度不利于经济增长。“今人有五子不为多，子又有五子，大父未死而有二十五孙。是以人民众而货财寡，事力劳而供养薄，故民争”[⑤]，即当人口大量增长，物质资料不

①《墨子》卷5《非攻中第十八》。
②《墨子》卷6《节用上第二十》。
③ 胡寄窗：《中国古代的人口政策与人口思想》，《经济研究》1981年第1期，第72—78页。
④《商君书》卷2《算地第六》。
⑤《韩非子》卷19《五蠹第四十九》。

足，人民得到的给养不足时，就会产生纷争，这几乎就和“马尔萨斯陷阱”的表述一致了，但韩非并不是不赞同增加人口，而是认为人口增长要受到财富增长的约束，这实际上是一种关于人口数量的更为科学合理的看法。此外，韩非的人口思想还有一点值得称赞，他和墨子均研究了人口数量和财富数量的关系，但韩非的研究注重从财富生产的角度比较两者的关系，这是近代人口思想研究的主要思路[①]。韩非早在战国时期就从这种新角度讨论人口问题是难能可贵的。同一时期在西方，柏拉图在《理想国》中针对人口数量进行了不少论述。与中国传统人口思想不同，由于城邦规模受限，希腊时期的人口思想表现出了不同的发展方向。为了维持城邦的理想规模，柏拉图人口思想的核心是保持城邦中人口数量的稳定，人口过多或过少都是不利的[②]。另外，柏拉图的人口只包括很小一部分的公民，而大量的奴隶并不在考虑范围之内。亚里士多德也有类似的看法，“一个城邦最适当的人口限度：这该是足以达成自给生活所需要而又是观察所能遍及的最大数额”[③]。总的来看，希腊的人口思想主张人口适度发展，而中国传统人口思想注重人口数量增加，实现富国强兵。

自北宋人口不断增加（北宋末年更是突破 1 亿人），人口过剩的矛盾越来越大，传统的人口数量越多越好的思想不断受到质疑，提出人口过剩思想的思想家越来越多。宋代的苏轼第一次明确地否定传统人口思想，提出人口“以多为患”的观点[④]。他指出，“古者以民之多寡为国之贫富，故管仲以阴谋倾鲁、梁之民，而商鞅亦招三晋之人以并诸侯……然以今之法观之，特便于徭役而已，国之贫富何与焉？非徒无益于富，又且以多为患，生之者寡，

① 胡寄窗：《中国古代的人口政策与人口思想》，《经济研究》1981 年第 1 期，第 72—78 页。

② 马涛、刘宇：《中国传统人口经济思想的特点与启示》，《学术月刊》2022 年第 7 期，第 70—79 页。

③［古希腊］亚里士多德：《政治学》，吴寿彭译，商务印书馆，1983，第 356 页。

④ 胡寄窗：《中国古代的人口政策与人口思想》，《经济研究》1981 年第 1 期，第 72—78 页。

食之者众，是以公私枵然，而百弊并生。”[①]宋元之际的马端临、明代的徐光启对人口过剩都有论述。其中，马端临从一个全新的视角否定了人口数量多即国家富强的观点。他提出了人口质量问题，认为“古者户口少而皆才智之人，后世生齿繁而多窳惰之辈”，即古代人少但人口质量高，后世人口数量虽多，但质量不佳，如不考虑质量问题，只注意数量，则“民之多寡，不足为国之盛衰”[②]。马端临的理论虽然略显粗糙，但实际上已涉及现代经济学中提倡的人力资本理论的重要观点，即人口质量对经济发展至关重要，就如西奥多·W. 舒尔茨所言：“人口质量和知识投资在很大程度上决定了人类未来的前景。”[③]徐光启则从与韩非类似的角度，指出了人口增长过快的问题。他说：“生人之率，大抵三十年而加一倍，自非有大兵革，则不得减。”[④]

随着清代商业和农业的发展，在人口骤增超过 3 亿，达到历史高峰，人口压力越来越大的背景下，洪亮吉提出了他独树一帜的绝对人口过剩理论。他对未来的人口规模进行了分析，指出：“然言其户口，则视三十年以前增五倍焉，视六十年以前增十倍焉，视百年、百数十年以前不啻增二十倍焉。”[⑤]为了解决人多地少的问题，洪亮吉试图通过天地调剂法和君相调剂法来控制人口。天地调剂法是指依靠“水旱疾疫”等天灾使人口减少，君相调剂法是指通过移民、垦荒、减税、赈济等方式开发利用土地，缓解人口过多的压力。同时，洪亮吉还注意到，“为农者十倍于前而田不加增，为商贾者十倍于前而货不加增，为士者十倍于前而佣书授徒之馆不加增”[⑥]。显然，他是为人们的就业而焦虑，这是一个绝对人口过剩的问题。在西方世

① （宋）苏轼撰：《东坡七集》卷 22《国学秋试策问二首》。

② （元）马端临撰：《文献通考 · 自序》。

③ [美]西奥多 · W. 舒尔茨：《人力投资——人口质量经济学》，贾湛、施炜等译，华夏出版社，1990，第 1 页。

④ （明）徐光启撰：《农政全书》卷 4《玄扈先生井田考》。

⑤ （清）洪亮吉撰：《卷施阁文甲集》卷 1《意言 · 治平篇》。

⑥ （清）洪亮吉撰：《卷施阁文甲集》卷 1《意言 · 生计篇》。

界，与其同时代的马尔萨斯著有《人口原理》，其中也强调人满为患的问题，不仅如此，两人的论证方式和解决方案也相当类似[①]。从论证方式上看，两者都强调人口增长速度（类似指数增长）远高于财富增长速度（类似线性增长）；从应对方式上看，两者都认为自然灾害和政府调节能缓解人口过剩问题。不过相较而言，洪亮吉的解决方案比马尔萨斯的更好，前者主张通过扩大生产的方式来消化多余人口，比后者强调通过道德约束或者战争手段来减少人口更为科学合理。总的来看，洪亮吉和马尔萨斯在同一时期提出类似的人口理论，可以说是中国传统经济思想具有创新性的一个有力证据。

（二）人口结构思想

中国古代不仅注重人口数量问题，对人口的结构，尤其是人口的职业结构也有很多有创新性的观点。中国传统经济思想中包含了不少社会分工的思想，在此基础上形成了人口职业结构思想。早在周代，《周礼•天官冢宰》提出“以九职任万民”，即要对全国人民的职业加以规划，使民众各安所居。《史记·货殖列传》中记载：“《周书》曰‘农不出则乏其食，工不出则乏其事，商不出则三宝绝，虞不出则财匮少。’财匮少而山泽不辟矣。此四者，民所衣食之原也。”这说明在周代思想家就已经认识到了人口职业结构对国家经济稳定至关重要。管仲提出了四民分业定居论，指出“定民之居，成民之事”[②]。他认为，要将人口合理地分配到四种不同的职业之中，一方面能提高个体的熟练度，提升效率，另一方面合理的职业分工也有利于经济发展。管仲是第一个提出四民分业定居论的思想家，后世的人口职业结构思想都受到他的观点的影响。战国时期的商鞅和韩非从农战理论的角度出发，发展了人口职业结构思想。商鞅认为，农业是主要产出部门，国家富强的关键在于

---

① [英]马尔萨斯：《人口原理》，朱泱、胡企林、朱和中译，商务印书馆，2011。

②《国语》卷6《齐语》。

农业部门得到发展。“百人农，一人居者，王；十人农，一人居者，强；半农半居者，危。”[①]这就是说，限制非农业人口增长、增加农业人口能促进经济发展，富国强兵。到了韩非那里，出现了类似生产性劳动和非生产性劳动的劳动类型。韩非在《五蠹》中将儒家学士、善于言谈的纵横家、游侠、逃避兵役的人、工商业者的劳动视为非生产性劳动，将人口分配到这些职业中不利于国家富强。为此，他也主张积极增加农业人口，压缩非农业人口。在西方，将劳动类型进行划分并加以区分的思想起源于亚里士多德对人类获取财富的经济活动的区分[②]。他认为，“自然”的财富获取方式指人类从事生活必需品的生产劳动，而以赚取货币利润为目的的商业则是“不自然”获取财富方式的代表，应当受到鄙视和抑制[③]。这一思想影响了后世西方的思想家，重农学派和亚当·斯密主张为了促进经济发展要增加生产性劳动投入的思想正是对这一思想的创新和发展。从中西比较的角度看，中国的传统人口职业结构思想中早已包含了这类理论创新。

魏晋傅玄则对人口的职业分配提出了更具体的规划：“先王分士、农、工、商以经国制事，各一其业而殊其务……故虽天下之大，兆庶之众，无有一人游手。分数之法，周备如此……今圣明之政资始，而汉魏之失未改，散官众而学校未设，游手多而亲农者少，工器不尽其宜。臣以为亟定其制，通计而天下若干人为士，足以副在官之吏；若干人为农，三年足有一年之储；若干人为工，足其器用；若干人为商贾，足以通货而已。”[④]傅玄人口思想最大的创新在于他主张按社会各行业的客观需要具体规定士、农、工、商等行业的从业人员人数。具体来说，他认为在满足农业部门以外的部门正常运

①《商君书》卷1《农战第三》。

② Olsen E K. “Productive and unproductive labor”. In: Brennan D M, Kristjanson-Gural D, Mulder C P, et al. *Routledge Handbook of Marxian Economics*. Routledge, 2017, 122.

③ 胡寄窗:《政治经济学前史》，辽宁人民出版社，1988，第111—116页。

④《晋书》卷47《傅玄传》。

转的人力需求后，剩余的人口应当全部配置到农业部门中。这个观点极具创新性，在他以前的思想家大多是从促进生产的角度来看人口是如何在不同职业分配的，没有人像他一样从社会需求的角度考察该问题，而且他还强调了各个部门维持正常运转的最低人力需求[①]。从中西比较的角度看，欧洲中世纪工商业的基尔特制度[②]曾严格规定各业成员人数，但其目的只在于防止本行业各作坊间的竞争，而非规划各经济部门的从业人员人数。所以相比之下，傅玄的思想更具创新性。从现代意义上讲，傅玄的建议实际上是要求政府在掌握全社会各行业劳动需求的基础上，实施一种全国范围内的劳动就业计划，而资本主义世界在十月革命之后才开始重视全国规模的劳动就业计划[③]。

（三）小结

从上面的回顾可以看出，中国传统人口思想具有一个相当鲜明的特征，即以国家为本位思考人口数量、人口结构与富国强兵的关系，本质上是一种人口管理思想，涉及管理人口数量和人口结构。通过我们的梳理可知，传统人口思想的创新点就是中国古代思想家和政治家在研究处理上述问题的过程中出现的。对于传统人口思想的创新性，可以从演化发展和中西比较两个角度来总结。就演化发展的角度看，随着中国生产力的不断发展，人口规模的持续扩大，人口数量思想从墨子时期的人多即国富的思想先演变为商鞅时期的关注人口数量相对过剩的思想；到宋代以后，人口数量和物质财富之间的冲突日益严重，最终发展出了洪亮吉的绝对人口过剩理论。对于人口职业结

---

① 胡寄窗：《中国经济思想史》（中），上海财经大学出版社，1998，第 240 页。

② 基尔特制度，即职业相同者基于互助精神组成团体、相互救济的制度。该制度起源于欧洲中世纪，为人寿保险的雏形，该制度创始之初，有商人基尔特与工人（手工）基尔特两种，当团体中的会员死亡、身患疾病或遭受火灾、窃盗等灾害时，会员共同出资予以救济。

③ 胡寄窗：《中国古代经济思想的光辉成就》，中国社会科学出版社，1981，第 48 页。

构思想，早期的职业结构管理仅涉及人口划分，即将所有人口划分为不同的职业；韩非创造性地明确了不同职业间的差异，主张将人口多配置于生产性职业；傅玄则更进一步，试图从社会需求的角度在不同部门配置人口，在保证其他部门正常运转的前提下尽量提高农业部门的劳动力投入力度。综上所述，无论是人口过剩思想还是人口职业结构思想都有明确的发展演进脉络，体现了传统人口思想随着时空背景发展创新的能力。

从中西比较的角度看，宋代以前中国古代的人口思想与同时代西方的人口思想相比各有千秋，基于各自的历史背景发展出了不同的人口思想。中国思想家基于人多地少但有发展空间的情况提出了相对人口过剩理论，而西方的思想家如柏拉图根据希腊城邦的实际情况提出了适度人口数量理论。到清朝时期，洪亮吉几乎和马尔萨斯同时提出绝对人口过剩理论，而且两人的论证方式和应对方法都存在很多相似之处。所以从中西比较的角度看，中国古代的人口思想也具有很强的创新性。总的来说，尽管由于科学技术发展方面的限制，中国传统人口思想存在一定的不足，但其中仍有大量创新，这为维持一个幅员辽阔、人口众多的统一国家提供了重要支撑。

七、中国传统土地制度思想的创新性

土地制度思想是中国传统经济思想中较为重要的一个领域。巫宝三认为："在古代社会，土地关系是居于支配地位的社会生产关系。我们说《乘马篇》是《管子》经济思想的核心，就是说它所阐发的管仲关于变革土地赋税的思想，在整个《管子》经济思想中是居于主导地位的。《管子》有《轻重》十六篇论述交换和货币关系问题。但是，交换和货币关系在古代社会生产方式中不是处于主导地位，而是处于从属地位。"[①]赵靖则指出："封建社

① 巫宝三：《〈管子·乘马篇〉经济思想的研究》，见北京师范大学政治经济学系、《经济学集刊》编辑委员会《经济学集刊（2）》，中国社会科学出版社，1982，第 143 页。

会的主要生产部门是农业，土地是农业中的最主要的生产资料，而封建的土地所有制是封建主义的基础。封建社会中的经济思想特别重视土地问题，是很自然的事情。”[①]土地制度问题在中国封建社会中是一个“广泛涉及地主和农民、大地主和中小地主以及地主和封建国家之间的关系和矛盾的大问题”，因此“必然经常会在经济思想方面表现出来”[②]。叶世昌也提出：“在封建社会中，土地是养民的基本手段，因此关于土地制度问题的讨论特多。”[③]本节主要考察两大类中国古代的土地制度思想：一类是与土地分配制度相关的限田思想，另一类是与土地产权制度相关的耕者有其田思想。

（一）限田思想及其制度演进

西汉以来，土地私有化与土地的买卖和兼并逐渐成为当时社会的一种常见现象，为了破除土地过度集中对农业生产的阻碍，董仲舒遵循儒家的“不患寡而患不均”的原则，认为土地兼并是导致社会贫富差异过大的主要原因，提出了限田思想。他主张：“古井田法虽难卒行，宜少近古，限民名田，以澹不足，塞并兼之路。”[④]他认为，古代的井田制度虽然是“良法”，但是很难恢复，所以他主张通过限制人民私有土地的最高亩数来解决土地兼并问题。此后，限田思想仍多次被提出，东汉荀悦提出“宜以口数占田，为之立限，人得耕种，不得卖买，以赡贫弱，以防兼并”[⑤]。他在董仲舒的基础上将限田制度加以细化，将田地大小与人口挂钩，形成相应的法令规定。农户可以由此得到土地进行耕种，但不能将土地买卖。由此可以使贫弱者也

① 赵靖：《中国经济思想史的对象和方法》，见北京师范大学政治经济学系、《经济学集刊》编辑委员会《经济学集刊（2）》，中国社会科学出版社，1982，第 129 页。

② 赵靖：《中国经济思想史的对象和方法》，见北京师范大学政治经济学系、《经济学集刊》编辑委员会《经济学集刊（2）》，中国社会科学出版社，1982，第 130 页。

③ 叶世昌：《中国古代经济管理思想》，复旦大学出版社，1990，第 20 页。

④《汉书》卷 24（下）《食货志（下）》。

⑤（唐）杜佑撰：《通典》卷 1《食货一 · 田制上》。

能得到赡养，防止出现土地兼并。这样的主张不可能从根本上解决土地兼并问题，但可以在一定程度上缓解土地兼并问题，有助于战后的农业恢复。这些思想为中国古代的土地制度出台奠定了基础。

董仲舒之后，王莽根据限田思想提出了中国历史上第一个官方制定并颁布的土地制度——王田制[①]。王田制较董仲舒的限田思想更为详细地讨论了土地制度实施方案。王田制的主要内容可归结为三点：第一，土地所有情况。所有土地一律收归国有，成为国家所有的“王田”，并且严禁土地买卖行为。第二，土地占有限制。以家为单位，一家男丁数目不超过八口时最高占有田地数不能超过九百亩，超出部分要分配给其他人。第三，土地分配方式。对于没有田地的农民，由国家按一夫一妇的标准授予百亩田地。从王田制的内容来看，王莽已意识到土地兼并问题的根源在于土地私有制度。不废除私有制度就无法解决日益严重的土地兼并问题。王莽相较于前人的创新之处是抓住了土地兼并问题的要害（土地私有制），并提出了土地国有化的改革方案。虽然王田制最后仅仅在公布三年之后就被取消[②]，但这种经济思想对中国古代的土地制度思想产生了很大影响。

东汉末年至隋朝，中国进入了长期动乱、民族大融合时期，人口大量减少，无主荒地大量增加。这种社会条件为限田思想发挥作用提供了社会基础、土地条件。西晋太康元年（280 年）占田制正式出台。占田制的主要内容包含四点：第一，限制贵族和官僚的占田数量。例如，《晋书·食货志》记录了官员占田的限额，“其官品第一至于第九，各以贵贱占田”，意即品级越高占田上限越高。第二，限制世族对劳动力的占有。东晋时期，依附于各级官僚的佃户和食客数量庞大，为了保障他们的利益，政府承认他们的特权，但也设置了上限。第三，关于户调的规定。按照不同的情况以实物征

① 陶一璘：《中国古代经济思想评述》，中国经济出版社，2000，第 38 页。
② 胡寄窗：《中国经济思想史》（中），上海财经大学出版社，1998，第 156 页。

课，《晋书·食货志》中记载："又制户调之式：丁男之户，岁输绢三匹、绵三斤，女及次丁男为户者半输。其诸边郡或三分之二，远者三分之一。"第四，一般民众占田和课田的规定。一般来说男性占田七十亩，女性占田三十亩。其中，课税的田地数目按照年龄和性别有差异。以男性年龄差异为例，男性 16 岁到 60 岁为"正丁"，课税田地为五十亩；13 岁到 15 岁和 61 岁到 65 岁为"次丁"，课税田地为二十五亩；其他年龄段为"老小"，不征税。总的来看，相对于董仲舒的限田思想和王莽的王田制，占田制有不小的进步。首先，占田制吸取了王田制失败的教训，在抑制土地兼并的同时也兼顾了世家大族的利益，使该方案更具可行性。其次，占田制不仅规定了占田的最高限额，也规定了最低的免税土地限额，起到了激发农民积极性的作用①。最后，也是最值得称赞的一点是占田制中的税收制度相当先进。它考虑了劳动力在性别和年龄上的差异，根据上述差异设置了不同的税率，这充分体现了我国古代经济思想的创造性。总的来看，占田制规定了社会各阶层对土地的占有数额，限制了世族地主占有劳动力的人数，完善了田赋税收制度，是我国历史上第一次以法规的形式限制豪强世家对土地的大肆侵占，体现了封建统治集团调整生产关系的行政功能和主观意图②。

北魏孝文帝太和九年（485 年），时任主客给事中的李安世上《均田疏》，后北魏政府以《均田疏》为基础颁布了均田诏，也标志着影响我国土地制度思想上千年的均田制正式出场。例如，唐宋以后甚至是中国近代的进步思想家在讨论土地制度时大多推崇均田制③。均田制度融合了历代井田

① 根据占田制的课田规定，每个成年个体实际上约有三分之一的土地是免税的，这就意味着耕地越多免税的实际面积就越大，会刺激农民开垦荒地。另外，占田制中的土地税是按名义征收的，也就是说一个成年男性，无论他实际占有多少耕地，其土地税都是按五十亩征收。所以，对个体来说最理性的方案就是在规定之内尽量多占有土地。

② 钟祥财：《中国古代田制及其政策思想的演变》，《江淮论坛》1993 年第 2 期，第 35—40 页。

③ 陶一桃：《中国古代经济思想评述》，中国经济出版社，2000，第 69 页。

制、限田思想、王田制和占田制等土地思想或制度，尤其是在占田制的基础上取得了重大进展。均田制主要内容有四条。第一，授田规定。北魏政府将所有国有土地分为四种类型：露田（种植谷物）、麻田（种植麻）、桑田（种植桑树）和宅地（用于建造住宅）。和占田制一样，政府按照农夫的年龄、性别、持有的生产工具（比如说农户家有耕牛）等标准授田。比方说，成年男性（当时为 15 岁以上）可授露田八十亩（其中正田四十亩、倍田四十亩）、麻田十亩（如在产麻区）、桑田二十亩（初次授田者）和相应的宅地，如有其他生产工具则再增加。第二，还田规定。相比占田制没有明确的还田规定，均田制规定若满足一定条件，则农户必须将所占田地返还国家。一般主要有两种情况，一是“身没”，即被授田人死亡，二是“老免”，即被授田人年龄超过 60 周岁（没有明确规定，但西晋和北齐的通行规定是以 60 岁为界）[①]。第三，授田和还田中一些特殊情况的规定。例如，当一家人口增加时如何追加授田的规定。此时有两个原则，一是就近分配，政府尽量用该家人附近的土地授田；二是在有多户同时等候授田时，按照“先贫后富”的原则优先授田给贫困的人家。第四，官吏按照规定授予公田。这也和占田制类似，按照品级授予土地。

相比以前的土地制度和思想，均田制在以下几个方面具有创新性。首先，均田制是中国土地制度思想的集大成者。均田制以前的土地制度要么在“限”上下功夫，如王田制将所有土地划归国有，从源头上限制土地兼并；要么在“均”上做文章，如占田制中以政府授田的形式保证小自耕农能有土地耕作，以稳定政府财政收入来源[②]。均田制不同，它兼具上述两种特征，授田和还田规定一方面减少国有土地流失，限制了豪强对土地的兼并，另一方面将国有土地均分给农户，保证了小自耕农有足够的土地生产生活。其

① 胡寄窗：《中国经济思想史》（中），上海财经大学出版社，1998，第 284 页。
② 陶一桃：《中国古代经济思想评述》，中国经济出版社，2000，第 54—55 页。

次，相比于占田制，均田制的授田规定在促进农业生产上更有效率，更为科学合理。占田制授田时考虑了劳动力要和生产资料匹配的问题，但是还不够全面。均田制中，劳动力的来源不再限于一般的农夫农妇，奴隶和耕牛也被视为劳动力的一部分，政府在授田时将综合考虑劳动力总量情况以合理分配田地。例如，成年男性可获取露田八十亩，但是如果他还有耕牛，则拥有一头耕牛可额外获取六十亩露田（但最多计算四头耕牛）。这种方法比占田制中的授田规定更为科学合理，能够更有效地将劳动力和土地资源利用起来提高农业产出水平，是均田制对占田制的重要发展。最后，均田制授田时提出的“先贫后富”原则和就近原则都是当时具有创新性的经济原则。这种优先照顾贫困农户的思想既能减少失地人口，维护社会经济稳定，又能提供稳定的财政收入来源。所以这些原则一直被延续到了唐代，成为均田制授田的重要原则[①]。总的来看，均田制的出现是中国古代经济思想发展中的一件大事，是中国土地制度思想不断发展创新的重要成果，无论是对当时，还是对后世都产生了巨大影响。正如赵靖所说：“它上承秦、汉以来的反对土地兼并的思想，下对此后一千多年的经济思想发展有着重大的影响。唐、宋以后的进步思想家，直到中国近代资产阶级革命派，谈论土地制度的人，大多推崇北魏的均田制。”[②]

从全球角度看，限田思想不是中国传统经济思想独有的，古罗马也出现过限田的规定[③]。古代罗马最初也是自给自足的小农经济，贵族与平民之间关于土地制度虽有冲突但不严重。公元前 367 年，贵族为了确保兵源同平民妥协，颁布了《李锡尼和绥克斯图法案》（Licinio-Sextiun Laws），首次提出公地占有份额的限制，规定任何人不得占有超过 500 尤格的土地（每尤格相

① 陶一桃：《中国古代经济思想评述》，中国经济出版社，2000，第 64 页。
② 赵靖：《中国经济思想史述要》（上、下），北京大学出版社，1998，第 364 页。
③ 胡寄窗：《中国古代经济思想的光辉成就》，中国社会科学出版社，1981，第 32 页。

当于 0.25 公顷）。随着时间的推移，意大利本土小农经济衰落。格拉古在当选保民官后制定了《农地法》[①]：①各家无偿占有的公地由国家收回，订有租约的除外；② 各家原已占有的无偿公地可以保留 500 尤格作为永久占地；③ 公有土地占有者的儿子每人可占有 250 尤格，但全家只能占有 1000 尤格；④ 回收的公地要平均分配给平民但不得转增和买卖。从中西比较的角度看，古罗马的限田规定和中国古代的田制思想比较类似，主要是限制土地占有数量。从中西比较角度看，虽然古罗马与中国都产生了限田思想和相应的政策实践，而且两者在一定阶段内的土地制度存在一定程度的共性[②]，但从后续发展看，中世纪之后中西方的土地制度发展路径存在较大不同，主要是由于中西方后来的生产方式有差异，中国的领主经济崩溃后转变为地主经济，而西欧的领主经济则维持了相当长的一段时间。正如陶一桃所言："西欧由领主经济向资本主义生产方式转变的不太长的历史时期，在中国则扩大为长达两千余年的漫长的'过渡阶段'。正是这一'过渡阶段'——地主经济的存在，使中国封建社会有别于西欧，并派生出一系列独特的经济现象和规律。"[③]总的来看，中西比较结果一定程度上说明以限田思想、王田制、占田制和均田制为代表的中国古代土地制度思想在古代有着较为独特的、持续创新的演变路径，具有较西方更为丰富的思想内涵，是世界土地制度思想的重要组成部分。

（二）耕者有其田思想及其相关制度

与为应对土地兼并而出现的限田思想和相关土地制度不同，在 17 世纪

① 格拉古兄弟土地改革的详细内容，参见胡寄窗：《政治经济学前史》，辽宁人民出版社，1988，第 224—229 页。

② 柴荣、林群丰：《论古罗马与中国汉朝土地制度变迁的共性：以土地私有权的兴起为中心》，《苏州大学学报（社会科学版）》2015 年第 3 期，第 175—182 页。

③ 陶一桃：《中国古代经济思想评述》，中国经济出版社，2000，第 7 页。

出现了一个更为朴素的土地制度口号——耕者有其田。从井田制开始，农民应享有土地的思想由来已久。明末清初的王夫之大胆否定了土地是帝王私有财产的传统看法，认为："天地之间，有土而人生其上，因资以养焉。有其力者治其地，故改姓受命而民自有其恒畴，不待王者之授之。"[①]在他看来，土地是人们生存发展的自然资源，只要有劳动能力的人都能享有上天赐予人类的自然资源，人们享有这种人类生存和发展最基本的自然资源（土地）的权利是与生俱来的，不受任何社会政治条件的制约，更不需要依赖于帝王之赏赐[②]，而后的颜元也提出了共享土地的诉求——"天地间田宜天地间人共享之"[③]。

清代的王源则直接提出："今立之法：有田者必自耕，毋募人以代耕。自耕者为农，无得更为士为商为工……不为农则无田，士商工且无田，况官乎？官无大小，皆不可以有田，惟农为有田耳。"[④]他认为，只有自耕农民才有权购买土地或占有土地。另外，王源认为农村土地应该由农民占有，而对城市土地则实行不同的政策："野外不令有私地，而城中则不能尽公，不如听人私相卖买、建造，收其房租为便。"[⑤]即在城市的土地可以被私人占有和买卖，并以此收取租金。这种依据土地不同用途而给土地设定不同所有制的思想反映了城市商业发展的客观需求，这更是对土地制度思想的一个创新。

1853 年太平天国定都天京后，基于"耕者有其田"颁布了《天朝田亩制度》，它是太平天国的革命纲领和社会改革方案，其基本内容是关于土地制度的。它提出了"凡天下田，天下人同耕"的原则，决心建立"有田同

① （清）王夫之撰：《噩梦》。

② 彭传华：《论王船山"公天下"的社会理想——兼驳韦伯命题》，《齐鲁学刊》2014 年第 4 期，第 24—30 页。

③ （清）颜元撰：《习斋四存编 · 存治编》。

④ （清）李塨撰：《平书订》卷 7《制田上》。

⑤ （清）李塨撰：《平书订》卷 10《财用上》。

耕、有饭同食、有衣同穿、有钱同使，无处不均匀，无人不饱暖”的地上天国，从而根本否定了封建土地所有制。它规定“凡分田照人口，不论男妇，算其家口多寡，人多则分多，人寡则分寡”[①]。这种按人口的多寡来分配土地的规定，表达了自古以来中国农民对土地的强烈渴望。

在同一时期的西方，也有类似于“耕者有其田”的思想，比较有代表性的是英国掘土派代表人物杰拉德·温斯坦莱。他在 1649 年出版的《新的正义的法律》《英国被压迫的穷人的宣言》等著作中提出了土地公有的主张。他认为：“真正的自由存在于人们得到食物和生活资料的地方，这也就是使用土地。”[②]“土地的使用如果能够做到每个人都有自己的一块地，像我提出的纲领中所规定的那样，共和国的和平就有了保证”[③]，即要保证人们的土地使用自由，实施土地公有制才是实现和平自由的保证。从政策方面来看，南北战争时期美国执行过“耕者有其田”政策。1862 年美国颁布的《宅地法》充分体现了“耕者有其田”思想，规定每个美国公民只交纳 10 美元登记费，便能在西部得到 160 英亩土地，连续耕种 5 年之后就能成为这块土地的合法主人[④]。这一制度满足了西部垦殖农民对土地的部分需求，确立了小农土地所有制，从而为美国农业资本主义的发展创造了基础条件。中西比较来看，中西方在思想创新层面各有千秋，王源的思想首次从阶级的角度论述了土地的归属问题[⑤]，其明确指出“有田者必自耕”“不为农则无田”，即只有自耕农才有资格购买或占有土地；而温斯坦莱则强调土地公有制的作用，是空想社会主义的重要代表人物之一。从政策层面看，西方的实践走到

---

① （清）洪秀全：《天朝田亩制度》。

② ［英］温斯坦莱：《温斯坦莱文选》，任国栋译，商务印书馆，2009，第 108 页。

③ ［英］温斯坦莱：《温斯坦莱文选》，任国栋译，商务印书馆，2009，第 114 页。

④ Rohayton F G. *Bold Endeavors: How Our Government Built America, And Why It Must Rebuild Now*, Simon & Schuster, 2009, 87.

⑤ 胡寄窗：《中国经济思想史》（下），上海财经大学出版社，1998，第 545—546 页。

了中国的前面，美国的《宅地法》顺利实施，而《天朝田亩制度》还停留在理论层面，几乎没有付诸实施过。总的来看，无论是中国还是西方，农民对土地天然的需求都催生了“耕者有其田”思想的诞生和相关政策的出现，这也彰显了劳动人民对经济思想变革的推动作用。

（三）小结

在中国悠久的农耕文明历史背景下，土地制度作为一项基本的经济制度，是其他经济活动安排的基础和前提。中国历史上各个朝代的土地制度各有变化，由此孕育出了丰富的土地制度思想，相应地也出现了不少创新闪光点。从土地制度思想的演进角度看，中国古代土地制度经历了一个不断发展创新的过程。从最开始没有具体操作方案的限田思想，发展出了更细致、更具可操作性的王田制和占田制。不过这两个方案各有不足，实施的时间也不长。这些思想上的创新和实践经验为随后的土地制度思想的创新奠定了基础，最终发展出了对我国古代影响重大的均田制。均田制不仅继承了前代制度的优点，还提出了新的授田原则、革新了授田方式，对促进农业生产发展、抑制兼并起到了重要的作用。中西比较来看，限制豪强兼并土地的思想在西方也存在，罗马时期也出现过类似的土地制度，但随着罗马帝国的崩溃，后世土地兼并问题不再是主要矛盾，因此缺乏对该类思想的进一步研究。从经济思想的传承创新角度看，西方土地制度思想相比于中国古代的土地制度思想还有一定差距。另外，中国清代时期出现的“耕者有其田”思想、洪秀全颁布的《天朝田亩制度》和西方同一时期出现的温斯坦莱的土地思想及《宅地法》具有很多类似之处，但创新点各有不同，王源首先强调了阶级属性在土地问题中的重要性（只有农民阶级才有资格占有土地），温斯坦莱则是从社会制度出发考虑土地问题的。这也是中国传统土地制度思想的创新点之一。

总的来看，在限田思想下出现的各种土地制度，如占田制、王田制和均田制为保障社会稳定、促进农业发展做出了重要的贡献。从某种意义上说，相应的土地制度创新即是各阶级矛盾调和的产物，反映了统治者增强国家治理能力的决心。需要指出的是，国家层面推行的土地制度存在一定的滞后性，土地制度由于涉及众多集团的直接利益而无法迅速得到调整，土地制度的革新一定程度上都伴随着政治上的动荡。对于类似《天朝田亩制度》这种停留在理想之中的土地制度来说，其一方面反映了人们对良好土地制度的期盼，另一方面暗示了当时土地制度在分配或实施上的失衡。这同时也说明，土地制度创新很大程度上已超出了经济范畴，相关问题的解决有赖于政治变革。

八、中国传统经济伦理思想的创新性

无论是中国的先哲孔子、孟子，还是西方早期的经济学家亚当·斯密、马克斯·韦伯（Max Weber），他们在讨论经济问题的同时都频繁地提到社会伦理和道德。在独立于道德哲学而形成专门的经济学之前，经济思想在相当长的一段时间内与伦理学有着紧密的关系。这也是中西方传统经济思想的一个重要共性。经济伦理是研究经济活动中在物与物的背后掩盖着的人与人之间的伦理关系及其所蕴涵的内在规律的科学，也是研究如何确立合理的经济伦理秩序的学问。它主要探讨约束人们从事经济活动的一系列伦理原则和道德规范问题，是和人们的经济活动紧密地结合在一起并存在于人们经济活动中的伦理道德规范[①]。中国的传统道德伦理倾向于维持既有的社会秩序，而经济活动的发展与产业结构的变迁则会对旧社会规则提出新的要求，两者难免出现冲突，由此，经济伦理思想就在经济实践的推动下出现了一些创新

① 朱德贵：《中国经济伦理思想研究：以诸子原典和出土文献为中心》，中国商业出版社，2009，第 2 页。

性的观点。下面首先考察中国古代经济伦理思想的核心议题——“义利之辨”，通过梳理思想发展进程来指出其中的创新之处；其次选择两个从“义利之辨”衍生出的经济伦理思想创新加以考察。

（一）“义利之辨”

“义利之辨”是中国传统经济伦理思想讨论的主要议题。春秋战国时期，土地制度从国家所有制向土地私有制转变，社会变革下不同阶级为自己的利益发出各自的声音，“义利之辨”由此开始。旧贵族阶级主张用旧等级制度伦理的“义”去制约“利”，以此来维护旧的生产关系。新兴地主阶级和小土地所有者对土地私有的需求具体表现为“求利”“求富”的活动。具体来说，前者以儒家为代表，主张以义统利。例如，孔子以“君子喻于义，小人喻于利”①“不义而富且贵，于我如浮云”②等来明确义利关系。当然，孔子不完全排斥对利益的追求，但主张在伦理道德约束之下获取利益，所以他才说“邦有道，贫且贱焉”和“邦无道，富且贵焉”③都是可耻的。不过，其他学派有不同看法。法家反对儒家忽视物质利益的看法，提出了利在义先的观点。例如，商鞅认为好利是所有人的本性，“民之于利也，若水于下也，四旁无择也”④，所以国家要从物质利益出发制定政策。管子认为“仓廪实则知礼节，衣食足则知荣辱”⑤，他将“利”作为“义”的基础，即伦理标准的实践意义在于能否提高物质生活条件。墨家则创造性地提出了“贵义尚利”的观点。墨子一方面认为“天下有义则生，无义则死；有义则富，无义则贫；有义则治，无义则乱”⑥，即“义”可以利国、利民、利天

①《论语·里仁第四》。
②《论语·述而第七》。
③《论语·泰伯第八》。
④《商君书》卷5《君臣第二十三》。
⑤《管子》卷1《牧民第一》。
⑥《墨子》卷7《天志上第二十六》。

下。另一方面指出“仁人之事者，必务求兴天下之利，除天下之害”[①]，即将为天下人谋利作为毕生奋斗的目标。总的来看，春秋战国时期创造性地形成了关于“义”“利”之间关系的多种不同的思想，为之后“义利之辨”奠定了思想基础。

随着秦汉时期统一王朝的建立，义利思想又趋于保守。在汉武帝时期，中国出现了关于义利问题的大辩论，最终义大于利的观点变成主流。汉朝建立之后，思想家吸取了以法家政策为主的秦朝灭亡的教训，重新审视了道德伦理的作用。贾谊首先摆脱了法家“讲财利，废礼仪”思想的影响，主张治理天下要考“先王之道”，即必须实施仁道，“置天下于仁义礼乐”[②]。董仲舒则在儒家义利思想的基础上，一方面吸收了先秦各家的部分思想，另一方面结合皇权统一的思想，最终创造了他的“天人感应”学说体系，主张“重义轻利”。他指出利、义都是天生的，“天之生人也，使之生义与利”。对人而言，利与义都是必要的。“利以养其体，义以养其心。心不得义不能乐，体不得利不能安。”[③]为了遏制统治阶级无限制地贪图求利行为，董仲舒提出了他最知名的思想——“夫仁人者，正其谊不谋其利，明其道不计其功”[④]，明确地反对“仁人”（国家上层阶级）追逐功利，认为他们应当以“义”为标准行动维持社会稳定。相比于先秦儒家，董仲舒义利思想的创新之处在于进一步强调了公利的重要性[⑤]。他认为，存在公利和私利两种类型，前者比后者更为重要，一定程度上达到了“义”的程度。当涉及私利时，他主张国家不与民争利，反对国家干预和垄断盐铁生意。在反对者一方，桑弘羊继承了法家的观点，反对“重义轻利”的理论。他从两个方面反驳儒家贤良文学

①《墨子》卷4《兼爱下第十六》。

②《汉书》卷48《贾谊传》。

③（汉）董仲舒撰：《春秋繁露》卷9《身之养重于义》。

④《汉书》卷56《董仲舒传》。

⑤ 赵晓雷主编：《中国经济思想史》，东北财经大学出版社，2019，第69页。

的主张。一是他也跟商鞅一样认为追求利益是人的本性，并引用司马迁“天下熙熙，皆为利来；天下攘攘，皆为利往”[①]的观点论证自己的观点。二是他论述了平准、均输和盐铁专卖等制度不仅对增加国家财政收入有利，还可以便利百姓，国家获“利”不少，也不违背“义”的要求。桑弘羊的反驳没有发挥太大作用，“义利之辨”以儒家获胜结束，开启了中国历史上长达千年“重义轻利”的传统。

唐宋以后，随着商品经济的不断发展，少量进步思想家开始批判自汉代以来延续了数百年“讳言财利”的教条。唐代的白居易对传统教条进行了修正。他指出虽然“王者不殖货利，不言有无”，但主要是怕统治者好利会引起其他问题，即“利穴开而罪梯构”，实际上，他认为“然则圣人非不好利也，利在于利万人；非不好富也，富在于富天下”[②]。传统思想认为统治者不能讨论利，但在白居易看来可以讨论，这和传统儒家观点已经有很大的区别。随着新一轮的“义利之辩”的展开，这种思潮在宋代达到了新高峰。宋代的程朱理学将以义统利的观点推到一个更高的高度，程颐认为：“人心私欲，故危殆。道心天理，故精微。灭私欲则天理明矣。”[③]即只有克服人欲、摒弃私欲对财富与利的追求，才能保持天理。朱熹继承并发展了二程的义利论，将它拔高到无与伦比的地步，“义利之说乃儒者第一义”[④]。他把义利问题和天理、人欲相联系，“义”对应天理，是行为的首要准则；“利”对应人欲，是需要清除的，不能克制人欲就是“小人”。另外，朱熹认为“义”和“利”是一体两面的。“利，是那义里面生出来底。凡事处制得合宜，利便随之，所以云‘利者，义之和’。盖是义便兼得利。”[⑤]试图从根源

①《史记》卷129《货殖列传第六十九》。
②（唐）白居易撰：《白氏长庆集》卷46《策林二·不夺人利》。
③（宋）程颢、（宋）程颐撰：《河南程氏遗书》卷24《伊川先生语十》。
④（宋）朱熹撰：《晦庵先生朱文公文集》卷24《与延平李先生书》。
⑤（宋）朱熹撰、（宋）黎靖德辑：《朱子语类》卷68《易四》。

上消除“义利之辨”的讨论基础。因为按照朱熹的说法，人的行为只要符合义的要求自然而然会获得利益，两者之间根本不矛盾。从这点上看，这是他对儒家传统义利思想的一个重要拓展。以李觏、苏洵和叶适为代表的思想家们从各种角度反对儒家越发教条的义利观。其中，叶适的观点最有创新性，他继承了永嘉以来思想界重视功利的思想遗产，从根本上否定了“讳言财利”的传统义利观。叶适选择的批判对象是董仲舒的“正其谊不谋其利，明其道不计其功”思想。他指出：“‘仁人正谊不谋利，明道不计功。’此语初看极好，细看全疏阔。”叶适主张要靠“事功”来定义“义理”，没有前者也就无从谈后者，所以他才说“古人以利与人而不自居其功，故道义光明”，但“后世儒者行仲舒之论，既无功利，则道义者乃无用之虚语尔”[①]。叶适提出“是故以天下之财与天下共理之者，大禹、周公是也。古之人未有不善理财而为圣君贤臣者也。”[②]表明统治者没有理财能力就无法成为“圣君贤臣”，明确否定了长久以来“圣人不言利”的传统。正如胡寄窗所言，“自第九世纪以来对传统的‘讳言财利’思想的批判，到他的手中才算是建立了一个坚定的阵地”[③]。综上，在唐、宋时期，虽然传统的义利观依旧占据主流地位，但随着商品经济的发展，重视功利的思想逐步发展，出现了不少创新性的内容。

到了明中后期，随着商品经济的发展，中国的市民阶层壮大，商人阶级地位不断提高，中国出现了早期工业化。随之而来的是自由主义经济思想开始在中国经济思想舞台上越来越活跃，结果传统义大于利的思想受到的挑战越来越大。实际上，明代晚期主张自由思想的思想家大都主张人性自利，只有“听民自为”类型的自由主义经济政策才是符合人本性的[④]。在讨论人性

①（宋）叶适撰：《习学记言》卷23《汉书》。
②（宋）叶适撰：《水心先生别集》卷4《财计上》。
③ 胡寄窗：《中国经济思想史》（下），上海财经大学出版社，1998，第173页。
④ 赵晓雷主编：《中国经济思想史》，东北财经大学出版社，2019，第124页。

自利的思想家中，李贽最有代表性。他特别推崇人的自私自利，把它看成是人类活动的原动力。“夫私者人之心也，人必有私而后其心乃见，若无私则无心矣。”[①]和叶适一样，他认为圣人同样好富贵。不过两者不同的是，李贽更进一步主张圣人和一般人在“好利”上没有区别，“财之与势，固英雄之所必资，而大圣人之所必用也。何可言无也？吾故曰，虽大圣人不能无势利之心。则知势利之心，亦吾人禀赋之自然矣。”[②]所以圣人“好货”“多买田宅”也是正常现象。李贽的看法比叶适更为激进，后者认为圣人“好利”是为了天下，为了国家，但到了李贽这里，圣人“好利”也只是个体本性的要求，彻底摆脱了自汉代以来儒家伦理的枷锁。在国家层面，他赞同叶适的看法，也主张圣君贤臣必须能理财，指出“不言理财者，决不能治平天下”[③]。他甚至在自己的《藏书》中专门辟出一章“富国名臣”，用于赞扬古代知名的理财专家，如桑弘羊、刘晏等，对“早期儒家讳言财利的传统思想作了彻底的清算”[④]。从先秦以来，主张自利的思想家不在少数，但很少有人像顾炎武这样将自利动机和经济生产发展联系在一起[⑤]。他认为：“天下之人，各怀其家，各私其子，其常情也。为天子为百姓之心，必不如其自为，此在三代以上已然矣。圣人者因而用之，用天下之私，以成一人之公而天下治。”[⑥]既然人的本性就是自私自利，那么最好的治国方式就是听任人民“自为”，即让他们自行其是。最终无数个体自利行为，即“天下之私”最终会带来天下大治。从中西比较的观点看，顾炎武的“自为”论和曼德维尔在《蜜蜂的寓言》中认为个体追求私人利益的行动能给其他人带来益

---

①（明）李贽撰：《藏书》卷24《德业儒臣》。

②（明）李贽撰：《李温陵集》卷18《道古录上》。

③（明）李贽撰：《四书评》卷1《大学》。

④ 胡寄窗：《中国经济思想史》（下），上海财经大学出版社，1998，第389页。

⑤ 胡寄窗：《中国经济思想史》（下），上海财经大学出版社，1998，第463页。

⑥（清）顾炎武撰：《亭林集》卷1《郡县论五》。

处的看法相当一致，后者的观点直接影响了亚当·斯密的《国富论》。从这点看，顾炎武的“自为”论无疑是中国传统经济伦理思想的重要创新。

（二）私人放贷的合理性

与“义利之辨”类似，放贷取息的合理性也是中国传统经济伦理思想的一个创新。春秋战国时期，就出现了私人从事货币放贷的情况，《管子》中就提到了“称贷之家”，但并未做出负面评价。汉初晁错揭露了高利贷逼人“卖田宅、鬻子孙”[①]的罪恶行径，而后司马迁则明确地指出其不反对私人放贷取息的观点，他认为“子钱家”（放贷者）[②]与畜牧业、酿酒业一样，都是正常的营利活动。相对于中国古代对放贷的态度，西方亚里士多德对放贷业务持批判态度[③]。深受亚里士多德影响的基督教在这一方面同样保守。西方宗教认为，利息收入不是劳动所获，是对他人劳动成果的剥削，是罪恶行为[④]。在圣格雷戈里（Saint Gregory of Nazianzus）看来，“用高利贷和利息玷污了大地的人不劳而获，不散财而敛财，不播种而收获，他的富裕生活不是靠耕种土地而得，而是借穷人无衣无食而获”[⑤]。圣·巴西勒（Saint Basil）指责高利贷者把借债者变为奴隶；圣约翰·克里索斯托（Saint John Chrysostom）则声称，高利贷无论对借出者，还是对借入者，都有害无益。“因为借贷双方都会因此而蒙受重大损失……当一方的贫困增加时，另一方的罪恶也随着他的财富而增加”[⑥]。圣利奥大教皇（Saint Léon le Grand）则

---

①《汉书》卷24（上）《食货志（上）》。

②《史记》卷129《货殖列传第六十九》。

③ 胡寄窗：《政治经济学前史》，辽宁人民出版社，1988，第114页。

④ Homer S, Sylla R. *A History of Interest Rates*, Wiley, 2005, 67-70.

⑤［法］佩尔努：《法国资产阶级史》（上），康新文、刘惠杰译，上海译文出版社，1991，第98页；转引自龙秀清：《教会经济伦理与资本主义兴起》，《世界历史》2001年第1期，第48—59、129页。

⑥［法］佩尔努：《法国资产阶级史》（上），康新文、刘惠杰译，上海译文出版社，1991，第98页；转引自龙秀清：《教会经济伦理与资本主义兴起》，《世界历史》2001年第1期，第48—59、129页。

把基督教的教理概括为“金钱的利息，就是灵魂的毁灭”[①]。圣奥古斯丁则担心贸易使人们不去追求上帝。利奥一世的结论是：“买卖人很难不陷入罪。”[②]总的来说，基于生产贸易需求所诞生的货币放贷行为与一般的道德准则存在冲突，在欧洲 16 世纪才被人们公认为合理的行为[③]。相比而言，司马迁对放贷者的态度要前卫得多，这从侧面反映了他有着较为先进的商业理念，并未被传统的伦理观念所束缚。

（三）“经济人”假设

基于对经济务实的态度，司马迁提出了类似“经济人”假设。他延续了《管子》对追求商业利益的肯定，将“自利”作为工商业活动的支配动机来阐述。《管子》认为人的天性就是：“见利莫能勿就，见害莫能勿避。其商人通贾，倍道兼行，夜以续日，千里而不远者，利在前也。渔人之入海，海深万仞，就波逆流，乘危百里，宿夜不出者，利在水也。故利之所在，虽千仞之山，无所不上；深源之下，无所不入焉；故善者势利之在，而民自美安，不推而往，不引而来，不烦不扰，而民自富。如鸟之覆卵，无形无声，而唯见其成。”[④]商人和渔夫都在利益的驱使下克服困难从事生产和贸易，这表明“自利”是工商业活动的主要动机。同样司马迁也描绘了一幅类似的图景：“人各任其能，竭其力，以得所欲。故物贱之征贵，贵之征贱，各劝其业，乐其事，若水之趋下，日夜无休时，不召而自来，不求而民出之。岂非道之所符，而自然之验邪……天下熙熙，皆为利来；天下攘攘，皆为利

---

① [法]佩尔努：《法国资产阶级史》（上），康新文、刘惠杰译，上海译文出版社，1991，第 98 页；转引自龙秀清：《教会经济伦理与资本主义兴起》，《世界历史》2001 年第 1 期，第 48—59、129 页。

② Gilchrist J. *The Church and Economic Activity in the Middle Ages*. Macmillan Publishing Company, 1969, 51. 转引自龙秀清：《教会经济伦理与资本主义兴起》，《世界历史》2001 年第 1 期，第 48—59、129 页。

③ Homer S, Sylla R. *A History of Interest Rates*, Wiley, 2005, 77-79.

④《管子》卷 17《禁藏第五十三》。

往。”[①]司马迁认为，通过利益的引导，人和物都能各尽其用，各行各业都欣欣向荣。人们自发的营利活动被看成是合乎自然规律的社会准则，亚当·斯密在《国富论》中也有许多类似提法。“我们每天所需的食料和饮料，不是出自屠户、酿酒家或烙面师的恩惠，而是出于他们自利的打算。”[②]还有，“每一个人，在他不违反正义的法律时，都应听其完全自由，让他采用自己的方法，追求自己的利益，以其劳动及资本和任何其他人或其他阶级相竞争。”[③]“经济人”概念最早由穆勒在 1844 年提出，他在《论政治经济学的若干未定问题》（*Essays on Some Unsettled Questions of Political Economy*）一书中提到，政治经济学关注人对财富的追求及其对求财手段所做出的判断[④]。尽管《管子》和司马迁所描绘的封建经济的特征与亚当·斯密所描绘的资本主义经济的特征在本质上有很大的差别，但都强调了“自利”在引导经济活动中所发挥的作用，这无疑说明了中国传统经济思想的创新性。

（四）小结

中国古代的经济伦理思想在因循守旧的主旋律下也有着不同的声音。中国传统经济思想中的义利思想经历了一系列的变化，从春秋时期的多种观念相互竞争，到汉代以后儒家“重义轻利”原则确立主导地位，再到宋以后主张自利的义利观不断发展，甚至到明末清初顾炎武主张个人自私自利的行为，从加总的角度看是有益全社会的，上述发展演化正是中国传统经济思想创新、批判、再创新的一个过程。这反映了社会道德伦理与经济发展的相互作用，一方面道德伦理对经济发展进程有规范作用，另一方面经济发展又会

---

①《史记》卷 129《货殖列传第六十九》。

② [英]亚当·斯密：《国富论》，郭大力、王亚南译，商务印书馆，2015，第 12 页。

③ [英]亚当·斯密：《国富论》，郭大力、王亚南译，商务印书馆，2015，第 656 页。

④ Persky J. “Retrospectives: the ethology of homo economicus”. *The Journal of Economic Perspectives*, 1995, 9(2): 221-231.

重塑和强化道德伦理标准。包容开放的道德伦理环境不但有助于构建稳定的和谐社会，也将是经济发展的重要基础。微观层面上，司马迁对商业活动的认识摆脱了传统伦理观念的束缚，肯定了放贷收取利息的合理性，这种肯定反映了中国传统经济伦理思想在具体经济领域的观念创新。类似“经济人”假设的提出，则反映了对大量具体经济现象进行抽象归纳的能力。总的来说，中国传统经济伦理思想的创新有与时俱进的特点，不仅聚焦于具体的经济现象，还着眼于经济发展的终极目标。

九、中国传统经济思想创新性的深入考察：创新与停滞的原因探析

中华民族是一个善于创造的民族，在科技发展领域做出了许多贡献，在经济思想方面也称得上有所建树。从上文的讨论可以看出，中国传统经济思想在许多领域都有重要的创新，且部分思想对现代经济学的形成和发展起到了推动作用。正如中国科学技术曾领先世界之后陷入停滞一样，中西方经济思想也出现了“大分流”现象，18 世纪中期后两者间的差距越来越大。根据赵晓雷的研究，胡寄窗在《中国近代经济思想史大纲》一书中指出中西方经济思想的“大分流”是从 18 世纪中期西方经济学正式出现之后开始的，“在 18 世纪中期西方经济学成为科学以前，中国的古典经济思想敢于与世界上任何国家同一时期的经济思想相比较，而愈是追溯到古代愈是如此。在近代经济学成为一种科学之后，它就迅速地向前发展，而中国的古典经济思想却基本上停止不前、日益落在近代经济学的后面”[①]。有鉴于此，我们不禁要问下面两个问题：在发展陷入停滞之前，是哪些原因支撑着中国传统经济思想在世界上的领先地位？中国传统经济思想发展趋于停滞，创新性越来越少的原因又是什么？针对上述两个问题，我们结合第一章的分析框架加以探

① 赵晓雷：《中国经济思想史研究的一个基础性课题：“胡寄窗分界”假说论证》，《财经研究》2013 年第 10 期，第 34—38、45 页。

析并给出回答。

对于中国传统经济思想曾经长期居于世界领先地位的原因，可以从下面三个方面讨论。

首先是经济基础。中国在古代一直是全球最繁荣和最先进的国家，不论是从 GDP 总量占比还是从科学技术上看都处于全球领先水平。从 GDP 总量占全球 GDP 总量的比重来看，根据安格斯·麦迪森（Angus Maddison）在《世界经济千年史》中的估计，中国的 GDP 总量占全球 GDP 总量的比重常年处于世界领先地位[①]。更进一步来看，从人均 GDP 的角度看，“早在公元 10 世纪时，中国在人均收入上就已经是世界经济中的领先国家，而且这个地位一直延续至 15 世纪”[②]。从科学技术层面看，以宋代为例，该时期农业技术创新为农业发展奠定了坚实的基础，是中国经济规模占据世界首位的关键。具体来看，较之以前的朝代，宋代在农作物种植技术、水利工程、农具和养殖技术等多个方面都有很大进步，使得农产品生产更加科学化，从而提高了产量。从产业发展角度看，宋代不仅农业发达，其他行业也有很大发展。根据著名汉学家伊懋可（Mark Elvin）的研究，中国的工商业从汉代开始即有较大的发展，到宋代达到发展的巅峰[③]。以重要的工业用品铁的产量为例，北宋时期中国的铁的年产量为 3.5 万吨到 15 万吨之间，而整个欧洲地区 18 世纪初期的铁产量为 14.5 万吨到 18 万吨[④]，两者的差距不大，但是时间差了数百年。因此，从经济基础上看，中国传统经济思想具有比较强的

---

① [英]安格斯·麦迪森：《世界经济千年史》，伍晓鹰、许宪春、叶燕斐等译，北京大学出版社，2003，第 259 页。

② [英]安格斯·麦迪森：《中国经济的长期表现：公元 960—2030 年》，伍晓鹰、马德斌译，上海人民出版社，2016，第 1 页。

③ Elvin M. *The Pattern of the Chinese Past: A Social and Economic Interpretation*. Stanford University Press, 1973.

④ 葛金芳：《宋代经济：从传统向现代转变的首次启动》，《中国经济史研究》2005 年第 1 期，第 78—86 页。

创新性不足为奇。以宋代出现的纸币发行管理思想为例，宋代商品经济高度繁荣，对内对外贸易发达，正是因为有这些有利因素，纸币才会在古代中国最先出现，中国传统经济思想中才有条件出现创新性的纸币发行管理思想。总的来看，中国传统经济思想的创新性和中国古代经济繁荣是相互促进的。一方面，经济思想的创新基于经济基础，发达的经济基础给经济思想创新提供了广阔的空间和可能性；另一方面，经济思想的不断发展创新对于促进经济发展至关重要，是推动经济繁荣的重要动力之一。

其次是治理模式。相比西方国家，中国治理模式有两个突出的特点，一是不断完善的中央集权制度，二是大一统的政治经济结构，这两个特点对于推动某些类型的经济思想创新至关重要。我们通过中国传统财政思想来指出中国独特的治理模式对经济思想创新的推动。不断完善的中央集权制度和大一统的政治经济结构是传统财政思想能够持续发展创新的关键，因为它们的发展增加了对财政思想创新的需求[①]。中央集权制度不断完善意味着国家权力越发集中、经济职能不断增加，政府对经济社会的干预能力大大增强。然而，要维持一个庞大而有效率的政府必然要求更有效率的财政制度来获取足够的收入，因此越是中央集权，财政能力对政府的重要性就越高，对财政思想创新的需求就越大，财政领域才越能催生出创新性政策和制度。大一统的政治经济结构则意味着要在全国范围内建立统治体系：一方面，更多的管理层级和更大的管理范围意味着更多的政府机构和相应的管理人员配置，这些都需要有更强的财政能力作为保证，这会刺激对财政思想创新的需求；另一方面，大一统的经济社会意味着要处理的财政问题更为复杂多变，需要在原有的财政思想基础上进行改变以适应新的需要，这就为财政思想创新提供了

① 陶一桃：《中国古代经济思想评述》，中国经济出版社，2000，第302—303页。

肥沃的土壤[①]。从历史发展演化的角度来看，随着中央集权制度和大一统政治经济结构的不断发展完善，财政思想中包含的创新性内容增多。在周代，治理模式以分封制为主，对应的财政思想相对较少，以财政制度和税收思想为主。在春秋战国时期，治理模式逐步从分封制过渡到中央集权制度，财政思想内容日益丰富，思想家对赋税、国营专卖等方面都有更深入的研究，特别是《管子》提出了创新理论，侈靡论更是走在了世界的前列。秦朝统一六国后创立的中央集权制模式经过汉、隋、唐等王朝的不断完善后，形成了一套成体系的财政制度思想，具体表现为财政审计制度、预决算制度、税收原则和新税种等财政思想，相比西方同类型的思想领先数百年时间。总而言之，中国治理模式上的特殊性对于部分中国古代经济思想创新起到了很重要的推动作用，正如陶一桃所言："中国古代财政的'先行'趋势，是政体'先行'趋势所导致的必然结果。"[②]

最后是思想市场。对于思想市场和创新之间的关系，郑永年指出："不开放，科创就没有一个思想市场，科创是需要思想市场的，来自不同文明、不同文化、不同意识形态的人们，大家互相争论、辩论，产生化学反应，有化学反应，才会有新思想的出现，才会有科创。"[③]类似的，经济思想的创新同样也离不开思想市场的活跃，一个开放自由的思想市场是中国古代经济思想中不断产生创新性内容的基础之一。中国历史上不同时期思想市场对中国传统经济思想创新产生了积极作用，而这背后对应的正是这个时期思想市场的繁荣开放。第一个时期是先秦时期，这一时期是中国思想市场较为活跃、政府管制较少的时期，具体表现在以下几个方面：一是在教育普及方

---

① 以财政审计思想为例，唐代比部审计制度受到大一统政治经济结构的影响。具体来说，比部有明确的规定，不同地区上报审计材料的次数由它们的地理距离远近决定，距离较近的部门上报次数更多。

② 陶一桃：《中国古代经济思想评述》，中国经济出版社，2000，第 291 页。

③ 郑永年：《开放、思想市场与科技创新》，系作者在以"共享共创，迈向一流"为主题的大湾区科学论坛湾区科创峰会（2022 年 12 月 8 日）上的演讲。

面，教育从原有的“学在官府”转变为“学在私家”，文化知识在各个阶层迅速传播，各路思想有了交流碰撞的机会；二是出现了一大批相对独立于政府的知识分子，他们一方面从事思想研究，另一方面积极辩论，试图在竞争激烈的思想市场上占据主导地位；三是这一时期出现了大量的思想和学派，根据《汉书·艺文志》的记载，数得上的学派高达189家，其中以儒家、墨家、道家等为代表的思想体系相互竞争，是中国的思想和文化非常有创造力的时代。第二个时期是唐中叶至元。这个时期，唐代和宋代都是相当开放的时代，思想市场更为活跃。其中，唐代是中国历史上对外十分开放的一个时代，在文化思想上采取兼容并蓄的态度，愿意吸收外来文化思想。宋代继承了唐代对外开放的态度，还积极鼓励对外交流。例如，唐代虽然愿意对外开放，但是在法律上禁止民众出国，而宋代不仅鼓励民众出国经商，还专门出台了管理海外贸易的《市舶条法》。从内部的思想管控来看，唐代虽然也沿袭前代传统“独尊儒术”，但不打压其他学派，本国内部思想更自由[①]；宋代对思想和学术自由没有过多干预，出现了以朱熹为代表的理学、以陆九渊为代表的心学和以叶适为代表的功利主义学说的思想争鸣。第三个时期是明代中叶至清代中叶。从总体上看，这一时期无论是对外开放还是对内的思想自由都有越来越保守的趋势，但在某些时间段内，思想市场仍然处于比较活跃的状态。一是随着商品经济的发展，早期工业化出现，从明代中叶开始思想逐步摆脱传统的束缚走向解放。最具代表性的例子就是摆脱传统“义利之辩”的教条，注重个人私利，思想市场也随之活跃起来。二是明清之际是中国自先秦百家争鸣以来思想较为活跃的时期之一，学者反思旧思想的不足并提出新见解，是这一时期的显著特点[②]。例如，王源反思了长久以来的商业

① 勾利军：《唐代文化的开放与多元发展》，《河北学刊》2008年第3期，第56—58、60页。

② 陈畅：《天道与经世——黄宗羲〈破邪论〉与明清之际“天学”嬗变》，《社会科学》2023年第2期，第33—42页。

税制度，提出了类似于现代所得税的新型税收制度。三是在清代中叶，虽然文字狱等思想管控愈演愈烈，但是特殊的现实背景还是催生了个别高度活跃的思想市场。清代前中期，随着人口的快速增加，人口过剩带来的问题日益严重，导致研究人口问题的思想市场极为活跃[①]。其中，洪亮吉的人口思想非常有创新性。从不同时期的对比看，先秦时期的创新中包含更多的理论创新可能是由于该时期的思想市场更为活跃，创新思想的提供者对政府的依赖程度更小，能从更为理论化的视角来研究经济问题，从而提出新概念或新理论。总的来看，上述三个时期思想市场的繁荣为传统经济思想创新提供了重要的思想和学术基础。

类似的，对于中国传统经济思想陷入停滞的原因，也可以从经济基础、治理模式和思想市场三个方面分析。

第一，经济基础。经济基础差异扩大是中国传统经济思想创新性与西方的差距越来越大的主要原因。首先，从经济规模上看，虽然中国和西方（主要是欧洲）国家在总量上没有拉开差距，但随着工业革命的展开，双方人均 GDP 之间的差异越来越大。根据牛津大学的斯蒂芬·布罗德伯里（Stephen Broadberry）的研究，如果仅从人均 GDP 来看，中国在宋代达到高峰，明代有一定的波动但没有明显下降，这种趋势在清代发生了改变，中国的人均 GDP 开始下降[②]。这意味着中国的经济陷入了停滞甚至是衰退，经济上的落后一定程度上抑制了中国传统经济思想创新。其次，中国没有出现资本主义商品经济，而资本主义商品经济正是西方经济学形成的最重要的经济基础。虽然明代中后期中国出现了早期工业化，但是并没有发展出资本主义商品经济，依旧以小农经济为主。中国之所以经济落后，没有出现近代工业革命，

① 这一时期研究人口问题的思想家有很多，代表人物有洪亮吉、包世臣、恽敬、龚自珍等。

② Broadberry S. “Accounting for the great divergence”, https://cepr.org/voxeu/columns/accounting-great-divergence, 2013-11-16.

一种可能性是陷入了“高水平陷阱”。具体来说，“高水平陷阱”的论点有两个：一是人口增加会导致劳动力和资本、自然资源之间的相对价格发生变化，导致土地的相对价格变高，使人们更愿意增加农业投资，这相当于变相抑制了工业的增长；二是清代的大规模人口膨胀消耗了中国农业经济中本就不多的农业剩余，使整个社会缺乏足够的资本用于发展工商业。在两个因素的共同作用下，中国一直处于一个“高农业水平、高人口增长和低工业水平”[①]的“高水平陷阱”中。没有工业革命和随之而来的商业革命与消费革命，中国也就无法出现资本主义商品经济，进而无法产生现代经济学，中国传统经济思想的创新性与西方差距越来越大也就不足为奇了。最后，部分学者还指出古代中国受到经济基础的限制而没有发展出对应的资本主义经济思想。叶世昌认为，明清时期的思想家受制于自身阶级属性，不可能真的提出资本主义经济思想[②]。例如，他指出：“明清之际的思想家仍是地主阶级的思想家，这是与当时的历史条件和中国士人所接受的教育分不开的。”[③]其中，历史条件决定了“当时的中国仍是一个封建地主阶级占统治地位的国家”[④]，这些基础条件就决定了明清时期不可能出现和西方类似的资本主义经济思想，而这种思想的缺乏自然也就导致创新性差距变大。综上，18 世纪中叶以后，随着工业革命带来的经济社会变革，西方出现了古典经济学，中国传统经济思想的创新性则受到经济停滞、“高水平陷阱”和思想家局限等因素的影响，陷入了停滞状态。

第二，治理模式。明清时期中国的中央集权制度不断发展，尤其是到清

① 姚洋：《高水平陷阱——李约瑟之谜再考察》，《经济研究》2003 年第 1 期，第 71—79、94 页。

② 叶世昌：《中国古代没有代表“市民阶级”的启蒙思想》，《上海财经大学学报》2005 年第 2 期，第 33—37、封三页。

③ 叶世昌：《中国古代没有代表“市民阶级”的启蒙思想》，《上海财经大学学报》2005 年第 2 期，第 33—37、封三页。

④ 叶世昌：《中国古代没有代表“市民阶级”的启蒙思想》，《上海财经大学学报》2005 年第 2 期，第 33—37、封三页。

代更是达到了中央集权制度的顶峰。中央集权的专制制度限制了中国商品经济的发展，导致清代的商品经济成为一种不完全的商品经济[①]。以清政府对市场的干预为例，清政府一方面希望增加财政收入，另一方面希望严控商业资本，依靠行政权力建立一系列制度控制商业资本发展、榨取利润，但这对商品经济的发展造成了很大的阻碍。具体来看，清政府主要通过以下几种制度垄断商品市场干预经济：一是以牙行制度控制市场交易，规定商人的交易必须通过牙商中介，一方面确保其能垄断一般商品市场，另一方面确保政府对价格的控制；二是以专卖制度控制重要的商品交易，垄断其交易获取垄断利润；三是以榷关制度限制商品的自由流通，征收关税，同时间接垄断商品流通渠道；四是利用行商制度管理对外贸易，垄断对外商品贸易市场。政府对各类商品市场的过度干预、垄断和由此导致的商业地位低下，导致中国清代的商品经济始终未能充分地发展，也就不可能会有资本主义商品经济出现[②]。进一步来看，中央集权制度的成熟需要一个完善的官僚制度相配合，但官僚制度对于资本主义商品经济出现和中国古代经济思想创新有抑制作用。首先，官僚制度的发展必然需要大量的人才，明清时期的科举制度就是为此存在的[③]。科举制度选拔人才的主要条件是熟读儒家经典，以“八股取士”。从人力资本配置的角度看，中国传统经济思想到明清以后逐步缺乏创新性的一个重要原因是大量人才都选择“学而优则仕”的道路，没有充足的人力资源投入对经济问题的专门研究中，这导致中西方创新性的差距变大。其次，官僚制度本身对资本主义商品经济的出现也有抑制作用。以清代

① 萧国亮：《清代封建国家干预商业经济的历史特点及后果》，《中国社会科学院研究生院学报》1989年第1期，第63—68页。

② 萧国亮：《清代封建国家干预商业经济的历史特点及后果》，《中国社会科学院研究生院学报》1989年第1期，第63—68页。

③ 科举制的负面影响并不仅仅表现在经济思想创新性减弱这一方面。大量的文献研究表明科举制是中国科技发展落后、工业革命未能出现的重要原因之一。详见王京安、许斌：《“李约瑟之谜”研究述评》，《湖南大学学报（社会科学版）》2003年第4期，第85—88页。

的官商为例，它们是封建官僚和商业资本相结合的产物，也是政府干预经济、控制市场的主要抓手之一。一般来讲，工商业发展会瓦解封建经济，对资本主义生产方式的出现有推动作用。在中国，由于官商的存在，商业资本成了封建官僚的附庸，在一定程度上起到了维护封建经济的作用，限制了资本主义商品经济的出现①。总的来看，无论是中央集权制度本身，还是由其发展带来的官僚制度都对中国传统经济思想的创新性有抑制作用，要么是减少人力资本投入而导致的直接抑制，要么是阻碍资本主义出现而引起的间接抑制。

第三，思想市场。从清朝开始，中国的思想市场陷入了长期衰落状态，经济思想创新的供给端与需求端均大幅收缩。从供给端来看，一般创新来源于两个途径，一是内部创新，二是从外部引进新思想进而创新，但清政府的政策阻碍了这两个供给渠道的畅通。从内部供给来看，清朝对社会思想的禁锢极其严酷，新思想的内部供给大幅减少。例如，康熙到乾隆这段时期的文字狱为历代之最，任何被认为会威胁到清朝统治的思想都受到残酷镇压。正如尚钺指出的，清朝统治者“鼓励对于士大夫分子的讲学、收藏、编著切合历史实际而不利于清朝统治者的书籍和诗文告密和惨杀”。尤其是在乾隆时期，“清朝统治者对中国汉族士人所罗织的文字狱就更加残酷和苛细”，“这种文字狱的苛细程度，竟达到联哀叹的字眼和辞藻也不准在诗文中采用”的地步②。另外，清政府对书籍的管理也是其钳制思想的重要例子。例如，清政府利用编纂《四库全书》的机会收集了大量书籍，对其中不符合要求的内容进行删除、篡改，甚至是直接销毁③。上述手段禁锢了人们的思想自由，

① 萧国亮：《清代封建国家干预商业经济的历史特点及后果》，《中国社会科学院研究生院学报》1989 年第 1 期，第 63—68 页。

② 尚钺：《中国资本主义关系发生及演变的初步研究》，生活 · 读书 · 新知三联书店，1956，第 250、252—253 页。

③ 张振国：《秘密磨改碑碣与清乾隆朝的文化控制》，《史学史研究》2024 年第 1 期，第 93—104 页。

整个清朝思想界处于“万马齐喑”的状态之中。有清一代，学者的思想相对其他时代更为保守，由此带来的一个结果就是思想创新和学术发展陷入停滞。换句话来说，清政府的思想钳制导致思想市场上的新思想、新观点供给减少。从外部供给来看，清政府闭关锁国的态度对新思想的供给产生了不利影响。从顺治三年（1646 年）开始，清政府就在《大清律例》中明确规定一般民众不得私自出海，严禁非官方主导的对外交流。顺治十二年（1655 年）六月，在闽浙总督屯泰的建议下，沿海各省份开始实施海禁政策。至 18 世纪中叶，由于清政府的闭关锁国政策，中国对外交往的窗口被限制在广州一地，而且对外贸易受到政府的严格监管。清政府的闭关锁国政策导致海外思想没有办法有效地传播到中国，缺乏外部新思想的传播和研究使创新型思想供给减少。这里特别值得一提的是，同一时期的西方选择了和中国不同的道路，即积极对外交流获取新的思想创新来源。例如，欧洲地区积极吸收中国传统经济思想中的养分，根据谈敏的考证，法国重农学派学说受到了中国传统经济思想的很大影响[①]；还有学者指出，司马迁的经济思想通过中国的海外留学生间接影响了亚当·斯密提出的“看不见的手”这一理论[②]。从需求端来看，清政府为了维持封建统治，采取思想钳制政策，不愿意接受新思想，所以对创新型的经济思想没有很大的需求。另外，根据前面对清朝时期经济基础的分析可知，当时中国的经济发展已陷入停滞，即伊懋可所说的“量的增加，质的停滞”[③]，在这种状况下，社会经济对于创新性经济思想的需求同样会减少。因此，综合思想市场上创新思想的供给和需求情况，中国传统经济思想中的创新性内容减少是有理由的，特别是考虑到同一时期

---

① 谈敏：《法国重农学派学说的中国渊源》，上海人民出版社，1992。

② Young L. “The Tao of markets: Sima Qian and the invisible hand”. *Pacific Economic Review*, 1996, 1(2): 137-145.

③ Elvin M. *The Pattern of the Chinese Past: A Social and Economic Interpretation*, Stanford University Press, 1973, 235.

西方对中国思想的开放态度，双方创新性成分差距变大也就顺理成章了。

总体上看，从经济基础、治理模式和思想市场三个角度分析，中国传统经济思想在 18 世纪中叶之前在创新性上毫不逊色是有根据的，中国的经济规模、中央集权的治理模式和部分时期思想市场的繁荣对中国经济思想中创新性内容的产生有重要的助推作用。18 世纪中叶之后，经济发展陷入停滞，中央集权制度对商品经济发展的抑制和思想市场受到封建政府钳制等因素最终让中国传统经济思想走上了一条和西方不同的发展道路，双方在创新性上的差异也由此拉大。

第四节　中国传统经济思想具有分析性：对以熊彼特为代表的主流观点的补正

在前面三节中，本书已经从丰富性、独特性和创新性三个维度论证了中国传统经济思想取得的光辉成就，表明了中国传统经济思想曾在世界范围内处于领先水平。如果说丰富性体现了中国传统经济思想研究问题的广度，那么分析性就体现了中国传统经济思想研究问题的深度。而经济思想研究深度是决定其理论水平的核心内容，换句话说，经济思想中的经济分析成分水平的高低对于经济思想的优劣至关重要。巫宝三认为，经济思想中包含规范性思想和分析性思想，前者指思想家提出的各种相应的政策，回答“如何做”，后者指思想家对于政策的理论分析，回答“为什么要这么做”，因此“对于一个经济学说来说，经济问题的分析论证是一个不可缺少的部分”[①]。因此要客观评价中国传统经济思想的光辉成就，就必然要研究它是否具有分析性。

中国传统经济思想中有分析性吗？中外学者对于这一问题有过诸多争

① 巫宝三:《中国古代经济分析论著述要》,《中国社会科学院研究生院学报》1992 年第 1 期，第 19—24 页。

论，观点不一。熊彼特、泰勒等对中国传统经济思想中的分析成分，是心存怀疑乃至否定的。熊彼特认为，“在中国我们确实发现有一套处理当时农业、商业与财政问题的高度发展的公共行政制度。尚存的中国古典文献常论及这些问题，主要是从伦理观点论述……从他们的著作中可以编出一套经济政策的完整体系，而且那里还有一些货币管理与兑换管制的方法，这似乎先得有相当的分析才行。……但是没有留传下来对严格的经济课题进行推理的著作，没有可以称得上我们所谓‘科学’著作的”[①]。当然，熊彼特也表示“这样明确的推断当然是很不可靠的。也许有些分析没有留下记载。但是可以想象这种分析工作不会很多”[②]。熊彼特还指出，尽管古希腊哲学家在其经典著作中也“把经济推理与他们有关国家与社会的一般哲学思想糅在一起，很少为经济课题本身而研究经济课题”[③]，但在货币、价值和价格等多个领域存在一些经济分析的成分。这样的观点并非孤例。泰勒甚至武断地认为“没有一个东方国家有任何东西可以与西方国家中世纪僧侣所作出的良好开端的经济分析相比拟”[④]。出现上述观点是因为西方经济思想史学界对中国传统经济思想的评价本就不高，加之中西经济思想交流不畅，使得国际通行的西方经济学说史、思想史经典著作很少有将中国传统经济思想纳入其中的，即使有篇幅也非常有限。

中国传统经济思想的分析性课题之所以重要，是因为它涉及如何以全球

① [美]约瑟夫·熊彼特：《经济分析史》（第一卷），朱泱、孙鸿敞、李宏等译，商务印书馆，2001，第 90 页。

② [美]约瑟夫·熊彼特：《经济分析史》（第一卷），朱泱、孙鸿敞、李宏等译，商务印书馆，2001，第 90 页。另外，从《经济分析史》列示的参考文献看（详见[美]约瑟夫·熊彼特：《经济分析史》（第一卷），朱泱、孙鸿敞、李宏等译，商务印书馆，2001，第 90 页），熊彼特主要是通过孔子、孟子经典著作的西译版本及三本研究著作来了解中国传统经济思想的。这些著作如同一个思想的滤镜，使得熊彼特对中国传统经济思想的认知和理解不尽全面，这也为本书的补正研究提供了置喙空间。

③ [美]约瑟夫·熊彼特：《经济分析史》（第一卷），朱泱、孙鸿敞、李宏等译，商务印书馆，2001，第 91 页。

④ Overton H T. “Economic thought and its application and methodology in the East: discussion”. *American Economic Review*, 1956, 46(2): 413-416.

视野客观准确地评价中国传统经济思想的认识水平、理论价值及其在世界经济思想发展中的历史地位，以及如何更好地传承创新中国传统经济思想，并正确认知其在新时期中国经济学构建中的重要作用。事实上，中外学者针对熊彼特及其类似观点提出商榷或补正的不在少数。例如，崔荣白（Young Back Choi）以韩非子为例，驳斥了熊彼特的观点。他认为，韩非子的政治经济学和现代微观经济学类似，其经济分析的基础都是“自利人”假说，且和公共选择学派一样，韩非子曾分析过“寻租”行为对经济的影响①。哈里·兰德雷斯和大卫·柯南德尔以《管子》为例指出，“大多数早期中国经济著作都符合熊彼特的描述：它们基本上被限定在道德的框架内考察公共事务管理，而不是严格的、‘科学的’研究。然而，管仲的著作《管子》脱颖而出，远远超越了公共事务管理的模子”，其中轻重理论可视为“对供给/需求理论的预言”。哈里·兰德雷斯和大卫·柯南德尔甚至认为“《管子》在西方的对应著作是《国富论》”②。杨瑞辉也认为，司马迁早在亚当·斯密之前就于《史记·货殖列传》中提出了市场机制的概念及“看不见的手”的等价隐喻——“水之趋下”③。在国内经济思想史学者中，胡寄窗认为，“管子的经济思想，如个人自利观念，……尤其是其中与商品流通有较密切关系部分的理论分析，大都接近了初期资产阶级古典政治经济学的水平”④。巫宝三则以荀子“富国论”、孟子“劳动分工论”、孙子对赋税如何影响农业产出的定量分析和中国古代关于货币价值和货币流通速度讨论等为例，论证了中

① Choi Y B. “Political economy of Han Feitzu”. *History of Political Economy*, 1989, 21(2): 367-390.

② [美]哈里·兰德雷斯、[美]大卫·柯南德尔：《经济思想史》，周文译，人民邮电出版社，2011，第30—32页。

③ Young L. “The Tao of markets: Sima Qian and the invisible hand”. *Pacific Economic Review*, 1996, 1(2): 137-145.

④ 胡寄窗：《中国经济思想史》（上），上海财经大学出版社，1998，第367、368页。

国传统经济思想中包含的丰富的经济分析[①]。

通过对相关争论进行回顾可以看出，评估古代经济思想是否具有分析性的核心问题在于如何界定经济分析。有学者指出以熊彼特为代表的主流学者对经济分析的界定过于狭隘。洛里（Lowry）指出，主流学者将经济分析限定于“马克思的‘资产阶级交换’”，“其主要特征是从18世纪末开始兴起的全球市场”[②]，但古希腊经济思想中的经济分析不是以“资产阶级交换”为基础的，其分析框架是“以管理为导向而非市场为导向的”[③]。彼得罗奇洛斯（Petrochilos）认为，将经济学视为“对具有完全资本主义特征和自我调节机制的市场经济的研究”是“对经济学非常狭隘的解释，不为广大经济学家所接受”[④]。埃克伦德和赫伯特认为，古代学者“生活在非市场社会，在这种社会中，经济决策是由传统和命令作出的，而不是由个人、不加限制的经济主体决定的”，这导致“他们没有掌握的是市场作为一种自我调节机制的概念”，其中古希腊学者发展了一套基于“管理”的经济分析框架[⑤]。国内也有类似看法，强调古代“经济学”中的管理因素。赵靖认为，“中国古代占主要地位的经济关系不是商品、资本主义关系……经济思想主要不会通过商品-资本各有关范畴来表现”[⑥]，表明中国古代的经济思想和现代经济学的经济基础不同。据此，赵靖指出中国古代的“经济学”是“富国之学”[⑦]，

① 巫宝三：《中国古代经济分析论著述要》，《中国社会科学院研究生院学报》1992年第1期，第19—24页。

② Lowry S T. “Ancient and medieval economic”. In: Samuels W J, Biddle J E, Davis J B. *A Companion to the History of Economic Thought*, Blackwell Publishing, 2003, 11.

③ Lowry S T. *The Archaeology of Economic Ideas: The Classical Greek Tradition*, Duke University Press, 1987, 11.

④ Petrochilos G A. “Kalokagathia: the ethical basis of Hellenic political economy and its influence from Plato to Ruskin and Sen”. *History of Political Economy*, 2002, 34(3): 599-631.

⑤ [美]小罗伯特·B. 埃克伦德、[美]罗伯特·F. 赫伯特：《经济理论和方法史》（第五版），杨玉生、张凤林、王军等译，中国人民大学出版社，2017，第8、19页。

⑥ 赵靖：《中国古代经济思想史讲话》，人民出版社，1986，第16页。

⑦ 赵靖：《中国古代的“经济学”和富国学》，《燕京学报》1995年第1期，第129—144页。

并认为中国古代的“经济学”是一种“宏观的经济管理思想”，主要分析“如何管理整个国民经济，以增加财政收入和整个国家的财富”[①]。

由前面文献回顾可知，以熊彼特为代表的主流学者提出的基于市场交换的经济分析定义遭到了国内外学者的质疑，后者强调古代社会的特殊性，其经济分析有自己的模式，不能简单套用现代经济学来评估传统经济思想的分析水平。但上述争论也有不足：一是赞同中国传统经济思想中存在分析工作的文献没有清晰地界定经济分析的概念，并以此作为考察的基础和标尺，这就使得论者常常缺乏聚焦，无法充分论证该问题；二是强调古代社会经济分析独特性的文献缺乏国际比较的视野，论者往往聚焦于研究本国（或本地区）的古代经济思想，没有从中外比较的角度全面考察传统经济思想的分析性问题；三是学界尚无从传统经济思想分析性的角度讨论“第二个结合”的文献，没有充分挖掘古代经济分析中对构建中国经济学有益的成分。

基于此，本书在辨析熊彼特的经济分析概念的基础上，充分吸收相关争论的观点，指出经济分析本质上是对经济现象和经济规律的阐述，广义经济分析既包括基于市场交换的经济分析，即熊彼特所界定的经济分析，也包括基于国家管理的经济分析。进而，本书通过对中国传统经济思想中相关典型案例及其与熊彼特所列举的古希腊以及西方国家具有分析性的经济思想进行比较[②]，发现：①与熊彼特、泰勒等的怀疑、否定相反，中国传统经济思想中确实存在基于市场交换的经济分析，完全可与熊彼特所列举的分析成就相媲美；②同西方传统经济思想一样，中国传统经济思想中也包含基于国家管理的经济分析，是融合两种类型分析的经济理论；③中国传统经济思想并非

---

① 赵靖著，周建波、叶坦主编：《赵靖传统经济思想史论选集》，商务印书馆，2022，第 277 页。

② 如同叶坦所言，“研究中国需要有‘世界视域’和参照系”，“没有比较就没有鉴别，没有比较就谈不上特色”，对中国传统经济思想分析性的研究同样需要立足中西比较的视角。参见叶坦：《“中学西渐”对西方经济学的影响——立足于经济学术史的考察》，《经济思想史学刊》2021 年第 1 期，第 65—96 页。

如通常所说的大都是零散而不成体系的，而是具有一定的体系性，一些卓越思想家的经济分析已形成了理论体系。进一步而言，传统经济思想的内容可以归纳为更一般化的分析体系，该体系以问题为导向，包括人性假设、核心概念、理论分析、政策建议等内容。

一、经济分析的概念辨析与重新界定

当我们探讨中国传统经济思想是否具有经济分析成分的时候，实际上已经暗含了一个基本认知，那就是经济分析是经济思想的子集。这也正是熊彼特对于经济思想的定义所揭示的，他认为经济思想是“有关经济问题特别是有关公共政策的所有意见与愿望的总和”，而且“它可以和分析工作紧紧相接或互相重叠”，强调经济分析可以包含在经济思想中[①]。这也可以在国内学者对于经济思想的界定中得到论证。例如，巫宝三指出，“各个时代和各个思想家的经济思想，大抵包括三个方面，一是作为经济思想基础或出发点的哲学思想，二是对于各种经济问题的见解、主张和政策方案，三是对于各种经济现象和问题内在外在关系的分析”[②]。钟祥财的看法类似，他将经济思想概括为“①由政府决策者或社会政治家、哲学家等提出的经济主张；②由专业学者提出的经济学理论；③存在于社会公众之中的经济观念”[③]。其中，“内在外在关系的分析”和“经济理论”大致可与熊彼特的“分析工作”相对应。

（一）熊彼特视域下的经济分析概念

识别不同时期的分析性成分如何被继承和发展，正是熊彼特专门撰写经济分析史而非广义经济思想史的主要原因。在熊彼特的视野里，经济分析的

① ［美］约瑟夫·熊彼特：《经济分析史》（第一卷），朱泱、孙鸿敞、李宏等译，商务印书馆，2001，第69—70页。

② 巫宝三：《论中国古代经济思想史研究主要方面及其意义》，《中国经济史研究》1991年第1期，第65—75页。

③ 钟祥财：《经济思想的涵义及其史的写法》，《上海经济研究》2004年第10期，第74—80页。

有无和水平高低是衡量经济思想价值的重要标准。一个经济思想能否产生重大影响，依赖于基于该思想所提出的政策主张是否符合时代要求，但同样重要的是，它能否给出令人信服的分析论证来支持其政策主张。经济分析既然如此重要，那么应当如何界定经济分析呢？根据熊彼特的看法，"'科学的'经济学家和其他一切对经济课题进行思考、谈论与著述的人们的区别，在于掌握了技巧或技术，而这些技术可分为三类：历史、统计和'理论'。三者合起来构成我们的所谓'经济分析'"[①]。考虑到这里主要是补正熊彼特的观点，而《经济分析史》在经济思想史研究领域具有巨大的影响力。因此，本书首先以他的界定为基本参照来考察中国传统经济思想中是否包含经济分析。

在熊彼特的界定中，第一个分析工具是历史，即经济史。熊彼特认为，历史研究是加深经济学家对非经济因素和经济因素如何相互作用的了解的绝佳研究方式，这是其他分析工具所难以企及的。第二个分析工具是统计，主要指搜集和处理数据。熊彼特指出，"我们不仅需要统计数字来解释问题，而且也是为了弄清有什么问题需要解释""如果不了解统计数字是如何搜集的，就不可能了解这些统计数字。同样，如果不了解搜集统计数字的具体方法……也不可能从统计数字中得到信息"[②]。第三个分析工具是理论，主要有假设和概念等内容。假设是"我们视为当然的事情（命题），可以一律叫做假说，或叫公理，或叫假设……这一类假说也可由事实提出——它们是根据实际观察得来的——但是从严格的逻辑来看，它们都是分析家武断的产物"[③]。

① [美]约瑟夫·熊彼特：《经济分析史》（第一卷），朱泱、孙鸿敞、李宏等译，商务印书馆，2001，第31页。

② [美]约瑟夫·熊彼特：《经济分析史》（第一卷），朱泱、孙鸿敞、李宏等译，商务印书馆，2001，第33页。

③ [美]约瑟夫·熊彼特：《经济分析史》（第一卷），朱泱、孙鸿敞、李宏等译，商务印书馆，2001，第35页。

而概念是观察实际情况后对某类事物或现象的总结，它不单是对现象的描述，也是在此基础上对其概念化的结果。经济理论则是在假设和概念等基础上构建的理论模型，它被用于解释经济现象，并预测未来情况。正是以上的假设、概念和处理它们的方法的总和构成了经济理论。总的来看，熊彼特认为运用这些分析技术研究经济问题构成了经济分析或“科学的经济学”①。

从各个工具的作用来看，历史和统计用于“寻找事实”，通过历史事实和统计数据可提炼假说和概念，进而构建经济理论，而经济理论则负责“解释或者推理”。熊彼特在评价经济思想是否存在经济分析时，是否包含经济理论或构成经济理论的要素（如假说或概念）被视为最重要的标准②。对于判断一个经济思想是否具有分析性，熊彼特还提出了两个更苛刻的标准：其一，经济分析要尽量减少来自价值判断的干扰，所以分析的范围主要限定于纯经济领域。熊彼特认为“每种经济活动都是一种物物交换的形式……这不仅涉及‘交易理论’，还意味着所有纯经济理论都只是对物物交换问题的分析”③。因此，亚里士多德的与货币、价值和价格等和市场交换有关的研究被熊彼特认为具有分析性，而约翰·尤斯蒂（Johann Justi）的以注重国家作用的“福利国家”为代表的理论则被认为几乎没有分析性，因为尤斯蒂

---

① 熊彼特后来还添加了经济社会学，但从《经济分析史》的主要内容来看，最主要的经济分析工具还是历史、统计和理论，尤其是理论。因此，本书重点关注这三种经济分析工具。

② 事实上，其他两个工具在《经济分析史》中也有提及，但是涉及的内容要少很多。这并不是说熊彼特忽视了其他两个工具，而是说他的考察标准主要是经济理论。很多经济学家如 Robbins、Kuznets、Stigler、Knight、Taylor、Viner 等对《经济分析史》做的书评中也大多将经济理论等同于经济分析。参见 Robbins L. “Schumpeter's history of economic analysis”. *The Quarterly Journal of Economics*, 1955, 69(1): 1-22；Kuznets S. *History of Economic Thought-History of Economic Analysis, by Joseph A. Schumpeter*, Oxford University Press, 1955；Stigler G J. “Schumpeter's history of economic analysis”. *Journal of Political Economy*, 1954, 62(4): 344-345；Knight F H. “Schumpeter's history of economics”. *Southern Economic Journal*, 1955, 23(3): 261-272；Taylor O H. “Schumpeter's history of economic analysis”. *The Review of Economics and Statistics*, 1955, 37(1): 12-22；Viner J. “Schumpeter's history of economic analysis”. *The American Economic Review*, 1954, 44(5): 894-910.

③ Schumpeter J A. *The Nature and Essence of Economic Theory*, Routledge, 2017, 33-34.

“虽然看到了经济现象的固有逻辑。但这仅仅是先知式的直觉”，他更多是“信奉经济自由主义的实际改革家，既不关心经济分析的进步，也没有对经济分析的进步作出贡献”[①]。其二，内容与主流理论[②]有相似之处。熊彼特强调经济分析是不断进步的，换句话说，现代经济理论中包含由传统经济思想继承发展而来的分析性成分。例如，熊彼特指出从亚里士多德开始，经院学者和后世的经济学家一直关注价格理论，其中存在着继承和发展关系，体现了经济分析是进步的[③]。因此，从熊彼特的衡量基准来看，他的经济分析实质上是指研究市场交换的经济理论，即基于市场交换的经济分析。

本书认为，基于市场交换的经济分析实际上可归结为三个层次：一是通过历史、统计等分析工具搜集事实材料，并以此为基础加工，提出概念和假说；二是将概念、假说或其他理论整合成理论[④]，甚至是理论体系，用于分析和解释经济问题；三是继承和发展已有的概念、假说和相关的理论（或理论体系），进一步创造新的概念、假说和理论（或理论体系）推动经济分析水平的进步。其中，第一层次为基础，它是后两个层次的先决条件，没有概念和假说的提出，后两者就是无源之水。第一层次虽然不能称为严格意义上的经济分析，但至少包含构成经济分析的分析性成分。事实上，在《经济分析史》中如能提出类似的概念或假说就已获得熊彼特的高度评价。例如，对重商主义者，熊彼特虽然认为他们的工作还处于前科学阶段，但高度肯定了他们提

① [美]约瑟夫·熊彼特：《经济分析史》（第一卷），朱泱、孙鸿敞、李宏等译，商务印书馆，2001，第 271 页。熊彼特对亚里士多德的评价详见[美]约瑟夫·熊彼特：《经济分析史》（第一卷），朱泱、孙鸿敞、李宏等译，商务印书馆，2001，第 96—109 页。

② 详细阅读各卷《经济分析史》的目录可知，熊彼特关注的经济理论主要有两个大类：一是他的一般经济学（第三卷）或普通经济学（第二卷），关注的重点是以一般均衡理论为代表的微观经济学内容；二是货币和信用理论，这部分内容和他的经济发展理论有关，也是他重点关注的内容。

③ [美]约瑟夫·熊彼特：《经济分析史》（第一卷），朱泱、孙鸿敞、李宏等译，商务印书馆，2001，第 71 页。

④ 某个理论可以建立在其他理论的基础上。例如，马克思的剩余价值理论建立在他的劳动价值论之上。

出的贸易差额概念，认为“它不是一般人所能察觉到的。需要作出一定的分析努力才能看到它，才能察觉到它同其他经济现象的关系，不管这种努力多么微不足道”[①]。因此，如果一个经济思想提出了重要的概念或假说，那么它至少达到了最低层次的经济分析。继而，如果能在此基础上对各个概念、假说加以整合形成经济理论，甚至是将多个相关联的理论统一成一个理论体系，并以此为基础得出相应的政策建议，那应当属于较高层次的经济分析[②]。

基于上述界定，熊彼特考察了中西方传统经济思想中经济分析的情况，但总体评价不高。相比于中国传统经济思想，他对于古希腊时期经济思想的评价更高一些。他承认古希腊存在经济分析，但是数量不多，其中“初步的经济分析是一个微小的——甚至很微小的——成分”[③]。而古罗马时期没有任何分析成分可言。事实上，直到阿奎那以前，“没有一段推理文字可以归入经济分析的领域”[④]。熊彼特认为之所以出现这种状况主要有两个原因。首先，他认为古代社会缺乏经济分析出现的环境。熊彼特指出，“在经济学中，也和其他地方一样，大部分有关基本事实的陈述之所以重要，仅仅是由于它们所负荷的上层结构的缘故，如果没有这种上层结构，它们就平淡无奇了”。他的意思是古代的市场交换发展水平低，即上层结构不发达导致对相关现象的分析不多。其次，传统经济思想难以摆脱伦理、政治的影响，导致经济学不仅无法同它们分开，事实上还从属于它们，结果是经济分析成分不

① [美]约瑟夫·熊彼特：《经济分析史》(第一卷)，朱泱、孙鸿敞、李宏等译，商务印书馆，2001，第537页。

② 根据贾根良和贾子尧的研究，经济分析和经济政策无法完全分开，它们都不能脱离具体时代和具体社会条件。本书也认为，经济分析的最终目的是为现实社会处理经济问题提供帮助和指导，所以经济分析中应当包含和经济理论分析相对应的经济政策。详见贾根良、贾子尧：《熊彼特绝对主义经济思想史观及其评价》，《社会科学战线》2018年第3期，第270—280页。

③ [美]约瑟夫·熊彼特：《经济分析史》(第一卷)，朱泱、孙鸿敞、李宏等译，商务印书馆，2001，第91页。

④ [美]约瑟夫·熊彼特：《经济分析史》(第一卷)，朱泱、孙鸿敞、李宏等译，商务印书馆，2001，第136页。

多。古代思想家“把经济推理与他们有关国家与社会的一般哲学思想糅在一起，很少为经济课题本身而研究经济课题”，所以与“在他们其他学科内的灿烂成果相比……他们在经济学领域内的成就如此微小”[①]。总的来看，经济学既缺乏市场经济这个上层结构，又受到伦理学和政治学等一般哲学的“压迫”，导致熊彼特认为传统经济思想中缺乏经济分析。

（二）对熊彼特经济分析概念的批评与拓展

熊彼特的观点对学界评价古代经济思想产生了深远的影响。主流学者进一步发展了他的观点，认为古代根本不存在经济分析。例如，芬利（Finley）认为古代社会不存在现代意义上的市场经济，没有现代意义上的市场经济“就不能发现或者系统表达经济行为的规律（或者说‘统计数据的规则性’），而如果没有这些规律，就不太可能发展出‘经济’的概念，而经济分析也是不可能的”[②]。但这也遭到了以洛里、彼得罗奇洛斯等学者的批评。他们认为，古代经济思想对现代经济学的出现做出过实质贡献，并且形成了有别于主流经济理论的经济分析，而熊彼特等对古代经济思想有负面评价是因为对经济分析的理解过于狭隘，因而对经济分析的定义进行拓展是必要的[③]。

第一，经济分析不应只关注市场经济中的经济规律和经济现象，非市场经济同样有分析的意义。罗宾斯（Robbins）认为经济科学“是把人类行为当作目的与具有各种不同用途的稀缺手段之间的一种关系来研究的科学”[④]，进而批评熊彼特将经济分析限定于市场经济的观点，指出“把交换概念发展成

① [美]约瑟夫·熊彼特：《经济分析史》（第一卷），朱泱、孙鸿敞、李宏等译，商务印书馆，2001，第91页。

② [英]摩西·芬利：《古代经济》，黄洋译，商务印书馆，2020，第40页。

③ Lowry S T. *The Archaeology of Economic Ideas: The Classical Greek Tradition*, Duke University Press, 1987; Petrochilos G A. “Kalokagathia: the ethical basis of Hellenic political economy and its influence from Plato to Ruskin and Sen”. *History of Political Economy*, 2002, 34(3): 599-631.

④ [英]莱昂内尔·罗宾斯：《经济科学的性质和意义》，朱泱译，商务印书馆，2000，第20页。

为一种理论，是一回事。把它当作一种标准（即定义），则是另一回事。毫无疑问，交换概念可以当标准使用。但是，它是否最有助于说明经济学的最终性质，却肯定是有疑问的”。所以他特别指出，“经济分析在交换经济中最有意义、最有用处”，不意味着“只能对交换经济中的现象进行经济分析”，这种“观点是站不住脚的”[①]。考虑到经济模式的多样性[②]，在非市场经济环境中如何处理稀缺性问题应当也属于经济分析的范畴，古代社会与现代社会经济模式之间主要的区别是上层结构不再是市场经济。另外，古代社会虽然以自然经济为主导，但是市场也或多或少地发挥作用，具备提出基于市场交换的经济分析的条件，所以熊彼特才能在古希腊的经济思想中发现经济分析。综上，正如彼得罗奇洛斯强调的，经济学之所以具有分析性是因为“它试图确立现行经济体系赖以运行的原则”，这同其研究对象是否基于市场经济无关[③]。古代经济思想也是如此。它一方面基于当时的经济社会背景发展了与现代经济学不同的，一种基于非市场框架的经济学，另一方面也分析研究了一些与市场交换相关的现象，为现代经济理论发展做出了贡献。

第二，伦理因素对于分析经济问题有重要意义，不能将其排除于经济分析之外。伦理学和经济学之间本就有很强的联系，很难完全分开。森（Sen）认为，现代经济学的两个起源之一就是伦理学，这表明二者息息相关。这在古代经济思想中更为明显[④]。泰勒认为，熊彼特对伦理因素的排斥让他“拒绝承认柏拉图在研究社会生活方面（包括经济方面）有任何严肃的

① [英]莱昂内尔·罗宾斯：《经济科学的性质和意义》，朱泱译，商务印书馆，2000，第 22 页。此处的交换经济即市场经济。

② 例如，希克斯在《经济史理论》的第二章和第三章中列举了中央计划经济、习俗经济和指令经济等其他资源配置方式。罗宾斯则区分了交换经济、独立经济和共产主义经济。参见[英]约翰·希克斯：《经济史理论》，厉以平译，商务印书馆，1987。

③ Petrochilos G A. “Kalokagathia: the ethical basis of Hellenic political economy and its influence from Plato to Ruskin and Sen”. *History of Political Economy*, 2002, 34(3): 599-631.

④ [印]阿马蒂亚·森：《伦理学与经济学》，王宇、王文玉译，商务印书馆，2014，第 9 页。

分析目的和成就”。在泰勒看来，和现代经济学追求最大化财富或社会福利相反，“柏拉图的思想激发了对全面追求财富所带来的恶果的分析”，柏拉图的分析是一种分析“社会病理学的科学”。这种分析“旨在获得对市场交易中贪婪者所涉及的病态过程和结果的理解，以便治理良好的国家的守护者或统治者能够制定并执行正确的规定来遏制它们，并将财富追求的强度和规模降至适当的低水平，使所有人都能追求和获得真正的‘财富’”[①]。另外，经济学家的价值判断也不一定会阻碍经济分析的发展。布劳格认为有时候情况恰恰相反。他以李嘉图为例说明，认为李嘉图如不是强烈的反地主阶级，那“能否建立他的国际贸易理论是很值得怀疑的”[②]。总的来看，伦理因素本就是经济学难以分割的一部分，对经济分析可能有正面作用，不能再将其排除在外。

综上，经济分析的定义既要囊括对不同类型经济的研究，也要将伦理因素重新纳入其中。现有文献已尝试界定传统经济思想中包含的另一种经济分析。不少国外学者指出，传统经济思想中的经济分析特别强调国家和伦理的作用[③]。国内学者也有类似看法[④]。例如，程霖和赵昊以孔子为例指出，中

① Taylor O H. “Schumpeter’s history of economic analysis”. *The Review of Economics and Statistics*, 1995, 37(1): 12-22.

② [英]马克 · 布劳格:《经济理论的回顾》，姚开建译，中国人民大学出版社，2009，绪论，第 5 页。

③ 详见 Lowry S T. “The Greek heritage in economic thought”. In: Lowry S T. *Pre-Classical Economic Thought: From the Greeks to the Scottish Enlightenment*, Springer, 1987, 7-30; Lowry S T. *The Archaeology of Economic Ideas: The Classical Greek Tradition*, Duke University Press, 1987; Petrochilos G A. “The Hellenic contribution to economic thought”. *Global Business and Economics Review*, 1999, 1(2): 215-246; Petrochilos G A. “Kalokagathia: the ethical basis of Hellenic political economy and its influence from Plato to Ruskin and Sen”. *History of Political Economy*, 2002, 34(3): 599-631; Peach T. “Xunzi and Plato on the economics of totalitarianism: a meeting of distant minds”. In: Amelung I, Schefold B. *European and Chinese Histories of Economic Thought*, Routledge, 2021, 189-201; [美]小罗伯特 · B. 埃克伦德、[美]罗伯特 · F. 赫伯特:《经济理论和方法史》(第五版)，杨玉生、张凤林、王军等译，中国人民大学出版社，2017，第 9—15 页。

④ 详见赵靖:《中国古代的“经济学”和富国学》,《燕京学报》1995 年第 1 期，第 129—144 页；程霖、赵昊:《中国古代经济思想的基本结构与内在逻辑——基于权力与伦理视角的孔子经济思想考察》,《财经研究》2019 年第 8 期，第 72—83、97 页。

国传统思想分析的是以政治和伦理来主导资源配置的社会，只有从该角度分析才能解释“为什么先秦文献中鲜少出现对市场、产权等现代经济问题的单独讨论，更多的是将政治、经济问题结合起来进行分析”[①]。甚至认为古代没有任何经济分析的里马也承认，“强调国家作为一种获得社会最优结果的工具与被称为‘社会经济学’是不矛盾的”[②]。具体来看，学界对古代的经济分析有以下的界定。洛里认为“古希腊术语‘oikonomia’是一种正式的管理艺术，旨在最小化成本和最大化回报，其首要目标是实现资源的有效管理，已达成既定目标”[③]。皮奇（Peach）则指出荀子发展了一种“总体主义经济学”（economics of totalitarianism），由“对无节制经济（追求利益）行为的病理学分析，以及详细的经济规划模型”组成[④]。实际上，从管理角度定义经济学并不新奇，菲利普•威克斯第德（Philip Wicksteed）早就指出，经济学“包含对资源管理一般原理的研究，不管是个人的、家庭的、企业的，抑或是国家的资源管理”[⑤]。

上述界定同熊彼特的经济分析相比，主要有两个差异：第一，从研究的对象上看，相比分析市场交换，更注重研究国家管理。在市场尚不发达的古代社会，资源（如土地、劳动力和重要的商品）更多是控制在国家的手中，所以研究经济规律和经济现象就意味着要研究国家如何高效管理社会的资源。正因如此，洛里特别指出古希腊的经济分析“是一种用管理而非市场的

① 程霖、赵昊：《中国古代经济思想的基本结构与内在逻辑——基于权力与伦理视角的孔子经济思想考察》，《财经研究》2019 年第 8 期，第 72—83、97 页。

② [美]英格里德 · H. 里马：《经济分析史》（第七版），陈勇勤、刘星译，中国人民大学出版社，2016，第 9 页。

③Lowry S T. “The Greek heritage in economic thought”. In: Lowry S T. *Pre-Classical Economic Thought: From the Greeks to the Scottish Enlightenment*, Springer, 1987, 7-30.

④ Peach T. “Xunzi and Plato on the economics of totalitarianism: a meeting of distant minds”. In: Amelung I, Schefold B. *European and Chinese Histories of Economic Thought*, Routledge, 2021, 189-201.

⑤ [美]小罗伯特 · B. 埃克伦德、[美]罗伯特 · F. 赫伯特：《经济理论和方法史》（第五版），杨玉生、张凤林、王军等译，中国人民大学出版社，2017，第 10 页。

方式处理经济现象的方法”，旨在研究如何通过国家管理来提升经济效率[①]。皮奇也指出荀子经济学中的政府“不仅会确定‘宏观经济’目标，如在经济的不同部门之间分配资源；还将制定各个部门的产出目标，监督计划的‘高效’执行，并确保所有‘经济’重要事务由他们控制”[②]。第二，伦理因素在经济分析中占有重要地位。对于古代思想家，伦理因素是他们进行经济分析的重要基础。洛里就指出古希腊时期的经济分析“是从伦理、法学以及最终的行政管理角度来看待效率、分配、经济组织以及个人和公共利益”[③]。换句话说，伦理考量会影响国家管理分析。在洛里看来，亚里士多德对商品交换进行分析并不是为了研究市场价格如何形成，而是基于道德考虑，试图“通过公共决策来决定公平价格的标准”[④]。综上，古代社会中还存在另一种受伦理因素影响较大的经济分析，本书称之为基于国家管理的经济分析。它致力于从国家或全社会的角度，研究如何通过政府的行政管理来协调全社会的生产和消费并最终实现特定目标。

（三）以广义经济分析审视中国传统经济思想的分析性

通过回顾熊彼特对经济分析的界定及对其的批判，本书认为广义经济分析包含两种不同类型的经济分析：一是基于市场交换的经济分析，注重研究交换行为、价格和价值、货币等方面；二是基于国家管理的经济分析，注重研究政府如何高效管理经济、伦理制度、财政等问题。当然，这两种类型不

① Lowry S T. “The Greek heritage in economic thought”. In: Lowry S T. *Pre-Classical Economic Thought: From the Greeks to the Scottish Enlightenment*, Springer, 1987, 7-30.

② Peach T. “Xunzi and Plato on the economics of totalitarianism: a meeting of distant minds”. In: Amelung I, Schefold B. *European and Chinese Histories of Economic Thought*, Routledge, 2021, 189-201.

③ Lowry S T. *The Archaeology of Economic Ideas: The Classical Greek Tradition*, Duke University Press, 1987, 250.

④ Lowry S T. “Recent literature on ancient Greek economic thought”. *Journal of Economic Literature*, 1979, 17(1): 65-86.

是完全割裂的，它们可以融合在一起，国家管理可以渗透到市场交换中，而市场交换也会对国家管理产生影响。在亚当·斯密的分析中我们可以看到这种融合，一方面亚当·斯密指出“被看作政治家或立法家的一门科学的政治经济学，提出两个不同的目标：第一，给人民提供充足的收入或生计，或者更确切地说，使人民能给自己提供这样的收入或生计；第二，给国家或社会提供充分的收入，使公务得以进行”[①]。总之，研究政治经济学的目的在于富国裕民，具有鲜明的国家管理色彩。另一方面，亚当·斯密又认为，国民财富增长的动力在于劳动生产率提高，而劳动生产率提高需要以交换和分工为前提。分工的范围又受到交换能力范围即市场范围的影响，从而主张采取经济自由主义政策，充分发挥市场竞争的作用，将市场交换的经济分析摆在了重要位置。事实上，亚当·斯密以前的西方传统经济思想中包含的经济分析也并非都是以国家管理为基础的。如前文提到的，古代思想家确实研究了分工、价值、市场、货币等与市场交换相关的经济现象，有被熊彼特认可的经济分析。

基于广义经济分析的界定，本书接下来通过孟子、《管子》、司马迁和丘濬四个案例来考察中国传统经济思想的分析性。选择这四个案例，主要有三点考量：其一，先秦、秦汉是古代中华文明的奠基和初步发展期，中国传统经济思想由此孕育和生发，后世古代经济思想均可从这里找到源头，所以在该时期选择了三个案例；其二，选择丘濬是因为他继承并发展了司马迁的经济分析体系，并以此为基础在货币、商品价值和统计分析等领域做出了高水平的贡献；其三，四个案例均融合了两类经济分析，但又各有侧重，从而具有一定的代表性。研究表明，中国传统经济思想不仅在基于国家管理的经济分析上具有较高的分析水平，而且在熊彼特意义上的基于市场交换的经济分

① [英]亚当·斯密：《国富论》，郭大力、王亚南译，商务印书馆，2015，第 401 页。

析上也不遑多让，丝毫不落后于古希腊乃至中世纪的西方学者的经济分析，甚至可以同古典政治经济学时期一些思想家的经济分析相媲美。同时，中国传统经济思想同样可以从一个基于核心概念、基本假设、理论分析和政策建议的经济分析体系来重新考察，只是古代的经济学在上层结构、决策主体、分析重点和最终目标等方面同现代经济理论有差异[①]。进而，基于中国传统经济思想的分析性成就，在新时期推进中国经济学构建的过程中应该以“两个结合”特别是“第二个结合”为指导，充分发挥中国传统经济思想的现代价值。

二、孟子：以性善论为基础的经济管理体系

孟子的学说形成于战国中期，是先秦中华文明奠基时期留给后人的极其丰富的文化遗产，是中国古代数千年封建社会的治国经典。孟子经济思想中基于国家管理的分析主要体现在其基本假设“性善论”和以“仁”“义”等核心概念构筑的经济管理体系上，其中特别强调伦理的作用。在孟子的时代，最大的挑战来自公私利益矛盾产生的战乱以及随之而来的经济民生问题。对此，孟子基于“性善论”“仁”“义”构建了一个经济管理理论体系来分析如何解决这些问题。孟子一方面强调国家要推行“仁”和“义”等非正式制度[②]来对各个阶层的行为加以规范和引导，进而消弭公私利益之间的冲突，另一方面则主张通过“恒产”、“不违农时”和“薄税敛”等来提高社会生产力，最终实现他的理想社会。从基于市场交换的经济分析来看，孟子的分析成就主要体现在两个方面：一是他强调劳动分工提高效率的通功易事

---

① 传统经济理论同样要提炼概念和假设，并以此为基础发展理论，提出政策，但其与现代经济理论的差异主要表现在这几个方面：上层结构、市场经济和国家管理；决策主体、个体和国家；分析重点、交换和管理；最终目标、效用最大化和富国（或其他含有价值判断的目标）。

② 此处的制度是按照诺思的定义，泛指由人类制定的用以规范人类社会、政治、经济互动行为的一系列正式和非正式约束。而“仁”和“义”作为伦理规范可被理解为非正式制度。参见[美]道格拉斯·C. 诺思：《制度、制度变迁与经济绩效》，杭行译，格致出版社，2008，第 48 页。

论，这与古希腊思想家的社会分工理论有相似之处，均可视为现代经济学分工理论的先驱；二是和亚里士多德一样，对价值和价格理论的发展也做出了类似的贡献。

首先介绍孟子分析体系的基本假设和核心概念。孟子将人类的良知良能归结于人的天性，指出“水信无分于东西，无分于上下乎？人性之善也，犹水之就下也。人无有不善，水无有不下”[①]，并以此为基础提出了“性善论”。同新古典经济学的理性经济人假设不同，他认为个体不会仅考虑自身利益，还会为了他人的利益行动。例如，孟子指出“人皆有不忍人之心者，今人乍见孺子将入于井，皆有怵惕恻隐之心”[②]，表明人们救助落井孺子不是因为这个行为会给自己带来好处，而是由于“不忍人之心”，这类似行为经济学中的利他主义偏好，与亚当·斯密在《道德情操论》中所揭示的“同情共感”人性认知也有相通之处。不过，孟子指出人的良知良能可能会被私欲蒙蔽，使个体变得自私自利，“乃若其情，则可以为善矣，乃所谓善也。若夫为不善，非才之罪也”[③]。因此，他认为除了少部分“无恒产而有恒心者”[④]的仁义之士之外，大部分人都做不到以公共利益为重。由于个体的行为同时受到利己和利他的影响，为了使个体行为更偏好公益，孟子特别强调伦理因素在经济管理中的作用，即通过伦理道德来影响个体的行为选择。总之，相比于主流经济学只关注以人性自利为起点而忽视伦理因素的研究，孟子以“性善论”为基础的经济研究可作为对现代经济学的有益补充。

孟子理论中的核心概念有二：“仁”和“义”。在孔子那里，“仁”是人之为人的本质，如冯友兰认为“‘仁’是人之所以为人的总的特点”[⑤]，具

① 《孟子》卷 11《告子上》。
② 《孟子》卷 3《公孙丑上》。
③ 《孟子》卷 11《告子上》。
④ 《孟子》卷 1《梁惠王上》。
⑤ 冯友兰：《中国哲学史新编》（上卷），人民出版社，1998，第 167 页。

体表现为“爱人”[①]，如“樊迟问仁。子曰：‘爱人’”[②]和“己所不欲，勿施于人”[③]等。孟子继承了孔子的观点，直呼“仁者爱人”[④]，并将“仁”的作用扩大到全社会的范围，认为“三代之得天下也以仁，其失天下也以不仁。国之所以废兴存亡者亦然”[⑤]。所以孟子的“仁”又和国家兴衰发生了联系。基于上述分析，孟子进一步把“仁”扩充发展成包括政治、经济和文化等各个方面的施政纲领，提出了“仁政”。对于“仁政”的主要内容，孟子以周文王治理国家的政策为范例，“昔者文王之治岐也，耕者九一，仕者世禄，关市讥而不征，泽梁无禁，罪人不孥”[⑥]。不仅如此，孟子还发展了《礼记》中“小康”概念的内涵，他详细地描述了“小康”情况下社会经济生活的理想图景，赋予了“小康”概念更多的经济含义[⑦]。而后以“仁政”为基础的“小康”社会成为中国历代封建王朝的重要目标。而“义”被孟子认为是人行为的最终准则，他反对个体以“利”为目标，将孔子的“义主利从”的观点又推进了一步，认为个体在行动时应“先义后利”，甚至主张以“义”为主，“何必曰利”。总的来说，这两个伦理概念可理解为全社会需要遵守的制度规范，它们不像法律法令那样具有强制性，其有效性建立在“性善论”基础之上。

其次介绍孟子分析体系的理论分析和政策建议。孟子的问题意识很强，其理论分析建立在他对当时社会经济问题的深刻认识之上。他身处战国时期，各国诸侯为满足自身私利对外征伐不断，对内横征暴敛，平民百姓转死

---

① 关于“仁”和“爱人”的更为详细内容，参见韩星：《儒家核心价值体系——“仁”的构建》，《哲学研究》2016 年第 10 期，第 31—38、128 页。

②《论语·颜渊第十二》。

③《论语·颜渊第十二》。

④《孟子》卷 8《离娄下》。

⑤《孟子》卷 7《离娄上》。

⑥《孟子》卷 2《梁惠王下》。

⑦ 王玉波：《“小康”史考》，《社会学研究》1992 年第 2 期，第 62—68 页。

沟壑，深陷于各种“暴政”之中。孟子认为根本原因在于“上下交征利”，即人人都忙于争取私利。在他和梁惠王的对话中这种观点表现得最为明显，“王曰，‘何以利吾国？’大夫曰，‘何以利吾家？’士庶人曰，‘何以利吾身？’上下交征利而国危矣。万乘之国，弑其君者，必千乘之家；千乘之国，弑其君者，必百乘之家。万取千焉，千取百焉，不为不多矣。苟为后义而先利，不夺不餍”[①]。为了解决这一困境，孟子以他的“性善论”“仁”“义”等为基础构建了一套社会分工理论体系和经济政策，试图恢复“仁政”以救民于水火之中，实现“小康”理想。

孟子经济管理体系的基础分工理论，包含源于个体内在能力差异的劳力劳心论和基于分工带来劳动效率提高的通功易事论。从理论发展的角度来看，孟子的分工理论是在批判许行的“并耕”理论之上发展出来的，后者主张社会上所有人都应自行生产所需的物品，没有分工的必要。孟子反驳了许行的理论，从两个不同的层次来分析分工的必要性和作用。首先从个体内在差异来看，孟子认为劳心者在脑力劳动上表现更优异，应从事管理工作，而劳力者则更适合从事生产工作，所以“劳心者治人，劳力者治于人”是“天下之通义也”[②]。对于这两个不同的阶层他又进行了详细的划分，劳心者可分为统治阶层（君主和卿大夫）和仁义之士阶层，统治阶层制定政策管理国家，而仁义之士或出仕成为统治阶层的一员或作为教师对劳力者进行伦理道德教育。劳力者为了提高劳动效率和互通有无而在不同的部门（农业、工业和商业）中从事生产活动，即“通功易事”。

孟子的分工理论与古希腊思想家的分工理论较为类似。首先，他的理论和熊彼特《经济分析史》中所列举的柏拉图的经济分析有很多相似之处，二者都有关于社会分工的理论分析。柏拉图在《理想国》中提出了自己的社会

---

①《孟子》卷1《梁惠王上》。

②《孟子》卷5《滕文公上》。

分工理论，即让每个人从事符合其本性的工作。柏拉图也将社会分为三个阶层——护国者、卫国者和生产者，分别从事管理国家、保卫国家和生产的工作，与孟子的阶层划分有相通之处。熊彼特肯定了柏拉图的分工理论，因为它“强调的不是分工本身所引起的效率提高，而是由于分工使每个人专做最适合他性格的工作而带来的效率提高”。熊彼特认为，“这种对人们内在能力差别的认识值得一提，因为后来几乎完全被人遗忘了”①。其次，孟子的分工理论包含劳力劳心论和通功易事论两个层面，不仅像柏拉图一样强调个体由于内在差异而分工带来的效率提升②；也同色诺芬一样，强调劳动分工本身带来的效率提升。不过，色诺芬在分工理论上有更大的贡献，他与亚当·斯密一样，将分工效率提升和市场规模扩大联系在一起③。

孟子根据上述的社会分工理论分析了各个群体在社会中的作用、相互之间如何影响及对整个社会的影响，其中特别强调“仁”“义”等伦理规范发挥的作用。第一个阶层是由君主和卿大夫组成的统治阶层。这个阶层的主要作用是“劳心”，即管理国家和民众。但他们的私利和公共利益之间常常产生矛盾，导致造福国家的“仁政”无法施行。孟子基于“民本”思想和对人性的信心认为他们会接受“仁政”。一是“民本”思想。孟子认为，“民为贵，社稷次之，君为轻。是故得乎丘民而为天子，得乎天子为诸侯，得乎诸

---

① [美]约瑟夫·熊彼特：《经济分析史》（第一卷），朱泱、孙鸿敞、李宏等译，商务印书馆，2001，第 95 页。

② 柏拉图的分工思想中有分工带来效率提高的部分，如“只要每个人在恰当的时候干适合他性格的工作，放弃其他的事情，这样就会每种东西生产得又多又好”。（详见[古希腊]柏拉图：《理想国》，郭斌和、张竹明译，商务印书馆，1986，第 60 页。）这表明柏拉图认识到个人专注于自己擅长工作也可以提高产出，带来效率的提升。但本书认为，这种对效率提升的认识还是依附于个人天赋能力的差异，与后世古典政治经济学家，如亚当·斯密不强调天赋作用而只关注分工本身带来效率提升的观点还是有差异的。当然也与孟子的通功易事论不同。不少国内学者（如胡寄窗、赵靖）都认为孟子的分工理论包含两个层次的分工。参见胡寄窗：《中国经济思想史》（上），上海财经大学出版社，1998，第 238—242 页；赵靖主编：《中国经济思想通史》（第 1 卷），北京大学出版社，2002，第 223—226 页

③ Lowry S T. “The Greek heritage in economic thought”. In: Lowry S T. *Pre-Classical Economic Thought: From the Greeks to the Scottish Enlightenment*, Springer, 1987, 7-30.

侯为大夫"[①]，所以统治阶层的合法性直接源自"丘民"，即一般民众（劳力者）。如果施政暴虐无度，政权会失去其存在的正当性，广大的"丘民"有推翻统治阶层的可能性[②]。二是孟子对人性更有信心，相信如果统治阶层发挥其人性中善的部分，遵从"仁"和"义"的指导，实施"不忍心之政"的"仁政"，限制自身私欲使社会管理更有效、分配更为公平，最终会实现"七十者衣帛食肉，黎民不饥不寒"[③]的"小康"理想。正因如此，孟子在同齐宣王、梁惠王和滕文公这些君主讨论治国之道时，一直强调"仁"和"义"的作用，引导他们采纳"仁政"来治理国家。

第二个阶层是仁义之士。在孟子看来，这个阶层是整个社会体系中最重要的阶层，有承上启下的作用。其作用主要体现在两个方面：一是入仕成为卿大夫，辅助并引导统治阶层克服自己的私欲，推行"仁政"，负责管理国家的财政、生产和司法等。二是对其他阶层进行教化，通过"谨庠序之教，申之以孝悌之义，颁白者不负戴于道路矣"[④]使"仁"和"义"等深入人心，激发个体的利他主义偏好，以消弭社会各阶层之间的利益冲突。这里值得一提的是，孟子对于什么是劳动价值的看法很有前瞻性，他肯定非物质生产劳动的价值，认为教育工作和其他生产部门的工作一样是对社会发展有益的，这种观点对于发展马克思的生产性劳动理论有很强的启示作用。他指出，"于此有人焉，入则孝，出则悌，守先王之道，以待后之学者，而不得食于子；子何尊梓匠轮舆而轻为仁义者哉"[⑤]，所以教育工作也和其他劳动一样应该获得合理的报酬，"士之仕也，犹农夫之耕也"[⑥]。

---

①《孟子》卷 14《尽心下》。

② 张志宏:《论孟子以"民本"理念为核心的"仁政"思想》,《社会科学》2012 年第 5 期，第 138—146 页。

③《孟子》卷 1《梁惠王上》。

④《孟子》卷 1《梁惠王上》。

⑤《孟子》卷 6《滕文公下》。

⑥《孟子》卷 6《滕文公下》。

第三个阶层是广大的一般民众。他们主要从事各种生产劳动。孟子认为，只要实施“仁政”，并辅之以对民众的教化，不仅可以让他们过上“七十者衣帛食肉，黎民不饥不寒”的生活，而且可以使整个社会的物质产出达到“不可胜食”“不可胜用”[①]的状态。具体而言，“仁政”会从四个方面提高劳动者的积极性，缓和社会利益冲突，促进社会产出增加。首先，他提出了“恒产论”来保证劳动者的财产所有权。他认为，农业发展的关键是为广大的劳力者提供可长期生产经营的土地，这也可以提高劳力者的积极性，“有恒产者有恒心”[②]。而足够的生活资料也是对劳力者开展“仁”和“义”教育的先决条件。其次，他强调要减少国家干预，主张“不违农时”和“薄税敛”，要求国家减少非必要的徭役安排并降低税收，以提高农业部门的劳动力投入和农民的积极性。再次，根据通功易事论，即“子不通功易事，以羡补不足，则农有余粟，女有余布。子如通之，则梓匠轮舆皆得食于子”[③]，他认为各个部门之间的交换分工能有效地提高效率和社会福利。所以，对于农业以外的其他部门他不主张进行干预，政府要做到“关市讥而不征，泽梁无禁”[④]。最后，通过仁义之士的“仁”“义”教育和国家的“仁政”，劳心者和劳力者都能达到较高道德水平，实现“未有仁而遗其亲者也，未有义而后其君者也”[⑤]，使各阶层之间利益更加协调，降低社会运行成本。

根据上述分析，孟子提出了相应的政策建议。在土地政策方面，孟子主张“夫仁政，必自经界始”“经界既正，分田制禄”[⑥]，通过井田制合理划分公田和私田可以确保分配更公平，更重要的是通过“制民之产”，可以使

---

①《孟子》卷1《梁惠王上》。
②《孟子》卷5《滕文公上》。
③《孟子》卷6《滕文公下》。
④《孟子》卷2《梁惠王下》。
⑤《孟子》卷1《梁惠王上》。
⑥《孟子》卷5《滕文公上》。

“有恒产者有恒心”。在税收政策上，他希望恢复到“助”法，即劳务地租。不过，如果要征收农业税，那么税率不能高于 10%，以符合他“薄税敛”的主张。有趣的是，孟子反对农业税低于 10%，因为他认识到国家要征收必要税收来提供公共品（祭祀、庆典和教育等），农业税过低会影响公共品的提供，从而对“仁”和“义”制度发挥作用产生负面影响。孟子不赞同“不教而杀”[①]的严刑峻法，主张通过“仁”和“义”制度来规范个体行为，减少冲突。在徭役方面，他反对在农忙时节征用农夫，以保证农业部门劳动力的供给。对于市场管理政策，孟子主张“关市讥而不征”，即政府只监管市场，保证市场秩序，除非出现垄断，孟子一般不赞同过多的干预，愿意给予个体更多经营自由，反对向商业活动征税。

在讨论市场管理议题时，孟子和亚里士多德一样对价值与价格理论做出了重要贡献。孟子意识到存在某种同质的因素能决定商品价格。他指出，“夫物之不齐，物之情也。或相倍蓰，或相什百，或相千万。子比而同之，是乱天下也”[②]，即相同类型的商品也不一定以相同价格出售，因为商品价格是由“物之情”决定的。这表明孟子已经模糊地认识到“物之情”是能决定商品价格的基础的商品价值[③]。类似地，熊彼特指出亚里士多德模糊地意识到了劳动可能是商品价值的来源。亚里士多德认为，“只有当不同的产品平等化了，从而鞋匠的鞋同农夫的食物之比例符合于鞋匠同农夫之比，回报才会发生”“只要回报比例还不能以这种方式建立，双方就不可能进行交易”[④]。对此，熊彼特认为亚里士多德可能“正在摸索某种劳动-成本价格理论，但他没有能

①《论语·尧曰第二十》。

②《孟子》卷 5《滕文公上》。

③ 详见李守庸：《学习马克思恩格斯对重商主义以前经济思想的分析——兼论研究中国古代经济思想史的方法和目的问题》，《武汉大学学报（社会科学版）》1984 年第 6 期，第 36—44 页；赵靖主编：《中国经济思想通史》（第 1 卷），北京大学出版社，2002，第 228—230 页。

④［古希腊］亚里士多德：《尼各马可伦理学》，廖申白译注，商务印书馆，2003，第 143、144 页。

够讲明白”[①]。不过，本书认为马克思的理解更为准确，亚里士多德的贡献是“在商品的价值表现中发现了等同关系，正是在这里闪耀出他的天才的光辉”，但他的分析“到此就停下来了，没有对价值形式作进一步分析”[②]，没有发现劳动才是决定价值的关键因素。同样地，孟子也没有更进一步探索“物之情”是什么。综上，孟子和亚里士多德都发现了商品价值中的等同性，而这种等同性对于价值理论的发展是至关重要的。

总的来看，孟子以“性善论”为研究起点，以“仁”和“义”为核心概念，根据其社会分工理论构建了一套社会经济管理理论体系，分析了各个阶层之间的关系和他们所起的作用，强调以“仁”和“义”等道德规范来调节各个阶层之间的关系，通过“仁政”来实现他的“小康”理想。从对发展基于市场交换的分析的贡献来看，孟子在分工理论、价值和价格理论等方面做出了贡献。在分工理论方面，孟子的理论更为全面，同时考虑了由个体特质差异（劳力劳心论）和分工本身（通功易事论）两类不同分工来源导致的效率提升。而古希腊色诺芬的分工理论在深度上更胜一筹，预见了市场规模和分工程度之间的联系。在价值和价格理论方面，相比而言，亚里士多德的论述要比孟子更为清晰和明确，但两者的差异更多是认识程度上的差异，而不是对问题本质认识的差异[③]。值得一提的是，孟子的经济分析中对伦理因素、“民本”思想的重视是相当有前瞻性和启示意义的。近年来行为经济学、实验经济学等的发展，已充分证明古典、新古典以市场-竞争为核心的统一范式并不能描述社会经济问题的全部内涵。主流经济学为了加强其“科

---

① [美]约瑟夫·熊彼特：《经济分析史》（第一卷），朱泱、孙鸿敞、李宏等译，商务印书馆，2001，第 102 页。

② [德]卡尔·马克思、[德]弗里德里希·恩格斯：《马克思恩格斯全集》（第四十二卷），中共中央马克思恩格斯列宁斯大林著作编译局编译，人民出版社，2016，第 815 页。

③ 李守庸：《学习马克思恩格斯对重商主义以前经济思想的分析——兼论研究中国古代经济思想史的方法和目的问题》，《武汉大学学报（社会科学版）》1984 年第 6 期，第 36—44 页。

学性”而将研究范围限定在特定领域内的方法造成了“人文性的遗失”[①]。社会经济问题的本质需要进一步的探讨与分析，需要研究以往理论体系中被过度忽略的如权力、伦理、制度等社会要素。例如，为古代思想家广泛讨论的公平、正义等伦理问题，也成为行为经济学的重要话题。行为经济学将个体对公平的要求视为一种与利他偏好类似的公平偏好（fairness preferences）或者主观上的正义感。在此基础上，许多学者建立了诸多模型用以研究个体对公平或正义的要求[②]。而且，行为经济学对利他主义行为的理论分析，为古代经济思想中丰富的伦理道德思想提供了理论分析工具。尤其是我国先秦时期对“仁”“孝”等问题的讨论均可一定程度上从行为经济学的角度加以理解。以此来看，孟子的经济分析对于现代经济学的发展而言，依然有值得借鉴的地方。

三、《管子》：“轻重”与货币管理理论

《管子》一书共有86篇，现存76篇，分为《轻重》《经言》《内言》《外言》《短语》《杂篇》《管子解》和《区言》等8个部分，有三分之二的篇数都涉及经济问题，包括自利、分工、消费、轻重、货币和财政等诸多领域。《管子》历来是中国传统经济思想研究中最受重视的对象之一。其中，《轻重》诸篇中的经济思想最为丰富，在经济分析方面有开拓性贡献，其政策建议对中国古代的经济发展产生了重大影响。鉴于《管子》一书包含的经济思想内容众多，本书主要集中于《管子》的货币管理理论。《管子》的货币管理理论是一个由“轻重”概念及其相关原理与国家控制货币假说组成的经济

---

① 孙圣民：《经济学理论、实践与本土化——兼谈中国自主的经济学体系构建》，《经济研究》2023年第12期，第185—202页。

② Rabin M. “Incorporating fairness into game theory and economics”. *The American Economic Review*, 1992, 83(5): 1281-1302; Konow J. “Which is the fairest one of all? A positive analysis of justice theories”. *Journal of economic literature*, 2003, 41(4): 1188-1239; Velez R A. “Are incentives against economic justice?”. *Journal of Economic Theory*, 2011, 146(1): 326-345.

理论，主张国家通过调控流通中的货币数量来控制经济，实现特定经济目标。相比于孟子的经济分析体系，在《管子》的经济思想中，基于国家管理和基于市场交换的两种分析类型相辅相成、充分融合，共同构成了一个复合型的市场化货币管理理论。从基于市场交换的经济分析来看，《管子》的货币理论中在货币的起源、职能、数量理论和货币管理等方面的分析水平不仅同古希腊时期的经济分析水平不相上下，在部分领域甚至达到了古典政治经济学的水平。不仅如此，《管子》在注重理论分析的同时也关注统计工具的应用，在《山国轨》等篇中明确提到了统计是国家管理货币的重要手段。

首先介绍《管子》分析体系的基本假说和核心概念。《管子》货币管理理论的核心假说是中国传统的"先王制币说"。该假说认为，货币价值由国家（先王）赋予，制币的目的是赈济灾民和方便交换。早在春秋时期，单旗就指出"古者天灾降戾，于是乎量资币，权轻重，以振救民"[①]，表明货币起源于国家铸造钱币赈济灾民。《管子》发展了单旗的观点，指出"汤七年旱，禹五年水，民之无檀卖子者。汤以庄山之金铸币，而赎民之无檀卖子者；禹以历山之金铸币，而赎民之无檀卖子者"[②]，明确提出了"先王制币说"。《管子》一书将货币划分为三种类型（即玉、金和珠），并指出"三币，握之则非有补于暖也，食之则非有补于饱也，先王以守财物，以御民事，而平天下也"[③]。既然货币起源于国家的安排，那么货币的价值自然也可以由国家控制。我们可以在《管子》中找到不少类似的说法。例如，"吾闻海内玉币有七策，可得而闻乎？……燕之紫山白金，一策也；……禺氏边山之玉，一策也"[④]或"令疾则黄金重，令徐则黄金轻"[⑤]等都体现了货币

①《国语》卷3《周语下》。
②《管子》卷22《山权数第七十五》。
③《管子》卷22《国蓄第七十三》。
④《管子》卷23《揆度第七十八》。
⑤《管子》卷23《地数第七十七》。

是否有价值依赖于政府的选择，甚至货币价值的大小也依赖于政府的调控。换句话说，“先王制币说”是《管子》货币管理理论体系的前提基础。《管子》的“先王制币说”同柏拉图的货币符号理论有相似之处，都属于货币名目论。熊彼特认为，柏拉图是最早倡导货币名目论的学者[①]。柏拉图认为，货币只是充当交换媒介的“符号”，同它由什么金属构成没有关系，具有法定偿付能力才是成为货币的关键。他在《法律篇》中指出，“为了这些目的，我们同意，人们必须占有铸币，他们之间流通法定货币，但这种货币对人类其余部分是没有用处的”[②]。对比而言，《管子》和柏拉图对货币本质的认识相当类似，货币的产生均是由国家权力决定的。

“轻重”是中国传统经济思想中一个特有的概念，构成了《管子》轻重理论的核心。它最早可追溯至春秋时期的《国语》，当时的含义主要和钱币分量相关，“轻”代表钱币分量小，“重”则代表钱币分量大。随后，“轻重”演变出了多种不同的含义：第一，“轻重”跟商品数量多寡相联系，“重”表现为商品稀缺、涨价等，“轻”则相反，表现为商品丰富、跌价等。其中，谷物在封建社会中具有独特地位（最基本的生存资料和生产资料），从而它的“轻重”关系又和其他商品有差异。第二，“轻重”跟流通中的货币数量情况有关，此时“重”代表流通中的货币数量少，货币购买力高，“轻”代表流通中的货币数量多，货币购买力低。第三，“轻重”还同国家人事和政策有联系，如《管子》在讨论人事奖惩时就使用过“轻重”概念，“士非好战而轻死，轻重之分使然也”[③]。总的来看，“轻重”的含义非常广泛，“凡关于封建国家的财政，土地政策，经济体制，货币，物价……等都

---

① [美]约瑟夫·熊彼特：《经济分析史》（第一卷），朱泱、孙鸿敞、李宏等译，商务印书馆，2001，第 96 页。

② [古希腊]柏拉图：《法律篇》，张智仁、何勤华译，上海人民出版社，2001，第 153 页。

③《管子》卷 23《轻重甲第八十》。

是轻重论的重要应用范围"[①]，不过《管子》对"轻重"概念的应用还是集中于货币和物价。

其次介绍《管子》分析体系的理论分析和政策建议。《管子》的货币管理理论体系由市场论、货币职能与货币供求、货币与物价关系、货币管理政策四个部分组成。

（1）市场论。市场是商品交换的重要场所，而《管子》就极其重视市场的作用。《管子》中对市场作用的论述包括六个方面[②]：第一，市场的设立是为了解决民众物资匮乏问题，"聚者有市，无市则民乏"；第二，商品价格的高低由市场决定，"市者，货之准也"；第三，市场上商品价格的波动可以反映社会经济是否稳定，"市者可以知治乱"[③]；第四，市场是取得财富的场所，每个人都可以通过市场获利，"市者天地之财具也，而万人之所和而利也"[④]；第五，市场能够刺激生产，即商品流通可以对生产产生反作用，"市也者，劝也。劝者，所以起"[⑤]；第六，市场可以观察商品生产数量，但不能生产商品，"市者……可以知多寡，而不能为多寡"[⑥]。总的来看，一方面，市场论体现了战国时期中国的市场经济已获得相当的发展，所以《管子》才能对市场的作用有这样全面的认识；另一方面，同孟子专注于分析生产、分配等领域不同，《管子》很重视国家对于流通领域管理的分析，所以市场论也是其货币管理理论体系的前提。正如巫宝三所言"《轻重》各篇关于货币和商品价格的论述，可以看作是《管子》早期关于市场论的继续和发展"[⑦]。

---

① 胡寄窗：《中国经济思想史》（上），上海财经大学出版社，1998，第 323 页。
② 胡寄窗：《中国经济思想史》（上），上海财经大学出版社，1998，第 350—352 页。
③《管子》卷 1《乘马第五》。
④《管子》卷 9《问第二十四》。
⑤《管子》卷 12《侈靡第三十五》。
⑥《管子》卷 1《乘马第五》。
⑦ 巫宝三主编：《先秦经济思想史》，中国社会科学出版社，1996，第 578 页。

（2）货币职能与货币供求。从货币职能来看，《管子》对货币的流通手段、支付手段、价值储藏和价值尺度等职能均有不同程度的了解：一是流通手段，如“黄金刀币，民之通施也”[①]，并指出“刀币者，沟渎也”[②]，意为货币是帮助商品在社会上流通的沟道，离开了沟道就没有商品流通；二是支付手段，如“士受资以币，大夫受邑以币，人马受食以币”[③]；三是价值储藏，如“万乘之国，不可以无万金之蓄饰”[④]；四是价值尺度，如“置之黄金一斤，直食八石”[⑤]。上述职能中，流通手段最受《管子》的重视，其货币理论也是基于对流通手段职能的深刻理解。类似地，亚里士多德对货币职能也进行了分析，被熊彼特称赞是“货币问题领域内大部分分析工作的基础”[⑥]。熊彼特指出，亚里士多德认识到了货币的流通手段、价值储藏和价值尺度等三个职能[⑦]。但根据洛里的考证，亚里士多德在《政治学》（*Politics*）中讨论高利贷问题时，指出货币可以作为延期支付的手段。所以亚里士多德实际上对四个职能都有认识[⑧]。如上文所述，《管子》对于货币的流通手段、支付手段、价值储藏和价值尺度等基本职能都有所认识。可见《管子》和亚里士多德都对货币的职能有比较清晰的认识。

从货币供求来看。在货币供给方面，《管子》特别强调政府要控制货币供给，要垄断铸币权，给货币穿上“国家制服”，即“人君铸钱立币，民庶

---

①《管子》卷22《国蓄第七十三》。

②《管子》卷23《揆度第七十八》。

③《管子》卷24《轻重戊第八十四》。

④《管子》卷22《山权数第七十五》。

⑤《管子》卷22《山权数第七十五》。

⑥ [美]约瑟夫·熊彼特：《经济分析史》（第一卷），朱泱、孙鸿敞、李宏等译，商务印书馆，2001，第106页。

⑦ [美]约瑟夫·熊彼特：《经济分析史》（第一卷），朱泱、孙鸿敞、李宏等译，商务印书馆，2001，第105页。

⑧ Lowry S T. “The Greek heritage in economic thought”. In: Lowry S T. *Pre-Classical Economic Thought: From the Greeks to the Scottish Enlightenment*, Springer, 1987, 7-30.

之通施也”[①]。在货币需求方面,《管子》虽然没有提出明确的货币需求概念，但是它讨论了影响货币需求的因素。《管子》认为可以从生产端或消费端估计社会流通所需的货币量[②]。从生产端估计，国家要统计耕地数量、粮食产量、商品粮数量（扣除食用的剩余粮食）、粮价，以此为基础估算需要的货币量，即“田若干？币若干而中用？谷重若干而中币？终岁度人食，其余若干”[③]。从需求端估计，国家可以通过统计个人购买商品时所需的货币量来估计总货币需求量，“币准之数，一县必有一县中田之策，一乡必有一乡中田之策，一家必有一家直人之用”[④]，即将个人和家庭的货币需求加总获得总的货币需求。总的来看,《管子》对于货币职能和货币供求的认识相当深入，尤其是在货币需求方面，表现了《管子》“对于货币流通量的分析具有非凡的洞察力”[⑤]。另外，熊彼特对中世纪后期经院学者的统计工作给予了很高评价，认为“他们并非仅仅进行思辨。在没有统计机构的时代，他们尽最大可能进行了实地调查工作”来支持自己的论述[⑥]。相比之下,《管子》对统计工具的应用同样值得称道，基于对货币供需的实际统计，国家能分析如何高效地管理货币。

（3）货币与物价关系。《管子》以“轻重”概念为基础分析了流通中货币数量和商品价格之间的关系，指出流通中货币数量的变动与物价的变动有相反的趋势。在《管子》中最能体现这种观点的有两段话：第一段是“国币

---

①《管子》卷 22《国蓄第七十三》。

② 胡寄窗和巫宝三都认为，古代社会的货币流通速度变化很小，所以无论是从生产角度还是从消费角度计算货币需求量，都可以不考虑流通速度的影响。参见胡寄窗：《中国经济思想史》（上），上海财经大学出版社，1998，第 340 页；巫宝三：《管子经济思想研究》，中国社会科学出版社，1989，第 323 页。

③《管子》卷 22《山国轨第七十四》。

④《管子》卷 22《山至数第七十六》。

⑤ 巫宝三主编：《先秦经济思想史》，中国社会科学出版社，1996，第 581 页。

⑥［美］约瑟夫·熊彼特：《经济分析史》（第一卷），朱泱、孙鸿敞、李宏等译，商务印书馆，2001，第 327 页。

之九在上，一在下，币重而万物轻，敛万物，应之以币。币在下，万物皆在上，万物重十倍”[①]。这段话的分析如下：如果国家通过政策把流通中十分之九的货币回收（即“国币之九在上”），导致流通中的货币只有原有的十分之一，货币购买力自然会大幅上升，物价大跌。如果国家此时乘机投放货币收购各种商品，一边使货币重新回到流通之中（即“币在下”），一边持有大量商品（即“万物皆在上”），则货币的购买力会大跌，物价大涨。第二段论述的是货币和粮食价格之间的关系，“则一国之谷资在上：币赀在下。国谷什倍，数也”[②]。这段话表明，货币和粮食的关系也一样，如果流通中的货币多，而粮食集中在国家手中，粮食价格也会大涨。从上面两段引文来看，在不考虑其他因素对物价的影响的情况下[③]，《管子》认为流通中货币数量的变动会影响物价的高低，前者越多（越少），后者越高（越低），而货币的购买力也会随之下降（上升）。更进一步来看，《管子》的分析特别强调政府的作用，认为货币和物价关系发生变动的来源是政府投放或回收货币。《管子》对货币数量和物价的分析从理论上表明，政府能依靠管理货币来影响物价，这使其具备了通过货币管理来达到特定的政策目的的能力，为政府实施货币管理政策奠定了坚实的理论基础。

相比于西方的同类分析，《管子》对货币数量和物价之间关系的分析实际上接近 16 世纪博丹提出的货币数量论。博丹在分析当时物价高昂的原因时指出，“我发现今天物价高昂有四个以至五个原因。主要的也几乎是唯一的一个原因（至今还无人提起过）是金银的充盈”，“促使一切物品昂贵的主要原因，都是支配物品的评价和作价的那个事务过多，无论何处，都不例

---

①《管子》卷 22《山国轨第七十四》。

②《管子》卷 22《山至数第七十六》。

③ 商品的生产、商品的供求状况、货币流通速度等都会影响物价，但此处主要是讨论它们不变情况下的物价变动，而货币流通速度在前文中已做了解释。

外”[①]。熊彼特认为，博丹的货币分析“是对 1568 年的历史现象作出的正确诊断。即使就一般理论内容而言，它也优于比其晚得多的分析”[②]。比较而言，《管子》的货币数量分析同博丹的论述相当类似，都强调流通中货币数量变化会导致物价变动。因此，唐庆增就认为“彼邦研究货币数量理论者，多推巴氏为鼻祖，然巴丹之书，出版于一五七三年，在氏之前千余年，我国管子固早已倡有此项学说”[③]。

（4）货币管理政策。根据前述的货币理论，《管子》明确提出“故善者执其通施以御其司命，故民力可得而尽也”[④]的政策主张。政府要管理好货币（“通施”），通过调节流通中的货币量来控制关键商品（主要是粮食，即“司命”），进而影响所有商品的价格，最终达到“民力可得”、“贵贱可调”和“君得其利”等目标。在货币政策的具体操作中，最关键的原则是“以重射轻，以贱泄平”，是指当市场上某种商品过剩（短缺）时，政府应以稍高于（低于）市场的价格买入（卖出），达到稳定物价的目标，之后再等待有利时机卖出（买进）以获得财政收益。《管子》以谷物和布帛为例论证了此点，指出“谷贱则以币予食，布帛贱则以币予衣。视物之轻重而御之以准，故贵贱可调而君得其利”[⑤]。不仅如此，《管子》还考虑了政府通过政策影响货币需求来实现“君得其利”的可能性。例如，管子在回答齐桓公如何使用黄金时，建议“请以令使贺献、出正籍者必以金”[⑥]，意指君主可以限定某些商品作为货币（用于缴纳税收或上交贡品）来改变社会的货币需求，而货币

① 巫宝三主编：《欧洲中世纪经济思想资料选辑》，傅举晋、吴奎罡等译，商务印书馆，1998，第 67 页。

② [美]约瑟夫·熊彼特：《经济分析史》（第一卷），朱泱、孙鸿敞、李宏等译，商务印书馆，2001，第 160 页。

③ 唐庆增：《中国经济思想史》，商务印书馆，2014，第 266 页。此处的巴丹即博丹。

④《管子》卷 22《国蓄第七十三》。

⑤《管子》卷 22《国蓄第七十三》。

⑥《管子》卷 23《轻重甲第八十》。

需求的变化会改变货币和其他商品价格的相对关系。由于黄金需求突然增加，其他商品的数量暂时没有变化，此时君主手中的黄金购买力大幅提高，君主获得了好处，即“金坐长而百倍。运金之重以衡万物，尽归于君”[①]。

在西方，洛里认为古希腊时期就已经存在货币管理理论[②]。普鲁塔克（Plutarchus）所著的《莱克格斯传》（*Biography of Lycurgus*）记录了莱克格斯币制改革的事迹。莱克格斯通过变革货币制度（使用铁币）一方面有效打击了假币制造，另一方面限制了斯巴达的对外贸易（因为外国人不愿意接受铁币），最终刺激国内产品生产增加[③]。熊彼特则认为，系统的货币管理理论体系直到 17 世纪才由约翰·罗（John Law）第一次提出，罗的理论“就是通过控制和改革把法国的整个国民经济引向新水平。这就使罗的‘体系’成了管理通货思想的真正鼻祖”[④]。相比之下，《管子》中的货币管理理论实际上接近于罗的看法。一方面，两者对货币性质的认识类似，核心的假说都是货币名目论；另一方面，他们都从对货币本质、货币与物价关系的分析中推导出流通中的货币数量是可以被管理的[⑤]，而政府可以通过调整货币供给数量实现自己的政策目标。

不过，《管子》也强调政府通过调节货币供给数量来实现政策目标是有限制的，因为其模糊意识到存在最优货币供给量。《管子》认为，“物臧则重，发则轻，散则多。币重则民死利，币轻则决而不用，故轻重调于数而

① 《管子》卷 23《轻重甲第八十》。

② Lowry S T. “Ancient and medieval economic”. In: Samuels W J, Biddle J E, Davis J B. *A Companion to the History of Economic Thought*, Blackwell Publishing, 2003, 11.

③ [古希腊]普鲁塔克：《罗马希腊名人传》（第一卷），席代岳译，吉林出版集团有限责任公司，2009，第 88—89 页。

④ [美]约瑟夫·熊彼特：《经济分析史》（第一卷），朱泱、孙鸿敞、李宏等译，商务印书馆，2001，第 495 页。

⑤ 罗对货币理论的讨论详见[美]约瑟夫·熊彼特：《经济分析史》（第一卷），朱泱、孙鸿敞、李宏等译，商务印书馆，2001，第 494、495 页。

止”[①]，说明国家在依据轻重关系来调节货币和商品之间的关系时，不能一味地滥发货币，货币供给量到达“数”时就要停止货币调控，即存在某种最优的货币存量。因此，为了保证政策顺利实施，《管子》提出了三项措施：一是为满足国家投放货币的需要和民间的货币需求，有必要在各地建立货币供给机制，即利用“调立环乘之币”和“谨置公币焉”[②]等储备货币来满足这些需求；二是为保证政府对货币的完全控制，一方面要垄断货币的供给，保证只有国家才能铸造货币，另一方面要掌握制币材料的来源，如控制矿山、珠玉来源等；三是强调“国轨”（即国家统计）的重要性，要做好货币需求的统计工作，为各地设置“公币”提供依据。

通过前面的考察，我们可以看到《管子》中的货币管理理论体系，在前人的基础上提出并发展了“轻重”概念和货币供给假说，基于对市场、货币职能、货币供求、货币与物价关系等方面的认识形成了一个完整的货币管理理论体系，并用于指导国家货币政策实施。该体系既包括基于国家管理的分析，也包括基于市场交换的分析，还将两者有机地融合在一起，形成了一种市场化的货币管理理论。从中西比较的角度看，《管子》的货币理论在货币职能与本质、货币数量论和货币管理等方面均有不亚于 17 世纪前西方学者的高水平理论分析。综合来看，《管子》与同期西方思想家相比在货币问题上有更深刻的分析，并对后世产生了长期的影响，如巫宝三所言“他们对货币性质、货币职能等问题的分析和认识，一直为后世经济思想家所继承和发展”[③]。这充分表明中国作为世界上最早使用货币的国家之一，在货币理论方面确实提出了诸多具有领先性和前瞻性的经济分析，正如胡寄窗强调的，《管子》的经济思想，“尤其是其中与商品流通有较密切关系部分的理论分

---

① 《管子》卷 23《揆度第七十八》。

② 《管子》卷 22《山国轨第七十四》。

③ 巫宝三：《管子经济思想研究》，中国社会科学出版社，1989，第 363 页。

析，大都接近了初期资产阶级古典政治经济学的水平，甚至某些地方还有的它独到见解”[①]。同时，《管子》经济思想中有一个很独特的特点是十分重视统计工作，并在统计分析的基础上管理货币，这表明中国古代经济思想中的经济分析工具也是多样的，没有局限于理论分析。

四、司马迁：史论、无为、善因论与治生之学

司马迁身处春秋战国中华文明轴心时代之后，其所著的《史记》在充分汲取先秦诸子百家思想养分的基础上“究天人之际，通古今之变，成一家之言”[②]。其采用了“于叙事中寓论断”[③]的撰史笔法，其中《平准书》和《史记·货殖列传》两篇包含对西汉之前经济史的记载及其对相关经济思想的描述与倾向[④]。尤其在《史记·货殖列传》中，司马迁以其深邃的哲学思想、史学思想为基础，通过考察当时各地的自然条件、物产、人口、风俗、农业、工商业和都市发展状况，提出了一系列具有区域经济和地理经济特征的经济观点，也提出了诸多可与亚当·斯密自由市场和社会分工经济理论相媲美的经济思想。基于这些思想，司马迁一是构建了偏向市场交换分析的经济分析体系，认为以市场机制为主导的经济社会运行模式是最优的，国家管理需要处在辅助位置，弥补市场机制的不足；二是从微观角度提出了分析货殖家（企业家）的作用的治生之学，这些理论分析在中国经济思想史乃至世界经济思想史上都具有划时代的意义。梁启超认为，司马迁在《史记·货殖列传》所论“与西士所论，有若合符”[⑤]，展现出了其经济观点的历史穿透性。同时，司马迁也被认为开创了“具有中国特色的传统形态的经济史学理

---

① 胡寄窗：《中国经济思想史》（上），上海财经大学出版社，1998，第 368 页。

②《汉书》卷 62《司马迁传》。

③（清）顾炎武著，黄汝成集释：《日知录集释》。

④ 黄达在中国人民大学“读史读经典”推荐中曾列举此二篇，称“它们是古代经济史和经济学说史的必读篇章。读后可大体把握古代经济史和经济学说史的轮廓”。

⑤ 梁启超著，吴松、卢云昆、王文光等点校：《饮冰室文集点校》，云南教育出版社，2001，第 4 页。

论”“创造或阐明了一些经济史学术语或概念”[①]。

首先介绍司马迁分析体系的基本假设和核心概念。司马迁对人性有着深刻的认知，他并未纠缠于性善、性恶的伦理争辩，而是提出了“皆为利”的人性假设，指出“富者，人之情性，所不学而俱欲者也”，肯定人们求利、求富的合理性。他认为，“布衣匹夫之人，不害于政，不妨百姓，取与以时而息财富，智者有采焉”[②]。基于此，司马迁在史家中开创了为货殖家立传的先河，对当时货殖的基本经验和规律做了较全面的总结。他在《史记·货殖列传》中开篇引述老子至治主张之后，即指出“使俗之渐民久矣，虽户说以眇论，终不能化”，这些欲望包括“耳目欲极声色之好，口欲穷刍豢之味，身安逸乐，而心夸矜势能之荣”。此处的“极”和“穷”与贝克尔（Becker）所言三大经济学分析方法之一的最大化行为假定有共通之处[③]。这一变化也使得“天下熙熙，皆为利来；天下攘攘，皆为利往”。这里，司马迁将社会经济个体的欲望本能和自利本性揭露得淋漓尽致，成为其在《史记·货殖列传》中开展经济分析的逻辑起点和基本假设。这与熊彼特对于亚里士多德“老老实实把欲望及其满足作为他经济分析的基础”的评价具有一致性[④]。

基于这样一种人性认知，司马迁在其经济分析中提出了两大核心概念，分别指向市场分工与政府治理，即“各劝其业”和“无为”。二者是相互联系的，前者在《史记·货殖列传》中集中论述，后者则渗透于《史记》诸多篇章之中。正如熊彼特所言，“历史的叙述不可能是纯经济的”，但是“提供

---

① 唐艳艳、赵德馨：《〈史记〉与中国经济史学的开端》，《中国经济与社会史评论》2022 年第 10 辑，第 173—203 页。

②《史记》卷 130《太史公自序第七十》。

③［美］加里·S. 贝克尔：《人类行为的经济分析》，王业宇、陈琪译，格致出版社、上海三联书店、上海人民出版社，2008。

④［美］约瑟夫·熊彼特：《经济分析史》（第一卷），朱泱、孙鸿敞、李宏等译，商务印书馆，2001，第 101 页。

了最好的方法让我们了解经济与非经济的事实是怎样联系在一起的”[①]。司马迁在其经济分析中以经济史的视野在列举了各区域地理、物产等特色之后，指出了“故待农而食之，虞而出之，工而成之，商而通之”的社会分工秩序，描绘了一种“人各任其能，竭其力，以得所欲”“各劝其业，乐其事”“不召而自来，不求而民出之”的社会经济分工激励相容局面，并指出这“若水之趋下”，是“道之所符”“自然之验”。显然，司马迁的上述论断与亚当·斯密的“屠夫、酿酒师或是面包师”的自利经济行为提升社会公益以及扣针制造中的分工提升效率的观察，有较大相近之处。

无为概念和黄老思想在司马迁的思想谱系中具有优先地位。司马迁因此被班固认为“论大道则先黄老而后六经”[②]。汉初，黄老政治得以推行，司马迁评价“其术以虚无为本，以因循为用”[③]，无为而无不为，已较老子的清静无为、庄子的道学更为积极、经世。司马迁在《史记》中对汉朝历史上积极辅佐推行黄老政治的萧何、曹参、陈平、张良等都极为赞赏，乃至流露出敬仰之情，如评价曹参“与休息无为，故天下俱称其美矣”[④]。在《史记·货殖列传》中，他以历史的笔法用寥寥数语对文景之治下的经济盛况加以生动勾画：“汉兴，海内为一，开关梁，弛山泽之禁，是以富商大贾周流天下，交易之物莫不通，得其所欲。”可见，司马迁将“各劝其业”和“无为”这两个核心概念都依归于“得其所欲”以及“皆为利”的假设上来，揭示了其中的内在逻辑。司马迁对于汉武帝时期内兴功作、外攘四夷、与民争利的做法，如均输平准、算缗告缗、盐铁官营等经济政策及其经济后果也给予了客观记载，且颇有微词。

① [美]约瑟夫·熊彼特：《经济分析史》（第一卷），朱泱、孙鸿敞、李宏等译，商务印书馆，2001，第31页。

②《汉书》卷62《司马迁传》。

③《史记》卷130《太史公自序第七十》。

④《史记》卷54《曹相国世家第二十四》。

其次介绍司马迁分析体系的理论分析和政策建议。司马迁的理论分析可分为两个部分，即宏观层面的善因论和微观层面的治生之学，两者共同构成了他的经济管理思想体系。司马迁基于历史视角对人性欲望与分工现实的认识，在《史记·货殖列传》中提出了“故善者因之，其次利道之，其次教诲之，其次整齐之，最下者与之争”的善因论。善因论是一种反对国家过多控制和干预经济，主张自由放任的宏观经济管理理论，其内容非常接近现代市场经济理论的内涵。他认为，政府介入甚至要控制市场以与民争利是下下策，不可取。信奉自由市场的哈耶克同样认为“市场自发的秩序，是以相互性或相互受益为基础的”[①]。“利道之”的核心就是市场配置资源，价格的形成要以非政府控制的市场竞争、供需调节为主，这是市场经济的一般规律。司马迁对此方面的论述已触及最本质的层面。他认为，“故物贱之征贵，贵之征贱，各劝其业，乐其事，若水之趋下”，尽管物价看上去始终是处于变动之中的，但其中也有规律可循，并且这个规律与自然规律类似。他在引述计然理论时进一步指出，“论其有余不足，则知贵贱。贵上极则反贱，贱下极则反贵。贵出如粪土，贱取如珠玉”“财币欲其行如流水”。也就是消费者可根据货物的数量来推测商品的价格，如果货物太贵，没有人买，必然要贱跌下去；但跌价并非不可逆，价格下跌，将导致货主不愿卖，市场上流通得少，自然不久价格就要升高。

善者因之是善因论的核心和灵魂。从司马迁的论述来看，善者因之所指向的就是政府如何实现善政、善治，途径是因之，即因循、顺应、听之、任之的意思。因循、听任私人从事农虞工商等经济活动为他们自身谋利，即可实现经济繁荣、民殷国富的整体长远利益目标。当然，司马迁也意识到仅依靠市场机制是存在问题的，主张通过国家管理来弥补它的不足。他从全社会

① ［英］弗里德里希·冯·哈耶克：《哈耶克文选》，冯克利译，江苏人民出版社，2007，第 346 页。

的角度把财富来源分为三种类型："本富"即经营农业致富，"末富"即经营工商业致富，"奸富"即通过非法手段获取财富。司马迁对"本富"和"末富"持肯定态度，认为它们"不害于政，不妨百姓"，是国家获取财富的关键来源，主张对它们采取"因之"政策。但"奸富"则不同，司马迁指出"奸富"通过"弄法犯奸而富"，只是靠非法手段造成了财富转移，没有创造财富，因而对于"倍本多巧，奸轨弄法"[①]之徒，仅仅依靠放任、教诲、教化无法解决问题，国家有必要对"奸富"采取"整齐"政策。因此，善因论不是完全的自由放任主义，也主张必要时政府应辅以经济、行政、法律等管理手段来加以干预[②]。

司马迁的经济思想与 18 世纪亚当·斯密的经济思想有着高度的一致性，杨瑞辉甚至推断亚当·斯密有可能是直接从杜尔哥及与之熟识的两位留法中国学者高类思（Kao Lei-szu）、杨德望（Yang Te-wang）那里了解到司马迁的思想并受其影响[③]。亚当·斯密在创作《国富论》之前曾去法国访问，而杜尔哥所著《关于财富的形成和分配的考察》也被视为亚当·斯密《国富论》的前驱。确实，司马迁的经济思想至少在以下几个方面体现出原创性，并在亚当·斯密经济思想中得到了呼应。一是对于人性的认知。与司马迁一样，亚当·斯密主张自利是人类行为的一个自然而强大的动机，对于这一动机不应盲目限制甚至是反制，而应善加利用。二是对于价格机制的认

---

① 《史记》卷 130《太史公自序第七十》。

② 在司马迁的经济思想中除了存在关于政府与市场的自由市场观，也存在关于政府与社会的因俗治道观。司马迁对于《管子》的"俗之所欲，因而予之；俗之所否，因而去之"治理观高度认同，而"俗"在《史记·货殖列传》中出现了 23 次之多，对各地的不同风俗、习惯及其经济结果多有阐述，揭示了习俗作为非正式制度在国家治理中的重要地位。政府、市场和社会，对应了一个现代经济体中的治理、激励和社会规范等三大基本要素，司马迁的经济社会治理思想具有现实镜鉴意义。参见陈旭东、田国强：《司马迁的因俗以治思想及其现实镜鉴》，《财经研究》2016 年第 7 期，第 63—74 页。

③ 杜尔哥在两位留法学生 1764 年准备回中国时，曾写《给两位中国人关于研究中国问题的指标》指示二人搜集情报。参见 Young L. "The Tao of markets: Sima Qian and the invisible hand". *Pacific Economic Review*, 1996, 1(2): 137-145；程霖、陈旭东、张申：《中国传统经济思想的历史地位》，《中国经济史研究》2016 年第 2 期，第 16—31 页。

知。如杨瑞辉所指出的，司马迁的“水之趋下”可被视为“看不见的手”的等价隐喻，强调价格形成遵循一定的客观规律与自然秩序，不应人为干预。不过，司马迁所主张的经济自由主义政策在中国传统经济思想史上不占支配地位[①]。三是对于分工的认知。如前已列举的，亚当·斯密关于扣针生产中的分工带来的效率提升和财富增长，与司马迁基于历史和地理考察得出的分工结论是一致的。尽管司马迁并没有像亚当·斯密那样用产量的具体数据差异来论证分工的效率功用，但是他关于农虞工商在社会经济活动中的分工及其不偏不倚的评价，已是对汉初以降的重农抑商政策思想的颠覆。

与宏观层面善因论相对应的是微观层面的治生之学。治生是指“治家人生业”，故治生之学是研究家庭个人如何经营各种行业、积累财富的学问[②]，可以视为中国古代在微观层面的经营管理思想。司马迁在《史记·货殖列传》中为范蠡、子贡、白圭等货殖家列传，介绍了他们的管理经营思想（治生之学）。司马迁通过介绍治生之学论证富家和富国不冲突，富家即富国。司马迁在《史记·货殖列传》中指出：“农不出则乏其食，工不出则乏其事，商不出则三宝绝，虞不出则财匮少。财匮少而山泽不辟矣。此四者，民所衣食之原也。原大则饶，原小则鲜。上则富国，下则富家。”这段话包含两层意思：一是与传统观点认为只有农业才能创造财富不同，司马迁指出农虞工商四个行业都是社会财富的来源，即“衣食之原”；二是如果“衣食之原”多，则既能使人民的生活富裕，又意味着国家富强，富国和富家是一致的，即“上则富国，下则富家”。因此，司马迁认为要增加“衣食之原”就要发展各行业，让个体充分发挥其治生能力，除了反对前面提到的“奸富”以外，他还反对国家对经济的控制和干预。从治生之学可以推导出“上下具富”，也表明宏观层面的善因论其实具有很强的微观理论基础。

---

① 马涛、李卫：《中西方传统经济思想特点的比较》，《学术月刊》2019 年第 2 期，第 57—67 页。

② 赵靖主编：《中国经济思想通史》（第 1 卷），北京大学出版社，2002，第 614—615 页。

司马迁对于货殖家还有一个重要观察，就是他们“乐观时变”“与时逐而不责于人”，这是基于他对计然、白圭经济周期论述的记载与阐发。司马迁记载了计然的观点：“故岁在金，穰；水，毁；木，饥；火，旱。旱则资舟，水则资车，物之理也。六岁穰，六岁旱，十二岁一大饥。”这是岁星纪年法与五行学说的结合。也就是说，如果木星在西方，三年丰收；在北方，三年歉收；在南方，三年旱灾。如此循环往复，十二年一个周期，与木星绕日一周的时间 11.86 年大致相当，其中六年收成好点，六年收成差点。在介绍白圭经商经验时，司马迁指出其遵奉农业生产周期学说：“太阴在卯，穰；明岁衰恶。至午，旱；明岁美。至酉，穰；明岁衰恶。至子，大旱；明岁美，有水。至卯，积著率岁倍。”此处非直引白圭的论述，有司马迁自身的判断在内，系将此前所说的三年小周期细化至一年来预测。有学者将司马迁史记中的此段论述总结为“‘丰欠循环’的 12 年短周期模型”[①]。

上述分析表明，与法国经济学家理查德·坎梯隆（Richard Cantillion）一样，司马迁对企业家在经济发展中的作用非常重视。熊彼特在《经济分析史》中称赞正是坎梯隆对于企业家在面对不确定性和担负风险方面的职能的阐述，才使得法国经济学家没有像英国经济学家那样“忽视企业家的职能及其关键性的重要地位”，并且“坎梯隆以前没有人这样充分加以阐述”[②]。赫伯特和林克（Link）也介绍了坎梯隆对企业家的概念界定，企业家即在市场交换中承担一定的风险以获得一定的利润的人士[③]。实际上，司马迁是在中国重农抑商的传统思想教条中第一个为货殖家或企业家立传的史官。对于所列举的货殖家，司马迁总结道“故善治生者，能择人而任时”“而白圭乐

① 张亚光：《中国古代经济周期理论及其政策启示》，《经济学动态》2011 年第 8 期，第 144—149 页。

② [美]约瑟夫·熊彼特：《经济分析史》（第一卷），朱泱、孙鸿敞、李宏等译，商务印书馆，2001，第 344 页。

③ Hébert R F, Link A N. *A History of Entrepreneurship*, Routledge, 2009, 8.

观时变，故人弃我取，人取我与”“而富者必用奇胜”。也就是，如要真正致富还要出奇制胜，选合适的人才，在合适的时机，做合适的交易，并善于出奇兵、用奇招。这些正是今日企业家所应具备的重要特质，其中加入了“时”和“变”的要素，实际上就潜藏着风险和不确定的因素，司马迁在西汉时期就认识到此点，实属不易[①]。

整体上，司马迁在其经济思想体系中将尊重个体自利、实行社会分工、发展商品经济、建立市场秩序，上升至治理国家的根本国策的高度，并重视企业家之于经济发展的作用。在《史记·货殖列传》中，司马迁引计然之言指出：“夫粜，二十病农，九十病末。末病则财不出，农病则草不辟矣。上不过八十，下不减三十，则农末俱利，平粜齐物，关市不乏，治国之道也。”在他看来，商品生产和市场经营符合人的自利本性，听任人们自己进行生产、经营活动而不加干预，有利于促进社会经济的发展和人民生活水平的提高。但司马迁并没有盲目地认为市场机制可以解决所有经济社会问题。在分析社会财富来源的基础上，他指出了国家管理对于弥补市场机制不足有重要意义。并且，诚如梁启超所言：“其著书最大目的，乃在发表司马氏一家之言，与荀卿著《荀子》，董生著《春秋繁露》性质正同，不过其一家之言，乃借史的形式以发表耳”[②]。与熊彼特强调经济史之于经济分析的重要性类似[③]，司马迁的经济分析的一大特色正在于，他的理论洞见是建基于大量经济史实叙述之上的，较为深刻而富于前瞻性，与早期古典政治经济学家亚当·斯密的相关经济理论和研究方法有较多相似之处。

---

① 陈旭东：《中国古代历史变革中的企业家精神》，《文汇报》2019年12月6日。

② 梁启超：《要籍解题及其读法》，清华周刊读书社，1925。

③ 熊彼特认为，“如果一个人不掌握历史事实，不具备适当的历史感或所谓历史经验，他就不可能指望理解任何时代（包括当前）的经济现象”。详见[美]约瑟夫·熊彼特：《经济分析史》（第一卷），朱泱、孙鸿敞、李宏等译，商务印书馆，2001，第31页。

五、丘濬：民自为市论、货币制度与经济管理

作为我国明代中叶著名思想家，丘濬“以经济自负”[①]，关注现实社会经济问题，其《大学衍义补》（共 160 卷）是一部注重治国平天下方略的经世致用之书。该书卷帙浩繁，涉及政治、经济、文化、军事、法律等多个领域，问世后在明代社会上下产生了广泛影响，时有刻本行市，并外传日本、朝鲜等国。书中蕴含着极其丰富的经济思想，尤其是“固邦本”“制国用”这两类专论社会经济问题的内容就达 23 卷之多，如《总论理财之道》《贡赋之常》《经制之义》《市籴之令》《铜楮之币》《山泽之利》《征榷之课》《漕挽之宜》等篇目，其中既包含继承了司马迁经济自由主义的，以“民自为市”为核心的偏向市场交换分析的经济分析体系，又包含强调国家以基于数量管理为主要特征的经济分析成分，后者较熊彼特在《经济分析史》中所介绍的以主张政治算术著称的配第要早近 200 年。不仅如此，丘濬还在商品价值理论和货币理论方面做出了卓越贡献。赵靖在《中国古代经济思想史讲话》中对丘濬的经济思想给予高度评价，认为其是“十五世纪中国经济思想中的曙光”[②]。

首先介绍邱濬分析体系的基本假设和核心概念。丘濬所处的明朝中期是我国古代生产力发展的一个高峰期，商品经济得到长足发展，整个社会卷入了商业化的浪潮。传统“重农抑商”观念逐渐被“厚农资商”“工商皆本”等新的价值观念所替代，从商谋利成为平民百姓、市井走卒的普遍追求。正是在这样的时代背景之下，丘濬对于人性也有了更深刻的洞察，他指出“人之所以为人资财以生，不可一日无焉者也”“财者人之所同欲也”“人心好利，无有纪极”。基于这样一个人性认识和假设，丘濬认为君主治理国政，

---

① 《明史》卷 181《丘濬传》。
② 赵靖：《中国古代经济思想史讲话》，人民出版社，1986，第 523 页。

应该使“人人各得其分，人人各遂其愿，而天下平矣”[①]。也就是，要让每个人都能满足他对财富的欲望，这样才能实现国家财富的积累和天下太平。

基于以上基本假设，丘濬经济理论中有两大核心概念——“市”和“富”，确言之是市场和富民。一方面，丘濬指出，“故当日中之时，致其人于一处，聚其货于一所。所致所聚之处，是即所谓市也”。这已朴素地点出了市场作为商品交换场所的概念。那么，这样一个市场有何好处呢？在他看来，那就是使人们能够“人各持其所有于市之中而相交相易焉，以其所有易其所无，各求得其所欲而后退，则人无不足之用”[②]。基于上述人性假设和市场概念，丘濬对秦汉以降的贱商取向予以驳斥，认为“为百工、为商贾、为嫔妇、为臣妾，皆有常职以为之生”[③]。另一方面，在贫与富、国富与民富的关系的问题上，丘濬藏富于民的认知也具有一定现代性。他指出：“然贫吾民也，富，亦吾民也，彼之所有，孰非吾之所有哉？”[④]他认为：“民之富即君之富也；侈用则尽取而不足，民既贫矣，君孰与守其富哉？”[⑤]从而主张“诚以富家巨室，小民之所依赖，国家所以藏富于民者也”[⑥]。

其次介绍邱濬分析体系的理论分析和政策建议。以富民和市场为核心概念，丘濬形成了“民自为市”的具有鲜明市场导向的经济自由理论，同时又渗透着一定的辩证法。他提出，只有“民自为市”，这样“则物之良恶、钱之多少易以通融准折取舍”。反之，如果“官与民为市，物必以其良，价必有定数，又有私心诡计百出其间，而欲行之有利而无弊，难矣，政不若不为之为愈也”[⑦]。政府和市场在利上如何取舍，丘濬提出了一个很有价值的命

①（明）丘濬撰：《大学衍义补》卷20《总论理财之道（上）》。
②（明）丘濬撰：《大学衍义补》卷25《市粜之令》。
③（明）丘濬撰：《大学衍义补》卷14《制民之产》。
④（明）丘濬撰：《大学衍义补》卷25《市粜之令》。
⑤（明）丘濬撰：《大学衍义补》卷22《贡赋之常》。
⑥（明）丘濬撰：《大学衍义补》卷13《蕃民之生》。
⑦（明）丘濬撰：《大学衍义补》卷25《市粜之令》。

题："利之在天下，固不可禁，亦不可不禁。"[①]一方面，丘濬认为在市场上"不必设场务专官"，在交易出现争议时，只要"遣廉谨之人"，监管交易主体"随时价两平交易"即可，这样就可使小民"无怨声矣"[②]。也就是，政府在市场活动中充当中立的规则制定者和裁判者即可。另一方面，丘濬又认为中央要有官员去管理市场，主要是平抑物价和监督官府的"和买"行为，防止地方官府破坏市场的供求关系，同时也要对奸商害民的行为予以坚决打击。也就是，这里的禁，首先是禁政府的不当干预，其次才是禁市场主体的不法。由此可见，丘濬更多是一个主张自由市场贸易的思想家，其对于政府的角色期许是后者应为市场提供更多的便利条件，并约束自己对市场的不利行为。从中西比较的角度看，丘濬基于市场交换的分析体系与英国古典政治经济学家配第的经济分析颇有不谋而合之处。例如，配第在《赋税论》中指出"为了使每个人各得其所，最好让事物 vadere sicut vult（自行其是）；我十分了解 res nolunt male administrari（事物是不愿意让人弄坏的）"[③]，这与丘濬在处理政府与市场关系方面的看法几乎一致。

我们以丘濬的货币制度为例来进一步考察他对市场和政府关系的分析。丘濬一方面强调政府要垄断铸币权，建立合理的货币制度，另一方面又认为政府不能过多干预货币，反对滥发货币。明朝自立朝起就没有形成一套稳定的货币制度和政策，致使明初货币贬值的问题相当严重。实际上，国家为了确保宝钞的法定地位，曾多次下令禁止白银和铜钱流通，但又大量发行纸币，最终导致通货膨胀问题严重。为了解决货币问题，丘濬主张国家实行以银为基础，铜钱和宝钞并行的复合本位制，即"三币之法"。对于三种货币之间的关系，他指出"以银为上币、钞为中币、钱为下币"。其中，白银作

---

①（明）丘濬撰：《大学衍义补》卷 27《铜楮之币（下）》。

②（明）丘濬撰：《大学衍义补》卷 25《市籴之令》。

③［英］威廉·配第：《配第经济著作选集》，陈冬野、马清槐、周锦如译，商务印书馆，1981，第 15 页。

为“上币”，只能用于大额交易（交易金额超过十两），宝钞和铜钱属于“中下两币”，是“公私通用之具”，主要用于日常交易（交易金额小于十两）。从兑换比例来看，“宝钞铜钱通行上下，而一权之以银”，即以白银为基准，宝钞和铜钱分别按一两白银换宝钞百贯或铜钱千文的比例兑换。丘濬的货币制度有两个好处，一是比较符合当时实际情况，承认白银和铜钱在流通中的重要作用，兼顾了不同经济发展水平地区对交易手段的需求（城市需要大额支付，农村需要小额支付）①；二是以白银为“上币”，要求铜钱和宝钞按固定的比例兑换白银，实际上相当于国家给“中下两币”提供了准备金，稳定了它们的价值，进而稳定了货币体系。不过，一旦国家建立起合理的货币制度，他就明确反对政府干预。他特别反对政府通过降低币值获得收益，认为“三币之法”建立之后，白银和“中下两币”的兑换比例应该“一定而永不易”。为此，一方面，他要求对宝钞的发行数量加以限制，“钱多则出钞以收钱；钞多则出钱以收钞”②，另一方面，他主张铸造铜钱要足值，要“造一钱费一钱”③。总的来看，丘濬的货币制度很好地体现了他对政府和市场的理解，即政府在为市场提供良好的制度环境的同时，不能直接干预市场的正常运行。

丘濬的金属货币论与西方思想家的同类思想相比各有千秋。和西方同时期的思想家相比，丘濬除了主张货币也是商品，具有价值，反对通货膨胀以外，还提出了独具特色的“三币之法”。“三币之法”实际上是一种以白银为主币，宝钞和铜钱为辅币的货币制度，这和现代货币体系中的主辅币制度类似，“在我国经济思想史上已是前所未有的创见”④。相比之下，重商主义时期的金属货币论者，无论是威廉·斯塔福德（William Stafford）还是托马

① 胡寄窗:《中国经济思想史》（下），上海财经大学出版社，1998，第350页。
②（明）丘濬撰:《大学衍义补》卷27《铜楮之币（下）》。
③（明）丘濬撰:《大学衍义补》卷26《铜楮之币（上）》。
④ 胡寄窗:《中国经济思想史》（下），上海财经大学出版社，1998，第351页。

斯·孟（Tomas Mun）的分析论述均未超出丘濬的理论，所以我们“不难发现丘濬的货币金属论不仅在时间上早于西方，在理论的成就方面也要略胜一筹”[①]。不仅如此，丘濬在讨论货币理论时还在商品价值来源方面做出了重要贡献。在分析为什么纸币不具有价值时，丘濬发现了商品和货币的价值来源其实都是劳动，因为无论是物物交换还是物币交换，它们等价交换的基础“皆必资以人力”，即由劳动决定。西方最早明确分析劳动和商品价格关系的是 13 世纪出现的“公平价格理论”[②]，该理论认为劳动也是商品价格的决定因素之一。但相比之下，丘濬的对商品价值的看法更为深入。李守庸就指出虽然“公平价格理论”较丘濬的理论早近两个世纪，但丘濬“把价格仅仅与劳动量相联系，显然要比欧洲的‘公平价格理论’具有更多的科学因素”[③]。

正确处理政府与市场的关系，一个很重要的前置条件就是国家要监测和掌控经济数据，这一方面说明国家在经济中要起到重要的辅助作用，另一方面也意味着需要用好统计分析工具。丘濬非常重视统计在国家经济治理中的作用，他曾想编纂明朝“会计录”，对编纂目的、内容与方法均有设想：“臣愿敕掌财计之臣，通将洪武、永乐以来，凡天下秋粮夏税、户口盐钞及商税门摊、茶盐抽分坑冶之类，租额年课，每岁起运存留及供给边方数目，一一开具，仍查历年以来，内府亲藩及文武官吏、卫所旗军并内外在官食粮人数，与夫每岁祭祀、修造供给等费。……每朝通以一年岁计出入最多者为

① 对于丘濬货币金属论同重商主义货币金属论分析的比较，参见赵晓雷主编：《中国经济思想史》，东北财经大学出版社，2019，第 137 页。

② 这里要特别说明一点，亚里士多德是否提出劳动成本理论是有争议的。虽然熊彼特认为亚里士多德似乎是提出了一种劳动成本价值理论，但很多人并不认可（详见[古希腊]亚里士多德：《尼各马可伦理学》，廖申白译注，商务印书馆，2003，第 143 页）。实际上，从我们引用熊彼特的观点来看，他自己也持有怀疑态度，认为亚里士多德的尝试不成功。

③ 李守庸：《寸心集》，武汉大学出版社，2007，第 270 页。

准，……每朝为一卷，通为一书，以备参考。”[①]这一重视数量管理的经济思想，在15世纪末的中国乃至世界范围来看，都是处于领先地位的，较西方配第在运用统计数字进行政府事务推理和管理方面的经济思想要更早。具体来看，丘濬基于民自为市论所提出的诸多政策建议，普遍强调统计工作之于政府经济管理决策的基础性地位和作用。

邱濬的经济管理思想主要体现在谷物价格管理、财政收支管理和交通运输管理三个方面：一是谷物价格管理。为了稳定谷物价格，丘濬提出一个政策建议，即“下令有司，在内俾坊市逐月报米价于朝廷，在外则闾里以日上于邑、邑以月上于府、府以季上于藩服、藩服上于户部，使上之人知钱谷之数，用是而验民食之足否”[②]，进而“上之人制其轻重之权，而因时以敛散，使米价常平以便人”。这不啻是建立一个官方的全国性谷物价格情报网，推而广之即物价统计网络，其目的是监控价格波动，并在丰年市价收购、歉年市价发售，因时制宜使谷价常平。与物价变动相关的是，丘濬反对国家经营商业、控制市场，对“以人君而为商贾之为矣”而“争商贾之利”的做法予以摒弃，主张准许商人自由经营，也许短期价格会提升，但会刺激市场上货物供给的增加，供给多了，“其价自然不至甚贵也哉”。他将官府的责任限定在“省力役、薄税敛、平物价，使富者安其富，贫者不至于贫，各安其分，止其所得矣”[③]。显然，这里表明丘濬已提出了市场自发调节商品供需以及政府适度调节社会分配的问题。

二是财政收支管理。丘濬建议“于户部卿佐之外添设尚书一员，专总国计，凡内外仓库之储、远近漕挽之宜咸在所司，稽岁计之出入，审物产之丰约，权货币之轻重，敛散、支调、通融干转一切付之”[④]。鉴于明政府财政

①（明）丘濬撰：《大学衍义补》卷24《经制之义（下）》。
②（明）丘濬撰：《大学衍义补》卷26《铜楮之币（上）》。
③（明）丘濬撰：《大学衍义补》卷25《市籴之令》。
④（明）丘濬撰：《大学衍义补》卷24《经制之义（下）》。

开支庞大的实际情况，丘濬主张量入为出原则，即“俾其视今岁之所入以制来年之所出，而定国家一岁多少之用焉”。具体而言：“每岁户部先移文内外诸司及边方所在，预先会计嗣岁一年用度之数，某处合用钱谷若干，某事合费钱谷若干，用度之外，又当存积预备若干，其钱谷见在仓库者若干，该运未到者若干，造为帐籍，一一开报……至十二月终旬，本部通具内外新旧储积之数，约会执政大臣通行计算。嗣岁一年之间所用几何，所存几何，用之之余尚有几年之蓄”[①]同时，对于如何节省财政支出他也进行了比较分析，在苏辙所提“事之害财者三：一曰冗吏，二曰冗兵，三曰冗费”的基础上，指出去“吏之冗员、兵之冗食”相对简单，“惟所谓费之冗杂者，则途辙孔多，窠臼不一，横恩滥赐之溢出，修饰缮造之泛兴，祷祈游玩之纷举，不当用而用，不可予而予。三害之中，冗费之害尤大，必不得已而去之”[②]。这不啻是削减政府支出的历史先声。

三是交通运输管理。丘濬首次利用长时间跨度统计数据来进行经济分析，得出陆路、河运、海运运粮三种途径中海运受益大于损耗从而费用最省的结论，打破了海运险远、损人费财的传统定见，建议采用海运运粮。这一量化经济分析手段在 15 世纪的时代背景下并不多见。他对《元史》记载的元代至元二十年（1283 年）至天历二年（1329 年）长达 47 年的粮食海运数据进行了分析、加工，将起运数与到达数相减称之“所失者”，将所失者与起运数的比率谓之“每石欠”，也就是损失比率，这成为支撑他结论的重要依据。通过数据比对，他发现“河漕视陆运之费省什三四，海运视陆运之费省什七八……海运虽有漂溺之患，而省牵率之劳。较其利害，盖亦相当”。并且，他还建议“假如每艘载八百石，则为造一千石舟，许其以二百石载私

① （明）丘濬撰：《大学衍义补》卷 20《总论理财之道（上）》。
② （明）丘濬撰：《大学衍义补》卷 21《总论理财之道（下）》。

货”，并对“客商附载者，照依税课常例”，以实现“公私俱足”[①]。丘濬关于海运的经济分析论证，曾引起人们的普遍关注，明末清初仍有大臣讨论他所提出的海运方案。

综上，丘濬在运用数字推理处理经济事务方面与配第的政治算术有诸多相似之处。熊彼特曾借用配第的追随者查尔斯·达文南特（Charles Davenant）的话对政治算术进行界定，认为其是“运用数字，对于与政府有关的事务进行推理的技巧”[②]。熊彼特对配第及以之为代表的理论家的分析方法的评价是“他们概括出来的规律是数字与推理的联合产物”[③]，丘濬的诸多经济洞见与政策建议同样体现了这样的结合。

整体而言，作为明代中叶的经世名臣，丘濬在《大学衍义补》中阐述和论证了许多经济问题，其经济思想涉及面广、体系性强且偏重发挥市场作用，也因此被赵靖称作“市场经济的早期憧憬者”[④]。丘濬的经济思想对明末清初经世实学思潮和经世史学学派的形成，起到了先行探索的作用。同时，丘濬经济思想中有一个很独特的特点就是强调国家要在数据统计分析的基础上进行经济管理。如上所述，无论是对于谷物价格的管理，财政收支的管理，还是交通运输的管理，丘濬都主张用数据做经济决策，而不是囿于传统定见、固有做法。并且，利用这些数据进行统计分析所得出的政策建议，与他自身的市场导向经济思想，也是互为支撑的，并没有脱离他的“民自为市”的核心主张。这一方面体现了国家管理在以市场交换为主导的经济运行中依旧发挥着重要的辅助作用，另一方面体现了丘濬对统计分析工具更高水

① （明）丘濬撰：《大学衍义补》卷 34《漕挽之宜（下）》。

② ［美］约瑟夫·熊彼特：《经济分析史》（第一卷），朱泱、孙鸿敞、李宏等译，商务印书馆，2001，第 327 页。

③ ［美］约瑟夫·熊彼特：《经济分析史》（第一卷），朱泱、孙鸿敞、李宏等译，商务印书馆，2001，第 327 页。

④ 赵靖：《丘浚——市场经济的早期憧憬者》，《海南大学学报（社会科学版）》1998 年第 1 期，第 3—7 页。

平的运用（相比《管子》）。从前面的论述来看，丘濬对于政府的作用有着非常清醒的认识，与现代市场经济条件下的政府作用内涵十分接近。一方面强调政府要自我约束行政干预的冲动，进而维护市场的自由交易秩序，另一方面认为政府应当惩罚奸商违法害民行为，维护市场的公平交易秩序。另外，丘濬的货币理论和货币制度设计也达到了当时经济分析的前沿水平，这与商品经济在中国的发展壮大息息相关。

六、结论

如前所述，中国传统经济思想蕴含着深刻的分析性成分。在深度上，可与熊彼特所列举的古希腊、中世纪乃至近代西方经济学说相媲美；在广度上，形成了一套比较完备的兼容市场交换和国家管理的分析体系。具体来看，通过对上述四个案例的分析可以发现：①中国传统经济思想中包含熊彼特式的经济分析，即基于市场交换的经济分析，包括孟子的分工理论和价值理论、《管子》的货币理论、司马迁对市场机制的认识和丘濬的商品价值理论等内容，与西方同时期甚至是以后时期的经济分析相比毫不逊色。②同西方古代经济思想一样，中国传统经济思想中同样存在基于国家管理的经济分析，包括孟子以性善论为基础的经济管理体系、《管子》基于国家控制货币供给的货币管理理论体系、司马迁和丘濬在他们偏向市场交换的经济分析体系中强调国家管理的辅助作用等，上述这些分析深入地讨论了国家在经济运行中起到的重要作用，并探讨了政府与市场的关系。③中国传统经济思想还将这两类经济分析结合在一起，形成了混合型经济分析体系，差别只是不同思想家的分析体系侧重点有所不同。孟子的经济管理体系侧重国家管理，仅在价值、市场管理和基于职业不同的社会分工等方面体现了基于市场交换的经济分析。司马迁则相反，他根据对市场机制的深刻认识提出了善因论，强调市场在经济运行中的核心地位，但他同时也认识到仅仅依靠市场的不足，主张政府在必要的时候进行管理。特别值得一提的是《管子》的货币管理理论，它将两种不同类型的分析有机地融合在一起，形成了一种市场化的货币管理理论，体现了中国古代经济思想中对货币分析的最高水平。④中国传统经济思想在理论、历史与统计的运用方面均有迹可循，并且已具有了一定的体系性。尤其是一些卓越思想家的经济论述从基本假设、核心概念、理论分析到政策建议均有涉及，尽管不似现代经济学的诸多理论那样环环相扣，但整体上还是形成了具有一定内在逻辑的经济分析体系。上述结论表明，本书有助于纠正国际经济思想史学术界长期以来对传统经济思想，尤其是对中国传统经济思想的怀疑、误解与忽视，为客观评价中国传统经济思想在世界经济思想发展史上应有的历史地位提供了参考。

经过本书的分析论证，和熊彼特、泰勒等怀疑派预想的不同，中国传统经济思想与西方一样在经济分析领域取得了不少的成就。但科学地来看，中国传统经济思想的分析性也存在一些不足。

首先，中国传统经济思想和西方传统经济思想一样，大部分研究讨论以简单的经济观点、经济政策主张居多，分析性论述偏少。虽然本书在熊彼特经济分析定义的基础上进一步拓展了经济分析的类型，把以国家管理为基础的经济分析纳入了分析性的考察范围，但总体上看分析性论述依旧偏少。一是由于在自然经济长期占据主导地位的古代，以男耕女织、自给自足为代表的简单经济关系依旧是主要的经济关系，古代市场的发达程度就决定了基于市场交换的经济分析不会太多。二是在基于国家管理的经济分析和混合型经济分析领域虽然形成了不少理论分析，但是它们或多或少都会受到政治和伦理因素的影响，导致它们更偏向讨论政策主张而非理论分析。前文对创新性的研究也可以部分佐证这一点，基于实践的政策主张创新实际上远多于理论分析创新。不仅如此，从长远来看中国古代重视基于国家管理的经济分析的传统一定程度上限制了中国传统经济思想理论分析的发展。因为将政治和伦理因素融入经济分析之中固然能拓展经济分析的范围，但在经济学成为一门独立学科之前，过度引入其他因素（如伦理因素）最终会导致经济学“不仅仅是伦理学的附属和侍女（也许她本应始终如此）；更被她那更为繁荣和娇惯的姐妹所压制和抹去，而后来的研究者在寻求经济理论起源时，只能挖掘出支离破碎的片段和残缺的遗迹”①。

其次，无论是中国传统经济思想还是西方传统经济思想，虽然包含分析性的内容，但多数分析性成分水平还处在较低阶段，相比于经济学科正式出现后的经济理论还有很大差距。事实上，中国传统经济思想中的很多分析成分虽然在所处时代属于突破性的经济分析创新，但从理论发展的角度来看，它们仅仅只是走出了构建理论最初的几步，后续的理论发展道路还很漫长。例如，《管子》中的货币数量理论虽然在古代属于较高水平的经济分析，远远领先于西方的同类思想。但是其中包含的理论分析还处在比较初级的阶段，只是简单地论及了货币数量、商品数量和物价水平之间的关系，没有像现代货币数量理论那样意识到货币流动速度的重要影响（这一问题后来被沈括解决）。又如，司马迁对企业家的认识。司马迁虽然提出了“时”“变”的概念，指出企业家要“能择人而任时”“乐观时变”，暗含了企业家的作用是承担风险和不确定性，但这种分析实质上只是迈出了研究企业家作用的第一步，相对于熊彼特对企业家通过创新获取利润的研究和奈特认为企业家之所以能获取利润是因为其承担不确定性的分析还有相当大的差距。

再次，中国传统经济思想中一些重要的基础经济理论并没有得到很好的发展。其中最为典型的是价值理论。胡寄窗就曾指出，墨家良好的价值概念没有被进一步发展，“使价值理论成为中国古代经济思想中的薄弱环节”②。

---

① Gray A. *The Development of Economic Doctrine: An Introductory Survey*, Longmans Green and Co, 1948, 4.

② 胡寄窗：《政治经济学前史》，辽宁人民出版社，1988，第 169 页。

在缺乏系统价值理论的情况下，《管子》的轻重理论成为替代品。事实上，除了极少数的思想家（丘濬）以外，轻重理论一直到 19 世纪末都是中国经济思想中占据主导地位的价值理论[①]。进一步来看，轻重理论作为价值理论其实有一个很大的缺点，即没有揭示出商品交换的基础是什么，它没有深入分析货币或贵金属具有流通手段和价值储藏的职能的根本原因是它们是有价值的商品，可以充当一般等价物，而只是“把握了商品交换的一个外观”[②]，最终导致《管子》没有发展出科学的价值概念。正因为如此，虽然《管子》的货币管理理论体系具备较高的分析水平，但“缺乏科学的价值观念，其结果必然导致极端任意性的政策”[③]，使其理论分析的实用性大打折扣。从中西比较的角度看，中国传统经济思想价值理论缺失是其后来与西方经济思想逐步拉开距离的重要原因之一。西方经院学者在亚里士多德价值理论的基础上不断发展完善，经过不断努力逐步形成了被亚当·斯密继承发展的古典经济学价值理论[④]。

最后，中国传统经济思想中的一些优良传统也没有获得很好的继承和发展。例如，古代对数量分析的重视没有得到很好的延续。我国早在先秦时期的经济文献中就存在不少注重数量分析的经济思想。例如，《管子·山国轨》中意识到了统计数据对于国家治理的重要作用，因而极其重视对于统计数据的管理和搜集。又如，《孙子兵法·吴问》中定量分析了决定国家存亡的决定性经济因素。孙子认为一国农业的盛衰是决定国家存亡的关键，其中田制大小和税负多寡直接影响了农业产量，并基于这一分析从定量的角度论证了晋国六卿的存亡顺序。不过可惜的是，这一优良的分析传统并没有被很

① 叶世昌：《古代中国经济思想史》，复旦大学出版社，2003，第 350 页。

② 叶世昌：《古代中国经济思想史》，复旦大学出版社，2003，第 137 页。

③ 巫宝三：《管子经济思想研究》，中国社会科学出版社，1989，第 57 页。

④ [美]小罗伯特·B. 埃克伦德、[美]罗伯特·F. 赫伯特：《经济理论和方法史》（第五版），杨玉生、张凤林、王军等译，中国人民大学出版社，2017，第 27—34 页。

好保留下来。虽然国家层面依旧重视统计数据的搜集，尤其是在财政和人口等重要领域有大量的数据可供分析。但是除了极少数的思想家（如丘濬）外，大部分后世的思想家对于数量分析的重视程度不高，并没有将丰富的数据用于对经济问题的分析。

总的来看，出现上述这些问题的原因主要有两个。一是和当时商品经济不够发达有关。由于古代自然经济占主导地位，市场不发达，所涉及的经济关系相对简单，所以从国家管理角度对经济问题进行的分析更多，而基于市场的经济分析成分较少。二是这些问题也跟经济学科没有成为一门专门的学科有关。没有独立的经济学科意味着没有专门从事经济问题研究的专业人群，对已有的成果中经济分析成分的传承和发展相当不利。

上述研究表明，中国传统经济思想中不仅含有较高水平的经济分析而且存在多种类型的经济分析，但要发现它们需要采取新的研究方法和视角。研究传统经济思想首先要注意它们所处的历史环境，不能简单地以西方主流经济学为标准进行分析评价。主流的看法基于现代经济学的标准考察传统经济思想，认为传统经济思想缺乏分析性成分，而且不成体系。但在清晰界定广义经济分析的概念后，中国传统经济思想既包含基于市场交换的经济分析，也包含基于管理的经济分析，还包含混合型经济分析体系。只是中西方古代经济思想都一样，在很长一个时期是掺杂于政治、哲学、社会等非经济论说之中的，其经济分析性也不是显而易见的，需要我们采取合适的角度去挖掘并重现。同样地，传统上认为中国古代经济思想不存在体系性也是不成立的。该观点依旧是以现代经济学为标尺，采取“对口径”式的方法来研究传统经济思想，人为将传统经济思想中有联系的各部分加以分割，破坏了其系统性和完整性。无怪乎主流看法认为传统经济思想中不存在任何体系。但古代经济思想中的不少理论本身就自成体系。例如，《管子》的货币管理理论实际上就是由市场论、货币职能与货币供求、货币与物价关系、货币管理政策四个部分构成的理论体系。从更一般的角度看，传统经济思想中的经济分析可以归纳为以问题为导向，由人性假设、核心概念、理论分析、政策建议等组成的、成体系的分析框架。这是研究中国传统经济思想的新的学术体系和分析框架。以该框架为基础对中国传统经济思想重新加以挖掘整理，既可以且应该使更多的经济分析得到呈现，也能清晰地勾勒出传统经济思想中蕴含的分析体系。综上，为了更好地对中国传统经济思想进行创造性转化、创新性发展，进一步讨论如何对中国传统经济思想的研究范式进行创新是极其必要的。

第五节　本 章 小 结

本书认为对于中国传统经济思想的光辉成就，可从丰富性、独特性、创新性和分析性四个方面综合地加以概括，以获得更加全面、客观的认知。

第一，中国传统经济思想的丰富性是中国传统经济思想光辉成就的首要表现。中国古代农业经济和商品经济渐次发展，使得与之相适应的传统经济思想也不断累积、丰富，外延广阔。经济思想从本质上讲，是社会经济现象投射在人类意识中继而经过思维过程形成的思想认知、价值判断和政策主张。由此可见，对经济现象与问题的认识和理解，以及寻找解决这些问题的对策，实际上构成了不同历史时期经济思想产生、发展与演变的主要内容。据此，经济思想的丰富性，一方面最直观的体现为反映经济现象、问题和实践的思想内容数量、种类和范围；另一方面，思想的本质是一系列认知、观点和主张，从而对经济思想丰富性的考察还应关注思想内容本身的深刻程度和逻辑层次。从问题导向出发，可以发现中国古代不仅在广度上涵盖对 18 类经济问题的认识与探索，而且在内容深度上也呈现出较为丰富的层次。具体来看分为三个层次：其一是哲学、政治、伦理元素构成古代分析经济问题的学理基础；其二是立足宏微观结合视角形成解决各种经济问题的见解、主张和政策；其三是探索运用数量和理论分析方法讨论经济问题及要素的内外关系。进一步，通过古今及中外比较分析，可以更深入地认识到中国传统经济思想中大多数经济问题和分类范畴与现代经济学理论体系有着相通之处，特别是在经济治理、财政、货币、土地、人口等一些领域，中国古代经济思想取得了较同一时期的西方更为显著的成就，对经济问题的见解更为深入。中国古代创造如此丰富深厚的经济思想，离不开实践基础、文化积淀、思想传统、参与主体以及交流方式的相互交织。

第二，中国传统经济思想以中文为载体，以中国独特的社会制度、经济发展为基础，孕育出一系列富有中国特色的概念术语。这里的概念术语主要是指对与经济相关的事物和范畴的专有抽象表达，以及对某一具体经济主张的概括性表述，它们并不与现代经济学的概念术语一一对应，但却以中文的特点以及中国古代所处经济社会背景为基础，较为广泛地为当时及后世的思想家、政治家、学者等继承沿用，并因一些概念术语之间存在含义及逻辑的连贯性、相关性，所以很大程度上构筑了古代中国传统经济思想的概念体系，成为中国传统经济思想表达与传承的工具和载体。这一概念体系在广度上至少涉及 18 类经济范畴，在深度上也已触及现代经济学理论的核心要素，实际构成了一个具有逻辑关系和内在结构的语义网络，并且具有揭示经济现象、提升经济分析水平、反映价值取向、提供思想动力、争取话语权优势、塑造思维方式等功能，是表达和传承古代经济思想的重要载体，也是构建中国自主的经济学知识体系的“基因库”。因此，挖掘、提炼中国传统经济思想的标识性概念是传承和弘扬中国传统经济思想必不可少的环节。当然，也要注意到中国传统经济思想概念存在概念内涵不纯、偏向经验实用、对立概念易产生负向影响等历史局限，需要辩证客观地来看待和认识。

第三，尽管中国未能产生具有现代意义的经济学理论，但涌现了许多曾经领先世界的、具有普适性的经济思想创见。然而，中国传统经济思想的创新性一直没有得到应有的关注，这一方面是因为对中国传统经济思想创新性相关问题的挖掘不够深入，另一方面也因为中国传统经济思想与现代经济学理论在范式上并不相通。事实上，中国传统经济思想中创新性内容不仅数量多，而且涉及包括经济治理、财政、金融、价格与价值、土地制度、人口、经济伦理在内的诸多重要经济议题，充分表现了中国古代经济思想在创新方面曾走在世界前列。这些成就源于对中国传统经济实践的观察和总结，回应了中国传统经济发展过程中的问题和需求，促进了中国古代经济的繁荣和发展。对这些零散于不同时代、不同作者、不同文体的经济观点，如能进一步加以系统整理，将是对包括中国传统经济思想在内的世界经济思想长期流变过程的还原式勾画，有助于挖掘中国传统文化深厚绵延的软实力。但是，正如中国的科学技术在曾经领先世界之后陷入停滞一样，中西方经济思想也出现了“大分流”现象，18 世纪中期后两者间的差距越来越大。因此，客观认识这一历史以及进一步探讨其停滞原因，也十分重要。

第四，与西方一样，中国古代的经济思想著作也是以规范性论述居多，分析性论述偏少，但也有值得称述的近似经济分析的成分。就经济分析而言，主流经济学基于市场交换的经济分析的概念界定过于狭隘，忽视了基于国家管理的经济分析类型。与熊彼特、泰勒等的怀疑、否定相反，中国传统经济思想中确实存在基于市场交换的经济分析，完全可与熊彼特所列举的古希腊乃至古典政治经济学初期的分析成就相媲美。并且，同西方传统经济思想一样，中国传统经济思想中也包含基于国家管理的经济分析，是融合两种类型分析的经济理论。同时，中国传统经济思想并非通常所说的大都是零散且不成体系的，而是具有一定的体系性，一些卓越思想家的经济分析已形成理论体系。进一步而言，中国传统经济思想的内容可以归纳为更一般化的分析体系，该体系以问题为导向，包括人性假设、核心概念、理论分析、政策建议等内容。新时期以“第二个结合”推进中国经济学构建，应该而且可以从中国传统经济思想的分析体系建构中汲取经验。

综上可见，中国传统经济思想在内涵外延、概念术语、思想创见和分析层面均有可称述之处，从这四个维度深入探究，有助于系统梳理和呈现中国传统经济思想的理论内涵，挖掘和总结中国传统经济思想的光辉成就。从丰富性维度看，中国传统经济思想种类多样、层次丰富，其中部分经济思想较西方同时期更为深刻；从独特性维度看，中国传统经济思想基于中国特有的经济文化，形成了不同于西方的、富有中国特色的概念体系；从创新性维度看，中国传统经济思想在诸多领域内涌现了许多曾经领先世界的、具有普适性的经济思想创见；从分析性维度看，中国传统经济思想包含两类经济分析，其分析水平不逊于西方同时期分析，甚至较古典政治经济学初期的分析也毫不逊色。这四个维度的分析为客观评价中国传统经济思想的历史地位提供了内在根基和价值锚点。首先，同泰勒、熊彼特等西方学者的质疑相反，中国传统经济思想取得了光辉的历史成就。正如本章所分析的，上述四个维度全面系统地彰显了中国传统经济思想中所蕴含的深刻智慧和不朽价值，充分且集中地体现了它的历史价值。其次，中国传统经济思想的历史地位与其光辉成就常常相生相伴，其历史地位确立的核心基础正是其取得的光辉成就。前述的光辉成就充分体现了中国传统经济思想在世界经济思想发展史中起到了不可磨灭的作用，所以它在人类经济思想发展史中理应具有重要的历史地位。最后，中国传统经济思想也是中国传统文化的重要组成部分，客观、准确认识其成就与价值，既是呼应全面复兴中国传统文化的时代要求，以理性、科学的态度对待传统经济思想，可以让诸多久已积灰的经济思想重放光芒，焕发生命力，也有助于积极推动中华优秀传统文化的创造性转化、创新性发展，加快建构中国自主的经济学知识体系。

第三章
中国传统经济思想的世界影响

近代以来，多种发端自欧美的经济学说在中国逐渐获得较为广泛的传播，对中国社会经济发展和中国传统经济思想与经济制度的转型变迁产生了深刻影响。然而，任何文明之间的交流都是双向的，彼此互相影响，没有任何一种文明能以单向的方式纯粹向外输出而不受到外界的影响。实际上，中国古代经济长期居于世界领先地位，孕育形成了一系列具有中国特色的经济概念和内涵深刻的经济思想。这些思想曾在海外被译介传播，造就了经济思想“中学西渐”这一历史现象。因此，科学评价中国传统经济思想的历史地位与现代价值，不应仅限于中国本土，而应在世界范围内深入考察其在海外的传播历程和世界影响。中国古代经济的领先发展必然离不开中国传统经济思想的贡献，在文化自觉的基础上，客观、全面地反思和评价中国传统经济思想的世界影响，不仅有利于更深入地揭示中国传统经济思想在世界经济思想发展史中的历史地位，探究中华民族伟大复兴的经济内涵和实践路径，而且有利于增强历史自觉、坚定文化自信，对于新时代在世界舞台上更好地讲述和展现中国经济发展故事、更好地传播和弘扬中国经济思想智慧与精神力量，具有十分重要的历史意义和时代价值。

近代中国面对民族的危亡局面，对中国经济思想光辉成就进行总结成为国人觉醒、迫切找寻文化自信的历史必然之一。诸如甘乃光、李肇义、李权时、唐庆增等前辈学者的潜心探索，开启了学术界对中国传统经济思想的系统性挖掘与价值重估。李肇义 1936 年的留法博士论文《公元前 6 世纪至公元前 3 世纪中国古代经济思想的主要流派及其对重农学派理论形成的影响》[Les grands courants de la pensée économique chinoise dans l'antiquité（du Ⅵ^{e} au Ⅲ^{e} siècle avant J. -G）et leur influence sur la formation de la doctrine physiocratique]中指出，先进的经济科学需要繁荣的经济实践基础，而中国自古以来就有着不同于古希腊和古罗马的、高度发达且系统化的经济体系，因此中国古代经济思想在世界经济学说史上具有令其他文明难以企及的重大意义，并对法国重农学派产生了重要影响①。

新中国成立后，"为了很好地推进对旧的经济思想遗产的整理和即将涌现的新的经济思想成就的总结"②，中国经济思想史学会于 1980 年成立。对于如何客观准确地评价中国传统经济思想的地位和价值这一问题，许多学者的一致共识是，必须系统梳理我们的祖先在他们的历史条件下，曾经为经济学说做出过什么贡献③。由此，一批中西兼通、古今兼擅的学者通过对中国传统经济思想的挖掘以及对中外经济思想的比较研究，尝试阐发中国传统经济思想的光辉成就，并进而考察其对世界经济思想发展的影响。例如，胡寄窗认为，我们祖先的经济思想放在世界经济思想史中也堪称是"一群灿烂的明星"，"足以使那些'言必称希腊'的人惊为奇迹，也可以证明那些认为东方国家的经济分析还不如欧洲中世纪的现代美国庸俗经济学者是何等的愚昧与无知"④。赵靖曾言，"痛感中国经济思想史这门学科迄今还很不普及"，因此主张"用现代科学的方法"整理总结祖先留下的这些内容丰富瑰

① Ly S Y. "Les grands courants de la pensée économique chinoise dans l'antiquité (du Ⅵ^{e} au Ⅲ^{e} siècle avant J. -G) et leur influence sur la formation de la doctrine physiocratique", Université de Dijon, 1936.

② 孙引：《中国经济思想史学会成立》，《经济学动态》1980 年第 10 期，第 48 页。

③ 胡寄窗：《胡寄窗文集》，中国财政经济出版社，1995，第 1—7 页。

④ 胡寄窗：《中国经济思想史》（上），上海财经大学出版社，1998，第 8 页。

丽的经济思想遗产，以“提高我们民族的自信心和自豪感”①。巫宝三也指出，为了“破除一般轻视我国古代无何经济理论的观念，树立民族自豪感”，需系统梳理“悠久而丰富的古代文化中的经济思想”，并认为中国古代有不少过去易被忽视其实是非常卓越的经济思想②。又如，严清华等主张应“勇敢地和外国经济思想进行比较和分析”，“发现优势与不足”，从而认清中国在世界经济思想史中所占有的重要地位③。谈敏强调，中国传统经济思想体系总体上“是在相对封闭的环境下完成其形成过程”，它包含着“与同时期世界上任何民族相比都毫不逊色的丰富而光辉的成就，由此构成中华民族文化中足以引为自豪的一个重要组成部分”，也包含着“有别于世界上其他民族而颇为典型的经济观念和思维习惯特征，并深深沉淀于中华民族文化的底层而不易改变”④。这些前辈学者的开创性研究为后辈学人提供了基准点或参考系。

随着与中国传统经济思想相关的海内外资料的不断挖掘和学术研究的持续深入，越来越多的学者认识到中国传统经济思想不仅曾领先于世界，而且在海外产生了诸多积极影响，对一些国家的经济理论和经济政策形成也产生过实质性的借鉴和推动作用，是构成其理论和制度的思想渊源之一。例如，胡寄窗出版了《中国古代经济思想的光辉成就》（*Chinese Economic Thought before the Seventeenth Century*）和《中国经济思想史简编》（*A Concise History of Chinese Economic Thought*）两部英文著作，提出并论证了中国传统经济思想曾长期领先于世界，对现代经济学的形成产生过重要影响，打破

① 赵靖：《中国古代经济思想史讲话》，人民出版社，1986，第 2 页。

② 巫宝三：《中国经济思想史研究展望》，《经济研究》1990 年第 4 期，第 64—67 页。

③ 严清华、吴传清、景新华：《中国经济思想史学科建设的新使命》，《东南学术》2002 年第 1 期，第 136—139 页。

④ 谈敏：《回溯历史：马克思主义经济学在中国的传播前史》（上），上海财经大学出版社，2008，第 1 页。

了经济学说史中的西方中心论的传统观念①。谈敏在其专著《法国重农学派学说的中国渊源》中，全面系统地考察了中国经济思想对法国重农学派及西方近代经济学说的影响，科学论证了中国传统经济思想是影响现代经济学说先行思想的因素之一②，更引起了国际学界的讨论③。有学者进一步指出司马迁早在《货殖列传》中就已经提出了市场机制概念和“看不见的手”的等价隐喻，这一思想可能通过法国重农学派影响了亚当·斯密④。李超民分析了中国古代常平仓制度对罗斯福新政时期农业立法的影响，并指出，“考察包括美国文明在内的西方文明史，中国的贡献是有目共睹的，中国的影响痕迹处处都有，这显示在中国文化的持久影响里，这也是我们应该引以自豪的，现在也该对之加以总结了”⑤。叶坦基于经济学术的“中西互动”理念，在世界经济学术发展的大背景下，较为深入综合地考察了中国传统经济思想在“中学西渐”历史进程中对法国重农学派、英国古典政治经济学以及德国货币理论的影响⑥。

大体上，有关中国传统经济思想的世界影响研究，已经积累了一些优秀

---

① 胡寄窗：《中国古代经济思想的光辉成就》，中国社会科学出版社，1981（英文版 Hu J C. *Chinese Economic Thought before the Seventeenth Century*, Foreign Languages Press, 1984）；胡寄窗：《中国经济思想史简编》，中国社会科学出版社，1981（英文版 Hu J C. *A Concise History of Chinese Economic Thought*, Foreign Languages Press, 1988）。

② 谈敏：《法国重农学派学说的中国渊源》，上海人民出版社，1992。

③ Jacobsen S G. “Physiocracy and the Chinese model: enlightened lessons from China’s political economy?”. In: Ying M, Trautwein H-M. *Thoughts on Economic Development in China*, Routledge, 2013, 12-34; Zhang X, Wang T J. “Critical examination and source-tracing in China of economic thought of Francois Quesnay from the perspective of the construction of socialist political economics with Chinese characteristics”. *China Political Economy*, 4(2): 186-200.

④ Young L. “The Tao of markets: Sima Qian and the invisible hand”. *Pacific Economic Review*, 1996, 1(2): 137-145.

⑤ 李超民：《常平仓：美国制度中的中国思想》，上海远东出版社，2002，第 9 页。

⑥ 叶坦：《“中学西渐”对西方经济学的影响——立足于经济学术史的考察》，《经济思想史学刊》2021 年第 1 期，第 65—96 页。

的学术成果[①]，为本书奠定了坚实的理论基础，并提供了研究拓展方向。然而，上述成果多侧重于案例研究，尚未结合中国传统经济思想海外传播的历程进行系统论述，因而在全面展现中国传统经济思想的地位和价值方面存在局限。另外，多数成果形成于20世纪末至21世纪初期，随着一些海外研究的发现[②]以及新方法、新材料的发掘，以往有些观点、案例和论证资料有待进一步补充、完善和深化。

有鉴于此，本章竭力尝试在这两方面做出探索和突破，以期推进和丰富已有研究。具体内容安排如下：第一节旨在梳理中国传统经济思想海外传播的历史语境与前提基础、传播路径与方式、传播阶段与载体、传播内容与特征，并以儒家学说及其经济思想为中心线索，透视中华传统文化的海外传播历程，展现中国传统经济思想"中学西渐"的历史面貌。在此基础上，第二节和第三节立足新的考察视角、研究资料和分析框架，重在论述中国传统经济思想海外传播的过程中，他国对中国传统经济思想的认知乃至主动引介吸收的思想动态。具体通过法国重农学派、英国古典经济学、德国自然法哲学和官房主义经济思想、日本企业经营模式等代表性案例，进一步论证中国传统经济思想对现代经济学形成发展、日本企业经营模式创新等方面的影响。第四节转换研究视角，从以中国为传播主体的视角，主要关注进入20世纪后的一个新现象，即中国传统经济思想开始从中华传统文化的整体性范畴中以较为独立的问题意识和研究主题出现，此时国人开始有意识地开展中国经济思想史研究，并且开始主动向海外传播中国传统经济思想。其中，陈焕章

---

① 还有一些成果涉及中国传统经济思想的影响，如盛洪：《现代经济学的中国渊源》，《读书》1994年第12期，第109—115页；李军：《西方经济思想的中国渊源——基于文献的初步回顾与总结》，《古今农业》2008年第1期，第1—12页；邹进文：《中国近代经济思想研究在西方的反响》，《中国社会科学》2021年第5期，第169—186、208页；邹进文：《近代中国经济学的发展——来自留学生博士论文的考察》，《中国社会科学》2010年第5期，第83—102、221—222页。

② Chang J L Y. "History of Chinese economic thought: overview and recent works". *History of Political Economy*, 1987, 19(3): 481-502.

出版的英文著作《孔门理财学》一书[1]，是中国经济思想史乃至中华传统文化传播史上极具标志性意义的事件之一。因此，第四节内容以此为主要线索，同时结合《孔门理财学》对凯恩斯经济思想的影响这一案例展开论述。第五节是本章小结，主要对中国传统经济思想的海外传播与世界影响进行简要凝练，为充分展现其历史地位、进一步探讨其现代价值提供支撑。

第一节　中学西渐：中国传统经济思想海外传播概述

一、中国传统经济思想海外传播的前提基础

如前文所述，自先秦至鸦片战争前，中华民族在中国本土自发孕育和创建了一系列关于经济现象和经济问题的认知理解与思想观念，汇聚形成中国传统经济思想，构成了中国传统文化的重要组成部分。然而，以往对中华优秀传统文化的理解和传播更多聚焦在哲学、文学、艺术等领域，较少关注中国传统经济思想的历史智慧。实际上，中国古代经济长期领先于世界，拥有丰富的经济实践，相关经济思想也曾在海外广泛译介传播并产生了积极反响。为此，本章首先讨论其传播缘由和传播基础，这有助于深入理解中国传统经济思想海外传播的过程和影响。

第一，一国文化对外传播的广度与影响，很大程度上取决于该国的经济发展水平和综合国力。中国传统经济思想得以在海外传播，首先在于其所取得的经济成就。中国古代历经上千年的朝代更迭、历史变迁，却始终能够保持经济长期稳定的发展并居于世界领先水平，绝非偶然。对中国古代经济社会发展成就的好奇与仰慕，吸引着世界各国的极大关注和兴趣，进而构成思想传播的核心驱动力。纵观历史，中国古代经济繁荣和国力强盛之时，也是

① Chen H Z. *The Economic Principles of Confucius and His School*, 2 vols, Columbia University Press, 1911.

思想文化在海外传播的高潮时期，如汉代“丝绸之路”的开辟、唐朝形成辐射东亚的“中华文化圈”、17—18 世纪欧洲掀起的“中国热”等。

第二，中国传统经济思想能够自古及今持续地向海外传播并产生积极反响，关键在于其内在的重要价值。中国传统经济思想滥觞于先秦时期，发展至明清已然积累了涵盖经济伦理、财政税收、货币管理、土地制度、商业贸易、价格价值、社会分工、劳动生产、消费分配等触及宏微观各个领域的丰富思想。在此过程中，中国不仅产生了诸如“货殖”“轻重”“常平仓”等许多独具特色的概念术语，形成了自己的话语体系，展现出了独特的经济智慧和文化传统，而且涌现了许多超前于西方，具有原创性与实践价值的思想创见。这些思想既为中国古代经济持续发展提供了思想指引，也日渐成为其他国家关注、学习乃至译介传播的对象。关于这一点，在本书第二章中已分别从丰富性、独特性、创新性和分析性四个维度展开论证了中国传统经济思想所具有的光辉成就和闪光点，这正是中国传统经济思想得以在海外传播的重要前提和基础。

第三，不断丰富的中外政治经济文化交流，为中国传统经济思想实现海外传播提供了现实载体和具体路径。思想文化的传播通常是一个复杂的多层次、多维度、多主体的长期浸润过程。在历史长河中，中国传统经济思想主要通过商业贸易、政治外交、文化交流、宗教活动、人口迁移等多条路径，以见闻游记、经验流传、教育讲学、典籍译本、研究论著等各种口头或书面的方式，先后在亚洲、欧洲、美洲等地传播。由于传播形式和路径载体的多样化，中国传统经济思想对传入国的社会风气、经济理念、政策制度等方面曾产生过不同程度的影响，部分创新思想甚至直接或间接地构成了西方现代经济学形成发展的先行要素。

二、中国传统经济思想海外传播的历史轨迹：以儒家学说及其经济思想为中心的考察

梳理和回顾经济思想“中学西渐”的历史，考察儒家学说及其经济思想的海外传播情况是一条重要的研究线索。儒家思想作为中国传统文化的代表性思想和主体部分，包含政治、哲学、经济、法律、伦理道德以及社会治理等诸多层次的内容，奠定了中华文化的道德规范和价值观基础，并对古代中国社会、经济、文化的发展起着重要作用。其中，儒家经济思想是儒家思想体系的有机组成部分，也是儒家文化现代价值的集中体现。有学者指出，虽然经济思想并非儒家学说的主线，但影响并融合于政治、哲学、伦理等其他观点之中，因而在整个儒家学说的思想理论体系中占有一席之地，应引起足够重视和充分关注[①]。儒家经济思想在中国经济思想史领域有着举足轻重的地位，是经济治理、伦理规范与制度实践的有机整体，是中国古代经济思想的主脉与光辉成就之一。需要指出的是，儒家思想在成为中国传统文化主流思想的同时，也以其强大的感染力和同化力向海外传播，不只伦理道德思想，其经济思想也对亚洲、欧洲乃至美洲等地区的思想文化变迁产生了深远影响。但遗憾的是，一方面，国内已有文献多是从长周期的宏观历史视角对儒家思想及儒家核心著作《论语》译本在海外的传播情况进行了研究[②]，这些成果大多集中于哲学及道德伦理思想层面，较少专门针对儒家经济思想的

---

① 谢树放：《儒家仁学经济思想的蕴涵与价值》，《郑州大学学报（哲学社会科学版）》2008 年第 6 期，第 63—66 页。

② 如杨焕英：《孔子思想在国外的传播与影响》，教育科学出版社，1987；姜林祥：《儒学在国外的传播与影响》，齐鲁书社，2004；吴霁雯：《“孔子文化走向世界”问题研究》，曲阜师范大学博士学位论文，2014；张成权、詹向红：《儒学在欧洲：1500—1840》，安徽大学出版社，2010；沈立新：《孔子影响在国外——韩、日、美三国儒学纵览》，《史林》1996 年第 3 期，第 195—202 页；张西平：《欧洲早期汉学史——中西文化交流与西方汉学的兴起》，中华书局，2009；李伟荣、梁慧娜、吴素馨：《〈论语〉在西方的前世今生》，《燕山大学学报（哲学社会科学版）》2015 年第 2 期，第 1—9 页；戴俊霞：《〈论语〉英译的历史进程及文本形态研究》，《安徽工业大学学报（社会科学版）》2011 年第 1 期，第 58—60 页；林喆：《先秦儒家经济思想的海外传播及影响研究》，上海财经大学硕士学位论文，2021；等等。

海外译介传播作深入探讨；另一方面，虽然有部分学者通过微观视角对海外一些与儒家经济思想相关联的独立经济思想家或经济著作进行了个体考察研究，如针对陈焕章的《孔门理财学》、涩泽荣一“论语加算盘”的经营模式等专题发表了相关论文[①]，但较为缺乏海外传播视角，对儒家经济思想内容的挖掘和思想影响的分析仍需深化。

从海外的相关研究来看，围绕“儒家经济思想的传播”这一主题，已有若干相关研究，积累了一定成果。其中，日本较早开启了有关儒家经济思想的研究。一方面，有对中国古代儒家学派和重要人物的经济思想研究。例如，京都学派重要汉学家小岛祐马（小島祐馬）研究过儒家和道家的经济思想，并专门对王夫之的经济思想进行了系统研究[②]。另一方面，有对中国儒家经济思想的专题研究。20 世纪 50 年代末起，桑田幸三持续关注和研究中国古代的财政和商业流通。其 1960 年发表的《“散不足”与“聚不足”（一）——盐铁论中的儒家财政思想》（「散不足」と「聚不足」（一）-塩鉄論にみる儒家財政思想）一文旨在分析《盐铁论》中儒家所提出的“散不足”和“聚不足”两个概念，以揭示当时儒家财政思想的特点。[③]此外，还有中西经济思想比较研究。1940 年，穗积文雄（穂積文雄）在《东西经济思想的相似性》（東西經濟思想の相似性）一文中探讨了东西方经济思想的异同。他指出“经济”一词在中国古代已有使用，并且较早地关注到中国古

① 如欧阳哲生：《〈孔门理财学〉及其在世界的影响》，《儒家典籍与思想研究》2011 年第十五辑，第 142—160 页；叶坦：《〈孔门理财学〉——中国经济学走向世界的百年始步》，《中国社会科学报》2010 年 8 月 26 日；梁捷：《多元视角下的〈孔门理财学〉》，《社会科学战线》2008 年第 4 期，第 85—92 页；王金龙、元青：《民国时期留美生中国经济问题研究的海外影响——以其博士论文为中心》，《甘肃社会科学》2018 年第 3 期，第 221—228 页；徐水生：《儒家思想与日本近代企业——〈论语〉对涩泽荣一的影响》，《孔子研究》1993 年第 2 期，第 96—101 页；盛邦和：《经济文化学的亚洲解读——涩泽荣一〈论语讲义〉经济理念》，《上海财经大学学报》2005 年第 4 期，第 75—81 页；张立文：《儒教开出东亚近代的外王之路——论涩泽荣一的“论语算盘说”》，《学术界》2005 年第 5 期，第 126—134 页；等等。

② 小島祐馬：「王夫之ノ經濟思想」．『經濟論叢』，1918，7（3）：353-365.

③ 桑田幸三：「「散不足」と「聚不足」（一）-塩鉄論にみる儒家財政思想」．『經濟論叢』，1960，86（5）：347-358.

代的“经济”与西方的“economy”在语义上存在显著差异，认为东方的“经济”更侧重于经国济民的公共和政治意义，如“经纬天下国家，厚生救济黎庶万民”[①]，而西方的“economy”则更多指向私人家庭生活的管理，如“立则以营，使自家生活不穷乏”[②]。穗積文雄呼吁学界深入研究东西方经济思想的渊源和异同，认为这种差异并非偶然，而是由文化背景导致的必然结果[③]。但总体来看，受语言差异、文化语境等因素影响，海外的研究成果仍相对有限[④]，研究深度与系统性有待进一步加强。

综上，国内外学界关于儒家学说及其经济思想海外传播的研究仍较为零散，缺乏整体性与系统性的历史考察，这为本书开展系统性、长周期的考察留有研究空间。鉴于此，本书以儒家学说及其蕴含的经济思想为主要线索，系统考察儒家经济思想在海外传播的历史路径，深入分析儒家经济思想的积极要素并客观评估其价值地位。关于儒家学说及其经济思想海外传播的研究，不仅是考察中国传统经济思想海外传播历程的重要线索与研究切入点，还是系统研究中华传统文化及其世界影响力的重要内容和代表性案例。需要特别说明的是，在儒家思想体系内，经济思想与其他内容并无明确界限，而是与哲学、伦理等范畴交织共生。同时，在外文译著与相关研究中，儒家经济思想多是嵌入儒家文化整体中而产生影响。因此，本书在论述中，将结合儒家经济思想与儒家文化一起讨论，以更全面地呈现其思想内涵与海外传播特点。

需说明的是，本节所指的儒家学说及其经济思想，主要是指先秦儒家学

---

① 穗積文雄:「東西經濟思想の相似性」.『經濟論叢』, 1940, 50（4）: 529-536.

② 穗積文雄:「東西經濟思想の相似性」.『經濟論叢』, 1940, 50（4）: 529-536.

③ 穗積文雄:「東西經濟思想の相似性」.『經濟論叢』, 1940, 50（4）: 529-536.

④ 相关成果和文献资料可参见叶坦:《“中学西渐”对西方经济学的影响——立足于经济学术史的考察》,《经济思想史学刊》2021 第 1 期，第 65—96 页；叶坦:《中国经济学术史的重点考察——中国经济思想史学科创始与发展优势论析》,《中国经济史研究》2003 年第 4 期，第 132—142 页；叶坦:《东亚学术跨世纪发展的探索——访日研究报告》,《经济学动态》1995 年第 7 期，第 49—50 页。

说及其经济思想。一方面，先秦时期是儒家思想的发轫期，也是儒家经济思想的生成期。后世儒家关于经济问题的论述多是承袭先秦儒家的理论框架与核心命题。从儒家经典来看，先秦时期主要指“六经”，即《诗》《书》《礼》《乐》《易》《春秋》。在孔子出生前，这些典籍的基本内容已然存在，但内容杂散，版本不一。孔子进行了搜集、整理、编排与加工，形成了儒家的早期经典。后世在“六经”基础上，逐步发展出“十三经”(《周易》《尚书》《诗经》《周礼》《仪礼》《礼记》《春秋左传》《公羊传》《穀梁传》《论语》《孝经》《孟子》《尔雅》）与“四书五经”(《大学》《中庸》《论语》《孟子》《诗经》《尚书》《礼记》《周易》《春秋》）等儒家经典。可见，多数经书大致成书于先秦或内容源于先秦。另一方面，从儒家典籍在海外的传播与译介情况来看，被频繁翻译并广泛出版的多为《论语》《孟子》《大学》《中庸》《周易》等先秦儒学经典，同时在国际学术界具有较大影响力的中国古代经济思想家，仍以孔子、孟子等先秦时期的重要思想家为代表。同时，限于篇幅，本书也难以穷尽所有涉及儒家经济思想的典籍与内容。因此，本节重点以先秦儒家经济思想内容为分析主线，以便清晰地理解和把握儒家经济思想要义。

本节的论述思路如下，先概述先秦儒家经济思想的要点，为后文对海外传播历程的分析奠定基础，进而从长时段视角出发，依据不同阶段儒家思想及其经济伦理观点传播的内容要点、渠道途径和海外影响力等主要特征，同时结合思想文化领域的重要历史事件，将其思想海外传播的历史轨迹划分为早期传播、传播热潮、传播低潮、复兴发展四阶段予以考察。

（一）先秦儒家经济思想要义

形成于春秋末期的儒家学派，是中国历史上首个系统建构思想体系且影响最深远的学派，其核心思想以“仁”为本位、伦理为基点、人道为终极关怀，彰显人本主义特质。该学派由孔子创建，其贡献主要在于系统研究历史与现实中的政治文化问题，并初步构建出以仁为本的儒学理论体系，为儒家学说奠定理论基础，后经孟子、荀子等发展完善。古代思想家在论述现实生活中面临的各类问题时，通常都是在分析了社会制度、天人关系等内容的基础上兼论经济问题。即便经济思想并非儒家学说的主线，其作为儒家思想体系的重要有机组成部分，集中体现了儒家文化的现代价值，仍具重要研究价值。下面具体从孔子、孟子的经济思想和《周易》《大学》《中庸》《荀子》中的经济思想两个方面简要介绍先秦儒家经济思想的要义。

1. 孔子、孟子的经济思想

儒家学派创始人孔子是中国古代历史上影响深远的思想家。《论语》是由孔子门人集其言行编撰的语录集，乃儒家最经典的核心著作，研究孔子、儒学及传统文化的学者将其视为重点关注对象。孔子倡导崇仁、重义、尊礼、求智、讲信，“仁”是孔子思想的主体，其经济思想实为“仁者爱人”思想在经济层面的拓展及具体体现，是中国早期儒家学派经济观点的概括总结。尽管孔子未形成经济基础决定上层建筑的唯物史观认知，但他通过政治实践深刻认识到经济在治国定天下中的重要作用和关键意义。故当孔子将政治军事等其他问题同经济问题比较而论时，始终将经济问题置于优先考量维度。

儒家学派的另一重要代表人物孟子承袭孔子思想体系，被尊为“亚圣”，是中国古代著名思想家、教育家、政治家及儒学理论奠基者。孟子师从孔子之孙孔伋[①]，继承并发扬了“子思学派”，系统阐述了儒家仁政王道的思想，通过建构“仁”“义”“礼”等核心伦理范畴，完善了孔子的思想体系。《孟子》是孟子及其门人言论对话的辑录，相较《论语》的语录体表述，其更侧重具体政策主张尤其是经济政策主张，成为先秦儒家典籍中经济

① 孔伋，字子思。

思想较丰富、体系相对完整的文本载体之一。经济思想是孟子思想的有机组成，其虽几乎全面承袭了孔子为封建地主经济奠定的重要原则，但也在土地制度、货币流通及财税理论等领域补充添加了许多新内容[①]。若忽略孟子对孔子经济思想的创造性转化和发展，只分析孔子的经济思想，则难以完整还原先秦儒家经济思想的海外传播谱系。

对孔孟经济思想的认识大体可以从其思想根基人性观、价值核心义利观、理论重点财富观、道德取向诚信观、治理准绳公平观五大方面来理解[②]。人性观是儒家的基础理论，对义利观、财富观、诚信观与公平观的理解离不开人性观背景。孔子较早地对人性问题作了初步探析，纵使其未成为独立问题，且孔子未对人性善恶与否给出明确态度，但仍为儒家人性观的成熟发展奠定了基础。例如，孔子指出“性相近也，习相远也”[③]，意在说明人与人的天性差异不大，后天环境和习染才是造成性格差异的关键。这表明，孔子更侧重通过社会教化与个人修养实现道德完善的人性观。孟子在继承传扬孔子思想的基础上提出人性本善的观点，并主要强调人的先天因素。他将“孺子入井”的故事当作典例探讨人性善恶问题，从同情之心的角度阐释经济伦理行为的原始动力。“恻隐之心，仁之端也”[④]，孟子以人性本善为起点，认为个人伦理行为是受同情心驱动而产生的。

义利观是儒家经济思想的核心，通常而言，涉及经济伦理的问题，往往以义利观为基础进行延伸和拓展。孔孟秉持“义利两有”且“义以为上”的义利观，不否定人们对物质生活的渴望。但他们认为相较于利，对义的追求

---

① 从社会经济的角度进行考察，《孟子》比《论语》涉及的社会经济层面更为广泛，其中涉及如何构建理想社会，也涉及商品经济思想、经济的可持续发展思想、财政思想、税收思想、会计思想等。

② 阮航：《儒家经济伦理研究——先秦儒家经济伦理的问题脉络与观念诠释》，中国社会科学出版社，2013，第3—5页。

③《论语·阳货第十七》。

④《孟子》卷3《公孙丑上》。

是更高层次的追求，因而大力推崇义，倡导运用“以义制、取、生利”的原则妥善协调义利二者的关系，一旦它们起冲突则以“舍生取义”为依据解决矛盾。尽管孔子较少谈及财利问题，但他从未否认财利的作用。他指出“富而可求也，虽执鞭之士，吾亦为之”①，表明在符合道义的前提下，追求财富并非不可。然而，孔子更强调“义”对于“利”的规约作用，以义为先，他表示“不义而富且贵，于我如浮云”②。孟子认为仁义乃治国之本，治理国家时不可将利作为首要目标，但对于个人来说，他指出“欲贵者，人之同心也”③，体现出他对人类自然欲望与基本生存需求的合理认同。

财富观是关于财富生产、交换、分配、消费等的总体态度和根本观念，是儒家经济思想的理论重点。比如，孔子强调“百姓足，君孰与不足”④，认为保障民生是国富的前提。在生产上，他主张“因民之所利而利之”⑤，推崇顺应民意、不过度进行政府干预；在消费观上，强调俭不违礼，以“礼”规范民众行为，以促成社会稳定和谐与国家富强。孟子重视商业，倡导“通功易事”⑥，主张交换分工，并以道德规范商人行为。他发展孔子富而后教的思想，提出以仁政聚财、养民育心。同时，他强调“有恒产者有恒心，无恒产者无恒心”⑦，认为稳定私产是社会安定之本，并推崇节俭寡欲、与民同乐的消费理念。

诚信观主要讨论个体德性的经济伦理意义。孔孟的诚信概念在个人层面主要针对经济活动的管理者，要求他们在社会关系中树立可信的形象，将诚信视作一切活动尤其是经济活动的道德取向和行为准则，社会方能得以稳健

①《论语·述而第七》。
②《论语·述而第七》。
③《孟子》卷 11《告子上》。
④《论语·颜渊第十二》。
⑤《论语·尧曰第二十》。
⑥《孟子》卷 5《滕文公上》。
⑦《孟子》卷 5《滕文公上》。

持续发展。比如，孔子视诚信为兴商立国之道，主张“言必信，行必果”[①]，反对商贾欺诈，倡导以信兴商、以信治政，强调“自古皆有死，民无信不立”[②]。孟子较少专论“信”，相关论述多为对孔子观点的沿袭或附加说明。

公平观的诠释聚焦社会资源分配领域，通过对孔孟政治公平观的学理考察，可证其社会经济分配思想以“均无贫”为核心原则。该原则强调通过公正分配机制，确保个体享有平等机会获得财富，从而保证社会稳健发展。孔子主张“不患寡而患不均，不患贫而患不安”[③]，强调按照“礼”的规定调均财富，以防贫富悬殊引发动乱，维护社会安定。孟子则强调实际效果上的公平，主张保证每户人家的基本生存权利，实现民有恒产，照顾弱者的基本生活，并由有德之人灵活掌握财富公平分配标准。

2.《周易》《大学》《中庸》《荀子》中的经济思想

《周易》最初为一本卜筮之书，后发展为具有深厚哲理的儒家经典。书中蕴含鲜明的辩证法思想、有机论特征、和合思想，展现出古人对自然与社会演变规律的认识。虽然《周易》本身不是专门的经济著作，但其强调顺势而为、因时制宜、义利相和、诚实守信、公平分配、重视理财、工商业并重等内容，对于经济活动、财富管理、国家治理等都有重要借鉴意义[④]。例如，“穷则变，变则通，通则久”[⑤]体现了因时制变的经济决策思想，《益卦》中“损上益下”[⑥]寓意财富再分配与社会公平，《无妄·象》说“天下雷行，物与无妄。先王以茂对时育万物”[⑦]强调遵循自然规律安排农业活

①《论语·子路第十三》。

②《论语·颜渊第十二》。

③《论语·季氏第十六》。

④ 张文俊:《〈周易〉经济伦理思想研究》,《南昌航空大学学报（社会科学版）》2010 年第 2 期，第 57—62 页；牛占珩:《〈周易〉经济思想初探》,《周易研究》1988 年第 1 期，第 78—81 页。

⑤《周易系辞下》。

⑥《周易下经·益》。

⑦《周易上经·无妄》。

动。这些均体现出《周礼》丰富的现实关怀与经济治理智慧。

《大学》主要阐发儒家的圣王之道，是古代最高学府中传授的圣王之学。该书以“德治”为指导，通过三个纲领“明明德”“亲民”“止于至善”，八个步骤“格物”“致知”“诚意”“正心”“修身”“齐家”“治国”“平天下”，勾勒出个人如何达到内圣外王的至善境界[①]。《大学》从国家治理的高度上讨论了财富问题，主要是国家的理财问题，主要有两点[②]：一是在理财原则上，强调重视“德”，“德者本也，财者末也”[③]，主张道德为治国之本，财富为其次，体现出以德为先的价值导向。二是在理财的方法上，要求“生财有大道。生之者众，食之者寡，为之者疾，用之者舒，则财恒足矣”[④]，强调应从生产与消费关系着手，通过增加生产人口、节制消费、提高生产效率、合理使用资源，就可实现国家财政充盈。

《中庸》是探讨人生修养境界、系统阐述中庸之道的典籍。“中庸”既表现为道德行为准则，也具有认识论、方法论的意义，强调个人行为要不偏不倚、恰如其分，实事求是地认识世界，并推动事物的和谐发展[⑤]。在经济思想层面上，《中庸》的思想内涵至少可体现在三个方面[⑥]。一是强调天地的自然力作用，“天地之道，可壹言而尽也。其为物不贰，则其生物不测”[⑦]，表明自然力是万物生生不息的基础，具有朴素的自然经济观。二是认为工业能够创造财富，“来百工则财用足”[⑧]，主张奖励工业生产。三是认为贫富贵贱的形成除了客观原因外，还有主观因素。《中庸》主张发挥主观能动性，

① 陈晓芬、徐儒宗译注：《论语·大学·中庸》（2版），中华书局，2015，第245—247页。
② 胡寄窗：《中国经济思想史》（上），上海财经大学出版社，1998，第105—107页。
③《礼记·大学》。
④《礼记·大学》。
⑤ 陈晓芬、徐儒宗译注：《论语·大学·中庸》（2版），中华书局，2015，第285—287页。
⑥ 胡寄窗：《中国经济思想史》（上），上海财经大学出版社，1998，第108—109页。
⑦《礼记·中庸》。
⑧《礼记·中庸》。

做好自身本职工作，强调“上不怨天，下不尤人”“反求诸其身”[①]。

《荀子》是研究荀子思想的主要资料，一般认为该书大部分篇章为荀子所撰，也有部分内容可能出自其门人或后人之手。该书具有较强的唯物主义倾向，展现出进步的自然观与认识论立场，同时该书批判地继承了诸子各家思想，是战国后期集大成的儒家著作之一[②]。《荀子》中的经济思想，以富国论为中心，消除了前人对富国富民问题认识的混乱[③]，将富国富民统一起来，主张“上下俱富”[④]，并广泛地包括了生产、分配、理财等各个环节。比如，《荀子》强调发展生产、重农节用，提出“强本而节用，则天不能贫”，意在通过发展生产与节制消费，实现国家的富强与社会的稳定。《荀子》强调制度与道德在调节社会利益关系方面的作用，主张“制礼义以分之”[⑤]，即通过礼义制度规范财富分配和社会等级，以维护社会公平。

上述内容可为后续考察并理解儒家经济思想海外传播概况以及整理与分析研究线索和研究材料提供一定的知识准备和理论基础。

（二）儒家学说及其经济思想的早期传播

中国传统经济思想最初是以较为零散和宽泛的形态，蕴含在哲学、伦理等中国传统文化之中的。作为文化主脉的儒家思想，其早期传播受限于地理、交通条件等客观因素，在附近相邻国家内传播，并在东亚及东南亚地区形成了以中国传统思想文化为辐射源的儒家文化圈。而在跨大陆文明交流层面，因地理阻隔与文化疏离的双重制约，儒家思想向中亚、欧洲等地区的传播长期处于低效状态。虽然在西汉、唐朝、元朝等时期，由于丝绸之路的开

---

①《礼记·中庸》。

② 方勇、李波译注：《荀子》（2版），中华书局，2015，第1—8页。

③ 赵靖主编：《中国经济思想通史》（第1卷），北京大学出版社，2002，第337页。

④《荀子》卷6《富国篇第十》。

⑤《荀子》卷5《王制篇第九》。

辟、文化包融交流和国土疆域拓展等，儒家思想在海外的部分国家已有传播，但实际上直至 16 世纪末、17 世纪初才取得了较有影响的发展。下面依据传播方向的不同，对儒家学说及其经济思想的早期传播路径进行具体考察。

1．在亚洲的早期传播情境

如前所述，受地理区位等交通环境因素的影响和约束，儒家思想先于附近相邻国家内传播，如朝鲜、日本、越南等。这些邻国大量派遣僧侣、使节、留学生来华学习，并开设官学私学传授儒家经典，引入刊刻中国典籍，借助陆路和海上贸易等途径，逐渐形成以儒家思想为主要传播内容的东亚文化圈，并在传播过程中潜移默化地受到其中经济伦理观念和思想的长期熏陶与影响[①]。

以日本为例，儒家思想经由朝鲜半岛东传至邻邦日本，深度渗透至日本社会各领域。据研究者根据《日本书纪·应神天皇 15 年条》的记载推定，3 世纪末叶，应神天皇十六年（285 年），来自百济的王仁将《论语》十卷带到了日本，此举不仅实现了儒学东传，更标志着典籍中的汉字书写体系正式导入日本[②]。受到《论语》的影响，应神天皇时期首次开创了以儒家思想为内核的王室教育体系，接受教育的对象以天皇家族与律令制官僚集团子弟为主。其中，日本宫廷任命王仁为皇太子菟道稚郎子（Wakiroko Komichi）的老师，以《论语》为必读书籍，授之以儒经等儒家思想和文化[③]。儒家思想对日本皇族和高官等上流阶层的影响在于垄断性的知识权力嵌入日本权力核心。在 3 世纪末至 6 世纪初的 200 余年间，儒家思想和文化以百济为枢纽，

① 马涛：《儒家传统与现代市场经济》，经济科学出版社，2020，第 142—150 页。

② 史少博：《儒家思想在日本的传播与研究》，《学术论坛》2012 年第 8 期，第 210—213 页。

③ 金基石：《韩国汉语教育史论纲》，《东疆学刊》2004 年第 1 期，第 34—42 页。

以《论语》为主要内容，在日本广为传播[①]。至继体天皇时期，日本皇室在学习的过程中意识到了儒家思想的重要性以及儒家思想传播的单一性，通过遣隋使制度，引入儒家思想和文化并传播。到6世纪初期，儒家思想和文化才正式成体系地传入日本，并编入教育系统当中[②]。当时，日本定时选录从朝鲜而来的五经博士教授儒家文化，因此在一定程度上，以《论语》为代表的儒家思想文化经由朝鲜涌入日本[③]。

6世纪末期，圣德太子（Shotoku Taishi）作为推古天皇时的摄政大臣为儒家文化的传播开辟了道路[④]。在代替君主处理国政期间，圣德太子为日本的政治改革做出了不少贡献，其中颇具名气的是“宪法十七条”。在该宪法中，大部分内容与儒家思想有关，甚至部分条例直接摘自儒家典籍，且以儒家倡导的道德规范来管理国家的倾向非常明显[⑤]。此时，日本文化结构主要包括本土文化以及儒家文化这两大部分。

701年，文武天皇时期，《大宝律令》修成，大化改新以来的变化，已经以法律的形式得到了肯定。《大宝律令》中明确规定了关于教育的条例，大学寮设大学头、置博士、助教，讲授儒家经典[⑥]，使得儒家文化和思想被正式纳入日本的教育体系并开始蓬勃发展。710年，元明天皇迁都平城京（今日本奈良市），开启了奈良时代，于整个社会内推广倡导儒家文化[⑦]。这一时代的日本大量吸收中国文化，儒家思想不仅深度嵌入文教体系，更是已普及到日本各个阶层。同朝鲜相似，通过奈良朝的遣唐使、留唐学生和僧侣归国携带典籍和经卷这一途径，数量繁多的儒家经典以手抄本的形式流传到

① 金基石：《韩国汉语教育史论纲》，《东疆学刊》2004年第1期，第34—42页。
② 吴霁雯：《“孔子文化走向世界”问题研究》，曲阜师范大学博士学位论文，2014。
③ 谢建明：《儒家文化在日本的传播及其整合》，《东南文化》1996年第2期，第62—67页。
④ 谢建明：《儒家文化在日本的传播及其整合》，《东南文化》1996年第2期，第62—67页。
⑤ 谢建明：《儒家文化在日本的传播及其整合》，《东南文化》1996年第2期，第62—67页。
⑥ 吴霁雯：《“孔子文化走向世界”问题研究》，曲阜师范大学博士学位论文，2014。
⑦ 伊文成：《儒家思想在日本的传播》，《东北师大学报》1981年第4期，第91—96页。

日本，丰富了日本儒家文化思想的内容[①]。有学者认为《孟子》传入日本就是在此期间，约在 730 年[②]。

794 年，日本国都迁至平安京（今日本京都市），开启了平安时代。整体上，8 世纪末至 12 世纪末，平安时代的日本继承了奈良时代的教育制度，且继续推崇儒家伦理道德，尤重孝道，同时提倡以儒家伦理观念为准则的民风民俗。这一时代日本继续输入儒经，许多日本使者和学者在访问中国时，往往会携带大量的书籍返回日本[③]。据现有研究，在隋朝的 30 多年中，日本共派遣 5 次遣隋使，在唐朝贞观四年至太和八年（公元 630～834 年）这 204 年间，共派遣 18 次遣唐使，其中 16 次到达中国，人数也由最初的每次 250 人增加到 500 人左右（包括水手）[④]，这为儒家文化的传播开辟了广阔道路。

江户时代，日本的政治中心转移至江户（今日本东京市），这一时期出现了教授儒家思想和文化的学府——幕府最高学府昌平坂学问所[⑤]。同时，地方诸藩也以建立教育机构的方式支持儒学的传播[⑥]，其中，以建立寺子屋和心学的形式最为盛行。寺子屋以传授儒家道德教育为主[⑦]，心学则主要讲

---

① 吴霁雯：《“孔子文化走向世界”问题研究》，曲阜师范大学博士学位论文，2014。

② 郭连友：《孟子思想与日本》，《国学学刊》2014 年第 3 期，第 3—14 页。不过，关于《孟子》传入日本的具体时间，学术界也有不同观点，如我国有学者认为实际上在奈良时代之前的飞鸟时代就出现了不少引用《孟子》的律令史书。参见张晓明、庞娜：《东亚儒学视域下〈孟子〉在日本的传播：接受、批判与再阐释》，《大连理工大学学报（社会科学版）》2020 年第 1 期，第 122—128 页。

③ 李洪淳：《儒家学说在朝鲜和日本的传播及其影响的比较》，《延边大学学报（社会科学版）》1983 年第 1 期，第 70—78 页。

④ 马涛：《儒家传统与现代市场经济》，经济科学出版社，2020，第 143 页。

⑤ 吴呈苓：《庙学制在日本江户时代官方学校的推行与流变》，《教育史研究》2022 年第 1 期，第 108—116 页。

⑥ 赵峰：《儒家文化对韩国和日本教育的影响》，《内蒙古师范大学学报（教育科学版）》2007 年第 11 期，第 43—46 页。

⑦ 修刚：《日本江户后期寺子屋教育的形成与发展》，《天津师范大学学报（社会科学版）》2004 年第 3 期，第 50—53 页。

解儒学修身伦理[①]。二者遍布于全国各地，男女皆收，这对儒家文化的普及起了巨大作用。除此之外，江户时代儒家学问的兴盛还得益于儒家典籍和书卷的传入与重新雕版[②]。17 世纪后半叶，康熙帝亲政后，清政府的海禁与迁海令在一些地方有所松动，这增加了中日思想和文化的交流、碰撞。来自中国的商船向日本大量销售古书典籍，其中就有不少儒学书籍传入日本，日本商户再将其翻刻[③]。该时期儒家思想于日本的传播，其脉络和奈良时代相比较而言，呈现出更加多样的传播方式与途径。

2. 在欧洲的早期传播情境

儒家思想在欧洲的传播由于行程遥远和道路坎坷等因素而受到阻碍，总体而言并不通畅，比在东方传播晚一千多年。其西传同东播一样，并不是一个主动传播的过程。儒家思想在欧洲初期传播的载体，主要是来华传教士的译作与著述，欧洲访华使者的日记笔录与儒家文献典籍的流出，也促进了欧洲人士对儒家思想的早期接触。

（1）最先接触到儒家思想的是当时欧洲商业及航海最发达的意大利城邦。意大利的汉学研究“在欧洲是最古老、同时也是最年轻的”[④]。威尼斯人马可・波罗（Marco Polo）是传说中最早足履中华大地并留有著述的欧洲人，他在自述东方游览经历的《马可・波罗游记》中极力赞扬东方的富裕与文明的兴旺，令欧洲人大开眼界并产生浓厚兴趣。例如，他曾惊奇于元朝使用一种精心加工过的纸片作为货币的现象，同时马可・波罗还对中国的贝币、盐业、盐税等经济现象感兴趣并留下记述[⑤]。不过马可・波罗有关中国

① 杨孔炽：《江户时代日本教育研究》，北京师范大学博士学位论文，1997。

② 谭培培：《儒家思想在日本的传播与影响》，《国际公关》2019 年第 3 期，第 28、30 页。

③ 何宇：《清前期中日贸易研究》，山东大学博士学位论文，2010。

④ 陈友冰：《意大利汉学的演进历程及特征——以中国文学研究为主要例举》，《华文文学》2008 年第 6 期，第 87—96 页。

⑤ ［瑞］傅汉斯：《马可波罗到过中国：货币、食盐、税收的新证据》，党宝海、马晓林、周思成译，北京大学出版社，2022，第 82、169、239 页。

的著述及据称由其所带回的汉籍，并非以系统研究中国与儒学为目的。

自 15 世纪欧洲资产阶级开辟了新航路后，便致力于在世界范围内探索、掠夺、殖民。在此背景下，东西方世界的往来、联系与交流网络逐渐打开，中国典籍西译由此肇始，并以儒家典籍的翻译为开端。西班牙传教士门多萨（Mendoza）所撰写的《中华大帝国史》于 1585 年在罗马出版。这是西方第一本全面、详尽介绍 16 世纪中国社会、历史、政治及经济等方面的百科全书，书中赞叹了中国的货币、商业发展等情况，还对皇室赋税和城镇财政、高利贷现象进行了记述[①]。与此同时，在天主教教会的指派下，一部分耶稣会教士以传教士的身份来华，在传播天主教的同时，还考察了与西方不同的中国社会[②]。首个来华耶稣会传教士是来自意大利的罗明坚（Michele Ruggieri）、利玛窦（Matteo Ricci）于 1582 年在耶稣会的派遣下来到中国开展传教工作，而继利玛窦之后成为第二任在华耶稣会会长的龙华民（Nicolò Longobardo）1597 年也来到中国[③]。他们来华后的传教活动并不是一帆风顺的，他们深感令中国人信奉外国传来的天主教实为困难，一个重要原因是儒家思想深深根植于中国人的传统文化与生活之中，这使传教士认识到不能强行抵制中国传承千年的传统思想，而是应该知己知彼，最重要的就是要深入了解和研究儒家思想的内核并在此基础上进行利用，以说服中国人皈依天主教，这就是“利玛窦规矩”[④]。例如，利玛窦就曾指出他之所以能够在儒家文人中广受欢迎，其中一个重要原因是“因为我是外国人，颇不寻常，特别

---

① [西]门多萨：《中华大帝国史》，何高济译，中华书局，1998，第 26 页。

② [法]舒特：《耶稣会士进入中国的过程》，见[法]谢和耐、[法]戴密微等《明清间耶稣会士入华与中西汇通》，耿昇译，东方出版社，2011，第 35—40 页。

③ [韩]全洪奭：《晚明耶稣会龙华民传教策略的形成和发展》，《国际汉学》2024 年第 5 期，第 103—111、158 页。

④ “利玛窦规矩”是指利玛窦为了在中国传教而采取的传教策略，其中的核心就是天主教在传教过程中，要积极主动适应中国社会的文化，因为只有融入中华文化，天主教才能得到发展。详见朱大锋：《“利玛窦规矩”与明末清初的中西文化交流》，《兰台世界》2009 年第 7 期，第 38—39 页。

是我精通中国的语言、学问、风俗习俗和礼仪”[①]，其中学问、风俗习俗和礼仪主要指的就是儒家思想。

传教士来华后便苦心钻研儒学，千方百计结交中国学者与官吏，并接触朝廷以扩大影响。为使天主教在由儒家思想主导的中国立足，他们采取了利用儒家学说和介绍西方科学知识的方法。被誉为“沟通中西文化第一人”“西方汉学先驱”“博学西儒”的利玛窦首先刻意将天主教教义附会儒学思想，他高度评价儒学的积极作用，将儒学视为以自然法为基础的哲学，且其诸多出版发行的作品深受儒家典籍的影响甚至直接引用了儒家典籍[②]。为了帮助意大利政府更详尽地了解和认识中国，以利玛窦为代表的传教士将其亲身在中国考察到的儒家经典通过翻译的方式使欧洲国家民众知晓[③]。1593 年底，利玛窦用拉丁文翻译了《大学》《中庸》《论语》，并于 1594 年 11 月完成《孟子》的翻译，然而令人惋惜的是，该译本如今已经流散遗失[④]。利玛窦将其在中国的传教经历和所见所闻、所思所想以日记的形式撰写成文，由其弟子金尼阁（Nicolas Trigault）整理补充后出版，即著名的《基督教远征中国史》（*De Christiana expeditione apud Sinas*，现译为《利玛窦中国札记》）。该书产生了巨大影响，正如该书英文版序言中强调的，“我们敢说，自从三个世纪以前金尼阁的书首次问世以来，没有任何国家的哪一个汉学家不曾提到过利玛窦，中国的史学家也无不引用金尼阁的书，它打开了中国与欧洲关系的新纪元，留给了我们一份世界上最伟大的传教文献，假如它不是唯一最伟大的话”[⑤]。与此同时，这本著作最初版本为拉丁文（利玛窦的原

① ［意］利玛窦：《利玛窦书信集》，何高济译，商务印书馆，2018，第 157 页。

② 吴立群：《新儒学与现代社会》，上海大学出版社，2018，第 74 页。

③ 杨发恩：《孔夫子在国外》，《孔子研究》1995 年第 1 期，第 214—220 页。

④ 张国刚、吴莉苇：《礼仪之争对中国经籍西传的影响》，《中国社会科学》2003 年第 4 期，第 190—203、208 页。

⑤ ［意］利玛窦、［法］金尼阁：《利玛窦中国札记》，何高济、王遵仲、李申译，何兆武校，中华书局，2010，第 31 页。

稿为意大利文），随后也被翻译成意大利文、法文、德文、西班牙文和英文等在世界范围内出版发行[①]。据学者研究考证，现存欧洲语言的《孟子》的最早译本是意大利耶稣会士罗明坚的拉丁文本，罗明坚于 1579 年到澳门传教，他在传教期间努力学习汉语和中国传统文化，返回欧洲后将《孟子》译成了拉丁文，但可惜的是其译本没有刊行，手稿现保存在意大利国家图书馆[②]。可见，儒家思想于 16 世纪末期传入意大利，在意大利思想界初显光芒。利玛窦的在华传教工作开展得十分顺利，这得益于其在华期间对儒学深入钻研的态度，这启发了其他在华开展工作的传教士。他们也纷纷模仿利玛窦以最大的努力于传教活动之外研析学习儒家思想，且竭尽所能开展儒家思想和天主教义互相融合的工作。总的来看，他们在中国传播天主教义又在欧洲宣传儒家思想，不仅仅是将儒家典籍翻译成其他语言传播，还通过研究儒学将其博大精深的传统思想内容著成书籍，在西方传播[③]。

（2）儒家思想传入法国略晚于意大利，法国既是接触儒家思想较早的西方国家，也是受儒家思想影响较大的国家之一。儒家思想传入法国的途径也是耶稣会传教士的译作和著述，而且儒经的西传和西方来华使节的见闻录也对法国了解儒家思想起了重要作用。16 世纪中叶以后，葡萄牙、西班牙、荷兰等国家在中国部分沿海地区从事贸易和传教等活动，耶稣会传教士也正是在这一时期来到中国。最早接受耶稣会指令入华开展传教工作的法国人是意大利传教士利玛窦的弟子金尼阁，他在 1626 年把《五经》译成拉丁文[④]。金尼阁对待儒学的精神态度与其老师利玛窦如出一辙，这实际上也是

① [意]利玛窦、[法]金尼阁：《利玛窦中国札记》，何高济、王遵仲、李申译，何兆武校，中华书局，2010，第 2—3 页。

② 刘单平：《〈孟子〉西译史述评》，《理论学刊》2010 年第 8 期，第 105—108 页。

③ 例如，朱谦之在《中国哲学对欧洲的影响》中详细地梳理并介绍了 15 种传入欧洲的书籍。详见朱谦之：《中国哲学对欧洲的影响》，上海人民出版社，2005，第 83—90 页。

④ 方豪：《方豪文录》，上智编译馆，1948，第 156 页。

当时耶稣会士在华传教的主要策略，也就是前文提到的“利玛窦规矩”[①]。这种态度也深深影响着之后来华的法国传教士，他们也认为学习儒学和开展传教工作同样重要，一方面翻译儒家经典，另一方面研究儒学内容。总的来看，法国耶稣会士对待儒家思想主要采取两种方式，一是直接进行翻译，或者用法文撰写研究著作；二是在礼仪之争的讨论中，对中国的礼仪风俗进行介绍，进而讨论儒家思想[②]。正是通过上述方式，中国历史上许多知名著述，通过中西文化交流的各条途径不断传入法国，有些还被译成了法文。例如，法国著名传教士拉沙尔穆（Alxander de la Charme，汉名孙璋）曾经把《礼记》译为法文，将《诗经》译为拉丁文，并在文后做了详细注释[③]。

（3）诸多欧洲传教士相继来华，主动增进对中国的了解。除来自意大利、葡萄牙、西班牙、法国、瑞士、比利时等国的传教士以外，还有德国的传教士，如1622年入华的汤若望（Johann Adam Schall von Bell）[④]。这些欧洲来华的耶稣会传教士为了传教和推行欧洲的东方政策，竞相从事儒学研究和译述工作，使欧洲各国得以逐步对中国有所了解。早期耶稣会传教士的书简集及关于儒学的译著如利玛窦、金尼阁的“四书五经”拉丁文译本等对德国和整个欧洲思想界产生了巨大影响。

综上所述，这一时期欧洲和亚洲的许多国家对包括道德伦理思想、经济思想在内的儒家文化进行了早期接触，客观上起到了推动儒家经济思想海外传播的先导作用，为此后儒家经济思想在海外的推广奠定了前期基础和理论准备。其主要呈现以下三个特征。

---

① 朱大锋：《“利玛窦规矩”与明末清初的中西文化交流》，《兰台世界》2009年第7期，第38—39页。

② 余泳芳：《明清之际法国耶稣会士的汉学研究》，《法国研究》2012年第2期，第85—91页。

③ 余泳芳：《明清之际法国耶稣会士的汉学研究》，《法国研究》2012年第2期，第85—91页。

④ 王臻：《朝鲜世子与德国传教士汤若望在北京的交往考述》，《暨南学报（哲学社会科学版）》2015年第12期，第137—142页。

一是传播主体和传播渠道，以西方传教士及其入华返欧后对中国传统文化的宣扬活动为主。16 世纪末期，欧洲耶稣会士入华开展传教工作。由于中国传统思想文化在中国民众心中占据着格外稳固的地位，秉持欧洲至上观点的传教士尽管想尽各类方法，但传教进展仍不顺利。之后才发现若欲让中国顺利归依天主教则需要采取适应政策，即既要借助彼时欧洲先进的科技，将它们介绍给中国民众从而赢取他们的注意力与关注度，又要探析儒家思想与中国传统文化进而认识并逐渐熟悉中国。当时欧洲各国天主教信徒都以罗马为天主教的中枢，各国传教士间关系紧密，向中国开展传教工作时彼此互帮互助，在研究及向西方介绍儒家思想方面也共同合作。他们针对儒家典籍所作的译著于欧洲知识界与上层社会得到了初步流传。传教士扮演着优秀文化的文明使臣的角色，他们的译著在客观上为中西文化交流做出了不可忽视的贡献，即便他们对孔子及其思想的介绍极为简单浅薄且有些甚至是错误的，但欧洲人开始认识中国圣人孔子及包括经济思想在内的儒家文化，不可否认与这些传教士密切相关。

二是传播内容，主要以介绍和翻译儒家经典为主。随着欧洲传教士到中国开展工作，儒家道德思想观念也随着中西方文化的交流碰撞在 16 世纪末传至欧洲各国，不过儒学的传播重点在于输入儒家道德伦理，而作为有机组成部分的儒家经济思想如有关中国经济现象的描述，虽然存在少数记述，但在总体上并未得到充分关注。尽管如此，我们也不可忽视那些零散但具备学术研究价值的儒家道德伦理思想的传播，须增进对这些儒学史料的搜集与钻研。

三是传播规模，呈现出零散不成体系、以宗教附属品性质传入的特点，尚未产生大规模主动传播的局面。这既符合当时中国和欧洲的时代背景，又与彼时中学西传的总体特征相吻合。

（三）儒家学说及其经济思想的传播热潮

17 世纪初至 18 世纪中叶，中国传统经济思想海外传播的广度和深度有所增加。一方面，其在东亚及东南亚地区的传播和影响并未中断；另一方面，海上丝绸之路的开辟进一步推动了“中学西传”的进程，传教士成为东西方文化传播的主要媒介，他们将“四书五经”等大量中国儒家典籍编译成拉丁文、法文、德文等进行西传，使中国的经济、制度、思想文化等在西方获得了前所未有的关注和推崇，出现了一场席卷欧洲的“中国热”。其间，中国传统文化引起了欧洲学者的高度重视，儒家思想及其包含的经济思想依然是各国热切关注的焦点之一。

1. 在东亚（日本）传播的热潮

日本江户时代儒学盛极一时，儒学教育遍及京都、江户和各地藩校①，在德川幕府的大力提倡下，整个江户时代，孔子庙前香火不断且孔子思想久兴不衰，对日本的政治、经济、文化、教育，特别是道德观产生了深刻影响②。这一时期，随着商品经济的发展，日本学者对传统儒学教义进行了适应性重构，使其与日本本土文化相融合，形成了具有日本文化特征的新儒学③，更加契合社会实际需求④。这使得儒学进入它在日本发展的全盛时期⑤，并出现了一大批颇有成就的汉学家，代表人物有朱子学的藤原惺窝（藤原惺

---

① 陈维昭：《日本江户时代的儒学教育与科考形式》，《文汇报》2019 年 10 月 20 日。

② 王建平：《略论儒家思想在日本产生发展兴旺和衰落的历史过程》，《北京师范学院学报（社会科学版）》1990 年第 6 期，第 27—33 页。

③ 谭培培：《儒家思想在日本的传播与影响》，《国际公关》2019 年第 3 期，第 28、30 页。

④ 有学者对“儒学的日本化”进行了深入考察和系统分析，认为“17 世纪后期的古学派和 18 世纪的折衷学派，以及在平民阶级中流行的石门心学，这些儒学活动是‘日本’儒学的代表，可以说是最终形成了一种文化形态，他们的思想意图是摆脱中华文化的阴影，发出主张自我的声音”。具体可参见：吴震：「戦後日本の学界における「儒学の日本化」問題についての考察」.『国際哲学研究』，2016（5）：107-117.

⑤ 陈宇：《略论朝鲜、日本对儒家文化的传承》，《时代教育（教育教学）》2010 年第 3 期，第 46、48、302 页；关松林：《简论儒学在日本的传播与发展》，《日本研究》1994 年第 1 期，第 88—92 页。

窩)、林罗山(林羅山),古学派的伊藤仁斋(伊藤仁斎)、荻生徂徕(荻生徂徠),阳明学派的中江藤树(中江藤樹)以及国学派贺茂真渊(賀茂真淵)、本居宣长(本居宣長)等①。

"热潮"首先表现在江户时代初期,朱子学作为德川幕府的官方哲学成为占统治地位的意识形态②,对推动这一历程做出重要贡献的是日本近世儒学开创者藤原惺窝及其弟子林罗山。两位思想家对儒学的传播都侧重于政治伦理道德等方面③。其中,藤原惺窝是从禅僧转向儒学而还俗的,他批判了佛教的出世主义,表示"余久归佛门,心窃疑之。今读圣贤书,始知道果在兹。释氏既绝仁种,又灭义理,是所以为异端也"④。藤原惺窝既是京都朱子学派的开创者,更是日本朱子学形成的关键人物,他将原本局限于贵族阶层的儒学知识体系进行平民化改造,并将世代为贵族垄断的儒学转变为一般民众也能触及的学问。因而,江户时代在中央有幕府设立的昌平坂学问所,在地方有藩校、私塾,武士、商人、平民都可以学习儒家思想。林罗山则使用朱子学观点阐释日本历史,调和日本固有信仰与朱子学说,他实践儒学思想,先后效力于德川家康、秀忠、家光、家纲四代将军,供职于江户幕府,朱子学遂成为幕府的学问⑤。藤原惺窝和林罗山对义利问题十分关注。例如,藤原惺窝在当时日本贸易兴盛的背景下,没有将"义"与"利"完全对

---

① 傅霞、朴彦:《江户儒者林罗山与朱子学的官学化》,《日语教育与日本学》2015 年第 2 期,第 134—144 页. 牧角悦子:「日本における儒教:その発展過程と特徴」.『日本漢文学研究』,2016,(11):175-188;姜林祥:《儒学在国外的传播与影响》,齐鲁书社,2004,第 74—76 页。

② 傅霞、朴彦:《江户儒者林罗山与朱子学的官学化》,《日语教育与日本学》2015 年第 2 期,第 134—144 页。

③ 闫玮:《日本战国时代思想由佛教向朱子学转化研究——以藤原惺窝的思想转化为主线》,中央民族大学硕士学位论文,2020。

④ 王建平:《略论儒家思想在日本产生发展兴旺和衰落的历史过程》,《北京师范学院学报(社会科学版)》1990 年第 6 期,第 27—33 页。

⑤ 陈宇:《略论朝鲜、日本对儒家文化的传承》,《时代教育(教育教学)》2010 年第 3 期,第 46、48、302 页。

立起来，而是承认“利”的合理性[①]。他在《舟中规约》(『舟中規約』) 中写道“大凡交易，互通有无，以利人己，而非损人利己”[②]，鼓励以合适的手段追求利益，使儒学适应了幕府发展经济的现实需求而得到广泛普及。林罗山吸收并发扬了“上下等级”“士农工商”等思想，使儒学更好地服务于武士阶级统治[③]。

17 世纪末兴起的古学派认为朱子学过于迎合新政权，“其援古言于今世之态度，似仍未彻底摆脱程朱理学之影响”[④]，因而古学派主张回归到“经世之学”与“实用之学”[⑤]，这一时期日本的儒学开始了走向实理实学的根本性转变，实理实学不是简单地回归到孔孟之学[⑥]，而是将先秦儒学经典与朱子学相比对，主要目的是摆脱朱子学对原始儒学的误读。在古学派集大成者荻生徂徕的时代，日本儒学的发展达到最高峰。伊藤仁斋从经典原文出发，对《论语》《孟子》做出细致的古义解读，在《仁斋日札》一篇中化用孔子的奢俭思想，指出“世间若兴节俭之风，礼道便会兴盛；若生奢侈之风，礼道便会隐退”[⑦]，强调社会风气中节俭与奢侈对礼道兴衰的影响，体现了对儒家传统价值观念的传承与呼应。在经济思想方面荻生徂徕也有论述。面对当时村落兴盛的背景，他认为应该效仿“圣人”推行井田制，“使百姓得以安治”。同时指出若仅认为井田制“是按耕种目的将田地分配给各

---

① 闫玮：《日本战国时代思想由佛教向朱子学转化研究——以藤原惺窝的思想转化为主线》，中央民族大学硕士学位论文，2020。

② 藤原惺窩、林羅山著，吉田豊编：『舟中規約』，德間書店，1973，第 67 页.

③ 傅霞、朴彦：《江户儒者林罗山与朱子学的官学化》，《日语教育与日本学》2015 年第 2 期，第 134—144 页。

④ 荻生徂徠：「荻生徂徠集」，見：『大日本思想全集』(第 7 卷)，大日本思想全集刊行会，1932：7-165.

⑤ 关松林：《简论儒学在日本的传播与发展》，《日本研究》1994 年第 1 期，第 88—92 页。

⑥ 董灏智：《伊藤仁斋的古学思想形成脉络探析》，《东北师大学报（哲学社会科学版）》2011 年第 3 期，第 99—102 页。

⑦ 伊藤仁斎：「伊藤仁斎集」，見：『大日本思想全集』(第 4 卷)，大日本思想全集刊行会，1932：7-169.

人，此乃大错”[①]，强调井田制并非简单按耕种目的分配田地，否定了对其的片面理解，深化了对古代制度的认知。在荻生徂徕之后，日本儒学进入批判与分化时期。

江户时代儒家思想久兴不衰。儒学思想中强调的诸多内容对于统治阶级都极为有利，因此其在日本被统治阶级所推崇，也是一种必然的结果[②]。德川幕府统治者以儒家等级观念的标准，把武士、农民、工匠、商人的等级制度化，极低的社会地位引发了日本商人的不满。商人渴望自己的劳动得到社会的尊重，渴望甩掉“不义”的莫须有罪名。于是，他们引用儒家的“先义后利”“以义制利”等诸多思想概念、思维方式、范式范畴来为自己的行商行为“正名”。例如，禅宗长老铃木正三（Suzuki Shosan）的“佛教商业道德”应运而生；其后的儒家思想家石田梅岩（Ishida Baigan）也竭尽全力支持商人阶级[③]。石田梅岩认为，从销售中获利是经商之道，商人经商获利和武士奉公得到俸禄一样，是天经地义的事。商人阶级由此得到了坚定的信念。在实践中石田梅岩用朴素的道德格言阐述他颇为复杂的理论，并提出了“勤劳节俭”的口号，其后逐渐形成商业道德观[④]。他还在“折中、综合神儒佛及老庄等思想”的基础上建立起“石门心学”，围绕町人（即商人和工匠）系统地论证了其活动的普遍伦理性，并“建构起了作为町人道德规范和行为准则的伦理思想体系，被和辻哲郎等学者称为‘町人哲学’”，这不仅为当时的商人阶级提供了道德哲学，也为后来武士阶级弃戈从商奠定了理论基础[⑤]。日本江户末期的二宫尊德（Ninomiya Sontoku）将神道、儒学、佛教

---

① 荻生徂徠:「荻生徂徠集」，見:『大日本思想全集』(第 7 卷)，大日本思想全集刊行会，1932: 7-165.

② 谭培培:《儒家思想在日本的传播与影响》,《国际公关》2019 年第 3 期，第 28、30 页。

③ 姜佐:《日本企业社会责任与可持续发展目标关系研究》，吉林大学博士学位论文，2022。

④ 王琢:《儒家伦理与日本劳动道德观》,《海南大学学报（社会科学版）》1992 年第 2 期，第 91—95 页。

⑤ 蔡颖:《日本义利思想的管理价值研究》，黑龙江大学硕士学位论文，2020。

的精髓融汇为报德思想。他常以中国古典名著《大学》中的“国不以利为利，以义为利也”来告诫所有人。眼前的利益并不是真正的利益，只顾追求蝇头小利，则损失、是非、危害等必将相随而来。如果人们都能视“义”为“利”，则百姓和睦、国家富足。他在实践活动中反复强调的“勤劳、分度、推让”的生活方式明确地反映了报德思想中所蕴含的义利合一这一伦理思想①。

表 3.1 呈现了《四书》在日本最古老的综合大学足利学校的馆藏情况。江户时代儒家思想在日本全社会的影响力度大，影响范围广，既覆盖高官上流阶层子弟，也渗透至普通老百姓②。

表 **3.1** 《江手写本足利学校藏书目录》中《孟子》及《四书》文献③

书名	册数
《头书四书集注》	11 册
《四书讲意》（唐本）	6 册
《头书四书》	10 册
《四书便蒙讲述》	20 册
《四书十方新说》（唐本）	5 册
《四书谚解》	4 册
《四书五经》（唐本小本）	28 册
《四书存疑》	13 册
《四书集注》	8 册
《四书大全》	22 册
《四书》	10 册
《四书注抄》	38 册

① 郭勇：《论报德与公益的伦理思想之源——以二宫尊德与涩泽荣一为中心》，《大连近代史研究》2014 年第 11 期，第 433—439 页。

② 杨焕英：《朱子学在朝、日、越及西方的传播与影响（下）》，《江西教育学院学报（综合版）》1988 年第 1 期，第 42—46 页。

③ 张晓明、庞娜：《东亚儒学视域下〈孟子〉在日本的传播：接受、批判与再阐释》，《大连理工大学学报（社会科学版）》2020 年第 1 期，第 122—128 页。

续表

书名	册数
《孟子序考》	4 册
《四书人物故事》	4 册
《四书浅说》	13 册
《孟子注疏解经》（赵氏注）	7 册

尽管江户幕府坚持以儒家思想为精神支柱维持统治，但随着商品经济的发展，作为封建正统的儒家思想的地位逐渐动摇[①]。江户幕府后期，反封建思潮涌现，思想家对一向主张以农为本、以商为末、强本抑末、重义轻利的儒家思想进行了批评[②]。例如，海保青陵（Kaiho Seiryo）将商业交易逻辑视为社会经济运行的底层规律，不仅提出“买卖之利乃合乎天理。欲富国，则不可悖此理”[③]，更主张“自古君臣者，市道也”[④]，认为封建君臣关系本质上是利益交换的契约关系，要求以发展商品经济为前提改革封建制度，并认为“孔孟之世”不同于“当今之世”[⑤]，因此不能固守儒学，否则终将在“天下变迁，纵事似善，然诸国皆趋利”的环境下落后于人[⑥]。西方列强向东方扩张深刻影响了日本思想界。例如，本多利明（Honda Toshiaki）将“自然治道”作为经世思想的核心和日本维新构想的关键[⑦]，认为欧洲的富强在于“以渡海、运送、交易为第一国务”[⑧]，应以欧洲代替中国这一“渡

① 王建平：《略论儒家思想在日本产生发展兴旺和衰落的历史过程》，《北京师范学院学报（社会科学版）》1990 年第 6 期，第 27—33 页。

② 王家骅：《日本儒学史论》，江苏人民出版社，2019，第 160—183 页。

③ 海保青陵：『稽古談』，誠文堂新光社，1939，第 48 页.

④ 海保青陵：『稽古談』，誠文堂新光社，1939，第 49 页.

⑤ 高增杰：《日本封建社会末期的儒学变异——试论海保青陵的学说及其意义》，《日本学刊》1991 年第 6 期，第 93—109 页。

⑥ 海保青陵：『善中談』，誠文堂新光社，1939，第 57 页.

⑦ 何鹏举：《作为“国家丰饶策”的“自然治道”——本多利明的近世日本维新构想》，《史林》2021 年第 1 期，第 172—184、222 页。

⑧ 本多利明：『西域物語・上』，岩波書店，1970，第 103 页.

海、运送不便之国”作为主要学习对象[①]。这些“非孔非儒”思想的出现，本质上是经济基础变化与多元文化冲击下的意识形态重构，其核心目的不在于评判儒家或孔子思想，而是通过批判作为幕府官方意识形态、维护旧有生产关系变革因而阻碍生产力发展的朱子学，进一步探讨如何将儒学本土化以适应日本社会的新需求[②]，实际仍与儒家核心思想保持着本质性联系[③]。

2．在欧洲传播的热潮

17 世纪 30 年代至 18 世纪中叶，欧洲传教士围绕天主教观念和儒家学说持续展开“礼仪之争”。在此背景下，欧洲思想家和哲学家对于过去被神学支配的封建政治体制展开了激烈的争议，西方进入大变革时期，“中国热”席卷了西方各国，促使各国学者对中华传统思想文化展开热烈讨论[④]。加之前期海外各国与中国的早期接触，译介和研究中国儒家思想成为 17 世纪中后期及 18 世纪以来西方学术界的风尚。如表 3.2 所示，该时期的传播主体是文化素养较高的来华传教士，传播途径主要是传教士的“以西释中”模式。有学者研究考证，除《论语》外，19 世纪以前儒家典籍中转译次数最多的当属《大学》[⑤]。虽然翻译出版的儒家典籍著述和发表的相关文章只是漂洋过海地进行了零星传播，但这一时期儒家经济思想的海外传播影响力不可忽视，对以魁奈为领袖的法国重农学派、英国古典经济学家亚当·斯密、以克里斯蒂安·沃尔夫（Christian Wolff）为代表的德国自然法哲学和德国官房主义经济思想都产生了重要影响，并且，伴随经济学科与理论体系

---

① 本多利明:『経世秘策・下』，岩波書店，1970，第 31 页.

② 张崑将:《“儒学日本化”与“日本儒教”之间——与吴震教授商榷》,《外国问题研究》2019 年第 1 期，第 4—16、118 页。

③ 韦立新:《中国儒教文化与日本近世思想的形成》,《广东外语外贸大学学报》2002 年第 4 期，第 36—38、67 页。

④ 姜林祥:《儒学在国外的传播与影响》，齐鲁书社，2004，第 247 页。

⑤ 范祥涛:《早期儒家典籍英语转译中的文化传播研究》,《外语教学与研究》2018 年第 5 期，第 770—778、801 页。

的形成发展，海外学者对儒家思想及其经济观点的传播开始进入热潮阶段，传播规模此前未曾有过，可谓是欧亚大陆两种思想文化较大规模的冲撞和较早的交流，形成了一段丰富的中西思想文化交流史。

表 **3.2**　**17** 世纪 **30** 年代至 **18** 世纪中叶《论语》及相关典籍海外译本概况[①]

译本语种	翻译时间	译者	国别	文化身份	译本名称
拉丁文两本	1662 年	殷铎泽（Prosper Intorcetta）	意大利	传教士	《中国的智慧》（*Sapientia Sinica*）
	1687 年	柏应理（Philippus Couplet）	比利时	传教士	《中国哲学家孔子·用拉丁文解释中国人智慧》（*Confucius Sinarum Philosophus, sive Scientia Sinensis Latine Exposita*）
法译四本	1687 年	让·勒克莱尔（Jean Le Clerc）	法国		法文月刊《世界和历史文库》刊登的《中国哲学家孔子》（*Confucius Sinarum Philosophus*）书评，评论最后附有从拉丁文转译成法文的《论语》中 16 段译文
	1688 年	西蒙·富歇（Simon Foucher）	法国		《关于孔子道德的信札》（*Letters sur la Morale de Confucius*）
	1688 年	让·德拉布吕纳（Jean de Labrune）	法国		《中国哲学家孔子的道、德箴言》（*La Morale de Confucius, Philosophe de la Chine*）
	1735 年	让-巴蒂斯特·杜赫德（Jean-Baptiste Du Halde）	法国	汉学家	《中华帝国全志》（*Description géographique, historique, chronologique, politique et physique de l'Empire de la Chine et de la Tartarie chinoise*）第二卷《论语》章节
英译一本	1691 年				《孔子的道德箴言——在我们的救世主耶稣基督降临前五百年就大放异彩的中国哲学家：那个国度最值得一读的著作》（*The Morals of Confucius, A Chinese Philosopher, Who Flourished above Five Hundred Years before the Coming of our Lord and Saviour Jesus Christ, being one of the Choicest Pieces of Learning Remaining of that Nation*）（首个《论语》英译本）

① 根据相关研究资料整理而成，具体可参见：顾犇：《〈论语〉在海外的传播》，《北京图书馆馆刊》1999 年第 2 期，第 101—106 页；成蕾、赵治平：《〈论语〉在法国的译介与研究述略》，《燕山大学学报（哲学社会科学版）》2015 年第 2 期，第 22—26 页；[德]阿尔弗雷德·霍农撰，郑春光、韦芊宇译：《儒家思想：美国文化基石中的中国理念》，《文史哲》2022 年第 1 期，第 16—26、165 页。

（1）儒家思想对法国的深远影响。17—18 世纪的法国处于新旧文化交替的转型阶段，传教士将中国儒家思想带回法国，对法国社会产生了较大影响，并为法国思想界接受中国思想创造了契机。其中，影响最为深刻的当属启蒙运动，其所提倡的“自由”“平等”等价值理念当中有着诸多中华文化的印记[①]。具体而言，启蒙运动是一场由以让-雅克·卢梭（Jean-Jacques Rousseau）、伏尔泰（François-Marie Arouet）和孟德斯鸠（Montesquieu）等为代表的启蒙思想家发起和领导的反封建反教会的思想解放运动，核心理念是崇尚理性，反对宗教狂热及中世纪以来的封建专制，倡导自由民主平等和天赋人权的资产阶级思想观念。以孔子文化为代表的儒家思想为法国启蒙思想家提供了重要的理论资料和有力的思想武器。他们信奉“理性”，对欧洲存在已久的封建专制统治和神权提出质疑并进行抨击，倡导建立一种开明的专制制度[②]。

其中，百科全书派和重农学派受儒家思想的影响最为深远。法国百科全书派领袖保罗·亨利·蒂里·霍尔巴赫男爵（Paul Henri Thiry, Baron d’Holbach）对孔子的儒家思想和文化赞叹有加，主张借鉴孔子依据道德治理国家的政治观点和理论。霍尔巴赫 1773 年出版的《社会之体系》一书显示，他深受儒家的影响，主张将道德和政治相互结合，以中国为范例指出“中国可算世界上所知唯一将政治的根本法与道德相结合的国家。而此历史悠久的帝国，无疑乎告诉支配者的人们，使知国家的繁荣须依靠道德。在此广土里面，道德成为一切合理人们唯一的宗教，因之道德科学之进一步的研究，遂成为获得职位或立身致仕的唯一法门……我们至少可以说，在那里，某种道德，尤其孝道，如同宗教一般。又无论何国，也没有像中国事业那样

① 马麟贺：《法国总统四件国礼折射中法文化情缘》，《世界知识》2023 年第 8 期，第 67—69 页。
② 吴霁雯：《“孔子文化走向世界”问题研究》，曲阜师范大学博士学位论文，2014。

发达”[①]。

百科全书主编德尼·狄德罗（Denis Diderot）和霍尔巴赫一样，极力推崇儒家思想。例如，狄德罗在《百科全书》项目中撰写的“中国哲学”条目中，对于孔子的思想赞赏有加。他基于孔子的思想，提炼了35点重要的内容用于介绍“中国人的实用哲学”，指出“想作一位荣享‘文人’、‘贤哲’美名的人，起码要熟记孔夫子的几本书”，并认为“孔夫子的道德观比他的超验哲学和经验哲学都高明得多”[②]。

对儒学推崇最甚者当属伏尔泰，他精读儒家经典并称扬甚多，倡导法国须借鉴儒家的治国理念并施行德治，认为中国之所以文明程度如此之高，势必和千余年来儒家思想的影响有着密切关联[③]。例如，伏尔泰在《风俗论》曾说过，“当我们还是一小群人并在阿登森林中踯躅流浪之时，中国人的幅员辽阔、人口众多的帝国已经治理得像一个家庭，国君是这个家庭的父亲，40名公卿大夫则被视为兄长”，这表明他认为儒家思想对于中国治理有重要意义。同时，他由衷赞赏孔子，认为孔子“不创新说，不立新礼；他不做受神启者，也不做先知。他是传授古代法律的贤明官吏。我们有时不恰当地（把他的学说）称为‘儒教’，其实他并没有宗教，他的宗教就是所有皇帝和大臣的宗教，就是先贤的宗教。孔子只是以道德谆谆告诫人，而不宣扬什么奥义”“他可以成为强大的党派的领袖，但他宁愿教育人，不愿统治人”[④]。

此外，由于中国是以农业经济为基础的国家，所以中国历代儒学研究者皆给予农业充分关注。以魁奈为领袖的重农学派对此深为认可，在他们眼中农业才是国家财富的真正源泉。魁奈对儒家思想的推重与赞许令其享有“欧

① 转引自朱谦之：《中国哲学对欧洲的影响》，上海人民出版社，2005，第272—273页。

② [法]狄德罗，洪汉鼎文、王光译：《狄德罗论中国哲学》，见中国哲学编辑部编《中国哲学》（第十三辑），人民出版社，1985，第396—401页。

③ 吴霁雯：《“孔子文化走向世界”问题研究》，曲阜师范大学博士学位论文，2014。

④ [法]伏尔泰：《风俗论》（上册），梁守锵译，商务印书馆，1994，第87—88页。

洲孔夫子”之名，且在他的倡导下，法国国王路易十五于 1756 年举行亲耕籍田仪式[①]。重农学派另一代表人物杜尔哥十分倾慕儒家文化，通过多个渠道，尤其是中国留学生了解了很多中国的知识[②]。不仅如此，在得知留法学生高类思和杨德望即将回国之后，他主动联系高类思和杨德望并提出了一系列问题，希望两人在回国后结合中国的实际情况予以解答，以期未来能进一步加深对中国的了解[③]。杜尔哥在给杜邦的书信中写到，“我已为我向你提及的那两名中国学生拟好了几个问题；并且为了使他们能了解这些问题的目的和意义，我在这些问题之前写了一篇关于社会各种劳动及财富分配的粗略分析”[④]，而这些回答最终形成了《关于财富的形成和分配的考察》一书。该书是杜尔哥的代表作，其中构建的理论将重农体系带领至崭新的巅峰，让重农学派在欧洲启蒙运动中扮演了关键角色。

（2）儒家思想对 18 世纪德国学术界的影响。17—18 世纪的德国处于封建割据状态，政治分裂、发展缓慢，资产阶级渴望突破封建束缚，统一国家并发展资本主义经济，由此发生了德国启蒙运动，儒学正是在这一背景下传入德国。

虽然法德两国均受儒家思想影响，但内容和程度却有所不同。“德国莱布尼茨、沃尔弗把它[⑤]当作‘自然神教’来接受，而法国百科全书派则当作‘无神论’来接受；德国偏于思想的革命，法国偏于政治的革命。德国的影响是由哲学家们用那无生气的干燥无味的文体来写辩证法观念论的哲学，法国的影响则由革命思想家们，利用中国哲学来鼓动一场伟大的革命。”[⑥]

① 陈旭东、陈晓伟：《“东学西渐”中“遥远的相似性”》，《解放日报》2021 年 10 月 26 日。
② 详见谈敏：《法国重农学派学说的中国渊源》，上海人民出版社，1992，第 84—99 页。
③ [法]杜尔哥：《关于财富的形成和分配的考察》，唐日松译，华夏出版社，2013，第 6 页。
④ [法]杜尔哥：《关于财富的形成和分配的考察》，唐日松译，华夏出版社，2013，第 103 页。
⑤ 指孔子思想。
⑥ 朱谦之：《中国哲学对于欧洲的影响》，福建人民出版社，1985，第 255—256 页。

对儒家文化最为推崇者当属戈特弗里德·威廉·莱布尼茨（Gottfried Wilhelm Leibniz），他是首位承认中国文化对西方做出重大贡献的人。莱布尼茨早在 21 岁时就着手钻读学习中国的儒家典籍，并被其中的自然神学和道德政治观念深深吸引[①]。为能获取更多中国资料，莱布尼茨与曾到中国开展传教工作的闵明我（Philippus Maria Grimaldi）结下友谊，在闵明我的帮助下，莱布尼茨接触到了更加丰富的儒学内容，这大大加深了他对中国这个古老东方国家的赞赏之情[②]。莱布尼茨的学生沃尔夫作为其思想的直接继承者，继续扩大儒家思想文化在德语地区的传播。他在《中国人实践哲学演讲》（*Oratio de Sinarum philosophia practica*）中深刻地探讨了儒家思想的内涵，使其被更多欧洲学者知晓。但沃尔夫却因为推崇中国儒学贬抑基督教而被扣上了“无神论者”的帽子受到惩罚[③]。除部分学者青睐于儒学之外，也有一些学者针对儒学研究发出不同声音。比如，德国资产阶级启蒙运动时期的代表性哲学家伊曼努尔·康德（Immanuel Kant）对儒学的评价分外严格。例如，有学者指出康德认为儒家的道德只能算一种经验主义道德，是从历史上的典范中提炼而得的，核心是指导统治者如何统治，但这并不能算是真正的道德[④]。深受启蒙运动影响的格奥尔格·威廉·弗里德里希·黑格尔（Georg Wilhelm Friedrich Hegel）也对儒学持有非正面看法。黑格尔作为一名严格意义上的西方主义者，对传至欧洲的来自东方的孔子哲学具有排斥感且对儒家文化的了解十分片面。他在《哲学史演讲录》（*Vorlesungen über die Geschichte der Philosophie*）中指出“关于中国哲学首先要注意的是在基

① 吴霁雯：《“孔子文化走向世界”问题研究》，曲阜师范大学博士学位论文，2014。

② 吴霁雯：《“孔子文化走向世界”问题研究》，曲阜师范大学博士学位论文，2014。

③ 吴霁雯：《“孔子文化走向世界”问题研究》，曲阜师范大学博士学位论文，2014。

④ [美]李赫曼，倪伟波译、王曼校：《绝对否定：康德对中国哲学的批判》，见成中英、冯俊主编《康德与中国哲学智慧》，中国人民大学国际中国哲学与比较哲学研究中心译，中国人民大学出版社，2009，第 52—67 页。

督降生五百年前的孔子的教训”，并且儒学所带来的教训是“最受中国人尊重的权威”，不过黑格尔表明“孔子只是一个实际的世间智者”“孔子的道德教训所包含的义务都是在古代就已经说出来的，孔子不过加以综合”[①]。可见，这一时期德国哲学界受到了儒家思想的影响，在资产阶级反对封建神学和专制主义的过程中起到一定作用。

（3）儒家思想对英国的影响。当儒家思想传进英国时，其早已在法国、德国等欧洲国家有所运用了，因而英国在这方面的钻研深度不及法国和德国。英国随着葡萄牙人、西班牙人早期关于中国游记和入华耶稣会士的著作在欧洲的出版开始认识中国[②]。

自然神学在英国得到了系统化发展。18 世纪英国自然神论者的早期代表人物安东尼·柯林斯（Anthony Collins）和马修·廷德尔（Matthew Tindall）两人均曾取法孔子和儒家学说来为其自然神论观点作佐证，安东尼·柯林斯对中国事物的讨论较为简略宽泛，而廷德尔却将西方宗教道德体系与中国作了对比探析，对中国道德有较同情的认识[③]。在廷德尔看来，来自东方帝国的儒家思想可与基督教放在一起比较，他指出：“我并不认为孔子和耶稣基督教的格言有何差异，我甚至认为前者的简单朴素的语录可以帮助我们阐明后者的比较晦涩的指示。”[④]自然神论者的上层代表人物亨利·圣约翰，第一代博林布鲁克子爵（Henry St John, 1st Viscount Bolingbroke），是 18 世纪英国政治舞台上的风云人物，他广涉历史、哲学、道德等方面的书籍并接触到了中国问题。博林布鲁克子爵把孔孟二人的学说分成三部分：个人对自己的责任、个人对家庭的责任以及个人对国家的责任，这充分说明了

---

① [德]黑格尔：《哲学史演讲录》（第一卷），贺麟、王太庆译，商务印书馆，1959，第 110—125 页。

② 范存忠：《中国文化在启蒙时期的英国》，上海外语教育出版社，1991，第 1—11 页。

③ 范存忠：《中国文化在启蒙时期的英国》，上海外语教育出版社，1991，第 27—29 页。

④ 转引自范存忠：《中国文化在启蒙时期的英国》，上海外语教育出版社，1991，第 28 页。

他对孔孟倡导的修身齐家治国平天下道理的理解[①]。此外，18 世纪中叶英国杰出文学家奥利弗·哥尔德斯密斯（Oliver Goldsmith）主要通过入华耶稣会士寄回欧洲的材料了解中国，尤其是儒家思想。虽然其不像德国莱布尼茨和伏尔泰那样系统深入地研究过中国文化，而且引用的孔子和儒家的话不够准确，但同样表现了一个欧洲启蒙思想家的理想[②]。西方经济学鼻祖亚当·斯密的思想潜移默化地受到了儒家经济伦理思想的影响，其伦理著作《道德情操论》作为经济著作《国富论》的基础，与儒家思想存在着诸多契合之处，本书后面的章节会专门就此论点展开具体论述。

综上可见，儒家思想包括其经济思想在西方传播的全面启动，对 18 世纪欧洲思想文化的觉醒起到了不可忽视的作用。一方面，中西文化交流频繁时期即 18 世纪，适逢欧洲启蒙运动的兴起，启蒙思想家为反对教会权威和封建制度而寻求理论依据与实际范例时，恰遇中国思想风靡欧洲这一时代条件，于是他们借助当时流行的以儒家思想为代表的中国传统文化来推动思想文化变革。另一方面，儒家思想中的诸多观点被欧洲部分启蒙思想家挑选和吸纳之后汲取到其理论体系当中，该体系又被后人传承，最终使得儒家思想融合到欧洲思想内并成为欧洲思想中较难分割的一部分，并更进一步向西方文化结构较深的层次积淀，所以在现代学术研究中很难被清晰识别。而赫德森就认为，18 世纪古老的中国在欧洲的文化传统中留下了不可磨灭的印迹[③]。

整体上，17 世纪初至 18 世纪中叶可视为儒家思想及其经济伦理观点在海外传播的热潮阶段，但其传播并非中国主动输出，而是各类历史文化因素综合作用的结果。儒家思想在传播内容、主体、途径和影响力上呈现出以下几个鲜明特点。

---

① 张国刚：《启蒙时代西方对中国宗教的解读》，《暨南史学》2004 年第三辑，第 537—555 页。

② 刘江：《哥尔德密斯与中国》，《文化译丛》1992 年第 1 期，第 26—27 页；范存忠：《中国文化在启蒙时期的英国》，上海外语教育出版社，1991，第 181—184 页。

③ 转引自谈敏：《法国重农学派学说的中国渊源》，上海人民出版社，2014，第 54 页。

一是传播内容。儒家经济思想作为儒家文化的有机组成部分且融合在儒家文化中被一并传播，具体传播内容涉及儒家经济伦理思想的方方面面，包括对儒家人性观、财富观、诚信观等内容的阐述。这些内容的传播不仅使海外思想家尤其是经济学家对儒家经济思想有了一个基本了解，更重要的是还为西方经济理论体系的建构注入了新的活力。

二是传播主体。与海外各国早期接触儒家经济思想的时期相似，高素质的来华传教士依然是该时期传播儒家学说及其经济思想的主要力量。为传播上帝之声来华的耶稣会传教士是儒家思想传播者，他们不仅具备跨文化交流的能力，还精通中国儒家文化的精髓和要旨，汇通中西双重文化，将儒家思想成功传播到了异文化地区。

三是传播途径。18 世纪儒家经济思想海外传播的方式主要是传教士“以西释中”的模式，通过翻译出版儒家典籍著述和发表相关文章进行漂洋过海的零星传播，这些译著成为 18 世纪海外思想界和经济学界了解、接受、吸收、研究儒家经济思想的主要途径。译书风潮对儒家经济思想的进一步传播起了重要作用，虽然这些译著对儒家文化的关注仍较多集中于道德层面，而对经济思想的探讨相对较少，但它们在促使魁奈、亚当·斯密、沃尔夫等经济学家、哲学家接触认知儒家经济伦理思想方面做出的贡献却是功不可没的。

四是传播影响力。儒家经济思想对法国重农学派的领袖魁奈、英国古典经济学家亚当·斯密、德国官房主义经济思想代表人物沃尔夫等都产生了不可忽视的影响。魁奈已不仅是单纯意义上的借用而是把儒家经济伦理思想和自身理论体系相互融合紧密联系，二者思想的多处契合说明重农学派对儒家经济伦理思想领悟之深入，有较充分理由相信儒家经济伦理思想影响并启发了法国重农学派。同时有观点认为，亚当·斯密伦理著作《道德情操论》和经济著作《国富论》的创作也都或多或少受到儒家经济伦理思想的影响。在德国，莱布尼茨-沃尔夫流派的自然法一直有强烈的对于中国传统思想和古代中国国家治理的兴趣和崇拜。沃尔夫是从自然法哲学和经济思想的角度理解并研究中国传统儒学思想的，由此对近代德国经济思想的演变发展也产生了重要影响。这几点将在本章第二节中分别以案例的形式加以详细论述。

当然，这段时期儒家经济思想在海外传播也不可避免地存在着一些不足。例如，专门针对儒家经济思想的完整译著很少，大多只是单纯介绍儒家文化，而对经济思想的分析不够重视，难以对儒家经济思想真正地消化和吸收。此外，许多传教士在译介儒家文化包括儒家经济思想的过程中有一定的主观随意性，某些观点与儒家思想的真实内涵存在偏差，故当译介传播者凭其主观性去介绍儒家经济思想时，他们在译著中所表述的儒家经济思想观点实际是被儒家经济思想影响后的他们自己的观点。出现上述不足的原因很多，既有整个时代的因素，也有译介者个人素养问题。在这种情况下，儒家经济思想的海外传播难以达到深入系统的程度。

（四）儒家学说及其经济思想的传播低潮

18 世纪 60 年代，工业革命的爆发推动欧洲进入蒸汽时代，由此逐渐形成“欧洲中心论”思潮，使得欧洲对中国传统思想文化的狂热追捧之势渐趋平淡。中国与欧洲间较为平等的思想文化往来趋缓，早期的仰慕赞美转向贬损批评。在新的生产力条件下，中国传统文化的价值尤其是以儒家思想为核心的中国道德及其呈现出的东方精神的存在意义逐渐被削弱，儒家经济思想作为中国传统文化的有机组成部分日渐被忽视，其影响力在欧洲和逐渐西化的日本呈衰落之势，陷入传播的低潮阶段[①]。特别要指出的是，虽然从 18

① 张广达：《中国传统文化在西方——略论西方对中国传统文化认识的变化（下）》，《文史知识》1987 年第 3 期，第 84—90 页。

世纪 60 年代至 19 世纪末期，儒家典籍的翻译与外传并未中断，特别是在数量上还出现了有增无减的趋势，但在传播内容上，以传教士为主的海外传播主体对儒家文化包括经济思想的含义进行了适当调整，从而将基督教以及神学的内涵价值赋于其中，具体表现出儒耶会通的特征[①]。

1. 在日本的传播境遇

18 世纪中后期，日本资本主义生产关系开始萌生，并逐步摧毁了封建生产关系以及建立在之上的各项制度。明治政权成立前夕，德川幕府被推翻冲击了以朱子学为官学的儒家思想，使作为日本封建社会统治思想基础的孔子思想的地位从根本上发生了动摇。从古学派开启江户时代“反朱子学”的思潮以来，兰学、洋学的传入[②]在一定程度上对日本近世儒学造成冲击，这一时期对儒家思想的批判和质疑增多，故明治之初的儒家思想阵地有所缩小。

18 世纪日本思想界涌现出以批判徂徕学为特点的各种学派。例如，以佐藤一斋（Sato Issai）为代表的折衷学试图消弭学派对立，但未能突破儒学框架；太田锦城（Ota Kinjo）代表的考证学派因缺乏批判性的疑古精神，影响力较为有限[③]，最终在兰学和国学的冲击下衰落。值得关注的是，在大阪商人阶层中兴起的怀德堂学派有较为鲜明的特色。这一学派的核心学者有中井竹山（Nakai Chikuzan）、中井履轩（Nakai Riken）等，他们的学说深深植根于商业社会的现实需求，为接纳西方科学思想开辟了道路[④]。

---

① 王格：《从“天”到“天主”的儒耶会通诠释——梵蒂冈所藏〈论儒家之天、太极与天主〉析论》，《国际汉学》2019 年第 2 期，第 78—85 页；郝景春：《儒家思想在西方的传播》，《河北学刊》2012 年第 5 期，第 191—193 页。

② 董灏智：《儒学经典结构的形成及其在近世日本的变迁——以“四书体系”和伊藤仁斋、荻生徂徕为中心》，东北师范大学博士学位论文，2011。

③ 关松林：《简论儒学在日本的传播与发展》，《日本研究》1994 年第 1 期，第 88—92 页。

④ 关松林：《简论儒学在日本的传播与发展》，《日本研究》1994 年第 1 期，第 88—92 页。

明治维新前后，日本以欧美为学习目标，派出大型代表团赴欧美考察，发表《公布学制之布告》批判指斥儒学。依新学制规定，多数讲授儒学的私塾与寺子屋已被禁止开课，各类藩学也陆续终止教学[①]。在这种情势下，明治初年掀起了以“明六社”为中坚的声势浩大的思想启蒙运动，主要内容是全面引进西学并用西学批判清算儒学[②]。明治政府较为极端的全盘西化政策，引发了日渐强烈的抵触与驳斥。部分人渴望曾经的和谐及稳定，欲盼儒家思想尽快重返。19 世纪末日本倡导东洋文化加西洋文化，总趋势是对欧化热的反弹，明治政府逐步更改完善全盘西化策略并于道德教育层面加紧儒家思想的恢复，他们极力宣扬孔孟之道，儒家思想有所抬头。尊孔复古声浪一时又备受关注，儒学经短暂衰落后其地位又逐步提高。虽然儒学失去了江户时代居于官学地位的风采，但到了资本主义时代又重新为统治者所重视[③]。

2．在欧洲的传播境遇

该时期传教士依然承担着传播中西思想文化的主要角色，他们对儒家思想的了解大多集中于伦理、宗教信仰等内容，并认为这些内容和基督教文化存在不少能够进行比较的地方，这一特点在 19 世纪入华传教士身上体现得非常突出。下面以儒家典籍《论语》海外译本的情况为主要线索（表 3.3），尝试通过以小见大来论述该时期儒家经济思想在欧美等地区传播的阶段特征。

---

① 刘宗贤：《近现代日本韩国的文化转型与儒学遭遇——以东西文化互动为背景看东亚模式》，《济南大学学报（社会科学版）》2003 年第 3 期，第 11—18、92 页。

② 裔昭印：《世界文化史》，华东师范大学出版社，2000，第 457 页。

③ 张能为、王志红、代祥龙等：《多视角中的诠释：儒学文化的现代展开与实践》，安徽大学出版社，2008，第 191、200 页。

表 3.3　19 世纪《论语》及相关典籍海外译本概况①

译本语种	翻译时间	译者	国别	文化身份	译本名称
英译 9 本	1809 年	乔舒亚·马什曼（Joshua Marshman）	英国	新教传教士	《孔子著作：原文与译文》（*The Works of Confucius, Containing the Original Text with a Translation*）（首个从汉语直译的英译本）
	1828 年	柯大卫（David Collie）	英国	伦敦会传教士	《四书译注》（*The Chinese Classical Work, Commonly Called the FourBooks, Translated and Illustrated with Notes*）
	1840 年	麦华陀（Medhurst）	英国	传教士	《论语》（*The Analects*）
	1855 年	巴纳德（Barnard）			《孔子伦理箴言》（*Moral Sayings of Confucius*）
	1861 年至 1872 年	詹姆斯·理雅各（James Legge）	英国	传教士 汉学家	《中国经典》（*The Chinese Classics*）
	1869 年	威妥玛（Thomas Francis Wade）	英国	外交官 汉学家	《论语：孔子即西方所谓孔夫子之言论》（*The Lun Yu: Being Utterances of Kung Tzu, Known to the Western World as Confucius*）
	1875 年	花之安（Ernst Faber）、穆麟德（Paul Georg von Möllendorff）	德国	传教士、语言学家、外交官	《孔子学说系统述要：据〈论语〉〈大学〉〈中庸〉辑纂，附权威文献考释》（*A Systematical Digest of the Doctrines of Confucius, according to the Analects, Great Learning and Doctrine of the Mean, with an Introduction on the Authorities upon Confucius and Confucianism*）
	1887 年	阿连壁·F. R. 艾伦（Clement F. R. Allen）	英国	传教士	《论语》（*Some of the Analects of Confucius*）
	1898 年	威廉·詹宁斯（William Jennings）	英国	格拉斯米尔牧师	《论语》（*The Confucian Analects, A Translation with Annotation and Introduction*）
俄译 3 本	1821 年	Н. Я. 比丘林（Н. Я. Бичурин）	俄国	东方学家、俄罗斯汉学奠基人	《四书》（*Четверокнижие*）（未出版）

① 根据相关研究资料整理而成，具体可参见：李伟荣、梁慧娜、吴素馨：《〈论语〉在西方的前世今生》，《燕山大学学报（哲学社会科学版）》2015 年第 2 期，第 1—9 页；戴俊霞：《〈论语〉英译的历史进程及文本形态研究》，《安徽工业大学学报（社会科学版）》2011 年第 1 期，第 58—60 页；解藜：《〈论语〉第一部德语译本及其相关评述》，《安徽史学》2014 年第 1 期，第 164—168 页。

续表

译本语种	翻译时间	译者	国别	文化身份	译本名称
俄译3本	1863年	Д. П. 西维洛夫（Д. П. Сивиллов）	俄国	传教团修士司祭	《四书》（Сышу）（未出版）
	1868年	瓦西里耶夫（Василий Павлович Васильев）	俄国	汉学家	《汉语文选》（*Китайская хрестоматия*）
德译1本	1826年、1832年	威廉·硕特（Wilhelm Schott）	德国	汉学家、东方学家	《中国智者孔夫子及其弟子的著作》（*Werke Des Tschineschen Weisen Kung-Fu-DS Und Seiner SchLer*）（首部《论语》德译本）
法译3本	1782年	勒威思克（Levesque）	法国		《孔子的道德箴言集》（*Pensées morales de Confucius*）
	1852年	颇节（Jean-Pierre Guillaume Pauthier）	法国	汉学家	《四书》（*Confucius et Mencius: les quatre livres de philosophie morale et politique de la chine*）（首部由中文原文直译而来的法译本）
	1895年	顾赛芬（Séraphin Couvreur）	法国	传教士	《论语》[*Entretiens de Confucius et de ses disciples*（*Lun Yu, Louen yu*）]

（1）关于儒家典籍的英译本。直到 1809 年，儒家典籍《论语》较为正式的英文译本才真正问世，英国新教传教士马什曼出版了《论语》英文节译本《孔子著作：原文与译文》，这是第一个从汉语直译的英译本，成为《论语》在英文世界陆续被译介的引线①。

1828 年，马六甲教会刊行英国伦敦会传教士柯大卫的《四书译注》。柯大卫是马六甲英华书院第三任院长，来华后曾跟中国第一位新教传教士罗伯特·马礼逊（Robert Morrison）学习中文，并第一个将《四书》译成英语。柯大卫的译本水准比其新教前辈传教士如马礼逊和马什曼更高，他翻译的《四书》是第一部完整的英译《四书》，几乎没有对孔子与儒教的

① 潘晓敏：《〈论语〉翻译与出版研究》，北京外国语大学硕士学位论文，2023。

激烈批评[①]，虽然译文中有不妥当甚至错误的地方，但是不失其价值。他想要协助那些来自中国的英华书院的学生顺利学习英语，不过更为核心的一点是，欲引导这些中国学生反思他们的至圣先师教诲中的错误之处，从而唤醒沉迷其中的异教徒[②]。

英国传教士、知名汉学家理雅各长期驻留中国，研习儒家文化，其英译的《四书》作为《中国经典》(*The Chinese Classics*)系列丛书的第一卷和第二卷于1861年在香港出版,《五经》中的《尚书》《诗经》《春秋》则作为该系列丛书的第三卷至第五卷于1871年至1872年陆续出版。理雅各率先提出通过长期细致的语言和道德翻译，以研究异教徒的文学、历史、社会和性格为基础来做好皈依工作。这种尊重非基督文化的思想与当时流行的西方文明优越性和基督全球化的观念形成反差，为基督教和异教的融合提供了可能性。随着对中国传统思想文化的了解加深，他对中国文化的态度也发生了变化，并非一味地批评儒家思想，而是对其表现出欣赏的眼光[③]。理雅各翻译儒家经典的最终目的是为传教服务，便于西方传教士和汉学家认知中国传统文化与中国人的思维行为模式，系统通晓中华帝国，从而以更具针对性的方式教育民众。其中，他的《孟子》译本以忠实著称[④]，因而长期被奉为标准译本；同时他翻译的《论语》是《论语》首个学术版译本，被视为学者型翻译的样板，其品质比过去任一版本都要优异，乃众多儒学专研人士探析《论语》的模范样本，也是之后《论语》学术译本的原型[⑤]。

---

① 杨平:《西方传教士〈论语〉翻译的基督教化评析》,《中国文化研究》2010年第4期，第206—212页。

② 张晓雪:《论语英译与中华典籍对外传播策略探究》，上海交通大学出版社，2022，第7页。

③ 胡译之:《理雅各眼中的中国及其中国观》,《社会科学》2019年第2期，第149—160页。

④ 杜泽逊:《儒家文明论坛》(第一期)，山东人民出版社，2015，第277页。

⑤ 杨平:《西方传教士〈论语〉翻译的基督教化评析》,《中国文化研究》2010年第4期，第206—212页。

1869 年，威妥玛的英译本《论语：孔子即西方所谓孔夫子之言论》于伦敦印行。依托对中国语言文化的理解领会，威妥玛用语言学者的姿态着手英译《论语》[①]。该译本最突出的特色是积极而成功地采用译文注解的翻译策略，将注解的作用发挥得淋漓尽致，并借此达到附注存真的翻译目的，将《论语》真实的风采基本上展现了出来，具有开创性的重要意义。

1898 年，詹宁斯的英译版《论语》出版[②]。该译本由詹宁斯独立完成，具有较强创新性。他广泛研读并借鉴了大量中文注疏作品。该译本在每篇译文正文之前增添了数个关键词语，以概要该篇主旨。此方式既展示出詹宁斯对《论语》的宏观掌握，又彰显出他的良好诠释意图，为英文读者领悟原作提供了极大便利[③]。

曾在福建传教的英国汉学家修中诚（Ernest Richard Hughes）试图凭借自己的研究将儒家思想发展史、知名儒学家与儒家典籍都完整详尽地呈现给英国及西方社会。他在《古典时代的中国哲学》一书中对孔门诸儒、后儒和他们的思想以及众多代表性儒家典籍都作了说明[④]。该书称孔子为“礼学权威”，称孟子为政治哲学家和心理学家。此外，他的一大贡献是说服牛津设立了汉学科的荣誉学位，使得汉学在牛津大学的学科体系中逐渐得到重视和发展[⑤]。

（2）关于儒家典籍的德译本。首部《论语》德译本《中国智者孔夫子及其弟子的著作》由德国汉学家硕特翻译。该译本分成两卷，第一卷囊括《论语》原文前十篇（1826 年于德国哈勒出版），第二卷是《论语》后十篇

---

① 张德福：《四个阶段，多种取向——海外汉学家《论语》英译探赜》，复旦大学博士学位论文，2014。

② 詹宁斯曾任英国格拉斯米尔牧师，后供职于香港圣约翰大教堂。

③ 张德福：《四个阶段，多种取向——海外汉学家《论语》英译探赜》，复旦大学博士学位论文，2014。

④ 张岱年：《孔子百科辞典》，上海辞书出版社，2010，第 770 页。

⑤ 黄海啸：《从三百年文化交流看孔子儒家思想在英国的传播与影响》，见山东大学儒学高等研究院《国际儒学发展报告（2018—2019）》，2017，第 346—366 页。

（1832 年于德国柏林出版），除德译文外还附有拉丁文译文。硕特明显在叙述孔子的人生历程以及阐释孔子的思想时均将英国传教士马什曼《论语》英译本里的有关材料视作参照。作为《论语》的首部德译本，在无前人德译本样例学习参考的处境中，硕特若欲精准译述绝对不是一项容易的工作。德国绝大多数阅览《论语》的读者均不了解包括儒家思想在内的中国传统文化，甚至心存偏见，面对这样的人群，该译本整体而言忠实于原文，其语言表述和《论语》本身朴实精炼、简明扼要的特点极度相似[①]。硕特曾指出，19 世纪初期德国有关中国语言与文化方面的专门研究甚少，关于中国传统文化的各种错误观点也在德国流传[②]。因此，他欲借助对孔子道德论述竭力贴近原文的翻译来消除德国学术界及民众对中国普遍存在的成见，并为中国语言和文化博获一批德国喜爱人士。硕特作为将《论语》的全貌及体现的儒家思想首次完整展示给德语世界读者的先行者，于某种程度上削弱了德国对儒家思想和中国传统文化的偏见，其拓荒价值毋庸赘述且历史地位不容贬抑[③]。此外，还有德国传教士花之安于 1877 年将《孟子》翻译成德文出版，其译本虽以传教为目的，但也具有较高的学术价值[④]。

（3）关于儒家典籍的法译本。1782 年，由勒威思克编译的《孔子的道德箴言集》出版，该书将早前拉丁文版本著作中的孔子箴言进一步编订并转译为法语，它也涵盖了《论语》中的部分警句。1852 年，法国汉学家颇节翻译出版了《四书》，其中收录了《论语》。除《大学》与《中庸》外，《四书（颇节译本）》是由中文原文直接翻译而来的首个法译本。颇节指出其提供此版译本，是为向阅览该作之人分享其翻译的时候所领悟的道德理念[⑤]。

---

① 解藜：《〈论语〉第一部德语译本及其相关评述》，《安徽史学》2014 年第 1 期，第 164—168 页。

② Schott W. *Werke des tschinesischen Weisen Kung-Fu-Dsü und seiner Schüler, Erster Teil, Lun-yü*, Rengerschen Verlags-Buchhandlung, 1826, 6.

③ 解藜：《〈论语〉第一部德语译本及其相关评述》，《安徽史学》2014 年第 1 期，第 164—168 页。

④ 张苇航：《中医传播研究》，上海科学技术出版社，2023，第 628 页。

⑤ 周新凯：《〈论语〉在法国的译介历程与阐释》，《中国翻译》2015 年第 6 期，第 34—40 页。

与此前仅选取《论语》部分内容进行翻译不同，该阶段逐渐有了将全部内容进行完整翻译的译本。1895 年，来华传教士顾赛芬翻译出版法文全译本《论语》。该译著拓展了法国对中国研究的层面，是 19 世纪法国汉学研究最令人瞩目的实绩，是《论语》众多法译本中最经典的译本之一[①]。他采用中文与法文、拉丁文对照的说明方法，将朱熹的注解视作依据，不发表任何有关《论语》原作内容及译文的个人解读。

综上所述，18 世纪 60 年代起，尤其是 19 世纪，欧洲“中国热”浪潮逐渐降温，曾被仰赞的儒家思想遭到越来越多欧洲人的负面评价，儒家学说的海外传播呈现出一种看似矛盾的态势。一方面，随着欧洲汉学研究的系统化和殖民活动的深入，儒家经典的翻译数量显著增加，传播范围持续扩大；另一方面，儒家思想对海外社会实际思想潮流和政治实践的影响力却相对减弱，遭遇越来越多的负面评价，甚至贬损。简言之，这一阶段尽管翻译文本数量增多，但文化影响力却未能同步增强，反而因西方现代性话语的兴起、殖民权力结构的深入渗透，以及东亚自身文化危机的出现，儒家思想从启蒙时代受尊崇的道德哲学，转变为殖民时代中被边缘化的异质文化对象。由于儒家经济思想蕴含在儒家典籍以及儒家思想之中，因此该阶段儒家经济思想的传播情况也是如此。儒家学说及其经济思想在该阶段海外传播的主要特征体现在以下两个方面。

一是传播媒介。与上一阶段相同的是，思想传播仍以传教士翻译的儒家典籍为主要媒介。虽然低潮期欧洲思想家多对儒家文化持批评态度，但这并未妨碍传教士翻译儒家经典。该时期儒家典籍不仅有了较多英译本，还出现了法德等译本。传教士之所以进行翻译，主要目的是从儒家典籍里探寻基督教乃真谛的证据，并阐明论证其实在中国典籍里早就有基督教的成分，从而使基督教取

① 费乐仁、衷鑫恣：《传教士汉学家的中国经典出版的比较：理雅各、顾赛芬、卫礼贤》，《国际汉学》2013 年第 1 期，第 100—119 页。

代孔教，让耶稣取代孔子。他们既对儒家文化包括经济思想的含义进行适当调整，从而将基督教以及神学的内涵价值赋于其中，又借助基督与欧洲专有术语对极具显著中国特点的经济思想与文化观点进行诠释，试图实现儒耶会通。

二是传播影响力。尽管 19 世纪儒家经济思想在东亚、欧洲乃至后起的美国等诸多区域的传播规模有所扩大，翻译儒家经典的数量不断增加，然而西方资本主义社会日益成熟的发展趋势与中国裹足不前的封建社会形成了巨大反差。这种差距导致西方思想界逐渐形成对儒家文化的负面认知与批判性态度，儒家经济思想也因此遭受质疑与贬低。儒家经典在翻译层面的繁荣未能转化为实际影响力的有效提升，反而在逐步兴起的殖民话语体系中沦为文化对立的对象，实际传播效果有所衰退。

（五）儒家学说及其经济思想传播的复兴发展

1911 年，中国留美学生陈焕章完成了其博士论文《孔门理财学》[①]，向西方系统详尽地介绍了儒家经济思想，推动儒家经济思想海外传播进程进入一个新阶段。第二次世界大战后，民族独立运动使得世界政治里的西方核心地位发生动摇，欧洲中心主义的鼎盛时期已然落幕[②]。之前对中国文化兴趣减退的西方学界，重新对儒家思想产生热情，掀起了汉学研究新热潮。儒家经济思想的海外传播未因战争而中断，反而由于中国的独立和国际地位的提高，以及中外学者的共同努力，其传播范围进一步扩大，儒家经济思想的正面价值愈加受到重视，其海外传播也进入复兴发展阶段。

1. 海外各国汉学研究的发展及其对中国传统文化的关注

以儒家典籍的翻译情况为例，随着传教士主导的翻译时代结束、专业汉

---

① Chen H Z. *The Economic Principles of Confucius and His School*, 2 vols, Columbia University Press, 1911.

② 张广达：《中国传统文化在西方——略论西方对中国传统文化认识的变化（下）》，《文史知识》1987 年第 2 期，第 84—90 页。

学研究的兴起和发展，自 19 世纪末 20 世纪初起，儒家经济思想的传播呈现出不同于以往的新特征。参见表 3.4，可以发现 20 世纪前半叶，儒家典籍海外翻译的突出特点是多种文化身份的译者介入，如华人学者林语堂、德国汉学家卫礼贤（Richard Wilhelm）、英国汉学家翟林奈（Lionel Giles）和阿瑟·韦利（Arthur Waley）、美国诗人埃兹拉·庞德（Ezra Pound）等，他们带来了新的翻译理念和方法。1898 年，学贯中西的华人学者辜鸿铭、马语同皆将《论语》译成英文并正式出版，这使得《论语》的翻译诠释长期由西方传教士垄断的局面发生改变。1938 年，林语堂开始英译《论语》，希望将儒家思想较好地展示给西方读者[①]。诸多华人学者为了让中西文化交流更加通畅，积极参与《论语》翻译工作，以儒学救世情怀向西方译介《论语》，以灵活的翻译策略努力让西方读者理解儒家思想[②]。除去华人学者，赞赏《论语》思想的人还包括西方之士，他们译介《论语》的原因变成希望借此机会使西方更多民众熟悉中国传统文化并领会中国优秀思想理念[③]。他们通常是世俗取向的汉学家，当然也不乏其他学科领域的专家，如英国汉学家翟林奈、韦利，美国汉学家魏鲁男（James Roland Ware）与诗人庞德等。译介《论语》对于非华裔译者来说，是他们推动汉学研究进一步前行不可缺少的环节，他们采取符合西方人士阅读习惯的方式并运用通俗的语言来阐释《论语》[④]。20 世纪前翻译《论语》主要希望能给传教士来华开展传教工作提供便利，但之后译介《论语》实则欲将中国传统思想文化展示给西方阅读群体，该改变使《论语》在欧洲的影响得到延展，令更多西方之士认识传递具

① 戴俊霞：《〈论语〉英译的历史进程及文本形态研究》，《安徽工业大学学报（社会科学版）》2011 年第 1 期，第 58—60 页。

② 刘雪芹：《〈论语〉英译语境化探索——从译本之辅文本看到的风景》，上海外国语大学博士学位论文，2011。

③ 刘文娜：《〈论语〉英译本比较研究——以理雅各、威利、刘殿爵三种英译本为例》，山东大学硕士学位论文，2012。

④ 潘晓敏：《〈论语〉翻译与出版研究》，北京外国语大学硕士学位论文，2023。

有东方智慧的《论语》，了解中国传统儒家文化，《论语》各译本便充当了儒家经济思想海外传播繁荣推进的良好文化介质[①]。此外，《孟子》的译本也具有类似的译介和传播的特征。例如，同善会传教士卫礼贤于 1899 年来到中国并在此后的 25 年里一直在中国传教，他在 1916 年把《孟子》翻译成德文，其译本用词优美、注释比较完备[②]。

表 3.4 19 世纪末至 21 世纪初《论语》及相关典籍海外译本概况[③]

译本语种	翻译时间	译者	国别	文化身份	译本名称
英译 49 本	1898 年	辜鸿铭	中国	翻译家	《论语译英文》（*The Discourses and Sayings of Confucius*）
	1898 年	马语同	中国		《中西四书》（*The Four Books on the Chinese Classics in English Compiled from the Best Previous Works*）
	1907 年	翟林奈（Lionel Giles）	英国	汉学家	《论语》（*The Saying of Confucius-a New Translation of the Greater Part of the Confucian Analects with Introduction and Notes*）
	1909 年	赖发洛（Leonard Arthur Lyall）	英国	汉学家	《论语》（*The Sayings of Confucius*）
	1910 年	苏慧廉（William Edward Soothill）	英国	传教士、汉学家	《论语》（*The Analects, or, the Conversation of Confucius with His Disciples and Certain Others*）
	1915 年	迈尔斯·曼南德·道森（Miles Menander Dawson）	美国	作家、精算师	《孔子伦理》（*The Ethics of Confucius*）

① 储常胜、高璐夷：《〈论语〉英译的译者主体及传播效果研究》，《重庆第二师范学院学报》2022 年第 5 期，第 41—46 页。

② 刘单平：《〈孟子〉西译史述评》，《理论学刊》2010 年第 8 期，第 105—108 页。

③ 根据相关研究资料整理而成，具体可参见顾犇：《〈论语〉在海外的传播》，《北京图书馆馆刊》1999 年第 2 期，第 101—106 页；戴俊霞：《〈论语〉英译的历史进程及文本形态研究》，《安徽工业大学学报（社会科学版）》2011 年第 1 期，第 58—60 页；成蕾、赵冶平：《〈论语〉在法国的译介与研究述略》，《燕山大学学报（哲学社会科学版）》2015 年第 2 期，第 22—26 页；李伟荣、梁慧娜、吴素馨：《〈论语〉在西方的前世今生》，《燕山大学学报（哲学社会科学版）》2015 年第 2 期，第 1—9 页。

续表

译本语种	翻译时间	译者	国别	文化身份	译本名称
英译49本	1938年	阿瑟·韦利（Arthur Waley）	英国	汉学家	《论语》（*The Analects of Confucius*）
	1938年	林语堂	中国	作家、翻译家	《孔子的智慧》（*The Wisdom of Confucius*）
	1940年	阿尔弗雷德·德布林（Alfred Döblin）	德国	作家	《论语》（*The Living Thoughts of Confucius*）
	1942年	修中诚（Ernest Richard Hughes）	英国	汉学家	《古典时代的中国哲学》（*Chinese Philosophy in Classical Times*）
	1944年	阿瑟·林赛·萨德勒（Arthur Lindsay Sadler）	英国	翻译家	《论语》摘译本（*Selections from the Confucian Texts*）
	1946年	葛雅伯			《论语》（*The Sayings of Confucius*）
	1948年	郑麐	中国	翻译家	《儒家经典四书》（*The Four Books: Confucian Classics Translated from the Chinese Texts Rectified and Edited with an Introduction*）
	1949年	邓肯·格林利斯（Duncan Greenlees）	英国	作家	《四书》（*The Gospel of China, "Love Virtue, and then the People will be Virtuous."*）
	1950年	詹姆斯·R. 魏鲁南（James R. Ware）	美国	汉学家	《论语》（*The Best of Confucius*）
	1951年	埃兹拉·庞德（Ezra Pound）	美国	诗人、翻译家	《论语》（*Confucian Analects*）
	1956年	杰弗里·鲍纳斯（Geoffrey Bownas）	英国	翻译家	《论语》（*Confucius*）
	1965年	Ch'u Chai（翟楚）、Winberg Chai（翟文伯）	美国	汉学家	《孔子圣典与儒家经典集诠》（*The Sacred Books of Confucius, and Other Confucian Classics*）
	1978年	劳伦斯·福西特（Lawrence Faucett）	美国	语言学家	《论语》（*The Sayings of Confucius: A New Translation of the Analects Based Closely on the Meaning and Frequency of the Chinese Characters*）
	1979年	刘殿爵	中国	汉学家、翻译家	《论语》[*The Analects (Lun Yu)*]

续表

译本语种	翻译时间	译者	国别	文化身份	译本名称
英译49本	1986年	程石泉	中国	易学研究名家	《论语》（*The Confucian Analects: A New Translation of the Corrected Text of Lun Yu*）
	1989年	蔡志忠	中国	漫画家	《论语》漫画本（*Confucius Speaks: Words to Live By*）
	1991年	李天辰等	中国		《论语汉英对照读本》（*The Analects of Confucius*）
	1992年	托马斯·克利里（Thomas Cleary）	美国	汉学家	《论语》（*The Essential Confucius*）
	1993年	雷蒙德·道森（Raymond Dawson）	英国	汉学家	《论语》（*The Analects*）
	1993年	潘富恩、温少霞、杨伯峻、吴树平	中国		《论语今译》（*The Analects of Confucius*）
	1994年	赖波、夏玉	中国		《论语》（*The Analects of Confucius*）
	1997年	西蒙·利斯（Simon Leys）	澳大利亚籍、比利时裔	汉学家、评论家	《论语》（*The Analects of Confucius*）
	1997年	丘文郊、丘文祁、丘文明、丘文星	中国	菲律宾儒学基金会成员	《论语》（*The Confucian Bible, Book 1 Analects: The Non-Theocentric Code for Concerned Human Beings*）
	1997年	黄继忠	中国	北京大学英语系副教授	《论语》（*The Analects of Confucius*）
	1997年	王福林	中国		《论语详注及英译》（*The Analects: Detailed Annotation and English Translation*）
	1997年	谢维万			《论语》（*The Complete Analects of Confucius*）
	1998年	蔡明哲（Jack Cai）、余雅涵（Emma Yu）	中国	中央编译局调查员	《论语》［*The Analects of Confucius*（*Unabridged*）］
	1998年	安乐哲（Roger T. Ames）、罗思文（Henry Rosemont）	美国	汉学家	《论语》（*The Analects of Confucius: A Philosophical Translation*）

续表

译本语种	翻译时间	译者	国别	文化身份	译本名称
英译49本	1998年	戴维·亨顿（David Hinton）	美国	诗人、汉学家	《论语》（*The Analects*）
	1998年	白牧之（E. Bruce Brooks）、白妙子（A. Taeko Brooks）（白氏夫妇）	美国	汉学家	《论语辩》（*The Original Analects: Sayings of Confucius and His Successors*）
	1999年	李祥甫（David H. Li）	美籍华裔	汉学家	《论语》（*The Analects of Confucius, A New-Millennium Translation*）
	1999年	丁往道	中国	翻译家	《孔子语录一百则》（*100 Sayings of Confucius*）
	2003年	爱德华·森舸澜（Edward Slingerland）	美国	汉学家	《论语》（*Confucius Analects*）
	2004年	马德五	中国	译者	《孔子说》（*Confucius Said*）
	2005年	彭子游	中国	译者	《论语英译》（*Lun Yu of Confucius*）
	2005年	许渊冲	中国	翻译家	《汉英对照论语》（*The Analects*）
	2005年	查尔斯·霍恩（Charles Horne）	美国		《论语》（*The Analects of Confucius: Deeds and Savings of the Master Teacher*）
	2006年	爱德华·森舸澜（Edward Slingerland）	美国	汉学家	《论语》（*The Essential Analects*）
	2007年	伯顿·沃森（Burton Watson）	美国	汉学家	《论语》（*The Analects of Confucius*）
	2007年	丹尼尔·K. 加德纳（Daniel K. Gardner）	美国	史密斯学院教授	英译《四书》（*The Four Books: The Basic Teachings of the Later Confucian Tradition*）
	2008年	周春才、保罗·怀特（Paul White）	中国；英国	画家；独立撰稿人	《论语》漫画本（*The Illustrated Book of the Analects*）
	2011年	教育部中外语言交流合作中心	中国		《漫画〈论语〉全译本》[*The Analects of Confucius with Illustrations (A Completed Translated Version)*]

续表

译本语种	翻译时间	译者	国别	文化身份	译本名称
英译 49 本	2011 年	戴维・席勒 （David Schiller）	美国	美洲中国哲学家协会、国际中国哲学会会员	《论语》（*Confucius: Discussions/Conversations*）
日译 13 本	1922 年	122 人参与翻译	日本		《論語諺解》
	1938 年	小林一郎 （小林，一郎）	日本		《論语》（上、下）
	1954 年	武内义雄（たけうち よしお）	日本	汉学家、哲学家	《論语》
	1963 年	金谷治（かなや・おさむ）	日本	汉学家	《論语》
	1965 年	久米旺生（くめ・さかお）	日本		《論语》
	1973 年	贝冢茂树（かいづか しげき）	日本	京都大学教授	《論语》
	1974 年	诸桥辙次（もろはし てつじ）	日本	汉学家	《論語三十講》
	1978 年	吉川幸次郎（よしかわ こうじろう）	日本	中国文学研究专家	《論语》（全译本）
	1980 年	宇野哲人（うの てつと）	日本	东京大学教授	《论语》（論語新积）
	1980 年	平岗武夫（ひらおか たけお）	日本	汉学家	《論语》
	1984 年	新岛淳良（にいじま あつよし）	日本	汉学家	《论语》（論語: 自由思想家孔丘: 全訳と吟味）
	2000 年	宫崎市定（みやざき いちさだ）	日本	东洋史学家	《论语》（論語現代語訳）
	2001 年	永井辉（永井，輝）	日本		《论语》（よくわかる論語—やさしい現代語訳—）
韩译 8 本	1964 年	车柱环（차주환）	韩国	首尔大学教授	《韩译论语》（한역논어）
	1974 年	李乙浩（이을호）	韩国	汉学家	《韩文论语》（한글논어）

续表

译本语种	翻译时间	译者	国别	文化身份	译本名称
韩译 8 本	1976 年	金锡源（김석원）	韩国	国会议员	《论语》（논어）
	1983 年	桂明源（계명원）	韩国		《论语》（논어）
	1984 年	金京拓（김경탁）	韩国		《论语》（논어）
	1985 年	金学主（김학주）	韩国	首尔大学教授、汉学家	《论语》（논어）
	1992 年	李基东（이기동）	韩国	成均馆大学儒学研究院院长	《论语讲说》（논어 강설）
	1997 年	金都炼（김도련）	韩国	国民大学中文教授	《朱注今释论语》（주석금석논어）
俄译 7 本	1963 年	波兹涅耶娃（Любовь Дмитриевна Позднеева）	苏联	汉学家	《论语》节译本，收录于《东方古代文选》（*Хрестоматия по истории Древнего Востока*）
	1972 年	В. А. 克里夫佐夫（В. А. Кривцов）	苏联	历史学博士	《论语》（*Беседы и ВысказываНиЯ*）
	1982 年	А. М.卡拉佩季扬茨（А. М. Карапетьянц）	苏联	汉学家	《论语》（*Лунь Юй*）
	1987 年	伊万·谢缅年科（Иван Иванович Семененко）	苏联	莫斯科大学教授	《孔子的箴言》（*Изречения Конфуция*）
	1994 年	伊万·谢缅年科（Иван Иванович Семененко）	俄罗斯	莫斯科大学教授	《孔子·论语》（*Конфуций. Лунь Юй*）
	1998 年	Л. С. 嵇辽拉（Л. С. Переломов）	俄罗斯	汉学家、国际儒学联合会俄罗斯分会会长	《孔夫子与〈论语〉》（*Конфуций и "Лунь Юй"*）
	2000 年	А. С. 马尔德诺夫（А. С. Мартынов）	俄罗斯	历史学博士	《孔子·论语》（1—2 卷）（*Конфуций. Лунь Юй*）
法译 6 本	1923 年	皮埃尔·塞来（Pierre Salet）	法国	汉学家	《论语》（*Les livres de Confucius*）
	1934 年	葛兰言（Marcel Granet）	法国	汉学家	《中国人思维》（*La pensée chinoise*）

续表

译本语种	翻译时间	译者	国别	文化身份	译本名称
法译 6 本	1981 年	程艾兰（Anne Cheng）	法籍华裔	汉学家	《〈论语〉翻译简介、笔记、地图和年表》（*Entretiens de Confucius*）
	1987 年	皮埃尔·里克曼（Pierre Ryckmans，笔名 Simon Leys）	比利时	汉学家	《孔子的论语》（*Les entretiens de Confucius*）
	1994 年	雷威安（André Lévy）	法国	汉学家	《孔子与弟子的对话录》（*Les entretiens de Confucius et de ses disciples*）
	2006 年	马蒂厄（Rémi Mathieu）、勒布朗（Charles Le Blanc）	法国；加拿大	国家科研中心研究员	《儒家哲学家》（*Philosophes Confucianistes*）
德译 2 本	1910 年	卫礼贤（Richard Wilhelm）	德国	汉学家	《论语》（*Konfuzius Gespräche. Lun Yü*）
	1985 年	恩斯特·施瓦茨（Ernst Schwarz）	奥地利	汉学家	《孔夫子说——来自孔子〈论语〉》（*Meister Kung sprach: Aus den Gesprachen des Konfuzius*）
荷兰文	1946 年	菲克·卢格腾（Frits Vos）	荷兰	汉学家	《论语》（*De gesprekken van Confucius*）
丹麦文	1955 年	约恩·克卢比恩（Jørn Klubien）	丹麦	汉学家	《论语》（*Samtalerne.Den store laere. Ligevaegt og bestandighed. Confucius' laere*）
土耳其文	1963 年	纳比·厄泽尔蒂姆（Nabi Özaltın）	土耳其	汉学家	《论语》（*Konusmalar*）
挪威文	1988 年	奥勒·比约恩·龙根（Ole Bjørn Rongen）	挪威	汉学家	《论语》（*Konfutse Samtalar*）
斯洛文尼亚文	1988 年	马亚·米林斯基（Maja Milinski）	斯洛文尼亚	汉学家	《论语》（*Konfucij Pogovorj*）
冰岛文	1989 年	拉格纳·巴尔迪松（Ragnar Baldursson）	冰岛	汉学家、外交官	《论语译注》（*Speki Konfúsí usar*）
马来文	1994 年	邬拜德剌（Obaidellah Haji Mohammad）	马来西亚		《论语》（*Lun Yu:pem bicaraan Confucius*）

续表

译本语种	翻译时间	译者	国别	文化身份	译本名称
罗马尼亚文	1995 年	弗洛伦蒂娜·维桑（Florentina Vişan）	罗马尼亚	语言学家	《论语》（*Analecte*）
匈牙利文	1995 年	托克依·费伦茨（Tókei Ferenc）	匈牙利	汉学家	《论语》（*Beszélgetések és mond sok*）
捷克文	1995 年	雅罗斯拉夫·普实克（Jaroslav Průšek）	捷克	汉学家	《论语》（*Rozpravy: Hovory a komentre*）
世界语	1996 年	王崇芳	中国	语言学家	《论语》（*Analektoj de Konfuceo*）
瑞典文	1997 年	阿尔夫·亨里克松（Alf Henrikson）	瑞典	翻译家	《论语》（*Samtalen med Konfucius*）

至 20 世纪后半叶，译者有意识地摆脱“西方中心主义”的惯性思维，在翻译及诠释中国传统文化思想的过程中，非必要情况竭力避免使用西方专有术语。翻译目的转向恢复儒家典籍和儒家思想的原貌，呈现出追求文化还原的诉求[①]。20 世纪 90 年代，恰处世界反“西方中心主义”思想热潮蓬勃发展阶段，面对重重社会危机，西方国家打算从以中国文化为代表的东方文化中汲取灵感与启发。欧美的汉学研究也发生关键转折，重点探索如何发掘中国典籍本身所固有的价值[②]。就中国典籍翻译而言，西方学者逐渐认识到之前将中国传统思想和西方思想粗略比附的态度并不正确，故倡导“中国中心观”，主张“以中国为出发点，深入精密地探索中国社会内部的变化动力与形态结构”[③]。这实为对之前流行的“西方中心主义”观点的重要修正。与以往翻译相比，此时的翻译形成了多家之言且呈现多样化特点，译者在诠

① 戴俊霞：《〈论语〉英译的历史进程及文本形态研究》，《安徽工业大学学报（社会科学版）》2011 年第 1 期，第 58—60 页。

② 刘敬国：《平实行文显“异质”，精彩阐释藏失误——雷蒙·道森〈论语〉英译本评析》，《英语研究》2014 年第 3 期，第 37—42 页。

③ 林同奇：《“中国中心观”：特点、思潮与内在张力》，见[美]保罗·柯文《在中国发现历史——中国中心观在美国的兴起》，林同奇译，社会科学文献出版社，2017，第 14—49 页。

释《论语》时，更关注深入儒家思想内部探索，对孔子和西方存在差异的哲学看法进行发掘与研究，自觉规避西方文化前见对他们独立解读的干扰[①]。于西方译者而言，重视区别绝非将个人文化立场抛之脑后，而是基于个人曾经的学术积累，通过不同路径以对话的形式对《论语》进行译介与重新解读，使译本分别呈现哲学、文学、经学等特点，多元化取向与早期译本大有不同。

2．文明互鉴视野下中国传统经济思想研究与传播

儒家典籍的大量外文翻译成果的出现，为儒家经济思想的海外传播提供了广泛且丰富的文献基础和传播载体。与此同时，中国留学生数量的增加、国人文化自觉意识的觉醒等，大大加快了包括儒家经济思想在内的中国传统经济思想研究的开展及其海外传播的进程，从而在一定程度上呈现出中西文明交流互鉴的局面。

（1）中国传统经济思想研究的近代探索。鸦片战争后，中国国门被迫打开并卷入世界经济文化浪潮，欧美经济思想广泛传播，而曾处于世界领先地位的中国却缺乏对自身的经济思想的系统梳理。中西在经济实力与经济学说层面的双重差距激发了民族自尊，有识之士着手展开中国经济思想史研究，试图从古人思想中挖掘闪光点、找到不逊于西方的理论资源。例如，1926年中国第一部以“经济思想史”命名的著作《先秦经济思想史》出版，作者甘乃光认为中国古代虽无经济学但有经济思想[②]。1936 年，马寅初在为《中国经济思想史》一书作序时表示，“中国自古以农立国，古先圣哲经济思想之灿烂，较之欧美各国，未遑多让，惜汉后儒者以言利为讳，经济思想遂少系统的发展，海通以还，西学东渐，欧美经济思想史，遂亦风行于我国矣，而

① 刘敬国：《平实行文显“异质”，精彩阐释藏失误——雷蒙·道森〈论语〉英译本评析》，《英语研究》2014 年第 3 期，第 37—42 页。

② 甘乃光：《先秦经济思想史》，商务印书馆，1926，第 1—8 页。

研究中国经济思想者，尚鲜其人，能无憾乎”[①]。唐庆增则称其撰写《中国经济思想史》就是希望能引起国人研究我国经济思想的兴趣，主张“中国经济学说，发达确在西洋各国之先也”，并曾言明，“中国之上古经济思想，流入西土，殆为必然之事实”[②]。上述前辈学者的探索，拉开了中国经济思想史系统研究的序幕。彼时国人的研究视野主要是中国古代，尤其是先秦时期，从前面的论述可知，发端于国家蒙辱、人民蒙难、文明蒙尘之际的中国经济思想史学科，本身就蕴含着国人摆脱文化自卑、树立文化自信的学术渴求[③]。

另外，一批学贯中西的中国学者和留学生也开始加入“中学西传”的翻译与研究队伍，使得该领域长期由西方传教士、学者主导的局面发生了转变。辜鸿铭、马语同、林语堂、郑麐等先后向西方译介《论语》等儒家经典。1911 年，清代进士陈焕章获美国哥伦比亚大学博士学位并出版英文博士论文《孔门理财学》[④]，胡寄窗评，“这是本世纪早期中国学者在西方刊行的第一部中国经济思想名著，也是国人在西方刊行的各种经济学科论著中的最早一部名著”[⑤]，当时英国经济学家凯恩斯也为之撰写书评，可见其在西方学界产生的积极反响[⑥]。1936 年，李肇义在其留法博士论文中论述中国古代经济思想曾对法国重农学派产生过重要影响[⑦]。此外，有关清代税收制度、中国货币制度史等主题的几篇中国留学生博士论文相继在西方发表并获

① 马寅初：《马序》，见唐庆增《中国经济思想史》，商务印书馆，2011，第 vi 页。

② 唐庆增：《中国经济思想史》，商务印书馆，2011，第 436 页。

③ 程霖、夏艳秋：《中国经济思想史研究的历史初心与未来使命》，《中国经济史研究》2022 年第 4 期，第 14—31 页。

④ Chen H Z. *The Economic Principles of Confucius and His School*, 2 vols, Columbia University Press, 1911.

⑤ 胡寄窗：《中国近代经济思想史大纲》，中国社会科学出版社，1984，第 476 页。

⑥ Keynes J M. “*The Economic Principles of Confucius and His School*. By Chen Huan-Chang. Columbia University Studies”. *The Economic Journal*, 1912, 22(88): 584-588.

⑦ Ly S Y. “Les grands courants de la pensée économique chinoise dans l’antiquité (du Ⅵ^e au Ⅲ^e siècle avant J. -G) et leur influence sur la formation de la doctrine physiocratique”, Université de Dijon, 1936.

得诸多评论。

海外中国传统经济思想研究成果的兴起与发展。在海外，19 世纪末，日本学者较早开启了海外研究中国传统经济思想的先河，如有石渡邦之丞的《孔教的经济思想及其政策》(孔教ノ經濟思想及ビ其政策)[①]等相关成果发表[②]。除此之外，欧美也出现了少量研究中国古代经济问题和经济思想的成果，例如，法国汉学家爱德华·毕瓯(Édouard Biot)先后出版《论中国自远古时代以来的土地所有制状况》(*Mémoire sur la condition de la propriété territoriale en Chine depuis les temps anciens*)、《论中国公共教育史和儒生之社》(*Essai sur l'histoire de l'instruction publique en Chine et de la corporation des lettrés*)等著作[③]，他还翻译出版了《周礼》(*Le Tcheou-li ou Rites des Tcheou*)[④]。有学者考证，在欧美期刊中，与中国古代经济思想相关的最早的一篇论文[⑤]是 1844 年美国东方学会首任会长约翰·皮克林(John Pickering)发表的"The history of paper money in China"(《中国纸币的历史》)[⑥]一文。进入 20 世纪后，从事汉学研究的西方学者越来越多，并且他们开始或多或少地有意关注和触及中国传统经济思想研究。日本学界曾涌现了一批中国经济思想研究学者，如小島祐馬对墨家等学派经济思想的

---

① 石渡邦之丞:「孔教ノ經濟思想及ビ其政策」.『國家學會雜誌』, 1893, 7 (80): 1669-1681.

② 有学者对日本的中国经济思想研究进行了深入考察和研究，具体可参见叶坦:《中国经济学术史的重点考察——中国经济思想史学科创始与发展优势论析》,《中国经济史研究》2003 年第 4 期，第 132—142 页。

③ Biot É. "Mémoire sur la condition de la propriété territoriale en Chine depuis les temps anciens". *Journal asiatique*, 1838, 3(6): 255-336; Biot É. *Essai sur l'Histoire de l'Instruction Publique en Chine et de la Corporation des Lettres*, Benjamin Duprat, Libraire, 1847.

④ Biot É. *Le Tcheou-li ou Rites des Tcheou*, Benjamin Duprat, Libraire, 1851.

⑤ 参见张亚光、刘晟亚:《中国经济史学的新视野——欧美期刊中的中国古代经济思想研究》,《贵州社会科学》2016 年第 9 期，第 22—28 页。

⑥ Pickering J. "The history of paper money in China". *Journal of the American Oriental Society*, 1844, 1(2): 136-142.

梳理[①]，田岛锦治（田島錦治）对儒家经典《尚书》《大学》《中庸》中经济思想的总结[②]，穗積文雄对中国古代货币思想的介绍[③]，桑田幸三对《盐铁论》的研究[④]。在欧洲汉学的腹地，德国社会学家马克斯·韦伯从社会经济视角撰写著作《中国的宗教：儒教与道教》（*The Religion of China: Confucianism and Taoism*）[⑤]，提出了“韦伯之问”，即为何中国未能走向独立于西方之外的理性化道路。在美国，汉学家孙念礼（Nancy Lee Swann）翻译出版《古代中国的食货：公元 25 年前中国最早的经济史——〈汉书〉卷 24 以及相关卷 91 和〈史记〉卷 129》（*Food and Money in Ancient China: The Earliest Economic History of China to A.D. 25: Han Shu 24, with Related Texts, Han Shu 91 And Shih-Chi 129*）[⑥]；汉学家沃尔特·阿林·里基茨（Walter Allyn Rickett）翻译出版西方第一部《管子》的英文全译本《管子：古代中国的政治、经济与哲学文献》（*Guanzi*: *Political, Economic, and Philosophical Essays from Early China*）[⑦]。20 世纪 80 年代后，由于中国与

---

① 小島祐馬：「墨子ノ經濟思想（一）」．『經濟論叢』，1917，5（4）：508-518；小島祐馬：「墨子ノ經濟思想（二、完）」．『經濟論叢』，1917，5（6）：829-844.

② 田島錦治：「虞夏書に見はれたる政治經濟思想」．『經濟論叢』，1924，18（4）：707-731；田島錦治：「商書周書に見はれたる政治經濟思想」．『經濟論叢』，1925，21（2）：149-170；田島錦治：「「大學」に見はれたる經濟思想」．『經濟論叢』，1926，22（3）：381-405；田島錦治：「「中庸」に見はれたる經濟思想」．『經濟論叢』，1926，23（4）：523-540.

③ 穗積文雄：「漢志にあらはれたる貨幣思想」．『東亞經濟論叢』，1942，2（2）：434-448；穗積文雄：「元代貨幣思想抄-新元史食貨志にあらはれたる貨幣思想」．『經濟論叢』，1943，56（3）：337-340；穗積文雄：「王[リュウ]の紙幣論」．『經濟論叢』，1944，59（2/4）：47-64；穗積文雄：「王[リュウ]の紙幣論（承前）-その批判」．『經濟論叢』，1947，61（2）：65-82.

④ 桑田幸三：「桑弘羊の専売論-『塩鉄論』の一研究」．『經濟論叢』，1959，83（5）：228-240；桑田幸三：「「散不足」と「聚不足」（一）-塩鉄論にみる儒家財政思想」．『經濟論叢』，1960，86（5）：347-358；桑田幸三：「「散不足」と「聚不足」（二）-塩鉄論にみる儒家財政思想」．『經濟論叢』，1960，85（6）：397-407.

⑤ Weber M. *The Religion of China: Confucianism and Taoism*, The Free Press, 1959.

⑥ Ban G. Swann N L. *Food and Money in Ancient China: The Earliest Economic History of China to A.D. 25: Han Shu 24, with Related Texts, Han Shu 91 And Shih-Chi 129*, Princeton University Press, 1950.

⑦ Rickett W A. *Guanzi: Political, Economic, and Philosophical Essays From Early China*, Princeton University Press, 1985.

国际的学术交流日益频繁，欧美期刊中与中国古代经济思想相关的论文发表数量呈现跃升态势，超过 200 篇，研究内容涉及中国古代经济政策、经济制度、经济思潮、传统经济思想等①。特别是伴随亚洲四小龙的经济崛起和发展，儒家文化对当代经济社会发展、商业经济伦理、企业文化建设等方面的影响受到越来越多的关注，例如，有学者从宏观视角考察了儒家思想对社会经济发展的影响②，有学者以案例形式研究了儒商以及受儒家思想和文化熏陶的企业家行为③。可见，儒家思想、儒家经济伦理的现代意义不仅在于其对于调整和优化宏观经济治理的启示作用，也在于其对微观管理层面的借鉴作用。正如澳大利亚学者李瑞智（Reginald Little）和黎华伦（Warren Reed）所言，儒学的复兴已经明确地指出它将在全球文明的核心中占有一席之地，并且将带领世界进入 21 世纪，即将成为 21 世纪的管理主流④。

（2）20 世纪中叶以来国内外中国传统经济思想研究与互动交流的新发展。新中国成立后，国人对中国经济思想世界意义的认知不断深化，认为中国经济思想是世界经济思想史的重要组成部分，主张积极向海外传播中国经济思想，以弥补其在世界经济学说史著作中几乎空白的缺憾，同时开始积极自主地探索中国传统经济思想的研究工作及其译介传播路径。以胡寄窗先生为代表，他是中国经济思想史学科的开拓者和奠基人之一，经过数十年辛勤耕耘先后出版了中英文的《中国古代经济思想的光辉成就》[中文版由中国社会科学出版社 1981 年出版；英文版 *Chinese Economic Thought before the Seventeenth Century* 由 Foreign Languages Press（外文出版社）1984 年出

① 张亚光、刘晟亚：《中国经济史学的新视野——欧美期刊中的中国古代经济思想研究》，《贵州社会科学》2016 年第 9 期，第 22—28 页。

② Lam K C J. "Confucian business ethics and the economy". *Journal of Business Ethics*, 2003, 4(3): 153-162.

③ Cheung T S, King Yeo-chi A. "Righteousness and profitableness: the moral choices of contemporary confucian entrepreneurs". *Journal of Business Ethics*, 2004, 54(3): 245-260.

④ Little R, Reed W. *The Confucian Renaissance*, Federation Press, 1989, XV.

版］和《中国经济思想史简编》(中文版由中国社会科学出版社 1981 年出版；英文版 *A Concise History of Chinese Economic Thought* 由 Foreign Languages Press 1988 年出版)。前者通过对近 60 个经济概念进行中西对比分析，说明 17 世纪以前中国经济思想在许多方面都走在西洋经济思想之前；后者系统阐述了中国传统经济思想的主要内容和基本脉络，该书在海外获得了不少关注和引用[①]。经过美籍华裔学者张立容（James L. Y. Chang）的关注和介绍[②]，胡寄窗的英文著作成为西方学界研究中国经济思想的重要二手文献。这些学术成果有助于打破经济学说史中的西方中心论观念传统，将学术研究与弘扬中华优秀传统文化相结合，在向海外系统介绍和传播中国传统经济思想的光辉成就上做出了重要贡献，由此开启并引领了当代中西方在该学术领域的对话交流进程。

随后，注重在国际视野下推进中国经济思想史研究的旨趣，受到越来越多学者的关注、认可与支持。正如胡寄窗先生所期待的，他希望通过《政治经济学前史》的研究，“在世界范围内第一次将中国经济思想成就列入世界古代经济思想史”，从而“破除经济学家们心目中广泛存在的欧洲中心论的偏见”[③]。又如谈敏出版的《法国重农学派学说的中国渊源》[④]，通过对重农学派基本理论与中国传统经济思想中相应思想进行比较分析，充分论证了法国重农学派学说的形成受到了中国传统经济思想广泛而深刻的影响，指出

---

① 程霖、夏艳秋：《中国经济思想史研究的历史初心与未来使命》，《中国经济史研究》2022 年第 4 期，第 14—31 页。

② James L Y Chang 不仅在 1986 年和 1990 年发表两篇书评，还在 1987 年回顾中国经济思想史研究的重要综述中介绍了胡寄窗先生未曾翻译的《中国经济思想史》三卷本。见 Chang J L Y. “Chinese economic thought before the seventeenth century”. *History of Political Economy*, 1986, 18(1): 180-182; Chang J L Y. “A concise history of Chinese economic thought”. *History of Political Economy*, 1990, 22(3): 584-585; Chang J L Y. “History of Chinese economic thought: overview and recent works”. *History of Political Economy*, 1987, 19(3): 481-502.

③ 胡寄窗：《政治经济学前史》，辽宁人民出版社，1988，第 1 页。

④ 谈敏：《法国重农学派学说的中国渊源》，上海人民出版社，1992。

中国传统经济思想是法国重农学派学说的主要渊源之一，成为国人积极考证中国经济思想在世界范围的影响和地位的代表作。叶坦也指出，要“将本学科的研究提高到一个在理论上、内容上、方法上以及实践价值上的新阶段，以扎实的成果，取得本学科在世界经济学说史和经济科学中的应有地位，改变现今世界经济学说史专著中中国经济思想史几乎处于空白的状态”[①]。严清华等认为，未来“中国经济思想史学者与国际上的学术交流合作将会得到加强，中外经济思想史的比较研究也将会进一步加强，中外学者的共同努力必将为本学科争取在世界经济思想学说史和经济科学中的应有地位，现今世界经济学史专著内中国经济思想史几乎处于空白的状态必将会得到彻底的改变”[②]。李守庸也主张，“促使中国经济思想史学科走向世界和促使中国丰富的经济思想的历史遗产融入世界经济思想史、学说史学科”，但其也言明，“要使中国经济思想的历史遗产得到西方学者较为普遍的承认、重视，真正被融入世界经济思想史、学说史学科领域，我们还必须继续作更大的努力，甚至要作几代人的努力”[③]。

21 世纪以来，从事中国传统经济思想研究的国内外学者逐渐增多，如北京大学、中国社会科学院、复旦大学、上海财经大学、中南财经政法大学等经济思想史学科研究中心在参与国际学术会议、开展合作研究方面日趋频繁，陆续发表和出版了一系列具有国际影响的高质量中英文论著，这对于提升中国传统经济思想在海外传播的广度和深度无疑起到了积极的推动作用。例如，李超民考察了中国古代常平仓制度和青苗法对美国罗斯福新政时期农

① 叶坦：《中国经济思想史研究的回顾与展望》，《经济学动态》1993 年第 4 期，第 17—20 页。

② 严清华、景新华、吴传清：《中国经济思想史学科发展的回顾与展望》，《社会科学动态》1996 年第 5 期，第 5—8 页。

③ 李守庸：《关于中国经济思想史学科跨世纪发展问题的若干思考》，《经济评论》1998 年第 3 期，第 71—75 页。

业思想与政策的影响[1]。同时，国内学者陆续有一些与外国学者合作的英文著述在国外知名经济、金融刊物发表，如郑学益等基于西方货币理论的视角考察了中国古代的货币思想和货币政策，并与欧洲和北美晚期的货币理论与实践进行了比较[2]；张亚光和刘晟亚梳理了欧美期刊中的中国古代经济思想研究，考察了中国经济思想的海外影响[3]。在国外著作出版方面，则有程霖等合作主编的《古代中国经济思想史》（*The History of Ancient Chinese Economic Thought*）及《汉代的政治经济学及历史遗产》（*The Political Economy of the Han Dynasty and Its Legacy*）两部英文论文集，其中前一部文集梳理了中国古代经济思想发展的脉络和特征，阐述了中国经济思想史的研究对象与研究方法，中国古代经济思想的主要内容、历史发展规律、价值及其在世界经济思想发展中的地位和影响[4]。此类基于国际学术规范和语言表达习惯的研究和译著，对于提升中国传统经济思想在西方国家传播的有效性无疑将起到积极的推动作用[5]，中国经济思想的原创性和独特性正在被重估。同时，海外学者所编纂的论文集中同时收录了中国经济史和中国经济思想史的相关论文[6]，海外中国经济思想研究与经济史研究的经济实践分析交

① 李超民：《大国崛起之谜：美国常平仓制度的中国渊源》，中央编译出版社，2014。

② Zheng X Y, Zhang Y G, Whalley J. “Monetary theory and policy from a Chinese historical perspective”. *China Economic Review*, 2013, 26(9): 26, 89-104.

③ 张亚光、刘晟亚：《中国经济史学的新视野——欧美期刊中的中国古代经济思想研究》，《贵州社会科学》2016 年第 9 期，第 22—28 页。

④ Cheng L, Peach T, Wang F. *The History of Ancient Chinese Economic Thought*, Routledge, 2014. 此外，2013 年劳特利奇（Routledge）出版社还曾出版过一部会议论文集《中国的经济发展思想》（*Thoughts on Economic Development in China*），该书由德国奥尔登堡大学（Carl von Ossietzky Universität Oldenburg）汉斯-米歇尔·特劳特温（Hans-Michael Trautwein）教授和武汉大学马颖教授共同主编，主要关注经济发展思想，内有严复、何廉等近世中国学人的经济思想介绍。

⑤ 田国强：《中国经济学思维方式与关键研究方法》，《探索与争鸣》2021 年第 8 期，第 18—24，177 页。

⑥ Amelung I, Schefold B. *European and Chinese Histories of Economic Thought: Theories and Images of Good Governance*, Routledge, 2022; Sabattini E L, Schwermann C. *Between Command and Market: Economic Thought and Practice in Early China*, Brill Academic Publishers, 2021.

织深入发展。

特别值得一提的是，近年来，总结中国发展经验、传播中国经济思想、宣扬中国经济主张、推动中国经济思想史走向世界，成为中国经济思想史学人的普遍主张。例如，叶坦指出，“迄今为止世界经济学说史大抵仍无中国甚至整个东方，这与我国乃至整个东方社会的发展极不相称。中国经济思想的系统研究史，在非西方国家中是很突出的，具备填补空白的独有优势，可能成为中国对世界的又一重要贡献”[①]。

整体而言，经过民族独立浪潮的洗礼，西方中心主义以及西方人士心中的精神优越感遭到了一定程度的冲击，中国传统儒家文化及其经济思想能够在更宽容的语境下，以更大的规模和更多的途径走出去，这使得海外学术界对儒家经济思想乃至中华传统文化的认识和研究发生了新的变化。儒家学说及其经济思想在该阶段海外传播的主要特征，具体体现在以下四个方面。

一是传播内容。最具代表性和海外影响最大的当属陈焕章的《孔门理财学》，其于20世纪初期出版，将包括人性观、义利观、财富观、诚信观和公平观在内的儒家经济伦理思想全面系统且准确地展示给西方读者[②]。自此儒家经济思想的海外传播开始迈入发展时期，对海外经济学术研究和经济政策制定产生了一定程度的影响。这一点将在本章第四节中以具体案例的形式展开论述。

二是传播主体。之前传教士在译介儒家经济思想的过程中有一定的主观性，不少观点与真实观点存在较大差异，而这一问题在传播的复兴发展阶段得到解决。其间，汉学家、哲学家、翻译家、诗人作家、大学教授、语言学者等多种文化身份译者介入并担任儒家经济思想传播主体，开始有意识地规

---

① 叶坦：《中国经济学术史的重点考察——中国经济思想史学科创始与发展优势论析》，《中国经济史研究》2003年第4期，第132—142页。

② Chen H Z. *The Economic Principles of Confucius and His School*, 2 vols, Columbia University Press, 1911.

避西方中心主义思想，借助儒家典籍翻译、著书介绍等多种途径，以还原儒家经济思想本来面貌为目的，呈现出追求文化还原的诉求与特征，有力推动了传播进程。

三是传播载体。诸多期刊论文与著作的出版在这一时期起到了显著作用，作为“中学西传”的载体并为儒家经济思想的传播提供了土壤。比如，欧美经济学界、汉学界等各学术领域知名专家学者，通过为《孔门理财学》撰写序言导读、发表学术书评以及列作重要参考文献并加以引用等多种推介方式，扩大该著的海外学术影响力，且儒家经济思想的海外传播进程也依托该著良好的传播效应得到加快。

四是传播影响力。该时期儒家经济思想对海外诸多学者经济思想的形成发展产生了广泛影响。比如，英国经济学家凯恩斯曾为《孔门理财学》撰写长篇书评，彰显了其对儒家思想及中国传统经济思想的深刻印象，而凯恩斯思想中有关国家干预经济的主张，实际上同儒家“有为”“管理”等思想理念具有相通性，从而有理由推测儒家经济伦理思想或许影响了凯恩斯国家干预经济理论的提出。又如，日本实业家涩泽荣一倡导学习《论语》，主张将儒家经济伦理思想应用于经济实践，提出了“论语加算盘”的企业经营模式，对日本企业的创新和日本经济的发展产生了积极影响。

第二节　现代经济学形成与发展的中国渊源

思想文化的传播通常是一个复杂的多层次、多维度、多主体的长期交互过程。在历史长河中，中国传统经济思想伴随中国传统文化，主要通过商业贸易、政治外交、文化交流、宗教活动、人口迁移等多条路径，以见闻游记、经验流传、教育讲学、典籍译本、研究论著等各种口头或书面的方式，先后在亚洲、欧洲、美洲等地区传播。更进一步，思想文化的传播影响与成就常常是相生相伴的，而历史地位的获得则源自绵延不绝的影响和贡献。由于中国传统经济思想中蕴藏着非常卓越而丰富的经济观念、理论元素和制度创见，与同时代的西方国家相比不仅毫不逊色，甚至在 17 世纪以前，在很多方面是大大超前于西方的。因此，中国传统经济思想对传入国的社会风气、经济理念、政策制度等方面曾产生过不同程度的影响，在世界经济思想史上有着重要的地位。同时，中国传统文化及其所蕴含的经济思想，也是促成现代经济学理论发展的思想渊源之一，为人类知识谱系的演化和延展做出了不应被忽视的重要贡献。并且，其不仅对法国重农学派、英国古典经济学、德国自然法哲学和官房主义等思想理论的早期形成及后期发展有影响，还在经济实践中对日本企业经营模式的创新、凯恩斯经济思想及其政策主张等都产生了一定的影响。正如孙中山先生曾在 1912 年所提出的经济学本滥觞于我国的说法①。有鉴于此，本节从中国传统经济思想与上述学派或学说的关联视角，来具体论证和说明中国传统经济思想的世界影响与贡献，重点围绕法国重农学派、英国古典经济学、德国自然法哲学和官房主义经济思想三个案例，以探讨和说明中国传统经济思想在现代经济学理论的形成及其发展过程中曾产生的一些不同程度的积极影响。

一、法国重农学派与中国传统经济思想

法国重农学派被马克思誉为“现代经济学的真正鼻祖”②。作为人类历史上第一个具有较为完整的理论体系和共同认知的经济学派，重农学派有着明确的纲领和组织，并首次把研究从商品流通领域引入生产领域，其理论体

---

① 孙中山：《孙中山全集》（第二卷），中华书局，1982，第 510 页。

② ［德］卡尔·马克思、［英］弗里德里希·恩格斯：《马克思恩格斯全集》（第三十三卷），中共中央马克思恩格斯列宁斯大林著作编译局编译，人民出版社，2004，第 15 页。

系被马克思称为“是对资本主义生产进行系统理解的第一个学派”[①]。也有不少学者认为，重农学派的一些基本原理和分析方法，更是影响到了亚当·斯密、李嘉图和整个古典经济学，并经过后世一代代经济学家的吸收加工，渗透到了现代经济学的各个领域，成为其有机组成部分[②]。

其实，早在 1909 年，法国经济学者夏尔·季德（Charles Gide）和夏尔·利斯特（Charles Rist）在其合著的《经济学说史》（*A History of Economic Doctrines*）中就首次提到法国重农学派曾受到过中国经济思想的影响，认为最能代表重农主义理想的君主也许是中国的皇帝[③]。1931 年，日本学者泷本诚一（滝本誠一）从自然法、教育与放任主义、农学和重农主义等角度论证了法国重农学派与中国古代学说在思想上的契合性，认为重农学派思想的根源出自中国古代的“四书”“五经”[④]。同年，中国留学生李肇义在法国第戎大学的博士学位论文《公元前 6 世纪至公元前 3 世纪中国古代经济思想的主要流派及其对重农学派理论形成的影响》中也考察了法国重农学派受到的中国影响，基于该论文的专著其后于 1936 年在巴黎出版。1937 年，李肇义在国内刊物上发表文章《重农学派受中国古代政治经济思想影响之考证》，指出早期政治经济学专注于实用效果，呈现经验主义特征；至 18 世纪下半叶，魁奈及其领导的重农学派率先指出经济现象遵循自然秩序法则，并通过系统理论建构推动政治经济学逐步迈向科学化发展路径。他强调，只有清晰阐明中国思想源流对重农学派理论体系的贡献，才能系统解读

---

① [德]卡尔·马克思、[英]弗里德里希·恩格斯：《马克思恩格斯全集》（第三十八卷），中共中央马克思恩格斯列宁斯大林著作编译局编译，人民出版社，2019，第 465 页。

② Meek R L. “Physiocracy and classicism in Britain”. *Economic Journal*, 1951, 61(241): 26-47.

③ Gide C, Rist C. *Histoire des Doctrines Économiques: Depuis les Physiocrates jusqu'a Nos Jours*, L. Larose & Forcel, 1909, 41.

④ 滝本誠一：「重農学派の根本思想の探源：西洋近代経済学の淵源は中国の学説に在る」，『読書雑誌』，1931，1（6）：119-157. 当然，此观点疏于论证，曾被王亚南先生断然否认。转引自谈敏：《中国经济学的过去与未来——从王亚南先生的“中国经济学”主张所想到的》，《经济研究》2000 年第 4 期，第 57—65 页。

重农学派理论家的核心思想[①]。在此基础上，他梳理了 17、18 世纪中国文化在法国传播、交流的历史，并从自然法、专制制度和农业中心论三个方面论证了重农学派深受中国古代思想影响的观点。

1936 年，另一中国留学生阎宗临获得瑞士国家文学博士学位，其论文《杜赫德的著作及其研究》（Essai sur le P. Du Halde et sa Description de la Chine）第五部分专论“中国对 18 世纪法国的影响”认为魁奈感兴趣的不是中国本身，而是为了给其经济理论寻找支撑依据[②]。1941 年，他在《中国文化西渐之一页——17 世纪末中法文化之关系与 18 世纪之重农学派》一文中提出，重农学派受中国影响很大，视中国为乐园，但魁奈并不真正了解中国，而是以中国的资料来佐证他的理论和原则。[③]

伦敦政治经济学院经济史学系教授格拉赫（Gerlach）则认为，中国的“无为”思想而非欧洲固有的利巴尼乌斯（Libanius）思想构成了重农学派的智识基础，直至 19 世纪中后期欧洲自由放任信条才成为欧洲和亚洲经济思想的共同结晶，如果没有“无为”思想的引介，欧洲的前商业意识形态不可能发展成熟[④]。近年来，随着中西学术交流日益密切，法国重农学派与中国联系的相关主题研究也得到西方学者的广泛关注，西方学者尝试从多个视角重新理解中国与重农学派之间的联系。例如，卢特法拉（Lutfalla）认为，魁奈关注中国主要是为了论证其重农主义理论，他借鉴中国的农业政策、税收制度和儒家思想，试图为欧洲提供一种新的经济治理模式，因此他

---

① 李肇义：《重农学派受中国古代政治经济思想影响之考证》，《社会研究（广州）》1937 年第 1 卷第 3 期，第 1—30 页。

② 阎宗临：《杜赫德的著作及其研究》，见阎守诚编、阎宗临著《传教士与法国早期汉学》，大象出版社，2003，第 1—101 页。

③ 阎宗临：《中国文化西渐之一页——17 世纪末中法文化之关系与 18 世纪之重农学派》，《建设研究》1941 年第 5 期，第 50—56 页。

④ Gerlach C. “Wu-Wei in Europe: a study of Eurasian economic thought”, https://eprints.lse.ac.uk/22479/1/wp12.pdf#:~:text=This%20present%20paper%20focuses%20on%20the%20diffusion%20of,political%20economy%29%20throughout%20Europe%2C%20between%201648%20and%201848, 2025-03-08.

对中国的描述带有一定的理想化色彩[①]。罗德里格斯（Rodriguez）指出中国远非魁奈为宣扬自己论点而随意寻找的幌子，儒家思想和新儒家思想的哲学反思为西方提供了一种对思想本质、学科及其范围进行观察、揭示和把握的方式[②]。利斯特（Lits）提出，重农学派的经济模型选择以中国为蓝本，是因为魁奈认为中国在长期历史发展中始终保持着社会稳定，希望能将这一模式引入法国乃至整个欧洲[③]。可见，这一跨时空思想碰撞与文化交流的历史事实，正逐步成为全球史研究领域的学术共识。

国内学术界关于法国重农学派学说的中国渊源的论述，除前述两位留学生外，还可见于 1936 年唐庆增的《中国经济思想史》，该书开辟专章“中国上古经济思想在西洋各国所生之影响”讨论中国传统经济思想在西方的影响，并强调“尤以对于法国之重农派为最显著”[④]。1941 年，陈震伯的《重农学派思想源于中国儒家论》指出法国重农学派的根本思想渊源并不在欧洲，而是来自中国儒家思想，“我古圣先哲之经济思想，所影响于欧西学术界者，远在希腊罗马文明以上”[⑤]。1943 年，周咸堂在《法国重农学派与中国自然主义的渊源》中也指出魁奈的“根本思想之自然法观念”，并非渊源于罗马思想或欧洲学者，而是“完全以中国太古的王制做理想”[⑥]，提醒需突破以往仅从欧洲本土寻找思想渊源的局限，重新审视重农学派思想的形成来源。1942 年，熊子骏在《中西经济思想之汇流》中阐述了杜尔哥接见中国留法学生杨德望和高类思并获得有关中国思想、政治、经济、文化等方面

① Lutfalla M. “La Chine, vue par quelques économistes du XVIIIe siècle”. *Population (french edition)*, 1962, 17: 289-296.

② Rodriguez P E. “Quesnay et Le Despotisme de la Chine: Économie du Politique”. *Revue de Philosophie Économique*, 2023, 24(1): 215-240.

③ Lits B. “Egyenlőtlenség elméleti-történelmi szempontból”. *Public Finance Quarterly*, 2024, 70(2): 132-140.

④ 唐庆增：《中国经济思想史》，商务印书馆，2011，第 440 页。

⑤ 陈震伯：《重农学派思想源于中国儒家论》，《湖南大学期刊》1941 年第 1 期，第 61—64 页。

⑥ 周咸堂：《法国重农学派与中国自然主义的渊源》，《中农月刊》1943 年第 6 期，第 20—68 页。

历史资料的事实。他指出，杜尔哥为了使中国留学生能够深入理解提出上述问题的目的和意义而写了一本《关于富的形成和分配的省察》[①]。

20 世纪 80 年代，这一问题被学人重新发掘。在这方面的研究中，巫宝三的观点与闫宗临相似，认为古代中国的学术思想和政治经济制度对魁奈的学说思想“产生了某种推动力量”“提供了有力的论证”，但同时他也指出儒家经济思想“同魁奈的理论实质无何联系，魁奈赞美的儒家思想，恰恰与他的理论体系的外观相符合，而他的理论体系的外观已早被历史的进步所抛弃了”[②]。谈敏则在经过详细考证和系统分析的基础上指出，重农学派的经济学说可以从中国传统经济思想中找到“其整体的继承关系”，无论是魁奈的《经济表》，还是自然秩序思想、经济自由主义、重农主义、土地单一税思想等均留有中国的印记，受中国的影响相当广泛深入。因而，中国传统经济思想“应当作为现代政治经济学的直接思想起源之一，被载入经济思想的史册”[③]。此后学界对这一问题仍时有探讨。例如，邹进文在考察留学生博士论文时，提到了两篇留学生论文与重农学派相关，并重点介绍了李肇义博士论文关于重农学派受中国古代政治经济思想影响的探讨[④]。张旭、王天蛟在探讨了作为“现代政治经济学的真正鼻祖”的魁奈及其所创立的重农学派思想体系对中国文化和哲学思想的接纳吸收之后指出，构建和发展中国特色社会主义政治经济学理论体系应重视从中华优秀传统文化中汲取智慧和营养，古为今用，推陈出新[⑤]。叶坦也将儒家经济学说影响法国重农学派作为一个

---

① 熊子骏：《中西经济思想之汇流》，《大学（成都）》1942 年第 11 期，第 30—66 页。

② 巫宝三：《中国古代经济思想对法国重农学派经济学说的影响问题的考释》，《中国经济史研究》1989 年第 1 期，第 143—156 页。

③ 谈敏：《重农学派经济学说的中国渊源》，《经济研究》1990 年第 6 期，第 66—76 页。

④ 邹进文：《民国时期的经济思想史研究——来自留学生博士论文的考察》，《中国经济史研究》2015 年第 3 期，第 54—65 页。

⑤ 张旭、王天蛟：《魁奈经济思想的批判性审视与中国溯源——以中国特色社会主义政治经济学构建为观照》，《当代经济研究》2020 年第 11 期，第 26—35 页。

案例进行论述，认为“中国经济思想与学说对法国重农学派学说是有影响的”，但也认可重农学派留有欧洲学术思想的重要印记[①]。

整体观之，国内外学术界对法国重农学派曾受到中国传统经济思想影响这一事实已有较为深入的研究探讨，并形成了一些较为客观和中肯的观点。但就微观层面，尚未有单独提炼或系统论述儒家经济思想如何具体影响重农学派的成果，因此，本书结合当前学术界现有研究成果，尝试在此基础上对儒家经济思想具体在哪些方面影响了重农学派进行提炼归纳和系统总结，可视为对已有研究成果的一个补充和丰富。

（一）重农学派代表人物魁奈对儒家思想的认识

在 18 世纪欧洲出现的“中国热”浪潮，尤其是法国崇尚中国文化风潮中，魁奈发挥了关键的助力作用[②]。魁奈主张学习中国的哲学和文化，赞美中国的制度，对孔子以及儒家学说推崇备至，被誉为“欧洲的孔子”。他将儒家学说与古希腊圣贤加以对比，认为《论语》中所有问题皆与道德品性、如何妥善处理工作、怎样有效实施统治等相关[③]，《论语》中几乎均是德性箴言警句，古希腊七贤之语与其相比显得黯淡无光[④]。

1767 年，魁奈在重农学派创办的刊物《公民日志》（*Éphémérides du Citoyen*）上，分四期连载刊出专论中国问题的《中华帝国的专制制度》[⑤]，

---

① 叶坦：《“中学西渐”对西方经济学的影响——立足于经济学术史的考察》，《经济思想史学刊》2021 年第 1 期，第 65—96 页。

② 张西平：《启蒙思想与中国文化——16—18 世纪中国文化经典对欧洲的影响再研究》，《现代哲学》2014 年第 6 期，第 57—66 页。

③ 耿兆锐：《法国重农学派视野里的中国形象》，《中国经济史研究》2015 年第 4 期，第 132—137 页。

④ ［德］利奇温：《十八世纪中国与欧洲文化的接触》，朱杰勤译，商务印书馆，1962。古希腊七贤通常被认为是：泰勒斯（Thales）、梭伦（Solon）、奇伦（Chilon）、毕阿斯（Bias）、克莱俄布卢（Cleobulus）、庇塔库斯（Pittacus）、佩里安德（Periander）。

⑤ 该书英译本书名为《中国的专制制度》，为避免引起误解，中译本改译为《中华帝国的专制制度》。

被视为当时经济学家崇尚中国运动的重要成果[①]。之所以撰写该书，与其对儒家代表人物孔子的钦慕态度有着紧密关系[②]。魁奈所处的时代正经历着资本主义生产关系取代封建生产关系的深刻经济变革，他在此时代的政治态度和经济言论的基本倾向酷似其心目中的孔子形象。孔子所处的春秋末期是封建领主经济与封建地主经济的新旧交替时代，他在政治上十分保守，主张克己复礼为仁，力求维护旧的贵族等级秩序，却在经济思想上反映了正在急剧形成中的新兴地主阶级的要求。这种政治上守旧而经济观点上却能适应新的时代发展需要的双重特征，与魁奈极为相似。魁奈也是在政治哲学观点上沉溺于封建时代偏见中，而于政治经济学方面却宣布在荒芜的封建土壤里搭建资产阶级生产制度体系[③]。

魁奈在其专门探讨中国内容的著述里几度表现出对孔子的敬佩仰慕之情和高度评价。例如，他在介绍孔子时，指出："在中国，哲学家孔子的家族，是中国最负声望而且是唯一一个可以世袭传承其尊号的家族。"[④]在介绍《论语》时，魁奈认为《论语》中孔子与其弟子讨论的问题"都围绕着德行、有益的工作和统治的艺术而发；这些论集充满了格言和道德原理，胜过于希腊七圣之语"[⑤]。可见，魁奈对孔子以及儒家思想的景仰。由此推测儒家思想或许曾对魁奈的思想产生过影响，同时魁奈作为法国重农学派的领袖，儒家思想尤其是儒家经济思想对他的影响也反映到了其经济观点之中。

---

① 谈敏：《中译本序言》，见[法]魁奈：《中华帝国的专制制度》，谈敏译，商务印书馆，1992，第2页。

② 谈敏：《中译本序言》，见[法]魁奈：《中华帝国的专制制度》，谈敏译，商务印书馆，1992，第11页。

③ 谈敏：《法国重农学派学说的中国渊源》，上海人民出版社，1992，第101页。

④ [法]魁奈：《中华帝国的专制制度》，谈敏译，商务印书馆，1992，第45页。

⑤ [法]魁奈：《中华帝国的专制制度》，谈敏译，商务印书馆，1992，第56页。

（二）法国重农学派与儒家经济思想的渊源

在重农学派出现的年代，中国元素早已成功融入欧洲本土文化体系。对于重农学派的先驱者而言，中国文化已经不再陌生，他们从自然法则出发，推崇中国的政治目标、经济思想、哲学思想[①]。“无论是他们所处的时代环境，还是他们自己的著述内容，都向我们提示了他们的思想倾向及理论观点的形成，与其周围正在盛行的中国文化风潮之间，有着不容忽视的某种联系”[②]。魁奈是法国重农学派领袖，他提出的具有重要意义的重农学说在一定程度上借鉴了中国传统思想，其中赋税徭役观点、重农理论等皆受中国古代重农思想启发而来[③]。针对前文提出的儒家经济思想对魁奈经济思想产生影响的推测，下文结合当前学术界有关法国重农学派中国渊源的研究成果，通过文献和观点的梳理归纳来考察推测的合理性。其中，多数论据可以呈现二者间的影响关系，但也因有个别论据无法准确核实魁奈经济观点的来源，所以通过介绍说明二者观点的相似性以作补充论证。

1. 惜民力培养税源

孔子的财富观强调富民富国，其中“民富则君富，民贫则君贫”的思想是孔子及其弟子的共同见解。《论语·颜渊》记载，鲁哀公问有若，遭遇饥荒、国家费用不足该如何办。有若建议轻徭役薄赋税、降低田地税率，施行什一税率，从而降低民众的压力。鲁哀公感到困惑，现抽十分之二的田税国用已不足，倘若再减赋税岂不更是入不敷出。有若则认为，百姓如果能够实现富裕，则国家便不会清寒困苦，相反，如果大肆对民众横征暴敛，那么此类短视方式定会致使百姓生活在水深火热之中，进而国家整体经济水平也会

① 耿兆锐：《法国重农学派视野里的中国形象》，《中国经济史研究》2015 年第 4 期，第 132—137 页。

② 谈敏：《法国重农学派学说的中国渊源》，上海人民出版社，1992，第 20 页。

③ 李军：《西方经济思想的中国渊源——基于文献的初步回顾与总结》，《古今农业》2008 年第 1 期，第 1—12 页。

逐渐下降。百姓如果贫穷，国君更不可能独富，即“百姓足，君孰与不足？百姓不足，君孰与足？”[①]。《礼记·大学》中也有“财聚则民散，财散则民聚”[②]的类似观点，其根本内涵实为惜民力培养税源。

随着“中国热”的兴起，儒家思想包括其经济思想在 18 世纪的欧洲获得了前所未有的关注，孔子惜民力培养税源的经济思想也得以传播。夏尔·季德和夏尔·利斯特指出，魁奈在《经济表》扉页中曾写道：“农民穷，国家穷！国家穷，国王穷！”[③]类似地，魁奈在《中华帝国的专制制度》中也表示，“君主将愿意与土地所有者一道同舟共济，并且愿意通过对国家的良好统治，象（像）土地所有者一样，尽可能地促进农业的繁荣”[④]。

可见，魁奈的上述观点，与孔子“百姓足，君孰与不足？百姓不足，君孰与足？”“民富则君富，民贫则君贫”的经济思想内涵基本一致。但从时间先后看，孔子的观点远早于魁奈，并且在当时的历史环境下，儒家经济思想具有一定的先进性，加之“中国热”的兴起和魁奈对儒家文化的推崇，可以推测魁奈的思想有很大可能受到了儒家经济思想的影响。

2. 肯定中国社会商业的诚信行为

魁奈对中国古代商业发展状况持赞赏态度。魁奈认为中国商业市场规模之巨大与经营之兴旺是欧洲所不能及的[⑤]。他不仅将中国描绘成一个自给自足、商业繁荣的帝国，还强调了基于儒家伦理的中国商业诚信。一方面他高度赞扬了孔子出任鲁国大夫时“革除积弊，重新确立商业信誉”的突出功绩，另一方面他特别对在欧洲流传一时的中国商人“缺乏良好的信义”的说

---

①《论语·颜渊第十二》。

②《礼记·大学》。

③ Gide C, Rist C. *Histoire des Doctrines Économiques: Depuisles Physiocratesjusqu'à Nos Jours*, L. Larose&Forcel, 1909, 5.

④［法］魁奈：《中华帝国的专制制度》，谈敏译，商务印书馆，1992，第 128 页。

⑤［法］魁奈：《中华帝国的专制制度》，谈敏译，商务印书馆，1992，第 68 页。

法进行了反驳与澄清[①]。魁奈对孔子经济伦理思想的大力推崇和重立商业信用的赞许态度，使得他产生了对中国社会商业行为和中国社会商业诚信形象的信任，这影响到了魁奈对中国社会经济的认知和态度。

在魁奈看来，中国和欧洲双方的商人在广州口岸进行的交易活动或许确实存在双方为获得更多有利于自己的利益而产生的不诚信行为和欺骗现象，但这不能代表中华帝国内部交易行为整体的诚信水平，那些传播不实信息之士应该是将这两种类型的交易错误等同了[②]。魁奈认为中华帝国的国内商业已相当繁荣，人们便不费过多精力去开拓海外贸易，所以中国政府仅重视国内交易，而对国外贸易不感兴趣。中国政府之所以对海外贸易的欺诈行为容忍度高，是因为它无法惩治那群通过交易获利后便远离中国返航欧洲的外国商贩。依此推测，魁奈甚至认为这体现了中国人比欧洲人在买卖交易中更善用竞争技巧且更具有精明的特质，并且中国商人定期到欧洲口岸进行贸易活动从未失手，为欧洲商人熟知并建立了良好信誉[③]。虽然魁奈的这个观点并不完全正确，但可以表明儒家经济思想的诚信观对魁奈的影响。面对中国社会中某些与诚信原则相背离的商业行为，他以系统性阐释中国商业道德的理想化图景进行辩护，反映了魁奈"总是以玫瑰色的眼光去看待来自中国的一切思想素材"[④]。

魁奈对中国与欧洲贸易争夺行为的分析虽欠妥，但他对中国国内贸易与商业伦理规范的猜测分析既合乎情理又正确可信。魁奈在《中华帝国的专制制度》中明确指出："不能想象在一个国家内，居民之间可以靠相互弄虚作假来进行贸易。相互欺诈的双方有何利可图呢？这只会引起令人棘手和非常

① [法]魁奈：《中华帝国的专制制度》，谈敏译，商务印书馆，1992，第 38、69—70 页。
② [法]魁奈：《中华帝国的专制制度》，谈敏译，商务印书馆，1992，第 69、70 页。
③ [法]魁奈：《中华帝国的专制制度》，谈敏译，商务印书馆，1992，第 70 页。
④ 谈敏：《法国重农学派学说的中国渊源》，上海人民出版社，1992，第 327 页。

麻烦的纷乱。从而使日常的商业活动变得十分困难，几乎不可能进行。甚至更不能想象这种欺诈现象是发生在象（像）中国这样的一个文明国度中，在那里贸易方面的良好信誉和诚实、正直一直是令人瞩目的；这是孔子伦理学的主要论题之一，而在这个帝国内，伦理就是法律。”[①]在当时的历史条件下，魁奈仍依据有限参考资料，对儒家经济思想诚信观及中国商业伦理道德给予了充分尊重并做出了较为客观的评价，指出了欧洲商人对于中国民众道德评判的片面性与局限性[②]。魁奈作为一名经济学家展现了其专业的学术素养，无论论证分析是否全面准确，单就他能从商业伦理的一般原则出发，驳斥广泛流行的歪曲传言且认为中国商业界不可能普遍存在不诚信现象而言，就是难能可贵的。

可见，魁奈认可彼时中国商业活动中普遍存在的诚信不欺现象，且把这种诚信行为和其个人对孔子的称颂态度紧密结合。虽然这种赞许存在一定的夸张成分，但也表明了魁奈对孔子思想及其教化的成效持充分肯定态度[③]。正是由于魁奈对孔子思想崇尚至极，儒家经济伦理思想才能在魁奈心中根深蒂固，潜移默化地影响了其看待中国社会商业现象的眼光。

3. 儒家道德意识是自然法则思想的重要来源

法国重农学派独树一帜地打破了欧洲惯有思维逻辑的约束，从中国儒家的伦理道德意识中汲取灵感，创立了以自然法则为根基的自然秩序学说体系[④]。儒家伦理道德意识、自然法则、自然秩序三者的关系在于：儒家伦理道德意识中包含的对宇宙规律与伦理本质的客观认知，是魁奈自然法则思

---

① [法]魁奈：《中华帝国的专制制度》，谈敏译，商务印书馆，1992，第 70 页。

② 许明龙：《中国古代文化对法国启蒙思想家的影响》，《世界历史》1983 年第 1 期，第 26—36 页。

③ 吴根友：《欧洲三位哲学家论孔子的思想及其方法论的反思》，《中国儒学》2017 年，第 375—391 页。

④ 陈辉云：《论中国古代思想对法国重农学派学说的影响》，《商场现代化》2005 年第 9 期，第 191—192 页。

想的来源[①]。魁奈提出应重视和认识自然法则，并将其作为国家治理与发展的重要依据[②]，进而以这一思想基石构建了自然秩序理论体系。魁奈在《中华帝国的专制制度》中写道："中华帝国不是由于遵守自然法则而得以年代绵长、疆土辽阔、繁荣不息吗？那些靠人的意志来统治并且靠武装力量来迫使人们服从于社会管辖的民族，难道不会被人口稠密的中华民族完全有根据地看作野蛮民族吗？这个服从自然秩序的广袤帝国，证明造成暂时的统治经常变化的原因，没有别的根据或规则，只是由于人们本身的反复无常……由此可见，它的统治所以能够长久维持，绝不应当归因于特殊的环境条件，而应当归因于其内在的稳固秩序。"[③]其中，魁奈谈论的内在稳固秩序即自然秩序，其根基正是来自中国所实践的自然法则。

在魁奈看来，自然法则是人类的立法基础与最高行为准则，世界各国中只有中国重视建立统治工作基础设施，如魁奈认为中国政府设立学校传授自然法则知识并以儒家经典为考核标准建立公共考试制度提供了优秀的模式参照，但欧洲国家却没有建立可与之相提并论的制度[④]。实际上，中国学说中早就谈及过此自然法则，而魁奈的任务则是系统理解吸收中国学说中自然法则的内涵从而为别国树立典范[⑤]。自然法则包括物质法则与道德法则两方面[⑥]。前者是指按照自然秩序不言而喻的规则，以一种对人类最有利的形式工作。后者是魁奈深受儒家伦理道德学说的启示提出的，即在符合物质法则的前提下形成的道德法则，并且是于人类行为而言最具好处的准则。

魁奈提出的道德法则的内涵和西方传统经济学说迥然不同，但与同时期

---

① 王殿卿：《儒学·启蒙思想·马克思主义》，《湖南科技学院学报》2009年第1期，第8—13页。

② [法]魁奈：《中华帝国的专制制度》，谈敏译，商务印书馆，1992，第111页。

③ [法]魁奈：《中华帝国的专制制度》，谈敏译，商务印书馆，1992，第137—138页。

④ Teng S. "Chinese influence on the Western examination system". *Harvard Journal of Asiatic Studies*, 1943, 7: 267-312.

⑤ 王殿卿：《儒学·启蒙思想·马克思主义》，《湖南科技学院学报》2009年第1期，第8—13页。

⑥ [法]魁奈：《中华帝国的专制制度》，谈敏译，商务印书馆，1992，第111页。

风靡欧洲且令启蒙思想家赞赏的儒家伦理道德学说基本相同，如魁奈“农民贫穷，则国家贫穷”的观点与儒家君民一体、利益兼顾的民本思想和藏富于民的治国智慧相一致[①]。其闪光之处在于依托系统完善的儒家伦理道德学说，把对客观规律的探讨代入西方经济科学领域。他之所以提出道德法则，是希望人们能够意识到人类社会中存在着不以人们意志为转移的客观规律。这是一种普遍而永恒的法则，它超越了人类活动领域，反映出构成宇宙的终极理性[②]。显而易见，道德法则所欲表达的深层内涵并非西方传统经济思想的内容，而是中国儒家学说的基础伦理道德思想[③]。这可谓是魁奈经济思想深受儒家思想影响的又一有力证据。

4. 自然秩序与儒家学说的目标及实现方式基本相同

魁奈的自然秩序思想，从社会着眼强调国民财富的生产和国家实力的增强[④]，以研究理想秩序中的自然法则为出发点并以谋取国家整体利益为最终目标，其矛头直指路易十四与路易十五主张的、将君主个人意志与神权等同的“君权神授”理念，要求欧洲君主应转型为自然秩序的代理人[⑤]。相似地，儒家学者历来主张为政者要想达到治理国家、安定天下的状态，必须先对世间万物自身的发展规律具有基本的了解与认知，才能以此为基础将“天道”这一自然法则下落为“天子”的君主执政准则与合法性依据，进而通过理性君主的治理使自然秩序转化为社会制度[⑥]。

---

① 王殿卿：《儒学 · 启蒙思想 · 马克思主义》，《湖南科技学院学报》2009 年第 1 期，第 8—13 页。

② 耿兆锐：《法国重农学派视野里的中国形象》，《中国经济史研究》2015 年第 4 期，第 132—137 页。

③ 谈敏：《法国重农学派学说的中国渊源》，上海人民出版社，1992，第 159 页。

④ [法]魁奈：《魁奈经济著作选集》，吴斐丹、张草纫译，商务印书馆，1997，第 69 页。

⑤ Rodriguez P E. “Quesnay et Le Despotisme de la Chine: Économie du Politique”. *Revue de Philosophie Économique*, 2023, 24(1): 215-240.

⑥ 任剑涛：《天道、王道与王权——王道政治的基本结构及其文明矫正功能》，《中国人民大学学报》2012 年第 2 期，第 83—94 页。

魁奈将“四书五经”等儒家经典纳入其书中进行专门介绍[①]，可见他对儒家“天视自我民视，天听自我民听”[②]、“顺天者存，逆天者亡”[③]等天命民意思想的基本精神有所了解。因此，魁奈谋取最高福利的思想与儒家治国平天下的观念，在以遵循客观规律为前提、以全民福祉为终极目标、以基于道德的统治为实现方式等诸多方面的一致性，并非巧合而是有理可循且有证可依的。加之重农学派在中国文化的传播和影响下，不自觉地对欧洲传统文化持评判态度，而对传播广泛的儒家思想赞赏有加，自然使得对于在中西双方都可找到资料依据的内容，重农学派更侧重于依赖中国资料。

儒家思想强调自然秩序与人性本质相通，以道德教化与礼制规范引导社会经济发展具有必要性。“天命之谓性，率性之谓道，修道之谓教。”[④]这就要求执政者循理而治，基于对自然规律的认知，主动调节生产生活秩序，使之契合天道民心。

以魁奈为代表的重农学派谈及的最高福利，多指如财产等的物质利益；而儒家学说更注重正心诚意修身等道德伦理思想。两个学说一个谈论利益一个谈论道德，看似毫无关联难以相容，但正是二者的差异性使得儒家思想给魁奈留下深刻印象。受儒家思想的感染，魁奈认为道德和政治二者在中国没有区别，它们可并成一门科学[⑤]。在魁奈的语境中，道德的核心功能在于服务自然秩序的实现，这构成皇帝权威的基石，进而要求皇权专制必须以实现社会福祉最大化为宗旨，不可偏袒任何个体私利[⑥]。

---

① [法]魁奈：《中华帝国的专制制度》，谈敏译，商务印书馆，1992，第54—56页。

②《尚书·泰誓中》。

③《孟子》卷4《离娄上》。

④《礼记·中庸》。

⑤ [法]魁奈：《中华帝国的专制制度》，谈敏译，商务印书馆，1992，第56页。

⑥ Rodriguez P E. “Quesnay et Le Despotisme de la Chine: Économie du Politique”. *Revue de Philosophie Économique*, 2023, 24(1): 215-240.

5. 儒家无为论是重农学派自由放任理念的重要思想来源

经济自由主义思想由法国重农学派以“自由放任”口号首次在西方被明确提出，其与中国的“无为而治”思想在根本内涵上也呈现出巨大的相似性①。实际上，早在先秦时期，中国就形成了儒、道二家较为成熟的无为论和自由经济观点，这些观点也获得了广泛传播。相较于道家思想，魁奈对儒家观点更为推崇赞赏②。儒家更多地关注社会公道而不过分研究大自然，这点正是受同种社会问题困扰的重农学派格外重视儒家学说的原因之一。儒家学说在 18 世纪欧洲的传播度和知名度远超道家学说，不同于道家顺应自然的无为思想，儒家无为论以“治”为目的。而魁奈当时正努力寻找新的经济原则以替代当时占主导地位的国家干预经济的重商主义思想，显然儒家无为论带给了魁奈较大的启发③。

先秦儒家自由经济思想与孔孟道德伦理思想紧密相关。先秦儒家无为论主张的顺应自然不仅指天地自然，更指人性自然。孔子认为无须人为地控制财富的产生，主张“因民之所利而利之”④，财富的产生应该是借助自然力自发进行的，“天何言哉？四时行焉，百物生焉”⑤。而这种自发进行的财富生产是相对独立的，几乎不受人为控制，所以政府对“民之所利”应该采取顺应的放任态度⑥。孔子指出“无为而治者，其舜也与！夫何为哉？恭已正南面而已矣”⑦，明确将“无为而治”当作统治者从政准则，“为政以

---

① Maverick L A. “Chinese influences upon the physiocrats”. *The Economic Journal*, 1938, 48(Supplement_1): 54-67.

② Zhang X, Wang T. “Critical examination and source-tracing in China of economic thought of Francois Quesnay from the perspective of the construction of socialist political economics with Chinese characteristics”. *China Political Economy*, 2021, 4(2): 186-200.

③ 谈敏：《法国重农学派学说的中国渊源》，上海人民出版社，1992，第 254 页。

④《论语·尧曰第二十》。

⑤《论语·阳货第十七》。

⑥ 刘家贵：《孔子经济思想散论》，《中国经济史研究》1995 年第 1 期，第 148—157 页。

⑦《论语·卫灵公第十五》。

德，譬如北辰，居其所而众星共之”[1]。后儒解释道“德者，不言之化，自然之治，以无为为之者也”[2]，将德者与无为直接挂钩。孟子认为为政者如“禹之行水也，行其所无事也。如智者亦行其所无事，则智亦大矣”[3]，同样将无为视为一种最高的政治境界。孔孟都认为，为顺应人性自然，统治者应把治国根本放在个人修身之道上，进而以修身成德为起点，显发和拓展人的潜在善端，为理想社会和政治秩序奠定人性基础，达成内圣外王的事业[4]。

重农学派自由放任思想的许多含义均能从儒家无为论中找到思想来源[5]。首先，重农学派自由放任思想认为政府的主要职责是遵守并顺应自然秩序法则，且通过教化等各种方式使人们深刻理解此法则并与之相适应。比较之下，重农学派此观点与儒家倡导的君道无为的理念及通过伦理道德规范来教育人民的思想甚是吻合[6]，可谓儒家无为思想的翻版。其次，重农学派对儒家无为论在天道观念支配下主张“因民之所利而利之”的这一中国传统观念非常熟悉，其自然秩序的核心即人类一切行为应顺乎自然[7]。魁奈表示，西卢埃特（Silhouette）在《中国人的统治与道德概论》（*Idée Générale du Gouvernement et de la Morale des Chinois*）中写道：“中国哲学家的书籍使我们看到，如果我们只是听从自然的劝告，自然本身就能做成各种事情”，并且认为中国此观点“有助于自然法的研究”[8]。据说西卢埃特是于 1687 年

---

① 《论语·为政第二》。

② （清）刘宝楠撰，高流水点校：《论语正义》卷 2《为政第二集解》。

③ 《孟子》卷 8《离娄下》。

④ 张星久：《儒家“无为”思想的政治内涵与生成机制——兼论“儒家自由主义”问题》，《政治学研究》2000 年第 2 期，第 74—87 页。

⑤ 谈敏：《法国重农学派学说的中国渊源》，上海人民出版社，1992，第 251 页。

⑥ [德] 利奇温：《十八世纪中国与欧洲文化的接触》，朱杰勤译，商务印书馆，1962，第 95—96 页。

⑦ 叶坦：《“中学西渐”对西方经济学的影响——立足于经济学术史的考察》，《经济思想史学刊》2021 年第 1 期，第 65—96 页。

⑧ Maverick L A. *China: A Model for Europe*, Southern Illinois University Press, 1946, 28.

在孔子著作中获知的中国该思想，并由此联想猜测或许以天道观念为基础的儒家无为思想有助于完善西方自然法研究[①]。魁奈曾认真阅读过西卢埃特的著作，而著作中又展示了西卢埃特受儒家无为思想影响的一些观点，这无形之中会对魁奈自由放任思想的形成产生潜移默化的影响。最后，孔子"罕言利"[②]、孟子"何必曰利，亦有仁义而已矣"[③]等被渲染了浓厚伦理道德规范色彩的义利观在封建社会大多数时期是占据着支配地位的经济思想，并渗透进了儒家无为论之中，或许也为中国古代无为思想得以持续相传提供了一定的思想渊源。可见，从先秦儒家义利观中似乎可以寻到中国传统自由经济思想的资料依据，而重农学派正是从中发现了推行自由放任主义思想的范例[④]。

从上述分析可见，儒家无为思想和重农学派自由放任思想存在契合之处，暗示着重农学派对儒家经济伦理思想有一定的领悟，从思想之间相互影响的视角来看，有较为合理的理由认为儒家经济伦理思想启发了魁奈的自由放任思想。

6. 魁奈受儒家经济伦理思想影响的其他表现

随着《周易》的面纱在欧洲被揭开，西方学术界对其议论纷纷。魁奈认为孔子阐明了《周易》的真实内涵并从《周易》中发现了统治国家的秘笈，而此秘笈与其欲借助设计《经济表》来通晓农业国经济统治的所有精华的目的在内在逻辑上是相通的[⑤]。魁奈强调孔子从《周易》伏羲八卦中总结的知识是关于道德伦理与政治科学的知识，从而为中国逐步发展奠定了思想基

---

① 李竞恒：《岂有此理？——中国文化新读》，四川人民出版社，2023，第 100 页。

②《论语·子罕第九》。

③《孟子》卷 1《梁惠王上》。

④ 韦苇、周少琰：《重农学派与中国古代重农思想异同述评及启示》，《经济思想史评论》2007 年第 1 期，第 120—130 页。

⑤ ［法］魁奈：《魁奈经济著作选集》，吴斐丹、张草纫译，商务印书馆，1981，第 222 页。

础，这也被看作《论语》的由来[①]。与之相仿，魁奈在创制《经济表》时也模仿孔子，借用《论语》的记述手法，提出许多格言式的经济管理原则[②]。此外，兰盖（Linguet）作为重农学派的反对者指出，孔子创制的《周易》由六十四卦组成，并以线条联结来代表各要素的变动，这种对照会让不理解卦象内涵的欧洲知识分子对《经济表》感到无法理解；然而，通晓易学的中国学者，却从中发掘出古代循环经济观与动态平衡追求[③]。利奇温在研究《经济表》时认为："他的企图把天道和人道合而为一，把作为正道的，或如中国人称为世道的自然秩序，和实际的秩序合而为一（这一方面，中国也许提供了最宏伟的实现这个目的的实例），都是出于想得出一个可说明世界的综合一切的数学公式，同时对宇宙现实求得一个综合一切的看法。在这点上，他的心理是和中国人相通的，从这种心理上的相通，遂对中国人的国家概念和中国人发生深切的敬慕。"[④]米拉波也把魁奈一生追求的目标视为实现孔子教导的模范，将创制《经济表》的伟绩看作其欲完成孔子遗业的伟大尝试[⑤]。这些都体现了魁奈对孔子的倾慕赞赏之情及儒家思想对魁奈的重要影响。

"纯产品"学说在魁奈整个系统的经济学说内处于主要地位并发挥着重要作用[⑥]。魁奈说："从收获的产量中除去这些支出所得到的多余部分，就是纯产品（le surplus est produit net），它构成国家的收入和土地所有者的收入。"[⑦]魁奈的忠实信徒米拉波明确提出，魁奈的经济学说是对孔子思想的

① 马莉：《法国重农学派笔下的儒家经典》，《国际汉学》2023 年第 3 期，第 28—34 页、154—155 页。

② 唐任伍：《中国传统经济思想对法国重农学派的影响》，《传统文化与现代化》1997 年第 5 期，第 81—90 页。

③ Borokh O."China in Quesnay's doctrine: interpretations, translations, cultural aspects". *Journal of the New Economic Association*, 2021, (2): 137-162.

④ ［德］利奇温：《十八世纪中国与欧洲文化的接触》，朱杰勤译，商务印书馆，1962，第 92 页。

⑤ 朱谦之：《中国思想对于欧洲文化之影响》，商务印书馆，1940，第 286—287 页。

⑥ 范大平：《"纯产品"理论是重农主义的理论基础》，《当代财经》1988 年第 9 期，第 16—17、46 页。

⑦ ［法］魁奈：《魁奈经济著作选集》，吴斐丹、张草纫选译，商务印书馆，1997，第 411 页。

发展，魁奈在政治经济学领域做出了许多成果，其中“纯产品”学说就是重要成果之一，而该学说是对孔子关于宗教道德伟大教言的又一增补，利奇温对此评论为：“魁奈就是这样被他的门徒称为孔子事功的直接承继人。”[①]欧洲过去并不存在“纯产品”这一说法，当米拉波宣言须将“纯产品”概念的提出这一贡献记在“欧洲的孔子”即魁奈身上且“纯产品”这一概念终将使世界形象发生变化时，暗示着“纯产品”理论的建立与以儒家思想为代表的中国传统思想文化间或许有着一定的关联[②]。也有人曾对魁奈表示，其所宣传的学说，“本来是苏格拉底、伏羲、尧舜和孔子早已创立的学说”[③]。这似乎揭示了儒家重农态度是“纯产品”学说的重要思想来源，但限于资料搜索等困难，此观点仍有待进一步考证。

综上，法国重农学派的兴起处于欧洲“中国热”的背景下，此时儒家思想包括其经济思想得到了广泛传播。与 17 世纪、18 世纪欧洲大多数思想家一样，魁奈极力推崇孔子文化并奉《论语》为圣经，言语论谈间满溢着对儒家思想的景仰，肯定了儒家道德哲学对中国人的正面价值。由此推测，儒家思想或许曾对重农学派产生过影响，尤其是儒家经济思想对魁奈的影响被反映到其经济观点之中。上述相关研究成果表明，魁奈已不仅是单纯意义上的借用而是把儒家经济伦理思想和自身理论体系相互融合紧密联系，二者思想的多处契合充分说明重农学派对儒家经济伦理思想的领悟较为深入，从而有理由相信儒家经济伦理思想影响并启发了以重农学派为代表的西方经济学。

---

① [德]利奇温：《十八世纪中国与欧洲文化的接触》，朱杰勤译，商务印书馆，1962，第 92—93 页。

② 谈敏：《法国重农学派学说的中国渊源》，上海人民出版社，1992，第 292 页。

③ 转引自[德]利奇温：《十八世纪中国与欧洲文化的接触》，朱杰勤译，商务印书馆，1962，第 94—95 页。

二、英国古典经济学与中国传统经济思想

英国古典经济学理论体系的创立者亚当·斯密，围绕人类社会道德伦理和揭示经济生活规律两大核心主题，撰写了伦理巨著《道德情操论》和经济巨著《国富论》，他既是现代经济学的奠基者，又是西方伦理学的领军人物。因此，关于英国古典经济学与中国传统经济思想关联的论题，主要聚焦在亚当·斯密经济思想是否曾受到中国的影响。对此，学术界已进行了一些探讨，积累了不少观点。例如，有研究认为亚当·斯密经济思想与《道德经》《史记·货殖列传》有较深的思想渊源[①]。经济学家杨瑞辉在《市场之道：司马迁与看不见的手》中指出，司马迁在亚当·斯密倡导经济自由主义前就已经在《史记·货殖列传》中提出市场机制概念和“若水之趋下”这一与“看不见的手”相似的暗喻[②]。亚当·斯密或许是从留法中国学者杨德望（Yang Te-Wang）和高类思（Kao Lei-Szu）那里获取了司马迁的思想，进而提出“看不见的手”的概念[③]。日本经济学家桑田幸三也提出司马迁的劳动分工思想与亚当·斯密的劳动分工观点存在许多相似之处。田书华和陈捷在《中国先秦哲学是西方经济理论的思想源泉》中明言，亚当·斯密自由经济理论的启蒙思想来源之一便是存在于古老中国传统道家思想中的“放任自流”和“不管”理念[④]。在此基础上，学术界中不少观点认为亚当·斯密受道家影响的原因与其和重农学派魁奈、杜尔哥的密切接触不可分割，其自

---

① 刘刚、廖正贤、梁晗：《市场经济理论及其中国思想溯源——〈国富论〉与〈货殖列传〉〈道德经〉比较》，《中国人民大学学报》2019 年第 1 期，第 51—63 页。

② 程霖、陈旭东：《中国传统经济思想的现代价值》，《文汇报》2016 年 2 月 26 日。

③ Young L. “The Tao of markets: Sima Qian and the invisible hand”. *Pacific Economic Review*, 1996, 1(2): 137-145.

④ 田书华、陈捷：《中国先秦哲学是西方经济理论的思想源泉》，《北方金融》2018 年第 5 期，第 15—22 页。

由经济理论直接受重农学派的影响①。唐任伍也在《中外经济思想比较研究》中论述道："如前所述，法国重农学派的根本思想是在中国古代经济思想的影响下形成的，而亚当·斯密的《国富论》，又是在重农学派的首脑魁奈和杜尔阁的影响下写成的，因而，亚当·斯密的经济理论体系的建立亦间接与中国的经济思想发生关系。"②由此可见，学术界对亚当·斯密思想是否曾受中国传统经济思想影响的议题，积累了一些有价值的学术探讨和初步考证，为该议题的拓展研究奠定了前期基础。但较为遗憾的是，已有相关研究多是在总结中国传统经济思想价值、考察西方经济理论来源或进行中外经济思想比较的宏观研究框架下进行，一方面是较为缺少专门讨论亚当·斯密经济思想与中国传统经济思想关联的系统性梳理和专题性论证，另一方面是现有研究多从道家（或司马迁）的角度讨论中国传统经济思想对亚当·斯密经济思想的影响，在儒家经济思想如何影响亚当·斯密方面还有进一步挖掘的空间。因此，本书接下来尝试以儒家经济思想为研究切入点，重点分析探讨儒家经济思想是否曾影响了亚当·斯密的思想，如果这一推测成立，进而尝试分析其可能的影响路径，以期推进该领域研究的深化。

为实现这一目标，本节首先对《国富论》中有关中国问题的论述进行综述，围绕亚当·斯密对中国的态度和评价进行总结，力图说明亚当·斯密客观上确实相当重视中国，其思想有可能受到中国的影响。其次通过比较亚当·斯密的《道德情操论》和《国富论》之间的内在一致性，论证《道德情操论》是《国富论》的伦理思想基础，为后续进一步深入研究确立根基。再次在综合学界已有成果的基础上，进一步发掘《道德情操论》和儒家经济伦理思想的契合点，论证儒家经济伦理思想对亚当·斯密经济伦理

---

① 田书华、陈捷：《中国先秦哲学是西方经济理论的思想源泉》，《北方金融》2018 年第 5 期，第 15—22 页。

② 唐任伍：《中外经济思想比较研究》，陕西人民出版社，1996，第 43 页。

思想产生影响的可能性。最后，在前述分析的基础上，挖掘《国富论》与儒家经济伦理思想的关联性，表明儒家经济伦理思想确实有可能通过《道德情操论》间接影响《国富论》，即中国传统儒家经济思想可能影响了亚当·斯密的经济思想。

（一）英国古典经济学代表人物亚当·斯密对中国的评价

因资料搜集的局限与困难，本书并未找到亚当·斯密直接评价孔子和《论语》等儒家文化的内容。因此，本节首先就《国富论》中亚当·斯密对中国的态度和评价进行总结，以求为后续研究奠定基础。不同于魁奈对中国文化及儒家思想的推崇，亚当·斯密对待中国文化的态度更加冷静，他充分研读并利月中国资料分析了中国经济问题。即便《国富论》的创作处于欧洲“中国热”的后期尾声阶段，但亚当·斯密仍受当时社会整体环境的影响，在《国富论》中多次直接论述中国经济问题，如中国的财富、工资、农业、制造业和对外贸易等。参考亚当·斯密在《国富论》中对中国问题的论述和学界的已有研究[①]，本书拟从以下五个方面归纳介绍亚当·斯密对中国的态度和评价。

第一，根据亚当·斯密在《国富论》中的论述，古代中国、印度和埃及是世界最富裕的三个国家。中国比欧洲的任何国家都富有，核心优势是农业和制造业[②]。亚当·斯密称赞中国人口众多且勤劳，土地最肥沃且耕作最精细。“中国一向是世界上最富的国家，就是说，土地最肥沃，耕作最精细，人民最多而且最勤勉的国家。”[③]

① 如仵伟民：《亚当·斯密的〈国富论〉与中国》，《河北学刊》2003 年第 2 期，第 166—170 页；周建波、刘婷、张越：《亚当·斯密论传统中国》，《河北经贸大学学报》2023 年第 5 期，第 10—20 页；Hanley R P. “The ‘wisdom of the state’: Adam Smith on China and Tartary”. *American Political Science Review*, 2014, 108(2): 371-382；等等

② ［英］亚当·斯密：《国富论》，郭大力、王亚南译，商务印书馆，2015，第 185、347 页。

③ ［英］亚当·斯密：《国富论》，郭大力、王亚南译，商务印书馆，2015，第 65—66 页。

第二，亚当·斯密认为，当国家富裕时生活资料丰富且人们生活幸福安逸，而当国家停滞时生活资料匮乏且人们生活艰辛困苦。18 世纪的旅行者对中国情况的记载与 13 世纪马可·波罗时代的记载相似，或许是因为早在马可·波罗时代前，中国的财富积累就已达到此国法律制度所能承受的极限。亚当·斯密生活的时代，欧洲正面临改良进步的局面，但是中国却裹足不前，因此相较于中国，欧洲国家的真实劳动报酬更高[①]。劳动工资低廉是中国人民生活资料匮乏的前兆。亚当·斯密认为中国虽暂时没有得到发展但也没有退步，这是因为“那里，没有被居民遗弃的都市，也没有听其荒芜的耕地。每年被雇用的劳动，仍是不变，或几乎不变；因此，指定用来维持劳动的资金也没显然减少。所以，最下级劳动者的生活资料虽很缺乏，但还能勉强敷衍下去，使其阶级保持着原有的人数”[②]。

第三，亚当·斯密认为过分关注农业而忽视对外贸易是中国停滞不前的根本原因。由于君主收入绝大多数源于地租或地税，其包含一定比例的土地生产物，随农业丰歉不同，租税也有所差异，可见农业盛衰直接关乎君主收入的高低，因此重视农业发展是当时中国的主要内容。但中国过于轻视对外贸易。亚当·斯密直言“中国人不重视国外贸易。……除对日本，中国人很少或完全没有由自己或用自己船只经营国外贸易。允许外国船只出入的海港，亦不过一两个”[③]。这样中国不仅限制了国外市场销量，也无法接触国外先进技术以提升本国生产力[④]。

第四，亚当·斯密指出，“中国和印度斯坦制造业上的技术和勤劳，虽

---

① [英]亚当·斯密：《国富论》，郭大力、王亚南译，商务印书馆，2015，第 186 页。

② [英]亚当·斯密：《国富论》，郭大力、王亚南译，商务印书馆，2015，第 66 页。

③ [英]亚当·斯密：《国富论》，郭大力、王亚南译，商务印书馆，2015，第 650 页。

④ “假设能在国内市场之外，再加上世界其余各地的国外市场，那么更广大的国外贸易，必能大大增加中国制造品，大大改进其制造业的生产力。”参见[英]亚当·斯密：《国富论》，郭大力、王亚南译，商务印书馆，2015，第 651 页。

不及欧洲各地，但似乎相差不远。它们劳动的货币价格，既如此低廉，其制造品的货币价格，自然要比欧洲任何地方低”[①]。此外，人们因封建官吏压榨无安全感而藏金埋银[②]、富人奢侈消费造成较高利息率等现象，均被亚当·斯密视为阻碍中国资本积累的因素[③]。

第五，亚当·斯密也并非将中国完全作为反面的例证，而是作为一面镜子，来看到英国自身的不足，如其在讨论水运在开拓市场中的重要性中就暗示中国东部地区发达的水系促进了国内贸易，“中国东部的几个省，似乎也在极早的时候就已有农业和制造业上的改良……中国东部各省也有若干大江大河，分成许许多多支流和水道，相互交通着，扩大了内地航行的范围。这种航行范围的广阔，不但非尼罗河或恒河所可比拟，即此二大河合在一起也望尘莫及。”[④]

可见，亚当·斯密在《国富论》中批判性地分析了中国的形象及经济状况。他认为中国是当时世界上最富裕的国家之一，但唯有挣脱封建制度束缚，才能逃离停滞不前的困境得以继续前进[⑤]。而且他没有完全否定中国，承认中国也有值得英国学习之处。总的来看，通过总结亚当·斯密对中国的分析和评价可知，亚当·斯密将中国作为《国富论》理论分析中的重要参照系[⑥]，表明他确实非常重视中国，其经济思想确有可能受到了中国传统经济思想的影响。而这为后续考察儒家经济伦理思想对他的影响奠定了基础。

---

① [英]亚当·斯密：《国富论》，郭大力、王亚南译，商务印书馆，2015，第 202 页。

② “掘地埋藏宝物，为亚洲各国几乎普遍的习俗。”参见[英]亚当·斯密：《国富论》，郭大力、王亚南译，商务印书馆，2015，第 203 页。

③ 谈敏《法国重农学派学说的中国渊源》，上海人民出版社，1992，第 4 页。

④ [英]亚当·斯密：《国富论》，郭大力、王亚南译，商务印书馆，2015，第 17—18 页。

⑤ “也许在马可·波罗时代以前好久，中国的财富就已完全达到了该国法律制度所允许的发展程度。”参见[英]亚当·斯密：《国富论》，郭大力、王亚南译，商务印书馆，2015，第 66 页。

⑥ 仲伟民：《亚当·斯密的〈国富论〉与中国》，《河北学刊》2003 年第 2 期，第 166—170 页；周建波、刘婷、张越：《亚当·斯密论传统中国》，《河北经贸大学学报》2023 年第 5 期，第 10—20 页。

（二）亚当·斯密的伦理和经济著作及其内在联系

亚当·斯密生活时代的经济仍从属于政治，经济学和伦理学均为道德哲学的重要组成部分。因此，在考察亚当·斯密经济思想时，有必要同时分析他的伦理思想。其代表性著作《道德情操论》和《国富论》从伦理和经济两个视角，构建了道德伦理和价值规律两个理论体系。

《道德情操论》是亚当·斯密依据其讲解教授道德哲学的稿件撰写创作的伦理巨著[①]，于 1759 年首次出版，自出版以来共修订五次，亚当·斯密直至逝世前仍在进行最后的修订[②]，足以看出它在亚当·斯密心中举足轻重的地位。该书为满足当时英国社会迫切需要而作。18 世纪中期，市场经济在英国社会兴起并且日渐成熟，这为英国的工场手工业发展提供了十分有利的经济环境，急切想要走向富裕的民众释放着自己曾受束缚的欲望并疯狂追求自我权益。渐趋成熟的市场经济虽使人们的平等意识得到提高，但它也带来了诸多弊端，如有些人竟主张极端利己主义与私人恶行即为公众利益的扭曲思想。在这种时代背景下，亚当·斯密的伦理关注和道德焦虑越发强烈，他借助感情论基础，将合宜性视为伦理学主体，撰写《道德情操论》以有力抨击极端利己哲学。道德情操在当时被用来表示本性自私之人具有的能做出判断并克制私利的能力[③]。《道德情操论》的核心内容是论述道德情操的本质以及道德评价的原则。亚当·斯密并不否认属于人类天性的自利倾向，只是反对过分极端的利己主义。因为每个人并非孤立的个体，需要在社会生活中与他人相处，故而无法也不能全然自利。这种自觉的遵守源自人们内心的良

---

① 阳海音：《论亚当·斯密的人性观》，《山西师大学报（社会科学版）》2005 年第 2 期，第 104—108 页。

② ［英］亚当·斯密：《道德情操论》，蒋自强、钦北愚、朱钟棣等译，商务印书馆，1997，译者序言，第 4—9 页。

③ ［英］亚当·斯密：《道德情操论》，蒋自强、钦北愚、朱钟棣等译，商务印书馆，1997，译者序言，第 16 页。

知即公正的同情之心[①]。亚当·斯密着重从利他的道德伦理角度出发，在叙述同情之心的含义与本质的基础上，对仁爱慈善、正直道义等伦理情感得以形成的本源进行了分析说明，论述了具有利己本性的人如何调控其自私的想法和举动，以及如何创构拥有良好社会公德和行为准则规范的社会，强调合宜的道德约束是决定市场能恰当调整社会资源和要素的基础性因素。

《国富论》是亚当·斯密继伦理巨著《道德情操论》后创作的另一经济巨著。这部作品自 1764 年开始着手，1776 年才首次出版。该著作为资本主义自由经济打下了坚固的理论根基，其出版意味着古典政治经济学理论体系建立的开始，被誉为西方经济学界的圣经。该著作的创作正处英国工业革命前夜。18 世纪上半叶，英国资本主义生产形式仍以工场手工业为主，但机器代替手工生产的趋势越发显著。当时虽已完成资本主义原始积累，但封建势力仍在政治方面拥有一定统治力，使得封建经济依旧大量残存，阻碍了资本主义进一步发展。因此创立全新的经济学说体系便是那个时代的必然要求。亚当·斯密在教书期间除关注伦理道德问题，也时常考察其所处地区的经济状况，久而久之便将学术重心转移到经济层面，逐渐形成自己独特的经济学思想体系并撰写了此经济巨著。该书在归纳总结各国经济发展经验的基础上，系统论述了诸如生产、交换、分配及消费等国民经济运行过程，并主张自由经济。亚当·斯密从利己的经济利益角度出发，认为利己心是人们经济行为的核心推动力[②]，会促使人们在经济活动中不断谋求个人效益最大化。他明确将富国裕民视为政治经济学的研究目标[③]，而欲达此目标必须坚持劳动分工和平等交换。他还提倡自由放任经济思想，做出理性经济人假

① “如对利己主义行为的控制，《道德情操论》寄重托于同情心和正义感。”参见[英]亚当·斯密：《道德情操论》，蒋自强、钦北愚、朱钟棣等译，商务印书馆，1997，译者序言，第 16 页。

② “他把人们追求自身利益的‘自爱’看成是一切经济活动的必要条件。”参见[英]亚当·斯密：《道德情操论》，蒋自强、钦北愚、朱钟棣等译，商务印书馆，1997，译者序言，第 13 页。

③ [英]亚当·斯密：《国富论》，郭大力、王亚南译，商务印书馆，2015，第 401 页。

设，论述“看不见的手”即价值规律对经济运行的调节作用，主张减少政府干预，认为社会资源的配置可以借助市场内部竞争和要素交换并依托价值规律而得到调整，从而解决经济问题、促进社会公众利益并进一步推动经济发展。《国富论》强调财富增长和经济发展的根本原因是交换基础上的劳动分工[①]，应发挥好市场自由竞争的作用并避免由政府干涉过多而导致的扭曲，为市场经济存在的合理性提供了有力证明[②]。

《道德情操论》和《国富论》是亚当·斯密思想的两个重要组成部分。《道德情操论》是《国富论》的基础，要想深入认识《国富论》所蕴含的经济思想，就离不开对《道德情操论》伦理哲学的探索。19 世纪中期，“亚当·斯密问题”被德国历史学派提出[③]。在他们眼中，亚当·斯密在《道德情操论》中把人的行为归结于同情心的支配，从同情心出发论述了“道德人”的利他主义伦理观，而在《国富论》中又把人的行为归结于自利心的支配，从利己本性角度对“经济人”的利己主义利益观进行了探析。但仔细研读二著后会发现它们之间是紧密相连的，即使二著在论及范围的宽窄、论述的语气和侧重点上有所不同，但其表达的内容实质却是基本一致、并不矛盾的。基于以上分析并参考学界已有成果[④]，本书试从下述五个方面分析二著

---

① “劳动生产力上最大的增进，以及运用劳动时所表现的更大的熟练、技巧和判断力，似乎都是劳动分工的结果。”“在一个政治修明的社会里，造成普及到最下层人民的那种普遍的富裕情况的，是各行各业的产量由于分工而大增。”“所以当初产生分工的也正是人类要求互相交换这个倾向。”参见［英］亚当·斯密：《国富论》，郭大力、王亚南译，商务印书馆，2015，第 3、9、13 页。

② “在这场合，……他受着一只看不见的手的指导，……他追求自己的利益，往往使他能比在真正出于本意的情况下更有效地促进社会的利益。”参见［英］亚当·斯密：《国富论》，郭大力、王亚南译，商务印书馆，2015，第 428 页。

③ 王莹、景枫：《也谈亚当·斯密的两种人性》，《道德与文明》2001 年第 5 期，第 27—30 页。

④ 如晏智杰：《晏智杰解读〈道德情操论〉与〈国富论〉》，华夏出版社，2018，第 217—231 页；李井奎：《亚当·斯密与“看不见的手”——一场经济思想史的知识考古》，《社会科学战线》2011 年第 2 期，第 44—52 页；冯景源、龚维丽：《〈道德情操论〉与〈国富论〉的内在联系——兼论人类命运共同体与“看不见的手”的关系》，《东南学术》2019 年第 2 期，第 32—46 页；Dwyer J. “Ethics and economics: bridging Adam Smith's theory of moral sentiments and wealth of nations”. *Journal of British Studies*, 2005, 44(4): 662-687；等等。

的内在联系。

1. 二著的创作、修订和出版交替进行

1759 年，亚当 · 斯密在他曾经发表的道德哲学演讲的稿件的基础上延伸拓展，进而撰写成《道德情操论》，此后他在近 30 年间对该书一共进行了五次修订。期间，亚当 · 斯密在修订过程中结合道德哲学讲稿第四部分和他于 1763 年发表的与法律、内政和国防相关的演讲内容，撰写了《国富论》并于 1776 年发行[①]。《国富论》发行后，亚当 · 斯密对《道德情操论》进行了部分内容的修订并于 1781 年出版第五版。随后他对《国富论》也进行了修订，分别于 1784 年、1786 年出版第三版、第四版（最终版）。亚当 · 斯密在生命最后一年（1790 年）仍不断完善《道德情操论》，逝世前终于完成第六版的修订工作[②]。故从两部巨著的交替写作、修订及整个创作计划来看，亚当 · 斯密的思想观点渗透于二著中，二著应该是相通的。

2. 二著的思想体系在本质上具有关联性

《道德情操论》和《国富论》均以亚当 · 斯密发表的关于道德哲学演讲的稿件为基础。二者是他道德哲学整体写作计划的不同部分，所述主旨相辅相成且思想本质和谐一致。前著主要阐述伦理学问题，“论证了市场经济条件下应该遵行的基本道德规范和行为标准，论证了提升人类美德的必要性和可能性”[③]；后著侧重经济学问题，“论证了自由竞争资本主义生产方式的历史必然性和优越性，指出了发展社会生产力的基本途径和条件，以及相关的基本政策”[④]。按照当时的学科分类法，在亚当 · 斯密的思想体系中，经

---

① 阳海音：《论亚当 · 斯密的人性观》，《山西师大学报（社会科学版）》2005 年第 2 期，第 104—108 页。

② 吕孟仁：《对〈道德情操论〉和〈国富论〉关系的理解》，《长春大学学报》2001 年第 5 期，第 51—53 页。

③ 晏智杰：《晏智杰讲亚当 · 斯密》，北京大学出版社，2011，第 211 页。

④ 晏智杰：《晏智杰讲亚当 · 斯密》，北京大学出版社，2011，第 211 页。

济学并未成为独立学科，伦理道德和经济发展问题同属道德哲学范畴[①]。亚当·斯密当年只因在其道德哲学研究中涉及了经济学问题并进行了系统阐述，经济学就诞生了。他把《国富论》看作《道德情操论》的思想继承和发挥补充，加之《道德情操论》首次出版时间早于《国富论》，说明《国富论》具有伦理学的知识基础。因此，二著具有本质上的关联。

3. 二著都将利己心视为人类行为的最原始动机

虽然亚当·斯密在《道德情操论》中将同情心当成探讨道德情操时的主要话题，但他在讨论现实行为动机的时候却不同。他仍把利己心看作人类行为的最原始动机，认为人的行为并不总源自同情心。“一个热心公益的人赞助修公路，通常也不是出于对邮递员和车夫的同情。当立法机关设立奖金和其它奖励去促进麻或呢的生产时，它的行为很少出自对便宜或优质织物穿着者的单纯的同情，更少出自对制造厂和商人的单纯的同情。”[②]亚当·斯密在《道德情操论》中提到的利己即自爱，涵盖生存权与发展权，是人自出生起便拥有的自我利益与要求，这不仅是对封建特权的否定，而且是新兴社会阶层的内心呼声。自利的本质来源于自爱，人类所做出的自爱性质的行为说到底是由自利心导致的。在不影响自身利益的其他情况下，同情心也会左右人类行为。可见利己心是人类行为的原始动力，而同情等利他心仅为辅助动力。

亚当·斯密在《国富论》中认为利己动机是人类经济活动的出发点和初始动力。“但人类几乎随时随地都需要同胞的协助，要想仅仅依赖他人的恩惠，那是一定不行的。他如果能够刺激他们的利己心，使有利于他，并告诉他们，给他做事，是对他们自己有利的，他要达到目的就容易得多了”[③]；“我们每天所需的食料和饮料，不是出自屠户、酿酒家或烙面师的恩惠，而

① 道德哲学学科包括伦理学、政治学等部分，其中政治学又包括当时所称的政治经济学。

② [英]亚当·斯密:《道德情操论》，蒋自强、钦北愚、朱钟棣等译，商务印书馆，1997，第230页。

③ [英]亚当·斯密:《国富论》，郭大力、王亚南译，商务印书馆，2015，第12页。

是出于他们自利的打算”[①]。故人们做出任何经济行为都更多地为自己考虑。可见，二著在论述人类行为动机时都将利己心视为支配人类行为的最原始动机。

4. 二著都认为利他与利己相辅相成并相互统一

亚当·斯密虽然在经济和道德两个领域论述的侧重点不同，但对贯穿两部书的人性论的描述却是一致的。亚当·斯密认为利己利他相互统一，并不存在“斯密问题”中利己利他的矛盾。利己心和利他心实为人类生而俱有的影响行为的两种不同力量，人既不极端利己也不纯粹利他，而是作为道德人和经济人的统一体将利己利他结合起来存在的。

《道德情操论》秉持的人性论是利己利他的结合，其在人类行为和情感里的体现即为“合宜性”，也就是情感与行为上的反应是融洽的。亚当·斯密认为利己或自爱并非自私自利而是每人生来即有的生存权和发展权，利他指同情关心他人，二者均出自人的本性。“像斯多葛学派的学者常说的那样，每个人首先和主要关心的是他自己，无论在哪一方面，每个人当然比他人更适宜和更能关心自己。每个人对自己快乐和痛苦的感受比对他人快乐和痛苦的感受更为灵敏。前者是原始的感觉；后者是对那些感觉的反射或同情的想象。”[②]可见利己是本原，乃目标与驱动力；而利他则为本原的现实体现，乃为达目标而采取的措施与方式，二者相辅相成，缺一不可。故亚当·斯密认为德行完美的人应兼具利己心和利他心，既能妥善约束个人自利的原始情感，又极具同情心[③]。《国富论》认为在市场经济和分工前提之下，若欲满足自己的利益就必须满足他人的利益，实现利他才能真正地实现利己，二者相辅相成。提高生产率的基本方式是分工，其源自人类本性中互

① [英]亚当·斯密：《国富论》，郭大力、王亚南译，商务印书馆，2015，第12页。
② [英]亚当·斯密：《道德情操论》，蒋自强、钦北愚、朱钟棣等译，商务印书馆，1997，第282页。
③ [英]亚当·斯密：《道德情操论》，蒋自强、钦北愚、朱钟棣等译，商务印书馆，1997，第184页。

通有无、物物交换的倾向。“不论是谁，如果他要与旁人做买卖，他首先就要这样提议。请给我以我所要的东西吧，同时，你也可以获得你所要的东西……我们每天所需的食料和饮料，不是出自屠户、酿酒家或烙面师的恩惠，而是出于他们自利的打算。”[①]由此可知，利己是行为动机，交易是方式渠道，而利他乃交易实施的必要前提，自利与利他二者缺一不可，《国富论》正是在利己利他协调论中进行阐述的。

亚当·斯密认为，人的道德情操的构建形成与市场经济道德的形成机制，均以利他行为为路径，最终实现利己的目的。道德情操通过同情他人以对得起自己的良心，市场经济道德通过向他人提供商品满足他人需要后获得个人利益。这也体现了受同情和正义约束的利己有利于真正实现利他，并为社会创造源源不断的财富。故利己、利他相辅相成相互统一。

5. 二著以统一的思想论述了“看不见的手”

不管是《道德情操论》还是《国富论》，亚当·斯密都采用了“看不见的手”的表述且对其作用的叙论是统一的。该表述是资本主义国家政治和经济制度的基础[②]，于政治生活内以社会法令规则的形式来达到政治均衡，于经济生活内以经济规律的形式来达到经济均衡。亚当·斯密在《道德情操论》中提出“看不见的手”这一表述，欲说明个人在追求私利的同时也增进了社会利益。“尽管他们[③]的天性是自私的和贪婪的，虽然他们只图自己方便，虽然他们雇用千百人来为自己劳动的唯一目的是满足自己无聊而又贪得无厌的欲望，但是他们还是同穷人一样分享他们所作一切改良的成果。一只看不见的手引导他们对生活必需品作出几乎同土地在平均分配给全体居民的

---

① [英]亚当·斯密:《国富论》，郭大力、王亚南译，商务印书馆，2015，第12页。

② 吕孟仁:《对〈道德情操论〉和〈国富论〉关系的理解》，《长春大学学报》2001年第5期，第51—53页。

③ 指富人。

情况下所能作出的一样的分配，从而不知不觉地增进了社会利益，并为不断增多的人口提供生活资料。”[①]此处“看不见的手”实质指的就是伦理道德。亚当·斯密在《国富论》中使“看不见的手”极富经济学意义，旨在说明人们在谋取个人利益时意料之外地又提升了公众的共同利益。“确实，他通常既不打算促进公共的利益，也不知道他自己是在什么程度上促进那种利益。由于宁愿投资支持国内产业而不支持国外产业，他只是盘算他自己的安全；由于他管理产业的方式目的在于使其生产物的价值能达到最大程度，他所盘算的也只是他自己的利益。在这场合，像在其他许多场合一样，他受着一只看不见的手的指导，去尽力达到一个并非他本意想要达到的目的。也并不因为事非出于本意，就对社会有害。他追求自己的利益，往往使他能比在真正出于本意的情况下更有效地促进社会的利益。”[②]与《道德情操论》相似，《国富论》认为人在追求个人利益的时候，未留意无形之手正将其成果重新分配给了别的一部分人。无形之手的分配结果比此人有意识地将成果分配给别人的成果要好得多[③]。可见个人自利行为无意识地促进了社会财富的增长。

两部著作中“看不见的手”实质均指不会随着个人意志转变而改变的客观规律，这在伦理道德和经济生活两个领域中都存在，都是以实现自己和他人的利益相互促进并共同提升为目标。于道德领域，虽自利是人的天性，但无形之手会起引导作用，使人们逐步迈向利他，所以无须刻意阻碍这种天性。于经济领域，人们经济活动的原始动机虽是利己，但在无形之手的作用下，依靠客观经济运行机制，最终不仅满足了自己的意愿还提升了民众整体的福利。

总之，亚当·斯密整个思想体系由伦理道德《道德情操论》和经济发展

① [英]亚当·斯密：《道德情操论》，蒋自强、钦北愚、朱钟棣等译，商务印书馆，1997，第229—230页。

② [英]亚当·斯密：《国富论》，郭大力、王亚南译，商务印书馆，2015，第428页。

③ 吕孟仁：《对〈道德情操论〉和〈国富论〉关系的理解》，《长春大学学报》2001年第5期，第51—53页。

《国富论》两个有机部分构成。《道德情操论》是《国富论》的伦理基础，《国富论》是《道德情操论》的思想继承和发挥补充。目前理论界普遍认为《道德情操论》是《国富论》的最佳哲学注释。这两部巨著相辅相成，共同构成完备整体，教民行德与致富相互统一。

（三）《道德情操论》与儒家经济伦理思想的契合点

谈敏在《法国重农学派学说的中国渊源》中指出，亚当·斯密接纳吸收中国古代思想的主要方式即直接阅读当时在欧洲广泛传播的各种中国典籍资料并从中获得灵感和启发[①]。美国汉学家 Maverick（马弗里克）对魁奈的重农学派与孔子、孟子等中国思想家的关系进行了深刻研究，著有《中国：欧洲的楷模》（*China: A Model For Europe*）一书，他认为魁奈及其追随者是那个世纪深深崇拜中国的欧洲运动的顶峰，并猜测中国传统仁爱思想对亚当·斯密写作《道德情操论》有所启发[②]。对此，马弗里克给出两点依据，但均仅简单表述并未展开实质性论证。其一，法国传教士杜赫德等于 1735 年编撰的《中华帝国全志》收录了《孟子》节译本，欧洲群众首次较全面地了解到孟子学说，而孟子性善论极有可能启发并促使亚当·斯密撰写了《道德情操论》[③]。其二，法国财务大臣西卢埃特 1729 年发表的文章《中国人的统治与道德概论》详细介绍了儒家“仁论”且在欧洲影响广泛，或许也对亚当·斯密思想的形成有所启迪[④]。

---

① 谈敏：《法国重农学派学说的中国渊源》，上海人民出版社，1992。

② Maverick L A. *China: A Model for Europe*, Southern Illinois University Press, 1946, 334.

③ Du Halde J-B. *Description géographique, historique, chronologique, politique et physique de l'Empire de la Chine et de la Tartarie chinoise, Tomo 1*, P.G. Lemercier, 1775, 400.

④ Maverick L A. *China: A Model for Europe*, Southern Illinois University Press, 1946, 334. 相关研究可参见张国刚：《中国文化对启蒙时代欧洲的影响》，《光明日报》2020 年 6 月 13 日；盛洪：《现代经济学的中国渊源》，《读书》1994 年第 12 期，第 109—115 页；谈敏：《法国重农学派学说的中国渊源》，上海人民出版社，1992。

受谈敏关于亚当·斯密吸收中国古代思想资料来源路径的论述的启示，并结合马弗里克关于《道德情操论》可能受儒家思想尤其是“仁论”影响的猜测，下文先探析《道德情操论》与儒家经济伦理思想的契合点，再以此为基础从亚当·斯密的交友圈中进一步挖掘其思想确受儒家经济伦理思想影响的证据。事实上，不少海内外学者在比较亚当·斯密的《道德情操论》和儒家的经济伦理思想后，均认为它们存在诸多相似之处[①]。例如，有关同情心在个人的道德提升方面和社会的和谐稳定方面发挥的重要作用，研究或是分析践行这种道德观念的各个过程中的共性，又或是在分析《道德情操论》和以《论语》为代表的伦理思想之间的相似之处的基础上，研究两者由于环境不同而产生的差异等。本书除了探讨这些客观上的共性外，还试图对两者在主观层面的共性部分加以挖掘和阐释，即自然人性下的亲疏关系、无意识下的道德行为以及人的理想与现实的两面性。以此观之，倘若本书能在已有研究的基础上论证《道德情操论》受到儒家经济伦理思想的影响，那么《道德情操论》作为《国富论》的基础即作为亚当·斯密经济思想的伦理基础，可间接反映出亚当·斯密的某些经济思想可能受到儒家经济伦理思想的影响[②]。

① 如 Zhang W B. *On Adam Smith and Confucius: The Theory of Moral Sentiments and the Analects*, Nova Science Publishers, 2000; Schnieder H. “Emotion and sympathy in Confucius and Adam Smith”. In: Forman F. *The Adam Smith Review Volume 8*, Routledge, 2017, 111-124; Tan H. “Adam Smith and Confucius on morality: a comparative study of *The Theory of Moral Sentiments* and *The Analects of Confucius*”. In: Forman F. *The Adam Smith Review Volume 14*, Routledge, 2024, 143-163；周国正：《亚当·斯密〈道德情感论〉中的仁论》，《上海大学学报（社会科学版）》2013 年第 3 期，第 15—26 页；等等。

② 学界一般认为亚当·斯密的同情心理论主要受斯多葛主义的影响，亚当·斯密本人也曾多次提到过斯多葛主义文献。需要强调的是，本书对这一主流观点并无异议。然而，在系统研究相关文献后，笔者发现亚当·斯密的某些思想观点与儒家经济伦理思想的某些要义，在一定程度上存在相通之处。同时，亚当·斯密在《国富论》中明确提出了对中国农业、货币、交通等方面的认识，并在多处将中国情况与英国或其他国家和地区做对比。因此，笔者推测亚当·斯密有可能受到一些中国思想直接或间接的影响，尽管这种影响由于尚无直接的文献证明而并不明确，但本书认为系统梳理亚当·斯密的同情心理论与儒家经济伦理思想表现出的相通之处，在经济思想史研究领域仍然是重要的学术发现，具有重要的学术价值。

1. 将同情心视为道德的基础

《道德情操论》以对他人喜忧的同感同情之心为起点展开论述，强调同情心且将它视作道德的根基。亚当·斯密把对同情心的论述作为全书首段，如此开宗明义地表明其伦理道德理论的取态，足以见得同情心在他思想体系中占据举足轻重的地位。“无论人们会认为某人怎样自私，这个人的天赋中总是明显地存在着这样一些本性，这些本性使他关心别人的命运，把别人的幸福看成是自己的事情，虽然他除了看到别人幸福而感到高兴以外，一无所得。这种本性就是怜悯或同情，就是当我们看到或逼真地想象到他人的不幸遭遇时所产生的感情。我们常为他人的悲哀而感伤，这是显而易见的事实，不需要用什么实例来证明。这种情感同人性中所有其它的原始感情一样，绝不只是品行高尚的人才具备，虽然他们在这方面的感受可能最敏锐。最大的恶棍，极其严重地违犯社会法律的人，也不会全然丧失同情心。”[①]由此可见，亚当·斯密道德理论的基准依据是情感而非理性，且他将此书取名道德情操而非道德理性也说明此点。《孟子·公孙丑》中讨论了对人性和不忍人之心的诠释[②]。孟子认为，同情心人皆有之且与生俱来，是人之善性的核心，是德之根本。孟子的伦理体系也植根于情意层面而不是理性层面[③]。

整体来看，虽然《道德情操论》和《孟子·公孙丑》在语言表达上有所不同，但亚当·斯密和孟子持有的态度和观点却是一致的。二人均认为，人对他人的苦痛都有出自本能且与个人利害无关的同情心，这种同情心是伦理

① [英]亚当·斯密：《道德情操论》，蒋自强、钦北愚、朱钟棣等译，商务印书馆，1997，第5页。

② “人皆有不忍人之心。先王有不忍人之心，斯有不忍人之政矣。以不忍人之心，行不忍人之政，治天下可运之掌上，所以谓人皆有不忍人之心者，今人乍见孺子将入于井，皆有怵惕恻隐之心，非所以内交于孺子之父母也，非所以要誉于乡党朋友也，非恶其声而然也。由是观之，无恻隐之心，非人也；无羞恶之心，非人也；无辞让之心，非人也；无是非之心，非人也。恻隐之心，仁之端也；羞恶之心，义之端也。辞让之心，礼之端也；是非之心，智之端也。人之有是四端也，犹其有四体也。”（《孟子》卷3《公孙丑上》）

③ 周国正：《亚当·斯密〈道德情感论〉中的仁论》，《上海大学学报（社会科学版）》2013年第3期，第15—26页。

道德理论的基础。同时，二人的伦理取向归根结底是情而非理，主张情先于理，理基于情，坚信通情后才可达理，须以理范情。美国著名经济史学家迪尔德丽·麦克洛斯基（Deirdre McCloskey）也认为孟子的伦理思想和《道德情操论》中的伦理思想有惊人的相似性（startlingly similar），并以《孟子·公孙丑》中小孩坠井的论述为例，指出孟子“四端说”中的仁之“端”（sprout）和亚当·斯密的“道德情操”（moral sentiment）的内涵是一致的。事实上，斯密的“道德情操”对于成熟的公正旁观者形成起到了至关重要作用，而她认为仁之“端”同样可以起到类似的作用[①]。

2. 缺乏同情心是不道德行为

亚当·斯密既然将同感同情之心看作人之本性，那么在他眼中，缺乏同情心或无法对他人的喜忧有同感就是本性的缺失，属于不道德行为[②]。他在《道德情操论》中表述了个人的观点：“如果我们看见有人抱着钦佩和赞赏的心情为某个蛮横暴君下令干的某桩暴虐和不当的事情大声叫好，我们就不会认为，我们把这种行为称作非常邪恶的行为和道德上的罪恶，是极其荒谬的，尽管我们的意思只是此种人的道德官能堕落了，荒谬地赞同这种可怕的行为，似乎把其看作是崇高的、宽宏大量的和伟大的行为。我想，看到这样的旁观者，我们有时会忘掉对受害者表示同情，并且在想到如此可恶的一个卑鄙家伙时，除了感到恐怖和憎恶之外感觉不到其它任何东西。我们厌恶他的程度甚至会超过对那个暴君的厌恶，那个暴君可能是受了妒忌、恐惧和愤怒等强烈激情的驱使，因而是较可宽宥的。可是，那个旁观者的情感却显得

① McCloskey D. “Adam Smith, the last of the former virtue ethicists”. *History of Political Economy*, 2008, 40(1): 43-71.

② 周匡正：《亚当·斯密〈道德情感论〉中的仁论》，《上海大学学报（社会科学版）》2013 年第 3 期，第 15—26 页。

毫无道理，因此而显得极其可憎。”[①]亚当・斯密在这段话中明确把同情心的缺失视为道德官能的朽败，并对此大力批判。

再看先秦儒家。孟子曰：“不仁者可与言哉？安其危而利其菑，乐其所以亡者。不仁而可与言，则何亡国败家之有？”[②]即认为面对眼见他人危险无动于衷、利用别人灾难来取利、将这些足以导致败家亡国的事情当作快乐去追求的人，是不必与其商议的。这一点在《孟子・公孙丑上》的“无恻隐之心，非人也”中也得到相似体现。可见，先秦儒家学派认为，对他人的苦痛没有同情心是典型的令人厌恶的不道德行为。

比较发现，亚当・斯密在《道德情操论》中对朽败道德官能的批判与孟子对不仁行为的谴责是一致的。二人均认为对他人的喜忧苦乐无反应、缺乏同感同情之心是应受到众人斥责的不道德行为，若同情心缺失则不能视之为有道德的人。

3. 自然人性以亲疏关系为别

亚当・斯密认为，基于自然人性的同情之心会由于人际关系的亲疏远近而对拥有差别关系的对象做出有区别的行为，也就是说，同情心的强弱是随着人际关系的亲疏远近而变化的[③]。比如，《道德情操论》提到：“我们并不期望从一个泛泛之交那里得到比朋友更多的同情；我们也不能向前者揭示能向后者诉说的所有那些详细情况；……我们更不期望从一伙陌生人那里得到更多的同情，因此我们在他们面前显得更为镇静，……因为如果我们能在各方面控制自己，则一个点头之交在场确实比一个朋友在场更能使我们平静下来，一伙陌生人在场确实比一个熟人在场更能使我们平静下来。”[④]这段话

---

① [英]亚当・斯密：《道德情操论》，蒋自强、钦北愚、朱钟棣等译，商务印书馆，1997，第 427—428 页。

②《孟子》卷 7《离娄上》。

③ 薛兆丰：《经济学通识》，同心出版社，2009，第 409 页。

④ [英]亚当・斯密：《道德情操论》，蒋自强、钦北愚、朱钟棣等译，商务印书馆，1997，第 23 页。

可理解为，对他人苦乐的同情心会随着与他人亲密程度的改变而改变。可见在亚当·斯密眼中，同情心是有强弱差别的。

《孟子·尽心上》明确指出属于人之本性的伦理道德层面上的仁爱是有等差观念的。君子对不同对象的感情是不同的，对于世间事物怀有爱惜之情，可是这称不上是仁爱之情；对于平民百姓怀有仁爱之情却称不上是亲爱之情。对自己的亲近之人亲爱，而后对平民百姓仁爱，进而爱惜世间事物[①]。孟子区分了亲亲、仁民、爱物三个层次，对三个层次有等差的对待方式进行了论述，得出对三个不同层次对象的爱有不同程度的感情差别。虽然这些感情存在差别，但差别之间又存在必然关联。换言之，在孟子看来，以仁为总纲，亲亲、仁民、爱物有大小之别、先后之序、实华之分，且三者具有互动关系[②]。

通过上面的对比，能够非常直观地发现，亚当·斯密与孟子二人一致认为人际关系中的自然人性依亲疏远近程度而有所差别。亚当·斯密承认有强弱之差的同情心，相似地，孟子主张有等差的仁爱。儒家把以亲疏为别的自然人性看作道德应有的状态，构成了儒家经济伦理体系中的差序格局，而亚当·斯密以同情心作为其道德理论的基点，因此，情感而不是理性成了其道德理论的依据[③]。二者用语虽异，但思想本质却具有相合之处。

4. 道德行为分有无意识两种

亚当·斯密认为同感同情之心是人们运用想象力设身处地去感知他人苦乐所带来的结果[④]。他所指的想象力包括潜意识想象和有意识想象两种[⑤]。

---

① “君子之于物也，爱之而弗仁；于民也，仁之而弗亲。亲亲而仁民，仁民而爱物。”（《孟子》卷13《尽心上》）

② 杨海文：《“亲亲仁民爱物”的儒家文明图式——以〈孟子·尽心上·亲仁爱章〉为中心》，《江海学刊》2024年第4期，第63—69页。

③ 周国正：《亚当·斯密〈道德情感论〉中的仁论》，《上海大学学报（社会科学版）》2013年第3期，第15—26页。

④ [英]亚当·斯密：《道德情操论》，蒋自强、钦北愚、朱钟棣等译，商务印书馆，1997，第5页。

⑤ 周国正：《亚当·斯密〈道德情感论〉中的仁论》，《上海大学学报（社会科学版）》2013年第3期，第15—26页。

亚当·斯密揭示了人类情感共鸣机制下由潜意识想象带来的行为表现。比如，当人们看到他人遭受病痛时自身也会产生不适；当观众凝视绳索上试图平衡自己的舞蹈者时，也会不自觉地舞动身体[①]。亚当·斯密指出，此类反应不因现实而从他们心中产生[②]，而是源于人类本能的自我代入，是人对真实场景的潜意识想象。而在强调潜意识本能的同时，亚当·斯密也未忽视有意识想象。他提出，当个体在判断某人的情感反应是否与情境相匹配时，需要设身处地想象，以自己做出的反应为参考依据来进行判定[③]。把自己设想的感受作为参照标准来估量他人行为的欲恶，本质上是一种经过自觉反思的想象活动，与基于感官直觉的潜意识反应形成互补，共同构成人类情感认知的双重维度。

《论语·卫灵公》和《孟子·尽心上》也表明，某些道德行为或出于潜意识的自然而然的反应，或是有意识的经考虑后的结果[④]。《论语·卫灵公》中谈到的不愿加之于己因而不会加之于人的“己所不欲，勿施于人也”，同“乍见孺子将入于井”时产生怵惕之心欲救人的行为一样，属于潜意识行为[⑤]。《孟子·尽心上》将良能和良知详细介绍为潜意识里即有的能力和见识[⑥]，前者是先天的想要做好事的能力，后者是先天的辨别善恶的知识和智慧[⑦]。而《论语·雍也》中谈到的愿加之于己因而推己及人的“己欲立而立人，己欲达而达人”则属于有意识行为[⑧]。它如同《论语·子张》中

① [英]亚当·斯密：《道德情操论》，蒋自强、钦北愚、朱钟棣等译，商务印书馆，1997，第 6 页。

② [英]亚当·斯密：《道德情操论》，蒋自强、钦北愚、朱钟棣等译，商务印书馆，1997，第 9 页。

③ [英]亚当·斯密：《道德情操论》，蒋自强、钦北愚、朱钟棣等译，商务印书馆，1997，第 17—18 页。

④ 周国正：《亚当·斯密〈道德情感论〉中的仁论》，《上海大学学报（社会科学版）》2013 年第 3 期，第 15—26 页。

⑤ 刘文英：《孟子的良知说与道德潜意识》，《国际儒学研究（第十辑）》，2000 年，第 227—239 页。

⑥ “人之所不学而能者，其良能也。所不虑而知者，其良知也。”（《孟子》卷 13《尽心上》）

⑦ 陈清春：《王阳明“良能”概念的理论意义》，《中国哲学史》2019 年第 3 期，第 94—100 页。

⑧ 尹长云：《论儒家推己及人的人性论根据》，《学术论坛》2006 年第 10 期，第 39—41 页。

所说的，身居高位的官员缺乏理国治民的正道，人民早就心散离德，身为官员如果可以查知罪行实情，就要对他们给予同情怜悯之情，而不是沾沾自喜[①]。此处采取了设身处地、推己及人的同情心来探究案情及作案意图，明显是有意识思索的行为[②]。可见无论是亚当·斯密还是儒家学派，都认为人们的道德行为既包括不经思索、自然而然的潜意识行为，也包括设身处地、推己及人的有意识行为。

5. 人具有理想和现实两面性

亚当·斯密在《道德情操论》中提出旁观者的概念，此旁观者既有理想一面，也有现实一面[③]。这两个方面反映了一种适度哲学的思考[④]。旁观者指的是看到有关场景但与当事人并无利害关系的普通人。似乎这个旁观者可以代表社会中的人，但亚当·斯密在书中除大量使用“每个人”表达外，有时还会运用“大部分的人”进行论述。这种表述蕴含了对客观、中道、适度原则的追求[⑤]。这意味着在亚当·斯密心中对人是有一定要求的，并非真的每一个人都能做出相同反应。可见，旁观者在亚当·斯密心中具有一定理想性。亚当·斯密也从现实层面论述了旁观者。他认为旁观者也仅为一个普通人，其认知能力并不是完美的且也是有限制的，其无法对当事人经历的事情全部了解，更不可能对当事人的感受体会得分毫不差[⑥]。此外，旁观者也会像其他普通人一样在品格上存在一定不足，可能会因为个人所处境遇或心情

---

① “孟氏使阳肤为士师，问于曾子。曾子曰：上失其道，民散久矣。如得其情，则哀矜而勿喜。”（《论语·子张第十九》）

② 周国正：《亚当·斯密〈道德情感论〉中的仁论》，《上海大学学报（社会科学版）》2013 年第 3 期，第 15—26 页。

③ 周国正：《亚当·斯密〈道德情感论〉中的仁论》，《上海大学学报（社会科学版）》2013 年第 3 期，第 15—26 页。

④ 洪朝辉：《适度经济学导论》，广西师范大学出版社，2024，第 52 页

⑤ 洪朝辉：《适度经济学导论》，广西师范大学出版社，2024，第 53 页。

⑥ [英]亚当·斯密：《道德情操论》，蒋自强、钦北愚、朱钟棣等译，商务印书馆，1997，第 21—22 页。

的不同而影响到面对别人喜忧状况时所做出的反应，也可能会因为当事人身份地位的差异而做出区别的反应[①]。因此需要为种种差异造成的偏差设立一个情感适度精确或明晰的标准[②]。由此看来，亚当·斯密提出的旁观者也具有其现实的一面，并不是一个设想的十全十美的理想监测者。

同样地，儒家眼中的人也既有理想一面，又有现实一面。例如，“子曰：富与贵，是人之所欲也，不以其道得之，不处也。贫与贱，是人之所恶也，不以其道得之，不去也。”[③]又如，“子曰：富而可求也，虽执鞭之士，吾亦为之。如不可求，从吾所好。”[④]从中可以看出，儒家眼中的人既有对物质财富的现实欲望，又有对道德廉耻的理想追求。孔子并不认为物质与道德、现实与理想相互排斥，而是要求物质的获取要符合道德要求，主张应先承认人具有其现实一面，再从中挖掘其理想一面。这种两面性正如《论语》中提到的“过犹不及”一样，恰好反应了儒家思想对人性的审慎态度，这也与《道德情操论》中讨论旁观者时所昭显的适度哲学相似。

综上所述，基于《道德情操论》和儒家经济伦理思想的以上五点相似之处，可见儒家经济伦理思想确实有可能影响了亚当·斯密对《道德情操论》的创作。现以亚当·斯密的交友圈和学术讨论圈为研究起点和突破点，试图从中探寻反映二者关系的细节线索，并厘清影响机制的内在逻辑，从而说明《道德情操论》和儒家“仁论”之间的渊源关系。

谈敏在《法国重农学派学说的中国渊源》导言部分就指出亚当·斯密接纳吸收中国古代思想的途径之一是亚当·斯密的英国先驱者休谟所带给他的影响[⑤]。英国学者 Dodds（多兹）也在《“庞大的帝国”：中国、发展进步与

---

① [英]亚当·斯密：《道德情操论》，蒋自强、钦北愚、朱钟棣等译，商务印书馆，1997，第 70 页。

② 洪朝辉：《适度经济学导论》，广西师范大学出版社，2024，第 54 页。

③《论语·里仁第四》。

④《论语·述而第七》。

⑤ 谈敏：《法国重农学派学说的中国渊源》，上海人民出版社，1992，第 7 页。

苏格兰启蒙运动》一文中提及亚当·斯密与休谟关系密切，彼此交流对中国内容的理解及看法[①]。二人常就经济和历史等各类问题以书信、交谈的方式进行探讨。休谟不仅是亚当·斯密的挚友，还是亚当·斯密非常敬仰的长者，更有人说亚当·斯密是休谟的学生，甚至亚当·斯密曾指定休谟为自己遗稿的管理人。因此，休谟对亚当·斯密思想产生的影响不容忽视。休谟十分重视中国文化并认为孔门弟子是世间最纯粹的自然神论的信徒[②]。休谟从中国文化尤其是儒家文化中汲取滋养的思想显然会对亚当·斯密思想体系的形成产生或多或少的影响。

休谟较为条理全面地对唯物主义伦理学进行了批评驳斥，并搭建起独立的同情论伦理学体系。他在《人性论》中对同感的阐述与《孟子·公孙丑》中对同情心的介绍十分相近。书中提到："确实，同情并不总是限于当前的刹那，我们往往通过传导感觉到他人的并不存在的、而只是借想象预料到的苦乐。因为假使我看到一个完全陌生的人睡在田间，有被奔马践踏的危险，我就会立刻去援救他；在这里，激动我的同情原则，也就是使我关怀一个陌生人的现前悲哀的那个原则。"[③]

晏智杰虽曾指出"休谟的'同情说'是斯密道德情感理论的直接来源"[④]，但他并未给出渊源证明，所以此时还不能确定亚当·斯密和休谟究竟是谁影响了谁，又或者两人都或直接或间接地接触过《孟子》。但作为两人共同朋友的魁奈不得被忽略。二人与魁奈绝非泛泛之交，在《国富论》出版前，亚当·斯密和休谟曾连续两年专门前往法国拜访魁奈[⑤]，而亚当·斯密

① Dodds P. "'One vast empire': China, progress, and the Scottish enlightenment". *Global Intellectual History*, 2018, 3(1): 47-70.

② 朱仁夫、魏维贤、王立礼：《国际儒学传播》，中国社会科学出版社，2004，第 252 页。

③ [英]大卫·休谟：《人性论》(下册)，关文运译，商务印书馆，2003，第 428 页。

④ 晏智杰：《晏智杰讲亚当·斯密》，北京大学出版社，2011，第 175 页。

⑤ Maverick L A. *China: A Model for Europe*, Southern Illinois University Press, 1946, 121.

甚至曾想把撰写的《国富论》倾奉给魁奈，足以见得对魁奈的尊敬和重视[①]。魁奈对中国文化格外倾慕和向往，并对中国文化作了充分研究。他认为，中国的专制并非传统意义上的专制，而乃开明的专制，并称誉中国寰宇最美，人口最多，最昌盛荣华[②]。魁奈对中国文化甚是痴迷，难以想象亚当·斯密没有通过其尊崇的魁奈接触到中国思想。

当时中国文化席卷整个欧洲，与魁奈十分熟悉且交往甚密的另一位知识分子萧豪利（Silhouette）也在《中国的均衡》（*La Balance Chinoise*）中对中国文化给予了高度评价[③]。他对儒家仁爱这一思想根底做出了如下刻画：善者的所有美好品德皆以他们自身的人性为基础，对别人的爱并非源自外部，反而源于他自身。人们具有的本性令他们爱别人，这种爱就好像人们爱自己般自然，此即人与禽兽不同的原因所在。泛爱万物，乃义所由生[④]。此言与前文所引《道德情操论》对同感同情心论述的实质完全一样，也几乎可谓对孟子“不忍人之心”的近似翻译。

处于如此错综繁杂的学术交友圈中，经过彼此相互交流讨论，亚当·斯密在《道德情操论》中提出诸多与儒家“仁论”相似的观点便不足为奇[⑤]。综上而言，有理由推测：萧豪利曾高度评价中国文化，受儒家经济伦理思想影响，在其著作《中国的均衡》中对仁爱思想做出了与孟子相似的解读，而萧豪利与魁奈交往紧密，在相互交流中，萧豪利把受到儒家经济伦理思想影响的思想观点告知并传给了魁奈，痴迷于中国文化的魁奈是亚当·斯密和休谟二

① [英]约翰·雷：《亚当·斯密传》，胡企林、陈应年译，商务印书馆，2014，第 189 页。

② Maverick L A. *China: A Model for Europe*, Southern Illinois University Press, 1946, 165.

③ 中国人无视贵胄，只问品德，无视品阶，只问权责。政策明智，使商贸勃兴，不至如他国之贵胄怠惰而商贸摧败。参见 Maverick L A. *China: A Model for Europe*, Southern Illinois University Press, 1946, 30.

④ Maverick L A. *China: A Model for Europe*, Southern Illinois University Press, 1946, 32.

⑤ 周国正：《亚当·斯密〈道德情感论〉中的仁论》，《上海大学学报（社会科学版）》2013 年第 3 期，第 15—26 页。

人共同的朋友，深受二人的崇敬和重视，因此，受中国思想影响的魁奈的观点在亚当·斯密和休谟眼中具有重要地位。同时，亚当·斯密还有可能受到了杜尔哥的影响。正如前面介绍过的，杜尔哥接触过很多中国留学生，他们基本都接受过儒家教育，而杜尔哥本人也十分钟爱中国文化。作为对亚当·斯密产生过重要影响的人，亚当·斯密本人也很可能从杜尔哥那里学习到儒家的经济伦理思想。于是，受魁奈和杜尔哥思想的影响，关系紧密的亚当·斯密与休谟互相交流，又进一步深化了对儒家经济伦理思想尤其是孟子观点的理解，各自提出与儒家经济伦理思想尤其是与孟子“仁论”相似的观点。例如，亚当·斯密在《道德情操论》中对同情的论述、休谟在《人性论》中对同感的介绍均与《孟子·公孙丑》中对不忍人之心的阐释如出一辙。据此推断，亚当·斯密的思想体系尤其是《道德情操论》或直接或间接地受到了儒家经济伦理思想特别是孟子人性观的影响。进一步来看，考虑到《道德情操论》构成了《国富论》的伦理基础，这就意味着儒家的经济伦理思想确实有可能通过《道德情操论》间接影响《国富论》的创作。

（四）《国富论》与儒家经济伦理思想的关联分析

目前学术界中有一种观点认为亚当·斯密的经济思想，尤其是《国富论》与《道德经》和《史记·货殖列传》有着紧密联系，如刘刚等论证提出《道德经》《史记·货殖列传》是“自由放任”思想更为根本的理论渊源，亚当·斯密的市场经济理论深受法国魁奈、杜尔哥等重农学派的影响，而重农学派“自然秩序的科学”思想则来源于中国传统的“自然哲学”思想与“无为而治”的现实境况[①]。杨瑞辉认为亚当·斯密是在司马迁的影响下提出了

---

① 刘刚、廖正贤、梁晗：《市场经济理论及其中国思想溯源——〈国富论〉与〈货殖列传〉〈道德经〉比较》，《中国人民大学学报》2019 年第 1 期，第 51—63 页。

“看不见的手”的概念[①]。那么，在这过程中儒家经济伦理思想是否也影响了亚当·斯密观点的形成呢？事实上已经有学者做出了类似的猜测。日本立命馆亚洲太平洋大学教授张伟斌（Zhang Wei Bin）在比较《国富论》和儒家经济思想时指出，“读者或许会察觉到，亚当·斯密基于对个人利益追求的经济理论，与儒家在自由经济政策方面的理念存在某些相似之处。倘若读者留意到重农学派代表人物魁奈曾受到儒家思想的启发，那么这种似曾相识的感觉也就不足为奇了”[②]。这表明儒家经济思想可能通过魁奈间接影响了亚当·斯密。但可惜的是张伟斌并没有就这一问题展开深入研究，只是简单地指出存在这种可能性[③]。由此可见，本书所掌握的文献中，对儒家经济伦理思想如何影响《国富论》的研究还有进一步发掘的空间。事实上，正如本书前面的分析，《道德情操论》的某些观点直接或间接受到了儒家经济伦理思想的影响，在此基础上，有理由推测以《道德情操论》为思想基础的《国富论》的创作，或许也受到了儒家经济伦理思想的影响。当前，中国传统经济思想—法国重农学派—亚当·斯密这一思想史逻辑假设，已有亚当·斯密受儒家间接影响的有关论证。例如，张旭和王天骄在谈敏研究的基础上，进一步论述了魁奈如何将儒家“无为而治”“重农富民”等伦理概念转化为“自然法则”学说，成为亚当·斯密“自由放任”理论的中介桥

---

① Young L. “The Tao of markets: Sima Qian and the invisible hand”. *Pacific Economic Review*, 1996, 1(2): 137-145.

② Zhang W B. *On Adam Smith and Confucius: The Theory of Moral Sentiments and the Analects*, Nova Science Publishers, 119.

③ 这主要是由于张伟斌的目标是比较《国富论》和儒家经济思想，而非论证儒家经济思想影响过《国富论》。他的比较强调两者既有相似之处，但也存在差异。例如，他认为亚当·斯密和儒家都发现了分工理论，但是由于所处的经济社会环境不同，处于工商业经济（commercial-industrial economy）的亚当·斯密强调的是经济分工（the economic division of labor），而处于古代水稻经济（ancient rice-economy）的儒家则更关注政治分工（the political division of labor）。相关内容详见：Zhang W B. *On Adam Smith and Confucius: The Theory of Moral Sentiments and the Analects*, Nova Science Publishers, 119-139.

梁[①]。近年来，儒家经济思想与经济自由主义学说的关联也在被不断关注[②]。但目前研究多停留在《道德情操论》的分析中，对《国富论》的讨论仍待展开。下文从《国富论》入手，尝试探寻其与儒家经济伦理思想的相似之处，为儒家经济伦理思想影响《国富论》的推测提供基础材料支撑，再结合前文对亚当·斯密二著关系的分析及儒家经济伦理思想影响《道德情操论》的观点，阐述《国富论》受儒家经济伦理思想影响这一推测的合理性和可靠性。

亚当·斯密在《国富论》中不仅论述了谋求个人利益最大化的利己心，还承认了同情心等利他行为在自由市场经济中的重要性，并借助有关屠户、酿酒师、面包师和人们交易行为的例子对此重要性进行了透彻分析。“但人类几乎随时随地都需要同胞的协助，要想仅仅依赖他人的恩惠，那是一定不行的。他如果能够刺激他们的利己心，使有利于他，并告诉他们，给他做事，是对他们自己有利的，他要达到目的就容易得多了。不论是谁，如果他要与旁人做买卖，他首先就要这样提议。请给我以我所要的东西吧，同时，你也可以获得你所要的东西：这句话是交易的通义。我们所需要的相互帮忙，大部分是依照这个方法取得的。我们每天所需的食料和饮料，不是出自屠户、酿酒家或烙面师的恩惠，而是出于他们自利的打算。我们不说唤起他们利他心的话，而说唤起他们利己心的话。我们不说自己有需要，而说对他们有利。”[③]这段话所含思想与儒家经济伦理思想存在共通之处，现将二者的相似点作如下归纳。

---

① Zhang X, Wang T J. 2021. “Critical examination and source-tracing in China of economic thought of Francois Quesnay from the perspective of the construction of socialist political economics with Chinese characteristics”. *China Political Economy*, 2021, 4(2): 186-200.

② 孔祥来：《儒家经济思想的“自由放任”倾向》，《孔子研究》2021 年第 3 期，第 18—32、157 页；王玲强：《“有效市场”与“有为政府”：〈春秋〉“大一统”视域下儒家经济思想再审视》，《孔子研究》2025 年第 2 期，第 53—64、158 页。

③ ［英］亚当·斯密：《国富论》，郭大力、王亚南译，商务印书馆，2015，第 12 页。

1. 蕴含利他与利己双重因素

学术界一般将上引这段话理解为，现实中的每个人都竭尽所能获取自己的私利。表面上看，亚当·斯密的确认为人们相互进行交易的首要目的是获得各自需要的东西，但该段话除表达此层表面含义外，还蕴含着另一层别样的思想。进行交易的人们均通过满足他人需要以使自己的需要得到满足，即屠户、酿酒家和烙面师提供的食物都是利他的。正如森所言，亚当·斯密的屠户和酿酒师的例子确实强调了“互惠贸易的普遍性”[①]。可见亚当·斯密所举的例子是通过利他的方式来利己。试问屠户等在能轻易避开欺骗他人的惩罚的情况下，是否会为了个人私利最大化而提供劣质食物？亚当·斯密明确给出了否定的回答，他认为屠户等不会选择这样做。他在批评重商主义时就曾明确指出，“消费是一切生产的唯一目的，而生产者的利益，只在能促进消费者的利益时，才应当加以注意。这原则是完全自明的，简直用不着证明”[②]。这段话表明商品生产者应当以实现消费者的互利为目标，不能采取欺骗手段谋取私利。因此，如果屠户出售劣质食物，顾客终会发现欺诈行为而转向其他卖家购买食物，最终使售卖劣质食物的商家破产，这反映了市场竞争是强有力的约束机制。在亚当·斯密看来市场的“看不见的手”不仅仅因为存在竞争的压力而起作用，而且也因我们每个人都有对个人行为的自我约束力而起作用[③]。不仅如此，亚当·斯密还认为商人更愿意在本地做生意，因为“他能够更好地了解所信托的人的品性和地位，即使偶然受骗，也比较清楚地了解他为取得赔偿所必须根据的本国法律”[④]。这就表明道德规范能够有效地减少交易的成本和风险。综上所述，亚当·斯密在《国富论》

---

① [印]阿玛蒂亚·森：《伦理学与经济学》，王宇、王文玉译，商务印书馆，2019，第28页。

② [英]亚当·斯密：《国富论》，郭大力、王亚南译，商务印书馆，2015，第631页。

③ 转引自[美]乔纳森·怀特：《拯救亚当·斯密》，彭一勃、罗全喜、范丽丽等译，机械工业出版社，2004，第258页。

④ [英]亚当·斯密：《国富论》，郭大力、王亚南译，商务印书馆，2015，第426页。

中的观点同时包含利己与利他两重因素，不仅阐述了一种“为己利他”的融合思想，也强调伦理道德在保障市场经济正常运行中的重要作用。倘若没有道德规则支撑，自由经济就无法顺利存活，社会也将随之瓦解。每个人对自己私利的追求必须建立在道德规范约束的基础上，即须将利他作为行为前提。“为己利他”的思想不仅没有极端限制人们的欲望，而且能较有效地提高个人乃至社会的利益。亚当·斯密主张的这种主观为自己、客观为别人的思想观念能很好地增进人们对物质财富及功利的热烈追求，从而促进个人与他人和社会的互利共赢局面的实现。

相似地，儒家经济伦理思想追求利己利他的统一，而并非纯粹以利他为根本目的，实质是一种融合了利己利他双重因素但超越了利己利他二元对立的、以人类情感为价值本位的“立己立人”仁本思想[①]。儒家经济伦理思想的利他意为对他人有利，其不仅指满足他人获取物质财富的欲望，也涵盖帮助他人得到幸福感之意。这种利他性既是认知性的，也是知行合一的，正如美国著名汉学家安靖如（Stephan C. Angel）所指出的，儒家伦理是人在寻找和谐时的主动道德感知和回应[②]。人类除了通过满足物质欲望获取幸福之外，也希望能够从情感、理性等其他诸多层面的满足中获取幸福。例如，孔子在评价颜回时就指出，“贤哉，回也！一箪食，一瓢饮，在陋巷，人不堪其忧，回也不改其乐”[③]，表达了儒家对精神幸福的追求。由于达到幸福的来源和层面是不同的甚至是矛盾的，所以人类的某些行为从某个角度看利己，但从另一角度看却利他。或许人们自身并未察觉，彻底摆脱个人意识的支配而做出完全不受利己心影响的行为并不会发生，人们多数行为都不自觉

① 孙海燕：《儒家伦理是利他主义吗——兼与王海明教授商榷》，《道德与文明》2014 年第 4 期，第 152—157 页。

② Angle S C. “Seeing confucian ‘active moral perception’ in light of contemporary psychology”. In: Snow N E, Trivigno F V. *The Philosophy and Psychology of Character and Happiness*, Routledge, 2014, 163-180.

③《论语·雍也第六》。

地将利己利他融合在一起。此处再次以孟子“孺子入井”的故事为例进行分析。人们看到有孩子快要掉入井中会不自觉地想去救他，“非所以内交于孺子之父母也，非所以要誉于乡党朋友也，非恶其声而然也”[①]，这显然是一种利他行为。但换个角度，从救人方考虑，他欲追求的则可能是缓解担忧恻隐之情以求内心安宁的自我满足，如此看来，这种行为又是利己的。儒家经济伦理思想没有一味要求人的职责是专为他人谋福利却从不关注自己私利。“古之学者为己，今之学者为人”[②]中“为己”所表达的便是为了实现自身的追求而不断提升自我的过程。“己欲立而立人，己欲达而达人”[③]的意思是自己想要有所成就便应使他人有所成就。所以儒家认为立己立人相互融合关联，二者乃“一件事情的表里，不是非此即彼，而是亦此亦彼”[④]。另外，儒家同样注重伦理道德在市场运行中的作用。例如，孔子强调“人而无信，不知其可也。大车无輗，小车无軏，其何以行之哉？”[⑤]说明他认为诚信是一个人的立身之本。商业活动同样是人与人之间的一种社会活动，商人若缺乏诚信也难以长久立足。

从上述分析可以发现，无论是《国富论》还是儒家经济伦理思想，都同时蕴含利己利他双重因素，并将二者进行了融合。亚当·斯密认为每个人对自己私利的追求以利他为前提，在《国富论》中阐述的是一种主观为自己、客观为别人的“为己利他”的思想。相似地，儒家经济伦理思想实质是一种追求利己利他双重因素融合统一的“立己立人”的思想。或许亚当·斯密是在理解儒家“立己立人”道德原则的基础上，又加之个人理解分析，形成了

---

①《孟子》卷3《公孙丑上》。

②《论语·宪问第十四》。

③《论语·雍也第六》。

④ 孙海燕：《儒家伦理是利他主义吗——兼与王海明教授商榷》，《道德与文明》2014年第4期，第152—157页。

⑤《论语·为政第二》。

“为己利他”的思想，其虽然与儒家经济伦理思想并不完全一致，但仍值得关注。

2. 推己及人地猜度他人之心

亚当·斯密在《国富论》中关于屠户等交易的描述也表达了一种设身处地揣度他人之心的思想。交易的提出者为获得自己渴求的好处，会设身处地想象另一方与自己进行交易的场景并揣度对方心理，再通过这种设想的猜度告知对方其通过交易能获得的好处，向对方提出“请给我以我所要的东西吧，同时，你也可以获得你所要的东西”，以此打动对方与自己进行交易，从而获得自已欲得的好处。亚当·斯密指出“我们所需的相互帮忙，大部分是依照这个方法取得的”。他高度评价了这种方法，把它形容为“交易的通义”[①]。

《国富论》中的这种思想与儒家推己及人读懂他人之心的思想极为相似，但并不完全相同[②]。孔子比亚当·斯密更详细准确地道出了个人与他人关系，以及社会经济关系的本质，即孔子认为“己欲立而立人，己欲达而达人”[③]。这就是说，一个人想要在社会上立足，也要帮助他人立足，一个人想要通达成功，也要助力他人通达成功，强调要从自身出发推及他人，主张通过换位思考理解他人的处境，兼顾他人利益，建立互助共生的关系。类似地，孟子也特别注重推己及人的思想。他主张“老吾老，以及人之老；幼吾幼，以及人之幼”[④]，表明要从家庭内部的情感出发，逐步向外部社会扩展，从而兼顾多方的利益。这一思想引申到商业活动和经济关系领域，可以理解为，在经济活动中比利己心更重要的是能推己及人，通过换位思考理解他人的处境，打破自我中心的局限，在实现自我价值的过程中主动利他，追

① [英]亚当·斯密:《国富论》，郭大力、王亚南译，商务印书馆，2015，第 12 页。
② 黄玉顺:《中国正义论纲要》,《四川大学学报（哲学社会科学版）》2009 年第 5 期，第 32—42 页。
③《论语·雍也第六》。
④《孟子》卷 1《梁惠王上》。

求“成己成人”的统一。

综上所述，前文已经以亚当·斯密的交友圈和学术讨论圈为突破口，基于《道德情操论》和儒家经济伦理思想的诸多契合点，如同情心是道德的基础、缺乏同情心是不道德行为等，分析了儒家经济伦理思想影响《道德情操论》这一观点，且通过前文对《道德情操论》和《国富论》内在联系的分析，可以发现二者在思想体系本质、利己利他观点等多方面具有相同之处，从而论证了《道德情操论》是《国富论》的伦理思想基础，《国富论》是《道德情操论》的继承和发展。结合以上两点，可以推测儒家经济伦理思想或多或少影响了《国富论》的创作，加之《国富论》和儒家经济伦理思想存在蕴含利己利他双重因素、推己及人猜度他人之心的相似点，更强化了此推测的合理性。然而，由于所得资料的局限和研究时间精力有限等条件限制，本书关于亚当·斯密经济思想受儒家经济思想影响这一推测并未给出非常全面的论证过程，仅提供了考察分析该推测的一个思路，具体影响途径和影响程度还有待更多资料的发掘和后续研究的探索。

三、德国自然法哲学和官房主义与中国传统经济思想[①]

当前，在国际学术界中官房主义已经被视为西方经济现代性的思想根源之一，是启蒙运动时期欧洲经济思想取得的进步的重要组成部分。有观点认为：官房主义（主要是 18 世纪的新官房主义）应当与法国重农主义和英国古典政治经济学并列被视为诞生于启蒙运动时期的现代西方经济思想的源流之一[②]。其中，关于法国重农学派思想对于中国传统经济思想的借鉴和吸

① 该部分研究内容由上海财经大学经济学院助教授赵萱博士撰写。

② Kaplan S L, Reinert S A. “The economic turn in enlightenment Europe”. In: Kaplan S L, Reinert S A. *The Economic Turn: Recasting Political Economy in Enlightenment Europe*, Anthem, 2019, 1-33; Nokkala E, Miller N B. “Introduction: cameralism and the enlightenment”. In: Nokkala E, Miller N B. *Cameralism and the Enlightenment: Happiness, Governance and Reform in Transnational Perspective*, Routledge, 2020, 1-20.

收，学界已经做了较为深入系统的研究[①]，并积累了一定的学术共识。同时，在前文中，围绕中国传统儒家经济思想对法国重农学派思想和英国古典政治经济学的影响也已得到了一定的考证、补充和探讨。但遗憾的是，目前对于中国传统经济思想如何影响德国官房主义经济思想的研究尚属空白。这为本书提供了进一步研究并提出创新观点的空间和余地。因此，本节尝试揭示中国传统经济思想对于德国官房主义经济思想的影响。

（一）近代德国经济思想及其重要意义

在近现代西方经济思想的发展历史中，发源于中欧德语地区的经济思想（以下简称德国经济思想）是最重要的流派之一。近现代德国经济思想的起源是流行于 17 世纪至 18 世纪的官房主义（英文为 cameralism，德文为 Kameralismus）经济思想[②]。"官房主义"一词最早由 19 世纪德国历史学派经济学家威廉·罗舍尔（Wilhelm Roscher）发明[③]。在德语中，官房主义一词的词源是单词"Kammer"，其本意是指文艺复兴时期以来，近代德意志各邦国领主的财政经济管理机关[④]。最早的 Kammer 是由神圣罗马帝国皇帝马克西米连一世（Maximilian I）建立的"Hofkammer"（意为"帝国宫廷 Kammer"）[⑤]。三十年战争（1618—1648 年）结束之后，欧洲列强和德意志

① 谈敏：《法国重农学派学说的中国渊源》，上海人民出版社，1992。

② Tribe K. *Governing Economy: The Reformation of German Economic Discourse 1750-1840*, Cambridge University Press, 1988; Backhaus J. "The German economic tradition: from cameralism to the verein für sozialpolitik". In: Albertone M, Masoero A. *Political Economy and National Realities*, Fondazione Lugi Einaudi, 1994, 329-356; Reinert E, Roessner P. "Cameralism and the German tradition of development economics". In: Reinert E, Ghosh J, Kattel R. *Handbook of Alternative Theories of Economic Development*, Edward Elgar, 2016, 63-86; Reinert E. "German economics as development economics: from the thirty years' war to World War II". In: Kattel R. *The Visionary Realism of German Economics: From the Thirty Years' War to the Cold War*, Anthem, 2019, 15-35.

③ Magnusson L. "Was Cameralism really the German version of mercantilism?". In: Roessner P R. *Economic Growth and the Origins of Modern Political Economy*, Routledge, 2016, 57-71.

④ Justi J H G. *Staatswirthschaft,* bd.1, Bernhard Christoph Breitkopf, 1755, 28.

⑤ Zielenziger K. *Die alten deutschen Kameralisten*, Gustav Fischer, 1914, 11.

各等级签订了《威斯特伐利亚条约》，这份条约严重削弱了德意志人的封建国家——神圣罗马帝国——的统一性。神圣罗马帝国被分成一千多个诸侯国和骑士领地，而且这些邦国还被授予了“领土主权”（德文为 Landeshoheit），即领主有权在不反对皇帝和帝国的条件下自行管理其外交、国防、宗教、经济和社会[①]。这些诸侯国中最大的是奥地利（在 1700 年有 54 万平方公里领土和 800 万人口）和普鲁士（1740 年有 12.2 万平方公里领土和 220 万人口）。第二等邦国（如汉诺威、巴伐利亚、萨克森等）的领土面积一般在七千至四万平方公里之间，而绝大多数邦国的领土面积都在一千平方公里之下[②]。历史上的官房主义思想家主要活跃于奥地利和普鲁士等大型德意志邦国，他们主要从这些大型德意志邦国的财政经济管理机关或者整个政府的视角出发，研究国家的财政和经济问题与政策。虽然这些大型德意志邦国比当时欧洲的大国略小（如 1700 年的法国有 55 万平方公里领土和 2600 万人口）[③]，而且其“领土主权”也不是完全的国家主权[④]，但是这些大型德意志邦国政府以及官房主义经济思想所面对的经济社会问题的全面程度与复杂程度丝毫不逊色于英国和法国那样拥有完全主权的欧洲大国。

官房主义经济思想的发展经历了两个阶段。第一阶段是从 16 世纪末至 1726 年，这一阶段被称为“旧官房主义”阶段。此时的官房主义经济思想家的身份一般是君主的财经顾问，官房主义的思想文本载体是这些财经顾问撰写的旨在宣传个人政策思想的小册子，其哲学基础是尼可罗·马基雅弗利（Niccolò Machiavelli）和博丹的关于专制主义君主国的政治哲学，其主要讨

---

① Wilson P. *The Holy Roman Empire: A Thousand Years of Europe's History*, Penguin, 2010, 543.

② von Schmoller G. *Grundriß der Allgemeinen Volkswirtschaftslehre*, Duncker & Humblot, 1908, 295; Whaley J. *Germany and the Holy Roman Empire: Volume II the Peace of Westphalia to the Dissolution of the Reich, 1648-1806*, Oxford University Press, 2012, 188.

③ von Schmoller G. *Grundriß der Allgemeinen Volkswirtschaftslehre*, Duncker & Humblot, 1908, 295.

④ Whaley J. *Germany and the Holy Roman Empire: Volume II the Peace of Westphalia to the Dissolution of the Reich, 1648-1806*, Oxford University Press, 2012, 190.

论君主关心的财政和经济问题，即如何建设一个人口众多的、各产业繁荣的、通过对外贸易顺差积累大量贵金属货币的经济体，以此提高经济体向君主缴纳贵金属货币税收的能力与维持君主的庞大军队的能力①。第二阶段是从 1727 年至 19 世纪初，这一阶段被称为“新官房主义”阶段。1727 年是官房主义发展历史上的一个关键节点，因为在这一年普鲁士国王腓特烈·威廉一世（Friedrich Wilhelm I）在哈勒大学（Universität Halle）和奥得河畔法兰克福大学（Universität Frankfurt an der Oder）分别建立了一个“经济、政策与官房事务”教授席位，其目的在于培养财政和经济管理人才以充任政府经济官僚②。其中哈勒大学的教席是全世界最早的大学经济学教席，比英国最早的牛津大学的经济学教授教席早了一个世纪③。自此之后，官房主义教席在中欧德语区纷纷建立，截至 1798 年，在德意志的 36 所大学中，23 个建立了官房主义教席④。在此过程中，官房主义逐渐成为一门旨在培养政府财政经济官僚的大学学科，在当时被称为“官房科学”（英文为 cameral sciences，德文为 Kameralwissenschaften），此时的官房主义经济思想家的身份主要是大学官房科学教授，官房主义的思想文本载体是大学教科书，其哲学基础是以实现“公共幸福”为讨论目标的自然法哲学，主要讨论符合实现

---

① Zielenziger K. *Die alten deutschen Kameralisten*, Gustav Fischer, 1914, 98-104; Dittrich E. *Die deutschen und Österreichischen Kameralisten*, Wissenschaftliche Buchgesellschaft, 1974, 38-88.

② Kähler W. *Die Entwickelung des staatswissenschaftlichen Unterrichts an der Universität Halle*, Gustav Fischer, 1898, 14-16; Tribe K. *Governing Economy: The Reformation of German Economic Discourse 1750-1840*, Cambridge University Press, 1988, 42-44.

③ Backhaus J G. “From Wolff to Justi”. In: Backhaus J G. *The Beginning of Political Economy: Johann Heinrich Gottlob von Justi*, Springer, 2009, 1-18; Reinert E. “German economics as development economics: from the thirty years' war to World War II”. In: Kattel R. *The Visionary Realism of German Economics: From the Thirty Years' War to the Cold War*, Anthem, 2019, 15-35.

④ Stieda W. *Die Nationalökonomie als Universitätwissenschaft*, B.G. Teubner, 1907, 107-108.

“公共幸福”这一自然法哲学目标的经济和社会政策原则①。从 18 世纪末开始，在法国大革命、拿破仑战争、专制主义君主国解体和古典自由主义流行的影响之下，官房学逐渐在德语区大学中演化为“国家学”（英文为 state sciences，德文为 Staatswissenschaften）②，与法学并立为 19 世纪德国公务员的培养学科③，并成为现代德国社会科学的前身。

在这里可以解释一下德国官房主义与重商主义的关系。很多学者都认为德国官房主义是重商主义在中欧德语区的变种。比如，《新帕尔格雷夫经济学大辞典》中“官房主义”词条写道：“官房主义是在 17 世纪与 18 世纪的德意志邦国中教授并实践的重商主义的特殊版本。”④这种观点倾向于认为官房主义是英国和法国的重商主义流传入德语地区以后产生的变种。从官房主义的发展历史中可以注意到，这种观点并不准确。官房主义起源于指导德意志邦国国家治理的学说，因此官房主义只会吸收当时最能有效治理国家的政策，因此官房主义并不僵化地固守某种特定的经济政策，当适应时代的经济政策发生变化的时候，官房主义也会改变其政策主张。因此，在 17 世纪英国和法国的重商主义政策被实践证明是能有效促进国家财富增加的政策时，官房主义——特别是“旧官房主义”——的经济政策主张就带有重商主义色彩。到了 18 世纪以后，重商主义的轻视农业和极端追求通过对外贸易顺差积累贵金属等弊端被人们意识到，启蒙运动思想家开始提出自由市场的理念，此时的新官房主义也同样开始批评重商主义并开始支持自由市场。所

---

① Dittrich E. *Die deutschen und Österreichischen Kameralisten*, Wissenschaftliche Buchgesellschaft, 1974, 89-122; Tribe K. *Governing Economy: The Reformation of German Economic Discourse 1750-1840*, Cambridge University Press, 1988, 42-44.

② Lindenfeld D F. *The Practical Imagination: The German Sciences of State in the Nineteenth Century*, University of Chicago Press, 1997.

③ Beck H. *The Origins of the Authoritarian Welfare State in Prussia: Conservative, Bureaucracy, and the Social Question, 1815-70*, The University of Michigan Press, 1995, 131.

④ Recktenwald H C. “Cameralism”. In: Durlauf S N, Blume L E. *The New Palgrave Dictionary of Economics*, vol.1, Macmillan, 2008, 625-626.

以，重商主义和官房主义的准确关系是：重商主义仅仅是官房主义在其发展过程中曾经阶段性支持过的一种经济政策思想。但是上述对于官房主义的描述，也并非否认官房主义拥有其原创的和一贯坚持的经济思想。官房主义有很多在其发展历史上一贯被坚持并被后世的德国经济思想继承的原则，如对于制造业在国家产业结构中核心地位的重视、对于精神资本（科学、发明、创新、技能）在经济发展中的根本动力地位的重视、对于由国内市场驱动的经济发展的重视，以及对于和市场有效分工合作的国家干预政策的信奉。

在 18 世纪的新官房主义阶段，官房主义经济思想的流传和影响范围遍及了整个欧洲。在欧洲大陆，德语的官房科学教科书被翻译为多种欧洲语言，至少包括法语、俄语、意大利语、西班牙语、葡萄牙语，被引进相关国家并影响了这些国家的经济思想和政策实践，因此，当前研究官房主义经济思想的学者普遍认为官房主义可以被视为一种发源于德语地区的“泛欧洲大陆”经济思想流派而不是一种德国版本的重商主义[①]。在英国，官房主义的影响力没有其在欧洲大陆的影响力那么大，但是其影响力依然存在。最能代表官房主义对英国经济思想的影响的例子是与亚当·斯密活跃在同时代的、英国重商主义的集大成者、可能是英国第一个写出系统性的经济学专著的经济学家詹姆斯·斯图尔特（James Steuart）。詹姆斯·斯图尔特曾经因为支持苏格兰独立运动而被迫流亡欧洲大陆 17 年（1746—1763 年），在此期间他开始研究经济学（1749 年），并在德国度过了他自认为的流亡生涯最快乐的几年[②]。詹姆斯·斯图尔特本人承认他的经济学说是他多年在欧洲大陆流

① Roessner P. “New inroads into well-known territory? On the virtues of re-discovering pre-classical political economy”. In: Roessner P. *Economic Growth and the Origins of Modern Political Economy: Economic Reasons of State, 1500-2000,* Routledge, 2016, 3-24; Seppel M. “Introduction: cameralism in practice”. In: Seppel M, Tribe K, Doyle B, et al. *Cameralism in Practice: State Administration and Economy in Early Modern Europe*, The Boydell Press, 2017, 1-16.

② Skinner A S. “Sir James Steuart: author of a system”. *Scottish Journal of Political Economy*, 1981, 28(1): 20-40.

亡游历的成果[①]。后世的学者也认为詹姆斯·斯图尔特的经济学说吸收了很多德国官房主义的经济思想[②]。

官房主义经济思想的另一个重要性在于其提出了现代工业化市场经济的设计和理论，是诞生于欧洲启蒙运动时期的现代西方经济学的思想源头之一。在过去，官房主义被认为是一种在启蒙运动时期走上与英国、法国等西欧国家的古典自由主义经济思想截然相反道路的、保守的、固守老旧重商主义传统的经济思想[③]。但是当代学者已经证明了这种观点是完全错误的。当代学者已经在官房主义经济思想中发现了以制造业中的技术进步为根本驱动力的现代工业经济发展理论[④]以及由政府提供制度保证以确保运行方向符合公共福利要求的现代自由市场制度[⑤]。因此，在当前学术界前沿，官房主义已经被视为西方经济现代性的思想根源之一，是启蒙运动时期欧洲经济思想进步的重要组成部分。最新的观点认为：官房主义——主要是 18 世纪的“新官房主义”——应当与英国古典政治经济学和法国重农主义并列被视为诞生于启蒙运动时期的现代西方经济思想的源流之一[⑥]。

---

① James S. *An Inquiry into the Principles of Political Economy*, A. Millar and T. Cadell, 1767, vi.

② James S. *An Inquiry into the Principles of Political Economy*, A. Millar and T. Cadell, 1767, vi; Redman D. “Sir James Steuart’s statesman revisited in light of the continental influence”. *Scottish Journal of Political Economy*, 1996, 43(1): 48-70.

③ [英]古德温：《新编剑桥世界近代史. 第 8 卷：美国革命与法国革命：1763 ~ 1793 年》，中国社会科学院世界历史研究所组译，中国社会科学出版社，1999，第 62—66 页。

④ Reinert E, Roessner P. “Cameralism and the German tradition of development economics”. In: Reinert E, Ghosh J, Kattel R. *Handbook of Alternative Theories of Economic Development*, Edward Elgar, 2016, 63-86; Zhao X. “Public happiness through manufacturing and innovation: the theory of industrialization of Johann Heinrich Gottlob von Justi”. *History of Political Economy*, 2021, 53(3): 461-478.

⑤ Adam U. *The Political Economy of J.H.G. Justi*, Peter Lang, 2006; Nokkala E. *From Natural Law to Political Economy: J.H.G. von Justi on State, Commerce and International Order*, LIT VERLAG GmbH & Co. KG Wien, 2019; Roessner P R. *Freedom and Capitalism in Early Modern Europe: Mercantilism and the Making of the Modern Economic Mind*, Palgrave, 2020.

⑥ Kaplan S L, Reinert S A. “The economic turn in enlightenment Europe”. In: Kaplan S L, Reinert S. *The Economic Turn: Recasting Political Economy in Enlightenment Europe*, Anthem, 2019, 1-33; Nokkala E, Miller N B. “Introduction: cameralism and the enlightenment”. In: Nokkala E, Miller N B. *Cameralism and the Enlightenment: Happiness, Governance and Reform in Transnational Perspective*, Routledge, 2020, 1-20.

（二）德国自然法哲学与德国官房主义

自 18 世纪初开始，随着官房主义变成一门在大学学术界中发展传播的官房科学，德国官房主义者也逐渐将他们在关于人类本性、国家的起源和目标、政府的职能等方面的基本哲学观点，从马基雅弗利和博丹的专制主义君主国理论转变为当时流行的德国自然法理论，尤其是沃尔夫的自然法哲学。如上文所述，官房主义是一种以指导国家治理为取向的经济思想，而官房主义对于“国家”的概念“受到一种自然法上的概念支持”[①]。从本书的研究兴趣出发，德国自然法哲学——主要是沃尔夫的自然法哲学——中的经济思想是将中国传统经济思想的影响传导进入德国官房主义的重要渠道。

“自然法”（英文为 natural law，拉丁文为 jus naturale，德文为 Naturrecht）是一种至今有两千多年历史的欧洲哲学类型。在古罗马时期，自然法就是斯多葛派哲学家探讨的重要主题[②]。“在古代和中世纪的思想中，自然法都占有显著地位……随着基督教的分裂和近代国家的出现，自然法获得了新的角色”[③]。德国政治学者 Neumann 对于自然法哲学的形式做了如下定义：“自然法学说的讨论始于断言存在一种自然状态以及一种特定的人类天性。人类天性可以是善的或恶的、羊或狼、社交的或孤立的、和平的或好战的、信神的或不信神的。从这一自然状态可以推论出人类社会的特征。人类社会可以是自由的或专制的、民主制的或贵族制的、共和制的或君主制的、社会主义性质的或基于私有产权的。同样的，从这一被定义的自然状态可以衍生出国家和法律的关系。国家可能会吞没法律，法律可能会湮灭

---

① Tribe K. *Governing Economy: The Reformation of German Economic Discourse 1750-1840*, Cambridge University Press, 1988, 28.

② [英]克里斯托弗·罗、[英]马尔科姆·斯科菲尔德：《剑桥希腊罗马政治思想史》，晏绍祥译，商务印书馆，2016，第 415—435 页。

③ [英]马克·戈尔迪、[英]罗伯特·沃克勒：《剑桥十八世纪政治思想史》，刘北成、马万利、刘耀辉等译，商务印书馆，2017，第 241 页。

国家，即国家可能会或高于、或低于、或平等于法律。”[①]

在近代欧洲，经历过文艺复兴和宗教改革之后，中世纪天主教哲学在思想界的统治地位解体了，因此“近代自然法的主旨在于为道德生活发现一种与基督教信条不相矛盾，而对各教派信仰持中立态度的基础”[②]。在德国，经过由宗教分歧挑起的、带来毁灭性灾难的 30 年战争（德国人口减少近三成，部分地区甚至是三分之二）之后，德国思想界迫切需要建立一套不依赖于宗教信条的道德和法律体系以替代基督教的道德和法律，统一被宗教改革割裂的德意志民族的思想[③]。德国自然法哲学即致力于此项工作，即从一种假设的“自然状态”而不是从任何一种宗教的教义出发，发展出一套道德和法律体系。正如沃尔夫写道：“自然法是由自然建立的，即使没有来自高于人的权力机构的约束它依然会存在，而且即使没有上帝它也会存在”[④]。

近代的德国自然法哲学可以分成两个在很多方面互相对立竞争的流派。这两个思想流派都建立于 17 世纪后期：一个流派由当时极为重要的德国政治哲学家萨缪尔·普芬道夫（Samuel Pufendorf）建立，另一个流派由著名的“百科全书式”的哲学家莱布尼茨建立[⑤]。在 18 世纪，这两个流派分别由两位哲学家继承：克里斯蒂安·托马修斯（Christian Thomasius）（继承普芬道夫流派）、沃尔夫（继承莱布尼茨流派）。简单地说，普芬道夫–托马修

---

① Neumann F. “Natural law”. In: Marcuse H. *The Democratic and the Authoritarian State: Essays in Political and Legal Theory*, The Falcon’s Wing Press, 1957, 70.

② [英]马克·戈尔迪、[英]罗伯特·沃克勒：《剑桥十八世纪政治思想史》，刘北成、马万利、刘耀辉等译，商务印书馆，2017，第 241 页。

③ Reinert E, Daastøl A M. “Exploring the genesis of economic innovations: religious gestalt-switch and the duty to invent as preconditions for economic growth”. *European Journal of Law and Economics*, 1997, 4: 233-283; Reinert E. “German economics as development economics: from the thirty years’ war to World War II”. In: Kattel R. *The Visionary Realism of German Economics: From the Thirty Years’ War to the Cold War*, Anthem, 2019, 15-35.

④ Wolff C. *Vernünftigen Gedanken von der Menschen Thun und Lassen*, Renger, 1736, 16-17.

⑤ [英]马克·戈尔迪、[英]罗伯特·沃克勒：《剑桥十八世纪政治思想史》，刘北成、马万利、刘耀辉等译，商务印书馆，2017，第 249 页。

斯流派和莱布尼茨-沃尔夫流派在政治经济思想上的关键分歧在于：莱布尼茨和沃尔夫认为，人的天性是理性的和追求身心状态完美的，所以“法律和政治在本质上关注的是……人性的完善”，因此国家政治的目标是积极地采取各种措施使人类的“幸福”最大化，即人类各方面“完美”的最大化；而在普芬道夫和托马修斯看来，人的本性是自私的和不理性的，所以“法律和政治关注的是限制和安抚本来就受激情支配并且往往会狂放不羁的人性”，因此国家政治的目标仅限于维持社会的和平和秩序[①]。这种分歧导致了这两个流派在经济政策思想中的差异：“托马修斯被视为自由主义的先驱而沃尔夫被视为国家干预主义的哲学家。”[②]

德国自然法哲学是启蒙运动在德国思想界的核心体现，自然法的文献“可以说构成了启蒙运动，特别是德意志的启蒙运动在道德和政治思想方面的主要文献”[③]。特别地，德国自然法哲学深刻地影响了 18 世纪的德意志邦国以及其他一些欧洲大陆国家的政治实践。自中世纪以来，西罗马帝国的继承者、德意志民族的封建国家——神圣罗马帝国——采用的道德与法律体系是罗马法体系[④]。三十年战争结束之后，神圣罗马帝国的中央权威没落，德意志各邦国获得了很大程度上的独立并开始增强自身领土上的中央集权，而诞生于此时的德国自然法为德意志各邦国君主提供了不依赖于罗马法而是来源于“自然条件”的统治合法性。因此，在近代德国，“自然法支持君主拥有对其疆域的统治权……这样一来，自然法就成为一种反对罗马法学家要

---

① [英]马克·戈尔迪、[英]罗伯特·沃克勒：《剑桥十八世纪政治思想史》，刘北成、马万利、刘耀辉等译，商务印书馆，2017，第 250 页。

② Brückner J. *Staatswissenschaften, Kameralismus und Naturrecht*, Beck, 1977, 216.

③ [英]马克·戈尔迪、[英]罗伯特·沃克勒：《剑桥十八世纪政治思想史》，刘北成、马万利、刘耀辉等译，商务印书馆，2017，第 248 页。

④ [英]马克·戈尔迪、[英]罗伯特·沃克勒：《剑桥十八世纪政治思想史》，刘北成、马万利、刘耀辉等译，商务印书馆，2017，第 246 页。

求建立帝国体制的工具"[①]。因此，托马修斯和沃尔夫的自然法成为德国和很多其他欧洲大陆国家在启蒙运动时期的政治实践——开明专制（enlightened absolutism）——的政治哲学基础[②]。在这些国家，如普鲁士、奥地利、瑞典、丹麦，"在起草宪法的过程中，以及对君主和统治精英阶层的教育过程中，自然法扮演了作为根本性的意识形态的角色"[③]。"由于自然法在政治和法律上的重要性日益突出"，德国自然法逐渐成为一门大学学科，从17世纪60年代普芬道夫在海德堡大学担任自然法的教职以来，自然法作为一门大学学科"被引入了德语世界乃至欧洲其他地区的几乎所有的大学及各种教育机构之中"[④]。

对于德国经济思想的形成和发展而言，莱布尼茨-沃尔夫流派的德国自然法有更重要的意义。当代学者指出："在其发展过程中，德国经济学坚固地根基于莱布尼茨和沃尔夫从自然法传统中建立的哲学基础"[⑤]。19世纪德国历史学派的领军学者古斯塔夫·施穆勒（Gustav Schmoller）在简述德国经济学历史的时候指出，沃尔夫仅次于官房主义者为德国经济学的起源做了奠基性的工作。施穆勒写道：17世纪至18世纪的官房主义经济思想家"是第一批在这些领域（指农业、工业、公共财政、政治经济学等）中建立系统性著作的人们"，而"仅次于这些原理（指官房主义经济原理），公法与哲学的学者（即自然法学者）以更大的精力和热情宣传了在经济政策领域积极干

---

① ［英］马克·戈尔迪、［英］罗伯特·沃克勒：《剑桥十八世纪政治思想史》，刘北成、马万利、刘耀辉等译，商务印书馆，2017，第247页。

② Schneiders W. "Die philosophie des aufgeklärten absolutismus: zum verhältnis von philosophie und politik, nicht nur im 18. jahrhundert", *Der Staat*, 1985, 24(3): 383-406.

③ ［英］马克·戈尔迪、［英］罗伯特·沃克勒：《剑桥十八世纪政治思想史》，刘北成、马万利、刘耀辉等译，商务印书馆，2017，第247—248页。

④ ［英］马克·戈尔迪、［英］罗伯特·沃克勒：《剑桥十八世纪政治思想史》，刘北成、马万利、刘耀辉等译，商务印书馆，2017，第248页。

⑤ Reinert E. "German economics as development economics: from the thirty years' war to World War II". In: Kattel R. *The Visionary Realism of German Economics: From the Thirty Years' War to the Cold War*, Anthem, 2019, 15-35.

预的政府职责。沃尔夫是整个一代统治到 1786 年的君主［1786 年是开明专制的最典型君主普鲁士国王腓特烈二世（Friedrich Ⅱ）去世的年份，施穆勒在此代指开明专制一代的君主］的导师……没有限制地，他赋予了政府实现公共幸福的职责：政府必须保证所有人民的合适的工资和就业，合理的价格，充足的人口，每种职业的充足劳动力，以及儿童、妇女、公民和公务员的行为上的美德”①。

沃尔夫的自然法哲学是官房主义经济思想的哲学基础。沃尔夫是莱布尼茨和康德之间最重要的德国哲学家。“18 世纪德国学术活动的中心由沃尔夫的教导和学说构成”②。沃尔夫被视为“对于官房主义的人类观和世界观最有影响力的哲学家”③，其以“公共幸福”为核心的政治哲学“被 18 世纪的官房主义采纳并被分化为一种对于国家及其目标的全面定义”④。因此，18 世纪新官房主义的形成就是建立在沃尔夫的自然法哲学基础之上的，即“在将官房科学建立在新哲学基础之上时，起主要作用的并不是普芬道夫和托马修斯的哲学，而是由沃尔夫传播的莱布尼茨的哲学”⑤。而沃尔夫对于德国经济学和德国官房主义的关键基础性影响对于本书的重要性还如施穆勒写道：“他（沃尔夫）根据中国的政府及官僚制度而毫无保留地赞扬中国为一个模范国家”⑥。

事实上，莱布尼茨-沃尔夫流派的自然法一直有强烈的对于中国传统思想和古代中国国家治理的兴趣和崇拜。莱布尼茨本人一生都对“中国的几乎

---

① von Schmoller G. *Grundriß der Allgemeinen Volkswirtschaftslehre*, Duncker & Humblot, 1908, 87-88.

② Windelband W. *A History of Philosophy*, Macmillan, 1907, 444.

③ Engelhardt U. “Zum begriff der glückseligkeit in der kameralistischen staatslehre des jahrhunderts”. *Zeitschrift für Historische Forschung*, 1981, 8(1): 37-79.

④ Engelhardt U. “Zum begriff der glückseligkeit in der kameralistischen staatslehre des jahrhunderts”. *Zeitschrift für Historische Forschung*, 1981, 8(1): 37-79.

⑤ Nielsen A. *Die Entstehung der deutschen Kameralwissenschaft im 17. Jahrhundert*, Gustav Fischer, 1911, 117.

⑥ von Schmoller G. *Grundriß der Allgemeinen Volkswirtschaftslehre*, Duncker & Humblot, 1908, 88.

每种事物”有强烈的兴趣：“历史、地理、语言、动植物、技术、哲学以及信仰”[①]。莱布尼茨与前往中国的耶稣会传教士保持了密切的通信联系，这些耶稣会传教士的著作和信件为莱布尼茨提供了关于中国的消息[②]。莱布尼茨认为：当时的中国在开垦的国土面积和人口规模方面超过了欧洲，在对自然界的研究和工业技艺方面与欧洲的水平相同，但是在军事学和“思想科学”（contemplative sciences）领域（包括逻辑学、形而上学和数学等）方面，欧洲强于中国[③]。但是，莱布尼茨认为中国最优于欧洲的方面在于中国的政治制度和国家治理，即“对道德和政治的认识”（percepts of ethics and politics），包括立法的水平、儒家的礼仪、公共治安、社会各阶层的和谐与团结等方面[④]。但是，莱布尼茨没有表现出对于中国传统经济思想的特殊兴趣。本书对于德国自然法的经济思想和中国传统经济思想之间的关系的研究，重点聚焦于沃尔夫的思想。

（三）沃尔夫的生平及其对于中国的研究

1679 年 1 月 24 日，沃尔夫出生于当时由奥地利统治的西里西亚省的首府布雷斯劳（今波兰共和国下西里西亚省省会弗罗茨瓦夫）的一个信仰路德宗的、处于社会中等阶层的皮革工匠家庭[⑤]。1699 年，在其父亲的安排下，

---

① Cook D J, Rosemont H J. “Introduction”. In: Leibniz G W, Cook D J, Rosemont H J. *Writings on China*, Open Court Publishing Company, 1994, 2.

② Cook D J, Rosemont H J. “Introduction”. In: Leibniz G W, Cook D J, Rosemont H J. *Writings on China*, Open Court Publishing Company, 1994, 10-18.

③ Leibniz G W. “Preface to the Novissima Sinica”. In: Leibniz G W, Cook D J, Rosemont H J. *Writings on China*, Open Court Publishing Company, 1994, 46.

④ Leibniz G W. “Preface to the Novissima Sinica”. In: Leibniz G W, Cook D J, Rosemont H J. *Writings on China*, Open Court Publishing Company, 1994, 46-47.

⑤ Frauendienst W. *Christian Wolff als Staatsdenker*, Emil Ebering, 1927, 9; Drechsler W. “Christian Wolff (1679-1754): a biographical essay”. *European Journal of Law and Economics*, 1997, 4: 111-128.

中学毕业的沃尔夫进入位于德国中部的图林根地区的耶拿大学学习神学[①]。但是当时沃尔夫的兴趣在于数学，于是在硕士阶段，他转而学习数学和自然科学，并于 1702 年获得位于萨克森选帝侯国的莱比锡大学的硕士学位[②]。据沃尔夫自己回忆，他年轻时候的学术兴趣并不是数学本身，而是基于数学方法的、能够指导人类个人和社会实践的哲学理论，主要是道德哲学和政治哲学[③]。所以在研究数学的同时，沃尔夫还研究了物理学、心理学、法学、自然法与医学[④]。沃尔夫的这些研究成果在 1703 年以为了在莱比锡大学获得任教资格的求职论文的形式面世，该论文题目为《数学方法的一般实践哲学》(de Philosophia practica universali, methodo mathematica conscriptas)[⑤]。这份论文得到了莱布尼茨本人的支持与表扬[⑥]。于是，莱布尼茨向当时的普鲁士国王腓特烈一世（Friedrich Ⅰ）强烈推荐了沃尔夫[⑦]。

在莱布尼茨的推荐之下，1706 年，沃尔夫被普鲁士国王任命为德意志启蒙运动中心之一的哈勒大学的数学与自然哲学教授[⑧]。1709 年，沃尔夫将研究注意力完全转移到哲学[⑨]。1711 年，因为其学术作品的声誉，沃尔夫被

---

① Drechsler W. “Christian Wolff (1679-1754): a biographical essay”. *European Journal of Law and Economics*, 1997, 4: 111-128.

② Drechsler W. “Christian Wolff (1679-1754): a biographical essay”. *European Journal of Law and Economics*, 1997, 4: 111-128.

③ Wolff C. *Rede über die praktische Philosophie der Chinesen*, Felix Meiner, 1985, 5.

④ Wolff C. *Rede über die praktische Philosophie der Chinesen*, Felix Meiner, 1985, 5-7; Drechsler W. “Christian Wolff (1679-1754): a biographical essay”. *European Journal of Law and Economics*, 1997, 4: 111-128.

⑤ Drechsler W. “Christian Wolff (1679-1754): a biographical essay”. *European Journal of Law and Economics*, 1997, 4: 111-128.

⑥ Wolff C. *Rede über die praktische Philosophie der Chinesen*, Felix Meiner, 1985, 5.

⑦ Drechsler W. “Christian Wolff (1679-1754): a biographical essay”. *European Journal of Law and Economics*, 1997, 4: 111-128.

⑧ Tribe K. *Governing Economy: The Reformation of German Economic Discourse 1750-1840*, Cambridge University Press, 1988, 46; Frauendienst W. *Christian Wolff als Staatsdenker*, Emil Ebering, 1927, 8.

⑨ Drechsler W. “Christian Wolff (1679-1754): a biographical essay”. *European Journal of Law and Economics*, 1997, 4: 111-128.

选举为英国皇家学会会员和普鲁士科学院成员[①]。1715 年，沃尔夫被任命为普鲁士宫廷参议（Hofrat），开始具有政治和公共影响力[②]。1721 年，沃尔夫出版了他的第一部也是一生中最重要的一部用德语写成的关于国家和社会的自然法哲学著作，题目为《关于人类社会生活的理性思考》（*Vernünftigen Gedanken vom gesellschaftlichen Leben der Menschen*），沃尔夫习惯于简称这部著作为“政治学”（Politik）[③]。“政治学”这部著作一共有两个部分总计 12 章，正文 626 页，第一部分 5 章共 155 页，关于婚姻与家庭，第二部分 7 章共 471 页，关于国家和社会[④]。两部分中第二部分是全书的重点。沃尔夫在这部著作中讨论了在自然状态下人类的结社行为和家庭与国家的起源，并讨论了在自然状态下的法则，即自然法，以及国家在经济与社会等各方面应该采取的措施。因此，“政治学”这部著作“本质上是一本写给君主及其顾问的手册，可以被叫做统治者的哲学”[⑤]。“政治学”与 1720 年出版的、沃尔夫习惯简称为“伦理学”（Ethik）的、题为《关于人类行止的理性思考》（*Vernünftigen Gedanken von der Menschen Thun und Lassen*）的、论述人类天性和自然状态中个人的行为法则的著作一起构成了沃尔夫用德语写成的自然法哲学著作的主体。

沃尔夫在年轻时就开始了与莱布尼茨的通信联系。早在 1705 年，莱布尼茨就在一封信中向沃尔夫讲述了他对于中国语言和哲学的兴趣[⑥]。但是直

---

① Drechsler W. “Christian Wolff (1679-1754): a biographical essay”. *European Journal of Law and Economics*, 1997, 4: 111-128.

② Drechsler W. “Christian Wolff (1679-1754): a biographical essay”. *European Journal of Law and Economics*, 1997, 4: 111-128.

③ Frauendienst W. *Christian Wolff als Staatsdenker*, Emil Ebering, 1927, 23.

④ Wolff C. *Vernünftigen Gedanken vom gesellschaftlichen Leben der Menschen*, Renger, 1736.

⑤ Frauendienst W. *Christian Wolff als Staatsdenker*, Emil Ebering, 1927, 23.

⑥ Lach D F. “The sinophilism of Christian Wolff (1679-1754)”. *Journal of the History of Ideas*, 1953, 14(4): 561-574.

到 1709 年完全转向哲学研究之后，沃尔夫才开始了对于中国的研究①。沃尔夫研究中国儒学和中国历史的参考来源主要是耶稣会传教士卫方济（Francis Noël）以拉丁文翻译的六部中国儒学经典，即《大学》《中庸》《论语》《孟子》《小学》《孝经》（合订为一本，题为 *Sinensis Imperii Libri Clasici Sex*，意为《中国的六部经典》，1711 年出版），以及传教士柏应理以拉丁文所著的介绍中国儒学的著作《中国哲学家孔子·用拉丁文解释中国人智慧》以及介绍中国历史的著作《中国君主年表》②。1726 年，沃尔夫在回忆他研究中国儒学和历史的时候写道："我认为自然法与正当行为的第一原则是人类行为应当指向个人本身的完美以及在此基础之上的整个世界的完美。当我专心研究中国的经典著作的时候，我确信古代的中国人——特别是孔子——持有相同的概念，但是他们的概念含混不清，因此只有熟悉这一概念的人才能认清它们的概念。在将这些经典著作中的学说和事实概括为基本原则之后，我发现中国人的行为与我的哲学原则相合。"③沃尔夫自称："我年轻的时候完全不了解中国人的智慧，我是以人类因为追求幸福而产生的自然天性为出发点开始仔细思考道德问题的。我很多年前公开提交的求职论文《一般实践哲学》可以作为证明……我不了解的中国学说对于我的发现并没有帮助，但是那些我凭借我自己的创造能力取得的成果可以帮助我更深地理解中国的学说。"④

可以看出，沃尔夫努力地声明他的自然法哲学体系并不是中国传统思想影响之下的产物，但后文我们将看到，沃尔夫的这种声明有可能是迫于现实

① Lach D F. "The sinophilism of Christian Wolff (1679-1754)". *Journal of the History of Ideas*, 1953, 14(4): 561-574.

② Wolff C. *Rede über die praktische Philosophie der Chinesen*, Felix Meiner, 1985, 11; Lach D F. "The sinophilism of Christian Wolff (1679-1754)". *Journal of the History of Ideas*, 1953, 14(4): 561-574.

③ Wolff C. *Rede über die praktische Philosophie der Chinesen*, Felix Meiner, 1985, 7.

④ Wolff C. *Rede über die praktische Philosophie der Chinesen*, Felix Meiner, 1985, 48-49.

中的压力做出的。事实是，沃尔夫的“政治学”的出版确实发生在他开始研究中国儒学思想之后。“政治学”首次出版于 1721 年，但是沃尔夫在 1711 年就发表了一篇卫方济关于中国和印度物理学与数学最新发展动态的文章[①]。而且，“政治学”作为一部自然法著作，其主要内容是一套关于国家和社会的“演绎式”的理论，即从一套对于自然状态下的人类天性的假设开始演绎而成的理论。“政治学”并非“归纳性”的理论，这意味着它并不是从现实中的例证总结而成的理论，它并不自带证明沃尔夫的政治经济思想的现实有效性的案例。因此，为了增强“政治学”的说服力，沃尔夫必须寻找一个在现实中与他的政治经济学说相符合的国家的案例，但是“他没有在本民族甚至也没有在欧洲的历史中选取例子，而是在位于遥远的东方、处在久远之前的古代中国寻觅”[②]。在“政治学”一书的前言中，沃尔夫写道：“自从很久之前的古代开始，中国人已经为治国的技艺投入了很大的精力。我在时不时地为了检验的目标而研究他们的著作的时候，我发现他们的学说与我的一致。因为这个民族在治国术上面超过了其他所有民族并因此收获了其他民族的赞誉，所以我很想将他们的治国信条通过我的学说的原理展示出来。可能我会在未来找机会将中国的道德和国家学说以一种科学的形式组织起来，以清晰地展示他们的学说与我的学说的一致性。”[③]

这段话写于 1721 年 4 月 18 日，沃尔夫很快就找到了这样的机会，但这个机会也给沃尔夫带来了他一生中最大的职业危机，这是 18 世纪欧洲学术史上最具有戏剧性的一段故事。1721 年 7 月 12 日，当时已经升任哈勒大学副校长的沃尔夫举行了卸任仪式，并向他在大学里的最大敌人，基督教新教加尔文宗虔信派神学家约西姆·兰格（Joachim Lange），移交副校

① Lach D F. “The sinophilism of Christian Wolff (1679-1754)”. *Journal of the History of Ideas*, 1953, 14(4): 561-574.

② Frauendienst W. *Christian Wolff als Staatsdenker*, Emil Ebering, 1927, 26.

③ Wolff C. *Vernünftigen Gedanken vom gesellschaftlichen Leben der Menschen*, Renger, 1736.

长职务[①]。在仪式上，面对着超过 1000 位听众（哈勒在 1682 年只有居民 4000 人，在 1751 年也只有 13 000 多人），沃尔夫发表了一篇题为“中国的实践哲学”（Sinarum philosophia practica）的演讲。在这篇演讲中，沃尔夫表达了以下核心观点：第一，赞扬以孔子为代表的中国儒学为一套值得推崇的道德与政治哲学体系；第二，中国儒学的道德和政治原则与沃尔夫自己的哲学原则相一致；第三，在儒学指导下的中国是其他民族的模范；第四，因为中国没有国家宗教，所以中国儒学证明完美的社会道德和国家治理可以通过对于自然和人类天性的理性认识实现，而不必求助于宗教[②]。沃尔夫如此对一个非基督教信仰的民族及其政治哲学的推崇激怒了当时哈勒大学的神学学者[③]。

当时的哈勒大学由虔信派神学家掌权，这些神学家的代表就是沃尔夫的继任者兼对手兰格，这些神学家早在沃尔夫发表讲话之前就对他钻研的以人类理性而非宗教信条为基础的自然法哲学怀有深刻的敌意，并且嫉恨于沃尔夫的声誉和他对于学生的吸引力[④]。兰格表示：中国是世界上最大的不信上帝的民族，而沃尔夫竟然将中国视为最有智慧和美德的民族并将其视为世界上其他民族的模范并且依照中国哲学原则建立了自己的哲学，这说明沃尔夫的哲学是一门错误且异端的哲学[⑤]。在沃尔夫演讲的第二天，哈勒大学神学部主任约西姆·尤斯图斯·布赖特豪普特（Joachim Justus Breithaupt）就开

① Lach D F. “The sinophilism of Christian Wolff (1679-1754)”. *Journal of the History of Ideas*, 1953, 14(4): 561-574.

② Frauendienst W. *Christian Wolff als Staatsdenker*, Emil Ebering, 1927, 27; Lach D F. “The sinophilism of Christian Wolff (1679-1754)”. *Journal of the History of Ideas*, 1953, 14(4): 561-574; Drechsler W. “Christian Wolff (1679-1754): a biographical essay”. *European Journal of Law and Economics*, 1997, 4: 111-128.

③ Wolff C. *The Real Happiness of a People under a Philosophical King*, M. Cooper, 1750, iv.

④ Drechsler W. “Christian Wolff (1679-1754): a biographical essay”. *European Journal of Law and Economics*, 1997, 4: 111-128.

⑤ Lach D F. “The sinophilism of Christian Wolff (1679-1754)”. *Journal of the History of Ideas*, 1953, 14(4): 561-574.

始公开谴责沃尔夫，要求沃尔夫提供演讲的文稿以供审查，并且要求沃尔夫不得在没有得到他们同意的情况下出版该演讲的图书[①]。沃尔夫完全不相信他的神学院同事能够对自己的演讲进行公正的评审，所以拒绝了他们的要求，并且表示自己将把文稿交由罗马天主教廷审查并在罗马出版[②]。沃尔夫的高傲态度使他遭到了哈勒神学家更大范围的人身攻击和学术批评，并且此事的影响已经超越了哈勒大学的范围，德国其他大学的神学家也加入了对于沃尔夫的攻击[③]。德国自然法中的沃尔夫学派的对立面，托马修斯，也表示沃尔夫称赞孔子的言论实际上是一种对于德国自然法的批评与一种对于天主教的耶稣会的示好[④]。对于中国保持强烈兴趣的耶稣会也的确很欢迎沃尔夫的讲话。1722 年，耶稣会公开称赞沃尔夫对于中国儒学的理解，并且在未经沃尔夫同意的情况下，于同一年在罗马使一份他们获得的非完整版的沃尔夫的演讲讲稿通过了天主教廷的审查并在罗马合法出版，这一版本于 1725 年在法国的特雷武（Trévoux）再版[⑤]。

哈勒神学界对于沃尔夫的攻击持续了两年，但是成效不彰，于是神学家开始将于沃尔夫的打击诉诸政治手段[⑥]。此时普鲁士的政治氛围已经完全不同于沃尔夫入职的时候。1713 年，莱布尼茨的好友、爱好科学和艺术的普鲁士国王腓特烈一世去世，其子腓特烈·威廉一世继位。这位新任的普鲁士

---

① Lach D F. "The sinophilism of Christian Wolff (1679-1754)". *Journal of the History of Ideas*, 1953, 14(4): 561-574.

② Wolff C. *The Real Happiness of a People under a Philosophical King*, M. Cooper, 1750, v.

③ Lach D F. "The sinophilism of Christian Wolff (1679-1754)". *Journal of the History of Ideas*, 1953, 14(4): 561-574.

④ Lach D F. "The sinophilism of Christian Wolff (1679-1754)". *Journal of the History of Ideas*, 1953, 14(4): 561-574.

⑤ Lach D F. "The sinophilism of Christian Wolff (1679-1754)". *Journal of the History of Ideas*, 1953, 14(4): 561-574; Wolff C. *The Real Happiness of a People under a Philosophical King*, M. Cooper, 1750, vi.

⑥ Lach D F. "The sinophilism of Christian Wolff (1679-1754)". *Journal of the History of Ideas*, 1953, 14(4): 561-574; Drechsler W. "Christian Wolff (1679-1754): a biographical essay". *European Journal of Law and Economics*, 1997, 4: 111-128.

国王是一个英明的统治者，他彻底革新了普鲁士的政治和军事体制，大力发展了普鲁士的经济，给后人留下了一支高效的行政管理队伍、一支强大的陆军和一个充盈的国库，由此为普鲁士崛起成为欧洲的军事和经济强国奠定了基础。但是腓特烈·威廉一世是一个虔诚的虔信派信徒，一生保持极端严格的苦行僧式的军人生活作风，对于能在最短时间之内强兵富国之外的一切都不感兴趣，而且非常反感其父的奢侈作风，包括对科学和艺术的非常慷慨的资助[①]。哈勒的神学家向腓特烈·威廉一世控告沃尔夫为宗教异端，关键是神学家还向这位全身心专注于强兵富国的君主控告沃尔夫的哲学可以为逃兵行为辩护[②]。经过一番宫廷争论之后，腓特烈·威廉一世最终被神学家说服并认为沃尔夫的思想不虔诚且不适当，于是在 1723 年 11 月 8 日发布命令，免除沃尔夫的一切职务，并要求他 24 小时内离开哈勒大学、48 小时内离开普鲁士，否则将处以死刑并立即执行[③]。

沃尔夫很快就离开了普鲁士。腓特烈·威廉一世驱逐沃尔夫的事件并没有将由沃尔夫对于中国儒学的推崇而导致的一系列风波终结，相反，其影响被扩大了。沃尔夫被驱逐之后，瑞典国王腓特烈一世（Fredrik Ⅰ）和瑞典皇家科学院表示支持沃尔夫对中国儒学的态度；俄罗斯的彼得大帝也赞成沃尔夫的观点并邀请沃尔夫就任正在筹建中的、由莱布尼茨建议成立的圣彼得堡科学院的副院长[④]。沃尔夫拒绝了这些邀请，并最终来到了位于德国西部莱茵河流域的黑森-卡塞尔伯国。黑森-卡塞尔伯爵卡尔一世（Karl Ⅰ）从 1714 年就开始邀请沃尔夫去马尔堡大学任职，并且无视了马尔堡大学神学家对于沃尔夫的反对，沃尔夫最终接受了这一邀请，并于 1723 年 11 月 15

① Ranke L. *Neun Bücher Preußischer Geschichte*, Veit und Comp, 1847, 1, 485-489.

② Drechsler W. “Christian Wolff (1679-1754): a biographical essay”. *European Journal of Law and Economics*, 1997, 4: 111-128.

③ Wolff C. *The Real Happiness of a People under a Philosophical King*, M. Cooper, 1750, 114.

④ Lach D F. “The sinophilism of Christian Wolff (1679-1754)”. *Journal of the History of Ideas*, 1953, 14(4): 561-574.

日被任命为马尔堡大学数学、物理学与哲学教授[①]。通过沃尔夫被逐出哈勒大学和普鲁士的这一事件，可以明白沃尔夫需要特别提出其政治与道德哲学并不是在受到中国儒学的影响之下建立的原因，即沃尔夫需要尽量减少其哲学体系的争议。

沃尔夫在马尔堡大学的事业依然很成功。他的教学依然很受学生的欢迎：他入职之后，参加马尔堡大学入学考试的学生在五年内增加了 50%，并且超过一半的马尔堡大学的学生都参加过沃尔夫的讲座[②]。1733 年，沃尔夫就任黑森-卡塞尔伯国的政府参议，同年，他还被选为法国巴黎皇家科学院的院士，而当时巴黎皇家科学院仅有八名外籍院士[③]。

在马尔堡期间，沃尔夫多次再版了他的“伦理学”与“政治学”[④]。1726 年，沃尔夫终于用拉丁文在缅因河畔法兰克福出版了他五年前引发了几乎全欧洲关注和争议的关于中国儒学的讲话的完整版，题目为《中国人实践哲学演讲》[⑤]。其实自从在马尔堡大学开始任职之后，沃尔夫便开始逐渐用拉丁文代替德文进行写作，以吸引德语世界之外的读者。《中国人实践哲学演讲》这部著作在 1740 年和 1741 年被不同的译者翻译为德文（题目均为 *Rede von der Sittenlehre der Sineser*，意为关于中国道德哲学的讲话），在 1741 年还被翻译为法语[⑥]。在 1985 年，这部著作的最新德语译本出版[⑦]。这

① Drechsler W. “Christian Wolff (1679-1754): a biographical essay”. *European Journal of Law and Economics*, 1997, 4: 111-128.

② Drechsler W. “Christian Wolff (1679-1754): a biographical essay”. *European Journal of Law and Economics*, 1997, 4: 111-128.

③ Drechsler W. “Christian Wolff (1679-1754): a biographical essay”. *European Journal of Law and Economics*, 1997, 4: 111-128.

④ Frauendienst W. *Christian Wolff als Staatsdenker*, Emil Ebering, 1927, 38.

⑤ Lach D F. “The sinophilism of Christian Wolff (1679-1754)”. *Journal of the History of Ideas*, 1953, 14(4): 561-574.

⑥ Wolff C. “Editionsgechichte”. In: Wolff C. *Rede über die praktische Philosophie der Chinesen*, Felix Meiner, 1985, xc-ci.

⑦ Wolff C. *Rede über die praktische Philosophie der Chinesen*, Felix Meiner, 1985.

部著作是沃尔夫唯二的两部研究中国儒家的道德和政治哲学的专著之一。

1730 年秋季，沃尔夫在马尔堡举行了一场题为“哲人王与执政的哲学家”（拉丁文：De rege philosophante et philosopho regnante）的长篇讲座，1732 年，该讲座的文稿以拉丁文出版[①]。这是沃尔夫另一部关于中国传统政治哲学的专著。1750 年，该部著作被未署名的翻译者翻译为英文并以《哲人王统治下的人民的真正幸福》为题在伦敦出版[②]。这部作品与《中国人实践哲学演讲》一起，构成了沃尔夫对于中国儒家政治哲学和道德哲学的研究成果的主体，是本书挖掘沃尔夫的经济思想对于中国传统经济思想的借鉴与评述的主要研究对象。

1733 年，普鲁士国王腓特烈·威廉一世撤回了先前驱逐沃尔夫的命令并开始持续地向沃尔夫发出召回邀请，这是以普鲁士的战争英雄、腓特烈·威廉一世的统兵大将安哈特-德绍亲王列奥波德一世（Leopold Ⅰ）为代表的普鲁士国内位高权重的沃尔夫哲学的信仰者对腓特烈·威廉一世持续劝说的结果[③]。但是沃尔夫拒绝了腓特烈·威廉一世的邀请，因为他并不信任这位曾经驱逐他的国王而且非常满意在马尔堡的工作以及黑森-卡塞尔伯爵卡尔一世的支持[④]。

1730 年 3 月，黑森-卡塞尔伯爵卡尔一世伯爵去世，1740 年 5 月，腓特烈·威廉一世去世。继位普鲁士国王的是史称“腓特烈大帝”的、被后世视为欧洲启蒙运动时期“开明专制”典范的腓特烈二世[⑤]。相比其严苛残酷的父亲，腓特烈二世的性格更加温和，而且更加热爱科学和艺术。1730

① Wolff C. *Horae Subsecivae Marburgenses*, Renger, 1732, 563-632; Lach D F. “The sinophilism of Christian Wolff (1679-1754)”. *Journal of the History of Ideas*, 1953, 14(4): 561-574.

② Wolff C. *The Real Happiness of a People under a Philosophical King*, M. Cooper, 1750.

③ Drechsler W. “Christian Wolff (1679-1754): a biographical essay”. *European Journal of Law and Economics*, 1997, 4: 111-128.

④ Drechsler W. “Christian Wolff (1679-1754): a biographical essay”. *European Journal of Law and Economics*, 1997, 4: 111-128.

⑤ Blanning T C W. “Fredrick the great and enlightened absolutism”. In: Scott H M. *Enlightened Absolutism: Reform and Reformers in Later Eighteenth-Century Europe*, Macmillan, 1990, 265-288.

年，继位之前的腓特烈二世为了逃离其父亲的严厉管教而试图离家出走逃往英国，但是被拦截并因此险些被其父处死。腓特烈二世在 1734 年通过其家庭教师接触到了沃尔夫的哲学并很快地成为沃尔夫的信徒[①]。腓特烈二世与法国的启蒙运动思想家伏尔泰之间保持了长期的友谊。腓特烈二世从继位之前就与伏尔泰通信联系，而腓特烈二世写给伏尔泰的第一封信就是介绍沃尔夫，并在信中称赞沃尔夫为“我们这个时代最著名的哲学家”[②]。腓特烈二世继位普鲁士国王六天之后就对沃尔夫发出了召回邀请[③]。考虑到曾经驱逐自己的老国王与全力支持自己的老伯爵都已经去世，沃尔夫接受了腓特烈二世的邀请回到了哈勒大学。1740 年 11 月 21 日，沃尔夫被腓特烈二世任命为哈勒大学校长、公法与数学教授、普鲁士枢密参议（Geheimerrat，与先前沃尔夫的 Hofrat 头衔似乎为同一级别）[④]。沃尔夫回归哈勒的事件被后世学者视为“沃尔夫、腓特烈二世与普鲁士启蒙运动的共同胜利”[⑤]。

在 1741 年至 1748 年间，沃尔夫用拉丁文出版了他最大部头的自然法著作：《科学方法的自然法》（拉丁文：*Jus Naturae, methodo scientifica Pertractatum*）。这部著作一共有八卷总计超过 7000 页。其中，第一卷是关于人类天性以及个人的权利和责任的自然法，第二卷是关于自然状态下的财产所有权，第三卷是关于自然状态下的产权的获得和转移，第四卷至第六卷是关于自然状态下的各种人类契约行为，第七卷是关于婚姻和家庭，第八卷是关于国家和社会。相比“伦理学”和“政治学”，《科学方法的自然法》将

① Friedrich II of Prussia. “Introduction”. In: Friedrich II of Prussia. *Anti-Machiavel*, Ohio University Press, 1981, 1-22.

② Friedrich II of Prussia. *Posthumous Works of Frederick the Great*, vol.6, G.G.J. and J. Robinson, 1789, 2.

③ Drechsler W. “Christian Wolff (1679-1754): a biographical essay”. *European Journal of Law and Economics*, 1997, 4: 111-128.

④ Drechsler W. “Christian Wolff (1679-1754): a biographical essay”. *European Journal of Law and Economics*, 1997, 4: 111-128.

⑤ Wolff C. “Einleitung”. In: Wolff C. *Rede über die praktische Philosophie der Chinesen*, Felix Meiner, 1985, i-lxxxix.

更多的注意力放在关于人类财产权的自然法的研究中，而关于经济政策的主张相比于“政治学”更为简略。但是如同“政治学”一样，《科学方法的自然法》中依然数次提及中国儒学，并将其作为例证。

1745 年 9 月 10 日，沃尔夫获得了他一生中的最高荣誉。这一天，因为其在法律、哲学以及数学领域内的学术声誉以及其学术成果对于提高德意志民族国际声誉的贡献，沃尔夫被神圣罗马帝国摄政王（Reichsviskar，在神圣罗马帝国皇帝缺位期间暂时摄政）的巴伐利亚选帝侯马克西米连三世约瑟夫（Maximilian Ⅲ Joseph）授予“帝国男爵”（德文 Reichsfreiherr）头衔[①]。获得这一头衔意味着：在法律上，沃尔夫成为直属于神圣罗马帝国皇帝的帝国级贵族，从此将不再臣属于神圣罗马帝国境内除皇帝本人外的任何君主[②]。而沃尔夫也是历史上第一个因为其在学术界的成就而被授予此头衔的学者[③]。自此之后沃尔夫一直在哈勒大学继续他的学者生活，直到 1754 年 4 月 9 日因为痛风去世。[④]

（四）沃尔夫的自然法哲学与经济思想

为了理解沃尔夫对于中国传统经济思想的研究，需要首先理解沃尔夫的经济思想体系。要注意的是，在沃尔夫的时代，独立的经济学尚未出现，思想家对于经济问题的讨论与他们对于政治、宗教、哲学等问题的讨论尚未分离。沃尔夫的经济思想就是如此嵌入在其整个自然法哲学思想之中的，特别

---

① Drechsler W. “Christian Wolff (1679-1754): a biographical essay”. *European Journal of Law and Economics*, 1997, 4: 111-128.

② Drechsler W. “Christian Wolff (1679-1754): a biographical essay”. *European Journal of Law and Economics*, 1997, 4: 111-128.

③ Drechsler W. “Christian Wolff (1679-1754): a biographical essay”. *European Journal of Law and Economics*, 1997, 4: 111-128.

④ Drechsler W. “Christian Wolff (1679-1754): a biographical essay”. *European Journal of Law and Economics*, 1997, 4: 111-128.

是其关于国家和社会的自然法思想。

在沃尔夫的自然法哲学中，“幸福”是最核心的概念。人的“幸福”（Glückseligkeit）来源于“持续的快乐”（beständige Freude），而“持续的快乐”又是“至高的幸福”（Seligkeit）带来的结果[①]。“至高的幸福”同时又是“至高的善”（höchstes Gut）的同义词，而“至高的善”就是“人类按照自然法安排其行动与意志”[②]。沃尔夫认为，人类的“自由行为”，即那些因为意志的选择而非因为必需的强迫而采取的行为，要么会作用于人自己的“内部状态”，即人的灵魂和身体，要么会作用于人的“外部状态”，即人的物质财富和社会关系[③]。当人的内外状态符合人类的自然天性时，人的内外状态就达到了“完美”（Vollkommenheit）[④]。能够使人的内外状态完美的，就是“善”或“好”（Gut，既是“善”的意思也是“好”的意思）；使人的内外状态不完美的，就是“恶”或“坏”（Böse）[⑤]。人的自然天性是做“善”的或“好”的事情而避免“恶”的或“坏”的事情[⑥]。因此，基于人的此种自然天性，一条最基本的关于个人行为的自然法就可以被推演出来，即“做让你和你的内外状态完美的事情，避免让你和你的内外状态不完美的事情”[⑦]。因此，使人的内外状态完美就成了上述自然法规定的“自然义务”（die natürliche Pflicht）[⑧]。履行“自然义务”使内外状态完美就成了“美德”[⑨]。人之所以会受到“自然义务”的束缚是因为人的天性具有分辨“善”与“恶”或者“好”与“坏”的能力。“善”或者“好”可以为人带来

① Wolff C. *Vernünftigen Gedanken von der Menschen Thun und Lassen*, Renger, 1736, 35.
② Wolff C. *Vernünftigen Gedanken von der Menschen Thun und Lassen*, Renger, 1736, 32.
③ Wolff C. *Vernünftigen Gedanken von der Menschen Thun und Lassen*, Renger, 1736, 2-3.
④ Wolff C. *Vernünftigen Gedanken von der Menschen Thun und Lassen*, Renger, 1736, 5.
⑤ Wolff C. *Vernünftigen Gedanken von der Menschen Thun und Lassen*, Renger, 1736, 6.
⑥ Wolff C. *Vernünftigen Gedanken von der Menschen Thun und Lassen*, Renger, 1736, 7-8.
⑦ Wolff C. *Vernünftigen Gedanken von der Menschen Thun und Lassen*, Renger, 1736, 16.
⑧ Wolff C. *Vernünftigen Gedanken von der Menschen Thun und Lassen*, Renger, 1736, 144.
⑨ Wolff C. *Vernünftigen Gedanken von der Menschen Thun und Lassen*, Renger, 1736, 43.

内外状态的完美也就是“幸福”，这是一种激励，可以激励人去追求“善”或者“好”；而“恶”或者“坏”会让人远离“幸福”，这是一种惩罚，可以提醒人去避免“恶”或者“坏”。因此，人的本性是趋善避恶的，而这就是一种根植于人的天性中的“自然力量”（die Kräfte der Natur），这种“自然力量”保证了“自然义务”对于人的约束力，并且为基于“自然义务”的自然法提供了最根本的效力[①]。在沃尔夫看来，这种自然力量的根源是人的天性中的理性，而这种理性是人之所以为人的神圣的独特特征[②]。

人的天性是想要得到“好”或者“善”，因此人会采取使得其内外状态完美的行为，但是“事物的天性就是有些行为会比其他的行为带来人的内外状态的更加完美”，这些行为就会带来“更好”或“更善”（Besser），而又因为人的天性是追求“好”或“善”，所以人会更加乐意追求“更好”或“更善”，所以，如果“好”或“善”是驱动人使其内外状态完美的动机，那么“更好”或“更善”就是驱动人使其内外状态更加完美的更强的动机[③]。因此，“当人按照自然法安排其行为与意志的时候，人总是会向更加完美进步”[④]。所以，当“人类按照自然法安排其行动与意志”时实现的“至高的幸福”或者“至高的善”就应当被定义为人的内外状态的“一种不受阻碍的向更加完美的进步”（einer ungehinderter Fortgang zu grösseren Vollkommenheiten）[⑤]。

如上文所述，人的内外状态总共有四个方面：灵魂、身体、社会关系、物质财富。而幸福的实现就是上述四个方面的完美，以及这些完美不受阻碍

---

① Wolff C. *Vernünftigen Gedanken von der Menschen Thun und Lassen*, Renger, 1736, 16-31; Wolff C. *Rede über die praktische Philosophie der Chinesen*, Felix Meiner, 1985, 29-31.

② ［英］马克·戈尔迪、［英］罗伯特·沃克勒：《剑桥十八世纪政治思想史》，刘北成、马万利、刘耀辉等译，商务印书馆，2017，第 260 页。

③ Wolff C. *Vernünftigen Gedanken von der Menschen Thun und Lassen*, Renger, 1736, 10.

④ Wolff C. *Vernünftigen Gedanken von der Menschen Thun und Lassen*, Renger, 1736, 32.

⑤ Wolff C. *Vernünftigen Gedanken von der Menschen Thun und Lassen*, Renger, 1736, 32.

向更加完美的进步。灵魂的完美由两个部分组成：智力（Verstand）的完美和意志（Willen）的完美[①]。智力的完美通过以下两种方式实现——丰富的知识以及由丰富的知识带来的精神品质，即人应当接受教育以学习现有的知识以及推动科学进步、发明创造和探索未知以增加新的知识，并在知识的基础上形成聪慧、谨慎、明辨以及理性等品质[②]。意志的完美由智力的完美产生，主要体现为明辨善恶是非的能力[③]。身体的完美也由两个部分组成：丰富的技能的掌握以及身体各部分的健康[④]。丰富的技能的掌握与智力的完美有关，并通过训练和教育实现[⑤]。身体各部分的健康由以下措施实现：健康且充足的饮食供应、节制的生活方式、规律的饮食、充足的休息、避免过度劳动（die übermäßiger Arbeit）、温暖舒适的衣服、身体各器官的保护、感知力的保护、舒适的居住条件、医治疾病、缓解疲劳等[⑥]。为了实现社会关系的完美，人需要做出能够获得他人尊重的行为[⑦]。为了实现物质财富条件的完美，人需要获得舒适且“丰裕”（Wohlstand）的物质生活条件。沃尔夫写道：“人需要保证拥有不仅仅能满足生存必需而且能满足愉悦和丰裕的生活需要的饮食和衣服。人还需要努力获得所有有利于掌握科学和技艺的物品。这就需要很多种与很大量的物品，所以人需要那些我们习惯于称为财富（Vermögen）的外物的积累。一般被我们称为财富的那些东西是指人们可以用来满足生活必需以及实现愉悦和丰裕的生活的那些物品的积累。”[⑧]

这也就意味着“人需要努力避免必需品、便利品（utilium）与享乐品的

---

① Wolff C. *Vernünftigen Gedanken von der Menschen Thun und Lassen*, Renger, 1736, 164.
② Wolff C. *Vernünftigen Gedanken von der Menschen Thun und Lassen*, Renger, 1736, 165-245.
③ Wolff C. *Vernünftigen Gedanken von der Menschen Thun und Lassen*, Renger, 1736, 246-249, 258.
④ Wolff C. *Vernünftigen Gedanken von der Menschen Thun und Lassen*, Renger, 1736, 303.
⑤ Wolff C. *Vernünftigen Gedanken von der Menschen Thun und Lassen*, Renger, 1736, 302, 304-305.
⑥ Wolff C. *Vernünftigen Gedanken von der Menschen Thun und Lassen*, Renger, 1736, 304-349.
⑦ Wolff C. *Vernünftigen Gedanken von der Menschen Thun und Lassen*, Renger, 1736, 404-450.
⑧ Wolff C. *Vernünftigen Gedanken von der Menschen Thun und Lassen*, Renger, 1736, 350.

充足供应的缺乏，不论这些物品是由自然在人类劳作的干预下产生的物品，还是由人类的技艺生产的物品”[①]。为了获得充足的产品供应，人应当勤奋地劳动，避免闲散，但是也要避免以牺牲健康为代价的过度劳动[②]。

按照自然法的逻辑，人不仅有义务使本人的内外状态都完美，而且有义务使他人的内外状态都完美，因为当一个人的幸福的实现已经超过了其本人的能力范围的时候，其幸福的实现只能依靠其他人的帮助[③]。而这种情况经常发生，因为人的幸福需要的劳动的种类太多了，远超过一个人的能力范围[④]。因此，一个人对于自己内外状态的自然义务与其对于别人内外状态的自然义务一样，所以，所有人类都有义务帮助彼此实现彼此的幸福[⑤]。所以，在沃尔夫的自然法哲学中，在自然自由的状态下，即人类行为仅受自然法则限制而不受其他人限制的情况下，人类是具有互相促进彼此福利的社会性的。因此，在沃尔夫哲学中，共同体（gemeine Wesen）的组建并不是自然自由状态的废除，而是一种保持事物的便利方式，而这些事物在自然自由状态中难以保持[⑥]。所以，沃尔夫哲学中的共同体是自然自由状态更好的表现形式，而且共同体应当以自然自由状态中的法则为一切行为的准绳[⑦]。这种对于人类天性中的亲社会性的认识是德国自然法相比以霍布斯为代表的英格兰自然法的一个显著特点[⑧]。霍布斯对于人类天性和自然自由状态是悲观的，认为自然自由状态下人和人的关系就是“狼对狼”的关系，社会秩序的来源不是

---

① Wolff C. *Jus Naturae*, pars I, Renger, 1741, 335.

② Wolff C. *Jus Naturae*, pars I, Renger, 1741, 337-340.

③ Wolff C. *Vernünftigen Gedanken von der Menschen Thun und Lassen*, Renger, 1736, 540-545.

④ Wolff C. *Vernünftigen Gedanken von der Menschen Thun und Lassen*, Renger, 1736, 357; Wolff C. *Jus Naturae*, pars I, Renger, 1741, 347.

⑤ Wolff C. *Vernünftigen Gedanken von der Menschen Thun und Lassen*, Renger, 1736, 545-546.

⑥ Wolff C. *Vernünftigen Gedanken von der Menschen Thun und Lassen*, Renger, 1736, 601-602.

⑦ Wolff C. *Vernünftigen Gedanken von der Menschen Thun und Lassen*, Renger, 1736, 602.

⑧ [英]马克·戈尔迪、[英]罗伯特·沃克勒：《剑桥十八世纪政治思想史》，刘北成、马万利、刘耀辉等译，商务印书馆，2017，第242页。

人的天性而是外部强制力，共同体的建立就是取消自然自由状态和压制人类的天性[①]。但是对于莱布尼茨–沃尔夫流派的自然法来说，建立良好社会的希望根植于人类天性中，人类天性的自然自由状态也不是“狼对狼”的状态，而是基于理性的团结互助的状态[②]。

因此，在沃尔夫哲学中，共同体源于人类互相之间的自然义务。为了实现一个人的内外状态的完美，“很多种需要的工作必须在很多人之间分工完成”，并且“工作的规模和多样性体现了为了实现内外状态的完美需要非常多样化的人类生计和工作的种类”[③]。因此，“单个家庭是无法为其自身提供充足的必需品、便利品和享乐品的”[④]。同时，“单个家庭没有能力保护自己免于各种侵害”[⑤]。因此，人的需求将不可能在人的“孤立状态”（die Einsamkeit）中被满足[⑥]。因为人类有义务在其幸福的实现超过其能力时互相帮助，所以“很多家庭必须联合起来，凭借团结的力量促进他们的福利，这样这些家庭才能为他们自己的生活提供各种便利，促进他们的内外状态的完美按照自然义务的要求无限制地进步到更高状态的完美，以及在各种伤害面前保护彼此”，而这种由很多家庭组成的“社会”（die Gesellschaft）就叫作“共同体”[⑦]。因此，共同体的建立是为了实现两个目标：维护公共安全和利用联合的力量促进“社会的福利”（die Wohlfahrt der Gesellschaft）[⑧]。而按照上文所述的人的“幸福”或“至高的幸福”和“至高的善”的定义以及“共同体”的定义，“社会的福利”同时也是“一个社会可以达到至高的

---

① [英]霍布斯：《利维坦》，黎思复、黎廷弼译，商务印书馆，1986。

② Backhaus J. “Christian Wolff on subsidiarity, the division of labor, and social welfare”. *European Journal of Law and Economics*, 1997, 4: 129-146.

③ Wolff C. *Vernünftigen Gedanken vom gesellschaftlichen Leben der Menschen*, Renger, 1736, 156.

④ Wolff C. *Grundsäße des Natur- und Völkerrechts*, Renger, 1769, 685.

⑤ Wolff C. *Vernünftigen Gedanken vom gesellschaftlichen Leben der Menschen*, Renger, 1736, 161.

⑥ Wolff C. *Vernünftigen Gedanken vom gesellschaftlichen Leben der Menschen*, Renger, 1736, 1-2.

⑦ Wolff C. *Vernünftigen Gedanken vom gesellschaftlichen Leben der Menschen*, Renger, 1736, 162.

⑧ Wolff C. *Vernünftigen Gedanken vom gesellschaftlichen Leben der Menschen*, Renger, 1736, 162.

善”，也就可以被定义为“不受阻碍的向更高的（各个家庭内外条件的）完美的进步”[①]。而这种“社会的福利”就是“幸福”在社会层面的定义。不论是在个人层面还是在社会层面，“幸福”都不意味着静态地保持人的良好的内外状态而是意味着人的良好的内外状态的无尽进步。

自柏拉图开始到启蒙运动时期，欧洲思想家都持续用“幸福”这个词来代指国家和政治的目标[②]。在18世纪德国自然法的两个派别中，“幸福”都被视为国家和政治应当实现的目标[③]。但是对于托马修斯而言，“幸福”主要指“内在灵魂的安宁”；相比之下，对于沃尔夫而言，“幸福”意味着“不仅为了人类需要的满足而且为了国家经济的提高而生产产品的永不停息（rastlos）的经济努力”[④]。沃尔夫对于“幸福”，尤其是社会层面的“幸福”的定义在18世纪被官房主义者接纳[⑤]。因此，“幸福是一种官房主义的国家哲学的关键概念”[⑥]。并且“对于所有官房主义者而言，国家的目标在于实现臣民与整个国家的共同幸福”[⑦]。如上所述，沃尔夫的幸福在社会层面的定义是社会成员内外状态的完美的不断进步，即社会中科学的持续进步、创新发明的持续产生、人民知识水平和技能水平的持续进步、人民的智慧与理性的持续提高、人民健康水平的持续提高、社会财富积累的持续增加，以及社会的持续和睦。而官房主义中通用的“公共幸福”（die

---

① Wolff C. *Vernünftigen Gedanken vom gesellschaftlichen Leben der Menschen*, Renger, 1736, 3.

② Engelhardt U. “Zum begriff der glückseligkeit in der kameralistischen staatslehre des jahrhunderts”. *Zeitschrift für Historische Forschung*, 1981, 8(1): 37-79.

③ Schneiders W. “Die philosophie des aufgeklärten absolutismus: zum verhältnis von philosophie und politik, nicht nur im 18. jahrhundert”. *Der Staat*, 1985, 24(3): 383-406.

④ Brückner J. *Staatswissenschaften, Kameralismus und Naturrecht*, C.H. Beck, 1977, 227-228.

⑤ Zhao X. “Public happiness through manufacturing and innovation: the theory of industrialization of Johann Heinrich Gottlob von Justi”. *History of Political Economy*, 2021, 53(3): 461-478.

⑥ Engelhardt U. “Zum begriff der glückseligkeit in der kameralistischen staatslehre des jahrhunderts”. *Zeitschrift für Historische Forschung*, 1981, 8(1): 37-79.

⑦ Engelhardt U. “Zum begriff der glückseligkeit in der kameralistischen staatslehre des jahrhunderts”. *Zeitschrift für Historische Forschung*, 1981, 8(1): 37-79.

gemeinschaftliche Glückseligkeit 或 die allgemeine Glückseligkeit）的定义为“大量有技能的人口、人民的理性自由、繁荣的经济、公共安全、国家独立”[①]。可以清楚地看到，官房主义的“公共幸福”与沃尔夫的社会层面的“幸福”在定义上高度一致。同样可以清楚地看到，沃尔夫的经济思想和官房主义的经济思想的核心关切都包括经济的持续发展和增长。

“共同体”或者人类社会的本质是一种人民之间形成的以联合力量促进其幸福的契约[②]。这种社会契约是由自然法的力量形成的，因此，这一社会契约的内容以及每一个缔约方都必须遵守自然法，又因为自然法规定人有义务推进自己和他人的内外状态的完美的不断进步，所以，如果有人破坏了社会的福利或者损害了他人的利益，那么契约就失效了，受害的一方有权利打破契约[③]。因此，尽管如上文所述，沃尔夫被认为是 18 世纪欧洲大陆“开明专制”制度的哲学基础，但是他的哲学公开承认了人民反抗暴政的权利[④]。在此社会契约的约束之下，人民有义务将他们的行为指向于公共福利（die gemeine Wohlfahrt）的促进，并且无人有权利将自己的特殊利益凌驾于公共福利之上[⑤]。对于沃尔夫而言，自然法是永恒的和完美的，因此人为制定的公民法（das bürgerliche Gesetze）必须源于自然法并且用于在不同场景中诠释自然法以及明确人民的自然义务[⑥]。为了帮助人民遵守自然法、履行自然义务以及为了避免人民违反自然法无视自然义务，共同体必须要被治理，而那些

---

① Engelhardt U. “Zum begriff der glückseligkeit in der kameralistischen staatslehre des jahrhunderts”. *Zeitschrift für Historische Forschung*, 1981, 8(1): 37-79; Zhao X. “Public happiness through manufacturing and innovation: the theory of industrialization of Johann Heinrich Gottlob von Justi”. *History of Political Economy*, 2021, 53(3): 461-478.

② Wolff C. *Vernünftigen Gedanken vom gesellschaftlichen Leben der Menschen*, Renger, 1736, 3.

③ Wolff C. *Vernünftigen Gedanken vom gesellschaftlichen Leben der Menschen*, Renger, 1736, 3-6.

④ Becker H. “Justi’s concrete utopia”. In: Backhaus J G. *The State as Utopia: Continental Approaches*, Springer, 2010, 41-56.

⑤ Wolff C. *Vernünftigen Gedanken vom gesellschaftlichen Leben der Menschen*, Renger, 1736, 163-164.

⑥ Wolff C. *Vernünftigen Gedanken vom gesellschaftlichen Leben der Menschen*, Renger, 1736, 415-419.

被委托治理共同体职责的人们就组成了共同体的“政权”(obrigkeiten)[①]。政权可以有三种基本形式：君主制、贵族制、民主制[②]。这是自古希腊以来的欧洲关于政体的基本类型学。沃尔夫并不推崇任何一种政体，他认为每种政体都有优劣：君主制政体可以迅速而机密地决策，但是依赖君主本人的素质；贵族制政体可以避免个人的专断，但是可能会导致执政者之间的党争和内斗；民主制政体可以让广大人民参政，但是会让决策过程因为不同人民的特殊利益之间的斗争而变得拖延且充满纠纷[③]。所以沃尔夫认为没有最好的政体而只有最合适的政体。最好的共同体是有最大数量的人民幸福而安全地生活在一起的共同体[④]。而最好的政体是能够最高效和最牢固地实现公共福利与公共安全的政体[⑤]。

沃尔夫认为，为了履行自然义务，即为了实现公共福利与公共安全，人民必须接受政权的领导，这是因为：第一，人民缺乏对于整个共同体的认识，所以他们并不总是能判断公共福利需要什么；第二，人民总是从自身利益出发行动，但是经常发生的情况是部分人民的利益与公共福利是相悖的；第三，人民并不总是充分明白他们的自然义务[⑥]。政权与人民之间也存在社会契约，而契约的内容是：政权有命令人民做可以促进公共福利与公共安全的事情的权力，而人民必须服从政权的命令，除非命令违反自然法[⑦]。但是，这并不意味着政权的权力是无限的。政权的管辖范围不超过那些促进公共福利和公共安全的公民的行为，而仅仅在这样的范围内，个人的自然自由

① Wolff C. *Vernünftigen Gedanken vom gesellschaftlichen Leben der Menschen*, Renger, 1736, 171-173.

② Wolff C. *Vernünftigen Gedanken vom gesellschaftlichen Leben der Menschen*, Renger, 1736, 175-177.

③ Wolff C. *Vernünftigen Gedanken vom gesellschaftlichen Leben der Menschen*, Renger, 1736, 192-200.

④ Wolff C. *Vernünftigen Gedanken vom gesellschaftlichen Leben der Menschen*, Renger, 1736, 166.

⑤ Wolff C. *Vernünftigen Gedanken vom gesellschaftlichen Leben der Menschen*, Renger, 1736, 178-179.

⑥ Wolff C. *Vernünftigen Gedanken vom gesellschaftlichen Leben der Menschen*, Renger, 1736, 460-461.

⑦ Wolff C. *Vernünftigen Gedanken vom gesellschaftlichen Leben der Menschen*, Renger, 1736, 459-463.

才会被限制[①]。但是在促进公共福利与公共安全的领域，政权的权力是无限的[②]。利用这些无限的权力，政权应当实现的任务是："必须建立那些设置（die Anstalten），这些设置可以为每个人提供所有对于实现这些人的自然义务来说是必需的机会和手段"[③]。因此，沃尔夫的哲学中的国家必须是一个"福利国家"与"干预主义国家"，即国家有义务照顾并推动人民在智力、意志、身体，以及财富等方面的完美的持续进步，即照顾人民的福利。同时国家在促进公共福利与公共安全方面必须是强大的和有领导力的，而且国家必须利用这些强大的权力全面地干预社会和经济，充分建立各种制度和设施。

需要注意的是，在沃尔夫的哲学中，这种"福利与干预主义国家"和人的自然自由状态是不冲突的。在共同体中建立一个"福利与干预主义国家"并不是废除而是维护人的自然自由（die natürliche Freiheit）状态[④]。这是因为沃尔夫的哲学定义人的自然自由状态是"人的行为不依赖于任何其他人或者没有人有权随意限制其他人的自由的状态"，而并不是拥有免于自然法和自然义务的自由的状态[⑤]。人在自然自由状态中依然被自然义务约束，而如上所述，一个强大的"福利与干预主义国家"又是人民履行自然义务必需的。因此，"自由"在沃尔夫哲学中的含义不是免于国家干预与人的内外状态的完美的不断进步的自由，而是免于国家在促进公共福利与公共安全的必要范围之外的干预的自由以及免于来自其他人的干预和破坏的自由。因此，在沃尔夫的哲学中，人的自然权利不是"放纵"和"漠视道德"，而是"让人类有能力追求自然法所设定的目标——自然义务"[⑥]。沃尔夫的这种自由

① Wolff C. *Grundsäße des Natur- und Völkerrechts*, Renger, 1769, 690.

② Wolff C. *Vernünftigen Gedanken vom gesellschaftlichen Leben der Menschen*, Renger, 1736, 464.

③ Wolff C. *Vernünftigen Gedanken vom gesellschaftlichen Leben der Menschen*, Renger, 1736, 208.

④ Wolff C. *Vernünftigen Gedanken von der Menschen Thun und Lassen*, Renger, 1736, 601-602.

⑤ Wolff C. *Vernünftigen Gedanken von der Menschen Thun und Lassen*, Renger, 1736, 600-601.

⑥ [英]马克·戈尔迪、[英]罗伯特·沃克勒：《剑桥十八世纪政治思想史》，刘北成、马万利、刘耀辉等译，商务印书馆，2017，第 261 页。

观也是 18 世纪官房主义经济思想的自由观，即“自由”不是免于国家干预的自由，而是免于君主暴政和垄断、寻租、腐败等破坏的自由，人只有在其行为符合公共福利的要求的条件下才是自由的[①]。

这里可以注意到沃尔夫的哲学与英格兰自然法的第二个显著分歧。与沃尔夫大约同时代的、被视为古典自由主义创始人之一的洛克同样也提出了一套将建立良好社会秩序的希望寄托于人类天性和理性的自然法哲学[②]。但是在洛克的哲学中，共同体的起源是人类为了“保护他们的财产”的欲望[③]。在自然状态中，人类享有其自然权利，而洛克的自然权利本质上是“自我所有权”（right of self-ownership）[④]。洛克认为，人的自然权利是一种“处理他的人身或财产的无限自由”，但是不包括毁灭其人身或财产的权力[⑤]。人在自然状态下的义务是“不得侵害他人的生命、健康、自由或财产”[⑥]。在这样的自然状态中，政府起源于人民保卫自我的所有权和惩罚侵犯者的权力的让渡[⑦]。因此，在洛克的自然法中，国家的职能是保护财产权立法、执法以及保卫国家免受侵害[⑧]。相比于沃尔夫的“福利与干预主义国家”，洛克的国家是仅以司法和国防为核心职能的国家[⑨]。在洛克的自然法中，人民自由享用其自我所有权就足以使一个社会幸福，但是沃尔夫却提出了一系列实

① Priddat B P. “Kameralismus als paradoxe konzeption der gleichzeitigen stärkung von markt und staat. Komplexe theorielagen im deutschen 18. jahrhundert”. *Berichte zur Wissenschaftsgeschichte: History of Science of Humanities*, 2008, 31: 249-263; Roessner P R. *Freedom and Capitalism in Early Modern Europe: Mercantilism and the Making of the Modern Economic Mind*, Palgrave, 2020.

② Grant R W. *John Locke's Liberalism*, University of Chicago Press, 1987; Ryan A. *The Making of Modern Liberalism*, Princeton University press, 2012.

③ [英]约翰·洛克:《政府论》(下篇)，叶启芳、瞿菊农译，商务印书馆，1996，第 77 页。

④ Thomas D A L. *Routledge Philosophy Guidebook to Locke on Government*, Routledge, 1995, 18.

⑤ [英]约翰·洛克:《政府论》(下篇)，叶启芳、瞿菊农译，商务印书馆，1996，第 6 页。

⑥ [英]约翰·洛克:《政府论》(下篇)，叶启芳、瞿菊农译，商务印书馆，1996，第 6 页。

⑦ [英]约翰·洛克:《政府论》(下篇)，叶启芳、瞿菊农译，商务印书馆，1996，第 77—80 页。

⑧ [英]约翰·洛克:《政府论》(下篇)，叶启芳、瞿菊农译，商务印书馆，1996，第 4 页。

⑨ [英]约翰·洛克:《政府论》(下篇)，叶启芳、瞿菊农译，商务印书馆，1996，第 54 页。

现社会幸福所必须履行的自然义务。综上所述，洛克的自然法没有提供沃尔夫式的“福利与干预主义国家”可以存在的空间。这种现代社会形成初期不同思想体系在设计未来社会时就已经存在的哲学差异可能奠定了盎格鲁-美利坚传统的经济思想和以德国为代表的欧洲大陆传统的经济思想关于自由和国家干预观点的根本上的差异，而这种观点上的差异是现代通行于英国和美国的“盎格鲁-美利坚资本主义”与欧洲大陆和日本流行的“莱茵资本主义”之间的根本差异之一[①]。这种差异在 18 世纪时就已经为人所感知。在 18 世纪的德语区，洛克的哲学“遭到了来自莱布尼茨-沃尔夫学派的几乎不可能克服的阻碍障碍”[②]。

在沃尔夫的哲学中，“他在理论上没有为国家追求公民福利设置任何障碍”[③]，“他并没有通过区分法律与道德、公共领域与私人领域，来给国家活动设置任何障碍”[④]，对沃尔夫来说，“对国家只存在谨慎性的限制，而不存在原则性的限制”[⑤]。沃尔夫提出了全面的旨在推动公共福利的经济与社会政策体系以指导他所提出的强大的“福利与干预主义国家”。所有这些经济与社会政策的首要政策是增加人口的政策。沃尔夫认为：共同体需要有足够大规模的人口才能促进公共福利和公共安全[⑥]。这一政策原则带有强烈

---

① [法]米歇尔·阿尔贝尔：《资本主义反对资本主义》，杨祖功、杨齐、海鹰译，社会科学文献出版社，1999；[英]罗纳德·多尔：《股票资本主义：福利资本主义——英美模式 vs.日德模式》，李岩、李晓桦译，社会科学文献出版社，2002。

② Fischer K P. “John Locke in the German enlightenment: an interpretation”. *Journal of the History of Ideas*, 1975, 36(3): 431-446.

③ [英]马克·戈尔迪、[英]罗伯特·沃克勒：《剑桥十八世纪政治思想史》，刘北成、马万利、刘耀辉等译，商务印书馆，2017，第 262 页。

④ [英]马克·戈尔迪、[英]罗伯特·沃克勒：《剑桥十八世纪政治思想史》，刘北成、马万利、刘耀辉等译，商务印书馆，2017，第 262 页。

⑤ [英]马克·戈尔迪、[英]罗伯特·沃克勒：《剑桥十八世纪政治思想史》，刘北成、马万利、刘耀辉等译，商务印书馆，2017，第 263 页。

⑥ Wolff C. *Vernünftigen Gedanken vom gesellschaftlichen Leben der Menschen*, Renger, 1736, 209; Wolff C. *Jus Naturae*, pars Ⅷ, Renger, 1748, 296.

的三十年战争的影响的背景。三十年战争是1618至1648年发生的由信仰天主教的神圣罗马帝国皇帝和诸侯与信仰新教的诸侯之间的宗教战争挑起的、主战场发生在德意志地区的、牵扯几乎全部中西欧国家的大规模战争。这场战争大约造成了德意志境内 40%的农村人口和 33%的城市人口的减少[①]。因此，对德意志诸邦国来说，“在1648年之后，恢复人口是一件当务之急”[②]。因此，对于三十年战争之后的德国自然法经济思想和德国官房主义经济思想而言，如何增加人口以及为养活大规模人口增加就业是一个长期的关注方向[③]。20世纪初的一种对于官房主义经济思想的诠释甚至认为增加并养活人口是官房主义的最核心关切[④]。为了鼓励人口的增长，经济必须要发展，因为“一国的人口不可能超过该国可以提供的收入（das Auskommen）的限制”[⑤]。为了促进经济发展，国家必须研究土地可以生长的作物、人民可以制造的产品，以及什么产品是必须要从国外进口的[⑥]。

在沃尔夫所处的时代，欧洲流行的经济政策依然是重商主义政策，因此沃尔夫的经济政策思想基本采用了重商主义政策的模式。沃尔夫认为，共同体需要通过对外贸易顺差吸收贵金属货币，并且将贵金属货币在共同体内部充分循环，只有这样政权才能获得财政收入这一重要的治理共同体的资源（其他治理共同体的资源还包括士兵和公务人员）[⑦]，人民才能变

---

① Beller E A. “The thirty years war”. In: Cooper J P. *The New Cambridge Modern History: vol. Ⅳ the Decline of Spain and the Thirty Years War, 1609-48/59*, Cambridge University Press, 1970, 306-358.

② Whaley J. *Germany and the Holy Roman Empire: Volume Ⅱ the Peace of Westphalia to the Dissolution of the Reich, 1648-1806*, Oxford University Press, 2012, 262.

③ Reinert E. “German economics as development economics: from the thirty years’ war to World War II”. In: Kattel R. *The Visionary Realism of German Economics: From the Thirty Years’ War to the Cold War*, Anthem, 2019, 15-35.

④ Small A W. *The Cameralists: The Pioneers Of German Social Polity*, University of Chicago Press, 1909, 593-594.

⑤ Wolff C. *Vernünftigen Gedanken vom gesellschaftlichen Leben der Menschen*, Renger, 1736, 212.

⑥ Wolff C. *Vernünftigen Gedanken vom gesellschaftlichen Leben der Menschen*, Renger, 1736, 212.

⑦ Wolff C. *Vernünftigen Gedanken vom gesellschaftlichen Leben der Menschen*, Renger, 1736, 475-477.

得富裕[①]。尽管贸易顺差是重要的，但是只要出口可以增加，禁止和限制进口的措施就不是必需的[②]。共同体的对外贸易顺差应当主要由出口制造业产品实现，因为制造业产品的附加值更高，所以制造业产品的出口可以比原材料的出口带来更多的贵金属货币，所以制造业及其产品出口应当被鼓励[③]。而制造业的出口竞争力主要来源于其产品的高质量和低价格[④]。所以，低质量产品的生产必须被禁止[⑤]。为了实现低价格，生产过程的机械化必须被促进，因为机械化可以提高生产率并降低价格[⑥]。此外，为了实现低价格，农业和矿业等生产制造业原料和饮食的产业也需要被促进[⑦]。通过制造业产品出口积累的贵金属货币必须在共同体内部的市场中循环起来，只有这样人民才能获得就业并变得富裕[⑧]。所以，货币必须"被以一个良好的比例（eine gute Proportion）分配在国家的居民之中，这样货币才能循环起来"[⑨]。具体地说，为了鼓励货币的循环，富人需要被鼓励在饮食、居住，以及其他产品上消费，这样富人就可以为失业的人民提供生计；政府需要执行慷慨的财政支出政策将积累的货币重新注入经济中；制造业与基础产业必须尽可能地扩张，这样货币就不会因为进口流出，就业机会也会增加；"每种工作必须被设置一个合适的（geziemend）价格，这样穷人才能有动力去工作"[⑩]；利息率必须被降低以确保没有人靠利息维生[⑪]。以上就是沃尔夫提出的经济政策

① Wolff C. *Vernünftigen Gedanken vom gesellschaftlichen Leben der Menschen*, Renger, 1736, 475-476, 579, 585.

② Wolff C. *Vernünftigen Gedanken vom gesellschaftlichen Leben der Menschen*, Renger, 1736, 551-553.

③ Wolff C. *Vernünftigen Gedanken vom gesellschaftlichen Leben der Menschen*, Renger, 1736, 260.

④ Wolff C. *Vernünftigen Gedanken vom gesellschaftlichen Leben der Menschen*, Renger, 1736, 581.

⑤ Wolff C. *Vernünftigen Gedanken vom gesellschaftlichen Leben der Menschen*, Renger, 1736, 260.

⑥ Wolff C. *Vernünftigen Gedanken vom gesellschaftlichen Leben der Menschen*, Renger, 1736, 582-583.

⑦ Wolff C. *Vernünftigen Gedanken vom gesellschaftlichen Leben der Menschen*, Renger, 1736, 583.

⑧ Wolff C. *Vernünftigen Gedanken vom gesellschaftlichen Leben der Menschen*, Renger, 1736, 585.

⑨ Wolff C. *Vernünftigen Gedanken vom gesellschaftlichen Leben der Menschen*, Renger, 1736, 585.

⑩ Wolff C. *Vernünftigen Gedanken vom gesellschaftlichen Leben der Menschen*, Renger, 1736, 588-590.

⑪ Wolff C. *Vernünftigen Gedanken vom gesellschaftlichen Leben der Menschen*, Renger, 1736, 280-282.

体系。

除了经济政策之外，沃尔夫还提出了一套促进公共福利的社会政策。沃尔夫认为，在国家聚集了充足的人口，并且建立了养活这些人口的经济之后，国家首先要建立科学院、工艺院、工艺学校以促进社会中有用知识的进步和传播[①]。在这之后，国家需要采取促进人民的品德和社会公德的措施，包括：①建立基础教育学校和教堂以传播美德和基本的知识；②出版优质图书以传播美德和知识；③公开惩罚犯罪行为以警示教育人民；④建立教堂神庙并且管制宗教活动；⑤制作优质的喜剧和悲剧以培养人民的灵魂。在这之后，国家需要采取促进人民身体条件完美的政策，包括：①禁止决斗、复仇、酗酒和自杀；②设置最低工资和最长工作时间（zu bestimmen die Zeit zur Arbeit und das Tage-Lohn）以避免过度工作；③建立公共仓库以保证食物供应以及维持食物价格稳定；④控制饮食质量；⑤建立医院，特别是为贫穷的病人提供必需照顾的医院（das Lazarete und Kranken-Hospital…da man dergleichen arme Patienten hinbringen und nach Notdurft verpflegen kann）、训练医生、研究药物、预防疾病；⑥设置兽医医治动物；⑦建立体育场以便人民运动和锻炼；⑧管制衣服的价格和质量；⑨建立劳动福利机构（zucht-arbeithaus）为穷人提供就业；⑩建立孤儿院；⑪建立美丽而舒适的公共建筑和道路以及景观以美化人民的居住空间；⑫管制私人住房的设计和质量以防火；⑬制作好的喜剧和音乐以娱乐人民[②]。以上就是沃尔夫的社会政策体系。

（五）沃尔夫与中国传统经济思想

1. 有用的知识、教育与经济发展

沃尔夫就是从上述自然法哲学和经济思想的角度出发理解并研究中国传

---

① Wolff C. *Vernünftigen Gedanken vom gesellschaftlichen Leben der Menschen*, Renger, 1736, 241-260.

② Wolff C. *Vernünftigen Gedanken vom gesellschaftlichen Leben der Menschen*, Renger, 1736, 337-415.

统儒学思想的。不过，尽管在“政治学”的前言中，沃尔夫已经提到了中国儒学与自己的自然法哲学的一致性，但是在“政治学”的正文中，沃尔夫并没有具体说明这种一致性，也并没有在关键的哲学原理的论述中引用中国的例子。最早说明“孔子的实践哲学原理”（die Grundsätze der praktischen Philosophie des Konfuzius）与沃尔夫自己的哲学原理的“一致性”（Übereinstimmung）的是沃尔夫在 1721 年发表的充满争议的讲话:《中国人实践哲学演讲》[①]。

学术界对于沃尔夫这篇讲话的研究主要从道德哲学的角度出发[②]。的确，沃尔夫的讲话中并没有非常具体地提到关于经济的问题。但是，整篇讲话的出发点是说明在国家治理方面中国儒学与沃尔夫哲学的一致性，而如上文所述，沃尔夫哲学中“国家”的起源是实现公共福利，而公共福利的定义包括通过经济的持续发展为人民带来的物质财富的不断完美，因此不能认为，对于经济问题的考虑被完全排除在沃尔夫的这篇讲话之外。

1726 年由沃尔夫本人出版的《中国人实践哲学演讲》分为 45 个章节，其中第 1 章至第 9 章简单讲述了沃尔夫所了解的“中国哲学”（die chinesische Philosophie）的起源和发展历史。沃尔夫认为，中国哲学一直因为“对于国家治理的杰出的智慧”而被赞誉[③]。沃尔夫认为，“中国的国家及其科学的建立者”（der Begründer der Wissenschaften und des Reiches in China）是伏羲（沃尔夫写作 Fo-hi），之后神农（沃尔夫写作 Xin num）和黄帝（沃尔夫写作 Hoam Ti）继承并完善了伏羲的事业，在黄帝之后，尧和舜以及夏商周三代的君主将中国的“政府和法律”发展到“最高的完善”

---

① Wolff C. *Rede über die praktische Philosophie der Chinesen*, Felix Meiner, 1985, 11.

② Lach D F. “The sinophilism of Christian Wolff (1679-1754)”. *Journal of the History of Ideas*, 1953, 14(4): 561-574; Kanamori S. “Christian Wolff’s speech on Confucianism: Confucius compared with Wolff”. *European Journal of Law and Economics*, 1997, 4: 299-304.

③ Wolff C. *Rede über die praktische Philosophie der Chinesen*, Felix Meiner, 1985, 13.

（höchste Vollkommenheit）的程度[①]。沃尔夫的这种观点受到了柏应理所著的《中国君主年表》的影响[②]而认为开创中国文明的“三皇”是伏羲、神农和黄帝，同时也接受了卫方济的观点，即认为伏羲、神农、黄帝、尧、舜是中国传统政治哲学的奠基人[③]。

在沃尔夫眼里，在三皇五帝一直到夏商周三代的古代，“中国人的国家已经通过最好的法律制度而变得出众”：在此时的中国，“皇帝与国王同时也是哲学家”；“君主通过自己的言辞以及自己的示范为其臣民彰显最高完美的标准（die Richtschnur der höchsten Vollkommenheit）”；“学者和教育者将不论是皇帝、国王、贵人还是人民中的最低层，从小开始引导向好的风俗礼仪并在他们成年以后向他们传授关于善恶的知识”；而且“君主及其臣民共同为了美德而奋斗”[④]。所以沃尔夫认为古代的中国是一个符合他的“幸福”的标准的国家，因为，用沃尔夫的话说：“这有什么可惊讶的呢？按照柏拉图所说，当哲学家统治的时候或者君主是哲学家的时候，国家会是幸福的。”[⑤]因此，在沃尔夫看来，上古时期的中国，即从传说中的三皇到尧舜再到夏商周三代的“至善”的中国，是由符合柏拉图标准的“哲人王”统治的幸福的国家，这种幸福是通过对于人民的普遍教育而带动的人民对于美德的奋斗实现的。

沃尔夫认为，在夏商周三代之后，中国开始衰落了：君主偏离了美德之路、法律也动摇了、学者不再履行责任、臣民也开始屈从于享乐和堕落[⑥]。这种局面一直持续到孔子出现。孔子，“一个因其美德与非凡的博学而闻名的人”，将中国从堕落之中重建了[⑦]。孔子“没有运气成为君主为国家制定

① Wolff C. *Rede über die praktische Philosophie der Chinesen*, Felix Meiner, 1985, 15.
② Couplet R P P. *Tabula Chronologica Monarchiae Sinicae*, Leopoldi Voigt, 1703, 1-26.
③ Noël F. *Sinensis Imperii Libri Classici Sex*, Joachim Joanne Kamenicky, 1711, 2-3.
④ Wolff C. *Rede über die praktische Philosophie der Chinesen*, Felix Meiner, 1985, 13.
⑤ Wolff C. *Rede über die praktische Philosophie der Chinesen*, Felix Meiner, 1985, 13.
⑥ Wolff C. *Rede über die praktische Philosophie der Chinesen*, Felix Meiner, 1985, 15.
⑦ Wolff C. *Rede über die praktische Philosophie der Chinesen*, Felix Meiner, 1985, 15-17.

有益的法律”，但是孔子尽力履行了教育者的角色，开始传播并重建中国的哲学[①]。孔子通过研究古代君主的事迹并以之为人类生活和君主治国楷模建立了他的学说[②]。孔子从中国古代君主的行迹中挑选了例子，进行编订，并使其弟子向世人传播[③]。因此，沃尔夫认为，孔子的哲学“没有创造出新的生活和治理的标准”，而是对于古代三皇五帝和夏商周三代的治国之道的复兴[④]。

以上就是沃尔夫对于中国儒学的简史的描述，之后，沃尔夫在讲话的其他部分致力于“深入研究中国哲学的秘密以及展示隐含在其中的关于道德和政府的基本原则”[⑤]。尽管沃尔夫自己承认其对于中国儒学的参考书是卫方济对于《四书》以及《孝经》和《小学》的翻译[⑥]，但是沃尔夫在讲话中没有逐字引用卫方济对于这些儒家经典的译文。不过，如下文所述，沃尔夫在讲话中对于中国儒学的主要理解，是基于对于《四书》中的《大学》（卫方济的拉丁文翻译为 adultorum schola，字面意思是“成年人的学校”）的理解。沃尔夫注意到在卫方济翻译合订的六部儒家经典中，《大学》排第一位（之后按顺序是《中庸》《论语》《孟子》《孝经》《小学》），并且称赞《大学》是一部“献给成年人”的“价值无可估量的小册子”[⑦]。

沃尔夫认为，中国政治哲学的目标是将人们的所有行为都导向本人与他人的最高程度的完美（die höchste Vollkommenheit）[⑧]。沃尔夫写道：“最重要的是，中国人教导人们，人——不论是想让自己更好还是想让其他人

① Wolff C. *Rede über die praktische Philosophie der Chinesen*, Felix Meiner, 1985, 17.
② Wolff C. *Rede über die praktische Philosophie der Chinesen*, Felix Meiner, 1985, 17.
③ Wolff C. *Rede über die praktische Philosophie der Chinesen*, Felix Meiner, 1985, 17-19.
④ Wolff C. *Rede über die praktische Philosophie der Chinesen*, Felix Meiner, 1985, 19.
⑤ Wolff C. *Rede über die praktische Philosophie der Chinesen*, Felix Meiner, 1985, 21.
⑥ Wolff C. *Rede über die praktische Philosophie der Chinesen*, Felix Meiner, 1985, 11.
⑦ Wolff C. *Rede über die praktische Philosophie der Chinesen*, Felix Meiner, 1985, 43.
⑧ Wolff C. *Rede über die praktische Philosophie der Chinesen*, Felix Meiner, 1985, 55.

更好——是不能停下的，除非达到最高程度的完美；也就是说——因为最高程度的完美永远不可能达到——人必须不断保持进步，所以自己和他人可以每天都达到美德的更高程度。”①

沃尔夫的这一段显然是对于《大学》中“在亲民”“在止于至善”“苟日新，日日新，又日新”“是故君子无所不用其极”等句的诠释②。在卫方济的拉丁文翻译中，“在亲民”一句被翻译为“在于更新人民”（in renovandis populis）③。“在止于至善”被翻译为“在于停止于最高级的完美和善”（in sistendo in summa perfectione ac bonitate）④。卫方济将《大学》中解释“在亲民”和“在止于至善”的第三章和第四章也按照上述两组词组的核心意思进行了翻译：解释“在亲民”的被翻译为使人民不断进步，解释“在止于至善”的被翻译为追求最高的完美⑤。很明显，沃尔夫在“在亲民”和“在止于至善”这几句中看到了与自己的哲学体系中核心关切，即“人的最高的善在于每天不受阻碍地向更高的完美的进步”相接近的意思⑥。正如沃尔夫写道：“我认为，中国的哲学家也从那条信条获得了灵感，即除非人能天天向更加完美进步，否则人是不可能幸福的”⑦。但是，沃尔夫注意到：“中国人对于那些完美的状态似乎没有清晰的概念”，而且“那些完美在中国人看来似乎仅仅是一种美德的程度”⑧。沃尔夫认为，即使《大学》中日日进步的“善”仅是一种美德的程度，这与沃尔夫的幸福或者自然义务的概念也并不冲突⑨。如前文所述，在沃尔夫的哲学体系中，真正的“美德”也是自己

① Wolff C. *Rede über die praktische Philosophie der Chinesen*, Felix Meiner, 1985, 55.
②《礼记·大学》。
③ Noël F. *Sinensis Imperii Libri Classici Sex*, Joachim Joanne Kamenicky, 1711, 10.
④ Noël F. *Sinensis Imperii Libri Classici Sex*, Joachim Joanne Kamenicky, 1711, 10.
⑤ Noël F. *Sinensis Imperii Libri Classici Sex*, Joachim Joanne Kamenicky, 1711, 13-14.
⑥ Wolff C. *Rede über die praktische Philosophie der Chinesen*, Felix Meiner, 1985, 57.
⑦ Wolff C. *Rede über die praktische Philosophie der Chinesen*, Felix Meiner, 1985, 57.
⑧ Wolff C. *Rede über die praktische Philosophie der Chinesen*, Felix Meiner, 1985, 55.
⑨ Wolff C. *Rede über die praktische Philosophie der Chinesen*, Felix Meiner, 1985, 237.

和他人内外状态的完美。沃尔夫认为，如果仔细考虑中国典籍中的道德原则与案例，那么可以看出其中并不缺乏一种（关于沃尔夫定义中的“完美”）模糊的概念[①]。沃尔夫认为中国的哲学典籍使用的都是“非常含混的概念”，所以他认为：“仅仅从文字中总是很难看出究竟哪些含混的概念与这些文字相联系，所以想从这些含混中抽出概念的人必须通过推测使清晰的概念和含混的概念相一致”[②]。也就是说，沃尔夫认为中国传统儒家典籍是高度抽象的，为他人的诠释留下了比较大的空间，因此沃尔夫觉得研究中国传统儒家典籍不能执着于具体的词句的字面意思，沃尔夫认为执着于词句的字面意思就是“那些中国经典的翻译者努力了很多年但是依然没有能够正确认识到中国哲学家用词的真正意思的原因”[③]。

沃尔夫对于中国儒家典籍文本的风格的理解可以说是比较准确的。先秦中国儒家典籍的确非常抽象而且需要相当的诠释才能理解文本的意思。中国历史上的经学各派即是由此产生[④]。从经济思想史的角度出发，沃尔夫将以《四书》为代表的中国儒学思想中的“善”诠释为其本人的哲学思想中的“Gut”（善）、“Vollkommenheit”（完美），甚至是“Glückseligkeit”（幸福）的概念，即不仅仅包含人民道德品质的善良，还包含人民物质财富条件的完美，其中有过度的诠释吗？本书认为没有。从经济思想史的角度出发，儒家的《四书》中的确包含丰富的关于国家的经济建设目标和经济政策措施的思想，而这些经济建设目标和经济政策措施也是这些经典中对于“善”的定义的一部分。在沃尔夫最重视的《礼记·大学》中就有“是故君子先慎乎德。有德此有人，有人此有土，有土此有财，有财此有用。德者，本也，财者，末也。外本内末，争民施夺。是故财聚则民散，财散则民聚。是故言悖而出

① Wolff C. *Rede über die praktische Philosophie der Chinesen*, Felix Meiner, 1985, 57.
② Wolff C. *Rede über die praktische Philosophie der Chinesen*, Felix Meiner, 1985, 57.
③ Wolff C. *Rede über die praktische Philosophie der Chinesen*, Felix Meiner, 1985, 57.
④ 朱维铮:《中国经学史十讲》，复旦大学出版社，2002。

者亦悖而入；货悖而入者亦悖而出”[①]、“生财有大道，生之者众，食之者寡，为之者疾，用之者舒，则财恒足矣。仁者以财发身，不仁者以身发财。未有上好仁而下不好义者也；未有好义，其事不终者也；未有府库财非其财者也”[②]以及“长国家而务财用者，必自小人矣。彼为善之，小人之使为国家，灾害并至，虽有善者，亦无如之何矣。此谓国不以利为利，以义为利也”[③]。

这些都是关于国家经济政策原则的词句，而且这些词句在关于治国平天下的《礼记·大学》的第十一章中也绝非不重要的部分（上述词句一共 233 字，《礼记·大学》第十一章一共仅有 836 字）。这些词句是春秋以来“重民的政治观点”的体现，提出了国家应当让人民富裕而不是盘剥人民的经济政策目标[④]。在卫方济的翻译中，这种富民的意思也得到了充分的翻译[⑤]。这种使人民富裕的意思已经清楚到足以让沃尔夫理解。

在《中庸》之中，“来百工”被视为“天下国家”的“九经”之一，即治理天下的九项最重要的工作之一，而“来百工”可以使得国家“财用足”[⑥]。在卫方济的翻译中，“来百工”被翻译为君主应当“使每种工业与工艺的工人都来到他的土地”（cujusuis artis & industriae opifices in suas terras accersere）[⑦]。“来百工则财用足”被翻译为“如果每种工业和工艺的工人都来到了他的土地，那么财富以及所有对于生活来说必需的东西都可以得到充足的供应”（Si cujusuis artis & industriae opifices in suas terras accersiverit; tunc opes & omnia quae sunt ad vitae usum necessaria , affatim

①《礼记·大学》。
②《礼记·大学》。
③《礼记·大学》。
④ 胡寄窗：《中国经济思想史》（上），上海财经大学出版社，1998，第 105—108 页。
⑤ Noël F. *Sinensis Imperii Libri Classici Sex*, Joachim Joanne Kamenicky, 1711, 26-29.
⑥《礼记·中庸》。
⑦ Noël F. *Sinensis Imperii Libri Classici Sex*, Joachim Joanne Kamenicky, 1711, 58.

suppeditabuntur）[①]。《中庸》还提到了比较具体的发展经济的方法："时使薄敛，所以劝百姓也；日省月试，既禀称事，所以劝百工也。"[②]

这句话在卫方济的翻译中被表达为："如果君主想要吸引所有人民对他的爱戴和尊敬，那么他要仅在便利的时节和农业空闲的时候要求他们提供劳役，并且他要仅向他们收取微薄的收入。如果君主想要激励每种工业中工人的勤奋，他必须每天检查他们的工作，每个月考核他们，并且给予那些勤奋的工人多一点肉和谷物作为工资，给那些疏忽的工人少一点。"（Si velit cujusuis artis & industriae opifices ad laboris diligentiam impellere; illorum opus singulis diebus inspiciendum, singulis mensibus examinandum curet, diligentioribus paulò plus, negligentioribus paulò minus orizae & carnis in stipendium dari jubeat.）[③]

《中庸》不仅主张国家应该向人民供应充足的财富，而且还在古代儒家经济思想中提出了新的经济概念，即"工业能生产财富"[④]。这种"工业能生产财富"的意思，同样也被卫方济清楚地翻译了出来，沃尔夫同样是能够领会到的。

《论语》中包含孔子的富民足民思想[⑤]。《论语》中记载："子适卫，冉有仆，子曰：庶矣哉。冉有曰：既庶矣，又何加焉？曰：富之。曰：既富矣，又何加焉？曰：教之。"[⑥]

孔子的这段言行被卫方济翻译为，"孔子在前往卫国的时候，他的弟子冉有驾车。当孔子看到很多人民的时候，他说道：'人口多么众多啊！'冉有

① Noël F. *Sinensis Imperii Libri Classici Sex*, Joachim Joanne Kamenicky, 1711, 58.
②《礼记 · 中庸》。
③ Noël F. *Sinensis Imperii Libri Classici Sex*, Joachim Joanne Kamenicky, 1711, 59.
④ 胡寄窗：《中国经济思想史》（上），上海财经大学出版社，1998，第 108—109 页。
⑤ 赵靖主编：《中国经济思想通史》（第 1 卷），北京大学出版社，2002，第 107—109 页。
⑥《论语 · 子路第十三》。

随即问他：‘一个拥有很多人民的君主还需要再做些什么呢？’‘还需要’，孔子说，‘使他们富裕’。‘拥有了这些富裕的人民之后，还需要什么？’冉有接着问道。‘还需要’，孔子说，‘教导他们’。”（Dum iret in Regnum Guei Confucius, Discipulus Gen yeu currum ejus regebat. Confucius maximam populi istius frequentiam conspicatus: Quàm innumerabilis, inquit, gens ista! Tum Gen yeu sic cum interrogat: Princeps ubi multos sic habet populos, quid ampliùs praestare oportet? Oportet, reponit Confucius, ut illos ditet. Illis ditatis, quid ampliùs? subjungit Gen yeu. Oporet, inquit, ut illos instruat.）[①]

如果将这一段由卫方济翻译的孔子关于治国的事项的排序与上文所述的沃尔夫的以增加人口为首、以增加财富为其次、以执行教化为再次的政策体系放在一起比较，可以看到沃尔夫关于治国事项的排序与孔子的排序是一致的。而且孔子将使人民富裕作为国家治理目标的意思也已经由卫方济翻译得非常清晰了。

相比其他三部经典，《孟子》中对于儒家经济和社会政策的描述更加详细了。《孟子》中提出了要在“制民之产”基础之上“谨庠序之教”的富裕和教养人民的社会蓝图[②]。“制民之产”在卫方济的翻译中被解释为：“一个虔诚的君主必须首先确保人民稳定地拥有舒适生活的手段。”（Princeps pius ante omnia debet curare, ut plebs constanter habeat unde commode vivat）[③]沃尔夫无疑可以通过卫方济的翻译清晰地明白孟子想要使人民富裕的思想。

综上所述，通过卫方济翻译的《四书》，沃尔夫无疑能够清晰地看到：中国儒家政治哲学的国家治理目标之一，即至善所包含的内容之一，就是发展农业和工业以使人民富裕。因此，当沃尔夫总结中国哲学的目标为促进

---

① Noël F. *Sinensis Imperii Libri Classici Sex*, Joachim Joanne Kamenicky, 1711, 156.

②《孟子》卷 1《梁惠王上》；胡寄窗：《中国经济思想史》（上），上海财经大学出版社，1998，第226—264 页。

③ Noël F. *Sinensis Imperii Libri Classici Sex*, Joachim Joanne Kamenicky, 1711, 225.

“人天天向更加完美进步”时，他应该清楚这里的“完美”包括人的外部状态即物质财富状态的完美。很可能正是因此，沃尔夫才会认为，“如果仔细考虑中国典籍中的道德原则与案例”，那么不难看出中国政治哲学中有一种对于沃尔夫的“内外条件的完美”的“模糊概念”。由此，我们可以确定，《中国人实践哲学演讲》总结的中国的国家治理模式中无疑也包括中国的国家经济治理。至少，沃尔夫自己绝不会否认中国哲学的目标与他自己的哲学思想的目标一样包含人民物质财富条件的完美的持续进步。因此，不能仅从道德哲学的角度出发研究《中国人实践哲学演讲》这份文本，这份文本无疑可以被视作一份经济思想文本。

在“政治学”中，沃尔夫认为，国家为了实现人民的内外状态完美需要履行的主要职能是：建立各种制度和机构为人民提供实现内外状态完美的机会和手段。相比之下，沃尔夫发现，中国儒学为了实现同样的目标，主张通过教育引导人民采取促进其内外状态完美的行为。

如前文所述，沃尔夫认为公共福利的来源是人民的内外状态的完美的不断进步，即人遵守自然法的要求，履行“自然义务”。在沃尔夫的哲学中，“按照自然法生活的能力”就是“美德”（Tugend）[①]。因为“自然法要求我们自己和他人内外状态的完美”[②]，所以，沃尔夫认为“美德使人幸福”[③]。因此，按照沃尔夫的理论，为了实现公共幸福的国家目标，必须使人民按照美德行动，而按照美德行动无疑就包含改善自己和他人物质财富条件的意思。沃尔夫的“美德”包含对于一种经济行为的规范性要求。

沃尔夫认为，“存在一种足以驱使人实践美德以及避免恶行的自然力量”，这种自然力量“可以使人区分善恶、可以领悟善的好处、可以拒绝恶

① Wolff C. *Vernünftigen Gedanken von der Menschen Thun und Lassen*, Renger, 1736, 43.

② Wolff C. *Vernünftigen Gedanken von der Menschen Thun und Lassen*, Renger, 1736, 42.

③ Wolff C. *Vernünftigen Gedanken von der Menschen Thun und Lassen*, Renger, 1736, 42.

的坏处”[①]。而这种自然力量，也就是美德的产生来源，是人“提升其精神力量以获得对于事物的清晰的知识，以及由被哲学家称之为理性的那种力量产生的向善驱动”[②]。

在“伦理学”中，沃尔夫写道：“关于我们的行为是善还是恶的判断叫做良知（das Gewissen）”[③]。而判断行为善恶的根据是行为如何作用于人本身与他人的内外状态，这种判断“需要一种对于真理的联系的洞察力”，即知识和理性，因此，沃尔夫认为“良知来源于理性”[④]。为了判断行为是否能促进自己和他人内外状态的完美，人要有能力对于自己和他人的内外状态进行分类，区分各种作用于自己和他人内外状态的行为，在这些认识基础之上研究如何能够促进自己和他人内外状态的完美，最后还要牢记从这些研究中提炼的指导人的行为的规律和法则[⑤]。总而言之，为了区分善与恶，人要学习研究关于其行为和内外条件的知识。

在 1721 年的讲话中，沃尔夫延续了他在“伦理学”中提出的“理性和知识产生良知”的观点。而且，沃尔夫表示他对于人类美德来源于理性和知识的观点与中国儒学中的观点一致。沃尔夫总结道，“中国人的实践哲学原则”或者“中国智慧的真正原则”是：“为了让人可以在没有地位高于自己的支配者的奖励和惩罚的驱动下能够献身于美德，人必须获得关于善恶的清晰的知识；而除非研究了事物的性质与原因（die Beschaffenheiten und Gründe der Dinge），否则人不可能获得关于善恶的完美的知识”[⑥]。沃尔夫认为，这条“中国智慧的真正原则”的背后逻辑是：“如果没有精神的追求

① Wolff C. *Rede über die praktische Philosophie der Chinesen*, Felix Meiner, 1985, 33.
② Wolff C. *Rede über die praktische Philosophie der Chinesen*, Felix Meiner, 1985, 37.
③ Wolff C. *Vernünftigen Gedanken von der Menschen Thun und Lassen*, Renger, 1736, 46.
④ Wolff C. *Vernünftigen Gedanken von der Menschen Thun und Lassen*, Renger, 1736, 56.
⑤ Wolff C. *Rede über die praktische Philosophie der Chinesen*, Felix Meiner, 1985, 81-82.
⑥ Wolff C. *Rede über die praktische Philosophie der Chinesen*, Felix Meiner, 1985, 45.

和与身体的运动相对应的心意的运动的协调，人的自由行为就不会执行善和避免恶；如果人没有对于善的真正的爱和对于恶的真正的恨，就没有精神的追求和身体的运动的协调；如果人没有通过精神的理性掌握对于善恶的完美知识，就没有真正的对于善的爱和真正的对于恶的恨；而如果没有对于事物的性质和原因的研究，就没有通过精神的理智获得的关于善恶的完美知识。"[①]

沃尔夫在这里主要指的是儒家经典《大学》的总纲，即"古之欲明明德于天下者，先治其国。欲治其国者，先齐其家。欲齐其家者，先修其身。欲修其身者，先正其心。欲正其心者，先诚其意。欲诚其意者，先致其知；致知在格物""物格而后知至，知至而后意诚，意诚而后心正，心正而后身修，身修而后家齐，家齐而后国治，国治而后天下平"[②]。

卫方济将这篇《大学》的总纲翻译为："古代的诸侯王如果希望在整个中国及其每一个组成部分都恢复被错误和邪恶蒙蔽的古老的理性能力的光辉，他们必须首先正确地治理他们自己的国家。如果他们希望正确地治理他们的国家，他们首先要努力通过纪律、和平与和谐的良好秩序来管理他们自己的家。如果他们希望通过纪律、和平与和谐的良好秩序管理自己的家，他们必须首先妥善安排他们的举止和生活。如果他们希望妥善安排他们的举止和生活，他们必须首先努力实现他们的心的真正正直。如果他们希望实现他们整个心的真正正直，他们必须首先把他们的意志建立在真正的对于善的爱和真正的对于恶的恨之上。如果他们希望确保将他们的整个意志都建立在真正的对于善的爱和真正的对于恶的恨之上，他们必须首先寻求通过意识的理性来获得对于善和恶的完美的知识，最终寻求一种获得关于善与恶的完美知识的方法。而这在于研究事物的性质和原因，或者在于研究哲学。因为已经

① Wolff C. *Rede über die praktische Philosophie der Chinesen*, Felix Meiner, 1985, 45-47.

②《礼记·大学》。

研究并彻底学习了所有事物的性质与原因，什么是真的或假的、什么是光荣的或耻辱的，就都可以知道了。之后最高的理解力就可以达到了。当最高的理解力达到了，那么意志就可以建立在对于善的真正的爱和对于恶的真正的恨之上。当意志建立在对于善的真正的爱和对于恶的真正的恨之上，那么心的真正的正直就可以实现了。当心的真正的正直实现了，那么人就可以恰当地安排举止和生活。当人可以恰当地安排举止和生活，那么人就可以凭借纪律、和平与和谐的良好秩序管理他的家庭。当人可以凭借纪律、和平与和谐的良好秩序管理他的家庭，那么他就可以正确地治理他的国家。当人可以正确地治理他的国家，他就可以凭借他的范例带动整个中国，将中国引入美德、治理中国，并且安定中国。”（Quocircà antiqui Principes, dum volebant efficere, ut totum Chinae Imperium, singuláque ejus regna primitivam suae rationalis facultatis, erroribus, & vitiis obscuratae claritatem repararent; ipsi priùs suum unum regnum rectè gubernare enitebantur; volentes autem efficere, ut totum suum regnum recte gubernaretur, ipsi priùs unam suam domum pulchro disciplinae ordme, pace, concordiâ temperare satagebant; volentes efficere, ut tota sua domus pulchro disciplinae ordine, pace, concordiâ temperaretur, ipsi priùs suos mores & vitam ritè componere studebant; volentes efficere, ut omnes sui mores & vita ritè componerentur, ipsi priùs veram sui cordis rectitudinem consequi contendebant; volentes efficere, ut veram totius sui cordis rectitudinem consequerentur, ipsi prius suam voluntatem in vero Boni amore, & in vero Mali odio stabilire conabantur; volentes efficere, ut tota sua voluntas in vero Boni amore, & in vero Mali odio stabiliretur, ipsi priùs per ratiocinium mentis quaerebant assequi perfectam Boni & Mali notitiam, modus denique assequendi perfectam Boni & Mali notitiam; consistit in perscrutandis rerum naturis ac rationibus, sive in philosophiae studio. Peiscrutatis enim, probéque cognitis omnium rerum naturis ac rationibus, nimirum quaenam verae aut falsae, qnaenam honestae aut turpes; tunc mens ultimum intelligendi apicem attingit; ubi mens ultmum intelligendi apicem attingit, tunc voluntas in vero Boni amore, & in vero Mali odio potest stabiliri; ubi voluntas in vero Boni amore, & in vero Mali odio stabilita est, tunc vera cordis rectitudo potest obtineri; ubi quis veram cordis sui rectitudinem obtinuit, tunc suos omnes mores & vitam ritè potest componere; ubi quis suos omnes mores & vitam ritè composuit, tunc totam suam domum pulchro disciplinae ordine, pace, concordiâ potest temperare; ubi quis totam suam domum pulchro disciplinae ordine, pace, concordiâ temperavit, tunc totum suum regnum rectè potest gubernare; ubi quis totum suum regum rectè gubernat, tunc suo exemplo totum ipsum Imperium potest commovere, ad virtutem allicere, componere & tranquillare.）①

按照《大学》总纲的描述，“明明德于天下”和“治国”，即实现国家的目标，需要“正心”和“诚意”，而“正心”和“诚意”需要“格物致知”。“格物致知”是个人修养和治理国家的源头。在卫方济的翻译中，“格物”被翻译为“研究事物的性质和原因”（perscrutandis rerum naturis ac rationibus），“致知”被翻译为“获得对于善和恶的完美的知识”（assequi perfectam boni & mali notitiam），“诚意”被翻译为“将意志建立在对于善的爱和对于恶的恨之上”（tota voluntas in vero Boni amore, & in vero Mali odio stabiliretur）。沃尔夫在其 1721 年讲话的拉丁文版的讲稿中，采用了和上述卫方济的翻译一样的用词来表达这些概念②。

同样在这里也要注意到《大学》的原文和卫方济的译文的用词的高度抽象性。如果《大学》以及沃尔夫理解的“善”包括人民经济条件的完美的不

① Noël F. *Sinensis Imperii Libri Classici Sex*, Joachim Joanne Kamenicky, 1711, 11-12.

② Wolff C. *Rede über die praktische Philosophie der Chinesen*, Felix Meiner, 1985, 44.

断进步，而且如果如同沃尔夫所定义的“美德”包括按照自然法的要求使得自己与他人的经济条件的完美的不断进步，那么对于“美德”的产生至关重要的“关于善和恶的知识”就包括能够指导“美德”这一概念中包括的规范性的经济行为的那些知识，即有助于实现自己和他人经济条件的完美的不断进步的知识，也就是对于经济发展有用的知识。如果“关于善和恶的知识”包括对于经济发展有用的知识，那么“研究事物的性质和原因”就自然地包括研究有助于促进经济发展的事物。因此，如果我们将《中国人实践哲学演讲》视为一份经济思想文本的话，那么沃尔夫所理解的《大学》中所提出的实现经济发展的根本源泉，是关于经济发展有用的知识和有助于促进经济发展的事物的研究。

这样看来，对于沃尔夫和中国儒学而言，幸福和美德的根源是知识以及在掌握知识基础之上的理性。因此，在“伦理学”中，沃尔夫就提出，作为一项“自然义务”，人必须“在其能力和生活环境所允许的范围内获取尽可能多的知识”[①]。但是因为一个人不可能获得所有知识，所以“人需要优先了解那些对于其生活方式（die Lebensart）有利的必需事务的知识”[②]。因此，在“政治学”中，沃尔夫提出，在聚集了足够的人口，并为这些人口提供充足的生计之后，为了实现公共幸福，国家需要采取的首要措施就是建立学校（die Schulen）、大学和科学院（die Academien）等研究和传播知识的机构。沃尔夫写道：“每个人都有义务追求那些知识，而这些知识有益于其因为生活方式的原因所必需接触的事物，并且有义务追求那些关于善恶的知识。所以，共同体必须保证没有人缺乏获取那些知识的机会，所以学校和科学院必须建立”[③]，而如上文所述，这些“关于善恶”且“有益于人的生活

① Wolff C. *Vernünftigen Gedanken von der Menschen Thun und Lassen*, Renger, 1736, 165.
② Wolff C. *Vernünftigen Gedanken von der Menschen Thun und Lassen*, Renger, 1736, 165-166.
③ Wolff C. *Vernünftigen Gedanken vom gesellschaftlichen Leben der Menschen*, Renger, 1736, 214-215.

方式”的知识包括那些对于经济发展有用的知识，因此学校和科学院传播的知识包括对于经济发展有用的知识。沃尔夫设计的这些机构确实研究和传播了对于经济发展有益的知识。根据沃尔夫的设计，科学院是“教授科学并传授有益的技艺和技能的场所”，学校是“向年轻人传授有益知识的场所”①。沃尔夫的科学院最重要的职能是“以科学研究支持经济中所有产业的进步”②。科学院的研究成果要通过一个叫作工艺院（die Academie der Künste）的机构传授给国内的工匠③。因为国内的所有工匠不可能都有机会去工艺院学习，工艺学校（die Handwerksschule）必须在各个城市建立以向年轻人传授技艺④。其实沃尔夫所设计的科学院的更重要的职能是“创造发明”⑤，特别是对于工业和农业有用的发明，这些内容将在下文具体研究，因为这些内容与沃尔夫 1730 年所做的关于古代中国“哲人王”的讲座的联系更加密切。

在 1721 年的讲话中，沃尔夫提出：在教育方面，“没有人比中国人投入了更多的关注”⑥。在这篇讲话中，沃尔夫提出了一个对于人的灵魂的分类学：人的灵魂有高级（der oberer Teil）和低级（der unterer Teil）两部分⑦。灵魂的低级部分指人精神中的感性成分，即“感知、想象力，以及感情”⑧。灵魂的高级部分指精神中的理性成分，即“智力、理性，以及自由意志”⑨。沃尔夫认为这种对于人类灵魂的两个组成部分的认识在中国儒学思想中也同样存在。沃尔夫认为孔子在《论语》中所说的“从心所欲，不逾矩”就体现

---

① Wolff C. *Vernünftigen Gedanken vom gesellschaftlichen Leben der Menschen*, Renger, 1736, 215.
② Roscher W. *Geschichte der National-Oekonomik in Deutschland*, R. Oldenbourg, 1874, 354.
③ Wolff C. *Vernünftigen Gedanken vom gesellschaftlichen Leben der Menschen*, Renger, 1736, 254.
④ Wolff C. *Vernünftigen Gedanken vom gesellschaftlichen Leben der Menschen*, Renger, 1736, 257.
⑤ Wolff C. *Vernünftigen Gedanken vom gesellschaftlichen Leben der Menschen*, Renger, 1736, 242.
⑥ Wolff C. *Rede über die praktische Philosophie der Chinesen*, Felix Meiner, 1985, 37.
⑦ Wolff C. *Rede über die praktische Philosophie der Chinesen*, Felix Meiner, 1985, 35.
⑧ Wolff C. *Rede über die praktische Philosophie der Chinesen*, Felix Meiner, 1985, 35.
⑨ Wolff C. *Rede über die praktische Philosophie der Chinesen*, Felix Meiner, 1985, 35.

了中国儒学追求的境界是感性活动和理性活动的统一[1]。沃尔夫还认为中国宋明理学中的“心”（das Herz）就是人的灵魂中的感性活动，“理”（die Vernunft）就是人的灵魂中的理性活动[2]。沃尔夫认为，古代中国的公共教育体系就是针对人类灵魂中的上述两部分建立的。

沃尔夫写道，“在由那些古代伟大皇帝治下的繁荣的中国”，处处都有两种学校：一种是“小学”（die Schule der Kleineren），一种是“大学”（die Schule der Erwachsenen）[3]。“小学”教化人的灵魂中的低级部分，因此，“小学”教育 8 岁到 15 岁的儿童和少年，向这些心智尚未成熟的年轻人传授对于善的服从，对于年长者和领导者的敬畏、谦逊，以及简朴，这样年轻人可以被年长者引导向善[4]。“大学”培养人的灵魂中的高级部分，教育 15 岁以上的青年，特别是那些“在发明才能（die Erfindungsgabe）、判断力和勤奋方面超越他人”的人们，揭示“事物的原因（die Gründe der Dinge）”以及介绍实现“善”的有益原则，这样青年就可以做好领导自己和他人向善的准备[5]。沃尔夫认为，在“小学”与“大学”中，学生不仅仅学习如何区分善恶，还努力以其精神力量和身体力量将学到的原则投入实践之中[6]。沃尔夫写道：“这就是中国人的国家全盛的黄金时代以及君主和臣民各自履行其职责的时代的两种学校。”[7]这里沃尔夫所描述的很明显是《大学》和《小学》中描述的中国儒学中的教育体系。

对于沃尔夫而言，中国儒家教育体系中的“大学”部分特别有借鉴意义。沃尔夫认为，“小学”的教育仅仅能让人学会“服从”，这种对于“善”

① Wolff C. *Rede über die praktische Philosophie der Chinesen*, Felix Meiner, 1985, 195.
② Wolff C. *Rede über die praktische Philosophie der Chinesen*, Felix Meiner, 1985, 195.
③ Wolff C. *Rede über die praktische Philosophie der Chinesen*, Felix Meiner, 1985, 37-39.
④ Wolff C. *Rede über die praktische Philosophie der Chinesen*, Felix Meiner, 1985, 39, 41.
⑤ Wolff C. *Rede über die praktische Philosophie der Chinesen*, Felix Meiner, 1985, 39, 41.
⑥ Wolff C. *Rede über die praktische Philosophie der Chinesen*, Felix Meiner, 1985, 41-43.
⑦ Wolff C. *Rede über die praktische Philosophie der Chinesen*, Felix Meiner, 1985, 43.

的服从在没有“对于主宰（der Herr）的恐惧”的情况下，是无法持续的[①]。因此，“小学”的教育对于没有“主宰”命令的、按自己的心意行事的人来说是不够的[②]。而且，沃尔夫认为：“中国人更喜欢听从自己的喜好而不是他人的命令。”[③]沃尔夫认为这点可以由《论语》中的“道之以政，齐之以刑，民免而无耻；道之以德，齐之以礼，有耻且格”[④]得以证明[⑤]。在卫方济的翻译中，“道之以政”被翻译为“君主通过命令（imperiis）指挥（dirigat）人民”[⑥]。因此，沃尔夫认为，在古代中国的教育体系中，人必须要在“大学”中学习“如何主宰自己”去实践善和远离恶，因此这些人要接受“大学”中的教育，学习“事物的性质和原因”以及“对于善和恶的知识”，进而产生美德。沃尔夫总结道：“中国人将他们的学习的每一种安排都指向于一个特定的目标并且仅允许那些实现这个目标的事情发生……他们将那些学习的安排都指向于他们的生活并且仅仅允许那些有益于实现幸福的事情发生，因此，在中国最鼎盛的时候，没有人会在其生活状况需要的时候、而且其才智许可的时候，而没有投身于学习之中。”[⑦]在沃尔夫看来，这种初级与高级组合的教育体系就是古代中国实现幸福的关键方式。按照沃尔夫的描述，在三皇五帝和夏商周三代中国处于“至善”的时代，中国的特征就是“皇帝和国王同时是哲学家”以及“人民从小开始就被学者以良好的风俗引导并在他们成年后向他们传授关于善恶的知识”[⑧]。关于“君主同时是哲学家”的问题将在下文具体研究。“将人民从小引导向善”以及“在他们成

---

① Wolff C. *Rede über die praktische Philosophie der Chinesen*, Felix Meiner, 1985, 39.
② Wolff C. *Rede über die praktische Philosophie der Chinesen*, Felix Meiner, 1985, 39.
③ Wolff C. *Rede über die praktische Philosophie der Chinesen*, Felix Meiner, 1985, 201.
④《论语·为政第二》。
⑤ Wolff C. *Rede über die praktische Philosophie der Chinesen*, Felix Meiner, 1985, 201.
⑥ Noël F. *Sinensis Imperii Libri Classici Sex*, Joachim Joanne Kamenicky, 1711, 86.
⑦ Wolff C. *Rede über die praktische Philosophie der Chinesen*, Felix Meiner, 1985, 43.
⑧ Wolff C. *Rede über die praktische Philosophie der Chinesen*, Felix Meiner, 1985, 13.

年后传授关于善恶的知识”无疑指的就是“小学”和“大学”。

如前文所述，《大学》中的“善”不论究其本意还是按照沃尔夫的诠释，都包括人民的经济条件的完美的不断进步；因此，“美德”包括促进个人和他人经济条件的完美的不断进步，即经济发展的行为；因此，“关于善恶的知识”包括对于促进经济发展有用的知识；因此，“研究事物的原因和性质”包括研究对于促进经济发展有用的事物。那么，如果将“大学”理解为一种教育机构，而这种教育机构如沃尔夫所总结的，向 15 岁以上的人民传授“事物的原因”以及“关于善的有益原则”，那么这种教育就包括研究和传播对于经济发展有用的知识。按照这种方式理解，古代中国处于“至善”的时候，国家实现公共福利的方式，就包括人人都能有机会学习到对于促进经济发展有用的知识，而且这种对于经济发展有用的知识的传播范围如此之广，以至于出现了上文中提到的由沃尔夫总结的现象，即“没有人……没有投身于学习中。”

沃尔夫从《大学》中见识到了国家应该通过建立公共机构在人民中传播对于经济发展有用的知识来促进公共福利，这一点可以通过“政治学”与《科学方法的自然法》第八卷中关于建立科学院和学校部分的不同看出。在“政治学”中，在关于由学校和科学院组成的知识传播体系的部分中，沃尔夫并没有提及他对于人的灵魂的低级部分和高级部分的分类认识以及国家的知识传播机构与这种灵魂的高低分类之间的关系。但是，拉丁文版的《科学方法的自然法》第八卷中，沃尔夫基本重复了他在《中国人实践哲学演讲》中关于人的灵魂的低级和高级的分类法以及这种分类与“大学”和“小学”的关系。在《科学方法的自然法》第八卷中，沃尔夫延续了他在“政治学”中提出的经济社会政策体系，即建立共同体首先需要保证聚集足够多数量的人口[①]，之后需要保证必需品和享乐品的充足供应以及为人口提供充足的工作机会[②]。之后需要向人民提供学习“知识和技艺”（scientias & artes）的机会[③]。在关于建立学习“知识和技艺”的场所的部分，沃尔夫明确提出了建立“低等学校”（scholae inferiores）和“高等学校”（scholae superiores）两种教育机构：“低等学校”培养人灵魂的低级部分，“高等学校”培养人灵魂的高级部分，即“关于事物的必需的与有用的知识”（scientiam rerum scitu necessariarum vel utilium）[④]。在这里，如同在《中国人实践哲学演讲》中一样，沃尔夫又提到，人的“低级认知能力”（facultatibus cognoscendi inferioribus）是“感知、想象和记忆”（sensum, imaginationem atque memoriam），人的“高级认知能力”（facultatibus cognoscendi superioribus）是“智力以及依赖于智力的能力”（intellectum & quae ab eodem dependent）[⑤]。“高级认知能力”的掌握依赖于“低级认知能力”的掌握，因此儿童与少年要学习驾驭“低级认知能力”，青年要学习掌握“高级认知能力”，因此，教育机构要按这种情况分类[⑥]。而沃尔夫在这里提出的传授“高级认知能力”的机构，即传授“关于事物的必需的与有用的知识”的机构，就是“科学院”（academiae）[⑦]。如同在“政治学”中一样，在《科学方法的自然法》第八卷中，“科学院”是国家建立的促进科学进步与各产业技术进步的公共研究机构。沃尔夫写道：“科学院是促进知识和技艺的完美以及凭借新发明（novis inventis）增加知识和技艺的机构。”[⑧]沃尔夫特别指出：“科学院必须

---

① Wolff C. *Jus Naturae*, pars VIII, Renger, 1748, 296-313.

② Wolff C. *Jus Naturae*, pars VIII, Renger, 1748, 313-317.

③ Wolff C. *Jus Naturae*, pars VIII, Renger, 1748, 317-318.

④ Wolff C. *Jus Naturae*, pars VIII, Renger, 1748, 323.

⑤ Wolff C. *Jus Naturae*, pars VIII, Renger, 1748, 324.

⑥ Wolff C. *Jus Naturae*, pars VIII, Renger, 1748, 324.

⑦ Wolff C. *Jus Naturae*, pars VIII, Renger, 1748, 323.

⑧ Wolff C. *Jus Naturae*, pars VIII, Renger, 1748, 329.

研究那些关于农业，如种植、园艺业和畜牧的事物以及制造工艺和技艺，特别是那些对于自然的知识有所贡献的以及可以借由数学的帮助完成的工艺和技艺。”[①]此外，与“政治学”中的设计相同，《科学方法的自然法》中的“科学院”也要配套“工艺院”（academicae artium）以专门教育工匠[②]。工艺院需要向工匠传授以下方面的知识：自然史、实验哲学、天文学、建筑学、解剖学以及机械学[③]。

由此可见，在沃尔夫的理解中，“研究事物的原因和性质”或者研究“关于事物的必需的与有用的知识”无疑包括研究对于促进经济发展有用的事物；传授“关于善的有益原则”无疑包括传授对于促进经济发展有用的知识；“大学”无疑包括专门研究和传播对于经济发展有用的知识的机构。这进一步证明了上文提到的沃尔夫对于古代中国“至善”时期的制度的认识，即古代中国实现公共福利的方式是建设充足的机构向每一个人民传授对于经济发展有用的知识。其实沃尔夫将《大学》中的“格物”和“致知”理解为研究和学习对于经济发展有用的知识这一点碰巧与传统中国的士大夫对于这两个词的理解一致：在现代科学传入中国之初，科学一词的汉语翻译就是“格致”，科学家被称为“格致士”或“格物家”[④]。在现代科学著作最初被翻译为中文的时候，中国和西方的翻译者“倾向于把科学与中国传统的‘格致’联系在一起”[⑤]。

综上所述，在 1721 年的讲话中，沃尔夫总结了他主要从中国儒家的《四书》，特别是《大学》中了解到的古代中国的国家治理模式和政治哲学。

---

① Wolff C. *Jus Naturae*, pars VIII, Renger, 1748, 336.

② Wolff C. *Jus Naturae*, pars VIII, Renger, 1748, 339.

③ Wolff C. *Jus Naturae*, pars VIII, Renger, 1748, 340.

④ [美]本杰明·艾尔曼：《中国近代科学的文化史》，王红霞、姚建根、朱莉丽译，上海古籍出版社，2009，第 107 页。

⑤ [美]本杰明·艾尔曼：《中国近代科学的文化史》，王红霞、姚建根、朱莉丽译，上海古籍出版社，2009，第 99 页。

沃尔夫认为，中国儒学和古代中国的国家治理追求的目标与沃尔夫自己的政治哲学目标一致，即人民的灵魂、身体和物质财富条件的完美的持续进步。尽管沃尔夫认为中国对于“至善”和“新民”等国家目标的表述比他自己的“幸福”和“内外条件完美”的概念模糊，但是，这并没有从中国的国家治理目标中排除沃尔夫定义的“幸福”和“内外条件完美”，即没有排除将促进经济发展作为国家治理的一个目标。沃尔夫认为，在中国儒学与古代中国的国家治理中，实现国家目标的最主要的措施之一是国家为人民建立公共教育机构：“小学”和“大学”。其中“大学”对于促进人民实现“善”和“完美”有最重要的作用，因为“大学”向人民传授“事物的原因”与“善的原则”，而这些知识中包括对于经济发展有用的知识。沃尔夫受到《大学》的影响，重新整理和分类了自己设计的知识传播体系，提出了自己的“小学”和“大学”，而沃尔夫的“大学”本质是研究和传播对于工业和农业的发展有用的知识的机构，即科学院、工艺院和工艺学校。按照沃尔夫的理解，最繁荣时代的古代中国实现公共福利，包括经济发展，就是由国家努力在人民中传播对于经济发展有用的知识而实现的发展。

2.“哲人王”与科学院

在《中国人实践哲学演讲》中，除了传播有用的知识之外，沃尔夫还提到了古代中国在“至善”的时代存在的一种情况，即“皇帝与国王同时也是哲学家”①。沃尔夫关于这部分的研究主要集中在他 1730 年在马尔堡大学所做的题为“哲人王与执政的哲学家”的讲座中。

1750 年出版的这次讲座的文稿的英文版仅有正文 86 页，但是它有一个非常长的完整标题：《哲人王统治下的人民的真正幸福：不仅由事物的本质而且由中国人民在其建国者伏羲以及伏羲的杰出继承人黄帝与神农的治理之

---

① Wolff C. *Rede über die praktische Philosophie der Chinesen*, Felix Meiner, 1985, 13.

下的确实经验证明》(*The Real Happiness of a People under a Philosophical King, Demonstrated not only from the Nature of Things, but from the Undoubted Experience of the Chinese under their First Founder Fo-hi, and His Illustrious Successors, Hoam Ti, and Xin Num*)。这次讲座中，沃尔夫再一次将古代中国视为其思想的现实中的实践案例，以证明其思想不仅可以由“推断”(speculation)支持，还可以由“事实和经验”(fact and experience)支持[①]。

在这次讲座中，沃尔夫又提出了一种对人民的“幸福”的新定义。一个国家的“幸福”的一种定义是如上文所述的人民的内外状态的完美的不断进步以及公共安全[②]，而另一种定义是“当哲学家处于统治地位或者统治者是哲学家的时候，一个国家也会幸福”[③]。沃尔夫说道：“如果君主或统治者是哲学家，或者哲学家是君主，那么一个社会的目标就可以实现了。”[④]沃尔夫在这里引用了古希腊哲学家柏拉图的观点，即当“哲人王”统治的时候，人民就会幸福[⑤]。柏拉图在《理想国》的第六卷里写道：“只有……当权者本人、国王本人，受到神的感化，真正爱上了真哲学时——只有这时，无论城市、国家还是个人才能达到完善。”[⑥]

什么是“哲学家”和“哲人王”呢？按照沃尔夫的定义，哲学家是“能够分辨实际发生的事物与可能发生的事物的原因”的人[⑦]。除了分辨事物发生的原因，哲学家还能分辨“为什么是这些事物而不是其他事物发生，以及事物发生的机制”[⑧]。世间发生的事不计其数，所以“没有人能够成为所有

① Wolff C. *The Real Happiness of a People under a Philosophical King*, M. Cooper, 1750, 1.
② Wolff C. *The Real Happiness of a People under a Philosophical King*, M. Cooper, 1750, 3.
③ Wolff C. *The Real Happiness of a People under a Philosophical King*, M. Cooper, 1750, 2.
④ Wolff C. *The Real Happiness of a People under a Philosophical King*, M. Cooper, 1750, 2.
⑤ Wolff C. *The Real Happiness of a People under A Philosophical King*, M. Cooper, 1750, 1.
⑥ [古希腊]柏拉图：《理想国》，郭斌和、张竹明译，商务印书馆，1986，第 251 页。
⑦ Wolff C. *The Real Happiness of a People under a Philosophical King*, M. Cooper, 1750, 10.
⑧ Wolff C. *The Real Happiness of a People under a Philosophical King*, M. Cooper, 1750, 11.

事物中的哲学家”，所以“只要我们能够像哲学家一样地思考那些属于我们领域中的事情就足够了”[①]。因此，“哲人王”就是能够像哲学家一样思考国家治理的君主。对于君主而言，这种在“关于良好治理（good government）方面的事物”中像哲学家一样地思考是君主的责任[②]，因为君主“必须有能力理解那些能够使人民幸福的事物，并且有坚定的决心，忠实地执行他认为的有利于人民的幸福这一高尚目标的事情”，而这些素质只能在君主成为哲学家之后才能实现[③]。但是，沃尔夫认为，君主除了思考治理本身，还需要研究其他与实现国家的良好治理有关的科学。沃尔夫说道，“我们在一些时候可能会发现，如果不能求助于其他的科学，我们就不能像哲学家一样思考关于良好的治理范围内的所有事物”，这是因为“散布在几种科学中的所有真理彼此之间有一种紧密的联系”[④]。因此，沃尔夫认为，“君主应当确保他研究其他学科的事物，以使他能够正确地研究那些与良好的治理关系更近的事物”[⑤]。沃尔夫认为，按照自然法的要求，除了研究关于国家治理本身的学问之外，君主还有必要研究其他所有有利于实现国家良好治理的学问，君主应当广博地追求各种有用的知识。

在沃尔夫看来，君主必须能够像哲学家一样思考的原因还特别地在于通过各种创新实现人民的幸福。沃尔夫写道：“如果一个君主是一个哲学家，他将能够确定地理解良好的治理需要的事物以及确定地选择能够促进人民幸福的手段。如果君主要组建一个新的政府或者改进完善已经存在的政府，他必须是一个能够按照哲学家思考的人，特别当他没有其他的政府模式以供效

---

① Wolff C. *The Real Happiness of a People under a Philosophical King*, M. Cooper, 1750, 11.
② Wolff C. *The Real Happiness of a People under a Philosophical King*, M. Cooper, 1750, 11.
③ Wolff C. *The Real Happiness of a People under a Philosophical King*, M. Cooper, 1750, 6.
④ Wolff C. *The Real Happiness of a People under a Philosophical King*, M. Cooper, 1750, 11.
⑤ Wolff C. *The Real Happiness of a People under a Philosophical King*, M. Cooper, 1750, 11-12.

仿时。”[①]沃尔夫具体地解释道：“如果要建立一个国家，那么这个国家应该能够通过人民团结的力量促进公共福利并且保护自身免于所有的敌对攻击。所以我们必须弄清能够实现这些目标的手段，而且还要注意应该怎样执行这些手段。这些手段可以通过别人已经成功实践过的经验得知，也可以通过对于目标的思考得知。在这两种情况中，我们必须把我们的想法整理成一些确定的命题，按照这些确定的命题，通过一系列推理的过程，我们可以实践这些命题，而且在实践的过程中不会偏离目标。因此，如果要建立一个国家，除非可以模仿一些既有的模式，否则君主必须是一个哲学家，并且像哲学家一样思考建立国家。”[②]

如果君主没有可以效仿的已有模式，那么君主就必须能够像哲学家一样地思考，根据人民的“幸福”和“安全”的目标推理并明确实现这些目标的手段和方法。沃尔夫支持一种严格按照政治哲学原则治理国家的方式，认为君主不能依靠“一种单纯的对于当前状况的观察”治理国家，而应当按照以人民的“幸福”和“安全”为目标的哲学体系中的原则治理国家，只有这样君主才不会偏离人民的“幸福”和“安全”的目标[③]。

在 1721 年的《中国人实践哲学演讲》中，沃尔夫已经提到，“中国古代的皇帝和国王都同时也是哲学家”[④]。在 1730 年的讲座中，沃尔夫在开篇就提到：“由于他们（中国古代皇帝和国王）的关心，他们的政府形式是所有政府形式中最好的，并且在国家治理的技术方面，这个国家都已经超过了其他所有国家，没有例外。”[⑤]

如前文提到的，沃尔夫在“中国古代的皇帝和国王”中，格外推崇三

---

① Wolff C. *The Real Happiness of a People under a Philosophical King*, M. Cooper, 1750, 16-17.

② Wolff C. *The Real Happiness of a People under a Philosophical King*, M. Cooper, 1750, 26-27.

③ Wolff C. *The Real Happiness of a People under a Philosophical King*, M. Cooper, 1750, 27-28.

④ Wolff C. *Rede über die praktische Philosophie der Chinesen*, Felix Meiner, 1985, 13.

⑤ Wolff C. *The Real Happiness of a People under a Philosophical King*, M. Cooper, 1750, 1.

位——伏羲、神农和黄帝，并认为这三位皇帝是中国的建国者。这一点明显受到了柏应理在《中国君主年表》中的描述的影响。柏应理将伏羲、神农与黄帝视为“中国的最初建立者”（primi sinarum conditores）[①]。沃尔夫认为，这三位中国的古代皇帝都是哲人王，他们像哲学家一样思考，通过利用各种创新实现公共福利的手段建立了中国。沃尔夫写道：“当伏羲开始治理这么广大的帝国的时候，体制还需要被建立，伏羲也不熟悉其他可以效仿的政府体制，因为当时中国和其他国家之间没有贸易，伏羲对于其国家疆域之外的历史完全陌生，正如其他国家觉得中国也陌生一样。但是，当神农和黄帝继承伏羲的帝位之后，伏羲建立的政府体制必须被进一步完善。因此，这些中国君主从他们提出的国家目标出发，设计了实现那一目标的合适的手段。”[②]

沃尔夫根据柏应理的记载，将传说中伏羲、神农与黄帝创造的多项发明视为这些君主像哲学家一样思考为实现公共福利进行创新的证据。沃尔夫写道：“古代中国的皇帝同时也是哲学家，他们不仅研究思考直接关于良好的治理的事物，而且在其他事物上发挥他们的才智，以使他们能够对于良好的治理中那些更深奥的、但是也容易被忽略的部分有所理解。中国的建国者伏羲，通过对于天地之间的事物的思考，建立了一个有四十八个符号的表格，这个表格通常叫做《易经》或者‘变易之书’……（这部经典）通过事物的自然联系、秩序、兴衰变化、运动的力量总结关于管理个人和家庭以及治理城镇、省份与整个国家的最优秀的原则。伏羲还发明了乐器，并积极从事发明的事务（the business of invention），通过思考自然获得了更深刻的洞察力，这样才让他有能力设计出一个国家的体制。他的继承人是神农，神农同样积极地投入到发明农业必需的工具的事业中，并且研究了植物的医学用

① Couplet R P P. *Tabula Chronologica Monarchiae Sinicae*, Leopoldi Voigt, 1703, 23-24.

② Wolff C. *The Real Happiness of a People under a Philosophical King*, M. Cooper, 1750, 17.

途。神农效仿其前辈的事迹，获得了对于改善国家的那些事物的更深入的洞悉。神农的继承人是黄帝，黄帝的治理开启了中国的辉煌。黄帝建立了干支纪年法，这是中国人至今都在使用的历法。他开始将天文学变成一门科学；他设计了一种叫做算盘的计算工具；他是很多种乐器、兵器、渔具、车辆、冶金术、制陶术和度量衡的发明人；他还在一些文章中解释了脉搏的物理原理，至今都被中国人使用。黄帝为了能够完善中国的国家治理模式而积极从事发明的事务，投身于对于自然和技艺的研究。”[①]

沃尔夫总结道：“这三位皇帝，伏羲、神农与黄帝，建立了一种政府模式，这种政府模式超越了采用其他模式的政府，这种政府已经繁荣了几千年并且在当今依然持续繁荣。”[②]而我们通过沃尔夫对于伏羲、神农和皇帝的事迹的简述，可以看到，这三位皇帝的政府最突出的特征，就是“积极地从事发明的事务”，发明那些实现人民的“幸福”所需要的事物。这些事物中无疑包括实现人民的物质财富条件的完美的不断进步所需要的那些事物，如乐器、农业必需的工具、植物的医学用途、算盘、兵器、渔具、车辆、冶金术、制陶术、度量衡。

在“政治学”中，沃尔夫就开始提倡君主为公共福利创造发明的能力。沃尔夫在“政治学”中写道：“一个君主不需要有考虑一切的智慧，也不需要能够促进公共福利与安全发明必需的手段，虽然如果君主能够有考虑一切的智慧与发明这些手段的能力的话更好。”[③]

而沃尔夫认为由伏羲、神农与黄帝开创的古代中国的政府模式正是这种君主可以积极创造发明的政府的表率，沃尔夫写道：“如果有人认为君主不可能在不荒废治理国家的情况下还有充足的时间和机会去从事发明的事务与

① Wolff C. *The Real Happiness of a People under a Philosophical King*, M. Cooper, 1750, 12-14.

② Wolff C. *The Real Happiness of a People under a Philosophical King*, M. Cooper, 1750, 15.

③ Wolff C. *Vernünftigen Gedanken vom gesellschaftlichen Leben der Menschen*, Renger, 1736, 184.

哲学的研究，那么这些（伏羲、神农与黄帝）伟大的人们没有荒废任何君主本职事务的范例，足以反驳上述观点。”[①]

从现代的观点看来，伏羲、神农与黄帝的上述各项发明的事迹属于神话，但是沃尔夫也一定知道这些古代皇帝的事迹中有神话的成分，因为在柏应理的《中国君主年表》中已经讨论了“在有些人看来那些史书中提及的中国的建立者——伏羲、神农与黄帝根本不存在”[②]的问题。但是沃尔夫依然将这种中国神话中的皇帝行迹和治理模式视为一种高于从古至今全部政府模式的制度。在治理国家此等严肃的事情上，奉神话中的帝王事迹为最优的模板，沃尔夫的这种观点应该被评价是一种荒诞的想法吗？本书认为不应该。中国上古君主创造发明上的事迹不仅仅被沃尔夫视为一种理想的模板，在鸦片战争之后，中国传统士大夫在面临需要赶超技术先进、发明活跃的西方国家的问题时，这些深受传统儒家思想熏陶的中国士大夫能够想到的办法，也是主张当时的朝廷学习神话传说中上古时期为人民积极创造发明的君主。比如，清末洋务运动的骨干之一、曾任中国驻英法意比四国公使的薛福成讨论振兴制造业的必要性的时候写道：“古者圣人操制作之权以御天下，包牺、神农、黄帝、尧、舜、禹、周公，皆神明于工政者。故曰备物致用，立成器以为天下利，莫大乎圣人。”[③]薛福成还写道：“夫泰西百工之开物成务，所以可富可强，可大可久者，以朝野上下敬之慕之，扶之翼之，有以激厉之之故也。若是者，人见谓与今之中国相反，吾谓与古之中国适相符也。”[④]

清末实业家、洋务运动的活跃分子、首倡对外“商战”的中国经济思想家、被视为“中国新重商主义者之一”[⑤]的郑观应也在《盛世危言》中提

① Wolff C. *The Real Happiness of a People under a Philosophical King*, M. Cooper, 1750, 15.

② Couplet R P P. *Tabula Chronologica Monarchiae Sinicae*, Leopoldi Voigt, 1703, 11.

③ 薛福成：《筹洋刍议：薛福成集》，辽宁人民出版社，1994，第 164 页。

④ 薛福成：《筹洋刍议：薛福成集》，辽宁人民出版社，1994，第 165 页。

⑤ Helleiner E. *The Neomercantilists: A Global Intellectual History*, Cornell University Press, 2021, 238-245.

到，要学习和追赶西方的现代科技，中国只要注意复兴上古时代的传统就好。郑观应写道："今人自居学者，而目不睹诸子之书，耳不闻列朝之史，以为西法创自西人，或诧为巧不可阶，或斥为卑无足道。噫！异矣！昔大挠定甲子，神农造耒耜，史皇创文字，轩辕制衣冠，蚩尤作五兵，汤作飞车，挥作弓，夷牟作矢，当其创造之始，亦何尝不惊人耳目，各树神奇？"①

可见，沃尔夫推崇中国古代神话中以伏羲、神农与黄帝为代表的那种积极创造发明的政府体制并不是他个人的狂想，以中国古代神话中的君主的发明事迹为模范似乎流行于熟悉中国儒学的思想家之间。

如上文提到的，沃尔夫认为，由伏羲、神农和黄帝开创的"哲人王"政府体制一直持续繁荣至他的时代。在沃尔夫的时代，莱布尼茨描述了当时中国的一位符合沃尔夫定义的"哲人王"特征的君主：康熙皇帝。莱布尼茨对于康熙皇帝的评价是："他的伟大几乎超过了人类的高度，他甚至被一些人视为一个凡间的神……他接受的是美德和智慧的教育，他以非凡的对于法律的尊重和对于智者谏言的尊敬治理他的百姓。"②根据耶稣会传教士的描述，莱布尼茨写道："这个皇帝对于知识的非凡渴求几乎已经成了他的信仰。这个被帝国中的诸侯和贵人在远方崇敬在近处敬畏的统治者曾经每天用三到四个小时的时间在一间内室中与南怀仁一起学习各种数学工具和著作，就好像学生向老师学习一样。他取得了很多学习收获：他学习了欧几里得原理、掌握了三角函数计算、可以用数字来描述行星的现象。并且，他准备了一本关于几何学的著作，并将向他的子嗣传授这门伟大科学的原理和知识，并且，考虑到他的人民的幸福，他会把他从欧洲引进的知识作为一种遗产传

① 郑观应：《盛世危言》，辽宁人民出版社，1994，第 28 页。

② Leibniz G W. "Preface to the Novissima Sinica". In: Leibniz G W, Cook D J, Rosemont H J. *Writings on China*, Open Court Publishing Company, 1994, 48.

承下去。”[①]

熟悉莱布尼茨作品的沃尔夫很有可能也熟悉莱布尼茨对于康熙的赞美和描述。而且根据后人的记载，康熙皇帝除了自己向耶稣会传教士学习知识之外，还将这些新知识投入经济生产，主要是奢侈品的生产中，为国内经济带来创新和发明。在 17 世纪末，康熙皇帝发现机械钟表在计时功能方面比传统的漏壶钟先进，于是组织耶稣会士在紫禁城建立了有 31 个车间的机械钟表制造工场，这个工场生产了 18 世纪中国的大部分机械钟表[②]。康熙皇帝还注意到了欧洲玻璃制造技术的先进，并在紫禁城中组织耶稣会士建立了玻璃工场生产各种高质量的玻璃制品[③]。似乎在沃尔夫的时代，由伏羲、神农和黄帝开创的政府体制确实由当时的康熙皇帝继承。

沃尔夫对于积极从事为经济和社会创造有用的发明的中国“哲人王”政体的推崇，需要在 17 世纪至 18 世纪欧洲科学革命、欧洲各国政府对于科学和发明创新的支持兴起，以及科学院这种机构诞生的背景之下理解。在由笛卡儿、伽利略、哥白尼和牛顿等科学家兴起的科学革命的背景下，欧洲历史上第一个提出“哲人王”统治之下的国家应当有意识地推动科学研究和创造对于经济有用的发明的主张的思想家是英国的弗朗西斯·培根（Francis Bacon）[④]。

1627 年，在培根去世之后，在伦敦出版了一本由他所写的题为《新大

---

① Leibniz G W, Cook D J, Rosemont H J. *Writings on China*, Open Court Publishing Company, 1994, 49-50.

② [美]本杰明·艾尔曼：《中国近代科学的文化史》，王红霞、姚建根、朱莉丽译，上海古籍出版社，2009，第 65—68 页。

③ [美]本杰明·艾尔曼：《中国近代科学的文化史》，王红霞、姚建根、朱莉丽译，上海古籍出版社，2009，第 68—69 页。

④ Reinert E, Daastøl A M. “Exploring the genesis of economic innovations: religious gestalt-switch and the duty to invent as preconditions for economic growth”. *European Journal of Law and Economics*, 1997, 4: 233-283; Mokyr J. “The intellectual origin of modern economic growth”. *The Journal of Economic History*, 2005, 65(2): 285-351.

西洲》（*New Atlantis*）的小册子。这是一本描绘一个理想社会的小册子。在这本册子里，培根讲了一个故事：一群探险者从秘鲁出发，向日本和中国航行，但是强风让他们偏离了航向，使他们登陆在一个从未被人发现过的国家。探险者得到了这个国家中的官员和人民的救助，并且得知这个国家在一千九百年前由一个名叫所罗门那（Solamona）的国王建立[①]。探险者发现这个国家繁荣、富足、文明且秩序井然。在证明了自己的诚实、友好并且自愿遵守该国法度之后，探险者得到了该国一位高级官员的信任并且被告知了该国“最贵重的珍宝”，即该国富强文明的秘密[②]。所罗门那是一位开明的“哲人王”：他“心胸宽大、高深莫测，并且坚定决意要使其国家与人民幸福”[③]。所罗门那国王的“最首要的”政策、“大地上最高贵的制度”和“国家的光明之源”是一个叫作“所罗门之家”（Salomon's House）的机构[④]。“所罗门之家”是一个“致力于研究上帝的工作（works）和创造物（creature）”的团体[⑤]。“所罗门之家”的目标是研究“关于事物的原因和神秘运动的知识”（the knowledge of causes, the secret motions of things）以及“扩张人类帝国的边界至实现所有可能的事物”（the enlarging of the bounds of human empire, to the effecting of all things possible）[⑥]。“所罗门之家”本质上是一个国家创新体系以及一个知识和技术密集的经济体系，它合并了科学研究、创新以及财富创造的职能。“所罗门之家”由各种模拟不同自然条件并通过实验研究矿物学、天文学、气象学、植物学、动物学、机械学、工艺、药学、声学、光学、热力学、化学以及数学的实验室和研究设施组成。

---

① Bacon F. *New Atlantis*, Clarendon Press, 1915, 21.

② Bacon F. *New Atlantis*, Clarendon Press, 1915, 35.

③ Bacon F. *New Atlantis*, Clarendon Press, 1915, 21.

④ Bacon F. *New Atlantis*, Clarendon Press, 1915, 23.

⑤ Bacon F. *New Atlantis*, Clarendon Press, 1915, 23.

⑥ Bacon F. *New Atlantis*, Clarendon Press, 1915, 35.

而这些实验室和研究设施同时还是各种财富的生产机构和各种财富生产技艺的促进机构：矿山、园圃、鱼塘、牧场、运河、水力机、机械工场、化学工场、工艺作坊、医院、药房。这些机构除了产生新知识以促进科学进步，还为国家生产各种原材料、饮食、工业品、化学药剂、药品以及医学疗法，并且探索这些财富生产过程中的工艺改良①。“所罗门之家”的核心组成人员包括：“探索者”（explorers），负责在海外搜索各种知识和发明；“收集者”（collectors），负责收集整理现存已知的实验和技艺；“实验者”（experimenters），负责设计和执行新实验；“整理者”（compilers），负责整理新实验的结果；“理论者”（theorisers），负责将知识系统化，建立理论；“施益者”（benefactors），本质上也就是发明者，负责“想方设法从新实验结果和新知识中提炼对于人类生活有用和实用的事物”②。很明显，培根的“所罗门之家”是一个君主用来专门进行科学研究和创造对于公共福利有用的发明的机构。对于培根来说，如同“新大西洲”这个乌托邦一样，对于一个国家而言，“最首要的制度”与“最贵重的珍宝”就是“哲人王”的政府为公共福利创造发明的职能。

培根的“所罗门之家”是现代“科学院”的思想起源③。在培根的影响之下，英国皇家学会成立了。“皇家学会看来是从弗朗西斯·培根的实验哲学的追随者们的一个非正式社团发展而成的。”④在 1645 年，这个团体发展成为一个“无形学院”，每周在伦敦集会讨论⑤。1662 年，查理二世特许英

---

① Bacon F. *New Atlantis*, Clarendon Press, 1915, 36-44.

② Bacon F. *New Atlantis*, Clarendon Press, 1915, 45-46.

③ [英]亚·沃尔夫：《十六、十七世纪科学、技术和哲学史》（上），周昌忠、苗以顺、毛荣运等译，商务印书馆，1991，第 65 页。

④ [英]亚·沃尔夫：《十六、十七世纪科学、技术和哲学史》（上），周昌忠、苗以顺、毛荣运等译，商务印书馆，1991，第 70—71 页。

⑤ [英]亚·沃尔夫：《十六、十七世纪科学、技术和哲学史》（上），周昌忠、苗以顺、毛荣运等译，商务印书馆，1991，第 71 页。

国皇家学会成立[①]。“在其建立的早期，皇家学会没有疏远 17 世纪的经济问题。”[②]英国皇家学会最初的章程中写道：“我们只有增加可以促进我国臣民的舒适、利润和健康的有用发明，才能有效地发展自然实验科学，特别是其中同增进贸易有关的部分；这项工作最好由有资格研究此种学问的有发明天才和有学问的人组成的一个团体来进行。他们将以此事作为自己的主要工作和研究内容，并组成为拥有一切正当特权和豁免权的正事学会。”[③]英国皇家学会一般在会议上把研究人物分配给会员个人或小组，并要求他们向学会汇报研究成果，同时还成立了一些委员会来指导学会各个部分的研究，这些委员会中包括一个研究工业技术原理的委员会以及一个致力于改进机械发明的委员会[④]。英国皇家学会“组织编纂商业史”，“讨论革新具体工艺过程的最好方式”，以及“收集国内各个地区农业实践的资料”并“移植那些似乎是最好的种子”[⑤]。但是，在其成立之后不久，英国皇家学会的成员就厌倦了改良工业的事业并开始转向纯科学的研究，所以“从长远来看，它对农业和工业的改善所做的贡献几乎是微不足道的”[⑥]。因此，英国皇家学会“相比于法国的皇家科学院，变成了一个没那么培根式的机构”[⑦]。

法国的巴黎皇家科学院由法国重商主义之父让-巴普蒂斯塔·科尔贝

---

① [英]亚·沃尔夫：《十六、十七世纪科学、技术和哲学史》（上），周昌忠、苗以顺、毛荣运等译，商务印书馆，1991，第 73 页。

② Lipson E. *The Economic History of England*, Adam and Charles Black, 1943, xliii.

③ [英]贝尔纳：《科学的社会功能》，陈体芳译，商务印书馆，1982，第 60—61 页。

④ [英]亚·沃尔夫：《十六、十七世纪科学、技术和哲学史》（上），周昌忠、苗以顺、毛荣运等译，商务印书馆，1991，第 73 页。

⑤ [英]里奇、[英]威尔逊：《剑桥欧洲经济史（第四卷）：16 世纪、17 世纪不断扩张的欧洲经济》，张锦冬、钟和、晏波译，经济科学出版社，2003，第 105 页。

⑥ [英]里奇、[英]威尔逊：《剑桥欧洲经济史（第四卷）：16 世纪、17 世纪不断扩张的欧洲经济》，张锦冬、钟和、晏波译，经济科学出版社，2003，第 106 页。

⑦ Mokyr J. “The intellectual origin of modern economic growth”. *The Journal of Economic History*, 2005, 65(2): 285-351.

（Jean-Baptiste Colbert）于 1666 年建立[①]。巴黎皇家科学院是受培根的“所罗门之家”的设计和英国皇家学会的例子启发而成立的[②]。相比于在君主庇护之下自治的英国皇家学会，巴黎皇家科学院体现了更直接和强烈的国家在科学和技术领域的干预。“英国皇家学会是一个私人团体，完全由自己管理，选举自己的会员，既吸收专业工作者，也吸收业余爱好者；它不接受公家的财政支持和物质供应，不承担为英王政府工作的义务”；相比之下，巴黎皇家科学院“从成立之日起就是一个国家机构”，“会员全部是专业科学家，由国家任命，薪俸优厚，物质条件优渥，备有充足的研究经费；作为报偿，国家则期望他们执行政府要求他们执行的任何计划，计划通常都要有某些技术上的实用价值”[③]。在当时法国重商主义政府的领导之下，巴黎皇家科学院的工作除了包括研究纯科学之外，还包括通过科学研究和创新发明促进法国工业，具体包括：“研究工业上常用的工具和机械”“设计了许多有创造性的机械装置”“促进实用的发明和揭露无用的幻想”“调查国家的自然资源和探索利用他们的方式”“通过帮助提高技术效率来增加出口和增强对外部供应的独立性”[④]。英国皇家学会在其会员人数上没有限制，但是巴黎皇家科学院严格规定了只有 70 名正式院士，分属六个部门：数学、天文学、机械学、解剖学、化学、植物学[⑤]。18 世纪的法国政府商业部在几十年内与

① ［英］亚·沃尔夫：《十六、十七世纪科学、技术和哲学史》（上），周昌忠、苗以顺、毛荣运等译，商务印书馆，1991，第 76 页。

② Crosland M. *Science under Control: The French Academy of Sciences 1795-1914*, Cambridge University Press, 1992, 14-15.

③ ［英］布朗伯利：《新编剑桥世界近代史 第 6 卷，大不列颠和俄国的崛起：1688 ~ 1715/1725 年》，中国社会科学院世界历史研究所译，社会科学出版社，2008，第 53—54 页。

④ ［英］亚·沃尔夫：《十六、十七世纪科学、技术和哲学史》（上），周昌忠、苗以顺、毛荣运等译，商务印书馆，1991，第 79—80 页；［英］里奇、［英］威尔逊主编：《剑桥欧洲经济史（第四卷）：16 世纪、17 世纪不断扩张的欧洲经济》，张锦冬、钟和、晏波译，经济科学出版社，2003，第 106 页。

⑤ Crosland M. *Science under Control: The French Academy of Sciences 1795-1914*, Cambridge University Press, 1992, 16；［英］布朗伯利：《新编剑桥世界近代史 第 6 卷，大不列颠和俄国的崛起：1688 ~ 1715/1725 年》，中国社会科学院世界历史研究所译，社会科学出版社，2008，第 57 页。

巴黎皇家科学院合作，委托巴黎皇家科学院每年搜集、测试并改进各种工业产品和生产工艺中的新发明，然后向工业界公布其中有用的发明创新[①]。巴黎皇家科学院体现了 18 世纪法国政府的一种信念，即“在农业与工业中的科学的应用可以促进国家的繁荣”[②]。在 17 世纪到 18 世纪，现代国家首次在实践上意识到国家可以设置一个专门的科学和产业研究与发明部门，这个部门就是科学院[③]。从巴黎皇家科学院开始，欧洲的君主国正式开始将为公共福利创造发明视为自己的一项职能了。

其他欧洲国家的科学院都是效仿巴黎皇家科学院的产物[④]。其中最早的是在莱布尼茨的积极建议下成立的普鲁士柏林皇家科学院[⑤]。莱布尼茨曾经受法国巴黎皇家科学院的院长、物理学家与数学家克里斯蒂安·惠更斯（Christian Huygens）的邀请前往巴黎学习，因此莱布尼茨有足够的时间在巴黎观察学习法国重商主义政府领导下的巴黎科学院这一“系统性地促进与保护在制造业中持续创造出的新知识的体制”[⑥]。之后，莱布尼茨就在欧洲各国积极宣传建立类似巴黎皇家科学院的国家科研机构的重要性，并希望在欧洲各国都建立这种机构[⑦]。但是真正在莱布尼茨的建议下建立的科学院，

---

①Crosland M. *Science under Control: The French Academy of Sciences 1795-1914*, Cambridge University Press, 1992, 17；［英］里奇、［英］威尔逊：《剑桥欧洲经济史（第四卷）：16 世纪、17 世纪不断扩张的欧洲经济》，张锦冬、钟和、晏波译，经济科学出版社，2003，第 120—121 页。

② Crosland M. *Science under Control: The French Academy of Sciences 1795-1914*, Cambridge University Press, 1992, 17.

③［英］布朗伯利：《新编剑桥世界近代史　第 6 卷，大不列颠和俄国的崛起：1688～1715/1725 年》，中国社会科学院世界历史研究所译，社会科学出版社，2008，第 58 页。

④［英］布朗伯利：《新编剑桥世界近代史　第 6 卷，大不列颠和俄国的崛起：1688～1715/1725 年》，中国社会科学院世界历史研究所译，社会科学出版社，2008，第 54 页。

⑤［英］布朗伯利：《新编剑桥世界近代史　第 6 卷，大不列颠和俄国的崛起：1688～1715/1725 年》，中国社会科学院世界历史研究所译，社会科学出版社，2008，第 59 页。

⑥ Reinert E, Daastøl A M. “Exploring the genesis of economic innovations: religious gestalt-switch and the duty to invent as preconditions for economic growth”. *European Journal of Law and Economics*, 1997, 4: 233-283.

⑦［英］布朗伯利：《新编剑桥世界近代史　第 6 卷，大不列颠和俄国的崛起：1688 ~ 1715/1725 年》，中国社会科学院世界历史研究所译，社会科学出版社，2008，第 59 页。

只有普鲁士的柏林皇家科学院与俄罗斯的圣彼得堡科学院①。柏林皇家科学院成立于 1700 年，是欧洲德语区的第一个科学院，也是在莱布尼茨的持续努力下建立的第一个欧洲科学院，其章程由莱布尼茨本人起草②。在写于 1671 年的给普鲁士君主的有关建立柏林皇家科学院的备忘录中，莱布尼茨写道：为了尊敬上帝，好的基督教君主必须“在其领土内努力模仿上帝在这个世界上所做的事情”，即创造与发明③。为了模仿上帝在世界上的作为，君主必须“将探明的关于自然和技艺的奇迹应用于医药、机械、生活的便利、劳动材料、穷人的生计、使人民免于闲散和邪恶、正义的发扬、对于人民的奖励与惩罚、维护公共和平、祖国的福利与扩张、消灭贫穷、消灭疾病与战争、增加对于上帝的真正信仰与敬畏的传播，总之，应用于人类的幸福”④。而一种“最简单与最重要”的将“探明的关于自然和技艺的奇迹”应用于促进公共幸福的方式，就是“建立一个学会或者科学院”⑤。莱布尼茨认为，一个君主的科学院应当履行以下 17 种职能：①促进技艺之士之间的交流以激发有用的思想与发明；②增加有用的资源；③将理论与实验联合；④成为发明者的学校（the school of inventors）以及测试发明的实验室；⑤为“保证养活人民、建立制造业、吸引商业”提供手段；⑥建立“储存应急必需品”的仓库；⑦组建人民的社团、商会与行会；⑧鼓励远洋贸易；⑨改进教育年轻人的学校；⑩通过改进与发明工具促进制造工艺；⑪测

---

① ［英］布朗伯利：《新编剑桥世界近代史 第 6 卷，大不列颠和俄国的崛起：1688～1715/1725 年》，中国社会科学院世界历史研究所译，社会科学出版社，2008，第 59 页。

② ［英］亚·沃尔夫：《十六、十七世纪科学、技术和哲学史》（上），周昌忠、苗以顺、毛荣运等译，商务印书馆，1991，第 81 页。

③ Leibniz W. “Outline of a memorandum on the establishment of a society in Germany for the promotion of the arts and sciences (1671)”. *Fidlio*, 1991, 1(2): 63-69.

④ Leibniz W. “Outline of a memorandum on the establishment of a society in Germany for the promotion of the arts and sciences (1671)”. *Fidlio*, 1991, 1(2): 63-69.

⑤ Leibniz W. “Outline of a memorandum on the establishment of a society in Germany for the promotion of the arts and sciences (1671)”. *Fidlio*, 1991, 1(2): 63-69.

试并建立那些“如果小规模与无组织地建设就不可能完成”的化学与机械工程项目，如天文望远镜、各种机器、水力设施、机械钟、车床、压力机、绘画作坊、染料工场、纺织工场、钢铁工场；⑫制定关于发明的法律；⑬建立各种研究与学习的场所和设施，如“模拟自然的戏院”、“工艺、珍奇与解剖展览室”、图书馆、植物园；⑭将散落在各种图书、手稿、实验与文件中的有用的知识汇编成集；⑮教育贫民子弟使他们成长为对社会有益的人；⑯支持那些“落魄的奇人异士”；⑰资助并赡养那些对国家有用的人以免他们离开国家[①]。很明显，莱布尼茨对于科学院的设计基本复制了培根的“所罗门之家”中将有用知识和发明的产生与财富的生产相结合的设计，并且还添加了很多“所罗门之家”与巴黎皇家科学院都没有的职能。除了常规的探索研究新知识、产生新发明、将新发明应用于改进各产业、汇集并传播有用的知识之外，莱布尼茨设计的科学院还负责建立制造业和商业、建立私人无力有效管理的大型工业与科学项目、教育年轻人，以及发放社会福利。但是，归根结底，莱布尼茨设计的科学院依然首要是一个君主用来在经济和社会中产生有用的发明的机构。

柏林皇家科学院最初是根据莱布尼茨的计划建立的机构，兼顾纯科学研究与产生对于经济有用的发明[②]。但是，因为缺乏资金以及当时的普鲁士君主更加偏好纯科学研究与教育，柏林皇家科学院最终并没有发挥莱布尼茨设计中的那些对于国家经济和社会的推动作用[③]。但是，莱布尼茨对于科学院作为君主产生有用发明的科研机构的思想产生了影响。在欧洲大陆的启蒙时

---

① Leibniz W. “Outline of a memorandum on the establishment of a society in Germany for the promotion of the arts and sciences (1671)”. *Fidlio*, 1991, 1(2): 63-69.

② [英]布朗伯利：《新编剑桥世界近代史 第 6 卷，大不列颠和俄国的崛起：1688～1715/1725 年》，中国社会科学院世界历史研究所译，社会科学出版社，2008，第 59 页。

③ [英]布朗伯利：《新编剑桥世界近代史 第 6 卷，大不列颠和俄国的崛起：1688～1715/1725 年》，中国社会科学院世界历史研究所译，社会科学出版社，2008；Frauendienst W. *Christian Wolff als Staatsdenker*. Emil Ebering, 1927, 166-167.

代，当“哲人王”的理念成为欧洲开明专制君主纷纷追求的目标的时候[①]，促进科学和发明就被视为“哲人王”必须履行的职责之一。“18 世纪最重要和最有影响力的堪称‘哲学王’的君主”普鲁士国王腓特烈二世[②]在他继位之前所写的阐述其政治哲学的《反马基雅弗利》（*Anti-Machiavel*）中写道：君主有两种可以“显耀自我（self-aggrandizement）”的方式，其一是兼并领土，其二是“通过使国中的技艺和科学繁荣的活动使国家强大并文明”[③]。相比兼并领土，促进技艺和科学繁荣是“更清白、更正当，以及更有用的”[④]。“技艺”（arts）主要指的是农业、工业、商业等“对人类生活有用的”活动，“科学”（sciences）主要指“几何学、哲学、天文学……及所有可以被命名为精细技艺（fine arts）的事物”[⑤]。在一篇题为《技艺和科学对于国家的益处》（Über den Nußen der Künste und Wissenschaften im Staat）的文章中，腓特烈二世认为科学是一种改进各种产业的力量：水力、物理和植物学可以促进农业，化学可以促进医药，解剖学可以促进外科手术，机械学可以促进矿业和制造业，地理学和天文学可以促进航海和海上贸易[⑥]。腓特烈二世认为：“一个繁荣且治理良好的国家的最可靠的标志就是它诞生了各种精细技艺和科学。”[⑦]由此可见，对于沃尔夫同时代的追求成为“哲人王”的欧洲君主来说，关心发明和新知识的产生也成了重要的职责。

作为莱布尼茨在思想上的继承人，沃尔夫也继承了莱布尼茨对于建立君

---

① ［英］马克 · 戈尔迪、［英］罗伯特 · 沃克勒：《剑桥十八世纪政治思想史》，刘北成、马万利、刘耀辉等译，商务印书馆，2017，第 479—506 页。

② ［英］马克 · 戈尔迪、［英］罗伯特 · 沃克勒：《剑桥十八世纪政治思想史》，刘北成、马万利、刘耀辉等译，商务印书馆，2017，第 486 页。

③ Friedrich II of Prussia. *Anti-Machiavel*, Ohio University Press, 1981, 133.

④ Friedrich II of Prussia. *Anti-Machiavel*, Ohio University Press, 1981, 133.

⑤ Friedrich II of Prussia. *Anti-Machiavel*, Ohio University Press, 1981, 134.

⑥ Friedrich II of Prussia. “Über den Nußen der Künste und Wissenschaften im Staat”. In: Volz G B. *Die Werke Friedrichs des Großen*, bd.8, Verlag Reimar Hobbing, 1913, 56.

⑦ Friedrich II of Prussia. *Anti-Machiavel*, Ohio University Press, 1981, 135.

主创造有用的发明的机构的科学院的推崇。如上文所述，沃尔夫认为人为了获得良知以及为了实现智力上的完美的不断进步，需要努力获得尽可能多的知识[①]。沃尔夫特别提出，人为了获得尽可能多的知识，需要掌握“发明的技巧”（die Kunst zu erfinden），即“从已知的真理中生产未知真理的能力”，因为这样才能产生更多的知识[②]。新的知识可以通过两种途径发现：实验以及推理[③]。产生新的知识还需要积累尽可能多的知识，因为“新的真理只能从已知的真理中被发明”[④]。但是，沃尔夫认为：“并不需要人人都是发明家，只需要有一些学者从事发明工作，其他人仅仅从这些学者的发明中学习就足够了，而且这也是经常发生的事情。”[⑤]因此，沃尔夫认为：“有能力为人类发明有用技艺的人或者有能力发现新发明的人，有义务去做这些事情。”[⑥]在沃尔夫的理想中，好的国家和社会一定积累了尽可能多的知识并且积极地产生各种有用的发明，如他自己写道，“在一个良好建设的国家，必须注意让科学和技艺在其原有的基础之上取得新的增长”（In Republic bene constituta curandum est, ut scientiae ac artes, quantum datur, nova indies capiant incrementa）[⑦]。

“在关于科学院的问题上，沃尔夫是莱布尼茨的继承者。[⑧]”按照沃尔夫的思想，在其他职业中谋生的人们是不可能研究科学和技艺的，所以“在一个治理良好的国家，一些人必须被专门选拔出来，以通过新发明增加科学和技艺为职业，以及以促进科学和技艺的繁荣为职业”[⑨]。由这些专门从事

① Wolff C. *Vernünftigen Gedanken von der Menschen Thun und Lassen*, Renger, 1736, 165.
② Wolff C. *Vernünftigen Gedanken von der Menschen Thun und Lassen*, Renger, 1736, 191.
③ Wolff C. *Vernünftigen Gedanken von der Menschen Thun und Lassen*, Renger, 1736, 192.
④ Wolff C. *Vernünftigen Gedanken von der Menschen Thun und Lassen*, Renger, 1736, 201.
⑤ Wolff C. *Vernünftigen Gedanken von der Menschen Thun und Lassen*, Renger, 1736, 84.
⑥ Wolff C. *Jus Naturae*, pars I, Renger, 1741, 170.
⑦ Wolff C. *Jus Naturae*, pars VIII, Renger, 1748, 328.
⑧ Roscher W. *Geschichte National-Oekonomik in Deutschland*, R. Oldenbourg, 1874, 354.
⑨ Wolff C. *Vernünftigen Gedanken vom gesellschaftlichen Leben der Menschen*, Renger, 1736, 241.

通过联合的力量促进科学和技艺的人组成的团体就是科学院或者学会[①]。科学院有两个目标："促进科学和技艺的完美以及通过新发明使科学和技艺增长"（scientiae ac artes perficiantur & novis inventis locupletentur）[②]。为了促进科学和技艺的完美，科学院必须通过阅读文献、访问各个职业和阶层的人民、进行实验，以及将实验结果系统化的方式收集各种知识[③]。为了增加新发明，科学院必须研究收集起来的已知的知识并在此基础上产生新发明[④]。沃尔夫特别指出，科学院必须研究所有农业活动与所有制造业活动，特别是那些与数学和关于自然的知识有协同效果的经济活动[⑤]。科学院需要特别关注制造业，在研究制造业活动时，"科学院不仅需要精确描述所有工艺与工序而且需要研究每种工艺和工序可以改进的方法，并将这些知识纳入科学之中"[⑥]。为了执行这些职能，"科学院必须附属包括各种工艺和工序的制造工场，这样科学院成员……可以在这些工场中观察并参与每种工艺，而且科学院还可以在这些工场中执行那些改进这些工序的实验"[⑦]。科学院必须配套工艺院，科学院的功能是研究各种工艺并改进工艺而不是传播有用的新发明，向制造业者和工匠传播有用的知识是工艺院的职能[⑧]。

相比莱布尼茨设计的包括众多应用功能的科学院，沃尔夫设计的科学院是更加专注于科学研究与创造对于经济有用的新发明的机构。沃尔夫对于科学院的设计似乎是对于莱布尼茨设计的以传播有用的发明和知识为目标的科

---

① Wolff C. *Vernünftigen Gedanken vom gesellschaftlichen Leben der Menschen*, Renger, 1736, 241-242.

② Wolff C. *Vernünftigen Gedanken vom gesellschaftlichen Leben der Menschen*, Renger, 1736, 242; Wolff C. *Jus Naturae*, pars VIII, Renger, 1748, 329.

③ Wolff C. *Vernünftigen Gedanken vom gesellschaftlichen Leben der Menschen*, Renger, 1736, 242.

④ Wolff C. *Vernünftigen Gedanken vom gesellschaftlichen Leben der Menschen*, Renger, 1736, 242.

⑤ Wolff C. *Vernünftigen Gedanken vom gesellschaftlichen Leben der Menschen*, Renger, 1736, 248.

⑥ Wolff C. *Vernünftigen Gedanken vom gesellschaftlichen Leben der Menschen*, Renger, 1736, 248.

⑦ Wolff C. *Vernünftigen Gedanken vom gesellschaftlichen Leben der Menschen*, Renger, 1736, 248-249.

⑧ Wolff C. *Vernünftigen Gedanken vom gesellschaftlichen Leben der Menschen*, Renger, 1736, 254.

学院与现实中以纯科学教育人民的普鲁士柏林皇家科学院的一种折中[①]。“沃尔夫站在莱布尼茨和普鲁士国王中间的位置。”[②]尽管如此，沃尔夫所设计的科学院如莱布尼茨的设计一样，也是一个君主的政府用来创造对于促进公共福利有用的新发明的机构。

综上所述，在17世纪至18世纪的欧洲，在国家通过建立科学院有意识地组织和领导科学研究并在科学研究的基础上为经济发展和公共福利创造新发明的思想和政策实践流行传播的背景下，沃尔夫关于古代中国伏羲、神农与黄帝的“哲人王”政府的推崇很明显是想利用古代中国的例子证明他继承莱布尼茨所提出的国家应当积极创造发明以实现国家目标的主张。虽然伏羲、神农与黄帝建立的政府体制没有提出“科学院”这一专门从事科学研究与创造发明的国家机构，而且沃尔夫对于科学院的设计也并不是受到伏羲、神农与黄帝的事迹的影响，但是伏羲、神农与黄帝积极创造发明的事迹无疑为沃尔夫提供了印证其学说在实践中确实有效的例证。

（六）沃尔夫的“中国模式”在官房主义和 19 世纪德国经济思想中的传承

上文提到了，施穆勒认为沃尔夫将中国视为一个“模范国家”。从《中国人实践哲学演讲》和 1730 年的“哲人王与执政的哲学家”讲座中，我们可以整理出沃尔夫从中国儒学经典以及中国上古神话记载中理解的国家治理中的“中国模式”：①古代中国的国家目标与沃尔夫的政治哲学中的国家目标是一致的，即人民的内外状态的完美的不断推进，其中包括经济的不断发展，尽管中国儒学经典中对这些目标的表述非常抽象，但是沃尔夫并不认为这些经典反对或排除了这些目标；②为了实现上述国家目标，在古代中国，

① Frauendienst W. *Christian Wolff als Staatsdenker*, Emil Ebering, 166.
② Frauendienst W. *Christian Wolff als Staatsdenker*, Emil Ebering, 167.

中国的君主都追求成为“哲人王”，即像哲学家一样理性地根据国家目标思考实现这些目标的手段以及像哲学家一样研究所有与实现国家目标有关的科学，更关键地，这些中国古代君主都积极创造对于人民的公共幸福有用的新发明；③为了实现上述国家目标，古代中国的政府成立了两种公共教育机构，即“小学”和“大学”，分别向少儿和成人传授实现善，即个人和他人内外状态完美的不断进步的知识，在“小学”，少儿要学习对于善的尊敬和尊重，在“大学”，成人要学习“事物的原因”和实现善的原则，即对于公共福利有用的知识。沃尔夫认为，古代中国不喜欢在命令的压迫之下行事，而更喜欢通过传播知识和美德启迪人民自发向善的意志。总而言之，人民对于探索和应用科学知识的兴趣的增长是欧洲启蒙运动的重要组成部分[①]，而在沃尔夫的总结中，古代中国是一个符合“启蒙”标准的国家，在这个国家中，执政者积极研究各种有用的科学和知识并积极创造新发明，社会为人民提供了充足的学习各种有用知识的机会，人民在其一生中的不同阶段也一直投身于各种有用知识的学习和研究，在这个公共教育条件优越、充满各种有用知识的国家，其政府体制优于有史以来世界上的所有政府体制，其人民实现了各种条件的完美和幸福。

沃尔夫研究古代中国政治哲学和国家治理模式的目的，在于为其学说寻找现实中的支持性例证。沃尔夫的这一目标也确实实现了：沃尔夫发现古代中国儒家经典以及古代中国神话记载的治国之道与其政治哲学中提出的治国之道是一致的。沃尔夫认为古代中国的政治哲学和国家治理模式印证了自己如下主张的现实可行性：第一，君主可以积极从事对于科学的研究以及“发明的事务”去创造对于公共幸福有用的新发明；第二，公共教育机构应当包括教育少儿的低等教育机构和教育成人的高等教育机构，高等教育机构专门

---

① Outram D. *The Enlightenment*, Cambridge University Press, 1995, 47-62.

传播对于促进公共福利，包括经济发展有用的知识。在得到来自中国的案例的印证和支持的情况下，沃尔夫根据上述主张提出了其创新与技能政策体系：国家应当建立专门进行科学研究和创造新发明的科学院，科学院应当特别关注通过创造新发明促进农业和制造业的发展，科学院产生的新发明和新知识要通过工艺院和工艺学校向人民传播，让人民掌握实现“善”或者自己和他人内外状态完美的知识和方法。沃尔夫还专门按照从中国儒学经典中了解到的“小学”和“大学”的分类方式将科学院、工艺院和工艺学校视为“大学”。

这种莱布尼茨和沃尔夫提出的、由中国儒家经典和中国古代神话记载支持印证的国家创新与技能政策体系是在近现代德国经济思想史中持续活跃的组成部分，并且指导了德国的工业化政策。虽然沃尔夫之后的经济思想家并不像沃尔夫一样将古代中国视为这些政策在现实中有效执行的例证，但是与沃尔夫所提出的、引用中国作为例证的创新与技能政策体系一致或非常类似的经济政策主张无疑得到了保留。在直接受沃尔夫影响的 18 世纪德国官房主义中，由国家产生创新与传播有用的知识是广泛被接受的政策主张。

在众多的 18 世纪德国官房主义者中，被后世公认为最重要的和最有代表性的是尤斯蒂。现有学术文献一般用来形容尤斯蒂的词汇是：“官房主义的一个象征”（an epitome of cameralism）、“象征着全盛时期的德国官房主义”、“现代德国政治经济思想的奠基人之一”和“德国政治经济学和德国国家学的一个奠基者”[①]。而尤斯蒂的经济思想也包含一套与沃尔夫提出的非

① Small A W. *The Cameralists: The Pioneers of German Social Polity*, University of Chicago Press, 1909, 248; Reinert E S. “Johann Heinrich Gottlob von Justi: the life and times of an economist adventurer”. In: Backhaus J G, Chaloupek G, Frambach H A. *The Beginnings of Political Economy*, Springer, 2009, 33-74; Adam U. *The Political Economy of J.H.G. Justi*, Peter Lang, 2006, 11; Nokkala E. *From Natural Law to Political Economy: J.H.G. von Justi on State, Commerce and International Order*, LIT VERLAG GmbH & Co. KG Wien, 2019, 5.

常类似的创新与技能政策体系。

受到莱布尼茨和沃尔夫流派的政治经济思想的影响，尤斯蒂将科学和发明创新视为重要的推动经济发展的力量。尤斯蒂明确地将科学视为一种促进经济繁荣的力量[①]。尤斯蒂写道："科学和技艺可以为工匠和工人提供能力和技能，使他们可以创造数以千计的应用于人民生活必需品和便利品的新发明以及将他们行业中的工作做到完美。"[②]与同时代流行的观点相同，尤斯蒂将科学视为使经济中的各种产业进步的力量。尤斯蒂写道："只有非常少的产业不是建立在知识的基础之上以及可以不通过知识就实现完美的。"[③]尤斯蒂发现：化学向"经济中的几乎所有的技能"提供了知识基础，数学对于很多制造业是必不可少的，机械学对于整个经济不可或缺，没有磁学和造船技艺就没有远洋贸易[④]。尤斯蒂特别认为制造业的发展与科学的发展有密不可分的联系，因为科学的发展可以提供制造业发展必需的技能和发明[⑤]。"在尤斯蒂看来，科学是发明的源泉。"[⑥]尤斯蒂将刺激市场需求的新产品和提高生产效率的新工艺的发明视为制造业增长的动力，因为制造业是创新密集的产业，所以制造业被尤斯蒂视为自带强劲增长动力的产业，是整个经济增长和发展的发动机[⑦]。

---

① Justi J H G. *Grundsätze der Policey-Wissenschaft*, Abraham van den Hoecks seel. Witbe, 1756, 169-177.

② Justi J H G. *Grundsätze der Policey-Wissenschaft*, Abraham van den Hoecks seel. Witbe, 1756, 176.

③ Justi J H G. *Die Grundfeste Macht und Glückseeligkeit der Staaten*, Verlag seeligen Johann Heinrich Hartungs Erben, 1761, 54.

④ Justi J H G. *Die Grundfeste Macht und Glückseeligkeit der Staaten*, Verlag seeligen Johann Heinrich Hartungs Erben, 1761, 54-55.

⑤ Zhao X. "Public happiness through manufacturing and innovation: the theory of industrialization of Johann Heinrich Gottlob von Justi". *History of Political Economy*, 2021, 53(3): 461-478.

⑥ Zhao X. "Public happiness through manufacturing and innovation: the theory of industrialization of Johann Heinrich Gottlob von Justi". *History of Political Economy*, 2021, 53(3): 461-478.

⑦ Zhao X. "Public happiness through manufacturing and innovation: the theory of industrialization of Johann Heinrich Gottlob von Justi". *History of Political Economy*, 2021, 53(3): 461-478.

因此，为了促进经济增长和发展，尤斯蒂也提出了一套创新和技能政策体系。尤斯蒂也提出必须建立专门创造有用发明的科学院。尤斯蒂的科学院是典型的继承培根和莱布尼茨传统的通过有组织的科学研究为促进经济发展创造发明的机构。尤斯蒂设计的科学院的具体职责是：通过“进行持续的实验”以“研究各种原材料的性质、研究各种制造工艺，以及在此基础之上创造新发明”[①]。这些发明必须“以可以促进经济繁荣和国家公共福利为特征”[②]。科学院必须由国家的工业部领导，因为“这些部门的领导最了解国家工业中存在的问题，所以他们可以领导科学院解决对于制造业和整个经济的繁荣最重要的问题”[③]。科学院应当由四个部门组成：化学、机械学、植物学、农学[④]。科学院的研究主题和进度由国家工业部计划决定[⑤]。科学院创造的发明通过测试之后就可以向产业界公布并由工业部督促推广[⑥]。尤斯蒂特别强调科学院要注意利用科学研究发明各种有用的机器[⑦]。尤斯蒂明确指出，他所提出的科学院是以他所了解的让-巴普蒂斯塔·科尔贝治下的法国巴黎皇家科学院为模板设计的[⑧]，这和莱布尼茨所设计的科学院参照的是同一对象。

---

① Justi J H G. *Abhandlung von denen Manufactur-und Fabriken-Reglements*, Verlag des Buchladens der Real-Schule, 1762, 25, 27.

② Justi J H G. *Grundsätze der Policey-Wissenschaft*, Abraham van den Hoecks seel. Witbe, 1756, 212.

③ Justi J H G. *Abhandlung von denen Manufactur-und Fabriken-Reglements*, Verlag des Buchladens der Real-Schule, 1762, 29.

④ Justi J H G. *Abhandlung von denen Manufactur-und Fabriken-Reglements*, Verlag des Buchladens der Real-Schule, 1762, 28.

⑤ Justi J H G. *Abhandlung von denen Manufactur-und Fabriken-Reglements*, Verlag des Buchladens der Real-Schule, 1762, 29-30.

⑥ Justi J H G. *Abhandlung von denen Manufactur-und Fabriken-Reglements*, Verlag des Buchladens der Real-Schule, 1762, 33-34.

⑦ Justi J H G. *Abhandlung von denen Manufactur-und Fabriken-Reglements*, Verlag des Buchladens der Real-Schule, 1762, 56.

⑧ Justi J H G. *Abhandlung von denen Manufactur-und Fabriken-Reglements*, Verlag des Buchladens der Real-Schule, 1762, 25-26.

尤斯蒂写道："如果制造业中的发明要持续被创造……那么最重要的措施之一就是制造者必须获得足够的技能而且持续地保持这些技能。"[①]因此，工业技能培训政策是尤斯蒂经济思想中的重要组成部分。尤斯蒂发现当时的德国甚至是欧洲并没有培养有用的工业技能的机构，旧时代行会的学徒制度已经腐败了，所以国家除了建立教育少儿的低等教育制度之外，还应当建立培养成人的工业技能学校[②]。尤斯蒂将这些学校称为"机械学学校"（die mechanische Real-Schule）或者工艺学校（Kunst-Schule），这些学校按照制造业中需要的各种原材料划分学科：丝绸、棉花、羊毛、亚麻、皮革、钢铁、铜、金银。这些学校传授以下知识：材料的性质和质量、材料的生产过程与产地市场、分辨质量的方式、价格、用途、加工工艺，以及可以生产的最终产品的性质和质量。学生要有机会实践这些技艺并定期考核[③]。很明显尤斯蒂也继承了沃尔夫提出的以研究和传授"关于事物的必需的与有用的知识"的"大学"教育体系。以尤斯蒂的经济思想为例，可以看出，沃尔夫借由中国印证的实现人民幸福的制度，即政府积极创造新发明以及传授有用知识的公共教育制度，在18世纪官房主义经济思想中得到了继续推崇。

当代西方的著名经济史学家乔·莫基尔（Joel Mokyr）提出，在欧洲的启蒙运动时期，一些新出现的经济思想与基于这些新思想的社会和制度改革是欧洲工业革命发生的先决条件。这些新的思想和制度改革是"培根计划"（Baconian programme）、"工业启蒙"（industrial enlightenment），以及反对寻租鼓励真实创造财富的"启蒙经济学"（enlightenment economics）[④]。"培

① Justi J H G. *Abhandlung von denen Manufactur-und Fabriken-Reglements*, Verlag des Buchladens der Real-Schule, 1762, 225-226.

② Justi J H G. *Die Grundfeste Macht und Glückseeligkeit der Staaten*, Verlag seel, 1761, 119.

③ Justi J H G. *Die Grundfeste Macht und Glückseeligkeit der Staaten*, Verlag seel, 1761, 119-120.

④ Mokyr J. *The Enlightened Economy: An Economic History of Britain 1700-1850*, Yale University Press, 2009, 40-98.

根计划”，得名自培根的《新大西洲》中的“所罗门之家”[①]，指的是那些旨在“增加有用的知识以及将自然哲学应用于解决技术问题和促进经济增长”的制度和机构[②]。符合莫基尔的“培根计划”的定义的制度和机构需要满足以下三个原则：①“科学研究必须扩张人类的知识以及对于宇宙的认识”；②“科学研究必须被导向于那些最能解决实际问题的领域”；③“获得有用知识的成本必须被尽可能降低”[③]。符合“培根计划”定义的制度和机构的根本职能是有意识地将人类的智力努力引入有组织的科学研究以产生以改善国家经济表现为目标的有用的知识。最有代表性的“培根计划”机构是英国皇家学会和法国巴黎皇家科学院[④]。“工业启蒙”指的是“启蒙运动中的那部分相信物质财富进步和经济增长可以通过增加人类对于自然现象的知识以及使这些知识传播给那些可以将其应用于生产的人们的思想和活动”[⑤]。莫基尔认为“工业启蒙”是沟通科学革命和工业革命的桥梁，传播了可以用于提高工业生产效率的有用知识，以科学进步的成果促进了工业进步[⑥]。“培根计划”可以被视为“工业启蒙”的一部分[⑦]。但是相比于以产生有用知识为主的“培根计划”，“工业启蒙”主要指在经济中传播有用知识、降低获得有用知识成本的机构和活动，如法国启蒙思想家编写的百科全书以及德国教

① Mokyr J. *The Enlightened Economy: An Economic History of Britain 1700-1850*, Yale University Press, 2009, 40-41.

② Mokyr J. “The intellectual origin of modern economic growth”. *The Journal of Economic History*, 2005, 65(2): 285-351.

③ Mokyr J. *The Enlightened Economy: An Economic History of Britain 1700-1850*, Yale University Press, 2009, 40.

④ Mokyr J. “The intellectual origin of modern economic growth”. *The Journal of Economic History*, 2005, 65(2): 285-351.

⑤ Mokyr J. *The Enlightened Economy: An Economic History of Britain 1700-1850*, Yale University Press, 2009, 40.

⑥ Mokyr J. *The Gifts of Athena: Historical Origins of the Knowledge Economy*, Princeton University Press, 2002, 28-77.

⑦ Mokyr J. *The Enlightened Economy: An Economic History of Britain 1700-1850*, Yale University Press, 2009, 40.

授官房主义的大学和学院[①]。莫基尔认为，工业革命之所以最先发生在英国，是因为“培根计划”“工业启蒙”以及以亚当·斯密为代表的反对寻租的政治经济学最早成熟在英国[②]。

从莫基尔的理论看来，莱布尼茨、沃尔夫以及以尤斯蒂为代表的 18 世纪德国官房主义者都是在欧洲德语区传播“培根计划”和“工业启蒙”的思想家，而在其中起了关键作用的沃尔夫的“培根计划”和“工业启蒙”政策主张，是通过在中国儒学经典和中国上古神话中记载的中国国家治理思想和模式的印证和支持而提出的。而沃尔夫经济思想与 18 世纪官房主义经济思想中的、经过中国案例印证的、主张由政府创造新发明并在经济中传播有用知识的观点，指导了 19 世纪上半叶德国的工业化，并被吸收进了 19 世纪的德国经济思想中，成为德国经济思想的重要理论组成构件。

作为第一次工业革命中的迟到者，19 世纪上半叶的德意志各邦国（当时德国还尚未统一）执行了一些在后世被称为“工业促进”（Gewerbeförderung）的产业政策[③]。这些政策帮助德意志各邦国赶上了当时正在进行中的技术革命，为工业化培养了必需的人力资本和智力资本，增加了新产业中的投资机会，建立了有助于德国长期工业发展的制度，创建了现代德国国家创新体系的核心部分。

在这些“工业促进”政策中，最早、最典型的是由普鲁士工业部长彼得·博伊特（Peter Beuth）执行的政策。博伊特是 19 世纪普鲁士甚至整个

① Mokyr J. *The Enlightened Economy: An Economic History of Britain 1700-1850*, Yale University Press, 2009, 295-322.

② Mokyr J. *The Enlightened Economy: An Economic History of Britain 1700-1850*, Yale University Press, 2009, 40.

③ Henderson W O. *The State and the Industrial Revolution in Prussia, 1740-1870*, Liverpool University Press, 1958; Ritter U P. *Die Rolle des Staates in den Frühstadien der Industrialisierung*, Duncker & Humblot, 1961; Brose E D. *The Politics of Technological Change in Prussia*, Princeton University Press, 1993; Magnusson L. *Nation, State, and Industrial Revolution: The Visible Hand*, Routledge, 2009; Tilly R, Kopsidis M. *From Old Regime to Industrial State: A History of German Industrialization from the Eighteenth Century to World War I*, University of Chicago Press, 2020.

德国非常重要的一位经济政策家。西门子公司的创始人维尔纳·西门子称之为“无可争议的北德意志现代工业技术的奠基人”（der gründer der norddeutschen Technik）[①]。后世经济史学家将博伊特称为“普鲁士工业之父”[②]。博伊特促进普鲁士工业化的政策要求政府扮演以下角色：新技术的研究者、发明者以及传播者。博伊特将当时普鲁士政府的技术咨询机构“技术委员会”（die technische Deputation）改造为一个国家工业技术研发机构，这个机构履行以下职能：①收集各种工业技术，特别是来自英国等进行了第一次工业革命的领先国家的工业技术，具体体现为收集各种新发明的机器、机器的模型和图纸；②研究这些国外的新机器、复制这些机器、制作这些机器的模型和图纸；③展出这些机器的复制品和模型，将复制的机器和图纸向工业企业传播；④研发并制作新的机器；⑤研究关于化学、金属加工和机械制造的科学；⑥出版技术文件，公布研发出的新知识[③]。在国家领导的科研创新机构的基础上，国家可以向人民传播有用的工业知识。考虑到当时普鲁士的教育体系中并不包括工业企业需要的知识[④]，博伊特在普鲁士各省建立了 20 个“工业学校”（die gewerbeschule）并在柏林建立了“工业学院”（das gewerbeinstitut），通过这些机构向 12 岁至 16 岁的少年传授成为机械制造业和化学工业需要的工程技术人员的各种有用知识[⑤]。这些工业学校在后

---

① Siemens W. *Lebenserinnerungen*, Springer, 1892.

② Henderson W O. “Peter Beuth and the rise of Prussian industry, 1810-1845”. *The Economic History Review, New Series*, 1955, 8(2): 222-231.

③ Zhao X. “Cameralism in practice and Prussian industrialization policies”. *History of Political Economy*, 2023, 55(5): 963-997.

④ Beuth P. “Bericht des Geh. Ober-Finanzrathes Beuth an den Herrn Minister für Handel und Gewerbe”. In: Anon. *Verhandlungen des Vereins zur Beförderung des Gewerbfleißes in Preußen*, Duncker und Humblot, 1822, 133-142.

⑤ Beuth P. “Bericht des Geh. Ober-Finanzrathes Beuth an den Herrn Minister für Handel und Gewerbe”. In: Anon. *Verhandlungen des Vereins zur Beförderung des Gewerbfleißes in Preußen*, Duncker und Humblot, 1822, 139-142; Nottebohm F W. *Chronik der Königlichen Gewerbe-Akademie zu Berlin*, Königlichen Geheimen Ober-Hofbuchdruckerei, 1871, 3-6; Sichersmann C. *Zur Sozialgeschichte der preußischen Provinzial-Gewerbeschulen im 19. Jahrhundert*, Beltz Verlag, 1979, 93-104.

来构成了德国特色的“技术大学”的基础，如柏林的工业学院在 1879 年改组为柏林技术大学（Technische Universität Berlin），并存续至今①。博伊特的技术政策体系明显与莱布尼茨、沃尔夫与尤斯蒂一贯主张的创新和技能政策体系一致，也与沃尔夫理解的古代中国的国家治理模式一致。

在普鲁士之外，与博伊特的政策类似或效仿博伊特的政策普遍地存在于德国各大邦国②。这类政策直接促进了德国的现代机械工业的建立与崛起③。这种政策被后世的一位经济史学者称为“通过教育与培训促进工业”（die Förderung der Industrie durch Erziehung und Fortbildung）④。这种政策也被弗里德里希·李斯特（Friedrich List）接纳为有效的促进国家“生产力”的政策，并认为其提出的幼稚工业保护关税只能在这些政策的基础上建立⑤。在后来的德国历史学派经济学中，由国家研发与传授工业技术也被视为在自由贸易阶段直接促进工业的首要政策⑥、应对经济危机的重要措施⑦，以及促进更平等的财富分配的重要政策⑧。在现代德国的国家创新体系中，国家的工业技术教育体系依然是重要的组成部分，并且是现代德国工业竞争力的关键来源⑨。通过本书的研究，可以清晰地看到，国家领导的科研发明和技术

---

① Simon O. *Die Fachbildung des Preussischen Gewerbe- und Handelsstandes*, J.J. Heines, 1902, 727.

② Simon O. *Das gewerbliche Fortbildungs- und Fachschulwesen in Deutschland*, E.S. Mittler und Sohn, 1903.

③ Paulinyi A. “Der Technologietransfer für die Metallbearbeitung und die preußische Gewerbeförderung (1820-1850)”. In: Ambrosius G, Blaich F. *Die Rolle des Staates für die wirtschaftliche Entwicklung*, Duncker & Humblot, 1982, 99-142.

④ Straube H J. *Die Gewerbeförderung Preußens in der ersten Hälfte des 19. Jahrhunderts*, VDI, 1933.

⑤ [德]弗里德里希·李斯特：《政治经济学的自然体系》，杨春学译，商务印书馆，1997，第 106 页。

⑥ Roscher W. *System der Volkswirtschaft: bd.3 Die Nationalökonomik des Handels und Gewerbfleißes*, J.C. Cotta, 1899, 1002-1010.

⑦ Bücher K. *Die gewerbliche Bildungsfrage und der industrielle Rückgang*, Heinrich Pfeil, 1879.

⑧ Schmoller G. “Schmoller on class conflicts in general”. *American Journal of Sociology*, 1915, 20(4): 504-531.

⑨ [美]理查德·尼尔森：《国家（地区）创新体系比较分析》，曾国屏、刘小玲、王程韡等译，知识产权出版社，2012，第 139—196 页。

传播，是德国经济思想史和政策史中的一个至关重要的构件，而在其形成历史中的早期阶段，设计这些构件的思想家曾从中国儒家经典和中国上古神话中寻求佐证和支持。

（七）借鉴德国近代经济思想史的视角认识中国传统经济思想的现代价值

当前，产业政策正在重新成为世界各国的经济政策重点关注的主题之一，而技术政策、创新政策与技能政策作为促进新产业发展的措施也正在重新被世界各国重视。2019 年，国际货币基金组织的一篇工作论文已经将技术与创新政策视为真正有效的产业政策[①]。将国家领导的科研和发明视为战略性高新技术产生源头的“企业家国家”（the entrepreneurial state）理论也是西方经济政策理论界讨论的热点问题之一[②]。在我国，建设和完善创新与技能政策也成了国家的重点战略之一。党的十九届四中全会提出：要“构建社会主义市场经济条件下关键核心技术攻关新型举国体制”。“十四五”规划特别强调了加强创新型、应用型、技能型人才培养，提出健全终身技能培训制度。

德国经济思想历史上的一贯特征就包括对于创新、发明、技术与科学进步、技能等“国家精神资本”在经济发展中的重要作用的重视[③]。在这样的经济思想的指导下，自 19 世纪以来德国经济的重要优势就在于其技能与创

---

① Cherif R, Hasanov F. “The return of the policy that shall not be named: principles of industrial policy”, https://www.imf.org/en/Publications/WP/Issues/2019/03/26/The-Return-of-the-Policy-That-Shall-Not-Be-Named-Principles-of-Industrial-Policy-46710, 2019-03-26.

② Mazzucato M. *The Entrepreneurial State: Debunking Public vs. Private Sector Myths*, Anthem, 2013; Kattel R, Drechsler W, Karo E. *How to make an Entrepreneurial State: Why Innovation Needs Bureaucracy*, Yale University Press, 2022.

③ Reinert E. “German economics as development economics: from the thirty years’ war to World War II”. In: Kattel R. *The Visionary Realism of German Economics: From the Thirty Years’ War to the Cold War*, Anthem, 2019, 15-35.

新制度带来的工业国际竞争力。比如，马歇尔在 20 世纪初就总结德国的工业优势在于“科学对于工业的促进”（science in the service of industry）[①]。德国经济思想与政策中的这种特点是自莱布尼茨以来、从 17 世纪至 18 世纪的近代德国经济思想开始，长期积累才形成的。在这一过程中，沃尔夫的经济思想是一个重要的环节，他上承莱布尼茨，下启官房主义。他继承了莱布尼茨对于科学院的设计，影响了官房主义中的创新与技能政策体系的设计。而沃尔夫在关于国家积极产生发明创新与建立传播对于经济发展有用的知识和技能方面的思想，则是从中国的儒学经典，特别是《大学》，以及中国上古关于伏羲、神农和黄帝的事迹的记载中获得了印证与借鉴之后提出的。沃尔夫的上述经济思想并不是学习中国古代经济思想的结果，但是沃尔夫认为中国的儒学经典和上古神话中所蕴含的政治经济思想与其思想一致，并且通过引用中国传统经济思想来证明其思想的现实有效性。沃尔夫的这种对于中国经济思想的运用，体现了中国传统经济思想对于近代德国经济思想的影响：德国经济思想中最有特色最重要的一部分思想的来源虽然不是中国传统经济思想，但是这些思想最成功的实践却在中国，因此德国思想家主动在中国传统经济思想中寻求支持和佐证，并以此作为增加这些主张和思想的说服力和影响力的方式。本书的研究揭示：当人们看到德国经济思想和经济制度中包含的富有实践成效的创新和技能政策思想和实践时，不能忘记这些思想和政策是在中国传统经济思想的印证和支持之下形成的。

另外，上述中国传统经济思想对于近代德国经济思想的影响，也为当代认识中国传统经济思想并挖掘其现代价值提供了一个新的角度。从德国经济思想的视角出发，中国传统经济思想包含促进工业化的最重要的政策原则：国家要积极研究各种有用的科学和创造对于人民的幸福有用的发明，国家要

① Marshal A. *Industry and Trade*, Macmillan, 1919, 121-139.

建设各种公共教育机构向人民传播关于“善”的有用知识，由此促进人民走上公共幸福的道路。在以沃尔夫为代表的近代德国经济思想家的眼中，古代的中国是创造各种有用的知识以及充满各种有用知识的学习机会的国家。从这样的视角理解的传统中国经济思想无疑包括在当前的背景下对于包括我国在内的世界各国关注的国家创新和技能政策的问题具有启发意义的思想。从德国经济思想的视角出发，当前我国构建“关键核心技术攻关新型举国体制”与健全终身技能培训制度的国家战略既是新时期我国经济政策上的创新之举，也是历史性地复兴中华文明过程中的一个重要步骤。

第三节　日本企业经营模式创新的中国元素

由于地理上的邻近和便利，日本与中国长期存在交流互动，中国传统文化，特别是儒家思想，对日本的政治制度、思想文化、社会生活乃至风俗习惯等都产生了广泛而深刻的影响[①]。明治维新时期，深受儒学影响的日本启蒙思想家开启了以儒学为媒介，认知、理解、诠释、传播西方文化的历史进程，日本现代经济和企业发展也开始进入奠基期。日本著名企业家涩泽荣一曾提出具有深远影响的“论语加算盘”企业经营模式，基本精神是秉持“道德与经济合一”，而这一理念源于儒家的义利之辨。第二次世界大战后，日本企业家群体在坚守儒家经济思想的基础上，积极汲取西方管理模式的精髓，铸就了日本经济的“奇迹”。日本学者田岛锦治曾以希腊、罗马学术对现代欧洲各国的影响作类比指出，中国上古的经济思想对日本上古以来至今的国民思想产生了很大影响[②]。

① 牛建科、武传春：《试论儒学与日本的现代化》，《山东大学学报（哲学社会科学版）》2004 年第 5 期，第 53—58 页。

② 转引自石世奇：《中国古代经济思想在当代市场经济中的作用》，《北京大学学报（哲学社会科学版）》1999 年第 2 期，第 51—55 页。

目前，国内外学界围绕儒家思想与日本企业发展议题做了较多探讨，一般认为日本企业形成了独具特色的经营模式，受到世界市场的广泛认可和尊重[①]，而这得益于日本企业所建立的现代企业文化，并且这种企业文化深受中国儒家思想的影响[②]。如唐任伍指出，日本将儒家文化与其神道思想相融合，形成了独特的企业管理思想[③]；罗建华认为日本企业吸收了儒家以人为本、义利观、“和为贵”等思想[④]；李翠翠提出，日本人的企业精神、集体主义很大程度上受到了儒家思想影响，特别是关于“家”“忠”“仁”等思想[⑤]；刘金才通过研究日本社会发展史和伦理思想史，发现日本近世商人伦理的建

---

① 施金晓、杨豪杰、范杨颖等：《中国传统文化对日本企业管理模式的影响》，《科教导刊（中旬刊）》2016 年第 20 期，第 135—136、145 页。

② Ornatowski G K. Confucian ethics and economic development: a study of the adaptation of Confucian values to modern Japanese economic ideology and institutions. *The Journal of Socio-Economics*, 1996, 25(5): 571-590; Boardman C M, Kato H K. The Confucian roots of business Kyosei. *Journal of Business Ethics*, 2003, 48: 317-333; Watanabe T. The influence of Confucianism on the management philosophies of Japanese industries. *Scientific Society of Advanced Research and Social Change International Journal of Management*, 2017, 3(1): 1-5; 蔡林海：「日本的経営と儒教思想：「忠」の哲学 · 「和」の理念」,『年報筑波社会学』, 1991,（3）: 54-73; 水野一郎：「市場経済と倫理：論語と算盤」.『東アジア経済 · 産業の変容』, 2015，185-204; 陈为民：《日本企业的经营管理与中国儒家的传统思想》，《江淮论坛》1991 年第 1 期，第 29—36、57 页；裴毅强：《中国儒家思想与日本企业文化》，《学习与探索》1995 年第 1 期，第 81—85 页；梁茂春、陈文：《日本企业管理与儒家文化》，《沿海企业与科技》1996 年第 Z1 期，第 26—28 页；任德新：《日本企业管理精神的儒家文化思考》，《世界经济与政治论坛》2001 年第 6 期，第 55—57 页；张震：《儒家家族主义与日本家族企业》，《松辽学刊（人文社会科学版）》2001 年第 1 期，第 42—46 页；孙利：《日本企业文化中的儒家管理哲学》，《北京理工大学学报（社会科学版）》2005 年第 1 期，第 78—80 页；谢福连：《儒家思想与企业管理——日本企业中的儒家思想应用》，《商业文化（学术版）》2007 年第 11 期，第 56 页；张浩帆：《儒家思想与现代日本企业管理的融合》，《日本研究》2008 年第 3 期，第 93—96 页；王晓光：《日本企业管理中的儒家思想》，《船山学刊》2008 年第 4 期，第 217—219 页；毕楠：《日本企业社会责任（CSR）理念的儒家思想基因及其传承》，《现代日本经济》2014 年第 3 期，第 80—87 页；杨帆：《日本工匠精神的传承及其对中国的启示——以秋山木工和金刚组为例》，西北大学硕士学位论文，2018；刘畅：《儒家家族观念与日本家族企业的企业文化》，吉林大学硕士学位论文，2007；等等。

③ 唐任伍：《“儒家资本主义”——日本现代企业管理基本模式》，《经济纵横》1996 年第 4 期，第 46 页。

④ 罗建华：《日本企业文化对儒家思想的吸收及启示》，《企业经济》2011 年第 11 期，第 184—186 页。

⑤ 李翠翠：《日本企业文化特点及对中国企业文化建设的启示——以日本松下电器公司为例》，《经济研究导刊》2008 年第 18 期，第 49—50 页。

构及其对于日本资本主义近代化的促动作用，得益于对儒家思想的吸纳、活用和扬弃[①]。在日本近代企业发展史上，涩泽荣一占有重要地位，他提出的“论语加算盘”企业经营模式吸收融合了儒家经济伦理思想，对日本企业经营模式的发展与创新产生了重要影响。因此，有学者进一步考察分析了涩泽荣一“论语加算盘”经营理念的内涵与影响，其中日本学者的研究成果比较丰富[②]，然而他们虽然会或多或少地涉及对《论语》与涩泽荣一渊源关系的讨论，但研究视角和讨论焦点更加注重日本本位立场。这与国内学者有显著区别，国内学者则更加关注儒家思想对涩泽荣一的影响[③]，如徐水生专门研究了《论语》对涩泽荣一的影响，进而探讨了中国传统文化与日本工业现代化的关系[④]；李玲芬通过分析“论语”与算盘经营理念的内涵，认为涩泽荣一将儒家思想引入了经济领域，为日本及东亚各国的“儒商”确立了典范[⑤]；黄云明指出，涩泽荣一的“论语与算盘”思想是将《论语》所代表的东方价值

---

① 刘金才：《日本近世商人伦理对儒家思想的吸纳与扬弃》，《孔学堂》2016 年第 3 期，第 42—60 页。

② 飯島寛一：「近代日本の経営思想：澁澤榮一の『論語と算盤』を中心にして」.『中央学院大学社会システム研究所紀要』，2011，（2）：73-86；有賀裕二：「渋沢栄一の経済道徳と実学の理論的背景」.『商学論纂』，2014，（3）：389-421；小野進：「モラル・キャピタリズム（Moral Capitalism）の経済学：横井小楠の国富論と渋沢栄一の道徳経済合一・合本主義論」.『立命館経済学』，2015，（63）：385-488；大江清一：「渋沢栄一の貨殖に関する思想：論語解釈の比較分析に基づく一考察」.『埼玉学園大学紀要. 経済経営学部篇』，2017，17：15-26；田中文憲：「渋沢栄一に関する一考察（1）：儒教とサン・シモン主義」.『奈良大学紀要』，2020，（49）：119-134；山本義彦：「渋沢栄一・日本資本主義の形成者と儒教観：その来歴と『論語と算盤』をどう読み解くか」.『静岡大学経済研究』，2022，27（1）：53-85；等等。

③ 王家骅：《涩泽荣一的“论语加算盘”说与日本资本主义发展》，《深圳大学学报（人文社会科学版）》1994 年第 2 期，第 44 页；邹积升：《日本企业的经营思想：论语加算盘》，《现代企业》1996 年第 8 期，第 47 页；刘金才：《论涩泽荣一“论语加算盘说”的思想主旨》，《贵州民族学院学报（哲学社会科学版）》2005 年第 3 期，第 5—10 页；等等。

④ 徐水生：《儒家思想与日本近代企业——〈论语〉对涩泽荣一的影响》，《孔子研究》1993 年第 2 期，第 96—101 页。

⑤ 李玲芬：《〈论语〉与算盘——浅谈涩泽荣一的经营理念》，《台州师专学报》2000 年第 2 期，第 11—14 页。

观念和西方工商文明的价值观念融合在一起[①]；金东以《涩泽荣一传记资料》为主要文本依据，在研究涩泽荣一对华态度、思想与交往实践的过程中，具体分析了其“论语算盘说”的思想渊源与基本内容[②]。上述成果积累了丰富的研究资料，奠定了良好的研究基础，但限于篇幅的约束或研究视角的不同，有关涩泽荣一与儒家思想渊源关系的考察、“论语加算盘”企业经营模式的由来及其与儒家经济伦理思想的关联等问题，仍较为缺乏系统梳理，有待进一步加强分析与总结。

在此基础上，本节依托和借鉴学界相关研究成果，尝试立足对文献资料和一些共识性研究观点的综合梳理，概述包括经济思想在内的儒家文化对日本企业经营理念形成所产生的影响，并以涩泽荣一创建的“论语加算盘”企业经营模式为重点案例，具体考察和阐释中国传统经济思想为日本企业经营模式的创新提供思想借鉴的内在逻辑和路径。

一、儒家思想文化与日本企业经营理念形成概述

（一）日本商人阶层接触儒家思想的历史背景

根据中日学者的长期研究，目前存在的一个共识是儒家文化应是在 5—8 世纪正式传入了日本[③]。其传播过程在古代日本大致可分为三个阶段[④]。简言之，第一个阶段为“传入期”（上古时代至奈良时代）。日本早期会邀请来自朝鲜半岛的儒学士前往日本讲学，到了 7 世纪以后，则开始往中国直接派遣“遣隋使”“遣唐使”学习儒家文化，当时日本的皇室、贵族、僧侣纷纷开始学习《论语》，朝廷还模仿唐朝开设了大学寮，而《论语》《孝经》是大

① 黄云明：《试论涩泽荣一的经济伦理思想》，《河北学刊》2001 年第 5 期，第 114—117 页。

② 金东：《王道与霸道：涩泽荣一对华态度与交往研究》，华中师范大学博士学位论文，2011。

③ 邱紫华：《中国儒学对日本文化思想的影响》，《黄冈师专学报》1998 年第 3 期，第 58—63 页。

④ 瞿莎蔚、邓亚婷、王冰菁：《古代以来〈论语〉在日本的接受、传播与研究史述》，《燕山大学学报（哲学社会科学版）》2015 年第 2 期，第 27—33 页。

学里的必修课。不过，这个时期儒家文化的推广仅限于身份尊贵的人。第二个阶段是“发展期”（平安时代至安土桃山时代）。平安时代学习儒家文化的风气更甚，传播对象扩大到了武士阶层，学习科目从《论语》《孝经》扩展到《周易》等。当时日本朝廷设置了一个叫“明经道博士”的专职部门来教授儒家文化。第三个阶段是“兴盛期”（江户时代至明治时代）。德川家康在统一日本、成立江户幕府后，将儒学定为官学正统，提倡德治主义，到德川纲吉统治时期，日本提倡文治，建造设立了孔庙以及很多学堂专门讲授儒学，《论语》等儒家文化在民间传播开来，特别是位列于士农工商最底层的商人也从此开始有机会接触儒家文化和儒学教育，这对后来日本企业的发展以及企业经营理念的形成产生了深远影响。

（二）儒家思想对日本企业经营理念形成与发展的影响

日本被誉为世界上百年品牌企业最多的国家。历史上，日本的百年企业源于安土桃山时代，在江户时代商家数量迅速增加，随后的明治时代和大正时代更是有大批的百年企业涌现。根据东京商工会议所的调查，截至 2017 年底，创业 100 年以上的日本企业有 33 069 家[①]。这些百年企业之所以屹立不倒，一个重要原因是它们具备着坚定的经营理念，这一理念既是企业的文化核心，也是企业成长的动力源泉。有研究表示，日本百年企业的生存之道有三，那就是在“时代”“世代”以及“经营内容”的变化中，一代接一代地完成其“绝活”（事业）及“企业理念”的传承[②]。换言之，日本百年企业注重的是在时代变化中做自己擅长的事，把自己擅长的事做成最好的“绝活”，而且最重要的是把这个理念传承下去。实际上，日本企业经营理念的

---

① http://www.tsr-net.co.jp/news/analysis/20161202_01.html；杨帆：《日本工匠精神的传承及其对中国的启示——以秋山木工和金刚组为例》，西北大学硕士学位论文，2018。

② グロービス経営大学院、田久保善彦監修：『創業三〇〇年の長寿企業はなぜ栄え続けるのか』，東洋経済新報社，2014，30.

形成发展与儒家文化的熏陶和浸润有着紧密联系，具体可分为三个层次。

第一个层次是以"诚""信""道"等儒家思想为基础的商业伦理的形成。江户时代是日本商业发展的一个重要的时期，也就是在这个时期，以儒家文化中诚信思想为基础的为商之道初步形成。这与当时日本的社会背景、商人教育以及商人哲学的形成有着密切的关系。

在江户时代，身份低微的商人有了接受教育的机会。当时最著名的是被称为"寺子屋"和"手习所"的教育机构，"寺子屋"是由寺院主办的民间教育机构，学生被称为"寺子"①。在江户也有和"寺子屋"同一性质的教育机构，被称为"手习所"，学生被称为"笔子"。"寺子""笔子"的年龄一般为 6 岁至 13 岁，他们在这里习字、读书、作文、修身和学习礼仪，学习内容是以《论语》《孝经》为基础的儒学教育②。在教育内容中，强调要做一个懂得感恩、正直的人③。同时，这些教育机构设立的目还在于帮助平民传承家业，培养孩童基本的职业技能④，如系统教授平民子弟识字（审拟合同契约时用）等谋生技能⑤。随着商品经济兴起，进行兑换、利息计算等需求增多，许多"寺子屋"也教授孩童珠算、九九算数等实用性课程，这有效拓宽了商人群体基础⑥。此外，也有不少商人在"寺子屋"和"手习所"中执教，其职业特性在教学过程中有助于培养学生的商业思维，为他们未来从

---

① 黄嗦咪：《日本近世寺子屋教育浅析》，《文化产业》2019 年第 1 期，第 50—52 页。

② 牛建强：《江户时代中国文化对日本之影响——侧重于江户前中期狭义的文化考察》，《暨南学报（哲学社会科学版）》2008 年第 1 期，第 122—140、156 页。

③ 谭建川：《〈三字经〉在日本的流播与衍变》，《西南大学学报（社会科学版）》2010 年第 1 期，第 71—74 页。

④ 金煜：《论明治维新时期的日本国家主导型教育》，《吉林省教育学院学报》2022 年第 12 期，第 55—58 页。

⑤ 修刚：《日本江户后期寺子屋教育的形成与发展》，《天津师范大学学报（社会科学版）》2004 年第 3 期，第 50—53 页；朱玲莉：《日本江户时期的平民道德教育》，《伦理学研究》2010 年第 6 期，第 59—63 页。

⑥ 黄嗦咪：《日本近世寺子屋教育浅析》，《文化产业》2019 年第 1 期，第 50—52 页。

事经商事业提供参考[①]。并且在商人教育体制中，尤其注重对学生进行“孝行心”“报恩”“感谢”“正直”和“礼仪”等方面的德育教育[②]。

江户时代的儒学研究也备受后人瞩目。其中，被称为儒学思想家和商人思想家的石田梅岩所创办的石门心学影响较大，其思想与儒学有直接关联[③]。例如，他主张士农工商各行业具有平等的社会地位，指出商人获取利润的正当性、合理性，认为“不取利非商人之道”，将商人取利与武士得俸禄置于同样天经地义的地位[④]；同时强调“商人之道”的关键是“道”，即商人如果想要赢利也要遵守道义，将获利的合理性与遵循“圣人之道”进行有机结合[⑤]。此外，石田梅岩提出以“正直”为中心的经济伦理标准，即“以义取利”，认为这是“商人之正直”，而要实现“正直”，取利方式和利润率的制定都要“合理”，这一主张不仅具有伦理性质，而且具有市场规律的内涵[⑥]。

在上述思想文化环境的影响下，江户时代的商家普遍形成了最基本的商业伦理，也就是为商之道。这种商业伦理多以“家宪”“家训”的形式出现在各个商行中。其中，最具代表性的当属三井家族的家宪。三井高平以其父三井高利的遗训为蓝本，制定了一部家宪——《宗竺遗书》[⑦]，内容包括为

① 修刚：《日本江户后期寺子屋教育的形成与发展》，《天津师范大学学报（社会科学版）》2004 年第 3 期，第 50—53 页。

② 和田充弘：「近世庶民教育における徳育の構造：大坂の寺子屋師匠と往来物を手掛かりに」.『同志社大学日本語・日本文化研究』，2014，（12）：201-215.

③ 叶坦：《石田梅岩的经济思想与儒学》，《哲学研究》1998 年第 4 期，第 31—42 页。

④ 叶坦：《石田梅岩的经济思想与儒学》，《哲学研究》1998 年第 4 期，第 31—42 页。

⑤ 叶坦：《中日商品经济思想比较研究——以石门心学和清初实学为中心（下）》，《河北学刊》2005 年第 5 期，第 100—110 页。

⑥ 叶坦：《中日商品经济思想比较研究——以石门心学和清初实学为中心（下）》，《河北学刊》2005 年第 5 期，第 100—110 页。

⑦ 李卓：《日本家训的基本特征》，《山西大学学报（哲学社会科学版）》2009 年第 1 期，第 88—93 页。

人处世之道、事业发展之道、财产分配原则等[①]，要求族人团结一致、精通业务、任人唯贤、勤俭不奢等。[②]得益于这部家宪，三井家族的商业经营事业有条不紊地发展起来。因此，可以发现，江户时代的商业伦理着重于培养商人个人的为商之道，强调商人的致富之道在于具备勤勉、节约、才能、正直等品格。

第二个层次是儒家思想文化中“义”与“利”相辅相成的思想，其构成了日本近代企业中“道德与经济合一”经营理念的基础。这集中体现在明治时代前后，也是日本工商业迅速发展的时代。

“道德与经济合一”是被誉为日本现代企业之父的涩泽荣一所提出来的经营理念。针对有人认为“道德”与“经济”不相容，“仁义王道”与“货殖富贵”在《论语》中水火不容等观点，涩泽荣一反驳道：“可我遍查《论语》20 篇，也没有找出与上述意思相同的段落。孔子对理财、生财都只是做过一些侧面的论述，没有深入的解析。后儒也仅是断章取义才得出这样的结论，未能考虑全局，当然会对他的意思有所曲解”[③]。他以《论语·里仁》中原话“富与贵，是人之所欲也，不以其道得之，不处也。贫与贱，是人之所恶也，不以其道得之，不去也”为例，指出部分人认为这句话的意思是孔子反对致富，但实际不是这样。涩泽荣一做出评注：“孔子的意思是，获取不义之财，还不如安于贫困，君子爱财，取之有道，这是值得推崇的。”[④]因此，涩泽荣一认为，商人如果想改变世俗的偏见得到社会的认同与尊敬，必须不违背道义，用正当的途径来赢利，这是提高商人身份和推动社会发展的关键。可见，对《论语》的研究，为涩泽荣一提出“道德与经济

① 王世权：《日本家族企业成长的理论解析及其影响因素分析——基于三井财阀的案例》，《产业经济评论》2008 年第 2 期，第 22—45 页。

② ［日］三谷宏治：《新经营学》，南勇译，湖南文艺出版社，2023，第 7—8 页。

③ ［日］涩泽荣一：《论语与算盘》，卜可译，新世界出版社，2016，第 103—104 页。

④ ［日］涩泽荣一：《论语与算盘》，卜可译，新世界出版社，2016，第 104 页。

合一”的经营理念奠定了理论基础。同时，涩泽荣一借助参加巴黎博览会的机会，了解学习西方各国的经济发展特点、生产技术以及经济金融制度，并将其引进了日本，大力发展工商业。

在这样的历史背景下，“道德与经济合一”的经营理念应运而生，主要内容包括：一是国富在于“实业”与“公益”，要使国家富强就必须发展实业，发展实业的真正目的不是为个人谋取私财，而是为了公益（大众的利益），为了社会的繁荣[①]。二是为了社会的繁荣，要实现可持续性经营，就必须以“仁义道德”为前提，涩泽荣一称之为“真正的生财之道”[②]。换言之，就是使财富增值的方法要以遵从“仁义道德”为前提，通过不正当的手段获得的财富是不会持久不衰的。三是“经济”与“道德”的相容，“经济”与“道德”是两个不可切分的概念。在这里“经济”可理解为“利”，“道德”则可理解为“义”，“经济”与“道德”的合一也就是“利”和“义”的合一，这是涩泽荣一经营理念的精髓所在[③]。秉承这一理念，涩泽荣一在1873年（明治6年）辞官投身于实业界，建立了日本第一家银行——第一国立银行（现在的瑞穗银行），一生里建立了500余家企业[④]。

明治时代后，日本的百年企业规模不断扩大，其中不乏现代上市公司。此时，江户时代的商业理念也逐渐由“家宪”“家训”发展为现代企业的经营理念，内容也由着重于培养商人的个人修养转化为强调“经济”与“道德”合一的理论层面，进而提出了“公益”“可持续性经营”等重要概念。

第三个层次是综合性地吸收“仁、义、礼、智、信”等儒家伦理道德思

① [日]涩泽荣一：《论语与算盘》，卜可译，新世界出版社，2016，第87—89页。

② [日]涩泽荣一：《论语与算盘》，卜可译，新世界出版社，2016，第98页。此处的生财即利殖的翻译。

③ [日]涩泽荣一：《论语与算盘》，卜可译，新世界出版社，2016，第102—103页。

④ 朱荫贵：《张謇与涩泽荣一：中日两国早期实业企业家的比较》，《中山大学学报（社会科学版）》2024年第3期，第71—80页。

想，并将其融入现代日本企业文化之中。大正时代以后至今，非常具有代表性的企业之一是松下电器，其在 2018 年迈入了百年企业的行列。松下电器的创始人松下幸之助深受儒家和佛教思想影响，他的经营哲学是日本现代企业最具代表性的经营哲学之一，被视为现代日本企业家学习的典范。

松下幸之助的经营哲学源于二宫尊德（江户后期的思想家、政治经济学家）的报德思想，即主张以实践之德报天、地、人三才之德[①]，二宫尊德指出“报德思想的源头是仁、义、礼、智、信”[②]，他的一句名言就是“没有经济的道德是空谈，没有道德的经济是犯罪”[③]。松下幸之助的经营哲学至少涉及三个方面：其一，松下幸之助提出的一个重要理念就是“企业是社会的公器”[④]。他指出企业是社会的一员，企业的经营不是“私事”，而是“公事”。也就是说，企业的经营不是“企业自己的事情”，而是关乎“整个社会的公事”，企业通过经营事业的方式创造价值，以此来提高每个人乃至社会的生活水平。这就是企业的使命，也是企业的社会责任。其二，松下幸之助在吸收传承二宫尊德的经济观念和涩泽荣一“道德与经济合一”经营理念的基础上，注重“社会责任”与“盈利”相结合[⑤]。松下幸之助指出作为一个企业，“盈利”也是一个非常重要的概念，“不盈利的经营实质上是一种没有履行企业的社会责任的姿态”[⑥]。一个企业只有努力经营，通过创造价值来创造利益，才能为国家创造税收，以此造福社会，这就是企业的社会责任。其三，在讨论如何理解“利益”这个问题时，松下幸之助提出“利益就

① 王秀文：《二宫尊德及其思想综述》，《大连民族学院学报》2005 年第 2 期，第 33—36 页。

② 福留民夫：「経営者の決断と行動を支える倫理思想の研究——義と利の思想を研究する」.『経営論集』, 1999,（1）：1-31.

③ 转引自刘容：《日本企业劳资关系中的报德思想》，《大连海事大学学报（社会科学版）》2012 年第 3 期，第 40—43 页。

④ 余文忠、余锦秀编译：《松下经营秘诀 359》，广西人民出版社，1993，第 173 页。

⑤ 蔡颖：《日本义利思想的管理价值研究》，黑龙江大学硕士学位论文，2020。

⑥ 松下幸之助：《实践经营哲学》，PHP 研究所，2011，第 54 页。

是贡献的报酬”[①]。他指出人们通常有一种把企业的“盈利”视为一种不道德行为的倾向，这种想法是不对的。如果一个企业只把“盈利”作为其至上的目的，忘记了企业应有的使命，为达目的而不择手段，这是绝对不能被认同的行为。相反，一个企业通过经营其事业，完成为社会做贡献这一使命，作为报酬所获得的利益就是正当的利益。

松下幸之助的经营理念与涩泽荣一是相通的，皆与儒家的“义”“利”思想紧密相关。该时期提出的“企业是社会的公器”，强调企业社会责任等经营理念，可谓是对上一时期日本企业经营理念的继往开来。

综上所述，儒家思想文化在日本的传播、普及和应用历程，与日本企业的发展及其企业经营理念的形成演进有着密切的联系。江户时代是日本商业发展的繁荣期，也是儒家文化在日本传播由士族阶层走向庶民阶层，进而得到普及的时代。其中，《论语》《孝经》等儒家典籍备受瞩目。江户时期所形成的商业伦理着重于培养商人个人的为商之道，强调商人的致富之道在于勤勉、节约、正直等品格。进入明治时代，江户时期所形成的商业伦理得到了良好的传承，并集中表现为“道德与经济合一”理念的形成。例如，涩泽荣一提出要实现可持续性经营，就必须以“仁义道德”为前提，倡导学习《论语》以进行企业经营规范和准则的制定。这个时代儒家文化对百年企业的影响从培养经营者的个人修养提升到了企业经营的层面。到大正时代，日本企业家吸收了“道德与经济合一”理念的精华，并把它运用到企业管理与践行社会责任中。例如，松下幸之助在他的经营哲学里多次提到企业与社会的关系问题，指出如果不顾社会的发展而是追求个人企业的独自繁荣的话，这种繁荣也不会长久，企业只有和社会形成相互依存、相互繁荣的关系，才可以实现真正的繁荣，强调企业家的使命是社会贡献，“利润”和“道德”的共

① 松下幸之助:《实践经营哲学》，PHP 研究所，2011，第 51 页。

存是经营之本。[①]由此可见，儒家思想文化的传播渗透融合于日本企业的形成发展过程。江户时代形成的商业伦理以及在明治时代涩泽荣一所提出的“道德与经济合一”理念，对大正时代以后的企业直至现代企业的经营理念、企业文化的形成，以及企业的管理都产生了影响深远。

二、案例分析：儒家经济伦理思想与涩泽荣一的经营理念

本案例重在介绍涩泽荣一在不同人生阶段对儒家经济伦理思想的态度及理解，使读者对其本人与儒学难分难解的渊源关系有一个概略性的整体认识，为后续进一步探讨涩泽荣一的“论语加算盘”企业经营模式做铺垫。

涩泽荣一出生于富农之家，自幼深受儒家思想熏陶，年轻时担任过武士也升任过大藏大臣，参与货币、税收改革，后辞官经商并投身于发展日本近代实业[②]。他将儒家经济伦理思想成功融合进经济领域，并以此为依据来规范经济活动秩序，创设“论语加算盘”的儒家式经营模式，成为明治和大正时期著名的实业家和社会活动家[③]。通过梳理和回顾涩泽荣一的成长和生平经历，具体分析其在人生各阶段对儒家经济伦理思想的不同态度及理解，有助于为进一步探讨“论语加算盘”的经营模式奠定基础。

参见表 3.5，涩泽荣一家主营蓝靛生意，兼营养蚕和其他一般性的农业活动。少年时的涩泽荣一主动协助父亲打点生意，每年独自代父外出售卖蓝靛、蚕丝及米麦等货物，逐渐具备经商才能并培养起独立精神及自由思想[④]。涩泽荣一成长于一个半农半工半商的家庭，在饱受谋利和儒学熏陶及渲染的同时，又兼具经商实操经验和汉学学习历程，这也为“论语加算盘”经营模

---

① 松下幸之助：《实践经营哲学》，PHP 研究所，2011。

② [日]幸田露伴：《涩泽荣一传》，余炳跃译，学林出版社，1992，第 1—7 页。

③ 马敏：《中国和日本的近代“士商”——张謇与涩泽荣一之比较观》，《近代史研究》1996 年第 1 期，第 120—139 页。

④ 侯丽颖：《涩泽荣一商业思想及对日本近代化的贡献》，《现代日本经济》2021 年第 4 期，第 85—94 页。

式的塑造奠定了坚实基础。青年时期的涩泽荣一参加了攘夷暴动、赴欧洲考察，后担任过武士和大藏大臣[①]。因多种原因，当时的他并未回头静心思考儒家经济伦理思想在整个日本社会中处何地位、起何作用，但他指出其自外出闯荡至任职于大藏省的十余年间过得毫无意义，因为在十五六岁的青年时代本应投身工商业，抓紧大好时光提升商业素养[②]。然而实际上，他在此段时期内的经历为日后在实业上取得成功提供了莫大帮助，况且他还时刻谨记其父基于《论语》提出的“处世要将忠实视作宗旨，既不能够欺骗他人，亦万万不可将他人给予自己的膏泽抛之脑后”的要求[③]。后来，涩泽荣一逐渐发现受士农工商等级思想的影响，众人坚信政府官员的地位远超过商人阶层。为消除人们的贱商思想，使品德端正、知行合一的工商业者大批涌现到民间企业内且均致力于民间企业经营，更好地促进资本主义健康有序地在日本发展，涩泽荣一果断辞官从商，全身心投入到发展日本近代实业的事业中。

表 3.5　涩泽荣一年谱及大事记[④]

时间	主要事件
1840 年	2 月 13 日，涩泽荣一出生于武藏国榛泽郡（今东京都）血洗岛村（今琦玉县深谷市）的一豪农之家
1846 年	开始按照其父的教导学习汉学，反复诵读、强记硬背古文，并练习毛笔字

① 马敏：《中国和日本的近代“士商”——张謇与涩泽荣一之比较观》，《近代史研究》1996 年第 1 期，第 120—139 页。

② 马敏：《中国和日本的近代“士商”——张謇与涩泽荣一之比较观》，《近代史研究》1996 年第 1 期，第 120—139 页。

③ 渋沢栄一：「『論語』総論」，見：渋沢栄一传记资料刊行会『渋沢栄一伝記資料』（第四十一卷），1962：373.

④ 此表结合下列文献整理而成：[日]鹿岛茂：《日本商业之父——涩泽荣一传》，王鹤、池淼译，浙江大学出版社，2014 年；[日]幸田露伴：《涩泽荣一传》，余炳跃译，学林出版社，1992；金东：《王道与霸道：涩泽荣一对华态度与交往研究》，华中师范大学博士学位论文，2011；冯玮：《论“日本资本主义之父”涩泽荣一的三大贡献》，《江西师范大学学报（哲学社会科学版）》2008 年第 4 期，第 103—108 页；[日]前川友太：《涩泽荣一的家族观评析》，《日本问题研究》2024 年第 6 期，第 70—80 页；金东：《涩泽荣一的日美联合开发中国论及其尝试》，《历史教学（下半月刊）》2010 年第 10 期，第 52—56 页。

续表

时间	主要事件
1847 年	开始学习《三字经》等内容
1848 年	跟随邻村堂兄尾高惇忠接受系统教育，开始接触《论语》《大学》《中庸》等书，专门拜人为师学习剑道
1854 年	开始帮助父亲经营蓝靛、米麦、蚕丝等生意
1856 年	单独承担任务，每年代其父外出四次，在北关东地方兜售蓝靛等货物，逐渐具有经商才干并培养了自由思想和独立精神。他对“独立经营”遭到制度性压抑而难以获得自由发展具有强烈意识
1857 年	以父亲的名义担任“御用金”的“御用伺”。因曾遭到“代官”（代理大名等管理领地的行政长官）的侮辱和嘲弄，故他对人的能力无法得到正当评价的身份制极为愤慨，并因此加入了“讨幕”行列
1863 年	进入江户“海保青陵塾”和“千叶道场”修习读书击剑，与志士交往频繁。与尾高惇忠、尾高长七郎兄弟等谋划攻占高崎城、火烧横滨的攘夷行动，但因各地袭击、举兵行动相继失败，尊攘派志士个别行动之无意义已突显，故他们并未实施这一计划，亡命京都投奔德川庆喜，获得武士身份，开始拥护公武合体论和公议政体论。任一桥庆喜的“御用人”时，他认识到日本和西方各国在实力上的差距，遂从主张“攘夷”转变为主张“开国”
1867 年至 1868 年	随幕府将军德川庆喜之弟、德川政权民部大辅德川昭武访问欧洲，赴法国参加巴黎国际博览会，第一次目睹资本主义文明并深受震撼。此次赴欧考察对其成为“日本资本主义之父”产生了重要影响。他在对欧洲经济界的观察中认识到纸币流通、银行、公债、合本法（股份制）及工商业者与官员、军人的平等地位和日本全然不同
1869 年	受明治新政府之聘在大藏省任职，升任大藏大臣，积极参与货币和税收改革
1873 年	因政见不合辞职，弃官从商，组织创办了日本第一家股份制银行，就任总裁，并由此开启自己的企业家生涯
1875 年	致力于创立东京会所商法讲习所（一桥大学前身）
1888 年	被选为贵族院议员
1905 年	在小村外相的提议下，开展“民间经济外交”活动
1909 年	率“渡美实业团”访美
1914 年	访问中国，称他的一个重要目的是赴曲阜拜谒孔庙，可惜后来因身体抱恙中途回国，但他仍将此作为未了夙愿
1931 年	11 月 11 日逝世，享年 91 岁

在经营工商业的过程中，涩泽荣一始终把《论语》当成终身操身行世的

准则，以斯促进工商业进步[①]，这与他的生平经历密切相关。德川幕府时代，儒学在日本广泛盛行。当时的武士阶层所学的是以《四书》为主的儒学典籍[②]。涩泽荣一虽然不是生于武士之家，但其父早年曾致力成为武士，故对“四书五经”等有所接触。涩泽荣一幼年时便接受其父关于中国儒学的启蒙教育，学习儒学经典，深受儒家思想熏陶，具有较深的儒学造诣[③]。他六岁起跟随兼通汉学及日本俳句的父亲学习古文，反复诵读、强记硬背，并开始练习毛笔字[④]。七岁学习《三字经》，八岁开始接触《论语》《大学》《中庸》等书。其父非常严厉，涩泽荣一稍有过错，他便直接借引《论语》原句进行批评教育[⑤]。因此，涩泽荣一早年便耳濡目染地受到了一些儒家思想的启蒙教育。之后其父考虑到自己素日繁忙而无法妥善兼顾涩泽荣一的文化教育，故委托邻村涩泽荣一的堂兄尾高惇忠继续辅导其学习。不同于通常的反复诵读，尾高惇忠侧重培养涩泽荣一通过阅览诸多书目的方式来形成个人独立思考和独到见解的能力[⑥]。涩泽荣一结合其个人体悟，养成了由泛读至精读的阅读习惯，跟随尾高惇忠在博览《论语》《大学》《中庸》《孟子》等诸多重要典籍的基础上，择精华内容《论语》反复认真揣摩[⑦]。涩泽荣一研读并比较了众多版本的《论语》，各式注解既让其充分认识到多方流派对《论语》的多样诠释，还促使他在阅读过程中主动进行比较，形成自己的思维见解[⑧]。这些经历深刻烙印在涩泽荣一的记忆中，他后来也常说自己就是在儒家文化教育下成长起来的，这为其日后经营理念的形成埋下了儒家思想

① [日]幸田露伴：《涩泽荣一传》，余炳跃译，上海社会科学院出版社，2016，第4—5页。
② 史少博：《儒家思想在日本的传播与研究》，《学术论坛》2012年第8期，第210—213页。
③ [日]幸田露伴：《涩泽荣一传》，余炳跃译，上海社会科学院出版社，2016，第4—5页。
④ 张珂 《涩泽荣一的商业教育思想及其实践》，渤海大学硕士学位论文，2018。
⑤ 如“吾日三省吾身，为人谋而不忠乎？与朋友交而不信乎？传不习乎？”（《论语·学而第一》）。
⑥ [日]幸田露伴：《涩泽荣一传》，余炳跃译，上海社会科学院出版社，2016，第7—9页。
⑦ 甘淑敏：《涩泽荣一与日本股份制公司的发展》，《经济视角（下）》2012年第3期，第64—66页。
⑧ 张珂：《涩泽荣一的商业教育思想及其实践》，渤海大学硕士学位论文，2018。

的种子。

具体而言，涩泽荣一将以《论语》为核心的儒家经济伦理思想当作操身行世准绳和价值纲领[①]，一再强调《论语》与道德的一致性，依照《论语》的教导谋取利益。他认为人们通常都是以自己的利益为出发点，长此以往就会忽视仁义道德，整个社会一旦出现道德缺失，就必将走向衰落，但是如果仅空谈仁义道德理论，也会致使国家衰落。涩泽荣一曾以中国宋代为例，来说明这个观点，并进一步探讨仁义道德和经济利益的重要性。他指出："早在一千多年前的宋代（中国），那时的学者们也倡导用仁义道德来治国，然后推行富国强兵的策略，可他们仅限于空谈，将利益完全抛弃掉。结果，宋代末年战乱不断，最终由元取代了宋。""宋代偏重于空洞的仁义道德理论，致使国家灭亡，可现在因为利己主义而岌岌可危的国家也不在少数。总之，必须要协调好利益与仁义道德二者之间的关系，这样国家才能繁荣昌盛，个人才能各得其所，发财致富。"[②]涩泽荣一认为后儒无法通过孔子从侧面角度对理财及生财的阐释来掌握整体全貌，故将错误观念传向了社会[③]。为改变此类问题，涩泽荣一努力寻求仁与富以及传统伦理观与近代资本主义伦理观的结合之道，在民众尤其是武士阶层原有儒学知识的基础上，对儒学内容重新加以解读，把儒家经济伦理思想普及给民众尤其是商人阶层。例如，涩泽荣一认为"富与贵，是人之所欲也，不以其道得之，不处也。贫与贱，是人之所恶也，不以其道得之，不去也"[④]这段话中并没有任何鄙视富贵强调贫贱之意，仅单纯强调财富应以合乎道义的正当方式获取，即如果是以不合乎道义的方式获得富贵，则宁可贫贱，但若是以正道获取的富贵，则可心安

① 金东：《王道与霸道：涩泽荣一对华态度与交往研究》，华中师范大学博士学位论文，2011。
② ［日］涩泽荣一：《论语与算盘》，卜可译，新世界出版社，2016，第 99 页。
③ 金东：《王道与霸道：涩泽荣一对华态度与交往研究》，华中师范大学博士学位论文，2011。
④《论语·里仁第四》。

理得享之。[①]再如，他将“富而可求也，虽执鞭之士，吾亦为之。如不可求，从吾所好”[②]总结为“上半句的意思是，只要是正当的方法，又能够获得财富，即使再卑微的，类似于马夫这样的事，我也愿意去做。而下半句是在说，如果是用不正当的手段获得财富，我宁可不要”[③]，也未体现鄙视富贵之意。通过对《论语》中关于财富等内容的重新诠释，涩泽荣一把商人逐财求富的谋利做法上升至道德素质与国家发展层面，让工商业于朱子学的制约中得以解脱，引导越来越多日本人投入经济事业。此外，涩泽荣一在督促民众端正对待工商业的态度、正确认识工商业的发展以及合理谋取利润的同时，他还竭力创建别样的经济伦理以防止只顾谋取个人私利却将道德抛之脑后的社会趋向的出现。在明治维新发展到一定阶段时，涩泽荣一便认识到广泛存在于日本社会的经济道德缺失问题。他认为，日本经济社会中利己主义盛行的原因之一就是民众长期误解孔孟教义，致使从事生产事业的实业家几乎都变成利己主义者，故其主张依托仁义道德推动生产，确立义利合一理念以改变此状[④]。通过上述经历分析可见，涩泽荣一始终渴望于经济和道德之间寻求一种平衡，当事业发展受到传统观念羁绊时便从《论语》入手重新思考经济伦理问题，当利己主义盛行时则告诫人们应对道德加以重视[⑤]。

除经营经济事业外，晚年的涩泽荣一在处理教育、慈善等众多事务时也把《论语》当作实践准则。他非但把自己对《论语》的感悟运用到发展日本国内经济与培育民众道德素养这二者关系的认识中，甚至在对外关系问题上也多以儒家经济伦理思想为基础，提出独到见解[⑥]。他明确表示：“国民所

① [日]涩泽荣一：《论语与算盘》，卜可译，新世界出版社，2016，第104页。

②《论语·述而第七》。

③ [日]涩泽荣一：《论语与算盘》，卜可译，新世界出版社，2016，第104—105页。

④ [日]涩泽荣一：《论语与算盘》，卜可译，新世界出版社，2016，第235—238页。

⑤ 金东：《王道与霸道：涩泽荣一对华态度与交往研究》，华中师范大学博士学位论文，2011。

⑥ 金东：《王道与霸道：涩泽荣一对华态度与交往研究》，华中师范大学博士学位论文，2011。

期待的是，不管在什么地方，我们都要以敢作敢为的勇气和一定的忍耐力，开辟日本民族向世界的发展之路。同时也要谨记，发展的同时不要被其他民族所厌恶，这是对外发展的第一大要素。”[①]涩泽荣一主张日本在对外通商时应讲究《论语》中的相爱忠恕之道。例如，当日本想打开中国市场时，虽然涩泽荣一的核心目标仍是替其本国谋求利益，但他告诫日本工商业者应本着商业道德互利往来、各取所需，避免利己主义思想，并一再强调应本着忠恕观念，既要对本国有利，同时也要对中国有利，这样既能为国家增加收入，又能在两国之间建立良好的商业关系。涩泽荣一还提倡中日之间不单可以在商业上来往合作，在其他领域也可以采取这种合作互利的模式，实现共赢[②]。这种友善态度以及他对中国持有的好感，一定程度上是由于其对中国文化尤其是儒家经济伦理思想的景仰和推崇，以致潜移默化产生的结果。涩泽荣一不仅单纯地推崇《论语》的内容，而且致力于支持与《论语》相关的学术研究、弘扬儒家经济伦理思想，踊跃参加同孔子相关的纪念活动[③]。可见，儒家经济伦理思想在涩泽荣一心中有着重要地位。

通过对涩泽荣一生平事迹的考察可见，儒家经济伦理思想贯穿涩泽荣一整个人生，同时也成为涩泽荣一经济思想中不可分割的关键部分。他自幼即深受儒家经济伦理思想的熏陶渲染，加之成长于半农半工半商的家庭，经商实操与儒学学习兼有的经历，促使涩泽荣一始终将《论语》视为立身处世准则和经商的价值纲领，成为一位兼具儒家经济思想与强烈爱国精神的企业家，也为其日后提出“论语加算盘”的企业经营模式奠定了坚实基础。

---

① [日]涩泽荣一:《论语与算盘》，卜可译，新世界出版社，2016，第 149 页。

② [日]涩泽荣一:《论语与算盘》，卜可译，新世界出版社，2016，第 220 页。

③ 比如，涩泽荣一关于《论语》的谈论演讲等内容以《论语与算盘》《论语讲义》等著作的形式于世传播；他还交代林泰辅编制《论语年谱》、捐助资财重新刻印龟井南溟的《论语语由》、翻刻宋本《论语》送予各大学与图书馆等；而且他与孔子祭典会、阳明学会等儒学组织都保持着密切联系。参见金东:《王道与霸道：涩泽荣一对华态度与交往研究》，华中师范大学博士学位论文，2011。

三、日本“论语加算盘”企业经营模式的中国元素

涩泽荣一晚年总结自己的社会活动经验，撰写了《论语与算盘》一书，对日本实业界乃至整个日本社会影响深刻[①]。下文将结合全书的主题与主线，侧重对涩泽荣一“论语加算盘”企业经营模式提出的时代背景作适当介绍，进而梳理提炼“论语加算盘”企业经营模式的主要内容，并阐释其与儒家经济伦理思想的紧密关联。最后，结合该经营模式及“涩泽现象”产生的现实影响，进一步讨论儒家经济伦理思想在日本企业界的传播与影响。同时需要指出的是，实际上不独是日本，其他东亚文化圈新兴经济体在经济崛起的过程中，大都也继承了集体主义、团队精神、勤俭节约等传统文化中的积极因素，而这与儒家经济伦理思想有着某种内在的关联[②]。

（一）“论语加算盘”企业经营模式提出的时代背景

前文在介绍儒家经济伦理思想与涩泽荣一的人生经历时即对“论语加算盘”经营模式提出的时代背景有所涉及，此处进一步对其作详细梳理。涩泽荣一于 1867 年至 1868 年跟从政府使节德川昭武到巴黎参加了万国博览会，后又走访了瑞士、荷兰、比利时、意大利、英国等多个欧洲先进国家，看到了一个与日本全然不同的新世界。他生活在日本由传统向近代转型的阶段，1868 年明治政府发动了维新运动，着力施行殖产兴业政策，推进自由贸易，策动产业发展，从而让资本主义在日本的发展进程不断加快。不过，道德非但未因经济进步而提高，反倒呈现滑坡的情形[③]，尤其是商业道德水平的衰退，为富不仁、无商不奸的思想和舆论弥漫商业领域，对企业的商业信

---

① 田明：《日本历史文化散论》，天津古籍出版社，2021，第 176 页。

② Kahn H. *World Economic Development: 1979 and beyond*, Westview Press, 1979；黄光国：《儒家思想与东亚现代化》，巨流图书公司，1988。

③ 李玲芬：《〈论语〉与算盘——浅谈涩泽荣一的经营理念》，《台州师专学报》2000 年第 2 期，第 11—14 页。

誉造成了巨大的打击和破坏。涩泽荣一对此颇感忧虑，指出："今日的工商业者远远比以往的工商业者在处理事务上的能力要强很多，但是，今日道德的进步却没有和其他事物达到共同进步的程度"[①]，认为若商业道德如此持续，则日本近代化进程定会遭受严重不良影响。

因涩泽荣一既有帮助家庭经营生意的从商经历和多年经营企业的工作经验，又对包括儒学在内的传统文化具有深刻认识，他意识到："我们处在这个世界上，要探索这种舆论产生的原因，使道德能尽快发展，达到与物质文明并驾齐驱的程度"[②]。他认为："商业道德的精髓对国家乃至世界都有直接重大的影响""如仍放任自流的话，则等于要使无根之枝上叶繁，使无本的树开花那样，无论是培养国本还是扩张商权，都是无可指望的"[③]。涩泽荣一竭尽所能在商业领域找寻伦理道德同经济的妥善结合点，欲将道德规范引入经济领域从而有效约束商人的谋利行为。[④]投身实业界的他，在顾及工商业活动的同时还用心钻研《论语》，为的就是力争通过经商与道德的完美融合使得日本实业界的整体道德水平得以提升。因此，涩泽荣一在《论语与算盘》一书的开篇就开宗明义，指出"即使在今天，当我们谈论到道德时，记录孔子及其弟子言行的《论语》仍然起着至关重要的参照作用"[⑤]。在此基础上，他提出了"道德与经济合一"的经营理念，倡导"论语加算盘"的企业经营模式，旁征博引阐释仁义道德与经济利益二者缺一不可且相辅相成。

---

① [日]涩泽荣一：《论语与算盘》，卜可译，新世界出版社，2016，第 233 页。

② [日]涩泽荣一：《论语与算盘》，卜可译，新世界出版社，2016，第 233 页。

③ [日]涩泽荣一：《论语与算盘》，卜可译，新世界出版社，2016，第 238 页。

④ 李玲芬：《〈论语〉与算盘——浅谈涩泽荣一的经营理念》，《台州师专学报》2000 年第 2 期，第 11—14 页。

⑤ [日]涩泽荣一：《论语与算盘》，卜可译，新世界出版社，2016，第 2 页。

（二）“论语加算盘”企业经营模式要义与儒家经济伦理思想的关联

1916 年，被誉为“商业圣经”的《论语与算盘》在涩泽荣一离开实业界之时正式问世。“论语加算盘”企业经营模式强调《论语》与“算盘”的结合，究其本质乃指儒家经济伦理思想同日本近代经济发展的融合互促。就此问题，涩泽荣一给出了较全面的解答。他认为：首先，《论语》谈述了许多诸如应怎样处理义利关系的简单明了的道理，对经商办企业、探索真正的致富之道非常适用。其次，“算盘”象征近代企业或经济，而有效地增加财富并让财富永存的唯一方法就是立足于仁义道德，用正当的手段去致富，如无仁义道德，财富便不能持久。此外，《论语》与“算盘”两者密切关联且相辅相成，经济和道德并非对立、不相容，而是互为条件、不可分离①。

涩泽荣一提出“论语加算盘”的企业经营模式的主要目的，是希望“缩短论语与算盘的差距，让二者更紧密地结合在一起”②。他躬行实践，亲自将“论语加算盘”的经营模式运用到企业经营管理的实践之中。具体而言，该经营模式主要表现为以下几方面。

1. 具备“士魂商才”的理想精神品格

儒家文化典籍《论语》格外看重人们的伦理道德素养，推崇兼循仁与礼而行的理想人格，主张不断通过个人道德锤炼来达到以仁道统治天下的目标，真正实现“内圣外王”。日本平安时代中期知名学者菅原道真曾提倡“和魂汉才”，认为应将“大和精神”与汉学（指儒学）相结合③。涩泽荣一受该理念的影响并吸收结合儒家经济伦理思想，在总结其经营管理经验时，明确提出“士魂商才”的理念，强调把封建时代的武士伦理精神和现代资本

---

① ［日］涩泽荣一：《论语与算盘》，卜可译，新世界出版社，2016，第 2—3 页。
② ［日］涩泽荣一：《论语与算盘》，卜可译，新世界出版社，2016，第 3 页。
③ 帅建华：《儒家成人观及其现代人本管理价值研究》，湘潭大学出版社，2009，第 281 页。

主义商业才干结合起来[①]。士魂是指为人处世时要有“士”的操守、道德和理想；商才即指具备商业才能，或者拥有经商的才干与务实精神。涩泽荣一认为，“如果想在这个社会上找到自己的一席之地，受世人敬仰和爱戴，那在为人处世上就一定要有士魂，但如果仅有士魂而无商才的话，也不能在经济上立于不败之地，所以士魂与商才在人之修为上缺一不可”[②]。综合以上因素，为顺应现代工商业发展潮流，涩泽荣一富有创造性地呼吁从事工商业的企业家竭力兼备“士魂商才”的精神品格，主张士魂和商才二者缺一不可。

涩泽荣一为何大力倡导“士魂商才”？主要原因在于，涩泽荣一在青年时曾一门心思地想要成为一名武士，想借武士的力量改变当时的政治，他认可正义、廉直、侠义的武士道精神，认为“武士道精神不仅应该在学者或武士这些群体中流行，作为一个文明国家的工商业者也必须具备这样的精神”[③]。而现实是，当时日本社会存在着种种旧时陋习，一些人为了蝇头小利，不惜损伤整个商人群体的信誉。涩泽荣一对此痛心疾首，认为这种仅顾眼前利益、目光短浅、不讲道义的行为和现象，必须要进行更正，否则会面临失去信誉的巨大危机。因此，士魂和商才同等重要。进一步，涩泽荣一认为，不管是铸就士魂还是塑造商才，均有赖于对《论语》的反复习读。他如此阐释道：“那又该如何培养士魂呢？书本当然是一处可以汲取这门知识的好地方。不过我认为，所有书籍，只有《论语》才是最能培养士魂底蕴的根本。至于商才，《论语》同样也是学习的不二选择。乍一看，一本关于说道德的书跟商才应该没有什么具体关系，可是，我们不能忘了，商才是以道德为本的。没有道德的商才，即不道德、浮夸、谎话连篇、欺上瞒下等投机取

① 李玲芬：《〈论语〉与算盘——浅谈涩泽荣一的经营理念》，《台州师专学报》2000 年第 2 期，第 11—14 页。

② [日]涩泽荣一：《论语与算盘》，卜可译，新世界出版社，2016，第 5 页。

③ [日]涩泽荣一：《论语与算盘》，卜可译，新世界出版社，2016，第 215 页。

巧的小聪明，绝对称不上是商才。因此商才离不开道德，因而就只能靠论述道德的《论语》来提高自身修养了。”[①]

由上述涩泽荣一对“士魂商才”的阐述可见，其重要主旨即重视道德，商人若欲实现真正的成功，必须先养成崇高人格，具备道义和气节。涩泽荣一把“士魂商才”立作理想人格和经营原则，给日本企业经营活动确立了高尚的行为动机，即经商并非为个人私利的满足，更为个人人格的提升完善，进而使整个社会乃至国家与民族能够繁荣昌旺。换言之，从事商业与崇高人格的形成并不冲突[②]。涩泽荣一依托系统详尽的论述，充分阐明经济发展于价值观层面存在的合理原因，并从经营工商业人士必须拥有的人格及民族精神的较高视角分析士魂，强烈激发了工商业者的使命和责任心。涩泽荣一不但提出应具备“士魂商才”的精神品格，而且在企业经营的过程中，应时刻按照这一标准严以律己。他曾说：“我一生都尊崇圣人孔子的教导，把《论语》当成一生的必修课”[③]，并认为《论语》是适合所有人的经典之作。

2. 遵循“义利合一”的正当求财之道

涩泽荣一“论语加算盘”经营模式的基本精神就是“道德与经济合一”理念，追求“义利合一”的正当求财之道。该理念源于儒家义利之辨，《论语》代表仁义道德，算盘代表经济利益，二者相互结合即为“义利合一”[④]。前文在论述儒家思想与涩泽荣一生平关系时，已把涩泽荣一对待儒家义利观的态度作了简单介绍。例如，在涩泽荣一看来，“富与贵，是人之所欲也，不

① [日]涩泽荣一：《论语与算盘》，卜可译，新世界出版社，2016，第5页。

② 曾丹、向婉莹：《张謇和涩泽荣一的儒商思想比较——基于中日近代资本主义发展观的视角》，《学习与探索》2018年第11期，第134—141页。

③ [日]涩泽荣一：《论语与算盘》，卜可译，新世界出版社，2016，第6页。

④ 李玲芬：《〈论语〉与算盘——浅谈涩泽荣一的经营理念》，《台州师专学报》2000年第2期，第11—14页。

以其道得之，不处也。贫与贱，是人之所恶也，不以其道得之，不去也”[①]指的是，若是通过不合乎道德的方式致富则宁可安于贫穷，但是以正当手段致富，取之有道，这是值得推崇的，他强调关键“必须要注意‘不以其道得之’这句话”[②]；“富而可求也，虽执鞭之士，吾亦为之。如不可求，从吾所好”[③]也是指，应通过正当方式致富，丝毫无鄙视富贵之意；他还引用“邦有道，贫且贱焉，耻也；邦无道，富且贵焉，耻也”[④]这句话，强调孔子并不是鼓励贫穷，也没有轻视富贵的意思[⑤]。由此可见，涩泽荣一关于“仁义”与“富贵”的基本观点源于对孔子义利观的理解和分析。

涩泽荣一主张要全面、正确地理解孔子的思想，不能片面地看待，也不能单纯地复述别人的观点。他特别强调后人对孔子学说是存在曲解的，最为突出的就是对孔子富贵观和理财观的误解，而实际上，孔子本意并不反对财富，只是不赞成那些不合乎仁义道德的财富。涩泽荣一指出：“孔子说的富是指正当的富，对于不义之财和不合理的财富，他是嗤之以鼻的。可惜的是，后儒们却曲解了孔子真正的意思，说到富贵功名，不管善恶，一概而论。这样的结论也未免太轻率了。要知道，合乎正道的富贵功名，孔子也是会积极争取的。”[⑥]他进一步分析认为，对孔子学说的曲解会产生义与利水火不容的局面，而这是不合理的，即“误解孔孟的教义，其结果就是，使投身实业的商人们都变成了利己主义者”[⑦]。因此之故，涩泽荣一一再呼吁要熟读《论语》，研究和体会孔子的思想与精神，明确孔子在传道授业的过程中也是关注利、关注经济问题的，二者并不冲突，只是必须建立起相应的道

① 《论语·里仁第四》。
② ［日］涩泽荣一：《论语与算盘》，卜可译，新世界出版社，2016，第104页。
③ 《论语·述而第七》。
④ 《论语·泰伯第八》。
⑤ ［日］涩泽荣一：《论语与算盘》，卜可译，新世界出版社，2016，第104页。
⑥ ［日］涩泽荣一：《论语与算盘》，卜可译，新世界出版社，2016，第105页。
⑦ ［日］涩泽荣一：《论语与算盘》，卜可译，新世界出版社，2016，第116页。

德标准来协调义与利之间的关系，即用合乎道德的正当方式获得利益，同时告诫人们，在为人处世时要对金钱和财富保持清晰的认识，过分重视或者过分轻视金钱和财富都是不可取的[①]。

更进一步，涩泽荣一还探讨了涉及国家、社会的公共利益问题。在他看来，“利”不仅是指私利，还包括公利，即国家社会之大利[②]。在构建理论框架的过程中，涩泽荣一将仁义道德作为连接个人利益和公共利益的桥梁。他将谋取个人利益视为逐“利”的过程，承认如果工商业不逐利，没有增加财富的功能，那就没有任何价值，也不会带来公共利益；同时认为公共利益和个人利益并非无法统一，因为国家、社会和个人的利益是紧密相关的，如果工商业者只一味追求个人利益，不顾他人利益和公共利益，那么长此以往仁义道德就会被忽视，社会必将衰落。从而，不论是个人利益还是公共利益，“真正的生财之道要是不以仁义道德为基础的话，那是绝不会久远的”[③]。这一观点本质上同儒家君民一体、足民足君的思想高度类似。此外，涩泽荣一认为凡于国家、社会而言有益之事即应出于“义”去做，哪怕须为此牺牲个人利益，但任何对国家民众有损的投机事业，纵使有厚利可图，也要果断抛开。他对富豪只为自己考虑，对社会之事态度冷淡的现象表示忧虑，认为富豪之所以能成为富豪、积累财富，实际上也是依靠了社会的力量，因此，到了一定程度，应自觉回报社会[④]。

涩泽荣一重视仁义道德和经济利益，确立了“义利合一”的正当求财之道及经营信念，为日本企业现代化发展奠定了坚实的思想基础，是东亚现代化进程中精神伦理建设方面不可或缺的要素。这一理念不仅在道德层面承认

① [日]涩泽荣一：《论语与算盘》，卜可译，新世界出版社，2016，第103—105页。

② 李玲芬：《〈论语〉与算盘——浅谈涩泽荣一的经营理念》，《台州师专学报》2000年第2期，第11—14页。

③ [日]涩泽荣一：《论语与算盘》，卜可译，新世界出版社，2016，第98页。

④ [日]涩泽荣一：《论语与算盘》，卜可译，新世界出版社，2016，第112—117页。

了谋取工商业利益具有正当性价值，而且着重强调运用《论语》来约束并规范谋利行为，这充分体现了儒家思想的现代价值，也在儒家思想在日本的进一步传播与应用方面起到了重要作用。

3. 树立“争也君子”的善意竞争态度

关于竞争问题，涩泽荣一确切指明其作用。“诚然，要一个国家健全发展，无论在工商业或学术技艺，或外交，都必须要有一种与外国竞争且必求其胜的气概与热情。其实，不只国家如此，对一个个人来说也是这样，若无经常为敌包围而受其苦，无与敌相拼而求必胜之心，是绝不可能进步发达的。”[①]在此基础之上，涩泽荣一坚定地认为竞争必然存在于以谋利为主要目的的工商业活动之中，若欲有效推动生产经营的快速发展则离不开竞争，脱离了竞争环境的生产经营将难以进步，同时竞争会随着社会的不断发展愈加激烈，但竞争分为善意和恶意两种类型[②]。涩泽荣一引用《论语・八佾》中“君子无所争，必也射乎！揖让而升，下而饮，其争也君子”[③]这句话来阐释竞争，并举例说明何为善意竞争何为恶意竞争。他认为“善意竞争就是不断超越，不停努力地去超越同行，取得竞争优势”[④]，即以不损害他人利益为前提，精益求精地改进，如每日比他人早起努力念书并力争在学习能力、进取心等诸多方面超越他人。而恶意竞争是指“看到别人取得了好成绩心里不服，暗地里用非法手段破坏，干扰别人，或是为了抢占市场份额打压同行等”[⑤]。善意竞争能使生产经营者的积极性和创造性得到充分调动，让资源配置得以妥善优化，有效降低经营成本，从而合理推动工商业顺畅稳妥前进。而采取不当方式的恶意竞争则将使低劣经营之风横行，不利于交易活

① [日]涩泽荣一：《商务圣经》，宋文、永庆译，九州图书出版社，1994，第16—17页。
② 黄云明：《试论涩泽荣一的经济伦理思想》，《河北学刊》2001年第5期，第114—117页。
③《论语・八佾第三》。
④ [日]涩泽荣一：《论语与算盘》，卜可译，新世界出版社，2016，第205—206页。
⑤ [日]涩泽荣一：《论语与算盘》，卜可译，新世界出版社，2016，第206页。

动的正常开展，败坏社会风气[①]。

涩泽荣一认为，竞争可有效推动日本产业健康发展，故大力提倡并鼓励竞争。他引用《孟子》中“无敌国外患者，国恒亡”[②]这句话来表达其“竞争乃努力与进步之母”[③]的观点，但他也明确指出竞争必须要合乎道德规范，应尽心竭力地从事善意竞争并避免恶意竞争。何为避免恶意竞争？简言之即双方都对商业道德给予充分重视与尊重。不然，倘若将仁义道德全然抛在脑后，必然会出现为达目的不择手段的情况。

涩泽荣一以东方富有整体主义色彩的分析视角为基础探讨竞争，即便也关注单个主体间的竞争，但是侧重点还是集中于集团与国家等此类整体间的竞争。例如，他指出：“我国[④]长期处于闭关自守的锁国状态，落后于世界发展趋势。开国以来，虽然取得了令各国惊讶的神速进步，但还是一切事物仍落后于他们，也就是说尚未摆脱落后国家的状态。因此，为了同先进国竞争、角逐，进而凌驾于他们之上，就必须以加倍于他们的努力往前发展。”[⑤]

涩泽荣一倡导的“争也君子”的善意竞争态度，给企业家以深刻启迪，只有相互尊重彼此的商业道德、真正实现善意竞争，才能使工商业得以长期稳健发展。该竞争理念进一步加深了对日本人富民强国的爱国主义精神的培养，增强了日本企业内部的凝聚力，为日本开辟了一条不完全同于西方的企业管理之路。

4. 践行“回馈社会”的道德责任义务

涩泽荣一对实业家应承担的责任及肩负的使命进行了详细论述，强烈抨

---

① 史少博：《涩泽荣一〈论语与算盘〉的儒商之道及其启示》，《学术交流》2010 年第 3 期，第 93—96 页。

② 《孟子》卷 11《告子下》。

③ [日] 涩泽荣一：《商务圣经》，宋文、永庆译，九州图书出版社，1994，第 158 页。

④ 指日本。

⑤ [日] 涩泽荣一：《论语与算盘》，卜可译，新世界出版社，2016，第 279 页。

击了富人仅顾谋划个人之利却无视社会的局面，认为实业家应肩负“回馈社会”的仁义道德和责任义务。这一点实际上与其倡导的“道德与经济合一”理念一脉相承，本质上也是对儒家义利观的吸收、融合与应用。原因清晰明了，同任何普通人一样，实业家也无法离开他人与社会的帮助。他指出，富豪“如果认为自己所赚的钱是个人所为，和社会毫无关系，对社会的公共事业也置之不理，那就会演变成富豪与社会大众的冲突，社会大众对富豪的抱怨声也会一浪高过一浪，酿成无法挽回的损失”①。因此富豪并不是单纯凭借个人即可赢利，更需要依托整个社会以及国家为其提供帮助和保障才能致富，财富增加越多相应得到的社会帮助也越大。任何脱离了社会和国家的个人都无法完满生活。因此，“在谋求财富的同时，千万不要忘了回馈社会，履行自己的义务和责任”②。

涩泽荣一引用孔子言论“己欲立而立人，己欲达而达人”③，指出这句话的意思是“我们越是爱自己，就越应以同样的爱心来回报社会，社会的富豪们应该都明白这一点”④。因此，他倡导回馈社会和国家，以身作则并躬行实践，格外关心重视教育文化事业和国际关系的发展，以及各类社会公益项目和国家政治，竭力为社会贡献个人的力量。实际上，在涩泽荣一的眼中，一名卓绝的实业家对社会和国家所负有的义务并不局限于此，他认为富豪要认识到，“要是没有国家、社会的帮助，你如何能获利，如何能生存，更别提积累财富了。因而，一个人的财富越多，也就意味着他所受国家的恩惠也就越多，为了报答社会，扶贫救济这样的工作也就成了理所应当的。每个人都有责任和义务为社会尽力”⑤。由是观之，涩泽荣一具有极强的道德

① [日]涩泽荣一:《论语与算盘》，卜可译，新世界出版社，2016，第119页。
② [日]涩泽荣一:《论语与算盘》，卜可译，新世界出版社，2016，第119页。
③《论语·雍也第六》。
④ [日]涩泽荣一:《论语与算盘》，卜可译，新世界出版社，2016，第107页。
⑤ [日]涩泽荣一:《论语与算盘》，卜可译，新世界出版社，2016，第107页。

意识，提倡财富源自社会，故应全力回馈社会，为社会的进步尽己所能贡献力量。

在上述“回馈社会”的思想基础上，涩泽荣一又提出企业家应时刻存有社会责任意识。当年涩泽荣一辞官经商涉足实业领域时，包括其好友在内的诸多人都无法理解且并不认可他的这一决定。他后来谈及此事时也表示压力巨大，“说起当初做这个决定，绝大部分是我的意思，在这之前还有些朋友曾经对我有过劝阻，最后被我一一回绝了。纵然我当初的信念是那么的坚定，但是在后来我慢慢发现理想和现实差距是很大的”[①]。在期盼国富兵强和强烈社会责任意识的影响下，凡涩泽荣一可以从事的行业，他都积极参与。自 1873 年投身实业界以来，涩泽荣一参与创设与主持的企业多达 500 余家。时至今日，这其中许多企业仍在日本以及国际上颇富影响力和感召力，故有一种说法称“离开涩泽荣一的活动，则写不出明治时代的产业史”[②]。

通过梳理提炼涩泽荣一提出的“论语加算盘”企业经营模式的主要内容，可以发现，其中包含“士魂商才”的理想精神品格、“义利合一”的正当求财之道、“争也君子”的善意竞争态度、“回馈社会”的道德责任义务等重要元素和基本精神，这都与儒家经济伦理思想紧密相关。

（三）“论语加算盘”企业经营模式创新的影响与儒家经济伦理思想的进一步传播

马克斯·韦伯在他的著作《儒教和道教》与《新教伦理和资本主义精神》中，认为儒家伦理思想和新教伦理方向恰恰相反，不利于近代工业文明

---

① ［日］涩泽荣一：《论语与算盘》，卜可译，新世界出版社，2016，第 175 页。

② 张乃丽：《日本近代“企业之王”——涩泽荣一》，见陶哲主编，山东省富臣科技文化开发中心、济南实用技术经济研究所编《日本经济、日本企业是如何运作的》，人民日报出版社，1996，第 635 页。

的产生。但事实上这一观点值得商榷，至少这与日本近代工业发展的历史并不相符[①]。其中，最具代表性的案例之一就是涩泽荣一提出的“论语加算盘”企业经营模式。明治维新后，日本面临全盘西化以及与传统文化断裂的局面。涩泽荣一意识到这一点，主张以儒学为纽带，把儒家思想（《论语》）和经济利益（算盘）结合起来，并应用于现实经济和社会实践，实现西方资本主义制度与东方价值观念的有机结合。这不仅有助于缓解当时日本社会转型时期的文化焦虑和道德滑坡，还能推动日本探索出了一条不同于英国和美国的现代化道路，塑造日本经济的独特性，也为同处于儒家文化圈的其他亚洲国家的现代化之路提供了参考。

如前所述，儒家经济伦理思想贯穿涩泽荣一整个人生，已成为他经济思想中不能分割的关键部分。涩泽荣一注意到了日本社会当时普遍存在的经济道德缺失问题，为消除民众贱商思想，更好地促进日本经济发展，他果断辞官从商，全身心投入到发展日本近代实业的事业中，把《论语》作为立身处世准则和价值纲领，主张仁义道德和经济利益的结合。一方面，他始终强调《论语》并未否定财利、否定经济活动，即“儒教即孔子的教导本来就不是纸上谈兵，是一一可实行于日常生活的道理。人是血液循环的生物，理所当然有衣食住的欲求，衣食住的供给必须依靠经济，为人之道也好、礼节也好，离开了经济都无法实行，因而古训说‘衣食足而知礼节’，向缺吃少穿的人是无法讲仁义忠孝之道和礼仪礼节的”[②]。另一方面，他始终主张遵从《论语》的教导来获得经济利益，重视仁义道德与商业伦理。倡导农工商者如果希望获得尊重与身份认同，与士大夫分庭抗礼，那么一定要提升思想水

① 徐水生：《儒家思想与日本近代企业——〈论语〉对涩泽荣一的影响》，《孔子研究》1993 年第 2 期，第 96—101 页。

② [日]涩泽荣一：《论语》总论，见涩泽荣一《日本人读〈论语〉：涩泽荣一〈论语〉言习录》，李均洋、[日]佐藤利行译，中国工人出版社，2010，第 5 页。

平且极力在道德担当上奋发有为[①]。前文在分析了儒家经济伦理思想与涩泽荣一生平经历的渊源关系之后，进一步提炼阐述了“论语加算盘”企业经营模式的内容要义与儒家经济伦理思想之间的关联，这一经营模式的核心是仁义道德与经济利益的合一，主要表现在具备“士魂商才”的理想精神品格、遵循“义利合一”的正当求财之道、树立“争也君子”的善意竞争态度、践行“回馈社会”的道德责任义务等方面，而这些内容要义与儒家经济伦理思想密切相关，以此明确了涩泽荣一将儒家思想融入其企业经营思想及实践活动之中的内在逻辑与路径。

因此，可以说，儒家经济伦理思想对涩泽荣一本人的为人处世原则及其企业发展的经营理念，都产生了积极且重要的影响。那么，以涩泽荣一在日本企业史和经济发展史上的重要地位来看，便不能否认儒家经济伦理思想对日本企业文化的形成和企业经营模式的创新所产生的直接或间接的深远影响。

涩泽荣一提出的“论语加算盘”企业经营模式，改变了日本传统的轻商观念，同时在该经营理念的影响下，许多明治时期出身于武士阶层的人，摒弃贱商和官尊民卑的观念，毅然投身实业界并成为身具“士魂商才”理想人格的企业家。可见，儒家经济伦理思想经过适当的转换和本土化，对日本近代工业文明的发展起到了重要作用[②]，不仅为日本实业界开启了新局面，使日本产业得以稳健成长，而且令日本发展为可同西方达国家连镳并轸的经济大国[③]。

实际上，“涩泽现象”并非孤立存在，它在日本具有普遍意义。有学者

① 梁林军：《论涩泽荣一儒商思想的逻辑构建》，《人文论丛》2018 年第 1 期，第 308—317 页。
② 杨发忍：《孔夫子在国外》，《孔学研究》1995 年第 1 期，第 214—220 页。
③ 李玲芬：《〈论语〉与算盘——浅谈涩泽荣一的经营理念》，《台州师专学报》2000 年第 2 期，第 11—14 页。

研究指出[①]，如日中经济协会会长士光敏夫将《大学》名句“苟日新，日日新，又日新”[②]作为自身人生格言；丰田自动织机创立者丰田佐吉将《孟子》原话“天时不如地利，地利不如人和”[③]作为其宗旨，把“天地人”定作企业核心精神，后其子丰田喜一郎择《中庸》之语“好学近乎知，力行近乎仁”[④]加于其父座右铭后变成“天地人知仁”，以“好学”“力行”的精神勉励自己，在汽车制造业中拼命奋进并创办了丰田汽车公司，成为极具世界竞争力的日本汽车工业先驱者；日立化成株式会社社长横山亮次即倡导应深入贯彻落实《孟子》“爱人者，人恒爱之；敬人者，人恒敬之”[⑤]的思想，认为“所谓爱人即是保护在车间劳动的人不受事故伤害；所谓敬人就是要注意做到除密切同上司、同事和部下的关系外，也不给顾客添麻烦”[⑥]。

第二次世界大战后，日本经济在经历创伤恢复后，很快进入高速发展并实现了腾飞，同时，亚洲四小龙的迅速崛起也备受世界瞩目。众多学者在探寻与日本和亚洲四小龙经济发展奥秘相关的文化背景共同性时发现，它们在历史文化方面均曾归属儒学文化圈[⑦]。这也有力地论证了儒家思想文化确实对这些国家的经济发展和现代化产生了深远影响。

---

① 徐水生：《儒家思想与日本近代企业——〈论语〉对涩泽荣一的影响》，《孔子研究》1993 年第 2 期，第 96—101 页；杨发恩：《孔夫子在国外》，《孔学研究》1995 年第 1 期，第 214—220 页；张克武：《儒家的义利观与民族地区的市场经济》，《中央民族大学学报》1996 年第 4 期，第 79—84 页。

②《礼记 · 大学》。

③《孟子》卷 4《公孙丑下》。

④《礼记 · 中庸》。

⑤《孟子》卷 8《离娄下》。

⑥ 黎红雷：《儒家管理哲学》，广东高等教育出版社，1993，第 2 页。

⑦ 宋荣培：《略论在全球化时代里文化认同的危机与儒家伦理观的意义》，《孔子研究》2001 年第 2 期，第 4—18 页；冯峰：《儒家文化与亚洲四小龙经济》，《中外企业文化》2006 年第 7 期，第 61—62 页；杨超、曹雪锋：《文化、社会资本与亚洲经济增长：对中华文化圈的考察》，《生产力研究》2007 年第 10 期，第 12—14、163 页；张玉、张士昌：《试析东亚经济的儒家文化因素》，《黑龙江史志》2010 年第 1 期，第 121—122 页；盛邦和：《“亚洲价值观”与儒家文化的现代评析》，《中州学刊》2013 年第 1 期，第 95—101 页；等等。

综上所述，涩泽荣一提出的“道德与经济合一”理念及“论语加算盘”的企业经营模式，对提升工商业者的道德素养具有深远的理论指导和现实启示意义，它既对日本企业和日本经济产生了深远影响，也对东亚经济社会发展起了不容小觑的促进作用[①]。伴随这一经营理念的流传和“论语加算盘”企业经营模式的推广，儒家经济伦理思想的传播与影响也进一步扩大，其在日本经过传播、吸收、融合、转换以及本土化，对推动日本近代工业文明的产生起到了重要的思想借鉴和启示作用，也是构成日本近现代企业家探索企业发展与创新的思想源泉之一。但客观而言，也应当承认，儒家经济伦理思想所蕴含及倡导的“仁”“义”“礼”“智”“信”“忠”“俭”“利”等观念，在日本近代化转型与发展及其商业伦理和企业文化建构的过程中，被吸收、融合后对日本企业和经济发展起到了支持作用，同时也要注意，涩泽荣一提出的“论语加算盘”理念实际上也受到了多重因素的影响，即他既吸收了近代西欧的重商思想，又吸收了日本近代町人（商工）伦理对儒家思想的理性扬弃，既对朱子学进行了尖锐批判，也通过对“孔子之教”的重新阐释，将其活用在了自己的理论之中[②]。因此，关于儒家经济伦理思想对涩泽荣一本人乃至对日本企业经营模式创新的影响研究，既不能轻视，也不能过分夸大，需秉承辩证和发展的态度与眼光进行客观分析。时至今日，日本不少企业家依然对涩泽荣一“论语加算盘”的企业经营模式格外推崇，将“道德与经济合一”的经营理念视为企业发展的基本原则。这也从另一个侧面说明，包含儒家经济伦理思想在内的中华优秀传统经济思想依然具有穿越时空的生命力和时代价值。

---

① 李玲芬：《〈论语〉与算盘——浅谈涩泽荣一的经营理念》，《台州师专学报》2000 年第 2 期，第 11—14 页。

② 刘金才：《日本近世商人伦理对儒家思想的吸纳与扬弃》，《孔学堂》2016 年第 3 期，第 42—51 页。

第四节　《孔门理财学》在中外学术界的积极反响

第二节和第三节重在论述中国传统经济思想在海外传播的过程中，西方世界是如何看待、认识、引介和吸收中国传统经济思想并受之影响的。而本节将转换研究视角，即以国人主动向海外传播中国传统经济思想为考察线索，并结合代表性案例具体展现其产生的重要影响。具体而言，本节主要关注20世纪后，中国传统经济思想开始从中华传统文化的整体性范畴中以较为独立的问题意识和研究主题出现，在此背景下，国人是如何开始有意识地主动向海外传播中国经济思想的？与此同时，在这一主动传播的进程中，中国传统经济思想及其研究成果又呈现出怎样的传播特征？产生了哪些影响？相较之以往任何时期，是否出现了新的变化？结合这一研究视角，本节的分析有助于我们更加具象和深入地认识和了解中国传统经济思想的世界影响及其所体现出的历史地位。

在向西方世界系统且主动介绍中国传统经济思想的诸多学者之中，在美国哥伦比亚大学获得博士学位的陈焕章是一位先行者，其在博士论文《孔门理财学》的序言中，自称是一名采矿者，努力从孔子思想这座“矿藏丰富的大山”中“提取某种特殊的矿石并将它用之于世界的生产事业”，以求“努力为人类的知识添砖加瓦”①。该书的出版被称为“中国人以西文著书，传布孔教，而全书以孔子纪年者，又以陈先生为始，实于孔教中开一新纪元”②，它不仅是将儒家思想和经济有机结合的经典著作，而且是至今已知中国人在西方正式出版发行的首部经济学系统研究专著，最早向西方展示了中国古代

① 陈焕章：《孔门理财学：孔子及其学派的经济思想》，翟玉忠译，中央编译出版社，2009，第3页。
② 陈焕章：《孔门理财学》（下），岳麓书社，2005，第818页。

经济思想的要义和精髓，被誉为西方世界认知中国古代传统经济思想的首部通史，是一部名副其实的拓荒之作，在西方学界引起了广泛关注，不仅获得了极高赞誉，而且产生了非同一般的反响。例如，凯恩斯等国际著名学者先后发表10余篇书评对其进行推介；奥地利经济学家熊彼特在《经济分析史》第一卷中曾引述《孔门理财学》，认为该书对于认识中国传统经济思想具有重要价值；德国社会学家马克斯·韦伯在其代表作《儒教与道教》中评述了《孔门理财学》，并将其列为了解儒家思想的一个重要参考文献；美国前农业部长华莱士曾指出，“我任农业部长后，不久就请求国会在美国立法中加入中国农政的古法，即‘常平仓’的办法。这个常平仓的名字，我是得自陈焕章所著的《孔子与其学派的经济原则》”①。

因此，有鉴于《孔门理财学》一书在中国传统经济思想海外传播史上的重要地位，本章以此为案例，通过系统全面地梳理《孔门理财学》的基本内容和相关书评，进一步阐述和分析西方学者对中国传统经济思想，特别是儒家经济思想的态度。与此同时，也尝试从一个微观视角，即以凯恩斯经济思想的发展与转向为案例，探索并展现20世纪中国传统经济思想在海外传播的新进展及其反响。

一、《孔门理财学》的创作背景与主要内容

陈焕章一生阅历丰富且学贯中西，自幼即接受家庭的中国传统文化教育和熏陶，是一名虔诚的孔教徒。他凭借自身努力获得中西双重最高学位，先考取清代进士，后又入哥伦比亚大学留学并取得经济学博士学位。

---

① 唯民：《华莱士在华言论集》，世界出版社，1944，第 33 页；李超民：《中国古代常平仓思想对美国新政农业立法的影响》，《复旦学报（社会科学版）》2000年第3期，第42—50页。鉴于李超民对中国古代常平仓制度和青苗法对美国罗斯福新政时期农业思想与政策的影响做了较为细致的考察，而目前本书暂无新的资料和观点补充，故在本章中不再赘述。具体观点可参见李超民：《大国崛起之谜：美国常平仓制度的中国渊源》，中央编译出版社，2014。

纵观陈焕章的求学经历及生平，他之所以能撰写出标志着中国经济学开始走向世界的经典著作《孔门理财学》，主要原因及创作背景可总结为两点。一方面，陈焕章多年来深受儒家思想浸染，作为一名虔诚的孔教徒，他对中国儒家思想文化有着充足信心以及为其证言的坚定信念和现实旨趣。鸦片战争后，随着西方列强不断入侵，以儒学为宗旨的中国传统文化逐渐失去其主导地位。但因陈焕章成长于中国传统文化教育氛围，故对儒家思想有着根深蒂固的深厚情感，出于对儒教文明的高度自信，他欲借其留学西方的机会将博大精深的儒家思想文明系统详尽地展示给西方世界，证明中国古代经济思想的超前史实，以达到树立中国文化自信的目的①。另一方面，陈焕章在哥伦比亚大学经济学系受到了良好的西方学术培养训练，具备扎实稳固的经济学知识根基，得到了诸多对中国文化饶有兴趣的著名教师的指点教导。留美期间，著名财政学家埃德温·罗伯特·安德森·塞利格曼（Edwin Robert Anderson Seligman）教授是陈焕章的导师，他以开明的学术态度客观看待各类思想流派，对中国文化极感兴趣且充分认可，这为陈焕章撰写以儒家经济思想为研究主题的博士毕业论文提供了可能性。同时，在美国举办汉学内容宣讲活动的著名汉学家弗雷德里克·夏德（Friedrich Hirth）教授，曾来华进行了为期数年的考察，对中国传统思想文化有比较深入的研究，他为《孔门理财学》多次提出修改意见，并作为陈焕章的答辩老师，为此篇高质量博士论文作了最终把关。陈焕章的求学历程及生平主要事件见表 3.6。

① 陈焕章表明，创作《孔门理财学》“本含有昌明孔教以发挥中国文明之意思。盖西人每多鄙夷中国，几以为世界之文明，惟西方专有之，而中国从未占一席也”，并“取孔教中之言理财者发明之，欲以解从前迂儒之蔽，而揭示孔子之真面目，使天下之人，知孔教之切实可行”。参见陈焕章：《孔门理财学：孔子及其学派的经济思想》，翟玉忠译，中央编译出版社，2009，第 442、444 页。

表 **3.6** 陈焕章的求学历程及生平主要事件①

时间	主要事件
1881 年	出生于广东省高要县砚洲乡（今肇庆市鼎湖区砚洲岛）的一个较有名望的家族，其父陈锦泉，为清朝候补巡检
1893 年	参加高要县童生县试，稍后参加府试，相继考中
1894 年	参加广东学政主持的院试并被录入，入高要县学，成为秀才
1895 年	入广州长兴里“万木草堂”受业于康有为，与梁启超同学；作为康有为的弟子，康有为的大同观、孔教观、孔子纪年等思想主张，对其日后的儒学观产生了深刻的影响并奠定了初步的基础
1898 年	担任澳门《知新报》主笔，负责统筹报刊编辑出版业务，积极提倡孔学
1902 年	任教于广州时敏学堂，其间跟随该校外语老师学习英语，为日后出国留学打下了坚实的语言基础
1903 年	中举人
1904 年	在北京参加会试、殿试，列第 131 名进士，赐同进士出身，成为中国历史上最后一批进士；朝考点内阁中书，入进士馆
1905 年	以翰林身份被选派到美国留学，先入库克学院学习两年英语
1907 年	入美国哥伦比亚大学经济系，第一学年专业课程为经济学、国际法与宪法，第二学年为政治经济学、社会学和宪法，师从塞利格曼、夏德等知名学者，接受系统的西方学术训练和教育
1910 年	用英文完成六十万言的博士论文“The economic principles of Confucius and his school”（陈焕章自译中文名为《孔门理财学》，又名《孔子及其学派的经济原理》）
1911 年	通过博士论文答辩，获哥伦比亚大学哲学博士学位；哥伦比亚大学破例资助出版中国留学生的英文博士学位论文《孔门理财学》，其作为哥伦比亚大学“历史、经济和公共法律研究丛书”之一，分两册精装本出版，并被哥伦比亚大学列为法政专业的重要参考书
1912 年	回国，之后积极投入到孔教运动中；与严复、梁启超等联名致书国会请定孔教为国教，同时与沈曾植、朱祖谋、梁鼎芬等创办孔教会，且自任总干事；此后，他对经济学再无研究兴趣，也未曾担任过与经济有关的任何职务（其民国初年先后投靠袁世凯、段祺瑞）
1913 年	1 月，陈焕章在《孔教会杂志》创刊号上，特意将《孔门理财学》中的“公共财政”部分译成中文，并以《国用》的名称发表；被袁世凯聘为总统府顾问且出任国会参议员等；袁世凯倒台后，他继续依附北洋军阀，充当“安福国会”议员，反对新文化运动
1923 年	与张琴于北京创办孔教大学并自任校长，同年被贿选总统曹锟聘为顾问

① 此表结合相关研究文献整理而成，如欧阳哲生：《儒家经济思想研究的开拓之作——陈焕章与他的博士论文〈孔门理财学〉》，见郑大华、邹小站《中国近代史上的激进与保守》，社会科学文献出版社，第 245—263 页；邹进文：《民国时期的经济思想史研究——来自留学生博士论文的考察》，《中国经济史研究》2015 年第 3 期，第 54—65、143 页。

续表

时间	主要事件
1928 年	北洋军阀覆灭后退居香港
1930 年	于香港创立孔教学院并自任院长
1931 年	为其家乡修订了《高要县志》
1933 年	10 月因中风在香港孔教学院内病逝

因此，深受儒家思想影响且具备良好的中国传统文化素养，同时又在美国著名大学经济学系受到专业系统的西方学术训练，陈焕章自然而然地将研究侧重点聚焦于中国历史和经济学的交叉学科即中国经济思想史上①。陈焕章融贯古今、汇通中西，运用扎实的国学功底，同时采用易于为西方世界所理解的研究与阐述方式，按照思想发展和制度演变的历史进程给予儒学全新解读，详尽分析了以儒家学说为核心的中国经济思想的发展轨迹。《孔门理财学》的研究对象为孔子与儒家学派的经济思想②，依据西方经济学的原理和框架，从通论、消费、生产、财政和结论五部分具体阐述了儒家经济思想。而且，陈焕章在解读过程中也连同社会经济发展历程与状况以及其他学派倡导的经济主张在内一并作了分析，总结归纳了中国古代经济思想的整体脉络与中国经济思想史的主要研究方法。

就《孔门理财学》的整体内容而言，全书分两卷，有五大部分共九篇③，结构上采用典型的西方经济学模式，易为西方读者所理解和接受。第一部分是通论，概述儒家思想产生的背景、中国人所认识的经济学以及一般经济学

① 邹进文：《民国时期的经济思想史研究——来自留学生博士论文的考察》，《中国经济史研究》2015 年第 3 期，第 54—65、143 页。

② 邹进文：《民国时期的经济思想史研究——来自留学生博士论文的考察》，《中国经济史研究》2015 年第 3 期，第 54—65、143 页。

③ 五大部分分别是通论、消费、生产、财政、结论。其中，五大部分下设九篇，第一篇为“孔子及孔门”，第二篇为“理财学与各科学之关系”，第三篇为“理财通义”，第四篇为“消费”，第五篇为“生产要素”，第六篇为“生产事业”，第七篇为“分配”，第八篇为“社会政策”，第九篇为“财政”。

原理，指出孔子的理财原则为“惠而不费”即“因民之所利而利之”①；第二部分探讨消费，就中国人关于消费的态度理念及个人幸福愉悦的体会做出阐释，指出欲望于人而言不可或缺但绝不能过度放纵，孔子对消费始终追求介于奢俭之间的中庸之道，社会各阶层都要在各自秩序标准内节制消费；第三部分探讨生产，首先从劳动、土地和资本各方面分析，指出有德行的人、土地和资本是生产的三大要素，德行是根本，财富是德行的结果，其次从产业结构、分配、社会政策等层面作深入解读，指出孔子主张“不患寡而患不均”、倡导平均分配财富，且在政府调剂供求、食禄者不得争利和对垄断的谴责等内容中都贯彻着均贫富的思想；第四部分探讨财政，重点论述国家财政及税收问题，表明国家支出原则以社会收入作标尺，社会收入的百分之十是最合适的征税比重，孔子视节用为国家财政首要原则，增加税收以及使政府富足的有效途径是使民富足；第五部分是结论。若深究此书内部思想逻辑，仍以今文经学的思想体系进行阐发，只不过当牵涉欧洲思想家观点时，陈焕章站在中国与西方文化比较的角度对比分析中西思想观点，借以彰显儒家经济思想的魅力和价值。

作为首部以英文系统介绍儒家经济思想的著作，《孔门理财学》详尽介绍了中国古代丰富的经济思想，其论述表达方式呈现出以下三点鲜明特色。

第一，陈焕章眼中仁爱的人性是儒家理财思想的根基。他认为，孔子思想及哲学基本概念根植于人类仁爱天性而永不改变，该观点贯穿《孔门理财学》始终。例如，第三篇“理财通义”中指出了“因民之所利而利之”的理财原则；第四篇“消费”中强调不管贫困富有都使其寻到愉悦；第五篇“生产要素”中注重“德者本也，财者末也”；第七篇“分配”中认为平均分配财富是为了保持穷人和富人的本性处于温厚、维护社会和平等，这些都体现了仁爱思想。

---

①《论语·尧曰第二十》。

第二，《孔门理财学》结合社会学、伦理学、政治学等多门学科，以全局视角分析理财，强调统和物质与精神的整体而不是局部，既应顾及民众物质福利需求，又要考虑民众德智精神需求。陈焕章认为理财学虽出自西方且仅为儒学的一个分支，但它却是诸多学科中较重要的一个且与庞杂的儒学系统完全一致，乃民众“五福”[①]源泉。若无法正常维持理财活动，则正辞、礼仪等均无暇谈及，更不能禁民胡乱非为，因此政治学、伦理学等学科的存在须以理财活动为前提导向。

第三，《孔门理财学》处处体现合宜的中庸之道。中庸之道除体现在设“礼”以限制欲望和主张消费应介于奢俭之间外，其在政府干预和自由放任政策方面也得到充分展现。陈焕章认为儒家既主张政府干预又赞成自由放任。儒家认为政府干预是必需的且竞争要最小化，若基于自然选择法则，顺应自然规律之人留存但违背自然规律之人只能灭亡，命运仅给予部分蹈厉奋发之士恩泽，但强者恒强，换言之，自然选择只对强者有利而对弱者不利，故在社会中政府人为地干预理财活动是有必要的。基于人性角度，除非强者把弱者的一切都夺取了，否则他们将无满足之时，同时因于自由竞争情形下，大部分人的实力欠缺使得小部分人定能打败大部分人，故不可贸然把利己主义当成理财系列行为的调节器，而政府的调节和干预则变成了必然选择。但由于完美的人性所在，儒家又反对过分地为法律而抑制人性，并赞成自由放任。

二、《孔门理财学》的出版译介与学术反响

《孔门理财学》一书自问世以来，在海内外不断再版与传播，足以见得其影响范围之广及影响程度之深。本书在对该书创作起源、内容特色进行介绍的基础上，再系统全面地梳理其翻译和出版历程，有助于进一步从微观案例

---

① 根据《尚书·洪范》，五福即“一曰寿，二曰富，三曰康宁，四曰攸好德，五曰考终命”，使民众享受这种“五福”是政府的最终目的。财富是“五福”之首，是其他四福的源泉。

视角展现与论述中国传统经济思想的传播情况。

如表 3.7 所示，整体上，该书自 1911 年首次出版至今一百多年的时间内基本从未停止出版，且出版周期也相对较短，基本上间隔一段时间就会再版，足见其影响力之持久、广泛。同时可以发现，该书在欧洲和美国的重印出版次数和规模明显高于国内，这也是该书译介传播过程的一个显著特征，即不同于此前中国传统文化及经济思想文献的中文外译，《孔门理财学》先是以英文写成，并直接在西方世界传播，而后才经历了英译中在中国国内进行传播，特别是在改革开放后、进入 21 世纪，该书的出版和翻译重新引起了国内学界的关注和认可。截至 2020 年，《孔门理财学》中英日文版总计约有 23 个版本。

表 **3.7**　《孔门理财学》的翻译及出版情况

出版语言	出版时间	出版国家	出版单位
英文版（共 15 版）	1911 年	美国	哥伦比亚大学出版社（Columbia University Press）
	1930 年	美国	哥伦比亚大学出版社
	1969 年	美国	哥伦比亚大学出版社
	1973 年	美国	卡莱萨拉出版社（Krishna Press）
	1974 年	美国	戈登出版社（Gordon Press）
	2002 年	英国	托马斯出版社（Thoemmes Press）
	2002 年	美国	芝加哥大学出版社（The University of Chicago Press）
	2003 年	美国	太平洋大学出版社（The University of the Pacific Press）
	2003 年	美国	光明之源公司（Lightening Source Inc.）
	2005 年	中国	岳麓书院
	2012 年	美国	珍贵图书出版社（Rare Books Club Com.）
	2015 年	美国	遗忘图书出版社（Forgotten Books）
	2015 年	中国	商务印书馆
	2017 年	中国	商务印书馆
	2023 年	中国	中西书局

续表

出版语言	出版时间	出版国家	出版单位
中文版（共 7 版）	2009 年	中国	中国发展出版社
	2009 年	中国	中央编译出版社
	2010 年	中国	中华书局
	2015 年	中国	商务印书馆
	2017 年	中国	商务印书馆
	2020 年	中国	中华书局
	2020 年	中国	商务印书馆
日文版	2010 年	日本	立命馆大学经济学会

资料来源：世界图书馆目录检测平台（WorldCat）、大学数字图书馆国际合作计划（China Academic Digital Associative Library，CADAL）、中国高等教育文献保障系统等权威数据库

具体而言，继 1911 年、1930 年、1969 年哥伦比亚大学出版社先后三次发行《孔门理财学》英文版以后，1973 年美国卡莱萨拉出版社、1974 年美国戈登出版社、2002 年英国托马斯出版社和美国芝加哥大学出版社、2003 年美国太平洋大学出版社和光明之源公司等多家出版社以精装、软精装、平装形式重印了该书[①]。由此不难看出，陈焕章这部著作在欧美学术界的声誉之高及影响之大，可以说这部著作已成为西方学术界了解中国经济思想史的一部通行的经典著作[②]。

在国内，陈焕章生前曾将该书第三十二章“国用”翻译并刊载于《孔教会杂志》创刊号（1913 年 2 月），并表示要出中译本[③]。但遗憾的是，由于多重因素，后面就没有下文了。至 1984 年，胡寄窗先生在《中国近代经济思

① 欧阳哲生：《儒家经济思想研究的开拓之作——陈焕章与他的博士论文〈孔门理财学〉》，见郑大华、邹小站《中国近代史上的激进与保守》，社会科学文献出版社，2011，第 245—263 页。

② 欧阳哲生：《儒家经济思想研究的开拓之作——陈焕章与他的博士论文〈孔门理财学〉》，见郑大华、邹小站《中国近代史上的激进与保守》，社会科学文献出版社，2011，第 245—263 页。

③ 欧阳哲生：《儒家经济思想研究的开拓之作——陈焕章与他的博士论文〈孔门理财学〉》，见郑大华、邹小站《中国近代史上的激进与保守》，社会科学文献出版社，2011，第 245—263 页。

想史大纲》一书中从学术史和中国经济思想史研究的视角，梳理并介绍了《孔门理财学》，并称："陈氏是在清末以翰林身份派赴美国留学，既精通经史古籍，又掌握了西方经济理论，其论文的质量自然相当的高。又其论文所研讨的对象并不限于先秦儒家，秦汉以后的儒家经济思想也多有论述，事实上是一部儒家经济思想总论。"[①]得益于此，这部书所具有的学术价值、思想价值和史料价值再度呈现在国人面前。此后时隔20余年，欧阳哲生教授在主编"海外名家名作丛书"时，破例影印出版该书，旋即引起了国内学界的广泛关注。此后，中文版译著才开始陆续出版，而这距离陈焕章本人想推出中译本的志愿，已经有近一个世纪的时间了。虽然其在国内出版的时间相对较晚，但中文版一经出版后即被多次再版，这种情况在中国留学生的外文经济学学位论文中是极其少有的，从而说明国内读者和学者也高度认可该书的经济学术价值。《孔门理财学》既是民国期间出版频次最高的留美中国学生的博士论文，还是自近代以来中国学者所有经济学著书在国外传播范围非常之广的学术研究成果。

事实上，《孔门理财学》的创作和出版本身可以视为以儒家经济思想为代表的中国传统经济思想在海外传播的一种典型途径和表现形式。诸多出版社重印出版此书，为儒家经济思想在西方的传播提供了渠道和空间，并将其全面清晰地呈现在西方读者面前，从而使得这一时期的儒家经济思想正式作为儒家思想，乃至中国传统经济思想条理且系统的组成部分在西方学术界传播。

《孔门理财学》一经出版，就获得了欧美学术界的广泛关注，声誉颇佳且影响深远。欧美经济学界、汉学界等各学术领域知名专家学者，通过为《孔门理财学》撰写序言导读、发表学术书评及列作重要参考文献并加以引用等

① 胡寄窗：《中国近代经济思想史大纲》，中国社会科学出版社，1984，第476页。

多种推介方式，扩大了该著在海外传播的学术影响力。例如，哥伦比亚大学夏德、施格等教授曾为其作序，凯恩斯等经济学家为之撰写书评，韦伯将其列为重要参考文献，熊彼特指出了该书的重要性等。同时，以儒家经济思想为主要内容之一的中国传统经济思想在海外传播的进程也依托该著良好的传播效应得到了进一步提升①。

下文将全面梳理总结中外学术界对《孔门理财学》所做的各类推介传播形式与内容，以众多原始的文字推介资料为基础，从撰写序言导读、发表学术书评、列作参考文献及国内评论报道四大方面探讨该著对海外学术界尤其是经济学界的影响，深入解读西方读者眼中的中国传统经济思想。

（一）相关序言与导读材料

言简意赅的序言与导读能起到画龙点睛的关键作用，可以说，《孔门理财学》自首版问世至今一百多年的出版及再版历程，实际也反映了西方学者通过为该著作序的方式来推介传播的过程。自 1911 年首次出版以来，曾有多位国际知名学者先后为该著撰写序言导读并积极推介，足以见得他们对此书的重视以及对中国古代经济思想的关注和认可。

1911 年《孔门理财学》首次由哥伦比亚大学出版时，著名华文教授夏德和经济学教授施格纷纷为该书撰写序言以表肯定。作为陈焕章博士论文的答辩老师，哥伦比亚大学中文及汉学教授夏德对陈焕章较为熟悉，于 1911 年 10 月 15 日为此著作序。他在序言中先简要介绍了陈焕章师从康有为的求学背景，指出康有为之所以在中国享有崇高声誉是因为“在坚信社会政治改革必要性的同时他仍然坚守孔门原则”②，由此初步可见夏德对孔子思想持肯

① 当然，该著后来在国内也产生了巨大反响，得到诸多学者称赞并被诸多刊物报道。

② ［德］夏德：《华文教授夏德先生序》，见陈焕章《孔门理财学：孔子及其学派的经济思想》，翟玉忠译，中央编译出版社，2009，第 1 页。

定态度。他还夸赞身为康有为弟子的陈焕章专注并精通于中国文献尤其是孔教经典文献，系统论证了儒家经济思想的价值，宣称必定没有比陈焕章更加爱护推崇儒家文化之士且其对孔学的热情自此无法被超越。此外，夏德在序言中对陈焕章运用西方经济学框架研究儒家经济思想的做法给予了高度评价，“陈焕章博士既是一名孔门弟子，又有以西方科学方法来整理其思想的优势，但西方读者将会发现本书对于孔学的陈述完全是从儒家的观点出发的”[①]，即西方读者阅览该书后将认识并了解采用西方经济学研究方法诠释的最地道的儒家经济思想。夏德教授撰写的序言虽篇幅不长，但字里行间均表露出他对该著的赞许推崇之情，这也能反映出夏德对儒家经济思想的关注和认可。1911 年 10 月 25 日，哥伦比亚大学政治经济学教授施格也主动为此著撰写序言以示重视。与夏德态度一致，施格教授也对陈焕章运用西方经济学原理论述孔门理财之道给予了高度评价，认为“在陈述孔门理财思想时，陈焕章博士采用了英语世界政治经济学论著常用的结构安排”[②]且对中西文明进行了多项极富价值和意义的比较。身为国际知名理财学教授，施格在序言中表示，凡能读本书的人都将会信服“孔教是一伟大的理财体系，伟大的道德与宗教体系”，如此认同且强烈的语气足以说明儒家经济思想在施格心中占据了一定分量，故他才会对儒家思想给出“其中包含着即使不是全部、也是大部分解决今天中国严重问题的必要因素”[③]等赞赏色彩如此浓厚的称扬。《孔门理财学》首次出版即有国际著名汉学家、经济学家作序推荐，这为后续扩大其传播效力和学术影响力奠定了坚实基础并将起到有效推动作用。

---

① [德]夏德：《华文教授夏德先生序》，见陈焕章《孔门理财学：孔子及其学派的经济思想》，翟玉忠译，中央编译出版社，2009，第 1 页。

② [美]亨利·施格：《政治经济学教授施格先生序》，见陈焕章《孔门理财学：孔子及其学派的经济思想》，翟玉忠译，中央编译出版社，2009，第 2 页。

③ [美]亨利·施格：《政治经济学教授施格先生序》，见陈焕章《孔门理财学：孔子及其学派的经济思想》，翟玉忠译，中央编译出版社，2009，第 2 页。

此后《孔门理财学》不断再版重印，夏德和施格撰写的序言在绝大多数版本中被原样留存了下来，当然也有些版本寻求其他有识之士另撰新序以作推荐。2002 年英国托马斯出版社重新出版的《孔门理财学》附加的是由英国知名学者摩根·威策尔（Morgen Witzel）撰写的全新长篇导读。他在导读中条理地概括介绍了中国经济从 19 世纪起经历的由繁昌转衰落的历程,并再次对陈焕章研究中国儒家经济思想的卓越成就与迥殊贡献予充分肯定，直言于该著中“除能获取基于中国的经济理论的科学论说，其还对中国经济可能于未来阶段怎样发展前进作出了极具吸引力的暗示”[①]。可见威策尔与施格教授一样，对儒家经济思想充满信心并认定中国的进步和发展与儒家思想密切相关，儒家经济思想再次获得西方经济学家的青睐。

（二）国际学界中相关学术评论

《孔门理财学》自出版问世以来,其国际传播力和影响力不断提升的主要原因之一，就是得益于国际汉学界及经济学界等专业学术领域的推介，许多高水准、高质量的学术书评的发表，从专业的角度直接地肯定了该书的学术价值与影响。因此，有必要以书评原文为基础，通过梳理解读，着重探究以儒家经济思想为核心的《孔门理财学》究竟在国内外学术界产生了怎样的影响，进而有助于进一步认识和理解中国传统文化以及传统经济思想的传播影响和贡献地位。

1911 年,《孔门理财学》首版诞生后即受到《独立报》(*The Independent*)、《美国历史评论》（*The American Historical Review*）、《东方评论报》（*The Oriental Review*）、《字林西报》（*The North China Daily News*）、《英国历史评论》(*The English Historical Review*)、《美国经济评论》(*The American Economic Review*）、《经济学杂志》（*The Economic Journal*）、《美国神学

① 郑大华、邹小站：《中国近代史上的激进与保守》，社会科学文献出版社，2011，第 244 页。

杂志》（*The American Journal of Theology*）、《大不列颠与爱尔兰皇家亚洲学会会刊》（*The Journal of the Royal Asiatic Society of Great Britain and Ireland*）、《种族发展杂志》（*The Journal of Race Development*）等许多重要刊物的推荐和评介[①]，甚至许多饮誉世界的专家学者也关注到此书，并从研究方法与内容、学术结论与价值等各个层面，多维度地对该著进行了全方位的客观分析并给予了肯定和高度认可。

上述所列书评有的是陈焕章本人注意到并提到过的，有的则是他尚不知晓且未曾提及过的，可见其反响之广。下面具体展开论述。

最早刊登关于《孔门理财学》一书评论的是英国的《独立报》，该报刊是英国当时最具影响力的全国性报纸之一。1912 年 1 月 11 日，该报发文称，“陈博士阐发孔子之教训，及其与理财之关系，精深透辟，将必有益于世界。倘使熟谙科学家考据之法如陈君者，得在高位，则改革事业之成功，可以决矣”[②]。

1912 年 4 月，《美国历史评论》称赞《孔门理财学》为“特辟纪元之著作”[③]，认为该著的措辞文采及品质内涵皆会使读者为之动容并对论断深信不疑，而且陈焕章对国家危难的思考与批评必将利于中国的发展图强。

1912 年 7 月，史学专业刊物《英国历史评论》于第 27 卷第 107 期，登载了英国著名汉学家 Bullock（布勒克）为《孔门理财学》撰写的书评，阐述了该书自首次出版后就激发了布勒克浓厚的兴趣与强烈的关注，因此，他向西方读者推介《孔门理财学》为一本颇为罕见之书。布勒克不仅赞誉该书拓展了西方经济史学界和汉学界的研究范围，而且称佩陈焕章完美利用了其娴熟掌握的中国历史文献和西方政治经济学原理等技能，“读者于该著收获的

---

① 欧阳哲生：《儒家经济思想研究的开拓之作——陈焕章与他的博士论文〈孔门理财学〉》，见郑大华、邹小站《中国近代史上的激进与保守》，社会科学文献出版社，2011，第 245—263 页。

② 陈焕章：《孔门理财学》，宋明礼译，中国发展出版社，2009，第 421 页。

③ 陈焕章：《孔门理财学》，宋明礼译，中国发展出版社，2009，第 422 页。

会是丰硕的富有价值的知识而非政治经济学的残渣”[①]。由此看来，布勒克也从该著中汲取了新颖丰富的儒家经济思想并颇受启发。

1912 年 12 月，美国威斯康星大学社会学系爱德华·阿尔斯沃思·罗斯（Edward Alsworth Ross）教授为《孔门理财学》撰写的书评由《美国经济评论》刊登。罗斯教授重点强调了陈焕章新颖别致的研究方法，称陈著“于撰写眼界和格局方面远越过书名表面涵盖的范畴，实乃一部依据现代政治经济学结构探讨而成的中国经济思想整体纲领”[②]。他赞扬该著融合了中西经济文化传统，称其是“西方学术训练与儒家学术的完美结合”[③]，该著独具一格地把孔子以来的中国伦理学等内容续接到西方政治经济学中，“使西方人的视野得以开阔并让他们对中国传统思想文化的深厚内涵和中国人各类经验的实际意义有所关注”[④]，从而使中西经济学得以相互补充且相得益彰。罗斯在书评最后感激陈焕章这位虔诚的孔教徒为读者展示的儒学体系，高度赞誉《孔门理财学》“在经济文献中占有独一无二的地位”[⑤]，其不仅是一部政治经济学著作，更是优秀的伦理学、社会学巨著。

与此同时，1912 年 12 月刚刚出任《经济学杂志》主编的英国经济学大师凯恩斯也亲自为《孔门理财学》撰写长篇介绍性书评。颇富声望的凯恩斯提笔倾荐，足以见得他对该著的推崇。与之前学者满文赞扬的风格稍有不同，凯恩斯除肯定《孔门理财学》在西方学术界的拓荒之功外，还客观理性地指

---

① Bullock T L. “Reviews of books. *The Economic Principles of Confucius and his School*, by Chen Huan-Chang”. *The English Historical Review*, 1912, 27(107): 531-532.

② Ross E A. “Review: *The Economic Principles of Confucius and his school*”. *The American Economic Review*, 1912, 2(4): 883-884.

③ Ross E A. “Review: *The Economic Principles of Confucius and his school*”. *The American Economic Review*, 1912, 2(4): 883-884.

④ Ross E A. “Review: *The Economic Principles of Confucius and his school*”. *The American Economic Review*, 1912, 2(4): 883-884.

⑤ Ross E A. “Review: *The Economic Principles of Confucius and his school*”. *The American Economic Review*, 1912, 2(4): 883-884.

出了陈焕章在写作上存在的瑕疵。凯恩斯在书评伊始就点明孔子及其弟子经济学原理的整体特点为《孔门理财学》的撰写提供了基本行文思路，不过这并不是《孔门理财学》的基本内容，其基本内容一部分属于中国经济史，一部分是世代相传的诗篇和格言。凯恩斯认为陈焕章在《孔门理财学》中所涉及的话题仅和最广义理解的“经济”相关，篇章虽采用生产要素、分配等专业经济学术语作标题，但实际却把大量令人讨喜的具有教诲性质的言论内容牵强地塞进此人工搭建的框架中进行阐述。不过整体而言，凯恩斯仍对《孔门理财学》持强烈推崇和赞扬态度。他认为陈焕章在评价孔子之后的哲学家以及梳理经济史时所采用的研究方法与西方现代经济学有异曲同工之妙，同时承认其是通过《孔门理财学》才认识了中国古代土地制度、货币历史、人口理论及社会保障等诸多经济思想，并对中国古代货币“飞钱”与纸币的使用状况呈现出极大热情[①]，且惊讶感慨原来“中国学者早就懂得格雷欣法则和数量理论”[②]。凯恩斯在书评最后明确指出“在陈焕章博士这本博学而令人愉悦的书中，有大量的内容人们将会引述，比如孔子的优生原则，关于劳工流动的规定，或是写得极好的中国税制史”[③]。可见，凯恩斯对《孔门理财学》及儒家经济思想的赞美之情溢于言表，它们给其留下了深刻印象并潜移默化地对其经济理论的形成产生了影响。

除上述评论外，在 1912 年还有不少西方期刊也对《孔门理财学》一书给予了重要关注。例如，署名“F”的作者在《美国神学杂志》上基于宗教视野撰写了关于《孔门理财学》的评论。其中，同样肯定了陈焕章运用的将中国研究对象资料和西方研究方法进行连接的独特学术模式，认为其不仅使得

---

① Keynes J M. “Reviewed work(s): *The Economic Principles of Confucius and His School* by Chen Huan-Chang”. *The Economic Journal*, 1912, 22(88): 584-588. 凯恩斯的书评中译文参见陈焕章：《孔门理财学：孔子及其学派的经济思想》，翟玉忠译，中央编译出版社，2009，第 450—454 页。

② 陈焕章：《孔门理财学：孔子及其学派的经济思想》，翟玉忠译，中央编译出版社，2009，第 452 页。

③ 陈焕章：《孔门理财学：孔子及其学派的经济思想》，翟玉忠译，中央编译出版社，2009，第 453 页。

新颖有效的研究方法、价值深远的研究结论得到突出体现，而且让该著的学术意义得到加强。新颖研究方法的运用、中英文娴熟的掌握、儒家思想体系深入的认知等诸多因素共同促使《孔门理财学》成为一部经典的成熟学术著作①。在法国《政治经济学评论》上也刊登了一则书评，法国社会学家 Picard 高度认可该书通过运用西方经济理论来研究中国传统经济思想所取得的学术成就，并且称该书"可以作为社会儒学与社会基督教并行发展的起点"②。

随后，在 1913 年，英国汉学家 Ball 在《大不列颠与爱尔兰皇家亚洲学会会刊》中发表了关于《孔门理财学》的短要书评，用极简的语言表达了内心对该著强烈的赞颂和仰佩，认为其几乎堪称完美，没有哪个词能够妥切地表达对陈焕章耐心和决心的称扬③。

1914 年 10 月，《种族发展杂志》第 5 卷第 2 期刊发表了佚名评论文章，其中也充分肯定了《孔门理财学》在拓展西方汉学研究领域方面发挥的作用，认为它为西方中国思想文化研究提供了新的未曾了解到的内容，突破了彼时研究的局限性，丰富了思想研究的内涵④。

《孔门理财学》英文版问世后的两三年间，书评不断，虽然大多数评论都对陈焕章的这部书作给予了正面积极的高度评价和赞扬，但也不乏一些带有质疑和批判的言论点评。例如，1912 年出版的《美国政治与社会学学会年刊》也注意到了该书，称"陈博士已经用不同寻常的热情和耐心完成了此项工作"，

---

① F. "Review: Confucius' economic principles. *The Economic Principles of Confucius and His School* by Chen Huan-Chang". *The American Journal of Theology*, 1912, 16(4): 650-652.

② Picard R. "Review: *The Economic Principles of Confucius and His School* (t. XLIV-XLV) by Chen-Huang-Chang". *Revue d'économie politique*, 1912, 26(6): 782-783. 同时可参见刘爽：《全球视野下的〈孔门理财学〉——基于民国时期的考察》，《贵州社会科学》2022 年第 3 期，第 70—77 页。

③ Ball J D. "Reviewed work(s): *The Economic Principles of Confucius and His School*". *The Journal of the Royal Asiatic Society of Great Britain and Ireland*, 1913, 45(2): 458-463. 同时可参见刘爽：《全球视野下的〈孔门理财学〉——基于民国时期的考察》，《贵州社会科学》2022 年第 3 期，第 70—77 页。

④ Anon. "Reviewed work(s): *The Economic Principles of Confucius and His School* by Chen Huan Chang". *The Journal of Race Development*, 1914, 5(2): 230-232.

但认为他是按照西方经济学的分析思路来组织材料的，因此对其将儒学中所涉及的经济问题归结为一种体系的观点提出了怀疑①。

整体而言，上述为《孔门理财学》发表书评的期刊皆为国际知名刊物，它们不仅拥有牢固的读者基础，而且于西方经济学界及汉学界等专业领域享有崇高的学术话语权和深刻的影响力。诸多推介《孔门理财学》的书评强调了陈焕章的孔教徒身份与西方对中国古代经济思想研究的空白，赞扬该著在拓宽西方汉学研究领域做出的贡献，并对儒家经济思想所具有的学术价值予以充分肯定。总之，著名经济学家、汉学家等在权威期刊上针对《孔门理财学》发表学术书评，对扩大该著的海外影响力及加快儒家经济思想海外传播进程起到了巨大推动作用。

（三）引作西方经典学术著作的参考文献

随着《孔门理财学》的出版重印，不少在世界颇负盛名的学者将《孔门理财学》列作重要参考文献并在各自的专业经典著作中多次提及或引用《孔门理财学》的内容，这极为有效地快速推进了《孔门理财学》和儒家经济思想在西方的深入传播。其中，德国社会学家马克斯·韦伯和奥地利经济学家熊彼特二人最具代表性。

德国著名社会学家马克斯·韦伯，在《孔门理财学》首版问世仅四年后，便于其 1915 年出版的《儒教与道教》一书中把《孔门理财学》视为核心参考文献。马克斯·韦伯在阐释中国古代经济制度时就重点引用了《孔门理财学》的内容，并认为这本书“从康有为近代改革派的观点出发阐述了儒教的学说”②。由于《儒教与道教》是随后国外学术界探讨中国社会及其传统

---

① Chen H Z. *The Economic Principles of Confucius and His School*, Columbia University Press, 1911, xv, 756; Anon. “Notes”. *The Annals of the American Academy of Political and Social Science*, 1912, 40(1): 245-255.

② ［德］马克斯·韦伯：《儒教与道教》，洪天富译，江苏人民出版社，1995，第 4 页。

思想文化定要参阅的一部书目，因此《孔门理财学》作为该书的重要参考资料自然会引起更多学者后续进一步的关注和重视。

熊彼特在其经典遗著《经济分析史》[①]中谈论中国古代经济政策时，也把《孔门理财学》视为重要参考资料。熊彼特既明确了《孔门理财学》不可取代的重要性，又认为中国古代经济思想内似乎应该含有现代经济分析的先行成分。他表示《孔门理财学》从伦理角度论述，涉及了农业、商业、财政问题的高度发达的公共行政制度，而且拥有完备的经济政策体系。他承认，“在中国我们确实发现有一套处理当时农业、商业与财政问题的高度发展的公共行政制度。尚存的中国古典文献常论及这些问题，主要是从伦理观点论述”，指出从孔子和孟子的著作中“可以编出一套经济政策的完整体系，而且那里还有一些货币管理与兑换管制的方法，这似乎先得有相当的分析才行”，认为通货膨胀问题“无疑曾经受到文化修养远比我们高的人的注意和讨论”，但又认为“没有留传下来对严格的经济课题进行推理的著作，没有可以称得上我们所谓‘科学’著作的”[②]。熊彼特在书中准确注明上述看法部分源自陈焕章的《孔门理财学》。由此可见，熊彼特肯定了孔孟二人曾涉及经济问题的探讨，并对儒家经济思想保持好奇的态度，但对其是否确实存在经济分析持保留意见。

马克斯·韦伯和熊彼特的两部著作都把《孔门理财学》视为讨论和了解中国传统经济社会的重要参考文献，这对《孔门理财学》和儒家经济思想在海外学术界的广泛传播再次起到巨大助推作用。因《儒教与道教》和《经济分析史》中译本于国内出版的时间均比《孔门理财学》中译本问世的时间要早，故许多中国人是通过阅读这两本书知道了《孔门理财学》，进而才有了

① [美]约瑟夫·熊彼特：《经济分析史》（第一卷），朱泱、孙鸿敞、李宏等译，商务印书馆，2001，第 90 页。

② [美]约瑟夫·熊彼特：《经济分析史》（第一卷），朱泱、孙鸿敞、李宏等译，商务印书馆，2001，第 90 页。

后续的深入研究。因此，上述两部著作不仅加快了儒家经济思想的海外传播进程，还对《孔门理财学》在中国的宣传起到关键的引入作用。

另外，哥伦比亚大学知名财政学教授塞利格曼是陈焕章的博士论文导师，他自然非常重视《孔门理财学》的学术价值。陈焕章在当时已是留美学界的赫赫有名之士，据传塞利格曼教授“在主持中国留学生的博士论文答辩时常以陈氏此书中的观点提问，故参加答辩的留学生多须预习陈书以备询问”①，这也对儒家经济思想在留美学界及美国经济学界的传播起到了积极推介作用。

（四）国内各界中相关评论报道

《孔门理财学》最初以英文形式在西方出版，获得了西方学术界的高度关注。与海外《孔门理财学》火热的推介传播情景形成鲜明对比，陈焕章于民国初期国内政治斗争中所具负面形象等诸多因素，使得该著在五四运动之后的中国国内学术界并不像在海外那般受到热切的关注，国人对《孔门理财学》价值的确认过程较为坎坷，但也有一些客观公正的中国留美人士、国内知名学者及报刊等对《孔门理财学》予以了肯定。

例如，1912 年，梁启超就在《中国维新报》中发文表示，“中国人以理财言孔教者，当以陈先生为始”“中国人以西文著书，传布孔教，而全书以孔子纪年者，又以陈先生为始”②，这实际上表达了对陈焕章在世界舞台研究和宣传儒家经济思想这项开创性工作的认可。文中还提出，与阅读中文经籍相比，《孔门理财学》更加透彻清晰且系统条理，该著不仅“发挥孔教大义，理财学说，融会经史，比较中西”③，更是以西洋经济学之法“治中国

① 胡寄窗：《中国近代经济思想史大纲》，中国社会科学出版社，1984，第 476 页。

② 刘爽：《全球视野下的〈孔门理财学〉——基于民国时期的考察》，《贵州社会科学》2022 年第 3 期，第 70—77 页；邹进文：《民国时期的经济思想史研究——来自留学生博士论文的考察》，《中国经济史研究》2015 年第 3 期，第 54—65、143 页。

③ 陈焕章：《孔门理财学》，宋明礼译，中国发展出版社，2009，第 421 页。

学”[①]的永恒之作。1912 年 5 月刊发的《东方评论报》，颂扬《孔门理财学》基本涵盖了一切根源于中国古代的基本原则且对西方世界的价值不容小觑。该报认为《孔门理财学》虽题目含义广泛，但陈焕章充分发挥自己的才能，使众人皆能明了通晓其深刻内涵，故赞誉该著乃华人从没有过的巨作，即“有莫大之价值于西方世界者也”，并预言“将来译作华文，必可证明其有益于华人，而为无价之宝”[②]。此外，甚至连当时欧洲人在上海开设的《字林西报》都登载了针对《孔门理财学》的专门书评。另外，中国首位留美文学博士梅光迪也称《孔门理财学》是一部传奇之书，赞誉“陈君真豪杰之士，不愧为孔教功臣”[③]。

与此同时，对《孔门理财学》持质疑和批判态度的评论也不乏其人。例如，留学于哥伦比亚大学的胡适也对孔教运动的进展格外关注[④]，他从反孔教的视角出发，在其博士论文《先秦名学史》隐藏着同陈焕章和《孔门理财学》的交谈[⑤]。1927 年 9 月 25 日，鲁迅在写给台静农的信中提到自己不配赢取诺贝尔奖殊荣时，甚至以嗤之以鼻的轻蔑语气谈及《孔门理财学》：“或者我所便宜的，是我是中国人，靠着这‘中国’两个字罢，那么，与陈焕章在美国做《孔门理财学》而得博士无异了，自己也觉得好笑。”[⑥]如此不屑的措辞在某种意义上体现出儒家思想于彼时革命话语位居统领地位的时期所惨遭的厄运。

海内外对同一著作存在截然相反的差异评价，除去当时话语体系的变革

---

① 陈焕章：《孔门理财学》，宋明礼译，中国发展出版社，2009，第 421 页。

② 陈焕章：《孔门理财学》，宋明礼译，中国发展出版社，2009，第 819 页。

③ 罗岗、陈春艳：《梅光迪文录》，辽宁教育出版社，2000，第 135 页。

④ 胡适在 1915 年 5 月 23 日的日记中如此谈及陈焕章：“任公又有一文论孔子教义，其言显刺康南海、陈焕章之流，任公见识进化矣。”参见胡适：《胡适全集》（第 28 卷），安徽教育出版社，2003，第 148 页。

⑤ 欧阳哲生：《中国的文艺复兴——胡适以中国文化为题材的英文作品解析》，《近代史研究》2009 年第 4 期，第 22—40、2 页。

⑥ 鲁迅：《鲁迅全集》（第 4 卷），岳麓书社，2020，第 580 页。

因素外，还有一个主要原因在于《孔门理财学》的中译本长期未出版[①]，以致国内学术界不甚了解该著，且鲜有人阅读过该著原版内容。当然，国人对陈焕章个人行为的负面评价也属一重要原因。新文化运动使得陈焕章在中国的一系列孔教活动都遭到强烈打压，中国人大都认为该著是陈焕章因挟洋自重而作，故于中国而言并无独特意义[②]。

但是自中国迈入改革开放新时期后，《孔门理财学》再度进入国人视野，并获关注。1984 年，中国经济思想史学会首任会长胡寄窗在其著作《中国近代经济思想史大纲》内首次以学术史视角对《孔门理财学》一书进行了推介，称陈焕章不仅熟晓中国传统经典文籍，而且对西方经济理论有着透彻的了解，所以写出了高水准高质量的优秀博士毕业论文，且他在论文中并未将研究内容局限在先秦儒家这一单一主体，而是囊括了秦汉之后的儒家经济思想并进行了详尽叙论，简言之，其本质为一部儒家经济思想总论[③]。胡寄窗高度赞誉《孔门理财学》是“中国学者在西方刊行的第一部中国经济思想名著，也是国人在西方刊行的各种经济学科论著中最早的一部名著”[④]。由此可见，虽然中国经济思想史并未在中国得到充分关注，但是它却使中国经济学家在国际上初显锋芒。著名汉学家钱存训先生在《美国早期的亚洲研究》[⑤]一文中谈到，陈焕章博士论文中所论述的中国古代平粜制度于 1933 年为美国颁布的农业调整法案所采用，这不仅是罗斯福实施新政缓解彼时美国经济衰落的主要方式，还是美国将中国古代经济制度运用到实际生活中的典型，由此充分说明了《孔门理财学》使中国古代经济思想成功地“走出去”了。

综上所述，自鸦片战争后，伴随西方世界的兴起，西方经济学传入中国

---

① 2009 年中国发展出版社出版首版《孔门理财学》中译本。

② 相蓝欣：《传统与对外关系》，生活·读书·新知三联书店，2007，第 145 页。

③ 胡寄窗：《中国近代经济思想史大纲》，中国社会科学出版社，1984，第 476 页。

④ 胡寄窗：《中国近代经济思想史大纲》，中国社会科学出版社，1984，第 476 页。

⑤ 钱存训：《美国早期的亚洲研究》，《大陆杂志》1961 年第 5 期，第 147—152 页。

学术界并开始主导经济学思考以及经济制度和政策的规划与设定，使得以儒家思想为主体的中国传统文化逐步式微。在中国正值中外古今文化冲突与融合、中国传统文化面临危机与转型且国内重要知识分子呈现偏离儒家思想主干道的艰难时刻，留美中国学生陈焕章，坚信儒家经济思想无论是于中国还是世界而言均具有重要价值，且中国古代传统思想同西方文化一样对世界具有指导意义。凭借坚定的文化自信，陈焕章撰写了英文版《孔门理财学》并将儒家经济思想与中国过去曾实行过的系列经济举措条分缕析地展示给西方读者。该著是中西学术思想融通过程的产物，不仅加快了儒家经济思想海外传播的进程，还将中国古代经济思想在西方学术界的地位提升了一个高度。

《孔门理财学》的创作和出版本身即为中国传统经济思想在海外传播的有效形式。其自 1911 年首版问世至今的百余年间，被海内外诸多出版社重印再版，影响范围广泛且程度深刻，使繁荣推进期的儒家经济思想开始正式作为儒学体系的有机组成部分在西方学术界传播，向世界展现了中国传统经济思想的丰富内涵和光辉成就。该著在欧美学术界佳评如潮，经济学界、汉学界等领域的知名学者纷纷撰写序言导读、发表学术书评、列作重要参考文献且加以引用，强调《孔门理财学》在拓宽西方汉学研究领域做出的贡献，认为中国传统经济思想超前于时代,并对儒家经济思想的学术价值予以充分肯定。在此有一点仍须明确，《孔门理财学》虽以阐述儒家思想为主，但其涉及内容非常庞杂宽泛，基本囊括封建社会经济和社会关系史的各个层面，受篇幅限制，许多地方缺乏细致深入的探讨，从而使得海外学者在推介《孔门理财学》时，除谈及儒家经济思想外，似乎更多地侧重于对中国古代经济思想整体宏观的评论。不论怎样，多样的推介形式增加了《孔门理财学》在海外的学术影响力，儒家经济思想以及中国传统经济思想的海外传播进程也依托该著良好的传播效应得到了进一步提升。

三、案例分析：《孔门理财学》与凯恩斯经济思想

基于前文对《孔门理财学》推介传播形式的梳理研究发现，凯恩斯作为撰写学术书评的重要代表人物，对于中国传统经济思想提出了一些深刻洞见。虽然凯恩斯的主要经济思想已广为人知，但是他与中国思想的渊源却很少被论及。书评撰写时间与其经济学派转变时间呈明显的先后顺序，一种推测认为以儒家经济伦理思想为主的中国传统经济思想可能或多或少对凯恩斯经济思想产生了一定影响，也或许是凯恩斯国家干预经济理论的思想来源之一。此推测在田书华和陈捷《中国先秦哲学是西方经济理论的思想源泉》[①]一文中已有所涉及，二人进行了初步研究，提供了富有启发的研究思路，但因篇幅所限，未能进一步展开详细论证。因此，以凯恩斯为《孔门理财学》一书所撰写的书评为切入点，系统、深入地分析凯恩斯经济思想与《孔门理财学》之间的内在联系，是一个可以深入挖掘的研究视角。

本节结合学术界当前已有的研究资料，先从凯恩斯对儒家思想及中国传统经济思想的评价入手，试图客观解读凯恩斯对儒家思想的态度，为后续分析二者渊源关系奠定初步基础；再从社会历史背景、个人主观意识等诸多角度系统探究凯恩斯从倡导经济自由主义转变成主张国家对经济加以干预的具体原因；并结合对凯恩斯国家干预经济理论与儒家经济思想契合点的研析，以讨论儒家经济思想与凯恩斯国家干预经济理论之间渊源关系的推测，从而借此进一步论述中国传统经济思想的海外传播情况及其世界影响。

（一）凯恩斯有关中国传统经济思想的评论

斯基德尔斯基在《凯恩斯传》中称凯恩斯乃中国之友且凯恩斯对诸多涉

① 田书华、陈捷：《中国先秦哲学是西方经济理论的思想源泉》，《北方金融》2018 年第 5 期，第 15—22 页。

及中国的问题均有所关注①。例如，早在1912年，刚出任《经济学杂志》主编的凯恩斯就亲自为中国学者陈焕章的《孔门理财学》撰写书评并给予了赞赏；1918年，凯恩斯反对引用中国的“庚子赔款”作为先例来讨论德国赔款问题；二战时期，凯恩斯主张在日本不愿放弃侵华时，英国和美国应断绝和日本之间的贸易关系，并参与讨论了有关对中国发放贷款的问题。通过这些史实，并结合凯恩斯对《孔门理财学》的书评介绍及其后来的著作可以发现，凯恩斯虽不懂“四书五经”且不能真正理解中国经济伦理的背景，但他却认识到儒家对经济活动地位的肯定、传统中国社会按劳分配思想、超前女权思想、中国货币制度的变迁、土地制度的特征、人口理论的发展等，且这些传统经济思想背后蕴藏的现代价值对他而言是更具魅力的内容②。客观分析凯恩斯视野中的儒家思想及中国传统经济思想，能为后续探讨儒家经济伦理思想和国家干预经济理论的渊源关系提供基础的材料支撑。

凯恩斯认为孔子肯定了经济在社会生活中所占的重要地位并将富民放在首位。他在《孔门理财学》书评中首句即引用《论语》名句：“子曰：庶矣哉。冉有曰：既庶矣，又何加焉？曰：富之。曰：既富矣，又何加焉？曰：教之。”③凯恩斯意识到孔子“先富后教”的可持续发展财富观，坚信孔子把富民排在首位，认为经济富裕是一切德教的基础且教化在物质生活达到一定程度后才有成效。但他或许并不知孔子还曾说过“见利思义”④和“礼以行义，义以生利，利以平民，政之大节也”⑤，因此他很难理解陈焕章在《孔门理财学》全书伊始所论及的若欲研究孔子对“利”的阐述则必先追溯到“义”

① [英]罗伯特·斯基德尔斯基：《凯恩斯传》，相蓝欣、储英译，生活·读书·新知三联书店，2006，第5—6页。

② 高荣椙：《〈孔门理财学〉初探》，陕西师范大学硕士学位论文，2011。

③《论语·子路第十三》。

④《论语·宪问第十四》。

⑤《左传·成公二年》。

再上溯到“礼”的观点。

在探讨财富分配时，凯恩斯从《孔门理财学》中获取了《中庸》的价值，称孔子所表述的“日省月试，既禀称事，所以劝百工也”[①]的工资理论体现了典型的按劳分配思想。同时，凯恩斯也充分意识到传统中国社会对妇女和老人的保障。在论述妇女地位时，他提到曾在《孔门理财学》经济组织章节中读过一首谴责在婚后三个月内让妻子从事缝纫工作的官员的诗歌，并引用《诗经》之言来阐明孔子或许早就拥有了超前的女权思想[②]。在谈及老人问题时，他认为养老是孔子的特有思想[③]。

凯恩斯眼光独到，在1930年出版的著作《货币论》[④]中承认在历史上中国的货币使用的确领先于别国。他不仅在《尚书·周书·周官》中看到了最初的货币交易制度，而且表明货币数量理论和格雷欣法则[⑤]在很早以前就为中国学者所通晓。通过阅读陈焕章《孔门理财学》的相关论述，凯恩斯指出贾谊于公元前175年似乎就已明白格雷欣法则的基本内涵[⑥]，最晚直至明初鸿儒叶子奇也已明确阐释了格雷欣法则的具体内容[⑦]，并引用了叶子奇“价格下降，应当发行纸币；价格上升，应把纸币收回”的观点[⑧]。

---

①《礼记·中庸》。

②“泾以渭浊，湜湜其沚。宴尔新婚，不我屑以。毋逝我梁，毋发我笱。我躬不阅，遑恤我后。”（《诗经·邶风·谷风》）

③“五十异粻，六十宿肉，七十贰膳，八十常珍，九十饮食不离寝。膳饮从于游可也。”（《礼记·王制》）

④ Keynes J M. *A Treatise on Money: in Two Volumes*, Macmillan & Company, 1930.

⑤ 劣币驱逐良币。

⑥ 公元前175年，贾谊曾说，“上挟铜积以御轻重”“钱轻则以术敛之，重则以术散之，货物必平”。（《汉书》卷24《食货志》）

⑦ 公元1378年，浙西大儒叶子奇强调：“职此之由也。必也欲立钞法，须使钱货为之本，如盐之有引，茶之有引，引至则茶盐立得……引至钱出，引出钱入，以钱为母，以引为子，子母相权，以制天下百货。出之于货轻之时，收之于货重之日，权衡轻重，与时宜之。”（叶子奇：《草木子》卷3下《杂制篇》）

⑧ [英]罗伯特·斯基德尔斯基：《凯恩斯传》，相蓝欣、储英译，生活·读书·新知三联书店，2006，第5页。

凯恩斯在《孔门理财学》书评中表现出了对中国土地制度和人口问题的极大兴趣和强烈关注。他认为陈焕章周详且颇具风趣地阐述了与土地占有相关的井田制，有必要让那些探析村社土地占有的人士仔细研读。同时，考虑到历朝历代“门税”“口税”或将致使人们出于各自利益而瞒报数据，以及根据土地占有制度推测出的相关情形，可发现当时中国庞大的人口正以非常现代化的方式不断增长且中国人口的高度密集化与英国类似，中国的经济条件和自然条件调节着人口的大规模增长，但“中国承受人口造成的生存负担长达数余世纪的表述是错误的”①。

通过上述凯恩斯对儒家思想及中国传统经济思想的充分关注及较为客观的评价，不难发现儒家思想及中国传统经济思想早就给凯恩斯留下了深刻印象，而它们又在无形之中触动凯恩斯内心并进一步影响其经济思想的转变。这些资料为后文深入验证儒家经济伦理思想是凯恩斯国家干预经济理论的思想源泉这一推测的合理性奠定了坚实的理论基础。

（二）凯恩斯经济思想的演变与转向

自由放任经济思想在凯恩斯以前的西方经济学中占据主导地位。凯恩斯出生于传统古典经济学萨伊定律盛行的时代，即众人皆认可主张自由放任经济反对政府干预的观点，认为政府干预将破坏市场自发调节的作用且管得最少的政府才是最好的政府，相信依靠市场本身的供给需求力量自行实现充分就业即可让资本主义得以有效持续，故凯恩斯不断潜心钻研货币理论和货币政策，是经济自由主义的推崇者。这种想法直到他与著名经济学家俄林商讨德国赔款之事时仍然存在，并认为国际收支差额能够借助国内外物价水平的

---

① Keynes J M. “Reviewed work(s): *The Economic Principles of Confucius and His School* by Chen Huan-Chang”. *The Economic Journal*, 1912, 22(88): 584-588. 关于凯恩斯的书评中译文参见陈焕章：《孔门理财学：孔子及其学派的经济思想》，翟玉忠译，中央编译出版社，2009，第 450—454 页。

自动调节功能而渐趋平衡[①]。这种自由经济理论能勉强解释 20 世纪 30 年代前较温和的经济危机，但面对严重的经济大危机和失业惨状就无计可施了。

直至 1929 年爆发世界经济危机，凯恩斯的经济思想才开始发生深刻转变。在致使经济瘫痪的资本主义世界大危机（1929—1933 年）的时代背景下，凯恩斯为快速有效地协助资本主义世界脱离困境，由货币理论及政策钻研转向对防止经济危机及拯救资本主义途径的探究，舍弃传统流行的自由放任经济观点并提出与之相反的国家干预经济理论。1936 年，凯恩斯著作《就业、利息和货币通论》正式出版，这意味着凯恩斯由经济自由主义推崇者完全变成一位主张国家对经济进行干预的倡导者[②]。《就业、利息和货币通论》将经济和伦理相结合，并未全然不顾伦理价值判断。凯恩斯在经济和伦理结合的基础上，分析探讨了有效需求、充分就业、节俭及储蓄等问题，形成了以国家干预主义为核心特色的宏观经济伦理思想。

其实，凯恩斯经济思想的发展演变不仅与其当时所经历的特定社会历史背景等外在因素相关，也与儒家经济伦理思想潜移默化影响其个人主观意识等内在因素密不可分。本书将探讨和挖掘儒家经济伦理思想影响凯恩斯经济思想转向的可能原因及相关推测的逻辑与依据。

1. 国家干预经济理论产生的宏观背景

在凯恩斯之前，由亚当·斯密开创的现代经济学主要以自由放任思潮为主导，认为市场机制的自我调节功能可以实现资源优化配置，政府不应干预经济。但凯恩斯对市场能力心生疑虑，认为市场并不完美且存在许多难以解决的弊端。1929—1933 年爆发了规模空前的资本主义特大经济危机，被亚

---

① 田书华、陈捷：《中国先秦哲学是西方经济理论的思想源泉》，《北方金融》2018 年第 5 期，第 15—22 页。

② 田书华、陈捷：《中国先秦哲学是西方经济理论的思想源泉》，《北方金融》2018 年第 5 期，第 15—22 页。

当·斯密称作“看不见的手”的市场失控般打乱了社会生活，此次危机强烈震撼了整个资本主义世界且生产力急剧倒退，宣告了自由放任思想失灵，这是凯恩斯转变经济思想为国家干预的重要历史原因。凯恩斯深刻意识到传统经济理论并不切合现实，且无法提供帮助各国政府脱离困境的有效策略，因此，他主张进行宏观调控，建议政府对经济进行改革，以使资本主义国家摆脱经济危机。

其实在经济危机爆发前，即 20 世纪 20 年代开始，凯恩斯已或多或少地流露出不拘泥于当时主流观点的倾向，对自由放任主义的思想与政策提出了一些质疑。1924 年，凯恩斯在《英国政府与失业》《失业需要猛剂吗》中初步阐述了其欲借助采取公共工程计划来拯救失业的想法，同时开始主张由自由放任经济转向政府干预经济[①]。1926 年，在《自由放任主义的终结》中，凯恩斯指出自由放任不能快速恢复经济，须进行政府干预。此后，他在 1931 年出版的《预言与劝说》中进一步对亚当·斯密提出的“看不见的手”的自由放任主义哲学思想基础进行了驳斥，谈论了自由放任主义泛滥的过程。凯恩斯渴望别出机杼以冲破传统经济理论的制约束缚，但矛盾的是他又对传统经济理论有所留恋。虽然凯恩斯提出了新颖的经济思想和政策主张，但囿于其当时并未寻到有效解决问题的具体思路且未形成个人完善的理论基础和体系，因此其基本观点必须借助于传统经济理论。凯恩斯出于实际动机而致力于研究经济理论和制定经济政策，为解决相关政策问题必须追根溯源且进行理论创新。

那么，怎样才能摆脱经济危机呢？众人依据亚当·斯密主张的自由经济理论坚信，如果对经济活动过程中由暂时性摩擦而造成的纷扰局面即危机和萧条放任不管，则其必能自动恢复正常。遗憾的是，置之不理非但未缓解萧

---

① 章向平：《凯恩斯的基本经济思想及政府干预论》，《北京政法职业学院学报》2010 年第 3 期，第 99—102 页。

条现象，反使其严重程度日益加深。同时，与受到经济危机重创的西方资本主义国家形成鲜明对比，实施计划经济的苏联却相安无事。故无论亚当·斯密的自由经济理论如何被奉为神灵且风靡整个时代，事实却是资本主义需要全新有效的经济理论以缓解经济危机且现实的经济政策必须放弃自由经济理论另寻他路。概而言之，此次严重的危机萧条使否认危机和失业可能性的传统经济学面临质疑，社会亟须能合理诠释危机现象并指明解决危机方法的崭新经济理论，因此凯恩斯开始全面转向对国家干预经济理论的研究，随后其国家干预主义思想不断成熟并日趋完善。

1936 年，凯恩斯著作《就业、利息和货币通论》应时而生，这意味着他已经由经济自由主义推崇者完全转变成主张国家对经济加以干预的倡导者[①]，也标志着“现代国家干预主义经济学取代了自由主义经济学，成为当代西方主流派经济学”[②]。该书是 20 世纪 30 年代大萧条的产物，反复强调了国家集中控制的重要意义和扩充传统政治职能的必要性，回答并解决了政府应采取何种政策措施以缓和经济萧条的问题，提出国家干预的具体经济政策并使国家干预经济理论更系统化。凯恩斯转向关注贸易差额对国民收入的影响，深信若保护主义可让贸易往来呈现顺差态势，则其一定益于投资及就业水平的提升，进而使经济兴旺。他认为充分就业可以通过刺激需求的方式来实现，同时当有效的社会需求不足时，为加大社会消费的需求，政府应该采取征收富人财产以救济贫困民众的收入分配政策来提升整个社会的边际消费倾向并增加社会消费需求，以刺激生产并实现充分就业[③]。凯恩斯国家干预主义的基本思路是主张需求管理政策，强调政府在经济发展中的积极作用和重大责

① 田书华、陈捷：《中国先秦哲学是西方经济理论的思想源泉》，《北方金融》2018 年第 5 期，第 15—22 页。

② 陈岱孙：《陈岱孙文集》（下），北京大学出版社，1989，第 842 页。

③ 田书华、陈捷：《中国先秦哲学是西方经济理论的思想源泉》，《北方金融》2018 年第 5 期，第 15—22 页。

任，并积极采取一些措施包括扩张性的财政与货币政策、公共建设投资，延伸有效需求，以实现充分就业，进而刺激经济进步，缓解经济危机和冲突。

可见，凯恩斯经济思想的转变可谓受其所处时代影响的结果。他经历了各类矛盾激化并引发规模空前的经济危机的时期，传统资本主义已难以为继并发展至最后阶段。依托该社会历史背景，并以对时代未来前景的重视与探索为出发点，凯恩斯创新性地于理论层面规划出日后人类社会发展的路径，主张务必调整资本主义的经济体系构造①，让它由政府不干预经济模式变成试图依据社会稳固安定且公平公正的目标对经济加以规范与约束的制度②。他的国家干预经济理论在1929—1933年的经济危机中得到关注并成为资本主义的救命稻草，其意义在于清晰阐述了社会宏观经济总供给水平如何决定，明确指出不可放任经济活动不管，且国家和政府须对经济活动进行适当干预并通过货币与财政政策来对经济加以调节控制。资本主义国家逐步采纳了凯恩斯的观点并全新执政，使得资本主义在衰微中得以复苏③。因该经济学完美贴合当时资本主义现实需要，故其赢得英国和美国众多经济学家的赞赏，同时借助政府的力量对市场制度进行适当的干预是当时学术界处于主要地位的经济学家虔信的准则。

2. 凯恩斯经济思想转向的微观因素层面

凯恩斯经济思想变动除与他所处的社会历史环境密切相关外，其个人主观意识层面的原因也起到了一定的推动促进作用。结合前文凯恩斯对儒家思想的较高评价，及其经济思想转变与发表这些评价的时间先后顺序，再加之国家干预经济理论与儒学的思想理念呈现高度一致性，故不能排除儒家经济伦理思想潜移默化影响了凯恩斯个人主观意识的可能性，即或许受儒家经济

---

① [英]凯恩斯：《预言与劝说》，赵波、包晓闻译，江苏人民出版社，1997，第218页。

② [英]凯恩斯：《凯恩斯文集》（下卷），谢晓迎、黎永平、管化译，改革出版社，2000，第338页。

③ 田书华、陈捷：《中国先秦哲学是西方经济理论的思想源泉》，《北方金融》2018年第5期，第15—22页。

伦理思想的影响，凯恩斯从经济自由主义推崇者转变成国家对经济加以干预的倡导者。下文着重通过对凯恩斯经济思想与儒家经济伦理思想契合点的研析，论证儒家经济伦理思想是凯恩斯国家干预经济思想的来源之一这个推测的合理性。这主要体现在以下两个方面。

其一，凯恩斯国家干预思想与儒家“有为”及“管理”思想存在契合之处。凯恩斯在《就业、利息和货币通论》中明确主张国家直接干预经济，这与中国各朝代由天子掌管国事和财富的历史不谋而合，且与儒家“有为”“管理”的思想理念基本一致。

凯恩斯主张施行以需求管理为主的国家干预经济政策，核心是刺激有效需求[①]，因为有效需求是影响就业率的重要因素，故以决定有效需求的边际消费倾向、流动性偏好和资本边际效率这三个规律为理论基础，对由消费与投资需求不足导致有效需求不足的就业理论体系进行阐述。他指出市场机制有缺陷，政府对经济不加干预必将致使有效需求不足从而无法实现充分就业。“因为要使消费倾向与投资引诱二者互相适应，故政府机能不能不扩大……认为这是唯一切实办法，可以避免现行经济形态之全部毁灭；又是必要条件，可以让私人策动力有适当运用。”[②]

与亚当·斯密的自由放任主义相比，凯恩斯扩大了政府职能以加强对经济的干预，但该扩大仅限于制定一些相关货币政策和财政政策，以更好地引导社会消费和投资，提升就业率。货币政策层面，凯恩斯主张增加货币供给量刺激消费，实行较低的利率刺激投资。“故要挽救经济繁荣，其道不在提高利率，而在降低利率，后者也许可使繁荣延长下去。补救商业循环之良方，不在取消繁荣，使我们永远处于半衰退状态；而在取消衰退，使我们永远处

① 指商品的供求价格相等时的总需求水平，包括投机需求和消费需求，且主要取决于货币数量以及边际消费倾向、流动性偏好和资本边际效率三大规律。

② [英]凯恩斯：《就业、利息和货币通论》，徐毓枬译，商务印书馆，1983，第328页。

于准繁荣情况。”[①]伴随这些货币政策的实施而引发的通货膨胀，在货币工资不变的情形下，将利于降低实际工资及资本家降低实际成本，扩大生产并雇佣更多工人，促进就业增加和经济增长。财政政策层面，凯恩斯认为政府制定的消费政策通常会影响人们的消费倾向,通过鼓励消费来提升消费倾向，可以使得消费需求得以扩大；同时降低税率来提高资本的边际效率，或者采取加大政府支出等措施增进投资，他强调“公路、造林、垦荒、排水、电气、贫民窟清除和城镇规划，以及运河、码头和海港的建设，目前均需要大量的资本注入，因此政府当局的支援是不可或缺的”[②]，也可通过兴办公共工程甚至扩军备战、发动战争等方式刺激生产并扩大就业，达到充分就业的目的。简言之，凯恩斯认为政府不作为是失业问题加剧的主因，应抛掉自由放任的市场经济体制，依靠“看得见的手”即政府对经济生活实施强有力干预，利用扩张性货币与财政政策主动调节经济，以刺激消费增长和投资扩大，从而使资本主义脱离萧条和失业的困境，使经济重新走向均衡。

上述凯恩斯国家干预经济的主张同儒家“有为”及“管理”的思想理念相吻合，并与中国各朝天子掌管财富分配的史实相一致。中国儒学因不同的历史时期和服务方式而呈现出有别的理论主张和形式特点，无论它们在思想内容及具体形态上如何变化，仍将“仁义礼智道德”视作根基，把“修身齐家治国平天下”当作目标。经济思想方面，儒家倡导国家控制干预社会中的一系列经济活动。《孔门理财学》第十一章详细阐释了政府调节，认为儒学中竞争应被最小化且政府干预是必要的。“因此私利不能作为经济生活的调节器，政府调节是必须的。孔子没有废除竞争，只是提出许多政府条例以控制消费、生产和分配。下面我们将在这些题目下论及它们。这里要讨论的是孔子的总体政策。这方面最好参考《尚书・洪范》。按照《洪范》的说法，

---

① ［英］凯恩斯：《就业、利息和货币通论》，徐毓枬译，商务印书馆，1983，第 278 页。
② ［英］凯恩斯：《预言与劝说》，赵波、包晓闻译，江苏人民出版社，1997，第 123 页。

政府的终极目标是使人们享受五福，逃避六种灾难。……当统治者将五福之源集中在自己手里，用以分散和赐予所有庶民时，他就是控制了所有的生产资料，并将其收益均平地分配给所有人。这类似国家社会主义的原则。唯一不同的是，国家社会主义没有个人集权的君王，而在孔子的心目中，则有一个无私、英明、公正、仁慈的圣主。因为财富居于五福之首，是其他四福之源，所以政府必须首先控制人们的经济生活。”[①]同时，陈焕章引用《尚书·洪范》和《尚书大传》论证了天子的职责。“天子的最重要的职责只有两个，一是分财，二是选贤。”[②]儒家主张国家干预经济活动的例子比比皆是。比如，孔子欲借助国家之力以达到平均的资源配置水平，坚信顺应民众的需求且消耗最少的资源给予民众最大的福利才是国家干预的最佳状态，这充分彰显了公平公正、仁德高效的理想社会情境下资源合理配置的状态。孟子通过形象易懂的例子将资源稀缺性及选择这一话题引出，表明：“鱼，我所欲也，熊掌亦我所欲也，二者不可得兼，舍鱼而取熊掌者也。生亦我所欲也，义亦我所欲也，二者不可得兼，舍生而取义者也。”[③]荀子主张要充分彰显政府于资源配置里的主导价值，通过完善基础设施建设使生产得到良好保护，积极引领民众进行生产活动，并采取薄赋敛[④]的方式达到先富民再富国的目的。汉代董仲舒倡导“限民名田，以澹不足”“塞并兼之路”“去奴婢，除专杀之威”“薄赋敛，省繇役，以宽民力。然后可善治也”[⑤]。又如，常平仓的设立体现了典型的国家干预经济思想，并成为后续唐宋元明清各代王朝的通例，规避了当收成较佳时粮食价格低廉、农民收入降低的惨态，同时还让贫

---

① 陈焕章：《孔门理财学：孔子及其学派的经济思想》，翟玉忠译，中央编译出版社，2009，第105—106页。

② 陈焕章：《孔门理财学：孔子及其学派的经济思想》，翟玉忠译，中央编译出版社，2009，第105—106页。

③《孟子》卷11《告子上》。

④ 比如，“轻田野之税，平关市之征，省商贾之数，罕兴力役，无夺农时。”（《荀子》卷6《富国》）

⑤《汉书》卷24《食货志》。

苦百姓在遭遇凶年的时候不至于没有依靠。创建常平、平准部门，向穷困民众提供借贷，取消向灾区征税，大力兴设国家工程等以赈济灾荒、救助灾民，组成了汉代之后各朝的国家干预经济思想。事实上，崇奉中国儒学的各朝各代均格外重视“秩序”，这都是“管”及国家干预经济思想的体现。

对比之下可见，凯恩斯国家干预经济思想与儒家“有为”及“管理”的思想虽然在具体举措上有所出入，但它们体现的本质理念是基本一致的，都希望借助国家的力量，充分挖掘并发挥政府的职能，促进经济稳健发展。通过对二者思想内涵相似点的分析，难免猜测它们之间存在一定的渊源关系。

其二，凯恩斯个人主观意识层面的多重因素对其经济思想的转变起到了一定的推动促进作用。现兼顾前文中凯恩斯对儒家思想的评价，并结合其经济思想转变与发表《孔门理财学》书评等重要事件的时间先后顺序作辅助分析，力求较清晰合理地说明儒家经济伦理思想确实影响了凯恩斯个人的主观意识，从而进一步致使其从自由放任主义转变为国家干预主义。

结合前文介绍可知，凯恩斯于 1912 年 12 月发表关于《孔门理财学》的书评，1924 年发表文章初步开始主张由自由放任经济转向国家干预经济，至 1929 年世界经济危机爆发后，凯恩斯全面转向对国家干预经济的研究，于 1936 年正式出版《就业、利息和货币通论》并彻底转变为国家干预经济理论学派。从时间的先后顺序分析可见，凯恩斯知晓儒家经济伦理思想在前，因而，儒家经济伦理思想可能影响凯恩斯经济思想并使其从自由经济理论学派转变为国家干预经济理论学派这一推测在时间逻辑上是分析得通的。那么，为何认为凯恩斯经济思想的转变与儒家经济伦理思想有关呢？这还要继续从《孔门理财学》分析。之前已经把凯恩斯对《孔门理财学》及儒家思想的评价进行了充分的解读，他之所以对它们如此推崇，或许是因为他是当时少有的试图将经济学与伦理道德结合在一起讨论的经济学家。虽然当时的经济学家都竭尽所能去做至善之事，但他们仅片面地认为只要令民众物质生活改善就是对民众有益，可见伦理学并未引起他们的关注和重视。与这些经济学家不同，凯恩斯有其个人独到的观点，他认识到人类社会的道德进步与传统的重要性，反思了现代主义对传统的忽视。这种观点与儒家强调的伦理道德和社会秩序有一定的契合之处。从凯恩斯亲自为《孔门理财学》撰写书评及其对儒家经济思想的评价，可以看出他对儒家思想在经济和道德伦理方面的价值的认可。因此，有理由推测，凯恩斯在由自由经济理论学派转变为国家干预经济理论学派的过程中，儒家经济伦理思想的影响应是不容忽视的重要因素之一。

结合对凯恩斯经济思想转向相关事件的系统梳理（表 3.8），可以较有条理地看到，1912 年，凯恩斯为《孔门理财学》撰写长篇书评，对儒家思想及中国传统经济思想印象深刻，了解到儒家对经济活动地位和富民的肯定、传统中国社会按劳分配思想、中国货币制度的变迁、土地制度的特征等，并明确指出格雷欣法则和货币数量理论很早前即为中国学者所通晓理解。而且他还在征引“庚子赔款”以反对德国赔款等许多方面表现出了对中国经济问题的重点关注及友好态度。通过对凯恩斯这些评价的分析可发现，儒家思想及中国传统经济思想在他心中占据了相当重要的一席之地，它们在无形之中可能逐渐触动着凯恩斯的内心、影响着他的观念，为其后来转变成国家干预经济的主张初步奠定了思想基础。

表 **3.8**　与凯恩斯经济思想转向相关的事件列表

时间	事件	意义
1912 年	凯恩斯在《经济学杂志》发表关于《孔门理财学》的长篇书评，对儒家思想及中国传统经济思想作了个人解读并给予较高评价。他认识到儒家对经济活动地位的肯定、传统中国社会按劳分配思想、超前女权思想、中国货币制度的变迁、土地制度的特征、人口理论的发展等，且非常关注这些传统经济思想背后蕴藏的现代意义和价值	儒家思想及中国传统经济思想给凯恩斯留下了深刻印象并在其心中占据一席之地，它们在无形之中逐渐触动着凯恩斯的内心、影响着他的观念，为其后来转变为国家干预经济的主张初步奠定了思想基础

续表

时间	事件	意义
1918 年	凯恩斯征引曾强加给中国的屈辱“庚子赔款”以反对德国赔款	凯恩斯对中国问题十分关注并非常了解
1924 年	凯恩斯发表《英国政府与失业》《失业需要猛剂吗》等文章	首次露出不拘泥于当时普遍流行观点的苗头，表述想要借助公共工程计划的施行来拯救失业，初步开始倡导由自由放任经济转为政府对经济加以干预
1926 年	凯恩斯发表《自由放任主义的终结》，指出自由放任不能快速恢复经济，须进行政府干预	凯恩斯主张政府干预的想法进一步增强，强调政府干预管理的性质，应终结自由放任主义，逐渐向国家干预经济主义转变
1929 年至 1933 年	资本主义世界经济大危机爆发。该危机强烈震撼了整个资本主义世界且生产力急剧倒退，凯恩斯深刻意识到传统的自由放任思想并不贴合现实且无法提供帮助各国政府脱离困境的有效策略，因此其必须有所突破	此次危机是凯恩斯经济思想转变为国家干预主义的重要历史原因兼加速器。凯恩斯全面转向对国家干预经济理论的研究，通过采用宏观调控和政府直接干预的方法，令政府对经济进行改革，使资本主义摆脱危机，随后其国家干预主义思想不断成熟并日趋完善
1930 年	凯恩斯著作《货币论》正式出版，书中承认在历史上中国的货币使用确实领先于别国。他既发现了最初的货币交易制度，还表明货币数量理论和格雷欣法则很早以前即为中国学者所通晓理解	该著是凯恩斯重要的过渡性著作，在《就业、利息和货币通论》形成过程中占据独特地位，再次体现了凯恩斯对中国问题和历史的关注
1931 年	凯恩斯在《预言与劝说》书中批评了自由放任主义哲学思想基础，谈论了自由放任主义泛滥的过程，进一步阐述了有关政府干预的主张	该书汇集了凯恩斯在 1919—1931 年发表的各类文章
1936 年	凯恩斯著作《就业、利息和货币通论》正式出版，其反复强调国家集中控制的重要意义和扩充传统政治职能的必要性，回答并解决了政府应采取何种政策措施以缓和经济萧条的问题，提出国家干预的具体经济政策并使得国家干预经济理论愈加系统化	该著明确主张国家直接干预经济，标志着凯恩斯从自由经济理论学派彻底变成国家干预经济理论学派。此国家干预思想同中国各朝代由天子掌管国事和财富的历史不谋而合，且与儒家“有为”及“管理”的思想理念本质上相一致
1937 年	凯恩斯在日本侵华战争全面爆发后即指出美国和英国应当解除同日本的一切贸易关系	体现了凯恩斯对中国经济问题的重点关注及积极态度
1941 年	凯恩斯建议应对中国进行经济帮扶	

市场伴随自由主义的逐步前进，非但未如亚当·斯密所言畅通无阻，反

而产生了或大或小的失灵问题。其实，凯恩斯早在 1924 年发表的文章中即首次批评当时广泛流行的自由放任主义，并初步形成了主张政府干预的经济思想。1929—1933 年发生的世界经济危机使凯恩斯意识到传统经济理论不切合现实且无法帮助各国政府脱离困境，加速促使其全面转向对国家干预经济理论的研究，随后其国家干预主义思想不断成熟并日趋完善。该危机是其经济思想转变的重要历史原因但并非唯一原因。1936 年，著作《就业、利息和货币通论》的正式出版标志着他已彻底从自由经济理论学派转变为国家干预经济理论学派。他明确主张施行以需求管理为主的国家干预经济政策，扩大政府职能以加强对经济的干预。货币政策方面，采取宽松的货币政策，如增加货币供给量、实行低利率等。财政政策方面，采取积极的财政政策，通过提高消费、加大政府支出、降低税率、创设公共项目等手段刺激生产并扩大就业。凯恩斯这些国家干预经济的主张同儒家“有为”及“管理”的思想理念相吻合，并与中国各朝天子掌管财富分配的史实相一致，如孔子欲借助国家力量达到资源配置的平均状态、孟子提出资源稀缺性及选择问题，再如常平仓的设立，以及国家对贫民借贷、免除灾区赋税等汉代之后各朝的国家干预思想内容。因此，通过对凯恩斯国家干预经济理论与儒家经济伦理思想契合点的分析，有助于进一步探索和论证儒家经济伦理思想或许是凯恩斯国家干预经济理论思想渊源之一的推测。

综上所述，需说明一点，即本书尝试研究和讨论的问题出发点，在于强调我们当今对于凯恩斯经济思想以及宏观经济学体系的认识，不能简单地满足于掌握理论本身，而是要注意理解和分析凯恩斯的思想来源和思考方式，即除了对马歇尔的新古典经济学的理论传承以外，其是否曾受到包括中国传统思想在内的多种思想的影响。本书虽尝试探讨儒家经济伦理思想与凯恩斯国家干预经济理论的渊源关系，但仍要客观理性地来进行研究和分析，切忌过分夸大儒家经济伦理思想的影响。只能说儒家经济伦理思想乃至中国传统经济思想在凯恩斯经济思想转变的过程中或多或少地起到了一定程度的推动作用，而至于其作用的大小或影响程度的多少，尚不能一言以蔽之，仍有待进一步考证。与此同时，还需要补充的一点是，虽然陈焕章的《孔门理财学》是凯恩斯认识中国经济思想的主要依据，对凯恩斯有极大启发，但由于文化差异，凯恩斯对《孔门理财学》的理解也存在一定偏差。例如，有研究发现，凯恩斯坚信孔子把富民放在了第一位，可他也许不知道孔子还曾说过“见利思义”“礼以行义，义以生利，利以平民，政之大节也”等观点。陈焕章在《孔门理财学》一书的开头就提到，研究孔子对财富即“利”的阐述，必须先追溯到“义”，再上溯到“礼”。然而，这一点很难为西方学者所理解[①]，由于凯恩斯不懂“四书五经”，更不了解陈焕章从康有为那里所继承的今文经学的背景，所以无法真正了解中国经济伦理的背景，即陈焕章在引论部分所表达的含义[②]。

第五节　本 章 小 结

本章聚焦“中国传统经济思想的世界影响”这一主题，从文化传播史和世界经济思想发展史的角度出发，一方面，通过回顾中国传统经济思想海外传播的时代缘由、传播路径、译介历程、阶段性特征，来呈现传统文化和经济思想“中学西渐”这一史实的客观存在，从而对长期以来流行的“西方中心论”及在这基础上所形成的对中国传统文化的负面评价，予以有力反驳，说明任何文明之间的交流都是双向的，彼此之间互相影响、交流互鉴，没有任何一种文明能以独占的方式纯粹向外输出而不受到外界的影响。另一方面，在文化自觉的基础上，将中国传统经济思想放到世界范围内进行深入考察，

---

① 梁捷：《多元视角下的〈孔门理财学〉》，《社会科学战线》2008 年第 4 期，第 85—92 页。
② 梁捷：《多元视角下的〈孔门理财学〉》，《社会科学战线》2008 年第 4 期，第 85—92 页。

通过资料挖掘、系统整理和案例分析等形式，论证基于中国古代经济问题和丰富实践所形成的中国传统经济思想具有重要价值，曾长期吸引着世界各国的关注和极大兴趣，甚至也一度成为外国有识之士或其他国家学习、借鉴乃至仿效的对象，其不论是在思想理论层面还是在经济实践层面，都可谓留下了浓墨重彩的一笔，为推动世界经济思想的发展与演变做出了重要贡献。以上两方面，有助于形成一个客观公允的认知和判断来回应本章问题的提出，即中国传统经济思想究竟产生了哪些世界性的影响和贡献，又在此基础上体现出了怎样的历史地位。

总体上，由于传播形式、路径载体的多样化，以及各国本身所具有的历史因素和现实需要的差异，中国传统文化及其蕴含的经济思想对传入国的社会风气、经济理念、政策制度等方面也曾产生过不同程度的影响。

一是中国传统经济思想为现代经济学的产生和发展提供了思想启发。本章在前人积累的研究基础上，具体考察了儒家学说及其经济思想对重农学派的影响。通过思想比对和语义分析发现，魁奈不仅是单纯意义上的借用，而是把儒家经济伦理思想和自身理论体系相互融合、紧密联系，二者思想的多处契合，充分说明重农学派对儒家经济伦理思想的领悟之深入，有较充分理由相信儒家经济伦理思想影响并启发了重农学派。同时，通过以亚当·斯密的交友圈和学术讨论圈为切入口，研究发现《道德情操论》和儒家经济伦理思想存在诸多契合点，如同情心是道德的基础、缺乏同情心是不道德行为等，而《道德情操论》和《国富论》具有内在联系，二者存在思想本质的一致性、利己利他相辅相成、道德与经济美德内涵的一致性等多方面相同之处，进而有理由可以推测儒家经济伦理思想或多或少影响了《国富论》的创作。本章还重点关注了中国传统经济思想对德国官房主义经济思想的影响，通过详细考证发现，以沃尔夫为代表的德国自然法哲学中的经济思想是将中国传统经济思想的影响传导进入德国官房主义的重要渠道，并认为国家领导的科研发明和技术传播，是德国经济思想史和政策史中的一个至关重要的构件，而设计这些构件的德国思想家曾从中国儒家经典和中国上古神话中寻求佐证和支持。

二是中国传统经济思想为日本企业经营模式的创新提供了思想支撑。例如，日本著名企业家涩泽荣一曾提出具有深远影响的“论语加算盘”经营模式，基本精神是“义利合一”，而这一理念源于儒家的义利之辨。第二次世界大战后日本企业家群体在坚守儒家传统管理哲学的基础上，积极汲取西方管理模式的精髓，铸就了日本经济的“奇迹”。日本之所以能够在如此短的时间内实现真正意义上的现代化，除了吸收美国民主文化和科学管理之外，更不可忽视的重要支撑因素是渗透着儒家思想的“仁”“礼”“忠”“信”“义”“报恩”“和为贵”等经济伦理和民族精神。其实，不独是日本，其他东亚文化圈新兴经济体的经济崛起，大都也保持了传统文化中的集体主义、团队精神、勤俭节约等积极因素，与儒家传统经济思想都有着某种内在的关联[①]。

三是中国传统经济思想为凯恩斯国家干预经济理论的形成发展提供了思想借鉴。本章通过对凯恩斯关于《孔门理财学》的诸多评价以及比对两者的思想内核，发现儒家思想及中国传统经济思想在他心中占据了相当重要的一席之地，凯恩斯思想中有关国家干预经济的主张，实际上同儒家“有为”及“管理”的思想理念相吻合，并与中国各朝天子掌管财富分配的史实相一致，崇奉儒学的各朝各代对“秩序”的格外重视其实都是“管”及国家干预思想的体现。但需指出的是，本章尝试研究和讨论的问题出发点在于强调我们当今对于凯恩斯经济思想以及宏观经济学体系的认识，并不能简单地满足于掌握理论本身，而是要注意凯恩斯的思想来源和思考方式，积极主动地意识到

---

① Kahn H. *World Economic Development: 1979 and Beyond*, Westview Press, 1979；黄光国：《儒家思想与东亚现代化》，巨流图书公司，1988。

包括中国传统思想在内的多种思想来源，有可能直接或间接地影响到了凯恩斯思想的演变和发展。这对进一步全面、客观、系统地了解和评价中国传统经济思想的地位和价值，具有重要的理论和现实意义。

综上所述，正因如此，中华传统文化及其经济思想得以海外传播、历久弥新，也为人类知识谱系的演化和延展做出了不应被忽视的重要贡献。尽管中国传统经济思想在进入近代以后，未能独立地发展成为现代经济学理论，但是从它海外传播的历程及其世界影响与贡献来看，中国传统经济思想理应在东西文化传播史上和世界经济思想发展史上占有重要的历史地位。事实上，关于中国传统经济思想海外传播和世界影响的案例，还有许多值得继续挖掘与深入探讨的空间。但限于研究时限和本书研究团队的学识与精力有限，以及在文献资料搜集整理过程中所遇到的一些困难等主客观因素，许多问题有待在后续研究和团队合作中进一步展开。

第四章
中国传统经济思想的现代价值

本书前三章已从发展演变、光辉成就、世界影响三重维度系统地考察和总结了中国传统经济思想在人类经济思想发展进程中的重要历史地位。随着中国古代农业经济和商品经济渐次发展，与之相适应的传统经济思想也不断累积，内涵丰富、外延广阔。在此过程中，中国传统经济思想以中文和中国独特的社会制度、经济发展为载体，形成了一系列富有中国传统经济特色的概念术语，同时涌现了许多曾经领先世界的经济思想创见，并内含一些值得称述的经济分析成分。中国传统经济思想的一些基本要素经过长期积淀，不仅对现代中国的经济崛起产生了潜移默化的影响，而且通过广泛、绵延的海外传播，对世界经济思想发展和经济政策制定产生了重要影响。作为西方现代经济学的先行思想构成因素之一，中国传统经济思想对古典经济学和现代经济学流派（如重农学派、亚当·斯密经济学理论、德国官房主义经济思想、凯恩斯经济学）等的形成发展均曾产生过重要影响，并在日本企业经营模式建构、美国罗斯福新政农业立法中起到了积极正面的借鉴作用。这表明，中国传统经济思想富有独特的内在价值和重要的历史地位，是一座值得深入开采的文化宝库。

在此基础上,第四章进一步探讨如何实现中国传统经济思想的现代价值。要让中国传统经济思想突破时空界限、获得当代生命力，就需要对其价值内核进行创新性阐释与适应性重构，通过传承创新，使这些宝贵的思想遗产在新时代更好地发挥积极作用，赋能现代社会经济高质量发展。马克思主义和中华优秀传统文化相结合，其结果是相互成就。习近平总书记在文化传承发展座谈会上指出，“‘结合’的结果是互相成就，造就了一个有机统一的新的文化生命体，让马克思主义成为中国的，中华优秀传统文化成为现代的，让经由‘结合’而形成的新文化成为中国式现代化的文化形态”[①]。中国传统经济思想是中华优秀传统文化的重要组成部分[②]，其中所蕴含的深刻见解和普遍原则，使其跨越地域和时间的限制，在当今时代仍能够提供有益启迪，因此通过合适的路径和方法推动其传承创新，将有助于建构中国自主的经济学知识体系，为解决现实经济难题提供启示，为促进中外文明的交流互鉴提供借鉴。

当然，从历史发展脉络看，中国传统经济思想自发演进的内生机制在近代遭遇挑战，被迫转向本土探索与海外影响相互碰撞的新路径，期间马克思主义经济学中国化、中国传统经济思想现代化、西方经济学本土化三条线索交织发展。新时代以来，学者日益认识到照搬照抄西方主流经济学理论不仅难以契合中国国情，反而会对中国经济实践进程形成阻碍。为推动中国经济发展，亟须建构起中国自主的经济学知识体系，必须要结合马克思主义基本原理、中国具体实际，从中国传统经济思想中汲取优秀养分。马克思指出：“理论在一个国家实现的程度，总是取决于理论满足这个国家的需要的程度。”[③]《中共中央关于党的百年奋斗重大成就和历史经验的决议》也指出，马克思主义理论不是教条而是行动指南，必须随着实践发展而发展，

① 《习近平在文化传承发展座谈会上强调担负起新的文化使命 努力建设中华民族现代文明》，《人民日报》2023 年 6 月 3 日。

② 金成武：《中华传统文化中的经济思想对当代经济学研究的启示》，《经济学动态》2023 年第 12 期，第 14—25 页。

③ [德]卡尔·马克思、[德]弗里德里希·恩格斯：《马克思恩格斯文集》（第一卷），中共中央马克思恩格斯列宁斯大林著作编译局编译，人民出版社，2009，第 12 页。

必须中国化才能落地生根、本土化才能深入人心①。这需要坚持把马克思主义基本原理同中国具体实际相结合、同中华优秀传统文化相结合，推进马克思主义经济学中国化和时代化，实现中国传统经济思想的现代转化，最终实现经济理论创新、推动新的经济实践。换言之，当下中国特色社会主义政治经济学的发展、中国式现代化进程的推进，需要借鉴古今中外一切可以借鉴吸收的人类文明成果，其中包括中华优秀传统文化中的中国传统经济思想智慧。

本章首先从总体上考察传统经济思想传承创新问题，厘清传承创新的路径和方法，这是激活中国传统经济思想现代价值的首要任务和基本前提；其次通过案例分析来分别考察中国传统经济思想对于解决现实经济问题、构建中国经济学、促进中外文明交流互鉴所具有的重要借鉴意义。

第一节　中国传统经济思想传承创新的路径与方法

要从传统经济思想中提炼出现代价值，首要任务是厘清对传统经济思想进行传承创新的路径与方法，即明确如何使其独特的内在价值在社会经济发展实践中实现现代转化、焕发现代活力，这是进而探讨其如何在解决现实问题、构建中国经济学体系以及在文明交流互鉴中发挥重要作用的前提。

中国传统经济思想的传承创新，本质上是在现代语境下对传统经济思想的再生产。作为一种纵向的文化传递与思想认同，传承创新活动包含传承与创新两个环节，一方面是对传统经济思想的内容与形式及其蕴藏的民族风格与精神追求的深层次继承，另一方面是基于中国现代经济社会发展需要，对传统经济思想加以选择、变通与创新，形成富有传统特色的新命题、新范畴、新概念、新话语等知识要素。正如习近平总书记所强调的，我们要在深刻理解“两个结合”尤其是“第二个结合”的基础上，“充分运用中华优秀传统

①《中共中央关于党的百年奋斗重大成就和历史经验的决议》，《人民日报》2021年11月17日。

文化的宝贵资源，探索面向未来的理论和制度创新”[①]。中国传统经济思想是中华传统文化中的一部分，需要厘清其传承创新路径、辨明其学理与实践方法，进而激活其现代价值与时代生命力。

纵观已有文献，学界对传统经济思想传承创新的讨论聚焦于两个维度。一是强调了继承、挖掘、转化传统经济思想的必要性和重要性。相关讨论可追溯至近代。鸦片战争以来，在外来经济学说的全面冲击下，中国传统经济思想从自然演化转为本土经验与外来范式碰撞互鉴。在此背景下，部分学者意识到传统经济思想所面临的传承危机。他们围绕着传统经济思想的光辉成就，积极倡导学术界深入挖掘这一宝贵的文化遗产，如马寅初肯定了“中国自古以农立国，古先圣哲经济思想之灿烂，较之欧美各国，未遑多让”，同时也表示出对其治学现状的深切忧虑，“而研究中国经济思想者，尚鲜其人，能无憾乎”[②]。新中国成立后，中国经济思想史研究得到了进一步的发展，尤其是“为了很好地推进对旧的经济思想遗产的整理和即将涌现的新的经济思想成就的总结”，成立了中国经济思想史学会，凝聚了学者共识和学术力量[③]。党的十八大之后，党和国家高度重视继承发展中华优秀传统文化。学术界也掀起了新一轮研究热潮，从推动中国式现代化、建构中国自主的经济学知识体系等角度出发，阐述了优秀传统文化的重要地位。例如，陈冬华强调中国式经济现代化必然包含中华文化的塑造[④]。冯根福表示：“不断深化中华优秀传统文化与经济领域的相关理论研究，加快建构中国自主的经济学知识体系，是中国经济学界的重要文化使命。”[⑤]金成武指出，中华优秀传

① 习近平：《在文化传承发展座谈会上的讲话》，《求是》2023年第17期，第4—11页。

② 马寅初：《马序》，见唐庆增《中国经济思想史》（上），商务印书馆，1936，第1—2页。

③ 孙引：《中国经济思想史学会成立》，《经济学动态》1980年第10期，第48页。

④ 陈冬华：《中国经济学研究的文化属性：基础、学理与实践》，《经济研究》2023年第7期，第4—9页。

⑤ 冯根福：《充分运用中华优秀传统文化资源，建构中国自主的经济学知识体系》，《经济研究》2023年第7期，第14—18页。

统文化“是中国特色哲学社会科学发展十分宝贵、不可多得的资源”，对于当代经济学者而言“仍可以有很强的启发意义”[①]。

二是对传统经济思想传承创新的路径和方法展开广泛讨论。20 世纪 60 年代至 80 年代，学界关于如何整理传统经济思想，是否采用“古人思想现代化”这一研究方法展开了论争。最初仅是发生在叶世昌与胡寄窗之间的学术争鸣，随后在整个学界引发了广泛讨论。叶世昌率先对胡寄窗所著的《中国经济思想史》的研究方法提出学术性质疑，他认为“所谓古人思想现代化，是指对古人思想作了主观臆断的解释、分析和评价，把在较后历史时期才能产生的经济理论，说成是古已有之，算在前人账上”，他强调古代思想史研究应避免对史料本意的过度解读，不应将古人思想拔高到现代水平[②]。随后，胡寄窗明确表示，他同样反对将古人思想任意臆造和曲解，坚决反对“无中生有”“望文生义”等倾向，并强调在遵循严格的历史性基础上，采用现代话语解释传统概念是一种必要的学术手段[③]。但由于外部环境因素，直至改革开放后第一个十年，关于方法论的讨论仍未取得共识。在这一时期，刘含若、赵靖、李守庸、陈绍闻等学者积极参与并对相关问题进行了深入而热烈的探讨[④]。面对学术界的困惑，胡寄窗在《中国经济思想史研究的方法论歧见》一文中对“古人思想现代化”问题及其他共同关注的问题，给予了集中

① 金成武：《中华传统文化中的经济思想对当代经济学研究的启示》，《经济学动态》2023 年第 12 期，第 14—25 页。

② 叶世昌：《经济思想史研究中的古人现代化问题——与胡寄窗同志商榷》，《学术月刊》1963 年第 11 期，第 28—33 页。

③ 胡寄窗：《关于目前中国经济思想史研究的几个问题》，《学术月刊》1964 年第 1 期，第 31—40 页。

④ 刘含若：《关于中国经济思想史研究方法的一些问题》，《求是学刊》1980 年第 4 期，第 32—37 页；赵靖：《中国经济思想史的对象和方法》，见《经济学集刊（2）》，中国社会科学出版社，1982，第 126—140 页；李守庸：《学习马克思恩格斯对重商主义以前经济思想的分析——兼论研究中国古代经济思想史的方法和目的问题》，《武汉大学学报（社会科学版）》1984 年第 6 期，第 36—44 页；陈绍闻、叶世昌、吴申元等：《关于中国经济思想史研究的若干问题》，《上海社会科学院学术季刊》1985 年第 3 期，第 46—53 页。

且充分的解答，他认为“古人思想现代化”应界定为“将古人的思想以及有关文献按现代通用的理论范畴和词汇加以诠释”，并进一步指出，由于古代与现代经济理论体系、思维方法、名词术语在形式内容上的差异，现代读者理解古人思想，需要经过转译古汉语、“对口径”、使用现代意识“加工”三个必要的整理过程[①]。这篇文献较详尽地解答了学界疑惑，确保古代经济思想的原始意义得到较恰当和科学的阐释，因而被“视为新中国成立以来有关中国经济思想史方法论最重要的文献之一”，此后，尽管不同的学术团体各自拥有独特的研究传统，但对于如何整理古代经济思想遗产等问题基本达成了共识[②]，那就是要运用当代经济分析的理论话语去理解古人对类似经济现象的思考，并通过这种现代式“训诂”来实现古今对照，从而厘清共性与差异、获得理论启发[③]。

新时代以来，习近平总书记在过去十余年的系列重要讲话中，深刻地回答了传承中华优秀传统文化的重要作用、发展路径和理论方法，为学术界的深入研究提供了科学指引，学术界呈现出新气象、新面貌。在此背景下，中国经济思想史领域拓展了方法论层面的认识，不再只局限于整理古代经济思想遗产层面，而是更注重将传统经济思想进行现代转化，从中汲取丰富营养，挖掘其中所蕴藏的宝贵资源。例如，程霖等指出传统经济思想现代化转型作为本土源泉是中国经济学演进的四条重要线索之一，在近代孕育了中国经济学探索意识、以民生经济学为落脚点，在现代则同马克思主义经济学中国化、中国经济发展实践理论化和西方经济学中国化的线索相融合，并逐步聚焦于

① 胡寄窗：《中国经济思想史研究的方法论歧见》，《学术月刊》1986 年第 3 期，第 20—27 页。

② 张亚光：《建国 60 年中国经济思想史学科的发展》，《贵州财经学院学报》2009 年第 6 期，第 16—23 页。

③ 岳翔宇、夏艳秋：《国家治理与粮食安全：基于中国传统荒政思想的考察》，《财经研究》2023 年第 10 期，第 154—168 页。

中国特色社会主义政治经济学的构建中[①]。陈旭东和程霖总结了传统经济思想对丰富中国经济学学科体系、建构传统经济思想话语体系、抢占中国经济学国际话语权等三个方面的作用[②]。

综上所述，学界对于中国传统经济思想传承创新的必要性、重要性，整理传统经济思想的方法等问题基本取得共识，并且自新时代以来这一领域的研究探索进入了新的发展阶段。但既有研究对于传统经济思想传承创新的路径和方法层面的讨论仍较宽泛，未能从全球视野深入分析经济思想发展的规律特征，缺乏总体性、系统性的理论阐释。有鉴于此，本书尝试运用经济思想史、阐释学和中西比较等研究方法，从纵向贯通古今、横向联结中西的视角，立体而系统地梳理和分析典型国家关于传统经济思想传承创新的一般经验，并着重探讨中国传统经济思想传承创新的路径及方法。本节的结构安排如下：首先，在历史视野下深入剖析典型国家传统经济思想的传承创新路径，提炼出普适性的经验规律，进而基于此，探索中国传统经济思想传承创新的具体路径；其次，总结和分析全球经济思想传承创新的多元方法，并基于此，系统考察适用于中国具体实践的学理方法和实践方法。

一、全球视野下传统经济思想传承创新的多元路径

在世界的历史长河中，由于地理环境、价值观念、经济社会形态等内外部因素的影响，存在着丰富多样的经济思想发展路径，这些路径引领着不同的经济思想走向各异的发展方向。有的经济思想成为主流，日益根深叶茂，有的经济思想则昙花一现濒临消亡。总的来看，这些路径可分为四种类型：返本开新型、融汇创新型、集成创新型和外援吸纳型。每种路径并非绝对界

---

① 程霖、张申、陈旭东：《中国经济学的探索：一个历史考察》，《经济研究》2020 年第 9 期，第 4—24 页。

② 陈旭东、程霖：《中国传统经济思想研究与新时期中国经济学构建》，《学术月刊》2023 年第 1 期，第 56—68 页。

限分明，而是互有交叠[①]。本书以中国、英国、美国、日本四个典型国家为例，系统地总结与提炼其发展路径，以期从经济思想传承创新过程中获得一些规律性认识。

（一）中国：返本开新型路径[②]

作为中华文明的重要组成部分，中国传统经济思想展现出了顽强的生命力，尽管期间也曾出现曲折、走过弯路，但历尽沧桑始终绵延不绝。

在古代，传统经济思想在数千年发展过程中不断汲取时代养分，在返本开新中实现经济思想与经济知识的守正创新。例如，司马迁着眼于过度经济干预的弊端，在朴素的唯物主义观点下，批判地继承了黄老之学和孔孟的自由经济观点，提出了“善因论”思想，为中国古代自由放任思想奠定了扎实的理论基础[③]。唐中叶后，中国本土金融思想向自印度东传而来的佛教寺院金融学习了风险规避技术以及建立商业信用的思想与做法，并在本土化过程中增强了自身思想活力，对推进后世商品货币经济发展发挥了重要作用[④]。

近代以来，中国传统经济思想虽然遭受到外来经济思想的“覆盖式”冲击，但从未放弃民族立场，反而在中国经济社会现代化的内在需求驱动和外来思想优秀成分的滋养下，实现了经济思想从前科学状态向科学状态的转型。例如，20 世纪上半叶，为避免中国出现西方式的经济危机、严重的贫富差距，

① 郗戈、董彪：《传统文化的现代转化：模式、机制与路径》，《学习与探索》2017 年第 3 期，第 20—26 页。

② 尽管本章的旨趣在于推动传统经济思想在当代的传承创新，但从中国历史连续性角度看，“历史”与“当下”总是对立统一的。置于历史语境，在每个历史时点上，中国古代、近代和现代历史中都积累了若干传承创新的经验，这些宝贵资源不应被忽视，因而本章从贯通古今的角度对相关经验加以梳理总结。

③ 胡寄窗：《中国经济思想史》（中），上海财经大学出版社，1998，第 53 页；赵靖主编：《中国经济思想通史》（第 1 卷），北京大学出版社，2002，第 603 页。

④ 周建波：《佛教寺院金融与中国金融业的发展》，《世界宗教研究》2018 年第 2 期，第 50—57 页。

学术界充分借鉴了中国传统民生思想精华，涌现了一大批以“民生经济学”及其相关提法为题的研究①。

中国共产党自成立以来就坚持将中华优秀传统文化与马克思主义基本原理相结合，将实事求是、民本思想、尚贤思想、和谐思想、小康社会等创造性地与思想路线、群众路线、干部路线、构建社会主义和谐社会、社会经济发展目标等相联结，实现传统经济思想的现代化②。

当然，在绵延数千年的中国经济思想发展历程中，也有一些存在问题的经济思想路径，如墨家学派未能及时调整其经济学说的不合理成分，在秦汉大一统王朝中，其价值目标体系中的缺陷被放大，不能适应社会需求，进而从显学迅速走向衰落③。

（二）英国：融汇创新型路径

英国在中世纪才形成了对本民族的文化认同④，以古希腊、古罗马经济思想为渊源，同时广泛汲取包括中国在内的多元文明中的传统经济思想精华，从而在工业革命和科学革命进程中首次实现了传统经济思想的现代化转型。例如，13 世纪英国贵族面对不断加重的赋税负担，继承发扬了盎格鲁-撒克逊（Anglo-Saxon）自由民主的传统精神，在斗争中与国王签署首个文本契约《大宪章》（Magna Carta），其中粗略规定了财产权利保护、正当程序、限制政府权力等条款，为近代西方私人财产权利和市场经济的形成发展提供了

---

① 程霖、张申、陈旭东：《中国经济学的探索：一个历史考察》，《经济研究》2020 年第 9 期，第 4—24 页。

② 韩庆祥、陈远章：《论马克思主义中国化时代化大众化》，天津人民出版社，2020，第 198 页；麻宝斌、仇赟：《中国共产党“选贤任能”道路选择与实践研究——基于“任人唯贤”“德才兼备”干部路线和标准的政治学分析》，《治理研究》2018 年第 4 期，第 12—21 页。

③ 张亲霞：《从墨家价值目标的缺陷看墨学中衰的原因》，《陕西师范大学学报（哲学社会科学版）》2004 年第 4 期，第 75—78 页。

④ 熊庭、何平：《论民族文化认同与国家文化认同——以英国文化认同的形成与发展为例》，《新疆社会科学》2017 年第 1 期，第 65—71 页。

必要元素[①]。“经济学之父”亚当·斯密结合英国工场资本主义发展趋势，在批判继承了苏格兰道德哲学和欧洲大陆的自然法哲学的精髓的基础上，首次揭示了市场机制的运行原理，创立了英国古典政治经济学理论体系[②]。值得注意的是，正如本书第三章所论述，亚当·斯密在其经济思想体系的构建过程中，直接或间接吸收了儒家的经济思想要素，为其理论形成提供了重要的思想资源与文化参照。在英国朝着垄断资本主义过渡的阶段，因受到阶级矛盾激化、社会分配不公等现实问题的驱动，庇古吸收了维尔弗雷多·帕累托（Vilfredo Pareto）的“最优状态”法则、马歇尔的“消费者剩余”等经济思想，构建了富有伦理色彩的福利经济学体系，较有效地处理公平与效率的关系[③]。

不过，有些路径也造成了负面的影响。例如，英国从1986年持续开展的科研评估活动忽视了对传统经济思想研究的诉求，在期刊评价、科研经费、教师招聘等方面排斥非正统经济学研究，进而对其传统经济思想的发展与传承造成了沉重打击[④]。

（三）美国：集成创新型路径

作为一个多元文化的“大熔炉”，美国经济思想在不断融合其他民族优秀的经济思想中逐步形成，并在坚守自身学术特色中对其他经济思想进行自主选择与本土重塑。例如，托尔斯坦·凡勃伦（Thorstein Veblen）在19世纪

---

① 赵文洪：《私人财产权利体系的发展：西方市场经济和资本主义的起源问题研究》，中国社会科学出版社，1998，第39页。

② 胡怀国：《亚当·斯密的思想渊源：一种被忽略的学术传统——兼论现代市场经济的内在逻辑》，《经济学动态》2011年第9期，第110—120页。

③ 郭婕、王华梅：《福利经济学派伦理思想评价：从生态正义角度的探析》，山西经济出版社，2014，第43页。

④ 张林、徐士彦：《学科评估：经济思想史发展的主要事件——英国经验及启示》，《中国社会科学评价》2019年第4期，第116—127、142页。

后 30 年美国迅速的工业化进程中，发现新古典经济学与现实的严重错位，他批判地继承了德国的历史学派、实用主义哲学、进化论等思想精髓，建立了美国旧制度学派，并对现代演化经济学产生了重要影响①。为应对大萧条期间美国农业经济衰退，时任农业部长华莱士借鉴中国古代常平仓思想原理和王安石“青苗法”“市易法”变法措施，结合美国资本主义农业情况，设计了一套大规模干预农业的办法，建立了美国现代常平仓制度，并取得了立竿见影的成效②。

同时，也存在错误的路径。例如，保罗·萨缪尔森（Paul Samuelson）和乔治·施蒂格勒（George Stigler）等著名经济学家，倡导“厚今薄古”的辉格史观，导致主流经济学忽视了历史研究，并造成了经济思想史研究被不断边缘化③。

（四）日本：外援吸纳型路径

在秉持“和魂”民族特性下，日本经济思想基于国情，充分地从古代中国、近代欧洲、现代美国文化中汲取丰富滋养，在兼容并蓄中提炼出特色的经济思想元素④。比如，随着江户时代商品经济的发展，荻生徂徕、本居宣长等思想家继承日本神道思想，在不断解构朱子学权威过程中，强化了民族主义与实用主义，启动了日本文化及经济思想的近代化转向⑤。日本在现代

---

① 贾根良：《重新认识旧制度学派的理论价值》，《天津社会科学》1999 年第 4 期，第 48—53 页；贾根良、黄阳华：《施穆勒纲领与演化经济学的起源》，《南开学报（哲学社会科学版）》2007 年第 4 期，第 102—109 页。

② 李超民：《大国崛起之谜：美国常平仓制度的中国渊源》，中央编译出版社，2014，第 14 页。

③ 乔洪武、程晓林：《辉格史观对经济思想史学科的影响评析》，《经济学动态》2015 年第 6 期，第 148—156 页。

④ 王昌沛：《论日本文化的兼容与传承》，《山西师大学报（社会科学版）》2005 年第 6 期，第 130—133 页。

⑤ 韩东育：《日本“古学”与“国学”的各自分工及学理关联》，《求是学刊》2009 年第 1 期，第 126—133 页。

企业与组织管理活动的诉求下，秉持“和魂洋才”的态度，将美国管理科学与本民族经济思想、中国古典思想精华相融合，注重精神鼓励与物质激励，形成了日本式企业经营管理理论与模式[①]。

然而，其中也存有严重的错误路径。例如，明治维新后，日本资本主义社会盲目接受西方强权政治思想，并与皇国史观、武士道、佛教、儒教中的思想糟粕柞结合，演化成军国主义思想，在狭隘的民族使命观下，造成了文化传承、政治经济军事活动等方面的严重扭曲[②]。

综上，全球经济思想发展史表明，传统经济思想的传承创新存在多种路径，各具特点，尊古守旧、全盘移植外来思想的道路被历史一再证明无法走通。相反，那些展现出较强生命力的路径，均较好地融通了古今中外各类资源，其规律性特征，可概括为较好地处理了“四对关系”。

一是继承性与实践性的关系。传统经济思想通过回应时代重大关切，为社会经济发展实践提供了灵感和借鉴。同时，经济实践中产生的理论创新，并非简单地取代传统经济思想，而是在继承其核心精神的基础上，进行拓展深化。这一过程为传统经济思想带来了新的生命力，并增强了面对现代经济环境的适应性。

二是专业性与大众性的关系。传统经济思想通常散见于浩瀚的古籍中，杂糅于政治、军事、历史等论述中，处于简单零散的状态，需要通过专业且系统的研究以提炼、梳理和阐释。同时，为了使这些经济思想能够被大众广泛接受和应用，其解读和传播过程中还需采用易于理解的方式。

三是民族性与时代性的关系。需要深挖并在继承中不断塑造本国或本民族的优秀传统经济思想内核，这不仅是对传统经济思想精华的继承，更是在

---

① [日]村山孚、杨冶、林新生：《日本的管理现代化和中国的古典思想》，《现代日本经济》1985年第1期，第56—59页。

② 汤重南：《日本军国主义思想是庞杂的精神糟粕》，《日本学刊》2005年第4期，第7—19页；张义素：《日本军国主义教育及对国民意识的影响》，《日本学刊》2005年第4期，第83—95页。

现代社会背景下对传统经济思想的重新阐释和应用，从而在时代发展中不断地丰富其民族性。

四是本土性与国际性的关系。传统经济思想要善于吸纳世界各民族优秀的思想资源，并依据本民族文化特征加以本土化。同时，还要通过跨文化交流，充分地弘扬传统的经济智慧，为世界经济发展做出本民族的贡献。

二、中国传统经济思想传承创新的根本路径

在当前中国语境下，传统经济思想要实现传承创新和现代转化，既须遵循上述普遍性规律，又须兼顾中国的特殊性。这意味着，我们在继承和发展传统经济思想时，不仅需深挖其历史与理论根基，还应将其与马克思主义基本原理相结合，与全面建设社会主义现代化国家的发展实践相融合，思考如何为解决现实问题提供帮助。同时，在彰显本土特色的过程中，应注意国际交流对话，实现传统与现代、本土与世界的有效结合。

针对上述“四对关系”，并基于中国传统经济思想特征和“两个结合”的原则，本书大致勾勒出了中国传统经济思想传承创新的根本路径：以“两个结合”为指导，以回应中国重大经济理论和实践问题为逻辑起点，在挖掘、阐释和弘扬优秀传统经济思想基础上，自主采用现代多元研究方法，充分汲取马克思主义经济学、西方经济学等各种经济思想的精华，形成新的知识要素，为推进中国式现代化的实践探索提供思想动力。具体而言，表现在以下几个维度。

（一）协调继承性与实践性，推动中国式现代化

中国式现代化深深植根于中华优秀传统文化，处理好继承性和实践性是其重要特征。

一方面，推动中国式现代化不能忽视传统经济思想的滋养，要加强弘扬

和吸收转化中华优秀传统文化，从传统文化精髓中汲取优良养分，赓续历史文脉，助力建设中国式现代化的文化形态。

另一方面，要注重回应中国经济社会重大而紧迫的问题，这将为传统经济思想传承创新提供发展方向，激发其生机活力。以问题为导向是经济思想形成和发展的重要动力，基于经济发展实践的需要，有助于我们提炼出中国传统经济思想的关键要素，并将其运用到现实经济实践中，进而促进中国传统经济思想赓续发展。

例如，面对扭转市场伦理滑坡、塑造新型国际关系等议题，可从古代义利思想中寻求现实镜鉴，孔子的“见利思义”[①]、墨子的“义，利也”[②]、叶适的“成其利，致其义”[③]等思想，蕴含着利己与利他、物质与精神、动机与目标的辩证统一，对于处理利益追求和道德规范，以及国与国的关系皆有重要启示[④]。

创新完善中国特色宏观调控是中国式现代化的重点任务，《道德经》中的宏观治理思想、司马迁的“善因论”以及《管子》的“轻重论”，重点关注了政府与市场的关系，我们可从发挥政府和市场的各自优势，实现二者和谐互动的角度，充分挖掘、阐释、延伸其中的有益成分，进而为中国维持经济稳定运行和创新完善中国特色宏观调控提供思想动力[⑤]。

面对完善重大突发事件下的应急体系这一问题时，可从强制能力、汲取能力、递送能力、信息决策能力等角度切入中国传统荒政思想，汲取其中重

①《论语·宪问第十四》。

②《墨子》卷10《经上第四十》。

③（宋）叶适撰：《习学记言》卷21《汉书》。

④ 程霖、陈旭东：《中国传统经济思想的现代价值》，《文汇报》2016年2月26日；张雄、朱璐、徐德忠：《历史的积极性质：“中国方案”出场的文化基因探析》，《中国社会科学》2019年第1期，第4—21、204页。

⑤ 陈彦斌：《创新和完善中国特色宏观调控——〈道德经〉宏观治理思想的启示》，《经济研究》2023年第7期，第9—14页；陈旭东、田国强：《司马迁的因俗以治思想及其现实镜鉴》，《财经研究》2016年第7期，第63—74页。

视民食、关怀受灾群体、注重灾后养民等思想与实践，为当下提供历史经验[①]。

人口高质量发展是中国式现代化的重要支撑，中国古代的增殖人口、移风易俗、徕民、均民等人口思想与政策，通过创造性转化，有助于加强人口综合治理、促进人的全面发展。

（二）平衡专业性与大众性，建构中国自主的经济学知识体系

建构中国自主的经济学知识体系在传承和发展中国传统经济思想方面扮演着重要的角色，专业性和大众性是其中的重要考量。只有将传统经济思想的内容及研究方法进行条理化和系统化，才能有助于深刻解读其丰富内涵；同时，还要以贴近大众认知和接受习惯的话语方式进行阐释和传播，才能拓展其社会认同空间，实现专业深度与大众接受之间的良性互动。传统经济思想具有丰富性、独特性、创新性、分析性，能为建构中国自主的经济学知识体系提供宝贵思想资源，在此过程中，也将推动其自身的返本开新，激发自身活力并拓展应用空间。

其一，传统经济思想提供了丰富的知识要素。传统经济思想汇聚了中国数千年的思想智慧和文化精髓。可从经济伦理思想、经济治理思想、财政思想、工商业经济思想、农业经济思想、金融思想、土地思想、对外贸易思想、人口思想、会计审计思想、国防经济思想、生态经济思想、消费思想、收入分配思想、价值与价格思想、经济统计思想等诸多范畴，充分挖掘、阐释、引申和概括传统经济思想，从而为建构自主的经济学知识体系提供丰富的知识要素。

其二，传统经济思想供给了独特的话语要素。传统经济思想概念及其概念体系，可为提炼中国风格的标识性概念、建构有别于西方经济学的话语体

① 岳翔宇、夏艳秋：《国家治理与粮食安全：基于中国传统荒政思想的考察》，《财经研究》2023年第10期，第154—168页。

系提供重要支撑。清晰界定传统话语、赋予时代内涵等方法，不仅有助于更好地表达中国的经济理念和政策，还能促进国际学术界对中国经济模式的理解和认同。

其三，传统经济思想蕴含着卓越的理论要素。传统经济思想展现了经济理论的多维性和创新性，展现了丰富、多样、真实的经济世界，有助于补充、突破和超越西方主流经济学理论，这也是传统经济思想的核心价值所在。传统经济思想在注重民生诉求、社会公正、政府市场关系、和合智慧、人与自然和谐相处等诸多方面具有卓越创见，有助于为明确中国经济学根本立场、构筑中国经济学的底层逻辑、探索政府市场关系新模式、厘清新型国际关系深层内涵、深刻理解人与自然的共生关系提供思想借鉴。

其四，传统经济思想具有分析性、体系性层面的启示。中国传统经济思想展现出了有别于西方的经济分析和逻辑体系，通过创造性转化，有助于推动对西方经济学的补充完善、思想突破和理论超越，从而形成与当代中国相匹配的经济学分析框架和研究范式①。

（三）统一民族性与时代性，建设中华民族现代文明

建设中华民族现代文明，是传承创新传统经济思想的重要方向，体现着民族性和时代性的辩证统一。在新时代条件下，需要在“两个结合”的指导下，充分发挥传统经济思想的文化功能，厚植历史根基，为中华民族伟大复兴提供精神动力。

一方面，中国传统经济思想作为中华优秀传统文化的重要组成部分，蕴含着不同于其他国家和民族的价值体系、文化内涵和精神品质，是在世界文化激荡中站稳脚跟的坚实根基。换言之，传统经济思想精华呈现了鲜明的民

① 程霖、段博：《坚持“两个结合”加强中华优秀传统经济思想的学理化阐释》，《光明日报》2023年10月10日。

族风格、中国品格，是思想认同的文化基石，并同社会主义核心价值观高度契合，经由“两个结合”，通过现代转化，有助于人民找到精神归属、获得文化滋养、凝聚社会共识。

另一方面，需要激活传统经济思想的时代活力，推动经济思想不断深化，与时代共发展，发思想之先声。中国经济的快速发展与全球化背景下的新挑战，无不要求经济思想与时俱进。在研究和发展中国传统经济思想的过程中，我们应该密切关注时代的新问题、新趋势，在“两个结合”下，积极创新经济理论和思想观念，不断提出新的研究命题和理论观点，激发经济思想的活力与前瞻性。

（四）兼顾本土性与国际性，推动中外文明交流互鉴

推动中外文明交流互鉴是传承创新中国传统经济思想的重要环节，本质上是要处理好本土性和国际性的关系。既要吸收人类文明一切有益的思想及方法，又要推动中华文化更好地走向世界。

其一，要善于以开放的态度学习、借鉴和融通各种资源。要积极参与世界文化交流，深入了解和借鉴各国优秀的经济理论、政策和实践经验，从而不断丰富和完善中国经济学的理论体系。从马克思主义经济学中国化、西方经济学本土化中萃取思想要素，并将中国传统史学、文献学、语义学等治学方法，与马克思主义的辩证唯物主义、历史唯物主义，以及西方经济学、翻译学、诠释学、哲学、社会学、伦理学、统计学、数学等研究方法相结合，在学术实践中提炼出富有本土特色的经济思想、研究方法和指导原则。例如，在很多方面，中国传统经济思想可以与西方经济学形成互补，提供看待问题的全新视角。中国传统经济思想注重集体利益，存在浓厚的家国情怀，这种观念与西方经济学中的个人主义和利益最大化原则形成了鲜明的对比，为全球经济理论发展带来新的思考和启示。

其二，要更好地走向世界，为全球提供思想资源。中国传统经济思想曾为丰富多个国家的经济学研究贡献过中国思想与中国智慧，我们需要系统梳理其在全球范围内的传播经验，深入挖掘其对法国重农学派、英国古典政治经济学、德国官房主义经济思想、凯恩斯经济理论、美国农业经济政策、日本企业经营模式创新等现代经济理论与实践的深远影响，从中提炼其跨文化阐释规律。同时，深层解读中外经济思想的差异，在实践基础上，挖掘与全人类共同价值尤其是与世界各国人民求和平、谋发展、促合作等具有普遍性的诉求相契合的经济智慧和传统元素，为全球经济学说发展贡献新的知识成果，为全球经济发展提供具有中国特色的实践经验和理论结晶，与世界共享发展智慧。这种交流与互鉴将扩大中国经济学的国际影响力，助推中国经济学国际话语权的建构，加速构建开放型世界经济，为共同构建人类命运共同体给予正确指引。

三、全球视野下传统经济思想传承创新的多元方法

在传承与创新的路径中，各国根据自身特有的历史、文化和社会背景，采用了多样化的策略来推进经济思想的发展。对这些历史上的典型方法进行较系统的总结梳理，有助于我们形成对传统经济思想传承与创新方法的规律性认识。

（一）中国："我注六经"与"六经注我"

对于传统经济思想的继承与发扬，古代中国有着悠久丰厚的学理方法，可概括为"我注六经"和"六经注我"两种，二者相互补充。"我注六经"旨在追求原义，通过运用训诂、义疏、考据、辨伪、辑佚等多元方法，深入探讨经典文本的内在意涵。例如，对于含有丰富经济思想的《管子》一书，汉代刘向对其进行系统梳理，将散乱无序的著作整理成篇目固定、内容完整

的文本[①]；宋代叶适依据训诂方法，对文本和作者的关系加以讨论，指出“《管子》非一人之笔，亦非一时之书，莫知谁所为”[②]。“六经注我”则强调义理的阐发及运用，依照现实需求，通过阐发微言大义、以意逆志等方法，对传统经济思想加以融通和发展。例如，丘濬依照明中期白银货币化进程的需要，将古代“以珠玉为上币，以黄金为中币，以刀布为下币”[③]的“三币”思想，加以运用和变通，设计出了“以银为上币，钞为中币，钱为下币”[④]的货币流通制度，以应对交易环境的变化。但总的来看，尽管古代暗含了一套学理方法体系，但传统的方法不注重纯粹的经济分析和逻辑演绎，显得零散和混杂。近代以来，中国经济思想史学人除结合传统方法外，还较多地借助外来方法，采用马克思主义政治经济学和西方经济学理论来系统梳理、提炼传统经济思想，推动其现代转型，例如，胡寄窗、赵靖、叶世昌等中国经济思想史学科奠基者结合马克思主义基本原理和传统经济思想的特点，深入挖掘了传统经济思想，并撰写了《中国经济思想史》《中国经济思想通史》《古代中国经济思想史》等通史性著作，开创了中国经济思想史系统研究的框架和范式。

此外，在实践方法上，中国自古以来就高度重视文化的传承，在文献搜集、编纂和保存，教育传承，文化传播等方面积累了较丰富经验。例如，中国常常于盛世修文，调动社会力量，修建场所，将分散的书籍进行系统全面的总结、编撰和收藏，以便后人集中检索和利用，其形成的大型类书和丛书有《太平御览》《永乐大典》《四库全书》等[⑤]。隋唐以来推行的科举制，

---

① 耿振东：《〈管子〉学史》，商务印书馆，2018，第131页。

②（宋）叶适撰：《习学记言》卷45《管子》。

③《管子》卷22《国蓄第七十三》。

④（明）丘濬撰：《大学衍义补》卷27《制国用》。

⑤ 于翠玲：《论官修类书的编辑传统及其终结》，《北京师范大学学报（人文社会科学版）》2002年第6期，第118—125页。

创造了浓厚的文化氛围，对传承文化起到重要作用，后来其运作方式逐渐僵化，产生了深远的负面影响。在中外交流上，中国通过贸易、人员往来、宗教等形式，经由陆上和海上丝绸之路推动了儒家、佛教、道教等优秀传统文化的传播[①]。

（二）海外："历史再现"与"理性再现"

与中国相似，国外在传承创新中也呈现出两类鲜明的研究方法。著名经济思想史家布劳格在探讨经济思想史发展过程中概括出了两种不同研究方法，一种是"历史再现"，即按照思想家的思考方式来表述其思想；另一种是"理性再现"，即用当下的术语分析前人的观念，对其进行评价，并找出其优点和错误[②]。就"历史再现"而言。欧洲中世纪有着丰富的阐释活动，旨在从《圣经》，古希腊、阿拉伯文化中汲取有益的经济思想。奥利金·阿达曼提乌斯（Origen Adamantius）通过创立考证符号体系、页旁注解、阐发式评注、福音传道等解释方法，开启了经院烦琐注经之风[③]；阿奎那的经济思想充分借鉴了阿拉伯思想家安萨里（Al-Ghazzali）的经济观念及主张[④]。就"理性再现"而言，西方思想家更在意追究世界本源，而非仅仅解释前人的思想观点。自古希腊、古罗马和中世纪时代，思想家就基于现实经验对传统经济思想加以发展完善。例如，亚里士多德在继承柏拉图的分工和交换理论的基础上，

---

① 薛东前、石宁、段志勇等：《文化交流、传播与扩散的通道——以中国丝绸之路为例》，《西北大学学报（自然科学版）》2013 年第 5 期，第 781—786 页。

② [英]马克·布劳格：《经济理论的回顾》，姚开建译，中国人民大学出版社，2009，绪论，第 6 页。

③ 潘德荣、齐学栋：《诠释学的源与流》，《学习与探索》1995 年第 1 期，第 61—68 页。

④ 古希腊文化一度在西欧濒临失传，正是由于阿拉伯文化发挥了重要的中介作用，才让欧洲重新发现了希腊古典哲学和经济思想。一方面，阿拉伯学者善于保护并继承古希腊文化遗产，将古希腊典籍翻译成阿拉伯语；另一方面，这些知识通过阿拉伯语的拉丁文译本，深刻影响了欧洲文化进程。参见白若萌：《托马斯·阿奎那与安萨里经济思想的传承与比较》，《世界宗教文化》2013 年第 1 期，第 29—34 页；钱志和：《阿拉伯文化的西传和西欧的文艺复兴》，《西亚非洲》1987 年第 6 期，第 52—58 页。

进一步考察了商品和货币的交换行为，明确区分了交换价值和使用价值[①]。阿奎那通过引经据典和折衷主义，将基督教教义与亚里士多德的经济思想相融合，反对高利贷取息、支持公平价格[②]。工业革命之后，现代经济学则更多引入数学等方法，将传统经济思想纳入其中。例如，20 世纪 50 年代，由于线性规划和非线性规划等数学方法的发展为处理分工和专业化问题中遇到的角点解难题提供了必要的实证分析工具，舒尔茨、贝克尔、杨小凯等学者在此基础上对分工思想进行了拓展深化，这实际上也是对柏拉图分工思想的继承和发扬[③]。当然，现代经济学过度抽象的方法有时可能会淡化其与传统经济思想之间的传承关系，如熊彼特极力批判了“李嘉图的恶习”，认为高度抽象的经济模型缺乏对经济和历史内容的关注[④]。

此外，在实践方法上，国外在资料搜集、大学教育、海外传播方面也积累了较丰富的经验。例如，18 世纪西方在编撰百科全书上形成了一个高潮，博学家以及众多专业学者进行了分工合作，形成、保存、传播了传统文化[⑤]。中世纪兴起的大学教育，在培养人才、传承优秀文化、创造新思想方面发挥了重要作用，并推动了社会变革[⑥]。因受传教驱动，传教士在传播西方文化、推动文化交流上扮演了重要角色。

综上，在探索和运用传统经济思想传承创新的方法上，中外积累了各自

---

① 郗戈：《〈资本论〉中的亚里士多德：家政与资本主义》，《教学与研究》2014 年第 9 期，第 28—35 页；陈燕：《柏拉图和亚里士多德的经济伦理思想比较》，《伦理学研究》2003 年第 5 期，第 100—105 页。

② 魏丽莉：《经济思想史》，机械工业出版社，2019，第 14 页。

③ 赵明亮：《分工理论：从古希腊思想到新国际体系的研究述评》，《产经评论》2010 年第 3 期，第 14—23 页。

④ [美]约瑟夫·熊彼特：《经济分析史》（第二卷），杨敬年译，商务印书馆，2001，第 152—153 页。

⑤ 吴晗：《启蒙的畅销书——〈不列颠百科全书〉早期编纂史探源》，《新世纪图书馆》2019 年第 10 期，第 92—96 页。

⑥ 孙益：《“赫斯伯格矛盾”解读——以大学与欧洲近代早期社会变革为视角》，《教育研究》2014 年第 2 期，第 129—136 页。

风格的宝贵经验，同时也表现出许多共同之处。历史表明，过度地强调历史方法会导致经济思想零碎与混乱，片面地运用抽象方法会同现实脱节，应追求历史与理论相统一的方法，其规律性特征，可概括以下几点。

首先是“照着讲”，即恰当、如实地再现传统经济思想的形式与内涵，这需要处理好作者、文本、读者的关系①。一方面文本应置于作者生平的史实源流中才能得以窥见文本原义，另一方面受限于读者的前理解结构，读者理解与文本原义会不可避免地出现偏差。因此，需要在正确的价值取向下，通过持续的自我理解、理性构建、交流互动，从而在公共空间中不断取得共识。

其次是“接着讲”，即根据时代需求和价值取向，通过多元的方法，对传统经济思想做出调整和改变，完善其不足之处，拓展其未尽之处，赋予其新的时代含义，激活传统经济思想的生命力。

最后是“自己讲”②，有时并不是对传统经济思想的专门创新，而是从自身问题出发，从传统经济思想中汲取有益成分，并与其他经济思想、理论创新相结合，构成新的经济理论知识。

此外，除了上述学理化方法外，政府、学术共同体、人民群众、学者个人等社会主体在各自领域秉持了多元的实践方法，有的是政策指引，有的是学术研究，有的是国际传播等，也都为推动传承创新活动提供了有力支撑。

四、中国传统经济思想传承创新的学理及实践方法

针对上述“照着讲”“接着讲”“自己讲”以及实践层面的规律性认识，并基于中国传统经济思想特征和“两个结合”的原则，本书大致刻画了中国传统经济思想传承创新的学理方法和实践方法，具体如下。

---

① 潘德荣：《理解方法论视野中的读者与文本——加达默尔与方法论诠释学》，《中国社会科学》2008年第2期，第42—53页。

② 张立文：《中国哲学：从“照着讲”、“接着讲”到“自己讲”》，《中国人民大学学报》2000年第2期，第7—9页。

（一）学理方法：阐释、引申与评价

一是合理阐释，推动“照着讲”。从形式和内涵上“复原”中国传统经济思想，是传承创新的基础性工作。由于近代以来中国经济学知识体系的变迁，传统经济思想在现代语境存在一定程度的脱节。为克服时空间距，需坚持同马克思主义基本原理相结合，运用历史与逻辑相统一的方法，全面挖掘、梳理、解读夹杂在庞大复杂史料中的传统经济思想，从而实现“照着讲”。马克思主义认识论深刻揭示了人类社会发展的一般规律，要求我们秉持科学实践观，依照社会实践决定经济思想、经济思想反作用于社会实践的逻辑，将传统经济思想概念与古代历史演变相结合，力求按照历史本来面貌“复原”其意涵①。在理解和评价传统经济思想概念时，应注意古代和近现代话语在语义语法、体系结构等方面的差异，需在实事求是的原则下，秉持合乎规范的阐释逻辑，避免强制阐释。

具体来看，一方面，对于单一的经济思想学说、概念、理论和主张，需将其置于特定历史的社会经济中分析考察，同文本考证、经济史、考古学等研究前沿相结合，通过当代话语对此类思想做出恰当解释，同时从动态的视角考察其演化轨迹与发展特征。另一方面，对于经济思想的总体，需全景式地揭示其发展阶段、关键议题、谱系结构、生成机制、突出特征、功能作用、主要贡献、世界影响、时代局限等内容，进而在全局高度上对分散的经济思想元素加以综合概括与系统提炼，构建传统经济思想的概念体系、话语体系、思想体系，形成清晰直观且不断完善的思想“基因库”②。

二是引申和赋予新含义，促进“接着讲”。历史长河里的中国传统经济

---

① 程霖、段博：《坚持“两个结合”加强中华优秀传统经济思想的学理化阐释》，《光明日报》2023年10月10日。

② 程霖、段博：《坚持“两个结合”加强中华优秀传统经济思想的学理化阐释》，《光明日报》2023年10月10日。

思想并非一成不变，乃是因注入新的时代精神而日臻完善。当下应以中国当代实践的重大问题为导向，在全面深入了解传统经济思想的基础上，在马克思主义两点论、重点论的指导下，推动“接着讲”。中国传统经济思想中蕴含着富有生命力的优秀因子，但这些优秀因子不会自然地显现，需要我们坚持马克思主义基本原理，结合中国式现代化的伟大实践，在返本开新中实现创造性转化和创新性发展。习近平总书记指出：“时代是思想之母，实践是理论之源。一切划时代的理论，都是满足时代需要的产物。”[①]因此，中国传统经济思想的现代转化，需以重大现实问题为导向，主动回应时代呼唤，创造出人民喜闻乐见、具有普遍解释力、经得起实践检验、富有传统特色的新思想、新概念、新范畴、新话语。

具体来看，一方面，应在内涵上鲜明地赋予传统经济思想以与之相通的、新的时代意涵，实现理论引申与内涵升华。例如，可根据马克思主义唯物史观中关于人民立场、实践品格、开放精神的价值引领与方向指引，对传统经济思想加以筛选扬弃，甄选出“民惟邦本”“天下为公”“革故鼎新”“兴利除弊”“协和万邦”“四海一家”等与马克思主义学说在基本理念和价值取向上相契合的传统经济思想、概念、话语，予以重点关注和转化。另一方面，在形式上保持或调整传统经济思想的语言外壳，形成易于传播和接受的表达方式。比如，“小康”所蕴含的中华民族数千年来对美好生活的追求，在现代语境中与“社会”一词相结合，引申为国家治理的总目标，以此为核心概念，形成了“全面建设小康社会”“全面建成小康社会”“后小康社会”等富有中国特色的概念群，成为讲述和传播中国话语的典型代表，为世界其他发展中国家的现代化贡献了中国方案[②]，“以人民为中心”的发展理念汲取了传统民本思想养分，并在政治立场、执政理念等维度实现了理论升华，

① 习近平：《开辟马克思主义中国化时代化新境界》，《求是》2023年第20期，第4—9页。

② 闫坤、于树一：《小康社会》，《经济研究》2022年第8期，第4—16页。

成为以中国式现代化实现中华民族伟大复兴的根本立场与价值取向[①]。

三是概括和评价，实现“自己讲”。缘于价值取向、思维方式、话语表达等差异，中国传统经济思想在实际运用中需进一步概括提炼，从而促进“自己讲”。一方面，对于内涵丰富但语言冗长或零碎的经济思想，在把握文本或作者原意的基础上，结合现代学术研究的视野与方法，主动调整、简化原有语言形式，乃至提出新的概括性话语，做出明确的学理化表达，形成标识性的概念、话语、命题，如“善因论”“节用论”“黄宗羲定律”“皇权不下县”等。另一方面，对传统经济思想予以抽象概括与评价，将其作为内在组成部分，纳入新的理论框架之中，使其成为现代经济理论创新中不可缺少的思想元素，如“胡寄窗分界”“三大教条”“过密化”“以工立国”等。当前可以围绕“中国式现代化”“构建人类命运共同体”“新发展理念”“新发展格局”“共同富裕”等重大理论命题，努力从中国传统经济思想中汲取精华，并纳入中国自主的经济学知识体系之中。

（二）实践方法：从整体的角度综合推进

中国传统经济思想传承创新的方法不仅需要学理层面的生产创作，还需要实践层面的支撑与检验。实践支撑涉及史料搜集、社会氛围、国际传播等多个相互依存的方面，有助于传统经济思想在公共空间中被认同、采用、传播和再生产，若以整体的角度来看，可从以下三个方面予以推进。

第一，完善史料的搜集整理。考古挖掘、版本考订等基础性工作可从根本上拓展中国传统经济思想研究的广度和深度，因而需要深化史料的系统搜集、整理、数字转化及利用，如依托数字人文技术解决资料离散和时空分离难题、借助数据平台化建设实现资源共享与大数据计量研究等。具体来看，学术研究必须充分地占有材料，全面、准确和易于获取的史料是传

① 叶坦、王昉：《对中国古代民本经济观的传承与超越》，《人民日报》2021年11月29日。

承创新中国传统经济思想的重要前提。首先要全面搜集史料，注重对古籍、方志、碑刻、账簿、契约、文书残卷、考古文献、域外文献等一手史料的挖掘和珍贵史料的抢救性保护，还要强调对近代以来经济思想史学科经典作品等二手史料的整理保存。其次要深入考证史料，既有对古文分类、断句、钩稽、校订的要求，也有对文献版本、出土年份的判断，还有在鉴定真伪、提取信息等环节采用新技术新方法的需要。最后要便捷地获取史料，应不断推进数据库建设和古籍数字化进程，实现零散史料资源的有效整合、分析与利用，同时要拓宽服务群体范围，持续向公众提供优质且高效的文化资源。

第二，培育良好的社会氛围。不断提升对中国传统经济思想研究的总结、反思及创造能力是推动中国传统经济思想传承创新的关键，因而需要充分发挥党的领导核心作用，营造良好的学术氛围，强化学术共同体建设，同时调动广大人民群众的积极性，从而打造具有时代特征的标识性概念，创新中国经济学的话语体系和理论体系。具体来看，首先，要坚定中国共产党的核心领导。发挥其总揽全局、协调各方的作用，从政治引领、思想引领、组织引领等方面，深化全社会对“第二个结合”的理解认识，在文化强国建设中，充分彰显中国传统经济思想的蓬勃生命力。其次，要加强思辨人才的培养和学科队伍的建设。培养一支具备较高研究水平和创新能力的学科队伍，提升研究人员的综合素质和学术造诣,对于促进经济思想的繁荣与发展至关重要。同时，要深化跨学科的交流合作。健全完善学术活动的激励与约束机制，重点完善学术评议机制，促进学术团体、学术刊物和学术会议的协调互动，注重专业性和自律性，在学术争鸣中不断形成新的共识，实现传统经济思想的创造性转化和创新性发展。秉持开放、包容和学习的理念，积极吸收融合其他学科的研究成果，吸收融合世界优秀学术研究成果，推动经济思想研究不断取得新突破。经济思想研究应该跳出学科的界限，积极借鉴其他相关学科的研究成果，通过跨学科的交流与合作，促进经济思想的创造和发展。最后，要调动人民群众的积极性。人民群众的支持认同，既是检验传统经济思想适用性的最终判断标准，也是推动传统文化发展的根本动力。要将传统经济思想讲得通透、通俗，就要借助数字媒体、文旅活动、文创产品的表现形式使其“活起来”，融入日常点滴生活中。

第三，推动文化传播与文明互鉴。推动社会各界广泛传播乃至促进国际传播，是推动中国传统经济思想传承创新的重要支撑，也是讲好中国故事、传播中国声音的必要举措。经济思想研究只有在与其他文明相互交流与对话的过程中，才能对自身的定位有更清晰的认知。这就需要深入研究传播规律、创新传播方式、拓宽传播渠道，实现精准、智能、个性化传播，进一步推动国际社会对以中国传统经济思想为代表的中华传统文化的理解与认同，切实提升中国学术话语权和影响力。

具体来看，一方面需要在翻译交流中注意误读，减少沟通障碍，避免文化冲突。要找准中国传统经济思想与国外文化的衔接点，加强对核心概念、范畴、思想的精准翻译，凸显传统经济思想的世界意义、中国智慧，避免歧义，增进认同，实现中外经济思想的深度对话。另一方面要积极培养国际传播人才、搭建文化交流平台，通过主动设置议题等方法，对外讲好中国故事，促进中外传统经济思想多领域、深层次的交流互鉴。同时，依托大数据、人工智能等新兴技术，变革传播渠道和传播模式，建立多元立体的对外传播格局，助力中国声音说得出、听得懂、传得开、传得久。

总而言之，只有沿着协调继承性与实践性、平衡专业性与大众性、统一民族性与时代性、兼顾本土性与国际性的路径，综合采用阐释、引申与评价的学理方法和从整体的角度综合推进的实践方法，才能更好地推动中国传统经济思想传承创新，进而为解决现实经济问题提供借鉴、提炼传统经济思想元素以构建中国经济学、在文明互鉴中更好彰显中国经济思想的世界意义，激活中国传统经济思想的现代价值与时代生命力。

第二节　解决现实经济问题的传统经济思想借鉴

中国传统经济思想的现代价值与重要贡献之一体现在其可为当代解决现实经济问题提供历史借鉴和思路启发。虽然中国传统经济思想产生于特定的历史时期，但它是中国古代思想家对古代社会经济现象、经济问题的能动认识与深刻思考，具有较强的现实性。如第二章所言，中国传统经济思想具有显著的问题导向，以解决现实经济问题为核心，与经济发展、国家治理、社会稳定、百姓生活等社会经济实践紧密相关，具有强烈的现实关怀。中国传统经济思想作为中华民族在几千年历史长河中基于社会经济实践逐渐积累、形成的智慧结晶，不仅凝聚着先人的深刻洞察与宝贵经验，更随着经济基础与上层建筑的互动而不断地进行政策化、制度化、实践化和时代化演变，其中蕴含的许多理念、政策主张和经验教训在当代治国理政的实践中依然具有重要的参考价值，是中华民族的突出优势和实现现代化的精神财富。

中国式现代化是赓续中华文明和植根于中国大地的现代化，要破解中国式现代化发展中的各项难题，必须在新的时代条件下，充分运用中国传统经济思想中，与马克思主义相契合且对解决现代化重大理论与实践问题有时代价值的宝贵资源，创造出新时代的理论成果和制度成果。“两个结合”尤其是“第二个结合”为我们从中国传统经济思想中汲取养分、解决现实经济问题提供了理论指引，那就是运用马克思主义激活中国传统经济思想中富有生命力的优秀因子并赋予新的时代内涵，同时将中华民族的伟大精神和丰富智慧更深层次地注入马克思主义。这就需要我们充分运用中国传统经济思想的宝贵资源，结合当代的经济发展实际，推动其进行创造性转化和创新性发展，从而在更广阔的文化空间中走向未来，开启全新的理论和制度探索。

尽管中国传统经济思想的许多内容对于诸多现实经济问题的解决都具有

深刻的启示价值，但限于篇幅，且考虑到人口政策、贫富差距、粮食安全、企业发展、货币政策等是当代中国社会经济现实中比较重要的经济问题，本书仅选取了中国传统人口政策思想、中国传统调均贫富思想、中国传统荒政思想、中国传统管理思想和中国传统纸币思想五个案例来阐释传统经济思想，可为解决现实经济问题提供历史借鉴。前文在分析中国传统经济思想的发展演变、光辉成就与世界影响时已从不同角度谈及这些传统经济思想，但并未作专门而系统的论述。因此，本节首先分别剖析这些传统经济思想的核心内涵，其次以此为基础阐释其对当代推动人口高质量发展、促进共同富裕、完善粮食安全治理、健全企业管理、制定货币政策的现代启示。

需要强调的是，中国传统经济思想不仅能为中国解决现实经济问题提供历史借鉴，在相当程度上也可为其他国家解决现实经济问题贡献中国古代的智慧与经验。这一点从本书第三章对中国传统经济思想的世界影响的剖析中可见一斑。不过，限于篇幅，加之考虑到中国经济思想史研究的主体性原则，本书侧重于讨论中国传统经济思想对解决当代中国现实经济问题的历史借鉴。

一、中国传统人口政策思想与推动人口高质量发展

习近平总书记指出，“人口问题始终是一个全局性、战略性问题”[①]。在不同历史时期，人口问题有着不同的呈现形式，但是它与经济社会发展乃至人类文明变迁之间有着密切而复杂的互动关系，因为人口既是社会存在和文明发展不可或缺的条件，也是生产力要素中最为重要的部分。新中国成立以来，党和政府根据人口问题的变化以及经济社会发展的需要，制定了适应

---

①《习近平在参加第七次全国人口普查登记时强调 切实做好第七次全国人口普查工作 为高质量发展提供准确统计信息支持 李克强栗战书汪洋王沪宁赵乐际韩正王岐山分别参加人口普查登记》，《人民日报》2020 年 11 月 3 日。

不同阶段需求的人口政策，有力地推动了经济社会的发展进步，实现了人民生活水平的稳步提升。

近年来，在世界百年未有之大变局加速演进和我国开启全面建设社会主义现代化国家新征程的时代背景下，中国人口发展态势呈现出一系列新的变化，并逐渐成为制约经济社会高质量发展的突出问题。如何妥善处置好人口这一重大战略问题，以人口高质量发展促进经济社会高质量发展和支撑中国式现代化，是值得深入探讨的议题。在此理论与实践探索过程中，意涵丰富的中国传统人口政策思想作为中国传统经济思想的珍贵元素，更加值得学界系统凝练其核心内涵并深入挖掘其时代价值，这既是实现中华优秀传统文化创造性转化与创新性发展的内在要求，也能为新时代中国人口发展的理论创新和人口问题的妥善解决提供历史启迪。

（一）人口高质量发展的时代必然

中国是世界上人口最多的国家之一，人口问题是中国式现代化发展的基础性问题。人口作为生产力要素中最重要的部分，“是社会发展的主体，也是影响经济可持续发展的关键变量”[①]，因此，人口问题本质上是发展问题。党的二十大报告指出，中国式现代化是人口规模巨大的现代化[②]。这既是中国式现代化的独有特征，也是全面建成社会主义现代化强国的坚实基础。近年来，中国人口发展进入了关键转折期，生育率持续走低、老龄化进程加速、人口结构少子老龄化和劳动力老化程度不断加深，致使经济高质量发展受到潜在制约，影响家庭发展和社会稳定的隐患也不断积聚。人口问题愈发成为制约中国经济社会高质量发展的突出问题。

①《中共中央 国务院关于优化生育政策促进人口长期均衡发展的决定》，《中国青年报》2021年7月21日。

② 习近平：《高举中国特色社会主义伟大旗帜 为全面建设社会主义现代化国家而团结奋斗——在中国共产党第二十次全国代表大会上的报告》，《人民日报》2022年10月26日。

人口高质量发展意指塑造总量充裕、素质优良、结构优化和分布合理的现代化人力资源，从而适应和促进经济社会高质量发展。深刻认识中国人口发展面临的客观现实，以人口高质量发展支撑中国式现代化，既是党中央针对中国人口发展新态势和着眼于社会主义现代化国家建设所作的重大部署，也是实现人的全面发展和推动中华民族伟大复兴的持久动力。中国传统人口政策思想作为中华民族在几千年历史长河中面对各类人口问题所积累的知识智慧和理性思辨，是中国传统经济思想的珍贵元素，系统梳理和深入挖掘其历史意蕴和时代价值，有助于探索面向新时代中国人口发展的理论、制度和实践创新，为人口高质量发展贡献独特历史智慧。

（二）中国传统人口政策思想的历史意蕴

本书第二章从人口数量和人口结构的视角对传统人口思想的创新性进行了考察，为了充分阐释传统人口思想的现代价值，在此进一步从人口发展的数量、素质、结构和分布等多重维度把握其深厚历史意蕴。

促进人口数量增殖是中国传统人口政策思想的核心与主流。“天下盛衰在庶民，庶民多则国势盛，庶民寡则国势衰”[①]，中国传统人口政策思想从国家赋税的角度提出“户口滋多，则赋税自广”[②]，从财富增长角度提出“庶为富基”[③]，强调人口对国家富强的作用并提倡增益民众。在“民众国盛，民寡国衰”观念的主导下，中国古代主要以经济激励、徕民政策和移风易俗等正向调节方式促进人口数量增殖。经济激励是指通过奖励食粮禽畜和减免赋税徭役等仁政措施促进人口繁衍。《管子》云：“子有幼弱不胜养为累者，有三幼者无妇征，四幼者尽家无征，五幼又予之葆，受二人之食，能事而后

①（明）丘濬撰：《大学衍义补》卷 13《固邦本》。
②（宋）司马光撰：《资治通鉴》卷 226《唐纪》。
③（清）包世臣撰：《安吴四种》卷 26《农二 · 庚辰杂著》。

止。”[①]徕民政策是指以经济和政治优待吸引他国人口流入，满足本国发展所需的人口资源。例如，《管子》提出“民之从利也，如水之走下”[②]，以此作为徕民政策的依据，认为“故欲来民者，先起其利”[③]；商鞅则通过“今利其田宅而复之三世”[④]的手段吸引人口流入为其农战服务。移风易俗是指通过限制婚嫁礼财数额等方式，引导社会婚育文化从而增殖人口。中国古代思想家认为，婚嫁礼财以奢华相尚，不利于婚配及时和人口繁衍，即“聘妻送女亡节，则贫人不及，故不举子”[⑤]，唐代和元代曾明令规定婚嫁礼财的数额。

发展教育和医疗是中国传统人口政策思想增进人口素质的关键举措。孔子在卫国时曾说，“子曰：庶矣哉。冉有曰：既庶矣，又何加焉？曰：富之。曰：既富矣，又何加焉？曰：教之”[⑥]，认为人口多就要“富之”“教之”，这反映了中国古代思想家对国家治理与人口素质关系的深刻认识。马端临的人口质量思想，突破了人口数量之多寡决定国家强弱的传统观念，认为国家盛衰不单取决于人口数量，还取决于人口素质的高低，即若多“窳惰之辈”，则“民之多寡，不足为国之盛衰”[⑦]。中国古代提升人口素质的政策主要关注人口的身体素质与文化素质。其一，通过开设医疗机构提供诊疗服务、派遣医疗专官巡诊并供以药方和药物资源，提高人口的身体素质。其二，重视教育培训对人口素质的重要作用，通过礼义教育、农业生产知识培训和鼓励农学著作出版与传播，提高人口的文化素质和劳动技能水平。

调整人口职业结构是中国传统人口政策思想优化人口结构的核心内容。

---

①《管子》卷18《入国第五十四》。
②《管子》卷20《形势解第六十四》。
③《管子》卷20《形势解第六十四》。
④《商君书》卷4《徕民》。
⑤《汉书》卷72《王贡两龚鲍传》。
⑥《论语·子路第十三》。
⑦（元）马端临撰：《文献通考》。

“四民分业定居”是中国传统人口政策思想有关人口职业划分的代表性内容，在“重农崇士抑工商”的主流认识下，又孕育出调整人口职业结构以支持或限制士农工商各业发展的主张，从而实现劳动力在不同行业的期望配置。在“重农”方面，采取轻徭薄赋、以粟捐官免刑和价格调控等政策，鼓励农民务农和驱使工商从业者转业归农，从而维持和保障农业生产人口的稳定与增长。在“崇士”方面，优待士人、免除徭役以及给予钱粮以助学，吸引才智之人进入士人阶层，为封建国家管理培养各级官员。在“抑工商”方面，重征商税和贬抑商人地位，防止民众弃本逐末以及工商业争夺和兼并农业劳动力。此外，中国古代弃婴溺婴事件频发，导致人口发展的潜力被破坏和性别结构失衡。对此，封建政府对“生辄弃之不育者”“严禁止之。再有犯者，并两邻加罪”[①]，并对极贫之家得子给予钱粮或代送婴堂，从而维护和保障潜在的劳动力资源，维持性别结构平衡与人口再生产。

人与自然相协调是中国传统人口政策思想调整人口分布的主要目的。人口和土地是中国古代农业生产最重要的生产要素，人口分布与自然环境的不协调，往往会影响农业发展和生态环境。“民过地，则国功寡而兵力少；地过民，则山泽财物不为用”[②]的认识和“去狭而就广”的均民主张[③]，均强调人口合理分布对财富国强的重要作用。同时，中国古代朴素的生态经济思想有关于“天人合一”“以时禁发”等人与自然关系的认识和主张，也强调人与自然的和谐发展。为实现人口分布与自然环境相协调，中国古代主要通过内部移民和完善土地分配制度促进人口合理分布。均民与徙民是通过经济和政治激励将人口从“狭乡”迁往“宽乡”，对于由土地兼并导致的人口与土地分布不均，则尝试通过更合理的土地分配制度促进人口与土地的充分结合，

---

①《明实录：明太宗实录》卷160。

②《商君书》卷2《算地》。

③（宋）叶适撰：《水心先生别集》卷2《民事中》。

从而实现人口与自然环境的协调发展。

（三）中国传统人口政策思想对当代推动人口高质量发展的启示

深入挖掘和充分发挥中国传统人口政策思想的时代价值，需要促进中国传统人口政策思想的现代转化，具体包含传统人口政策思想创造性转化与创新性发展两方面。一方面要在传统人口政策思想既有内涵与表达形式的基础上，以中国化的马克思主义为根基，对其契合时代需求的精神特质和有益政策进行改造并赋予新的含义与形式。另一方面要在创造性转化的基础上以中国式现代化为发展方向，实现传统人口政策思想的与时俱进和创新发展，为当代人口问题贡献历史智慧与方案借鉴。运用马克思主义基本原理对中国传统人口政策思想进行现代转化，可以为中国人口高质量发展提供历史智慧启迪。

1. 要以人民为中心，实现人的全面发展、家庭幸福美满和社会和谐进步

以人民为中心，就是将人的健康、权利、发展和福祉作为人口治理的出发点和落脚点，顺应新时代人民群众对美好生活的期待。“民惟邦本，本固邦宁”的民本经济观[①]、“慈幼”“恤孤”“常征”“常役”等仁政措施，以及对人口发展的素质维度的重视，反映出中国传统人口政策思想蕴含与马克思主义人民立场相契合的以人为本的价值取向。因此，促进人口高质量发展，要突出以人民为中心的理念，从而实现人口总量势能优势的延续、经济社会的和谐发展以及人的全面发展。

第一，要建立健全生育服务和家庭发展支持体系，降低家庭生育、养育和教育成本。传统人口政策思想的重要内容之一就是鼓励和支持生育、养育和家庭发展。中国古代思想家主张以施行仁政促进人口增殖。孟子指出，“民

① 叶坦、王昉：《对中国古代民本经济观的传承与超越》，《人民日报》2021年11月29日。

之归仁也，犹水之就下，兽之走圹也”[①]，从而要求不夺农时、鼓励农耕和户有“恒产”，否则就会“父母冻饿，兄弟妻子离散”[②]，人口减少。《管子》“九惠之教”中的“慈幼”“恤孤”“养疾”“合独”“振困”都可视为促进人口繁衍的仁政措施，并设“掌媒”“掌幼”“掌孤”之官，激励男女适时婚配、多生子女和抚养孤儿[③]。同时，在赋税徭役方面主张轻徭薄赋，与民生息，促进人口繁衍。墨子主张“常征”和“常役”，否则“民财不足，冻饿死者不可胜数也”[④]。《管子》认为，聚敛百姓会导致人口外流，严刑峻法也难以遏止[⑤]。荀子认为，与民生息则“上下俱富，而百姓皆爱其上，人归之如流水”[⑥]。此外，还主张礼财有度和节俭，认为婚嫁时崇尚奢华以及铺张浪费的风气会提高人口死亡率和限制人口增殖。王吉指出，“聘妻送女亡节，则贫人不及，故不举子”[⑦]，从而导致生育率下降，贡禹则认为奢侈浪费会导致人口减少，即“天下之民所为大饥饿死者，是也”[⑧]，即二者皆不利于人口的发展。因此，促进人口高质量发展，政府既要优化生育政策，建立积极生育政策支持体系，合理规划配置儿童照料、教育和老人社会保障等公共服务资源，满足新增公共服务需求；又要完善家庭发展支持体系，从财政税收、生育法规、衣食住行和教育健康等各个方面切入，降低家庭的生育、养育和教育成本，并加强舆论宣传引导和婚姻家庭辅导，破除高价彩礼等陈规陋习，构建新型婚育与家庭文化。

第二，要全方位多角度提升人口素质和促进人的全面发展，从而增加劳

---

①《孟子》卷 4《离娄上》。

②《孟子》卷 1《梁惠王上》。

③《管子》卷 18《入国第五十四》。

④《墨子》卷 6《节用上第二十》。

⑤ 即“故逃徙者刑，谓有刑罚。而上不能止者，粟少而民无积也。”参见《管子》卷 15《治国第四十八》。

⑥《荀子》卷 6《富国篇第十》。

⑦《汉书》卷 72《王贡两龚鲍传》。

⑧《汉书》卷 72《王贡两龚鲍传》。

动力的有效供给。传统人口政策思想对人口素质的重视是一以贯之的，提高人口素质的政策也是多个维度的。一方面，强调教育对提高人口素质的作用。《管子》中强调人才培养的重要性，认为“终身之计，莫如树人”[①]，并主张奖励农业生产方面的特殊才能者，鼓励民众学习各种知识和生产技术。荀子则从性恶论出发，主张加强对民众的教化以改善民众的道德素质，否则“不教无以理民性”[②]，并认为农工商从业者的各项技能“是非天性也，积靡使然也”[③]，即教育可以提高民众的生产技能。另一方面，主张从人口身体素质的角度促进人口素质的提高。例如，通过设立医疗机构为民众提供疾病诊疗服务、派遣医疗专官开展巡诊和提供药方与药物资源，重视胎教对培育优秀后代的作用[④]，以及反对近亲婚配，近亲婚配会导致“男女同姓，其生不蕃”[⑤]。此外，还主张通过施行仁政和招徕移民等政策吸引他国人口流入，从而促进本国人口数量增殖和服务于本国政策。孔子指出，统治者讲“礼义”和施“仁政”可以实现“四方之民襁负其子而至矣”[⑥]。孟子认为，以仁政招徕百姓“则天下之民皆引领而望之矣”[⑦]。商鞅从人地平衡的角度提出“地胜其民者，事徕”[⑧]的政策主张，招徕他国民众为其“农战”政策服务。因此，促进人口高质量发展应从下述几方面入手以增加劳动力的有效供给。其一，要持续深化教育体制改革和完善国民教育体系，同时加强劳动力职业培训，从而提高新增劳动力供给质量和挖掘已有劳动力的工作潜能；其二，要加快推进健康中国建设，以“健康红利”促进更高水平的人力资本积累，并

①《管子》卷1《权修第三》。

②《荀子》卷19《大略篇第二十七》。

③《荀子》卷4《儒效篇第八》。

④ 西汉“胎教”思想众多，其中最具代表性的就是贾谊的胎教说。参见（汉）贾谊撰：《新书》卷10《胎教》。

⑤《左传·僖公二十三年》。

⑥《论语·子路第十三》。

⑦《孟子》卷1《梁惠王上》。

⑧《商君书》卷2《算地》。

以“长寿红利”释放老年人力资源潜力；其三，要借鉴发达国家吸引海外优秀人才的经验，实施更加积极、开放和有效的国际人才引进和培养政策，有效利用海外高层次人才资源。

2. 要以均衡为主线，实现人口及其与经济社会和自然环境的协调发展

以均衡为主线，就是统筹考虑人口发展的数量、素质、结构和分布及其与经济社会和自然环境的协调发展。增进人口素质的医疗教育政策、调整人口职业结构的“重农崇士抑工商”主张，以及促进人与自然相协调的思想和政策，反映出中国传统人口政策思想蕴含追求人口及其与经济社会和自然环境均衡发展的理念。因此，促进人口高质量发展，要实现人口数量、素质、结构和分布的均衡发展，更要实现人口发展与经济社会和自然环境相协调。

第一，要加强人口的综合治理，同时促进经济结构和财富分配结构适应人口发展的新趋势。中国古代促进人口发展的思想与政策，不仅包含主流的增殖人口数量的思想与政策，也包括提高人口素质和调整人口结构与分布的主张与实践。比如，教育、医疗、重农抑商、均民和徙民等皆是中国古代提高人口素质，调整人口职业结构、行业分布和优化人口空间分布的思想主张与政策实践，反映出传统人口政策思想蕴含的一种均衡理念，但重农抑商等政策也在一定程度上致使传统社会经济活力遭受抑制，阻碍了商品经济发展和资本主义萌芽的产生。此外，传统人口政策思想还随着人口、经济和社会发展的变化与时俱进。例如，随着经济重心的南移和商品经济的发展，宋代南方地区户口日益繁盛，传统重农抑商观念发生变化，社会各阶层竞相经营商业[①]，人口职业结构也逐渐发生改变，而且还出现了人口空间分布不均导致人地平衡遭受破坏的现象，苏轼正是在此背景下提出了“均民”的思想主张。同时，封建社会后期，随着人口的快速增长，一些思想家认为人口过快

① 郭学信、张素英：《宋代商品经济发展特征及原因析论》，《聊城大学学报（社会科学版）》2006年第5期，第50—55页。

增长会导致人均财富减少、物价上涨和失业等不利后果，进而提出限制人口过快增长的主张。因此，人口高质量发展要以均衡为主线，促进人口内部各方面均衡发展，并推动社会经济结构适应人口发展的新形势。为此，要优化生育政策，推动人口生育水平提高以延缓人口结构少子老龄化发展趋势，同时加强人口性别比治理，促进社会性别平等和改善人口性别结构失衡的状况；推动经济高质量发展，摆脱由人口结构塑造经济结构和支撑经济高速增长的路径依赖，促进经济结构适应人口发展的新形势；深化收入分配制度改革，提升劳动所得在国民经济分配中的比重，推动财富分配结构适应人口结构新变化，释放被抑制的生育意愿。

第二，要优化人口的空间和行业分布，促进人口发展与自然环境和经济社会相协调。重视“人地相称”的均衡思想、主张“去狭就广”的均民政策，以及调整人口职业结构和行业分布的重农抑商思想与政策，是传统人口政策思想中促进人口与自然环境、经济社会相协调的思想主张和政策实践。一方面，中国古代思想家重视人地均衡的作用。墨子认为，农业生产的发展不仅与人口有关，还与土地有关，即“地得其任则功成，地不得其任则劳而无功”①，并指出当时地广人稀的矛盾，主张实现人口与土地的平衡。《管子》一书也强调人地均衡的重要性，主张合理安排城市、农村人口的比重，以解决由“野与市争民”②而导致的“不足以养其民”③的问题。后世有关徙民和均民的思想主张正是人地均衡思想的发展。例如，徐光启认为“徙远方之民，以实广虚”，可使“民力日纾，民俗日厚，生息日广，财用日宽”④。另一方面，在生产力不发达的传统农业社会，一些思想家主张从社会分工的角度引导和调节人口的职业结构和行业分布，从而促进或限制有关行业的发

①《墨子》卷15《号令第七十》。
②《管子》卷1《权修第三》。
③《管子》卷5《八观第十三》。
④（明）徐光启撰、王重民辑校：《徐光启集》卷5《屯田疏稿》。

展。比如，管仲将人口按职业划分为士农工商并主张分业定居以促进各业的发展，并且认为农业与非农业人口的比例关乎个人的贫富存亡和人口的流入流出，即“上不利农则粟少，粟少则人贫，人贫则轻家，轻家则易去”[①]，因而主张重农抑商和追求一种有利于农业生产发展的人口职业结构和行业分布。这反映了中国古代思想家立足于人口的职业构成和行业分布考察社会经济结构，从而主张采取促进或限制士农工商不同行业发展的人口政策。因此，促进人口高质量发展，要优化人口的空间和行业分布，推动人口发展与资源环境和经济社会相协调。一方面，加快推进以人为核心的城镇化，引导人口流动的合理预期，以城市群为主体形态促进大中小城市和小城镇协调发展，推动人口人才合理聚集，形成支撑区域经济发展的增长极，保护好自然生态环境。另一方面，引导人口与产业布局有效对接，为高新科技产业发展和经济高质量发展提供有效人力资本支撑，同时利用产业布局优化人口的空间分布，促进人才集聚和产业集聚两者之间的互动发展。

3. 要以改革创新为动力，实现传统人口政策思想的与时俱进和创新发展

以改革创新为动力，就是以历史性和世界性的眼光，借鉴融合不同历史时期和不同国家促进人口长期均衡发展的思想理论与实践经验，实现人口发展理念与方式的创新转变。中国传统人口政策思想是中华文明的智慧结晶和精华，在几千年的文明发展史中，随着历史的发展和人口问题的变化而调适，反映出不同历史时期的需求，显示了一种发展创新和与时俱进的精神特质。因此，促进人口高质量发展，要以改革创新为动力，破除阻碍人口高质量发展的制约因素，推动中国传统人口政策思想的创造性转化和创新性发展，使之适应于新时代推动中国经济高质量发展的人口发展实践需求。

---

① 《管子》卷15《治国第四十八》。

第一，坚持深化改革，破除阻碍人口高质量发展的思想观念和转变人口调控的方式。首先，加强党和政府对人口发展事业的全面领导与主导，与时俱进地推进党的人口治理思想的发展与创新。促进人口数量增殖的思想是中国古代人口政策思想的主流，但调控人口过度增长的思想也是传统人口政策思想的重要内容。宋代以后，随着人口的快速增长，一些思想家质疑沿袭已久的"求庶论"并提出挑战，控制人口增长的思想主张和政策实践大量涌现。这表明，在不同历史时期面临不同的经济社会环境和人口条件，必须与时俱进，秉持不同的人口治理思想和采取不同的人口政策。其次，要以体制机制改革为动力，聚焦当下人口发展中的突出矛盾与问题和现代化建设的战略安排。政府要统筹推进生育政策、计划生育管理制度、家庭发展支持体系和治理机制等综合改革，完善人口预测预报预警机制，健全重大决策人口影响评估制度，消除阻碍人口高质量发展的政策法规和体制机制等制约因素，同时将新中国成立以来党领导人民在统筹解决人口问题方面的创新理念、改革成果和实践经验转化为制度与法律，持续推进新时代人口治理能力现代化。

第二，坚持守正创新，推动中国传统人口政策思想创造性转化和创新性发展。"两个结合"是中国共产党深入推进马克思主义中国化时代化的重要思想原则，尤其是"把马克思主义基本原理同中华优秀传统文化相结合"，是马克思主义中国化时代化的一个新的叙事起点。在促进人口高质量发展的治理实践中，政府也要坚持把马克思主义基本原理同中国当代人口治理的具体实际相结合，以及同中国传统人口政策思想相结合。为此，要在"两个结合"的指引下，持续推进中国传统人口政策思想的现代化，深入挖掘和阐发其时代价值，使之不断焕发出强大的生机与活力，作用于促进人口高质量发展这一时代命题。

4. 要以正向调节为方法，彰显中国共产党和中国特色社会主义制度的独特优势

以正向调节为方法，就是在推动人口高质量发展的过程中，遵循符合现代社会的发展规律和社会主义核心价值观的价值取向，采取正向的人口激励政策，促进家庭幸福、民族繁荣与社会进步。中国传统人口政策思想丰富而独特,体现了中国人民几千年来面对人口问题所积累的知识智慧和理性思辨，但其也有历史局限性。因此，促进人口高质量发展，要去粗取精，汲取融通其中既有利于促进人口长期均衡发展，又有利于保障好人民切身利益的优秀思想与政策，实现历史智慧与经济社会发展的与时俱进。

政府要从历史发展的视角，对传统人口政策思想进行合理的价值区分，弘扬其中的优秀成分，以正向调节的方法促进人口高质量发展。中国传统人口政策思想，在特定的历史时期有效地促进了人口的发展。然而，部分思想与政策有着独特的封建烙印，不适用于社会性质和经济社会发展水平已经发生根本改变的社会主义当代中国。比如，对适龄未婚男女进行重税惩罚，由地方官吏进行强制性婚配，甚至对未婚男女的父母实行连坐制度。这些思想和政策，既不符合现代社会强调人的价值和公民基本权利的价值观念，也不符合社会主义核心价值观的价值取向，更不可能实质性地产生促进人口增长的正向作用。此外，还有一些思想和政策也不适应经济社会的发展水平和人口发展的新趋势。例如，通过重农抑商人为地引导和调节劳动力的职业结构和行业分布，是一种在生产力水平相对不发达的自然经济中，利用人口结构来塑造经济结构、进而支撑农业生产的发展路径，这种发展路径既对商品经济发展造成阻碍，也与当代中国经济转型和人口发展的新趋势不匹配。

为此，要以发展的眼光看待传统人口政策思想，汲取融通其中有利于促进人口高质量发展的优秀思想与政策，摒弃不符合时代价值取向和中国共产党执政宗旨的糟粕，以正向调节的方法来加强人力资源开发利用。这就需要通过提高人力资源利用效率、促进高质量充分就业等方式增加全社会劳动力有效供给，如稳妥有序地实施延迟法定退休年龄政策、支持青年人创业就业、保障妇女生育权益、增加妇女劳动就业、持续推进农业转移人口市民化等[①]。同时，要增强生育政策的包容性，尊重生育主体的价值取向，包容多元生育行为，实现政府工作方式由管理向服务转变，优化生育养育综合服务，激励社会生育意愿回归和促进人的全面发展，从而推动人口治理实现顺应经济社会发展要求和保障好人民群众根本利益的统一。

二、中国传统调均贫富思想与促进共同富裕

习近平总书记在党的二十大报告中指出，“中国式现代化是全体人民共同富裕的现代化。共同富裕是中国特色社会主义的本质要求，也是一个长期的历史过程”[②]。新中国成立以来特别是改革开放以来，中国共产党领导全国人民，在摆脱贫困的发展道路上不断前进，取得了全面建成小康社会的决定性胜利，当前处于扎实推动共同富裕的历史阶段。

在中国传统经济思想中，主张政府应调节和限制贫富差距的调均贫富思想，贯穿了中国古代发展史，在中华文明数千年历史长河中展现出了蓬勃的生命力，其丰富内涵与施策智慧对当前扎实推进共同富裕、探索共同富裕的实现路径具有重要的借鉴与启示意义。研究显示，调均贫富思想具有完整的逻辑体系、翔实的实践内容和广泛的影响力，是宝贵的历史财富，其思想与实践中的闪光点至今仍有参考价值。

（一）中国传统调均贫富思想内涵

1. 调均贫富思想形成的认识基础

调均贫富思想形成的认识基础，是反对贫富悬殊的贫富观。在古代，贫

① 习近平：《以人口高质量发展支撑中国式现代化》，《求是》2024年第22期，第4—8页。

② 习近平：《高举中国特色社会主义伟大旗帜 为全面建设社会主义现代化国家而团结奋斗——在中国共产党第二十次全国代表大会上的报告》，《人民日报》2022年10月26日。

富差距悬殊导致“富者田连阡陌，贫者无立锥之地”[①]，既有害贫民生计，又浪费生产资源。基于对其危害性的认识，古代思想家以多重视角构建了反对贫富悬殊的贫富观。孔子从其民本思想出发，提出“不患寡而患不均”“均无贫”[②]，认为财富分配是消除贫困的核心方式，相比财富匮乏更值得政府关注。老子主张“天之道，损有余而补不足。人之道则不然，损不足以奉有余”[③]，以天道为依据否定了导致贫富分化的财富分配方式。墨子认为，古代明君“上同乎天”以避免天灾时需要顺应上天鬼神好恶，因此“分财不敢不均”[④]，财富分配均匀是一种超越人类社会欲望的自然道德。商鞅强调“民贫则弱国，富则淫，淫则有虱，有虱则弱”[⑤]，主张贫富差距危害国家，人民过于贫穷或富裕都会损害国力。荀子将理想社会描绘为“天下莫不平均，莫不治辨”[⑥]，认为财富均平与否是衡量社会治理成效的重要指标。诸子百家对贫富悬殊的反对态度和批判立场，构成了中国古代贫富观的整体基调，抨击贫富悬殊成为此后两千余年中华传统文化中的重要内容。不论是“朱门酒肉臭，路有冻死骨”“遍身罗绮者，不是养蚕人”等诗歌名句，还是“贫民耕而不免于饥，富民坐而饱以嬉，又不免于怨，其弊皆起于废井田”[⑦]等文章论述，再到“吾疾贫富不均，今为汝均之”[⑧]等农民起义口号，都能说明反对贫富悬殊的贫富观在中国古代深入人心。

2. 调均贫富思想的逻辑支撑

调均贫富思想的逻辑支撑，是对贫富差距的成因分析。对经济现象的成

---

①（汉）荀悦撰：《前汉纪》卷13《前汉孝武皇帝纪四》。
②《论语·季氏第十六》。
③《道德经》。
④《墨子》卷3《尚同中第十二》。
⑤《商君书》卷2《说民》。
⑥《荀子》卷7《王霸篇第十一》。
⑦（宋）苏洵撰：《嘉祐集》卷5《田制》。
⑧（宋）王辟之撰：《渑水燕谈录》卷8。

因分析是从现象到政策的桥梁，也是经济思想分析性、逻辑性的体现。关于贫富差距的成因，中国古代主流经济思想中主要有两种观点。第一种观点认为，贫富差距源于人与人的差别，尤其是智愚、勤惰之别。智愚之别的观点强调人的先天条件，如桑弘羊认为“智者有百人之功，愚者不更本之事”[①]“道悬于天，物布于地，智者以衍，愚者以困”[②]。人们面对的自然规律和物质是相同的，有人繁衍有人困顿，正是因为智愚之别。勤惰之别的观点则强调后天的劳动积极性差别，如韩非认为“侈而惰者贫，而力而俭者富”[③]，是否勤俭和能否致富直接相关。

第二种观点认为贫富差距源于政府或社会强势群体如豪强权贵等对贫民的剥削，这反映了“损不足以奉有余”的社会事实。董仲舒是持这种观点的代表人物，他集中论述了剥削的多样性：有土地兼并者，致使“富者田连阡陌，贫者无立锥之地”；有垄断专营者“人专川泽之利，营山林之饶，荒淫越制”；有苛征杂税者“一岁力役，四十倍于古，田税口赋，二十倍于古”；有贪赃枉法者“重以贪暴之吏，刑戮妄行”，以上来自豪强和政府的剥削最终致使“民无所聊生，逃亡山林，并为盗贼”[④]。随着豪强对贫民盘剥的强度不断提升、方式更加复杂多变，古代思想家也结合实践中遇到的各种问题，展开了更多鞭辟入里的贫富差距原因分析[⑤]。

“夫富能夺，贫能予，乃可以为天下”[⑥]。政府应主导调节贫富，这是调均贫富思想的核心。在古人眼中，贫富悬殊具有严重的社会危害性，因此政

---

①《盐铁论》卷1《错币》。

②《盐铁论》卷4《贫富》。

③《韩非子》卷19《显学第五十》。

④ 以上均引自（汉）荀悦撰：《前汉纪》卷13《前汉孝武皇帝纪四》。

⑤ 如陆贽指出，土地兼并致使贫民成为地主的佃户，其佃租“十倍于官税”的盘剥正是贫民困苦的根源。参见（唐）陆贽撰：《陆宣公制诰续集》卷4《均节赋税恤百姓》。又如苏洵指出，贫民的窘境在于耕之所得半数要归于地主，但“有田者一人，而耕者十人”，富民对贫民生产资料的占有使富民不劳作仍可日益健大。参见（宋）苏洵撰：《嘉祐集》卷5《田制》。

⑥《管子》卷23《揆度第七十八》。

府必须对贫富分化的自然状态加以干预、不可放任差距继续扩大。古代各学派中，儒家主张以民为本、天下为公，法家追求增强国力、抑制豪强，两家均主张政府应当主动干预和调节贫富差距。儒家方面，董仲舒认为古代圣人通过主动介入调节贫富差距，达到了“使富者足以示贵而不至于骄，贫者足以养生而不至于忧”的理想状态，并希望以“限民占田，塞兼并之路。盐铁皆归于民”“薄赋敛、省徭役，以宽民”[①]的组合政策措施抑制当时的悬殊贫富差距。法家方面，商鞅主张“治国之举，贵令贫者富，富者贫”[②]，将能否调均贫富作为评价政府职能的重要标准；桑弘羊强调“人君不调，民有相妨之富也”[③]，主张政府调节是防止社会因贫富差距而混乱的唯一途径。在儒法两家共同的影响下，此后中国古代历朝历代，凡是杰出政治家，大多以调均贫富为己任，凡是重要变法改革，调均贫富大多在目标之列。

3. 调均贫富思想的核心目标与原则

“均”是政府调均贫富过程中的核心目标与原则。“均”的首要要求是决不能放任贫富，但也并不是追求绝对平均，其内涵是基于公平正义原则下的相对平均。在孔子“不患寡而患不均”思想的影响下，“均”一直是中国古代政府调节贫富差距的目标，其具体内涵随着经济生活的丰富不断演进。“均者，言班爵禄，制田里皆均平也”[④]，“均”首先包含着土地分配的内涵。汉儒孔安国注曰：“不患土地人民之寡少，患政治之不均平也”[⑤]，将“均”由财富均平泛解为施政公平。南宋朱熹主张“均，谓各得其分”[⑥]，为“均”的概念赋予按劳分配、各取其所应得的内涵。如何正确对待富人同样是“均”

①（汉）荀悦撰：《前汉纪》卷13《前汉孝武皇帝纪四》。
②《商君书》卷2《说民》。
③《盐铁论》卷1《错币》。
④（清）刘宝楠撰：《论语正义》卷19。
⑤（三国）何晏撰：《论语集解义疏》卷8。
⑥（宋）朱熹撰：《四书章句集注·论语集注》。

的重要内容，如《周礼》在养民政策“保息六政”中强调“安富”，有“平其徭役，保其常产”之意，又如北宋李觏将享受特权、盘剥民众的豪强和“心有所知，力有所勤，夙兴夜寐，攻苦食淡”[①]的勤劳致富者进行区分，细化了调均贫富的对象。

中国古代政府调均贫富的实践可以分为五类政策措施。第一类为土地分配，这是中国古代最核心的调均贫富手段，其起源是儒家提倡的井田制度，核心理念为“制民之产”[②]，试图以生产资料分配的方式解决贫富差距问题，如师丹限田令、王莽王田制、西晋占田制、北魏均田制和唐初租庸调制等政策探索。

第二类为赋税调节，即以轻徭薄赋降低贫民负担、避免政府剥削，其核心理念体现为“均赋役”“不舍豪强而征贫弱，不纵奸巧而困愚拙”[③]的征税原则。在具体执行中，宋代方田均税法、明代一条鞭法、清代摊丁入地等改革内容中均有全国清丈土地，以抑制富人瞒报避税、穷人被苛征的赋税不公平现象。

第三类为市场管理，其思路起源于《管子》的轻重理论[④]，以政府的市场行为来管理物价，防止类似“籴甚贵伤民，甚贱伤农”[⑤]和豪强靠控制物价攫取暴利的行为。其中的措施包括盐铁官营、货币国铸、平准、常平仓等制度。

---

①（宋）李觏撰：《直讲李先生文集》卷 8《国用第一》。

②《孟子》卷 1《梁惠王上》。

③《周书》卷 23《苏绰传》。

④《轻重》对商品的流通过程作了较系统的理论概括：用数量多少解释商品的轻重，认为“夫物多则贱，寡则贵，散则轻，聚则重”；称货币为“民之通货”，即流通手段；指出货币、谷物和万物（谷物以外的其他商品）之间存在着相反的轻重关系，即“币重而万物轻，币轻而万物重”“谷重而万物轻，谷轻而万物重”；主张封建国家通过“号令”（政权力量）控制货币、谷物和万物，以调节物价，抑制兼并，打击大商人，巩固封建统治并增加财政收入。参见夏征农、陈至立主编：《辞海》（第 6 版普及本），上海辞书出版社，2010，第 3154 页。

⑤《汉书》卷 24《食货志》。

第四类为社会保障，即为无生计之民提供社会保障，使其免于贫困悲惨的命运。《管子》中“匡其急”“振其穷”[①]两原则体现了这一点，并提出了具体救济对象的“九惠之教”[②]。具体实施措施中，历朝历代都常有赈济灾民、保障穷人之举，也有专门的养济院、义仓等社会保障机构或制度。

第五类为生产性技能教育，它可以激发群众的积极性，引导群众自发创造财富，是其他调均贫富政策的重要补充。自西周起就有专门的官员负责教民历法、耕法，以便民耕作。例如，姜太公在面对地质不好、人烟稀少的封地营丘时，“劝其女功，极技巧，通鱼盐”[③]，发挥地利特长并进行教化。再如，战国李悝在魏国“作尽地力之教”[④]，传播推广耕法，终使魏国得以富强。以上五类政策措施构成了中国传统调均贫富实践的主要内容。

（二）中国传统调均贫富思想对当代推动共同富裕的启示

如前所述，中国传统调均贫富思想经历了两千余年的积累，在思想内涵上蕴含着完整的逻辑链条；在实践经验上形成了一套内容较为完整的政府调节贫富差距的政策体系，是重要的历史财富。新时代扎实推动共同富裕的过程中要善于吸纳传统经济思想的精粹，借鉴其独有的历史价值。

1. 系统辩证理解传统调均贫富思想的内涵

以马克思主义基本原理为指导，系统辩证理解传统调均贫富思想的内涵，有助于更深刻地认识政府主导推动共同富裕、调节贫富差距的必要性。

古代中国立足中华传统文化，形成了一系列中国独有的调均贫富思想，

---

①《管子》卷3《五辅第十》。

②《管子》卷18《入国第五十四》。具体的九惠之教包括“一曰老老，以养老之礼养老者。二曰慈幼，三曰恤孤，四曰养疾，五曰合独，六曰问疾，七曰通穷，八曰振困，九曰接绝”，对九种需要政府救济的人进行了概括。

③《史记》卷129《货殖列传第六十九》。

④《汉书》卷24《食货志》。

并在此基础上实施了丰富的调均贫富措施。然而，其中许多思想和举措并不完全契合当下经济发展的要求，思想本身也存在一定不足，并不能直接助力推动共同富裕和社会主义现代化建设。这就需要以“两个结合”为根本指导，运用马克思主义的基本原理，对中国传统调均贫富思想进行系统辩证理解，推动其创造性转化和创新性发展。

运用马克思主义基本原理系统梳理古代贫富观的形成基础，可以加深对贫富分化的认识。传统贫富观中，贫富差距的核心危害在于贫民的发展空间被挤占，外在表现为“富者田连阡陌，贫者无立锥之地”[①]。古代贫富差距最初形成的动因是人与人的差别，但贫富分化的原因在于富人对土地、财富等资源的掌控。这一现象被恩格斯归纳为土地所有者“靠垄断土地进行掠夺”[②]。恩格斯主张，“每一个竞争者，不管他是工人，是资本家，或是土地占有者，都必定希望取得垄断地位”[③]。随着财富的集中和垄断，垄断者可以通过定价权获取超额收益并掠夺他人，这不可避免地会导致贫富分化和社会矛盾。这更清楚地揭示了传统思想中“损不足以奉有余”[④]这一现象的根本来源。

马克思主义和传统思想共同说明了，资源垄断——广义的资源可以包括生产资料、信息和社会机会等——是贫富差距扩大的根源。这一结论有助于我们运用辩证法理解经济发展过程中的贫富关系：一方面，经济发展过程中技术进步、人力资源增加、人均资本上升等积极因素推动了经济增长[⑤]，使

---

①（汉）荀悦撰：《前汉纪》卷13《前汉孝武皇帝纪四》。

②［德］卡尔·马克思、［德］弗里德里希·恩格斯：《马克思恩格斯文集》（第一卷），中共中央马克思恩格斯列宁斯大林著作编译局编译，人民出版社，2009，第69页。

③［德］卡尔·马克思、［德］弗里德里希·恩格斯：《马克思恩格斯文集》（第一卷），中共中央马克思恩格斯列宁斯大林著作编译局编译，人民出版社，2009，第73页。

④《道德经》。

⑤ 推动经济增长的积极因素很复杂，至今经济学中也无定论。本书列举的三项参考了宏观经济学中导致经济增长的三个因素，即产出公式 $Y=Af(L,K)$ 中的 A（技术）、L（劳动力）、K（资本）。

人们脱贫致富；另一方面，经济发展过程出现的资源垄断等负面因素加剧了不公平，使贫富差距加大。因此，如何在经济发展的过程中趋利避害，坚持积极因素的同时，降低资源垄断等负面因素的影响，是推动共同富裕时要面对的重要课题。

系统辩证理解古代政府调均贫富的主张，有助于更深刻地认识坚持党的领导在推动共同富裕过程中所发挥的核心作用。如前所述，资源垄断是贫富差距扩大的重要根源之一，然而追求垄断下的有利地位是人的自利天性，自然状态下放任贫富差距拉大只会走向贫富分化。正如桑弘羊所言，“人君不调，民有相妨之富也”①，传统调均贫富思想说明了调节贫富差距需要政府的高度参与。只有认清这一点，才能深刻理解党的领导为什么是我国推动共同富裕事业的根本保证。共同富裕自 1953 年首次提出以来，始终是中国共产党不懈奋斗的目标。社会主义制度的建立为之后推动实现共同富裕奠定了根本前提。改革开放探索出了逐步推动共同富裕的路径，即让一部分人、一部分地区先富裕起来，先富带动后富，最终达到共同富裕。党的十八大以来，党中央以全面建成小康社会为目标，把逐步实现全体人民共同富裕摆在了更加重要的位置上。古代理想中的小康社会从理想走向了现实，这离不开中国共产党的领导这一根本保证。

2. 吸纳以“均”为核心的传统调均贫富原则

吸纳以“均”为核心的传统调均贫富原则，有助于建立调节贫富差距、推动共同富裕的分配制度。

构建和完善收入分配制度的过程中，具体的措施和力度需要依据恰当的分配理念。在古代两千余年调节贫富差距的过程中，“均”这一概念的内涵被不断丰富，成为调节贫富差距的核心准则。这启示我们，在推动共同富裕

---

①《盐铁论》卷 1《错币》。

的过程中，要充分研究传统思想中“均”这一概念的内涵意蕴及其历史演变，思考如何建立既科学合理、不损害生产力发展，又公平正义、有效调节贫富差距的分配制度。

党的二十届三中全会提出，要规范收入分配秩序，规范财富积累机制[①]。传统思想中“均”的“各得其分”原则为我们完善收入分配制度、正确处理效率与公平的关系提供了参考借鉴。传统调均贫富思想经历了从完全抑制豪强到正确对待富人的认识转变，其转变的核心原因就是“各得其分”观念的形成。“各得其分”蕴含三种内涵，首先是按劳分配，人人得其所应得的公平观；其次是保护勤劳致富，鼓励劳动创造财富的效率观；最后是抵制压迫和奸富，强调分配秩序的正义观。三种内涵相辅相成，细化了调节贫富中的调节原则，在“过犹不及”的调节贫富过程中，从调节理念上找到了公平、效率和正义的均衡点。这可以为收入分配制度的制定提供历史借鉴，为更好地实现效率与公平相兼顾、相促进、相统一提供助力。

不仅如此，“均”的土地分配原则也为生产资料分配、社会机会均等化提供了历史参考。“均”一字本身就有土地分配之意，以“均”为古代调节贫富差距的原则，体现了传统思想中对保障人均土地的认识。孟子云：“有恒产者有恒心”[②]，稳定的土地是个人以劳动摆脱贫困的物质保障，因此相对均等的土地分配可以激活社会的生产活力，进而从客观条件的角度防止贫困。在土地有限的客观条件和豪强盘剥的人为因素的影响下，贫民往往陷入“依托强豪，以为私属”[③]的窘境，自汉代至唐中叶的多次土地分配制度改革均有从根源上扭转这一趋势的为民制产之意。土地分配、为民制产思想可以为当代推动共同富裕开拓思路。在现代，生产的核心是生产资料，影响个人

---

①《中共中央关于进一步全面深化改革 推进中国式现代化的决定》，《人民日报》2024 年 7 月 22 日。

②《孟子》卷 5《滕文公上》。

③（唐）陆贽撰：《唐陆宣公翰苑集》卷 6《均节赋税恤百姓》。

发展的外在核心因素是社会机会。生产资料合理分配可以保障个人从事劳动的客观条件，社会机会均等化可以保障个人的劳动能力，两者结合就是当代的为民制产。党的二十届三中全会提出，要完善促进机会公平制度机制[①]。只有推动生产资料合理分配和社会机会均等化，才能激发生产潜力、促进共同富裕。

3. 借鉴传统的调均贫富实践举措

借鉴传统的调均贫富实践举措，可以为扎实推动共同富裕的具体措施提供实践经验。实践是检验真理的唯一标准，以历史上的实践经验为参考，可以挖掘出以往实践过程中蕴含的合理成分，为解决当代问题提供历史借鉴。调均贫富实践的时间跨度、影响范围和实践成果体现了其独有的历史借鉴意义。时间跨度上，中国古代政府帮助脱贫致富、调节贫富差距的措施至少可追溯至西周，有着两千余年的丰富实践研究素材。影响范围上，传统的调均贫富政策实践大多为全国范围的调节，可以为大国治理下的共同富裕探索提供参考。实践成果上，贞观之治、开元盛世的繁荣离不开均田制的全国推行，康乾盛世的人口快速增长离不开摊丁入地、清丈土地的实施，古代社会所达成的成就和政府的调均贫富措施不无关系。这里以三个领域为例，阐释调均贫富历史实践中的智慧。

其一是深化改革。历朝历代政府调均贫富实践的一大重点在于破除致使贫富分化的制度性因素，这势必会损害既得利益集团的利益。因此，改革成为调均贫富实践中的核心策略，其关键在于将改革落到实处并不断推进和深化。中国古代历史中出现过很多以调均贫富作为主要目标之一的改革，其中一些改革在深化改革领域颇具闪光之处。以一条鞭法改革为例[②]，其简化税

---

①《中共中央关于进一步全面深化改革 推进中国式现代化的决定》，《人民日报》2024年7月22日。

② 一条鞭法最初见于嘉靖年间，其主要内容是清丈土地，并以银为赋税，旨在避免豪强瞒报，减少贪污的同时增加国家可用收入。

制、减轻税负的政策主张上利国家，下利贫民，但因为折损了地主豪强和地方官员的利益，在提出后的数年内“数行数止”[①]，几乎成了一纸空文。张居正主政后力主推行一条鞭法，采取了一系列深化改革的措施，包括：在江西、两浙、福建、两粤等地进行试点，总结出了“以人认地、以地计田、以田计粮”[②]的实践经验；在豪强势力根深蒂固的地区任命熟悉当地的官员，政策矛头直指隐匿赋税的豪强大户；面对争议和批评时吸取各方意见，制定了因地制宜的推行原则，坚持推向全国。中国式现代化是在改革开放中不断推进的，也必将在改革开放中开辟广阔前景。进一步全面深化改革是坚持以人民为中心、让现代化建设成果更多、更公平地惠及全体人民的必然要求，也是推动共同富裕的核心与关键，研究古代调节贫富改革过程可以为新时代以深化改革推动共同富裕提供历史借鉴。

其二是政策设计。通过研究前人的调均贫富的政策设计可以认识到制度设计对推动共同富裕的关键作用。以土地分配制度为案例，古代土地分配制度的实施过程存在来自大地主的阻力，试图一蹴而就的改革，如王莽王田制改革，往往以失败告终。北魏均田制改革也面临豪强的阻碍，其化解过程体现了中国古代制度设计中借力打力、因势利导的智慧。均田制推行过程中，税收制度改革“调法”、基层治理制度改革“三长制”和均田制三者配合实施，以“调法”的减税优惠调动了民众顺应基层治理结构转变的积极性，以国家基层治理能力的提升削弱了豪强对贫民的控制，从而减轻了均田制推行的阻力。古代旨在调均贫富的改革中不乏直切弊病、四两拨千斤的匠心之举，这可以为在推动共同富裕过程中，如何加强顶层设计、进行总体谋划、充分调动积极性、减少改革阻力、改善施策效果，提供一定的启发。

其三是市场管理。如何处理好政府和市场的关系是当今社会主义经济改

① 《明史》卷 78《食货志》。
② （明）潘季驯撰：《潘司空奏疏》卷 5《报丈勘各卫所屯田疏》。

革的核心问题，研究古代的市场管理措施可以为这一问题提供历史视野。古代的市场管理措施的核心逻辑是通过调节市场供需关系来影响物价变化，在轻重理论指导下的市场管理政策中，政府扮演了多重角色，既是民生的保护者，如常平仓“以谷贱时增其贾而籴，以利农，谷贵时减贾而粜”[①]，其设立的目的在于利农、利民；又是生产的引导者，如西汉晁错主张“欲民务农，在于贵粟；贵粟之道，在于使民以粟为赏罚”[②]，通过国家介入调节粟的市场地位以增加农业生产；更是垄断的对抗者，如《管子》主张国家“通轻重之权”[③]的目的在于“大贾蓄家不得豪夺吾民矣”[④]，避免大户对民众的剥削。除了积极因素外，中国古代的市场管理政策也存在一定的由过度干预和国家垄断导致的弊病。例如，盐铁官营过程中“与民争利”产生了负面影响，以及一些抑商政策损害了工商业积极性，这同样可以起到警醒作用。这些前人思考，可以为充分发挥市场在资源配置中的决定性作用和更好发挥政府作用进而促进共同富裕，提供历史参考与借鉴。

4. 认识传统调均贫富思想实践的局限性

科学、全面地理解传统调均贫富思想实践并认识其局限性，有助于切实推动共同富裕，克服历史周期律。封建王朝“其兴也勃焉”“其亡也忽焉”[⑤]，其社会性质注定了其无法跳出历史周期律的支配。具体到调均贫富领域，历朝历代在王朝初期无不轻徭薄赋、重视贫民生计，在王朝末期也无不苛征暴敛，致使贫民流离失所。剥削和压迫是封建社会注定无法克服的局限，也是传统调均贫富思想无法真正实现“黎民不饥不寒”这一理想的根本原因。在中国共产党的领导下，中国建成了社会主义社会，压在中国人民头上的“三

①《汉书》卷24《食货志》。
②《汉书》卷24《食货志》。
③《汉书》卷24《食货志》。
④《管子》卷22《国蓄第七十三》。
⑤《左传·庄公十一年》。

座大山”终于被推翻，彻底结束了极少数剥削者统治广大劳动人民的历史，调均贫富在社会结构上的局限性被克服。然而，贫富差距加大的动因仍然存在，现阶段“我国发展不平衡不充分问题仍然突出，城乡区域发展和收入分配差距较大。新一轮科技革命和产业变革有力推动了经济发展，也对就业和收入分配带来深刻影响，包括一些负面影响，需要有效应对和解决”[①]。在扎实推动共同富裕的进程中，应充分研究以往调均贫富实践难以长久维系的原因，对其中致使失败的因素时刻保持警惕，有助于真正地克服历史周期律，最终实现共同富裕。

深刻理解传统调均贫富思想实践的局限性，可以为我们提供以下三点启示。其一是坚持人民立场，由克服生产关系导致的周期律。中国传统调均贫富政策往往难以长期持续推行，其根源在于统治阶级的压迫。封建社会的统治主体是脱离了人民的地主与官僚，这一性质决定了其中的大部分人只求维系自身利益，无视黎民饥寒。纵然会出现一些克服自身封建地主阶级局限性的思想家、改革家“为生民立命”，努力调均贫富，但少数个体的努力终究无力改变社会性质与统治主体，以至于淹没在“人亡政息”“政怠宦成”的历史必然中。坚持人民性是克服历史周期律的关键。毛泽东在与黄炎培探讨历史周期律时强调，跳出历史周期律的关键在于党和政府的人民性，“只有让人民来监督政府，政府才不敢松懈。只有人人起来负责，才不会人亡政息”[②]。人心向背关系着党的生死存亡，坚持党和政府的人民性，以人民为中心，坚持群众路线，接受人民监督，是推动共同富裕的根本保障。

其二是坚持全面从严治党，以党的自我革命跳出历史周期律。在封建社会，传统调均贫富思想并不一定都能落实在实践中，有时会出现政策制定不切实际、违背客观规律、执行中不作为、只做表面功夫、隐瞒情况、贪污腐

---

① 习近平：《扎实推动共同富裕》，《求是》2021年第20期，第4—8页。

② 黄炎培：《八十年来》，中国文史出版社，1982，第157页。

败等问题，这些问题致使许多朝代的调均贫富探索功败垂成，这些历史案例也为推进共同富裕工作尤其是政策制定和执行提供了反面教材。新时代推动共同富裕，需要共产党人始终保持高度的理想信念、政治担当、纯洁性和先进性，其核心就在于从严治党、自我革命。党的十八大以来，以习近平同志为核心的党中央把全面从严治党作为新时代党的建设的鲜明主题，这为推动共同富裕、跳出历史周期律提供了政治保障。

其三是坚持科技创新，依托生产力发展来穿越周期。在中国古代的实践中，不乏通过教育提升农业生产率以减少贫困的措施，但古人并未完全意识到科技和生产力发展的重要作用，科技和生产力的落后直接导致了近代中国百余年的苦难。回顾历史，科学技术发展是经济发展的根本动力，“科学技术的每一次突破，都是推动旧生产力体系逐步瓦解和新生产力体系逐步形成的重要力量”①。科技突飞猛进往往伴随着经济高速增长，科技进入瓶颈后经济增长也将陷入停滞。因此，推动经济的持续增长、避免停滞的关键就在于科技创新。新中国成立以来，党和国家一直对科技发展高度重视，提出了以“科学技术是第一生产力”为代表的论断，实施了科教兴国人才强国的国家战略。步入新时代，经济发展对科技创新的需求迈向了更高层次，习近平总书记指明了“加快形成新质生产力”的发展方向。党和国家对科技发展高度重视和支持，为推动经济发展、实现共同富裕提供了战略支撑。

三、中国传统荒政思想与完善粮食安全治理体系

洪范八政，食为政首。保证粮食安全是实现经济发展、社会稳定、国家安全的重要基础。党的二十大报告提出了“健全国家安全体系”“确保粮食、能源资源、重要产业链供应链安全”“提高公共安全治理水平”“完善公共

① 周文、许凌云：《论新质生产力：内涵特征与重要着力点》，《改革》2023 年第 10 期，第 1—13 页。

安全体系”“提高防灾减灾救灾和重大突发公共事件处置保障能力”等要求[①]。维护粮食安全是国家治理的重要命题。中华民族曾在与自然灾害长达数千年的斗争过程中，围绕防灾减灾救灾形成了丰富的荒政思想。作为中国传统经济思想的重要组成部分，中国传统荒政思想是古代先民与自然灾害斗争的经验与智慧的总结，它源于实践，又指导实践，是中国历朝历代治理国家、安民济世的重要举措，也是近现代中国防灾减灾救灾政策与实践的思想源泉，还对其他国家经济政策实践具有参考借鉴意义，如 20 世纪 30 年代美国探索建设粮食安全体系时就曾从中国古代的常平仓制度中获得了启发[②]。这表明，即便到了现代，传统荒政思想的价值仍有进一步挖掘的空间，可为现代粮食安全工作提供丰富的理论养分和历史经验。

（一）中国传统荒政思想的核心内涵

传统社会灾荒的根本在于粮食问题[③]。直观上，粮食安全是因粮食产出减少而受到冲击。古人对饥荒的描述多与粮食歉收相联系[④]。但不同于人类自古就有的“救荒”，“荒政”始于国家政权组织出现之后，是古代国家治理的重要组成部分[⑤]，其目的在于满足民众粮食获取需求，保障粮食安全。有效供给荒政公共品，不仅要依靠粮食资源，更需以综合国家能力为前提，它依赖于国家掌握的物质和意识形态资源以及强制、汲取和行政能力[⑥]。如第二章所强调的，本书所讨论的中国传统荒政思想，是指中国历代官员和思

---

① 习近平：《高举中国特色社会主义伟大旗帜 为全面建设社会主义现代化国家而团结奋斗——在中国共产党第二十次全国代表大会上的报告》，《人民日报》2022 年 10 月 26 日。

② 李超民：《大国崛起之谜：美国常平仓制度的中国渊源》，中央编译出版社，2014。

③ 张建民：《中国传统社会后期的减灾救荒思想述论》，《江汉论坛》1994 年第 8 期，第 16—20、43 页。

④ 卜风贤：《中国古代的灾荒理念》，《史学理论研究》2005 年第 3 期，第 28—39、158 页。

⑤ 李向军：《中国救灾史》，广东人民出版社，1996，第 22 页。

⑥ 唐世平、高岭、李立等：《国家能力：走出理论荒野》，《学术月刊》2022 年第 11 期，第 68—83 页。

想家在应对各种凶荒的经验积累中为救助灾民、稳定社会、巩固政权所做的思考。

传统荒政在治理实践中的探索，主要是通过调节供需、优化资源配置来帮助民众获取粮食，从而实现"救荒活民"。借鉴福利经济学中的粮食获取权理论[①]，可将中国传统荒政中增强粮食安全的措施大体划分为四个维度[②]。

其一是在时间维度上跨周期平滑各时期的粮食资源禀赋，丰时"籴"以收购粮食，荒时"粜"以提供粮食，依托仓储备荒在丰年（季）与凶年（季）之间调节粮食资源。先秦时人们已形成了对仓储备荒政治意义和农业生产周期规律的初步认识，如《礼记·王制》从"无三年之蓄，曰国非其国也"的政治高度，强调了粮食安全对于国家治理的重要性。汉代耿寿昌首次提出了常平仓制度，"以谷贱时增其贾而籴，以利农，谷贵时减贾而粜"[③]。隋唐时开始强调仓储下沉至基层以解决调拨、转运不及时的问题。隋开皇三年，长孙平建议"奏令民间每秋家出粟麦一石已下，贫富差等，储之闾巷，以备凶年，名曰义仓"[④]，因仓由村社管理，又被称为"社仓"。唐代于贞观二年起设置义仓。宋以后开始注重吸收社会力量参与仓储备荒。南宋朱熹上奏请求推广社仓[⑤]，吸收社会力量参与荒政治理的制度开始在实践中落地施行。明代钟化民认为灾荒时只依靠中央财政不是长久之计，主张"村村有储"[⑥]。

---

① [印]阿马蒂亚·森：《贫困与饥荒：论权利与剥夺》，王宇、王文玉译，商务印书馆，2011，第1—64页。

② 某一救荒举措可能涉及从多个维度保障粮食获取权。例如，"禁闭籴"不仅有利于跨地区平滑粮食资源禀赋，也可增强个体的贸易权利。为了行文方便，后文所举荒政举措，侧重于介绍其最重要的那一维度。

③《汉书》卷24《食货志》。

④《隋书》卷46《长孙平传》。

⑤ 曾枣庄、刘琳主编：《全宋文》卷5432《朱熹五》。

⑥（明）钟化民撰、（清）俞森辑：《赈豫纪略》，见李文海、夏明方、朱浒主编《中国荒政书集成》（第1册），天津古籍出版社，2010，第153—163页。

清代杨景仁主张立常平仓，“社仓、义仓相辅而行”[①]。

其二是在空间维度上跨地区平滑不同区域的粮食资源禀赋，采取支持粮食流通的政策如移粟、通商、不抑价等以“来谷”增加灾区粮食供给，从而在灾区内外部实现资源再分配。中国传统荒政思想一直重视跨地区调度粮食资源，通过“有无相济”、平滑各地粮食资源禀赋应对灾荒，如将灾民往外地迁移的“移民就粟”促进粮食往灾区转运的“移粟就民”，以及通商、禁遏籴、不抑价、出官钱循环籴粜等增加灾区粮食流入的措施。国人很早就提出“移民就粟”和“移粟就民”这两种行政干预主张，如《周礼》中记载，廪人“若食不能人二鬴，则令邦移民就谷”[②]。唐宋以后开始出现利用商人力量跨地区调节粮食资源禀赋救灾的思想。例如，唐代卢坦曾在岁饥之年反对限制粮价以应对“谷价日增”，他指出宣歙之地“土狭谷少，仰四方之来者”，若米价贱则“谷不复来，益困矣”。因此他坚持不抑价，从而实现了“商米辐凑，市估遂平，民赖以生”的良好效果[③]。又如，元代卜天璋不损谷价救灾，“谷价翔涌，乃下令勿损谷价，听民自便。于是舟车争集，米价顿减”[④]。

其三是通过增强个体直接权利，促进粮食生产、保障粮食未来的可获得性。中国传统荒政思想中历来有许多支持个体粮食生产的举措，如贷种借牛、蠲免缓征、劝课农桑、兴修水利等。贷种借牛是指以无息或低息借给受灾贫困农民种子和耕牛，实质是通过加大金融支持来保障民众的生产权利和粮食安全。例如，宋代王安石为“振贫乏、抑兼并、广储蓄，以备百姓凶荒”[⑤]而

---

①（清）杨景仁编：《筹济编》，见李文海、夏明方、朱浒主编《中国荒政书集成》（第 5 册），天津古籍出版社，2010，第 3091—3331 页。

②《周礼》卷 4《地官司徒下》。

③（清）张能麟辑：《荒政考略》，见李文海、夏明方、朱浒主编《中国荒政书集成》（第 2 册），天津古籍出版社，2010，第 935—1046 页。

④《元史》卷 191《良吏一》。

⑤（清）秦缃业、黄以周辑：《续资治通鉴长编拾补》卷 7《神宗》。

实施的青苗法改革，是一种典型的货币化、金融化粮食生产支持思想。针对粮农的蠲免缓征是灾时提高百姓自救能力、维持社会再生产的重要举措，可以避免民财受损时税收汲取危及百姓口粮与生存。唐代白居易认为，“欲令实惠及人，无如减放租税”①。劝课农桑旨在增强个体劳动生产权，从源头上增加粮食供给，保障农民直接权利。例如，北齐文宣帝主张地方官员要以劝农桑为重任，“诸牧民之官，仰专意农桑，勤心劝课，广收天地之利，以备水旱之灾”②。围绕重视农桑还产生了种植备荒救灾作物的思想，如汉武帝“遣谒者劝有水灾郡种宿麦”等③。兴修水利不仅可预防水旱灾害，还可以改善农业生产条件、巩固农户个人的直接权利。例如，《荀子·王制》提出“修堤梁，通沟浍，行水潦”“安水臧”“以时决塞”“岁虽凶败水旱，使民有所耘艾”“司空之事也”等。编撰野菜图书、普及植物知识也为灾害发生时粮食短缺的民众度荒提供了一种替代性方案。例如，明初朱橚主持编撰的《救荒本草》，“开创了我国食用野菜研究的新领域”④。

其四是通过增强个体贸易权利，提高民众粮食当下可获得性。中国传统荒政思想包含较多增强贸易权利维度的粮食流通支持思想，如减免商税、以工代赈等，有助于保障贸易权利，促进民众利用市场交换粮食。针对运往灾区的粮食减免商税可降低粮食运输成本、有助于吸引外地粮商运粮流入灾区，鼓励粮食流动增加粮食供给，保障灾区百姓的贸易权利。例如，朱熹知南康军时通过免税吸引米商⑤，明代祁彪佳主张“召商”，强调“匪但不抑其价也，而且免其收税”⑥。以工代赈允许灾民通过出卖劳动力获取粮食，这不

① （唐）白居易撰、顾学颉校点：《白居易集》卷58《奏状一》。

②《北齐书》卷4《文宣帝纪》。

③《汉书》卷6《武帝纪》。

④ 卜风贤：《中国古代救荒书的传承和发展》，《古今农业》2004年第2期，第78—88页。

⑤ 曾枣庄、刘琳主编：《全宋文》卷5431《朱熹四》。

⑥（明）祁彪佳撰：《救荒全书》，见李文海、夏明方、朱浒主编《中国荒政书集成》（第2册），天津古籍出版社，2010，第495—921页。

仅有助于保障个体交换权利（贸易权利），保障民食并维护社会稳定，也可以借此修建公共基础设施。这在中国传统荒政思想中较为常见，如明代林希元主张“兴工役以助赈”，认为这是一举两得、利民利官的救荒措施①。

中国传统荒政思想整体而言是不断发展的。秦汉时期，随着中央集权国家的建立，荒政初步形成并有所发展；隋唐两宋时，荒政日趋成熟；元以后逐步递进发展至鼎盛，“元不及明，明逊于清”②。但这并不意味着荒政政策效果必然长期递增。因为荒政思想是否有效不仅取决于其所蕴含的理论思考能否有效指导荒政实践，更取决于是否有强大的国家能力将其转化落地。从中国传统荒政治理实践来看，荒政具有公共品属性，需要国家提供钱粮物等资源作为支撑：强制能力是保障粮食安全的前提，即在荒政治理中依靠暴力维持秩序；汲取能力是保障粮食安全的基础，即提供荒政所需资源；粮食安全直接依赖递送能力实现，即在荒政中投放资源；粮食安全间接依赖信息决策能力支持，即在荒政中有效决策。

（二）中国传统荒政思想对当代完善粮食安全治理的启示

新时代的中国作为一个现代工业大国，救荒政策工具和技术手段都更加丰富和成熟，国家能力远强于古代中国。但当今世界正在经历百年未有之大变局，我国的发展不仅面临国内国际经济形势和政治格局变化，也面临近年来气候异常、灾害风险加剧等自然冲击对粮食安全和社会治理的考验。因此，闪烁着先民智慧、凝结着古人救灾经验的中国传统荒政思想，对我们加强灾害应急治理、保障粮食安全的现代实践仍有重要的镜鉴作用，值得我们借鉴和参考。

---

①（明）林希元撰、（清）俞森辑：《荒政丛言》，见李文海、夏明方、朱浒主编《中国荒政书集成》（第1册），天津古籍出版社，2010，第91—101页。

② 李向军：《试论中国古代荒政的产生与发展历程》，《中国社会经济史研究》1994年第2期，第7—19页。

首先，中国古代是农业社会，所以中国传统荒政思想不太依赖于工业技术，它关注和讨论的主要是主持荒政的官员应当关注哪些治理层面的核心问题，可在理论性层面帮助我们校准、找准建设现代应急治理体系、保障粮食安全的核心关键。

其次，与现代粮食安全、灾害经济和应急治理研究相比，中国传统荒政思想的特点是拥有非常丰富的事中应对策略体系，救灾制度也比较系统，在保障民食方面较好地兼顾了交换权利保障与资源时空平滑，可在应用层面启发我们采取更加有效、具体的措施应对粮食安全冲击，对我们探索、创新更加有效的灾害应急治理策略和健全、完善更加完备的粮食安全体系有重要的参考借鉴意义。

最后，梳理中国传统荒政思想，不仅有助于我们完善自身的现代国家粮食安全治理体系，还有助于对外传播中国理论和中国智慧。

1. 以民为本，将民食保供放在首位，保障民生

“民本思想是中国古代的统治思想和占主流地位的政治文化”[①]，也是贯穿中国传统荒政思想的价值取向。中国历代统治阶级都重视荒政治理，将其视为君主施行仁政、德政的体现，如孔子认为荒政是“贤君自贬以救民之礼也”[②]，汉元帝曾因连年荒欠下罪己诏书。清代汪志伊在《荒政辑要》卷首直言，“荒政者，仁政也”。总体上，中国传统荒政思想所强调的民本倾向和民食保障，可从以下维度带给我们启发。

其一，在现代粮食安全治理中，要把灾民的口粮问题放在首位。《荀子·富国》主张圣君贤相要保障百姓凶荒时无冻馁之患，“岁虽凶败水旱，使百姓

---

① 张分田、张鸿：《中国古代“民本思想”内涵与外延刍议》，《西北大学学报（哲学社会科学版）》2005年第1期，第113—118页。

②（清）陆曾禹：《钦定康济录》，见李文海、夏明方、朱浒主编《中国荒政书集成》（第3册），天津古籍出版社，2010，第1767—1893页。

无冻馁之患，则是圣君贤相之事也”。明代俞汝为强调“国家以人民为天，民生以衣食为天”[1]。康熙十八年，上谕户部“食为民天，必盖藏素裕而后水旱无虞”[2]。中国传统荒政思想十分重视民食问题，既有跨周期调节的仓储备荒举措，也有跨地区调节的移粟通商政策。在现代社会，随着经济发展的社会分工深化，粮食生产区和消费区的时空分离加大，所以完善现代粮食安全治理体系要进一步统筹粮食的时空调度。而要达到灾时有粮食可以调度，在日常生产工作中就需要走好粮食安全之路，提高农民的生产积极性，不误农时。

其二，要重点关注受灾群众和弱势群体的粮食供应问题，关爱保障弱势群体。中国传统荒政思想十分关怀受灾困难群体，如对受灾流亡百姓主张进行救济帮扶，以及强调政府赈济要兼顾边远地区的受灾困难百姓。例如，屠隆主张“广道途之赈以集流亡”，对于他处流亡入境的饥民，也要给予庐舍、粮食、医药等资源，政府赈济要兼顾流亡、边远受灾的穷困百姓[3]。完善现代粮食安全治理体系，要全面精准摸排，分类实施救助，对于弱势群体如受灾的低保对象、留守老人、留守儿童、残疾人、散居孤儿，以及边远地区的受灾群众等，要切实保障他们的粮食供应。

其三，要对灾民有仁爱之心，重视灾后的重建和恢复，保障民生。中国传统灾荒救济十分重视灾后的养民，不仅包括直接的口粮救济和医药救助，还包括灾后抚恤及生产恢复重建，如贷种借牛、蠲免缓征等。例如，朱熹提出：“天下之务，莫大于恤民，而恤民之本，在人君正心术以立纪纲”[4]，

---

①（明）俞汝为撰：《荒政要览》，见李文海、夏明方、朱浒主编《中国荒政书集成》（第 1 册），天津古籍出版社，2010，第 177—281 页。

② 陈梦雷辑：《钦定古今图书集成·经济汇编·食货典》卷 86《荒政部彙考十九》。

③（明）屠隆撰、（清）俞森辑：《荒政考》，见李文海、夏明方、朱浒主编《中国荒政书集成》（第 1 册），天津古籍出版社，2010，第 103—114 页。

④《宋史》卷 429《道学三》。

他强调“救荒之政，蠲除赈贷固当汲汲于其始，而抚存休养尤在谨之于其终”[①]。因此，完善现代粮食安全治理体系，保民食、保民生，需要重点关注如何科学有序地推进灾后复产重建工作，帮助受灾群众尽快恢复正常的生产生活秩序。

然而，中国传统荒政思想中的民本倾向也存在两点局限：一是认为民之无知、丰奢凶困，需要加以引导，但传统荒政治理实践缺乏对如何沟通、教育、宣导群众的系统思考；二是认为饥民思乱是人之本性，所以在救荒工作中没有充分考虑如何组织群众。例如，李觏认为“夫民之无知，靡衣偷食，丰岁粒米狼戾有不爱也”，食用无节制，粮食浪费严重，到了凶年“则家不素蓄，人不豫备，室如罄矣，突不黔矣”，导致社会动乱，建议“此祸乱之阶，善为国者，所宜留意也”[②]。因此，中国传统荒政思想虽然关心群众的物质保障和粮食安全，但往往缺乏精神层面的根本认可，无法真正有效地组织和调动群众参与救荒，使得中国古代的粮食安全与社会治理政策体系在参与主体层面有所缺失。所以，加强现代粮食安全治理建设，要切实践行从群众中来、到群众中去的路线，以人民为中心，充分组织和调动人民参与应对灾害和粮食安全治理。

2. 重视长期制度建设，防治结合，提高灾害应急治理能力

自然灾害的发生具有不确定性，所以中国传统荒政思想十分重视长期制度建设，不仅“豫备于未荒之前”，还“博济于当荒之际”，更“维持于已荒之后”[③]，兼顾备荒、救荒与灾后休养；还注重救灾程序的专业化、系统化和体系制度化，建设荒政长期激励机制，在行政官职体系中设置专门的荒

① 曾枣庄、刘琳主编：《全宋文》卷5435《朱熹八》。

②（宋）李觏撰、王国轩校点：《李觏集》卷16《富国策十首》。

③（清）寄湘渔父撰：《救荒百策》，见李文海、夏明方、朱浒主编《中国荒政书集成》（第9册），天津古籍出版社，2010，第6235—6258页。

政官员，或者明确地方主官的职责分工中就已内含灾荒应对，并设置相关考核与奖惩措施。因此，中国传统荒政本身就是一个治理体系或者说是一个体系化的治理。这启示我们，保障好粮食安全，要重视完善现代灾害应急治理体系、加强长期制度建设，防治结合，综合施策。

其一，要兼顾灾前、灾时与灾后。中国传统荒政思想十分强调防治结合，如清代张能麟认为《周礼》在十三经中对荒政的论述最为详细，“其未荒也有制，其将荒也有备，其既荒也有救，故三代盛时有饥岁无饥民”[①]；魏禧将救荒之策分为先事、当事与事后三类，分别对应“米价未贵，百姓未饥”“米贵而未尽，民饥而未死”“米已乏竭，民多殍死”三种情况，“救荒之策，先事为上，当事次之，事后为下”[②]。寄湘渔父在《救荒百策》则提出“设策提要，分为五纲”，强调“首备荒者”“次弭荒者”“次筹荒者”“次赈荒者”“终抚荒者”[③]。所以，健全和完善现代灾害应急治理体系，要坚持以防为主、防抗救相结合，既要重视灾前预防也要强调灾后救助，并加强灾荒的事中应对之策。

其二，要重视救灾程序专业化与体系制度化。中国传统荒政思想中，蕴含着一整套完备的荒政政策与制度体系，如清代《大清会典》中，涉及报荒、勘灾、申户、蠲免、赈济、借贷、安辑等一套详尽和成熟的荒政运行机制。中国古代在行政体系中也设置了专门的荒政职位或明确了部分行政岗位的荒政职责，建设了一整套完备的救荒行政制度体系。例如，董煟主张救荒之政，人主、宰执、监司、太守、县令、监司、守令应各司其职，还强调“守臣到

①（清）张能麟辑：《荒政考略》，见李文海、夏明方、朱浒主编《中国荒政书集成》（第2册），天津古籍出版社，2010，第935—1046页。

②（清）魏禧撰、（清）俞森辑：《救荒策》，见李文海、夏明方、朱浒主编《中国荒政书集成》（第2册），天津古籍出版社，2010，第927—934页。

③（清）寄湘渔父撰：《救荒百策》，见李文海、夏明方、朱浒主编《中国荒政书集成》（第9册），天津古籍出版社，2010，第6235—6258页。

任预讲救荒之政”，守臣“限一月以后，询穷本州管下诸县镇可以为救荒之备及其他措置之策”，并且对于荒政官员的选聘也相对严格[①]。李觏也主张建立长期制度，不能指望临事鬻爵。事实上，两汉时期荒政程序就已相对完备而严格，如桓帝建和三年称“禀谷如科”[②]。后世历代皆设有荒政机构，如唐代的三省六部中，户部下设仓部“掌天下军储出纳、租税、禄粮、仓廪之事。以木契百合诸司出给之数，以义仓、常平仓备凶年，平谷价”[③]，负责荒政治理。因此，健全和完善现代灾害经济治理体系，要加强灾害应急治理队伍建设，做好应对各类自然灾害的应急预案，为救灾提供组织和制度保障。

虽然荒政思想家普遍主张要进行长期制度建设，但一个明显的局限是缺乏系统的人力资本培育。很多思想家都曾强调物色有才能和廉能的人主持救灾，如林希元在《荒政丛言》中指出“救荒二难”之一为“得人难”，杨景仁在《筹济编》中提倡“任贤能”，但实质上并未进一步探索如何建立荒政实务培训体系、提升荒政官员的业务能力，实际上仅有重视此问题的思想家（尤其是主持荒政的要员）才会总结和提炼有益的救荒政策和程序，而这一问题直到明清才得到更多社会群体（如乡绅）的关注。因此，提高灾害应急治理能力、健全和完善现代粮食安全治理体系，要避免中国传统荒政体系中相关知识沉淀、梳理、传播不成体系的局限，形成更系统、更具传承性的人力资本培育机制体制。

3. 加强应急宏观调控，灵活运用市场化手段，兼顾公平与效率

中国古代社会在经济形态上是农业主导，具有一定的脆弱性和不稳定性，

---

① （宋）董煟原著、（元）张光大新增、（明）朱熊补遗、王崇庆释断、顾云程校阅：《救荒活民书》，见李文海、夏明方、朱浒主编《中国荒政书集成》（第 1 册），天津古籍出版社，2010，第 1—83 页。

② 《后汉书》卷 7《孝桓帝纪》。

③ 《新唐书》卷 46《百官一》。

仅靠百姓的自救力量难以有效抵御自然灾害，所以救荒成为古代政权的重要职权。但由于古代政权国家的赈济能力和治理制度存在局限性，国家主导的荒政政策也往往不足以帮助灾民度荒。因此，中国古人基于对市场规律的认识，在国家主导下注重发挥民间市场力量参与救灾，形成了政府调控与市场配置相结合、时空维度政策互补、兼顾平滑资源禀赋与增强交换权利的荒政思想。这启示我们，在现代粮食安全治理实践中，要加强应急宏观调控，灵活运用市场化手段，兼顾公平与效率。

其一，政府赈济与民间自救相结合。中国古代形成了以常平仓、社仓、义仓为主体的仓储备荒制度，前者由政府主导，后两者则包含民间自救成分。在现代粮食安全与灾害应急治理实践中，要做好抗灾救灾的一系列安排部署，充分发挥各级粮食行政管理部门的组织协调能力，加强应急宏观调控和粮源组织调度，在党和国家的主导下充分发挥民间力量参与救灾。

其二，要综合施策，兼顾平滑资源禀赋与增强交换权利。在现实主义导向的荒政实践中，人们往往尽可能采取所有能够起到赈灾、救荒、济民作用的政策，不仅强调平滑粮食资源禀赋，也强调增强个体的交换权利。例如，董煟所言的“通融有无，真救荒活法。然而其法有公有私”[①]，此处“公”指支拨官廪借兑内库、假军储等政府财政直接干预的手段，“私”指劝人发廪、籴贩等借助民间力量和市场化机制的手段。因此，在现代粮食安全与灾害应急治理实践中，要综合施策，积极吸纳人类历史上各种有效的救灾经验，既注重跨周期、跨地区调节粮食资源禀赋，也强调增强个体的直接权利和贸易权利，保障受灾群众的粮食获取权。

其三，政府调控与市场配置相结合。宋代以前，平滑地区间的粮食资源

---

①（宋）董煟原著、（元）张光大新增、（明）朱熊补遗、王崇庆释断、顾云程校阅：《救荒活民书》，见李文海、夏明方、朱浒主编《中国荒政书集成》（第 1 册），天津古籍出版社，2010，第 1—83 页。

禀赋以政府主导的移民、移粟为主。宋代以后，强调救荒效率的市场化手段被逐渐采纳，成为政府调控的有效补充，如利用市场规律和商人力量的通商、不抑价、禁遏籴等荒政措施。政府出面指导“劝分”，也多止于适度干预粮食市场价格，维护市场秩序。这也表明，运用市场规律的荒政政策，其运行也是基于政府对市场制度的维护。所以，在现代粮食安全与灾害应急治理实践中，要尊重市场规律，注重采用市场化的救灾手段，维持市场秩序。

4. 从强制、汲取、递送和信息决策等维度入手提升国家能力，有力应对灾害

自先秦以来，以应对自然灾害、救荒活民为主旨的荒政治理一直是中国传统社会治国理政的重要内容。不论是从理论逻辑还是从历史经验来看，具有公共品供给属性的荒政体系都需要以国家能力作为支撑，为其提供钱、粮、救荒人员等物力、人力基础。中国传统荒政思想演进的主线，实质是国家能力的提升：国家和政府依靠强制能力维持灾区秩序，依靠汲取能力提供荒政所需的资源，依靠递送类行政能力实现荒政中的资源投放，依靠信息类行政能力支持在荒政中有效决策，全面保障粮食安全。这启示我们，在现代社会提升国家能力、有力应对灾害、保障粮食安全，可从强制能力、汲取能力、递送类行政能力或信息类行政能力等四个方面入手。

其一，重视强制能力，维持灾区秩序。作为国家能力最基础的维度，重视强制能力是维持灾区秩序、保障粮食安全的前提。中国历代荒政思想家在阐述救荒举措时主张依靠强制能力来维持灾区秩序。例如，《周礼》所列荒政举措第十二条为除盗贼，又如董煟、林希元、钟化民等提出的编保甲、治盗、增民兵等思想主张，不仅关注防止灾民因生活所迫转变为盗贼、避免引起暴乱出现灾后“二次伤害”，还涉及为人们应对灾荒提供稳定的基础环境。虽然现代中国具有更加和谐、稳定和安全的社会秩序，重视强制能力、维持灾区秩序的灾荒治理经验对于中国的启发意义可能不大，但对于其他国家尤其是那些经济落后、社会动荡的国家来说，仍是一个值得重视的关键问题。首先，要依靠强制能力维持稳定、安全、和谐的社会秩序，防范各类治安事件发生。其次，要维持市场秩序，为灾民的“粮食获取权”提供稳定的基础环境，坚决制止和打击灾害发生后囤积居奇、哄抬粮价等扰乱市场秩序、制造恐慌的恶劣行为，维护市场的粮食流通秩序，打通市场流通壁垒，保障灾区内外部的农副产品交易流通。

其二，注重汲取能力，提供应对灾害所需资源。作为国家能力的核心，汲取能力（即财政能力）关涉国家公共品供给和转移支付的能力，它可以直接提供荒政治理所需的物质资源，如丰时征收以备荒时赈灾、对灾荒地区蠲免缓征、进行地区间的财政调配等，都属于国家财力为荒政提供救荒资源的范畴。中国历代思想家论述荒政时都把财税作为救荒举措得以实施的基本前提，普遍认同国家财力是荒政的物质基础，强调灾荒发生时不能再进一步汲取民力，不仅提出关于蠲免缓征的主张，还建议从财政上进行节俭，如灾荒时统治者要节省开支。因此，为了提升国家能力、有力应对灾害，要注重财力支持，提供应对灾害所需资源：首先，要完善财政体系维持国家日常汲取能力，提供应对灾害所需资源，需要完善财政体系，如建立完善的自然灾害财政应急体制。其次在加强财力支持、提供应对灾害所需资源的同时，也要为遭遇自然灾害的百姓提供税收援助和财政扶持，如完善自然灾害适用税收优惠政策体系。

其三，强化递送类行政能力，在灾害应对中实现资源投放。递送类行政能力反映了官僚体系在运行和管理国家过程中执行规则、提供服务的有效性，从根本上决定着粮食等救灾资源的投放能否有效实现。中国传统荒政思想历来强调救灾资源投放要从上至下、必达基层；提出了仓储选址、发放救灾物资的场所要方便灾民，并监督组织发放过程等主张；通过兴工役、禁闭籴、禁抑价、移民就粟、移粟就饥、贷种、贷牛等有效投递救灾资源。这启示我们，为了提升国家能力、有力应对灾害，要强化递送类行政能力建设，在灾害应对中实现资源投放：一是要提高资源投放的有效性、畅通基层的资源投放渠道，如加强应急分拨集散和通道衔接，尤其是粮食物流配送通道。二是要加强调研，注重采取多元、有效的资源投放方式，还应强化监督，提高资源投放过程的有效性和公平性。

其四，增强信息类行政能力，在灾害应对中有效决策。信息类行政能力关注的是国家官僚体系中的公职人员是否具备信息收集能力和领导力，这是政府在灾害应对中能否做出有效决策的前提和基础。中国传统荒政思想中关于勘灾、报灾，降低胥吏欺瞒，解决信息不对称，监督灾区地方官员是否及时、如实上报灾害等举措，都属于信息类行政能力的范畴。这类救荒举措强调灾荒发生时信息反馈要能自下而上，到达荒政治理顶层，这启示我们，提升国家治理能力，要增强信息类行政能力，在灾害应对中有效决策：一是要重视灾荒信息搜集和报送，建立健全灾荒信息搜集和报送机制，以及相关的监督机制。二是制定科学的受灾评估机制，准确识别受灾困难群众，更加精准、有效地为受灾群众提供及时、有针对性的救助。

中国几千年以来积累的荒政经验，是我们当代应对各种自然灾害、提高应急治理能力、完善粮食安全体系的重要思想宝库。因此，我们要坚持马克思主义基本原理、深入学习中国传统荒政思想并加以借鉴，坚持以民为本，推动中国传统荒政思想在现代的创造性转化和创新性发展，为完善当代灾害应急治理实践和粮食安全保障的举措提供有力支撑。

四、中国传统管理思想与构建中国式企业管理

改革开放以来，中国经济建设取得了显著成效，大量中国企业诞生、成长与衰败是这 40 余年高速增长的微观基础。2017 年，党的十九大首次提出“高质量发展”，表明“我国经济已由高速增长阶段转向高质量发展阶

段”[①]。2022年，习近平总书记在党的二十大报告中强调，“加快构建新发展格局，着力推动高质量发展”“坚持把发展经济的着力点放在实体经济上”[②]。经济发展方式的转变要求优化经济结构，需要大力推进质量变革、效率变革、动力变革，核心是要提高实体经济的发展质量和经济效率。国家提出的“高质量发展”不仅包括宏观领域的经济社会高质量发展、中观领域的产业高质量发展，而且涵盖微观领域的企业高质量发展。企业作为国家经济运行中的微观细胞，如何实现提质增效，更好地促进经济高质量发展，是值得深入探讨的重要议题。在新时代的历史坐标下，面对新一代的科技革命和产业变革发展趋势，管理领域不断涌现出新要求、新现象和新问题，这给现有企业管理模式带来诸多新挑战。在此背景下，需着力推动中国式管理模式的创新，促进企业经营实现更高质量、更有效率的发展。

中国传统管理思想蕴含丰富意涵，凝结了传统经济环境下孕育的经济管理理念和管理智慧，对于中国式企业管理的理论与实践探索具有重要的借鉴意义。我们要汲取其精华、发掘其价值，并通过结合中国本土管理实践、融合西方优秀管理理论来实现创造性转化与创新性发展，深入探索体现中国元素、具有中国特色、展现中国价值的中国式企业管理理论与模式，为企业高质量发展提供有益启发。

（一）构建中国式企业管理的历史必然性

随着中国经济的高速增长和中国企业的快速发展，基于传统管理思想的中国式企业管理得到持续探讨，并在研究中国本土管理实践中逐渐丰富深化。中国式企业管理的探索不仅具有现实必要性，而且具有历史必然性。它不仅

① 习近平：《习近平谈治国理政》（第三卷），外文出版社，2020，第237页。

② 习近平：《高举中国特色社会主义伟大旗帜　为全面建设社会主义现代化国家而团结奋斗——在中国共产党第二十次全国代表大会上的报告》，《人民日报》2022年10月26日。

是应对西方管理模式存在特殊性和局限性的现实选择，更是指导中国特色社会主义管理实践、促进中国经济高质量发展、继承和弘扬中华优秀传统文化以实现其创造性转化与创新性发展的必然要求。

其一，西方管理模式具有局限性。管理具有二重性，即自然属性和社会属性。一方面，西方管理模式产生了具有共性的管理理论，可适用于不同国家与组织。例如，管理活动包括计划、组织、领导、控制、创新等管理职能，管理对象涵盖人、财、物、信息、组织等方面，管理职责明确分工等。另一方面，其扎根于西方国家的社会文化传统，并随欧美国家资本主义的经济实践而发展，包含一定的意识形态倾向，是具有特殊性的。西方管理理论并不是适用于各国管理实践的永恒准则，存在时间和空间范围上的限制，它对现实的解释力和对实践的指导性也具有一定的局限性。

西方管理的人性假设强调人的工具理性，对人的主体性地位有所忽略。人性假设是管理理论中的核心问题，首先是“经济人”假设，弗雷德里克·温斯洛·泰勒（Frederick Winslow Taylor）提出的科学管理奠定了机器大生产下标准化作业的基础，形成了一套程序化与机械化的刚性管理模式，强调人的理性特征和“物化”管理，忽视了人的非理性因素和个人行为的社会属性。其次是乔治·埃尔顿·梅奥（George Elton Mayo）提出的“社会人”假设，员工还存在除物质利益以外的多种需求，个人的心理行为、工作态度和人际关系对生产效率具有重要影响[①]。20 世纪 80 年代，企业文化理论的发展促使了“文化人”假设的出现，这一假设强调组织的文化因素对个体行为的影响，主张培育管理者与被管理者共同的价值观和企业文化观。但西方管理学人性假设的演变“本质上都是遵循同样的逻辑”，管理对象是服从于利润的“单面人”[②]。这些人性观并没有“将人视作研究的主体和目的”“实质是将人

① 王拓：《管理哲学视域下的中西方人性观比较》，《学习与探索》2017 年第 6 期，第 33—38 页。
② 罗纪宁：《创建中国特色管理学的基本问题之管见》，《管理学报》2005 年第 1 期，第 11—17 页。

视作一个特殊的构造精细的理性工具，其目的最终指向是提高生产效率和优化管理目标”[①]。这表明“经济人”“社会人”“文化人”的人性假设尽管随经济社会发展不断调适与转变，从重视理性到关注人性，从研究人的表层行为到重视人的心理行为等，但是仍然把人当作实现组织目标和利润最大化的工具，没有向人的主体性地位回归。

西方管理过度追求利润最大化、单一化的管理目标，缺乏对整体利益与社会利益的关注。无论是在早期的科学管理理论阶段，还是发展到之后的行为科学管理阶段、企业文化管理阶段，追求利润最大化的最高管理目标并没有发生实质性转变，“几乎所有的西方管理理论中所有的方法和理念都指向经济效率和市场竞争”[②]。德鲁克谈到，过度追求经济利润最大化，“会严重误导管理者，甚至可能危害到企业的生存，以至于为了今天的获利而破坏了企业的未来”[③]。例如，2008 年国际金融危机爆发后雷曼兄弟公司破产的内在原因在于选择了股东财富最大化的单一目标，忽视了其他利益相关者的利益，未能有效控制经营风险[④]。总体而言，西方管理模式植根于资本主义私有制的土壤，以追求经济利益最大化为最高管理目标，这本质上是对“经济人”假设的赓续，对于管理效率提高、企业利润增加的最终目的却鲜有论及。这种单向式与功利性的目标导向，容易导致企业的短期主义行为，引发道德风险与经营风险等问题。

西方管理中割裂式的局部分析，忽略了整体间的普遍联系。西方学者将管理这一有机整体分割为管理职能、管理过程、管理组织、管理行为等部分进行独立研究，他们从管理的不同角度将管理分成了不同形态的理论，各种

① 王拓：《管理哲学视域下的中西方人性观比较》，《学习与探索》2017 年第 6 期，第 33—38 页。
② 吴照云：《从中国传统文化出发构筑中国管理之基》，《经济管理》2021 年第 9 期，第 5—15 页。
③ [美]彼得·德鲁克：《管理的实践》，齐若兰译，机械工业出版社，2006，第 48 页。
④ 刘胜强、卢凯、程惠峰：《雷曼兄弟破产对企业财务管理目标选择的启示》，《财务与会计》2009 年第 23 期，第 18—19 页。

管理理论之间缺乏联系性与一贯性，“西方管理理论强调线性思维”[①]，这不利于形成对管理的整体性认知。值得关注的是，西方学者也在反思西方管理模式的不足之处，管理大师圣吉著的《第五项修炼：学习型组织的艺术与实务》批判了西方普遍流行的线性思维与分割思想，并对中国传统思想中的整体观念给予了高度肯定，中国的传统文化中“仍然保留了那些以生命一体的观点来了解的、万事万物运行的法则”[②]。管理学家詹姆斯·柯林斯和杰里·波勒斯合著的《基业长青：企业永续经营的准则》(*Built to Last: Successful Habits of Visionary Companies*）认识到了西方非此即彼的分割式研究思维的局限性，主张借鉴中国二元哲学里的阴阳太极思维，应用兼容并蓄的方法跳出原来的发展困境[③]。由此可见，中国传统文化在把握整体性、研究二元对立统一性方面具有重要的学术价值，西方管理学已开始注重从中国传统思想中寻求解决问题的出路。

其二，中国管理问题具有独特性。中国政治制度、经济体制、传统文化、思维方式和西方政治结构、经济运行、价值判断、行为准则等存在差异，这在一定程度上决定了中西方管理实践的差异性，中国管理现象和企业管理问题具有独特性。

中国建立了中国共产党领导的多党合作和政治协商制度，这是我国一项基本的政治制度，体现了民主集中制的原则；还建立了以公有制为主体、多种所有制经济共同发展的社会主义市场经济制度。这些制度强调合作，重视整体利益，对我国管理产生了重要影响，具备浓厚的集体主义色彩。西方实行的以两党制或多党制为代表的轮流执政制度，具有分权制衡的特点，并建

---

① 栗献忠：《中西合璧：德鲁克管理思想的本土化转换》，《领导科学》2021年第24期，第61—63页。

② [美]彼得·圣吉：《第五项修炼：学习型组织的艺术与实务》，郭进隆译，上海三联书店，2002，第3页。

③ 彭星闾：《创新力与控制力统一：企业持续发展的新思维》，中国商务出版社，2007，第34页。

立了以私有制为主导的资本主义经济，使得西方管理模式侧重于提高个体效率，强调竞争，追求经济利益最大化。中国传统文化重人文主义，强调伦理道德、中庸和谐，孕育了中国管理重视综合性和社会关系的价值取向。西方文化重科学精神，强调人权观念、个性自由，产生了西方管理注重分析性和个人主义的倾向等。政治环境、经济情境和历史文化的异质性在较大程度上孕育了中西方不同的管理情境，在中国现实和中国传统的交互影响下我国产生了具有本国特色的企业管理问题。例如，国有企业股份制改革及其现代企业制度建设；股权分置改革下的利益分配问题；政府与市场关系下企业治理结构的转型；政企关联对企业资源获取和经营管理的影响；集体利益高于一切，个体利益服从组织利益；以中庸和谐的方式处理人际冲突，实现矛盾双方的平衡与协调；管理中注重“情、理、法、利”的序列模式处理问题[①]。

总括而言，为了探索适应本国经济发展特点的管理模式，更好地服务和指导本国的经济管理活动，有必要提炼和整合中国传统管理思想，并进行创造性转化与创新性发展，构建扎根中国土壤、适合中国情境、体现中国特色的中国式管理，推动企业管理理论创新和企业高质量发展。

（二）中国传统管理思想的内涵意蕴

本书第二章考察了孟子及丘濬的经济管理思想，但中国传统管理思想内涵丰富、外延广阔，不仅仅蕴藏在汗牛充栋的古代经典文献中，更是源自历代的经济管理实践。中国传统管理思想并非一种平面型的知识结构，而是涵盖从管理思想到管理方法的多个层次，兼具思想性与实践性，不仅包括抽象层面的管理思想与管理理念，具有价值理性的特点，而且涉及技术操作层面的管理方法与管理手段，具有工具理性的特征。为了充分阐释传统管理思想

---

① 阮平南、孙莹：《基于中国传统文化建立中国式管理模式》，《北京工业大学学报（社会科学版）》2009 年第 3 期，第 33—36 页。

的现代价值，在此进一步阐述其内涵意蕴。

其一，各类典籍由于所处历史背景、研究对象与性质属性的差异，呈现出多样性与多元化的管理思想与管理特征。例如，《论语》的人本理念，“仁”即“爱人”[①]，是孔子思想的核心，强调对他人要尊重和友爱，以建立人与人之间的和谐关系；义利观点，即“见利思义”[②]，主张在面对利益时应首先考虑道义，在利益和道德之间寻求平衡；礼治思想，即“礼乐不兴，则刑罚不中；刑罚不中，则民无所措手足”[③]，认为教化有助于引导人的行为，而刑罚得当则是秩序的保障。《孟子》中的人本思想，“民为贵，社稷次之，君为轻”[④]，提出了国家管理的一个原则，认为人民的利益应当被放在首位，其次是国家的利益，而君主的利益则是最轻的；人和思想，即“天时不如地利，地利不如人和”[⑤]，将人心的团结和协作放在首要地位。《荀子》的礼法相济，“治之经，礼与刑”[⑥]，认为规范人们行为的“礼”和惩治违规行为的“刑”相辅相成，共同构成了维护秩序的管理体系；上下俱富，“下贫则上贫，下富则上富”[⑦]，指出了国家的富裕与百姓的富裕之间的关联性，表达了一种国家管理需要以民为本的理念。《中庸》的中庸之道，“致中和，天地位焉，万物育焉”[⑧]，强调一种不偏不倚、避免极端、和谐平衡的状态，尊重客观规律；至诚思想，“诚者物之终始，不诚无物”[⑨]，强调“诚”这一核心价值观念作为管理基石的重要意义。《易经》的刚柔并济思想，“刚

---

①《论语·颜渊第十二》。

②《论语·宪问第十四》。

③《论语·子路第十三》。

④《孟子》卷14《尽心下》。

⑤《孟子》卷4《公孙丑下》。

⑥《荀子》卷18《成相篇第二十五》。

⑦《荀子》卷6《富国篇第十》。

⑧《礼记·中庸》。

⑨《礼记·中庸》。

柔相推而生变化”[1]，认为刚与柔之间存在相互作用的辩证关系，进而推动事物的变化；权变思想，“易穷则变，变则通，通则久”[2]，主张在困境中寻求变化，在变化中寻求发展，在发展中寻求持久。《道德经》的无为而治，“为无为，则无不治”[3]，主张通过不干预、顺其自然的方式来进行管理；辩证思想，“故有无相生，难易相成，长短相形，高下相倾，音声相和，前后相随”[4]，指出了事物相互依存、相互转化的关系。《墨子》的兼爱思想，“兼相爱、交相利也”[5]，主张无差别地爱所有人，进而实现协同与互利；尚贤思想，“贤者举而上之”“不肖者抑而废之”[6]，强调的是根据人的德行和才能来选拔和任用人才。《韩非子》的法治思想，“奉法者强则国强，奉法者弱则国弱”[7]，强调管理需要重视规则；循名责实，“故群臣陈其言，君以其言授其事，事以责其功”[8]，认为国家管理应当根据臣属的言论来分配任务，然后根据任务的完成情况来评价功过。

其二，中国古代的管理实践积淀了丰富的工商业管理方法和经营经验，是传统管理思想的重要组成部分，它涵盖市场管理、商品管理、价格管理、资金管理、经营评价等多个方面。在市场管理方面，强调准确发现和判断市场时机，“知斗则修备，时用则知物”“旱则资舟，水则资车”；主张市场决策迅速行动，“趋时若猛兽挚鸟之发”[9]，强调发现市场时机后，要敏锐果敢地进行商业操作，牢牢把握时机。在商品管理方面，关注商品轻重变化，

---

①《易经·系辞上》。

②《易经·系辞下》。

③《道德经》。

④《道德经》。

⑤《墨子》卷4《兼爱下第十六》。

⑥《墨子》卷2《尚贤中第九》。

⑦《韩非子》卷2《有度第六》。

⑧《韩非子》卷1《主道第五》。

⑨《史记》卷129《货殖列传第六十九》。

“夫民有余则轻之，故人君敛之以轻；民不足则重之，故人君散之以重”①，进行逆周期调节；注意商品质量管控，“以物相贸易，腐败而食之货勿留”②。在价格管理方面，“衡无数也。衡者，使物一高一下，不得常固”③，指出价格的高低是相对的和变化的，强调掌握价格变动规律；探究价格变动原因，“夫物多则贱，寡则贵，散则轻，聚则重”④，指出价格与市场供需变化之间的关系。在资金管理方面，强调货币流通周转，“财币，欲其行如流水”⑤。在经营评价方面，比较投入产出，“举事有道，计其入多，其出少者，可为也”⑥；关注利润比率，“庶民农工商贾，率亦岁万息二千户，百万之家则二十万”⑦。

（三）中国传统管理思想对构建中国式企业管理的启示

浩瀚的古代文献是中国传统管理思想的重要文字载体，闪烁着中国古代管理智慧的光辉；古代社会丰富的经济管理活动，也积淀了多样的商业经营和管理经验。丰富而独特的传统管理思想对形成具有本国特色的管理实践具有深远的影响，是构建中国式企业管理的历史瑰宝和独特优势，它是中国式管理的重要内容，也是不同于西方管理模式的重要体现。基于古代经典文献与经商管理实践，可总结概括出“以人为本”“义利结合”“中庸之道”“礼法兼济”“以和为贵”五个方面的核心要义，对其进行学术化凝练和现代化阐释，可以为培植中国式管理提供价值支撑与方向指引，也可以为当代企业管理中的企业文化、价值取向、管理模式等提供有益启发。

---

①《管子》卷22《国蓄第七十三》。
②《史记》卷129《货殖列传第六十九》。
③《管子》卷24《轻重乙第八十一》。
④《管子》卷22《国蓄第七十三》。
⑤《史记》卷129《货殖列传第六十九》。
⑥《韩非子》卷5《南面第十八》。
⑦《史记》卷129《货殖列传第六十九》。

1. “以人为本”理念为构建中国式企业管理确立了基本出发点

人是管理过程中最活跃、最核心的因素，“以人为本”理念是人本管理的最高目标，为建构中国式企业管理确立了基本出发点与中心思想。中国式企业管理并非基于“经济人”“社会人”假设，而是注入了“仁义”“慈善”等价值元素，立足于“主体人”“道德人”进行分析，实现由控制人到发展人的转变，关注个体利益与个人发展，充分发挥人的积极性和主动性。

“以人为本”一词的出现可追溯到《管子》，“夫霸王之所始也，以人为本。本理则国固，本乱则国危”[①]，孔子较早对人本思想进行了论述，“仁”即“爱人”。管理者不仅需要顺应人民的利益诉求与生产需求，“因民之所利而利之”[②]，“使民以时”[③]，还需要做到富而后教[④]，在保证人民基本的生存需求后，对其进行教育与培训，不断完善个人的发展。孟子的民本思想，“民为贵，社稷次之，君为轻”更是把人民放在了国家与组织发展的首要位置，重视人的主体作用。老子对人的地位也给予了充分肯定，把人与道、天、地平等看待，“故道大，天大，地大，王亦大。域中有四大，而王居其一焉”[⑤]。管理者要站在人民的立场，心怀慈善，“圣人无常心，以百姓心为心。善者吾善之，不善者吾亦善之，德善”[⑥]。我国的管理实践活动和企业文化已明显带有人本思想和民本理念的烙印，在企业管理中，人是管理对象与管理目的的统一，管理者不应把员工看作简单而机械的生产工具，而是需要关注员工的利益诉求与个人发展目标，实现个人利益与组织利益的有机结合。把“以人为本”置于管理的首位，才能推动企业的长足发展。

①《管子》卷9《霸言第二十三》。
②《论语·尧曰第二十》。
③《论语·学而第一》。
④《论语·子路第十三》。
⑤《道德经》。
⑥《道德经》。

商帮管理实践中蕴含的人本思想具有多重内涵。其一，待人层面的以宽厚、仁义之心对待员工。徽商主张让员工在遭受亏损时吸取经验教训，在赢利时获取报酬，“宽之以务究其材”“廉取之而归其赢”[①]。其二，育人层面的重视员工培训与教育，促进人的全面发展。晋商在管理中形成了一套较为完善的培训制度——学徒制，既包括打算盘、习字等方面的技能训练，还包括信用、品行等方面的道德培养。对学徒进行培训教育，有利于培育长期的人力资本优势，提高劳动生产效率，为企业的发展稳本固基。其三，用人层面的发挥个人的积极性和主动性，充分运用员工才智。晋商注重通过外部激励来提高员工的工作积极性，其首创的人身顶股制极具代表性，身股制指的是财东根据掌柜和重要伙计的贡献值进行配股，身股参与分红而不需要承担企业经营风险[②]。值得关注的是，西方的现代股权激励制度以股东价值最大化为最终目标，潜藏道德风险。而晋商创立的身股激励制度，重视人本管理，关注个体利益，有利于构筑企业与员工的利益共同体，激发个人的能动性和创造性，一定程度避免了委托代理问题的产生，对现代企业的股权激励问题仍具有现实启迪。

2. “义利结合”思想的嵌入是构建中国式企业管理的重要基础

“义”体现的是社会规范和道德准则，“利”主要指的是物质利益。义利思想反映了道德和利益之间的权衡，“义利结合”思想的嵌入是构建中国式企业管理的重要基础。不同于西方管理中的以利润最大化为终极目标，中国式企业管理吸收了以义制利、义以生利、义利合一等传统思想精华，不仅关注经济利益的发展，也关注社会利益与国家利益的实现，注重短期利益与长期利益的平衡。

---

① 张海鹏、王廷元主编：《明清徽商资料选编》，黄山书社，1985，第 266 页。

② 马玲同、赵国浩、张华明：《晋商管理思想及其对现代企业管理借鉴意义研究》，《经济师》2013 年第 8 期，第 242—244 页。

义利之辨是传统文化中的一个重要命题。孔子指出，“君子喻于义，小人喻于利”[①]，义和利是区分君子和小人的标准，主张以义为重；“见利思义”则反映出道德对利益的约束。孟子谈到，“舍生而取义者也”[②]。荀子提倡“以义制利”[③]的观点，“先义而后利者荣，先利而后义者辱”[④]。墨子肯定了在义的约束下对利益的获取，“义，利也”[⑤]，体现为一种义利合一的思想，在利天下的同时可实现利己。可见，古代先哲试图在义和利之间寻求一种调节方法，把义放在首位，并将义作为利的标准。

传统义利观也是古代商帮共同遵循的商业伦理，深刻影响了其在商业贸易活动中的价值选择，徽商和晋商作为贾儒结合的典型代表，把商业道德作为经营管理的重要原则，坚持义中取利、义利相济，主张“生财有大道，以义为利，不以利为利”[⑥]，遵循“仁中取利真君子，义内求财大丈夫”[⑦]。此外，商帮在获取可观的经济利润后，往往会秉持仁义，开展义举，如救灾济贫、修桥筑路、捐款助饷、兴办学堂等，在提高社会效益之际，树立了良好的社会形象。在企业经营活动中，仁义和利益并不是完全冲突和对立的，探寻求义与取利的结合，讲求商业道德，承担社会责任，处理短期利益与长期利益的关系，关注个人利益与他人利益、社会利益的协调，形成从求义到取利再到讲义的良性循环，为市场经济环境下现代企业的持续发展提供了重要保障。

3. “中庸之道”思想为中国式企业管理的构建确立了重要方法

“中庸”作为中国传统文化的独特观念，强调中和、折中主义、执两用中，

---

①《论语·里仁第四》。

②《孟子》卷 11《告子上》。

③《荀子》卷 12《正论篇第十八》。

④《荀子》卷 2《荣辱篇第四》。

⑤《墨子》卷 10《经上第四十》。

⑥ 张海鹏、王廷元主编：《明清徽商资料选编》，黄山书社，1985，第 276 页。

⑦ 孔祥毅、王森主编：《山西票号研究》，中国财政经济出版社，2002，第 366 页。

具有一定的辩证主义色彩。“中庸之道”思想为中国式企业管理的构建确立了重要方法，这种思想认为需要关注同一矛盾的两个方面，探求全面与综合。中国式企业管理应该重视管理理论与管理实践的统一、传统管理文化与现代管理科学的融合、本国管理思想与外国管理理论的综合等。

“中庸”是中国传统文化中的一个核心概念，该词最早由孔子提出，被视作一种最高的道德标准，“中庸之为德也，其至矣乎！民鲜久矣”[①]。孔子指出，“过犹不及”[②]，“过”和“不及”都是不合适的。其中庸思想反映为“无过无不及”，包含重要的辩证思想，反对行为上的极端主义，提倡适度原则。孔子还谈到，“执其两端，用其中于民”[③]。凡事有两端，两端到极处成为极端，“执其两端”蕴含着整体性原则，对“两端”进行全局把握的本质目的是“用中”。《中庸》指出，“中也者，天下之大本也”[④]。朱熹对“中庸”的内涵作了进一步阐释，“中者，不偏不倚、无过不及之名。庸，平常也”[⑤]。“中庸之道”思想具有强大的历史穿透力，对当代人的思维方式与行为特点仍有广泛而深刻的影响，企业管理需要关注适度性原则与辩证性方法，寻找一定的平衡点，如管理内部组织与外部环境的协调，管理过程中对人、财、物的统筹安排，管理方法注重科学性与艺术性的统一，经验管理与科学管理的相互补充，员工激励机制重视“情、义、利”多种方法的综合运用等。

4. “礼法兼济”思想为中国式企业管理的构建提供了重要原则

礼法是中国传统管理文化的一对重要范畴，礼包括社会规范、等级规定、行为准则、道德观念等多个方面，法指的是法律制度、法令规章等，具备强

①《论语·雍也第六》。
②《论语·先进第十一》。
③《礼记·中庸》。
④《礼记·中庸》。
⑤（宋）朱熹撰、陈立校点：《四书章句集注·中庸章句》。

制性的特点。在管理实践中，规章制度的硬约束和道德观念的软约束是规范管理过程、实现管理目标的重要保障，“礼法兼济”思想为中国式企业管理的建构提供了重要原则，能实现管理的刚柔并济，发挥外在约束和内在引导的双重作用。

孔子把德、礼作为管理国家的主要手段，强调二者对人的教化与引导作用，是一种软性约束，提出“为政以德”“道之以德，齐之以礼，有耻且格”[①]。此后，不少思想家主张礼法并用，但侧重点有所不同。荀子在继承孔礼时，同时兼容了法家的思想，产生出一套礼法兼济、以礼为主的理念。“治之经，礼与刑”，“明礼义以化之，起法正以治之”[②]，“《礼》者，法之大分、群类之纲纪也”[③]。《管子》兼采了儒家与法家的思想，将礼与法结合起来，“礼者，因人之情，缘义之理，而为之节文者也”，礼是基于情、义形成的社会规范。“法者，所以同出，不得不然者也。故杀僇禁诛以一之也”[④]。法主要是指法令规章，用来齐整社会行为。在企业的经营管理中，不仅需要规章制度、奖惩措施等对个体行为实施的强制性约束，也需要重视企业文化、道德规范、价值理念对人产生的引导作用，将管理者的目标宗旨内化为员工的目标理念，形成一种内在驱动力。概言之，企业将外部控制的法律制度与内部引导的道德规范密切结合，实现刚性管理与柔性管理的有机融合，有利于组织持续稳定的发展。

5. “以和为贵”理念为中国式企业管理的构建明晰了发展方向

“和”指的是和谐、和合，它强调冲突的化解、差异的共存。随着当代管理制度体系的不断健全与完善，如何缓解人际冲突、进行关系协调，如何展

---

①《论语·为政第二》。
②《荀子》卷17《性恶篇第二十三》。
③《荀子》卷1《劝学篇第一》。
④《管子》卷13《心术上第三十六》。

开团队合作、提升组织效率等问题越发受到管理理论界与实践界的重视。“以和为贵”理念为中国式企业管理的构建明晰了发展方向，不同于西方管理过于强调竞争关系，中国式企业管理汲取了传统的和谐与和合思想，关注到了人际关系协调、合作实现共赢等方面，对完善当代管理模式意义重大。

中国古代的“和”不仅是社会发展的理想状态，“万物负阴而抱阳，冲气以为和”[①]，也是社会中的重要价值标准，孔子的“礼之用，和为贵”[②]与孟子提出的“天时不如地利，地利不如人和”[③]是对“以和为贵”思想的经典记载，足见人和的重要性。荀子也指出，“和则一，一则多力，多力则强，强则胜物”[④]，通过和谐相处实现团结一致，通过力量凝聚走向强大繁盛。管子谈到，“上下不和，虽安必危”[⑤]，这阐明了君臣之间关系的和谐与否，对一国安危有着重要的影响。此外，“和而不同”是“以和为贵”的重要特征，表明所追求的和并不是简单的相同，而是一种可以存异的动态和谐，这样可以有效发挥不同个体的积极作用。在企业管理活动中，一方面需要注重实现不同文化背景、价值理念影响下员工的有效协作，化解内在文化冲突。另一方面需要重视组织与员工、员工与员工之间的管理分工，使其各司其职、各尽其责、减少组织内耗。此外，企业之间也并非只有竞争关系，可以通过相互合作，优势互补，增强外部竞争力。

中华优秀传统文化中蕴含着丰富的管理思想、管理理念与管理方法，在新的历史条件下它能赋予当代企业管理更加丰富的内涵与深厚的底蕴，具有重要的理论价值与现实意义。我们应当有此历史自觉与文化自信，进一步发掘传统管理思想的积极要素与管理元素，为其注入新的时代内涵，加以创造

---

①《道德经》。
②《论语·学而第一》。
③《孟子》卷4《公孙丑下》。
④《荀子》卷5《王制篇第九》。
⑤《管子》卷1《形势第二》。

性的现代转换，并结合当代中国的丰富管理实践进行创新性发展，着力构建中国式企业管理，助力企业高质量发展。

五、中国传统纸币思想与健全货币政策

货币作为金融体系的核心，其流通与稳定对国家经济的健康发展至关重要。习近平总书记多次强调："千招万招，管不住货币都是无用之招。"[①]中国人民银行原行长易纲解读道："站在新时代的历史方位，无论是坚持和完善中国特色社会主义制度、推进国家治理体系和治理能力现代化，还是把我国制度优势更好转化为国家治理效能、在推动经济高质量发展中牢牢把握我国发展的重要战略机遇期，都要求我们坚守币值稳定目标，实施稳健货币政策。"[②]这充分表明在新时代背景下，中国实施保持币值稳定的稳健货币政策是应对各类经济金融挑战、抓住战略机遇的关键着力点。

中国传统纸币思想的内容极其丰富，在纸币的性质、纸币的发行流通和纸币与其他货币的关系等诸多领域形成了大量具有较高水平的理论和政策主张。基于上述丰富的思想资源，本书从中国古代纸币的发行、流通以及后续管理环节考察中国传统纸币思想中蕴含的内容，深入挖掘其中有价值的部分进行现代性转化。纵观历史，中国传统纸币思想不仅是中国古代货币理论中最为精华的部分之一，更是世界上最早的纸币思想，为中国当前实施稳健的货币政策提供了不少值得学习借鉴的内容。因此，汲取中国传统纸币思想中包含的有益成分及经验教训有重要意义。中国对纸币发行与管理的探索最早可追溯至宋代"交子"诞生时期。虽然古代的纸币发行规模不能与今天相比拟，但当时政府所实施的一系列纸币管理措施，以及古代思想家对于如何控制纸币的发行量以保证纸币的信用、避免通货膨胀等问题所进行的各种探讨，

① 习近平：《习近平著作选读》（第1卷），人民出版社，2023，第619页。
② 易纲：《坚守币值稳定目标 实施稳健货币政策》，《求是》2019年第23期，第58—64页。

蕴含着丰富的智慧。前人的这些纸币思想，可为新时代深化金融体制改革、健全现代中央银行制度、完善货币政策决策执行机制和推动金融高质量发展提供丰富的思想资源。我们应立足国情与时代，深入挖掘、充分借鉴中国传统纸币思想与实践的经验与教训，坚守币值稳定的货币政策目标，提高货币政策的科学性和有效性，以求更好地服务于国家治理和经济发展的需要。

（一）中国传统纸币思想的主要内容

中国是世界上最早发明和使用纸币的国家。交子作为世界上最早的纸币，它的出现比欧洲纸币的出现早 600 余年[①]，启发了后世纸币的发展，堪称人类货币史上重要的里程碑。中国古代纸币制度自北宋交子诞生起逐步发展，此后在各朝代的实践中不断改进。在这一历史进程中，为促进纸币的流通与普及，历代政府制定并实施了一系列纸币制度条例，政治家、思想家就纸币问题提出了诸多颇有见地的观点，共同促发了内容丰富、概念独特、持续创新且具有较高分析水平的中国传统纸币思想的形成，这一思想在内容上主要涵盖发行、流通和防伪防损三个关键环节，不仅在理论层面深入剖析了纸币发行与流通的内在规律，还针对实践层面的挑战及其解决方案进行了详尽的分析，是古代世界对纸币思想最早且最全面系统的研究总结。

1. 纸币发行管理思想

纸币发行管理思想是中国传统纸币实践中维护纸币信用的重要基石，涉及发行方式、目的、数量与机制等方面问题的探讨。

发行方式方面，古代中国中央集权的政治体制决定了中央政府必须垄断货币的铸造和发行。宋代继承发展了西汉以来国家垄断铸币权的思想，宋以后纸币基本上都是国家垄断发行。

---

① 贾大泉、陈世松主编：《四川通史（卷四　五代两宋）》，四川人民出版社，2010，第 340 页。

发行目的方面，各朝代基本都会经历从经济发行（根据经济发展的需要而发行纸币）到财政发行（满足财政的需要而发行纸币）的两阶段演变。以北宋为例，政府发行官交子的初衷是为了解决流通中铁钱携带不便的困难，促进商品流通和经济发展，此时的交子发行属于经济发行。然而，随着交子的财政发行规模逐渐扩大，特别是从宋哲宗时，交子的发行量不断增加，到宋徽宗时发行量增加到了最初的 20 倍[①]，主要用于支付军费和本地财政支出。往后各朝代一旦有了巨额财政开支的需要，纸币发行的直接目的就会发生类似的转变。

发行数量方面，不同时期的政治家、思想家都对发行控制提出了诸多见解，主流观点主张严格控制纸币发行量。宋孝宗时期，朝野上下都认为纸币发行额越少越好，宋孝宗本人也把发行楮币当作权宜之计。淳熙十二年（1185年）七月，臣下进呈会子数，宋孝宗说："会子之数不宜多，他时若省得养兵，须尽收会子。"[②]此后，部分思想家提出应严格控制纸币发行量。例如，马端临指出，"昔也以钱重而制楮，楮实为便；今也钱乏而制楮，楮实为病"[③]，他认为发行纸币是为了便于商品流通，而不应为了谋取财政收入。为了"钱乏"即财政困难而过量发行货币，必然导致货币贬值，引发恶性通货膨胀。另一种观点主张无限制地发行纸币以满足高昂的军费支出。持这种观点的人往往是财政大臣或是在前线作战的军政大臣，意在筹措军费或弥补财政赤字，结果往往导致了纸币制度的崩溃。

发行机制方面的探讨主要涉及准备金的必要性、比例以及如何管理准备金等问题。南宋之前，人们从"公私受弊"[④]、制度成败及社会稳定的角度

---

① 高聪明：《千年前的"货币革命"——论宋代国家纸币的产生及其历史意义》，《光明日报》2024年1月22日。

②《宋史全文》卷 27 下《宋孝宗八》。

③（元）马端临撰：《文献通考》卷 9《钱币考二》。

④（宋）文彦博撰：《文潞公集》卷 14。

来考虑问题。如果交子不能兑现，可能会因人心浮动而发生挤兑，破坏交子之法。老百姓会因此蒙受损失，甚至“争竞既起，狱讼滋多”[①]，可能会引发社会动荡。从南宋中期开始，人们主要是从货币本质的角度进行论述，以杨万里为代表，他从传统的货币金属论出发，认为纸币自身毫无价值可言，只有用世人视为通宝的金属货币作“本”“母”，方能执行货币的职能。这种对纸币本质的认识自然地将“子母相权”和“虚实相权”的概念延伸到纸币兑换、币值稳定的含义。宋元两朝的政治家和思想家多数倾向实施部分准备金，如北宋学者周行己的部分准备金思想是历史上关于纸币不需要十足准备金的最早理论阐述，主张“以二分之实，可为三分之用”[②]；元代理财家叶李的《至元宝钞通行条画》中对于准备金储备情况的监管督察问题也有探讨，要求“上下半月计点平准钞库应有见在金、银、宝钞”[③]，官员私下买卖、借贷将受到行政处罚。规定定期核查平准库准备金，旨在杜绝贪污、盗窃等不法行为，确保准备金的安全，并以此向公众展示政府发行纸币的充足准备，以取得人民对纸币的信任。明清学者延续了对准备金的重视，如明代叶子奇提出建立以准备金为“母”、纸币为“子”的“钱引”制度[④]，清代王瑬、王茂荫也有类似观点[⑤]，其中王茂荫关于发行可兑现钞票的主张还曾被马克思在《资本论》中提及[⑥]。不过明清的统治者更倾向于发行无准备金的纸币，明代的大明宝钞和清代顺治年间的“钞贯”均没有准备金，此后再次出现有准备金的纸币发行已是鸦片战争以后了。

---

①（宋）李纲撰：《梁溪集》卷140《与右相乞罢行交子札子》。

②（宋）周行己撰：《浮沚集》卷1《上皇帝书》。

③《大元圣政国朝典章》卷20《户部六》。

④（明）叶子奇撰：《草木子》卷3下《杂制篇》。

⑤（清）王瑬撰：《钱币刍言·钞币问答三十》；（清）王茂荫撰：《王侍郎奏议》卷1《条议钞法折》。

⑥［德］卡尔·马克思、［德］弗里德里希·恩格斯：《马克思恩格斯全集》（第42卷），中共中央马克思恩格斯列宁斯大林著作编译局编译，人民出版社，2016，第111页。

2. 纸币流通控制思想

纸币流通控制思想是中国传统纸币实践中稳定纸币币值的核心保障。流通控制的前提是正确认识纸币流通量和币值之间的关系，宋孝宗赵昚对此的认知最为典型[①]。淳熙十年（1183 年），辅臣进呈新会子需求数量，宋孝宗说："新印会子比旧又增多。大凡行用会子，少则重，多则轻"[②]。他使用古代的轻重概念来表达纸币币值和发行量之间的关系：发行量少，币值高（"少则重"）；发行量多，币值低（"多则轻"）。基于此理念，赵昚在纸币流通中实施了一系列减少发行量的措施。袁燮深化了宋孝宗关于纸币发行量与单位币值之间关系的思想，"盖楮之为物也，多则贱，少则贵，收之则少矣；贱则壅，贵则通，收之则通矣"[③]。简而言之，纸币超发会导致币值下降和信用危机，民众接受度降低，进而就会发生纸币壅塞不通的现象；相反，适度发行纸币能够维持币值稳定，提高民众使用意愿，确保纸币畅通无阻。

以前述这些认识为基础，宋代尤其是南宋人士提出的一系列"称提之术"及其实践"是人类史上利用系统政策措施进行纸币管理的最早实验"[④]，它的内容主要是应对发行超量、纸币贬值的救弊之策，由此形成了丰富的调节纸币流通和稳定币值的思想。根据不同的"称提"措施，可将其划分为运用财政手段回笼纸币的思想和运用行政手段提高币值的思想。前者包括出售实物、茶盐钞引，专卖凭证、官诰、度牒，以财兑收，财政缴纳中实行钱会搭配、计亩征会与盐钞搭会等措施。后者包括新旧币兑换，强制比价、强制贮存，严禁铜钱泄漏、匿藏，建立行政保障，以"节用"减少纸币发行量，用纸币赎罪和退赃等措施。

---

① 叶坦：《宋代纸币理论考察》，《中国经济史研究》1990 年第 4 期，第 133—145 页。

②《宋史全文》卷 27 上《宋孝宗七》。

③（明）黄淮撰、（明）杨士奇等编：《历代名臣奏议》卷 273《理财》。

④ 何平：《货币形态演进的中国经验与未来走向》，《金融评论》2021 年第 1 期，第 41—53、122 页。

此外，纸币流通控制思想还包括限制流通期限和流通区域的探讨。交子诞生之初就有了分界发行的规定，即交子的流通必须限制在一定的期限内，届时必须利用现钱或新交子来回收旧交子。宋人一般都反对纸币发行的不立界限或几界并用，如袁甫所谈货币发行“四戒”中有“两戒”与界限有关，即纸币发行“一曰戒新旧三界并用；……；四曰戒新会不立界限”[①]。而关于流通区域，部分思想家认为纸币流通应该控制在一定区域内，如李纲说，“交子之法行于四川则为利，行于他路则为害。四川山路峻险，铁钱脚重，难于赍挈，故以交子为便”，“今东南道路安便，铜钱脚轻，若欲便民，固已不待交子，自能流布”[②]。他担忧纸币流通范围的扩大必然伴随着发行量的增加，如果政府不能及时筹集足够的准备金以保证兑换，纸币的信用基础将受到严重损害。另一种观点则是主张通过扩大货币流通范围以扩大货币需求，如辛弃疾提出：“夫会子之所以轻者，良以印造之数多，而行使之地不广。”[③]虽然这种通过扩大流通区域来称提纸币的方法只能在纸币流通尚未普遍时解决短期问题，但他对纸币发行量与流通区域关系的认识是值得肯定的。

3. 纸币防伪与昏钞管理思想

纸币防伪与昏钞管理思想是中国传统纸币实践中维持纸币秩序的关键内容。防伪方面，宋代纸币自出现以来，就伴随着作伪问题。四川交子在私人发行时，就已存在伪造现象，史称“亦有诈伪者，兴行词讼不少”[④]。从历史上看，假造货币、非法获利的问题并不是纸币所独有的现象。中国历代铸币强调“重如其文”[⑤]，一旦币材值低于币面值，民间私铸就会大肆兴起。同时也应看到，中国历代的私铸、盗印，很少因法令的严酷而停止，反而日

①（宋）袁甫撰：《蒙斋集》卷 7《论会子札子》。
②（宋）李纲撰：《梁溪集》卷 140《与右相乞罢行交子札子》。
③（明）黄淮撰、（明）杨士奇等编：《历代名臣奏议》卷 272《理财》。
④（宋）李攸撰：《宋朝事实》卷 15《财用》。
⑤《汉书》卷 24（下）《食货志（下）》。

渐严重，这催生了政府的防伪措施与法律限制思想。一方面，出于“使人不能为伪”的目的，政府要求提升纸币作伪难度，使伪造者无机可乘，具体包括改善币纸的质量、加强负责纸币制作部门的管理工作、增加工匠工资、垄断造纸技艺、加强伪币的鉴别工作等。另一方面，“使人不敢为伪”的思想也很丰富，即用法律手段严惩伪造者并调动各阶级防伪意识，包括严惩伪造行为的思想、对官员的约束与激励思想、对知情不报者连坐惩罚的思想以及对举报者的奖励思想。

防损方面，为解决纸币长时间使用后容易破损昏烂、不利于流通的问题，元代发展出了一套较为完备的昏钞管理制度，形成了建立昏钞处理机构并制定管理办法的思想。中统元年（1260 年），元政府在中都设立行用库（后改称回易库），负责经办以昏钞换新钞的业务。百姓可以持昏钞“赴平准库倒换至元宝钞，以壹折五，其工墨钞止依旧制每贯叁分”[①]。对于回收的昏钞，元政府规定每季烧毁一次，有较为严格的烧毁制度。大德二年（1298 年）三月，中书省户部订立了二十五条《倒换昏钞体例》，对伪钞、昏钞作了明确的区分与界定，在烧毁之前，必须仔细检数。然后由监察御史，断事官、侍郎以下部官共同监督烧毁。如果发现玩忽职守行为，“即便监督追征，取招究治”[②]，严惩不贷。昏钞管理思想的形成和发展有助于维护纸币的流通秩序和信誉。

（二）中国传统纸币思想对当代完善货币政策的启示

从北宋的交子到南宋的会子，再到元代的中统钞、明代的大明宝钞以及清代的官票和宝钞，囿于政府行为难以约束，中国传统纸币在历朝均以超发与贬值而告终。尽管如此，其背后的管理思想与制度设计却颇具深度，为现代货币政策积累了宝贵的经验与教训。历史经验昭示我们，无论是古代纸币还是现代信用货币，均需依托完善的顶层设计与合理的实施机制以维系其稳

① （元）拜柱纂：《通制条格》卷 14《仓库 · 倒换昏钞》。

定性与信用。在数字货币的兴起与全球金融体系变革激荡的背景下，现代货币管理正面临前所未有的挑战，唯有树立正确的货币政策目标并合理实施，方能有效维系货币的稳健与经济的持续增长。尽管传统纸币与现代货币的物理形态、流通体系和政策工具均有不同，但服务实体经济的总体原则和部分理念是相通的。深入剖析中国传统纸币思想，不仅对于理解中国古代货币金融思想的辉煌成就及其历史地位、吸收其思想精髓具有重大意义，也为解决当下货币问题提供了重要的历史借鉴。

1. 坚持以人民为中心，以稳健货币政策维护公共利益

中国传统纸币思想中展现了对民众的交易需求、财产安全以及社会生活稳定的重要关切，其核心在于维护纸币信用、保持币值稳定，从而保障和提升民众的生活水平。易纲指出："评判和衡量货币政策，根本上是要看其是否有利于最广大人民群众的利益。守护好老百姓手里的钱，保持币值稳定，并以此促进经济增长，是货币政策的使命。"①在现代货币管理中，更应始终坚持以人民为中心的根本立场，紧紧围绕这一核心价值取向进行当前货币政策的目标制定和具体实施，有效地服务于人民的福祉，确保金融系统稳健以支持经济的高质量发展。

第一，要坚守币值稳定目标，实施稳健的货币政策，保障人民的根本利益。历史上，纸币的超发常常引发通货膨胀、货币贬值和物价飙升，不仅削弱了民众的经济福祉，还可能触发社会动荡和政治不稳定。宋元之际的思想家许衡明确地表示，纸币的贬值是政府对人民负债的扩大，"但见称提之令，每下百姓每受其害，而贯陌益落嘉定，以一易二，是负民一半之货也，端平以五易一，是负民四倍之货也"②。古代政府发行纸币时不受限制、政策不断更张使得币值贬损严重，对民生造成的危害是沉重和深远的。货币政策的

① 易纲：《坚守币值稳定目标 实施稳健货币政策》，《求是》2019年第23期，第58—64页。
②（清）嵇璜等纂：《钦定续文献通考》卷7《钱币考》。

制定和实施必须以保障民生为重心，从而可以维护金融市场的稳健运行，保护人民的财富不受通货膨胀的侵蚀。现代货币政策的核心在于通过控制货币供应量、调节利率和信贷条件，来平衡经济增长与通货膨胀，从而为实现经济的稳定增长，促进社会财富的公平分配、人民的福祉和经济的可持续发展奠定坚实的基础。

第二，要提升货币政策透明度，建立可置信的机制体制以保障货币信用。中国古代思想家普遍提倡发行纸币要“取信于民”，保有充足的准备金来维持纸币价值，提高民众对纸币的接受度和信任。宋代袁甫针对以税收手段强制回收纸币的“计亩纳会子”办法提出了改进，“官司截凿人户弗信，许人凿纳，大信乃昭”“如许其自凿以纳官，则必不疑”[①]，即允许所纳官会由持会人自行截角作废，表示货币已被官方征收并准备上缴。原本的方案是由地方政府截凿，同时考虑到收回的会子可能会被官方再次发行并使用，人民免不了心怀疑虑和不满，所以将这一权利交由民众自身，有助于提高纳会办法的可信度。他的核心思想是信用货币的发行必须保障人民对纸币的信心，“示信以释天下之疑”[②]是救楮政策顺利执行的关键。所以政府必须建立坚实的信用基础，保持货币政策的透明度，且需要有较强的社会责任感以及有效实现政策目标的能力。这就要求在制定和执行货币政策时，必须坚持公开透明的原则，对市场和公众负责，并通过有效的政策工具和措施，确保货币政策目标的实现，从而为金融体系的稳定和可持续发展提供有力保障。同时，还需加强与市场的沟通，增强政策的可预期性，以赢得市场和公众的信任，为金融创新和经济发展营造良好的环境。

第三，货币政策制定需要平衡公共利益与私人利益、社会需求与经济利益之间的关系。中国传统纸币思想强调，政府在发行纸币时，应将公共利益

---

①（宋）袁甫撰：《蒙斋集》卷6《论履亩札子》。

②（宋）袁甫撰：《蒙斋集》卷6《再论履亩札子》。

放在首位，避免因追求短期利益而损害长远的金融稳定。一方面，在纸币不贬值的情况下，国家可以正当地获取一定的发行利益，也可以通过调节物价获得商业利润。“因此，以获取财政利益为指导思想的货币管理思想，只要在正常的限度内，不应予以否定。”[①]另一方面，当货币政策沦为解决财政困难的工具时，国家大肆发行纸币或随意更张纸币制度就是一件“以欺天下之人，以收天下之财，而专其利于己”[②]的“罔利之计”[③]。元初由于中央政权始终稳固，且金代因货币疯狂贬值造成的灾难性后果历历在目，当时主持政务的王文统认为纸币发行应采取慎重方针[④]，因此元交钞的发行量受到了严格控制，每年最多发行十余万锭。并且规定在都总库印好钞币发到各路库司后，纸钞仅可用来换易烂钞和兑买金银，所有的财政经费“虽缓急不许动支借贷”[⑤]。但后来继任的阿合马违背了王文统的纸币发行量原则，通过大量印制纸币甚至私造伪钞来弥补军费开支。元代著名学者王恽批评政府“印造无筭，一切支度，虽千万定，一于新印料钞内支发，可谓有出而无入也”[⑥]。这种无限制地发钞导致了严重的通货膨胀，纸币制度日益崩坏、社会经济越发混乱，后续几次换钞也未能挽回元代纸币制度的崩溃。由此看来，中央银行在制定货币政策时，不仅要追求经济的短期稳定，更要着眼于长远，承担起维护金融系统稳定的社会责任。通过灵活运用利率调整、信贷政策等工具，可以妥善协调市场参与者的即时利益与金融体系的长期稳健，避免因盲目追求短期利益而对经济的持续发展造成负面影响。

---

① 叶世昌：《中国古代货币管理的指导思想》，《社会科学研究》1988 年第 2 期，第 51—55、41 页。

②（明）丘濬撰：《大学衍义补》卷 26《铜楮之币（上）》。

③（明）丘濬撰：《大学衍义补》卷 26《铜楮之币（上）》。

④《元史》卷 146《耶律楚材传》。

⑤（元）王恽撰：《秋涧先生大全集》卷 80《中堂事记上》。

⑥（元）王恽撰：《秋涧先生大全集》卷 90《侵夺民利不便等事》。

2. 根据经济运行状况，合理制定货币政策的实施方式

纸币诞生以来，中国传统纸币思想根据时代变化，呈现出了多元化的特征和聚焦点，并且其内容层次在不断拓展，思想内涵也在不断深化。在将这些思想应用于实践的过程中累积了许多重要的政策实施经验，这些经验在强化货币政策与其他宏观经济政策之间的协调、保持货币政策独立性以及持续创新货币政策以支持实体经济的发展等方面提供了重要借鉴。现代货币政策的执行应当顺应时代潮流，不断革新，引导金融创新沿着正确的方向前进，以促进金融与经济之间的健康互动和协调发展。

其一，货币政策与财政政策要协同配合，形成有效的政策合力。中国传统纸币思想中已出现将货币管理和财政管理相结合分析来稳定纸币币值的内容。例如，辛弃疾主张，要实现稳定纸币币值的目标，一方面应“姑住印造”[①]，减少会子的发行量，实行货币紧缩政策；另一方面要求“民间上三等户租赋，并用七分会子、三分见钱输纳”[②]，通过财政手段增加会子的交易需求和流通量，借以稳定币值。这种兼顾财政和货币两方面的政策手段，对中国经济降低出现宏观经济政策“合成谬误”[③]的概率具有启示意义。另外，中国古代纸币实践经验警示我们，货币政策不能沦为为财政服务的工具。以元代为例，由于缺乏类似中央银行这样独立性的货币政策机构，货币政策过度依赖于中央财政，从而使得军事和商业力量引发的财政危机进一步扩散为货币危机。一方面，中央银行应保障储备货币的发行不受制于政府赤字，以免货币政策沦为财政政策的傀儡；另一方面，“货币政策不能单打独斗，需要与其他政策相互配合”[④]，应增强宏观政策取向一致性，确保各类政策

①（明）黄淮撰、（明）杨士奇等编：《历代名臣奏议》卷272《理财》。

②（明）黄淮撰、（明）杨士奇等编：《历代名臣奏议》卷272《理财》。

③“合成谬误”，是指在科层体系中，各个部门或个体独立采取的看似合理的行动，综合起来却可能导致整体目标的偏离或失败。

④ 易纲：《坚守币值稳定目标 实施稳健货币政策》，《求是》2019年第23期，第58—64页。

形成合力，更好地服务于高质量发展。因此，现代货币政策制定应从中国传统纸币思想中汲取智慧，通过科学的政策设计和有效的协调机制，促使经济政策体系各自发挥优势，形成合力，实现整体宏观调控的多重目标。

其二，货币政策应保持足够的独立性，避免外部环境对其产生干扰，保障货币政策健康可持续运行。宋代商品经济不断发展，对外交流贸易日渐兴盛，贸易范围除了周边诸藩国，还扩大至海外各国，出现了铜钱大量外流的情况。一方面，大量铜钱通过陆路被运往北方的各少数民族政权；另一方面，又通过海路流入日本、东南亚甚至更遥远的地方，且一去不返，导致中国境内铜钱的绝对数量减少[①]。宋宁宗时期，纸币壅塞不通，钱荒日益严重，陈耆卿从他的“子母相权论”出发，提出“今日之务，不专在称提楮币，又在于称提铜钱也”[②]，这表明陈耆卿综合而全面地看到了钱楮并行时，严禁铜钱外流与贮藏不出，可以起到纸币升值的作用，即海外对中国货币的需求可能会干扰中国的货币政策。中国庞大的经济体量和以内需为主导的发展模式，使得货币政策更加注重国内经济的稳定与发展，减少对外部经济波动的依赖。陈耆卿关于称提铜钱的见解，对于当前货币政策保持独立性、避免由外部环境导致货币政策无法实现政策目标、确保货币政策的稳定性和可预测性具有启示意义。

其三，货币政策应坚持守正创新的原则，把满足实体经济的发展需要和稳定增长作为出发点和落脚点。中国古代纸币实践与思想随政治经济变化而推陈出新，北宋官交子的发行量最初是根据民间对交子的需求量来决定的。随着商品经济的蓬勃发展，对交子的需求量逐渐增加，政府及时响应市场的需求，于熙宁五年（1072 年）开始添造一界，从此两界相沓而行，后来，交子的流通区域扩大，于是屡次增加每界的发行额。这种对市场变化的敏感性

① 何平：《中国历史上的钱荒》，《中国金融》2016 年第 15 期，第 94—95 页。
②（清）嵇璜等纂：《钦定续文献通考》卷 7《钱币考》。

和适应性，体现了守正创新的精神，为我国货币政策坚持服务实体经济、不断创新发展、以金融高质量服务经济高质量发展提供了有益借鉴。现代金融体系在面对新的市场需求和技术变革时，也需要保持这种精神，以创新的方式满足人民的需求，同时确保金融体系的稳定和健康发展。

3. 注重长期制度建设，不断完善货币政策的实施基础

纸币的平稳流通和纸币政策的顺利实施离不开相关的制度建设，而这些纸币制度又是政府通过货币政策实现其目标的基础，因此中国古代的纸币思想相当重视纸币制度的建设。事实上，中国古代的纸币制度经过长期制度和政策创新与建设形成了一套较为完备的、曾领先于世界的纸币制度，但受限于传统专制政治，且缺乏维护制度长期运行的相关保障，中国的纸币制度最终走向了崩溃。尽管如此，中国古代纸币制度思想依旧可以从货币制度建设、组织机构建设和法律法规建设三个方面给当前的货币政策实施提供有益的启示。

首先，从货币制度建设层面来看，中国传统纸币思想一直很重视通过制度建设来实现币值稳定的目标。北宋是中国纸币制度的初创时期。宋仁宗天圣元年（1023 年）首先建立了交子制度，其内容主要包含纸币发行限额、流通期限、准备金规模、流通区域规定和新旧兑换比例等内容。其中，设置纸币发行限额和准备金规模都是为了稳定币值提出的重要制度。到了南宋时期，在纸币管理领域常用的“称提”“称提之术”的概念指的是“纸币贬值后的补救措施”[①]，其中包含多种稳定纸币币值的制度设计。比较典型案例是乾道二年（1166 年）的白银收兑会子政策。他认为，会子贬值的根本原因是流通中的会子数量过多，而“少则重，多则轻”[②]，所以他通过用白银收兑会子的办法减少流通中的会子数量，进而提高会子的币值。元代的纸币制度则

① 叶世昌：《说“称提”》，《中国钱币》1996 年第 1 期，第 7—9、1 页。

②《宋史全文》卷 27 上《宋孝宗七》。

是在前朝制度基础上形成的“相当完善的纯纸币流通制度”①，其中稳定币值制度有了进一步的发展。除了常规的设置准备金外，政府还通过严惩收受买卖金银者，规定政府日常收支和民间市场交易必须使用宝钞等手段来稳定币值。中国传统纸币思想相当重视通过长期制度建设来实现币值稳定的目标，而且在一段时间内取得了良好的成效②。这启示我们要注重货币和金融制度方面的长期建设工作，为中央银行实现稳定币值的货币政策目标奠定坚实的制度基础。党的二十届三中全会提出要深化金融体制改革和加快完善中央银行制度③。只有持续投入资源和努力来构建稳定、高效、透明的货币体系，才能够增强市场对货币政策的信心，并在经济波动时提供必要的缓冲，保护经济免受过度冲击。坚持货币制度的长期建设，能够为经济的可持续发展提供坚实的支撑，确保金融市场的稳定运行，促进经济的长期繁荣。

其次，从组织机构建设层面看，中国传统纸币思想十分关注保证纸币政策实施的相关组织机构的建设。北宋时期，由于交子主要在益州（即四川地区）发行，政府设置了专门的益州交子务负责发行管理事宜。而到了元代，这种发行管理机构获得了空前的发展。由于元代的纸币是在全国发行，为了保证纸币制度能够顺利运行，在全国范围内设立了管库（用于储备金银以作为准备金）、交钞库和平准库，负责纸币发行、换易、兑现和稳定币值等事宜。同时，元代纸币制度还明确规定了相关官员的作用和职责。例如，叶李的《至元宝钞通行条画》第十二条就规定“委各路总管并各处管民长官，上下半月计点平准钞库应有见在金银宝钞。若有移易借贷，私己买卖，营运利息，取问明白，申部呈省定罪”④，该制度要求各地相关官员必须定期对准

① 萧清：《中国古代货币史》，人民出版社，1984，第268页。

② 北宋的交子在宋哲宗以前基本维持币值稳定，南宋宋孝宗时期也是纸币价值稳定时期，而元代纸币在忽必烈时期大致维持稳定（但忽必烈执政后期通货膨胀问题日益严重）。

③《中共中央关于进一步全面深化改革 推进中国式现代化的决定》，《人民日报》2024年7月22日。

④《大元圣政国朝典章》卷20《户部六》。

备金实施严格的检查。健全的组织机构能够确保货币政策从制定到执行的每一个环节都到位，从而在复杂多变的经济环境中发挥出应有的调节作用。当前的货币政策实施必须建立在坚实的组织机构基础之上，这要求我们加强对与货币政策实施相关的组织机构建设，通过优化决策流程、提高执行力度、强化监管框架、促进国际合作以及增强透明度和公众参与度，提高货币政策的执行效率，确保政策目标的顺利实现，从而在维护经济稳定和促进经济增长方面发挥关键作用。

最后，从法律法规建设层面看，中国传统纸币思想蕴含着丰富的法律法规建设思想。具体来看，一是“使人不能为伪”思想，主要包括如何改善纸币的质量、加强负责纸币制作部门的管理工作，使伪造者无机可乘等内容。二是“使人不敢为伪”思想，主要讨论如何通过约束与激励来使个体不敢制造和使用伪钞。此外，还通过制定各种奖赏制度来调动全社会打击制造假钞的积极性，包括对官员打击伪钞的激励，对捕获、检举造伪者的奖赏。在现代金融体系中，依法合规的管理方式对于维护金融秩序和营造良好的金融环境至关重要。这种管理方式不仅能够为金融稳定提供坚实的基础，还能为货币政策的顺利实施创造有利条件。货币政策的有效执行需要稳定和健康的金融市场作为支撑，而良好的金融环境能够促进资金的有效配置，提高金融市场的效率，从而为经济增长提供动力。因此，要制定和执行严格的法律法规来有效地遏制金融犯罪行为，确保金融市场的公平和透明，保护投资者和消费者的利益，维护金融市场的稳定。党的二十届三中全会提出要制定金融法，完善金融监管体系，依法将所有金融活动纳入监管，并强调要健全金融消费者保护和打击非法金融活动机制[①]。这样的措施，可以为货币政策的实施提供良好的金融环境和金融秩序，确保货币政策能够发挥其应有的调节作用，

①《中共中央关于进一步全面深化改革 推进中国式现代化的决定》，《人民日报》2024 年 7 月 22 日。

促进经济的稳定增长。

4. 吸取古代经验教训，切实提升货币政策的实施水平

正如叶世昌先生所说，“中国纸币是世界上最早使用的，因此中国古代的纸币管理思想也毫无疑问地居于首创的地位”[①]，但受限于古代的国家治理能力、货币发行量和流通速度缺乏有效的控制手段，古代货币政策难以适应经济发展的需要，这是纸币制度最终走向崩溃的原因。吸取古代纸币发行的经验和教训，对于提升现代货币政策的实施水平具有重要意义。这启示我们注重政策的适应性和灵活性，将货币政策思想落到实处。同时，古代政府为了解决财政问题而滥发货币的经验也反映了树立和贯彻正确的货币政策目标的重要性，即要以经济发展为原则审慎地运用货币政策工具，以实现物价稳定、促进经济增长和维护金融稳定等目标，从而为社会经济的持续健康发展提供坚实的基础。

其一，货币政策的实施要注重理论与实践相结合，积极推动政策措施落地见效。中国传统纸币思想是思想家综合分析现状提出的合理见解，但大多停留在理论层面，并未得到有效落实。例如，中国古代纸币准备金与控制发行量思想是对解决当时纸币流通困境颇具价值的洞见，但在实际操作中，政府并未严格遵循，有时甚至为了解决财政赤字问题而放弃了准备金制度。北宋末期，交子的发行量超出了规定的限额，总量激增至 200 多亿文；元末，由于金银储备被挪用，政府进行了历史上首次不可兑换纸币制度的实践，最终引发了严重的通货膨胀和社会动荡。这说明，有效执行货币政策不仅需要树立正确的纸币思想，更重要的是要将理论与实践相结合，建立严格的执行与监管机制以保障货币政策实施到位、充分发挥功效。首先，在政策制定过程中，要充分考虑到各种可能的风险和挑战，确保政策的科学性和前瞻性。

---

① 叶世昌：《中国古代的纸币管理思想》，《中国经济史研究》1988 年第 2 期，第 126—132 页。

其次，还需要建立起一套完善的执行机制，明确各部门的职责和权限，确保政策能够迅速、准确地传达和落实到各个层面。最后，监管机制的建立也至关重要，要通过定期的审计和评估，对政策执行情况进行监督和反馈，及时发现问题并加以改进。

其二，货币政策应以促进经济增长为核心，遵循不依赖财政的发行准则，确保货币价值和政府信用的稳定。中国古代纸币政策在初期通常效果显著，然而随着财政赤字的增加，历代王朝都不可避免地走上了超发纸币的道路，最终导致纸币的失败。最初，官交子的发行量是基于交易需求来确定的。但不久，北宋的军费开支加剧了财政负担，纸币超发现象也随之泛滥。元代中统钞在发行初期币值相对稳定，但到了中后期，政府将准备金用于其他用途，且中统钞的发行无限制，引发了严重的通货膨胀。这表明，纸币的发行应当以推动经济发展、增加社会财富、提升人民生活水平为主要目标，这就需要货币供应量与经济增长保持同步，以防止通货膨胀或通货紧缩带来的经济问题。中央银行在制定和执行货币政策时，需要密切关注经济运行的实际情况，充分考虑货币政策的目标和要求，合理调控货币供应量，确保其与经济增长的需求相匹配。如果将货币发行作为弥补财政赤字的手段，虽然短期内可能会缓解财政压力，但从长远来看，将削弱货币的购买力和经济的稳定性。

综上所述，根据本节对中国传统经济思想为当代推动人口高质量发展、促进共同富裕、完善粮食安全治理、健全企业管理、制定货币政策提供现代启示的五个案例的分析来看，中国传统经济思想是解决现实经济问题的重要思想资源。唯有深入挖掘传统经济思想蕴含的经济哲理和经济原则，提炼其对当今社会的参考和借鉴价值，推动传统经济思想的创造性转化和创新性发展，使之与中国经济发展现代化的实践探索结合起来，才能为中国经济学的理论发展与体系构建提供不竭的源泉。

第三节　提炼传统经济思想元素以构建中国经济学

加快构建中国特色哲学社会科学，是当代哲学社会科学工作者肩负的重要时代使命。2022 年 4 月 25 日，习近平总书记在中国人民大学考察时强调，要“不断推进知识创新、理论创新、方法创新，使中国特色哲学社会科学真正屹立于世界学术之林”①。中国经济学作为中国特色哲学社会科学在经济学领域的具体表现，其构建有深刻的历史必然性。一方面，西方主流经济学的英美范式难以有效解释中国的长期经济增长与发展。中国改革开放 40 多年来，创造了备受瞩目的“中国奇迹”，在社会主义市场经济体制改革、坚持以人民为中心的发展理念、渐进式改革道路、追求共同富裕等方面形成了独特事实，这些现象无法通过简单地运用西方主流经济学范式加以阐释，且因不符合西方主流经济学理论而引发出了“中国崩溃论”和“中国经济见顶论”等误解和偏见，导致中国经验陷入西方话语陷阱。另一方面，中国经济发展实践蕴藏着大量独特经验，需要提炼规律性认识并上升至理论高度。中国在经济改革发展实践中，走出了中国式现代化道路，涌现出了众多独特的经济发展现象，需要系统总结、科学提炼、精准归纳出中国自主的经济学知识体系。因而，在新的时代背景下，亟须构建具有中国特色的经济学，以科学客观地解释中国实践、传播中国理念、讲好中国故事。

构建中国经济学需要充分汲取人类社会的一切优秀文明成果，其中，中国传统经济思想是中华民族自古以来的智慧结晶，具有不可取代的独特价值。中国传统经济思想丰富性、独特性、创新性、分析性所展现的丰富内涵和理论光辉是构建中国经济学的独特历史优势，其为构建中国经济学提供了丰富

① 习近平：《坚持党的领导传承红色基因扎根中国大地 走出一条建设中国特色世界一流大学新路》，《人民日报》2022 年 4 月 26 日。

的理论素材和思想宝库。在探讨现实经济理论问题时与中国传统经济思想相连接，能够折射中国经济学的继承性、民族性和历史魅力。首先，本节探讨了汲取传统经济思想构建中国经济学的可行性与必要性。在可行性层面，从历史视野，结合本书第三章内容，分析汲取中国传统经济思想构建学派学说的中外案例，以印证其合理性和实践可能性；在必要性层面，通过梳理相关文献，总结学界对这一必要性的论述，讨论学界的关注点及现有研究的局限性。其次，本节尝试重点论述中国传统经济思想精华在构建中国经济学中的重要体现。换言之，中国传统经济思想能够从主流经济学中的个体主义方法论、“理性经济人”假设、以资本为中心、资源配置理论、片面追求经济利益的思维方式等多个方面起到补充、拓展的作用，从而对中国经济学中的以人民为中心的发展思想、厘清政府与市场关系、坚持问题导向、提炼标识性概念、贯彻新发展理念等诸多内容提供可资借鉴的养分。

一、汲取传统元素构建中国经济学的实践依据与重大意义

中国传统经济思想中蕴藏着解决现代经济社会难题的深邃智慧，汲取传统经济思想精华以构建中国经济学，既要从历史维度寻找可行依据，又要从现实维度分析其紧迫性。从历史维度来看，诸多学派学说的形成过程显示了传统元素与现代经济理论融合的可能性，为提炼传统经济思想元素以构建中国经济学提供了实践依据；同时，国内外学派学说的成功案例也为汲取传统思想提供了参考镜鉴。从现实维度来看，中国经济学的发展越发需要凸显其本土元素，构建中国经济学亟须有机融入传统经济思想，以继承优秀智慧结晶、增强民族特色、拓宽理论边界，意义十分重大。

（一）从国内外学派学说形成中看汲取传统经济思想的实践依据

结合本书第三章部分内容和国内外相关案例来看，中国传统经济思想对

民生主义经济学、法国重农学派、德国官房主义经济思想、美国农业政策制度和日本企业经营模式的形成与发展均起到重要推动作用。这为提炼传统经济思想元素以构建中国经济学提供了实践依据，同时可为构建中国自主的经济学知识体系提供有益参考。

其一，民生主义经济学对传统经济思想的继承与创新。民生主义经济学，源于孙中山 1905 年提出的民生主义，其诸多研究通过“民生”一以贯之，确立了较为独特的研究目的和立场，成为中国传统经济思想现代化转型的典型案例[①]。例如，在思想渊源上，注重吸收中国传统哲学与传统经济思想的有益成果，从整体和全局的角度去考察经济发展，是传统“国计民生”思想的一贯表现；在研究对象上，注重“民生”，侧重于中国经济活动的生产与分配问题；在研究目的上，与传统经济思想“养民”目标一致；在行为假设上，摒弃西方“理性经济人”假设，汲取“义主利从”传统经济思想，以“利他”为基本假设；在经济政策上，反对西方竞争政策，提倡分工合作、“以和为贵”。同时，民生主义经济学并未局限于传统经济思想，而是基于时代发展需要，结合外来学说精华，拓展了传统经济思想的研究边界，成为“具有现代经济科学范式的中国传统经济思想”[②]。与传统经济思想相比，民生主义经济学更聚焦于一般的经济规律，重视稀缺性、资源配置、劳动就业、工资收入等议题，涉及经济制度、货币金融政策、工业政策、劳动保险政策等，形成了完整的经济政策体系。在概念术语上，民生主义经济学丰富发展了传统经济思想话语，形成了一系列具有时代特色的标识性概念，如“平均地权”“节制资本”“耕者有其田”“涨价归公”等。

其二，法国重农学派学说的中国渊源。“在法国重农学派的经济学说体

---

① 程霖、张申、陈旭东：《中国经济学的探索：一个历史考察》，《经济研究》2020 年第 9 期，第 4—24 页。

② 熊金武：《近代中国传统经济思想现代化研究：以民生经济学为例（1840—1949）》，社会科学文献出版社，2020，第 376 页。

系中，来自中国渊源的思想要素，几乎渗透到这个学说体系的各个方面。”[①]例如，自然秩序思想在普遍法则、道德规律等命题上，与中国儒家和道家的“理”“道”等传统思想有着密切的关联，中国的传统经济思想是其重要的来源之一。《经济表》关于自然规律、整体均衡、循环流转等的独特思想理论，吸收了在当时流传广泛的中国典籍中的理论元素，尤其是充分借鉴了包含类似哲理和卦象推演的《易经》。在自由放任思想上，受到中国古代“无为而无不为”“无为而治”等治理思想的深刻影响，重农学派公开著书称颂中国古代开明的治理制度，尤其是其集大成者魁奈“坚持开明专制下的自由放任观点，更是道道地地的中国货”[②]。尽管重农学派借鉴了不少中国传统经济思想，但重农学派主要考虑的还是基于法国君主专制向资本主义转型中的种种问题，并在与重商主义的斗争中逐渐形成了体系化的理论学说，其研究的议题，如纯产品、农业资本家、自由贸易、再生产等，无疑突破了中西方传统的经济思想藩篱。同时，借助中国典籍的思想内涵，重农学派创造了许多广泛传播的新的术语。例如，英国学者霍布森在其著作《西方文明的东方起源》中指出魁奈的很多思想源自中国，而其中最重要的是把“无为”译成法文 laissez-faire，即“自由放任”[③]。又如，基于西方的法则或规律等术语，对中国传统经济思想中“理”“道”概念加以转译和加工，“自然秩序”成为重农学派的显著标志与哲学基础。

其三，德国官房主义经济思想的中国元素。德国官房主义经济思想已被视为西方经济现代性的思想根源之一，其中以沃尔夫为代表的自然法哲学思想中蕴藏着鲜明的中国传统经济思想精华。在沃尔夫看来，“幸福”是最核心的概念，是一种不受阻碍的更完美的进步，与中国儒家经典《大学》中的

---

① 谈敏：《法国重农学派学说的中国渊源》，上海人民出版社，1992，第 356 页。
② 谈敏：《法国重农学派学说的中国渊源》，上海人民出版社，1992，第 272 页。
③ [英]约翰·霍布森：《西方文明的东方起源》，孙建党译，山东画报出版社，2009，第 176 页。

“在止于至善”“苟日新，日日新，又日新”“是故君子无所不用其极”等含义相一致。正如沃尔夫写道：“我认为，中国的哲学家也从那条信条获得了灵感，即除非人能天天向更加完美进步，否则人是不可能幸福的。”[①]沃尔夫推崇“哲人王”，“哲人王”即能够像哲学家一样思考国家治理的君主。当哲学家统治或者统治者是哲学家的时候，一个国家也会幸福。同时，他以伏羲、神农、黄帝为例，强调“他们的政府形式是所有政府形式中最好的，并且在国家治理的技术方面，这个国家都已经超过了其他所有国家，没有例外”[②]。并且，沃尔夫主张建立专门从事科学研究与创造发明的国家机构科学院，并且专门按照从中国儒学经典中了解到的分类方式，将科学院、工艺院和工艺学校视为大学。以沃尔夫为代表的官房主义经济思想借鉴了中国优秀传统经济思想，同时更多地继承于莱布尼茨的自然法思想、政治经济学思想，结合了中国的古代案例，对幸福、完美、理性、良知、科学研究、发明创新、科学院、劳动强度等议题都有深入的思考。在概念术语上，沃尔夫明确指出，“中国人对于那些完美的状态似乎没有清晰的概念”[③]。沃尔夫将中国经济思想话语进行转化，如将“格物”定义为“研究事物的性质和原因”（perscrutandis rerum naturis ac rationibus），将“致知”等同于“获得对于善和恶的完美的知识”（assequi perfectam boni & mali notitiam），在清晰定义的基础上，推动话语的广泛传播。

其四，美国农业政策制度的中国智慧。大萧条期间美国经济严重衰退、农业遭受重大打击。为应对危机，时任农业部长华莱士充分借鉴了中国古代常平仓制度思想和王安石的青苗法、市易法等经济改革思想，于 1933 年和 1938 年推出两部农业改革法案《农业调整法》，设计了一套大规模干预农业

---

① Wolff C. *Rede über die praktische Philosophie der Chinesen*, Felix Meiner, 1985, 57.

② Wolff C. *The Real Happiness of People under A Philosophical King*, M. Cooper, 1750, 1

③ Wolff C. *Rede über die praktische Philosophie der Chinesen*, Felix Meiner, 1985, 55.

的办法，建立了美国永久的现代常平仓制度[①]。华莱士的农业改革举措遵循了中国古代的常平仓原理，通过“商品信贷公司”支持农业贷款，限制过量生产，稳定农业收入，同时通过“联邦剩余商品救济公司”收购过剩农产品，救济城市贫民，进而为农业的繁荣与稳定铺平道路。1944 年，华莱士访华时明确指出，王安石“他在 1068 年的重大困难之下所遭遇的问题，和罗斯福总统在 1933 年所遭遇的问题，虽然时代悬殊，几于完全相同，而其所采方法，也非常相似”[②]。当然，美国两次《农业调整法》不仅充分借鉴了中国古代常平仓思想，而且基于现代经济发展需求，根据常平仓精神，辅之以农业信贷体制、农业保险机构、跨年度执行的农业立法等现代元素，对传统的常平仓思想进行了创造性转化。值得一提的是，美国常平仓的术语，直接来源于哥伦比亚大学中国留学生陈焕章的博士论文《孔门理财学》，因美国农业立法的成功而广泛在国际上传播。

其五，日本企业经营模式创新的中国思想成分。早在明治维新时期，日本“株式会社”企业组织创始人涩泽荣一就提出了著名的“论语加算盘”的企业经营模式，其基本精神就是“义利合一”。这一理念来自儒家的义利之辨，即以公益为利，利即是义——承认谋利有其正当价值，但必须用道德对其进行规范指导，使其符合社会伦理[③]。第二次世界大战后，日本企业家群体在坚守儒家传统经济伦理思想的基础上，建立起自己的企业经营模式，铸就了日本经济的“奇迹”。日本之所以能够在如此短的时间内实现真正意义上的现代化，一个重要的支撑因素是渗透着儒家思想的“仁”“礼”“忠”“信”“义”“报恩”“和为贵”等经济伦理和民族精神。当然，日本企业经营模式虽然较多地汲取了儒家传统经济思想，但并未因循守旧，而是加以选

① 李超民：《大国崛起之谜：美国常平仓制度的中国渊源》，中央编译出版社，2014，第 13 页。
② [美]华莱士：《沈部长欢宴席上华莱士副总统演词》，《新华日报》1944 年 6 月 23 日。
③ [日]涩泽荣一：《论语与算盘》，卜可译，新世界出版社，2016，第 114—117 页。

择与改造，塑造出了独特的日本企业文化。日本学者村山孚即称，日本在提升企业经营管理水平的过程中，既有对中国古典思想的吸收借鉴，也有对欧美先进技术和管理方法的引进创新[①]。这些在被称作日本式经营三大支柱的终身雇佣制、年功序列制和企业内工会中也都得到了集中体现。其实，不独是日本，其他东亚文化圈新兴经济体的经济崛起，大都也保持了传统文化中的集体主义、团队精神、勤俭节约等积极因素，与儒家传统经济思想有着某种内在的关联[②]。

由上可见，历史上国内外诸多学派学说的形成和发展证明了中国传统经济思想与现代经济理论融合的可能性。这为中国经济学构建汲取本土传统文化、形成具有鲜明特色的理论体系提供了坚实的可行性依据。

进一步分析，上述案例并非简单机械地接受了中国传统经济思想，而是立足时代需求，在克服传统思想的历史局限下，对其优秀成分加以继承和创新。具体而言，有以下几点内容值得参考借鉴。

第一，发掘、提炼丰富的中国传统元素。中国传统经济思想蕴藏着丰富的元素，是富有价值的理论富矿，不少思想素材至今仍有重要借鉴意义，需要通过筛选、整理、阐释、引申，使其融入所构建的理论体系之中。

第二，厘清和激活独特的概念话语。传统的概念话语存在内涵不纯、外延斑杂的现象，缺乏精确的定义与边界的厘清，会导致理解上的困难。故应对传统话语的内涵及外延做出明确的定义，还应能动地改变话语的语言外壳和内在意涵，注入新的时代元素，实现对传统话语的升华和超越。

第三，增强传统经济思想的学理内涵。传统思想存在内涵不纯，且偏重经验实用的历史局限，这弱化了其解释经济现象、深化认知的作用，因此需

---

① [日]村山孚、杨治、林新生：《日本的管理现代化和中国的古典思想》，《现代日本经济》1985年第1期，第56—59页。

② 黄光国：《儒家思想与东亚现代化》，巨流图书公司，1988。

要运用现代研究方法对其予以深入阐释和适当加工，提升其学理深度。

（二）从既有文献中看汲取传统元素构建中国经济学的重大意义

在本章第一节，已分析了学界对挖掘、继承、转化传统经济思想的必要性和重要性，但对于提炼传统经济思想以构建中国经济学的视角还未充分讨论，本节对此加以论述。自近代以来，中国学者萌生了构建中国经济学的祈愿，在中西文明的激烈碰撞中，面对西方经济思想的强烈冲击，有识之士秉持文化自觉与文化自信，怀抱民族自尊心，试图系统梳理本土传统经济思想资源，以构建能够与西方经济理论相抗衡的新学说。例如，梁启超指出“拟著一《中国生计学史》，搜集前哲所论，以与泰西学说相比较”[①]。随着学界对外来经济思想的逐步接纳，学者更多地认为需要结合外来经济学和中国传统经济思想，才能构建出适宜中国的经济学说。唐庆增提出“苟吾人欲在国际上争一地位，亟应取人之长，补己之短，再参以国情，努力研究，庶几可期”[②]，为创造适合中国的经济学目标，唐庆增于1936年出版了《中国经济思想史》，这成为近代中国经济思想史学科的最高成就。

新中国成立以来，尤其是党的十八大以来，学界对于提炼传统经济思想以构建中国经济学的讨论日益深入。总的来看，至少有以下三个维度。一是价值观、文化根基的维度，学术界认识到传统经济思想为中国经济理论创新提供了深层次的基本理念和哲学基础。中国经济学的构建离不开对传统经济思想的继承，否则中国经济理论创新将一定程度成为无源之水、无本之木。谈敏指出“撇开了中国自己的这些先行思想（主要指基本理念，而非具体表述方式），中国经济学恐怕也很难称其为‘中国’经济学了”[③]。逄锦聚认

① 梁启超撰：《论中国学术思想变迁之大势》，上海古籍出版社，2001，第43页。
② 唐庆增：《中国经济思想之特点》，《经济学月刊》1933年第1卷第1期，第99—104页。
③ 谈敏：《中国经济学的过去与未来——从王亚南先生的“中国经济学”主张所想到的》，《经济研究》2000年第4期，第57—65页。

为“中华民族的这些深厚文化传统，是中华文明的智慧结晶，是我国的独特优势”①。二是话语体系构建的维度，学者意识到，传统经济思想在话语表达上彰显出的鲜明的民族品格和独特的中国风格，是构建中国经济学自主的话语体系不可或缺的重要资源。周文认为中国经济学话语体系要注重融入中国传统文化②。刘伟强调“只有继承和弘扬中华优秀传统文化，才能构建出符合时代发展需要、反映中国人民意愿、树立民族文化自信的中国经济学话语体系”③。三是推动经济学理论创新的维度，学界认为传统经济思想所蕴含的合理内核与积极要素更贴近现实生活，具有较强的解释力和一定的普适性，是中国经济学理论特质必不可少的重要来源。程霖等指出中国传统经济思想可以“为建立中国经济学派提供思想牵引，为构建中国式管理模式提供哲学基础”④。谢伏瞻提出“传统中国文化中关于经济的思考和讨论，为中国经济学的发展提供了思想养分，对中国经济学理论的创新有着重要的意义。”⑤

综上所述，关于提炼传统经济思想以构建中国经济学这一议题，学界已达成共识，普遍肯定其必要性，认为中国经济学构建及其理论创新要善于吸纳中国传统经济思想的宝贵资源。已有研究强调了传统经济思想在厚植文化根基、提供学术话语元素及推动范式变革等方面的重要性。然而，对于应汲取哪些传统经济思想以补充、完善甚至超越现有主流经济学理论，以及哪些传统经济思想有助于对当前中国经济学理论创新形成重要牵引尚缺乏集中且

---

① 逄锦聚：《建构中国经济学自主知识体系的方法论和方法》，《经济研究》2023 年第 8 期，第 4—14 页。

② 周文：《时代呼唤中国经济学话语体系》，《经济研究》2016 年第 3 期，第 37—41 页。

③ 刘伟：《中国经济学的探索历程、构建原则与发展方向》，《中国科学基金》2021 年第 3 期，第 361—367 页。

④ 程霖、陈旭东、张申：《中国传统经济思想的历史地位》，《中国经济史研究》2016 年第 2 期，第 16—31 页。

⑤ 谢伏瞻：《中国经济学的形成发展与经济学人的使命——〈中国经济学手册·导言〉》，《经济研究》2022 年第 1 期，第 4—15 页。

深入的论述。正如本章第一节中所述，“两个结合”为我们充分汲取中国传统经济思想、推进中国经济学构建指明了根本方向，要求我们“充分运用中华优秀传统文化的宝贵资源，探索面向未来的理论和制度创新”[①]，反映到中国经济思想层面，即中国传统经济思想与马克思主义经济学世界观方法论相结合。前者为后者提供了民族智慧、本土色彩，赋予了马克思主义经济学以新的思想之源和新的阐释论证，进而为判断、分析和解决当前中国经济问题，创建具有中国思维形态和文化传统的中国经济学，形成具有中国特色、中国风格、中国气派的经济学学科体系、学术体系、话语体系，提供独特的视角和路径。后者为前者提供了理论指导、方法遵循和主题昭示，有助于激活中国传统经济思想的内在活力，推动中国传统经济思想优秀成分的现代转换和创新诠释。接下来，本书根据“第二个结合”，重点从拓展个体主义方法论，树立以人民为中心的思想；突破西方资源配置理论，厘清政府与市场关系；弘扬经世致用传统，以问题为导向推动理论创新；挖掘中国传统经济思想宝库，提炼标识性概念；阐明中华优秀传统文化精髓，贯彻新发展理念五个方面探析传统经济思想对构建中国经济学的重要价值。

二、拓展个体主义方法论，树立以人民为中心的思想

中国传统经济思想十分重视个人与集体之间的和谐统一，它能够为中国经济学拓展个体主义方法论、树立以人民为中心的思想提供重要的思想资源，同时，马克思主义基本原理的运用，有助于中国经济学克服传统“民本”思想的时代局限性，为传统经济思想的创造性转化和创新性发展提供科学方法。

中国经济学的理论突破要超越传统的个体主义方法论，将个体重新置于社会共同体中。这意味着既要关注个体经济行为，又要重视集体理性和社会

① 习近平：《在文化传承发展座谈会上的讲话》，《求是》2023 年第 17 期，第 4—11 页。

伦理，树立以人民为中心而增进人民福祉和促进人的全面发展的理念。西方主流经济学颠覆了古典经济学偏好整体主义的学术传统，将个体主义的分析方法推向了顶峰。尤其在个体主义之下，个人被抽象为脱离社会的“原子”，被贴上“理性经济人”的标签，社会生产关系被过滤和忽略，整体社会经济现象被过于简化为微观个体经济行为的线性叠加[①]。并且，基于此类抽象的个体主义假设，数学工具在经济学中大行其道，导致现代主流经济学经历了一个较长期的去伦理化过程。在这种趋势下，尽管以个体主义为核心的西方主流经济学在揭示经济运行规律方面具有重要价值，但过度依赖个体主义假设和“优美”的数学模型也具有一定的局限性，使得经济学无法充分回应社会复杂性和人类行为的多样性，对于人的价值取向、社会公正等关键问题的重视程度不足。与西方主流经济学有着本质不同，中国经济学作为“一种为人民服务的经济学”[②]，其根本立场是以人民为中心。习近平总书记在哲学社会科学工作座谈会上的讲话指出：“坚持以马克思主义为指导，核心要解决好为什么人的问题。”[③]在马克思看来，“人的本质不是单个人所固有的抽象物，在其现实性上，它是一切社会关系的总和”[④]。他主张避免形而上地谈论人，而是从“现实的人”出发来探讨实现幸福的途径和方式。对于中国经济学来说，习近平总书记在十八届中央政治局第二十八次集体学习时的讲话明确指出：“要坚持以人民为中心的发展思想，这是马克思主义政治经济学的根本立场。要坚持把增进人民福祉、促进人的全面发展、朝着共同富裕方向稳步前进作为经济发展的出发点和落脚点，部署经济工作、制定经济

① 肖斌：《问题意识的叩问与经济哲学的应答》，《光明日报》2015 年 12 月 23 日。

② 邱海平：《〈资本论〉的创新性研究对于构建中国特色社会主义政治经济学的重大意义》，《马克思主义研究》2020 年第 2 期，第 91—99 页。

③ 习近平：《在哲学社会科学工作座谈会上的讲话》，《人民日报》2016 年 5 月 19 日。

④ [德]卡尔·马克思、[德]弗里德里希·恩格斯：《马克思恩格斯文集》（第一卷），中共中央马克思恩格斯列宁斯大林著作编译局编译，人民出版社，2009，第 501 页。

政策、推动经济发展都要牢牢坚持这个根本立场。”[①]实际上，中国经济学坚持以人民为中心的根本立场，来源于马克思主义经济学的人民主体论和整体主义传统，中国经济学可以从中国传统经济思想中汲取有益元素。

其一，中国传统经济思想蕴含了源远流长、绵延丰厚的民本思想资源，通过去芜存菁，其可为站稳中国经济学根本立场提供有力支撑。“西方主流经济学是以资本利润率最大化为核心构建的理论体系”[②]，其根本目的在于攫取剩余价值，满足资本需要，这种理论虽然在推动生产力提升方面起到了重要作用，但也可能导致一系列发展困境，如人的异化、生产无限扩张，以及两极分化程度加剧。与之形成鲜明对比的是，中国传统经济思想浸透着浓厚的民本思想，不仅注重经济发展，还将社会福祉和人民的幸福放在重要位置，注重人民利益、民生诉求，强调人的尊严、价值和发展，并与以人民为中心的发展思想相贯通，可为中国经济学的根本立场提供有益元素[③]。中国传统民本思想滥觞于先秦时期，在多部经典文献中都有深刻体现，以国家安定为出发点，将民众摆在重要位置，体现了对民众福祉的高度重视。例如，《尚书》的“民惟邦本，本固邦宁”[④]、“民心无常，惟惠之怀”[⑤]，强调了人民是国家的根基、是经济发展的基础，只有基础稳固，国家才能安定。《左传》进一步指出“天生民而树之君，以利之也”[⑥]、“视民如子，辛苦同之”[⑦]，表示统治者应亲近民众，将人民福祉作为治理的核心目标，通过经

① 习近平：《立足我国国情和我国发展实践 发展当代中国马克思主义政治经济学》，《人民日报》2015年11月25日。

② 徐全军：《西方主流经济学无法解释中国创新驱动发展实践》，《中国社会科学报》2023年7月28日。

③ 杨瑞龙：《中国模式中的中华优秀传统文化基因》，《经济研究》2023年第7期，第43—47页。

④《尚书·夏书·五子之歌》。

⑤《尚书·周书·蔡仲之命》。

⑥《左传·文公十三年》。

⑦《左传·昭公三十年》。

济政策改善民生。孟子的“民为贵，社稷次之，君为轻”[①]、“得天下有道，得其民，斯得天下矣。得其民有道，得其心，斯得民矣”[②]，则更为直接地表达了以人民为本的理念，保障人民生活水平、提高经济福利，便可得到民心和天下。荀子的“君者，舟也，庶人者，水也。水则载舟，水则覆舟”[③]、《管子》的“霸王之所始也，以人为本”[④]，以及司马迁的“人民乐业，因其欲然，能不扰乱，故百姓遂安”[⑤]，表明统治者只有顺应民意、安抚民生，才能赢得百姓的支持与国家的长治久安。先秦秦汉时期奠定了中国传统民本思想的基础,之后历代政治家和思想家在此基础上不断发展和丰富这一理念。他们结合所处历史时期的主要问题，基于民本理念形成了“爱民”“养民”“富民”“恤民”“保民”“利民”“安民”等极其丰富的思想表述，并将其源源不断地融入中华传统文化的历史长河。传统民本思想不仅在古代维护了中国传统社会的稳定与繁荣，而且对当下依然具有持久的影响。当然，我们也要清晰地认知古代民本思想有其时代性、阶级性局限，从而吸纳其优秀成分，剔除、改造其糟粕内容。

其二，中国传统经济思想对于伦理的重视，有助于拓展“理性经济人”假设，从底层逻辑上完善中国经济学。“经济人”假设作为西方主流经济学的核心概念，将人的自然属性抽离了出来，只强调经济动机，遵循利益最大化原则进行理性利己活动。但该假设忽视了人的社会属性影响，不能准确描述真实的经济决策和行为[⑥]。中国传统经济伦理思想蕴含着唯物辩证法精神，实现了利己与利他、物质与精神、动机与目标的辩证统一，弥补了“经济

①《孟子》卷 14《尽心下》。

②《孟子》卷 7《离娄上》。

③《荀子》卷 5《王制篇第九》。

④《管子》卷 9《霸言第二十三》。

⑤《史记》卷 25《律书第三》。

⑥ 冯根福：《充分运用中华优秀传统文化资源，建构中国自主的经济学知识体系》，《经济研究》2023 年第 7 期，第 14—18 页。

人”假设的根本缺陷，可为建构中国自主的经济学知识体系的核心假设提供养分[①]。比如，中国传统儒家经济伦理向来倡导见利思义、义在利先，反对见利忘义、唯利是图。换言之，当利己（自利）与利他（道义）出现冲突时，要将道义、利他摆在优先位置。当然，古代义利思想并非否定利益的合理性，而是主张义与利可以相辅相成、相互转化，中国传统经济思想中以义为利、义利双行、义利合一等论述即揭示了此点。在中国式现代化进程中，传统义利思想已经在实践中展现出了强大的生命力，一些中国企业成功地将儒家伦理与现代市场理性相结合，并将“思利及人”的理念作为其核心竞争力。这种理念不仅引导企业驾驭资本逐利的本性，更促使其在履行社会责任的同时，获得了长期稳定的经济效益[②]。然而，尽管这种义利结合的理念在企业实践中取得了显著成效，但在经济学理论分析中仍未得到充分体现。因此构建中国经济学需要从核心假设层面汲取中国传统义利思想的优秀养分，摒弃“理性经济人”单一维度的利己分析，纳入人的社会属性影响，将利己与利他辩证统一起来，进而将个体理性与集体理性结合起来。

其三，中国传统经济思想强调“仁政”，其经济论述往往与政治、文化等论述交织，尤其是孟子基于“仁者爱人”理念形成了一个综合施政纲领。在推进中国式现代化的历史进程中，物的全面丰富和人的全面发展是两大重要目标。其中，前者对后者具有根本决定作用，正如《史记》所言“仓廪实而知礼节，衣食足而知荣辱”[③]。后者对前者具有价值引领作用，所谓“物格而后知至，知至而后意诚，意诚而后心正，心正而后身修，身修而后家齐，

---

① 张雄、朱璐、徐德忠：《历史的积极性质：“中国方案”出场的文化基因探析》，《中国社会科学》2019年第1期，第4—21页。

② 胡国栋：《儒家伦理与市场理性耦合的家族经营——基于李锦记集团的经验分析》，《理论探索》2017年第4期，第35—43页。

③《史记》卷62《管晏列传第二》。

家齐而后国治，国治而后天下平”[①]。从这个意义上讲，中国经济学不仅要关注效率问题，也要关注公平、正义、友谊、教育、文化、健康、生态等与幸福有关的精神层面的因素和民生方面的问题，使聚焦资源配置的“物的经济学”转变为聚焦人的全面发展的“人的经济学”。

三、突破西方资源配置理论，厘清政府与市场关系

构建中国经济学要注重从兼顾国家管理和市场交换分析的中国传统经济思想中汲取养分，把分析政府职能、市场作用和两者关系作为经济理论突破的重点，从而拓展西方主流经济学。在西方主流经济学中，研究市场交换是理论分析的中心，国家被习惯性地视为外生因素，政府的职能被严格限定在有限范围之内。但这种理论本质上是一种以西方经济发展历史为基础构建的“局部知识”，缺乏足够的包容性和代表性，既低估了国家在经济分析中的重要作用，也忽视了不同国家和地区的差异。中国传统经济思想具有经世济民、经济匡时的文化基因，往往印烙着治国、平天下的理想抱负，因此包含大量基于国家管理的经济分析成分，同时由于中国古代商品经济、市场经济的发展比较成熟，基于市场交换的经济分析也逐渐积累丰富。综上，中国传统经济思想既重视国家管理，也不忽视市场交换，在当下能够为厘清政府与市场关系提供有益启示。具体来看，表现为以下几个方面。

首先，中国传统经济思想中基于国家管理的分析为研究政府职能的理论提供了有益启示。一是国家应高度重视伦理道德和习俗等非正式制度对经济社会发展的推动作用。例如，孟子的经济分析体系中，“仁”“义”等伦理规范是国家管理社会、推动经济发展、维持社会和谐稳定的重要手段。类似地，司马迁的“因俗以治”思想强调习俗在社会经济发展和国家治理中起着非常重要的作用。国家治理如果尊重风俗习惯并加以引导，就可能会实现“事

---

①《礼记·大学》。

少而功多”的治理效果。二是国家可采取市场化的管理手段来实现治理目标。《管子》中的货币管理理论就是这一方面的典范，该理论主张政府直接参与市场活动，通过货币和商品的回笼来进行宏观调控，这样既能保证市场的平稳运行，还能为国家增加收入。三是以统计为代表的分析手段可为国家的经济管理活动提供重要支持。例如，《管子》指出国家要掌握全社会的货币需求情况，并提出从生产和需求两个角度来统计货币需求。只有全面掌握各种情况，才可以保证国家顺利地管理货币，实现政策目标。综上，全面地认识政府在经济管理中发挥的作用，重视对非正式制度、市场化管理和以统计为代表的分析工具的研究可以为中国经济学的政府职能理论指明理论创新方向，并提供传统思想元素。

其次，中国传统经济思想中基于市场的经济分析有助于我们全面、深入、辩证地认识市场的作用，具体来看，至少包括三个方面：一是对市场作用的全面分析。《管子》指出市场具有解决民众物资匮乏、确定商品价格、刺激生产、反映经济社会运行状况等方面的作用，相当全面地分析了市场在经济运行中发挥的重要作用。二是认识到了垄断的危害性。孟子认为垄断的出现会导致“罔市利”，危害市场的正常秩序，“故从而征之”，用征税来打击垄断行为。三是重视企业家在经济运行中的重要作用。在司马迁的治生之学中，一方面肯定了货殖家在各个行业中的工作是全社会财富的真正来源，即“衣食之原”；另一方面，他认为货殖家身上最重要的特质是“时”和“变”，实际上是强调货殖家在经济中的主要作用是处理风险和不确定性。可以说，司马迁的治生之学深刻地阐述了企业家在经济中的重要作用。总的来看，中国传统经济思想对于市场作用的全面认识、对垄断危害的认知和对主要市场参与者（企业家）作用的分析，均可以被中国特色的市场经济理论吸收和发展，最终为创新经济理论提供养分。

最后，中国传统经济思想中对政府和市场关系的分析有助于发展中国特色的社会主义市场经济理论。西方主流经济学认为，市场机制即可完成帕累托最优的资源配置，政府应只充当“守夜人”角色，尽管政府有助于弥补市场失灵，但对于政府介入市场经济，西方主流经济学始终持有消极或否定态度①。而在中国传统经济思想中，无论是《管子》中的货币管理理论，还是司马迁的善因论，均表明政府和市场不是简单的对立关系，它们对经济运行和发展的作用各有不同，需要相互配合和补充。关于资源配置的时机和组合方式，司马迁给出了精辟论述。他结合自己对全社会行业的划分（农虞工商）区分了“本富”“末富”“奸富”三种致富途径。其中，前两者是社会财富的真正来源，所以需要市场机制来发挥其资源配置作用，属于“因之”的范围，而“奸富”则不同，它不仅没有创造财富，还造成了不良影响，而市场机制又不能解决这个弊病，所以只能通过政府管理来解决，属于“整齐”的范围。司马迁的分析充分表明，分析政府和市场边界的问题要考虑不同行业、不同领域的实际情况。进一步来看，随着中国特色社会主义市场经济的不断发展和完善，该框架下的政府角色已突破传统的守夜型政府、规制型政府和发展型政府，正向增进市场功能的赋能型政府转变。政府与市场关系的实践探索仍在不断深化，从中提炼出典型化事实、揭示出内在客观规律，将为中国经济学构建提供重大理论创新支撑。

四、弘扬经世致用传统，以问题为导向推动理论创新

中国经济学要弘扬中国传统经济思想中经世致用的学术传统，并运用马克思主义世界观和方法论推进问题导向的理论创新，回答好中国之问、世界之问、人民之问、时代之问。当下中国的经济实践、经济变革所涌现出来的大量经济现象和经济问题，未曾在西方发达国家普遍显现，无法用西方已有

① 卢福财、王守坤：《历史脉络与实践视野下的有为政府——中国特色社会主义政治经济学的核心命题》，《管理世界》2021 年第 9 期，第 77—89 页。

的主流经济理论所解释，因此蕴藏着巨大的进行经济理论创新、经济分析建构的空间。创新构建中国经济学，必须坚持问题导向，聚焦重大时代课题，“形成以中国典型事实和经验为基础的一般化理论,才能更好推动中国经济理论创新”[①]。马克思指出，“问题是时代的格言”“世界史本身，除了用新问题来回答和解决老问题之外，没有别的方法”[②]。

中国传统经济思想的经世致用传统，与当代经济思想在问题导向的研究方法上具有相通之处，对于推动中国经济理论创新具有重要启示。现代经济思想在经济运行下洞察热点、难点、痛点问题，寻找理论方案，以应对新时代的重大理论和实践问题。同样地，中国传统经济思想在历史实践中也要不断依循经济议题需要，紧扣重要问题，探索解决之道。根据经世致用的传统，丰富的中国传统经济思想凝结了无数历史上经济议题的解决方案，能够为现实经济问题的解决提供历史借鉴。故而，新时代经济思想的研究既要在社会经济热点下发现问题，还要在发现问题之后解析问题，结合传统智慧和时代要素，形成创新性的解决思路和理论方案，进而将理论方法化为现实之策攻克难题。这也正是中国经济思想史学科发挥其以古鉴今、经世致用功能的鲜明体现。总之，尽管中国当代的经济实践较中国古代远为丰富、复杂，但传统经济思想中仍具可资借鉴的优秀成分，如孟子提出的通功易事论指向当时社会对分工的轻视态度，分析并强调了分工合作有助于改善各方境遇，这种理论仍具历史穿透性，可以为解决当前产业协同发展、区域协调发展等经济问题提供启发。又如，司马迁提出的善因论指向的是当时政府对于经济活动的过多干预和控制，是与轻重论相对应的经济治理理论，对当下顺应经济发展客观规律、激活民间经济活力仍具有重要价值。这里以三个重大时代课题

① 刘守英、熊雪锋：《坚持问题导向的中国经济理论创新》，《中国社会科学》2022 年第 10 期，第 99—118、206 页。

② [德]卡尔·马克思、[德]弗里德里希·恩格斯：《马克思恩格斯全集》（第一卷），中共中央马克思恩格斯列宁斯大林著作编译局编译，人民出版社，1995，第 203 页。

为例，阐释中国传统经济思想蕴含的历史智慧。

其一，共同富裕的重大时代课题。改革开放以来，通过不断解放和发展生产力，我国于2020年全面建成小康社会，当前已进入到扎实推动共同富裕的历史阶段。党的二十大报告指出，中国式现代化是全体人民共同富裕的现代化①。这一现代化实践蕴含着巨大的理论创新空间，民本思想、调均贫富思想等传统经济思想能够为其提供重要思想养分。从老子“损有余而补不足”②、孔子“不患寡而患不均”③、孟子“贤者与民并耕而食”④到管子“以天下之财，利天下之人”⑤，先秦时期的传统经济思想就已形成了丰富的共同富裕思想元素。这些思想超越了个人主义的财富积累观，主张国家的财富应着眼于民众生活水平的提升，一定程度体现出激励与分享相结合的智慧。尤其是《管子》一书集中吸收了先秦诸子各家治国理政思想，在《治国》《五辅》诸篇提出“凡治国之道，必先富民”“贫富无度则失”等观点，并给出了“厚其生”“输之以财”“遗之以利”“宽其政”“匡其急”“振其穷”等诸多富民措施。这种政策思想较充分地展现出，如何兼顾效率与公平、完善财政调节收入分配方式，以推动全社会的共同发展。尽管诸多思想未能转化为实践，但它们在调节贫富差距、设计激励措施和实现社会资源合理配置等方面，为现代共同富裕理论的创新发展提供了思想渊源和重要启示。

其二，弘扬优秀企业家精神的重大时代课题。《中共中央 国务院关于促进民营经济发展壮大的意见》对促进民营经济发展壮大做出了新的重大部署，提出“在民营经济中大力培育企业家精神，及时总结推广富有中国特色、顺

① 习近平：《高举中国特色社会主义伟大旗帜 为全面建设社会主义现代化国家而团结奋斗——在中国共产党第二十次全国代表大会上的报告》，《人民日报》2022年10月26日。

②《道德经》。

③《论语·季氏第十六》。

④《孟子》卷5《滕文公上》。

⑤《管子》卷9《霸言第二十三》。

应时代潮流的企业家成长经验”。中国传统经济思想中最早论述企业家精神的要属司马迁，其相关论述渗透着对于优秀企业家精神的朴素理解，对当下培育企业家精神具有重要价值。司马迁对于货殖家的评价较高，他在《史记·太史公自序》中指出货殖家作为“布衣匹夫之人，不害于政，不妨百姓，取与以时而息财富，智者有采焉”，从而专作《货殖列传》为春秋末期至秦汉以来的大货殖家做传，赞扬其“与时转”“不受命”“亿则屡中”，在推动资源优化配置和释放社会经济活力过程中，实现个人财富的累积。这种观点强调货殖家应具备灵活应变的能力、自主决策的精神，以及敏锐的市场洞察力。与此同时，如前所述，司马迁对于通过“弄法犯奸而富”的“奸富”也予以严厉抨击，认为他们只是靠非法手段造成财富转移，并未创造财富，因而对于“倍本多巧，奸轨弄法”之徒，需要以“整齐”政策应之。司马迁这一区分为现代企业家精神中的社会责任奠定了思想基础，对经济活动的合法性和道德性提出了要求。总之，司马迁的思想中展现了对货殖家创新精神、诚实守信、承担社会责任等宝贵品质的推崇，对于新时期正确看待企业家、积极培育优秀企业家具有借鉴意义，在理论上为构建中国式管理模式提供了思想渊源，并为理解企业家如何平衡财富创造和社会价值提供了有益启示。

其三，宏观经济治理现代化的重大时代课题。党的二十届三中全会通过的《中共中央关于进一步全面深化改革 推进中国式现代化的决定》，对健全宏观经济治理体系、提升宏观经济治理能力进一步做出部署，明确了推进宏观经济治理现代化的战略方向和重点举措。在推进宏观经济治理现代化的过程中，很重要的一个方面就是基于货币理论，制定和执行货币政策，而《管子》的货币管理理论就蕴含了丰富的现代价值。《管子》发展了朴素的货币数量论与货币管理理论，特别是其中明确提出政府要管理好货币，通过调节流通中的货币量来控制关键商品，进而影响所有商品的价格，最终达到“民力可得”“贵贱可调”“君得其利”等目标。这一思想与现代货币理论中设定科学的货币政策目标、推动财政货币政策联动等理念相契合，为我国当前灵活适度、精准有效地执行稳健的货币政策，确保实现社会融资规模、货币供应量同经济增长和价格水平预期目标相匹配的政策目标提供了重要参考价值。

五、挖掘中国传统经济思想宝库，提炼标识性概念

中国经济学要增强标识性概念的创造能力，对中国传统经济思想的丰富概念资源进行批判借鉴式的概念重构，为建构中国自主的经济学知识体系提供基础支撑。概念作为知识体系的基本单元，具有一般性、抽象性和概括性的特点，其在知识体系建构中具有基础性作用，范畴、命题、原理、理论等均依托概念而建立。古代思想家基于若干概念假设所构建的经济分析体系，一方面展现了独特的中国风格与民族形式，另一方面也为凝练当代标识性概念、范畴和表述，构建中国经济学的概念体系和话语体系提供了话语要素及思想渊源。具体来看，中国传统经济思想基于对经济现象和经济规律的识别和分析，提炼总结了一套不同于西方经济学的标识性概念和核心假设。无论是孟子的“仁”、“义”和“性善论”，《管子》的“轻重”和“先王制币说”，还是司马迁的“各劝其业”“无为”，均体现了鲜明的中国特色。在当下，我们应遵循“两个结合”，通过赋予新含义、调整语言外壳、概括和评价等方法，充分挖掘中国传统经济思想宝库，批判性地吸收并发展具有历史延续性、现实观照性和理论统摄性的传统概念，进而为更好地诠释和刻画具有中国经验的经济学概念体系提供传统话语支持①。下述五个案例表明传统经济思想概念经过现代性转化后，确实能成为中国自主的经济学知识体系中的标识性概念。

第一个案例是“小康”概念。该概念最早出自《诗经·大雅》，根据东

① 程霖、段博、刘凝霜：《中国传统经济思想概念体系探析》，《中国社会科学》2024年第2期，第84—104页。

汉学者郑玄的考察，“小康”即“小安”，意为相对安定。根据《礼记·礼运》中的记载，“禹、汤、文、武、成王、周公，由此其选也。此六君子者，未有不谨于礼者也。以著其义，以考其信，著有过，刑仁讲让，示民有常。如有不由此者，在势者去，众以为殃，是谓小康”，意为以夏禹和商汤为代表的六位古代圣贤是运用伦理道德来治理社会的典范，他们所倡导的礼治之道是理想的社会模式，即“小康”社会。孟子结合他所处的时代背景，进一步发展了“小康”概念，给“小康”概念注入了更多的经济含义。他强调理想的社会不仅要依靠伦理道德，物质生产同样重要，所以在他的“小康”理想中有大量关于物质生产的描述，而“小康”概念的内涵也从“相对安定演变为经济生活略为宽裕之意”[①]。20 世纪 80 年代邓小平同志将其引申并界定为衡量我国实现现代化标准的新概念，其后又逐步衍生出“小康社会”“全面建设小康社会”“全面建成小康社会”等系列概念，“小康”成为理解中国式现代化道路的路标和讲述中国经济发展故事的话语载体。习近平总书记指出，“使用‘小康’这个概念来确立中国的发展目标，既符合中国发展实际，也容易得到最广大人民理解和支持”[②]。

第二个案例是“轻重”概念。有海外学者考察了我国知名经济学家薛暮桥的经济思想，指出他的理论实际上是对《管子》“轻重”概念的发展。伊莎贝拉·M. 韦伯（Isabella M. Weber）指出薛暮桥认为价值规律可以被利用的看法让人联想到管子的经济思想，其论述同管子的“轻重”概念很相似[③]。她指出，薛暮桥虽然没有使用类似“轻重”的概念，但其论述的实质含义是一致的。比如，从“轻重”概念看，国家必须限制“重”类型商品（处于短缺的商品或人民生活必需品）的价格波动；对于“轻”类型商品（过度供给

① 王玉波：《“小康”史考》，《社会学研究》1992 年第 2 期，第 62—68 页。

② 习近平：《在纪念孔子诞辰 2565 周年国际学术研讨会暨国际儒学联合会第五届会员大会开幕会上的讲话》，《人民日报》2014 年 9 月 25 日。

③ Weber I M. *How China Escaped Shock Therapy: The Market Reform Debate*, Routledge, 2021.

或不太重要的商品）则无须干预，可以让价值规律自发运行。薛暮桥有过很多类似的论述。例如，他指出“过去和现在我们对某些重要生活资料采取定量供应的办法，使它不至于因为供不应求而价格上涨，影响人民生活，这是限制价值规律作用的一个重要例证”[①]，即通过国家的政策来限制“重”类型商品价格波动。特别值得一提的是，以研究社会主义经济知名的英国国家学术院院士 J. D. 彼得·怀尔斯（J. D. Peter Wiles）在比较不同社会主义经济中的产品分配时，就曾指出基于“轻重”概念的选购政策是中国原创的“发明”[②]。

第三个案例是“上则富国，下则富家”概念。《荀子·富国》中曾提出过“上下俱富”的概念，意为国家富裕和个人致富是相辅相成的关系。司马迁继承了这种富国和富民相统一的思想，并结合对社会财富来源的分析，提出了“上则富国，下则富家”概念。正是基于这种“上下俱富”的思想，从 20 世纪 80 年代开始，邓小平同志阐发了“共同富裕”概念，指出“社会主义的目的就是要全国人民共同富裕，不是两极分化”[③]。而在 1992 年的南方谈话中，他进一步将“共同富裕”和生产力联系在一起，认为它们共同构成了社会主义的本质。进入中国特色社会主义新时代后，习近平总书记进一步将中国式现代化和“共同富裕”概念联系起来。党的二十大报告指出，“中国式现代化是全体人民共同富裕的现代化”“我们坚持把实现人民对美好生活的向往作为现代化建设的出发点和落脚点，着力维护和促进社会公平正义，着力促进全体人民共同富裕，坚决防止两极分化”[④]。

第四个案例是“公”“私”“家”“己”等概念。这些概念作为经济伦

---

① 薛暮桥：《薛暮桥文集》（第十九卷），中国金融出版社，2011，第 105 页。

② Wiles P J D. *The Political Economy of Communism*, Harvard University Press, 1964.

③ 邓小平：《邓小平文选》（第三卷），人民出版社，1993，第 110—111 页。

④ 习近平：《高举中国特色社会主义伟大旗帜 为全面建设社会主义现代化国家而团结奋斗——在中国共产党第二十次全国代表大会上的报告》，《人民日报》2022 年 10 月 26 日。

理思想范畴的重要组成部分，深深植根于中国古代文化，在调节个人与集体、家庭与社会之间的关系方面发挥了重要作用，对古代乃至现实经济行为都产生着深远影响。然而，这些概念具有多重含义和复杂内涵，在学术讨论中往往难以形成统一的认识。费孝通立足实地调查，结合中外对比，以西方社会的“团体格局”为比照，对此类传统经济伦理概念加以阐释，进而提炼出基于亲疏远近关系的标识性概念“差序格局”，形象地将中国复杂的社会关系、社会结构，较抽象地比作由丢石头在水面中所形成同心圆的波纹[①]。“差序格局”概念使得中国社会经济伦理关系容易被观察、分析和比较，进而被广泛应用于家族企业治理、中国经济转型等多个研究领域。

第五个案例是“典”“田面”“田骨”等概念。当代学者根据民间土地契约文书、刑科题本等原始资料，通过土地权利分层、概念辨析、演进脉络梳理等多种分析方式，对这些民间传统土地产权概念进行了较深入系统的研究，较客观地揭示了不同于西方社会的中国传统地权的独特的交易形式和内在逻辑，驳斥了中国缺乏私有产权制度、租佃制不公平与低效率论等偏误[②]。另外，相关概念所展现的多样化的交易方式及其理论要素，对当下农地流转设立风险缓冲机制、要素市场化改革等问题都能够提供一定的支持与启示[③]。

六、阐明中华优秀传统文化精髓，贯彻新发展理念

新发展理念聚焦“实现什么样的发展”和“如何实现发展”，着力解答实现社会主义现代化的根本问题。党的二十届三中全会指出：“高质量发展

---

① 费孝通：《乡土中国》（注解本），岳永逸注解，中华书局，2020，第 24—33 页。

② 龙登高：《中国史观的 20 世纪偏误及其探源——基于清代经济史研究的考察》，《清史研究》2020 年第 6 期，第 150—156 页。

③ 龙登高：《中国传统地权制度及其变迁》，中国社会科学出版社，2018，第 216—220 页；龙登高、陈月圆、李一苇：《在所有权与使用权之间：土地占有权及其实现》，《经济学（季刊）》2022 年第 6 期，第 2017—2124 页。

是全面建设社会主义现代化国家的首要任务。必须以新发展理念引领改革，立足新发展阶段，深化供给侧结构性改革，完善推动高质量发展激励约束机制，塑造发展新动能新优势。”[①]创新、协调、绿色、开放、共享的新发展理念作为构建中国经济学理论体系的重要组成部分，具有管全局、管根本、管长远的导向，在中国高质量发展中发挥着纲领性和引领性的作用。从新发展理念的维度看，中国传统经济思想蕴含了与之相通的思想智慧，有助于为构建中国经济学提供传统经济思想元素。

其一，传统的经济增长模式难以应对资源环境约束和复杂的国际形势，新时代以来，迫切需要将创新发展作为第一动力，并将其置于发展全局的核心地位，通过制度、科技、文化、理论等诸多层面的创新，推动新质生产力发展，实现经济高质量发展。

中华民族作为一个善于创造的民族，在一般的文化意义上早已积累了非常丰富的创新思想，如“周虽旧邦，其命维新”“苟日新，日日新，又日新”等不仅反映了与时俱进的理念，也体现了对持续自我革新的高度重视，“自强不息”“与时偕行”等则强调了在变化中求新求变求强的重要性，这些文化价值观已深深植根于我们的民族传统之中，将在构建中国经济学、推动经济创新发展中发挥重要作用。同时，在各类传统经济思想领域中的思想创新也称得上建树颇丰。从本书第二章第三节中能够发现，中国传统经济思想在财政、金融、人口、土地等许多领域都有重要的创新，而且部分创新思想在现代经济学领域中仍有一定的地位。因此，中国传统经济思想创新性的研究不只是为了展现中国传统经济思想的活力，也为当下中国经济学理论创新提供了一定程度的支持。中国传统经济思想是一个内涵丰富的宝库，在面临现实的经济问题时，往往需要我们重温传统经济思想的深刻内涵以及实践演进

①《中共中央关于进一步全面深化改革 推进中国式现代化的决定》，《人民日报》2024 年 7 月 22 日。

的历史，从中汲取灵感，以便创造性地发展经济思想，寻找解决这些问题的最优方案。一方面，要将提升国家创新能力置于重要位置。中国传统经济思想的创新由国家主导，并与商品经济发展程度相适应。在中国古代较大规模的工商业活动与创新过程中，国家起了主导作用，如国家制铁厂和皇家陶瓷厂（官窑）的发展、食盐贸易许可证制度的设置、城市房地产经营中对土地的控制，以及对大运河的水上贸易和通信的控制等①。但近代中国政府治理能力在内忧外患中遭到削弱，而市场力量的发展也受到了制约，导致中国在国际竞争中落后。创新决定了一个国家的竞争力，在当今世界局势日益复杂的背景下，我们一定要关注本国的创新能力，要建立合理的激励机制来激发和促进市场主体的自发自主创新，同时在自身创新能力受到打压时，要动用国家力量进行保护，增强国家主导的创新。另一方面，从经济思想、经济学说发展的视角看，中国传统经济思想的创新来源于实践，最终又回归到实践中。面向未来，中国经济学理论的发展需要和中国经济实践进行更紧密的结合，要抓住经济发展的最前沿。从中国传统经济思想的创新性的经验可以看到，只有那些经济活动最活跃的地方才有可能迸发出理论的火花，只有那些急需经济理论来填补的空缺才有可能出现催生思想的创新。新时期加快构建中国特色社会主义政治经济学，必须坚持把马克思主义基本原理同中国具体实际、中华优秀传统文化相结合，其根本要求就是理论与实践相结合。

其二，发展是一个系统化的有机整体，各要素、各领域、各环节之间相互影响、彼此作用。实现协调发展需要妥善处理经济发展过程中各环节相互关联、相互耦合的关系，有效化解其中的冲突和制约，从而使得各要素、各领域协同运作，确保系统中各部分协同推进，形成可持续的良性循环。

中国传统的和合思想与当代协调发展思想具有共同之处。“和”与“合”

---

① [英]安格斯·麦迪森：《中国经济的长期表现——公元 960～2030 年》（修订版），伍晓鹰、马德斌译，上海人民出版社，2016。

最早在甲骨文与金文中均有出现。“和”本意是指食物味道的调味之和、吹奏乐器的声音之和，而后延伸至“各种关系的和谐状态”[①]。“合”最初是指容器盖与身的闭合，后演化为融合、相互契合之意。和合思想承载了古人对事物和谐共生、各类关系协调的哲学思考。“致中和，天地位焉，万物育焉”[②]“和乃生，不和不生”[③]体现出了对立统一的辩证思想，强调在差异中寻求和谐与平衡；“不谋全局者，不足谋一域”[④]则体现出整体观念的重要性，提醒人们在处理事务时需从整体出发，只有在通盘考虑下，局部问题才能有效解决。古人对平衡、和谐的追求，体现在人际、社会、自然万物等诸多领域之中，他们倡导各类关系的协调，从而到达“和实生物”的境界。当前，我国社会主要矛盾是人民日益增长的美好生活需要和不平衡不充分的发展之间的矛盾[⑤]，城乡差距、区域差距、收入差距、群体差距仍需进一步缩小。传统和合思想中蕴藏的辩证法精神，强调系统思维和整体观念，有助于为协调发展理念提供思想支撑，要求在经济实践中统筹兼顾，提升发展的包容性和可持续性，推动各领域协调均衡发展。

其三，绿色发展的本质是在人与自然和谐相处中实现经济发展，即寻求经济增长与生态环境的协调与平衡。虽然在中国现代化进程中，生态环境保护已取得历史性进展，但由于中国人口规模巨大，人均资源占有量远低于世界平均水平，因而中国依然面临资源约束挑战，部分地区仍存在以“绿水青山”换取“金山银山”的现象，生态环境问题仍较突出。党的二十届三中全会提出，

---

① 陶国山：《从“音和”“乐和”到“邦和”——中国传统文艺思想中的“和”与共同体理论》，《中国文学批评》2024年第1期，第41—45、190页。

②《礼记·中庸》。

③（清）马骕撰、王利器整理：《绎史》卷44《春秋十四》。

④（清）陈澹然撰：《寤言二·迁都建藩议》。

⑤ 习近平：《高举中国特色社会主义伟大旗帜 为全面建设社会主义现代化国家而团结奋斗——在中国共产党第二十次全国代表大会上的报告》，《人民日报》2022年10月26日。

“健全绿色低碳发展机制”“促进绿色低碳循环发展经济体系建设”[①]。这需要践行绿色发展理念，深入推进低碳经济，加快经济社会的全面转型。

西方主流经济学在应对生态环境问题上提出了诸如产权界定、庇古税等解决方案，这些理论确实提供了重要的启示。然而，它们也存在一定的局限性。在资本主导的“效用原则”和“增值原则”的驱动下，这些方案难以从根本上解决生产、消费无限扩张与自然资源承载力有限之间的矛盾[②]。中国传统经济思想则跳出了单纯追逐经济利益的机械论，提倡系统性与整体性思维，将人与自然和谐共生视为核心要义，强调节制和长远利益，认为自然资源应当在合理范围内使用，以维护生态平衡。例如，“天人合一”“道法自然”反映了对自然的敬畏和对自然规律的尊重；“草木未落，斧斤不入于山林”[③]“不违农时，谷不可胜食也”[④]倡导人类活动应遵循自然周期、顺应天时，根据四季变化和动植物的生长规律合理进行农业生产、渔猎活动等；“子钓而不纲，弋不射宿”[⑤]“竭泽而渔，岂不获得？而明年无鱼”[⑥]则告诫人们对自然资源的利用应有节制，避免过度索取，以确保长久的可持续性。这种理念与当代中国绿色发展思想在本质上具有一致性，为丰富和拓展可持续发展的理论体系提供了深厚的文化基础，为全球生态问题提供了独特的东方智慧。因而，中国特色生态经济学和生态经济体系的构建可以从中国传统经济思想中得到诸多启示，从而可进一步推动生态文明建设，实现人与自然的和谐共生。

其四，开放发展的核心内涵在于持续推动高水平对外开放，旨在实现国

---

①《中共中央关于进一步全面深化改革 推进中国式现代化的决定》，《人民日报》2024年7月22日。

② 陈学明：《资本逻辑与生态危机》，《中国社会科学》2012年第11期，第4—23、203页。

③《汉书》卷91《货殖传第六十一》。

④《孟子》卷1《梁惠王上》。

⑤《论语·述而第七》。

⑥（秦）吕不韦编、许维遹集释：《吕氏春秋集释》卷14《孝行览第二》。

际与国内双循环的良性互动，在开放中实现共赢发展。尽管当前单边主义和保护主义有所抬头，但中国的经济改革实践已经证明，开放发展是顺应经济全球化趋势的必然选择。通过高水平的对外开放，中国能够在互利共赢的基础上推进国际合作与竞争，更高效地配置全球资源和要素。这不仅促进了自身的发展，也为构建人类命运共同体、实现全球共同发展和持续繁荣提供了有力支持。

西方主流经济学以市场竞争为基础，致力于揭示经济行为中的竞争本质和运作规律，而对于“合作”的描述和阐释较为不足①。相比之下，中国传统经济思想中对于如何“合作”蕴含着丰富的思想资源，这与开放发展理念有着契合之处。“和为贵”“天下大同”“协和万邦”强调和平发展、协调合作、包容共赢，体现了中华文化中独特的和合智慧；“来天下之财，致天下之民”②“以海外之有余，补内地之不足”③反映了古人对国际贸易的积极态度和开放视野，强调通过合理利用国际资源来补充国内需求，实现共同发展和繁荣。在历史实践中，中国与周边民族陆续开展了不同程度的文化交流，创造了“万里驼铃万里波”的丝绸之路的辉煌历程，成就了“万国衣冠会长安”的大唐盛世，并在宋元时期呈现了“梯航万国海相通”的海上贸易格局。尤其在宋元时期，中国围绕海上对外贸易建立了完善的管理体系，并形成了细致而严谨的制度设计，至今仍具有重要的启示意义④。可见，中国优秀传统经济思想重视合作，鼓励抛弃零和博弈思维，倡导构建合作共赢的新型国际关系。借鉴这些理念，现代经济学和国际关系理论能够更好地应对全球化带来的挑战，推动多边合作，为实现全球共同发展、构建人类命运共同体提

---

① 黄少安：《经济学研究重心的转移与“合作”经济学构想——对创建“中国经济学”的思考》，《经济研究》2000 年第 5 期，第 60—67 页。

②《管子》卷 23《轻重甲第八十》。

③（清）蓝鼎元撰：《鹿洲初集》卷 3《论南洋事宜书》。

④ 陈旭东：《从中华优秀传统文化汲取中国特色社会主义政治经济学的养分》，《光明日报》2022 年 9 月 20 日。

供宝贵的历史经验和思想养分。

其五，共享发展是社会主义的本质要求，也是中国式现代化建设的出发点和落脚点。马克思和恩格斯指出，在社会生产力水平高度发展时，“不仅生产的东西可以满足全体社会成员丰裕的消费和造成充足的储备……而且还要把这一切从统治阶级的独占品变成全社会的共同财富并加以进一步发展”①。可见，共享发展、共同富裕不仅意味着做大“蛋糕”，还意味着分好“蛋糕”，将经济发展成果共享于人民群众，维护社会公平正义。

中国古代蕴藏着丰富的调均贫富的经济思想，其现实价值在本章第二节已进行了详细阐述，此处仅作简要论述。早在先秦时期，古人便萌生了对理想社会的憧憬。儒家倡导“大道之行也，天下为公”②，描绘了一种人人共享、和谐共生的美好理想。为达到这一理想社会，儒家在国家治理层面提出“因民之所利而利之”③“有恒产者有恒心，无恒产者无恒心”④“水能载舟，亦能覆舟”⑤等一系列的民本思想和治理原则。农家主张“贤者与民并耕而食”⑥，强调精英阶层和百姓同劳共作、共享收获的平等观念。尽管这一思想在一定程度上限制了社会分工的专业化发展，但它也生动地反映了古人对社会公平的强烈渴望。在反抗暴政和压迫的农民起义中，对社会公平的诉求也有鲜明表达。例如，北宋王小波、李顺起义以“吾疾贫富不均，今为汝均之”⑦为口号，直指社会不公的问题；明末农民起义首领李自成更是公开打出“均田免粮”的旗号，明确体现了土地分配和税负减免的诉求。传统经济

① [德]卡尔·马克思、[德]弗里德里希·恩格斯：《马克思恩格斯文集》（第三卷），中共中央马克思恩格斯列宁斯大林著作编译局编译，人民出版社，2009。第258页。

②《礼记·礼运》。

③《论语·尧曰第二十》。

④《孟子》卷5《滕文公上》。

⑤（唐）吴兢撰、（元）戈直集论：《贞观政要》卷1《政体第二》。

⑥《孟子》卷5《滕文公上》。

⑦（元）陈桱撰：《通鉴续编》卷4《宋太宗太平兴国四年己卯至至道三年丁酉》。

思想中的相关话语反映了数千年来民众追求公平与改善生计的夙愿，在“第二个结合”的指导下，为当代共享发展理念、共同富裕理论提供了宝贵启示，并赋予了其丰富的传统元素和文化底蕴。

综上所述，中国传统经济思想作为中华传统文化的重要组成部分，其传承创新对于新时期加快构建中国经济学具有重要意义和价值。根据本节的分析，一方面，中国传统经济思想对民生主义经济学、法国重农学派、德国官房主义经济思想、美国农业政策制度和日本企业经营模式的形成与发展都产生了深远影响。考察这些海内外案例，可为当前构建中国自主的经济学知识体系提供有价值的借鉴和启示。另一方面，关于提炼哪些传统元素以构建中国经济学，汲取优秀的传统民本思想、经济治理思想、经世致用传统、独特的传统概念资源以及更宽泛意义上的传统文化精髓，有助于为中国经济学提供思想元素和理论滋养，推动树立以人民为中心的理念，厘清政府市场关系，坚持以问题为导向，提炼标识性概念，贯彻新发展理念，进而在文明互鉴中更好彰显中国经济思想的世界意义。

第四节　在文明互鉴中更好彰显中国经济思想的世界意义

当前，党和国家高度重视加强我国国际传播能力建设，其中一项重要的工作就是要更好地推动中华文化走出去。对此，习近平总书记强调“着力加强国际传播能力建设、促进文明交流互鉴，充分激发全民族文化创新创造活力，不断巩固全党全国各族人民团结奋斗的共同思想基础，不断提升国家文化软实力和中华文化影响力”[①]。党的二十届三中全会进一步提出“构建更

① 习近平：《习近平对宣传思想文化工作作出重要指示强调 坚定文化自信秉持开放包容坚持守正创新 为全面建设社会主义现代化国家 全面推进中华民族伟大复兴提供坚强思想保证强大精神力量有利文化条件 蔡奇出席全国宣传思想文化工作会议并讲话》，《人民日报》2023 年 10 月 9 日。

有效力的国际传播体系。推进国际传播格局重构，深化主流媒体国际传播机制改革创新，加快构建多渠道、立体式对外传播格局”[①]。这为新时代向世界阐释推介更多具有中国特色、中国精神、中国智慧的优秀文化，不断增强中华文明传播力和影响力，提供了思想指引和根本遵循。

纵观既有文献，学界对于推动包括中国传统经济思想在内的中华文化的国际传播已进行了较丰富的研究，主要集中在以下几个方面。

一是对文明互鉴以及推动文化传播必要性和重要性的探讨。首先，学者认为推动中外文明互鉴有助于揭示中华文化的特有价值，为深刻回答“中国性”“文明特性”等问题提供参考坐标。比如，胡寄窗指出“只有同时进行中西对比分析，才能真正发现我国古代经济思想的光辉成就”[②]。傅才武和严星柔提出，要推动中华文化走出去，“在与各国的经济互补与文化对比中清楚认识自身的地位和优势”[③]。其次，推动中华文化的国际传播，有助于展现立体、真实、丰富的中国形象，并不断提升中国文化的国际话语权与影响力。例如，李长春认为中外思想文化交流为“扩大中华文化在国际上的影响力和竞争力提供了极好机遇”[④]。王永贵和戴惠指出，在融通中外中，通过“打造中国自己的新概念、新范畴、新表述，通过不断具象化、国际化、大众化的表达”，有助于“向人民、向世界讲好中国故事、传播好中国声音”[⑤]。最后，推动中华文化的国际传播，有助于为全球经济发展贡献独特的中国智慧，为解决人类共同面临的全球性问题提供中国式方案。费孝通指

①《中兵中央关于进一步全面深化改革 推进中国式现代化的决定》，《人民日报》2024 年 7 月 22 日。

② 胡寄窗：《中国经济思想史研究的方法论歧见》，《学术月刊》1986 年第 3 期，第 20—27 页。

③ 傅才武、严星柔：《论建设 21 世纪中华民族文化共同体》，《华中师范大学学报（人文社会科学版）》2016 年第 5 期，第 63—74 页。

④ 李长春：《正确认识和处理文化建设发展中的若干重大关系努力探索中国特色社会主义文化发展道路》，《求是》2010 年第 12 期，第 3—13 页。

⑤ 王永贵、戴惠：《文化主体性的内在逻辑和培育之道》，《当代世界与社会主义》2024 年第 5 期，第 68—75 页。

出要在中西交流过程中“把我们文化中好的东西讲清楚，使其变成世界性的东西”，同时要“学会解决处理文化接触的问题，为全人类的明天做出贡献”①。何中华提出“文明互鉴有助于不同民族为人类文明的总体进步提供各自的独特贡献”②。

二是聚焦于中华文化“走出去”过程中所面对的现实困境，有研究从文化认知、传播媒介、受众接受度等多方面探讨了当前中华文化“有理说不出”“说了传不开”“传开叫不响”的传播瓶颈。例如，任成金认为与中国历史相比，目前中国文化“存在着国际文化市场所占份额过低、文化输出内容单一、文化认可度低以及文化形象出现认知偏差等问题”③。段龙江表示中国文化在融媒体时代“面临着传播思维僵化、内容符号化、模式单向性、渠道滞后性等表达困境”④。

三是探讨关于中华文化对外传播及推动文明互鉴的应对策略，学者围绕传播主体、传播内容、传播渠道、受众对象等关键环节，提出了一系列建议，包括加强政策支持、培养人才和创新传播方式等，以有效提升中华文化的全球影响力和文明间的深度互鉴。比如，张薇提出“要充分考虑目标受众的文化背景，在讲述中国故事的过程中，将事实表达与价值表达相结合、文化对话与观念互通相结合、内容叙事与情感共鸣相结合”以“提高传播精度”；“既要注重对外文化传播的有形覆盖”“又要注重对外文化传播的有效覆盖”以“提高传播覆盖量”；“构建相互理解、美美与共的国际舆论生态”以“增强传播的影响力”⑤。于运全认为未来需要通过“完善机制建设”“深化内

---

① 费孝通：《关于“文化自觉”的一些自白》，《学术研究》2003 年第 7 期，第 5—9 页。

② 何中华：《文明的历史含义及其当代启示》，《中国社会科学》2023 年第 6 期，第 62—81、205—206 页。

③ 任成金：《中国文化走出去的历史借鉴与现实选择》，《中州学刊》2015 年第 2 期，第 91—97 页。

④ 段龙江：《我国跨文化传播的困境与优化路径》，《人民论坛》2021 年第 14 期，第 98—100 页。

⑤ 张薇：《着力提升中华文化对外传播效能》，《光明日报》2024 年 3 月 1 日。

容内涵”“创新交流对话形式”“调动各主体潜能”“加强区域国别研究”等路径推动构建有中国特色的多主体、立体式的对外传播格局①。

然而，既有研究多数从广义的中华文化意义上探讨中国文化的国际传播及其走出去，同时对中华优秀传统文化的理解也多集中于哲学、文学、艺术等领域，而对中国传统经济思想的关注相对有限。相较于其他文化元素，推动中国传统经济思想的国际传播、提升传统经济思想的海外影响的研究尚有较大探索空间。实际上，中国古代经济长期领先于世界，拥有丰富的经济实践，中华民族在中国本土自发孕育和创建了一系列关于经济现象和经济问题的认知理解与思想观念，汇聚形成了中国传统经济思想，构成了中华优秀传统文化的重要组成部分。中国传统经济思想涉及经济伦理思想、经济治理思想、财政思想、工商业经济思想、农业经济思想、生产劳动思想、金融思想、土地思想、对外贸易思想、人口思想、会计审计思想、国防经济思想、生态经济思想、消费思想、收入分配思想、价值与价格思想、经济统计思想等诸多范畴和内容，曾在海外译介传播，同时也对西方世界产生了积极影响。因此，深入挖掘和系统总结中国传统经济思想在海外传播的内容路径与历史经验，不仅有利于探寻文化传播的经济内涵和实现途径，而且有利于在文明互鉴视角下，讲好中国经济发展故事，揭示其背后的思想渊源。同时，通过本书的考察发现，中国传统经济思想的海外传播大体经历了由近及远和从零碎化思想向专业化研究交流的转变，这一传播进程既有来自国外的主动推崇和引介，也有国内力量的自发推动。其中蕴藏的宝贵成果与经验可为新时代大力弘扬中华优秀传统文化、加强我国国际传播能力建设提供历史镜鉴和参考启示。

---

① 于运全：《全球文明倡议国际传播的新成效与新进路》，《人民论坛·学术前沿》2024 年第 11 期，第 32—41 页。

一、增强文化自觉与自信，立足国际视野拓展中国传统经济思想研究

在漫长的文明发展过程中，中华民族长期与其他文明互通有无、交流互鉴，以其卓越的文明成果和思想体系为人类的社会发展做出了巨大贡献[①]。中国传统经济思想也不例外，其在历史进程中涌现出了许多超前于同时期西方的、具有原创性与实践价值的思想创见，为中国古代经济持续发展提供了思想指引，并日渐成为其他国家关注、学习乃至译介传播的对象，对传入国的社会风气、经济理念、政策制度等方面曾产生过不同程度的影响，部分创新思想甚至直接或间接地构成了西方现代经济学形成发展的先行要素。例如，17—18 世纪欧洲兴起的“中国热”中就蕴含了不少中国古代经济智慧的内容，这无疑是中华优秀传统文化及其经济思想在国际传播方面具备能力的一个很好例证。

但实际上，在很长一段时期内，国人对于中国传统经济思想的历史地位和世界贡献缺乏清晰的认知。这是因为，一则，中国传统经济思想最初以较为零散和宽泛的形态，蕴含在哲学、伦理等中国传统文化之中，并未以独立的知识体系或学科呈现，因而难以被人们准确识别和理解。以儒家思想为例，其思想体系内经济思想与其他内容并无明显划分界限，而是与哲学、伦理等融合在一起并嵌于整个体系之中。这种融合导致人们更倾向于从哲学和伦理的角度对其进行解读，而往往忽视了对其中经济思想的关注和研究。二则，由于现代经济学理论体系形成于西方，往往使人们产生一种中国传统文化中经济思想缺位的错觉。事实上，中国古代经济能够居于世界领先地位，离不开传统经济思想的贡献。但因过去我们普遍缺少对中国传统经济思想的文化自觉，以致在经济学术领域没有文化自信，往往言必称西方，从而我们在向

---

① 王会民：《加强国际传播能力建设促进文明互鉴交流》，《红旗文稿》2023 年第 23 期，第 43—46 页。

世界阐释中华文化时更多注重对哲学、文学、艺术成就的推介，却轻视了中国古代在经济领域的思想智慧。以上两方面的突破，有赖于不断增强对中国传统经济思想的文化自觉意识。

（一）坚持"两个结合"，系统梳理中国传统经济思想的内涵与价值，不断增强文化自觉

费孝通先生曾指出，"文化自觉"指生活在既定文化历史中的人对其文化有自知之明①。在文化自觉的基础上建立文化自信是我们继承发扬优秀传统文化、开展国际传播工作的根本立足点。

然而，文化自觉并不是一个客观使然、自发演进的自然结果，而是一个需要多方参与、主动支持的动态过程，其中一个关键性的基础环节就是，相关研究工作的拓展深化和学术成果的不断积累。通过本书第三章对中国传统经济思想海外传播的阶段性考察，可以发现，伴随着中国学人对传统经济思想研究的不断深入，其在海内外传播的广度、深度和影响也随之增加。

最初，中国传统经济思想以较为零散和宽泛的形态，蕴含在哲学、伦理等传统文化之中，广泛流传于朝鲜、日本、越南等邻近国家。这些邻国大量派遣僧侣、使节、留学生来华学习，开设官学私学传授儒家经典，引入刊刻中国典籍，同时通过陆路和海上贸易等途径，逐渐形成以儒家思想为主要传播内容的东亚文化圈，并在传播过程中潜移默化地受到其中经济思想的长期熏陶与影响。诚如日本学者村山孚指出的，日本在提高经济管理水平的过程中拥有两大支柱，一个是美国的科学管理，一个是中国的古典思想②。

16 世纪至 18 世纪，中国传统经济思想海外传播的范围有所扩大：一方

---

① 费孝通：《反思·对话·文化自觉》，《北京大学学报（哲学社会科学版）》1997 年第 3 期，第 15—22 页。

② ［日］村山孚、杨冶、林新生：《日本的管理现代化和中国的古典思想》，《现代日本经济》1985 年第 1 期，第 56—59 页。

面，其在东亚及东南亚地区的传播和影响并未中断；另一方面，海上丝绸之路的开辟极大地推动了“中学西传”的进程。以罗明坚、利玛窦、柏应理、杜赫德等为代表的传教士成为该阶段东西方文化传播的主要媒介，他们将“四书五经”等大量中国典籍编译成拉丁文、法文、德文等进行西传，使中国的制度、文化、思想在西方获得了前所未有的关注和推崇，出现了一场席卷欧洲的“中国热”。其间，中国传统经济思想引起了欧洲学者的高度重视，其中对法国的影响尤为深远。例如，法国重农学派创始人、享有“欧洲的孔子”之名的魁奈就十分崇尚中国文化，经中外学者的诸多考证，其创建的重农学派深受中国古代重农思想和儒家文化的启发与影响；重农学派另一位代表人物杜尔哥也曾阅读《论语》《中庸》等儒家译本，并依托来华耶稣会士和中国留法学生杨德望、高类思搜集获得了许多与中国有关的历史与思想资料，这对其发展重农学说有着重要影响。

19 世纪至 20 世纪中叶，中国传统经济思想开始从中华传统文化的整体性范畴中以较为独立的问题意识和研究主题出现，传播范围从欧亚地区拓展至北美。这是中外交涉往来不断增多、西方汉学研究兴起、中国留学生规模扩大、经济学以独立学科形态发展等众多时代因素共同作用的结果。该阶段的传播进程大体呈现三个特征：一是中国古代典籍的英译本数量显著增加，传播方向和阵地逐渐偏向英国、美国。以《论语》为例，1809—1949 年至少出版英译版 23 本，而法、德、俄、日译版总计才 10 余本。二是传播主体由传教士向中外学者以及留学生群体转变，这使得该领域长期由海外各国主导外译外传的局面有所转变，如辜鸿铭、林语堂、陈焕章、李肇义等一批中外兼通的爱国知识分子在其中发挥了主动对外传播的媒介作用。三是传播内容涉及的范围更广，如《论语》《孟子》《道德经》《墨子》《管子》《史记》等经典文献皆有译本，且传播内容从以典籍译本为主逐步向翻译与研究并重的成果转变。在这方面做出开创性贡献的当属获得美国哥伦比亚大学博士学位的清代进士陈焕章，其英文博士论文《孔门理财学》是中国人在西方刊行的首部介绍中国传统经济思想的研究成果，在西方学界引起了广泛关注，如凯恩斯等国际著名学者先后发表10余篇书评对其进行推介；德国社会学家马克斯·韦伯和奥地利经济学家熊彼特分别在其代表作《儒教与道教》和《经济分析史》中将该书列为参考文献；美国前农业部长华莱士曾指出他通过该书了解到了中国古代的常平仓思想，并受其启发主持了20世纪30年代美国农业立法等。此外，中国古代的货币问题及货币思想在该时期也引起了诸多关注，这在马克思的《资本论》、马克斯·韦伯的《经济与社会》等著作中都有迹可循。由此可见，对中国传统经济思想的挖掘梳理以及相关研究的开展着实扩大了其在海外传播的范围与影响。

进入20世纪中叶，特别是新中国成立以来，我国进入了独立自主探索中国传统经济思想研究的新阶段，在推动其海外传播的过程中更加注重主动性和专业性，传播范围更为广泛。一方面，典籍外译和学术交流仍是重要的传播路径，同时国家层面也给予了高度重视，1995年《大中华文库》被列为国家重大出版工程，这是我国首次系统全面地向世界推介外文版中国文化典籍，其传播规模和影响较之以往更为深刻。据考证，截至2019年，《道德经》在全球至少有1576个译本、涵盖73种语言[①]。奥地利学派代表人物哈耶克和罗斯巴德皆对道家思想给予过高度评价，前者曾在演讲时指出《道德经》中“我无为而民自化，我好静而民自正，我无事而民自富，我无欲而民自朴”正阐述了其“自发社会秩序”的理论精髓。《史记》的广泛外译及研究推介也吸引了诸多关注，如杨瑞辉、桑田幸三等海外学者注重将司马迁与“现代经济学之父”亚当·斯密的经济思想作比较，前者认为司马迁早于亚当·斯密之前就已提出了市场机制概念，后者指出二者在国民财富、社会分工方面

① 邰谧侠：《〈老子〉译本总目》，《国际汉学》2019年S1期，第7—122、2页。

的论述具有诸多共同之处。这些现象和观点都表明中国传统经济思想的价值正在逐渐受到世界的关注和认可。另一方面，20 世纪 80 年代以来，中国经济思想史学会的成立、中国经济思想史学科点的创建、师资培训班的开办，使中国传统经济思想研究向专业化迈进，同时注重培养贯通古今、融通中外、具有国际视野的后备研究人才，这为提升其海外传播的广度与深度提供了新动力。以该学科的开拓者和奠基人之一的胡寄窗先生为例，其经过数十年辛勤耕耘出版《从世界范围考察十七世纪以前中国经济思想的光辉成就》《中国经济思想史简编》两部英文版著作，将学术研究、人才培养与弘扬中华优秀传统文化相结合，在向海外系统介绍和传播中国传统经济思想的光辉成就与历史地位上做出了重要贡献，获得了国内外学界的一致赞誉，极大地推动了当代中西方在该学术领域的交流对话进程。

因此之故，需在“两个结合”重要思想的科学指引下，不断鼓励和深化中国经济思想史研究，全面挖掘中华优秀传统经济思想宝库，并在学理化阐释中充分展现中华优秀传统经济思想的丰富内容，凸显其所具有的丰富性、独特性、创新性、分析性和体系性，同时运用科学的研究分析方法揭示其发展、演进和传播的规律①，进而增强国人对中国传统经济思想内涵价值的认同以及文化自觉意识，并在文化自觉的基础上进一步树立文化自信。

（二）立足国际比较视野，充分挖掘并论证中国传统经济思想的世界影响与意义，不断坚定文化自信

在充分挖掘和学理化阐释中华优秀传统经济思想丰富内容的过程中，注重立足国际比较视野也十分重要。诚如胡寄窗先生所指出的，我们祖先的经

① 程霖、段博：《坚持“两个结合”加强中华优秀传统经济思想的学理化阐释》，《光明日报》2023 年 10 月 10 日。

济思想放在世界经济思想史中也堪称是“一群灿烂的明星”[①]。通过中外比较研究，能够更好地对中国传统经济思想的历史地位和世界贡献进行客观、科学、全面的评价，这逐渐成为许多学者的共识。特别是，近代以来，以陈焕章、唐庆增、胡寄窗、巫宝三、赵靖、叶世昌等为代表的一代代中国经济思想史学者长期坚守，专注于挖掘整理中国传统经济思想的光辉成就与国际影响，才让人们逐渐意识到世界经济思想史上应有中国浓墨重彩的一笔。

例如，本书第三章以案例的形式进行考察发现，中国传统经济思想在经济学说发展史上，特别是在西方现代经济学理论的形成及其发展过程中，曾产生了不同程度的积极影响。其中，法国重农学派被马克思誉为“现代经济学的真正鼻祖”[②]，其学说的形成就受到了中国传统经济思想的影响，这一观点在国内外学界获得了较多共识。例如，早在 1909 年，法国经济学者夏尔·季德和夏尔·利斯特在其合著的《经济学说史》中就首次提到法国重农学派曾受到过中国经济思想的影响，认为“最能代表重农主义者理想的君主也许是中国的皇帝”[③]。国内学者中，谈敏经过详细考证指出，重农学派的经济学说可以从中国传统经济思想中找到“其整体的继承关系”[④]。本书在前人研究基础上，具体考察了儒家学说及其经济思想对重农学派的影响。研究表明，重农学派兴起时期正处于欧洲掀起“中国热”的背景之下，此时儒家思想以及不少经济伦理观点得到了较为广泛的传播。与 17—18 世纪欧洲大多数思想家一样，魁奈极力推崇孔子思想并奉《论语》为圣经，言语论谈间满溢着对儒家思想的景仰，肯定了儒家道德哲学对中国人的正面价值。通过

---

① 胡寄窗：《中国经济思想史》（上），上海财经大学出版社，1998，第 8 页。

② [德]卡尔·马克思、[英]弗里德里希·恩格斯：《马克思恩格斯全集》（第三十三卷），中共中央马克思恩格斯列宁斯大林著作编译局编译，人民出版社，2004，第 15 页。

③ [法]夏尔·季德、[法]夏尔·利斯特：《经济学说史》（上卷），徐卓英、李炳焕、李履端译，商务印书馆，1986，第 39 页。

④ 谈敏：《重农学派经济学说的中国渊源》，《经济研究》1990 年第 6 期，第 66—76 页。

思想比对和语义分析，可以发现魁奈不是单纯意义上的借鉴吸收，而是把儒家经济伦理思想和自身理论体系相互融合、紧密联系，二者思想的多处契合，充分说明重农学派对儒家经济伦理思想领悟的深入，有较充分的理由相信儒家经济伦理思想影响并启发了重农学派。

同时，重农学派的一些基本原理和分析方法，更是不同程度地影响到了亚当·斯密、李嘉图和整个古典经济学，并经过后世一代代经济学家的吸收加工，渗透到了现代经济学的各个领域，成为其有机组成部分[①]。如第三章所述，通过以亚当·斯密的交友圈和学术讨论圈为切入口，研究发现《道德情操论》和儒家经济伦理思想存在诸多契合点，如同情心是道德的基础、缺乏同情心是不道德行为等，同时，《道德情操论》和《国富论》两本著作又具有内在联系，二者存在思想本质的一致性、利他利己相辅相成、道德与经济美德内涵的一致性等多方面相通之处。在此基础上，有理由可以推测儒家经济伦理思想或多或少地启发并影响了《道德情操论》乃至《国富论》的思考创作。例如，谈敏在《法国重农学派学说的中国渊源》中指出，亚当·斯密接纳吸收中国古代思想的主要方式即直接阅读当时在欧洲广泛传播的各种中国典籍资料并从中获得灵感和启发[②]。

此外，在西方经济思想发展史中，发源于中欧德语地区的德国经济思想也是最重要的流派之一。近现代德国经济思想的起源是流行于17—18世纪的官房主义经济思想。官房主义经济思想也被视为西方经济现代性的思想根源之一，是启蒙运动时期欧洲经济思想的重要组成部分。甚至有观点认为，官房主义经济思想（主要是18世纪的新官房主义经济思想）应当与英国古典政治经济学和法国重农主义并列被视为诞生于启蒙运动时期的现代西方经济思

① Gehrke C, Kurz H D. “Karl Marx on physiocracy”. *Journal of the History of Economic Thought*, 1995, 2(1): 53-90; Meek R L. “Physiocracy and classicism in Britain”. *The Economic Journal*, 1951, 61(241): 26-47.

② 谈敏：《法国重农学派学说的中国渊源》，上海人民出版社，1992，第310页。

想的源流之一[①]。但遗憾的是，目前学界关于中国传统经济思想对德国官房主义经济思想影响的研究阙如。本书认为，以沃尔夫为代表的德国自然法哲学中的经济思想是将中国传统经济思想的影响传导进德国官房主义经济思想的重要渠道。沃尔夫主要从中国儒家的《四书》，特别是《大学》中了解到古代中国的国家治理模式和政治哲学。他认为，中国儒学和古代中国国家治理追求的目标与自己的政治哲学目标一致，即人的灵魂、身体和物质财富条件的完美的持续进步。沃尔夫也十分推崇古代中国伏羲、神农与黄帝的“哲人王”的政府，并试图利用古代中国的例子证明他继承莱布尼茨所提出的国家应当积极创造发明以实现国家目标的主张。同时，通过本书的考证，可以清晰地看到，在德国经济思想史和政策史中“国家领导的科研发明和技术传播”这一关键构件的早期形成，是在中国儒家经典和中国上古神话中寻求佐证和支持的。

上述这些立足国际比较视野出发的研究发现和学术成果积累，都为充分挖掘并论证中国传统经济思想的世界影响与意义、不断坚定文化自信，奠定了扎实的理论基础。事实上，关于中国传统经济思想海外传播和世界影响的案例，还有许多值得继续挖掘与深入探讨的空间。

例如，中国古代货币制度思想曾在世界范围内得到了诸多经济学家的关注、赞誉和引证。寻租理论创始人、公共选择理论奠基人之一图洛克（Tullock）1957 年撰文高度评价中国古代货币政策的成功，认为“中国的货币经历与现代货币理论或多或少有一致的地方”[②]。如前文所述，凯恩斯 1912 年曾在为《孔门理财学》所作的书评中花了约三分之一的篇幅来转述中国古代的货币制

---

① Kaplan S L, Reinert S A. “The economic turn in enlightenment Europe”. In: Kaplan S L, Reinert S A. *The Economic Turn: Recasting Political Economy in Enlightenment Europe*, Anthem, 2019, 1-33; Nokkala E, Miller N B. “Introduction: cameralism and the enlightenment”. In: Nokkala E, Miller N B. *Cameralism and the Enlightenment: Happiness, Governance and Reform in Transnational Perspective*, Routledge, 2020, 1-20.

② Tullock G. “Paper money-a cycle in cathay”. *Economic History Review*, 1957, 9(3): 393-407.

度和思想，这是否对其后续出版“货币三论”[①]产生了一定的启发和影响，还值得进一步研究挖掘。奥地利学派的代表人物哈耶克受中国货币制度理论和实践的影响则是有据可考的，他在晚年最后一部经济学著作《货币的非国家化》中多次提及中国的货币经济实践，并引用了既往货币史文献对中国货币经济的观察和评论——中国流通纸币，“正是因为它不是法币，因为它跟国家没有关系，因而才被人们普遍地作为货币所接受”[②]，这一现象成为其货币非国家化理论的支撑。

此外，本杰明·格雷厄姆（Benjamin Graham）在其著作《世界商品与世界货币：储备与稳定》一书的前言中也开宗明义，“‘积谷防饥’本是中国的一句警世名言，现在突然成为美国经济政策中的核心问题”[③]。格雷厄姆还对华莱士的常平仓计划提出了批评，认为其没有真正体现中国古代常平仓思想的本质，主张将常平仓思想从农业领域扩展开来，赋予基本商品与原先赋予黄金的相同的货币地位，以“一揽子”的基本商品储备建立现代常平仓制度，克服单一商品储备货币制度的缺陷，以稳定和改善美国的国民经济。其制度设计框架是：当基本商品供给过剩时，由国家收购和存储，使其退出流通，待需求增加时随时应需投放市场；收购和储存的“一揽子”商品应尽量包括较多重要商品，这些商品的数量应与一定时期内的生产量和消费量保持一定比例；每一单位储备商品的货币价值与每一美元的购买力固定于同一水平[④]。其后，格雷厄姆又将此建议应用于国际领域，主张各国共同建立涵盖世界经济体系的常平仓，以稳定各国汇率，稳定市场价格，熨平经济周期。

① “货币三论”即1923年《货币改革论》、1930年《货币论》和1936年《就业、利息和货币通论》。

② [英]弗里德里希·冯·哈耶克：《货币的非国家化》，姚中秋译，新星出版社，2007，第39页。

③ [美]本杰明·格雷厄姆：《世界商品与世界货币：储备与稳定》，储祥银译，海南出版社、三环出版社，2000，第1页。

④ 其实，格雷厄姆的这一货币改革提议也是受到爱迪生1922年的货币计划的启发而提出的。参见[美]本杰明·格雷厄姆：《世界商品与世界货币：储备与稳定》，储祥银译，海南出版社、三环出版社，2000，第4页。

这一建议也得到了哈耶克的认可和附议，认为其可用于原材料储备的金融稳定制度[①]。对于更多相关案例的挖掘、整理和考证，不仅有利于推动中国传统经济思想史研究的不断拓展，而且对进一步促进其海内外传播具有重要的理论和现实意义。

总体上，中国的今天是从中国的昨天发展而来的，当今中国经济发展的成就不仅得益于马克思主义经济学的指导以及对西方经济学有益成分的借鉴，而且得益于对中国传统经济思想的继承与创新，这是中国经济发展故事背后的思想渊源和精神力量，理应成为“讲好中国故事，传播好中国声音”的重要一环。因此，珍视中国传统经济思想的价值，立足国际视野开展深入研究，不仅有利于增强我国的文化自觉与文化自信，更有助于丰富传播内容，向世界展示更加真实、立体、全面的中国。与此同时，不断开拓和积极推动中国传统经济思想研究成果的海外传播，既是文化自觉的诉求，也是在新时代坚定文化自信的基础上所需肩负的一项时代使命。

二、把握时代发展契机，及时提炼当代中国经济思想与创新理论

世界经济理论的发展史表明，经济学在世界各国不同地区的发展，尽管由于各自经济、政治、文化、社会和制度的差异而呈现出异质性和多样性，但经济学说的建立，往往有共通之处，即需要具备三大必要条件：一是经济持续发展带来了学术研究的必要性、特殊性和稳定性，为经济理论的形成提供了现实基础；二是新的经济现象和问题不断涌现，催生了一系列的经济理论创新；三是必要的综合概括和系统提炼，促使各种经济理论创新成果能够被系统化并逐步上升为成熟的学术体系。

立足当下历史情境，如今中华民族迎来从站起来、富起来到强起来的伟大飞跃，经济持续发展，重新走近世界舞台中央，再次成为世界各国瞩目的

---

① Hayek F A. “A commodity reserve currency”. *The Economic Journal*, 1943, 53: 176-184.

焦点。解读这一历史性成就背后的原因逻辑已成为全球关切的热点。习近平总书记在2016年哲学社会科学工作座谈会上强调指出："在解读中国实践、构建中国理论上，我们应该最有发言权，但实际上我国哲学社会科学在国际上的声音还比较小，还处于有理说不出、说了传不开的境地。要善于提炼标识性概念，打造易于为国际社会所理解和接受的新概念、新范畴、新表述，引导国际学术界展开研究和讨论。"[①]这就对我国理论工作者提出了新使命和新要求，既要"立足中国特色社会主义伟大实践，提出具有自主性、独创性的理论观点"，又要"讲清楚历史性成就背后的中国特色社会主义道路、理论、制度、文化优势，更好用中国理论解读中国实践"[②]。因此，在充分挖掘梳理、传承创新中国传统经济思想光辉成就的同时，我们也应以史为鉴，注重及时提炼总结当代中国经济发展的实践经验和创新理论成果，为构建中国自主的经济学知识体系、理论体系和话语体系提供必要的基础和养分。同时，也要在此基础上赓续历史、观照现实、面向世界，积极把握中国经济思想走出去和加强国际传播能力的时代契机。具体而言，有以下两方面的建议和启示。

一方面，回顾中国传统经济思想海外传播的历程，不难发现思想传播的热潮与国家经济发展、综合实力的增强紧密相关。换言之，一国思想文化对外传播的广度与影响，很大程度上取决于该国的经济发展水平和综合国力。中国传统经济思想得以在海外传播，首先在于其所取得的经济成就。中国古代历经上千年的朝代更迭、历史变迁，却始终能够保持经济长期稳定的发展并居于世界领先水平，绝非偶然。对其中缘由的探寻和对中国古代社会的仰慕，在中西方相互接触之后，一直吸引着世界各国的关注和兴趣，也是推动中国传统经济思想海外传播的根本动力。纵观历史，中国古代经济繁荣和国力强盛之时，也是思想文化在海外传播的高潮时期，如汉代"丝绸之路"的

---

① 习近平：《在哲学社会科学工作座谈会上的讲话》，《人民日报》2016年5月19日。
② 习近平：《一个国家、一个民族不能没有灵魂》，《求是》2019年第8期，第4—8页。

开辟、唐朝形成辐射东亚的“中华文化圈”、明清之际传教士来华掀起欧洲的“中国热”等。

新中国成立后，特别是改革开放以来，在党和国家发展战略的引导和推动下，我国立足工业化、城镇化、农业现代化以及市场化改革，从“一穷二白”跃居世界第二大经济体，实现了史无前例的持续高速经济增长，谱写了具有世界意义的反贫困历史篇章，经济实力和国际影响力呈现历史性跨越。解读这一历史性成就背后的原因逻辑已成为全球关切的热点，而在这一问题上我国最有发言权。因此，立足五千年中华文明，依托我国经济发展实践，提炼易于为国际社会理解的标识性概念，深刻总结改革开放 40 余年、新中国成立 70 余年、中国共产党建立 100 余年历史性变革中蕴藏的历史经验和理论成果，不仅能够更充分地对外展现中国故事及其背后的思想智慧，而且有利于我国参与把握国际传播的热潮与契机，引导国际舆论展开讨论与研究，进而达到提升国际话语权和国际传播影响力的目标。

另一方面，中国传统经济思想能够自古及今持续地向海外传播并产生积极反响，关键在于其所具有的重要价值。中国传统经济思想滥觞于先秦时期，发展至明清时期，已然积累了涵盖经济伦理、财政、土地、金融等宏微观各主要领域的丰富内容，在广度上至少涉及 18 类经济思想范畴，在深度上已触及现代经济学理论的核心要素，并且相关经济思想概念作为表达和传承古代经济思想的重要载体，也形成了具有内在逻辑性关联的语义网络①，展现出了独特的经济智慧和文化传统。正因有如此值得称述的光辉成就，中国传统经济思想作为中华传统文化的组成部分日渐成为其他国家关注、学习乃至译介传播的对象。

新中国成立后，在中国共产党的领导下，全国上下不懈探索，我国从一

① 程霖、段博、刘凝霜：《中国传统经济思想概念体系探析》，《中国社会科学》2024 年第 2 期，第 84—104 页。

个贫穷落后的农业国家，发展成为世界第二大经济体、制造业第一大国①。特别是进入新时代的 10 年来，中国经济实力实现历史性跃升，2012—2021 年我国经济总量占世界经济比重从 11.4%提升到 18%以上，对世界经济增长的平均贡献率超过 30%，居于首位②。这一过程中遇到的诸多经济问题及取得的显著成就，使中国日渐成为世界经济研究中心，并以更加成熟稳定的经济制度，提供了大量无法用现有西方经济学理论做出充分解释但对世界具有重要影响的经济问题。因此，我国应抓住这一发展契机和世界关注的热潮，及时进行理论总结和标识性概念的提炼，推动引导国际讨论、加快促进国际传播。当前，中国共产党和国内理论界以国家重大理论和实践问题为出发点和导向，通过观察、比照、批判、吸收、凝练和升华包括中华优秀传统经济思想的多方面理论资源，已经进行了大量经济理论创新，尤其是在发展理念、所有制结构、转型路径、宏观治理、政府职能、分配方式等方面积累了许多创新观点和科学论断，对这些经济问题和创新观点进行深入综合的研究和提炼升华，定会催生中国经济理论的系统性创新。

三、促进文明交流互鉴，持续提升传播能力和传播效能

一方面，任何文明之间的交流都是双向互鉴的，在历史长河中彼此之间互相影响，没有任何一种文明能以长期独占的方式纯粹向外输出而不受外界影响。1776 年，英国经济学家亚当・斯密的《国富论》问世，标志着经济学作为一门独立的学科诞生了。此后，西方经济学知识体系不断发展，并且自近代以来开始系统传入中国，获得了广泛的应用。有观点认为西方经济学起源于古希腊，历经重商主义、重农主义、古典经济学、新古典经济学、凯恩

---

① 林毅夫：《从 70 年发展看经济学理论创新》，《新理财（政府理财）》2019 年第 8 期，第 70—73 页。

②《两会数说中国丨十组数据看新时代中国发展之变》，https://www.spp.gov.cn/spp/zdgz/202303/t20230304_605981.shtml，2023 年 3 月 4 日。

斯主义等不同流派，日趋成熟形成了西方现代经济学理论体系。但事实上，由于传播形式和路径载体的多样化，中国传统经济思想在海外传播的过程中，曾对传入国的社会风气、经济理念、政策制度等方面产生过不同程度的影响。

例如，有关亚当·斯密“看不见的手”的理论与中国西汉史学家司马迁“善者因之”思想的联系，就在学术界早有讨论和考察；又如，法国重农学派学说的形成发展有着深刻的中国渊源，中国传统经济思想对德国官房主义经济思想也有着重要影响；此外，中国古代常平仓制度对罗斯福新政时期的农业立法产生了重要启示，日本企业和经济发展之所以能够在第二次世界大战后快速实现真正意义上的现代化，除了学习与借鉴美国科学管理理论之外，还吸收了儒家思想的“仁”“礼”“忠”“信”“义”“报恩”“和为贵”等经济伦理思想和智慧。这些案例从不同面向论证了中国传统经济思想是现代经济学说的先行思想因素之一。可见，西方现代经济学的形成与发展并不是一个完全独立而封闭的过程，它本身也是文明交流互鉴的产物，是在与世界各地区的互动中逐步实现的。

因此，对中国传统经济思想的挖掘阐释和中国当代经济理论创新的提炼总结，也不应该是自说自话，而是需要走向世界舞台，赢得国际社会的接受和认可。习近平总书记指出，要“增强中华文明传播力影响力。坚守中华文化立场，提炼展示中华文明的精神标识和文化精髓，加快构建中国话语和中国叙事体系，讲好中国故事、传播好中国声音”①。这要求我们在“两个结合”重要思想的指导下，研究全球文化传播规律，积极推进中国经济思想的对外传播与国际对话。

另一方面，思想文化的传播通常是一个复杂的多层次、多维度、多主体交互的长期动态过程。中外文化所依赖的生活环境、民族语言、思维方式、

---

① 习近平：《高举中国特色社会主义伟大旗帜　为全面建设社会主义现代化国家而团结奋斗——在中国共产党第二十次全国代表大会上的报告》，《人民日报》2022年10月26日。

价值观有着显著不同，如果进行机械的、不恰当的跨文化阐释或硬性输出，不仅难以展现中国经济思想的内涵和价值，还可能引发海外受众的误解与排斥，形成有理说不出、说了传不开的困境①。在历史长河中，丰富的中外政治经济文化交流，为中国传统经济思想实现海外传播提供了现实载体和具体路径。

中国传统经济思想主要通过商业贸易、政治外交、文化交流、宗教活动、人口迁移等多条路径，以见闻游记、经验流传、教育讲学、典籍译本、研究论著等各种口头或书面的方式，先后在亚洲、欧洲、美洲等地传播。例如，西方世界最初是通过早期来华游客、商人、传教士的游记、见闻、译著等多种途径开启了对中国的了解和认知，继而西方汉学研究的兴起进一步拓宽了“中学西传”的渠道，但也因此使中国陷入“西方中心论”的舆论困境，出现了对中国文化的误读或曲解。为此，涌现了诸如辜鸿铭、林语堂、陈焕章、胡寄窗等一批中外兼通的爱国学者，他们致力于在国际舞台发出属于中国自己的声音，通过严谨的研究与翻译成果呈现中国文化及其传统经济思想的应有之义，从而以理服人、赢得高度评价和解读中国的话语权。

以史为鉴，首先，要坚持国际比较，深层解读中外经济思想的差异，并以开阔的视野，充分认识中外异同的原因和本质，在此基础上真正把握中华优秀传统经济思想的精华，凝练出具有中国特色的经济学说及理论，乃至创造出新的知识要素进行推广传播。

其次，要更好地走向世界，就必须为全球提供思想资源，这就需要我们加强提炼和阐释中国经济思想的世界意义，精准把握海外受众诉求，拓宽传播渠道，创新叙述方式，采用鲜活多样的传播形式，生动立体地呈现中国智慧，提升中华文化的感召力和吸引力，形成同我国综合国力和国际地位相匹

---

① 程霖、段博：《坚持“两个结合”加强中华优秀传统经济思想的学理化阐释》，《光明日报》2023年10月10日。

配的国际话语权[①]。

再次，理论研究、外译工作和人才培养应三者并重，特别要加强培养研究与外译并重的专业人才队伍，培养出兼具专业知识、国际视野和对外传播能力的跨学科跨专业人才，从而建强对外传播主体，推进国际传播创新，提升中国经济思想的传播效能。

最后，还要加快建设国际化的多维交流网络格局，不断开拓国际政治外交、思想文化、经济贸易、人口迁移流动、民间社会团体等各个领域的对话交流机会和平台，持之以恒方能为中华优秀思想文化的国际传播提供学理支撑、积蓄力量、打开局面。

第五节　本 章 小 结

本章聚焦于对中国传统经济思想进行传承创新以实现其现代价值，这是中国经济思想史研究的关键落脚点。置身于中国式现代化蓬勃前进的背景之下，我们必须运用马克思主义基本原理，将传承创新中国传统经济思想与探索解决各类社会经济发展现实问题紧密相融、深度交织。唯其如此，方能为擘画现代经济发展蓝图、搭建中国经济学的理论大厦、解决全球性复杂难题贡献古老东方智慧的磅礴力量，助力中华民族乃至全人类向着更加光明的未来奋勇前行。

其一，对传统经济思想进行传承创新，是激活其现代价值的首要任务和基本前提。从全球视野来看，经济思想发展路径丰富多样、各具特点。但要做好传统经济思想的传承创新，需要较好地融通古今中外各类资源、处理好“四对关系”：一是继承性与实践性的关系，通过回应时代的重要议题，可以

① 程霖、段博：《坚持“两个结合”加强中华优秀传统经济思想的学理化阐释》，《光明日报》2023年10月10日。

为社会经济发展提供指导和启迪，同时对核心理念进行延伸和深化；二是专业性与大众性的关系，这一关系可以通过专业且系统的研究来提炼、整理和解释，同时用通俗易懂的方法来进行解释和推广；三是民族性与时代性的关系，要在继承中不断塑造本国或本民族的优秀传统经济思想精髓，在时代发展的洪流中不断充实和提升其民族特色；四是本土性与国际性的关系，要善于吸收世界各民族优秀的思想成果，并结合自身文化特色进行本土化改造，持续促进不同文化之间的交流与相互借鉴。中国传统经济思想传承创新的根本路径，应坚持“第二个结合”，以推动中国式现代化、建构中国自主的经济学知识体系、建设中华民族现代文明、推动中外交流互鉴等重大理论与实践问题为逻辑起点，处理好“四对关系”，实现传统经济思想的再生产。而传承创新的具体方法，则存在“我注六经”与“六经注我”、“历史再现”与“理性再现”等思路，其规律性特征可归纳为“照着讲”“接着讲”“自己讲”。因此，中国传统经济思想可通过合理阐释、引申和赋予新含义、概括和评价等理论方法实现传承创新，同时在实践方法上可从史料搜集、社会氛围、国际传播等环节予以综合推进。

其二，为深入分析中国传统经济思想对于解决现实经济问题的历史借鉴，本章选取并探讨了中国传统人口政策思想、中国传统调均贫富思想、中国传统荒政思想、中国传统管理思想和中国传统纸币思想五个案例。意涵丰富的中国传统人口政策思想作为中国传统经济思想的珍贵元素，不仅能够为新时代中国人口发展的理论创新提供历史启迪，而且对于推动人口的高质量发展具有重要意义。中国传统经济思想中主张的政府应调节和限制贫富差距的调均贫富思想，贯穿了中国古代发展史，在中华文明数千年历史长河中展现出了蓬勃的生命力，对当前中国扎实推进共同富裕的探索具有重要的借鉴与启示意义。中华民族在与自然灾害长达数千年的斗争过程中形成了丰富的荒政思想，这些思想不仅是古代先民与自然灾害斗争的经验与智慧的总结，更是近现代中国防灾减灾救灾政策与实践的思想源泉，对其他国家的经济政策实践也具有参考借鉴意义，可为现代粮食安全工作提供丰富的理论养分和历史经验，对于提升国家治理效能和粮食安全保障能力、为中国式现代化提供坚实支撑具有重要作用。中国传统管理思想深深扎根于中国传统社会的经济土壤，孕育出了独特的经济管理理念和智慧，对于现代本土管理实践仍有深远影响，可成为深入探索中国式企业管理理论与模式和推动企业高质量发展的思想源泉。中国传统纸币思想不仅是中国古代货币管理思想中最为精华的部分之一，更是世界上最早的纸币思想，可为新时代深化金融体制改革、健全现代中央银行制度、完善货币政策决策执行机制和推动金融高质量发展提供丰富的思想资源。

其三，积极从中国传统经济思想中提炼有益元素，构建具有中国特色的经济学理论体系。中国传统经济思想具有丰富性、独特性、创新性、分析性，为构建中国经济学提供了丰富的理论素材和思想宝库。从中国传统经济思想对民生主义经济学、法国重农学派、德国官房主义经济思想、美国农业政策制度和日本企业经营模式的形成与发展的深远影响来看，中国传统经济思想与现代经济理论的融合具有可能性。当前，关于提炼传统经济思想以构建中国经济学这一议题，学界已达成共识，普遍肯定其必要性，认为中国经济学构建及其理论创新须以“第二个结合”为指导，充分汲取和转化中国传统经济思想精髓，从而调整、改进和超越西方主流经济学理论。因此，一是要结合传统民本思想和经济伦理思想，对个体主义方法论予以反思和改进，将理论视野从狭隘的个体维度拓展至社会整体，牢固树立以人民为中心的发展思想，将人民的需求与福祉作为决策与实践的核心目标，从而明确中国经济学的根本立场。二是要结合轻重论、善因论等传统经济治理思想，突破西方传统资源配置理论的既有框架，立足我国国情与发展实践，深入探寻契合我国经济运行规律的资源配置新模式，为厘清政府与市场的边界和职能提供历史智慧。三是要弘扬经世致用的优良传统，始终秉持问题导向，直面经济发展中的现实难题与挑战，将其化作理论创新的强劲驱动力。四是要深入挖掘中国传统经济思想的深厚宝库，从中精心提炼出具有中国标识、彰显中国智慧的概念与范畴，为中国经济学构建提供传统话语支持。五是新发展理念为我国经济社会的持续进步、高质量发展、中华民族伟大复兴等目标提供了重要思想指引，中国传统经济思想蕴含了与新发展理念相契合的深厚智慧，这些思想元素能够为中国经济学的构建提供丰富的理论内涵和文化资源。

其四，不断开拓和推动中国传统经济思想的海外传播，在文明互鉴中更好彰显中国经济思想的世界意义。这既是学术研究的内在要求，也是文化使命在新时代的重要体现。我们要增强文化自觉，立足国际视野拓展中国传统经济思想研究，充分展现中国传统经济思想的历史地位和世界贡献，在文化自觉的基础上不断坚定文化自信，并对中国传统经济思想进行继承与创新，使之成为“讲好中国故事，传播好中国声音”的重要一环。进入中国特色社会主义新时代，我们迎来了前所未有的观照视野与发展契机，在全球化进程加速、多元文明相互碰撞交融的大背景之下，积极推动中国经济思想的对外传播与国际对话，已然成为一项具有重要战略意义的任务。这不仅需要我们立足本土，深耕细作，凝练出具有鲜明中国特色的经济学说及理论体系，还需要我们精准把握海外受众的诉求，深入探究国际传播规律。通过创新叙述方式，打破文化隔阂，可以将中国经济发展的精彩故事以通俗易懂、引人入胜的形式呈现出来；通过拓宽传播渠道，充分利用新兴媒体与传统媒体的优势，可以全方位、多层次地构建传播网络，拓宽中国经济思想的传播范围，提升中国经济思想的影响力；同时，大力培养一支专业过硬、精通跨文化交流的人才队伍，这种人才队伍要既能深刻理解中国经济思想的精髓，又具备出色的国际传播能力和沟通技巧。长此以往，积蓄力量，方能在国际舞台上充分展现中国经济发展的蓬勃活力，促进不同文明在经济领域的深度交流互鉴。

综上所述，中国传统经济思想源远流长，积淀了深厚的历史底蕴，而在当代语境下，为充分挖掘其内在价值，使其切实服务于现实经济发展需求，亟待实施创造性转化和创新性发展。这就需要我们借助严谨的学术探索、科学的方法运用，促使传统经济思想超越历史的局限性，有机融入现代元素，进而转化为现代经济理论的活力源泉。这股清泉将为构建彰显中国特色的经济学理论体系筑牢根基，源源不断地提供稳固支撑。与此同时，中国传统经济思想还将作为文明交流互鉴的重要载体，促进不同文化背景下的经济智慧相互碰撞、融合，携手迈向人类文明的新高度。

结　语

在绵延数千年的文明发展中，中华民族积累了富有特色的经济智慧与理性思辨，并且立足古代中国经济实践和中华传统文化，形成和发展了中国传统经济思想。当前，随着中国式现代化进程的不断推进，面对如何实现共同富裕、探寻资源配置新模式、完善企业管理、促进人口高质量发展、深化金融体制改革和健全货币政策等诸多重大经济理论和实践问题，亟须学界以“两个结合”特别是“第二个结合”重要思想为指引，充分认识中国传统经济思想，挖掘出其中的理论要素、有益成分，探索面向未来的理论和制度创新，加快构建起中国自主的经济学知识体系，为解决现实经济问题提供思想启迪。因此，对中国传统经济思想的发展演变、光辉成就、世界影响、现代价值等方面进行全面系统的过程描述、线索勾勒和价值判断，是一项兼具理论与实践双重价值的重要工作。

研究中国传统经济思想的发展演变，是考察其历史地位的重要依据，也是探讨其光辉成就、世界影响与现代价值的前提与基础。历史地位是动态建构过程，而非静态结果。中国传统经济思想在漫长的发展历程中展现出了强大的适应力，它能够随时代变迁不断调整、传承和发展，这一特性正是其奠定重要历史地位的有力证明。本书立足唯物史观，以经济基础、国家治理、思想市场为主线分析经济思想发展演变的历史逻辑，认为中国传统经济思想的发展经历了三次重要变化，分别是秦汉之变、唐宋之变、明清之变。先秦作为中国传统经济思想的滥觞时期，涌现出了卓越而多元的经济思想，在经济思想的丰富性和原创性方面都取得了辉煌的成就，为后世经济思想的发展勾勒出了大致轮廓，并为后世思想家所继承及深化。秦汉至唐中叶前是中国传统经济思想基本教条的确立时期，以重义轻利、重本抑末、黜奢崇俭三大教条为核心的正统经济思想逐步占据支配地位，并在吸收先秦诸多经济思想的基础上，为后世的思想和政策制度确立了一整套可供操作的基本框架与实践指南，它重点聚焦土地、货币、财政与治理问题，同时推动了理论深化与新思想探索。该时期成为中国传统社会经济思想在一定程度上所表现出的路径依赖的历史起点，但其知识层面的教条化也成为后世经济思想发展的制约因素。唐中叶至元代新旧思想交锋，反正统教条的经济思想观念显露，随着时代的发展需要，渐趋自由化、商业化，这一思想动向虽未成为主流，却具有划时代的重要意义，奠定与开启了明清经济思想倾向的重要基调。明至鸦片战争前是中国传统社会的尾声，在这一时期，皇权达到鼎盛，但经济基础的变化尤其是工商业的进一步发展促使经济思想层面涌现了对已有经济体制和正统经济教条的反思，经济思想开始具有一定的反专制色彩。不过，尽管一些经济思想对正统经济教条构成了挑战，却未能从根本上颠覆正统经济思想体系。这一时期，中国经济思想发展相对落后，中西经济思想逐渐拉开差距，开启大分流。近代以后，尽管本土经济思想深受外来经济学说的强烈冲击,但这种外部因素在某种程度上也成为传统经济思想现代转化的重要动力。

在梳理总结中国传统经济思想发展演变的过程中,本书进一步研究发现,中国传统经济思想涉及范围广泛，不仅形成了一系列具有中国特色的经济思想概念，而且涌现出许多值得珍视的思想闪光点和经济分析要素，并从丰富性、独特性、创新性、分析性四个维度加以提炼和总结。这四个维度集中体现了中国传统经济思想的光辉成就，彰显了其卓越的学术价值与独特的民族风格，不仅为中国历代经济实践提供了重要指导，也奠定了其在世界经济思想史上的重要地位。

就丰富性而言，伴随中国古代农业经济和商品经济的发展，中国传统经济思想不断累积、丰富，外延广阔，至少涉及经济伦理、经济治理、财政、工商业、农业、生产劳动、金融、土地、对外贸易、人口、会计审计、国防经济、生态经济、消费、收入分配、价值与价格、经济统计和其他等 18 类经济思想范畴。从古今对比看，其中包含现代经济学的大部分议题；从中外比较看，同时期西方主要经济思想议题大都与这 18 类经济思想有共通之处，但在财政、货币、人口、土地等领域，中国传统经济思想的内容更加丰富，见解更加深入。

就独特性而言，中国传统经济思想以汉字和中国独特的社会制度、经济实践为基础，孕育了一套富有中国特色的概念体系。这一概念体系在广度上至少涉及上述 18 类经济思想范畴，在深度上也已触及现代经济学理论的核心要素，构成了一个具有逻辑关系和内在结构的语义网络，并通过“汉语构词”“时空转换”“多元取向”三种生成机制，鲜明地展现出独特性、时代性和层次性特征。同时，这一概念体系具有揭示经济现象、深化经济分析、反映价值取向、提供思想动力、争取话语权优势、塑造思维方式等功能，是表达和传承中国古代经济思想的重要载体，也是构建中国自主的经济学知识体系的“基因库”。但需客观承认，其也存在概念具有模糊性、偏向经验和实用、对立概念易产生负面影响等问题。

就创新性而言，尽管古代中国未能产生具有现代意义的经济学理论，但却涌现了许多曾经领先世界的经济思想创见。这些创新性内容数量众多，涉及了包括经济治理、财政、金融、土地和人口在内的诸多经济议题，充分体现了中国传统经济思想在创新方面曾走在世界前列。这源于对中国古代经济实践的观察和总结，回应了中国古代经济发展过程中的问题和需求，促进了中国古代经济的繁荣和发展。但需指出，从中西对比看，虽然中国传统经济思想的创新性一度在全球范围内处于领先地位，但自经济学在西方正式成为一门学科后，其创新性与西方的差距不断加大。

就分析性而言，以熊彼特为代表的怀疑论者认为古代中国似无可与古代西方相比拟的经济分析，而实际上，中国古代经济思想与西方古代经济思想一样，都是以规范性论述居多，分析性论述偏少。可即便如此，中国古代也有值得称述的经济分析成分。其中既包含基于市场交换的经济分析，又包含基于国家管理的经济分析，两类经济分析结合在一起，形成了混合型经济分析。同时，中国传统经济思想在理论、历史与统计的运用方面均有迹可循，且已具有一定的体系性。一些卓越思想家的经济论述从基本假设、核心概念、理论分析到政策建议均有涉及，尽管不似现代经济学的诸多理论那样环环相扣，但整体上还是形成了具有一定内在逻辑的经济分析体系。如孟子、《管子》、司马迁、丘濬等均有对经济问题的较高水平的经济分析，丝毫不落后于古希腊时代乃至中世纪西方学者的经济分析，甚至可以同古典政治经济学初期一些思想家的经济分析相媲美。

在梳理中国传统经济思想发展演变和提炼其光辉成就的基础上，本书认为在科学评估中国传统经济思想的历史地位时，不应仅限于中国本土而忽视了其在海外的传播历程和世界影响，因此需将其置于世界范围内进行深入考察，这是全面评价其历史地位的重要环节，为论证其在世界经济思想史发展进程中的贡献与地位提供了实证支撑。研究发现，中国传统经济思想最初是以较为零散和宽泛的形态蕴含在哲学、伦理等传统文化之中，通过贸易、宗教、文化交流、人口迁移等途径，先后在亚洲、欧洲、美洲等地传播，总体上经历了由近及远和从零碎化思想向专业化研究交流的转变，期间既有来自其他国家的主动推崇和引介，也有中国内在力量的自发推动。由于传播形式、路径载体的多样化，以及各国本身所具有的历史因素和现实需要的差异，中国传统经济思想对传入国的社会风气、经济理念、政策制度等方面曾产生过不同程度的影响。例如，17—18 世纪欧洲掀起了“中国热”，传教士、商人、旅行家等纷纷前往中国，同时大量中国典籍被翻译西传，对法国重农学派、英国古典政治经济学、德国官房主义经济思想的形成发展产生了不同程度的影响。又如，日本现代企业之父涩泽荣一所倡导的“论语加算盘”企业经营模式，就汲取并融合了中国传统经济思想的精华，为日本企业经营模式的创新提供了思想来源。再如，从陈焕章所著《孔门理财学》一书的海外传播及学术反响来看，中国传统经济思想对凯恩斯国家干预经济理论的形成与实践也曾产生过积极影响。由此可见，尽管中国传统经济思想在进入近代以后，未能内生地发展成为现代经济科学，但从其海外传播的历程及其世界影响来看，中国传统经济思想理应在东西文化传播史上和世界经济思想发展史上占有重要历史地位。

在“两个结合”特别是“第二个结合”重要思想的指导下，本书立足时代观照，进一步探讨如何将中国传统经济思想的宝贵遗产转化为现代社会经济发展的活水源头。中华民族的伟大复兴与中华优秀传统文化的复兴是分不开的，中国经济的崛起与中国经济学的构建离不开对于中国传统经济思想的传承创新。有鉴于此，本书以推动中国式现代化、建构中国自主的经济学知识体系、推动中外文明交流互鉴等重大理论与实践问题为逻辑起点，强调处理好继承性与实践性、专业性与大众性、民族性与时代性、本土性与国际性等关系，从而实现传统经济思想的再生产。在中国传统经济思想传承创新方法上，理论层面可通过合理阐释、引申和赋予新含义、概括和评价等方式实现传承创新，在实践层面上可从史料搜集、社会氛围、国际传播等环节予以综合推进。在此基础上，本书从三个方面对中国传统经济思想发挥作用的领域予以深入剖析。一是其对解决现实经济问题的借鉴作用。例如，中国传统人口政策思想、中国传统调均贫富思想、中国传统荒政思想、中国传统管理思想和中国传统纸币思想等，对当代推动人口高质量发展、促进共同富裕、完善粮食安全治理、健全企业管理、制定货币政策等现实经济问题都具有重要的历史借鉴和现代启示。二是其对中国经济学构建的滋养作用。中国传统经济思想中所蕴含的经济智慧和理性思辨，可对坚持以人民为中心的发展思想、厘清政府与市场关系、完善资源配置理论、坚持问题导向、提炼标识性概念、贯彻落实新发展理念等工作提供传统思想元素和话语支持。三是其对推动中外文明交流互鉴，更好彰显中国经济思想的世界意义的作用。中国传统经济思想在海外传播的路径和历史实践蕴含着丰富智慧，对当下立足国际视野拓展中国传统经济思想研究、把握时代机遇以推动中国经济理论创新、建强传播主体与效能以促进国际交流对话等，提供了重要的历史镜鉴和参考启示。

参 考 文 献

一、古籍

《左传》，商务印书馆，1947；中华书局，2012。

《周书》，中华书局，1974。

《周礼》，仿宋相台五经本；景明嘉靖刻本。

《元史》，中华书局，1976；清乾隆四年刻本。

《易经》，阳光出版社，2016。

《晏子春秋》，中华书局，2011；经训堂丛书本。

《荀子》，商务印书馆，1936；抱经堂丛书本；辽宁教育出版社，1997。

《新唐书》，中华书局，1975；清乾隆四年刻本。

《吴子》，平津馆丛书本。

《魏书》，中华书局，2018；清乾隆四年刻本。

《隋书》，中华书局，1973；清乾隆四年刻本。

《宋书》，汉语大词典出版社，2004。

《宋史》，中华书局，1977；清乾隆四年刻本。

《史记》，中华书局，2006；汉语大词典出版社，2004；崇文书局，2014；清乾隆四年刻本。

《慎子》，守山阁丛书本。
《尚书》，中华书局，2012。
《商君书》，上海人民出版社，1974；指海本。
《清实录·世宗宪皇帝实录（一）》，中华书局，1985。
《清实录》，中华书局，2008。
《南齐书》，中华书局，2017；清乾隆四年刻本。
《墨子》，上海古籍出版社，1989；商务印书馆，1947；中华书局，2015。
《明史》，中华书局，1974；清乾隆四年刻本。
《明实录：明太宗实录》，北京大学馆藏。
《孟子》，中华书局，1960；西安交通大学馆藏；微波榭丛书本；中华书局，2020；中华书局，2013。
《吕氏春秋》，中华书局，2011。
《论语》，中华书局，1931；中华书局，2009；商务印书馆，1931；岳麓书社，2018。
《列子》，中华书局，2011；湖海楼丛书本。
《辽史》，中华书局，2016。
《礼记》，中华书局，2017；中华书局，2007。
《旧五代史》，中华书局，2015。
《旧唐书》，中华书局，2000；清乾隆四年刻本。
《晋书》，汉语大词典出版社，2004；中国社会科学出版社，2021；中华书局，1974；清乾隆四年刻本。
《后汉书》，中华书局，1965；清乾隆四年刻本。
《翰苑新书》，中华书局，1991。
《汉书》，中华书局，1962；中华书局，2005；汉语大词典出版社，2004；清乾隆四年刻本。
《韩非子》，中华书局，2010；辽宁教育出版社，1997；黄三八郎刻本。
《国语》，中华书局，2013；景宋天圣明道刻本。
《管子》，上海古籍出版社，2015；中华书局，2019。
《道德经》，中华书局，2021。
《大元圣政国朝典章》，中国广播电视出版社，1998。
《北齐书》，中华书局，1972。
（秦）吕不韦编、许维遹集释：《吕氏春秋集释》，中华书局，2009。
（汉）晁错著、瞿蜕园注：《论贵粟疏》，中华书局，1961。
（汉）崔寔、仲长统撰，孙启治译注：《政论 昌言》，中华书局，2021。
（汉）董仲舒撰：《春秋繁露》，浙江大学出版社，2021。
（汉）韩婴撰、许维遹校释：《韩诗外传集释》，中华书局，2009。
（汉）桓宽撰：《盐铁论》，上海人民出版社，1974 年；中华书局，2015。
（汉）桓宽撰、（明）张之象注：《盐铁论注》，明嘉靖三十三年刻本。
（汉）贾谊撰：《新书》，商务印书馆，1919；浙江大学出版社，2021。
（汉）刘安编、顾迁注释：《淮南子》，中华书局，2009；（汉）刘安编、陈广忠译注：《淮南子》，中华书局，2012；（汉）刘安撰：《淮南子》，明嘉靖九年刻本。
（汉）刘向撰：《说苑》，汉魏丛书本。
（汉）陆贾撰：《新语》，汉魏丛书本。
（汉）毛亨传、（汉）郑玄笺、（唐）孔颖达疏：《毛诗注疏》，十三经注疏本。
（汉）王符撰：《潜夫论》，中华书局，2018；（汉）王符撰：《潜夫论》，增订汉魏丛书本。
（汉）徐干撰：《中论》，小万卷楼丛书本。

（汉）许慎撰、（宋）徐铉校定：《说文解字》，平津馆丛书本。
（汉）荀悦撰：《前汉纪》，四部丛刊初编本。
（汉）荀悦撰：《申鉴》，上海古籍出版社，1990。
（汉）赵晔撰：《吴越春秋》，见王云五主编《丛书集成初编》，商务印书馆，1937。
（三国）何晏撰：《论语集解义疏》，线装书局，2014。
（三国）诸葛亮著，段熙仲、闻旭初编校：《诸葛亮集》，中华书局，2012。
（三国）诸葛亮撰、（清）朱璘辑：《诸葛丞相集》，清康熙三十七年万卷堂刻本。
（晋）杜预集解：《春秋经传集解》，上海古籍出版社，1988；仿宋相台五经本。
（晋）傅玄撰：《傅子》，武英殿聚珍版书本。
（北魏）贾思勰撰，石声汉译注，石定枎、谭光万补注：《齐民要术》，中华书局，2015；（北魏）贾思勰撰注：《齐民要术》，渐西村舍丛刻本。
（唐）白居易撰：《白氏长庆集》，文学古籍刊行社，1955；四部丛刊景日本元和间活字本。
（唐）白居易撰、顾学颉校点：《白居易集》，中华书局，1979。
（唐）杜佑撰：《通典》，浙江古籍出版社，2007；清乾隆十二年刻本。
（唐）韩鄂原编、缪启愉校释：《四时纂要校释》，农业出版社，1981；（唐）韩鄂撰：《四时纂要》，朝鲜刻本。
（唐）韩愈撰：《昌黎先生文集》，宋刻本。
（唐）李林甫等撰、陈仲夫点校：《唐六典》，中华书局，1992；（唐）李林甫等撰，明正德十年刻本。
（唐）李肇撰：《唐国史补》，上海古籍出版社，1979。
（唐）柳宗元撰：《河东集》，宋咸淳刻本。

（唐）陆贽撰：《翰苑集》，民国八年上海商务印书馆四部丛刊景宋刻本；四部丛刊景宋刻本。

（唐）马总撰：《意林》，商务印书馆，1926。

（唐）魏徵辑：《群书治要》，天津人民出版社，2015。

（唐）吴兢撰、（元）戈直集论：《贞观政要》，潜江朱氏大易阁大字刻本。

（宋）陈旉著、刘铭校释：《陈旉农书校释》，中国农业出版社，2015。

（宋）陈傅良撰：《历代兵制》，广文书局，1969。

（宋）陈亮撰，陈广寒、成立海点校：《龙川文集》，中国文联出版社，2015。

（宋）陈梦雷辑：《钦定古今图书集成·经济汇编·食货典》，中华书局影印本，1934。

（宋）陈起编：《江湖小集》，四库全书本。

（宋）程颢、（宋）程颐撰：《河南程氏遗书》，商务印书馆，1935。

（宋）戴埴撰：《鼠璞》，百川学海本。

（宋）董诰等编、孙映逵等点校：《全唐文》，山西教育出版社，2002；（宋）董诰辑：《全唐文》，清嘉庆十九年刻本。

（宋）董煟原著、（元）张光大新增、（明）朱熊补遗、王崇庆释断、顾云程校阅：《救荒活民书》，见李文海、夏明方、朱浒主编《中国荒政书集成》（第1册），天津古籍出版社，2010，第1—83页；（宋）董煟撰：《救荒活民书》，珠丛别录本。

（宋）范镇撰、汝沛点校：《东斋记事》，中华书局，1997。

（宋）吉天保辑：《孙子集注》，上海商务印书馆，1919。

（宋）李纲撰：《梁溪集》，文渊阁四库全书本。

（宋）李觏撰、王国轩校点：《李觏集》，中华书局，1981。

（宋）李觏撰、王国轩校点：《直讲李先生文集》，北京大学出版社，2025。

（宋）李觏撰、（明）左赞编：《盱江集》，文渊阁四库全书本，1986。
（宋）李焘撰：《续资治通鉴长编》，中华书局，1980。
（宋）李心传撰：《建炎以来朝野杂记》，武英殿聚珍本。
（宋）李攸撰：《宋朝事实》，商务印书馆，1935。
（宋）刘黻撰：《蒙川遗稿》，永嘉丛书本。
（宋）陆游撰：《陆氏南唐书》，钦定四库全书本。
（宋）吕祖谦编：《宋文鉴》，四部丛刊景宋刻本。
（宋）吕祖谦撰：《历代制度详说》，江苏广陵古籍刻印社，1990。
（宋）吕祖谦撰：《宋文鉴》，四部丛刊景宋刻本。
（宋）马端临撰：《文献通考》，商务印书馆，1936；中华书局，1986。
（宋）欧阳修撰：《洛阳牡丹记》，百川学海本。
（宋）欧阳修撰：《欧阳文忠公集》，四部丛刊景元刻本；上海书店，1989。
（宋）秦观撰：《淮海集》，四部丛刊景明嘉靖刻小字本。
（宋）沈括撰：《梦溪笔谈》，广陵书社，2023。
（宋）司马光撰：《涑水记闻》，商务印书馆，1920。
（宋）司马光撰：《温国文正公文集》，四部丛刊景宋绍熙刻本。
（宋）司马光撰：《资治通鉴》，商务印书馆，1929；中华书局，1956。
（宋）司马光撰，李文泽、霞绍晖校点：《司马光集》，四川大学出版社，2010。
（宋）苏轼撰：《东坡七集》，清翻刻明成化本。
（宋）苏轼撰、控凡礼点校：《苏轼文集》，中华书局，1986。
（宋）苏轼撰、（宋）郎晔注：《经进东坡文集事略》，四部丛刊景宋刻本。
（宋）苏洵撰、王云五主编：《嘉祐集》，商务印书馆，1937。
（宋）苏辙撰、俞宗宪点校：《龙川略志》，中华书局，1982。
（宋）苏辙撰，曾枣庄、马德富校注：《栾城集》，上海古籍出版社，1987；

（宋）苏辙撰：《栾城集》，三苏全集本。
（宋）王安石撰：《临川先生文集》，四部丛刊景明嘉靖三十九年刻本。
（宋）王辟之撰、王云五主编：《渑水燕谈录》，商务印书馆，1965；（宋）王辟之撰：《渑水燕谈录》，知不足斋丛书本。
（宋）王溥撰：《唐会要》，上海古籍出版社，2006。
（宋）王应麟编撰：《玉海》，江苏古籍出版社、上海书店，1990。
（宋）文天祥撰：《文山集》，四部丛刊景明刻本。
（宋）文彦博撰：《文潞公集》，山西人民出版社，2008。
（宋）谢维新撰：《古今合璧事类备要》，上海古籍出版社，1992。
（宋）叶适撰：《水心先生别集》，南昌大学馆藏，1870。
（宋）叶适撰：《习学记言》，敬乡楼丛书本。
（宋）袁甫撰：《蒙斋集》，中华书局，1985。
（宋）岳珂撰、吴企明点校：《桯史》，中华书局，2005。
（宋）张方平撰：《乐全集》，清抄本。
（宋）张载撰、王云五主编：《张子全书》，商务印书馆，1935；（宋）张载撰、（宋）朱熹注：《张子全书》，朱文端公藏本。
（宋）章如愚撰：《群书考索》，上海古籍出版社，1992。
（宋）郑伯谦撰：《太平经国之书》，正谊斋丛书本。
（宋）郑樵撰：《通志》，浙江古籍出版社，2000。
（宋）周敦颐撰：《濂溪集》，明万历四十二年刻本。
（宋）周行己撰：《浮沚集》，商务印书馆，1935。
（宋）朱松撰：《韦斋集》，四部丛刊续编景明刻本。
（宋）朱熹撰：《晦庵先生朱文公文集》，上海古籍出版社，2010。
（宋）朱熹撰、陈立校点：《四书章句集注》，辽宁教育出版社，1998。

（宋）朱熹撰、（宋）黎靖德编、王星贤点校：《朱子语类》，中华书局，2020；（宋）朱熹撰、（宋）黎靖德辑：《朱子语类》，西京清麓丛书本。
（宋）朱熹、李幼武纂辑：《宋名臣言行录别集》，西京清麓丛书本。
（宋）朱熹、李幼武纂辑，李伟国点校：《宋名臣言行录》，北京大学出版社，2016。
（宋）曾巩撰、王云五主编：《元丰类稿》，商务印书馆，1937；（宋）曾巩撰：《元丰类稿》，四部丛刊景元刻本。
（元）拜柱纂、黄时鉴点校：《通制条格》，浙江古籍出版社，1986。
（元）陈桱撰：《通鉴续编》，顾逖刻本。
（元）大司农司撰，马宗申译注：《农桑辑要》，上海古籍出版社，2008；（元）大司农司撰：《农桑辑要》，武英殿聚珍版书本。
（元）邓牧撰，张岂之、刘厚祜标点：《伯牙琴》，中华书局，1959；（元）邓牧撰：《伯牙琴》，知不足斋丛书本。
（元）胡炳文撰：《四书通·论语通》，通志堂经解本。
（元）王恽撰：《秋涧先生大全集》，上海书店，1989。
（元）王祯撰，孙显斌、攸兴超点校：《王祯农书》，湖南科学技术出版社，2014；（元）王祯撰：《王祯农书》，武英殿聚珍版书本。
（明）艾南英撰：《天佣子集》，见《四库禁毁书丛刊补编》编纂委员会编《四库禁毁书丛刊补编》（第72册），北京出版社，2005，第179—542页。
（明）曹学佺撰：《蜀中广记》，影印文渊阁四库全书珍本初集；辽海出版社，2000。
（明）陈建撰、（明）沈国元编：《皇明从信录》，明刻本。
（明）陈子龙等编：《皇明经世文编》，天津图书馆藏刻本。
（明）郭子章撰：《郭青螺先生遗书》卷21《奢俭论》，转引自欧阳卫民：

《中国消费经济思想史》，中共中央党校出版社，1994，第 310 页。

（明）郭子章撰：《青螺公遗书合编》，清光绪八年刻本。

（明）何心隐撰、容肇祖整理：《何心隐集》，中华书局，1960。

（明）何心隐撰、张宿诠订：《爨桐集》，明天启五年刻本。

（明）胡廣等纂修：《大明太祖高皇帝实录》，国图善本书号：04535。

（明）黄淮撰、（明）杨士奇等编：《历代名臣奏议》，上海古籍出版社，1989。

（明）黄绾撰，刘厚祜、张岂之标点：《明道编》，中华书局，1983；明嘉靖刻本。

（明）邝璠撰：《便民图纂》，明万历二十一年刻本。

（明）李贽编著、学文点校：《藏书》，商务印书馆，2020；（明）李贽撰：《藏书》，中华书局，1959。

（明）李贽撰：《李温陵集》，齐鲁书社，1997；明刻本。

（明）李贽撰：《四书评》，上海人民出版社，1975。

（明）林希元撰、（清）俞森辑：《荒政丛言》，见李文海、夏明方、朱浒主编《中国荒政书集成》（第 1 册），天津古籍出版社，2010，第 91—101 页。

（明）刘定之撰：《十科策略笺释》，影印版，哈佛燕京图书馆藏。

（明）刘基撰：《太师诚意伯刘文成公集》，四部丛刊景明隆庆刻本。

（明）刘惟谦等纂：《大明律》，日本景明洪武刻本。

（明）刘宗周撰：《刘宗周全集》，浙江古籍出版社，2007。

（明）陆楫撰：《蒹葭堂杂著摘抄》，中华书局，1985。

（明）吕坤撰：《去伪斋文集》，清康熙三十三年刻本。

（明）莫尚简修、（明）张岳纂：《惠安县志》，明刻本。

（明）潘季驯撰：《潘司空奏疏》，钦定四库全书本。

（明）祁彪佳撰：《救荒全书》，见李文海、夏明方、朱浒主编《中国荒政书集成》（第 2 册），天津古籍出版社，2010，第 495—921 页。

（明）丘濬辑：《朱子学的》，正谊堂全书本。

（明）丘濬撰、林冠群等点校：《大学衍义补》，京华出版社，1999；（明）丘濬撰：《大学衍义补》，明成化刻本。

（明）邵宝辑：《大儒奏议》，明弘治十八年刻本。

（明）宋应星撰：《天工开物》，喜咏轩丛书本。

（明）宋应星撰：《野议 论气 谈天 思怜诗》，上海人民出版社，1976。

（明）唐顺之编：《稗编》，明万历九年刻本。

（明）屠隆撰、（清）俞森辑：《荒政考》，见李文海、夏明方、朱浒主编《中国荒政书集成》（第 1 册），天津古籍出版社，2010，第 103—114 页。

（明）汪道昆撰：《太函集》，明万历刻本。

（明）王鏊撰：《震泽长语》，明万历十九年重刻本。

（明）王艮撰、陈祝生等校点：《王心斋全集・明儒王心斋先生遗集》，江苏教育出版社，2001。

（明）王圻撰：《续文献通考》，浙江古籍出版社，2000。

（明）王守仁撰：《阳明文录》，明嘉靖十四年闻人诠刻本。

（明）王守仁撰，吴光钱、董平、姚延福编校：《王阳明全集》，上海古籍出版社，2011。

（明）徐光启撰：《农政全书》，影印本，浙江大学图书馆藏。

（明）徐光启撰，王重民辑校：《徐光启集》，中华书局，2014。

（明）徐如珂撰：《乾坤正气集・徐念阳公集》，清同治五年重印本。

（明）徐贞明撰：《潞水客谈》，中华书局，1985。

（明）许国撰、（明）叶向高辑：《许文穆公集》，明刻本。

（明）严衍撰：《资治通鉴补》，盛氏思补楼木活字印本。

（明）叶盛撰、魏中平校点：《水东日记》，中华书局，1980；清康熙十九年叶方蔚重修本。

（明）叶子奇撰：《草木子》，中华书局，1959。

（明）俞汝为撰：《荒政要览》，见李文海、夏明方、朱浒主编《中国荒政书集成》（第 1 册），天津古籍出版社，2010，第 177—281 页。

（明）张翰撰、肖国亮点校：《松窗梦语》，上海古籍出版社，1986。

（明）张居正撰：《新刻张太岳先生文集》，明万历四十年刻本。

（明）张居正撰：《张太岳集》，上海古籍出版社，1984。

（明）张萱辑：《西园闻见录》，哈佛燕京学社排印，1940。

（明）赵弼撰：《效颦集》，古典文学出版社，1957。

（明）赵南星撰：《赵忠毅公文集》，见（清）姚莹辑《乾坤正气集》，清道光二十八年刻清同治五年重印本。

（明）钟芳、周济夫点校：《钟筠溪集》（下），海南出版社，2006。

（明）钟化民撰、（清）俞森辑：《赈豫纪略》，见李文海、夏明方、朱浒主编《中国荒政书集成》（第 1 册），天津古籍出版社，2010，第 153—163 页。

（清）包世臣撰：《安吴四种》，国图善本书号：05593。

（清）陈澹然撰：《寤言二》，天津图书馆藏。

（清）段玉裁撰：《说文解字注》,皇清经解本。

（清）傅山撰：《杂著录》，山西省博物馆藏。

（清）龚自珍撰、曹志敏校注：《龚自珍集》，河南大学出版社，2016。

（清）龚自珍撰、王云五主编：《定盦文集》，商务印书馆，1936。

（清）顾炎武著、黄汝成集释：《日知录集释》，上海古籍出版社，2006。

（清）顾炎武撰：《菰中随笔》，上海古籍出版社，2012。
（清）顾炎武撰：《日知录》，遂初堂本。
（清）顾炎武撰：《天下郡国利病书》，清光绪五年刻本。
（清）顾炎武撰：《亭林集》，亭林遗书十种本。
（清）顾炎武撰：《亭林文集》，商务印书馆，1936。
（清）归庄撰：《归庄集》，上海古籍出版社，2010。
（清）贺长龄辑：《清经世文编》，清光绪十二年重校本。
（清）贺长龄、魏源等编：《皇朝经世文编》，台湾大学，1989。
（清）洪亮吉撰：《卷施阁文甲集》，洪北江全集增修本。
（清）洪亮吉撰：《卷施阁文乙集》，授经堂藏版。
（清）洪秀全：《天朝田亩制度》，见赵靖、易梦虹主编《中国近代经济思想资料选辑》，中华书局，1982，第269—274页。
（清）黄宗羲撰、何朝晖点校：《明夷待访录》，凤凰出版社，2017。
（清）黄宗羲撰、沈芝盈注解：《明儒学案》，中华书局，2008。
（清）嵇璜等纂：《钦定续文献通考》，钦定四库全书本。
（清）嵇璜纂：《钦定续通志》，清光绪八年刻本。
（清）寄湘渔父撰：《救荒百策》，见李文海、夏明方、朱浒主编《中国荒政书集成》第9册，天津古籍出版社，2010，第6235—6258页。
（清）柯劭忞撰：《新元史》，民国刻本。
（清）蓝鼎元撰：《鹿洲初集》，鹿洲全集本。
（清）蓝鼎元撰，蒋炳钊、王钿点校：《鹿州全集》，厦门大学出版社，1995。
（清）李澄撰：《淮鹾备要》，道光刊本。
（清）李雯撰：《蓼斋集》，清顺治十四年刻本。
（清）李祖陶辑：《国朝文录续编·四知堂文录》，清同治七年刻本。

（清）林则徐撰：《林文忠公政书》，清光绪三山林氏刻林文忠公遗集本。
（清）刘宝楠撰、高流水点校：《论语正义》，中华书局，1990。
（清）陆曾禹：《钦定康济录》，见李文海、夏明方、朱浒主编《中国荒政书集成》（第3册），天津古籍出版社，2010，第1767—1893页。
（清）马骕撰、王利器整理：《绎史》，中华书局，2002。
（清）秦缃业、黄以周辑：《续资治通鉴长编拾补》，清光绪九年刻本。
（清）孙承泽撰：《古香斋鉴赏袖珍春明梦余录》，早稻田大学图书馆藏。
（清）王夫之撰：《读通鉴论》，船山遗书本。
（清）王夫之撰：《黄书》，船山遗书本。
（清）王夫之撰：《尚书引义》，中华书局，1976。
（清）王夫之撰：《四书稗疏》，皇清经解续编本。
（清）王夫之撰：《四书训义》，岳麓书社，2011。
（清）王夫之撰：《俟解》，船山遗书本。
（清）王夫之撰：《张子正蒙注》，船山遗书本。
（清）王夫之撰、舒士彦点校：《宋论》，中华书局，2003。
（清）王夫之撰、王伯祥点校：《噩梦》，古籍出版社，1956。
（清）王夫之撰、王伯祥点校：《思问录 俟解 黄书 噩梦》，中华书局，2009；（清）王夫之撰：《思问录 俟解 黄书 噩梦》，王船山先生四种本。
（清）王鎏撰：《钱币刍言》，见（清）王鎏原著，马陵合校注《〈钱币刍言〉整理与研究》，东华大学出版社，2010，第3—58页。
（清）王茂荫撰、张新旭等点校：《王侍郎奏议》，黄山书社，1991。
（清）王源著、（清）李塨订：《平书订》，中华书局，1985；（清）李塨撰：《平书订》，畿辅丛书本；（清）李塨撰：《平书订》，商务印书馆，1937。
（清）魏禧撰、（清）俞森辑：《救荒策》，见李文海、夏明方、朱浒主编《中国荒政书集成》（第 2 册），天津古籍出版社，2010，第 927—934 页。
（清）魏裔介撰：《魏文毅公奏议》，中华书局，1985。
（清）魏源撰，韩锡铎、孙文良点校：《圣武记》，中华书局，1984。
（清）吴楚材、吴调侯编选，钟基、李先银、王身钢译注：《古文观止》，中华书局，2011。
（清）徐松辑、刘琳等校点：《宋会要辑稿》，上海古籍出版社，2014。
（清）许楣撰：《钞币论》，清道光二十六年刻本。
（清）严可均辑、何宛屏等审订：《全晋文》，商务印书馆，1999。
（清）颜元撰、陈居渊导读：《习斋四存编》，上海古籍出版社，2000。
（清）杨景仁编：《筹济编》，见李文海、夏明方、朱浒主编《中国荒政书集成》（第 5 册），天津古籍出版社，2010，第 3091—3331 页。
（清）杨象济撰：《汲庵文存》，清光绪七年刻本。
（清）姚莹辑、顾沅补：《乾坤正气集》，清道光二十八年刻清同治五年重印本。
（清）曾国荃撰、梁小进主编：《曾国荃集》（第六册），岳麓书社，2008。
（清）查继佐撰：《罪惟录》，浙江古籍出版社，2012。
（清）张能麟辑：《荒政考略》，见李文海、夏明方、朱浒主编《中国荒政书集成》（第 2 册），天津古籍出版社，2010，第 935—1046 页。
（清）张廷玉等撰：《清朝文献通考》，钦定四库全书本。
（清）张英等撰：《御定渊鉴类函》，吉林出版社，2005。
（清）张之洞撰：《劝学篇》，中江书院刻本。
（清）郑瑞撰：《政学录》，中华书局，1985。
（清）朱骏声撰：《说文通训定声》，临啸阁本。
银雀山汉墓竹简整理小组：《孙子兵法》，文物出版社，1976。

杨天才、张善文译注：《周易》，中华书局，2011。
汪圣铎点校：《宋史全文》，中华书局，2016。
刘毓庆、李蹊译注：《诗经》，中华书局，2011。
李冲锋译注：《增广贤文》，中华书局，2021。
华陆综注译：《尉缭子注译》，中华书局，1979；《尉缭子》，宋刻武经七书本。

二、著作

白钢：《中国农民问题研究》，人民出版社，1993。
白明等编著：《中国对外贸易史》（上卷），中国商务出版社，2015。
白寿彝、史念海：《中国通史·第六卷·中古时代·隋唐时期》（上册），上海人民出版社，2015。
蔡晓月：《熊彼特式创新的经济学分析：创新原域、连接与变迁》，复旦大学出版社，2009。
常乃德：《中国财政制度史》，世界书局，1935。
常乃德：《中国政治制度小史》，爱文书局，1928。
陈波、刘群、霍炬等：《国防经济思想史》，经济科学出版社，2014。
陈长征：《唐宋地方政治体制转型研究》，山东大学出版社，2010。
陈岱孙：《陈岱孙文集》（下），北京大学出版社，1989。
陈焕章：《孔门理财学：孔子及其学派的经济思想》，翟玉忠译，中央编译出版社，2009。
陈焕章：《孔门理财学》（下），岳麓书社，2005。
陈焕章：《孔门理财学》，宋明礼译，中国发展出版社，2009。

陈启智：《儒学与全球化》，齐鲁书社，2004。
陈世陔编著：《中国古代思想与现代经营管理》，东北财经大学出版社，1997。
陈涛、宁欣：《如何认识唐宋城市社会变革？》，河南人民出版社，2019。
陈为民：《日本企业的经营管理与中国儒家的传统思想》，《江淮论坛》1991年第1期，第29—36、57页。
陈晓芬、徐儒宗译注：《论语·大学·中庸》（2版），中华书局，2015。
陈寅恪：《陈寅恪集·寒柳堂集》（第二版），生活·读书·新知三联书店，2009。
陈瑛、温克勤、唐凯麟等：《中国伦理思想史》，贵州人民出版社，1985。
陈永勤：《中西方经济思想的演化及比较研究》，中国人民大学出版社，2006。
陈勇勤：《中国经济思想史》，河南人民出版社，2008。
陈支平：《朱熹及其后学的历史学考察》，商务印书馆，2016。
程碧波：《国计学》，中国文联出版社，2006。
程念祺：《智的安分》，广东人民出版社，2018。
程有为：《河洛文化概论》，河南人民出版社，2018。
戴顺祥：《唐宋时期城乡经济关系研究》，人民出版社，2013。
戴显群：《唐五代政治中枢研究》，厦门大学出版社，2001。
邓洪波：《中国书院史（增订版）》，武汉大学出版社，2012。
邓小南：《唐宋女性与社会》，上海辞书出版社，2003。
邓小平：《邓小平文选》（第三卷），人民出版社，1993。
董赛：《汉字部首溯源》，辽宁大学出版社，2012。
董延寿、张留见、李焕有等：《河洛思想文化研究》，河南人民出版社，2018。
杜泽逊：《儒家文明论坛》（第一期），山东人民出版社，2015。
杜正胜：《编户齐民：传统政治社会结构之形成》，联经出版事业股份有限公司，1990。
范存忠：《中国文化在启蒙时期的英国》，上海外语教育出版社，1991。
范立舟：《南宋全史（七）》（思想、文化、科技和社会生活经验 卷上），上海古籍出版社，2016。
范学辉：《中国文化小通史·宋》，福建人民出版社，2020。
方宝璋：《两宋经济管理思想研究》，电子科技大学出版社，2014。
方豪：《方豪文录》，上智编译馆，1948。
方健：《南宋农业史》，人民出版社，2009。
方维规：《什么是概念史》，生活·读书·新知三联书店，2020。
方勇、李波译注：《荀子》（2版），中华书局，2015。
费孝通：《乡土中国》（注解本），岳永逸注解，中华书局，2020。
冯华、张淑梅：《鲁商文化与中国传统经济思想》，山东人民出版社，2010。
冯茜：《唐宋之际礼学思想的转型》，生活·读书·新知三联书店，2020。
冯友兰：《中国哲学史新编》（上卷），人民出版社，1998。
甘乃光：《先秦经济思想史》，商务印书馆，1926。
葛剑雄：《中国人口史》（第一卷 导论、先秦至南北朝时期），复旦大学出版社，2002。
葛金芳：《两宋社会经济研究》，天津古籍出版社，2010。
葛金芳：《唐宋变革期研究》，湖北人民出版社，2004。
葛全胜等：《中国历朝气候变化》，科学出版社，2011。
葛兆光：《中国思想史》，复旦大学出版社，2013。
耿元骊：《唐宋土地制度与政策演变研究》，商务印书馆，2012。
耿振东：《〈管子〉学史》，商务印书馆，2018。
谷建全主编，张佐良、杨世利、师永伟著：《河南书院史》，大象出版社，

2020。
郭道扬：《中国会计史稿》（下），中国财政经济出版社，1988。
郭道扬编著：《中国会计史稿》（上册），中国财政经济出版社，1982。
郭婕、王华梅：《福利经济学派伦理思想评价：从生态正义角度的探析》，山西经济出版社，2014。
郭沫若：《管子集校·校毕书后》，见郭沫若著作编辑出版委员会编《郭沫若全集·历史编》（第8卷），人民出版社，1985，第467页。
郭旸：《公共性与市场性的悖离与融合：中国古代水运制度思想的经济考察》，上海人民出版社，2009。
韩庆祥、陈远章：《论马克思主义中国化时代化大众化》，天津人民出版社，2020。
韩兆琦：《唐诗选注集评》，商务印书馆，2003。
郝玉柱：《国际贸易》，中国经济出版社，2019。
何炳棣：《明初以降人口及其相关问题（1368—1953）》，中华书局，2017。
何九盈、胡双宝、张猛主编：《中国汉字文化大观》，北京大学出版社，1995。
洪朝辉：《适度经济学导论》，广西师范大学出版社，2024。
侯家驹：《中国经济思想史》，台北“中央文物供应社”，1982。
侯外庐、赵纪彬、杜国庠等：《中国思想通史》（第二卷），人民出版社，1957。
胡寄窗：《胡寄窗文集》，中国财政经济出版社，1995。
胡寄窗：《西方经济学说史》，立信会计图书用品社，1991。
胡寄窗：《政治经济学前史》，辽宁人民出版社，1988。
胡寄窗：《中国古代经济思想的光辉成就》，中国社会科学出版社，1981。
胡寄窗：《中国近代经济思想史大纲》，中国社会科学出版社，1984。

胡寄窗：《中国经济思想史》（上、中、下），上海财经大学出版社，1998。
胡寄窗：《中国经济思想史简编》，立信会计出版社，1997；胡寄窗：《中国经济思想史简编》，中国社会科学出版社，1981。
胡寄窗、谈敏：《中国财政思想史》，中国财政经济出版社，2015。
胡适：《胡适全集》（第 28 卷），安徽教育出版社，2003。
胡细华、叶芳编著：《中国古代海洋发展简述》，冶金工业出版社，2020。
黄光国：《儒家思想与东亚现代化》，巨流图书公司，1988。
黄海啸：《从三百年文化交流看孔子儒家思想在英国的传播与影响》，见山东大学儒学高等研究院《国际儒学发展报告（2018—2019）》，2017，第 346—366 页。
黄日初：《唐代文宗武宗两朝中枢政局探研》，齐鲁书社，2015。
黄炎培：《八十年来》，中国文史出版社，1982。
黄正建：《中晚唐社会与政治研究》，中国社会科学出版社，2006。
贾大泉、陈世松主编：《四川通史（卷四　五代两宋）》，四川人民出版社，2010。
贾康、史卫、刘翠微：《中国财政思想史》，立信会计出版社，2018。
贾玉英：《唐宋时期地方政治制度变迁史》，人民出版社，2016。
姜林祥：《儒学在国外的传播与影响》，齐鲁书社，2004。
蒋建平、柳思维、朱坚贞等编著：《中国商业经济思想史》，中国财政经济出版社，1990。
蒋自强、张旭昆、袁亚春等：《经济思想通史》（第 1 卷），浙江大学出版社，2003。
康保苓：《北宋文化重心研究：以学术中心、教育状况等作为考察的重点》，光明日报出版社，2011。

孔祥毅、王森主编：《山西票号研究》，中国财政经济出版社，2002。

匡亚明：《孔子评传》，齐鲁书社，1985。

黎红雷：《儒家管理哲学》，广东高等教育出版社，1993。

李伯重：《江南的早期工业化（1550—1850）》（修订版），中国人民大学出版社，2010。

李伯重：《唐代江南农业的发展》，农业出版社，1990。

李超民：《常平仓：美国制度中的中国思想》，上海远东出版社，2002。

李超民：《大国崛起之谜：美国常平仓制度的中国渊源》，中央编译出版社，2014。

李贵：《中唐至北宋的典范选择与诗歌因革》，复旦大学出版社，2012。

李桂海：《中国封建结构探要》，辽宁大学出版社，1987。

李华瑞：《唐宋变革论的由来与发展》，天津古籍出版社，2010。

李欢、张杰、曾菊等：《中华优秀传统文化与青少年教育研究》，吉林大学出版社，2020。

李锦绣：《唐代财政史稿》（第五册），社会科学文献出版社，2007。

李进霞：《近代中国农业生产结构的演变研究》，厦门大学出版社，2021。

李竞恒：《岂有此理？——中国文化新读》，四川人民出版社，2023。

李罗力等：《中华历史通鉴》，国际文化出版公司，1997。

李启谦、姜林祥主编：《孔子思想与当代社会》，天津社会科学院出版社，1992。

李权时：《中国经济思想小史》，世界书局，1927。

李全德：《唐宋变革期枢密院研究》，国家图书馆出版社，2009。

李瑞：《唐宋都城空间形态研究》，西安地图出版社，2006。

李守庸：《寸心集》，武汉大学出版社，2007。

李伟：《国人生计问题：源于中国人社会经济发展史的另类思考》，中国经济出版社，2010。
李文治、江太新：《中国地主制经济论：封建土地关系发展与变化》，中国社会科学出版社，2005。
李向军：《中国救灾史》，广东人民出版社，1996。
李晓：《宋代工商业经济与政府干预研究》，中国青年出版社，2000。
李治安：《行省制度研究》，南开大学出版社，2000。
李治安：《元代政治制度研究》，人民出版社，2003。
李宗桂：《中国传统文化探讨》，花城出版社，2012。
梁启超：《要籍解题及其读法》，清华周刊读书社，1925。
梁启超著，吴松、卢云昆、王文光等点校：《饮冰室文集点校》，云南教育出版社，2001，第4页。
梁启超撰：《论中国学术思想变迁之大势》，上海古籍出版社，2001。
林同奇：《"中国中心观"：特点、思潮与内在张力》，见[美]保罗·柯文《在中国发现历史——中国中心观在美国的兴起》，林同奇译，社会科学文献出版社，2017，第14页。
林文勋：《唐宋社会变革论纲》，人民出版社，2011。
林文勋、张锦鹏：《中国古代农商·富民社会研究》，人民出版社，2016。
刘方：《唐宋变革与宋代审美文化转型》，学林出版社，2009。
刘凤泉：《中国早期文学研究》，齐鲁书社，2008。
刘甲朋：《中国古代粮食储备调节制度思想演进》，中国经济出版社，2010。
刘俊文：《日本学者研究中国史论著选译》（第一卷 通论），中华书局，1992。
刘卫萍：《西域经济思想史——喀喇汗王朝经济思想研究》，上海财经大学出版社，2003。

刘玉峰：《唐代工商业形态研究》，山东大学出版社，2012。
柳立言：《宋代的家庭和法律》，上海古籍出版社，2008。
龙登高：《市场中国两千年》，东方出版社，2023。
龙登高：《中国传统地权制度及其变迁》，中国社会科学出版社，2018。
卢华语：《唐代蚕桑丝绸研究》，首都师范大学出版社，1995。
鲁奇：《中国古代农业经济思想：元代农书研究》，中国科学技术出版社，1992。
鲁迅：《鲁迅全集》（第 4 卷），岳麓书社，2020。
罗岗、陈春艳：《梅光迪文录》，辽宁教育出版社，2000。
罗根泽：《管子探源》，岳麓书社，2010。
吕变庭：《中国南部古代科学文化史》，方志出版社，2004。
吕思勉：《先秦史》，北京理工大学出版社，2016。
马伯煌主编：《中国经济政策思想史》，云南人民出版社，1993。
马非百：《管子轻重篇新诠》（上册），中华书局，1979。
马涛：《儒家传统与现代市场经济》，经济科学出版社，2020。
马寅初：《马序》，见唐庆增《中国经济思想史》（上），商务印书馆，1936，第 1—2 页。
毛泽东：《毛泽东选集》（第三卷），人民出版社，1967。
梅里亚姆-韦伯斯特公司：《韦氏词典》，梅里亚姆-韦伯斯特公司，1996。
莫翔：《“天下—朝贡”体系及其世界秩序观》，中国社会科学出版社，2017。
牟发松：《汉唐历史变迁中的社会与国家》，上海人民出版社，2011。
南玉泉：《从封建到帝国的礼法嬗变：先秦两汉法律史论集》，中国政法大学出版社，2020。
聂志红：《中国经济思想史撷要》，中国民主法制出版社，2012。

宁可：《中国经济通史·隋唐五代经济卷》，经济日报出版社，2000。
欧阳卫民：《中国消费经济思想史》，中共中央党校出版社，1994。
欧阳哲生：《儒家经济思想研究的开拓之作——陈焕章与他的博士论文〈孔门理财学〉》，见郑大华、邹小站《中国近代史上的激进与保守》，社会科学文献出版社，2011，第245—263页。
彭信威：《中国货币史》，上海人民出版社，2015。
彭星闾：《创新力与控制力统一：企业持续发展的新思维》，中国商务出版社，2007。
漆侠：《宋代经济史》（上、下），南开大学出版社，2019。
钱穆：《国史大纲》（下册），商务印书馆，2021。
阮航：《儒家经济伦理研究——先秦儒家经济伦理的问题脉络与观念诠释》，中国社会科学出版社，2013。
尚钺：《中国资本主义关系发生及演变的初步研究》，生活·读书·新知三联书店，1956。
沈光耀：《中国古代对外贸易史》，广东人民出版社，1985。
石世奇、陈为民：《〈管子·轻重论〉初探》，见巫宝三、陈振汉等《经济思想史论文集》，北京大学出版社，1982，第299—318页。
帅建华：《儒家成人观及其现代人本管理价值研究》，湘潭大学出版社，2009。
宋杰：《中国货币发展史》，首都师范大学出版社，1999。
苏东水、苏勇：《中国管理通鉴·人物卷》，浙江人民出版社，1996。
苏文菁、林校生：《闽商发展史·宁德卷》，厦门大学出版社，2017。
孙洪升编著：《中国经济思想史》，中国人民大学出版社，2019。
孙培青主编：《中国教育史》（第三版），华东师范大学出版社，2008。
孙文良、李治亭：《明清战争史略》，中国人民大学出版社，2012。

孙文学主编：《中国财政思想史》（上、下），上海交通大学出版社，2008。

孙玉琴编著：《中国对外贸易史教程》，对外贸易经济大学出版社，2005。

孙玉荣：《唐代社会变革时期的婚姻》，浙江大学出版社，2016。

孙中山：《孙中山全集》（第二卷），中华书局，1982。

谈敏：《法国重农学派学说的中国渊源》，上海人民出版社，1992；谈敏：《法国重农学派学说的中国渊源》，上海人民出版社，2014。

谈敏：《回溯历史——马克思主义经济学在中国的传播前史》（上），上海财经大学出版社，2008。

谭培培：《儒家思想在日本的传播与影响》，《国际公关》2019 年第 3 期，第 28、30 页。

谭啸宇、蔡乐苏：《清代荒政思想制度对精准扶贫的现实启示》，《学术界》2016 年第 9 期，第 200—206、327 页。

唐凯麟、陈科华：《中国古代经济伦理思想史》，人民出版社，2004。

唐庆增：《中国经济思想史》（上），商务印书馆，1936；唐庆增：《中国经济思想史》（上），商务印书馆，2014。

唐庆增：《中国经济思想史》，商务印书馆，2011。

唐任伍：《唐代经济思想研究》，北京师范大学出版社，1996。

唐任伍：《中外经济思想比较研究》，陕西人民出版社，1996。

唐智燕：《汉语商贸词汇演变研究》，中国社会科学出版社，2010。

陶一桃：《中国古代经济思想评述》，中国经济出版社，2000。

田恩铭：《唐宋变革视域下的中唐文学家传记研究》，中国社会科学出版社，2012。

田明：《日本历史文化散论》，天津古籍出版社，2021。

田昭林：《中国战争史》（第一卷 上古至秦汉），江苏人民出版社，2019。

童书业：《中国手工业商业发展史》，上海人民出版社，2019。

万志英：《剑桥中国经济史：古代到19世纪》，中国人民大学出版社，2018。

王大庆：《本与末：古代中国与古代希腊经济思想比较研究》，商务印书馆，2006。

王昉：《中国古代农村土地所有权与使用权关系：制度思想演进的历史考察》，复旦大学出版社，2005。

王家骅：《日本儒学史论》，江苏人民出版社，2019。

王敬尧：《地方财政与治理能力》，商务印书馆，2010。

王瑞来：《天水一勺——研宋品书序跋漫谭》，上海人民出版社，2021。

王瑞明：《宋代政治史概要》，华中师范大学出版社，1989。

王孝通：《中国商业史》，东方出版中心，2020。

王渝生主编、杨常伟编著：《农业史话》，上海科学技术文献出版社，2019。

王仲荦：《魏晋南北朝史》，上海人民出版社，2020。

唯明：《华莱士在华言论集》，世界出版社，1944。

魏丽莉：《经济思想史》，机械工业出版社，2019。

文一：《科学革命的密码——枪炮、战争与西方崛起之谜》，东方出版中心，2021。

巫宝三：《〈管子·乘马篇〉经济思想的研究》，见北京师范大学政治经济学系、《经济学集刊》编辑委员会《经济学集刊（2）》，中国社会科学出版社，1982，第143页。

巫宝三：《管子经济思想研究》，中国社会科学出版社，1989。

巫宝三：《经济问题与经济思想史论文集》，山西经济出版社，1995。

巫宝三：《巫宝三经济文选》，中国时代经济出版社，2011。

巫宝三主编：《古代希腊、罗马经济思想资料选辑》，厉以平、郭小凌编译，商务印书馆，1990。
巫宝三主编：《欧洲中世纪经济思想资料选辑》，傅举晋、吴奎罡等译，商务印书馆，1998。
巫宝三主编：《先秦经济思想史》，中国社会科学出版社，1996。
吴晗：《朱元璋传》，百花文艺出版社，2000。
吴慧主编：《中国商业通史》（第二卷），中国财政经济出版社，2006。
吴慧主编：《中国商业通史》（第三卷），中国财政经济出版社，2005。
吴慧主编：《中国商业政策史》，社会科学文献出版社，2014。
吴立群：《新儒学与现代社会》，上海大学出版社，2018。
吴申元：《中国人口思想史稿》，中国社会科学出版社，1986。
吴铮强：《士绅阶层前传：两宋的游民与土豪、科举与理学》，中西书局，2021。
吴宗国：《唐代科举制度研究》，北京大学出版社，1992。
习近平：《干在实处 走在前列 推进浙江新发展的思考与实践》，中共中央党校出版社，2006。
习近平：《习近平谈治国理政》（第三卷），外文出版社，2020。
习近平：《习近平著作选读》（第 1 卷），人民出版社，2023。
夏征农、陈至立主编：《辞海》（第 6 版普及本），上海辞书出版社，2010。
相蓝欣：《传统与对外关系》，生活·读书·新知三联书店，2007。
向玉乔、周琳：《国家治理与经济伦理》，湖南大学出版社，2018。
项怀诚、郑家亨主编：《新财税大辞典》，中国统计出版社，1995。
萧清：《中国古代货币史》，人民出版社，1984。
萧清：《中国古代货币思想史》，人民出版社，1987。
解凌云：《中国古代贫富思想研究》，云南大学出版社，2019。

谢谦编著：《国学词典》，四川辞书出版社，2018。
熊金武：《近代中国传统经济思想现代化研究：以民生经济学为例（1840—1949）》，社会科学文献出版社，2020。
徐洪兴：《思想的转型：理学发生过程研究》，上海人民出版社，2016。
徐宗才编著：《中国古代文学简史》，北京语言大学出版社，2017。
许宝华、杨剑桥等著：《大辞海·语言学卷》（修订版），上海辞书出版社，2013。
许明龙：《欧洲十八世纪中国热》，商务印书馆，2022。
许总：《宋明理学与中国文学》，百花洲文艺出版社，1999。
宣朝庆：《泰州学派：儒家精神与乡村建设》，江苏人民出版社，2018。
薛福成：《筹洋刍议：薛福成集》，辽宁人民出版社，1994。
薛赉时：《财政学新论》（上），商务印书馆，1947。
薛暮桥：《薛暮桥文集》（第十九卷），中国金融出版社，2011。
薛瑞泽：《汉唐间河洛地区经济研究》，陕西人民出版社，2001。
薛兆丰：《经济学通识》，同心出版社，2009。
严行方：《会计简史：从结绳记事到信息化》，上海财经大学出版社，2017。
严中平：《中国近代经济史统计资料选辑》（第一册），科学出版社，1958。
阎万英编著：《中国农业思想史》，中国农业出版社，1997。
阎学通、徐进等：《王霸天下思想及启迪》，世界知识出版社，2009。
阎宗临：《杜赫德的著作及其研究》，见阎守诚编、阎宗临著《传教士与法国早期汉学》，大象出版社，2003，第1—101页。
晏智杰：《晏智杰讲亚当·斯密》，北京大学出版社，2011。
晏智杰：《晏智杰解读〈道德情操论〉与〈国富论〉》，华夏出版社，2018。
晏智杰主编：《西方经济学说史教程》，北京大学出版社，2002。

杨国桢:《明清土地契约文书研究》(修订版),中国人民大学出版社,2009。
杨焕英:《孔子思想在国外的传播与影响》,教育科学出版社,1987。
杨建飞:《西方经济思想史》,武汉大学出版社,2010。
杨建飞、韦苇:《中外经经济思想:理论与典籍》,科学出版社,2014。
杨宽:《战国史》,上海人民出版社,2019。
杨清虎:《儒家仁爱思想研究》,民主与建设出版社,2017。
杨瑞璟:《宋代乡村社会经济关系研究》,云南大学出版社,2018。
杨文新:《宋代市舶司研究》,厦门大学出版社,2013。
杨一凡、王旭:《古代榜文告示汇存》(第4册),社会科学文献出版社,2006。
杨卓舒:《中国市场经济大辞典》,中国经济出版社,2000。
姚红、刘婷婷:《两宋科举与文学研究》,浙江人民出版社,2008。
姚家华、孙引:《中国经济思想简史》,三联书店上海分店,1995。
姚遂:《中国金融思想史》,中国金融出版社,1994。
姚遂主编:《中国金融史》,高等教育出版社,2007。
叶世昌:《古代中国经济思想史》,复旦大学出版社,2003。
叶世昌:《中国古代经济管理思想》,复旦大学出版社,1990。
叶世昌:《中国经济思想简史》(中册),上海人民出版社,1983。
叶世昌、李金宝、钟祥财:《中国货币理论史》,厦门大学出版社,2003。
叶坦:《富国富民论:立足于宋代的考察》,北京出版社,1991。
裔昭印:《世界文化史》,华东师范大学出版社,2000。
银雀山汉墓竹简整理小组:《孙子兵法》,文物出版社,1976。
余文忠、余锦秀编译:《松下经营秘诀359》,广西人民出版社,1993。
余英时:《中国近世宗教伦理与商人精神》,见余英时《中国传统思想的现代诠释》，联经出版事业公司，1987，第 295—404 页。
余英时：《中国文化史通释》，生活 · 读书 · 新知三联书店，2012。
俞可平：《治理与善治》，社会科学文献出版社，2000。
张成权、詹向红：《儒学在欧洲：1500—1840》，安徽大学出版社，2010。
张岱年：《孔子百科辞典》，上海辞书出版社，2010。
张岱年：《中国伦理思想研究》，江苏教育出版社，2005。
张帆：《中国古代简史》，北京大学出版社，2001。
张富祥：《宋代文献编纂述要》，山东大学出版社，2019。
张国刚：《唐代藩镇研究》（增订版），中国人民大学出版社，2010。
张国刚：《唐代藩镇研究》，湖南教育出版社，1987。
张国刚：《中国中古史论集》，天津古籍出版社，2003。
张海鹏、王廷元主编：《明清徽商资料选编》，黄山书社，1985。
张家骧主编：《中国货币思想史》（上、下），湖北人民出版社，2001。
张剑光、邹国慰：《唐五代农业思想与农业经济研究》，上海三联书店，2010。
张锦鹏：《宋代商品供给研究》，云南大学出版社，2003。
张乃丽：《日本近代“企业之王”——涩泽荣一》，见陶哲主编，山东省富臣科技文化开发中心、济南实用技术经济研究所编《日本经济、日本企业是如何运作的》，人民日报出版社，1996，第 635 页。
张能为、王志红、代祥龙等：《多视角中的诠释：儒学文化的现代展开与实践》，安徽大学出版社，2008，第 191、200 页。
张守军：《中国古代的赋税与劳役》，商务印书馆，1998。
张婷婷：《中国历史百科》（第二卷），民主与建设出版社，2014。
张苇航：《中医传播研究》，上海科学技术出版社，2023，第 628 页。
张西平：《欧洲早期汉学史——中西文化交流与西方汉学的兴起》，中华书局，2009。
张晓雪：《论语英译与中华典籍对外传播策略探究》，上海交通大学出版社，2022，第 7 页。
张旭昆：《思想市场——分析经济学说演化的一个模式》，浙江人民出版社，1994。
张泽咸：《“唐宋变革论”若干问题的质疑》，见中国唐史学会编《中国唐史学会论文集》三秦出版社，1989，第 11—23 页。
张之恒：《中国新石器时代考古》，南京大学出版社，2004。
赵德馨主编、葛金芳著：《中国经济通史》（第五卷），湖南人民出版社，2002。
赵鼎新：《东周战争与儒法国家的诞生》，华东师范大学出版社，2006。
赵靖：《中国古代经济思想史讲话》，人民出版社，1986。
赵靖：《中国经济思想史的对象和方法》，见北京师范大学政治经济学系、《经济学集刊》编辑委员会《经济学集刊（2）》，中国社会科学出版社，1982，第 126—140 页。
赵靖：《中国经济思想史述要》（上、下），北京大学出版社，1998。
赵靖编著：《中国古代经济管理思想概论》，广西人民出版社，1986。
赵靖主编：《中国经济管理思想史教程》，北京大学出版社，1993。
赵靖主编：《中国经济思想通史》（第 1—4 卷），北京大学出版社，2002。
赵靖著，周建波、叶坦主编：《赵靖传统经济思想史论选集》，商务印书馆，2022。
赵克尧：《汉唐史论集》，复旦大学出版社，1993。
赵守正：《管子经济思想研究》，上海古籍出版社，1989。
赵文洪：《私人财产权利体系的发展：西方市场经济和资本主义的起源问题

研究》，中国社会科学出版社，1998。
赵晓雷主编：《中国经济思想史》，东北财经大学出版社，2019。
赵友良：《中国古代会计审计史》，立信会计图书用品社，1992。
郑大华、邹小站：《中国近代史上的激进与保守》，社会科学文献出版社，2011。
郑观应：《盛世危言》，辽宁人民出版社，1994。
郑学益：《中国价格思想史稿》，中国物价出版社，1993。
《中国经济史》编写组编：《中国经济史》，高等教育出版社，2019。
《中国经济思想简史》编写组编：《中国经济思想简史》（上册），上海人民出版社，1978。
中国社会科学院语言研究所词典编辑室编：《现代汉语词典》（第7版），商务印书馆，2016。
中国唐史学会：《唐史学会论文集》，陕西人民出版社，1986。
中国哲学史学会、浙江省社会科学研究所：《论宋明理学 宋明理学讨论会论文集》，浙江人民出版社，1983。
钟金雁：《宋代东南乡村经济的变迁与乡村治理研究》，云南大学出版社，2017。
钟祥财：《中国经济思想史》，上海社会科学院出版社，2015。
钟祥财：《中国农业思想史》，上海交通大学出版社，2017。
钟祥财：《中国农业思想史》，上海社会科学院出版社，1997。
钟祥财：《中国土地思想史稿》，上海人民出版社，2014。
周伯棣编著：《中国财政史》，上海人民出版社，1981。
周良霄：《元史》，上海人民出版社，2019。
周少川：《独具气象》，河南人民出版社，2020。

朱伯康、施正康：《中国经济史》（上卷），复旦大学出版社，2005。
朱德贵：《中国经济伦理思想研究：以诸子原典和出土文献为中心》，中国商业出版社，2009。
朱汉民：《中国传统文化导论》，湖南大学出版社，2010。
朱坚真主编：《中国商贸经济思想史纲》，海洋出版社，2009。
朱谦之：《中国思想对于欧洲文化之影响》，商务印书馆，1940。
朱谦之：《中国哲学对欧洲的影响》，上海人民出版社，2005。
朱谦之：《中国哲学对于欧洲的影响》，福建人民出版社，1985。
朱仁夫、魏维贤、王立礼：《国际儒学传播》，中国社会科学出版社，2004。
朱瑞熙：《宋代社会研究》，中州书画社，1983。
朱维铮：《中国经学史十讲》，复旦大学出版社，2002。
曾康霖、王长庚：《信用论》，中国金融出版社，1993。
曾誉铭：《义利之辨》，上海辞书出版社，2017。
曾枣庄、刘琳主编：《全宋文》，上海辞书出版社，2006。
左民安：《细说汉字——1000个汉字的起源与演变》，九州出版社，2005。
[德]弗里德里希·李斯特：《政治经济学的自然体系》，杨春学译，商务印书馆，1997。
[德]贡德·弗兰克：《白银资本：重视经济全球化中的东方》，刘北成译，中央编译出版社，2008。
[德]黑格尔：《哲学史演讲录》（第一卷），贺麟、王太庆译，商务印书馆，1959。
[德]卡尔·马克思、[德]弗里德里希·恩格斯：《马克思恩格斯全集》（第一卷），中共中央马克思恩格斯列宁斯大林著作编译局编译，人民出版社，1995。

[德]卡尔·马克思、[德]弗里德里希·恩格斯:《马克思恩格斯全集》(第四卷),中共中央马克思恩格斯列宁斯大林著作编译局编译,人民出版社,1958。

[德]卡尔·马克思、[德]弗里德里希·恩格斯:《马克思恩格斯全集》(第十八卷),中共中央马克思恩格斯列宁斯大林著作编译局编译,人民出版社,1964。

[德]卡尔·马克思、[德]弗里德里希·恩格斯:《马克思恩格斯全集》(第三十卷),中共中央马克思恩格斯列宁斯大林著作编译局编译,人民出版社,1995。

[德]卡尔·马克思、[英]弗里德里希·恩格斯:《马克思恩格斯全集》(第三十三卷),中共中央马克思恩格斯列宁斯大林著作编译局编译,人民出版社,2004。

[德]卡尔·马克思、[英]弗里德里希·恩格斯:《马克思恩格斯全集》(第三十八卷),中共中央马克思恩格斯列宁斯大林著作编译局编译,人民出版社,2019。

[德]卡尔·马克思、[德]弗里德里希·恩格斯:《马克思恩格斯全集》(第四十二卷),中共中央马克思恩格斯列宁斯大林著作编译局编译,人民出版社,2016。

[德]卡尔·马克思、[德]弗里德里希·恩格斯:《马克思恩格斯文集》(第一卷),中共中央马克思恩格斯列宁斯大林著作编译局编译,人民出版社,2009。

[德]卡尔·马克思、[德]弗里德里希·恩格斯:《马克思恩格斯文集》(第三卷),中共中央马克思恩格斯列宁斯大林著作编译局编译,人民出版社,2009。

[德]卡尔·雅斯贝斯：《历史的起源与目标》，魏楚雄、俞新天译，华夏出版社，1989。
[德]利奇温：《十八世纪中国与欧洲文化的接触》，朱杰勤译，商务印书馆，1962。
[德]马克斯·韦伯：《儒教与道教》，洪天富译，江苏人民出版社，1995。
[德]夏德：《华文教授夏德先生序》，见陈焕章《孔门理财学：孔子及其学派的经济思想》，翟玉忠译，中央编译出版社，2009，第1页。
[法]狄德罗，洪汉鼎文、王光译：《狄德罗论中国哲学》，见中国哲学编辑部编《中国哲学》（第十三辑），人民出版社，1985，第395、397页。
[法]杜尔哥：《关于财富的形成和分配的考察》，唐日松译，华夏出版社。
[法]伏尔泰：《风俗论》（上册），梁守锵译，商务印书馆，1994。
[法]魁奈：《魁奈经济著作选集》，吴斐丹、张草纫译，商务印书馆，1981。
[法]魁奈：《魁奈经济著作选集》，吴斐丹、张草纫译，商务印书馆，1997。
[法]魁奈：《中华帝国的专制制度》，谈敏译，商务印书馆，1992。
[法]莱昂·瓦尔拉斯：《纯粹经济学要义》，蔡受百译，商务印书馆，1989。
[法]米歇尔·阿尔贝尔：《资本主义反对资本主义》，杨祖功、杨齐、海鹰译，社会科学文献出版社，1999。
[法]佩尔努：《法国资产阶级史》（上），康新文、刘惠杰译，上海译文出版社，1991。
[法]舒特：《耶稣会士进入中国的过程》，见[法]谢和耐、[法]戴密微等《明清间耶稣会士入华与中西汇通》，耿昇译，东方出版社，2011，第35—40页。
[古罗马]奥古斯丁：《〈创世纪〉字疏》，石敏敏译，中国社会科学出版社，2018。

[古罗马]加图：《农业志》，马香雪、王阁森译，商务印书馆，2009。
[古罗马]瓦罗：《论农业》，王家绶译，商务印书馆，2006。
[古罗马]西塞罗：《论义务》，王焕生译，中国政法大学出版社，1999。
[古希腊]柏拉图：《理想国》，郭斌和、张竹明译，商务印书馆，1986。
[古希腊]柏拉图：《法律篇》，张智仁、何勤华译，上海人民出版社，2001。
[古希腊]柏拉图：《法律篇》（第二版），张智仁、何勤华译，商务印书馆，2016。
[古希腊]普鲁塔克：《罗马希腊名人传》（第一卷），席代岳译，吉林出版集团有限责任公司，2009。
[古希腊]色诺芬：《经济论》，张伯健、陆大年译，商务印书馆，2009。
[古希腊]亚里士多德：《尼各马可伦理学》，廖申白译注，商务印书馆，2003。
[古希腊]亚里士多德：《政治学》，吴寿彭译，商务印书馆，1983。
[美]A. E. 门罗：《早期经济思想——亚当·斯密以前的经济文献选集》，蔡受百等译，商务印书馆，1985。
[美]包弼德：《斯文：唐宋思想的转型》，刘宁译，江苏人民出版社，2001。
[美]本杰明·艾尔曼：《中国近代科学的文化史》，王红霞、姚建根、朱莉丽译，上海古籍出版社，2009。
[美]本杰明·格雷厄姆：《世界商品与世界货币：储备与稳定》，储祥银译，海南出版社、三环出版社，2000。
[美]彼得·德鲁克：《管理的实践》，齐若兰译，机械工业出版社，2006。
[美]彼得·圣吉：《第五项修炼：学习型组织的艺术与实务》，郭进隆译，上海三联书店，2002。
[美]道格拉斯·C. 诺思：《制度、制度变迁与经济绩效》，杭行译，格致出版社，2008。

[美]费正清、[美]赖肖尔：《中国：传统与变革》，陈仲丹、潘兴明、庞朝阳译，江苏人民出版社，2011。

[美]哈里·兰德雷斯、[美]大卫·柯南德尔：《经济思想史》（第四版），周文译，人民邮电出版社，2011。

[美]亨利·施格：《政治经济学教授施格先生序》，见陈焕章《孔门理财学：孔子及其学派的经济思想》，翟玉忠译，中央编译出版社，2009，第2页。

[美]亨利·威廉·斯皮格尔：《经济思想的成长》，晏智杰、刘宇飞、王长青等译，中国社会科学出版社，1999。

[美]加里·S. 贝克尔：《人类行为的经济分析》，王业宇、陈琪译，格致出版社、上海三联书店、上海人民出版社，2008。

[美]李赫曼，倪伟波译、王曼校：《绝对否定：康德对中国哲学的批判》，见成中英、冯俊主编《康德与中国哲学智慧》，中国人民大学国际中国哲学与比较哲学研究中心译，中国人民大学出版社，2009，第52—67页。

[美]理查德·尼尔森：《国家（地区）创新体系比较分析》，曾国屏、刘小玲、王程韡等译，知识产权出版社，2012。

[美]迈克尔·查特菲尔德：《会计思想史》，文硕、董晓柏、王骥等译，中国商业出版社，1989。

[美]默瑞·罗斯巴德：《亚当·斯密以前的经济思想：奥地利学派视角下的经济思想史》（第一卷），张凤林等译，商务印书馆，2012。

[美]彭慕兰：《大分流：欧洲、中国及现代世界经济的发展》，史建云译，江苏人民出版社，2003。

[美]乔纳森·怀特：《拯救亚当·斯密》，彭一勃、罗全喜、范丽丽等译，机械工业出版社，2004。

[美]西奥多·W. 舒尔茨：《人力投资——人口质量经济学》，贾湛、施炜

等译，华夏出版社，1990。

[美]小罗伯特·埃克伦德、[美]罗伯特·赫伯特：《经济理论和方法史》（第五版），杨玉生、张凤林、王军等译，中国人民大学出版社，2017。

[美]英格里德·里马：《经济分析史》（第七版），陈勇勤、刘星译，中国人民大学出版社，2016。

[美]约瑟夫·熊彼特：《经济分析史》（第一卷），朱泱、孙鸿敞、李宏等译，商务印书馆，2001。

[美]约瑟夫·熊彼特：《经济分析史》（第二卷），杨敬年译，商务印书馆，2001。

[日]北泽新次郎：《经济学史概论》，周佛海译述，河南人民出版社，2018。

[日]池田温：《中国古代籍帐研究》，龚泽铣译，中华书局，2007。

[日]宫崎市定：《从部曲到佃户：唐宋间社会变革的一个侧面》，张学锋、马云超译，上海古籍出版社，2018。

[日]鹿岛茂：《日本商业之父——涩泽荣一传》，王鹤、池淼译，涉江大学出版社，2014 年。

[日]三谷宏治：《新经营学》，南勇译，湖南文艺出版社，2023。

[日]桑田幸三：《中国经济思想史论》，沈佩林、叶坦、孙新译，北京大学出版社，1991。

[日]涩泽荣一：《论语》总论，见涩泽荣一《日本人读〈论语〉：涩泽荣一〈论语〉言习录》，李均洋、[日]佐藤利行译，中国工人出版社，2010，第 5 页。

[日]涩泽荣一：《论语与算盘》，卜可译，新世界出版社，2016。

[日]涩泽荣一：《商务圣经》，宋文、永庆译，九州图书出版社，1994。

[日]涩泽荣一：《左手论语，右手算盘》，李建忠译，九州出版社，2013。

[日]斯波义信：《宋代江南经济史研究》，方健、何忠礼译，江苏人民出版社，2011。
[日]松下幸之助：《实践经营哲学》，PHP 研究所，2011。
[日]田崎仁义：《中国古代经济思想及制度》，王学文译，山西人民出版社，2015。
[日]幸田露伴：《涩泽荣一传》，余炳跃译，上海社会科学院出版社，2016。
[日]幸田露伴：《涩泽荣一传》，余炳跃译，学林出版社，1992。
[瑞]傅汉斯：《马可波罗到过中国：货币、食盐、税收的新证据》，党宝海、马晓林、周思成译，北京大学出版社，2022。
[苏]苏联科学院经济研究所：《政治经济学教科书》，中共中央马恩列斯著作编译局译，人民出版社，1955。
[西]门多萨：《中华大帝国史》，何高济译，中华书局，1998。
[意]康帕内拉：《太阳城》，陈大维、黎思复、黎廷弼译，商务印书馆，1997。
[意]利玛窦：《利玛窦书信集》，何高济译，商务印书馆，2018。
[意]利玛窦、[法]金尼阁：《利玛窦中国札记》，何高济、王遵仲、李申译，何兆武校，中华书局，2010。
[意]托马斯·阿奎那：《神学大全》，段德智译，商务印书馆，2013。
[印]阿马蒂亚·森：《贫困与饥荒：论权利与剥夺》，王宇、王文玉译，商务印书馆，2011。
[印]阿马蒂亚·森：《伦理学与经济学》，王宇、王文玉译，商务印书馆，2014。
[英]安格斯·麦迪森：《世界经济千年史》，伍晓鹰、许宪春、叶燕斐等译，北京大学出版社，2003。
[英]安格斯·麦迪森：《中国经济的长期表现：公元 960—2030 年》，伍晓

鹰、马德斌译，上海人民出版社，2016。
[英]贝尔纳：《科学的社会功能》，陈体芳译，商务印书馆，1982。
[英]庇古：《福利经济学》（上卷），朱泱、张胜纪、吴良健译，商务印书馆，2006。
[英]布朗伯利：《新编剑桥世界近代史 第6卷，大不列颠和俄国的崛起：1688～1715/1725年》，中国社会科学院世界历史研究所译，社会科学出版社，2008。
[英]大卫·休谟：《人性论》（下册），关文运译，商务印书馆，2003。
[英]弗里德里希·冯·哈耶克：《哈耶克文选》，冯克利译，江苏人民出版社，2007。
[英]弗里德里希·冯·哈耶克：《货币的非国家化》，姚中秋译，新星出版社，2007。
[英]古德温：《新编剑桥世界近代史. 第8卷：美国革命与法国革命：1763～1793年》，中国社会科学院世界历史研究所组译，中国社会科学出版社，1999。
[英]霍布斯：《利维坦》，黎思复、黎廷弼译，商务印书馆，1986。
[英]凯恩斯：《就业、利息和货币通论》，徐毓枬译，北京联合出版公司，2013。
[英]凯恩斯：《就业、利息和货币通论》，徐毓枬译，商务印书馆，1983。
[英]凯恩斯：《凯恩斯文集》（下卷），谢晓迎、黎永平、管化译，改革出版社，2000。
[英]凯恩斯：《预言与劝说》，赵波、包晓闻译，江苏人民出版社，1997。
[英]克里斯托弗·罗、[英]马尔科姆·斯科菲尔德：《剑桥希腊罗马政治思想史》，晏绍祥译，商务印书馆，2016。

[英]莱昂内尔·罗宾斯：《经济科学的性质和意义》，朱泱译，商务印书馆，2000。
[英]里奇、[英]威尔逊：《剑桥欧洲经济史（第四卷）：16世纪、17世纪不断扩张的欧洲经济》，张锦冬、钟和、晏波译，经济科学出版社，2003。
[英]罗伯特·斯基德尔斯基：《凯恩斯传》，相蓝欣、储英译，生活·读书·新知三联书店，2006。
[英]罗纳德·多尔：《股票资本主义：福利资本主义——英美模式vs.日德模式》，李岩、李晓桦译，社会科学文献出版社，2002。
[英]马尔萨斯：《人口原理》，朱泱、胡企林、朱和中译，商务印书馆，2011。
[英]马克·布劳格：《经济理论的回顾》，姚开建译，中国人民大学出版社，2009。
[英]马克·戈尔迪、[英]罗伯特·沃克勒：《剑桥十八世纪政治思想史》，刘北成、马万利、刘耀辉等译，商务印书馆，2017。
[英]马歇尔：《货币、信用与商业》，叶元龙、郭家麟译，商务印书馆，2017。
[英]马歇尔：《经济学原理》（上卷），朱志泰译，商务印书馆，2011。
[英]摩西·芬利：《古代经济》，黄洋译，商务印书馆，2020。
[英]汤因比：《历史研究》（上册），曹未风译，上海人民出版社，1959。
[英]托马斯·莫尔：《乌托邦》，戴镏龄译，生活·读书·新知三联书店，1956。
[英]威廉·配第：《赋税论献给英明人士货币略论》，陈冬野等译，商务印书馆，1978。
[英]威廉·配第：《配第经济著作选集》，陈冬野、马清槐、周锦如译，商务印书馆，1981。
[英]温斯坦莱：《温斯坦莱文选》，任国栋译，商务印书馆，2009。

[英]亚·沃尔夫：《十六、十七世纪科学、技术和哲学史》（上），周昌忠、苗以顺、毛荣运等译，商务印书馆，1991。

[英]亚当·斯密：《道德情操论》，蒋自强、钦北愚、朱钟棣等译，商务印书馆，1997。

[英]亚当·斯密：《国富论》，郭大力、王亚南译，商务印书馆，2015。

[英]约翰·霍布森：《西方文明的东方起源》，孙建党译，山东画报出版社，2009。

[英]约翰·雷：《亚当·斯密传》，胡企林、陈应年译，商务印书馆，2014。

[英]约翰·洛克：《论降低利息和提高货币价值的后果》，徐式谷译，商务印书馆，1962。

[英]约翰·洛克：《政府论》（下篇），叶启芳、瞿菊农译，商务印书馆，1996。

[英]约翰·穆勒：《论自由》，许宝骙译，商务印书馆，2009。

[英]约翰·穆勒：《政治经济学原理及其在社会哲学上的若干应用》（下卷），胡企林、朱泱译，商务印书馆，2009。

[英]约翰·希克斯：《经济史理论》，厉以平译，商务印书馆，1987。

三、期刊文章

白若萌：《托马斯·阿奎那与安萨里经济思想的传承与比较》，《世界宗教文化》2013年第1期，第29—34页。

白音查干：《匈奴"背约南侵"考》，《内蒙古师大学报（哲学社会科学版）》1985年第3期，第86—88页。

白云翔：《关于手工业作坊遗址考古若干问题的思考》《中原文物》2018年第

2 期，第 38—50 页。
包伟民：《“唐宋变革论”：如何“走出”？》，《社会科学文摘》2022 年第 9 期，第 35—38 页。
毕楠：《日本企业社会责任（CSR）理念的儒家思想基因及其传承》，《现代日本经济》2014 年第 3 期，第 80—87 页。
卜风贤：《中国古代的灾荒理念》，《史学理论研究》2005 年第 3 期，第 28—39、158 页。
卜风贤：《中国古代救荒书的传承和发展》，《古今农业》2004 年第 2 期，第 78—88 页。
卜宪群：《谈我国历史上的“大一统”思想与国家治理》，《中国史研究》2018 年第 2 期，第 14—20 页。
步近智、张安奇：《略论明清实学思潮及其现实意义》，《学术月刊》2001 年第 1 期，第 68—73 页。
蔡洪滨、周黎安、吴意云：《宗族制度、商人信仰与商帮治理：关于明清时期徽商与晋商的比较研究》，《管理世界》2008 年第 8 期，第 87—99、118、188 页。
蔡林海：《日本的経営と儒教思想：「忠」の哲学・「和」の理念》，《年報筑波社会学》1991 年第 3 期，第 54—73 页。
曹文柱、李传军：《二十世纪魏晋南北朝史研究》，《历史研究》2002 年第 5 期，第 142—165 页。
柴荣、林群丰：《论古罗马与中国汉朝土地制度变迁的共性：以土地私有权的兴起为中心》，《苏州大学学报（社会科学版）》2015 年第 3 期，第 175—182 页。
陈畅：《天道与经世——黄宗羲〈破邪论〉与明清之际“天学”嬗变》，《社会科学》2023 年第 2 期，第 33—42 页。
陈冬华：《中国经济学研究的文化属性：基础、学理与实践》，《经济研究》2023 年第 7 期，第 4—9 页。
陈辉云：《论中国古代思想对法国重农学派学说的影响》，《商场现代化》2005 年第 9 期，第 191—192 页。
陈絜、祖双喜：《亢鼎铭文与西周土地所有制》，《中国历史文物》2005 年第 1 期，第 19—27 页。
陈静、朱雷：《一统与正统——公羊学大一统思想探本》，《中国哲学史》2020 年第 6 期，第 15—22 页。
陈钧、任放：《社会俗态与经济伦理》，《民俗研究》1993 年第 3 期，第 3—10 页。
陈明光、何世鼎、毛蕾：《中国古代财税史的概念与史实探讨》，《厦门大学学报（哲学社会科学版）》2019 年第 2 期，第 126—132 页。
陈明光：《唐朝两税三分制的财政内涵试析》，《中国社会经济史研究》1988 年第 4 期，第 24—31 页。
陈清春：《王阳明“良能”概念的理论意义》，《中国哲学史》2019 年第 3 期，第 94—100 页。
陈绍闻、叶世昌、吴申元等：《关于中国经济思想史研究的若干问题》，《上海社会科学院学术季刊》1985 年第 3 期，第 46—53 页。
陈声柏：《中西思维方式差异的原因建构》，《兰州大学学报》2004 年第 2 期，第 85—90 页。
陈文玲：《我国古代商业行会的沿革及其借鉴意义（一）》，《商业经济研究》1989 年第 4 期，第 61—64 页。
陈曦、刘尚希：《经济学关于不确定性认知的变迁》，《财政研究》2020

年第7期，第3—13、66页。

陈旭东：《中国传统经济思想话语体系的近代探索》，《金融博览》2021年第2期，第36—39页。

陈旭东、程霖：《中国传统经济思想研究与新时期中国经济学构建》，《学术月刊》2023年第1期，第56—68页。

陈旭东、程霖：《中国现代经济思想史研究与新时代学术话语体系构建》，《学术月刊》2019年第6期，第45—52页。

陈旭东、田国强：《司马迁的因俗以治思想及其现实镜鉴》，《财经研究》2016年第7期，第63—74页。

陈学明：《资本逻辑与生态危机》，《中国社会科学》2012年第11期，第4—23、203页。

陈彦斌：《创新和完善中国特色宏观调控——〈道德经〉宏观治理思想的启示》，《经济研究》2023年第7期，第9—14页。

陈燕：《柏拉图和亚里士多德的经济伦理思想比较》，《伦理学研究》2003年第5期，第100—105页。

陈寅恪：《论韩愈》，《历史研究》1954年第2期，第105—114页。

陈友冰：《意大利汉学的演进历程及特征——以中国文学研究为主要例举》，《华文文学》2008年第6期，第87—96页。

陈宇：《略论朝鲜、日本对儒家文化的传承》，《时代教育（教育教学）》2010年第3期，第46、48、302页。

陈震伯：《重农学派思想源于中国儒家论》，《湖南大学期刊》1941年第1期，第61—64页。

陈忠海：《〈食货志〉与历史变迁》，《中国发展观察》2021年第15期，第40、63—64页。

陈忠海：《明朝中后期的财政困局》，《中国发展观察》2021 年第 18 期，第 63—64、61 页。

陈忠平：《明清时期江南市镇手工业的发展》，《南京师大学报（社会科学版）》1987 年第 4 期，第 87—93 页。

陈仲庚：《舜教“五典”与“宗法制”国家体制的形成》，《求索》2011 年第 7 期，第 53—55 页。

成蕾、赵治平：《〈论语〉在法国的译介与研究述略》，《燕山大学学报（哲学社会科学版）》2015 年第 2 期，第 22—26 页。

成一农：《跳出“唐宋变革论”——兼论当前中国古代史研究中存在的一些缺陷》，《厦门大学学报（哲学社会科学版）》2021 年第 5 期，第 159—165 页。

程崇仁：《先秦思想家劳动与分工观点述论》，《安徽财贸学院学报》1987 年第 4 期，第 67—71 页。

程霖、毕艳峰：《奠基时期中国经济思想史研究的成就与地位》，《财经研究》2008 年第 10 期，第 26—38 页。

程霖、陈旭东、张申：《中国传统经济思想的历史地位》，《中国经济史研究》2016 年第 2 期，第 16—31 页。

程霖、段博、刘凝霜：《中国传统经济思想概念体系探析》，《中国社会科学》2024 年第 2 期，第 84—104 页。

程霖、夏艳秋：《中国经济思想史研究的历史初心与未来使命》，《中国经济史研究》2022 年第 4 期，第 14—31 页。

程霖、张申、陈旭东：《中国经济学的探索：一个历史考察》，《经济研究》2020 年第 9 期，第 4—24 页。

程霖、赵昊：《中国古代经济思想的基本结构与内在逻辑——基于权力与伦理视角的孔子经济思想考察》，《财经研究》2019 年第 8 期，第 72—83、97 页。

程霖、周瑞、陈旭东：《中国传统经济思想的分析性之辨——兼谈以“第二个结合”推进中国经济学构建》，《经济研究》2024 年第 3 期，第 185—208 页。

程民生：《试论南宋经济的衰退》，《中国经济史研究》1989 年第 3 期，第 114—127 页。

程苏东：《“天籁”与“作者”：两种文本生成观念的形成》，《中国社会科学》2021 年第 9 期，第 47—70、205 页。

程苏东：《书写文化的新变与士人文学的兴起——以〈春秋〉及其早期阐释为中心》，《中国社会科学》2018 年第 6 期，第 134—158 页。

储常胜、高璐夷：《〈论语〉英译的译者主体及传播效果研究》，《重庆第二师范学院学报》2022 年第 5 期，第 41—46 页。

村山孚、杨冶、林新生：《日本的管理现代化和中国的古典思想》，《现代日本经济》1985 年第 1 期，第 56—59 页。

戴建国：《从佃户到田面主：宋代土地产权形态的演变》，《中国社会科学》2017 年第 3 期，第 161—180 页。

戴俊霞：《〈论语〉英译的历史进程及文本形态研究》，《安徽工业大学学报（社会科学版）》2011 年第 1 期，第 58—60 页。

戴向明：《黄河流域新石器时代文化格局之演变》《考古学报》1998 年第 4 期，第 389—418 页。

戴向明：《文明、国家与早期中国》，《南方文物》2020 年第 3 期，第 14—21 页。

戴行轺：《中国经济思想之史的鸟瞰》，《商学期刊（上海）》1929 年第 6

期，第1—22页。

邓广铭：《唐代租庸调法研究》，《历史研究》1954年第4期，第65—86页。

邓凌：《元代理学之主要问题及特点研究》，《青海民族大学学报（社会科学版）》2019年第4期，第159—163页。

邓小南：《宋代历史再认识》，《河北学刊》2006年第5期，第98—99、104页。

翟继光：《预算法定原则的起源及其基本构成要素》，《河北大学学报（哲学社会科学版）》2016年第6期，第138—145页。

翟学伟：《再论“差序格局”的贡献、局限与理论遗产》，《中国社会科学》2009年第3期，第152—158页。

董波：《亚里士多德论民主》，《世界哲学》2019年第6期，第25—33、157页。

董灏智：《伊藤仁斋的古学思想形成脉络探析》，《东北师大学报（哲学社会科学版）》2011年第3期，第99—102页。

杜文玉：《唐宋时期社会阶层内部结构的变化》，《江汉论坛》2006年第3期，第100—104页。

段龙江：《我国跨文化传播的困境与优化路径》，《人民论坛》2021年第14期，第98—100页。

段志强：《顾炎武、黄宗羲、王夫之从祀孔庙始末新考》，《史学月刊》2011年第3期，第63—71页。

樊树志：《明清江南市镇的“早期工业化”》，《复旦学报（社会科学版）》2005年第4期，第60—70页。

樊志民：《战国农业发展与战国社会变革》，《西北农林科技大学学报（社会科学版）》2002 年第 4 期，第 106—108 页。
范大平：《“纯产品”理论是重农主义的理论基础》，《当代财经》1988 年第 9 期，第 16—17、46 页。
范祥涛：《早期儒家典籍英语转译中的文化传播研究》，《外语教学与研究》2018 年第 5 期，第 770—778、801 页。
方洁：《由格尔木出土的纸币看元代钞法》，《青海师范大学民族师范学院学报》2010 年第 2 期，第 8—11 页。
方维规：《概念史八论：一门显学的理论与实践及其争议与影响》，《东亚观念史集刊》2013 年第 4 期，第 101—170 页。
方维规：《关于概念史研究的几点思考》，《史学理论研究》2020 年第 2 期，第 151—156、160 页。
方行：《清代租佃制度述略》，《中国经济史研究》2006 年第 4 期，第 110—117 页。
方行：《中国地主制经济的经济强制问题》，《中国经济史研究》2013 年第 1 期，第 3—9、175 页。
方行：《中国封建经济发展阶段述略》，《中国经济史研究》2000 年第 4 期，第 12—24 页。
方圆：《中式簿记改良倡导者：徐永祚》，《财会通讯》2012 年第 16 期，第 114—117 页。
费乐仁、衷鑫恣：《传教士汉学家的中国经典出版的比较：理雅各、顾赛芬、卫礼贤》，《国际汉学》2013 年第 1 期，第 100—119 页。
费孝通：《反思·对话·文化自觉》，《北京大学学报（哲学社会科学版）》1997 年第 3 期，第 15—22 页。
费孝通：《关于“文化自觉”的一些自白》，《学术研究》2003 年第 7 期，第 5—9 页。

费孝通：《中华民族的多元一体格局》，《北京大学学报（哲学社会科学版）》1989 年第 4 期，第 3—21 页。

冯峰：《儒家文化与亚洲四小龙经济》，《中外企业文化》2006 年第 7 期，第 61—62 页。

冯根福：《充分运用中华优秀传统文化资源，建构中国自主的经济学知识体系》，《经济研究》2023 年第 7 期，第 14—18 页。

冯景源、龚维丽：《〈道德情操论〉与〈国富论〉的内在联系——兼论人类命运共同体与“看不见的手”的关系》，《东南学术》2019 年第 2 期，第 32—46 页。

冯天瑜：《中国历史分期与秦至清社会形态命名》，《学术月刊》2006 年第 4 期，第 96—97 页。

冯玮：《论“日本资本主义之父”涩泽荣一的三大贡献》，《江西师范大学学报（哲学社会科学版）》2008 年第 4 期，第 103—108 页。

冯贤亮：《“国家元气”：明清时期的富户阶层论述与地方社会》，《社会科学》2020 年第 8 期，第 148—159 页。

付曼：《关于中国古代会计思想的探讨》，《技术与市场》2007 年第 5 期，第 60—61 页。

傅才武、严星柔：《论建设 21 世纪中华民族文化共同体》，《华中师范大学学报（人文社会科学版）》2016 年第 5 期，第 63—74 页。

傅霞、朴彦：《江户儒者林罗山与朱子学的官学化》，《日语教育与日本学》2015 年第 2 期，第 134—144 页。

傅衣凌：《明清时代江南市镇经济的分析》，《历史教学》1964 年第 5 期，第 9—13 页。

傅兆君：《论春秋战国时期城乡对立运动的发展与经济制度的创新》，《中国史研究》1999年第4期，第36—47页。

盖建民、袁名泽：《道教与中国传统农业关系略考》，《福建师范大学学报（哲学社会科学版）》2009年第3期，第137—142页。

甘淑敏：《涩泽荣一与日本股份制公司的发展》，《经济视角（下）》2012年第3期，第64—66页。

高增杰：《日本封建社会末期的儒学变异——试论海保青陵的学说及其意义》，《日本学刊》1991年第6期，第93—109页。

葛焕礼：《范式与问题：美国的唐宋思想转型研究》，《文史哲》2023年第5期，第133—146页。

葛金芳：《宋代经济：从传统向现代转变的首次启动》，《中国经济史研究》2005年第1期，第78—86页。

葛金芳：《中国封建租佃经济主导地位的确立前提——兼论唐宋之际地权关系和阶级构成的变化》，《中国社会经济史研究》1986年第3期，第1页。

葛业文：《中国古代国防思想及实践举要》，《军事历史》2020年第4期，第59—65页。

耿兆锐：《法国重农学派视野里的中国形象》，《中国经济史研究》2015年第4期，第132—137页。

公方玲、王先勇：《中国古代军事经济思想精髓及其渊源》，《军事历史》2001年第3期，第53—56页。

龚延明、高明扬：《清代科举八股文的衡文标准》，《中国社会科学》2005年第4期，第176—191页。

勾利军：《唐代文化的开放与多元发展》，《河北学刊》2008年第3期，第

56—58、60 页。
顾犇：《〈论语〉在海外的传播》，《北京图书馆馆刊》1999 年第 2 期，第 101—106 页。
关履权：《论两宋农民战争》，《历史研究》1962 年第 2 期，第 79—96 页。
关松林：《简论儒学在日本的传播与发展》，《日本研究》1994 年第 1 期，第 88—92 页。
管汉晖：《宋元纸币流通及其在世界货币史上的地位：兼论中西方货币史演变路径的差异》，《经济资料译丛》2016 年第 3 期，第 32—48 页。
管怀伦：《汉武帝“罢黜百家，独尊儒术”确有其事：与孙景坛同志商榷》，《南京社会科学》1994 年第 6 期，第 13—18 页。
郭连友：《孟子思想与日本》，《国学学刊》2014 年第 3 期，第 3—14 页。
郭璐、武廷海：《辨方正位体国经野——〈周礼〉所见中国古代空间规划体系与技术方法》，《清华大学学报（哲学社会科学版）》2017 年第 6 期，第 36—54 页。
郭荣臻、靳桂云：《中原地区先秦时期麦遗存的考古学研究》，《江汉考古》2019 年第 3 期，第 71—80 页。
郭庠林：《中国古代的商业管理》，《财经研究》1988 年第 3 期，第 60—63 页。
郭学信、张素英：《宋代商品经济发展特征及原因析论》，《聊城大学学报（社会科学版）》2006 年第 5 期，第 50—55 页。
郭怡、俞博雅、夏阳等：《史前时期社会性质初探——以北刘遗址先民食物结构稳定同位素分析为例》，《华夏考古》2017 年第 1 期，第 45—53 页。
郭勇：《论报德与公益的伦理思想之源——以二宫尊德与涩泽荣一为中心》，

《大连近代史研究》2014 年第 11 期，第 433—439 页。
韩东育：《日本“古学”与“国学”的各自分工及学理关联》，《求是学刊》2009 年第 1 期，第 126—133 页。
韩建业：《庙底沟时代与“早期中国”》，《考古》2012 年第 3 期，第 59—69 页。
韩建业：《新石器时代战争与早期中国文明演进》，《社会科学战线》2020 年第 10 期，第 99—107 页。
韩建业：《早期东西文化交流的三个阶段》，《考古学报》2021 年第 3 期，第 317—338 页。
韩强：《先秦哲学思维方式和基本范畴的演变》，《求是学刊》1983 年第 5 期，第 34—43 页。
韩涛：《孔子均平分配思想的中道理念》，《孔子研究》2016 年第 4 期，第 34—40 页。
韩星：《儒家核心价值体系——“仁”的构建》，《哲学研究》2016 年第 10 期，第 31—38、128 页。
韩星：《一部不该忽视的中国经济思想名著》，《博览群书》2010 年第 6 期，第 64—68 页。
郝景春：《儒家思想在西方的传播》，《河北学刊》2012 年第 5 期，第 191—193 页。
何炳棣：《美洲作物的引进、传播及其对中国粮食生产的影响（三）》，《世界农业》1979 年第 6 期，第 25—31 页。
何大安：《西方经济学个体主义方法论边界拓宽及局限性》，《中国社会科学》2016 年第 2 期，第 59—72 页。
何俊：《江南儒学的提出、指义与分段》，《复旦学报（社会科学版）》2019

年第 4 期，第 22—32 页。
何炼成：《中国古代经济管理思想与我国的宏观经济管理》，《经济学家》1991 年第 6 期，第 113—121 页。
何鹏举：《作为“国家丰饶策”的“自然治道”——本多利明的近世日本维新构想》，《史林》2021 年第 1 期，第 172—184、222 页。
何平：《货币形态演进的中国经验与未来走向》，《金融评论》2021 年第 1 期，第 41—53、122 页。
何平：《唐宋的“钱荒论”及其实质》，《中国钱币》2019 年第 6 期，第 47—54 页。
何平：《中国历史上的钱荒》，《中国金融》2016 年第 15 期，第 94—95 页。
何蓉：《中国历史上的“均”与社会正义观》，《社会学研究》2014 年第 5 期，第 140—164、243 页。
何中华：《文明的历史含义及其当代启示》，《中国社会科学》2023 年第 6 期，第 62—81、205—206 页。
何兹全：《中国古代社会形态演变过程中三个关键性时代》，《历史研究》2000 年第 2 期，第 5—7 页。
洪修平：《隋唐儒佛道三教关系及其学术影响》，《南京大学学报（哲学·人文科学·社会科学版）》2003 年第 6 期，第 137—146 页。
侯厚吉：《元代叶李的货币管理思想》，《中南财经大学学报》1996 年第 5 期，第 79—81 页。
侯丽颖：《涩泽荣一商业思想及对日本近代化的贡献》，《现代日本经济》2021 年第 4 期，第 85—94 页。
胡国栋：《儒家伦理与市场理性耦合的家族经营——基于李锦记集团的经验分析》，《理论探索》2017 年第 4 期，第 35—43 页。

胡化凯：《先秦儒家对于工匠技术活动的认识》，《孔子研究》2011 年第 1 期，第 79—88 页。
胡怀国：《亚当·斯密的思想渊源：一种被忽略的学术传统——兼论现代市场经济的内在逻辑》，《经济学动态》2011 年第 9 期，第 110—120 页。
胡寄窗：《从世界范围考察十七世纪以前中国经济思想的光辉成就》，《经济问题探索》1981 年第 4 期，第 70—75 页。
胡寄窗：《对古代史分期问题的一点意见》，《学术月刊》1979 年第 6 期，第 56—60 页。
胡寄窗：《关于目前中国经济思想史研究的几个问题》，《学术月刊》1964 年第 1 期，第 31—40 页。
胡寄窗：《中国古代的人口政策与人口思想》，《经济研究》1981 年第 1 期，第 72—78 页。
胡寄窗：《中国经济思想史研究的方法论歧见》，《学术月刊》1986 年第 3 期，第 20—27 页。
胡如雷：《论隋唐五代在历史上的地位》，《河北学刊》1988 年第 2 期，第 27—38 页。
胡译之：《理雅各眼中的中国及其中国观》，《社会科学》2019 年第 2 期，第 149—160 页。
黄阿明：《明代赋税征银中的负面问题》，《史林》2007 年第 6 期，第 124—136、190—191 页。
黄春平、余宗蔚：《论法家的传播控制思想》，《深圳大学学报（人文社会科学版）》2009 年第 2 期，第 124—128 页。
黄今言、王福昌：《汉代农业商品生产的群体结构及其发展水平之评估》，《中国社会经济史研究》2003 年第 1 期，第 1—10 页。

黄敬斌：《两种“欧洲中心论”：兼谈加州学派的历史诠释》，《社会科学》2012 年第 11 期，第 141—147 页。

黄启臣：《清代前期海外贸易的发展》，《历史研究》1986 年第 4 期，第 151—170 页。

黄少安：《经济学研究重心的转移与“合作”经济学构想——对创建“中国经济学”的思考》，《经济研究》2000 年第 5 期，第 60—67 页。

黄嗦咪：《日本近世寺子屋教育浅析》，《文化产业》2019 年第 1 期，第 50—52 页。

黄兴涛：《近代中国新名词的思想史意义发微——兼谈对于“一般思想史”之认识》，《开放时代》2003 年第 4 期，第 70—82 页。

黄玉顺：《中国正义论纲要》，《四川大学学报（哲学社会科学版）》2009 年第 5 期，第 32—42 页。

黄云明：《试论涩泽荣一的经济伦理思想》，《河北学刊》2001 年第 5 期，第 114—117 页。

黄振华：《编户齐民与中国“大一统”国家形态的构建》，《中央社会主义学院学报》2021 年第 4 期，第 188—197 页。

黄宗智：《发展还是内卷？十八世纪英国与中国——评彭慕兰〈大分岔：欧洲，中国及现代世界经济的发展〉》，《历史研究》2002 年第 4 期，第 149—176 页。

嵇建琴：《中国古代漕运思想的演变》，《中国经济史研究》1999 年第 3 期，第 133—139 页。

季羡林：《中国蚕丝输入印度问题的初步研究》，《历史研究》1955 年第 4 期，第 51—94 页。

贾彩彦：《中国古代公共支出思想》，《江西财经大学学报》2003 年第 1 期，第 66—67 页。

贾根良：《重新认识旧制度学派的理论价值》，《天津社会科学》1999 年第 4 期，第 48—53 页。

贾根良、黄阳华：《施穆勒纲领与演化经济学的起源》，《南开学报（哲学社会科学版）》2007 年第 4 期，第 102—109 页。

贾根良、贾子尧：《熊彼特绝对主义经济思想史观及其评价》，《社会科学战线》2018 年第 3 期，第 270—280 页。

贾根良、李黎力：《浅议经济思想史观与经济思想史研究方法论——兼评马克·布劳格的〈经济理论的回顾〉》，《当代经济研究》2010 年第 4 期，第 19—23 页。

贾根良、束克东：《19 世纪的美国学派：经济思想史所遗忘的学派》，《经济理论与经济管理》2008 年第 9 期，第 5—11 页。

姜锡东：《宋代生产力的发展水平》，《中国社会科学》2022 年第 7 期，第 95—112 页。

金成武：《中华传统文化中的经济思想对当代经济学研究的启示》，《经济学动态》2023 年第 12 期，第 14—25 页。

金东：《涩泽荣一的日美联合开发中国论及其尝试》，《历史教学（下半月刊）》2010 年第 10 期，第 52—56 页。

金基石：《韩国汉语教育史论纲》，《东疆学刊》2004 年第 1 期，第 34—42 页。

金煜：《论明治维新时期的日本国家主导型教育》，《吉林省教育学院学报》2022 年第 12 期，第 55—58 页。

晋文：《秦汉经济制度与大一统国家治理》，《历史研究》2020 年第 3 期，第 11—18 页。

孔祥来：《儒家经济思想的“自由放任”倾向》，《孔子研究》2021 年第 3 期，第 18—32、157 页。

李伯重：《“人耕十亩”与明清江南农民的经营规模——明清江南农业经济发展特点探讨之五》，《中国农史》1996 年第 1 期，第 1—14 页。

李伯重：《“桑争稻田”与明清江南农业生产集约程度的提高——明清江南农业经济发展特点探讨之二》，《中国农史》1985 年第 1 期，第 1—11 页。

李伯重：《明清江南农业资源的合理利用——明清江南农业经济发展特点探讨之三》，《农业考古》1985 年第 2 期，第 150—163 页。

李伯重：《明清时期江南水稻生产集约程度的提高——明清江南农业经济发展特点探讨之一》，《中国农史》1984 年第 1 期，第 24—37 页。

李伯重：《宋末至明初江南人口与耕地的变化——十三、十四世纪江南农业变化探讨之一》，《中国农史》1997 年第 3 期，第 18—32 页。

李伯重：《中国海外贸易的空间与时间——全球经济史视野中的“丝绸之路”研究》，《北京大学学报（哲学社会科学版）》2021 年第 2 期，第 2、21—36 页。

李伯重：《中国全国市场的形成：1500—1840 年》，《清华大学学报（哲学社会科学版）》1999 年第 4 期，第 48—54 页。

李伯重：《作为伟大发明的纸币：中国古代货币发展的“早熟而又不成熟”（之二）》，《广西师范大学学报（哲学社会科学版）》2024 年第 3 期，第 139—152 页。

李长春：《正确认识和处理文化建设发展中的若干重大关系努力探索中国特色社会主义文化发展道路》，《求是》2010 年第 12 期，第 3—13 页。

李超民：《中国古代常平仓思想对美国新政农业立法的影响》，《复旦学报

（社会科学版）》2000 年第 3 期，第 42—50 页。
李成贵：《再论先秦的重农思想》，《中国农史》1993 年第 2 期，第 14—19 页。
李承贵、赖虹：《中国传统伦理思想中的“公”、“私”关系论》，《江西师范大学学报（哲学社会科学版）》2007 年第 5 期，第 3—12 页。
李翠翠：《日本企业文化特点及对中国企业文化建设的启示——以日本松下电器公司为例》，《经济研究导刊》2008 年第 18 期，第 49—50 页。
李伏明：《义利之辩、重农轻商与明清江南商品经济的发展——兼评中国资本主义萌芽问题》，《学术月刊》1993 年第 4 期，第 48—54 页。
李福定、司家龙：《唐代城市社区的社会保障》，《安康学院学报》2008 年第 3 期，第 81—83 页。
李干：《元代的商品经济》，《中南民族学院学报（哲学社会科学版）》1985 年第 2 期，第 66—72 页。
李国英：《论汉字形声字的义符系统》，《中国社会科学》1996 年第 3 期，第 186—193 页。
李洪、程锋、全小庆等：《保险资金在我国应急管理体系中的作用及地位重塑》，《宏观经济研究》2010 年第 10 期，第 64—70 页。
李洪淳：《儒家学说在朝鲜和日本的传播及其影响的比较》，《延边大学学报（社会科学版）》1983 年第 1 期，第 70—78 页。
李华瑞：《“唐宋变革”论的由来与发展（上）》，《河北学刊》2010 年第 4 期，第 57—65 页。
李华瑞：《宋代的财经政策与社会经济》，《中国社会科学》2022 年第 7 期，第 113—129 页。
李华瑞：《走出“唐宋变革论”》，《历史评论》2021 年第 3 期，第 76—

80 页。
李惠村：《我国古代的统计分组法》，《统计研究》1986 年第 2 期，第 20、72—74 页。
李惠村：《中国古代应用统计方法的若干事例》，《统计研究》1987 年第 5 期，第 4、78—80 页。
李慧明、廖卓玲：《中国古代哲学文化中的循环经济伦理思想探析》，《贵州师范大学学报（社会科学版）》2007 年第 1 期，第 1—5 页。
李健民：《战国时期铁农具的考古发现与研究》，《农业考古》2005 年第 1 期，第 194—196 页。
李金波、聂辉华：《儒家孝道、经济增长与文明分岔》，《中国社会科学》2011 年第 6 期，第 41—55、222 页。
李井奎：《亚当·斯密与“看不见的手”——一场经济思想史的知识考古》，《社会科学战线》2011 年第 2 期，第 44—52 页。
李军：《西方经济思想的中国渊源——基于文献的初步回顾与总结》，《古今农业》2008 年第 1 期，第 1—12 页。
李利民：《明清时期的民间“海上丝路”》，《历史档案》2020 年第 2 期，第 53—57 页。
李良艳：《中国古代开放思想演进及对当代中国的启示》，《当代经济》2020 年第 5 期，第 14—16 页。
李玲芬：《〈论语〉与算盘——浅谈涩泽荣一的经营理念》，《台州师专学报》2000 年第 2 期，第 11—14 页。
李石：《论黄宗羲的“民本思想”与西方民主理论的区别》，《齐鲁学刊》2016 年第 3 期，第 13—18 页。
李世龙、孟凡东：《论儒家现代性的结构要素》，《北方论丛》2010 年第 5

期，第 100—103 页。
李守庸：《关于中国经济思想史学科跨世纪发展问题的若干思考》，《经济评论》1998 年第 3 期，第 71—75 页。
李守庸：《学习马克思恩格斯对重商主义以前经济思想的分析——兼论研究中国古代经济思想史的方法和目的问题》，《武汉大学学报（社会科学版）》1984 年第 6 期，第 36—44 页。
李巍：《中国思想：概念语言的经验模型》，《中国社会科学》2023 年第 10 期，第 141—161、207 页。
李伟荣、梁慧娜、吴素馨：《〈论语〉在西方的前世今生》，《燕山大学学报（哲学社会科学版）》2015 年第 2 期，第 1—9 页。
李向军：《试论中国古代荒政的产生与发展历程》，《中国社会经济史研究》1994 年第 2 期，第 7—19 页。
李笑春、王东：《略论古希腊的自然观及其生态意蕴》，《自然辩证法研究》2011 年第 9 期，第 110—114 页。
李新伟：《“最初的中国”之考古学认定》，《考古》2016 年第 3 期，第 86—92 页。
李岩：《论盛唐文化的发展与变异》，《河北学刊》1995 年第 4 期，第 87—92 页。
李肇义：《重农学派受中国古代政治经济思想影响之考证》，《社会研究（广州）》1937 年第 1 卷第 3 期，第 1—30 页。
李志岭：《汉字、欧洲字母文字与中西思维方式的关系》，《外语教学》2002 年第 3 期，第 44—48 页。
李治安：《秦汉以降“大一统”秩序的华夷交融演进》，《中国社会科学》2023 年第 5 期，第 87—107 页。

李治安：《元代及明前期社会变动初探》，《中国史研究》2005年增刊，第83—98页。

李治安：《元代中央与地方财政关系述略》，《南开学报》1994年第2期，第21—33页。

李治安：《元和明前期南北差异的博弈与整合发展》，《历史研究》2011年第5期，第59—77页。

李忠林：《春秋时期军赋制度改革辨析》，《南开学报（哲学社会科学版）》2019年第5期，第161—175页。

李卓：《日本家训的基本特征》，《山西大学学报（哲学社会科学版）》2009年第1期，第88—93页。

李宗桂：《从“调均”看中国文化的优秀传统》，《哲学研究》2016年第8期，第34—40、128页。

郦全民：《论汉字的表征效应》，《中国社会科学》2015年第2期，第139—160、205—206页。

栗献忠：《中西合璧：德鲁克管理思想的本土化转换》，《领导科学》2021年第24期，第61—63页。

梁捷：《多元视角下的〈孔门理财学〉》，《社会科学战线》2008年第4期，第85—92页。

梁林军：《论涩泽荣一儒商思想的逻辑构建》，《人文论丛》2018年第1期，第308—317页。

梁茂春、陈文：《日本企业管理与儒家文化》，《沿海企业与科技》1996年第Z1期，第26—28页。

梁启超：《〈史记·货殖列传〉今义》，《时务报》1897年第35册，第3—10页。

梁晓虹：《汉魏六朝译经对汉语词汇双音化的影响》，《南京师大学报》（社会科学版）1991 年第 2 期，第 73—78 页。

林枫：《明清福建商帮的性格与归宿——兼论中国封建社会的长期延续》，《中国经济史研究》2008 年第 2 期，第 37—45 页。

林光彬、郑川：《农产品价格管理的中国古典理论与方案》，《中央财经大学学报》2018 年第 2 期，第 118—128 页。

林立平：《唐宋时期城市税收的发展》，《中国经济史研究》1988 年第 4 期，第 22—38 页。

林立平：《唐宋时期商人社会地位的演变》，《历史研究》1989 年第 1 期，第 129 页。

林文勋、张锦鹏：《“市民社会”抑或“富民社会”——明清“市民社会”说再探讨》，《云南社会科学》2019 年第 1 期，第 19—28、185—186 页。

林毅夫：《从 70 年发展看经济学理论创新》，《新理财（政府理财）》2019 年第 8 期，第 70—73 页。

刘春萍：《南宋商品经济发达原因探》，《求是学刊》1995 年第 5 期，第 91 页。

刘单平：《〈孟子〉西译史述评》，《理论学刊》2010 年第 8 期，第 105—108 页。

刘德鸿：《王二与明末农民战争的序幕——与方福仁先生商榷》，《人文杂志》1983 年第 3 期，第 92—95 页。

刘方健：《东西方纸币产生途径的比较研究》，《四川金融》1994 年增刊，第 39—41 页。

刘富钊：《中国古代市场经济思想成就考评》，《社会科学家》1999 年第 5

期，第 47—52 页。
刘刚、廖正贤、梁晗：《市场经济理论及其中国思想溯源——〈国富论〉与〈货殖列传〉〈道德经〉比较》，《中国人民大学学报》2019 年第 1 期，第 51—63 页。
刘光临、关棨匀：《唐宋变革与宋代财政国家》，《中国经济史研究》2021 年第 2 期，第 39—56 页。
刘光明：《论生产和消费领域中的经济伦理》，《中国人民大学学报》1995 年第 3 期，第 39—44 页。
刘含若：《关于中国经济思想史研究方法的一些问题》，《求是学刊》1980 年第 4 期，第 32—37 页。
刘家贵：《重评西汉盐铁会议及贤良文学的经济思想》，《中国经济史研究》2008 年第 4 期，第 135—143 页。
刘家贵：《孔子经济思想散论》，《中国经济史研究》1995 年第 1 期，第 148—157 页。
刘江：《哥尔德斯密斯与中国》，《文化译丛》1992 年第 1 期，第 26—27 页。
刘金才：《论涩泽荣一“论语加算盘说”的思想主旨》，《贵州民族学院学报（哲学社会科学版）》2005 年第 3 期，第 5—10 页。
刘金才：《日本近世商人伦理对儒家思想的吸纳与扬弃》，《孔学堂》2016 年第 3 期，第 42—60 页。
刘敬国：《平实行文显“异质”，精彩阐释藏失误——雷蒙 · 道森〈论语〉英译本评析》，《英语研究》2014 年第 3 期，第 37—42 页。
刘立夫、龙璞：《现代市场经济视域下的中国传统义利观》，《伦理学研究》2013 年第 5 期，第 114—118 页。
刘容：《日本企业劳资关系中的报德思想》，《大连海事大学学报（社会科学版）》2012 年第 3 期，第 40—43 页。

刘绍云：《儒法思想的内在相通及其历史融合》，《理论学刊》2004 年第 12 期，第 100—102 页。

刘胜强、卢凯、程惠峰：《雷曼兄弟破产对企业财务管理目标选择的启示》，《财务与会计》2009 年第 23 期，第 18—19 页。

刘守英、熊雪锋：《坚持问题导向的中国经济理论创新》，《中国社会科学》2022 年第 10 期，第 99—118、206 页。

刘爽：《全球视野下的〈孔门理财学〉——基于民国时期的考察》，《贵州社会科学》2022 年第 3 期，第 70—77 页。

刘伟：《中国经济学的探索历程、构建原则与发展方向》，《中国科学基金》2021 年第 3 期，第 361—367 页。

刘文英：《孟子的良知说与道德潜意识》，《国际儒学研究（第十辑）》，2000 年，第 227—239 页。

刘吴：《中国经济思想史研究的几个理论问题》，《社会科学战线》1999 年第 1 期，第 40—45 页。

刘晓明：《“语”“文”的离合与中国文学思维特征的演进》，《中国社会科学》2002 年第 1 期，第 180—191、209 页。

刘学堂、李文瑛：《史前“青铜之路”与中原文明》，《新疆师范大学学报（哲学社会科学版）》2014 年第 2 期，第 79—88 页。

刘媛媛、冯磊：《中国古代抑商传统形成及伦理审视》，《学术探索》2020 年第 3 期，第 140—146 页。

刘泽华：《春秋战国的“立公灭私”观念与社会整合（上）》，《南开学报（哲学社会科学版）》2003 年第 4 期，第 63—72、95 页。

刘真武：《〈明朝前期的经济和政治〉一节的教材分析》，《历史教学》1982

年第 7 期，第 56—61 页。

刘政：《元代商业繁荣及其原因》，《南京林业大学学报（人文社会科学版）》2010 年第 3 期，第 67—72 页。

刘宗贤：《近现代日本韩国的文化转型与儒学遭遇——以东西文化互动为背景看东亚模式》，《济南大学学报（社会科学版）》2003 年第 3 期，第 11—18、92 页。

柳立言：《何謂“唐宋變革”？》，《中华文史论丛》2006 年第 1 期，第 125—171 页。

柳思维：《浅论商朝时期的商业思想》，《湖南商学院学报》2009 年第 1 期，第 11—15 页。

龙登高：《地权交易与生产要素组合：1650—1950》，《经济研究》2009 年第 2 期，第 146—156 页。

龙登高：《中国传统地权制度论纲》，《中国农史》2020 年第 2 期，第 58—64 页。

龙登高：《中国史观的 20 世纪偏误及其探源——基于清代经济史研究的考察》，《清史研究》2020 年第 6 期，第 150—156 页。

龙登高、陈月圆、李一苇：《在所有权与使用权之间：土地占有权及其实现》，《经济学（季刊）》2022 年第 6 期，第 2017—2124 页。

龙登高、林展、彭波：《典与清代地权交易体系》，《中国社会科学》2013 年第 5 期，第 125—141、207 页。

龙登高、王正华、伊巍：《传统民间组织治理结构与法人产权制度——基于清代公共建设与管理的研究》，《经济研究》2018 年第 10 期，第 175—191 页。

龙秀清：《教会经济伦理与资本主义兴起》，《世界历史》2001 年第 1 期，第48—59、129页。
楼劲：《魏晋南北朝儒学的发展》，《历史研究》2022年第3期，第71—93页。
卢福财、王守坤：《历史脉络与实践视野下的有为政府——中国特色社会主义政治经济学的核心命题》，《管理世界》2021年第9期，第77—89页。
陆建伟：《秦汉时期市籍制度初探》，《中国经济史研究》1999年第4期，第23—34页。
路国权：《历史与评述：文献史学关于春秋史的分期和断代研究——考古学和文献史学“二重证据”视角下的春秋史分期断代研究（一）》，《西部考古》2017年第2期，第70—105页。
路兆丰：《〈氾胜之书〉的经济思想》，《古今农业》1991年第1期，第27—33页。
栾成显：《明清庶民地主经济形态剖析》，《中国社会科学》1996年第4期，第175—193页。
罗本琦、方国根：《儒家经济伦理与社会发展》，《哲学动态》2008年第6期，第19—23页。
罗纪宁：《创建中国特色管理学的基本问题之管见》，《管理学报》2005年第1期，第11—17页。
罗建华：《日本企业文化对儒家思想的吸收及启示》，《企业经济》2011年第11期，第184—186页。
骆毅：《清朝人口数字的再估算》，《经济科学》1998年第6期，第120—128页。
吕孟仁：《对〈道德情操论〉和〈国富论〉关系的理解》，《长春大学学报》

2001 年第 5 期，第 51—53 页。

麻宝斌、仇赟：《中国共产党“选贤任能”道路选择与实践研究——基于“任人唯贤”“德才兼备”干部路线和标准的政治学分析》，《治理研究》2018 年第 4 期，第 12—21 页。

马莉：《法国重农学派笔下的儒家经典》，《国际汉学》2023 年第 3 期，第 28—34、154—155 页。

马麟贺：《法国总统四件国礼折射中法文化情缘》，《世界知识》2023 年第 8 期，第 67—69 页。

马玲同、赵国浩、张华明：《晋商管理思想及其对现代企业管理借鉴意义研究》，《经济师》2013 年第 8 期，第 242—244 页。

马敏：《中国和日本的近代“士商”——张謇与涩泽荣一之比较观》，《近代史研究》1996 年第 1 期，第 120—139 页。

马涛：《论陆贾的经济思想及对汉初经济政策的影响》，《世界经济文汇》2002 年第 3 期，第 14—19 页。

马涛：《论中国传统经济思想与现代经济学理论的创新》，《学习论坛》2005 年第 1 期，第 50—53 页。

马涛、李卫：《中西方传统经济思想特点的比较》，《学术月刊》2019 年第 2 期，第 57—67 页。

马涛、刘宇：《中国传统人口经济思想的特点与启示》，《学术月刊》2022 年第 7 期，第 70—79 页。

马涛、施华：《中国传统经济思想与发展道路的历史文化根基》，《学术月刊》2020 年第 3 期，第 43—46、58 页。

马涛、宋丹：《论中国古代货币范畴的特点》，《财经研究》2009 年第 11 期，第 26—36 页。

马涛、王姝黛：《中国传统经济思想与中国发展道路的历史关联》，《财经问题研究》2019 年第 5 期，第 12—18 页。

马涛、韦伟：《论秦晋法家与齐法家经济思想及异同》，《上海财经大学学报》2013 年第 1 期，第 27—33 页。

马卫东：《战国时代的科技进步与经济发展》，《贵州社会科学》2012 年第 7 期，第 78—83 页。

孟美菊、王建民：《经济与伦理张力下的古代家训“治生”理念与行为》，《云南大学学报（社会科学版）》2015 年第 1 期，第 81—86 页。

孟祥才：《论秦文化对东方六国文化的两次整合》，《烟台大学学报（哲学社会科学版）》2005 年第 4 期，第 448—453 页。

莫之如：《丘浚〈大学衍义补〉中的统计思想》，《统计研究》2001 年第 4 期，第 60—63 页。

牟发松：《汉唐异同论》，《华东师范大学学报（哲学社会科学版）》2004 年第 3 期，第 1—10 页。

缪德刚：《中国传统经济思想在近代的学科化建构》，《经济思想史学刊》2022 年第 1 期，第 95—117 页。

倪梁康：《探寻自我：从自身意识到人格生成》，《中国社会科学》2019 年第 4 期，第 123—141 页。

牛建科、武传春：《试论儒学与日本的现代化》，《山东大学学报（哲学社会科学版）》2004 年第 5 期，第 53—58 页。

牛建强：《江户时代中国文化对日本之影响——侧重于江户前中期狭义的文化考察》，《暨南学报（哲学社会科学版）》2008 年第 1 期，第 122—140、156 页。

牛占珩：《〈周易〉经济思想初探》，《周易研究》1988 年第 1 期，第 78—

81 页。
欧阳哲生：《〈孔门理财学〉及其在世界的影响》，《儒家典籍与思想研究》2011 年第十五辑，第 142—160 页。
欧阳哲生：《中国的文艺复兴——胡适以中国文化为题材的英文作品解析》，《近代史研究》2009 年第 4 期，第 22—40、2 页。
潘德荣：《理解方法论视野中的读者与文本——加达默尔与方法论诠释学》，《中国社会科学》2008 年第 2 期，第 42—53 页。
潘德荣、齐学栋：《诠释学的源与流》，《学习与探索》1995 年第 1 期，第 61—68 页。
潘双吉、唐彦林：《中心—边缘模式：古代朝贡体制下的中国与东亚》，《长春大学学报》2010 年第 7 期，第 79—81 页。
逄锦聚：《建构中国经济学自主知识体系的方法论和方法》，《经济研究》2023 年第 8 期，第 4—14 页。
裴安平：《中国史前晚期手工业的主要特点》，《中国经济史研究》2008 年第 4 期，第 52—60 页。
裴倜：《略论古代思想家对封建经济思想“三大教条”的批判——兼及“三大教条”的形成》，《四川大学学报（哲学社会科学版）》1984 年第 2 期，第 27—35 页。
裴倜、王冲：《中国古代人口思想及其规律》，《四川大学学报（哲学社会科学版）》1981 年第 4 期，第 40—46 页。
裴毅强：《中国儒家思想与日本企业文化》，《学习与探索》1995 年第 1 期，第 81—85 页。
彭传华：《论王船山“公天下”的社会理想——兼驳韦伯命题》，《齐鲁学刊》2014 年第 4 期，第 24—30 页。

蒲丽娟、王伟：《经济伦理视域下的古代食品安全治理及启示》，《农业考古》2016 年第 1 期，第 215—219 页。

漆侠：《宋代社会生产力的发展及其在中国古代经济发展过程中的地位》，《中国经济史研究》1986 年第 1 期，第 29—52 页。

漆侠：《唐宋之际社会经济关系的变革及其对文化思想领域所产生的影响》，《中国经济史研究》2000 年第 1 期，第 95—108 页。

齐悦：《晚明推行一条鞭法台前幕后》，《文史天地》2022 年第 4 期，第 56—60 页。

钱存训：《美国早期的亚洲研究》，《大陆杂志》1961 年第 5 期，第 147—152 页。

钱志和：《阿拉伯文化的西传和西欧的文艺复兴》，《西亚非洲》1987 年第 6 期，第 52—58 页。

乔洪武、程晓林：《辉格史观对经济思想史学科的影响评析》，《经济学动态》2015 年第 6 期，第 148—156 页。

邱海平：《〈资本论〉的创新性研究对于构建中国特色社会主义政治经济学的重大意义》，《马克思主义研究》2020 年第 2 期，第 91—99 页。

邱紫华：《中国儒学对日本文化思想的影响》，《黄冈师专学报》1998 年第 3 期，第 58—63 页。

瞿莎蔚、邓亚婷、王冰菁：《古代以来〈论语〉在日本的接受、传播与研究史述》，《燕山大学学报（哲学社会科学版）》2015 年第 2 期，第 27—33 页。

任成金：《中国文化走出去的历史借鉴与现实选择》，《中州学刊》2015 年第 2 期，第 91—97 页。

任德新：《日本企业管理精神的儒家文化思考》，《世界经济与政治论坛》

2001 年第 6 期，第 55—57 页。
任继愈：《论儒教的形成》，《中国社会科学》1980 年第 1 期，第 61—74 页。
任剑涛：《天道、王道与王权——王道政治的基本结构及其文明矫正功能》，《中国人民大学学报》2012 年第 2 期，第 83—94 页。
任智勇：《晚清财税结构的转型》，《中国社会科学》2022 年第 11 期，第 185—203、208 页。
阮平南、孙莹：《基于中国传统文化建立中国式管理模式》，《北京工业大学学报（社会科学版）》2009 年第 3 期，第 33—36 页。
商兆奎、邵侃：《共生与变异：唐代国家和均田小农的关系演进》，《中南民族大学学报（人文社会科学版）》2011 年第 6 期，第 162—166 页。
沈立新：《孔子影响在国外——韩、日、美三国儒学纵览》，《史林》1996 年第 3 期，第 195—202 页。
沈长云：《说“夏族”——兼及夏文化研究中一些亟待解决的认识问题》，《文史哲》2005 年第 3 期，第 61—68 页。
盛邦和：《“亚洲价值观”与儒家文化的现代评析》，《中州学刊》2013 年第 1 期，第 95—101 页。
盛邦和：《关于中国庄园历史特点与命运再探》，《清华大学学报（哲学社会科学版）》2009 年第 5 期，第 47—53 页。
盛邦和：《经济文化学的亚洲解读——涩泽荣一〈论语讲义〉经济理念》，《上海财经大学学报》2005 年第 4 期，第 75—81 页。
盛洪：《现代经济学的中国渊源》，《读书》1994 年第 12 期，第 109—115 页。
施金晓、杨豪杰、范杨颖等：《中国传统文化对日本企业管理模式的影响》，

《科教导刊（中旬刊）》2016 年第 20 期，第 135—136、145 页。

施一揆：《南宋社会经济的发展及其限度》，《史学月刊》1959 年第 4 期，第 33—37 页。

石世奇：《论丘濬的国民经济管理思想》，《北京大学学报（哲学社会科学版）》1985 年第 6 期，第 61—67 页。

石世奇：《论欲望、稀缺与先秦经济思想》，《经济科学》2002 年第 5 期，第 113—121 页。

石世奇：《中国古代经济思想在当代市场经济中的作用》，《北京大学学报（哲学社会科学版）》1999 年第 2 期，第 51—55 页。

石世奇：《中国经济学说辉煌的过去与灿烂的未来》，《经济学家》1995 年第 2 期，第 30—36 页。

史少博：《儒家思想在日本的传播与研究》，《学术论坛》2012 年第 8 期，第 210—213 页。

史少博：《涩泽荣一〈论语与算盘〉的儒商之道及其启示》，《学术交流》2010 年第 3 期，第 93—96 页。

柿沼阳平：《孙吴货币经济的结构和特点》，《中国经济史研究》2013 年第 1 期，第 23—43 页。

斯维至：《论“工商食官”制度及新兴工商业的作用》，《陕西师范大学学报（哲学社会科学版）》1979 年第 4 期，第 40—46、39 页。

松浦章、郑振满：《清代福建的海外贸易》，《中国社会经济史研究》1986 年第 1 期，第 97—104 页。

宋荣培：《略论在全球化时代里文化认同的危机与儒家伦理观的意义》，《孔子研究》2001 年第 2 期，第 4—18 页。

苏航：《从价值同构看北朝的文化变迁和民族凝聚》，《历史研究》2021 年第 4 期，第 22—41、219—220 页。
粟品孝：《蒙文通与南宋浙东史学》，《浙江学刊》2005 年第 3 期，第 56—63 页。
孙波：《宫崎市定“唐宋变革论”辨析》，《史学理论研究》2023 年第 6 期，第 114—123、159—160 页。
孙大权：《经济思想史的运行机制与“全过程研究法”》，《经济思想史学刊》2024 年第 4 期，第 3—24 页。
孙海燕：《儒家伦理是利他主义吗——兼与王海明教授商榷》，《道德与文明》2014 年第 4 期，第 152—157 页。
孙继民：《唐宋兵制变化与唐宋社会变化》，《江汉论坛》2006 年第 3 期，第 93—97 页。
孙景坛：《汉武帝“罢黜百家，独尊儒术”子虚乌有——中国近现代儒学反思的一个基点性错误》，《南京社会科学》1993 年第 6 期，第 102—112 页。
孙开泰：《稷下学宫的百家争鸣与相互影响》，《管子学刊》1987 年第 1 期，第 53—58 页。
孙利：《日本企业文化中的儒家管理哲学》，《北京理工大学学报（社会科学版）》2005 年第 1 期，第 78—80 页。
孙圣民：《经济学理论、实践与本土化——兼谈中国自主的经济学体系构建》，《经济研究》2023 年第 12 期，第 185—202 页。
孙文学：《“食货”释义》，《东北财经大学学报》2003 年第 1 期，第 94—97 页。
孙文学：《从财政概念的演化看财政制度的变革》，《财经问题研究》2002 年第 9 期，第 45—49 页。

孙益:《“赫斯伯格矛盾”解读——以大学与欧洲近代早期社会变革为视角》,《教育研究》2014 年第 2 期,第 129—136 页。

孙引:《中国经济思想史学会成立》,《经济学动态》1980 年第 10 期,第 48 页。

郜谧侠:《〈老子〉译本总目》,《国际汉学》2019 年 S1 期,第 7—122、2 页。

谈敏:《论农本工商末思想及其历史演变》,《孔子研究》1988 年第 1 期,第 53—61 页。

谈敏:《农本工商末思想的历史演变》,《上海社会科学院学术季刊》1985 年第 4 期,第 113—119 页。

谈敏:《一部具有开拓意义的学术论著——〈中国经济思想史〉》,《财经研究》1984 年第 4 期,第 61—65 页。

谈敏:《中国经济学的过去与未来——从王亚南先生的“中国经济学”主张所想到的》,《经济研究》2000 年第 4 期,第 57—65 页。

谈敏:《重农学派经济学说的中国渊源》,《经济研究》1990 年第 6 期,第 66—76 页。

谭建川:《〈三字经〉在日本的流播与衍变》,《西南大学学报(社会科学版)》2010 年第 1 期,第 71—74 页。

谭廷斌:《明清“士商相混”现象探析》,《湖北师范学院学报(哲学社会科学版)》1990 年第 1 期,第 75—82 页。

汤重南:《日本军国主义思想是庞杂的精神糟粕》,《日本学刊》2005 年第 4 期,第 7—19 页。

唐刚卯:《读南宋叶适〈淮西论铁钱五事状〉》,《中国钱币》2004 年第 4 期,第 27—31、81 页。

唐凯麟、陈科华：《孔子的经济伦理思想研究》，《孔子研究》2004 年第 6 期，第 21—32 页。

唐凯麟、陈科华：《中国古代经济伦理思想史研究导论》，《株洲工学院学报》2004 年第 6 期，第 4—9 页。

唐庆增：《中国经济思想之特点》，《经济学月刊》1933 年第 1 卷第 1 期，第 99—104 页。

唐任伍：《"儒家资本主义"——日本现代企业管理基本模式》，《经济纵横》1996 年第 4 期，第 46 页。

唐任伍：《中国传统经济思想对法国重农学派的影响》，《传统文化与现代化》1997 年第 5 期，第 81—90 页。

唐任伍、刘立潇：《先秦时期民生思想的特征与当代价值》，《经济与管理评论》2013 年第 6 期，第 24—29 页。

唐世平、高岭、李立等：《国家能力：走出理论荒野》，《学术月刊》2022 年第 11 期，第 68—83 页。

唐艳艳、赵德馨：《〈史记〉与中国经济史学的开端》，《中国经济与社会史评论》2022 年第 10 辑，第 173—203 页。

陶国山：《从"音和""乐和"到"邦和"——中国传统文艺思想中的"和"与共同体理论》，《中国文学批评》2024 年第 1 期，第 41—45、190 页。

田国强：《现代经济学的本质（上）》，《学术月刊》2016 年第 7 期，第 5—19 页。

田国强：《中国经济学思维方式与关键研究方法》，《探索与争鸣》2021 年第 8 期，第 18—24，177 页。

田书华、陈捷：《中国先秦哲学是西方经济理论的思想源泉》，《北方金融》2018 年第 5 期，第 15—22 页。

田泽滨：《唐中叶前后土地所有制关系的变化》，《吉林师大学报》1980 年第 1 期，第 73—81 页。
万安培：《略论中国古代货币思想的特点》，《中南财经大学学报》1989 年第 3 期，第 123—127 页。
万明：《白银货币化视角下的明代赋役改革》（下），《学术月刊》2007 年第 6 期，第 134—139 页。
万明：《明代白银货币化的初步考察》，《中国经济史研究》2003 年第 2 期，第 39—51 页。
汪洋：《明清时期地权秩序的构造及其启示》，《法学研究》2017 年第 5 期，第 113—132 页。
王炳林、闫莉：《中国传统文化与马克思主义辩证法之间的融合》，《中国特色社会主义研究》2015 年第 5 期，第 66—71 页。
王长华：《先秦黄老研究的新拓展——读李笑岩〈先秦黄老之学渊源与发展研究〉》，《中国语言文学研究》2019 年第 2 期，第 256—258 页。
王昌沛：《论日本文化的兼容与传承》，《山西师大学报（社会科学版）》2005 年第 6 期，第 130—133 页。
王殿卿：《儒学·启蒙思想·马克思主义》，《湖南科技学院学报》2009 年第 1 期，第 8—13 页。
王昉、徐永辰：《从“银为上币”到“银钱两权”——晚明白银流通思想的形成与演变》，《复旦学报（社会科学版）》2018 年第 5 期，第 139—148 页。
王复华：《均田制和租庸调法对唐前期经济繁荣的影响》，《中央财政金融学院学报》1987 年第 3 期，第 68—71 页。
王格：《从“天”到“天主”的儒耶会通诠释——梵蒂冈所藏〈论儒家之天、

太极与天主〉析论》，《国际汉学》2019 年第 2 期，第 78—85 页。
王晖：《庠序：商周武学堂考辨——兼论周代小学大学所学内容之别》，《中国史研究》2015 年第 3 期，第 5—27 页。
王晖、绳克：《战国始年考辨》，《史学集刊》2022 年第 4 期，第 49—61 页。
王会民：《加强国际传播能力建设促进文明互鉴交流》，《红旗文稿》2023 年第 23 期，第 43—46 页。
王家骅：《涩泽荣一的“论语加算盘”说与日本资本主义发展》，《深圳大学学报（人文社会科学版）》1994 年第 2 期，第 44 页。
王建平：《略论儒家思想在日本产生发展兴旺和衰落的历史过程》，《北京师范学院学报（社会科学版）》1990 年第 6 期，第 27—33 页。
王金龙、元青：《民国时期留美生中国经济问题研究的海外影响——以其博士论文为中心》，《甘肃社会科学》2018 年第 3 期，第 221—228 页。
王京、符国华：《丘浚及其经济观点》，《海南大学学报（社会科学版）》1995 年第 4 期，第 29—33 页。
王京安、许斌：《“李约瑟之谜”研究述评》，《湖南大学学报（社会科学版）》2003 年第 4 期，第 85—88 页。
王磊：《一个黄金时代的形成与终结——对战国百家争鸣现象的一种解读》，《陕西师范大学学报（哲学社会科学版）》2007 年第 1 期，第 13—20 页。
王玲强：《“有效市场”与“有为政府”：《春秋》“大一统”视域下儒家经济思想再审视》，《孔子研究》2025 年第 2 期，第 53—64、158 页。
王培峰：《汉唐时期“五经”学系统的内部调整与发展》，《山东师范大学学报（人文社会科学版）》2018 年第 2 期，第 109—123 页。
王庆：《中国古代“四大发明”说法的形成及其他》，《自然辩证法研究》2017 年第 8 期，第 72—77 页。

王世权：《日本家族企业成长的理论解析及其影响因素分析——基于三井财阀的案例》，《产业经济评论》2008 年第 2 期，第 22—45 页。

王曙光、邓一婷：《民间金融扩张的内在机理、演进路径与未来趋势研究》，《金融研究》2007 年第 6 期，第 69—79 页。

王拓：《管理哲学视域下的中西方人性观比较》，《学习与探索》2017 年第 6 期，第 33—38 页。

王伟光：《构建中华思想史当代中国马克思主义学派——关于研究编撰中华思想通史的若干问题》，《中国社会科学》2019 年第 11 期，第 171—203 页。

王小侠：《清代中叶人口增长负效应分析》，《社会科学辑刊》2003 年第 6 期，第 103—107 页。

王晓光：《日本企业管理中的儒家思想》，《船山学刊》2008 年第 4 期，第 217—219 页。

王晓毅：《魏晋玄学当代研究略论》，《东岳论丛》1992 年第 3 期，第 74—78 页。

王兴文：《明初洪武朝经济政策的调整与定位》，《继续教育研究》2002 年第 4 期，第 109—112 页。

王秀臣：《六艺之变与中国古典学术的生成》，《中国社会科学》2022 年第 4 期，第 140—161、207 页。

王秀丽：《元末明初的海商与江南社会》，《南开学报（哲学社会科学版）》2016 年第 2 期，第 142—151 页。

王秀文：《二宫尊德及其思想综述》，《大连民族学院学报》2005 年第 2 期，第 33—36 页。

王彦辉：《论汉代的豪民役使与人身依附关系的发展》，《东北师大学报》

2001 年第 4 期，第 29—35 页。

王莹、景枫：《也谈亚当·斯密的两种人性》，《道德与文明》2001 年第 5 期，第 27—30 页。

王永贵、戴惠：《文化主体性的内在逻辑和培育之道》，《当代世界与社会主义》2024 年第 5 期，第 68—75 页。

王玉波：《“小康”史考》，《社会学研究》1992 年第 2 期，第 62—68 页。

王裕巽：《明代白银国内开采与国外流入数额试考》，《中国钱币》1998 年第 3 期，第 24—31 页。

王臻：《朝鲜世子与德国传教士汤若望在北京的交往考述》，《暨南学报（哲学社会科学版）》2015 年第 12 期，第 137—142 页。

王震中：《改革开放四十余年中国文明和国家起源研究》，《史学月刊》2020 年第 9 期，第 113—126 页。

王琢：《儒家伦理与日本劳动道德观》，《海南大学学报（社会科学版）》1992 年第 2 期，第 91—95 页。

韦立新：《中国儒教文化与日本近世思想的形成》，《广东外语外贸大学学报》2002 年第 4 期，第 36—38、67 页。

韦苇、周少琰：《重农学派与中国古代重农思想异同述评及启示》，《经济思想史评论》2007 年第 1 期，第 120—130 页。

魏悦：《先秦借贷活动探析》，《中国社会经济史研究》2004 年第 2 期，第 52—57 页。

魏治中、张俊青、刘学颜：《试释“会计”——对会计概念的研究》，《会计研究》1981 年第 1 期，第 14—20 页。

巫宝三：《论中国古代经济思想史研究主要方面及其意义》，《中国经济史研究》1991 年第 1 期，第 65—75 页。

巫宝三：《谈谈研究中国早期经济思想的意义、现状和前景》，《经济研究》1982年第8期，第58—61页。
巫宝三：《中国古代经济分析论著述要》，《中国社会科学院研究生院学报》1992年第1期，第19—24页。
巫宝三：《中国古代经济思想对法国重农学派经济学说的影响问题的考释》，《中国经济史研究》1989年第1期，第143—156页。
巫宝三：《中国经济思想史研究展望》，《经济研究》1990年第4期，第64—67页。
吴呈苓：《庙学制在日本江户时代官方学校的推行与流变》，《教育史研究》2022年第1期，第108—116页。
吴根友：《欧洲三位哲学家论孔子的思想及其方法论的反思》，《中国儒学》2017年，第375—391页。
吴晗：《启蒙的畅销书——〈不列颠百科全书〉早期编纂史探源》，《新世纪图书馆》2019年第10期，第92—96页。
吴浩坤：《从青铜器铭文看西周的战争》，《学术月刊》1991年第12期，第61—67页。
吴丽红：《明代对外贸易思想》，《经济科学》1993年第1期，第72—77页。
吴琦幸：《“车同轨”考》，《华东师范大学学报（哲学社会科学版）》2010年第4期，第112—118页。
吴申元：《中国经济思想史研究评述》，《复旦学报（社会科学版）》1984年第5期，第26—29页。
吴四伍：《明清时期陆上西部丝绸之路再审视》，《历史档案》2019年第2期，第54—58页。
吴天钧：《〈四民月令〉的经济思想及其当代价值》，《黑龙江史志》2014年第 3 期，第 178、180 页。

吴照云：《从中国传统文化出发构筑中国管理之基》，《经济管理》2021 年第 9 期，第 5—15 页。

伍汗飞、刘怀：《科学知识创新的思想实验路径探究》，《科技传播》2022 年第 11 期，第 19—23、27 页。

伍庆玲：《朝贡贸易制度论》，《南洋问题研究》2002 年第 4 期，第 71—77、96 页。

武刚：《“内服”还是“外服”：西周甸服问题研究——兼论西周王畿的形成过程》，《史学月刊》2018 第 3 期，第 34—46 页。

武晓芬、屠强：《试论刘晏的经济思想与财政改革措施》，《云南财经大学学报》2006 年第 5 期，第 103—106 页。

郗戈：《〈资本论〉中的亚里士多德：家政与资本主义》，《教学与研究》2014 年第 9 期，28—35 页。

郗戈、董彪：《传统文化的现代转化：模式、机制与路径》，《学习与探索》2017 年第 3 期，第 20—26 页。

习近平：《把中国文明历史研究引向深入 增强历史自觉坚定文化自信》，《求是》2022 年第 14 期，第 7 页。

习近平：《坚持用马克思主义及其中国化创新理论武装全党》，《求是》2021 年第 22 期，第 5—12 页。

习近平：《开辟马克思主义中国化时代化新境界》，《求是》2023 年第 20 期，第 4—9 页。

习近平：《一个国家、一个民族不能没有灵魂》，《求是》2019 年第 8 期，第 4—8 页。

习近平：《以人口高质量发展支撑中国式现代化》，《求是》2024 年第 22

期，第 4—8 页。
习近平：《在文化传承发展座谈会上的讲话》，《求是》2023 年第 17 期，第 4—11 页。
习近平：《扎实推动共同富裕》，《求是》2021 年第 20 期，第 4—8 页。
夏风：《唐代学校教育述略》，《教育评论》1987 年第 6 期，第 36—42 页。
夏寒：《中国古代审计思想演进评述》，《审计研究》2018 年第 6 期，第 10—15、24 页。
向燕南：《〈大学衍义补〉的撰述特点和思想分析》，《北京社会科学》2002 年第 2 期，第 24—30 页。
萧国亮：《清代封建国家干预商业经济的历史特点及后果》，《中国社会科学院研究生院学报》1989 年第 1 期，第 63—68 页。
萧汉明：《老子的社会历史观与治国思想》，《湖南大学学报（社会科学版）》2002 年第 4 期，第 3—9 页。
肖瑛：《从“国家与社会”到“制度与生活”：中国社会变迁研究的视角转换》，《中国社会科学》2014 年第 9 期，第 88—104、204—205 页。
解丹琪：《元代经济伦理思想的历史特质与价值》，《内蒙古社会科学》2020 年第 4 期，第 71—78 页。
解藜：《〈论语〉第一部德语译本及其相关评述》，《安徽史学》2014 年第 1 期，第 164—168 页。
谢伏瞻：《中国经济学的形成发展与经济学人的使命——〈中国经济学手册·导言〉》，《经济研究》2022 年第 1 期，第 4—15 页。
谢福连：《儒家思想与企业管理——日本企业中的儒家思想应用》，《商业文化（学术版）》2007 年第 11 期，第 56 页。
谢建明：《儒家文化在日本的传播及其整合》，《东南文化》1996 年第 2 期，第 62—67 页。
谢树放：《儒家仁学经济思想的蕴涵与价值》，《郑州大学学报（哲学社会科学版）》2008 年第 6 期，第 63—66 页。
辛田：《论战国时代君主专制政体的形成》，《社会科学辑刊》2005 年第 3 期，第 116—121 页。
邢俊芳：《试论审计学的产生和发展》，《经济研究》1990 年第 5 期，第 38、75—77 页。
熊金武：《经济思想史上的“李约瑟之谜”——理解中国传统经济思想变迁的一个框架》，《贵州社会科学》2015 年第 4 期，第 155—160 页。
熊庭、何平：《论民族文化认同与国家文化认同——以英国文化认同的形成与发展为例》，《新疆社会科学》2017 年第 1 期，第 65—71 页。
熊子骏：《中西经济思想之汇流》，《大学（成都）》1942 年第 11 期，第 30—66 页。
修刚：《日本江户后期寺子屋教育的形成与发展》，《天津师范大学学报（社会科学版）》2004 年第 3 期，第 50—53 页。
徐泓：《中国资本主义萌芽问题研究范式与明清社会经济史研究》，《中国经济史研究》2018 年第 1 期，第 169—181 页。
徐黎丽：《略论元代科举考试制度的特点》，《西北师大学报（社会科学版）》1998 年第 2 期，第 46—50 页。
徐强：《我国最早的统计年鉴——〈元和国计簿〉》，《山西统计》1995 年第 11 期，第 38—43 页。
徐水生：《儒家思想与日本近代企业——〈论语〉对涩泽荣一的影响》，《孔子研究》1993 年第 2 期，第 96—101 页。
徐勇：《东方自由主义传统的发掘——兼评西方话语体系中的“东方专制主

义”》，《学术月刊》2012 年第 4 期，第 5—18 页。
徐中舒、何孝达：《战国初期魏齐的争霸及列国间合纵连衡的开始》，《四川大学学报（社会科学版）》1956 年第 2 期，第 37—58 页。
许成钢：《经济学理论的贫困——从博尔顿“货币主义之困”得到的启发》，《经济学（季刊）》2020 年第 5 期，第 35—42 页。
许宏：《二里头与中原中心的形成》，《历史研究》2020 年第 5 期，第 4—11 页。
许凌云：《先秦诸子伦理观的历史考察》，《孔子研究》1988 年第 2 期，第 3—12 页。
许明龙：《中国古代文化对法国启蒙思想家的影响》，《世界历史》1983 年第 1 期，第 26—36 页。
许檀：《明清时期城乡市场网络体系的形成及意义》，《中国社会科学》2000 年第 3 期，第 191—202、207 页。
薛东前、石宁、段志勇等：《文化交流、传播与扩散的通道——以中国丝绸之路为例》，《西北大学学报（自然科学版）》2013 年第 5 期，第 781—786 页。
薛国中：《论战国时期“百家争鸣”的历史条件》，《武汉大学学报（人文科学版）》2015 年第 3 期，第 51—58 页。
闫坤、于树一：《小康社会》，《经济研究》2022 年第 8 期，第 4—16 页。
严清华、景新华、吴传清：《中国经济思想史学科发展的回顾与展望》，《社会科学动态》1996 年第 5 期，第 5—8 页。
严清华、吴传清、景新华：《中国经济思想史学科建设的新使命》，《东南学术》2002 年第 1 期，第 136—139 页。
阎宗临：《中国文化西渐之一页——17 世纪末中法文化之关系与 18 世纪之

重农学派》，《建设研究》1941 年第 5 期，第 50—56 页。
颜世安：《从“稷下学宫”看战国百家争鸣》，《历史教学》1985 年第 7 期，第 32—36 页。
颜玉怀、邹德秀、肖斌：《中国古代农业生产组织与经营形式选择》，《西北大学学报（哲学社会科学版）》2003 年第 4 期，第 125—128 页。
阳海音：《论亚当·斯密的人性观》，《山西师大学报（社会科学版）》2005 年第 2 期，第 104—108 页。
杨冰、王凌皓：《论春秋战国之际的学术原创精神——以教育学说原创为视角》，《东北师大学报（哲学社会科学版）》2010 年第 2 期，第 166—171 页。
杨超、曹雪锋：《文化、社会资本与亚洲经济增长：对中华文化圈的考察》，《生产力研究》2007 年第 10 期，第 12—14、163 页。
杨朝仁：《科举取仕的历史嬗变与现实观照》，《政治学研究》2001 年第 3 期，第 49—58 页。
杨发恩：《孔夫子在国外》，《孔学研究》1995 年第 1 期，第 214—220 页。
杨海文：《“亲亲仁民爱物”的儒家文明图式——以〈孟子·尽心上·亲仁爱章〉为中心》，《江海学刊》2024 年第 4 期。
杨焕英：《朱子学在朝、日、越及西方的传播与影响（下）》，《江西教育学院学报（综合版）》1988 年第 1 期，第 42—46 页。
杨际平：《走出“唐宋变革论”的误区》，《文史哲》2019 年第 4 期，第 121—141、168 页。
杨宽：《我国历史上铁农具的改革及其作用》，《历史研究》1980 年第 5 期，第 89—98 页。
杨立雄：《“个体主义”抑或“整体主义”》，《经济学家》2000 年第 1 期，第 75—80 页。

杨立雄：《“经济人”还是“社会人”——经济学方法论的个体主义与整体主义之争》，《经济评论》2002 年第 5 期，第 85—87、95 页。

杨平：《西方传教士〈论语〉翻译的基督教化评析》，《中国文化研究》2010 年第 4 期，第 206—212 页。

杨瑞龙：《中国模式中的中华优秀传统文化基因》，《经济研究》2023 年第 7 期，第 43—47 页。

杨三寿：《试论明末清初的财政经济》，《云南师范大学学报（哲学社会科学版）》1993 年第 6 期，第 49—54 页。

杨韶昆：《论荀子的消费伦理思想及其现代价值》，《河南师范大学学报（哲学社会科学版）》2004 年第 5 期，第 81—83 页。

杨师群：《春秋战国之际社会发展原因新探》，《社会科学战线》1995 年第 3 期，第 111—118 页。

杨舜娥：《西方国家“量入为出”与“量出为入”的财政原则》，《财政》1995 年第 9 期，第 61—62、54 页。

杨欣：《胡惟庸案与明初中央集权》，《北京广播电视大学学报》2001 年第 2 期，第 28—32 页。

杨鑫辉、彭彦琴：《孔子孟子的治国思想研究》，《南京师大学报（社会科学版）》2004 年第 5 期，第 51—58 页。

姚遂：《中西古代金融思想比较初探》，《中央财政金融学院学报》1995 年第 3 期，第 45—51 页。

姚洋：《高水平陷阱——李约瑟之谜再考察》，《经济研究》2003 年第 1 期，第 71—79、94 页。

叶世昌：《经济思想史研究中的古人现代化问题——与胡寄窗同志商榷》，

《学术月刊》1963 年第 11 期，第 28—33 页。
叶世昌：《论〈管子·轻重〉》，《经济研究》1965 年第 1 期，第 56—61 页。
叶世昌：《说“称提”》，《中国钱币》1996 年第 1 期，第 7—9、1 页。
叶世昌：《中国传统经济思想的特点》，《财经研究》1985 年第 4 期，第 48—51 页。
叶世昌：《中国古代的富民、富国和理财思想》，《财经研究》1987 年第 6 期，第 52—55 页。
叶世昌：《中国古代的农业管理思想》，《上海经济研究》1989 年第 6 期，第 66—72 页。
叶世昌：《中国古代的纸币管理思想》，《中国经济史研究》1988 年第 2 期，第 126—132 页。
叶世昌：《中国古代货币管理的指导思想》，《社会科学研究》1988 年第 2 期，第 51—55、41 页。
叶世昌：《中国古代没有代表“市民阶级”的启蒙思想》，《上海财经大学学报》2005 年第 2 期，第 33—37、封三页。
叶世昌：《中国历史上本、末业概念的流变》，《贵阳师院学报》（社会科学版）1977 年第 1 期，第 91—94 页。
叶坦：《〈孔门理财学〉——中国经济学走向世界的百年始步》，《中国社会科学报》2010 年 8 月 26 日。
叶坦：《传统经济观念与现代化》，《中国社会科学院研究生院学报》1991 年第 5 期，第 67—73 页。
叶坦：《东亚学术跨世纪发展的探索——访日研究报告》，《经济学动态》1995 年第 7 期，第 49—50 页。

叶坦：《经济史学及其学理关联——基于史实与逻辑的视域》，《经济学动态》2013 年第 10 期，第 80—88 页。

叶坦：《李觏经济思想再研究》，《经济学家》1990 年第 5 期，第 83—93 页。

叶坦：《两宋时期的经济理论考察》，《经济研究》1990 年第 8 期，第 75—80 页。

叶坦：《论“利”》，《中国经济史研究》1998 年第 2 期，第 112—119 页。

叶坦：《石田梅岩的经济思想与儒学》，《哲学研究》1998 年第 4 期，第 31—42 页。

叶坦：《宋代纸币理论考察》，《中国经济史研究》1990 年第 4 期，第 133—145 页。

叶坦：《中国经济思想史研究的回顾与展望》，《经济学动态》1993 年第 4 期，第 17—20 页。

叶坦：《中国经济学术史的重点考察——中国经济思想史学科创始与发展优势论析》，《中国经济史研究》2003 年第 4 期，第 131—141 页。

叶坦：《中日商品经济思想比较研究——以石门心学和清初实学为中心（下）》，《河北学刊》2005 年第 5 期，第 100—110 页。

叶坦：《“中学西渐”对西方经济学的影响——立足于经济学术史的考察》，《经济思想史学刊》2021 年第 1 期，第 65—96 页。

叶文宪：《论春秋战国时期中国社会的转型》，《史学月刊》2001 年第 3 期，第 34—40 页。

伊文成：《儒家思想在日本的传播》，《东北师大学报》1981 年第 4 期，第 91—96 页。

易德生：《关于西周王朝青铜原料与铸造作坊的多视角考察》，《江汉论坛》

2019 年第 4 期，第 98—102 页。
易纲：《坚守币值稳定目标 实施稳健货币政策》，《求是》2019 年第 23 期，第 58—64 页。
尹长云：《论儒家推己及人的人性论根据》，《学术论坛》2006 年第 10 期，第 39—41 页。
于翠玲：《论官修类书的编辑传统及其终结》，《北京师范大学学报（人文社会科学版）》2002 年第 6 期，第 118—125 页。
于干千：《基于博弈论的“不抑兼并”土地制度分析——以唐宋农地制度的演进为视角》，《中国经济史研究》2007 年第 1 期，第 159—168 页。
于凯：《西周金文中的“师”和西周的军事功能区》，《史学集刊》2004 年第 3 期，第 23—28 页。
于运全：《全球文明倡议国际传播的新成效与新进路》，《人民论坛 · 学术前沿》2024 年第 11 期，第 32—41 页。
余龙生：《朱熹经济伦理思想述评》，《江西社会科学》2006 年第 9 期，第 191—193 页。
余蔚：《完整制与分离制：宋代地方行政权力的转移》，《历史研究》2005 年第 4 期，第 118—130、191—192 页。
余英时：《现代儒学的回顾与展望——从明清思想基调的转换看儒学的现代发展》，《中国文化》1995 年第 1 期，第 1—25 页。
余泳芳：《明清之际法国耶稣会士的汉学研究》，《法国研究》2012 年第 2 期，第 85—91 页。
岳翔宇：《气候变化、农业低产与重农理论——以晁错“贵粟论”为中心》，《历史研究》2015 年第 3 期，第 40—61 页。
岳翔宇、夏艳秋：《国家治理与粮食安全：基于中国传统荒政思想的考察》，

《财经研究》2023 年第 10 期，第 154—168 页。
张邦炜：《“唐宋变革论”的首倡者及其他》，《中国史研究》2010 年第 1 期，第 11—16 页。
张秉楠：《礼——仁——中庸——孔子思想的演进》，《中国社会科学》1990 年第 4 期，第 3—12 页。
张弛：《龙山—二里头——中国史前文化格局的改变与青铜时代全球化的形成》，《文物》2017 年第 6 期，第 50—59 页。
张分田、张鸿：《中国古代“民本思想”内涵与外延刍议》，《西北大学学报（哲学社会科学版）》2005 年第 1 期，第 113—118 页。
张弓：《对承唐启宋时代的探索与思考——读郑学檬著〈五代十国史研究〉》，《历史研究》1993 年第 3 期，第 190—192 页。
张广达：《中国传统文化在西方——略论西方对中国传统文化认识的变化（下）》，《文史知识》1987 年第 3 期，第 84—90 页。
张国刚：《启蒙时代西方对中国宗教的解读》，《暨南史学》2004 年第三辑，第 537—555 页。
张国刚、吴莉苇：《礼仪之争对中国经籍西传的影响》，《中国社会科学》2003 年第 4 期，第 190—203、208 页。
张国祚：《关于“话语权”的几点思考》，《求是》2009 年第 9 期，第 43—46 页。
张海英：《明清商业思想发展及其转型困境》，《社会科学》2010 年第 2 期，第 148—154 页。
张海英：《明中叶以后“士商渗透”的制度环境——以政府的政策变化为视角》，《中国经济史研究》2005 年第 4 期，第 130—139 页。
张浩帆：《儒家思想与现代日本企业管理的融合》，《日本研究》2008 年第

3 期，第 93—96 页。
张恒：《唐代手实制度新探》，《中国经济史研究》2023 年第 4 期，第 20—37 页。
张建民：《中国传统社会后期的减灾救荒思想述论》，《江汉论坛》1994 年第 8 期，第 16—20、43 页。
张江：《“理”“性”辨》，《中国社会科学》2018 年第 9 期，第 176—203、208 页。
张金龙：《北魏均田制研究史》，《文史哲》2015 年第 5 期，第 108—127、167—168 页。
张晋藩：《中国古代文官制度综论》，《中国社会科学》1989 年第 2 期，第 195—208 页。
张俊：《儒家伦理的二维结构体系——从“君子喻于义，小人喻于利”谈起》，《文史哲》2017 年第 4 期，第 44—54、165—166 页。
张克武：《儒家的义利观与民族地区的市场经济》，《中央民族大学学报》1996 年第 4 期，第 79—84 页。
张崑将：《“儒学日本化”与“日本儒教”之间——与吴震教授商榷》，《外国问题研究》2019 年第 1 期，第 4—16、118 页。
张立文：《儒教开出东亚近代的外王之路——论涩泽荣一的“论语算盘说”》，《学术界》2005 年第 5 期，第 126—134 页。
张立文：《中国哲学：从“照着讲”、“接着讲”到“自己讲”》，《中国人民大学学报》2000 年第 2 期，第 7—9 页。
张林、徐士彦：《学科评估：经济思想史发展的主要事件——英国经验及启示》，《中国社会科学评价》2019 年第 4 期，第 116—127、142 页。
张敏如：《有关明清时期人口思想的几个问题》，《人口研究》1982 年第 5

期，第 16—20、26 页。
张亲霞：《从墨家价值目标的缺陷看墨学中衰的原因》，《陕西师范大学学报（哲学社会科学版）》2004 年第 4 期，第 75—78 页。
张荣明、贾坤鹏：《道德政治与功利政治：墨法两家治国理念之对比》，《江西社会科学》2018 年第 4 期，第 118—125、255 页。
张守军：《荀况的开源节流思想》，《财经问题研究》2001 年第 11 期，第 59—62 页。
张守军：《中国封建传统经济思想的基本特点》，《财经问题研究》2003 年第 12 期，第 86—89 页。
张守军：《中国封建时代解决土地问题的三个基本理论模式——限田井田均田》，《辽宁师范大学学报》1991 年第 6 期，第 64—69 页。
张文俊：《〈周易〉经济伦理思想研究》，《南昌航空大学学报（社会科学版）》2010 年第 2 期，第 57—62 页。
张文利：《新世纪以来唐宋转型视域下宋代文学研究的回顾与前瞻》，《西北大学学报（哲学社会科学版）》2021 年第 1 期，第 73—82 页。
张西平：《对话与反思：再论建立批评的中国学》，《史学理论研究》2023 年第 6 期，第 4—11 页。
张西平：《启蒙思想与中国文化——16—18 世纪中国文化经典对欧洲的影响再研究》，《现代哲学》2014 年第 6 期，第 57—66 页。
张显清：《明代官绅优免和庶民“中户”的徭役负担》，《历史研究》1986 年第 2 期，第 161—174 页。
张晓明、庞娜：《东亚儒学视域下〈孟子〉在日本的传播：接受、批判与再阐释》，《大连理工大学学报（社会科学版）》2020 年第 1 期，第 122—128 页。

张星久：《儒家“无为”思想的政治内涵与生成机制——兼论“儒家自由主义”问题》，《政治学研究》2000 年第 2 期，第 74—87 页。

张雄、朱璐、徐德忠：《历史的积极性质：“中国方案”出场的文化基因探析》，《中国社会科学》2019 年第 1 期，第 4—21、204 页。

张旭、王天蛟：《魁奈经济思想的批判性审视与中国溯源——以中国特色社会主义政治经济学构建为观照》，《当代经济研究》2020 年第 11 期，第 26—35 页。

张亚光：《建国 60 年中国经济思想史学科的发展》，《贵州财经大学学报》2009 年第 6 期，第 16—23 页。

张亚光：《中国古代经济周期理论及其政策启示》，《经济学动态》2011 年第 8 期，第 144—149 页。

张亚光、毕悦：《中国传统经济思想的现代化转型——以〈皇朝经世文编〉为例》，《江西社会科学》2023 年第 2 期，第 115—126、208 页。

张亚光、刘晟亚：《中国经济史学的新视野——欧美期刊中的中国古代经济思想研究》，《贵州社会科学》2016 年第 9 期，第 22—28 页。

张义素：《日本军国主义教育及对国民意识的影响》，《日本学刊》2005 年第 4 期，第 83—95 页。

张玉、张士昌：《试析东亚经济的儒家文化因素》，《黑龙江史志》2010 年第 1 期，第 121—122 页。

张远：《从史前聚落看中国古代礼制的形成》，《南方文物》2022 年第 2 期，第 201—206 页。

张越、曾江：《试论佛教经济思想对中国经济伦理的影响——兼论其中国化发展》，《济南大学学报（社会科学版）》2020 年第 6 期，第 97—106、159 页。

张振国：《秘密磨改碑碣与清乾隆朝的文化控制》，《史学史研究》2024 年第 1 期，第 93—104 页。

张震：《儒家家族主义与日本家族企业》，《松辽学刊（人文社会科学版）》2001 年第 1 期，第 42—46 页。

张志宏：《论孟子以“民本”理念为核心的“仁政”思想》，《社会科学》2012 年第 5 期，第 138—146 页。

张忠民：《古代中西方经济政策思想历史导向之比较》，《社会科学》1994 年第 2 期，第 63—67 页。

张忠培：《中国古代文明之形成论纲》，《考古与文物》1997 年第 1 期，第 19—21 页。

张竹云：《汉代田庄与西欧庄园比较研究》，《史学集刊》2002 年第 2 期，第 29—34 页。

章向平：《凯恩斯的基本经济思想及政府干预论》，《北京政法职业学院学报》2010 年第 3 期，第 99—102 页。

赵春福：《儒家经济伦理的特征及其在中国古代社会的功能》，《道德与文明》1996 年第 2 期，第 32—34 页。

赵鼎新：《霸权迭兴的神话：东周时期战争和政治发展》，《学术月刊》2006 年第 2 期，第 132—138 页。

赵峰：《儒家文化对韩国和日本教育的影响》，《内蒙古师范大学学报（教育科学版）》2007 年第 11 期，第 43—46 页。

赵靖：《略论中国近代经济思想史的优良传统》，《经济科学》1980 年第 1 期，第 48—54 页。

赵靖：《丘浚——市场经济的早期憧憬者》，《海南大学学报（社会科学版）》1998 年第 1 期，第 3—7 页。

赵靖：《中国古代的“经济学”和富国学》，《燕京学报》1995 年第 1 期，第 129—144 页。

赵靖、石世奇、陈为民：《重视中国经济思想史的学习和研究》，《红旗》1985 年第 5 期，第 38 页。

赵靖、张鸿翼、郑学益：《中国经济思想史研究的历史回顾》，《经济科学》1984 年第 3 期，第 66—74 页。

赵克尧：《论魏晋南北朝的坞壁》，《历史研究》1980 年第 6 期，第 77—90 页。

赵凌云：《中国古代经济理论的辉煌与衰落》，《寻根》1999 年第 1 期，第 14—19 页。

赵明亮：《分工理论：从古希腊思想到新国际体系的研究述评》，《产经评论》2010 年第 3 期，第 14—23 页。

赵守正：《论〈管子〉经济思想的创新精神》，《管子学刊》1987 年第 2 期，第 2—9 页。

赵晓雷：《中国经济思想史研究的一个基础性课题：“胡寄窗分界”假说论证》，《财经研究》2013 年第 10 期，第 34—38、45 页。

赵志君：《经济学个人主义方法论反思——劳动分工和内生市场结构的视角》，《经济研究》2018 年第 8 期，第 163—176 页。

郑杭生：《学术话语权与中国社会学发展》，《中国社会科学》2011 年第 2 期，第 4、27—34、220 页。

郑杰文：《齐国稷下学宫的兴与衰》，《人民论坛》2018 年第 3 期，第 142—144 页。

郑学益：《中国封建地主家庭经济学的产生——论贾思勰的〈齐民要术〉》，《经济学家》1993 年第 2 期，第 117—125、128 页。

中国历史研究院课题组：《明清时期“闭关锁国”问题新探》，《历史研究》2022年第3期，第4—21、219页。

钟祥财：《经济思想的涵义及其史的写法》，《上海经济研究》2004年第10期，第74—80页。

钟祥财：《论中国历史上反对“与民争利”的思想》，《社会科学》2005年第3期，第96—104页。

钟祥财：《中国古代的财政管理思想》，《经济问题探索》1986年第9期，第53—56页。

钟祥财：《中国古代的家庭农业管理思想》，《农业考古》1987年第1期，第26—30页。

钟祥财：《中国古代收入分配思想中的市场意识——兼论经济意识与制度演进的关系》，《财经研究》2006年第5期，第39—47页。

钟祥财：《中国古代田制及其政策思想的演变》，《江淮论坛》1993年第2期，第35—40页。

钟祥财：《中西传统经济思想的比较研究——基于经济学方法论个人主义和整体主义的分析》，《学术月刊》2020年第3期，第47—50、58页。

仲伟民：《亚当·斯密的〈国富论〉与中国》，《河北学刊》2003年第2期，第166—170页。

周斌：《夏商西周时期的区际贸易》，《喀什师范学院学报》1996年第3期，第33—37页。

周光辉、赵德昊：《荒政与大一统国家：国家韧性形成的内在机制》，《学海》2021年第1期，第5—13页。

周国正：《亚当·斯密〈道德情感论〉中的仁论》，《上海大学学报（社会科学版）》2013年第3期，第15—26页。

周弘道：《经济思想论集　周序》，《书目季刊》1974 年第 7 卷 4 期，第 87 页。
周建波：《佛教寺院金融与中国金融业的发展》，《世界宗教研究》2018 年第 2 期，第 50—57 页。
周建波、刘婷、张越：《亚当·斯密论传统中国》，《河北经贸大学学报》2023 年第 5 期，第 10—20 页。
周建波、刘语潇：《孟子“仁政”思想的经济学分析——基于委托代理的视角》，《经济学动态》2012 年第 1 期，第 146—152 页。
周建波、梅亚冲：《〈古兰经〉中的经济思想及其评价》，《云南财经大学学报》2016 年第 3 期，第 19—25 页。
周建波、沈博：《改革开放 40 年中国经济思想史学科的发展》，《河北学刊》2018 年第 4 期，第 1—7 页。
周建波、孙圣民、张博等：《佛教信仰、商业信用与制度变迁——中古时期寺院金融兴衰分析》，《经济研究》2018 年第 6 期，第 186—198 页。
周建波、于水婧、沈博等：《中古时期寺院借贷的中国化问题》，《世界宗教研究》2021 年第 3 期，第 24—33 页。
周建波、张博、周建涛：《中古时期寺院经济兴衰的经济学分析》，《经济学（季刊）》2017 年第 3 期，第 1219—1236 页。
周文：《时代呼唤中国经济学话语体系》，《经济研究》2016 年第 3 期，第 37—41 页。
周文、许凌云：《论新质生产力：内涵特征与重要着力点》，《改革》2023 年第 10 期，第 1—13 页。
周咸堂：《法国重农学派与中国自然主义的渊源》，《中农月刊》1943 年第 6 期，第 20—68 页。

周翔鹤、米红：《明清时期中国的气候和粮食生产》，《中国社会经济史研究》1998 年第 4 期，第 59—64 页。

周晓敏、谢阳举：《论春秋时期“士”含义的演变及其历史条件》，《学术探索》2021 年第 11 期，第 89—99 页。

周新凯：《〈论语〉在法国的译介历程与阐释》，《中国翻译》2015 年第 6 期，第 34—40 页。

周雪光：《黄仁宇悖论与帝国逻辑：以科举制为线索》，《社会》2019 年第 2 期，第 1—30 页。

朱大锋：《“利玛窦规矩”与明末清初的中西文化交流》，《兰台世界》2009 年第 7 期，第 38—39 页。

朱凤瀚：《论西周时期的“南国”》，《历史研究》2013 年第 4 期，第 4—15、188 页。

朱红林：《周代“工商食官”制度再研究》，《人文杂志》2004 年第 1 期，第 139—144 页。

朱鸿翔、孙微：《论 20 世纪上半叶中国经济思想史研究——基于学术论文的考察》，《湖北经济学院学报》2009 年第 4 期，第 30—33 页。

朱家桢：《义利思想辨正》，《中国经济史研究》1987 年第 2 期，第 111—134 页。

朱玲莉：《日本江户时期的平民道德教育》，《伦理学研究》2010 年第 6 期，第 59—63 页。

朱筱新：《对秦统一度量衡制的再认识》，《北京教育学院学报》2000 年第 2 期，第 6—10 页。

朱亚宗：《韩非技术思想述评》，《科学技术与辩证法》1991 年第 4 期，第 42—46 页。

朱荫贵：《张謇与涩泽荣一：中日两国早期实业企业家的比较》，《中山大学学报（社会科学版）》2024 年第 3 期，第 71—80 页。
朱永：《论中国正统经济思想的内容及其关系》，《中州学刊》1999 年第 6 期，第 151—154 页。
竺可桢：《中国近五千年来气候变迁的初步研究》，《考古学报》1972 年第 1 期，第 15—38 页。
庄春波：《汉武帝“罢黜百家，独尊儒术”说考辩》，《孔子研究》2000 年第 4 期，第 59—71 页。
曾丹、向婉莹：《张謇和涩泽荣一的儒商思想比较——基于中日近代资本主义发展观的视角》，《学习与探索》2018 年第 11 期，第 134—141 页。
曾智佳：《傅玄的赋税三原则浅析》，《税务研究》1989 年第 8 期，第 66 页。
宗良、饶馨怡、武岩：《管仲经济思想及其对现代经济理论创新的启示》，《国际金融》2020 年第 6 期，第 3—8 页。
邹积升：《日本企业的经营思想：论语加算盘》，《现代企业》1996 年第 8 期，第 47 页。
邹进文：《近代中国经济学的发展——来自留学生博士论文的考察》，《中国社会科学》2010 年第 5 期，第 83—102、221—222 页。
邹进文：《民国时期的经济思想史研究——来自留学生博士论文的考察》，《中国经济史研究》2015 年第 3 期，第 54—65、143 页。
邹进文：《中国近代经济思想研究在西方的反响》，《中国社会科学》2021 年第 5 期，第 169—186、208 页。
邹进文、黄爱兰：《中国古代的货币政策思想：“称提”述论》，《华中师范大学学报（人文社会科学版）》2010 年第 5 期，第 56—61 页。
[德]阿尔弗雷德·霍农撰、郑春光、韦芊宇译：《儒家思想：美国文化基石

中的中国理念》，《文史哲》2022 年第 1 期，第 16—26、165 页。
[韩]全洪奭：《晚明耶稣会龙华民传教策略的形成和发展》，《国际汉学》2024 年第 5 期，第 103—111、158 页。
[日]前川友太：《涩泽荣一的家族观评析》，《日本问题研究》2024 年第 6 期，第 70—80 页。

四、报刊文章和网络资料

《两会数说中国丨十组数据看新时代中国发展之变》，https://www.news.cn/politics/2023-03/04/c_1129413466.htm，2023 年 3 月 4 日。
《习近平：青年要自觉践行社会主义核心价值观——在北京大学师生座谈会上的讲话》，http://www.xinhuanet.com/politics/2014-05/05/c_1110528066_2.htm?from=timeline&isappinstalled=0，2014 年 5 月 5 日。
《习近平在参加第七次全国人口普查登记时强调 切实做好第七次全国人口普查工作 为高质量发展提供准确统计信息支持 李克强栗战书汪洋王沪宁赵乐际韩正王岐山分别参加人口普查登记》，《人民日报》2020 年 11 月 3 日。
《习近平在文化传承发展座谈会上强调 担负起新的文化使命 努力建设中华民族现代文明》，《人民日报》2023 年 6 月 3 日。
《中共中央 国务院关于优化生育政策促进人口长期均衡发展的决定》，《中国青年报》2021 年 7 月 21 日。
《中共中央关于党的百年奋斗重大成就和历史经验的决议》，《人民日报》2021 年 11 月 17 日。
《中共中央关于进一步全面深化改革 推进中国式现代化的决定》，《人民日报》2024 年 7 月 22 日。
常国良：《战国后期诸子教育思想走向融合——以荀子对诸子人性论的批判为中心》，《中国社会科学报》2018 年 9 月 20 日。
陈维昭：《日本江户时代的儒学教育与科考形式》，《文汇报》2019 年 10 月 20 日。
陈旭东、陈晓伟：《“东学西渐”中“遥远的相似性”》，《解放日报》2022 年 10 月 26 日。
陈旭东：《从中华优秀传统文化汲取中国特色社会主义政治经济学的养分》，《光明日报》2022 年 9 月 20 日。
陈旭东：《中国古代历史变革中的企业家精神》，《文汇报》2019 年 12 月 6 日。
程霖、陈旭东：《中国传统经济思想的现代价值》，《文汇报》2016 年 2 月 26 日。
程霖、段博：《坚持“两个结合”加强中华优秀传统经济思想的学理化阐释》，《光明日报》2023 年 10 月 10 日。
冯兴元：《从老子的“无为而治”到哈耶克的“自发秩序”》，《东方早报》2014 年 9 月 16 日。
高聪明：《千年前的“货币革命”——论宋代国家纸币的产生及其历史意义》，《光明日报》2024 年 1 月 22 日。
何平：《传统中国纸币的发展路径》，《光明日报》2024 年 1 月 22 日。
华林甫：《体国经野：中国省制的由来与传承》，《光明日报》2023 年 2 月 8 日。
梁涛：《中国古代政治哲学中的“民主”与民本》，《中国社会科学报》2023 年 9 月 25 日。

龙登高：《唐宋变革解释新框架及其启发——林文勋〈唐宋社会变革论纲〉读后》，《中国社会科学报》2012 年 4 月 18 日。
缪德刚：《经济思想演进中的统计分析》，《中国社会科学报》2024 年 11 月 27 日。
宋立中：《晚明清初江南士人“非传统”消费思想刍议》，《光明日报》2011 年 2 月 4 日。
唐代兴：《发掘孔子学说的世界意义与当代价值》，《中国社会科学报》2021 年 9 月 28 日。
万明：《全球史视野下的明代白银货币化》，《光明日报》2020 年 8 月 3 日。
王子今：《中国古代“大一统”国家形态结构与中华民族共同体》，《光明日报》2022 年 6 月 27 日。
魏明孔：《唐代坊市及其变化》，《光明日报》2017 年 6 月 26 日。
吴树国：《中晚唐至北宋前期赋役立法的走向》，《光明日报》2016 年 10 月 13 日。
武刚：《西周时期内外服制度的嬗变》，《中国社会科学报》2020 年 12 月 7 日。
习近平：《高举中国特色社会主义伟大旗帜 为全面建设社会主义现代化国家而团结奋斗——在中国共产党第二十次全国代表大会上的报告》，《人民日报》2022 年 10 月 26 日。
习近平：《坚持党的领导传承红色基因扎根中国大地 走出一条建设中国特色世界一流大学新路》，《人民日报》2022 年 4 月 26 日。
习近平：《立足我国国情和我国发展实践 发展当代中国马克思主义政治经济学》，《人民日报》2015 年 11 月 25 日。
习近平：《习近平对宣传思想文化工作作出重要指示强调 坚定文化自信秉持

开放包容坚持守正创新 为全面建设社会主义现代化国家 全面推进中华民族伟大复兴提供坚强思想保证强大精神力量有利文化条件 蔡奇出席全国宣传思想文化工作会议并讲话》,《人民日报》2023 年 10 月 9 日。

习近平:《在纪念孔子诞辰 2565 周年国际学术研讨会暨国际儒学联合会第五届会员大会开幕会上的讲话》,《人民日报》2014 年 9 月 25 日。

习近平:《在哲学社会科学工作座谈会上的讲话》,《人民日报》2016 年 5 月 19 日。

肖斌:《问题意识的叩问与经济哲学的应答》,《光明日报》2015 年 12 月 23 日。

徐全军:《西方主流经济学无法解释中国创新驱动发展实践》,《中国社会科学报》2023 年 7 月 28 日。

叶坦、王昉:《对中国古代民本经济观的传承与超越》,《人民日报》2021 年 11 月 29 日。

张国刚:《中国文化对启蒙时代欧洲的影响》,《光明日报》2020 年 6 月 13 日。

张日元:《古希腊罗马对穷人的救济与排斥》,《中国社会科学报》2023 年 8 月 28 日。

张日元:《罗马帝国晚期的社会救济》,《中国社会科学报》2018 年 2 月 5 日。

张薇:《着力提升中华文化对外传播效能》,《光明日报》2024 年 3 月 1 日。

郑永年:《开放、思想市场与科技创新》,系作者在以“共享共创,迈向一流”为主题的大湾区科学论坛湾区科创峰会(2022 年 12 月 8 日)上的演讲。

[美]华莱士:《沈部长欢宴席上华莱士副总统演词》,《新华日报》1944 年 6 月 23 日。

五、学位论文

蔡颖：《日本义利思想的管理价值研究》，黑龙江大学硕士学位论文，2020。
陈恩虎：《明清时期巢湖流域农业发展研究》，南京农业大学博士学位论文，2009。
陈永正：《从〈大学衍义补〉试析丘浚思想》，福建师范大学博士学位论文，2002。
董灏智：《儒学经典结构的形成及其在近世日本的变迁——以“四书体系”和伊藤仁斋、荻生徂徕为中心》，东北师范大学博士学位论文，2011。
冯晓明：《夏商周时期货币起源与发展研究》，哈尔滨师范大学硕士学位论文，2011。
高荣楣：《〈孔门理财学〉初探》，陕西师范大学硕士学位论文，2011。
何宇：《清前期中日贸易研究》，山东大学博士学位论文，2010。
后智钢：《外国白银内流中国问题探讨（16—19世纪中叶）》，复旦大学博士学位论文，2009。
姜佐：《日本企业社会责任与可持续发展目标关系研究》，吉林大学博士学位论文，2022。
金东：《王道与霸道：涩泽荣一对华态度与交往研究》，华中师范大学博士学位论文，2011。
李璇：《明清两朝的禁书与思想专制》，吉林大学硕士学位论文，2009。
林喆：《先秦儒家经济思想的海外传播及影响研究》，上海财经大学硕士学位论文，2021。
刘畅：《儒家家族观念与日本家族企业的企业文化》，吉林大学硕士学位论文，2007。
刘红玉：《马克思的创新思想研究》，湖南大学博士学位论文，2011。

刘文娜：《〈论语〉英译本比较研究——以理雅各、威利、刘殿爵三种英译本为例》，山东大学硕士学位论文，2012。

刘雪芹：《〈论语〉英译语境化探索——从译本之辅文本看到的风景》，上海外国语大学博士学位论文，2011。

陆希刚：《明清江南城镇——基于空间观点的整体研究》，同济大学博士学位论文，2006。

潘晓敏：《〈论语〉翻译与出版研究》，北京外国语大学硕士学位论文，2023。

王欢：《明代白银货币化的过程与动因考察》，东北师范大学硕士学位论文，2006。

王学增：《中世纪和近代早期英国的社会救济问题》，天津师范大学硕士学位论文，2007。

王勇：《白银内流背景下的明代货币思想演变》，西北大学硕士学位论文，2021。

王元飞：《奥地利学派商业周期理论研究》，苏州大学硕士学位论文，2014。

吴霁雯：《"孔子文化走向世界"问题研究》，曲阜师范大学博士学位论文，2014。

闫玮：《日本战国时代思想由佛教向朱子学转化研究——以藤原惺窝的思想转化为主线》，中央民族大学硕士学位论文，2020。

杨帆：《日本工匠精神的传承及其对中国的启示——以秋山木工和金刚组为例》，西北大学硕士学位论文，2018。

杨孔炽：《江户时代日本教育研究》，北京师范大学博士学位论文，1997。

张德福：《四个阶段，多种取向——海外汉学家〈论语〉英译探赜》，复旦大学博士学位论文，2014。

张珂：《涩泽荣一的商业教育思想及其实践》，渤海大学硕士学位论文，2018。

赵峰：《“平准”思想的古代应用及其对当代物价调控的启示》，山西财经大学硕士学位论文，2007。

六、外文文献

Adam U. *The Political Economy of J.H.G. Justi*, Peter Lang, 2006.

Allen R C, Bassino J P, Ma D, et al. “Wages, prices, and living standards in China, 1738-1925: in comparison with Europe, Japan, and India”. *The Economic History Review*, 2011, 64: 8-38.

Amelung I, Schefold B. *European and Chinese Histories of Economic Thought: Theories and Images of Good Governance*, Routledge, 2022.

American Economic Association. “JEL Classification System for Books”. *Journal of Economic Literature*, 2023, 61(4): 1658-1673.

Angle S C. “Seeing confucian ‘active moral perception’ in light of contemporary psychology”. In: Snow N E, Trivigno F V. *The Philosophy and Psychology of Character and Happiness*, Routledge, 2014, 163-180.

Anon. “Notes”. *The Annals of the American Academy of Political and Social Science*, 1912, 40(1): 245-255.

Anon. “Reviewed work(s): *The Economic Principles of Confucius and His School* by Chen Huan Chang”. *The Journal of Race Development*, 1914, 5(2): 230-232.

Ariely D. *Predictably Irrational: The Hidden Forces that Shape Our Decisions*, HarperCollins, 2008.

Arrow K J, Debreu G. “Existence of an equilibrium for a competitive economy”.

Econometrica, 1954, 22(3): 265-290.

Backhaus J. "Christian Wolff on subsidiarity, the division of labor, and social welfare". *European Journal of Law and Economics*, 1997, 4: 129-146.

Backhaus J. "The German economic tradition: from cameralism to the verein für sozialpolitik". In: Albertone M, Masoero A. *Political Economy and National Realities*, Fondazione Lugi Einaudi, 1994, 329-356.

Backhaus J G. "From Wolff to Justi". In: Backhaus J G. *The Beginning of Political Economy: Johann Heinrich Gottlob von Justi*, Springer, 2009, 1-18.

Bacon F. *New Atlantis*, Clarendon Press, 1915.

Ball J D. "Reviewed work(s): *The Economic Principles of Confucius and His School*". *The Journal of the Royal Asiatic Society of Great Britain and Ireland*, 1913, 45(2): 458-463.

Ban G. Swann N L. *Food and Money in Ancient China: The Earliest Economic History of China to A.D. 25: Han Shu 24, with Related Texts, Han Shu 91 And Shih-Chi 129*, Princeton University Press, 1950.

Beck H. *The Origins of the Authoritarian Welfare State in Prussia: Conservative, Bureaucracy, and the Social Question, 1815-70*, The University of Michigan Press, 1995.

Becker H. "Justi's concrete utopia". In: Backhaus J G. *The State as Utopia: Continental Approaches*, Springer, 2010, 41-56.

Bell J F. *A History of Economic Thought,* The Ronald Press Company, 1953.

Beller E A. "The thirty years war". In: Cooper J P. *The New Cambridge Modern History: vol. Ⅳ the Decline of Spain and the Thirty Years War, 1609-48/59,*

Cambridge University Press, 1970, 306-358.

Beuth P. "Bericht des Geh. Ober-Finanzrathes Beuth an den Herrn Minister für Handel und Gewerbe". In: Anon. *Verhandlungen des Vereins zur Beförderung des Gewerbfleißes in Preußen*, Duncker und Humblot, 1822, 133-142.

Biot É. "Mémoire sur la condition de la propriété territoriale en Chine depuis les temps anciens". *Journal Asiatique*, 1838, 3(6): 255-336.

Biot É. *Essai sur l'histoire de l'instruction publique en Chine et de la corporation des lettrés*, Benjamin Duprat, Libraire, 1847.

Blanning T C W. "Fredrick the great and enlightened absolutism". In: Scott H M. *Enlightened Absolutism: Reform and Reformers in Later Eighteenth-Century Europe*, Macmillan, 1990, 265-288.

Boardman C M, Kato H K. "The Confucian roots of business Kyosei". *Journal of Business Ethics*, 2003, 48: 317-333.

Borokh O. "China in Quesnay's doctrine: interpretations, translations, cultural aspects". *Journal of the New Economic Association*, 2021, (2): 137-162.

Broadberry S, Gupta B. "The early modern great divergence: wages, prices and economic development in Europe and Asia, 1500-1800". *The Economic History Review*, 2006, 59: 2-31.

Broadberry S. "Accounting for the great divergence", https://cepr.org/voxeu/columns/accounting-great-divergence, 2013-11-16.

Brose E D. *The Politics of Technological Change in Prussia*, Princeton University Press, 1993.

Brückner J. *Staatswissenschaften, Kameralismus und Naturrecht*, C.H.Beck,

1977.

Brue S, Grant R. *The Evolution of Economic Thought*, 8th ed, Cengage Learning, 2013.

Bücher K. *Die gewerbliche Bildungsfrage und der industrielle Rückgang*, Heinrich Pfeil, 1879.

Bullock T L. "Reviews of books. *The Economic Principles of Confucius and his School*, by Chen Huan-Chang". *The English Historical Review*, 1912, 27(107): 531-532.

Chan K. "Foreign trade, commercial policies and the political economy of the Song and Ming Dynasties of China". *Australian Economic History Review*, 2008, 48(1): 68-90.

Chang J L Y. "A concise history of Chinese economic thought". *History of Political Economy*, 1990, 22(3): 584-585.

Chang J L Y. "Chinese economic thought before the seventeenth century". *History of Political Economy*, 1986, 18(1): 180-182.

Chang J L Y. "History of Chinese economic thought: overview and recent works". *History of Political Economy*, 1987, 19(3): 481-502.

Chen H Z. *The Economic Principles of Confucius and His School*, 2 vols, Columbia University Press, 1911.

Cheng L, Peach T, Wang F. *The History of Ancient Chinese Economic Thought*, Routledge, 2014.

Cheng L, Zhang S. "From contention to unification: transformation of economic thought in the Han Dynasty and its heritage". In: Cheng L, Terry P, Wang F. *The Political Economy of the Han Dynasty and Its Legacy*, Routledge, 2019,

31-50.

Cherif R, Hasanov F. "The return of the policy that shall not be named: principles of industrial policy", https://www.imf.org/en/Publications/WP/Issues/2019/03/26/The-Return-of-the-Policy-That-Shall-Not-Be-Named-Principles-of-Industrial-Policy-46710, 2019-03-26.

Cheung T S, King Yeo-chi A. "Righteousness and profitableness: the moral choices of contemporary confucian entrepreneurs". *Journal of Business Ethics*, 2004, 54(3): 245-260.

Choi Y B. "Political economy of Han Feitzu". *History of Political Economy*, 1989, 21(2): 367-390.

Clark H. "Why does the Tang-Song interregnum matter? A focus on the economies of the south". *Journal of Song-Yuan Studies*, 2016, 46: 1-28.

Cook D J, Rosemont H J. "Introduction". In: Leibniz G W, Cook D J, Rosemont H J. *Writings on China, Open Court Publishing Company*, 1994, 2, 10-18.

Couplet R P P. *Tabula Chronologica Monarchiae Sinicae*, Leopoldi Voigt, 1703.

Crosland M. *Science under Control: The French Academy of Sciences 1795-1914*, Cambridge University Press, 1992.

Dittrich E. *Die deutschen und Österreichischen Kameralisten*, Wissenschaftliche Buchgesellschaft, 1974.

Dodds P. "'One vast empire': China, progress, and the Scottish enlightenment". *Global Intellectual History*, 2018, 3(1): 47-70.

Drechsler W. "Christian Wolff (1679-1754): a biographical essay". *European Journal of Law and Economics*, 1997, 4: 111-128.

Du Halde J-B. *Description géographique, historique, chronologique, politique et physique de l'Empire de la Chine et de la Tartarie chinoise, Tomo 1*, P.G. Lemercier, 1775, 400.

Dwyer J. "Ethics and economics: bridging Adam Smith's theory of moral sentiments and wealth of nations". *Journal of British Studies*, 2005, 44(4): 662-687.

Elvin M. *The Pattern of the Chinese Past: A Social and Economic Interpretation*, Stanford University Press, 1973.

Engelhardt U. "Zum begriff der glückseligkeit in der kameralistischen staatslehre des jahrhunderts". *Zeitschrift für Historische Forschung*, 1981, 8(1): 37-79.

F. "Review: Confucius' economic principles. *The Economic Principles of Confucius and His School* by Chen Huan-Chang". *The American Journal of Theology*, 1912, 16(4): 650-652.

Fischer K P. "John Locke in the German enlightenment: an interpretation". *Journal of the History of Ideas*, 1975, 36(3): 431-446.

Fogarty M. "A history of value theory", https://www.tcd.ie/Economics/assets/pdf/SER/1996/Martin_Fogarty. html, 2025-02-12.

Frauendienst W. *Christian Wolff als Staatsdenker*, Emil Ebering, 1927.

Friedrich II of Prussia. "Introduction". In: Friedrich II of Prussia. *Anti-Machiavel*, Ohio University Press, 1981, 1-22.

Friedrich II of Prussia. "Über den Nußen der Künste und Wissenschaften im Staat". In: Volz G B. *Die Werke Friedrichs des Großen*, bd.8, Verlag Reimar Hobbing, 1913, 56.

Friedrich II of Prussia. *Anti-Machiavel*, Ohio University Press, 1981.

Friedrich II of Prussia. *Posthumous Works of Frederick the Great*, vol.6, G.G.J.

and J. Robinson, 1789, 2.

Gary W C, Mark D. "The budgetary origins of fiscal-military prowess". *The Journal of Politics*, 2021, 83(3): 851-866.

Gehrke C, Kurz H D. "Karl Marx on physiocracy". *Journal of the History of Economic Thought*, 1995, 2(1): 53-90.

Gerlach C. "Wu-Wei in Europe: a study of Eurasian economic thought", https://eprints.lse.ac.uk/22479/1/wp12.pdf#:~:text=This%20present%20paper%20focuses%20on%20the%20diffusion%20of,political%20economy%29%20throughout%20Europe%2C%20between%201648%20and%201848, 2025-03-08.

Gide C, Rist C. *Histoire des Doctrines Économiques: Depuis les Physiocrates jusqu'a Nos Jours*, L. Larose & Forcel, 1909.

Gilchrist J. *The Church and Economic Activity in the Middle Ages*, Macmillan Publishing Company, 1969.

Godin B. "Innovation: a conceptual history of an anonymous concept". *Contributions to the History of Concepts*, 2015, 10(1): 45-68.

Godin B. *Innovation Contested: The Idea of Innovation Over the Centuries*, Routledge, 2015.

Gramm M, Gramm P. "The free silver movement in America: a reinterpretation". *The Journal of Economic History*, 2004, 64(4): 1108-1129.

Grant R W. *John Locke's Liberalism*, University of Chicago Press, 1987.

Gray A. *The Development of Economic Doctrine: An Introductory Survey*, Longmans Green and Co, 1948.

Haney H L. *History of Economic Thought, Forth and Enlarged Edition*, The Macmillan Company, 1949.

Hanley R P. “The ‘wisdom of the state’: Adam Smith on China and Tartary”. *American Political Science Review*, 2014, 108(2): 371-382.

Hartwell R M. “Financial expertise, examinations, and the formulation of economic policy in Northern Sung China”. *The Journal of Asian Studies*, 1971, 30(2): 281-314.

Hayek F A. “A commodity reserve currency”. *The Economic Journal*, 1943, 53: 176-184.

Hébert R F, Link A N. *A History of Entrepreneurship*, Routledge, 2009.

Helleiner E. *The Neomercantilists: A Global Intellectual History*, Cornell University Press, 2021.

Henderson W O. “Peter Beuth and the rise of Prussian industry, 1810-1845”. *The Economic History Review, New Series*, 1955, 8(2): 222-231.

Henderson W O. *The State and the Industrial Revolution in Prussia, 1740-1870*, Liverpool University Press, 1958.

Homer S, Sylla R. *A History of Interest Rates*, Wiley, 2005.

Horesh N. *Chinese Money in Global Context: Historic Junctures Between 600 BCE and 2012*, Stanford University Press, 2014.

Hu J C. *A Concise History of Chinese Economic Thought*, Foreign Languages Press, 1988.

Hu J C. *Chinese Economic Thought before the Seventeenth Century*, Foreign Languages Press, 1984.

Hymes P R. *Statesmen and Gentlemen: The Elite of Fu-Chou Chiang-Hsi, in Northern and Southern Sung*, Cambridge University Press, 1986.

Jacobsen S G. “Physiocracy and the Chinese model: enlightened lessons from

China's political economy?". In: Ying M, Trautwein H-M. *Thoughts on Economic Development in China*, Routledge, 2013, 12-34.

James S. *An Inquiry into the Principles of Political Economy*, A. Millar and T. Cadell, 1767.

Justi J H G. *Abhandlung von denen Manufactur-und Fabriken-Reglements*, Verlag des Buchladens der Real-Schule, 1762.

Justi J H G. *Die Grundfeste Macht und Glückseeligkeit der Staaten*, Verlag seeligen Johann Heinrich Hartungs Erben, 1761.

Justi J H G. *Grundsätze der Policey-Wissenschaft*, Abraham van den Hoecks seel. Witbe, 1756.

Justi J H G. *Staatswirthschaft*, bd.1, Bernhard Christoph Breitkopf, 1755.

Kähler W. *Die Entwickelung des staatswissenschaftlichen Unterrichts an der Universität Halle*, Gustav Fischer, 1898.

Kahn H. *World Economic Development: 1979 and Beyond*, Westview Press, 1979.

Kanamori S. "Christian Wolff's speech on Confucianism: Confucius compared with Wolff". *European Journal of Law and Economics*, 1997, 4: 299-304.

Kaplan S L, Reinert S A. "The economic turn in enlightenment Europe". In: Kaplan S L, Reinert S A. *The Economic Turn: Recasting Political Economy in Enlightenment Europe*, Anthem, 2019, 1-33.

Kattel R, Drechsler W, Karo E. *How to make an Entrepreneurial State: Why Innovation Needs Bureaucracy*, Yale University Press, 2022.

Keynes J M. "Reviewed work(s): *The Economic Principles of Confucius and His School* by Chen Huan-Chang". *The Economic Journal*, 1912, 22(88): 584-588.

Keynes J M. *A Treatise on Money: in Two Volumes*, Macmillan & Company, 1930.

Knight F H. “Schumpeter’s history of eonomics”. *Southern Economic Journal*, 1955, 23(3): 261-272.

Konow J. “Which is the fairest one of all? A positive analysis of justice theories”. *Journal of Economic Literature*, 2003, 41(4): 1188-1239.

Kuznets S. *History of Economic Thought-History of Economic Analysis, by Joseph A. Schumpeter*, Oxford University Press, 1955.

Lach D F. “The sinophilism of Christian Wolff (1679-1754)”. *Journal of the History of Ideas*, 1953, 14(4): 561-574.

Lam K C J. “Confucian business ethics and the economy”. *Journal of Business Ethics*, 2003, 4(3): 153-162.

Lapidus A. “Metal, money, and the prince: John Buridan and Nicholas Oresme after Thomas Aquinas”. *History of Political Economy*, 1997, 29(1): 21-53.

Leibniz G W. “Preface to the Novissima Sinica”. In: Leibniz G W, Cook D J, Rosemont H J. *Writings on China*, Open Court Publishing Company, 1994, 46-48.

Leibniz G W, Cook D J, Rosemont H J. *Writings on China*, Open Court Publishing Company, 1994.

Leibniz W. “Outline of a memorandum on the establishment of a society in Germany for the promotion of the arts and sciences (1671)”. *Fidlio*, 1991, 1(2): 63-69.

Lindenfeld D F. *The Practical Imagination: The German Sciences of State in the Nineteenth Century*, University of Chicago Press, 1997.

Lipson E. *The Economic History of England*, Adam and Charles Black, 1943.

Lits B. "Egyenlőtlenség elméleti-történelmi szempontból". *Public Finance Quarterly*, 2024, 70(2): 132-140.

Little R, Reed W. *The Confucian Renaissance*, Federation Press, 1989, XV.

Liu L, Chen X C. *The Archaeology of China: From the Late Paleolithic to the Early Bronze Age*, Cambridge University Press, 2012.

Liu W G. "The making of a fiscal state in Song China, 960–1279". *The Economic History Review*, 2015, 68(1): 48-78.

López F L G. "The concept of elasticity and strategies for teaching it in introductory courses of economics". *Semestre Económico*, 2019, 22(51): 149-167.

Lowry S T. "Ancient and medieval economic". In: Samuels W J, Biddle J E, Davis J B. *A Companion to the History of Economic Thought*, Blackwell Publishing, 2003, 11.

Lowry S T. "Recent literature on ancient Greek economic thought". *Journal of Economic Literature*, 1979, 17(1): 65-86.

Lowry S T. "The Greek heritage in economic thought". In: Lowry S T. *Pre-Classical Economic Thought: From the Greeks to the Scottish Enlightenment*, Springer, 1987, 7-30.

Lowry S T. *The Archaeology of Economic Ideas: The Classical Greek Tradition*, Duke University Press, 1987.

Lutfalla M. "La Chine, vue par quelques économistes du XVIIIe siècle". *Population (french edition)*, 1962, 17: 289-296.

Ly S Y. Les grands courants de la pensée économique chinoise dans l'antiquité (du Ⅵ^{e} au Ⅲ^{e} siècle avant J. -G) et leur influence sur la formation de la doctrine physiocratique, Université de Dijon, 1936.

Ma D, Rubin J. "The paradox of power: principal-agent problems and administrative capacity in Imperial China (and other absolutist regimes)". *Journal of Comparative Economics*, 2019, 47(2): 277-294.

Macmillan Publishers Ltd. *The New Palgrave Dictionary of Economics*, 3rd ed, Palgrave Macmillan London, 2018.

Magnusson L. "Was Cameralism really the German version of mercantilism?". In: Roessner P R. *Economic Growth and the Origins of Modern Political Economy*, Routledge, 2016, 57-71.

Magnusson L. *Nation, State, and Industrial Revolution: The Visible Hand*, Routledge, 2009.

Marshal A. *Industry and Trade*, Macmillan, 1919.

Maverick L A. *China: A Model for Europe*, Southern Illinois University Press, 1946.

Mazzucato M. *The Entrepreneurial State: Debunking Public vs. Private Sector Myths*, Anthem, 2013.

McCloskey D. "Adam Smith, the last of the former virtue ethicists". *History of Political Economy*, 2008, 40(1): 43-71.

McKenzie W L. "On the existence of general equilibrium for a competitive economy". *Econometrica*, 1959, 27(1): 54-71.

Meek R L. "Physiocracy and classicism in Britain". *The Economic Journal*, 1951, 61(241): 26-47.

Milgrom P. "An essay on price discrimination". In: Feiwel G R. *The Economics of Imperfect Competition and Employment*, Palgrave Macmillan, 1989.

Mokyr J. "The intellectual origin of modern economic growth". *The Journal of Economic History*, 2005, 65(2): 285-351.

Mokyr J. *The Enlightened Economy: An Economic History of Britain 1700-1850*, Yale University Press, 2009.

Mokyr J. *The Gifts of Athena: Historical Origins of the Knowledge Economy*, Princeton University Press, 2002.

Neumann F. "Natural law". In: Marcuse H. *The Democratic and the Authoritarian State: Essays in Political and Legal Theory*, The Falcon's Wing Press, 1957, 70.

Nielsen A. *Die Entstehung der deutschen Kameralwissenschaft im 17. Jahrhundert*, Gustav Fischer, 1911.

Noël F. *Sinensis Imperii Libri Classici Sex*, Joachim Joanne Kamenicky, 1711.

Nokkala E. *From Natural Law to Political Economy: J.H.G. von Justi on State, Commerce and International Orde*r, LIT VERLAG GmbH & Co. KG Wien, 2019.

Nokkala E, Miller N B. "Introduction: cameralism and the enlightenment". In: Nokkala E, Miller N B. *Cameralism and the Enlightenment: Happiness, Governance and Reform in Transnational Perspective*, Routledge, 2020, 1-20.

Nottebohm F W. *Chronik der Königlichen Gewerbe-Akademie zu Berlin*, Königlichen Geheimen Ober-Hofbuchdruckerei, 1871.

Olsen E K. "Productive and unproductive labor". In: Brennan D M, Kristjanson-Gural D, Mulder C P, et al. *Routledge Handbook of Marxian*

Economics, Routledge, 2017.

Ornatowski G K. "Confucian ethics and economic development: a study of the adaptation of Confucian values to modern Japanese economic ideology and institutions". *The Journal of Socio-Economics*, 1996, 25(5): 571-590.

Outram D. *The Enlightenment*, Cambridge University Press, 1995.

Overton H T. "Economic thought and its application and methodology in the East: discussion". *American Economic Review*, 1956, 46(2): 413-416.

Paulinyi A. "Der Technologietransfer für die Metallbearbeitung und die preußische Gewerbeförderung (1820-1850)". In: Ambrosius G, Blaich F. *Die Rolle des Staates für die wirtschaftliche Entwicklung*, Duncker & Humblot, 1982, 99-142.

Peach T. "Xunzi and Plato on the economics of totalitarianism: a meeting of distant minds". In: Amelung I, Schefold B. *European and Chinese Histories of Economic Thought*, Routledge, 2021, 189-201.

Persky J. "Retrospectives: the ethology of homo economicus". *The Journal of Economic Perspectives*, 1995, 9(2): 221-231.

Petrochilos G A. "Kalokagathia: the ethical basis of Hellenic political economy and its influence from Plato to Ruskin and Sen". *History of Political Economy*, 2002, 34(3): 599-631.

Petrochilos G A. "The Hellenic contribution to economic thought". *Global Business and Economics Review*, 1999, 1(2): 215-246.

Picard R. "Review: *The Economic Principles of Confucius and His School* (t. XLIV-XLV) by Chen-Huang-Chang". *Revue d'économie politique*, 1912, 26(6): 782-783.

Pickering J. "The history of paper money in China". *Journal of the American Oriental Society*, 1844, 2(1): 136-142.

Postan M M, Rich E E, Miller E. *The Cambriage Economic History of Europe*, 3rd ed, Cambridge University Press, 1965.

Priddat B P. "Kameralismus als paradoxe konzeption der gleichzeitigen stärkung von markt und staat. Komplexe theorielagen im deutschen 18. jahrhundert". *Berichte zur Wissenschaftsgeschichte: History of Science of Humanities*, 2008, 31: 249-263.

Puett M. *The Ambivalence of Creation*, Stanford University Press, 2001.

Rabin M. "Incorporating fairness into game theory and economics". *The American Economic Review*, 1992, 83(5): 1281-1302.

Rae J. *Statement of Some New Principles on the Subject of Political Economy, Exposing the Fallacies of the System of Free Trade and of Some Other Doctrines Maintained in the "Wealth of Nations"*, University of Toronto Press, 1965.

Ranke L. *Neun Bücher Preußischer Geschichte*, Veit und Comp, 1847.

Recktenwald H C. "Cameralism". In: Durlauf S N, Blume L E. *The New Palgrave Dictionary of Economics*, vol.1, Macmillan, 2008, 625-626.

Redman D. "Sir James Steuart's statesman revisited in light of the continental influence". *Scottish Journal of Political Economy*, 1996, 43(1): 48-70.

Reinert E. "German economics as development economics: from the thirty years' war to World War II". In: Kattel R. *The Visionary Realism of German Economics: From the Thirty Years' War to the Cold War*, Anthem, 2019, 15-35.

Reinert E, Daastøl A M. "Exploring the genesis of economic innovations: religious gestalt-switch and the duty to invent as preconditions for economic growth". *European Journal of Law and Economics*, 1997, 4: 233-283.

Reinert E, Roessner P. "Cameralism and the German tradition of development economics". In: Reinert E, Ghosh J, Kattel R. *Handbook of Alternative Theories of Economic Development*, Edward Elgar, 2016, 63-86.

Reinert E S. "Johann Heinrich Gottlob von Justi: the life and times of an economist adventurer". In: Backhaus J G, Chaloupek G, Frambach H A. *The Beginnings of Political Economy*, Springer, 2009, 33-74.

Rickett W A. *Guanzi: Political, Economic, and Philosophical Essays From Early China*, Princeton University Press, 1985.

Ritter U P. *Die Rolle des Staates in den Frühstadien der Industrialisierung*, Duncker & Humblot, 1961.

Robbins L. "Schumpeter's history of economic analysis". *The Quarterly Journal of Economics*, 1955, 69(1): 1-22.

Rodriguez P E. "Quesnay et Le Despotisme de la Chine: Économie du Politique". *Revue de Philosophie Économique*, 2023, 24(1): 215-240.

Roessner P. "New inroads into well-known territory? On the virtues of re-discovering pre-classical political economy". In: Roessner P. *Economic Growth and the Origins of Modern Political Economy: Economic Reasons of State, 1500-2000*, Routledge, 2016, 3-24.

Roessner P R. *Freedom and Capitalism in Early Modern Europe: Mercantilism and the Making of the Modern Economic Mind*, Palgrave, 2020.

Rohayton F G. *Bold Endeavors: How Our Government Built America, And Why It*

Must Rebuild Now, Simon & Schuster, 2009.

Roscher W. *Geschichte der National-Oekonomik in Deutschland*, R. Oldenbourg, 1874.

Roscher W. *System der Volkswirtschaft: bd.3 Die Nationalökonomik des Handels und Gewerbfleißes*, J.C. Cotta, 1899.

Ross E A. "Review: *The Economic Principles of Confucius and his school*". *The American Economic Review*, 1912, 2(4): 883-884.

Rossabi M. *Eurasian Influences on Yuan China*, Institute of Southeast Asian Studies, 2013.

Rothbard M N. *Economic Thought Before Adam Smith: An Austrian Perspective on the History of Economic Thought*, Edward Elgar Publishing Ltd, 1995.

Ryan A. *The Making of Modern Liberalism*, Princeton University press, 2012.

Sabattini E L, Schwermann C. *Between Command and Market: Economic Thought and Practice in Early China*, Brill Academic Publishers, 2021.

Scheidel W. *Rome and China: Comparative Perspectives on Ancient World Empires*, Oxford University Press, 2009.

Schmoller G. "Schmoller on class conflicts in general". *American Journal of Sociology*, 1915, 20(4): 504-531.

Schneiders W. "Die philosophie des aufgeklärten absolutismus: zum verhältnis von philosophie und politik, nicht nur im 18. jahrhundert". *Der Staat*, 1985, 24(3): 383-406.

Schnieder H. "Emotion and sympathy in Confucius and Adam Smith". In: Forman F. *The Adam Smith Review Volume 8*, Routledge, 2017, 111-124.

Schott W. *Werke des tschinesischen Weisen Kung-Fu-Dsü und seiner Schüler,*

Erster Teil, Lun-yü, Rengerschen Verlags-Buchhandlung, 1826, 6.

Schottenhammer A. "Imperial maritime China", https://oxfordre.com/asianhistry/view/10.1093/acrefore/9780190277727.001.0001/acrefore-9780190277727-e-209, 2019-05-23.

Schumpeter J A. *The Nature and Essence of Economic Theory*, Routledge, 2017.

Schwartz B I. *The World of Thought in Ancient China*, Harvard University Press, 1985.

Seppel M. "Introduction: cameralism in practice". In: Seppel M, Tribe K, Doyle B, et al. *Cameralism in Practice: State Administration and Economy in Early Modern Europe*, The Boydell Press, 2017, 1-16.

Sichersmann C. *Zur Sozialgeschichte der preußischen Provinzial-Gewerbeschulen im 19. Jahrhundert*, Beltz Verlag, 1979.

Siemens W. *Lebenserinnerungen*, Springer, 1892.

Simon O. *Das gewerbliche Fortbildungs- und Fachschulwesen in Deutschland*, E.S. Mittler und Sohn, 1903.

Simon O. *Die Fachbildung des Preussischen Gewerbe- und Handelsstandes*, J.J. Heines, 1902.

Skinner A S. "Sir James Steuart: author of a system". *Scottish Journal of Political Economy*, 1981, 28(1): 20-40.

Small A W. *The Cameralists: The Pioneers of German Social Polity*, University of Chicago Press, 1909.

So B, So S. "Song China: the first modern economy?", https://oxfordre.com/asianhistory/view/10.1093/acrefore/9780190277727.001.0001/acrefore-97801902 77727-e-615, 2022-04-20.

Spiegel H W. “A note on the equilibrium concept in the history of economics”. *Economie appliquée*, 1975, 28(4): 609-617.

Stieda W. *Die Nationalökonomie als Universitätwissenschaft*, B.G. Teubner, 1907.

Stigler G J. “Schumpeter’s history of economic analysis”. *Journal of Political Economy*, 1954, 62(4): 344-345.

Straube H J. *Die Gewerbeförderung Preußens in der ersten Hälfte des 19. Jahrhunderts*, VDI, 1933.

Sun Q. “Editor’s introduction: limitations of the Tang-Song transition theory”. *Journal of Chinese Humanities*, 2021, 6(2/3): 127-128.

Tan H. “Adam Smith and Confucius on morality: a comparative study of The Theory of Moral Sentiments and The Analects of Confucius”. In: Forman F. *The Adam Smith Review Volume 14*, Routledge, 2024, 143-163.

Taylor O H. “Economic thought and its application and methodology in the east: discussion”. *The American Economic Review*, 1956, 46(2): 413-416.

Taylor O H. “Schumpeter’s history of economic analysis”. *The Review of Economics and Statistics*, 1955, 37(1): 12-22.

Teng S. “Chinese influence on the Western examination system: I. Introduction”. *Harvard Journal of Asiatic Studies*, 1943, 7: 267-312.

Thomas D A L. *Routledge Philosophy Guidebook to Locke on Government*, Routledge, 1995.

Tilly R, Kopsidis M. *From Old Regime to Industrial State: A History of German Industrialization from the Eighteenth Century to World War I*, University of Chicago Press, 2020.

Tribe K. *Governing Economy: The Reformation of German Economic Discourse 1750-1840*, Cambridge University Press, 1988.

Tullock G. "Paper money-a cycle in cathay". *Economic History Review*, 1957, 9(3): 393-407.

Twitchett D. "The T'ang Market System". *Asia Major*, 1966, 12(2): 202-248.

Velez R A. "Are incentives against economic justice?". *Journal of Economic Theory*, 2011, 146(1): 326-345.

Viner J. "Schumpeter's history of economic analysis". *The American Economic Review*, 1954, 44(5): 894-910.

Viner J. *Studies in the Theory of International Trade*, Routledge, 2017.

Volckart O. "Early beginnings of the quantity theory of money and their context in Polish and Prussian monetary policies, c. 1520-1550". *The Economic History Review*, 1997, 50(3): 430-449.

von Schmoller G. *Grundriß der Allgemeinen Volkswirtschaftslehre*, Duncker & Humblot, 1908.

Walker D A. "Walras, Léon". In: Macmillan Publishers Ltd. *The New Palgrave Dictionary of Economics*, 3rd ed, Palgrave Macmillan London, 2018, 14443.

Wang F. "The 'Land Quota' system in the Han Dynasty and its historical influence". In: Cheng L, Terry P, Wang F. *The Political Economy of the Han Dynasty and Its Legacy*, Routledge, 2019, 132-152.

Watanabe T. "The influence of Confucianism on the management philosophies of Japanese industries". *Scientific Society of Advanced Research and Social Change International Journal of Management*, 2017, 3(1): 1-5.

Weber I M. *How China Escaped Shock Therapy: The Market Reform Debate*,

Routledge, 2021.

Weber M. *The Religion of China: Confucianism and Taoism*, The Free Press, 1959.

Whaley J. *Germany and the Holy Roman Empire: Volume II the Peace of Westphalia to the Dissolution of the Reich, 1648-1806*, Oxford University Press, 2012.

Wiles P J D. *The Political Economy of Communism*, Harvard University Press, 1964.

Wilson P. *The Holy Roman Empire: A Thousand Years of Europe's History*, Penguin, 2010.

Windelband W. *A History of Philosophy*, Macmillan, 1907.

Wolff C. "Editionsgechichte". In: Wolff C. *Rede über die praktische Philosophie der Chinesen*, Felix Meiner, 1985, xc-ci.

Wolff C. "Einleitung". In: Wolff C. *Rede über die praktische Philosophie der Chinesen*, Felix Meiner, 1985, i-lxxxix.

Wolff C. *Grundsäße des Natur- und Völkerrechts*, Renger, 1769.

Wolff C. *Horae Subsecivae Marburgenses*, Renger, 1732.

Wolff C. *Jus Naturae*, pars I, Renger, 1741.

Wolff C. *Jus Naturae*, pars VIII, Renger, 1748.

Wolff C. *Rede über die praktische Philosophie der Chinesen*, Felix Meiner, 1985.

Wolff C. *The Real Happiness of a People under a Philosophical King*, M. Cooper, 1750.

Wolff C. *Vernünftigen Gedanken vom gesellschaftlichen Leben der Menschen*, Renger, 1736.

Wolff C. *Vernünftigen Gedanken von der Menschen Thun und Lassen*, Renger, 1736.

Young L. “The Tao of markets: Sima Qian and the invisible hand”. *Pacific Economic Review*, 1996, 1(2): 137-145.

Zhang W B. *On Adam Smith and Confucius: The Theory of Moral Sentiments and the Analects*, Nova Science Publishers, 2000.

Zhang X, Wang T J. “Critical examination and source-tracing in China of economic thought of Francois Quesnay from the perspective of the construction of socialist political economics with Chinese characteristics”. *China Political Economy*, 4(2): 186-200.

Zhao X. “Cameralism in practice and Prussian industrialization policies”. *History of Political Economy*, 2023, 55(5): 963-997.

Zhao X. “Public happiness through manufacturing and innovation: the theory of industrialization of Johann Heinrich Gottlob von Justi”. *History of Political Economy*, 2021, 53(3): 461-478.

Zhao X, Drechsler W. “Wang Anshi’s Economic Reforms: Proto-Keynesian Economic Policy in Song Dynasty China”. *Cambridge Journal of Economics*, 2018, 42(5): 1239-1254.

Zheng X Y, Zhang Y G, Whalley J. “Monetary theory and policy from a Chinese historical perspective”. *China Economic Review*, 2013, 26(9): 26, 89-104.

Zhong X C. “Dong Zhongshu and Confucian economic thought as state ideology in the Western Han Dynasty”. In: Cheng L, Terry P, Wang F. *The Political Economy of the Han Dynasty and Its Legacy*, Routledge, 2019, 51-66.

Zielenziger K. *Die alten deutschen Kameralisten*, Gustav Fischer, 1914.

グロービス経営大学院、田久保善彦監修：『創業三〇〇年の長寿企業はなぜ栄え続けるのか』，東洋経済新報社，2014.
本多利明：『経世秘策・下』，岩波書店，1970.
本多利明：『西域物語・上』，岩波書店，1970.
蔡林海：「日本的経営と儒教思想：「忠」の哲学・「和」の理念」，『年報筑波社会学』，1991，（3）：54-73.
大江清一：「渋沢栄一の貨殖に関する思想：論語解釈の比較分析に基づく一考察」．『埼玉学園大学紀要. 経済経営学部篇』，2017，17：15-26.
荻生徂徠：「荻生徂徠集」，見：『大日本思想全集』（第 7 巻），大日本思想全集刊行会，1932：7-165.
飯島寛一：「近代日本の経営思想：澁澤榮一の『論語と算盤』を中心にして」．『中央学院大学社会システム研究所紀要』，2011，（2）：73-86.
福留民夫：「経営者の決断と行動を支える倫理思想の研究——義と利の想を研究する」．『経営論集』，1999，（1）：1-31.
海保青陵：『稽古談』，誠文堂新光社，1939.
海保青陵：『善中談』，誠文堂新光社，1939.
和田充弘：「近世庶民教育における徳育の構造：大坂の寺子屋師匠と往来物を手掛かりに」．『同志社大学日本語・日本文化研究』，2014，（12）：201-215.
滝本誠一：「重農学派の根本思想の探源：西洋近代経済学の淵源は中国の学説に在る」，『読書雑誌』，1931，（6）：119-157.
明石茂生：「前近代中国における国家，市場，貨幣：宋元明代」，『経済研究所年報』，2021，34.
牧角悦子：「日本における儒教：その発展過程と特徴」．『日本漢文学研究』，2016，（11）：175-188.

前田直典：『元朝史の研究』，东京大学出版会，1973.

桑田幸三：「「散不足」と「聚不足」（一）-塩鉄論にみる儒家財政思想」.『經濟論叢』，1960，86（5）：347-358.

桑田幸三：「「散不足」と「聚不足」（二）-塩鉄論にみる儒家財政思想」.『經濟論叢』，1960，86（6）：397-407.

桑田幸三：「桑弘羊の専売論-『塩鉄論』の一研究」.『經濟論叢』，1959，83（5）：228-240.

渋沢栄一：「『論語』総論」，見：渋沢栄一传记资料刊行会『渋沢栄一伝記資料』（第四十一卷），1962：373.

山本義彦：「渋沢栄一・日本資本主義の形成者と儒教観：その来歴と『論語と算盤』をどう読み解くか」.『静岡大学経済研究』，2022，27（1）：53-85.

石渡邦之丞：「孔教ノ經濟思想及ビ其政策」.『國家學會雜誌』，1893，7（80）：1669-1681.

水野一郎：「市場経済と倫理：論語と算盤」.『東アジア経済・産業の変容』，2015，185-204.

穂積文雄：「東西經濟思想の相似性」.『經濟論叢』，1940，50（4）：529-536.

穂積文雄：「漢志にあらはれたる貨幣思想」.『東亞經濟論叢』，1942，2（2）：434-448.

穂積文雄：「王[リュウ]の紙幣論（承前）-その批判」.『經濟論叢』，1947，61（2）：65-82.

穂積文雄：「王[リュウ]の紙幣論」.『經濟論叢』，1944，59（2/4）：47-64.

穂積文雄：「元代貨幣思想抄-新元史食貨志にあらはれたる貨幣思想」.『經濟論叢』，1943，56（3）：337-340.

藤原惺窩、林羅山著，吉田豊编：『舟中規約』，徳間書店，1973.

田島錦治：「「大學」に見はれたる經濟思想」.『經濟論叢』, 1926, 22（3）：381-405.
田島錦治：「「中庸」に見はれたる經濟思想」.『經濟論叢』, 1926, 23（4）：523-540.
田島錦治：「商書周書に見はれたる政治經濟思想」.『經濟論叢』, 1925, 21（2）：149-170.
田島錦治：「虞夏書に見はれたる政治經濟思想」.『經濟論叢』, 1924, 18（4）：707-731.
田中文憲：「渋沢栄一に関する一考察 (1) :儒教とサン・シモン主義」.『奈良大学紀要』, 2020,（49）：119-134.
呉震：「戦後日本の学界における「儒学の日本化」問題についての考察」.『国際哲学研究』, 2016（5）：107-117.
小島祐馬：「墨子ノ經濟思想（一）」.『經濟論叢』, 1917, 5（4）：508-518.
小島祐馬：「墨子ノ經濟思想（二、完）」.『經濟論叢』, 1917, 5（6）：829-844.
小島祐馬：「王夫之ノ經濟思想」.『經濟論叢』, 1918, 7（3）：353-365.
小野進：「モラル・キャピタリズム（Moral Capitalism）の経済学：横井小楠の国富論と渋沢栄一の道徳経済合一・合本主義論」.『立命館経済学』, 2015,（63）：385-488.
伊藤仁斎：「伊藤仁斎集」, 見：『大日本思想全集』（第 4 卷）, 大日本思想全集刊行会, 1932：7-169.
有賀裕二：「渋沢栄一の経済道徳と実学の理論的背景」.『商学論纂』, 2014,（3）：389-421.

索　引

后　记

回溯五千多年的历史长河，中国传统经济思想宛如一颗璀璨的明珠，闪耀着中华传统文化的光辉。作为中华传统文化的重要组成部分，它不仅凝结着历代先贤在思考经济问题时所积淀的智慧结晶，而且是构建中国经济学的历史根基与不竭源泉。本书聚焦“中国传统经济思想的历史地位与现代价值”主题，以此作为贯穿全书始终的问题导向和研究要旨，深入探讨了中国传统经济思想的发展演变、光辉成就、世界影响和现代价值等问题。传承和弘扬好中华优秀传统文化，并以此为基础推动中国自主的经济学知识体系建构，是新时代赋予中国经济学人的重要使命。我们希望通过本书的研究，搭建起一座跨越时空的桥梁，将历史与现实紧密相连，让传统与现代相互交融，从而使中国传统经济思想充分发挥其以古鉴今、经世致用的独特功能，为当下中国式现代化道路上的经济发展、社会进步与理论探索提供有益的启示和借鉴。

本书的选题和研究缘起于笔者在 2016 年合作发表的两篇文章，分别是《中国传统经济思想的历史地位》（《中国经济史研究》2016 年第 2 期）和《中国传统经济思想的现代价值》（《文汇报》2016 年 2 月 26 日）。这两篇论文为后续的系统研究奠定了基础。真正意义上的系统研究工作，则始于 2017 年 6 月，笔者主持的国家社会科学基金重点项目“中国传统经济思想的地位和价值研究”（17AJL006）正式立项。此后的六年时间里，笔者带领课题组成员潜心钻研与通力合作，这项研究形成了80万余字的最终成果，获得了优秀结项，进而以此为基础进一步申报2024年度《国家哲学社会科学成果文库》并有幸入选。

学术研究永无止境。入选《国家哲学社会科学成果文库》后，笔者充分吸收和借鉴评审专家与学界同仁的意见建议，带领团队对书稿进行了反复推敲和斟酌完善。笔者在推进国家社会科学基金重点项目研究和书稿写作的过程中，对该项研究的问题导向、研究意义、分析视角、研究方法、逻辑主线、内容框架、创新路径做了深入系统的思考和总体设计，这些在由笔者负责完成的本书的绪论中有具体的论述，绪论的撰写修订也吸收了陈旭东、刘凝霜、段博、岳翔宇、张申、周瑞等团队成员和编辑的建议。在长达数年的研究过程中，笔者与课题组成员密切沟通、悉心交流和充分讨论，带领课题组重点就如何系统梳理和总结中国传统经济思想的发展脉络、光辉成就、海外传播、世界影响并客观评价其历史地位与现代价值等方面，进行了深入探讨，提出了一系列创新观点。如今，本书最终有幸出版、呈现在广大读者面前。我们衷心希望它能够为学界和社会带来新的思考与启发，为中国经济学术的发展贡献一份绵薄之力。

本书正文共分四章，各章均由笔者确定研究思路和分析框架，并进行总体统筹。第一章由岳翔宇、段博具体统筹，段博、涂冰、王梓名、岳翔宇、程霖、张申合作完成；第二章由陈旭东、刘凝霜、周瑞具体统筹，段博、周瑞、涂冰、程霖、刘凝霜、陈旭东、李丹合作完成；第三章由刘凝霜具体统筹，林喆、赵萱、刘凝霜合作完成，细沼蔼芳提供部分日文资料和初稿；第四章由陈旭东、岳翔宇、夏艳秋具体统筹，段博、岳翔宇、刘凝霜、夏艳秋、杨炬明、谢瑶、王梓名、周瑞、程霖、陈旭东、孙雨婷合作完成。在统稿和修订完善阶段，笔者对全书逐章逐节进行了多遍文字审读和语句推敲，对各部分进行了反复的思考和斟酌，并进行了修改或提出修改意见，而后带领岳翔宇、刘凝霜、段博、周瑞、李丹、唐文迪、李恒超、郭梦婷对文献、人物等细节进行了认真核对、修订。

在此，笔者十分感谢各位课题组成员的辛勤付出！在大家的共同努力下，我们不仅顺利地完成了书稿，而且在这一过程中锻炼了研究能力、积累了学术经验、增进了合作交流、获得了共同成长。例如，笔者指导的研究生段博在参与课题的过程中围绕中国传统经济思想的概念体系这一专题完成了博士学位论文《中国传统经济思想的概念体系及其现代转化》（2024 年）；林喆聚焦先秦儒家经济思想的海外传播及影响完成了硕士学位论文《先秦儒家经济思想的海外传播及影响研究》（2021 年）等。

与此同时，我们在研究课题推进期间还发表了一系列具有代表性的论文成果，扩大了团队的学术影响。例如，《汲取中国传统经济思想精华 建构中国自主的经济学知识体系》（《光明日报》（理论版）2025 年 2 月 11 日）、《中国传统经济思想概念体系探析》（《中国社会科学》2024 年第 2 期）、《中国传统经济思想的分析性之辨——兼谈以“第二个结合”推进中国经济学构建》（《经济研究》2024 年第 3 期）、《坚持“两个结合”加强中华优秀传统经济思想的学理化阐释》（《光明日报》（理论版）2023 年 10 月 10 日）、《中国传统经济思想的现代转化：提炼标识性概念的视角》（《学术月刊》2024 年第 3 期）、《以中国传统人口思想现代转化 助推人口高质量发展》（《中国发展观察》2024 年第 11 期）、《国家治理与粮食安全：基于中国传统荒政思想的考察》（《财经研究》2023 年第 10 期）、《传统管理思想与中国式管理构建》（《江西社会科学》2023 年第 2 期）、《从传统到现代：近代以来中国经济思想的变迁路径》（《经济思想史学刊》2023 年第 1 期）、《中国传统经济思想研究与新时期中国经济学构建》（《学术月刊》2023 年第 1 期）、《中国经济思想史研究的历史初心与未来使命》（《中国经济史研究》

2022年第4期）、《中国古代经济思想的基本结构与内在逻辑——基于权力与伦理视角的孔子经济思想考察》（《财经研究》2019年第8期）等。在此，要感谢这些期刊、报纸的编辑与审稿人提供宝贵意见。

本书在从最初的研究构思，到艰辛的写作过程，再到最终得以出版问世的整个历程中，得到了来自各方的鼓励与支持。为此，对在本书研究、写作和出版过程中各位领导、老师、同仁、朋友的鼓励和支持致以诚挚的感谢！

衷心感谢笔者的老师谈敏教授对于本课题研究和书稿撰写所给予的关心指导，衷心感谢《国家哲学社会科学成果文库》和国家社会科学基金各位评审专家，给予本书的高度评价和极具建设性的宝贵建议。这些评价和建议，既是对我们过往努力的认可与肯定，也是帮助我们修改完善书稿的良策，更是我们未来前行的重要指引。然而，限于出版截止时间，对于部分非常有价值的意见，我们尚未来得及完全吸收、妥善处理，但这将成为今后进一步研究的方向。例如，未来拟在海外传播和现代价值部分继续拓展，进一步深入挖掘中国传统经济思想的海外传播及其对现代经济学的形成发展和欧美经济管理与实践的影响；进一步系统挖掘和深入阐释中国传统经济思想的精华及其对解决现实重大经济问题和构建中国经济学所具有的重要意义和历史启示。这里，笔者也要特别感谢时任上海财经大学科研处副处长的陈正良老师和科学出版社的魏如萍、孙欢新、宋心眉等编辑，在组织协调成果文库申报和本书编辑出版过程中给予的大力支持和帮助！最后，还要衷心感谢笔者的家人在本课题研究和本书写作修订过程中所给予的关心、理解、鼓励和支持！

在学术的漫漫征途中，追求卓越是我们始终坚守的信念，但也深知学无止境。需要指出的是，尽管笔者对书稿进行了多次通读审阅和校对修订，但由于能力和精力所限，本书中还存在一些不足之处，如一些重要的历史素材仍有待投入更多时间与精力去挖掘、一些专题理论分析依然存在进一步拓展和深化的空间等。对此，期待得到学界同仁的批评指正！